1142681

Handbuch Offene Kinder- und Jugendarbeit

Ulrich Deinet · Benedikt Sturzenhecker
Herausgeber

Handbuch Offene Kinder- und Jugendarbeit

4., überarbeitete und aktualisierte Auflage

Springer VS

Herausgeber

Ulrich Deinet
Fachhochschule Düsseldorf,
Düsseldorf, Deutschland

Benedikt Sturzenhecker
Universität Hamburg,
Hamburg, Deutschland

ISBN 978-3-531-17520-1
DOI 10.1007/978-3-531-18921-5

ISBN 978-3-531-18921-5 (eBook)

Die Deutsche Nationalbibliothek verzeichnet diese Publikation in der Deutschen Nationalbibliografie; detaillierte bibliografische Daten sind im Internet über http://dnb.d-nb.de abrufbar.

Springer VS
© VS Verlag für Sozialwissenschaften | Springer Fachmedien Wiesbaden 2013
Dieses Werk einschließlich aller seiner Teile ist urheberrechtlich geschützt. Jede Verwertung, die nicht ausdrücklich vom Urheberrechtsgesetz zugelassen ist, bedarf der vorherigen Zustimmung des Verlags. Das gilt insbesondere für Vervielfältigungen, Bearbeitungen, Übersetzungen, Mikroverfilmungen und die Einspeicherung und Verarbeitung in elektronischen Systemen.

Die Wiedergabe von Gebrauchsnamen, Handelsnamen, Warenbezeichnungen usw. in diesem Werk berechtigt auch ohne besondere Kennzeichnung nicht zu der Annahme, dass solche Namen im Sinne der Warenzeichen- und Markenschutz-Gesetzgebung als frei zu betrachten wären und daher von jedermann benutzt werden dürften.

Gedruckt auf säurefreiem und chlorfrei gebleichtem Papier.

Springer VS ist eine Marke von Springer DE. Springer DE ist Teil der Fachverlagsgruppe Springer Science+Business Media
www.springer-vs.de

Vorwort

Ulrich Deinet, Benedikt Sturzenhecker

Das Handbuch Offene Kinder- und Jugendarbeit erscheint nun bereits in der 4. Auflage und wurde gegenüber der 3., damals völlig überarbeiteten und erweiterten Auflage von 2005 nun neu konzipiert und aktualisiert. Seit dem ersten Erscheinen 1998 im damaligen Votum Verlag Münster sind vier Auflagen verkauft worden. Angesichts des – im Vergleich zu anderen Bereichen der Kinder- und Jugendhilfe – kleinen Feldes interpretieren wir das als Erfolg. Die Fachkräfte der Offenen Kinder- und Jugendarbeit scheinen das Handbuch als relevant für die theoretische Reflexion und praktische Orientierung ihres Arbeitsfeldes anzusehen. Wir meinen daraus auch folgern zu dürfen, dass das Handbuch einen gewissen Beitrag zur Stärkung der fachlichen Identität und Selbstaufklärung der Offenen Kinder- und Jugendarbeit leisten konnte und weiter leisten kann. Der Erfolg des Handbuches zeigt auch, dass die Offene Kinder- und Jugendarbeit immer noch nicht untergegangen ist, obwohl dieses Szenario in jedem Handbuch aktualisiert und diskutiert wird – es scheint zu unserer Feldfolklore zu gehören.

Die Neuauflage hat sich gegenüber der Ausgabe von 2005 erheblich verändert. Das Handbuch Offene Kinder- und Jugendarbeit hat nun 103 Beiträge und 75 Autorinnen und Autoren; 2005 waren es noch 77 Texte.

Wir danken den Autorinnen und Autoren ganz herzlich für Ihre qualifizierten Beiträge zum Handbuch. Wir wissen, dass solche Publikationsaufträge ja oft noch zusätzlich zu einem schon sehr belasteten Arbeitsalltag hinzukommen und freuen uns deshalb umso mehr über die große Bereitschaft den Fachdiskurs zur Offenen Kinder- und Jugendarbeit gemeinsam weiterzuentwickeln. Inhaltlich wurden wichtige Themen bewahrt und eine ganze Reihe aktueller hinzugestellt. Das Handbuch hat aber gegenüber den Vorgängern eine völlig neue Systematik erhalten.

Das liegt auch daran, dass wir beiden Herausgeber uns bei der Konzipierung des Handbuches durch einen wissenschaftlichen Beirat von hoch kompetenten Kolleginnen und Kollegen haben beraten lassen, die seit Jahren im wissenschaftlichen Diskurs und in der Praxis der Offenen Kinder- und Jugendarbeit erfahren sind.

Zum Beirat gehören: Katja Müller (LWL-Landesjugendamt Münster), Prof. Dr. Lotte Rose (FH Frankfurt), Prof. Dr. Peter Cloos (Universität Hildesheim), Joachim Gerbing

(Verband Kinder- und Jugendarbeit Hamburg), Dr. Richard Krisch (Verein Wiener Jugendzentren/FH Campus Wien), Prof. Dr. Werner Lindner (FH Jena), Prof. Klaus Schäfer (Ministerium für Generationen, Familie, Frauen und Integration des Landes Nordrhein-Westfalen/Universität Bielefeld), Prof. Dr. Albert Scherr (PH Freiburg), Prof. Dr. Stefan Schnurr (FH Nordwestschweiz), Prof. Dr. Titus Simon (Hochschule Magdeburg), Prof. Dr. Christian Spatscheck (Hochschule Bremen).

Wir haben dem Beirat eine Entwurfsgliederung des Buches vorgelegt und diese dann schriftlich und einen ganzen Tag lang persönlich diskutiert und optimiert. Das Endergebnis liegt hier vor.

Der Beirat hat uns unterstützt, die vielen differenzierten Perspektiven auf die Offene Kinder- und Jugendarbeit in einer begründeten Auswahl und schlüssigen Systematik im Handbuch zusammenzufassen. Die hochkarätige fachliche Expertise des Beirates hat erheblich zur Qualifizierung des neuen Konzeptes beigetragen. Wir danken den Beiratsmitgliedern ganz herzlich für ihre solidarische Unterstützung und freundschaftliche Kooperation – die wir in diesen Zeiten nicht für selbstverständlich halten. Die Beiratsmitglieder haben mit ihrem Engagement für das Handbuch auch demonstriert, dass sie dem Arbeitsfeld der Offenen Kinder- und Jugendarbeit weiterhin große Bedeutung zumessen und sich für seinen Erhalt und eine Weiterentwicklung einsetzen.

Außerdem haben einzelne Beiratsmitglieder noch eine inhaltliche Koordination einzelner Teile und Kapitel übernommen: Joachim Gerbing hat den Teil „Einrichtungstypen in der Offenen Kinder- und Jugendarbeit" betreut; Prof. Dr. Christian Spatscheck koordinierte den Teil „Methoden in der Offenen Kinder- und Jugendarbeit"; Prof. Dr. Titus Simon begleitete die Arbeit am Teil „Kooperation und Vernetzung in der Offenen Kinder- und Jugendarbeit". Diese Unterstützung hat uns sehr geholfen, und wir sagen dafür vielen Dank. Ein spezieller Dank geht an Katja Müller, die mit enormer fachlicher Kenntnis und hohen Lektoratsfähigkeiten den Teil „Themen und Praxen der Kinder und Jugendlichen in der Offenen Kinder- und Jugendarbeit" vorbildlich betreut hat.

Zwar haben wir die Systematik des Handbuches erweitert und verändert, der grundsätzliche Charakter ist jedoch gleich geblieben. Das Handbuch richtet sich besonders an die Praktikerinnen und Praktiker der Offenen Kinder- und Jugendarbeit, die dieses anspruchsvolle Handlungsfeld weiter lebendig halten. Das Handbuch will ihre Professionalität stärken und ihnen das wissenschaftliche Wissen zu ihrem Arbeitsbereich zur Verfügung stellen, um es für die Planung und Reflexion von Praxis nutzen zu können. Professionalität besteht in einer „Relationierung von Wissensformen" (Dewe und Otto) unter Bedingungen von Ungewissheit: Wissenschaftliches Wissen kann man nicht „anwenden", sondern es nur multiperspektivisch nutzen, um immer wieder neue Blicke auf die Kinder und Jugendlichen werfen zu können und die Arbeit mit ihnen jeweils neu zu erfinden – also ihr lebensweltliches Wissen mit dem fachlichen Wissen in ein neues Verhältnis setzen. Die Umsetzbarkeit und der Erfolg solcher Pläne professionellen Handelns bleiben ungewiss, weil die Adressaten immer wieder neu auf unsere pädagogischen Zumutungen reagieren können. Deshalb sind immer weitere Reflexionsschleifen nötig und eine permanente Revision der eigenen Handlungskonzepte. Wir hoffen, dass das Handbuch dabei inhaltliche Hilfestellungen und Orientierung geben kann.

Die Inhalte des Buches dienen aber auch dem zweiten großen Anteil sozialpädagogischen Handelns, der sich auf die Beeinflussung der Rahmenbedingungen, also der Lebenslagen der Adressaten und der Gestaltung ihrer Bildungsbedingungen richtet. Auch Offene Kinder- und Jugendarbeit hat den Auftrag, mit daran zu arbeiten, „positive Lebensbedingungen" (§ 1(3) SGB VIII) für Kinder und Jugendliche zu erhalten und zu schaffen und „Benachteiligungen abzubauen" (§ 9 SGB VIII). Damit ist professionelles Handeln in der Offenen Kinder- und Jugendarbeit notwendigerweise politisches Handeln: Die Fachkräfte müssen sich in die lokalen und überregionalen politischen Kämpfe um die Gestaltung der Lebens- und Bildungsbedingungen einmischen, und das nicht nur anwaltschaftlich für ihre Adressaten, sondern indem sie diese befähigen, ihre eigene Stimme öffentlich zu erheben und mitzuentscheiden und mitzuverantworten. Das Handbuch will dazu Wissen und Argumentationen liefern, die helfen können, solche Konflikte fachlich qualifiziert zu führen und dabei auch das eigene Arbeitsfeld zu legitimieren und weiter zu entwickeln.

Neben dieser Intention des Handbuches, Professionalität zu stärken und das Feld zu qualifizieren und zu sichern, ist ein weiteres Charakteristikum erhalten geblieben: Das Handbuch spiegelt den vielfältigen Diskurs um die Offene Kinder- und Jugendarbeit wieder und präsentiert kein einheitliches „Über-Konzept" dieses Arbeitsbereiches. Die Differenziertheit des Handlungsfeldes zeigt sich in der Unterschiedlichkeit der Ansätze und Argumentationen, die im Buch quasi miteinander diskutieren. Wie in den vorangegangenen Ausgaben ermöglicht dieses auch den beteiligten Fachkräften, WissenschaftlerInnen, Studierenden, Trägern und öffentlichen Finanziers, sich selbst eine fundierte und begründete Position zur Offenen Kinder- und Jugendarbeit und zu ihren Detailfragen zu erarbeiten.

Zum Inhalt und zur neuen Systematik des Handbuches

Seit der 3. Auflage des Handbuchs von 2005 sind wichtige empirische Studien zur Offenen Kinder- und Jugendarbeit publiziert worden, die zeigen, dass das Feld doch weiterhin wissenschaftliche Aufmerksamkeit genießt. Dazu gehören die Studien von Delmas und Scherr (2005) sowie Müller et al. (2005, 2008), die unabhängig voneinander, aber mit durchaus ähnlichen Ergebnissen gezeigt haben, wie groß die Potenziale der Selbstbildung in der Offenen Kinder- und Jugendarbeit sind. Mit der ethnographischen Perspektive der Studie von Müller et al. wurde eine Reihe in die Tiefe gehender Forschungen über den Alltag der „Pädagogik der Kinder- und Jugendarbeit" (vgl. Cloos et al. 2009) publiziert (vgl. auch Schoneville 2006; Rose und Schulz 2007; Schulz 2007).

Insgesamt ist das empirische Wissen deutlich verbessert worden, allerdings ausgehend von einem sehr niedrigen Stand. Das gilt für die Datenlage (z. B. Liebig 2005 oder Pothmann 2008) wie für empirische Studien zu Detailfragen (z. B. Klöver und Straus 2005a; Kilb 2009; Icking und Deinet 2009). Eine der wichtigsten Publikation in diesem Zusammenhang ist die Sekundäranalyse der bisherigen empirischen Erkenntnisse zur Offenen Kinder- und Jugendarbeit durch Holger Schmidt (2011). Alle diese Perspektiven und Erkenntnisse sind im neuen Handbuch vertreten.

Die Systematik beginnt mit einem Ein- (und Über-)blick in die Offene Kinder- und Jugendarbeit: Hier geht es um die Funktionen dieser Arbeit (Böhnisch), um eine Zusammenfassung des empirischen Wissens über sie (Schmidt), um ihre pädagogischen Essentials (Müller), um ihre Geschichte (Hafeneger) und ihre aktuellen Herausforderungen (Deinet und Sturzenhecker).

Im Teil II zum Alltag der offenen Arbeit werden ethnographische Blicke auf die beiden Hauptakteure geworfen: die Kinder und Jugendlichen (Schulz) und die pädagogischen Fachkräfte (Cloos).

Im Teil III werden wie im bisherigen Konzept die Zielgruppen der Offenen Kinder- und Jugendarbeit vorgestellt, jedoch viel differenzierter als in den vorangegangenen Ausgaben. So sind zum Beispiel Kapitel über die jüngeren Kinder (Fuhs und Brand), die häufig vernachlässigte Zielgruppe der über 20-Jährigen (Panitzsch-Wiebe), über Kinder und Jugendliche mit Behinderung (Beck) sowie über Kinder und Jugendliche, die in Armutsverhältnissen leben müssen (Oskamp) neu hinzugekommen.

Auch der Teil IV zu Themen und Praxen der Kinder und Jugendlichen in der Offenen Arbeit ist erheblich ausdifferenziert worden. Es geben 18 Kapitel Einblick in Themen wie Sex, Konsum, Drogengebrauch, Religion, Handynutzung, Fernsehen, Gewalt, Rechtsextremismus, Überschuldung, Body und Beauty und so weiter.

Einer der bisherigen Hauptteile des Handbuches zu den konzeptionellen Ansätzen enthält weiterhin die „Klassiker" (wie z.B. Subjektorientierung, Cliquenorientierung, Sozialraumorientierung, Genderorientierung, Kritik der Präventionsorientierung, interkulturelle und antirassistische Ansätze) und neue Themen wie Umgang mit Diversity (Plößer), Demokratiebildung (Sturzenhecker) sowie abenteuerpädagogische Ansätze (Schirp).

Teil VI wendet sich speziell der Situation der Offenen Kinder- und Jugendarbeit zwischen dem eigenen konzeptionellen Ansatz der Selbstbildung und der Aufforderung zur Kooperation mit Ausbildung (Schule) zu.

In Teil VII werden ebenfalls viel differenzierter als bisher „Methoden der offenen Kinder- und Jugendarbeit" vorgestellt. Das geht von der typischen Projekt-, Einzel-, Beziehungs- und Gruppenarbeit bis zu Fragen, wie politische Bildung mit Benachteiligten in der Offenen Arbeit möglich werden kann, wie man dort Rituale gestaltet, Konflikte führt, Kochen und Essen nutzt sowie im Alltag mit Humor, Witz und paradoxen Interventionen reagieren kann.

Teil VIII zum Thema Qualität, Konzeptentwicklung und Planung setzt einen bekannten Schwerpunkt der Handbuchtradition mit einer Reihe ganz neuer Texte fort.

Mit Teil IX beginnt ein weiterer Schwerpunkt des neuen Handbuches, mit dem die einzelnen Rahmenbedingungen Offener Kinder- und Jugendarbeit analytisch aufgefächert werden. So beginnt Teil IX mit den Rahmenbedingungen, die aus Daten ableitbar sind, der Situation der Offenen Kinder- und Jugendarbeit in den östlichen Bundesländern sowie der Situation der Mitarbeiterinnen und Mitarbeiter inklusive einem Blick auf Personalentwicklung.

Teil X mit dem Schwerpunkt auf „Sozialräumliche Rahmenbedingungen" widmet sich diesem klassischen Schwerpunkt mit neuen Kapiteln.

Teil XI zur Rahmenbedingung Recht gibt einen Überblick über die rechtlichen Grundlagen der Offenen Kinder- und Jugendarbeit auch mit Blick auf die differenzierten Ausführungsgesetz in den Bundesländern (Bernzen) und widmet sich der (neuen) Bedeutung des Kinderschutzes in der Offenen Kinder- und Jugendarbeit (Schindler).

Teil XII „Träger" stellt Dachorganisationen (Hubweber), freie Träger und Initiativen der Offenen Kinder- und Jugendarbeit (Werthmanns-Reppekus) vor.

Um die „Finanzierung" der Offenen Arbeit geht es im Teil XIII mit neuen Texten zur öffentlichen Förderung (Hubweber) sowie zum Fundraising (Wendt).

Teil XIV widmet sich der Rahmenbedingung „Politik" reflektiert die Auswirkungen von staatlichen Aktivierungsstrategien in der Offenen Arbeit, analysiert das Verhältnis zur Jugendpolitik allgemein und zur Kommunalpolitik speziell und stellt politische Durchsetzungsstrategien der Offenen Kinder- und Jugendarbeit vor.

Teil XV zu den Einrichtungstypen bietet zwar keinen umfassenden Überblick über die außerordentlich differenzierten Formen, in denen offene Arbeit angeboten wird, gewährt aber Einblicke in die wichtigsten Einrichtungstypen.

Teil XVI stellt wichtige organisationelle Kooperationspartner der Offenen Kinder- und Jugendarbeit vor: dazu gehören ASD, Polizei, Jugendsozialarbeit, sexualpädagogische Beratungsstellen, Drogenberatungsstellen und Jugendverbände. Ebenfalls wird behandelt, wie sich diese Kooperationen in Bildungslandschaften vernetzen können.

Der abschließende Teil XVII präsentiert die Offene Kinder- und Jugendarbeit der deutschsprachigen Nachbarn Luxemburg, Österreich, Schweiz und Südtirol. Aber auch die Offene Jugendarbeit im weiteren Europa wird einbezogen mit einem vergleichenden Überblickskapitel, für den Christian Spatscheck Expertinnen und Experten aus Frankreich, den Niederlanden, Belgien, dem Vereinigte Königreich und aus Polen befragt hat.

Zum Schluss möchten wir den wichtigen Unterstützerinnen und Unterstützern danken, ohne die wir die Herausgeberarbeit nicht geschafft hätten. Ganz herzlichen Dank sagen wir Evelyn May, Martin Karolczak und Mathias Gintzel (Universität Hamburg) für ihre hilfreiche Koordinations- und Organisationsarbeit am Handbuch sowie Kristie Jakob, Levke Graf und Laura Rieger (Uni Hamburg) für ihre gute Abschlusskorrektur der Texte. Ganz großen Dank gebührt der Cheflektorin Pädagogik des VS Verlages, Stefanie Laux, die uns als Herausgeber zu dem neuen „Wurf" angeregt und unsere Arbeit auf wunderbare Weise präzise, schnell und heiter unterstützt hat.

Literatur

Cloos, P., Köngeter, S., Müller, B., & Thole, W. (2009). *Die Pädagogik der Kinder- und Jugendarbeit* (2., durchges. Aufl.), Wiesbaden.

Delmas, N., & Scherr, A. (2005). Bildungspotenziale der Jugendarbeit. Ergebnisse einer explorativen empirischen Studie. *deutsche jugend, 53*(3), 105–109.

Icking, M., & Deinet, U. (2009). Entwicklung der Offenen Kinder- und Jugendarbeit in NRW durch die Kooperation mit Schule. Ausgewählte Ergebnisse der Befragung von 200 Kinder- und Jugendeinrichtungen im Rahmen der gleichnamigen Studie. *Jugendhilfe aktuell, 2009*(1), 12–23.

Kilb, R. (2009). 25 Jahre später … Wie ehemalige Jugendzentrumsbesucher heute ihre Erfahrungen und ihre Zeit als Besucher der Offenen Jugendarbeit einschätzen. *deutsche jugend, 57*(7/8), 327–336.

Klöver, B., & Straus, F. (2005). *Wie attraktiv und partizipativ sind Münchens Freizeitstätten? Zusammenfassende Ergebnisse einer (etwas anderen) Evaluationsstudie*, München.

Liebig, R. (2005). *Die Offene Kinder- und Jugendarbeit in Nordrhein-Westfalen. Befunde der zweiten Strukturdatenerhebung zum Berichtsjahr 2002*, Düsseldorf.

Müller, B., Schmidt, S., & Schulz, M. (2008). *Wahrnehmen können. Jugendarbeit und informelle Bildung* (2., erw. Aufl.), Freiburg i. B.

Pothmann, J. (2008). Aktuelle Daten zu Stand und Entwicklung der Kinder- und Jugendarbeit – eine empirische Analyse. In W. Lindner (Hrsg.), *Kinder- und Jugendarbeit wirkt. Aktuelle und ausgewählte Evaluationsergebnisse der Kinder- und Jugendarbeit* (S. 21–36), Wiesbaden.

Rose, L., & Schulz, M. (2007). *Gender-Inszenierungen. Jugendliche im pädagogischen Alltag*, Königstein im Taunus.

Schmidt, H. (2011). *Empirie der Offenen Kinder- und Jugendarbeit*, Wiesbaden.

Schmidt, H. (2011). Zum Forschungsstand der Offenen Kinder- und Jugendarbeit. Eine Sekundäranalyse. In H. Schmidt (Hrsg.), *Empirie der Offenen Kinder- und Jugendarbeit* (S. 13–127), Wiesbaden.

Schoneville, H. (2006). Ins Café kann halt jeder kommen der Lust hat". Kinder- und Jugendarbeit aus der Sicht ihrer AdressatInnen. In P. Cloos, & W. Thole (Hrsg.), *Ethnografische Zugänge. Professions- und adressatInnenbezogene Forschung im Kontext von Pädagogik* (S. 101–116), Wiesbaden.

Schulz, M. (2010). *Performances. Jugendliche Bildungsbewegungen im pädagogischen Kontext*, Wiesbaden.

Inhaltsverzeichnis

AutorInnenverzeichnis XXI

Teil I   Ein- und Überblick: die Offene Kinder- und Jugendarbeit

1   Die sozialintegrative Funktion der Offenen Kinder- und Jugendarbeit . . .   3
    Lothar Böhnisch

2   Das Wissen zur Offenen Kinder und Jugendarbeit   11
    Holger Schmidt

3   Siedler oder Trapper? Professionelles Handeln im pädagogischen Alltag
    der Offenen Kinder- und Jugendarbeit   23
    Burkhard Müller

4   Geschichte der Offenen Kinder- und Jugendarbeit seit 1945   37
    Benno Hafeneger

Teil II   Der Alltag der Offenen Kinder- und Jugendarbeit: Ethnographische Blicke

5   Was machen Jugendliche in und mit der Jugendarbeit?
    Jugendliche Akteurinnen und Akteure und ihre Performances   51
    Marc Schulz

6   Was tun die PädagogInnen? Muster pädagogischen Handelns im Alltag . .   61
    Peter Cloos

Teil III   Zielgruppen und Lebenslagen

7   Mädchen   73
    Ulrike Graff

| 8 | **Jungen** .... | 81 |

Uwe Sielert

| 9 | **Kinder bis 10 Jahre** .... | 91 |

Burkhard Fuhs und Dagmar Brand

| 10 | **Kids, die 10- bis 14-Jährigen** .... | 101 |

Thomas Drößler

| 11 | **Jugendliche, die 14- bis 20-Jährigen** .... | 111 |

Achim Schröder

| 12 | **Ältere Jugendliche und junge Erwachsene im Schatten der Jüngeren** ..... | 119 |

Marion Panitzsch-Wiebe

| 13 | **Kinder- und Jugendarmut** .... | 127 |

Anke Oskamp

| 14 | **Kinder und Jugendliche mit Handicap** .... | 135 |

Iris Beck

| 15 | **Kinder und Jugendliche mit Migrationshintergrund** .... | 143 |

Hartmut M. Griese

Teil IV   Themen und Praxen der Kinder und Jugendlichen in der Offenen Kinder- und Jugendarbeit

| 16 | **Abhängen, Treffen, Warten, Langeweile** .... | 151 |

Titus Simon

| 17 | **Gruppen, Clique, Freundschaft** .... | 155 |

Achim Schröder

| 18 | **Jugendsexualität** .... | 159 |

Uwe Sielert

| 19 | **Konsum und Kommerz** .... | 163 |

Lotte Rose

| 20 | **Drogenkonsum: ein Bildungsanlass** .... | 167 |

Norbert Wieland

| 21 | **Jugendkulturelle Praxen** .... | 173 |

Christian Spatscheck

22	**Jugend und Religion** .... 177 Hartmut M. Griese	
23	**Sport in der Offenen Kinder- und Jugendarbeit** .... 181 Hanns-Ulrich Barde	
24	**Spielen und Spiele** .... 185 Tanja Witting	
25	**Arbeit und Zukunft** .... 189 Benedikt Sturzenhecker	
26	**Internet und Soziale Netzwerke** .... 193 Nadia Kutscher	
27	**Mobiles Telefon – Das Gadget der Ablösung und Kontaktpflege** .... 197 Claus Tully	
28	**Fernsehen** .... 201 Franz-Josef Röll	
29	**Gewalt** .... 205 Holger Schmidt	
30	**Rechtsorientierte und rechtsextreme Jugendliche** .... 209 Wolfgang Nacken	
31	**Verschuldung und Überschuldung von Jugendlichen und jungen Erwachsenen** .... 213 Olivier Steiner	
32	**Body und Beauty** .... 217 Lotte Rose	
33	**Eltern, Geschwister - Familienorientierung und Elternarbeit** .... 221 Katja Birkner	

Teil V Konzeptionelle Ansätze in der Offenen Kinder- und Jugendarbeit

34	**Geschlechtsbezogene Pädagogik in der Offenen Kinder- und Jugendarbeit** 227 Regina Rauw und Michael Drogand-Strud	
35	**Interkulturelle und antirassistische Ansätze in der Offenen Kinder- und Jugendarbeit** .... 243 Albert Scherr	

| 36 | Umgang mit Diversity in der Offenen Kinder- und Jugendarbeit 257
Melanie Plößer |

| 37 | Der Cliquenorientierte Ansatz in der Offenen Kinder- und Jugendarbeit . 271
Franz Josef Krafeld |

| 38 | Medien- und Kulturarbeit in der Offenen Kinder- und Jugendarbeit 283
Johannes Fromme |

| 39 | Subjektorientierte Offene Kinder- und Jugendarbeit 297
Albert Scherr |

| 40 | Das sozialräumliche Muster in der Offenen Kinder- und Jugendarbeit . . . 311
Ulrich Deinet und Richard Krisch |

| 41 | Demokratiebildung in der Offenen Kinder- und Jugendarbeit 325
Benedikt Sturzenhecker |

| 42 | Peer Education in der Offenen Kinder- und Jugendarbeit 339
Martin Nörber |

| 43 | Abenteuer- und erlebnispädagogische Ansätze
in der Offenen Kinder- und Jugendarbeit 347
Jochem Schirp |

| 44 | Prävention und andere „Irrwege"
der Offenen Kinder- und Jugendarbeit. Fortsetzung absehbar 359
Werner Lindner |

Teil VI Offene Kinder- und Jugendarbeit zwischen Bildung und Schule/Ausbildung

| 45 | Bildung und Offene Kinder- und Jugendarbeit 375
Stephan Sting und Benedikt Sturzenhecker |

| 46 | Offene Jugendarbeit und Ganztagsschule 389
Ulrich Deinet und Maria Icking |

| 47 | Schulsozialarbeit und Offene Kinder- und Jugendarbeit 401
Florian Baier |

Teil VII Methoden in der Offenen Kinder- und Jugendarbeit

48 **Projektarbeit** 409
    Rainer Kascha

49 **Mobile, aufsuchende Ansätze in der Offenen Jugendarbeit** 415
    Ulrich Deinet und Richard Krisch

50 **Einzelarbeit und Beratung** 421
    Franz Bettmer und Benedikt Sturzenhecker

51 **Beziehungsarbeit** 427
    Achim Schröder

52 **Arbeit mit Gruppen** 433
    Sabine Ader

53 **Politische Bildung konkret** 439
    Benedikt Sturzenhecker

54 **Rituale gestalten** 445
    Gunter Neubauer und Reinhard Winter

55 **Umgang mit Konflikten im Alltag Offener Kinder- und Jugendarbeit** 451
    Benedikt Sturzenhecker und Michael Trödel

56 **Mediation und Streitschlichtung** 459
    Martin Karolczak

57 **Essen und Kochen im Jugendhaus** 465
    Lotte Rose

58 **Humor und Ironie** 471
    Marc Schulz

59 **Reisen** 477
    Wolfgang Ilg

60 **Internationale Jugendbegegnungen** 483
    Andreas Thimmel

Teil VIII Qualität, Konzeptentwicklung, Planung in der Offenen Kinder- und Jugendarbeit

61 Konzeptionen entwickeln in der Offenen Kinder- und Jugendarbeit 491
Hiltrud von Spiegel

62 Zum Verhältnis von Jugendhilfeplanung und Offener Jugendarbeit 503
Titus Simon

**63 Systematische Datenerhebung
als Grundlage einrichtungsbezogenen Berichtswesens** 513
Thomas Mühlmann

64 Kommunale Qualitäts- und Wirksamkeitsdialoge 523
Ulrich Deinet

Teil IX Rahmenbedingungen Offener Kinder- und Jugendarbeit

**65 Datenlage zur Offenen Kinder- und Jugendarbeit –
Bilanzierung empirischer Erkenntnisse** 535
Jens Pothmann und Holger Schmidt

66 Offene Kinder- und Jugendarbeit in den neuen Bundesländern 549
Titus Simon

67 Die MitarbeiterInnen in der Offenen Kinder- und Jugendarbeit 559
Werner Thole und Jens Pothmann

68 Personalentwicklung 581
Katja Müller

Teil X Sozialräumliche Rahmenbedingungen Offener Kinder- und Jugendarbeit

69 Urbane Lebenswelten und Sozialraumorientierung 589
Christian Reutlinger

70 LAND Regionale Lebenswelten und sozialräumlich orientierte OKJA ... 599
Ulrich Deinet und Michael Janowicz

71 Räumliche Settings gestalten 609
Christian Kühn

Teil XI Rahmenbedingung Recht

72 Rechtliche Grundlagen der Offenen Kinder- und Jugendarbeit
im Bundes- und Landesrecht 617
Christian Bernzen

73 Kinderschutz in der Offenen Kinder- und Jugendarbeit –
Umsetzung der §§ 8a und 72a SGB VIII 629
Gila Schindler

Teil XII Rahmenbedingung Träger der Offenen Kinder- und Jugendarbeit

74 Dachorganisationen der Offenen Kinder- und Jugendarbeit 643
Norbert Hubweber

75 Freie Träger 655
Ulrike Werthmanns-Reppekus

76 Initiativen in der Offenen Kinder- und Jugendarbeit 663
Ulrike Werthmanns-Reppekus

Teil XIII Rahmenbedingung Finanzierung

77 Die öffentliche finanzielle Förderung
der Offenen Kinder- und Jugendarbeit 673
Norbert Hubweber

78 Fundraising: Der „alternative Geldmarkt"
als Chance der offenen Kinder- und Jugendarbeit? 685
Peter-Ulrich Wendt

Teil XIV Rahmenbedingung Politik

79 Offene Kinder- und Jugendarbeit und staatliche Aktivierungsstrategien ... 695
Benedikt Sturzenhecker und Elisabeth Richter

80 Jugendpolitik und Offene Kinder- und Jugendarbeit 705
Klaus Schäfer

81 Kommunalpolitik und Offene Kinder- und Jugendarbeit 715
Norbert Kozicki

82 Politische Durchsetzungsstrategien der Offenen Kinder- und Jugendarbeit 725
    Joachim Gerbing

Teil XV   Einrichtungstypen in der Offenen Kinder- und Jugendarbeit

83 Mädchentreff 735
    Güler Arapi und Ulrike Graff

84 Kinder- und Jugendkulturarbeit in Jugendkunstschulen
    und Soziokulturellen Zentren 741
    Evelyn May

85 Abenteuerspielplätze 747
    Rainer Deimel

86 Spielmobile 753
    Rainer Deimel

87 Intergenerative Einrichtungen in der Offenen Kinder- und Jugendarbeit . 759
    Jörn Dummann

88 Teilkommerzielle Einrichtungen 765
    Katja Müller

89 Bauwägen im ländlichen Raum 771
    Dieter Jaufmann und Susanne Gruber

Teil XVI   Kooperation und Vernetzung in der Offenen Kinder- und Jugendarbeit

90 Kooperationspartner Allgemeiner Sozialer Dienst (ASD)/
    Hilfen zur Erziehung (HzE) 779
    Ingrid Gissel-Palkovich

91 Einbindungen der Offenen Kinder- und Jugendarbeit
    in Sicherheitspartnerschaften und Kooperationen mit der Polizei –
    eine kritische Abgrenzung 785
    Titus Simon

92 Jugendsozialarbeit und Offene Kinder- und Jugendarbeit 791
    Maria Icking

93 Kooperationspartner Sexualpädagogik 797
    Inge Thömmes und Reinhard Brand

94	Kooperation zwischen der Offenen Kinder- und Jugendarbeit und der Drogenhilfe 803
	Ursula Castrup
95	Jugendverbände und die Offene Kinder- und Jugendarbeit 809
	Gunda Voigts
96	Offene Kinder- und Jugendarbeit in der Bildungslandschaft 817
	Ulrich Deinet

Teil XVII Offene Kinder- und Jugendarbeit in der Schweiz, Österreich, Luxemburg und im europäischen Vergleich

97	Offene Kinder- und Jugendarbeit in der Schweiz 827
	Julia Gerodetti und Stefan Schnurr
98	Offene Kinder- und Jugendarbeit in Österreich 841
	Sabine Liebentritt
99	Offene Kinder- und Jugendarbeit in Luxemburg 853
	Claude Bodeving
100	Offene Kinder- und Jugendarbeit in Südtirol 863
	Helga Mock und Klaus Nothdurfter
101	Offene Kinder- und Jugendarbeit im europäischen Vergleich 871
	Christian Spatscheck

AutorInnenverzeichnis

Ader, Sabine; Dr. phil., Dipl.-Pädagogin, Professur an der Katholischen Hochschule NRW, Abteilung Münster; Arbeitsschwerpunkte: Theorien und Konzepte Sozialer Arbeit, Kinder- und Jugendhilfe, insb. Erziehungshilfen, Sozialpädagogische Diagnostik, Case Management, Kooperation Jugendhilfe und Schule, Konzept- und Qualitätsentwicklung. Langjährige Tätigkeiten in der Beratung und (Praxis-) Forschung.

Arapi, Güler; Dipl.-Pädagogin; Mädchentreff Bielefeld e.V., Fachhochschule Bielefeld, Fachbereich Sozialwesen; Arbeitsschwerpunkte: Geschäftsführungsteam Mädchentreff Bielefeld, Migrationspädagogik, rassismuskritische und geschlechterreflektierte Kinder- und Jugendarbeit, Pädagogik der Kindheit, Empowermenttrainerin, politische Bildungsarbeit.

Baier, Florian; Dr., Dipl.-Sozialpädagoge, Professor für das Themengebiet „Jugendhilfe und Schule" am Institut Kinder- und Jugendhilfe der Hochschule für Soziale Arbeit der Fachhochschule Nordwestschweiz, Basel; Arbeitsschwerpunkte: Schulsozialarbeit, Kinder- und Jugendhilfe, Kinderrechte, Professionalisierung, Gerechtigkeits-, Bildungs- und Kulturtheorien.

Barde, Hanns-Ulrich; Sportgarten e. V.; Kooperation Jugendhilfe, Schule, Sport, Jugendbeteiligung und Stadtgestaltung, urbane Sportstättenplanung.

Beck, Iris; Prof. Dr. für Erziehungswissenschaft unter besonderer Berücksichtigung der Behindertenpädagogik, allgemeine Grundlagen und Theorien der Inklusion und Partizipation bei Behinderung und Benachteiligung; Arbeitsschwerpunkte: Lebenslagen-, Partizipationsforschung, Steuerung sozialer Problemlagen, Implementation und Evaluation gemeindeorientierter Unterstützungssysteme.

Bernzen, Christian; Prof. Dr., Rechtsanwalt bei BERNZEN SONNTAG Rechtsanwälte und Hochschullehrer an der Katholischen Hochschule für Sozialwesen Berlin, lehrt und berät zu Fragen der Organisation Sozialer Arbeit.

Bettmer, Franz; Prof. Dr., Universität Bamberg, Lehrstuhl für Sozialpädagogik; Arbeitsschwerpunkte: Soziale Arbeit und soziale Kontrolle, Jugendhilfe und Schule, Partizipation, Bürgerschaftliches Engagement.

Birkner, Katja; Dipl.-Pädagogin, Dipl. Religionspädagogin, Diözesanreferentin, Abteilung Jugendseelsorge im Erzbistum Köln; Arbeitsschwerpunkte: Offene Kinder- und Jugendarbeit, verbandliche Jugendarbeit und gesellschaftspolitische Herausforderungen in der Kinder- und Jugendarbeit.

Bodeving, Claude; Dipl.-Psychologe, Direktionsrat Service National de la Jeunesse, Luxemburg. Schwerpunkte: Qualitätssicherung, nicht-formale Bildung, Konzeptentwicklung und Weiterbildung in der Jugendarbeit, Partizipation.

Böhnisch, Lothar; bis 2009 Prof. für Sozialpädagogik TU Dresden. Lehrt Soziologie an der Uni Bozen. Arbeitsschwerpunkte: Soziologie und Sozialpädagogik der Lebensalter, Sozialpolitik, Genderforschung.

Brand, Dagmar; wissenschaftliche Mitarbeiterin an der Universität Erfurt, Lehrstuhl Lernen und Neue Medien, Schule und Kindheitsforschung; Arbeitsschwerpunkte: Kindheits- und Familienforschung, außerschulische Bildung, medienpädagogische Projekte.

Brand, Reinhard; Dipl.-Pädagoge, Sexualpädagoge Arbeitsschwerpunkt: Sexualpädagogik.

Castrup, Ursula; Dipl.-Pädagogin, Drogenberatung e.V. Bielefeld, Fachstelle für Suchtvorbeugung; Arbeitsschwerpunkt: Suchtprävention, Leiterin der Fachstelle für Suchtvorbeugung.

Cloos, Peter; Dr. phil., Stiftung Universität Hildesheim, Fachbereich Erziehungs- und Sozialwissenschaften, Abteilung Allgemeine Erziehungswissenschaft; Arbeitsschwerpunkte: Qualitative Forschungsmethoden, Erziehung und Bildung in Kindertageseinrichtungen, Institutionelle und situative Übergänge im Lebenslauf und Alltag von Kindern, Professionelles Handeln.

Deimel, Rainer; Dipl. Sozialpädagoge, Systemischer Berater DGSF Referent für Bildung und Öffentlichkeitsarbeit; ABA Fachverband Offene Arbeit mit Kindern und Jugendlichen e.V.

Deinet, Ulrich; Prof. Dr. rer. soc., Dipl.-Pädagoge, Professur für Didaktik/Methodik der Sozialpädagogik an der Fachhochschule Düsseldorf, Leiter der Forschungsstelle für sozialraumorientierte Praxisforschung und -entwicklung (fspe@fh-duesseldorf.de); langjährige Praxis als Referent für Jugendarbeit beim Landesjugendamt Westfalen-Lippe und als Praktiker in der Offenen Kinder- und Jugendarbeit, Veröffentlichungen u. a. zu den Themen: Kooperation von Jugendhilfe und Schule, Sozialräumliche Jugendarbeit, Sozialraumorientierung, Konzept- und Qualitätsentwicklung; Mitherausgeber des Online-Journals „Sozialraum.de".

Drogand-Strud, Michael; Diplom-Sozialwissenschaftler und Gestaltberater; Freiberuflicher Referent für Geschlechtsbezogene Pädagogik, Jungenarbeit, Koedukation, Crosswork und Gender Kompetenz in Schule und Jugendhilfe, Qualifizierung von sozialen und pädagogischen Fachkräften, Vorstand der LAG Jungenarbeit NRW und der BAG Jungenarbeit, zehn Jahre Jugendsozialarbeit in Duisburg und zwölf Jahre Bildungsreferent im Leitungsteam der HVHS „Alte Molkerei Frille".

Drößler, Thomas; Dr. phil., Evangelische Hochschule für Soziale Arbeit Dresden; Arbeitsschwerpunkte: Kinder- und Jugendhilfe, Kinder- und Jugendforschung, Soziale Ungleichheit, Sozialberichterstattung.

Dummann, Jörn; Prof. Dr., Fachhochschule Münster; Arbeitsschwerpunkte: Handlungskompetenzen in der Sozialen Arbeit sowie intergenerative Bildung.

Fromme, Johannes; Dr., seit 2002 Professor für Erziehungswissenschaftliche Medienforschung und Medienbildung unter Berücksichtigung der Erwachsenen- und Weiterbildung am Institut für Erziehungswissenschaft der Otto-von-Guericke-Universität Magdeburg, wissenschaftlicher Leiter des AV-Medienzentrums der Universität und Studiengangsleiter (gemeinsam mit Prof. Dr. Winfried Marotzki) des BA- und des MA-Studiengangs Medienbildung; Arbeitsschwerpunkte: Medienpädagogik und Medienbildung, Mediensozialisation und mediale Alltagskulturen, Digital Game Studies und Game Based Learning.

Fuhs, Burkhard; Prof. Dr. Dr. habil., Erziehungswissenschaftler und Kulturwissenschaftler; seit 2004 Lehrstuhl für „Lernen und Neue Medien, Schule und Kindheitsforschung" an der Universität Erfurt. Studium Diplom-Pädagogik (Sozialpädagogik), Psychologie, Soziologie und Volkskunde. Promotion in Europäischer Ethnologie, Habilitation in Erziehungswissenschaft; seit 1985 in unterschiedlichen Projekten zur Kindheits- und Jugendforschung tätig; Veröffentlichungen zum Wandel der Kindheit, zur Familie und zur generationalen Ordnung, zur Medienkindheit und zur Technisierung des Alltags; Arbeiten zu Qualitativen Methoden und zur Fotografie in der empirischen Forschung; Vorsitzender des „Erfurter Netcodes e.V.".

Gerbing, Joachim; Dipl.-Sozialpädagoge/Sozialarbeiter. Geschäftsführer des Verbandes Kinder- und Jugendarbeit Hamburg e.V., Mitglied im Hamburger Landesjugendhilfeausschuss und Lehrbeauftragter an der Hochschule für Angewandte Wissenschaften Hamburg (HAW), Department Soziale Arbeit.

Gerodetti, Julia; BA Soziale Arbeit, Wissenschaftliche Assistentin am Institut Kinder- und Jugendhilfe, Hochschule für Soziale Arbeit, Fachhochschule Nordwestschweiz; Arbeitsschwerpunkte: Kinder- und Jugendförderung, Offene Kinder- und Jugendarbeit, Online Communities und Offene Jugendarbeit, Planung und Steuerung der Kinder- und Jugendförderung.

Gissel-Palkovich, Ingrid; Dr. phil., ist Professorin für Soziale Arbeit im Fachbereich Soziale Arbeit und Gesundheit der Fachhochschule Kiel. Lehr- und Forschungsschwerpunkte: Soziale Dienste, Kinder- und Jugendhilfe, Konzepte und Methoden der Sozialen Arbeit.

Graff, Ulrike; Dipl.-Pädagogin, Dr. phil., Vertretungsprofessorin für Allgemeine Erziehungswissenschaft an der Fakultät für Erziehungswissenschaft der Universität Bielefeld; Arbeitsschwerpunkte: Pädagogik der Vielfalt, Genderpädagogik, Biografische Selbstreflexion und pädagogische Handlungskompetenz.

Griese, Hartmut; Dr. phil. habil., M.A.; Professor i. R. an der Leibniz Universität Hannover/Institut für Soziologie; Arbeitsschwerpunkte: Jugendforschung, Migrationssoziologie, Interkulturelle Pädagogik, Sozialisationstheorie.

Gruber, Susanne; (Dipl.-Sozialpädagogin (FH) und Dipl.-Pädagogin), seit 2002 für SAGS tätig und seit 2004 wissenschaftliche Mitarbeiterin der Universität Augsburg; Arbeitsschwerpunkte: Kinder- und Jugendhilfeforschung, Evaluation, Geschlechter- und Careforschung, sozialräumliche Analysen und Forschung in der Gleichstellungspolitik.

Hafeneger, Benno; Dr. phil., Professor für „Außerschulische Bildung" am Institut für Erziehungswissenschaft der Philipps-Universität Marburg; Arbeitsschwerpunkte: Jugend und Bildung, Jugendkulturen, Jugend und Rechtsextremismus.

Hubweber, Norbert; Dipl.-Pädagoge, Fachreferent für Offene Kinder- und Jugendarbeit, fachlicher Leiter und Geschäftsführer der LAG Kath. Offene Kinder- und Jugendarbeit NRW, Köln, mit Schwerpunkt auf wissenschaftlich-empirischen und konzeptionellen Fragen.

Icking, Maria; Dipl.-Pädagogin, freiberufliche Tätigkeit bei der Fachhochschule Düsseldorf, Abteilungsleiterin „Monitoring und Evaluation" bei der Gesellschaft für innovative Beschäftigungsförderung NRW.

Ilg, Wolfgang; Dr. rer. nat., Dipl.-Psychologe, Dipl.-Theol., Landesschülerpfarrer im Evangelischen Jugendwerk in Württemberg, wissenschaftlicher Mitarbeiter in Forschungsprojekten an der Universität Tübingen, freiberuflicher Evaluator; Forschungsschwerpunkte: Freizeiten (www.freizeitenevaluation.de), Konfirmandenarbeit (www.konfirmandenarbeit.eu).

Janowicz, Michael; Dipl.-Sozialpädagoge, M.A., wissenschaftlicher Mitarbeiter in der Forschungsstelle für sozialraumorientierte Praxisforschung und -entwicklung (FSPE) an der Fachhochschule Düsseldorf; Mitarbeit an mehreren Forschungsprojekten mit Schwerpunkt auf der Offenen Kinder- und Jugendarbeit.

Jaufmann, Dieter; Dipl.-Volkswirt und Soziologe, Mitbegründer und Leiter von SAGS, Institut für Sozialplanung, Jugend- und Altenhilfe, Gesundheitsforschung und Statistik in Augsburg; Arbeitsschwerpunkte: Kinder- und Jugendhilfeforschung und -planung, Ursachen- und Kostenstrukturanalysen, Seniorenpolitische Gesamtkonzepte, Armuts- und Reichtumsberichterstattung, Methoden- und Umfrageforschung, sozialräumliche Analysen und Evaluationsforschung.

Karolczak, Martin; Dipl.-Pädagoge, Master für Sozialmanagement; Wissenschaftlicher Mitarbeiter an der Universität Hamburg, Fachbereich Erziehungswissenschaft, Arbeitsbereich Sozialpädagogik; Arbeitsschwerpunkte: (Jugend-) Gewalt, Gewaltprävention, geschlechtsbezogene Pädagogik.

Kascha, Rainer; Dipl.-Pädagoge, Fachreferent des Paritätischen NRW e.V. für Jugend- und Kulturarbeit und das Paritätische Jugendwerk NRW, Schwerpunkte: Initiativgruppenförderung, Konzept- und Projektberatung, junge Flüchtlinge, Praxisreflexion und Fortbildung.

Kozicki, Norbert; Diplom-Sozialwissenschaftler, Referent für Kinder- und Jugendpolitik beim Falken Bildungs- und Freizeitwerk NRW.

Krafeld, Franz Josef; Prof. Dr., Hochschule Bremen, Fachbereich Sozialwesen. Erziehungswissenschaften mit den Schwerpunkten Jugendarbeit und Berufsintegration.

Krisch, Richard; Dr. phil., Pädagogische Grundlagenarbeit des Vereins Wiener Jugendzentren, Lektor Fachhochschule Campus Wien, Department Soziales. Praktiker in der Offenen Kinder- und Jugendarbeit, Veröffentlichungen u. a. zu den Themen: Sozialräumliche Jugendarbeit, Methoden der Sozialraumanalyse, Jugend und Übergänge in Arbeit, Bildung und Beschäftigung, Mitherausgeber des Online-Journals „Sozialraum.de".

Kühn, Christian; Prof. Dr., Technische Universität Wien, Institut für Architektur und Entwerfen; Arbeitsschwerpunkte: Architektur und Bildung.

Kutscher, Nadia; Professorin für Soziale Arbeit mit dem Schwerpunkt Bildung im Kindesalter, Dr. phil., Dipl. Päd., Dipl.-Sozialpädagogin (FH); Katholische Hochschule Nordrhein-Westfalen, Fachbereich Sozialwesen Köln; Arbeitsschwerpunkte: Kinder, Jugend und Internet, Digital Inequality, Bildung im Kindesalter und soziale Ungleichheit, Prävention in der Kinder- und Jugendhilfe.

Liebentritt, Sabine; Mag.a, Geschäftsführerin bOJA – Bundesweites Netzwerk Offene Jugendarbeit; Psychologin, PR-Fachwirtin (BAW) & akademisch geprüfte politische Bildnerin; zahlreiche Projektkonzeptionen und Projektumsetzungen im Bereich der Offenen Jugendarbeit, Projektleitung beim Aufbau des bundesweiten Vereins in Österreich bOJA, diverse Fachvorträge und Veröffentlichungen.

Lindner, Werner; Prof. Dr., Fachhochschule Jena; Arbeitsschwerpunkte: Theorie und Praxis der Kinder- und Jugendarbeit, sozialpädagogische Bildung, Jugendkulturen/Jugendkulturarbeit, Qualität und Evaluation.

May, Evelyn; Wissenschaftliche Mitarbeiterin (Universität Hamburg) im Arbeitsbereich Ästhetische Bildung und Lehrbeauftrage des Arbeitsbereiches Sozialpädagogik/Kinder- und Jugendbildung; Arbeitsschwerpunkte: Promotionsprojekt im Bereich partizipatorischer Kunstprojekte mit Kindern und Jugendlichen, Kooperationsprojekte und Netzwerke Kultureller Bildung.

Mock, Helga; Dr.; Mitarbeiterin im Amt für Jugendarbeit der Südtiroler Landesverwaltung; Arbeitsschwerpunkte: Sexualpädagogik, Kinder- und Jugendbeteiligung und Konzeptentwicklung.

Mühlmann, Thomas; Sozialpädagoge, M.A., Universität Duisburg-Essen, Fakultät für Bildungswissenschaften, Institut für Soziale Arbeit und Sozialpolitik, Mitarbeiter des Projektes „Qualitätsverbund Offene Kinder- und Jugendarbeit" in Nordrhein-Westfalen; Arbeitsschwerpunkte: Staatliche Regulierungen zur Qualitätssicherung sozialer Dienstleistungen durch Aufsicht und Beratung, Berichts- und Meldewesen sowie Prüfung und Zertifizierung.

Müller, Burkhard; Prof. Dr. habil, im Ruhestand mit Lehraufträgen am Institut für Sozial- und Organisationspädagogik der Universität Hildesheim und der Internationalen Psychoanalytischen Universität, Berlin. Aktuelle Forschungsschwerpunkte: Adoleszenz und Migration; Ethnographische Beobachtung in Sozialpädagogischen Handlungsfeldern.

Müller, Katja; Dipl. Soz. Päd., M.A., Fachberaterin für Kinder- und Jugendarbeit im LWL-Landesjugendamt Westfalen, Dozentin an der FH Münster; Arbeitsschwerpunkte: Kinder- und Jugendarbeit, Konzept- und Qualitätsentwicklung, Partizipation in den Feldern der Kinder- und Jugendhilfe.

Nacken, Wolfgang; Diplom-Pädagoge; Jugendbildung in der Nordelbischen Evangelisch-Lutherischen Kirche, Aufbau des mobilen Beratungsteams Hamburg gegen Rechtsextremismus; Arbeitsschwerpunkte: Koordination der Maßnahmen gegen Rassismus und Rechtsextremismus in Hamburg.

Neubauer, Günther; Dipl.-Pädagoge, SOWIT – Sozialwissenschaftliches Institut Tübingen; Arbeitsschwerpunkte: Jungen- und Männergesundheit, Prävention und Gesundheitsförderung, Genderkompetenz und Geschlechterpädagogik, Jungensozialarbeit.

Nörber, Martin; Dr., Pädagoge M.A., Hessisches Sozialministerium; Arbeitsschwerpunkte: Jugendpolitik, Kooperation Jugendhilfe-Schule, Grundsatzfragen sozialer Fachkräfte.

Nothdurfter, Klaus; Autonome Provinz Bozen – Südtirol, Amt für Jugendarbeit, Amtsdirektor; Finanzielle, strukturelle und inhaltliche Förderung der Jugendarbeit in Südtirol.

Oskamp, Anke; Dipl. Pädagogin, Fachreferentin für Offene Kinder- und Jugendarbeit der Landesarbeitsgemeinschaft Kath, Offene Kinder- und Jugendarbeit NRW.

Panitzsch-Wiebe, Marion; Dr. phil., Dipl.-Pädagogin, Dipl.-Sozialpädagogin; Hochschule für Angewandte Wissenschaften Hamburg; Arbeitsschwerpunkte: Theorien der Sozialen Arbeit, Jugendtheorien, Kinder- und Jugendarmut, Offene Kinder- und Jugendarbeit.

Plößer, Melanie; Prof. Dr., Fachbereich Soziale Arbeit und Gesundheit Fachhochschule Kiel; Arbeitsschwerpunkte: Differenz und Gender in der Sozialen Arbeit, Theorien der Sozialen Arbeit, Beratung.

Pothmann, Jens; Dr. phil., Dipl.-Pädagoge; Wissenschaftlicher Mitarbeiter in der Arbeitsstelle Kinder- und Jugendhilfestatistik im Forschungsverbund Deutsches Jugendinstitut/Technische Universität Dortmund; Arbeitsschwerpunkte: Kinder- und Jugendhilfe und ihre Arbeitsfelder, Jugendamt und Soziale Dienste, Berichtswesen und Sozialberichterstattung, Kennzahlen und Indikatoren.

Rauw, Regina; Dipl.-Pädagogin und körperorientierte Psychotherapeutin; selbstständig tätig als Dozentin für geschlechtsbezogene Bildung und in eigener Praxis für Coaching und Therapie. Koordinatorin des europäischen Netzwerkes „Empowerment in the work with girls". 1997 bis 2007 hauptberufliche Mitarbeiterin im Leitungsteam der „Alten Molkerei Frille" mit den Schwerpunkten Mädchenarbeit und Gender-Kompetenz.

Reutlinger, Christian; Dr. phil. habil., Erziehungswissenschaftler und Sozialgeograph, Professor für Sozialraumforschung und Sozialraumarbeit an der FHS St. Gallen, Hochschule für Angewandte Wissenschaften am Institut für Soziale Arbeit (IFSA) in Rorschach, Institutsleiter und verantwortlich für das Kompetenzzentrum Soziale Räume; Arbeitsschwerpunkte: Social Development, Transnationale Soziale Arbeit, Sozialgeografie der Kinder und Jugendlichen, Europäische Jugendforschung, sozialpädagogische Sozialraumforschung und Sozialraumarbeit.

Richter, Elisabeth; Dr., Universität Hamburg, Fakultät für Erziehungswissenschaft, Bildung und Psychologie, Fachbereich Sozialpädagogik/Außerschulische Bildung; Arbeitsschwerpunkte: Partizipation in Kindertageseinrichtungen, Demokratiebildung, Jugendvereinsforschung, Jugendarbeitslosigkeit.

Röll, Franz-Josef; Prof. Dr., Hochschule Darmstadt, Fachbereich Gesellschaftswissenschaften und Soziale Arbeit; Arbeitsschwerpunkte: Veränderung von Wahrnehmung und Denken durch Medien, Medienpädagogik, Web 2.0, Lernen des Lernens.

Rose, Lotte; Dr. phil., Professorin an der Fachhochschule Frankfurt am Main, Fachbereich Soziale Arbeit und Gesundheit; Arbeitsschwerpunkte: Kindheits- und Jugendforschung, Kinder- und Jugendarbeit, Genderforschung, Essen und Soziale Arbeit, Tiere und Soziale Arbeit.

Schäfer, Klaus; Prof., Dipl.-Pädagoge, Staatssekretär im Ministerium für Familie, Kinder, Jugend, Kultur und Sport des Landes Nordrhein-Westfalen, Honorarprofessur an der Universität Bielefeld.

Scherr, Albert; Prof. Dr. phil. habil., Diplom-Soziologe, Pädagogische Hochschule Freiburg, Institut für Soziologie. Arbeitsschwerpunkte: Jugendforschung, Bildungsforschung, Diskriminierung und Rassismus in der Einwanderungsgesellschaft, Theorien der Sozialen Arbeit.

Schindler, Gila; 1. und 2. Juristisches Staatsexamen; ab 2004 Referentin für Kinder- und Jugendhilferecht zunächst beim Deutschen Institut für Jugendhilfe und Familienrecht e.V. in Heidelberg und anschließend als Regierungsrätin im Bundesministerium für Familie, Senioren, Frauen und Jugend in Berlin (2005–2010). Seit 2010 selbständige Rechtsanwältin für Sozialrecht in der Sozietät BERNZEN SONNTAG Rechtsanwälte in Heidelberg mit Schwerpunkt Kinder- und Jugendhilferecht und Eingliederungshilfe.

Schirp, Jochem; Geschäftsführer des bsj Marburg; Arbeitsschwerpunkte: Abenteuerpädagogik und Jugendhilfe, europäische Dimensionen der Abenteuerpädagogik, Abenteuer und Natur in der Frühen Bildung.

Schmidt, Holger; Dipl. Soz. Päd., Wissenschaftlicher Mitarbeiter der TU Dortmund, Institut für Sozialpädagogik, Erwachsenenbildung und Pädagogik der frühen Kindheit (ISEP); Arbeitsschwerpunkte: Offene Kinder- und Jugendarbeit, Gewalt, soziale Normen, Prävention, Schule und Soziale Arbeit.

Schnurr, Stephan; Prof.; Leiter des Institut Kinder- und Jugendhilfe, Hochschule für Soziale Arbeit, Fachhochschule Nordwestschweiz; Arbeitsschwerpunkte: Theorie und Empirie der Sozialen Arbeit, Kinder- Jugendhilfe, International Social Work and Social Policy, Partizipation.

Schröder, Achim; Prof. Dr. für Kulturpädagogik und Jugendarbeit an der Hochschule in Darmstadt; Arbeitsschwerpunkte: Adoleszenz, Politische Jugendbildung, Beziehungen in der Jugendarbeit, Szenisches Spiel, Jugend und Gewalt.

Schulz, Marc; Dr. phil., Dipl. Pädagoge (Sozialpädagogik), Wissenschaftlicher Mitarbeiter an der Stiftung Universität Hildesheim, Institut für Erziehungswissenschaft/Abteilung Allgemeine Erziehungswissenschaft; Arbeitsschwerpunkte: Pädagogik des Kindes- und Jugendalters, Kindheits- und Jugendforschung, Bildungs- und Erziehungstheorien in vor- und außerschulischen Arbeitsfeldern, pädagogische Ethnographie.

Sielert, Uwe; Dr. paed, Dipl. Pädagoge; Professor für Pädagogik an der Christian Albrechts Universität Kiel; Arbeitsschwerpunkte: Umgang mit Heterogenität, Sexualpädagogik, Geschlechterpädagogik, themenzentrierte Interaktion.

Simon, Titus; Dr. rer. soc., Sozialarbeiter und Diplompädagoge, Professor für Jugendarbeit und Jugendhilfeplanung am Fachbereich Sozial- und Gesundheitswesen der Hochschule Magdeburg-Stendal. Von 1992 bis 1996 Inhaber der Professur „Jugend und Gewalt" an der Fachhochschule Wiesbaden, zuvor berufstätig in der Jugend- und Verbandsarbeit sowie in der Wohnungslosenhilfe.

Spatscheck, Christian; Dr. phil., Dipl.-Päd., Dipl.-Soz.-Arb. (FH), Professor für Theorien und Methoden der Sozialen Arbeit an der Fakultät Gesellschaftswissenschaften der Hochschule Bremen; Arbeitsschwerpunkte: Theorien und Methoden der Sozialen Arbeit, sozialraumbezogene Arbeitsansätze, Internationale Soziale Arbeit, Jugendarbeit, Sozialpädagogik, Systemisches Denken und Handeln.

von Spiegel, Hiltrud; Dipl. Sozialpädagogin, Dipl.-Pädagogin, Dr. phil., Professorin i. R. am Fachbereich Sozialwesen der Fachhochschule Münster; praktische Erfahrung in der Offenen Kinder- und Jugendarbeit; Lehrgebiet: Theorien und Methoden der Sozialen Arbeit.

Steiner, Olivier; Wissenschaftlicher Mitarbeiter am Institut Kinder- und Jugendhilfe, Hochschule für Soziale Arbeit, Fachhochschule Nordwestschweiz; Arbeitsschwerpunkte: Neue Medien und Soziale Arbeit, Mediensozialisation, Medienpädagogik, Medienkritik, Gewaltstrukturen, Jugendgewalt, Gewaltprävention, Gesellschaftstheorie, soziologische Theorien, Qualitative und quantitative Sozialforschung; Netzwerkanalyse und Netzwerkvisualisierung.

Sting, Stephan; Prof. Dr. phil., Professor für Sozial- und Integrationspädagogik am Institut für Erziehungswissenschaft und Bildungsforschung der Alpen-Adria-Universität Klagenfurt; Arbeitsschwerpunkte: Sozialpädagogische Bildungsforschung, Sozialpädagogik im Kindes- und Jugendalter, Soziale Arbeit und Gesundheit, Suchtprävention.

Sturzenhecker, Benedikt; Dr. phil., Dipl.-Päd.; Professor für Erziehungswissenschaft unter besonderer Berücksichtigung der Sozialpädagogik und außerschulischen Bildung an der Universität Hamburg, Fakultät für Erziehungswissenschaft, Psychologie und Bewegungswissenschaft; Arbeitsschwerpunkte: Offene Kinder- und Jugendarbeit, Jugendverbandsarbeit, Demokratiebildung, Kooperation Jugendarbeit und Schule, Konzeptentwicklung.

Thimmel, Andreas; Dr. phil., Professor für Wissenschaft der Sozialen Arbeit an der Fakultät für Angewandte Sozialwissenschaften der Fachhochschule Köln, Leiter des Forschungsschwerpunktes Non-formale Bildung; Arbeitsschwerpunkte: internationale und interkulturelle Jugendarbeit, europäische Jugendpolitik, Politische Bildung.

Thole, Werner; Dr. phil. habil., Dipl.-Pädagoge und Dipl.-Sozialpädagoge; Professor für Erziehungswissenschaft, Schwerpunkt Soziale Arbeit und außerschulische Bildung an der Universität Kassel; Arbeitsschwerpunkte: Theoretische, professionsbezogene und disziplinäre Fragen der Sozialpädagogik, Methodologie sozialpädagogischer Forschung, Theorie und Praxis der Kinder- und Jugendhilfe, insbesondere der außerschulischen Kinder- und Jugendarbeit, empirische Kindheits- und Jugendforschung.

Thömmes, Inge; Diplom-Sozialarbeiterin, Sexualpädagogin; Arbeitsschwerpunkt: Sexualpädagogik.

Trödel, Michael; Dipl. Soz. Päd., Kreisjugendpfleger, Lehrbeauftragter der Universität Bielefeld; Arbeitsschwerpunkte: Jugendarbeit, Jungenarbeit, Konzeptentwicklung und -evaluation.

Tully, Claus; Prof. Dr. habil, Deutsches Jugendinstitut e.V. München (DJI), Freie Universität Bozen (Italien), Freie Universität Berlin; Arbeitsschwerpunkte: Jugend und Technik, Lernen, Raumbezüge, Nachhaltigkeit und Konsum.

Voigts, Gunda; Dipl.-Päd., Promotionsstipendiatin an Universität Kassel, Fachbereich Humanwissenschaften, Abteilung für Sozialpädagogik und Soziologie der Lebensalter und –lagen; Arbeitsschwerpunkte: Kinder- und Jugendarbeit, Förderung der Kinder- und Jugendhilfe, Inklusion, Jugendverbände, Kindesschutz, Jugend- und Familienpolitik, Armut von Kindern.

Wendt, Peter-Ulrich; Professor für Soziale Arbeit an der Hochschule Magdeburg; Arbeitsschwerpunkte: Methoden der Sozialen Arbeit, Kinder- und Jugendhilfe, Ländlicher Raum, Professionstheorie.

Werthmanns-Reppekus, Ulrike; Der Paritätische NRW e.V.; Arbeitsschwerpunkte: Jugend, Frauen, Migration.

Wieland, Norbert; Prof. Dr. Dipl. Psych., Fachhochschule Münster; Arbeitsschwerpunkte: Schulsozialarbeit, erzieherische Hilfen.

Winter, Reinhard; Dr. rer. soc., SOWIT – Sozialwissenschaftliches Institut Tübingen; Arbeitsschwerpunkte: Jungen- und Männergesundheit, Integration kultureller Akzeptanz im Berufsleben, Genderkompetenz und Geschlechterpädagogik, Jungensozialarbeit.

Witting, Tanja; Prof. Dr. phil., Ostfalia Hochschule Braunschweig/Wolfenbüttel, Fakultät Soziale Arbeit, Professur für Kunst und Medien in der Sozialen Arbeit, Arbeitsschwerpunkte: audiovisuelle und interaktive, digitale Kinder- und Jugendmedien.

Teil I
Ein- und Überblick: die Offene Kinder- und Jugendarbeit

Die sozialintegrative Funktion der Offenen Kinder- und Jugendarbeit

Lothar Böhnisch

Die gesellschaftlichen Funktionen des Sozialstaates werden in der Regel unter drei Aspekten thematisiert: soziale Sicherheit, Verteilungspolitik und Sozialintegration. In der letzteren, der sozialintegrativen Dimension, hat sich der Bezug der Jugendarbeit zum Sozialstaat in Deutschland hauptsächlich entwickelt.

Der Begriff der „Sozialintegration" hat in der sozialwissenschaftlichen Diskussion in Deutschland eine gesellschaftlich allgemeine und eine historisch besondere Bedeutung. Allgemein bezeichnet er eine zentrale Dimension der gesellschaftlichen Arbeitsteilung in der Moderne: Die in der Folge der ökonomischen Arbeitsteilung entstandenen sozialen Differenzierungen, Aufspaltungen der Lebensbereiche und sozialen Konflikte müssen – soll das gesellschaftliche Gleichgewicht, die Stabilität der Gesellschaft trotz sozialen Wandels gewahrt bleiben – jeweils neu aufeinander bezogen und wieder zusammen geführt, eben „integriert" werden. Aus Sicht des Individuums bedeutet dies: Es muss Chancen und Möglichkeiten haben, die im Zuge der industriellen Arbeitsteilung immer wieder neu entstandenen Umbrüche, Verwerfungen, Unübersichtlichkeiten und sozialen Regellosigkeiten („Anomien", vgl. Durkheim 1973) bewältigen, den sozialen Anschluss und die Beteiligung an der gesellschaftlichen Entwicklung halten und in seiner Lebensführung einen subjektiven Bezug zu den geltenden Normen und sozialen Standards finden können. Kurzum: Der Einzelne muss aus seiner Lebenswelt heraus der Gesellschaft einen Sinn abgewinnen können (vgl. zum Begriff der Sozialintegration umfassend Habermas 1973). Von fehlender Sozialintegration – Desintegration und Anomie – spricht man dann, wenn sich Menschen in einer Gesellschaft abweichend verhalten (Devianz), sozial ausgegrenzt sind und/oder die zentralen gesellschaftlichen Werte nicht mehr teilen.

Die sozialwissenschaftliche Individualisierungsdiskussion (vgl. Beck 1986) hat den Begriff der Sozialintegration differenziert und so für die plurale Gesellschaft der Spätmo-

Prof. Dr. Lothar Böhnisch ✉
Hofmannstr. 12, 01277 Dresden, Deutschland
e-mail: Lothar.Boehnisch@unibz.it

derne handhabbar gehalten. Individualisierung als sozialstrukturelles Phänomen meint danach nicht nur, dass die Menschen infolge der beschleunigten Arbeitsteilung aus traditionellen, sozialintegrativen Zusammenhängen – Milieus, Lebensmustern, Selbstverständlichkeiten und Sicherheiten – „freigesetzt" werden und nun in Chancen und Risiken stärker auf sich selbst gestellt sind (Biografisierung, vgl. Böhnisch 2012). Vielmehr ist damit genauso die Erkenntnis verbunden, dass die Individuen nun auch mehr von sich aus neue sozialintegrative Bezüge aufbauen, im Alltag und gesellschaftlich sozialen Anschluss finden müssen. Diese Suche nach sozialem Anschluss in einer individualisierten und pluralisierten Gesellschaft vom Subjekt her kann Formen annehmen, die nicht oder nur teilweise den durchschnittlichen gesellschaftlichen Integrationsmustern entsprechen (subkulturelle Integrationsmuster) also in Spannung zur gesellschaftlichen Integration stehen. In diesem Zusammenhang betrachten wir Sozialintegration nicht institutionell als gesellschaftliche Eingliederung, sondern prozesshaft aus der Sozialisations- und Bewältigungsperspektive.

1.1 Offene Kinder- und Jugendarbeit im Wandel ihrer sozialintegrativen Funktion

Im Lichte dieser sozialintegrativen Bedeutung lässt sich die Entwicklung der Offenen Kinder- und Jugendarbeit in Deutschland von der Wende vom 19. zum 20. Jahrhundert bis zur heutigen Jahrhundertwende als zunehmende Verlagerung der sozialen Integrationsfunktion von der staatlich-institutionellen auf die sozialisatorisch-lebens-weltliche Dimension beschreiben. Dabei ist die Spannung zu dieser etatistisch-obrigkeitlichen Tradition nie ganz aufgelöst. Diese sozialstaatlich geprägte Entwicklung der Offenen Kinder- und Jugendarbeit lässt sich idealtypisch in acht Entwicklungsphasen beschreiben.

- Die obrigkeitsstaatlich gelenkte Einführung der Jugendpflege in der Tradition der Disziplinierung und Kontrolle vornehmlich der proletarischen Jugend vor und nach der Jahrhundertwende vom 19. zum 20. Jahrhundert.
- Die Neustrukturierung der Jugendpflege im Reichsjugendwohlfahrtsgesetz (1923) der demokratischen Weimarer Republik mit nun auch jugendkulturell ausgerichteten Elementen, die durch die noch junge Sozialpädagogik in jugendbewegtem Geiste gestaltet wurde.
- Die Jugendarbeit der westlichen Besatzungsmächte – vor allem der Amerikaner –, die nach dem 2. Weltkrieg in Westdeutschland ein gemeinwesenorientiertes Modell Offener Kinder- und Jugendarbeit in führten, nachdem die Ansätze Offener Arbeit und freier Jugendverbandsarbeit im Nazideutschland zerschlagen worden waren.
- Die restaurative Phase der 1950er-Jahre in Westdeutschland, in der die Offene Arbeit nachrangig zur Jugendverbandsarbeit gesetzt und durch ihre sozialintegrative Ausrichtung („Jugendliche von der Straße holen") die traditionellen staatlich sozialintegrativen Elemente wieder aufleben ließ.

- Der Aufschwung der Offenen Kinder- und Jugendarbeit in der Zeit der westdeutschen Bildungsreform und Bildungsmobilisierung, in der sie zum „vierten Sozialisationsfeld" und zum sozialen „Lernort" avancierte.
- Die Jugendzentrumsbewegung und die in der Folge jugendkulturzentrierte und „autonome" Profilierung der Jugendarbeit.
- Die Hinwendung der Offenen Kinder- und Jugendarbeit zur Zielgruppenarbeit mit Jugendlichen mit besonderen Lebensproblemen und Schwierigkeiten.
- Die sozialintegrativen Neudefinition der Offenen Kinder- und Jugendarbeit unter sozialisatorischer und sozialräumlicher Perspektive.

1.2 Die sozialisatorische Verankerung des sozialintegrativen Prinzips

Die neue sozialstaatliche Integration der Offenen Kinder- und Jugendarbeit, die Wiederbelebung und Verbreitung ihrer sozialintegrativen Funktion in nun gewandelter Funktionsperspektive entwickelte sich dann auch folgerichtig Mitte der 60er- bis in die 70er-Jahre hinein, als sich der Sozialstaat zum Wohlfahrtsstaat erweiterte und soziale Chancengleichheit und demokratische Partizipation als Grundlagen einer modernen Wirtschafts- und Gesellschaftsentwicklung begriff. Die Jugend wurde – zumindest in der gesellschaftlichen Definition aber auch symbolisiert über die 68er- und Nach-68er-Bewegungen zum „Faktor des sozialen Wandels" (vgl. Allerbeck und Rosenmeyer 1971) und – über ihren nun gesellschaftlich hoch bewerteten Bildungsstatus zum „human capital" der Modernisierung. Die Jugendarbeit wurde als eigener Lernort der Bildungsplanung der 70er-Jahre festgeschrieben, sie sollte den Jugendlichen die sozialen und soziokulturellen Kompetenzen vermitteln helfen, die in der Schule nicht erwerbbar sind, sondern über das Medium der Gleichaltrigenkultur thematisiert werden müssen (vgl. Hornstein et al. 1975). Das Bemerkenswerte an dieser bildungspolitischen Anerkennung der Offenen Kinder- und Jugendarbeit aber war, dass sich in ihr ein historisch neues Verhältnis von Jugendarbeit und Sozialstaat symbolisierte: Die sozialintegrative Funktion der Jugendarbeit wurde vom nun sich auch wohlfahrts- und bildungspolitisch verstehenden Sozialstaat nicht mehr ordnungspolitisch, sondern sozialisatorisch gesehen. Die Offenen Kinder- und Jugendarbeit sollte soziale Integration in der Sozialisationsdimension des tendenziell selbstbestimmten Hineinwachsens der Jugend in die demokratische Gesellschaft mitgestalten.

Diese bis heute einschneidende sozialstaatliche Wende in der öffentlichen Bestimmung der Jugendarbeit, wie sie sich in der Gründung zahlreicher selbstorganisierter Jugendclubs zu Ende der 1960er-Jahre niederschlug, hatte erhebliche Auswirkungen auf das jugendpädagogische Selbstverständnis und die Professionalisierung der Jugendarbeit. Die Jugendzentrumsbewegung – vor allem in den Klein- und Mittelstädten – pochte auf die Autonomie der Jugendkultur gegenüber Bildungspolitik und Pädagogik und ließ damit auch die Jugendarbeit in ihrem neu erwachten – jugendkulturzugewandten – Selbstverständnis gleichsam ins Leere laufen. Eines aber hatte die Jugendzentrumsbewegung – im Nachgang zu den Studenten-, Schüler- und Lehrlingsbewegungen – gesellschaftspolitisch über das Medium kommunalpolitisch erkämpfter Akzeptanz erreicht: Während die Bildungspolitik mit „der Jugend" als abstrakte gesellschaftliche Größe operierte, machten sich die Jugendlichen als konkrete lokale Interessengruppen mit eigenen (und nicht von Familie und Schule abgeleiteten) sozialen und kulturellen Ansprüchen bemerkbar. Die Offene Jugendarbeit, die sich zu dieser Zeit mehr kommunalpolitisch denn pädagogisch (die Zentren begriffen sich ja als „autonom") um die Absicherung und Förderung der Jugendzentren bemühte, profilierte von der Öffentlichkeit, welche die Jugendlichen für Ihre Belange schufen. So kann man für die 1970er-Jahre bilanzierend formulieren: Das Zusammenspiel von bildungspolitischer Anerkennung der Jugendarbeit und kommunalpolitischer Auseinandersetzung um die Jugendlichen schlug sich in einem neuen sozialintegrativen Verständnis der Jugendarbeit nieder: Sie sollte sowohl einen eigenen Beitrag für die Verbesserung der Sozialisationsbedingungen Jugendlicher als auch für die Ermöglichung eigenständiger Jugendräume (vgl. Böhnisch und Münchmeier 1993) leisten können.

Je augenfälliger die Jugend allerdings in den 80er-Jahren ihren eigenen gesellschaftlichen Raum in Bildungs- und Konsumkultur suchte, desto mehr wurde die Offene Kinder- und Jugendarbeit zum Gesellungsort für sozial benachteiligte Jugendliche, d. h. für jene, die an die Konsumkultur und an die soziale Entwicklung aus materiellen und kulturellen Gründen keinen Anschluss finden konnten. Es handelte sich dabei vor allem um sozial benachteiligte deutsche und ausländische Jugendliche.

Gleichzeitig entwickelte die Jugendarbeit selbst spezielle Zielgruppenprogramme wie z. B. in der Mädchen- und Hauptschülerarbeit. Diese „Sozialpolarisierung" der Jugendarbeit rückte ihre sozialstaatlich abgeleitete sozialintegrative Funktion wieder stärker in den Vordergrund. Zwar blieb der sozialisatorische Legitimationsbezug erhalten, war nun aber sozialpolitisch gebunden und somit jugendpolitisch eingeschränkt.

Diese Zielgruppenorientierung wurde nach der deutschen Einigung durch die ostdeutschen Verhältnisse weiter verstärkt und verbreitet. Vor allem die ostdeutsche Verbreiterung auf Jugendliche, die nicht im traditionellen Sinne benachteiligt waren, sondern nach den einschneidenden Milieubrüchen nach der Wende neue Gesellungs- und Milieubezüge suchten, öffnete für die Jugendarbeit eine neue sozialintegrative Perspektive:

Sie wurde zum milieubildenden Ort, zum gesuchten und verlässlichen Alltagsbezug für viele Jugendliche. Diese Entwicklung wurde dadurch gefördert, dass mit der sozialintegrativen Schwächung des Sozialstaates (vgl. Butterwege 2005) ein Klima sozialer Unsicherheit und Anomie – symbolisiert in der zunehmenden Jugendarbeitslosigkeit, der Bildungskonkurrenz und der Gewalt unter Jugendlichen – auch die Jugendarbeitsszene nicht verschont hat. Das Brüchigwerden der sozialstaatlichen Sozialintegration, das sich für die Jugend vor allem auch darin zeigt, dass Verlässlichkeit der Statuspassage Jugend in Frage gestellt ist, fordert den Jugendlichen früh eigene sozialintegrative Bemühungen – in der Suche nach gesellschaftlicher Teilhabe und sozialem Anschluss – ab. Gleichzeitig tritt jenes ambivalente Sozialisationsmuster deutlicher denn je hervor, in dem die Lebensperspektiven von „Offenheit und Halt" (vgl. Böhnisch et al. 1998) in einer biografisch zu bewältigenden Spannung zueinander stehen: Einerseits sind die Jugendlichen schon früh der Kontingenz und dem Aufforderungsdruck einer sich rasch wandelnden und sozial nicht mehr verlässlichen Gesellschaft ausgesetzt, sollen offen, flexibel, bereit sein für unverhoffte Brüche und Umorientierungen in der Biografie. Gleichzeitig ist diese gesellschaftliche Offenheit nur durchstehbar, wenn die einzelnen einen sozialen Rückhalt haben, über soziale Geborgenheit und mit sich selbst im Einklang und aus einem stabilen Selbst heraus dem sozialen Wandel gewachsen sind. Diesen sozialintegrativen Zusammenhang – aus der Gefahr der sozialen Vereinzelung heraus sozialen Anschluss suchen und in der gefundenen sozialemotionalen Gegenseitigkeit Selbstwert und soziale Orientierung erlangen können – bezeichnen wir mit dem Begriff „Milieu" (vgl. Hradil 1992) und die daran orientierte pädagogische Aktivität als „Milieubildung".

1.3 Offene Kinder- und Jugendarbeit und die sozialintegrative Perspektive der Milieubildung

Milieus als sozialräumlich abgegrenzte und in sozialemotionaler Gegenseitigkeit nach innen hoch verdichtete, nach außen sozial abgrenzende oder gar ausgrenzende Gruppenstrukturen sind in ihrer sozialintegrativen Funktion zuerst an die Befindlichkeit der Subjekte und nicht an die gesellschaftliche Norm gebunden. So haben gerade auch sozial abweichende Gruppierungen – z. B. gewalttätige Gruppen – nicht nur eine hohe Milieuentwicklung für die beteiligten Jugendlichen, sondern signalisieren auch gesellschaftliche Integrationsansprüche: Wir sind auch noch da, auch wenn wir uns nur über Gewalt bemerkbar machen können (vgl. Krafeld 1992; Bohnsack 1995). Bei solchen gewalttätigen Gruppierungen handelt es sich aber meist um „regressive", autoritäre Milieus mit hierarchischen Führerstrukturen und aggressiver Ausgrenzung Schwächerer. Deshalb unterscheiden wir in der Offenen Kinder- und Jugendarbeit zwischen regressiver (autoritärer) und offener (demokratischer) Milieubildung (vgl. Böhnisch 2012).

Die Jugendarbeit als Pädagogik der offenen Milieubildung versucht also, Jugendlichen Orte, Räume und personale und soziale Bezüge zu vermitteln, in denen sie alltäglichen Halt und sozialemotionale Vertrautheit im gegenseitigen Respekt vor der personalen Integrität anderer finden und den Milieurückhalt als Anker für sozial offene Beziehungen nutzen können. Dieser sozialintegrative Bezug „von unten" braucht allerdings einen Rahmen gesellschaftlicher Akzeptanz, in dem die Milieudynamik Jugendlicher nicht vorab negativ etikettiert oder gar kriminalisiert ist. Solange die Jugendarbeit sich auf den sozialstaatlichen Konsens berufen konnte, dass Jugend aufgrund ihrer Entwicklungstypik ein besonderes Integrationsmodell braucht, war ihr jugendpädagogischer Integrationsauftrag als Gestaltungsauftrag legitimiert. Mit der Erosion der Gestaltungskraft des Sozialstaates ist die Gefahr gewachsen, dass daraus wieder ein Kontroll- und Befriedungsauftrag wird. Deshalb ist es heute so wichtig, sich ein kommunales Unterstützungsnetzwerk aufzubauen, in dem sich ein öffentliches Verständnis für die Jugendarbeit als Ort der produktiven Austragung sozialer Integrationskonflikte Jugendlicher entfalten und verbreiten kann.

Denn die klassische Figur des Jugendmoratoriums scheint heute gesellschaftlich wie zeitlich immer schwerer lokalisierbarbar. Das sozialwissenschaftlich gefeierte und jugendpädagogisch behauptete Erfolgsmodell der Moderne ist inzwischen entgrenzt. Es sollte den Jugendlichen einen Schonraum geben, in dem sie sich entwickeln, relativ risikolos sozial experimentieren, über das Bildungs- und Ausbildungssystem sich qualifizieren können, um später als „fertige Bürger" in die Arbeitsgesellschaft integriert zu werden. Inzwischen reichen soziale Probleme der Erwachsenengesellschaft weit in die Jugendphase hinein, gleichzeitig ist sie zeitlich offen geworden und auf das gesellschaftliche Integrationsversprechen können sich viele nicht mehr verlassen. Auch der bürgergesellschaftliche Schirm, den manche anstelle des löchrig gewordenen sozialstaatlichen Schirms über die Offene Kinder- und Jugendarbeit aufspannen möchten, bringt die Offene Kinder- und Jugendarbeit – zumindest zur Zeit – nicht weiter. Denn der bürgergesellschaftliche Diskurs in Deutschland geht implizit immer vom erwachsenen Erwerbsbürger und seinen stabilen und instabilen Statuspositionen aus. Jugend gerät dabei so gut wie nicht in den Blick. Obwohl in als Gegendiskurs zum Sozialstaatsdiskurs konzipiert, ist er – wenn auch nicht intendiert – gerade ob seiner Substitutionsideologie an das sozialstaatlich-arbeitsgesellschaftliche Modell gebunden bzw. von ihm angezogen. Jugendliche, die ja noch nicht in der Arbeitsgesellschaft integriert sind, erscheinen deshalb auch als gleichsam nicht bürgerfähige gesellschaftliche Gruppe, um die man sich allerdings „kümmern" muss, da sie noch nicht über die materiellen und sozialen Ressourcen der Bürgerteilhabe verfügen Unbestritten sind viele dieser Projekte von lokalen Bürgerstiftungen aus sozialer Verantwortung für Jugendliche heraus entwickelt worden. Es sind zwar oft notwendige Ersatz- oder Lückenprojekte im Verhältnis zum Sozialstaat, denen allerdings die sozialstaatliche Gewährleistungsverpflichtung abgeht (vgl. Böhnisch und Schröer 2005.)

Schon die deutschen Jugenduntersuchungen seit Ende der 1990er-Jahre lassen sich in einem im Tenor bündeln: Die Krise der Arbeitsgesellschaft hat die Jugend erreicht. Gerade in einer Lebenszeit, in der Jugendliche – mit Durchlaufen der Pubertät und im fragilen Kontext der Übergangs – zu sich selbst finden, mit sich experimentieren, ihre Grenzen erproben und deshalb auch gesellschaftlich geschützt werden müssen, werden viele von ihnen von psychosozialen Problemen bedrängt, die aus der Arbeitsgesellschaft kommen, und die eigentlich – folgt man dem Moratoriumsmodell – noch von ihnen fern gehalten sein müssten. Frühe Selbständigkeit ist dadurch für manche zum frühen Ausgesetztsein geworden: Bildungskonkurrenz in der Schule, Unsicherheit im Hinblick auf den Erwerb einer Lehrstelle oder an der zweiten Schwelle des Übergangs vom Beruf zur Arbeit, aber auch Arbeitslosigkeit der Eltern konfrontieren Jugendliche früh mit sozialer Ausgrenzung. Jugend ist nicht nur „entstrukturiert", wie man noch in den 1990er-Jahren angesichts der Pluralisierung der Jugendphase meinte, sondern *entgrenzt*, der gesellschaftlichen Unsicherheit und der Generationenkonkurrenz ausgesetzt. Es gilt also, angesichts dieser Entwicklung ein neues gesellschaftliches Modell von Jugend zu diskutieren. Dieses muss sich auf die Spannung beziehen können, in die die entgrenzte Jugendphase heute gekommen ist. Da Jugendliche heute früh soziokulturell selbständig sind, brauchen sie die Zuerkennung gesellschaftlicher Verbindlichkeit für ihre sozialen Resultate. Da sie aber gleichzeitig schon der Generationenkonkurrenz ausgesetzt sind, müssen sie weiter gesellschaftlichen Schutz genießen können. Die Gesellschaft soll sich also sowohl um sie kümmern, als auch sie zum sozialen Experiment ermuntern. Sonst macht sich bei den Jugendlichen ein Bewältigungsmodus des „Irgendwie Durchkommens" breit, der zwar zu unbedingtem biographischen Optimismus zwingt, den soziokulturellen Experimentierraum Jugend mit seinen kritischen Potenzialen nicht mehr nutzen kann. Kritik schlägt in diesem biographischen Ausgesetztsein dann eher in Hilflosigkeit und diese nicht selten in Gewalt um. Sie ist die Reaktion auf eine Gesellschaft, die der Entwertung der Jugend folgt, wie sie die neue Ökonomie, die den „fertigen Arbeiter" verlangt und auf „Entwicklung" keine Rücksicht nimmt (vgl. Böhnisch et al. 2009).

Die Milieus der Offenen Kinder- und Jugendarbeit bieten solche sozialintegrativ wirksamen Anerkennungs- und Beteiligungskontexte, die eine Mithaltedruck ausstrahlende Gesellschaft gerade sozial benachteiligten Jugendlichen verwehrt. Solche Milieus werden aber auch und gerade in dem Maße immer wichtiger, in dem die soziale Spaltung der Gesellschaft sich zunehmend auch schon in der Jugendpopulation bemerkbar macht (vgl. dazu Jugend 2010). Diese Spaltung drängt manche Jugendliche in regressive Milieus, die ihnen zwar sozialen Anschluss bieten, sie aber nach außen eher sozial isolieren. Eine offene, schützende wie aktivierende Milieubildung im Kontext der Offenen Kinder- und Jugendarbeit gewinnt angesichts dieser Entwicklungen an Bedeutung für die zukünftige gesellschaftliche Integration.

Literatur

Allerbeck, K., & Rosenmeyer, L. (1971). *Aufstand der Jugend*, München.

Beck, U. (1986). *Risikogesellschaft*. Frankfurt a. M.

Böhnisch, L., & Münchmeier, R. (1993). *Pädagogik des Jugendraumes*. Weinheim und München.

Böhnisch, L., Rudolph, M., & Wolf, B. (1998). *Jugendarbeit als Lebensort*. Weinheim und München.

Böhnisch, L., & Schröer, W. (2005). *Die soziale Bürgergesellschaft*. Weinheim und München.

Böhnisch, L., Lenz, K., & Schröer, W. (2009). *Sozialisation und Bewältigung*. Weinheim und München.

Böhnisch, L. (2011). *Sozialpädagogik der Lebensalter*. Weinheim und München.

Bohnsack, R. (1995). *Die Suche nach Gemeinsamkeit und Gewalt in der Gruppe*. Opladen.

Butterwege, C. (2005). *Krise und Zukunft des Sozialstaats*. Wiesbaden.

Durkheim, E. (1973). *Der Selbstmord*. Neuwied und Berlin.

Hornstein, W., Schmeißer, G., Schefold, W., & Stakebrand, J. (1975). *Lernen im Jugendalter. Ergebnisse, Fragestellungen und Probleme sozialwissenschaftlicher Forschung*. Stuttgart.

Habermas, J. (1973). *Legitimationsprobleme im Spätkapitalismus*. Frankfurt a. M.

Hradil, S. (1992). Alte Begriffe und neue Strukturen. Die Milieu-, Subkultur- und Lebensstilforschung der 80er Jahre. In S. Hradil (Hrsg.), *Zwischen Bewußtsein und Sein* (S. 15–56). Opladen.

Jugend 2010 (2010). *Shell Holding*. Frankfurt a. M.

Krafeld, F. J. (Hrsg.). (1992). *Akzeptierende Jugendarbeit mit rechten Cliquen*. Bremen.

Das Wissen zur Offenen Kinder und Jugendarbeit 2

Holger Schmidt

Das empirische Wissen zur Offenen Kinder- und Jugendarbeit (im Weiteren OKJA) galt lange Zeit als kaum vorhanden. Diese Beurteilung ist zum einen dem Umstand geschuldet, dass ein großer Teil der bestehenden empirisch erzeugten Erkenntnisse auf lokal begrenzte Evaluationen oder für die Jugendhilfeplanung erhobene Daten beruhen und daher selten an die Öffentlichkeit jenseits der jeweiligen Nutzungsabsicht geraten. Ebenso sind eine Vielzahl der empirischen Studien und Evaluationen lediglich als Graue Literatur im Umlauf und somit nur einer begrenzten Zahl von Eingeweihten zugänglich. Dies führte dazu, dass eine systematische Übersicht über den Forschungsstand zur Offenen Kinder- und Jugendarbeit fehlte. Erst in der jüngsten Zeit entstanden zwei Ansätze (Buschmann 2009; Thole 2010) einer Forschungsübersicht, die jedoch aufgrund ihrer thematischen Ausrichtung noch fragmentarisch bleiben mussten. Eine nun vollständige Zusammenfassung der Forschungsergebnisse durch den Verfasser (Schmidt 2011b) zeigt anhand der erarbeiteten Übersicht das Gesamtbild der empirischen Studien einrichtungsbezogener Offener Kinder- und Jugendarbeit seit den 1950er-Jahren. Neben der Schulsozialarbeit (Speck und Olk 2010) ist die OKJA eines der beiden sozialpädagogischen Handlungsfelder der Kinder- und Jugendhilfe, für die solch eine systematische Aufarbeitung des empirischen Wissens vorliegt. Indes steht jedoch eine Studienübersicht zu den ausdifferenzierten Feldern, der Mobilen Jugendarbeit und den Abenteuerspielplätzen, noch aus.

Zwar widerlegen die mittlerweile über 100 Studien, die sich (nahezu) exklusiv mit den Einrichtungen der OKJA befassen, die eingangs erwähnte Annahme, gleichzeitig lassen sie auch eine Reflexion bisheriger Forschungsergebnisse zu sowie nach wie vor vorhandene Forschungslücken deutlicher zu Tage treten. Durch die zumeist regional und kommunal begrenzten Forschungen besteht das Problem, allgemeine Aussagen von ihnen abzulei-

---

Holger Schmidt ✉
Institut für Sozialpädagogik, Erwachsenenbildung und Pädagogik der frühen Kindheit (ISEP), Technische Universität Dortmund, Emil-Figge-Str. 50, 44227 Dortmund, Deutschland
e-mail: Holger.Schmidt@fk12.tu-dortmund.de

ten und auf die Ganzheit der Offenen Kinder- und Jugendarbeit zu übertragen. Ebenso ergibt sich daraus die Möglichkeit, eine Diskussion der Forschungsmethoden sowie der Forschungsverwendung und -intention anzustoßen (Schmidt 2011a), was das Volumen dieses Beitrages sprengen würde. Daher wird sich im Folgenden auf eine Darstellung der Forschungsergebnisse, also des empirischen Wissens zur Offenen Kinder- und Jugendarbeit, auf den drei Ebenen der Strukturen (1), der Besucherinnen und Besucher (2) sowie der pädagogischen Interaktion (3) beschränkt.

2.1 Strukturen

In diesem Kapitel wird darauf verzichtet, das empirische Wissen zum haupt- und ehrenamtlichen Personal der OKJA darzustellen. Dazu findet sich in diesem Buch Kap. 67 „Die MitarbeiterInnen" von Werner Thole und Jens Pothmann. Aufgenommen werden darüber hinausgehende Erkenntnisse zu strukturellen Aspekten des Arbeitsfeldes.

Die Öffnungszeiten der Einrichtungen der OKJA sind sehr individuell organisiert und hängen zum Teil auch mit der Personalsituation und Finanzierung zusammen. Als Kernöffnungszeiten sind sicherlich Öffnungstage von Montag bis Freitag anzusehen mit Variationen (z. B. Dienstag bis Samstag) oder zusätzlichen Öffnungstagen am Wochenende. Die Öffnungszeiten an den jeweiligen Tagen sind ebenfalls sehr individuell gestaltet und hängen von den oben genannten Faktoren ab. Ob und wie diese sich aktuellen Begebenheiten wie der sukzessiven Einführung von (Offenen) Ganztagsschulen angepasst haben muss eine bisher ausstehende empirische Überprüfung zeigen. Von den insgesamt 2320 Häusern in NRW gehören 1090 in die Kategorie der „kleinen Häuser" mit unter 20 Stunden wöchentlicher Öffnungszeit. 26,7 % der Einrichtungen haben eine Öffnungszeit von über 30 Stunden in der Woche. 28,8 % der Einrichtungen sind regelmäßig auch an Wochenenden geöffnet (Liebig 2005, 2006). In Baden-Württemberg sind jeweils ein Drittel der Einrichtungen täglich 3–4, 5–6 oder 7–8 Stunden geöffnet. Häuser mit ehrenamtlicher Besetzung haben häufig an den Wochenenden Öffnungszeiten, Einrichtungen mit hauptamtlicher Besetzung sind dagegen geschlossen (Fehrlen und Koss 2003). Eine aktuelle Studie über die Evangelische OKJA in Bielefeld zeigt, dass die Öffnungszeiten innerhalb der Woche zu den Besucherinnen und Besuchern passen und deren Freizeitbudgets ähneln. Auch die Offene Ganztagsgrundschule, die seit ihrer Einführung das Freizeitbudget der Kinder und Jugendlichen einschränkt, erweist sich diesbezüglich als unproblematisch, da die Kinder im Durchschnitt ab 16.00 Uhr Freizeit haben (Bröckling et al. 2011). Spezielle Öffnungszeiten für die Offene Arbeit mit Kindern sind in den meisten Einrichtungen nicht mehr ungewöhnlich (Ostbomk-Fischer 1995).

Die wenigen vorhandenen Forschungsergebnisse zum Erscheinungsbild der Einrichtungen der OKJA lassen zumindest darauf schließen, dass der Planung, Errichtung und Ausstattung dieser klare Vorstellungen von der Zielgruppe zugrunde liegen müssen. Sowohl das äußerliche Erscheinen der Einrichtungen der OKJA als auch die Inneneinrichtung bewirken unterschiedliche Zugänge zu diesen sowie eine Selektivität gegenüber den (potentiellen) Besucherinnen und Besuchern. Schon durch die Gestaltung des Gebäudes, des Eingangsbereichs sowie der Ausstattung werden Kinder und Jugendliche entweder zum Besuch ein- oder ausgeladen bzw. werden nur bestimmte Besucherinnen- und Besuchergruppen angesprochen (Cloos et al. 2007; Grauer 1975). Trauernicht und Schumacher (1986) kommen zu dem Schluss, dass die architektonische und sächliche Ausgestaltung der Offenen Kinder- und Jugendarbeit die verbesserte Einbeziehung von Mädchen oft behindern (z. B. Kicker, Flipper, Billard, Tischtennis etc.). Somit stellen Erscheinungsbild und Strukturierung der Einrichtung einen eigenständigen Selektionsmechanismus dar, der Besuch oder Nichtbesuch beeinflusst.

Die vorliegenden Studien und Erkenntnisse liefern nahezu ausschließlich deskriptive Ergebnisse in Bezug auf Anzahl und Inhalt der Angebote der OKJA. Aufgrund einer flexiblen Alltagsorientierung dürften diese Erkenntnisse jedoch lediglich für regionales oder lokales Interesse sorgen. Zusammengefasst zeigt sich, dass kursähnliche Angebote und Projekte auf die Besucherinnen und Besucher selten anziehend wirken. Die Strukturierung und Inhalte dieser Angebote erweist sich häufig als nicht sinnhaft bezüglich der Lebenswelt der Stammbesucherinnen und -besucher, insbesondere im Zusammenhang mit neuen Medien (Welling und Brüggemann 2004). Ein wichtiger Angebotsschwerpunkt in der OKJA ist die Beratung geworden. Inhaltlich sind Konflikte mit anderen Jugendlichen, Lebens-/Jugendberatung sowie schulische und berufliche Themen zu benennen (Rauschenbach et al. 2000). 34 % der Einrichtungen in NRW haben in ihrer Konzeption spezielle Angebote für Kinder und Jugendliche mit Migrationshintergrund verankert (Liebig 2005).

Geschlechtsspezifische Angebote werden in der Mehrzahl für Mädchen in der Form von Gruppenangeboten, der Bildungsarbeit und Bewegungs- und Kreativangeboten durchgeführt. Jungenarbeit scheint eher untergeordnet eine Rolle zu spielen (ca. 30 % der Einrichtungen) (Rauschenbach et al. 2000; Fehrlen und Koss 2003).

Nur wenige Erkenntnisse bestehen über unterschiedliche Formen der Offenen Angebote in Form von Treffs, Cafés etc. auf struktureller Ebene. Die Arbeit in diesen offenen Arbeitsbereichen wird überwiegend von studentischen Hilfskräften und anderen an- bzw. ungelernten Kräften geleistet (Rauschenbach et al. 2000). Dies ist insofern erstaunlich, als dass die meisten Besucherinnen und Besucher die OKJA insbesondere nutzen, um keiner spezifischen Tätigkeit nachzugehen (Ausruhen, „Chillen" etc.) und der Offene Treff als Ort der meisten Kontakte zu den Fachkräften benannt wird (Bröckling et al. 2011). Diese Orte in den Einrichtungen stellen für die Kinder und Jugendlichen folglich den zentralen Aufenthaltsort dar und für die Mitarbeiterinnen und Mitarbeiter eine unverzichtbare Kontaktmöglichkeit.

Wichtigste Kooperationspartner, gemessen am quantitativen Kooperationsvolumen, seitens der OKJA sind Jugendämter und Schulen (Rauschenbach et al. 2000; Liebig 2006). Diese Kooperationen werden von den kooperierenden Einrichtungen der OKJA weitestgehend als positiv bewertet (Icking und Deinet 2009; Coelen und Wahner-Liesecke 2008). Seitens der Schulen wird die Kooperation mit den Einrichtungen der OKJA jedoch mit einem eher geringen Stellenwert beurteilt bzw. benannt (Behr-Heintze und Lipski 2005; Arbeitsgemeinschaft für Kinder- und Jugendhilfe 2008).

Die Studien zu selbstverwalteten Jugendzentren weisen deutlich auf ein Ausbleiben interner Motivation zur aktiven Teilnahme und Mitbestimmung, auch in Bezug auf politische Aktivitäten, nach Erreichen des Primärziels hin. Selbstverwaltete Jugendzentren mit offenen Treffmöglichkeiten scheinen von Kindern und Jugendlichen weitestgehend wie andere Einrichtungen genutzt zu werden. Die Strukturen der Selbstverwaltung bilden die realer politischer Felder inklusive ihren negativen Aspekten ab, was einerseits als Lernmöglichkeit der Politik der Erwachsenenwelt für Jugendliche angesehen, andererseits die Frage aufwirft, ob dies als sozialpädagogisch sinnvoll erachtet werden kann (Schmidt 2011b).

2.2 Besucherinnen und Besucher

Eine der häufigsten Fragen an die Forschung geht der Nutzerinnen- und Nutzerzahl der OKJA nach, die der Legitimation des Handlungsfeldes dienen soll. Diese kann jedoch tatsächlich nicht eindeutig beantwortet werden, insbesondere da bundesweite Daten nicht vorliegen bzw. deren Variablen nicht zur exakten Bestimmung der Nutzung beitragen. 27 Forschungsergebnisse von den 1970er-Jahren bis zur Gegenwart, die von kommunalen Erhebungen der Freizeitinhalte von Schülerinnen und Schüler bis zu bundesweiten repräsentativen Jugendforschungen wie der Shell-Studie reichen, lassen somit weder eine tatsächliche längsschnittliche Beurteilung der Besucherinnen- und Besucherzahlen noch den Umfang der Nutzung zu. Allerdings können zumindest Annäherungen an einen Nutzungsverlauf sowie an durchschnittliche Nutzungszahlen angestellt werden. Es kann davon ausgegangen werden, dass etwa seit den 1980er-Jahren bis zur Gegenwart ca. 5–10 % der 12–17-jährigen in Deutschland regelmäßig (mindestens einmal wöchentlich) Einrichtungen der Offenen Kinder- und Jugendarbeit besuchen, weitere 20–30 % nutzen sie gelegentlich, ca. 50–60 % nie. Diese Besucherinnen- und Besucherquote dürfte regional stark variieren, insbesondere unter Berücksichtigung des tatsächlich vorhandenen Angebots (Schmidt 2011b). Einrichtungsbezogen korrespondieren hohe Besucherinnen- und Besucherzahlen mit einer höheren Anzahl an Fachkräften sowie größeren Räumlichkeiten (Rauschenbach et al. 2000; Lüdtke 1972; Achten und Hubweber 1986).

Bezüglich des Alters der Kinder und Jugendlichen, die die OKJA nutzen, existieren zwei konzentrierte Alterskohorten. Falls Kinderbereiche vorhanden sind, sprechen diese besonders 7–10-jährige an, bei den älteren Kindern und Jugendlichen konzentrieren sich 13–16-jährige (zuletzt Bröckling et al. 2011). Tendenziell ist dabei eine leichte Verschiebung von älteren zu jüngeren Besucherinnen und Besuchern festzustellen (Schmidt 2011b).

Die Geschlechtsverteilung unterscheidet sich zwischen den jüngeren und älteren Besucherinnen und Besuchern. Ist das Verhältnis bei den Kindern bis ca. 11 Jahren noch etwa ausgeglichen scheinen die Mädchen in der älteren Kohorte schlagartig auszubleiben und es kristallisiert sich eine Quote von 2 zu 1 bis 3 zu 1 zugunsten der Jungs heraus. Dieses Missverhältnis potenziert sich, wird der Migrationshintergrund der Besucherinnen und Besucher hinzugezogen. Mädchen mit Migrationshintergrund treten im Jugendalter fast gar nicht mehr in den Einrichtungen in Erscheinung (zusammengefasst Schmidt 2011b).

Bei der Betrachtung der sozialen Situation der Besucherinnen und Besucher der OKJA zeigt sich, dass sie überproportional aus sozial schwierigen, belasteten und bildungsfernen Milieus stammen (zuletzt Bröckling et al. 2011). Seit den 1980er-Jahren ansteigend haben die Kinder und Jugendlichen außerdem überproportional einen Migrationshintergrund (Schmidt 2011b).

Ein großer Anteil der Besucherinnen und Besucher der OKJA nutzt die Einrichtungen sehr regelmäßig und intensiv, Stammbesucherinnen und -besucher frequentieren sie mehrmals wöchentlich jeweils zwei bis vier Stunden lang. Eine aktuelle Studie zeigt einen durchschnittlichen Besuchszeitraum der Besucherinnen und Besucher seit bereits knapp drei Jahren und einen durchschnittlichen Besuchszeitraum von knapp drei Stunden an zwei bis drei Besuchstagen pro Woche. Dabei kommen sie aus einem sozialräumlich engen Einzugsgebiet und benötigen durchschnittlich ca. 10 Minuten, zumeist zu Fuß, von ihrem Wohnort bis zur Einrichtung (Bröckling et al. 2011).

Bezüglich der Nutzung der Angebote der Einrichtungen der OKJA zeigen eine Reihe von Studien von 1955 bis 2005 eindeutig, dass die eher unverbindlichen, offenen Angebote durch die Besucherinnen und Besucher klar präferiert werden. An der Spitze stehen der Offene Bereich (z. B. als Café oder ähnlich bezeichnet), offene Spielangebote, Ausflüge und Tagesfahrten, Discos, Musikangebote, Computerprojekte sowie Sport. Dagegen sind Angebote mit Bildungscharakter oder inhaltlich thematischer Ausrichtung eher mäßig bis schlecht besucht (zusammengefasst Schmidt 2011b). Dabei suchen Besucherinnen und Besucher der OKJA vorwiegend Kontaktmöglichkeiten zu „gleichen" Kindern und Jugendlichen, nach ihrer Definition sind dies Gleichaltrige mit gleichen Einstellungen zum Leben und persönlichen Eigenschaften, weniger eine Übereinstimmung der Hobbys oder der Kleidung (Wolf 1998). So wird der Zugang zu den Einrichtungen zumeist auch über bereits bestehende Freundinnen bzw. Freunde hergestellt (zuletzt Schoneville 2006). Eine Nichtteilnahme an der OKJA wird von Schülerinnen und Schüler durch Unattraktivität, Nichtansprache und Unbekanntheit der Angebote der OKJA oder durch alternative Freizeitbetätigungen begründet, beispielsweise Sport oder Spiel, die sie mit ihren Freunden verbringen. Kommerzielle Freizeitangebote werden als Alternative hingegen eher selten angegeben, allerdings scheint die Nutzung von PCs, dem Internet und dem TV eine solche zu sein (Rauschenbach et al. 2000). Weitere Gründe für den Nichtbesuch einer Einrichtung der OKJA aus Sicht potentieller Adressatinnen und Adressaten sind einerseits das schlechte Image der Jugendfreizeiteinrichtungen und deren Stammbesucherinnen und -besucher, ein Freundeskreis, der keine Jugendzentren besucht oder die Okkupation dieser durch eine Gruppe Jugendlicher oder Kinder, die anderen den Zugang verwehren (zuletzt Klöver et al. 2008).

Einrichtungen der OKJA werden in der Vergangenheit sowie Gegenwart sowohl von den tatsächlichen Besucherinnen und Besuchern als auch von Nichtbesucherinnen und -besuchern in der Mehrzahl positiv bewertet (obwohl in unterschiedlichen Studien ebenso unterschiedliche Ergebnisse in Bezug auf letztere hervorgebracht wurden). Kritik bzw. Verbesserungsvorschläge beziehen sich auf Wünsche nach einer gemütlichen, intakten Innenausstattung, nach sportlichen Angeboten, (Musik-)Veranstaltungen, Verpflegungsmöglichkeiten, längeren Öffnungszeiten (auch an Wochenenden und Feiertagen) und anderen inhaltlichen Angeboten sowie eine entsprechende Bewerbung dieser. Außerdem werden die tatsächlich vorhandenen Besucherinnen und Besucher zumeist von Nichtbesucherinnen und -besuchern, eine hohe Anzahl an Verboten, Unorganisiertheit oder zu viele Aktivitäten mit jüngeren Kindern kritisiert. Negativer fallen die empirischen Studien, die in dünner besiedelten Kreisen und Gemeinden durchgeführt wurden, aus. Zusammengefasst verdeutlichen die Kritikpunkte, dass die eher seltenen Besucherinnen und Besucher sowie Nichtbesucherinnen und -besucher möglicherweise eine gänzlich anders (inhaltlich) strukturierte OKJA präferieren würden (Schmidt 2011b).

Die Erwartungen an und die Bewertungen der Mitarbeiterinnen und Mitarbeiter der OKJA durch die Besucherinnen und Besucher zeichnen ein Bild, welches durch die Fachliteratur ebenfalls vertreten wird. Gewünscht und positiv beurteilt werden demnach Personen, die authentisch auftreten, der jugendlichen Kultur aufgeschlossen und positiv gegenüber stehen, gleichwohl eine gewisse emotionale Nähe als auch Distanz zu den Kindern und Jugendlichen zeigen, letzteres durchaus gekennzeichnet von einem gewissen Durchsetzungsvermögen gegenüber den Besucherinnen und Besuchern. Die Mitarbeiterinnen und Mitarbeiter werden als „andere" Erwachsene geschätzt, die aufgrund ihrer Angehörigkeit zu einer älteren Generation bestimmtes, für Kinder und Jugendliche relevantes Wissen tradieren können. Diese Erwartungen haben sich interessanterweise seit den 1960er-Jahren wenig verändert (Schmidt 2011b).

Strukturelle Partizipation in Form formeller Gremien und Mitbestimmungsmöglichkeiten ist in der OKJA nur zum Teil vorhanden, was von den Fachkräften auf ein Desinteresse der Kinder- und Jugendlichen zurückgeführt wird. Die regionalen Daten zu vorhandenen formalen Mitbestimmungsmöglichkeiten variieren entsprechend zwischen einem Drittel bis zu drei Viertel an Einrichtungen, die diese institutionalisiert haben. Eine aktuelle Studie weist 25 % der Besucherinnen und Besucher auf, die in Bielefelder Einrichtungen formelle Mitbestimmung praktizieren (Bröckling et al. 2011). Konstitutive Bedingungen der Partizipation scheinen in kleinen Einrichtungen zu existieren, dort bestehen starke Mitbestimmungsmöglichkeiten für Kinder und Jugendliche, ebenso in Jugendzentren, die bereits während ihrer Entstehungsgeschichte durch eine hohe jugendliche Beteiligung geprägt waren. Eine hohe Frequentierung durch Mädchen korreliert mit Partizipation. Negativ wirken sich dagegen ein niedriger soziokultureller Hintergrund der Besucherinnen und Besucher sowie ein hoher Kinderanteil aus (Ludwig 2002). Informelle Mitbestimmung wurde bisher empirisch kaum erfasst. Die Mitbestimmungsmöglichkeit der Kinder und Jugendlichen scheint sich jedoch in dieser Dimension auf wesentlich höherem Niveau zu befinden. So konstatieren ca. 48 % der Befragten in Bielefeld, Einfluss auf das Geschehen in den Einrichtungen zu haben. Gleichwohl zeigt diese Dimension natürlich nicht die Qualität dieser Selbstwirksamkeit (Bröckling et al. 2011).

Cliquen in der OKJA können aufgrund der dürftigen empirischen Erkenntnisse als ambivalente Phänomene bezeichnet werden. Einerseits scheinen sie andere jugendliche Gruppierungen auszuschließen oder dies zumindest zu beabsichtigen, andererseits gelingt es in einigen Einrichtungen, unterschiedliche Cliquen zu integrieren (Thole 1991; Tertilt 2001; Hellmann 2001; Pörnbacher 2005; Pörnbacher 2007a).

2.3 Pädagogische Interaktion

Die pädagogische Beziehung oder Arbeitsbeziehung, in der Praxis auch als „Beziehungsarbeit" tituliert, stellt in den letzten Jahren ein zentrales Forschungsthema im Handlungsfeld der OKJA dar. Die Arbeitsbeziehungen wurden von der Forschung schon sehr früh als Balanceakt, insbesondere zwischen den unterschiedlichen Normvorstellungen der Fachkräfte einerseits und den Kindern und Jugendlichen andererseits, bezeichnet. Diese verlangen nach permanenten Aushandlungsprozessen und bedeuten eine gewisse Unsicherheit für die sozialpädagogische Interaktion der Fachkräfte gerade im offenen Treffpunkt, der dafür kaum Strukturmerkmale aufweist. Im Gegensatz zu anderen sozialpädagogischen Settings sind die Interaktionen nicht eindeutig institutionalisiert, wie beispielsweise eine Beratung in einem Sprechzimmer, Büro oder ähnliches mit entsprechenden Rollenzuweisungen. Der Aufbau der Arbeitsbeziehungen gelingt in vier Stufen, wobei nicht jede Besucherin und jeder Besucher die letzten Stufen der Beziehung eingeht (Hederer 1962; Cloos et al. 2007). Der bereits angesprochene Balanceakt, der eine notwendige Voraussetzung der Entstehung von Arbeitsbeziehungen darstellt, wurde von Cloos et al. (2007) ethnografisch erforscht. Dieser befolgt dabei drei Handlungsregeln („Mitmachregel", „Sichtbarkeitsregel", „Sparsamkeitsregel"). In der Alltagskommunikation werden dabei die hierarchischen Differenzen zwischen Fachkräften und Besucherinnen bzw. Besucher möglichst verwischt, wenn auch nicht in Abrede gestellt. Die Mitarbeiterinnen und Mitarbeiter nehmen an dem Geschehen und Aktivitäten wie die Kinder und Jugendlichen teil, stellen dabei jedoch ihre Rolle als Erwachsener weiterhin dar. Die Aktivitäten werden dabei von den Kindern und Jugendlichen gelenkt, die Fachkräfte sind Teilnehmerinnen und Teilnehmer wie alle anderen. Gleichzeitig verdeutlichen sie ihre Einstellungen und Normvorstellungen gegenüber den Kindern und Jugendlichen besonders in Krisensituationen unter gleichzeitiger Anerkennung der Einstellungen dieser (ausführlich Cloos et al. 2007 und Cloos i. d. Buch).

Geschlechtsspezifische Arbeit mit Jungen wurde in der OKJA bisher nicht empirisch betrachtet. Zur Arbeit mit Mädchen liegen einige Arbeiten vor, die sich auf geschlechtsspezifische Arbeit in reinen Mädchentreffs als auch in koedukativen Settings beziehen. In Mädchentreffs zeigt sich ein anderer soziokultureller Hintergrund der Besucherinnen, diese Einrichtungsform scheint eher Mädchen aus der Mittelschicht anzusprechen gegenüber den herkömmlichen Einrichtungen der OKJA (Möhlke und Reiter 1995). Aus Sicht der Mädchen stärkt die geschlechtsspezifische Arbeit in einem reinen Mädchentreff deren Selbstbewusstsein und unterstützt ihre Selbstbestimmung, wenn seitens der Pädagoginnen Konfliktfähigkeit und selbstreflexive Anerkennung der Differenz zu den Mädchen vorliegt. Dabei wird eine direkte Interaktion und damit mögliche geschlechtsspezifische Einschränkung durch Jungen durch einen mädchenspezifischen Treff, im Gegensatz zu einem Mädchenraum in einem Jugendzentrum, vermieden (Graff 2004).

In koedukativen Einrichtungen finden im Alltag unterschiedliche Gender-Inszenierungen statt, die der Subjektwerdung, der Differenzierung und Zugehörigkeit zu anderen oder einer Transformation dienen, andererseits auch Grenzen in Bezug auf Normenvorgaben Erwachsener testen. Diese Inszenierungen finden sowohl unter Ausschluss als auch Mitwirken der Fachkräfte statt. Klar erkenntlich ist die Ambivalenz der Gender-Inszenierungen zwischen Bewältigungs- und Integrationsressourcen einerseits und Marginalisierungsrisiken andererseits. Demzufolge befindet sich die Pädagogik der OKJA auch in einem Spagat zwischen der Anerkennung von Selbstbildungsprozessen und dem institutionellem Auftrag der Sicherung der Teilhabe an der Gesellschaft durch regulatives Eingreifen. Insbesondere offen gehaltene Raumgestaltungen bieten Gelegenheiten zur Inszenierung und Bildung seitens der Besucherinnen und Besucher, da diese initiativ die Räumlichkeiten ausfüllen müssen. Gleichzeitig werden von den Kindern und Jugendlichen auch enger definierte Räume gesucht. Gleichwohl besteht die Gefahr, dass bei stark reduzierter Beaufsichtigung der Jugendlichen Gender-Inszenierungen zu einer Marginalisierung führen, da Regelverletzungen, Sittenwidrigkeiten, Versäumnisse und Missverständnisse seitens der Erwachsenenwelt nicht reflektiert werden, die Kinder und Jugendlichen folglich nicht in die Lage versetzt werden, ihr Handeln flexibel an den jeweiligen Kontext anzupassen (Rose und Schulz 2007). Die von den Mädchen erworbenen Fähigkeiten weiblicher und männlicher Rollenbilder führen zu den ambivalenten Kompetenzen der Stärkung ihres Selbstbewusstseins und der Befürchtung, dadurch nicht dem Frauenbild eines erwünschten männlichen Partners zu entsprechen. Allerdings tragen die Mitarbeiterinnen und Mitarbeiter der Einrichtungen dazu bei, dass bei den Besucherinnen geschlechtsrollenspezifisches Verhalten aufrechterhalten und reproduziert wird. Des Weiteren scheint zwischen den Mitarbeiterinnen und Besucherinnen ein besonderes Verhältnis zu bestehen, welches so nicht zwischen Besucherinnen und Mitarbeitern erreicht werden kann. Anerkannt werden die Mitarbeiterinnen durch die Besucherinnen erst dann, wenn sie sich gegenüber den Besuchern und auch Mitarbeitern durchsetzen können (Kruse 2002).

Mädchenarbeit mit Mädchengruppen (eventuell an reinen Mädchentagen in den Einrichtungen) bietet die Möglichkeit auch mit Mädchen mit Migrationshintergrund zu arbeiten, denen der Zugang zur OKJA durch ihre Eltern ansonsten verwehrt bleiben würde. Dies ermöglicht den Mädchen mit Migrationshintergrund einen Freiraum, in dem sie zwischen elterlicher Herkunftskultur und gesellschaftlich erwarteten Normen und Werten eine eigene Identität entwickeln können. Die Mitarbeiterinnen stehen dem kulturellen Herkunftsmilieu der Migrantinnen jedoch oft hilflos gegenüber und können deren Einstellung nicht mit den eigenen pädagogischen und emanzipativen Ansätzen vereinbaren (Kustor-Hüttl 2003).

Die empirische Forschung zeigt sowohl Vor- als auch Nachteile unterschiedlicher Settings (Ko- und Monoedukativ), weist jedoch auch auf neue Wege und Möglichkeiten gerade in „herkömmlichen" Einrichtungen der OKJA hin (z. B. Cloos et al. 2007).

Im Alltag und in der Interaktion zwischen Fachkräften und Kindern und Jugendlichen in der OKJA entstehen eine Vielzahl informeller Bildungsgelegenheiten jenseits nonformaler Möglichkeiten in Form von Projekten, Workshops oder AGs. Diese werden jedoch von den Mitarbeiterinnen und Mitarbeitern nur sehr selten wahrgenommen und genutzt, um Bildungsprozesse zu initiieren. Dabei scheint den Mitarbeiterinnen und Mitarbeitern ein Bildungsauftrag der OKJA vielmals nicht bewusst zu sein (unter anderem Müller et al. 2005; Delmas und Scherr 2005; zusammenfassend Schmidt 2011b). Raumaneignung kann als eine solche Bildungsgelegenheit angesehen werden (Böhnisch und Münchmeier 1990), über die relativ wenig empirisches Material vorliegt. Die Möglichkeit der Aneignung der Räumlichkeiten in der OKJA kann ebenfalls als Balanceakt angesehen werden. Durch die Stammbesucherinnen und -besucher der OKJA und deren Interessenorientierungen in bestimmten Räumlichkeiten werden Regelsysteme und ein entsprechendes Kontrollhandeln umgesetzt, in dessen Zuge andere Gruppierungen eingeschränkt werden, ihre eigenen spezifischen Interessen zu „verräumlichen" (Becker et al. 1984). Zur Vermeidung dieser Einschränkung nutzen Mitarbeiterinnen und Mitarbeiter ihre institutionelle Macht (Dannenbeck et al. 1999). Eine differierende Vorstellung der Raumnutzung zwischen Fachkräften und Kindern und Jugendlichen kann wiederum zum Ausschluss bestimmter Gruppierungen führen (Albrecht et al. 2007).

Die Wirkung sozialpädagogischer Interaktionen in der OKJA ist im Zuge neoliberaler Modernisierung im neuen Jahrtausend verstärkt auf dem Prüfstand. Empirisch liegen nur wenige Erkenntnisse vor, die zumeist durch die Befragung ehemaliger Besucherinnen und Besucher entstehen. Diese ergeben eine vorwiegend positive Beurteilung in Bezug auf Selbstvertrauen, Konflikt- und Kommunikationsfähigkeit, Bindungen zu Gleichaltrigen sowie zu Erwachsenen in Form der Fachkräfte. Allerdings zeigen sich auch negative Erfahrungen bezüglich jugendtypischem Risikoverhalten (Drogen, Gewalt, Kriminalität etc.) (Klöver et al. 2008; Klöver und Straus 2005a, b; Kilb 2009; Albrecht et al. 2007). Zur Wirkung von Partizipationsmöglichkeiten in der OKJA liegen ebenfalls kaum Erkenntnisse vor. Die wenigen existierenden Studien sind 30 Jahre alt und älter und zeigen, dass selbst partizipative Strukturen eher Hierarchien in den Einrichtungen entstehen lassen oder dazu verwendet werden, die Vorstellungen der Mitarbeiterinnen und Mitarbeiter durchzusetzen (zusammengefasst Schmidt 2011).

Hausverbote als sanktionierende Reaktion der Fachkräfte auf abweichendes Verhalten der Kinder und Jugendlichen ist gängige Praxis in der OKJA, seitens der Disziplin werden sie häufig skeptisch oder sogar ablehnend beurteilt. Diese Diskrepanz mag als Erklärung dienen, warum Sanktionen im Handlungsfeld bisher empirisch marginal betrachtet wurden. Lediglich Cloos et al. (2007) haben die Ursachen für Hausverbote ethnografisch erfasst und vier Gründe herausgearbeitet:

- das Überschreiten persönlicher Grenzen der Mitarbeiterinnen und Mitarbeiter
- ein festgelegtes Regelsystem mit entsprechenden Sanktionen
- zur Erhaltung der Offenheit der Institution für alle Kinder und Jugendlichen
- Devianz.

Die OKJA stellt somit auch ein Normen- und Wertegefüge dar, welches durch die Besucherinnen und Besucher sowohl verhandelt als auch angeeignet wird (Cloos et al. 2007, zu den Forschungsergebnissen der Gewalt im Handlungsfeld siehe den Artikel von Schmidt in diesem Buch, Kap. 29).

Literatur

Achten, E., & Hubweber, N. (1986). *Expertise 1986. Zur Situation der Offenen Jugendarbeit in den katholischen Einrichtungen in Nordrhein-Westfalen.* Köln.

Albrecht, P. G., Eckert, R., Roth, R., Thielen-Reffgen, C., & Wetzstein, T. (2007). *Wir und die anderen: Gruppenauseinandersetzungen Jugendlicher in Ost und West.* Wiesbaden.

Arbeitsgemeinschaft für Kinder- und Jugendhilfe (Hrsg.). (2008). *Kooperation von Jugendhilfe und Ganztagsschule. Eine empirische Bestandsaufnahme im Prozess des Ausbaus der Ganztagsschulen in Deutschland.* Berlin.

Becker, H., Hafemann, H., & May, M. (1984). *„Das ist hier unser Haus, aber … ". Raumstruktur u. Raumaneignung im Jugendzentrum.* Frankfurt a. M.

Behr-Heintze, A., & Lipski, J. (2005). *Schulkooperationen. Stand und Perspektiven der Zusammenarbeit zwischen Schulen und ihren Partnern.* Schwalbach/Ts.

Böhnisch, L., & Münchmeier, R. (1990). *Pädagogik des Jugendraums. Zur Begründung und Praxis einer sozialräumlichen Jugendpädagogik.* Weinheim und München.

Bröckling, B., Flösser, G., & Schmidt, H. (2011). *Besucherinnen- und Besucherstruktur der Offenen Kinder- und Jugendarbeit des Trägervereins der Evangelischen Offenen und Mobilen Arbeit mit Kindern und Jugendlichen e.V. in Bielefeld. Forschungsbericht.* Dortmund. http://www.fk12.tu-dortmund.de/cms/ISEP/de/Sozialp__dagogik/MItarbeiter/Schmidt_Holger/Abschlussbericht.pdf. Zugegriffen: 17.02.2011.

Buschmann, M. (2009). *Das Wissen zur Kinder- und Jugendarbeit. Die empirische Forschung 1998–2008. Ein kommentierter Überblick für die Praxis.* Neuss.

Cloos, P., Köngeter, S., Müller, B., & Thole, W. (2007). *Die Pädagogik der Kinder- und Jugendarbeit.* Wiesbaden.

Coelen, T., & Wahner-Liesecke, I. (2008). Jugendarbeit kann auch mit (Ganztags-)Schulen wirken. In W. Lindner (Hrsg.), *Kinder- und Jugendarbeit wirkt. Aktuelle und ausgewählte Evaluationsergebnisse der Kinder- und Jugendarbeit* (S. 241–260). Wiesbaden.

Dannenbeck, C., Eßer, F., & Lösch, H. (1999). *Herkunft (er)zählt. Befunde über Zugehörigkeiten Jugendlicher.* Münster.

Delmas, N., & Scherr, A. (2005). Bildungspotenziale der Jugendarbeit. Ergebnisse einer explorativen empirischen Studie. *Deutsche Jugend, 53*(3), 105–109.

Fehrlen, B., & Koss, T. (2003). *Topographie der offenen Jugendarbeit in Baden-Württemberg.* Leinfelden.

Graff, U. (2004). *Selbstbestimmung für Mädchen. Theorie und Praxis feministischer Pädagogik.* Königstein im Taunus.

Grauer, G. (1975). *Jugendfreizeitheime in der Krise. Zur Situation eines sozialpädagogischen Feldes.* Weinheim.

Hederer, J. (1962). Zur Pädagogik in den Heimen der Offenen Tür. *Deutsche Jugend, 10*(9), 399–405.

Hellmann, W. (2001). *Das Offene Kinder- und Jugendzentrum in der Lebenswelt seiner NutzerInnen. Eine Evaluationsstudie aus der Perspektive der BesucherInnen*. Dissertation. Osnabrück.

Icking, M., & Deinet, U. (2009). Entwicklung der Offenen Kinder- und Jugendarbeit in NRW durch die Kooperation mit Schule. Ausgewählte Ergebnisse der Befragung von 200 Kinder- und Jugendeinrichtungen im Rahmen der gleichnamigen Studie. *Jugendhilfe aktuell*, (1), 12–23.

Kilb, R. (2009). 25 Jahre später ... Wie ehemalige Jugendzentrumsbesucher heute ihre Erfahrungen und ihre Zeit als Besucher der Offenen Jugendarbeit einschätzen. *Deutsche Jugend*, 57(7–8), 327–336.

Klöver, B., & Straus, F. (2005). *Wie attraktiv und partizipativ sind Münchens Freizeitstätten? Zusammenfassende Ergebnisse einer (etwas anderen) Evaluationsstudie*. München.

Klöver, B., & Straus, F. (2005). Zwischen Heimat, offenem Lernort, Konfliktstätte und Kanakentreff. Jugendfreizeitstätten aus der Perspektive von NutzerInnen und NichtnutzerInnen. In L. Kolhoff (Hrsg.), *Entwicklung der offenen Jugendarbeit in Wolfsburg. Im Spannungsfeld von Nutzern, Sozialarbeit, Kommunen und Organisationsentwicklung* (S. 141–154). Wiesbaden.

Klöver, B., Moser, S., & Straus, F. (2008). Was bewirken (Jugend-)Freizeitstätten? – ein empirisches Praxisprojekt. In W. Lindner (Hrsg.), *Kinder- und Jugendarbeit wirkt. Aktuelle und ausgewählte Evaluationsergebnisse der Kinder- und Jugendarbeit* (S. 139–152). Wiesbaden.

Kruse, K. (2002). *„Mamas, Powerfrauen und Nervensägen". Freundinnengruppen und ihre Bedeutung für mädchengerechte Konzepte der offenen Jugendarbeit*. St. Ingbert.

Kustor-Hüttl, B. (2003). Mädchenarbeit – Erleben im interkulturellen Raum. *Forum Supevision*, 11(22), 44–57.

Liebig, R. (2005). *Die Offene Kinder- und Jugendarbeit in Nordrhein-Westfalen. Befunde der zweiten Strukturdatenerhebung zum Berichtsjahr 2002*. Düsseldorf.

Liebig, R. (2006). Entwicklungslinien der Offenen Kinder- und Jugendarbeit. Befunde der dritten Strukturdatenerhebung zum Berichtsjahr 2004 für Nordrhein-Westfalen. http://www.callnrw.de/broschuerenservice/download/1462/expertise_entwicklungslinien.pdf. Zugegriffen: 13.08.2008.

Lüdtke, H. (1972). *Jugendliche in organisierter Freizeit. Ihr soziales Motivations- und Orientierungsfeld als Variable des inneren Systems von Jugendfreizeitheimen*. Weinheim.

Ludwig, P. (2002). *Mitbestimmung in Jugendfreizeiteinrichtungen. Qualitätsmerkmale als Kriterien für die Praxis – eine empirische Studie*. Schwalbach/Ts.

Möhlke, G., & Reiter, G. (1995). *Feministische Mädchenarbeit. Gegen den Strom*. Münster.

Müller, B., Schmidt, S., & Schulz, M. (2005). *Wahrnehmen können. Jugendarbeit und informelle Bildung*. Freiburg i. B.

Ostbomk-Fischer, E. (1995). *Suchtvorbeugung in der Kinder- und Jugendarbeit. Die Begleitstudie. Werkkoffer*. Hamm.

Pörnbacher, U. (2005). Jugendliche und die narrative Konstruktion ihrer (Ohn)Macht. *Journal für Konflikt- und Gewaltforschung*, 7(2), 68–90.

Pörnbacher, U. (2007). Die narrative Konstruktion von Differenz. *Unsere Jugend*, 59(3), 108–116.

Rauschenbach, T., Düx, W., Hoffmann, H., Rietzke, T., & Züchner, I. (2000). *Dortmunder Jugendarbeitsstudie 2000. Evaluation der Kinder- und Jugendarbeit in Dortmund. Grundlagen und Befunde. 1. Fassung für den Kinder- und Jugendausschuß*. Unveröffentlichter Abschlussbericht Universität Dortmund. Dortmund.

Rose, L., & Schulz, M. (2007). *Gender-Inszenierungen. Jugendliche im pädagogischen Alltag*. Königstein/Taunus.

Schmidt, H. (Hrsg.). (2011a). *Empirie der Offenen Kinder- und Jugendarbeit*. Wiesbaden.

Schmidt, H. (2011b). Zum Forschungsstand der Offenen Kinder- und Jugendarbeit. Eine Sekundäranalyse. In H. Schmidt (Hrsg.), *Empirie der Offenen Kinder- und Jugendarbeit* (S. 13–127). Wiesbaden.

Schoneville, H. (2006). „Ins Café kann halt jeder kommen der Lust hat". Kinder- und Jugendarbeit aus der Sicht ihrer AdressatInnen. In P. Cloos, & W. Thole (Hrsg.), *Ethnografische Zugänge. Professions- und adressatInnenbezogene Forschung im Kontext von Pädagogik* (S. 101–116). Wiesbaden.

Speck, K., & Olk, T. (Hrsg.). (2010). *Forschung zur Schulsozialarbeit. Stand und Perspektiven*. Weinheim, München.

Tertilt, H. (2001). *Turkish Power Boys. Ethnographie einer Jugendbande*. Frankfurt a. M.

Thole, W. (1991). *Familie Szene Jugendhaus. Alltag und Subjektivität einer Jugendclique*. Opladen.

Thole, W. (2010). Kinder- und Jugendarbeit. In K. Bock, & I. Miethe (Hrsg.), *Handbuch qualitative Methoden in der Sozialen Arbeit* (S. 457–465). Leverkusen.

Trauernicht, G., & Schumacher, M. (1986). *Mädchen in Häusern der Offenen Tür. Eine Studie zur verbesserten Einbeziehung von Mädchen in die Angebote der offenen Jugendarbeit in Nordrhein-Westfalen*. Düsseldorf.

Welling, S., & Brüggemann, M. (2004). *Computerunterstützte Jugendarbeit und medienpädagogische Qualifizierung. Praxis und Perspektiven*. Bremen.

Wolf, B. (1998). Kann Jugendarbeit Halt bieten. In L. Böhnisch, M. Rudolph, & B. Wolf (Hrsg.), *Jugendarbeit als Lebensort. Jugendpädagogische Orientierungen zwischen Offenheit und Halt* (S. 169–181). Weinheim.

Siedler oder Trapper? Professionelles Handeln im pädagogischen Alltag der Offenen Kinder- und Jugendarbeit

Burkhard Müller

3.1 Das unpassende Expertenmodell

Es fällt bekanntlich nicht leicht, zu benennen, was im Alltag Offener Kinder- und Jugendarbeit eigentlich fachkundiges, professionelles Handeln ist. Dies gilt erst recht, wenn die „Offenheit" sich nicht auf eine Einrichtung beschränkt, sondern, wie es die Konzepte einer „lebensweltorientierten" Sozialpädagogik fordern, sich auf den Alltag, die Lebenswelt der Jugendlichen selbst beziehen soll. Jugendarbeiterinnen[1] quälen sich zuweilen mit dieser Frage, etwa wenn sie „Konzepte" vorlegen oder „Produktbeschreibungen" ihrer Tätigkeit anfertigen sollen (Müller 1996; Sturzenhecker und Deinet 2009). Außenbeobachter der Jugendarbeit gehen gewöhnlich stillschweigend davon aus, dass die Forderung nach Fachlichkeit in diesem Feld so ernst nicht gemeint sein könne. Viele stellen sich unter guter Jugendarbeit vielmehr das vor, was sie – wenn sie Zeit und Lust dazu hätten – sich selbst zutrauen würden. Das heißt, Herr Gemeinderat X oder Nachbarin Y z. B. stellen sich vor, zu guter Jugendarbeit sei nötig, aber auch ausreichend: dass eine(r) ein reifer Mensch ist, standfest ist, sich nix vormachen lässt – aber doch Herz für die Jugend hat. Aber es bedarf nach dieser Vorstellung keiner besonderen Qualifikation um hier einen guten Job zu machen. Dass dies oft so gesehen wird hat Gründe. Denn das, was man gewöhnlich unter Fachkompetenz versteht, passt für Jugendarbeit tatsächlich nicht so recht.

Fachkompetenz heißt im Alltagsverständnis Expertenkompetenz; und Experte ist, wer von einem speziellen Gebiet mehr versteht als andere und dafür zuständig ist (vgl. Müller 2010). Alltag der Offenen Kinder- und Jugendarbeit ist aber kein „spezielles Gebiet",

---

[1] Der Lesbarkeit wegen wird die weibliche und die männliche Form abwechselnd gebraucht, meist sind beide gemeint.

Prof. Dr. habil. i.R. Burkhard Müller ✉
Institut für Sozial- und Organisationspädagogik Hildesheim, Universität Hildesheim,
Matterhornstr. 74a, 14129 Berlin, Deutschland
e-mail: bmueller@uni-hildesheim.de

sondern eher ein Urwald, ein Dschungel von Aufgaben und Zuständigkeiten: Sie ist eben so sehr Verwaltungs- und Hausmeisterarbeit wie Wechselbad zwischen Kindergartenarbeit und Löwenbändigung, vermischt mit Anforderungen, wie sie sich ansonsten in so unterschiedlichen Berufen wie Kneipenwirten, Managern, Jugendsoziologinnen, Erziehungsberatern und Multimedia-Technikern stellen. Pädagogische Arbeit ist nicht der einzig entscheidende Kompetenzbereich für qualifizierte JugendarbeiterInnen. Natürlich müssen diese mit Jugendlichen umgehen können, als gestandene Erwachsene mit ihnen umgehen können, ihnen „Offenheit und Halt" (Böhnisch et al. 1998) zugleich anbieten. Aber ihr Bezugsfeld sind nicht nur die Jugendlichen. Wenn die „Offenheit" der „Offenen Arbeit" sich nicht nur auf den „offenen Betrieb" im Jugendhaus bezieht und grundsätzlicher gemeint ist – sind es auch die Gemeinde, der Stadtteil wo die Jugendlichen leben, die Nachbarn, Eltern etc. Jugendarbeiter sind deshalb mehr und anderes als nur pädagogisch Tätige: Sie werden auch gebraucht als Veranstaltungs- und Projektmanager, Berater von Vereinen und Jugendgruppen, Koordinatorinnen zwischen Schule und Gemeinde, Einrichtungsplaner, Verwalter von Fördermitteln und fallweise auch als Einzelhelfer und Streetworker. Lässt sich das alles auf fachkompetente Weise bewältigen?

Die Frage nach den dafür notwendigen Kompetenzen ernsthaft zu stellen heißt entweder, den auf all diesen Sätteln reitenden Universalexperten zu fordern – also letztlich uneinlösbare Ansprüche zu stellen, oder, sich auf ein Teilgebiet von Fachkompetenz zurückzuziehen: Als Spezialistin für Verwaltungsarbeit oder Gruppenarbeit mit Mädchen oder Musik oder Internet oder soziale Betreuung und den Rest eben irgendwie zu erledigen. Ich nenne diese Lösung das *„Siedlermodell" professioneller Kompetenz*. Das Bild geht davon aus, dass der Alltag der Offenen Kinder- und Jugendarbeit einem Urwald gleicht, der im Ganzen undurchschaubar bleibt. Wer hier professionell handeln will – und professionell handeln heißt „wissen, was man tut" (Klatetzki 1993) – kann sich gezwungen sehen, sich im Urwald eine „Lichtung" zu schlagen, die er oder sie besiedeln, also kontrollieren kann. Dies ist das Verfahren aller Spezialisten, die ihr Feld sicher beherrschen wollen. Es gilt für Ärzte genauso wie für Automechaniker, Therapeutinnen oder Konzertagenten. Innerhalb der jeweiligen „Lichtung" von Expertenkompetenz kann Perfektion erwartet werden, außerhalb davon nicht mehr als von jedem anderen „Laien" auch. Zur guten Expertin gehört auch, die jeweiligen Grenzen der eigenen Kompetenz zu kennen und, im Grenzfall an *andere* Experten zu verweisen (vgl. Müller 2009, S. 50 ff.).

Da sich dies Modell für die Beschreibung der professionellen Qualität Offener Kinder- und Jugendarbeit offenkundig kaum eignet ist die Frage: Was dann? Im Bild gesprochen muss es eine Kompetenz sein, die befähigt, sich in jenem Urwald der vielfältigen Anforderungen „offener" Arbeit sicher zu bewegen und hier mit Augenmaß die bestmöglichen Wege und das jeweils Machbare herauszufinden. Nicht der „Siedler", der sein Territorium unter Kontrolle hat, sondern *der „Trapper", der „Pfadfinder" oder „die Bergführerin"* sind hier die passenderen Metaphern. Ein solcher Profi

- kann sein Feld nicht „beherrschen", wohl aber weitgehend sicher sein, dass er darin nicht verloren geht;

- kann sich auch dort noch orientieren, wo die festen Trampelpfade verlassen oder im Nebel sind;
- kann niemals vollständig unter Kontrolle halten, was sich in seinem Aktionsraum abspielt, ist aber dennoch in jedem Moment zu entscheiden fähig, was als nächstes zu tun ist;
- traut er sich nicht alles zu, was an Erwartungen und Aktionen in seinem Feld möglich wäre. Seine Kompetenz besteht gerade darin, die Grenzen eigener Möglichkeiten zu kennen.

Ich versuche im Folgenden, ausgehend von diesem Bild, ein Kompetenzprofil Offener Kinder- und Jugendarbeit zu zeichnen. Ich benenne dazu Stichworte, die Gesichtspunkte liefern, die Zufälligkeit und Unübersichtlichkeit der „offenen Arbeit" zu ordnen, sie professionell verantwortbar zu machen. Dies aber, ohne heimlich den Rückzug auf das verengte Territorium jenes „Siedlermodells" anzutreten *und* ohne unerfüllbaren Ansprüchen nachzulaufen.

3.2 Bedingungen und Kriterien der Professionalität in Offener Kinder- und Jugendarbeit

3.2.1 „Ja, mach' nur einen Plan ...". Agieren oder reagieren?

Das Leiden an der Diffusität Offener Arbeit hat wesentlich mit dem Gefühl zu tun, immer nur auf Ereignisse reagieren zu müssen (auf den „Scheiß", den Jugendliche machen ebenso, wie auf die wechselnden Wünsche der Bürokratie und vieles andere). Nur selten gelingt es, autonom handelnd eigene Arbeitsziele zu verfolgen. Vielen Jugendarbeitern geht es deshalb wie den von der psychologischen Stressforschung beschriebenen Menschen, die sich selbst nicht mehr als „Kontrollort" der von ihnen ausgeführten Handlungen begreifen können und deshalb ihre Situation nur schwer in den Griff bekommen. Als Ausweg für die Offene Kinder- und Jugendarbeit wird hier ganz allgemein „konzeptionelles Arbeiten" empfohlen. Konzeptionell arbeiten heißt ja nichts anderes als „Agieren statt Reagieren", etwa mit pädagogischen Arbeitszielen, Monats- oder Jahresprogrammen, Hausregeln oder auch Festlegungen auf einzelne „Ansätze" der Jugendarbeit (z. B. Mädchenarbeit oder „akzeptierende" Cliquenarbeit). Kein Einwand gegen „konzeptionelles Arbeiten", kein Einwand gegen Handlungspläne. Nur wird man damit das Dilemma „reagieren müssen statt handeln können" nicht los ist. Jedenfalls dann nicht, wenn man unter „konzeptionellem Arbeiten" mehr versteht als einfach nur eine andere Vokabel für den Rückzug auf das oben beschriebene „Siedlermodell". Blickt man allerdings genauer auf die Fähigkeiten guter Jugendarbeiter (Müller et al 2008) so zeigt sich, dass sie gerade ihre Fähigkeiten des gekonnten Reagierens kultiviert haben und daraus ihre fachliche Autonomie beziehen. Daraus folgt, dass konzeptionelles Arbeiten mehr bedeuten muss als „Pläne machen und umsetzen". Vielmehr erfordert es, praktikable Verfahren zu erfinden, wie das Unvorhersehbare, die unaufhebbare Ungewissheit über das, was im Alltag der Offenen Kinder- und Jugendarbeit passieren kann, vom unkalkulierbaren zum kalkulierbaren und bewältigbaren Risiko und vor allem zur Chance wird.

Fragen, die in die Richtung einer solchen „Konzeption für Trapper" weisen, und als Checklisten der Selbstevaluation (WANJA 2000) dienen können sind zum Beispiel:

- Wie genau und sensibel nehmen wir wahr, was die Jugendlichen tun – gerade auch dann, wenn sie scheinbar nichts tun?
- Wie gut ist unser Krisenmanagement in Konfliktfällen mit Jugendlichen?
- wie gut funktioniert die kollegiale Unterstützung dabei?
- Wie gut funktionieren die „Notbremsen" und „Sicherheitsleinen" bei unserer Arbeit?
- Wie überprüfen und sichern wir schrittweise Erfolge, wie verarbeiten wir Niederlagen?
- Welche „zweitbesten" Pläne haben wir, wenn wir mit den besten auflaufen?
- Welche Nebenkanäle stehen uns zur Verfügung, wenn die offiziellen Wege und Dienstwege blockiert sind? – und anderes mehr.

3.2.2 „Merken, was läuft". Offenheit oder Beliebigkeit?

Professionalität in der Offenen Kinder- und Jugendarbeit heißt also, Widersprüche zu bewältigen. Einerseits soll sie Kriterien gerecht werden wie: „offene Arbeitsformen", „Alltagsorientierung", „Unterstützung informeller Bildungsprozesse" (Lindner et al. 2003) und Ähnliches, also auf immer neue unplanbare Herausforderungen kreativ und pädagogisch reagieren können. Andererseits soll sie vorzeigbare Leistungen erbringen. die in „Konzeptionen" oder auch in „Produktbeschreibungen" formuliert werden. Dieser Widerspruch ist nicht wirklich zu bewältigen, wenn bei „Konzeption" nur an Angebote für Zielgruppen pädagogischer Arbeit gedacht wird (z. B. „Mädchenarbeit" „Arbeit mit rechten Jugendcliquen" oder „Sozialisationsdefizite benachteiligter Kinder ausgleichen"). So wichtig die Klärung von Angeboten und Zielen auch sein mag, so führt sie allein nur selten zu professionelleren Arbeitsweisen, weil sie meist von der stillschweigenden „Siedler"-Voraussetzung ausgehen, dass die Umsetzung gezielter Programm-Angebote nur erwartet werden kann, wenn man genügend Personal und ungestörte Arbeitsmöglichkeiten dafür hat. Und eben das funktioniert oft nicht. Statt anspruchsvoller Ziele sind deshalb kluge Suchstrategien meist hilfreicher. Das heißt: Statt zu planen. was laufen *sollte* müssen Konzeptionen hier vor allem Wahrnehmungshilfe leisten für das, *was läuft*. Irgendwas läuft immer – die Frage ist aber, wie groß die Fähigkeit ist, es produktiv zu nutzen. Professionell werden heißt hier vor allem, Antennen für die vielfältigen „Bildungs"-Gelegenheiten zu entwickeln, die scheinbar banale Alltagssituationen für unterschiedliche Beteiligte annehmen können (Müller et al. 2008; Rose und Schulz 2007). Verständigung über Ziele und Strategien bleibt dabei wichtig. Aber es geht bei „Konzepten", so betrachtet, weniger um die Abarbeitung von Programmen und mehr gleichsam um die Himmelsrichtungen, die in jeweiligen Situationen immer neu „geortet" werden müssen. Konzeptionen müssen Kompassfunktionen erfüllen, Orientierungsinstrumente liefern, die in jeweiligen Situationen Entscheidungshilfen geben, wie und in welche Richtung es weitergehen kann und soll. Im Bild der „Trapper"-Ausrüstung geredet müssen Konzeptionen also – neben einer schon beschriebenen „Sicherheitsausrüstung", die Krisensituationen bewältigbar macht – vor allem folgendes liefern:

- Landkarten, die das Territorium beschreiben, auf dem sich die Arbeit bewegt: Darum haben sich vor allem die „raumorientierten" Konzepte von Jugendarbeit gekümmert, auf die ich noch zu sprechen komme;
- und Beobachtungsmöglichkeiten und Analyseinstrumente, die in die Lage versetzen überhaupt wahrzunehmen „was Sache ist", was gerade „gespielt" wird (Müller und Schulz 2009).
- Überprüfbar machen wie gut wir dabei mitzuspielen können ohne uns anzubiedern.

Nur dann können Gelegenheiten für pädagogische Impulse ebenso gesehen und genutzt werden, wie Fallen und Gefahren umgangen. Umsetzen von Planungen und gekonnte Improvisation sind natürlich auch wichtig. Hilfreich dafür wäre es, „Trapper"-Fragen der folgenden Art immer neu zu stellen und beantworten zu können:

- Wie sind die Konstellationen von Kindern, Jugendlichen und Cliquen zu beschreiben. die derzeit unsere Angebote wahrnehmen?
- Können wir beschreiben, wie sie diese nutzen?
- Welche Bedeutungen haben die Angebote für die Jugendlichen? Wie unterscheidet sich das von dem, was wir selbst uns erhoffen?
- Welche informellen Regeln, Rituale. Strategien laufen zwischen den Kids/Jugendlichen ab? Welche benutzen wir selber?
- Stimmt unser Verhalten mit dem überein, was wir sagen?
- Welche „Sprache" sprechen die Räume, in denen wir arbeiten, die Medien, die wir benutzen? Etc.

3.2.3 „Das Haus offen halten". Beziehungsarbeit oder Raumorientierung?

Vom „Offenhalten" des Hauses als Begriff für professionelles Handeln in der Offenen Kinder- und Jugendarbeit sprach Feldmann (1981), der damit als vielleicht erster die Programmatik einer „raumorientierten" Jugendarbeit formuliert hat, die sich in der Fachdiskussion der 80er-Jahren auf breiter Front durchsetzte (Becker et al. 1984; Böhnisch und Münchmeier 1987). Das Konzept – auch in diesem Handbuch gut vertreten – blickt nicht nur auf die Einrichtungen in denen Jugendarbeit stattfindet, sondern versteht Jugendarbeit als Teil einer für Jugendliche relevanten kommunalen „Infrastruktur" (Müller 1989).

Ich will nur den Punkt markieren an dem dies Konzept dem hier vertretenen Modell entspricht. Feldmann schrieb damals: „Der Mitarbeiter im Jugendzentrum ist in erster Linie zuständig für die Lebensbedingungen, die ein Jugendzentrum bietet. D. h. für seine Strukturen" (1981, S. 513). „Deshalb sollte das berufliche Können eines Mitarbeiters nicht an seiner Fähigkeit, emotionale Beziehungen einzugehen gemessen werden, sondern daran, wie es ihm gelingt Rahmenbedingungen für einen freien Erlebnis- und Lernbereich zu schaffen bzw. zu erhalten und auszubauen" (ebd., S. 510). Dies ist für ein angemessenes Professionalitätsmodell „offener" Arbeit kein beliebig wählbares Konzept, sondern ein unverzichtbarer Bestandteil. Vor allem reduziert sich so die pädagogische Verantwortung auf das real Machbare. Versteht sich Offene Kinder- und Jugendarbeit nur als „Beziehungsarbeit" mit den Jugendlichen, dann kann sie ihre Erfolge immer nur als Ausnahmefall erleben (Müller 2000); es sei denn, sie reduziere ihren Offenheitsanspruch so weit, dass sie de facto zum Setting für Einzelhilfen oder „Problemgruppen" wird. Einlösbar, wenn auch nicht einfach, ist dagegen, die Verantwortung für attraktive Räume, für vielfältige Nutzungsmöglichkeiten und ihre einigermaßen gerechte Verteilung als Medium, Ort und Gelegenheitsstruktur für fallweise gelingende „Beziehungen". „Raumorientierung" formuliert deshalb einen „konzeptionellen Sockel" (Böhnisch und Münchmeier 1987, S. 26), der sehr unterschiedliche und zum Teil ganz „unpädagogische" Tätigkeiten zu einer Einheit zusammenzuschließen vermag. Die Vielfalt der Tätigkeiten zerfällt so nicht mehr in eine mehr oder weniger diffuse pädagogische und eine ebenso diffuse Verwaltungs- und Managementaufgabe, sondern bekommt einen gemeinsamen Bezugspunkt: Die scheinbar „unpädagogische" Seite der Arbeit (z. B. Haushaltsanträge, Raumverwaltung, Öffentlichkeitsarbeit) steht immer unter dem pädagogischen Vorzeichen: Was bringt sie für die Aneignungs- und Teilhabemöglichkeiten Jugendlicher? Die „pädagogische" Seite der Arbeit steht andererseits immer unter dem Vorzeichen, vor allem „indirekt", durch Räume, Strukturen, Gelegenheiten zu wirken. Fragen kompetenter „Trapperinnen" richten sich demnach hinsichtlich der „Raumorientierung" vor allem auf die jeweils aktuellen Rahmenbedingungen der pädagogischen Arbeit

- Wie wirken die Räume unserer Einrichtung und ihre Umgebung auf die BesucherInnen? Und auf uns selbst?
- Welche Angebote werben gleichsam für sich selbst? Welche sind mit viel, welche mit wenig Arbeit verbunden?
- Welche (psychologischen) Barrieren gibt es für neue Besucher, hereinzukommen?
- Welche „Bühnen" für die Auftritte Einzelner oder Cliquen bietet unser Haus?
- Welche typischen Konflikte im Haus sind durch die räumliche Anlage bedingt?
- Welche dieser faktischen Arrangements können wir einfach ändern, welche nur schwer? Etc.

3.3 „Anbieten was der Markt verlangt".
Output-Orientierung ohne Qualitätskriterien?

Eine beliebte Variante des Versuchs, aus der Not des Immer-nur-reagieren-Könnens eine professionelle Tugend zu machen, besteht darin, zu behaupten, die entscheidende Kompetenz für Offene Kinder- und Jugendarbeit sei „Marktkompetenz" (Wendt 1996). Darunter wird „Anpassungsfähigkeit von Jugendarbeit an einen seit Jahren bereits sehr belebten (Freizeit)-Markt" (ebd., S. 59) verstanden. Professionalität wäre demnach die Fähigkeit, sich flexibel auf die sich wandelnden Freizeitbedürfnisse Jugendlicher, die als „Kundinnen und Kunden" betrachtet werden einzustellen, um so erfolgreich „Marktlücken" in der Konkurrenz mit andern Anbietern besetzen zu können. Die Forderung nach „Output-Orientierung" mit Hilfe von „Produktbeschreibungen" als Mittel zur Effektivierung von Jugendarbeit argumentiert ähnlich (Pfeiffer 1996). Was ist an dieser vor allem von Geldgebern und Trägern eingeforderten Denkweise richtig und was ist fragwürdig?

Die Idee, Jugendarbeit als Marktgeschehen zu begreifen, passt in gewisser Weise gut zu dem hier vertretenen Modell, aus ähnlichen Gründen wie die „Raumorientierung". Es entlastet, wenn Jugendarbeiterinnen ihr professionelles Selbstbewusstsein aus der Qualität ihrer Angebote und der Könnerschaft, sie attraktiv anzubieten beziehen, aber nicht dafür verantwortlich sind, was ihre „Kunden" mit diesen Angeboten machen. Marktkompetenz als Kriterium kann helfen, pädagogischem Trott und bloßer Einrichtungsverwaltung Beine zu machen. Auch entspricht sie dem Auftrag, dass Jugendarbeit ein von jugendlichen Wünschen geprägter sozialer Raum sein soll. Sie liefert auch ein Kompetenzmodell, das es einfacher macht, bei nichtpädagogischen Instanzen (z. B. Gemeinden) Anerkennung zu finden. Andererseits darf die Verführung, die in dieser ökonomischen Sprache liegt, nicht übersehen werden. „Marktkompetenz" liefert für sich genommen keinerlei Qualitätskriterien fachlicher Art, sondern legt nahe, alles, was „gut ankommt" und „läuft", auch für gut zu halten. Marktkompetenz ist also zwar die notwendige Außenseite der Professionalität offener Arbeit, aber für sich allein ist sie wie eine hohle Nuss (Müller 1996). Wenn also „Marktkompetenz" als Element eines Modells jener offenen Professionalität Bestand haben soll, müssen Kriterien für ihre qualitative „Innenseite" verfügbar sein, die den Maßstab liefern, *wofür* Markterfolg angestrebt wird. Und diese Kriterien müssen mehr als nur vage pädagogische Ziele sein, deren Realisierbarkeit in der Sternen steht. Mir fallen vier Arten von Kriterien zur fachlichen Prüfung von „Markterfolg" ein:

- Die oben genannte „Raumorientierung" liefert das erste Kriterium, sofern man sie nicht platt versteht, sondern in einer sozialökologischen Theorie der Konstitution und Aneignung sozialer Räume fundiert (Löw 2001). Marktkompetenz heißt dann nicht einfach, in der Konkurrenz der anderen Freizeitanbieter mithalten zu können, sondern aktive Möglichkeiten der Nutzung und Gestaltung öffentlicher Räume durch Kinder und Jugendliche zu erschließen.
- Das zweite Kriterium ergibt sich aus dem Umstand, dass Jugendarbeit öffentlich bezahlte soziale Dienstleistung ist. Deren Aufgabe ist, das teilweise Nichtfunktionieren des

Marktes zu kompensieren, also gerade für diejenigen da zu sein, deren Marktchancen schlecht sind. Marktkompetenz hieße also, dies auf dem Markt jugendlichen Freizeitlebens tatsächlich auch zu leisten und nicht nur Marktlücken aufzuspüren, sondern ein Stück Chancengleichheit umzusetzen.

- Das dritte Kriterium ist eher ästhetisch. Jugendarbeit (und überhaupt sozialpädagogische Tätigkeit) kann nicht gedeihen, wenn sie einem abstrakten Modell folgt und keinen eigenen Stil – der Mitarbeiter wie der Organisationskultur – entwickelt. Jugendliche sind oft stilempfindlicher als Pädagogen (Müller 1989a). Gerade deshalb ist es kein Ausdruck von Marktkompetenz, wenn diese sich stromlinienförmig an jeweils vorherrschende Wünsche anpassen, statt selbst eigenen Stil zu entfalten und offensiv zu vertreten.
- Das vierte Kriterium betrifft die pädagogische Dimension im engeren Sinne. Ich möchte darauf im Folgenden noch eingehen und hier nur soviel behaupten: Der wichtigste „Markt" auf dem sich Jugendarbeit kompensierend einmischen muss, ist der Markt der Anerkennungsmöglichkeiten für Jugendliche (Müller 2002). Die härteste Konkurrenz des kommerziellen Freizeitmarktes für die Jugendarbeit besteht nicht darin, dass Jugendarbeit bei den Konsumangeboten (Disco & Co) zu wenig mithalten kann, sondern darin, dass vieles heute Jugendliche glauben macht, nur im Konsumverhalten soziale Anerkennung finden zu können. Wenn Jugendarbeit diese Konkurrenz nicht besteht, ist sie verloren. Orte für die Einübung einer „moralischen Grammatik sozialer Konflikte" (Honneth 1994) zur wechselseitigen Anerkennung Jugendlicher und Erwachsener zu schaffen, scheint mir deshalb die innerste Herausforderung für „Marktkompetenz" zu sein.

Orientierungsfragen, die sich daraus für das „Trappermodell" ergeben, könnten z. B. lauten:

- Worin genau besteht die jeweilige Attraktivität/mangelnde Attraktivität unseres Angebotes für die Kinder und Jugendlichen, die wir erreichen wollen?
- Welchem Mangel an Lebenschancen für unsere Adressaten kann unser Angebot abhelfen – und welchem nicht?
- Wie gut „passt" das, was wir anbieten, zu uns selbst – und wie gut passen wir zu dem, was wir anbieten?
- Welche Chancen, Anerkennung herauszufordern und zu finden, enthält unser Angebot?

3.4 „Was heißt hier Pädagogik?"

3.4.1 Erziehen, sich mitspielen lassen oder mitspielen?

Die Frage nach der Bewältigung des Urwaldes von Ungewissheit, nach dem Handeln-Können statt nur Reagieren-Müssen ist vor allem eine Frage an das pädagogische Selbstverständnis. Viele Jugendarbeiter zweifeln an ihren „pädagogische Wirkungen", weil sie sich diese nach dem herkömmlichen Bild von Elternhaus oder Schule vorstellen. Demnach müssten Pädagogen, die etwas bewirken wollen, vor allem über Autorität und didaktisches Geschick bei Kindern und Jugendlichen verfügen. Beides kann in der Jugendarbeit nicht einfach vorausgesetzt werden. Und zwar nicht deshalb, weil Jugendarbeiterinnen schlechte Pädagogen wären, sondern weil für sie formale Autorität und Situationen, in denen „didaktisch geschickt" etwas vermittelt werden kann, eher Ausnahmefälle sind. Normal ist eher, dass Pädagogen in der Offenen Kinder- und Jugendarbeit ständig in Kämpfe und Kämpfchen um ihre pädagogische Autorität verstrickt werden (Müller 2002). Wenn sie erfolgreich daraus hervorgehen werden sie als „Andere unter Gleichen" (Cloos et al. 2009) Anerkennung bekommen und damit auch wirksam sein können. Sie haben aber nur selten die Chance, Autorität zu werden, zu der die Jugendlichen aufschauen. Normal ist auch, dass ihre Angebote eher in irgendwelche „Spielchen" umfunktioniert als dankbar angenommen werden; und selbst wenn es Pädagoginnen gelingt, dabei etwas „rüberbringen", so werden sie die letzten sein, denen die Jugendlichen sagen, was sie dabei „gelernt" haben.

Als Frage an das pädagogische Selbstverständnis ergibt sich daraus: Bedeutet das für Jugendarbeiter Zweifel am Sinn ihrer Arbeit, oder sind sie in der Lage, dies als Ausgangsbedingung ihrer pädagogischen Arbeit zu akzeptieren? Kämpfe um Anerkennung können pädagogisch sehr produktiv sein. Denn Erwachsene, die sich solchen Kämpfen stellen, sind für viele Jugendliche selten geworden (Müller 2000). Lernerfahrungen, die bei Gelegenheit alltäglicher Auseinandersetzungen und gleichsam im Vorbeigehen gemacht werden können tiefer wirken, als alle gekonnte Didaktik einer absichtsvollen Pädagogik. Aber dazu muss akzeptiert sein, dass die Pädagogik nicht erst dort anfängt. wo Jugendliche sich „etwas sagen lassen" oder sich für „Themen" engagieren, sondern viel früher. Dazu muss auch akzeptiert sein, dass es in der Offenen Kinder- und Jugendarbeit nicht den Lehrerstandpunkt geben kann, von dem aus bewertet werden kann, was die Arbeit gefruchtet hat.

Wichtig ist dabei nicht nur das Aushalten von Anerkennungskämpfen, sondern auch, das spielerische Moment dabei richtig zu verstehen. Wer in der offenen Arbeit nicht aushalten kann, dass man hier zuweilen „verarscht" wird, der wird es nicht lange aushalten; wer aber nicht selber mitspielen und auch (kontrolliert) austeilen kann, erst recht nicht. Die offene Arbeit als ein *„Mitspielen"* zu begreifen – im Umgang mit den Jugendlichen, aber auch mit anderen Instanzen, z. B. der Verwaltung und der Öffentlichkeit – heißt einerseits: Verzicht auf den überlegenen Außenstandpunkt, sich als Partner zu begreifen. Andererseits sind damit aber nicht Kumpanei und andere Formen des Aus-der-Rolle-Fallens gemeint.

Das Spiel muss freilich in verschiedenen Rollen gespielt werden können: Als zugleich Pädagogin, städtische Angestellte, Einrichtungsverantwortliche, Organisator von Events etc. Dabei mit Partnern in andern Rollen zusammenspielen zu können ist die Voraussetzung dafür, weder in die Rolle des bloßen Spielballs, noch in die des für alles verantwortlichen Zampanos zu geraten.

Die „Trapperregel" zu diesem „Mitspielen" könnte lauten: Verlass dich nicht auf die Anerkennung irgendeiner deiner Rollen, Machtpositionen, Verantwortlichkeiten – aber spiele deine Rollen, Machtpositionen, Verantwortlichkeiten! Gehe davon aus, dass Jugendliche das Recht haben, all dies in Frage zu stellen, und du doch nichts davon loswirst. Fehlt dir für dies Spiel der Humor, dann wechsle den Job.

3.4.2 „Die Jugendlichen sind uns fremd geworden". „Verständnisvoll sein" oder „sich verständigen?"

Eine besonders schwierige Dimension des „Urwaldes" Offener Kinder- und Jugendarbeit zeigt sich in dem Gefühl – gerade auch derer, die schon lange im Geschäft sind –, den Jugendlichen fremd zu werden, nicht mehr verstehen zu können was diese bewegt und weshalb sie so reagieren, wie sie es tun. Manche Mitarbeiter geben sich große Mühe, den neuesten Entwicklungen der jugendkulturellen Szenen nachzuspüren, mehr über Musikstile zu wissen, als Hip Hop und Heavy Metal unterscheiden zu können, „In" und „Out" der Moden zu verstehen und die jeweiligen Trends der Internet-Nutzung zu kennen. Schwerer noch ist, klarzukriegen, was Jugendliche zu rechtsradikalen, oder gewaltbejahenden Ansichten bringt, oder wie auf verächtlichen Umgang mit Mädchen zu reagieren sei. Andere haben resigniert, manche Jugendlichen noch verstehen zu können. Trotzdem gilt das Verstehen der Jugendlichen, oder „Verständnis" für ihre Anliegen als Voraussetzung für erfolgreiche pädagogische Arbeit. Da ist natürlich was dran.

Im Sinne meines Modells setze ich aber dagegen, dass etwas anderes vordringlicher ist, als Jugendliche verstehen zu können, nämlich die Fähigkeit zur Verständigung mit ihnen. Verständigung (z. B. über Regeln des Umgangs in einer Einrichtung) ist scheinbar etwas ganz Banales. Aber nur dann, wenn man genau die „gleiche Sprache" spricht. Wenn das nicht der Fall ist oder nur sehr eingeschränkt – und ich behaupte, zwischen Jugendlichen und Pädagogen ist das unvermeidlich so –, dann ist das Wahrnehmen der Fremdheit der anderen Seite geradezu die Voraussetzung dafür, Verständigungswege zu suchen und finden zu können. Es hilft nichts, den Jugendlichen gegenüber einfach so zu tun (und sich selbst einzureden), man könne sie vollkommen gut verstehen, und dies für pädagogisch zu halten. Genau dies führt zu Verständigungsblockaden. Man kann dies z. B. in manchen Jugendzentren mit hohem ausländischem Besucheranteil beobachten. Das sich sehr „verständnisvoll" gebende Pädagogen-Team ist zumeist nur begrenzt in der Lage, die Denkweisen und Gefühle ihrer Besucher wirklich nachzuvollziehen. Missverständnisse, versteckte Kränkungen etc. werden heruntergespielt um den Hausfrieden nicht zu gefährden. Wenn das Team solche Verständnisgrenzen nicht wahrhaben will, reagiert es auf

Schwierigkeiten mit noch mehr „Verständnis" – bis zur Notbremse Hausverbot. Die Möglichkeiten der Verständigung: über Nutzungsregeln, Rechte anderer, akzeptable Formen der Auseinandersetzung etc. bleiben unausgeschöpft. Wenn die Konflikte eskalieren, sind solche Teams oft nicht in der Lage, zu verstehen was sie selbst zur Eskalation beigetragen haben.

Die „Trapper"-Regel zu diesem Punkt lautet also: Um sich in der Offenen Kinder- und Jugendarbeit mit Jugendlichen verständigen zu können ist es nicht unbedingt notwendig, sich „bestens" zu verstehen, und schon gar nicht, immer auf einer Wellenlänge zu sein, wohl aber, Übersetzungs- und Verständigungsstrategien zu haben. Diese Regel wird um so wichtiger, je „multikultureller" die Szenen sind, auf sich die Jugendarbeit bezieht, und je mehr die Pädagoginnen sich selbst einer fremden Lebenswelt ausgesetzt fühlen. Wenn sie aber in der Lage sind, das eigene Gefühl des „Fremdseins" auszuhalten, werden sie auch den Jugendlichen eher dabei helfen können. Diese Regel bedeutet keineswegs, dass die Beziehungen zwischen Jugendlichen und Pädagogen formal und oberflächlich bleiben müssten. Verständigung ist, anders als Verstehen bzw. „Verständnis haben", keine primär rationale Angelegenheit und kann deshalb oft tiefer wirken als verstehende Kommunikation (z. B. ein Beratungsgespräch). Auch glaube ich beobachten zu können: Gerade dort, wo Jugendliche und Pädagoginnen stillschweigend davon ausgehen, einander nur sehr begrenzt verstehen zu können, wachsen die Möglichkeiten der funktionierenden Verständigung – und damit auch die des gegenseitigen sich verstehen Könnens.

3.4.3 „Jugendarbeit kann die Probleme der Jugendlichen auch nicht lösen". Beeinflussen oder sich nutzen lassen?

Eine gute Chance, sich im Urwald der Offenen Kinder- und Jugendarbeit zu verlaufen, haben Idealisten, die ihren Erfolg an der Frage messen, was Jugendarbeit an den realen Lebensbedingungen und -chancen ihrer Adressaten ändern kann. Hartmut Griese (1994) hat an einen Satz des amerikanischen Reformpädagogen Paul Goodman erinnert, der sagte: „Im Grunde gibt es nur eine richtige Erziehung, das Aufwachsen in einer Welt, in der zu leben sich lohnt." Das ist ein tiefer und wahrer Satz, der allerdings fatale Folgen für die professionelle Orientierung von Jugendarbeitern haben kann. Er wird nämlich oft in dem depressiven Sinn verstanden, man könne doch nichts machen, die *wirklichen* Probleme der Jugendlichen nicht lösen, weshalb die eigene Arbeit letztlich nur sinnlose Flickschusterei sei. Wenn Jugendarbeiter sehen, dass die Lebenschancen der meisten Jugendlichen, die in ihre Einrichtungen kommen, schlecht sind, wenn sie die Gründe verstehen, warum solche Jugendlichen meinen, es lohne sich für sie eigentlich gar nicht, sich anzustrengen, um als Erwachsene bestehen zu können, dann liegt nahe„ auch Jugendarbeit könne nichts daran ändern. Dieser Schluss ist nicht ganz falsch, aber er geht an der Sache vorbei, weil er den Erfolg von Jugendarbeit an einem Ziel misst, das sie ohnehin nicht erreichen kann. Die wirkliche professionelle Herausforderung ist nämlich „nur", ob es JugendarbeiterInnen gelingt, mit ihrer Einrichtung (und ihren Angeboten außerhalb) ein

Stück Lebensraum, ein kleines Territorium von Aneignungsmöglichkeiten zu schaffen, das Kindern und Jugendlichen immerhin so lohnend erscheint, dass sie bereit sind, zu seiner Erhaltung beizutragen oder sogar, sich dafür anzustrengen. Das ist schwer genug, aber es hat, wenn's gelingt, Wirkungen, die darüber hinausgehen. Auch hier gilt wieder, was über das Verhältnis von „Verständnis haben" und „Verständigung" gesagt wurde. Natürlich ist in der offenen Arbeit besonderes Verständnis für Jugendliche nötig, die sich als „Modernisierungsverlierer" fühlen und die das auch in den Einrichtungen der Jugendarbeit auf irgendeine destruktive Weise zum Ausdruck bringen. Jugendarbeiter aber, die darauf in der beschriebenen Weise „verständnisvoll" reagieren, weil sie sich für die Lebenslage der Jugendlichen mitverantwortlich fühlen, statt für die Attraktivität der Einrichtung verantwortlich zu sein, betrügen damit sich selbst und die Jugendlichen um ihre Chancen.

Wichtig ist dabei allerdings, und das wird bei „raumorientierten" Konzepten manchmal unterschlagen, dass die Attraktivität der Einrichtung auch viel mit persönlichen Gefühlen zu tun hat, gerade auch Gefühlen, die Kinder und Jugendliche dem pädagogischen Personal entgegenbringen. Welche dieser Gefühle Jugendarbeitern selbst gelten und bei welchen sie eher Ersatzobjekte für Gefühle sind, die anderswo (z. B. in der Beziehung zu den Eltern) zu wenig Ausdruck finden können (Schröder 2004) ist meist schwer zu unterscheiden. Aber auch hier kommt es weniger aufs Verstehen an, als auf die Verständigungsmöglichkeiten. Diese werden nicht dadurch wachsen, dass jene Gefühle thematisiert werden, sondern eher dadurch, dass Pädagogen es akzeptieren können, als „Objekte" vielgestaltiger und widersprüchlicher Gefühle verwendet zu werden (Müller 1995), ohne ihren Humor und ihre Standfestigkeit dabei zu verlieren. Aus diesem Punkt lässt sich genau genommen keine „Trapperregel" ableiten, sondern nur die Einsicht, dass „Trapper" verrückt wären, wenn sie versprächen, aus einer menschenfeindlichen Gegend einen wohnlichen Garten machen zu können. Wohl aber können sie mit persönlichem Einsatz dafür sorgen, dass es hier und da sichere, motivierende und angenehme Orte gibt, von denen aus auch menschenfeindliches Gelände kultiviert werden kann.

3.5 Fazit

Die Zweifel, ob „offene Arbeit" auch wirklich professionelle Arbeit sein kann, sind nicht berechtigt. Die Unterschiede gegenüber herkömmlichen Vorstellungen über professionelles pädagogisches Handeln müssen allerdings genau beschrieben werden (Cloos et al. 2009). Nur dann kann es Jugendarbeit auch gelingen, sich im Verhältnis zu anderen pädagogischen Aufträgen, besonderes denen der Schule, als gleichberechtigte Partnerin zu positionieren. Entscheidend ist aber, ob die professionellen Anforderungen der eigenen Rolle auch offensiv vertreten werden. Der Rückzug in die Nischen von Teilkompetenzen ist kein Ausweg. Er muss nicht sein, wenn Fähigkeiten erworbenen werden, sich auch auf unsicherem Gelände sicher bewegen zu können. Dafür einen Anstoß zu geben war mein Anliegen bei dem – zugegeben schrägen – Bild vom Siedler und vom Trapper.

Literatur

Becker, H., Hafemann, H., & May, M. (1984). *Das hier ist unser Haus, aber ... "*. Frankfurt a. M.

Böhnisch, L., & Münchmeier, R. (1987). *Wozu Jugendarbeit?* Weinheim und München.

Böhnisch, L., Rudolph, M., & Wolf, B. (Hrsg.). (1998). *Jugendarbeit als Lebensort*. Weinheim und München.

Cloos, P., Köngeter, S., Müller, B., & Thole, W. (2009). *Die Pädagogik der Kinder- und Jugendarbeit* (2. Aufl.). Wiesbaden.

Feldmann, R. (1981). Zur Fachkompetenz des Sozialpädagogen in der offenen Jugendarbeit. *deutsche jugend*, *29*(11), 508–514.

Griese, H. (1994). Wider die Re-Pädagogisierung in der Jugendarbeit. *deutsche jugend*, *43*(7–8), 310–317.

Honneth, A. (1994). *Kampf um Anerkennung. Zur moralischen Grammatik sozialer Konflikte*. Frankfurt a. M.

Klatetzki, T. (1993). *Wissen, was man tut. Professionalität als organisationskulturelles System*. Bielefeld.

Lindner, W., Thole, W., & Weber, J. (Hrsg.). (2003). *Kinder- und Jugendarbeit als Bildungsprojekt*. Opladen.

Löw, M. (2001). *Raumsoziologie*. Frankfurt a. M.

Müller, B. (1989). *„Auf'm Land ist mehr los"*. Weinheim und München.

Müller, B. (1989). Rituale und Stil in Jugendkultur und Jugendarbeit. *deutsche jugend*, *37*(7–8), 313–322.

Müller, B. (1995). Wozu brauchen Jugendliche Erwachsene? *deutsche jugend*, *44*, 160–169.

Müller, B. (1996). Produktorientierung in der Jugendarbeit. Eine Falle und eine Chance. *deutsche jugend*, *45*(2), 73–81.

Müller, B. (2000). Jugendarbeit als intergenerationaler Bezug. In V. King, & B. Müller (Hrsg.), *Adoleszenz und pädagogische Praxis* (S. 119–142). Freiburg i. B.

Müller, B. (2002). Anerkennung als „Kernkompetenz" in der Jugendarbeit. In B. Hafeneger, P. Henkenborg, & A. Scherr (Hrsg.), *Pädagogik der Anerkennung* (S. 236–248). Bad Schwalbach.

Müller, B. (2009). *Sozialpädagogisches Können* (6. Aufl.). Freiburg i. B.

Müller, B. (2010). Professionalität. In W. Thole (Hrsg.), *Grundriss Soziale Arbeit* (3. Aufl., S. 955–974). Wiesbaden.

Müller, B., Schmidt, S., & Schulz, M. (2008). *Wahrnehmen können* (2. Aufl.). Freiburg i. B.

Müller, B., & Schulz, M. (2009). Von der Beobachtung zur Handlung – und umgekehrt. In B. Sturzenhecker, & U. Deinet (Hrsg.), *Konzeptentwicklung in der Kinder- und Jugendarbeit* (2. Aufl., S. 96–110). Weinheim und München.

Pfeiffer, A. (1996). Produkt- und Kundenorientierung in der Jugendarbeit. In Landesjugendamt Westfalen-Lippe (Hrsg.), *Neue Steuerung und Produktorientierung in der Jugendarbeit*. Münster.

Rose, L., & Schulz, M. (2007). *Gender-Inszenierungen*. Königstein/Taunus.

Schröder, A. (2004). Sich bilden am Anderen. In R. Hörster, E. U. Küster, & S. Wolff (Hrsg.) *Orte der Verständigung* (S. 231–243). Freiburg i. B.

Sturzenhecker, B., & Deinet, U. (Hrsg.). (2009). *Konzeptentwicklung in der Kinder- und Jugendarbeit* (2. Aufl.). Weinheim und München.

Projektgruppe WANJA (2000). *Handbuch zum Wirksamkeitsdialog in der Offenen Kinder und Jugendarbeit*. Münster.

Wendt, P. U. (1996). Die Moderne, der Markt und die Jugendarbeit. *deutsche jugend*, 45(2), 59–66.

Geschichte der Offenen Kinder- und Jugendarbeit seit 1945

Benno Hafeneger

4.1 Vorläufer

Die Offene Kinder- und Jugendarbeit hat in Deutschland eine lange Tradition und als Einrichtungen der öffentlichen und freien (verbandlichen) Jugendpflege gibt es sie schon seit Beginn des 20. Jahrhunderts. Im Kaiserreich und in der Weimarer Republik firmierte sie unter den Begriffen „städtische Jugendheime" und „Jugendclubs", dann auch „offene Jugendhäuser". Der staatlichen Jugendpflege und den Verbänden der freien Wohlfahrtspflege (Kirchen, Vereine) ging es mit ihren Treffangeboten zunächst vor allem um die männlichen Jugendlichen aus den unteren sozialen Schichten in den Großstädten. Unangepasst, dissozial, kriminell oder allgemein „soziale Auffälligkeit" und „Verwahrlosung" waren die Etikettierungen von Jugendlichen, daneben gerieten jugendkulturelle Gesellungs- und Äußerungsformen in Form von „Halbstarken, Banden, Cliquen" in den Blick der Jugendpflege und Bewahrpädagogik (Dehn 1929). In den Schriften von Walther Classen und Clemens Schultz – zwei reformorientierten Praktikern zu Beginn dieses Jahrhunderts – über ihre Arbeit mit den sog. Halbstarken und den „St. Paulianer Lehrlingen in Hamburg" ist ausdrücklich von der notwendigen Arbeit in „Jugendklubs" die Rede (Classen 1912; Classen und Schultz 1918). Mit diesen – seit 1901 in den preußischen Jugendpflegeerlassen und ab 1924 im Reichsjugendwohlfahrtsgesetz (RJWG) geregelten – Zugängen sollte versucht werden, sie mit erzieherischen Integrationsangeboten in die gesellschaftliche Ordnung hinein zu holen. Dabei ging es um drei Gruppen: die von Arbeitslosigkeit und Armut betroffene proletarische Jugend bzw. die „gefährdete und verwahrloste Großstadtjugend in Deutschland" (Ehrhardt 1929); um jugendkulturelle Gruppen, die mit Gewaltdelikten und Jugendkriminalität auf sich aufmerksam machten (Ehrhardt 1930); dann um verbandlich

Prof. Dr. phil. Benno Hafeneger ✉
Institut für Erziehungswissenschaft Marburg, Philipps-Universität Marburg, Bei St. Jost 15,
35032 Marburg, Deutschland
e-mail: benno.hafeneger@uni-marburg.de

U. Deinet und B. Sturzenhecker (Hrsg.), *Handbuch Offene Kinder- und Jugendarbeit*,
DOI 10.1007/978-3-531-18921-5_4,
© VS Verlag für Sozialwissenschaften | Springer Fachmedien Wiesbaden 2013

und konfessionell gebundene Jugendliche in eigenen Vereins- und Klubheimen (vgl. Siemering 1931).

Gegenüber diesen „Vorläufern" werden die Anfänge der „Offenen Kinder- und Jugendarbeit", wie wir sie heute als Teil der professionellen Jugendpflege und als Haus der offenen Tür, Jugendhaus, Jugendclub – als lokales Angebot für alle Jugendlichen, getragen von Prinzipien wie Mitbestimmung und Freiwilligkeit sowie als kommunikativer Raum zwischen Jugendlichen und Jugendarbeit – kennen, in die Geschichte der Bundesrepublik datiert. Sie soll hier als Institutionsgeschichte mit ihren unterschiedlichen Konzepten, Phasen und Veränderungen bis in die 1990er-Jahre nachgezeichnet werden (vgl. Böhnisch 1984; Krafeld 1984, 1992; Naudascher 1990; Bauer 1991; Deinet 1998).

4.2 German Youth Acitivities (GYA) – Nachkriegszeit

Die Jugendarbeit in den westlichen Zonen und den ersten Jahren der Bundesrepublik wurde vor allem von der amerikanischen Militärregierung bzw. deren Erziehungsabteilungen geprägt und beeinflusst (Müller 1994). Neben dem Lizenzierungsverfahren und der Gründung von Jugendverbänden, der Etablierung der Jugendsozialarbeit wurden Jugend- und Erziehungsoffiziere eingesetzt, die u. a. für Freizeiteinrichtungen für die nichtorganisierte Jugend zuständig waren (vgl. Lades o. J., S. 16). Neben der kommunalen Jugendpflege, der verbandlichen Jugendarbeit und der Jugendsozialarbeit wurde von ihnen die Offene Clubarbeit – als German Youth Acitivities (GYA) – initiiert und als neue Angebotsstruktur der Jugendarbeit etabliert; sie war eingebunden in die Leitlinien der amerikanischen Besatzungspolitik, die der „Reorientierung" und ab 1948 der „Demokratisierung der Jugend" verpflichtet waren. Von den Militärbehörden wurden vor allem in Süddeutschland GYA-Heime in eigener Regie eingerichtet und zeitweise von amerikanischen Jugendoffizieren und Soldaten organisiert und betreut. Sie waren weltanschaulich neutral ausgerichtet, wahrten die Pluralität der Meinungen und waren dem Prinzip der Freiwilligkeit verpflichtet. Im Jahre 1951 existierten in den Ländern der ehemaligen amerikanischen Besatzungszone 256 solcher Jugendzentren, die ab 1947 von amerikanischen und deutschen Kräften gemeinsam betreut wurden. Über die Besucherzahlen im Zeitraum 1945 bis 1951 gibt es unterschiedliche Angaben, einmal ist von „etwa 300.000 Jugendlichen" (Rupieper 1993, S. 156), dann von 600.000 Jugendlichen monatlich die Rede (Müller 1994, S. 63). Als Girls-, Boys-, Youth- und Civic-Center standen sie allen Jugendlichen als Aufenthalts- und Versammlungsstätten zur Verfügung (offener Bereich), sie sollten Verwahrlosung und Kriminalität verhindern, den Gefahren politischer Radikalisierung vorbeugen sowie einen Beitrag zur „Umerziehung zur Demokratie" („reeducation") der deutschen Jugend leisten. Neben zwanglosen, großzügigen und (unbekannten) Spiel- und Sport-, Theater-, Musik-, Film- und Bastelangeboten gab es Gruppenarbeit, Kurse, Vorträge und Diskussionsabende. Jugendliche zwischen 10 und 18 Jahren organisierten sich, bestimmten mit und wählten Gruppenleiter und Vertreter (vgl. Faltermaier 1983; Rosenwald und Theis 1984). Durch „learning by doing" sollten die Jugendlichen für das parlamentarisch-demokratische System, die politische Kultur der Demokratie (Umgangsformen, Fair play, „citizen-ship", Kompromisse) und deren Aufbau gewonnen werden. Aufgrund der elementaren materiellen und sozialen „Jugendnot" (diskutiert als bindungslose, entwurzelte, arbeits- und heimatlose Jugend oder auch als „Schwarzmarktjugend") in den Nachkriegsjahren waren die GYA-Heime auch ein Aufenthaltsort für Jugendliche, bei denen elementare Fragen des Überlebens im Mittelpunkt standen: Hier wurden sie materiell mit Essen und Kleidung versorgt, hatten sie in einem trostlosen Alltag ein warmes Dach über dem Kopf, konnten sie tauschen und waren „weg von der Straße"; gleichzeitig hatten sie einen kulturellen Eigenraum mit neuen Erfahrungen und Eindrücken (mit Jazz- und Popmusik, Sportarten), einen sozialen Ort in einer jugendfeindlichen Umwelt (vgl. AGJJ 1955; Böhnisch 1984). Das amerikanische Modell und Verständnis zielte auf den erfahrbaren Zusammenhang von zunächst bescheidenem materiellem Wohlergehen (Versorgung) und Demokratie.

4.3   Jugendklubs in der ehemaligen DDR

In der ehemaligen DDR gab es flächendeckende Jugendclubstrukturen (FDJ-Jugendklubs), die im Rahmen parteistaatlicher Jugendpolitik von SED und FDJ tätig waren. Eine Klubleitung, ein FDJ-Aktiv und hauptamtlicher „Pionierleiter" waren für das vorstrukturierte Angebot zuständig, das vor allem von politisch-ideologischer und kultureller Arbeit (Agitation, Disco und Konzerte, Interessengemeinschaften u. a.) bestimmt war (Simon und BAG 1999). Die DDR-Jugendklubs hatten einen staatlich-instrumentellen Erziehungsauftrag, der zur Herstellung einer „sozialistischen Persönlichkeit" beitragen sollte. Mit der deutschen Vereinigung wurden 1989/90 mehr als die Hälfte der 7000 Jugendklubs geschlossen und viele „Pionierleiter" entlassen; die dann in den östlichen Bundesländern erfolgte Umwandlung und der neue Aufbau der Offenen Kinder- und Jugendarbeit war an westlichen Mustern, fachlichen Standards und Debatten orientiert. In einzelnen Landstrichen entwickelte sich eine „enorme Dichte" (Simon und BAG) an Einrichtungen, in die Jugendliche mit ihren Problemen und Mentalitäten „Einzug" hielten.

4.4   Heime der Offenen Tür (HOT) – 1950er-Jahre

Die Trägerschaft der GYA-Einrichtungen wurde ab Anfang der 1950er-Jahre sukzessive in deutsche Verantwortung (Städte und Landkreise) übergeben. Dabei wurde ein Teil der Einrichtungen – weil sie nicht in die Tradition der deutschen organisierten Jugendarbeit passten, von Behörden misstrauisch beobachtet und von den Jugendverbänden als Konkurrenz wahrgenommen und abgelehnt wurden – geschlossen; andere erlebten eine deutliche Kurskorrektur (Bauer 1991). „Anfang der 50er-Jahre finden wir im ganzen Bundesgebiet nur 110 (davon 74 in Großstädten) Heime der Offenen Tür, die meist in städtischen Regionen betrieben werden" (Böhnisch 1984, S. 465; Albertin 1992). Gleichzeitig begann eine Diskussion um den pädagogisch-jugendpflegerischen Ort, um Aufgaben und Trägerschaft der Offenen Kinder- und Jugendarbeit. Dabei dominierten vor allem jugendschützerische und fürsorgerische Leitmotive; in der Tradition der deutschen Jugendarbeit sollten Jugendliche von der Straße ferngehalten und sinnvoll beschäftigt, vor Verwahrlosung bewahrt und vor Gefährdungen geschützt werden. In den Jugendhäusern bzw. Heimen der Offenen Tür (HOT) wurde ein neuer Weg der positiven, lebendigen und erzieherisch-wertvollen Freizeitgestaltung darin gesehen, sich „um das große Heer der unorganisierten Jugend zu kümmern. Diese stellt zahlenmäßig den größten Teil der Heranwachsenden dar und hat auch den größten Anteil an Gefährdung, subjektiven und objektiven Lebensschwierigkeiten, Verwahrlosung und Straffälligkeit" (Pelle 1952, S. 181). Im Mittelpunkt standen Angebote wie Spiel und Sport, Basteln und Lesen; Jugendliche sollten ihren Lieblings-/Freizeitbeschäftigungen in einem jugendgemäßen Heim mit angenehmer Atmosphäre nachgehen. Das Heim sollte unter der Aufsicht einer helfenden und kameradschaftlichen Autorität, d. h. eines hauptberuflichen Leiters und freiwilliger Helfer stehen.

Im Frühjahr 1953 wurden mit den sog. „Gautinger Beschlüssen" Richtlinien für die weitere Arbeit verabschiedet, und mit den Richtlinien des Landes Nordrhein-Westfalen und den „Frankfurter Empfehlungen" wurden im Jahre 1956 die Bezeichnung „Heim der Offenen Tür" eingeführt und die Leitmotive und Aufgaben festgelegt. Jetzt ist die Offene Tür eine Einrichtung, die ebenso sehr einem Bedürfnis der jugendpflegerischen wie der jugendfürsorgerischen Arbeit entspricht. Es handelt sich bei ihr um ein Freizeitheim, das Jugendlichen ohne Unterschied der Konfession oder Parteizugehörigkeit offen steht, und zwar vornehmlich Jugendlichen, die keiner Jugendgruppe oder Jugendorganisation angehören. Die Arbeitsweise der Offenen Tür spricht erfahrungsgemäß männliche Jugendliche stärker als weibliche an. (…) Aufgabe der Ganz-offenen-Tür ist es, den Jugendlichen eine sinnvolle Freizeitgestaltung, Unterhaltung und Entspannung zu ermöglichen, die ihnen die Enge der Wohnung oder das Unverständnis der Eltern oder sonstige ungünstige Lebensumstände verwehren. In jedem Heim der Offenen Tür sollten sowohl weibliche als auch männliche MitarbeiterInnen eingesetzt werden" (AGJJ 1955, S. 17).

Mit der Übernahme in deutsche Trägerschaft und der einsetzenden Pädagogisierung ändert sich auch die soziale Zusammensetzung der Besucher, die Offenheit von Bereichen (Cafés, Kinosäle, Tischtennisräume u. a.) wird zurückgenommen und die Angebote und Programme werden im Sinne einer „geordneten, verbindlichen und sinnvollen Freizeit" unter Fürsorgegesichtspunkten und mit Blick auf die Jugendnot (insb. Arbeitslosigkeit) deutlich strukturiert. Die Heime werden in den 50er-Jahren durch Limitierung des offenen Charakters, mit der Dominanz von Programmen, von Interessen-, Beschäftigungs- und Neigungsgruppen sowie Arbeitsgemeinschaften und Kursen schließlich „mittelschichtexklusiv"; eine Forderung wird, das Leben in den Heimen über die „Treffpunkte" hinaus an einer pädagogischen Aufgabe zu orientieren. Zur Umsetzung dieser Ziele dienten u. a. Werkstattangebote mit Töpfern, Holz, Metall, Nähen; Gruppen und Kurse für Blockflöte, Gitarre, Sport, Gymnastik, Lesen, Volkstanz oder auch Wettbewerbe und Feste. Mit pädagogischen Leitmotiven wie Bindungsfähigkeit und Gemeinschaftserziehung, mit Zielsetzungen wie, „Wege zur Welt der Erwachsenen aufzeigen", bekommen sie eine normative

Ausrichtung; es sollen vor allem den Jugendverbänden und deren weltanschaulichen Orientierungen zugearbeitet sowie der Übergang zum Erwachsenenleben unterstützt werden (Böhnisch 1984).

Mit dieser pädagogischen Programmatik und den primär gruppenbezogenen und musischen Angeboten bleiben die unorganisierten Jugendlichen aus den unteren sozialen Schichten fern bzw. werden ausgeschlossen. Ihre Wünsche, Bedürfnisse und Freizeitinteressen lagen außerhalb der organisierten Angebote, und die Distanz führte Ende der 50er-Jahre zur Krise und zu Debatten um eine Neuorientierung der „Heime der Offenen Tür"; angestrebt wurde vor allem eine „pädagogisch qualifizierte Arbeit", die sich an dem Leitbild der „kulturellen Gefährdung" orientierte.

4.5 Mitbestimmung und Clubidee – 1960er-Jahre

Nach der Erhebung von Grauer und Lüdtke (1973) gab es Mitte der 60er-Jahre in der Bundesrepublik 1148 Jugendfreizeitheime, in etwa der Hälfte waren hauptamtliche MitarbeiterInnen beschäftigt. Die Arbeitsformen waren auf Kleingruppen fixiert und hatten neben jugendkulturellen Angeboten wie Musik und Tanz vor allem Beschäftigungs- und Bildungscharakter. Aufgrund der materiellen Veränderungen in der Gesellschaft (Wohlstand und Konsum), der Entdeckung von Jugend als Verbraucher- und Konsumentengruppe (ökonomische Freisetzung) und durch veränderte kulturelle Orientierungen und Lebensgefühle (z. B. James-Dean-Filme, Rock-and-Roll- sowie Beat-Musik, Kleidung) unter Jugendlichen war auch die Jugendpädagogik in der ersten Hälfte der 60er-Jahre gezwungen, sich zu modernisieren und konzeptionell neu zu denken; sie hatte ihre Anziehungskraft gegenüber Jugendlichen verloren. In der jugendpädagogischen Diskussion wurde bei wachsendem kommerziellem Freizeitangebot die Bewältigung und sinnvolle Nutzung von Freizeit akzentuiert; die Aktivitäten, Regeneration und der Bildungsgedanke sollten in den Jugendhäusern einen Ausgleich und Kompensation zum Berufsleben und der zunehmenden Spezialisierung in der Arbeitswelt schaffen. Mit veränderten Leitmotiven wie Offenheit der Häuser, Mitbestimmung, die Bedürfnisse und kulturellen Strömungen der Jugendlichen in den Mittelpunkt zu stellen, wurde der „Jugendclub" zu einer neuen Organisationsform der Offenen Kinder- und Jugendarbeit; verstanden als bedürfnis- und interessenorientierter Ausdruck heutiger jugendlicher Gesellungsformen und informeller Geselligkeit (vgl. Rössner 1962). Die Offene Kinder- und Jugendarbeit schien mit der Institution und Gesellungsform „Club" eine „moderne Jugendarbeit für die moderne Jugend" zu sein (Böhnisch 1994, S. 469). Angelehnt an die vielzähligen Clubs der Freizeit- und Unterhaltungsindustrie lag die Trägerschaft in der Regel bei einem eingetragenen Verein und die Leitung bei hauptamtlichen MitarbeiterInnen, die mit einem Kreis von ehrenamtlichen MitarbeiterInnen in den Häusern zusammenarbeiteten. „Die Einrichtungen standen grundsätzlich allen Jugendlichen offen; es wurde ein Musik- oder Veranstaltungsbetrieb unterhalten, dessen Einnahmen auch mit zur Kostendeckung der Clubarbeit dienen konnten" (Böhnisch 1994, S. 467).

4.6 Initiativen und Jugendzentrumsbewegung – 1970er-Jahre

Die Bundesrepublik erlebt nach der Studenten-, Schüler- und Lehrlingsbewegung in den 70er-Jahren eine Gründungswelle von Initiativgruppen (Mitte der 70er-Jahre sind es über 1000) und die Jugendzentrumsbewegung; und damit eine Modernisierung der Jugendarbeit (Thole 2000). Ausgehend von Universitätsstädten und vielfach unterstützt von Studenten der (Sozial-)Pädagogik formulierten Anfang der 70er-Jahre dann vor allem Jugendliche im ländlichen Raum ihren Unmut über eine qualitativ wie auch quantitativ unbefriedigende Freizeitsituation; es gab zu dieser Zeit in der Provinz lediglich 214 Freizeitheime (Grauer und Lüdtke 1973). Im Zusammenhang mit neuen (insbes. emanzipatorischen und bedürfnisorientierten) Konzepten der Jugendarbeit zeigten Formeln wie „Selbstbestimmung statt Fremdbestimmung", „Was wir wollen – Freizeit ohne Kontrollen" oder „Selbstverwaltung statt Stadtverwaltung" den politischen und pädagogischen Gehalt der Forderung nach eigenen Räumen und selbstverwalteten Jugendzentren; nach Zentren ohne Konsumzwang, Kontrollen und als demokratisches Lernfeld. Kern der Forderung war, über die Inhalte, Finanzen, die rechtliche Zuständigkeit und Einstellung von MitarbeiterInnen selbst zu verfügen; Freiräume zu schaffen für neue Formen des politischen Engagements und für pädagogische Experimente (Damm 1979).

Die bessere Versorgung mit Jugendzentren, der Kampf um eigene Räume – und die Besetzung leerstehender Häuser – sowie die Emanzipationsbedürfnisse von Jugendlichen und neue Formen des (politischen) Zusammenlebens werden zeitweise zum dominierenden jugendpolitischen Thema; in vielen Kommunen kommt es zu harten Konfrontationen mit der Verwaltung und zu politischen Auseinandersetzungen (auch verbunden mit Hausbesetzungen). Nach der „Kampf-ums-Haus-Phase" und mit der Durchsetzung von Räumen wurden viele Jugendzentrumsinitiativen gezwungen, zu einem geregelten und verrechtlichen Selbstverwaltungsbetrieb (Verein, Satzung, Verträge) überzugehen. Waren viele Initiativen zunächst antipädagogisch, antiinstitutionell und antiprofessionell aufgetreten, so wurden nun im Rahmen der Vereinsgründung, der kommunalen Einbindung und zuständig für den Betrieb (Programm, Organisation, Verantwortung, Kontrolle etc.) hauptamtliche MitarbeiterInnen eingestellt. Sukzessive gingen Jugendzentren in kommunale oder vereinsbezogene Trägerschaft über.

Die Offene Kinder- und Jugendarbeit ist in den 70er-Jahren eingebunden in den materiellen und personellen Ausbau der Jugendarbeit (als Bestandteil des Ausbaus und der Reformen des Bildungssystems und Sozialstaats), sie findet Anschluss an die Lebenswelten und Kulturen von Jugendlichen, und die Professionalisierung erhält – aus unterschiedlichen jugendpolitischen Integrations- und jugendpädagogischen Bildungs- und Erziehungsinteressen – einen enormen Aufschwung (Hafeneger 1992). Die kreativen und selbstbewussten Aktivitäten der Jugendlichen machen die Offene Kinder- und Jugendarbeit zu einem attraktiven Experimentierfeld. Sie wird zu einer bis dahin nicht gekannten relativ „autonomen" Institution; dies drückt sich u. a. in Modellprojekten, in Medienarbeit, in Theatergruppen, Film- und Videoproduktionen, einer Vielzahl von Zeitungen sowie der Entwicklung einer kooperativen Infrastruktur und der Herstellung von Öffentlichkeit (mit Treffen, Festen, Besuchen und Aktionen) aus.

Die Jugendhilfe erfährt eine breite Professionalisierung, und in der professionalisierten Offenen Kinder- und Jugendarbeit gibt es in der zweiten Hälfte der 70er-Jahre vielfältige Verständigungsversuche über Ziele, Arbeitsformen und Perspektiven in diesem Arbeitsfeld. Mitte der 70er-Jahre gibt es in der Bundesrepublik über 4000 Einrichtungen mit etwa 3100 hauptamtlich Beschäftigten. Diese Etablierungs- und Professionalisierungsphase der Offenen Kinder- und Jugendarbeit ist historisch in gesellschaftliche Reformhoffnungen und die Formulierung einer reformorientierten offensiven Jugendhilfe eingebunden; sie ist „eine kleine Station auf dem Weg in die Demokratisierung und soziale Modernisierung der bundesrepublikanischen Gesellschaft" (Böhnisch 1984, S. 470). Im Rahmen der Fortbildung und Praxisberatung stehen in der zweiten Hälfte der 70er-Jahre vor allem der Alltag und die Problemfelder der Arbeit, die Klärung der Komplexität des Arbeitsfeldes sowie professionelle Arbeitsbedingungen, Verarbeitungsstrategien und Handlungsperspektiven – etwa die Bestimmung von solidarischer Praxis – im Mittelpunkt (Hafeneger und Sander 1978). Das eigene Selbstverständnis ist zunächst daran orientiert, die Jugendlichen – und hier vor allem die Arbeiterjugendlichen – in ihren Forderungen und ihrem Streben nach Selbstbestimmung und -verwaltung zu unterstützen und zu beraten; Betroffenen- und Bedürfnisorientierung werden zu Schlüsselwörtern in der Selbstverständnisdebatte. Gleichzeitig wird auf die – politisch gewollten oder als heimlicher Lehrplan sich durchsetzenden – integrativen und disziplinierenden Wirkungen von Professionalisierungseffekten durch eine traditionell-jugendpflegerische Tätigkeit hingewiesen: „die Jugendlichen sollen lernen sich mit ihren Regenerationsbedürfnissen an Pädagogen zu wenden, damit diese dafür Sorge tragen, dass sie angemessen erfüllt werden" (Lessing 1967, S. 303).

4.7 Jugendprotest – neue Jugendprobleme – Jugendpolitik in den 1980er-Jahren

Bereits Ende der 70er-Jahre kommt es vor dem Hintergrund von sozial-ökonomischen Krisenentwicklungen und politischen Rollback, als Reaktion auf gesellschaftliche Probleme wie Jugendarbeitslosigkeit und Drogenkonsum zu einer kompensatorischen Ausrichtung und sozialpolitischen Funktionalisierung der Offenen Jugendarbeit. Neue soziale Bewegungen und Jugendprotest haben mit ihren anti-institutionellen Mentalitäten und der Suche nach „selbstbestimmter Existenz" ab Anfang der 80er-Jahre unter aktiven Jugendlichen zur Folge, dass sie sich im Kontext der Alternativ-, Ökologie- und Frauenbewegung engagieren. Die Gruppe der Aktiven geht in der Offenen Kinder- und Jugendarbeit zurück, die Selbstverwaltung wird von den Kommunen eingeschränkt und reglementiert. Nun bestimmen zunehmend Jugendliche aus den unteren sozialen Schichten mit ihren sozialen Problemen (als Folge der Krisenentwicklungen) den Alltag; „die sozialen Probleme kamen einfach mit den Jugendlichen in die Jugendhäuser" (Böhnisch 1984, S. 516). Damit verändert sich auch die Bedeutung der hauptamtlichen MitarbeiterInnen, jetzt stehen Funktionen wie Beratung, Anreize und Hilfestellunggeben im Mittelpunkt.

Jugendarbeitslosigkeit, Ausbildungs- und Berufsnot bestimmen in der zweiten Hälfte der 70er-Jahre viele Aktivitäten der Jugendzentren; sie setzen sich mit Arbeitsformen (Kampagnen, Öffentlichkeit), Angeboten (Werkstätten, Treffmöglichkeiten) und Zielgruppendifferenzierung (Schüler, Arbeitslose, Problemgruppen) mit den Folgen von Krisenentwicklungen auseinander. Jugend wird vorwiegend als „Problemgruppe" verhandelt und es wird Aufgabe der Offenen Kinder- und Jugendarbeit, soziales Abgleiten und Desintegration zu verhindern, Hilfestellung bei Integrationsbemühungen und in der Lebensbewältigung anzubieten. Dies werden Leitmotive im Spannungsfeld von sozialpolitischer Funktionalisierung und pädagogischer Ohnmacht, verbunden mit politischem Bedeutungsverlust des Arbeitsfeldes. Mit der weiteren Differenzierung von Problem- und Bedarfslagen werden in den konzeptionellen Debatten und den praktischen Angeboten in der zweiten Hälfte der 80er-Jahre neue Akzente gesetzt. Begründet und praktiziert werden z. B. Angebote, die nach Alter, Geschlecht (Mädchen- und Jungenarbeit), Milieus, Cliquen differenziert sind; kultur- und medienpädagogische Angebote, bewegungsorientierte Ansätze werden – neben dem offenen Bereich – zu neuen Arbeitsfeldern. Vor dem Hintergrund der Erkenntnisse und der Diskussion über die veränderte – verlängerte, eigenständige, individualisierte und destrukturierte – Jugendphase, die veränderten Bedingungen des Aufwachsens und die Lebensprobleme sowie die Prozesse kultureller Freisetzung bekommen in der Jugendhilfedebatte neue Handlungsmaximen wie Lebenswelt- und Lebenslagenorientierung, Vernetzung und Einmischung auch für die Offene Kinder- und Jugendarbeit eine zentrale Bedeutung. Neben der pädagogischen Arbeit und ihrer konzeptionellen Ausgewiesenheit zielen diese Begriffe vor allem auf die infrastrukurellen Kompetenzen der MitarbeiterInnen und die Bestimmung des Lern- und Erfahrungsortes als Ressource zur Lebensbewältigung und Sozialintegration. Um Jugendlichen „Räume und Gelegenheit" in ihrem Alltag (Stadtteil) zur Verfügung stellen und zu sichern, um jugendpolitisch kompetent und vermittelnd agieren zu können, werden Infrastruktur-, Alltags- und Raumorientierung zu neuen Leitmotiven in der Professionsdebatte. Die hauptamtlichen MitarbeiterInnen „sollten den Kopf frei haben für pädagogische Tätigkeit und ,soziales Management' in der Funktion von Drehpunktpersonen, als Scharnier zwischen Jugendlichen, Ehrenamtlichen, Honorarkräften, Institutionen und Öffentlichkeit" (Damm 1991, S. 531). Offene Kinder- und Jugendarbeit wird als ein notwendiges Angebot der kommunalen sozialen Dienstleistungs-Infrastruktur verstanden, weil „Kinder und Jugendliche für ihre Entwicklung selbst verfügte und aneigenbare Räume" brauchen (Böhnisch und Münchmeier 1987, S. 235).

4.8 Aneignung, Begleitung und Vernetzung – Orientierungen in den 1990er-Jahren

In den 90er-Jahren wird die Offene Kinder- und Jugendarbeit vor dem Hintergrund von den zeitbezogenen Modernisierungsprozessen und Gesellschaftsbeschreibungen sowie angebotenen Jugenddiagnosen auch von neuen Theorieansätzen bzw. Konzepten in der Jugendarbeit inspiriert. Vor allem die sozialräumliche Jugendarbeit (Böhnisch und Münchmeier 1990; Krafeld 1992; Deinet 1992, 1998) und pädagogische Akzentuierungen (Beziehungsarbeit) sowie Vernetzungsüberlegungen – u. a. Kooperation mit der Jugendhilfe und der Schule – werden profiliert. Raumangebot bzw. soziale, eigensinnige Raumaneignungsprozesse und Lebenswelt bzw. Lebensbewältigung werden wieder entdeckt und zu Schlüsselbegriffen. Für Deinet (1998) wird die Jugendarbeit zum Medium der Raumaneignung und „das Jugendhaus als räumliche Ressource" (S. 137) unabhängig vom pädagogischen Angebot genutzt; die Arbeit mit Kindern und Jugendlichen wird als Entwicklungsprozess der spezifischen handelnden Aneignung von sozialen Räumen verstanden.

In der Suche nach abgrenzbarer Attraktivität und im Rahmen der Neuorientierungen gehören für Krafeld (1992) zu den Stärken Offener Kinder- und Jugendarbeit: offene, kaum verregelte soziale Raumangebote, jugendkulturelle Selbstentfaltung, integraler Bestandteil jugendlichen Alltagslebens, ganzheitliches personales Angebot und Bedeutung für sozial benachteiligte Jugendliche.

Die Offene Kinder- und Jugendarbeit wird als ein Freizeit-, Nutzungs- und Erprobungsort unter vielen diagnostiziert und der Anspruch, für alle Jugendlichen attraktiv zu sein, aufgegeben. Weiter wird in der Diskussion um Besucher- und Zielgruppen darauf hingewiesen, dass Offene Kinder- und Jugendarbeit vor allem in den Ballungsgebieten und Großstädten für benachteiligte männliche Jugendliche und junge Männer mit Migrationshintergrund zu einem wichtigen integrativen Treffpunkt und Lebensort wird. In der pädagogisch-konzeptionellen Diskussion werden vor allem für den komplexen offenen Bereich der Einrichtungen (Treffpunktarbeit, offene Angebote und Veranstaltungen) einige Dimensionen, Handlungsmuster und die professionelle Kompetenz differenziert. Im biographischen Weg durch die hochgradig ambivalente Jugendphase und mit Blick auf Fragen der Identitätsentwicklung heißt das für das pädagogische Setting und die Kernaufgaben des professionellen Alltags: Beziehung, Da-Sein, Zeit-haben, Sich-einlassen, treffen, unterstützen, vermitteln, beraten, begleiten, Jugendlichen in ihren Suchprozessen Orientierung und Halt bieten. Dimensionen wie Vernetzung, Kooperation und Einmischung bedeuten in der Suche nach Lösungen von Lebensproblemen eine bessere Zusammenarbeit mit Kindertagesstätten und Horten, mit Schulen und sozialen Einrichtungen.

In dieser Phase konzeptioneller und praktischer Neuorientierung gerät die Offene Kinder- und Jugendarbeit zu Beginn der 90er-Jahre vor dem Hintergrund der Krisenentwicklungen der kommunalen Haushalte legitimatorisch unter Druck, sie wird nach ihren Leistungen befragt und ist von Kürzungen und Abbau betroffen. Der jahrzehntelange Prozess der sukzessiven Institutionalisierung der Offenen Kinder- und Jugendarbeit ist – wie die Kinder- und Jugendarbeit insgesamt – in den 90er-Jahren einem sich verschärfenden und existenziellen Krisen- und Konkurrenzdruck unterworfen (Thole 2000). Schließlich gerät auch die Offene Kinder- und Jugendarbeit in den Sog und die Logiken der Ökonomisierung sowie die Mechanismen von Controlling und Evaluation; sie ist förderungspolitisch in der Defensive und muss sich inhaltlich und auch wirtschaftlich neu begründen. In der weiteren Diskussion werden mit „Ressource der Lebensbewältigung", „Sozialraumorientierung", einem „subjektorientierten Bildungsverständnis" und dem Beitrag zur „Milieuentwicklung" sowie dem spezifischen „pädagogischen Verständnis" Bausteine für einen gehaltvollen konzeptionellen Sockel und eine fundierte Gesamtorientierung der Offenen Kinder- und Jugendarbeit angeboten.

Literatur

AGJJ (Arbeitsgemeinschaft für Jugendpflege und Jugendfürsorge) (Hrsg.). (1955). *Das Heim der Offenen Tür*. München.

Albertin, L. (1992). *Jugendarbeit 1945*. Weinheim und München.

Arbeitsgemeinschaft für Jugendpflege und Jugendfürsorge (Hrsg.). (1956). *Frankfurter Empfehlungen*. Bonn. Vervielfältigtes Manuskript.

Bauer, W. (1991). *Jugendhaus. Geschichte, Standort und Alltag offener Jugendarbeit*. Weinheim und Basel.

Böhnisch, L. (1984). Historische Skizzen zur offenen Jugendarbeit (I). *deutsche jugend*, (10), 460–470.

Böhnisch, L. (1984). Historische Skizzen zur offenen Jugendarbeit (II). *deutsche jugend*, (11), 514–520.

Böhnisch, L., & Münchmeier, R. (1987). *Wozu Jugendarbeit?* Weinheim und München.

Böhnisch, L., & Münchmeier, R. (1990). *Pädagogik des Jugendraums*. Weinheim und München.

Classen, W. (1906). *Großstadtheimat*. Hamburg.

Classen, W., & Schultz, C. (1918). *Gesammelte Schriften eines Jugendpflegers*. Berlin.

Damm, D. (1979). „Es lebe die Freiheit". Einige Anmerkungen zu Chancen und Problemen der Jugendzentrumsbewegung. *deutsche jugend*, (11), 493–504.

Damm, D. (1991). Konsequenzen sozialer Wandlungsprozesse für die Perspektiven offener Jugendarbeit. *deutsche jugend*, (12), 525–535.

Dehn, G. (1929). In H. Nohl, & L. Pallat (Hrsg.), *Jugendpflege*. Handbuch der Pädagogik, Bd. 5. (S. 97–113). Langensalza.

Deinet, U. (1992). *Das Konzept „Aneignung" im Jugendhaus*. Opladen.

Deinet, U. (1998). Aneignung und sozialer Raum. Prämissen einer jugendorientierten Offenen Jugendarbeit. In D. Kiesel, A. Scherr, & W. Thole (Hrsg.), *Standortbestimmung Jugendarbeit* (S. 127–146). Schwalbach/Ts.

Ehrhardt, J. (1929). *Die Lage der gefährdeten und verwahrlosten Grosstadtjugend in Deutschland nach dem Kriege*. Genf.

Ehrhardt, J. (1930). Cliquenwesen und Jugendverwahrlosung. *Zentralblatt für Jugendrecht und Jugendwohlfahrt*, (12), 413–418.

Faltermaier, M. (Hrsg.). (1983). *Nachdenken über Jugendarbeit. Zwischen den fünfziger und achtziger Jahren*. München.

Grauer, G., & Lüdtke, H. (1973). *Jugendfreizeitheime in der Krise*. Weinheim.

Hafeneger, B. (1992). *Jugendarbeit als Beruf. Geschichte einer Profession in Deutschland*. Opladen.

Hafeneger, B., & Sander, E. (1978). Verarbeitung des beruflichen Alltags von pädagogischen Mitarbeitern in der offenen Jugendarbeit. *Neue Praxis*, (4), 382–395.

Krafeld, F. J. (1984). *Geschichte der Jugendarbeit*. Weinheim.

Krafeld, F. J. (1992). *Cliquenorientierte Jugendarbeit*. Weinheim und München.

Lades, H. (1949). Jugendarbeit in Deutschland 1949. In: *Jahrbuch der Jugendarbeit*, S. 1–24 München.

Lessing, H. (1976). Für „Offene Jugendarbeit". *deutsche jugend*, (7), 303–311.

Müller, C. W. (1994). *JugendAmt. Geschichte und Aufgabe einer reformpädagogischen Einrichtung*. Weinheim/Basel.

Naudascher, B. (1990). *Freizeit in öffentlicher Hand*. Düsseldorf.

Pelle, L. (1952). Die Offene Tür. *Zentralblatt für Jugendrecht und Jugendwohlfahrt*, (5), 180–186.

Rössner, L. (1962). *Jugend in der offenen Tür. Zwischen Chaos und Verartigung*. München.

Rosenwald, W., & Theis, B. (1985). *Enttäuschung und Zuversicht. Zur Geschichte der Jugendarbeit in Hessen 1945–1950*. München.

Rupieper, H. J. (1993). *Die Wurzeln der westdeutschen Nachkriegsdemokratie*. Opladen.

Schultz, C. (1912). *Die Halbstarken*. Leipzig.

Siemering, H. (Hrsg.). (1931). *Die deutschen Jugendverbände*. Berlin.

Simon, T., & BAG Offene Kinder- und Jugendarbeit e.V. (Hrsg.). (1999). *Offene Jugendarbeit. Entwicklung – Praxis – Perspektiven*. Leinfelden.

Thole, W. (2000). *Kinder- und Jugendarbeit*. Weinheim und München.

Teil II
Der Alltag der Offenen Kinder- und Jugendarbeit: Ethnographische Blicke

5 Was machen Jugendliche in und mit der Jugendarbeit? Jugendliche Akteurinnen und Akteure und ihre Performances

Marc Schulz

Die Publikationen zu Offener Kinder- und Jugendarbeit dokumentieren eindrücklich, dass das Handlungsfeld nicht nur über Jugend(en) im Allgemeinen gut informiert ist, sondern auch darüber, von wem konkret die Einrichtungen der Jugendarbeit aus welchen Gründen frequentiert werden. Es gehört schließlich zur Grundorientierung ihrer pädagogischen Arbeit, diese an den heterogenen Lebenslagen von Jugenden, individuellen Interessen und konkreten Bedürfnissen der Jugendlichen auszurichten. Zugleich liegen aber dennoch vergleichsweise wenige Beschreibungen über jugendliche Tätigkeiten in der Offenen Kinder- und Jugendarbeit vor. Im Folgenden wird anhand von Ergebnissen der ethnographischen Jugendarbeitsforschung dargestellt, weshalb dieses Wissen jenseits von der Auflistung von Nutzungsmöglichkeiten sowohl für die Fachpraxis als auch für den Fachdiskurs produktiv ist, da es differenzierte Einblicke in die Hervorbringung von Erfahrungs- und Bildungsräumen verschafft.

5.1 Die Kategorisierungen von jugendlichem Tun

Die Theorie und Praxis der Jugendarbeit bezieht ihr Wissen über Jugendliche u. a. aus den Erkenntnissen der Bereiche Bildungs-, Sozialisations- und Adoleszenzforschung. Als Orientierungswissen liefern sie der Jugendarbeit Theoriefolien, die verstehende Zugänge zu jugendlichem Handeln ermöglichen sollen. So vermitteln bspw. Studien der Jugendforschung Einblicke in die Lebenspraxen Jugendlicher, indem sie die Vielfalt von Subkulturen und Genres dokumentieren, diese auf deren spezifische Zeichenhaftigkeit hin untersuchen und die Sinnhaftigkeit ihres Handelns deuten. Zum einen verleihen sie Jugendlichen als ExpertInnen ihrer eigenen Kultur eine eigene Stimme, zum anderen rekonstruieren sie deren

Dr. phil. Marc Schulz ✉
Institut für Erziehungswissenschaft / Abteilung Allgemeine Erziehungswissenschaft, Stiftung Universität Hildesheim, Marienburger Platz 22, 31141 Hildesheim, Deutschland
e-mail: informellebildung@web.de

Tätigkeiten als Peer-Aktivitäten. Folgt man etwa der Lesart der Cultural Studies, so handelt es sich bei diesen Tätigkeiten um Praktiken der Kulturerzeugung, in denen Jugendliche in aktiven Prozessen Identitäten und Bedeutungen hervorbringen, die sich von der Erwachsenengesellschaft unterscheiden (vgl. Willis 1991; Engelmann 1999). Nach dieser Lesart wird Jugend nicht als eine vor allem gesellschaftlich geformte biografische, sondern als durch jugendliches Handeln selbst hervorgebrachte Statuspassage konturiert. Dabei ist eine Vorrangigkeit der Ästhetik in jugend(sub)kulturellen Praxen und deren Bedeutungsproduktion zu registrieren. Anschlussfähig für die Theorie und Praxis von Jugendarbeit sind theoretisierte Deutungsvorschläge dieser Art, da sie von einer auf Erwachsenennormen konzentrierten und defizitorientierten Interpretation jugendlichen Verhaltens abrücken und sich auf die innere Systematik und Eigenlogik des jugendlichen Handelns konzentrieren. Dadurch ist die Jugendarbeit in der Lage, diese Erkenntnisse über ihre potentiellen NutzerInnen als Zielgruppen in entsprechende Konzepte auszudifferenzieren.

Problematisch können diese Wissensbestände im Transfer sein, wenn es durch die Klassifikationen von Jugendlichen in spezielle Kategorien, an die sich oftmals entsprechende Problematisierungsdiskurse koppeln, zu unangemessenen Verallgemeinerungen und Stereotypenbildung kommt. Ein zweites Problem kann bestehen, wenn das jugendliche Handeln als ein sich unabhängig von den jeweiligen (institutionellen) Kontexten entfaltendes Interagieren interpretiert wird – sprich Jugendliche überall und jederzeit immer gleich „so sind", und sie in Folge dessen ihre Themen in die pädagogischen Einrichtungen importieren, die dort schließlich bearbeitet werden. Entsprechende pädagogische Konzepte, die auf diese Weise als Reaktionen auf alters- und jugendkulturspezifische bzw. -typische Themen, auf das jugendliche „So-Sein" entworfen werden, registrieren jedoch kaum, was Jugendliche im Alltag der Jugendarbeit dies- und jenseits von pädagogischen Angeboten konkret machen und welche Sinnzuschreibungen hierbei stattfinden.

5.2 Das Wissen über jugendliche Nutzungsformen

Zugleich kann aber die Theorie und Praxis der Jugendarbeit auf die von ihr selbst erhobenen empirischen Daten über ihre tatsächlichen NutzerInnen zurückgreifen, auch wenn jene nicht durchgängig als systematisch zu bezeichnen sind. Die über die Befragungen erhobenen Daten von Jugendlichen als NutzerInnen der Jugendarbeit informieren darüber, wer aus welchen Gründen die Einrichtungen der Jugendarbeit aufsucht. So dokumentieren die von Holger Schmidt (2011) zusammengefassten Jugendarbeitsstudien, dass Jugendliche u. a. offene und unverbindliche Angebote präferieren und die Einrichtungen aus dem Wunsch nach Spaß und Geselligkeit aufsuchen (vgl. ebd.). Folglich werden die Einrichtungen der Jugendarbeit Seitens der NutzerInnen primär als freizeitorientierte Peer-Orte und weniger als Orte mit pädagogischen Angeboten wahrgenommen. Dementsprechend sind dort auch jugendliche Tätigkeiten erwartbar: Jugendliche „hängen dort ab" und treffen Freunde, nutzen die Freizeitmöglichkeiten, wie Tischkicker spielen oder Internetsurfen, hören oder machen Musik, und nehmen auch sozialpädagogische Dienstleistungen in Anspruch. Somit setzt Jugendarbeit thematische Impulse, schafft Anschlüsse an eine Jugendästhetik und stellt Exponierungs- und Rückzugsräume bereit. Als Teil der jugendarbeiterischen „Vorhalteleistungen" (Cloos und Köngeter 2008, S. 90) beschreibt diese unabgeschlossene Auflistung an Verwendungsmöglichkeiten einerseits die spezifischen Nutzungsmöglichkeiten innerhalb dieser pädagogischen Institution. Andererseits sagt die Aufzählung aber relativ wenig darüber aus, wie sich Jugendliche jene aneignen. Dies ist über die Form der Befragung vergleichsweise schwer zu fassen und hängt auch damit zusammen, dass nicht das gesamte Handeln der jugendlichen AkteurInnen sprachlich abrufbar ist. Dafür können verschiedene Gründe vorliegen: Einerseits kann den Erzählenden selbst ihre Aneignungspraxis als zu gewöhnlich, alltäglich und damit banal für eine Erzählung erscheinen; andererseits verschließt sich aber gerade das routinierte, körperlich-stumme Handeln gegenüber den Handelnden, da es zwar *gemacht* werden kann, aber nicht sprachlich-reflexiv verfügbar ist.

Um diese empirische Lücke zu schließen, haben im vergangenen Jahrzehnt Ethnographien der (Offenen) Kinder- und Jugendarbeit den Alltag vor Ort beobachtet (vgl. u. a. Küster 2003; Rose und Schulz 2007; Müller et al. 2008; Cloos et al. 2009; Eßer 2009; Schulz 2010). Dieser ethnographische Forschungszugang ist insbesondere dann produktiv, wenn das Forschungsinteresse nicht nur auf die sprachlich und damit reflexiv verfügbaren Auskünfte von Jugendlichen jenseits ihres Handlungskontextes, sondern auf die routinisierten Praktiken in ihrem Vollzug vor Ort abzielt. Mit den Praktiken und dem Vollzug sind bereits Begriffe benannt, die Teile der beiden eng aufeinander bezogenen Theoriekonzepte der *sozialen Praktiken* und der *Performativität* sind. Diese stellen die zentrale sozialtheoretische „Brille" dar, mit der das „Wie" der jugendlichen Tätigkeiten diskutiert werden kann:

Das Konzept der *sozialen Praktiken* (vgl. Schatzki 2000; Reckwitz 2003) nimmt an, dass für das (jugendliche) Handeln nicht der kognitive und reflexive Wissensbestand, sondern das Wissen, das im Tun selbst liegt, entscheidend ist. Es geht im wörtlichen Sinne um das „Know-how" der AkteurInnen, welches sich sprachlich-reflexiven Zugängen gegenüber verschließt. Zudem merkt sich nicht nur der Körper diese Praktiken. Diese finden auch im Umgang mit den Dingen ihren Halt, wie etwa den Räumlichkeiten und der dinglichen Ausstattung der Jugendarbeit. Daraus entwickeln sich brauchbare Routinen, die irritationsfähig sind. Dieses Konzept verlässt folglich ein Denkmodell, bei dem den jugendlichen AkteurInnen bei ihrem Tun von einem allseits intendierten und rationalisierten Handeln unterstellt wird.

Unter *Performativität* wird der Aufführungscharakter des gemeinsamen Tuns gefasst. Damit steht die Ebene des körperlichen Vollzuges im Vordergrund. In der erziehungswissenschaftlichen Debatte wird dabei die soziale Dimension des Handelns unter dem Aspekt der Bildung und Erziehung fokussiert (vgl. u. a. Wulf et al. 2001; Wulf und Zirfas 2007). Dabei zielt die Diskussion insbesondere auf die Körperlichkeit und Materialität von Situationen, mimetischen Prozessen und Ritualen ab. Die kulturwissenschaftliche Debatte fokussiert die ästhetische Dimension des Handelns und hebt hier u. a. das Verhältnis zwischen AkteurInnen und Publikum, der Selbst- und Fremdtransformation und die Ereignishaftigkeit hervor (vgl. u. a. Schechner 1990; Fischer-Lichte 2004). Im Vordergrund der performativitätstheoretischen Analysen steht die praktische Sinnerzeugung im gemeinschaftlichen, körperlichen Vollzug, welcher nicht über die ihm zugewiesene Bedeutung, sondern über die unmittelbar sinnliche Wirkung erfahren wird und daher die Begriffe „Aufführung" und „Inszenierung" als deskriptive Kategorien gebraucht werden. Daher gilt es, entgegen psychologisch inspirierten Deutungsansätzen, auch nicht darum zu klären, ob das beobachtbare Handeln als „authentisch" oder „theatral" bzw. „inszeniert" im Sinne einer (absichtsvollen) Täuschung bezeichnet werden kann.

Diese Perspektiven sind für die Theorie und Praxis der Jugendarbeit insofern fruchtbar, als sie die jugendlichen Handlungen als Praktiken fokusiert, die als solche praktischen Sinn erzeugen, und nicht umgehend die Handlungen mit Deutungen der dahinter stehenden Absicht oder tiefer liegenden Bedeutungsschichten belegen. Anhand der jugendlichen Praktiken können folglich einerseits das Spannungsverhältnis zwischen institutionellen Peerkulturen und der sozialen Ordnung der Jugendarbeit, andererseits die Differenzen zwischen pädagogischer Programmatik und pädagogischer Praxis diskutiert werden.

5.3 Praktiken der Positionierung

Wie sich damit der Blick auf den Alltag der Offenen Kinder- und Jugendarbeit verschiebt, haben im Rahmen ihrer ethnographischen Studie Peter Cloos und Stefan Köngeter (2008) gezeigt. Anhand ihrer Beobachtungen konnten sie neben den Statusgruppen von Jugendlichen vier Typen der sozialen Positionierungen identifizieren: So machen sich Jugendliche selbst zu (a) „*NutzerInnen* wenn sie die angebotenen Vorhalteleistungen in Anspruch nehmen" (ebd., S. 90); (b) „*AdressatInnen*, wenn sie die JugendarbeiterInnen als HelferInnen oder BeraterInnen adressieren und auf dieser Basis eine verbindlichere Arbeitsbeziehung entsteht" (ebd., S. 91); (c) „*Mitwirkende* und *GestalterInnen*, wenn sie das Jugendhaus nutzen, eigene Ideen umsetzen und den organisatorischen Rahmen selbst verändern" (ebd.) und (d) „*AkteurInnen*, wenn sie das Jugendhaus als Bühne für ihre Inszenierungen und Aufführungen nutzen" (ebd., S. 90, alle H. i. O.). Mit dieser ersten Unterscheidung jugendlicher Positionierungspraktiken wird zunächst grundsätzlich der Akteursstatus von Jugendlichen in der Offenen Kinder- und Jugendarbeit anerkannt und ausdifferenziert. Diese werden nicht mehr als „EmpfängerInnen" sozialpädagogischer Dienstleistungen, sondern Co-Produzierende der pädagogischen Institution in den Blick genommen. Damit stellt die Differenzierung auch die polarisierende Konstruktion von Jugendlichen als BesucherInnen, die entweder als AkteurInnen an den Prozessen der Peergroup-Bildung oder als NutzerInnen an der Co-Produktion von pädagogischen Arbeitsbündnissen beteiligt sind, in Frage.

Der Alltag der Offenen Kinder- und Jugendarbeit ist von Akten der Integration und Desintegration geprägt, die auf verschiedene soziale PartnerInnen und Situationen ausgerichtet sind und situativ wechseln können. So integrieren Jugendliche sich aktiv als Teil einer Jugendzentrumskultur und werden zugleich von Anderen integriert (vgl. Rose und Schulz 2007; Cloos et al. 2009). Diese Prozesse der sozialen Positionierung als Differenzbildung können als unabgeschlossen gelten. Daher ist die Frage danach, was Jugendliche im Alltag der Jugendarbeit machen, ausschließlich in Relation zu ihrer Positionierung zu beantworten – Jugendliche führen sich dort sowohl *als* Mitglieder einer Peergroup, als auch *als* NutzerInnen der Jugendarbeit, als auch *als* (Co-)AkteurInnen auf und werden als solche durch Andere angespielt.

5.4 Jugendarbeit als Aufführungsbühne

Nicht alle ethnografischen Studien der Offenen Kinder- und Jugendarbeit nehmen vorrangig die sozialen Praktiken der jugendlichen AkteurInnen und deren performative Gestalt im Kontext der Jugendarbeit in den Blick. Dennoch lassen sich Gemeinsamkeiten in den Rekonstruktionen der Routinen jugendlichen Handelns finden. Die Studien verzeichnen einen hohen Grad an körperlichen Aktivitäten innerhalb des offenen, jenseits der Angebote, wenig strukturierten Alltags der Jugendarbeit. Jugendliche bewegen sich in den Einrichtungen immer wieder allein oder gemeinschaftlich. Dabei wechseln sie häufig Plätze und Räume und bilden rasch Gruppen, die ebenso schnell wieder zerfallen können. Zentral dabei ist, dass mit diesen körperlichen Aktivitäten nicht nur die Ausführung zweckgebundener Notwendigkeiten zu beobachten ist. Vielmehr lassen sich, parallel zu den empirischen Hinweisen der Jugendstudien, zeitlich überschaubare und dabei ästhetisierte ad hoc-Aufführungen rekonstruieren – ästhetisiert deshalb, da Jugendliche ihre Bewegungen formen und sich in ihren Bewegungen inszenieren und aufführen, wie folgende Beobachtung aus einem Musikraum eines Jugendzentrums zeigt:

> Julia, Anna und Sara sehen auf das Handy und Julia spielt einen Song nach dem anderen, keinen länger als 20 Sekunden. Bei den ersten Takten sagen die Mädchen: „Boah, geil" oder „Voll super" und sie singen gemeinsam ein oder zwei Textzeilen mit. Irgendwann kommt „Blue Laguna". Sara springt hoch und sagt: „Maik tanzt zu dem Lied immer so." und zeigt einige komplizierte Tanzschritte. „Dann dreht er sich nach vorne und dann so nach hinten", sagt sie weiter, „und das macht er in der Schule und auch in der Klasse." „Voll cool Alter", sagt Anna begeistert, steht auf und macht den Tanzschritt nach. Sie gehen wieder in dieselbe Sitzposition wie vorher zurück. (Rose und Schulz 2007, S. 145)

Anhand des Beispiels lässt sich nachvollziehen, dass die Mädchen kein theatralisches So-Tun-Als-Ob-Spiel aufführen, sondern als reale Persönlichkeiten etwas verbal und körperlich hervorheben. Zugleich sind sie nicht auf eine eindeutige Bedeutung oder ein bestimmtes Thema aus, sondern erzeugen im Verlauf der Aufführung mittels der Feedbackschleifen vielfältige Wirkungen: Es geht sowohl um das andere Geschlecht, als auch um den bewundernswerten Tanz und dessen körperlichen Nachvollzug, sowie um gemeinsame musikalische Vorlieben und um Mut, als auch um das eigene Können und die Vielfalt dessen, wie man sich gegenseitig Respekt zollt. Die Mädchen stecken sich verbal und körperlich in ihrer Begeisterung gegenseitig an, werden mal Zuschauende, mal Aufführende, und nehmen dabei implizit und explizit Bezug auf institutionelle Orte.

Vergleichbare Aufführungen sind, wie die ethnographischen Studien dokumentieren, in breiter Vielfalt in der Offenen Kinder- und Jugendarbeit zu finden – seien es in spielerischen Kämpfen und Battles während des Surfens, Bastelns, Tischkickerns oder Kochens, seien es Gesangs-, Slapstick- und Tanzeinlagen dies- und jenseits institutionell entsprechend vorgegebener Auftrittsmöglichkeiten und offerierten Angeboten. Dabei greifen Jugendliche durchaus als NutzerInnen die Vorhalteleistungen, zu der etwa die Personen, die Raumausstattung und den Jugendlichen zur Verfügung stehende Gegenstände gehören, als Vorschläge für ihre Tätigkeiten auf. Diese können jedoch als multifunktionale Präskripte präzisiert werden, da sie, ähnlich wie Drehbücher, spezifische Arten von Aufführungen anregen und sich in die Körper der Aufführenden einschreiben, ohne jedoch deterministisch zu sein. Vielmehr ist von einem Zusammenspiel von Beteiligten und Drehbüchern zu sprechen (vgl. Schulz 2010).

So konnten Burkhard Müller, Susanne Schmidt und Marc Schulz (2007) rekonstruieren, wie diese Nutzungsvorschläge einerseits in den Aufführungen der Jugendlichen realisiert, und zugleich von Jugendlichen als Bricolage-Material gesampelt, d. h. zitiert, ummodelliert und umgewidmet werden. Diese Praktiken kategorisierten sie als spezifische Gelegenheitsstrukturen der Offenen Kinder- und Jugendarbeit: Erstens werden die Gelegenheiten, sowohl Beziehungsformen innerhalb ihrer Peer als auch gegenüber der Erwachsenenwelt zu erproben, von Jugendlichen aufgegriffen und damit die Differenzierung von Beziehungsformen aufgeführt. Dies umfasst auch die Aushandlung und den routinierten Umgang mit Regeln und Konflikten. Zweitens nutzen Jugendliche den Ort als Bühne für die Inszenierung und Aufführung geschlechtlicher Identitäten. Da häufig die Einrichtungen Schnittstellen zwischen verschiedenen ethnischen und weiteren sozialen Milieus bilden, werden drittens Differenzen und Zugehörigkeiten aufgeführt, um diese Heterogenität wechselseitig wahrnehmbar zu machen. Viertens eignen sich Jugendliche vielfältige Kompetenzen an, die von Medien-, über handwerkliche bis hin zu Problemlösungskompetenzen reichen. Fünftens greifen Jugendliche die Möglichkeiten nach Engagement auf, wobei darunter nicht nur längerfristige ehrenamtliche Engagementformen, sondern v. a. kurzfristige und spontane zu fassen sind. Sechstens schaffen sie Gelegenheiten der ästhetischen Gestaltung mit sich selbst und den Räumlichkeiten. Dies zeigt, ganz im Gegensatz zur eingangs skizzierten Polarität zwischen dem „Import" von Themen durch Jugendlichen und ihrer institutionellen Bearbeitung, wie die Beteiligten situativ und gemeinsam in Aufführungen Themen erzeugen, die teils auch parallel auftreten können. Damit ist Jugendarbeit auch herausgefordert, für sich kritisch zu überprüfen, inwiefern sie mit ihren Vorhalteleistungen selbst auch Impulse für jene Aufführungen setzt, gegen die sie pädagogisch angeht. So konnten bspw. Lotte Rose und Marc Schulz (2007) zeigen, dass einige Vorhalteleistungen der Jugendarbeit offenkundig geschlechtliche Aufführungen nahe legen, da diese bspw. im Rahmen der Jugendzentrumsdisco oder am Billardtisch wesentlich häufiger als in anderen Situationen und an anderen Orten der Jugendarbeit zu beobachten waren.

5.5 Performancethemen und ihre Hinterbühnen

Die Aufführungen können kurze Ereignisse sein, die den Alltag der Jugendarbeit beleben; sie können aber auch weitere Resonanzen anstoßen, indem vorhergehende Aufführungen aufgegriffen und fortgeführt werden. Von den Aufführungen in einem kunstförmigen Sinn als Performances zu sprechen macht insofern Sinn, als diese nicht einen deutlich ästhetischen *oder* sozialen Charakter haben, sondern beides miteinander verzahnt ist (vgl. dazu vertiefend Schulz 2010).

Den Performances ist gemein, dass sie zwar „jugendtypische" Themen auf die Bühne bringt, die auf den ersten Blick sowohl eher harmlos (wie Musikgeschmack oder Partnerschaft), aber auch dramatisch (wie Geschlechtsverkehr, Feindlichkeit gegenüber anderen Kulturen sowie weitere Rassismen und Sexismen) wirken können. Ungeachtet dieser ersten Einschätzungen muss jedoch kritisch hinterfragt werden, ob die Themen zunächst ihre Funktion darin haben können, „etwas los zu machen", um Aufsehen zu erregen und damit sowohl die Aufmerksamkeit von Erwachsenen, als auch von Gleichaltrigen binden. So verweist Richard Shusterman (2005) darauf, dass mit Dramatisierungen nicht nur der formale Akt des Einrahmens und Auf-die-Bühne-Bringens gemeint sei, sondern auch die Verdichtung und Intensivierung von Situationen. Dies finde über die „mitreißenden Energie der intensiven Handlung selbst" (ebd., S. 110) statt und schafft damit Gelegenheiten der gemeinsamen Erfahrungen.

Zudem lassen sich bei Performances immer verschiedene Sinnebenen lokalisieren: Richard Schechner (1990) hebt hervor, dass eine Performance immer eine „Verflechtung von Unterhaltung und Wirksamkeit" (ebd., S. 68) darstelle und „aus dem Willen entsteht, gleichzeitig etwas geschehen zu lassen *und* zu unterhalten; Ergebnisse zu erzielen *und* herumzualbern; Meinungen zu sammeln *und* Zeit zu vertun; verwandelt zu werden in jemand anderen *und* das eigene Ego zu zelebrieren; zu verschwinden *und* sich zu präsentieren" (ebd., S. 96, H. i. O.). Daher können die Performances gleichzeitig sowohl reale und manchmal auch sehr aggressive, als auch spielerische und damit Konsequenzen vermindernde Komponenten haben. Damit ist es für Jugendliche in Performances auch möglich, „gefährliche Begegnungen in der Wirklichkeit in weniger gefährliche Zustände sozialer und ästhetischer Wirklichkeit" (ebd., S. 67) zu transformieren.

Des Weiteren muss geklärt werden, ob im Hintergrund nicht weitere, auch andere Themen zur Aufführung gebracht werden. Beispielsweise werden mit jugendlichen Gender-Inszenierungen nicht nur und nicht immer Geschlecht als soziale Kategorie thematisiert; vielmehr können diese vielfältige Funktionen erfüllen. Mit diesen Inszenierungen werden u. a. auch Zugehörigkeiten und Distinktion geschaffen oder Beziehungen Belastungsproben ausgesetzt, um deren Stabilität zu überprüfen; es werden Initiationsakte des sozialen Älterwerdens und des damit verbundenen Statusaufstieges vollzogen und sich Normalitätszwängen und anderen Zumutungen der Erwachsenenwelt widersetzt (vgl. Rose und Schulz 2007). Damit schaffen die Performances nicht nur vielfältige Differenzen, die der sozialen Positionierung dienen, sondern ermöglichen den Aufführenden und dem Publikum soziale und ästhetische Erfahrungsräume.

5.6 Erfahrungsmöglichkeiten innerhalb der Performances

In den Performances sind das Machen, das Zeigen und das Beobachten untrennbar miteinander verbunden, da sie nicht nur vor, sondern mit dem Publikum aufgeführt werden. Charakteristisch für die jugendlichen Performances sind deren Flüchtigkeit, Schnelligkeit und Simultanität der Handlungsebenen und Themen. So kann anhand von Beschreibungen der Performanceverläufe gezeigt werden, dass die Aufführenden selten konsequent und über längere Zeit *ein* Thema und *eine* Aufführungsform wählen. Vielmehr ist ein fortwährender Wechsel zwischen sowohl inhaltlichen Themen und Ebenen als auch zwischen der Zuschreibung eines sozialen oder ästhetischen, eines fiktionalen oder realen Charakters zu verzeichnen. Sie stellen somit komplexe und im Gesamten kaum überschaubare Ereignisse dar. Indem vieles verhandelt werden kann und wird, legen sie sich nicht auf eine inhaltliche Linie fest und erzeugen so auch keine eindeutigen Bedeutungen.

Diese schnellen Wechsel führen jedoch bei den Beteiligten nicht zu Irritationen, sondern sind vielmehr produktiv – durch die Wendigkeit und Offenheit ist prinzipiell gesichert, dass jederzeit in die laufenden Performances ein- und ausgestiegen werden kann. Dadurch ist die Möglichkeit gegeben, auch während des Performanceverlaufes neue Ebenen von Erfahrungsmöglichkeiten herzustellen. Die Performances produzieren somit eine Bedeutungsvielfalt, die keine Beliebigkeit erzeugt, sondern eine konkrete Mehrstimmigkeit generiert, die erst durch die gemeinsame und diskontinuierliche Handlungspraxis wirksam wird. Gerade die diskontinuierlichen Momente, in denen Jugendliche improvisieren können, dokumentieren, dass die Performances einer gestalteten Form entsprechen, die etwas sichtbar macht und zur Erscheinung bringt. Dabei sind die Performances nicht nur Akte, die von hoher Selbst- und Fremdwahrnehmung geprägt sind, damit das Ineinandergreifen der Performanceelemente überhaupt erst möglich wird. Die Jugendlichen zeigen darin auch ihr Können, indem sie ihre Fähigkeiten aufführen, sowohl zwischen verschiedenen Kontexten und Strukturen zu differenzieren als auch imaginäre mit realen Räumen zu verbinden. Die Mädchen und Jungen transformieren in ihren Performances ihr implizites Wissen über Situationen, Handlungen und AkteurInnen in eine explizite Handlungsform, indem sie es öffentlich performativ hervorbringen und sich in Beziehung zu ihm setzen. Schließlich kann sowohl der interaktive und kollektive Charakter von Performances als auch die gleichzeitige Strukturierung und Reflexion von Erfahrungen im praktischen, körperlichen Vollzug rekonstruiert werden. Die Performances erlauben keine Imitation, sondern sind aktive Transferleistungen und kollektive Aushandlungsprozesse, die immer wieder neu kontextuell arrangiert werden müssen (vgl. dazu auch Schulz 2010).

Die Performances sind Formen einer für Jugendliche bildungsrelevanten Erfahrungspraxis, da sie sowohl als Praktiken der gemeinschaftlichen Sinn- und Bedeutungserzeugung und deren Verarbeitung als auch als Prozesse der Selbsthervorbringung und -konturierung reflektiert werden können. In Folge dessen stellen Performances nicht nur ein Handlungstypus der sozialen Positionierung dar, sondern auch eine Vollzugsform von Bildung, in diesem Fall körperlich-performativer Art, die von anderen Vollzugsformen differenziert werden können (vgl. Wulf und Zirfas 2007; Schulz 2010). Der kurze Überblick über die Erfahrungsmöglichkeiten innerhalb der Performances zeigt, binnen welcher Unwägbarkeiten die Jugendlichen agieren, wenn sie sich auf die unvorhersehbaren Situationen einlassen. Damit zeugen nicht nur die Performances von einem hohen Maß an Inszenierungs- und Aufführungsqualität. Auch die Beteiligten verfügen über Kontextsensibilität und Varianz von Handlungsoptionen, indem sie sich unterschiedlich aufführen können. Die Kunst der Hervorbringung von Ereignissen, um mit diesen spürbare Spannungen zu erzeugen und Aufmerksamkeit zu binden, ist nicht nur nach außen gerichtet, sondern genauso selbstbezüglich. Sich selbst als interessant zu empfinden, ist Teil der Bildungspraxis der Jugendlichen, da es die selbst hervorgebrachten Ereignisse sind, in denen etwas erlebt und zur Erfahrung werden kann – auch die des Scheiterns. Diese Perspektive auf jugendliche Bildungsprozesse würde auch den bisherigen, auf individuelle, letztlich kognitiv-reflexive und additive Prozesse gerichteten Diskurs um Bildung erweitern. Jugendliche Bildungsprozesse wären demnach im Kontext einer gemeinschaftlichen Hervorbringungen von Erfahrungsmöglichkeiten und Bildungsimpulsen zu verorten, in welchen sowohl eine Simultanität von Bildungsthemen und deren Bearbeitungen als auch eine Aufschichtung aber auch Ent- bzw. Umwertung bisheriger bildungsrelevanter Erfahrungen stattfinden kann.

5.7 Performances als Peerveranstaltungen?

Die Performances könnten als Praktiken von Jugendlichen bewertet werden, die ihnen in den pädagogischen Kontexten vor allem die Möglichkeit geben, sich als Peergroup zu vergemeinschaften und sich zugleich gegenüber den pädagogischen Fachkräften zumindest temporär abzuschotten. Diese Interpretation würde einer Logik von jugendlicher „Gegenkultur" gegenüber der PädagogInnen-Kultur folgen, die davon ausgeht, dass es sich bei Jugendlichen (und ihr häufig zitierter Eigensinn) und den pädagogischen Interessen um zwei natürliche Pole handelt, die einerseits miteinander konkurrieren und andererseits, auf welche Weise auch immer, praktisch näher gebracht werden sollten. Demzufolge wäre eine pädagogische Reaktion auf die Performances, je nach der fachlich vorgenommenen Einschätzung, entweder ein großzügiges Gewährenlassen oder ein präventives Intervenieren. Diese Herangehensweise würde jedoch nicht berücksichtigen, dass Jugendliche in den Einrichtungen nicht nur sich selbst positionieren, sondern auch von Anderen, also auch von pädagogischen Fachkräften, positioniert werden. Daher muss die Frage, was Jugendliche in der Offenen Kinder- und Jugendarbeit konkret machen und welche Sinnhalte dies aus der Perspektive von Jugendlichen haben kann, kontextuell immer wieder neu gestellt werden, um zu reflektieren, wie die Pädagogik der Jugendarbeit ihren Arbeitsgegenstand – die jugendliche Klientel – mit herstellt. Dabei können die Deutungsangebote für jugendliches Handeln, die modellhaft innere Prozesse von Jugendlichen erklären und damit mögliche Decodierungen einer Welt offerieren, welches sich der Erwachsenenwelt verschlossen zeigt, nur als Orientierungswissen dienen.

Literatur

Cloos, P., & Köngeter, S. (2008). „Uns war ma langweilig, da ham wir das JUZ entdeckt" – Empirische Befunde zum Zugang von Jugendlichen zur Jugendarbeit. In W. Lindner (Hrsg.), *Kinder- und Jugendarbeit wirkt. Aktuelle und ausgewählte Evaluationsergebnisse der Kinder- und Jugendarbeit* (S. 81–94). Wiesbaden.

Cloos, P., Köngeter, S., Müller, B., & Thole, W. (2009). *Die Pädagogik der Kinder- und Jugendarbeit* (2., durchges. Aufl.). Wiesbaden.

Engelmann, J. (Hrsg.) (1999). *Die kleinen Unterschiede. Der Cultural Studies-Reader*. Frankfurt a. M. und New York.

Eßer, F. (2009). *Kinderwelten – Gegenwelten? Pädagogische Impulse aus der Neuen Kindheitsforschung*. Hohengehren.

Fischer-Lichte, E. (2004). *Ästhetik des Performativen*. Frankfurt a. M.

Küster, E. U. (2003). *Fremdheit und Anerkennung. Ethnographie eines Jugendhauses*. Weinheim, Berlin und Basel.

Müller, B., Schmidt, S., & Schulz, M. (2008). *Wahrnehmen können. Jugendarbeit und informelle Bildung* (2., erw. Aufl.). Freiburg i. B.

Reckwitz, A. (2003). Grundelemente einer Theorie sozialer Praktiken. Eine sozialtheoretische Perspektive. *Zeitschrift für Soziologie, 32*(4), 282–301.

Rose, L., & Schulz, M. (2007). *Gender-Inszenierungen. Jugendliche im pädagogischen Alltag*. Königstein.

Schatzki, T. (2002). *The site of the social. A philosphical account of the constitution of social life and change*. Pennsylvania.

Schechner, R. (1990). *Theater-Anthropologie. Spiel und Ritual im Kulturvergleich*. Reinbek bei Hamburg.

Schmidt, H. (Hrsg.) (2011). *Empirie der Offenen Kinder- und Jugendarbeit*. Wiesbaden.

Schulz, M. (2010). *Performances. Jugendliche Bildungsbewegungen im pädagogischen Kontext*. Wiesbaden.

Shusterman, R. (2005). *Leibliche Erfahrung in Kunst und Lebensstil*. Berlin.

Willis, P. (1991). *Jugend-Stile. Zur Ästhetik der gemeinsamen Kultur*. Hamburg.

Wulf, C., Göhlich, M., & Zirfas, J. (2001). *Grundlagen des Performativen. Eine Einführung in die Zusammenhänge von Sprache, Macht und Handeln*. Weinheim und München.

Wulf, C., & Zirfas, J. (Hrsg.) (2007). *Pädagogik des Performativen. Theorien, Methoden, Perspektiven*. Weinheim und Basel.

Was tun die PädagogInnen? Muster pädagogischen Handelns im Alltag

6

Peter Cloos

Im Feld der Offenen Kinder- und Jugendarbeit mangelt es kaum an praxisorientierten Beschreibungen zum pädagogischen Handeln der MitarbeiterInnen. Auch liegen eine Vielzahl an Vorschlägen vor, die das Handeln konzeptionell rahmen, etwa aus sozialräumlicher oder aneignungstheoretischer Perspektive (vgl. Deinet und Krisch 2002; Deinet 2004, 2009; Reutlinger 2005), als Beziehungs- oder Cliquenarbeit (vgl. Krafeld 2005), als Ort der Hilfe zur Lebensbewältigung (vgl. Böhnisch 1992) oder als subjektorientiertes Projekt (vgl. Scherr 2003). Hierüber kann jedoch überwiegend Einblick erlangt werden, wie auf der einen Seite PädagogInnen und auf der anderen Seite WissenschaftlerInnen dies Handeln konzeptionell entwerfen und reflektieren. Über das tatsächliche Handeln der MitarbeiterInnen liegt damit nur bedingt Wissen vor, zumindest kaum empirisch-systematisches Wissen, das konstitutive Bedingungen des alltäglichen Handelns in der Offenen Kinder- und Jugendarbeit beschreibt. Im Zuge der Ausweitung empirischer Forschungsbemühungen in diesem Feld (vgl. Schmidt 2010; Schmidt i. d. B.) lässt sich auch ein wachsendes empirisches Interesse am pädagogischen Alltag der MitarbeiterInnen in der Offenen Kinder- und Jugendarbeit feststellen. Nach ersten empirischen Erkundungen zum Wissen und Können der Professionellen (vgl. Thole und Küster-Schapfl 1997) und zu den von ihnen gestalteten Beziehungen (vgl. Bimschas und Schröder 2003) hat sich eine ethnographische Forschungsperspektive für einen Zugang zum pädagogischen Alltag als besonders fruchtbar erwiesen (vgl. Küster 2003; Müller et al. 2008; Cloos und Köngeter 2006; Cloos et al. 2009). Ethnographische Forschungsstrategien haben gegenüber anderen den schlichten Vorteil, dass hier die Forschenden belegen können, dabei gewesen zu sein: Sie sind vor Ort, nehmen an den dortigen Aktivitäten teil, zeichnen diese auf und verdichten sie in Beschreibungen. Pointiert zusammengefasst ist Ethnographie darauf spezialisiert, offene

Dr. phil. Peter Cloos ✉
Abteilung Allgemeine Erziehungswissenschaft Hildesheim, Stiftung Universität Hildesheim,
Marienburger Platz 22, 31141 Hildesheim, Deutschland
e-mail: cloosp@uni-hildesheim.de

und komplexe soziale Alltagssituationen, in denen Individuen durch kulturelle Praxen gemeinsam Wirklichkeit erzeugen, durch methodische Befremdung (vgl. Amann und Hirschauer 1997), teilnehmende Beobachtung, (Co-)Präsenz im Feld und Befragung zu erfassen.

Der folgende Beitrag konzentriert sich darauf, das pädagogische Handeln der MitarbeiterInnen in der Offenen Kinder- und Jugendarbeit zu beschreiben, wie es sich in einem von Stefan Köngeter, Burkhard Müller und Werner Thole sowie dem Autor durchgeführten Projekt zu den Konstitutionsbedingungen sozialpädagogischen Handelns in der Kinder- und Jugendarbeit erschlossen hat (vgl. Cloos et al. 2009). Während im Zentrum des Projektes das Zusammenwirken von Kindern bzw. Jugendlichen und Professionellen und die gemeinsame Herstellung des Handlungsfeldes stand, werde ich mich im Folgenden auf das Handeln der PädagogInnen und auf die Arbeit mit Jugendlichen konzentrieren, weil die Perspektive auf die Arbeit mit Kindern, neben einigen Gemeinsamkeiten, vielfältige Unterschiede aufweist (vgl. ebd.).

6.1 Die sozialpädagogische Arena

Wir haben zunächst versucht zu beschreiben, was den Ort charakterisiert, in dem wir unsere Beobachtungen durchgeführt haben. Die Bezeichnung „sozialpädagogische Arena" erwies sich dabei als eine Schlüsselkategorie. Der Begriff kann zunächst als einfacher Hinweis auf die räumlichen Bedingungen der Kinder- und Jugendarbeit aufgefasst werden. Mehr noch wird jedoch hierunter ein Handlungsraum verstanden, der sich nicht primär über territoriale-architekturale Grenzen definiert, sondern performativ hergestellt, also „erhandelt" wird. Diese Aushandlungen über die Gestalt des Ortes und über das, was darin geschieht, sind im Vergleich zu anderen pädagogischen Orten weniger zielgerichtet und aufgabenorientiert. Die Arena der Kinder- und Jugendarbeit lässt sich vorwiegend als sozialer Ort von Alltagspraktiken und -kommunikationen beschreiben. Hier wechselt das Geschehen blitzschnell, zuweilen macht es aber auch den Eindruck, als würde dort fasst gar nichts geschehen. Jeder Interaktionsrahmen ist in hohem Grade unvorhersehbar und jede Interaktion findet unter den prekären Bedingungen der Diskontinuität statt. Die sozialpädagogische Arena der Kinder- und Jugendarbeit ist eine Bühne für verschiedene Formen des „Sich-in-Szene-Setzens" und des Zuschauens, plötzlich wechselt das Geschehen von einer dezentrierten zu einer zentrierten Interaktion. Die Arena ist ein Ort für Wettkämpfe und Spiele, die immer auch symbolisch für reale Kämpfe um Anerkennung unter Jugendlichen und zwischen Jugendlichen und Erwachsenen zu betrachten sind, an denen Zugehörigkeit und Gemeinschaft über die Auseinandersetzung und Abgrenzung von anderen hergestellt wird, auch indem je eigene symbolische Zugehörigkeiten szenisch ins Spiel gebracht werden. Dies kommt zum Ausdruck in Szenen wie diesen: Nachdem die BesucherInnen des Jugendhauses in kleinen Grüppchen bei unterschiedlichen Aktivitäten beieinander saßen (dezentrierte Interaktion), richtet sich die Aufmerksamkeit auf den Wettkampf zweier Jugendlicher (zentrierte Interaktion), das Jugendhaus wird zur Bühne. Einige ZuschauerInnen bewerten das Schauspiel lautstark, andere zurückhaltend. So plötzlich, wie die Inszenierung begonnen hat und den Raum spürbar in unterschiedliche Gruppen unterteilte – Performer, Zuschauer, Sympathisanten und Kritiker –, so schnell ist die Szene schon wieder vorbei.

Doch was machen die PädagogInnen in dieser Arena? Wir interessierten uns dafür, wie sie sich in dieser Arena bewegen, wie sie sich an diesem Geschehen beteiligen oder dieses gestalten und wie es Ihnen gelingt, Alltagssituationen in stärker pädagogische gerahmte Situationen zu transformieren. Zentral war dabei die Frage, wie im Rahmen einer durch Alltagskommunikation und -praktiken geprägten Sphäre sich professionelles Handeln realisieren lässt. Oberflächlich betrachtet – und das macht es der Kinder- und Jugendarbeit häufig so schwer, ihre Professionalität für Andere sicht- und erfahrbar zu machen – unterscheidet sich ihr Handeln kaum vom Alltagshandeln. Die JugendarbeiterInnen beteiligen sich an den spielerischen Wortgefechten der Jugendlichen, spielen Billard oder sitzen mit einer Gruppe Jugendlicher im Büro und tauschen mit Ihnen die letzten „Beziehungs"-Neuigkeiten aus. Die empirische Beobachtung des Handelns zeigte jedoch erstens vom Alltagshandeln unterscheidbare Platzierungspraktiken innerhalb der sozialpädagogischen Arena auf. Zweitens übernehmen die PädagogInnen die Aufgabe, alltägliche Kommunikationsrahmen in Richtung pädagogisch gerahmter Situationen zu modulieren. Drittens zeigt sich hier die Bedeutung der Gestaltung von Übergängen in verschiedene andere, geschützte Kommunikationsrahmen – wie beispielsweise Kontexte der Beratung oder des Coachings, die in anderen Settings als Kern professionellen Handelns gelten. Abschließend werden hieraus spezifische Muster des Handelns abgeleitet, die den besonderen Charakter der Kinder- und Jugendarbeit verdeutlichen.

6.2 Platzierungspraktiken

Wir haben im Anschluss an die Beobachtung der Bewegungsmuster der PädagogInnen in der sozialpädagogischen Arena drei Platzierungspraktiken dargestellt, die idealtypisch für vielfältige Arten von Bewegungen und Platzierungen der PädagogInnen stehen. Die erste Platzierungspraktik haben wir „*Umherschweifen*" genannt. Dieses erscheint nur vordergründig als zielloses Herumgehen und unterscheidet sich klar von Bewegungsformen, die eher der Muße und dem Müßiggang dienen, wie z. B. dem Spazierengehen. Hier wird das Ziel verfolgt, neue Kontakte zu knüpfen und alte aufzufrischen. Die Intention wird jedoch nicht transparent gemacht, sodass die Kontaktaufnahme den Eindruck macht, als geschehe sie mehr oder weniger nebenbei und zufällig. Pädagogische Ereignisse – wie sich dabei ergebende Gespräche mit den Jugendlichen – werden stärker vom Zufall abhängig gemacht. Das pädagogische Handeln ist abwartend, reagierend und situationsbezogen und passt sich stärker an die Interessen der Jugendlichen an, als sich dies z. B. für die Schule beschreiben lässt. Die Macht, den Rahmen zu gestalten, durch Planung und sogenannte Angebote vorzustrukturieren und intervenierend einzugreifen, wird sparsam gehandhabt.

Bei der Platzierungspraktik „*Sich (präsent) zeigen*" spielt die Theke im Jugendhaus eine wichtige Rolle. Sie ist der Angelpunkt für die Platzierungen der PädagogInnen: In diesem Sinne ist sie Ausgangspunkt für pädagogische Interventionen und Kontaktort, an dem weitere Gespräche, Beratungen und Dienstleistungen initiiert werden. Die Theke ermöglicht als Beobachtungsstützpunkt, den Überblick über das Geschehen zu behalten. Von hier aus genügt zuweilen ein kurzes Rufen, durch das sich die PädagogInnen im Jugendhaus präsent zeigen. Bei der Platzierungspraktik „*Sich separieren und Gravitation erzeugen*" wird ebenfalls ein zentraler Raum im Jugendhaus, wie z. B. das Büro, zum Ort für vielfältige Geschehnisse. Diese Separation bedeutet jedoch nicht zwingend, dass der Zugang der Jugendlichen verhindert wird. Vielmehr stellen die MitarbeiterInnen einen separierten Raum her, der die Komplexität des Geschehens in einem Jugendhaus reduziert, möglicherweise aber auch Gespräche und Begegnungen zum Teil intensiviert. Die Separation wird anlassbezogen von den MitarbeiterInnen aufgebrochen, wenn sie Angebote machen oder das „Außen" durch Gänge durch das Haus kontrollieren. Dieses „Unterwegs-Sein" ist jedoch in der Regel, weniger offen-aufmerksam und stärker zielgerichteter, als das „Umherschweifen". Die Platzierungspraxis des „Sich-Separierens" verdichtet sich aber erst zum Typus, wenn das Separieren in Zusammenhang mit der Erzeugung von Gravitation betrachtet wird. Im Büro oder anderen Separationsorten sorgen die PädagogInnen dafür, dass – um im Bild zu sprechen – der „Berg zum Propheten" kommt. Die Gravitation des Ortes führt dazu, dass die MitarbeiterInnen in ständigem Austausch mit einem großen Teil der Jugendlichen stehen.

Diese drei Platzierungstypen stellen dar, wie sich JugendarbeiterInnen in Relation zu den Kindern und Jugendlichen bewegen und positionieren. Wir haben diese drei Typen den drei Dimensionen *beweglich-unbeweglich, sichtbar-unsichtbar* und *kontaktiv-isolativ* zugeordnet. Das „Umherschweifen" kombiniert Beweglichkeit mit (eingeschränkter) Sichtbarkeit und hoher Kontaktbereitschaft, die sich insbesondere auf (Einzel-)Begegnungen im Raum konzentriert. Der Typ „Sich-präsent-Zeigen" kombiniert eine anlassbezogene Beweglichkeit mit hoher Sichtbarkeit und Kontaktbereitschaft. Der Typ „Sich separieren und Gravitation erzeugen" schließlich geht einher mit einer eingeschränkten Beweglichkeit und Sichtbarkeit mit hoher Kontaktbereitschaft für einen eingeschränkten Kreis von BesucherInnen. Als Teil eines bestimmten dominanten Stils innerhalb einer Jugendeinrichtung schaffen sie mehr oder weniger gute Gelegenheiten für weitere Interaktionen. Die unterschiedlichen Dimensionen können auch dazu dienen, die Pfade der JugendarbeiterInnen, zu reflektieren und zu überlegen, welche Chancen dadurch eröffnet, welche Möglichkeiten aber auch vergeben werden.

6.3 Praktiken der Modulation von Alltagskommunikation

Wie bereits dargestellt, ist das Geschehen im Jugendhaus wesentlich durch Alltagskommunikationen geprägt. Wenn ich im Folgenden die Aufmerksamkeit auf diese Form der Kommunikation richte, entspricht dies der Beobachtung, dass die Jugendlichen einen großen

Teil der Zeit im Jugendhaus mit Frotzeln und Scherzen, mit dem Austausch von Neuigkeiten oder mit Klatschen verbringen und MitarbeiterInnen darin involviert sind. Im Zuge der Rekonstruktionen stellte sich jedoch heraus, dass die Interaktionen zwischen den Professionellen und den Jugendlichen nur vordergründig alltagskommunikativen Formen ähneln, wie sie für die Peergroup-Kommunikation kennzeichnend ist. Sie folgen aber auch nicht den Regeln professioneller Interaktionen, wie sie für die Beratung in konversationsanalytischen Untersuchungen oder genereller für „institutional talk" gelten (vgl. Drew und Heritage 1992; ten Have 1999).

Ein Schlüsselbegriff für die professionellen Praktiken von JugendarbeiterInnen zwischen Alltagskommunikation und „institutional talk" stellt der Begriff der Modulation dar. Dieser Begriff ist von E. Goffman entlehnt und wird von ihm im Kontext seiner Rahmenanalyse eingeführt. Er wird in seinem ursprünglichen Zusammenhang verwendet, um bestimmte alltägliche Kommunikationsformen aufzuschließen. Modulationen erfüllen aus unserer Perspektive im Rahmen pädagogischer Praktiken im Jugendhaus eine zentrale Funktion: den alltäglichen Freizeitcharakter der sozialen Veranstaltung Jugendarbeit aufrechtzuerhalten und die bildungsorientierten Grundintentionen damit in Einklang zu bringen – ohne daraus eine pädagogische Veranstaltung zu machen. Dies wird insbesondere dann deutlich, wenn die PädagogInnen sich entweder in ein Gespräch einbringen, sparsam intervenieren, sich in die Aktivitäten der Jugendlichen einmischen und dabei ihre eigenen Einstellungen zeigen.

Modulationen können auf folgende Weise beschrieben werden. Während ein Teil der Jugendlichen zusammensitzt und dabei Neuigkeiten ausgetauscht, wird ein Raum für ein zweckfreies Sich-Unterhalten geschaffen, der für die PädagogInnen wiederum eine Gelegenheitsstruktur für Anderes bietet: Als eine Jugendliche ein Problem andeutet, fragt die Jugendarbeiterin nach, ob sie mit ihr „quatschen" wolle. Sprachlich zeigt sich hier zum einen die Ambivalenz des Feldes zwischen diffus-alltäglichen und rollenförmigem Handeln, die die diffusen Eigenschaften der Beziehung in den Vordergrund rückt. Gleichzeitig wird aber damit ein Spielraum für rollenförmiges, pädagogisches Handeln geschaffen. Dabei bleibt offen, was für ein Angebot „Quatschen" überhaupt beinhaltet: Erfolgt hier ein Angebot für Beratung, für ein freundschaftliches Gespräch oder etwas ganz anderes? Wesentlich ist, dass genau dies in der Schwebe bleibt. Der Rahmen der Gesprächssituation wird jeweils nur leicht moduliert, damit der Eindruck entsteht, als verbliebe alles im Modus der Alltagskommunikation. Somit wird nicht allzu offensichtlich, dass hier ein Hilfebzw. Beratungsangebot gemacht wird, das die Veränderung der Beziehung in eine asymmetrische einschließen würde. Diese Asymmetrie – so die prekäre Handlungsanforderung der Kinder- und Jugendarbeit – gilt es nicht zu offensichtlich werden zu lassen.

Eine andere Form, Alltagskommunikationen leicht zu modulieren, besteht darin, auf jugendliche Herausforderungen pädagogisch zu antworten und diese spielerisch zu transformieren. Als ein Jugendlicher den teilnehmenden Beobachter bei einem Interview zu stören versucht, das Mikrofon ergreift und Schmähungen über den Forscher in einen Rap einbindet, kommentiert die Jugendarbeiterin an der Theke den Rap mit einem nach unten gehaltenen Daumen, ohne stärker zu intervenieren. „Während es in Alltagsgesprächen zum ‚guten Ton' gehört, das Gegenüber nicht darüber im Unklaren zu lassen, wie dessen Aussagen bei einem selbst ‚angekommen' sind, und ihm durch entsprechende Äußerungen Überraschung, Sympathie, Zustimmung und Solidarität zu signalisieren, halten sich institutionelle Akteure diesbezüglich (…) auffallend zurück" (Puchta und Wolff 2004, S. 444). Insoweit weicht die Pädagogin deutlich von den Regeln innerhalb einer professionellen Institution ab und verhält sich konform zu den Regeln der alltäglichen Kommunikation. Ihre, als Theater-Zuschauerin inszenierte, abwertende Geste ist weniger ein Appell an den Jugendlichen aufzuhören, sondern eher eine Selbstauskunft darüber, welche Einstellung sie zu dem Rap hat. Die Pädagogin akzeptiert die Performance des Jugendlichen, indem sie ihn gewähren lässt. In diesem Sinne erfüllen Modulationen auch die Funktion, die Situation in einen anderen Zusammenhang zu stellen und in einem veränderten Licht erscheinen zu lassen. In jedem Fall gilt es, dem eher diffusen Anteil der Modulation, der aus der notwendigen Aufrechterhaltung des Alltäglichen erwächst, einen spezifischen Anteil entgegenzusetzen, damit der pädagogische Tenor der Modulation zur Geltung kommt. In einer solchen Modulation werden die JugendarbeiterInnen als professionell Handelnde sichtbar – eine Sichtbarkeit, die gerade durch ihre Sparsamkeit den Jugendlichen gerecht wird. Dabei erfüllen Modulationen im Rahmen pädagogischer Praktiken im Jugendhaus die Funktion, die Alltäglichkeit der stattfindenden sozialen Veranstaltung aufrechtzuerhalten und dennoch pädagogisch agieren zu können.

6.4 Die Gestaltung von Übergängen in andere Interaktionsrahmen

Die Eingebundenheit der PädagogInnen in die Alltagskommunikationen der Jugendlichen ist zugleich Möglichkeitsbedingung für Übergänge in andere Kommunikationsschemata, wie z. B. der Beratung. Praktiken der Übergangsgestaltung zeigen auf, wie es den PädagogInnen möglich wird, auch den im SGB VIII für die Kinder- und Jugendarbeit definierten Schwerpunkten der Jugendbildung, der Jugendarbeit in Sport, Spiel und Geselligkeit, der arbeitswelt-, schul- und familienbezogenen Jugendarbeit und der Jugendberatung nachgehen zu können. Praktiken der Übergangsgestaltung sind nicht nur interessante Phänomene am Rande des „Hauptgeschehens" (wie z. B. beim Unterricht). Für die gelingende Herstellung von Kinder- und Jugendarbeit sind sie vielmehr entscheidend, weil hier ausgehandelt wird, in welcher Form und wie Kinder- und Jugendarbeit gelingend hergestellt wird. Die Gestaltung solcher Übergänge in zumeist nicht geplante, situativ reagierende pädagogische Angebote sind deshalb wesentliches Moment von Kinder- und Jugendarbeit.

Zunächst lässt sich eine enorme Variationsbreite der Übergänge feststellen, die mit einem hohen Maß an Informalität und Situationsbezogenheit einhergeht, während für andere (sozial-)pädagogische Handlungsfelder, für die die hier beschriebenen Merkmale der sozialpädagogischen Arena kaum oder nur eine geringe Bedeutung haben, eine begrenzte Anzahl an Übergängen unterstellt werden kann. Selbst bei vorausgeplanten und regelmäßig stattfindenden Angeboten und bei vorher verabredeten Terminen ist der Übergang kaum institutionalisiert, d. h. im Voraus genau festgelegt und formalisiert. Darüber hinaus können die Kinder und Jugendlichen jederzeit das Angebot für einen Übergang ablehnen, während die Teilnahme an einem pädagogischen Setting in anderen (sozial-)pädagogischen Handlungsfeldern zuweilen unfreiwillig geschieht oder vertraglich festgelegt ist und häufig formalisiert wird – wie die Terminvereinbarungen bei Beratungen. Darüber hinaus haben für die Gestaltung von Übergängen Vorhalteleistungen eine zentrale Bedeutung: Der Billardtisch, ein Töpferraum und ein Lexikon sowie die Pinnwand mit Jobangeboten stellen nicht nur wie in der Schule der Klassenraum und das Turngerät ein erforderliches Setting dar, damit Unterricht bzw. Sportunterricht stattfindet. Die Bereithaltung von Übergangsgelegenheiten schafft in der Offenen Kinder- und Jugendarbeit einen Überschuss an Gelegenheiten und Ressourcen. Dieser Überschuss ist die Möglichkeitsbedingung mit Angeboten mehr oder weniger passgenau, situationsangemessen und flexibel agieren und intervenieren zu können. Diesem Überschuss steht gegenüber, dass angesichts der Bedingungen von Diskontinuität grundsätzlich die Möglichkeit besteht, dass der Übergang nicht zustande kommt oder nicht angenommen wird. Dies erfordert auf der Seite der MitarbeiterInnen, dass sie mit den Kindern und Jugendlichen im Übergang die Bedingungen der Teilnahme jeweils (neu) aushandeln und sukzessive Verbindlichkeit herstellen, ohne dass die Teilnahme den Kindern und Jugendlichen als Zwang erscheint. Es geht hier um einen Abgleich der potentiell unterschiedlichen Interessen zwischen Kindern und Jugendlichen auf der einen und JugendarbeiterInnen auf der anderen Seite. Dies geschieht unter der Bedingung von Diskontinuität und der fehlenden, Sicherheit bietenden Institutionalisierung und Routinisierung der Handlungsabläufe. In diesem Sinne haben diese liminalen Aushandlungen für das Handlungsfeld der Offenen Kinder- und Jugendarbeit eine besondere funktionale Bedeutung.

Was sind jedoch Anlässe für Übergänge? Erstens reagiert Kinder- und Jugendarbeit bei der Herstellung von Übergängen immer wieder auf ein, mehr oder weniger spontan geäußertes, Interesse der Kinder und Jugendlichen. Zweitens kann sie sich darauf aber nicht beschränken. Zentral ist vielmehr, dass sie eine generalisierte Bedürfnisunterstellung vornimmt. Diese beinhaltet die Annahme, eine Vorhalteleistung, ein Angebot oder eine Hilfe habe für die vorhandenen und potentiellen BesucherInnen eine bildungsfördernde Bedeutung. Drittens reagiert Kinder- und Jugendarbeit auf Krisen. Krisen können aus der Lebenswelt der Jugendlichen in die sozialpädagogische Arena z. B. im Kontext eines Konfliktes hineingetragen werden. Besonders typisch ist hier, dass die Rahmenwechsel eher sparsam und nur allmählich vollzogen werden, ohne dass der alltägliche Interaktionsrahmen allzu deutlich verändert wird. Dabei „lesen" die JugendarbeiterInnen die verschiedenen Bedeutungsebenen der Situationen und entziffern die sich hier ergebenden Potentiale, Übergänge zu initiieren. Eine besondere Bedeutung erlangen hier stellvertretende Übergangsgestaltungen im Rahmen von konkreten Interessenartikulationen der Kinder und Jugendlichen oder auch bei manifesten Krisen. Die JugendarbeiterInnen greifen diese Interessen, Bedürfnisse und Krisen auf und schaffen stellvertretend Übergänge in Rahmungen zur Bearbeitung der Interessen und Krisen. Die liminale Gestaltung eines neuen Interaktionsrahmens geschieht hier stellvertretend, weil die manifeste Krise oder das zugrunde liegende Bedürfnis nicht eigenständig thematisiert oder das eigene Interesse auf Basis der vorhandenen Ressourcen nicht in einen angemessenen Rahmen übersetzt werden kann. Hier zeigt sich die Kompetenz von Kinder- und Jugendarbeit, Situationen wahrzunehmen und zu deuten sowie diese zum Anlass für die Schaffung von förderlichen pädagogischen Settings zu nehmen (vgl. Müller et al. 2008).

6.5 Die konstitutiven Handlungsregeln

Die Bewältigung der Spannung zwischen Alltäglichkeit und Professionalität in der sozialpädagogischen Arena erfolgt nicht beliebig – je nach Jugendhaus und Arbeitsstil der MitarbeiterInnen. Vielmehr lässt sich in der Kinder- und Jugendarbeit ein gemeinsames Muster der Bearbeitung dieser Spannung aufzeigen. Um dieses Muster zu erläutern, haben wir drei, unseres Erachtens konstitutive Regeln für das Handeln von JugendarbeiterInnen formuliert: *die Mitmach-, die Sparsamkeits- und die Sichtbarkeitsregel*. JugendarbeiterInnen beziehen sich implizit auf diese Regeln. Wenn sie zum Teil in der konkreten Arbeit von ihnen abweichen, hat das Folgen. Es handelt sich also nicht um bloße Maximen eines Konzeptes, sondern um elementare, für die Kinder- und Jugendarbeit unhintergehbare Handlungsmuster. Sie gelten nicht nur dann, wenn sie bewusst angewandt werden, sondern auch und gerade dann, wenn Situationen diffus, komplex und widersprüchlich erscheinen.

Die Mitmachregel benennt für die JugendarbeiterInnen das Paradox, im Kontext der Teilnahme an gemeinsamen Freizeitaktivitäten pädagogisch zu handeln. Sie besteht aus drei Komponenten. Erstens: Mache bei den Aktivitäten der Kinder und Jugendlichen mit. Zweitens: Verhalte dich dabei so, als wärest du TeilnehmerIn. Drittens: Stelle glaubhaft dar, dass du als ein Anderer (Erwachsener) teilnimmst. Die Regel des Mitmachens wurde schon bei der Beschreibung der Praktiken der Modulation von Alltagskommunikationen angedeutet. Indem die PädagogInnen beim Zeigen, Sich-Inszenieren und Erzählen, beim Herausfordern, Scherzen und Spielen mitmachen, eröffnen Sie die Möglichkeit, diese sparsam in stärker pädagogische gerahmte Interaktionen zu transformieren. Die Sparsamkeitsregel benennt, dass die Transformation von alltäglicher Kommunikation in gezielte pädagogische Intervention unauffällig vollzogen werden muss, sodass die faktische Asymmetrie der Beziehung zwischen PädagogInnen und AdressatInnen in der sozialpädagogischen Arena möglichst latent bleibt, ohne sie jedoch zu verleugnen. Durch die Sparsamkeitsregel wird die Paradoxie bearbeitet, dass PädagogInnen in der sozialpädagogischen Arena „Andere unter Gleichen" sind. Ein Merkmal dieser Position ist, dass hier Übergänge von der Symmetrie gemeinsamer Zugehörigkeit in der sozialpädagogischen Arena hin zur Asymmetrie (pädagogischer) Arbeitsbeziehungen geführt werden. Die Sichtbarkeitsregel beschreibt das Paradox, dass die PädagogInnen die für ihr Wirken notwendige Anerkennung nie als rollenförmige Vorgabe erwarten können, sondern diese immer erst selbst gewinnen müssen. Die Regel besagt: „Mache dich und deine persönlichen Einstellungen erkennbar, beziehungsweise sichtbar, aber lasse gleichzeitig zu, dass die Jugendlichen ihrerseits ihre Einstellungen – auch die aggressiven und negativen – sichtbar machen können, ohne dass dadurch die wechselseitigen Anerkennungsverhältnisse in Frage gestellt werden". Gerade bei Übergängen in geschützte Rahmungen der Unterstützung Jugendlicher in aktuellen Krisen – Rahmungen, die Formaten wie Lebens- und Berufsberatung oder Coaching ähneln – spielt die Regel der Sichtbarkeit eine besondere Rolle. Denn es ist an dieser Stelle auch für die Jugendlichen wichtig zu erfahren, mit wem sie es zu tun haben und ob sie dem Gegenüber vertrauen können.

6.6 Die Anderen unter Gleichen als zentraler Handlungstypus

In unserer Studie haben wir die rekonstruierten Handlungsmuster anhand eines zentralen Handlungstypus verdichtet und so dargestellt, wie sich die Arbeitsbeziehung zwischen JugendarbeiterInnen und Kindern und Jugendlichen in der sozialpädagogischen Arena beschreiben lassen kann. Als zentrale Handlungstypus haben wir die „Anderen unter Gleichen" herausgearbeitet. Dieser beschreibt eine Differenz zu anderen (sozial-) pädagogischen, medizinischen, therapeutischen Handlungsfeldern, in der zwar die diffusen Beziehungsanteile nicht gänzlich außer Acht gelassen werden können, jedoch Mitmachen, Sparsamkeit und Erkennbarkeit in der oben beschriebenen Form eine geringere Rolle zu spielen scheinen. Die mit dem Handlungstypus verbundenen professionellen Herausforderungen an die Offene Kinder- und Jugendarbeit sind paradoxal angelegt und damit äußerst anspruchsvoll in ihrer alltäglichen Umsetzung. Sie erfordern eine hohe professionelle Kompetenz, gilt es doch die Alltäglichkeit der stattfindenden sozialen Veranstaltung aufrechtzuerhalten und dennoch pädagogisch agieren zu können. Während Kinder- und Jugendarbeit oft unter Druck steht, „pädagogisch wertvolle" Tätigkeiten nachzuweisen, vergisst sie zuweilen den hohen pädagogischen Wert ihres Alltagsgeschäftes, wenn sie durch Platzierungen im Raum, durch Modulation alltäglicher Kommunikationen und durch die Schaffung von Übergängen, einen Überschuss an Bildungsgelegenheiten schafft.

Literatur

Amann, K., & Hirschauer, S. (1997). Die Befremdung der eigenen Kultur. Ein Programm. In S. Hirschauer, & K. Amann (Hrsg.), *Die Befremdung der eigenen Kultur* (S. 7–52). Frankfurt a. M.

Bimschas, B., & Schröder, A. (2003). *Beziehungen in der Jugendarbeit. Untersuchung zum reflektierten Handeln in Profession und Ehrenamt*. Opladen.

Cloos, P., Köngeter, S., Müller, B., & Thole, W. (2009). *Die Pädagogik der Kinder- und Jugendarbeit* (2., durchges. und bearb. Aufl.). Wiesbaden.

Cloos, P., & Köngeter, S. (2006). Zur Relationierung der Fall- und Interventionsperspektive in der Kinder- und Jugendarbeit. *sozialer sinn: Zeitschrift für hermeneutische Sozialforschung, 7*(1), 35–60.

Deinet, U. (2004). „Spacing", Verknüpfung, Bewegung, Aneignung von Räumen – als Bildungskonzept sozialräumlicher Jugendarbeit. In U. Deinet, & C. Reutlinger (Hrsg.), *„Aneignung" als Bildungskonzept der Sozialpädagogik. Beiträge zur Pädagogik des Kindes- und Jugendalters in Zeiten entgrenzter Lernorte* (S. 175–189). Wiesbaden.

Deinet, U., & Krisch, R. (2002). *Der sozialräumliche Blick der Jugendarbeit. Methoden und Bausteine zur Konzeptentwicklung und Qualifizierung.* Opladen.

Drew, P., & Heritage, J. (1992). *Talk at work. Interaction in institutional settings.* Cambridge.

ten Have, P. (1999). *Doing conversation analysis.* London.

Krafeld, F. J. (2005). Cliquenorientiertes Muster. In U. Deinet, & B. Sturzenhecker (Hrsg.) *Handbuch Offene Kinder- und Jugendarbeit* (S. 189–196). Wiesbaden.

Küster, E. U. (2003). *Fremdheit und Anerkennung. Ethnographie eines Jugendhauses.* Weinheim und Berlin.

Müller, B. Schmidt, S., & Schulz, M. (2008). *Wahrnehmen können. Jugendarbeit und informelle Bildung* (2., erw. Aufl.). Freiburg i. B.

Puchta, C., & Wolff, S. (2004). Diskursanalysen institutioneller Gespräche. Das Beispiel von „Focus Groups". In R. Keller, A. Hirseland, W. Schneider, & W. Viehöfer (Hrsg.), *Forschungspraxis.* Handbuch sozialwissenschaftliche Diskursanalyse, Bd. 2. (S. 439–457). Wiesbaden.

Reutlinger, C. (2005). *Jugend, Stadt und Raum. Sozialgeographische Grundlagen einer Sozialpädagogik des Jugendalters.* Opladen.

Scherr, A. (2003). Jugendarbeit als Subjektbildung. In W. Lindner, W. Thole, & J. Weber (Hrsg.), *Kinder- und Jugendarbeit als Bildungsprojekt* (S. 87–102). Wiesbaden.

Schmidt, H. (2010). *Empirie der Offenen Kinder- und Jugendarbeit.* Wiesbaden.

Thole, W., & Küster-Schapfl, E. U. (1997). *Sozialpädagogische Profis.* Opladen.

Teil III
Zielgruppen und Lebenslagen

Mädchen

Ulrike Graff

7.1 Einleitung

Sprechen über „Mädchen" ist immer eine Momentaufnahme mit notwendig offenem Ausgang. Denn ein zentraler Gewinn aus der Debatte um die Dekonstruktion der Geschlechter ist die Erkenntnis, dass eine Aufzählung „Mädchen sind: …" unendlich ist und sein muss, um nicht alte Bilder einfach gegen neue auszutauschen (Busche et al. 2010; Schmidt 2002). Es geht eben „… nicht um neue Geschlechterrollen. Sondern um den Zugang zur Lebensfreude, um den Geruch nach Freiheit.", wie Barbara Dribbusch in der Tageszeitung vom 18. Oktober 2007 sagt.

Ich verstehe die Aufgabe eines Beitrags, der ganz allgemein und grundsätzlich „Mädchen" als Adressatinnen Offener Kinder- und Jugendarbeit in den Blick nehmen soll, zum einen darin, die aktuellen sozialen Konstruktionen von „Mädchen" aufzuzeigen, zum anderen pädagogische Bedingungen zu skizzieren, die emanzipatorische Prozesse ermöglichen.

Daher reflektiert der Beitrag zunächst aktuelle Mädchen/Bilder, entwickelt daraus was Parteilichkeit für Mädchen heißen kann, und resümiert wie eine mädchengerechte Pädagogik in Zeiten sich verschiebender Geschlechterverhältnisse und v. a. in Zeiten der „Krise der Jungen" strukturiert sein könnte.

7.2 Mädchen heute

Um sich ihrer Lebenswelt anzunähern hier ein Beispiel: Mädchen von heute tragen T-Shirts z. B. mit dieser Aufschrift: *„Too pretty to learn maths! – zu hübsch um Mathe zu lernen!"*. Diese kleine jugendsoziologische Empirie kann den professionellen Blick auf Mädchen als

Dr. phil. Ulrike Graff ✉
Fakultät für Erziehungswissenschaft, AG 1 Bielefeld, Universität Bielefeld, Universitätsstr. 25,
33615 Bielefeld, Deutschland
e-mail: ulrike.graff@uni-bielefeld.de

Akteurinnen im viel zitierten „Doing Gender" (Kuhlmann 2000) schärfen. Sie zeigt eine kulturelle Praxis, die vielleicht irritiert, weil gesellschaftlich aktuell eher der Spruch „I'm pretty and I love maths!" angesagt wäre. Insofern ist dies eine interessante Folie für die eigene Selbstreflexion. Was das Mädchen damit verbindet, ist völlig offen:

- Vielleicht will sie sagen: „Ich weiß, heutzutage ist Mathe angesagt für Mädchen, aber da pfeif ich drauf, ich mach was *ich* will, ich bin selbstbewusst!"
- Oder sie ist genervt von einem Mathelehrer oder einer Mathelehrerin, der/die sie nicht ernst nimmt und sie sagt: „Ich zeig Euch das Klischee: Im Grunde zählt doch immer noch eher Schönheit für Mädchen, nicht Mathe!"
- Es kann aber auch sein, dass sie Mathe wirklich hasst und das Shirt bei ihrer „Girlie Schwester" im Schrank gefunden hat …
- Oder sie hat an einem Projekt der Mädchenarbeit teilgenommen, das sie zu diesem Selbstausdruck ermuntert hat.

Diese oder ganz andere Bedeutungen können für sie mit der Wahl des Shirts verbunden gewesen sein – wir wissen es nicht, und diese bewusste Offenheit ist für mich die zentrale Qualität einer pädagogischen Haltung (nicht nur) Mädchen gegenüber.

Was sagt diese Präsentation nun im Hinblick auf gesellschaftliche Sozialisationsbedingungen von Mädchen heute? Zunächst: Mädchen- und auch Jungenbilder sind im Umbruch, sie sind uneindeutiger und vielschichtiger. Mädchen sind widersprüchlichen Erwartungen ausgesetzt: Einerseits sollen Mädchen in der Öffentlichkeit stark und selbstbewusst sein, andererseits erleben sie nach wie vor, dass das nette, beziehungsorientierte Mädchen gefragt ist. Um diese Vervielfältigung der Geschlechterbilder, die zugleich attraktiv und eine Zumutung ist, bewältigen zu können, brauchen Mädchen Raum und Zeit sowohl in weiblichen als auch in gemischten Beziehungszusammenhängen, sie brauchen pädagogische Beziehungen, die sie ernst nehmen und sie im Prozess des Erwachsenwerdens begleiten (Herwartz-Emden et al. 2010; Woolf 1994).

Ein erstes Zwischenfazit zum Thema „Mädchen" lautet daher:

- Der Spruch „*too pretty to learn maths*" spiegelt die Ambivalenz veränderter Mädchenbilder.
- Es zeigt sich eine Form der Verarbeitung brüchig gewordener Orientierungen seitens des Mädchens.
- Pädagogisch ist dies ein hervorragendes Angebot für Auseinandersetzung nach dem Motto: „Sprich mit mir!"
- Jugendsoziologisch ist das T-Shirt als Werbeträger für die eigene Identität eine der kulturellen Praxen im „doing gender" von Mädchen und Jungen. Und es ist vielleicht interessant, danach bewusst auszuschauen.
- Und, um dies Phänomen weiter theoretisch anzubinden: Es ist ein Beispiel für die Theorie Judith Butlers (1991), die in Parodie und Persiflage eine Praxis der Dekonstruktion von Geschlecht sieht.

Das Beispiel zeigt, Mädchenbilder sind in Bewegung und Mädchen gehen höchst unterschiedlich mit ihnen um, und – das wichtigste – sie spiegeln uns, welche Bilder wir selber haben.

7.3 Das neue Klischee: Mädchen sind stark

Es wäre verkürzt, bei der Feststellung beliebiger Vielfalt der Mädchenbilder stehen zu bleiben – dominant ist das Bild des starken Mädchens. Früher sollten Mädchen brav sein, heute gilt: Mädchen sind stark, selbstbewusst, erfolgreich (McRobbie 2010)! Stimmt das? Ja und nein! Attraktiv daran ist in der Tat die Erweiterung des Mädchenbildes in der Verbindung von Weiblichkeit und Stärke, verdeckt werden Erfahrungen von Scheitern, Nicht-Können oder Benachteiligung. Maria Bitzan hat für dies Phänomen den Begriff des Verdeckungszusammenhangs geprägt (Bitzan und Daigler 2001). In diesem Kontext stelle ich nun ein Beispiel vor, das bedenklich ist: Anzeigeverhalten von Mädchen bei Vergewaltigungen.

Die Bielefelder Kriminalhauptkommissarin Heike Lütgert hat im Rahmen eines Vortrags (2010) folgendes berichtet: Ihr ist in den Statistiken zum Anzeigeverhalten von Mädchen und jungen Frauen bei Vergewaltigungen aufgefallen, dass in den letzten Jahren die Anzahl der „Fehl- und Falschanschuldigungen" bei jungen Mädchen signifikant zugenommen hat und sich wieder den Zahlen aus den fünfziger und sechziger Jahren annähert, als die persönliche Bekanntschaft mit dem Täter einem „selbst schuld" gleichkam. Sie wollte wissen, wie sich dieses Phänomen erklären lässt und hat einschlägige Kriminalakten im Rahmen einer Studie ausgewertet. Es stellte sich heraus, dass diese Mädchen nicht etwa die Vergewaltigung frei erfunden haben, aber dass sie bei der Anzeige eher die Angabe „Fremdtäter" gemacht haben, als sich selbst und anderen einzugestehen, dass sie als „starkes" Mädchen es nicht geschafft haben, bei einem Jungen, den sie kannten zu verhindern, dass er ihnen Gewalt antut.

Dieses Beispiel macht betroffen, vor allem weil es auch darauf verweist, dass die Mädchenarbeit durchaus mit dazu beigetragen hat, dass das Bild vom Power Girl so dominant geworden ist. So stellt Regina Rauw (2007) in ihrem Aufsatz „Was ist eigentlich ein Mädchen?" fest, dass die Mädchen auf den Faltblättern und Websites zur Mädchenarbeit meist gut gelaunt aussehen, die Hände in die Hüften stemmen und oft lachen. Daher sollte die Aufmachung der Angebote für Mädchen bezüglich dieser Tendenz kritisch hinterfragt werden. Wenn in der Öffentlichkeit nur noch von fitten, mutigen Mädchen die Rede ist, sollte auch auf die vorsichtigen, zarten oder schrägen Seiten hingewiesen werden. Es ist schwierig, über Mädchen zu reden, ohne dabei alte oder eben neue Klischees zu bedienen. Oder, wie Carol Hagemann-White sagt: „Es ist nicht möglich, nicht zu konstruieren" (1993, S. 71). Aber es ist möglich, genau dieses Dilemma des eigenen Beteiligtseins an der Hervorbringung von „Mädchen" anzuerkennen und zu versuchen, selbstreflexiv mit Bildern und Zuschreibungen um zu gehen.

7.4 Parteilichkeit für Mädchen

Feministische Parteilichkeit in der Jugendarbeit hat das Ziel, Mädchen in Selbstbestimmungsprozessen zu unterstützen (Graff 2004). In der Mädchenarbeit als parteiliche Pädagogik geht es darum, Mädchen wahr-zu-nehmen, ihnen ein ernsthaftes Gegenüber zu sein und sie zu begleiten auf ihrem eigenen Weg. Sie erschöpft sich nicht in den Themen „Technik" oder „Schutzräume" für Mädchen.

Mädchenarbeit ist entstanden im Zuge der neuen Frauenbewegung in Westdeutschland, die Kritik an vermeintlich realisierter Gleichberechtigung übte. Dabei gab es von Anfang an einen doppelten, parteilichen Blick auf Mädchen in ihrer Stärke im Umgang mit und als Betroffene von Zuschreibungen, d. h. auf „Anpassung und Widerstand" (Savier und Wildt 1980). Wesentliche Errungenschaft war eine „autonome" Mädchenarbeit in geschlechtshomogenen Gruppen und Projekten, deren Ziel war, Mädchen Freiraum für persönliche Entwicklungen zu geben, die kulturelle Normierungen überschreiten können.

Mädchenarbeit begründet sich nicht aus einer essentialistischen Unterschiedlichkeit von Mädchen und Jungen, sondern aus dem Kontext kritischer Pädagogik, die weitergeführt in der „Pädagogik der Vielfalt" (Prengel 2006), Differenz im Sinne Derridas als strukturelles Phänomen anerkennt und egalitär denkt. Geschlecht gilt hier als sozial konstruiert und veränderbar (Plößer 2005). Der Begriff Geschlechterdifferenz fokussiert hier nicht in erster Linie eine Unterschiedlichkeit zwischen den Geschlechtern, sondern die Differenz zwischen den gesellschaftlichen Bildern von Weiblichkeit und Männlichkeit und dem subjektiven Erleben (Kahlert 1996).

Mädchenarbeit richtet sich an Mädchen in ihrer kulturellen, ethnischen, körperlichen, sexuellen Vielfalt und hat hier lebensweltorientierte, intersektionelle Angebote mit Blick auf Migration, Antirassismus, Queer, Handicaps entwickelt. Die pädagogische Fachzeitschrift „Betrifft Mädchen" (LAG Mädchenarbeit in NRW e.V.) bietet dazu seit 1998 einen reichen Fundus theoretischer und konkret praktischer Zugänge; hier einige Beispiele:

- Kein Thema? Sexualisierte Gewalt gegen Mädchen (3.2009)
- Queer! Wie „geht" nicht heteronormative Mädchenarbeit? (2.2009)
- „Smart + extrem" Mädchen in rechten Szenen (4.2008)
- Gruscheln oder gruseln;-) Mädchen und neue Medien (3/2008)
- Casting: Gesehen werden oder verheizt (3.2007)
- Ayse, Helga und Galina, Interkulturelle Mädchenarbeit (1.2007)
- Sexy! Sexualpädagogische Mädchenarbeit (2.2006)
- Nachsitzen! Mädchenarbeit und Schule (2.2005)
- „Das geht unter die Haut" – Mädchen und Körperkult (3.2004)
- Neben der Spur und voll auf der Matte – Mädchen und Sport (3.2003)
- Zornröschen. Wenn Mädchen gewalttätig werden … (2.2001)
- Kupferschwein und Drahtlocke – Mädchen, Ökologie und Agenda 21 (4.2000).

7.5 Der Blick auf Mädchen in Zeiten von Alpha-Mädchen?

Ist es nicht eigentlich prekär über Mädchen, ihre Lebenslagen und Interessen zu sprechen angesichts der „Krise der Jungen"? Tatsächlich hat der mediale „Alpha-Mädchen Diskurs" auch einen warnenden Unterton: „Wie eine neue Generation von Frauen die Männer überholt", so lautete der Untertitel der damaligen Spiegel Serie (2007). Hier schwingt mit: „Es hat jetzt so viel Feminismus gegeben, dass nun die Männer benachteiligt werden." Oder: Die Mädchen–Jungen–Variante: „Ihr habt uns immer gesagt, die Mädchen sind benachteiligt, das stimmt ja gar nicht, eigentlich sind die Jungen die Armen, jetzt sind aber mal die Jungen dran!" Diese Argumentation formuliert eine unsinnige Konkurrenz zwischen Mädchen und Jungen. Maureen Maisha Eggers (2010) kritisiert dies Denken als „Wippenmodell von Ungleichheit". Das Bundesjugendkuratorium hat im Jahr 2009 in einer differenzierten Stellungnahme unter dem Motto „Schlaue Mädchen – dumme Jungen?" Verkürzungen in der aktuellen Geschlechterdebatte deutlich gemacht. Susann Fegter (2011) hat den Diskurs um die „Krise der Jungen" in den Printmedien erforscht und ihre Analyse zeigt, dass hier wirkmächtig an Eltern und öffentliche Erziehung appelliert wird, sich von Mädchen ab und den Jungen zu zuwenden. Die Pauschalisierung von Benachteiligung als für alle Jungen zutreffend erweist sich als Restituierung hegemonialer Männlichkeit gegenüber Mädchen und gegenüber migrantischen Jungen.

Dennoch, warum ist es auch gut, dass jetzt „endlich die Jungen dran sind"? Positiv finde ich an dieser Rhetorik, dass sie zeigt, die Bedeutung geschlechterreflektierter Pädagogik ist im Alltagsverständnis der Gesellschaft angekommen. Das heißt, es wird *auch* verstanden, dass diese Art von Erziehung, Bildung, Kultur erfolgreich ist und auch für Jungen sinnvoll sein könnte. So jedenfalls versuche ich der Argumentation zu begegnen wenn ich sage: „Ja, es zeigt sich, dass eine geschlechtsbezogene Perspektive auf Mädchen mit emanzipatorischen Anliegen sie in der Tat positiv unterstützt und befähigt. Dasselbe gilt für Jungen." In der Argumentation zeigt sich auch, dass ein Verständnis von „Mädchen- und Jungen*förderung*" zu kurz greift. Warum ist der Förderbegriff im genderpädagogischen Kontext so wenig hilfreich? Der Ansatz transportiert einen defizitären Blick auf Jungen und Mädchen, sie erscheinen der besonderen Förderung bedürftig qua Geschlecht. Und hier kommt die nicht unwichtige Ebene der Finanzierung von Angeboten und Maßnahmen mit ins Spiel. Interessant ist ein Blick auf die Implikationen, die ein Förderbergriff in anderen Kontexten hat und wenn er sich auf Kompetenzen bezieht, wie z. B. – und hier ein kleines Gedankenexperiment – auf die Fußballförderung. Dort wird von bereits vorhandenen Fähigkeiten ausgegangen, die optimiert werden. Ganz anders bei der Mädchenförderung. Sobald sie wirksam ist, stehen ihre Konzepte zur Disposition und es wird nicht gesagt: „Wunderbar – eine höchst erfolgreiche Arbeit. Das funktioniert, das bauen wir aus".

In der Jugendarbeit ist die Begrifflichkeit „Mädchen-/Jungenförderung" sehr gebräuchlich, wenn es um geschlechtshomogene Gruppen, Projekte oder auch Einrichtungen geht. Ich habe diese Begriffe durch *Mädchenpädagogik, Jungenarbeit oder Angebote für Mädchen, Angebote für Jungen* ersetzt. Denn es geht hier nicht um unzulängliche Kinder und Jugendliche, sondern um die pädagogische Konzipierung von Bildung, die Mädchen und Jungen Raum, Zeit und Beziehung bietet, die Ambivalenzen erweiterter Geschlechterbilder zu verhandeln. Und hier hat ein geschlechtshomogenes Setting andere Spielräume als ein heterogenes. Produktive Effekte können darin liegen, dass geschlechtsbezogene Dominanzstrukturen, die im koedukativen Miteinander das Verhältnis zwischen Mädchen und Jungen eher reproduzieren, im geschlechtshomogenen Kontext ausgesetzt sind. Sie kann den Charakter „paradoxer Intervention" (Teubner 1997, zit. in Metz-Göckel 1999, S. 136) haben, wenn sie nicht mit essentialistisch Vorstellungen von Weiblichkeit und Männlichkeit verbunden ist.

Was wären die Interessen von Mädchen in der Offenen Kinder- und Jugendarbeit? Hier eine fiktive Liste:

- Mädchen wollen nicht Gegenstand von „Mädchenförderung" sein.
- Sie wollen keine „Extra-Schonraum-Angebote", mit denen immer auch vermittelt wird: „Den habt ihr wohl nötig…".
- Sie wollen sich nicht immer gegen Jungen durchsetzen müssen.
- Sie wollen keine Mädchengruppe, wenn „das richtige Leben" woanders stattfindet.
- Aber sie wollen Räume, die ihnen gefallen.
- Sie wollen Platz für ihre Vorlieben.
- Sie wollen einen Ort, wo sie Jungen treffen können, ohne „dumm angemacht" zu werden und wo sie nicht nur einen Gaststatus haben.
- Sie wollen sich ungestört mit Freundinnen treffen.
- Sie wollen erwachsene Frauen und Männer als Gegenüber, an denen sie sich messen und orientieren können.

Mädchen haben ein Recht auf Gleichheit und sie haben ein Recht auf Differenz, d. h. sie haben ein Recht ebenso wie, und gemeinsam mit Jungen an allem zu partizipieren und sie haben ein Recht auf eigene Kulturen und Vorlieben, die sie nicht am Maßstab Junge gemessen pflegen wollen (Fritzsche 2003; Stauber 2004; Tillmann 2008). Und hier hat eine differenzsensible (Kessl und Plößer 2010) Offene Kinder- und Jugendarbeit Mädchen viel zu bieten.

Literatur

Bitzan, M., & Daigler, C. (2001). *Eigensinn und Einmischung. Einführung in Grundlagen und Perspektiven parteilicher Mädchenarbeit*. Weinheim und München.

Bundesjugendkuratorium. (2009). *„Schlaue Mädchen – Dumme Jungen?" Gegen Verkürzungen im aktuellen Geschlechterdiskurs*. München.

Busche, M., Maikowski, L., Pohlkamp, I., & Wesemüller, E. (Hrsg.). (2010). *Feministische Mädchenarbeit weiterdenken*. Bielefeld.

Butler, J. (1991). *Das Unbehagen der Geschlechter*. Frankfurt a. M.

Die Alpha-Mädchen. Wie eine neue Generation von Frauen die Männer überholt. (11. Juni 2007) *Der Spiegel*, 24.

Dribbusch, B. (18. Oktober 2007). Chinaböller B. Was haben Frauenfußball, Kracher und windelnde Männer gemeinsam? Den Geruch nach Freiheit. *Die Tageszeitung*.

Eggers, M. M. (2010). Diversity als Egalisierungspolitik oder als Gesellschaftskritik? Auf der Suche nach neuen Strukturen, die Mädchenarbeit und Jungenarbeit nicht als Förderungsgegensätze polarisieren. *BAG Mädchenpolitik, 2011*(11), 32–36. Schriftenreihe.

Fegter, S. (2012). *Die Krise der Jungen in Bildung und Erziehung. Diskursive Konstruktion von Geschlecht und Männlichkeit*. Wiesbaden.

Fritzsche, B. (2003). *Pop – Fans. Studie einer Mädchenkultur*. Wiesbaden.

Graff, U. (2011). Genderperspektiven in der Offenen Kinder- und Jugendarbeit. In H. Schmidt (Hrsg.), *Empirie der Offenen Kinder- und Jugendarbeit* (S. 179–188). Wiesbaden.

Graff, U. (2004). *Selbstbestimmung für Mädchen. Theorie und Praxis feministische Pädagogik*. Königstein.

Hagemann-White, C. (1993). Die Konstrukteure des Geschlechts auf frischer Tat ertappen? Methodische Konsequenzen einer theoretischen Einsicht. *Feministische Studien*, 2, 68–78.

Herwartz-Emden, L., Schurt, V., & Waburg, W. (Hrsg.). (2010). *Mädchen in der Schule. Empirische Studien zu Heterogenität in monoedukativen und koedukativen Kontexten*. Opladen & Farmington Hills.

Kahlert, H. (1996). *Weibliche Subjektivität. Geschlechterdifferenz und Demokratie in der Diskussion*. Frankfurt a. M.

Kessl, F., & Plößer, M. (Hrsg.). (2010). *Differenzierung, Normalisierung, Andersheit. Soziale Arbeit als Arbeit mit den Anderen*. Wiesbaden.

Kuhlmann, C. (2000). „Doing Gender" – Konsequenzen der neueren Geschlechterforschung für die parteiliche Mädchenarbeit. *neue praxis*, 30(3), 226–239.

LAG Mädchenarbeit in NRW e.V. (Hrsg.). (1998–2011). *„Betrifft Mädchen". Pädagogische Fachzeitschrift*. Weinheim.

Lütgert, H. (2010). „25 Jahre Gewaltprävention und Persönlichkeitsstärkung für Mädchen in Bielefeld aus polizeilicher Sicht". Vortrag auf der Fachtagung „Ganz schön stark!" 25 Jahre Mädchenarbeit in Bielefeld des BellZETT. mit dem Sozial- und Kriminalpräventiven Rat der Stadt Bielefeld, 20. Januar 2010.

McRobbie, A. (2010). *Top Girls. Feminismus und der Aufstieg des neoliberalen Geschlechterregimes*. Wiesbaden.

Metz-Göckel, S. (1999). Koedukation – nicht um jeden Preis. Eine Kritik aus internationaler Perspektive. In B. L. Behm, G. Heinrichs, & H. Tiedemann (Hrsg.), *Das Geschlecht der Bildung. Die Bildung der Geschlechter* (S. 131–147). Opladen.

Plößer, M. (2005). *Dekonstruktion – Feminismus – Pädagogik. Vermittlungsansätze zwischen Theorie und Praxis*. Königstein.

Prengel, A. (2006). *Pädagogik der Vielfalt* (3. Aufl.). Opladen.

Rauw, R. (2007). Was ist eigentlich ein Mädchen? In LAG Mädchenarbeit NRW e.V. (Hrsg.), *Frischer Wind und guter Grund. Grundlagen und Perspektiven von Mädchenarbeit*. Rundbrief 9, Wuppertal, S. 29–32.

Savier, M., & Wildt, C. (1980). *Mädchen zwischen Anpassung und Widerstand. Neue Ansätze zur feministischen Jugendarbeit*. München.

Schmidt, A. (2002). *Balanceakt Mädchenarbeit. Beiträge zu dekonstruktiver Theorie und Praxis.* Frankfurt a. M., London.

Stauber, B. (2004). *Jungen Frauen und Männer in Jugendkulturen – Selbstinszenierungen und Handlungspotentiale.* Opladen.

Stefan, V. (1999). *Rauh, wild & frei. Mädchengestalten in der Literatur.* Frankfurt a. M.

Tillmann, A. (2008). *Identitätsspielraum Internet. Lernprozesse und Selbstbildungspraktiken von Mädchen und jungen Frauen in der virtuellen Welt.* Weinheim und München.

Woolf, V. (1994). *Ein Zimmer für sich allein.* Frankfurt a. M.

Jungen

Uwe Sielert

8.1 Wer sind sie?

Jugendarbeit war immer schon überwiegend auf die Zielgruppe der Jungen gerichtet: „Anstoß war die Entdeckung jener ‚Kontrolllücke zwischen Schulbank und Kasernentor', in der sich vornehmlich die männlichen, schulentlassenen, gewerblich tätigen, städtischen ‚Jugendlichen' einer anstößigen Freizügigkeit erfreuten" (Münchmeier und Peukert 1990, S. 6). Offene Jugendarbeit bestand insbesondere und besteht immer noch mehrheitlich aus männlichen Jugendlichen. Sie hatte auch nach 1945 noch die Funktion, „den Rest von der Straße zu holen", die „Unorganisierbaren", die sich keiner langfristigen Betreuung zugänglich erwiesen. Die historisch nachweisbaren Intentionen haben sich in den Köpfen der Bevölkerung, vieler PolitikerInnen und PädagogInnen als merkwürdig zählebig erwiesen. Es geht immer noch um die Erwartung der Sozialintegration von Jungen, die unangenehm auffallen oder aufzufallen drohen. Das gilt auch für aktuelle Jungenarbeitskonzepte, die dort entstanden sind, wo die feministische Kritik die pädagogische Praxis zuerst erreicht hat. Danach reicht es aus, Jungen im Zaum zu halten und sie im Sinne der Kritik an den Männern antisexistisch zu sozialisieren.

Inzwischen wissen wir jedoch mehr über die Situation und das Aufwachsen von Jungen in unserer Gesellschaft. Das gesellschaftliche Integrationsproblem ist nicht mehr hinreichend mit der „Kontrolllücke zwischen Schulbank und Kasernentor" beschrieben, man weiß inzwischen, dass Jungen nicht nur Probleme machen, sondern auch welche haben und steht vor der Situation, dass auch die Lebenssituationen männlicher Jugendlicher sich pluralisiert haben. Es gibt eine Vielfalt männlicher Lebensentwürfe und damit auch verschiedene Jungentypen. Sie sind nicht alle frei wählbar, hängen ab von den eigenen sozialen

Prof. Dr. paed. Uwe Sielert ✉
Institut für Pädagogik Kiel, Christian Albrechts Universität Kiel, Olshausenstr. 75,
24118 Kiel, Deutschland
e-mail: Sielert@Paedagogik.Uni-Kiel.de

Lebensressourcen, also den Zugängen zu Bildung und Finanzen, Anregungsmilieus oder Personen sowie von kommunikativen Kompetenzen.

Zwar werden Einrichtungen der Offenen Jugendarbeit heute überwiegend von Jungen „benachteiligter Sozialisation" aufgesucht bzw. für sie konzipiert, doch auch diese Zielgruppe ist je nach Einzugsbereich differenziert zu betrachten, es gibt zumindest verschiedene Gruppierungen:

- Unterschiedliche kulturelle oder politische Szenen,
- deutsche und ausländische Jungen,
- Migranten, die sich als Deutsche fühlen und solche, die in ihre Heimat zurück wollen,
- eher cliquenorientierte Jungen und die „einsamen Wölfe",
- laute und „mackerhaft" auftretende aber auch stille und zurückhaltende Jungen,
- Gewinner- und Verlierertypen (Täter oder Opfer sexueller Gewalt).
- hetero- und homosexuelle Jugendliche

8.2 Wie sind sie und welches sind ihre Themen und Probleme?

Die Situation von Männern und Jungen hat sich in den letzten Jahrzehnten wesentlich gewandelt. Die Ursachen liegen in generellen gesellschaftlichen Veränderungen (potentielle Arbeitslosigkeit, Auflösung heimatspendender Milieus, geringere Bedeutung der Körperkraft, Angebote androgyner Konsummuster), vor allem aber in der Infragestellung männlicher Domänen durch Emanzipationserfolge von Frauen und Mädchen in Schule, Beruf, Freizeit, Partnerschaft, Medien und Sexualität. Viele Mädchen und Frauen beginnen, aus dem patriarchalen Mann-Frau-Beziehungsprogramm auszusteigen, dringen in Männerdomänen ein, verweigern klassische Versorgungsleistungen, erst recht Unterwürfigkeitsgebärden, fordern auch von Jungen, sich mit Beziehungs-, Hausarbeits- und Erziehungsarbeit vertraut zu machen.

Das gängige „Lebensbewältigungspäckchen", das Jungen als Verhaltensrepertoire mit auf den Weg bekommen, reicht in mancher Hinsicht nicht mehr aus, um den neuen Herausforderungen zu begegnen. Die rasanten sozialen Veränderungen können im Alltag der Jungen zu problematischen Ergebnissen führen (Kontaktprobleme mit Mädchen, Konkurrenzdruck in Schule und Beruf, Selbstzweifel, psychosomatische Beschwerden, gewaltsame Konfliktaustragung, Zugangsprobleme zu offiziellen Ressourcen), wenn tief verankerte geschlechtsspezifische Verhaltenstendenzen einer wirksamen Bewältigung der neuen Situation im Wege stehen (vgl. auch Winter und Willems 1991). Das ist jedoch nicht durchgehend so, da Männlichkeit als ideologisches Rollenmuster vom konkreten Mannsein als subjektivem Verhaltenshabitus zu unterscheiden ist. Jungen wachsen heute in zunehmend pluralen Sozialisationsräumen auf, die auch zu einer mosaikartig zusammengesetzten Präsentation einer ganz persönlichen Geschlechtsrolle führen kann. Nach ihren eigenen Vorstellungen vom gelungenen Mannsein befragt, wünscht sich die überwiegende Mehrheit, „normal" zu sein, d. h., „ein paar Muskeln sehen gut aus", „etwas, aber nicht zu viel für das Aussehen tun",

„sich gesund ernähren, aber auch mal über die Stränge schlagen", „selbstbewusst aber nicht protzig sein" (Bundeszentrale für gesundheitliche Aufklärung 1998, S. 148 ff.). Manchmal gelingt das auch, oft bleibt es ein Wunschbild, weil der stumme Zwang der ideologischen Männlichkeit stärker ist. Vielen Jungen ist die modisch gewordene pauschale Abwertung alles Männlichen im Weg, ein gutes Verhältnis zu ihren starken Seiten zu entwickeln und in die Balance zu kommen.

Jungenarbeit kann Ermöglichungsräume gestalten, damit Jungen ihre Wünsche und Fähigkeiten in dynamischem Sinn ausgewogen entwickeln können. Und dann ist nicht mehr nötig, Jungen insgesamt ein bestimmtes (meist defizitär dominiertes) Verhalten zu bescheinigen. Das ist nämlich fatal, weil Jungen leicht auch so werden, wie wir sie sehen. Andererseits wäre naiv und realitätsfern, die immer noch machtvoll präsentierten Richtnormen ideologischer Männlichkeit zu ignorieren, die bei vielen Besuchern von Einrichtungen offener Jugendarbeit gültig sind.

8.2.1 Stark sein und die Kontrolle behalten

Jungen müssen sich zu der Anforderung verhalten stark zu sein, Kontrolle zu bewahren, sich, andere und relevante Situationen „im Griff zu haben", „das Gesicht zu wahren". Die Mittel variieren zwischen „coolem Gehabe", clownesker Situationskomik, verbaler oder auch körperlich-handfester Schlagfertigkeit. Hohe Ausprägungen in diesen Verhaltensbereichen garantieren Anerkennung bei den Geschlechtsgenossen und viele Mädchen. Zurückhaltende, vorsichtige Jungen haben es schwer, auch wenn die innere Sehnsucht nach Ruhe und „Sich-treiben-lassen" Entlastung bieten würde. „Das Jugendhaus gehört uns, den „Sozialfuzzi" haben wir im Griff, das Programm bestimmt der Cliquenboss, Konflikte bringen wir auf unsere Weise zu Ende, hier regieren wir – und nicht die Lehrerin!"

Sich stark und kontrolliert zu verhalten hilft in vielen Situationen weiter, aber die Stärke wird zur Schwäche, wenn Konkurrenz dominiert, Angst verbreitet wird, eigene Überanstrengung droht und die Integrität anderer verletzt wird. Wenn das nicht nur gefühlt, sondern bewusst gemacht und durch attraktive neue Erfahrungen bewältigt wird, akzeptieren Jungen entsprechende Angebote von Jungenarbeitern, die mit ihrem Balanceverhalten authentisch wirken.

8.2.2 Mit allem alleine klarkommen

Jungen stehen unter dem Erwartungsdruck, alleine klar zu kommen, Probleme selbst zu lösen, sich nicht anderen aufzudrängen, auf Hilfe lieber zu verzichten, weil sie Bedürftigkeit signalisiert, die nicht sein darf. Selbst in verschworenen Cliquen herrschen oft nur kontaktreiche Beziehungslosigkeit, Solidarität allein gegen den äußeren Feind und Angst vor Blamage und emotionalen Tiefschlägen angesichts hilfesuchender Gesten untereinander. Alle beteuern, viele Freunde zu haben aber nur wenige nehmen sich gegenseitig in den Arm oder reden über alles, was sie wirklich angeht (Zimmermann und Lindau-Bank 1995, S. 3) „Da muss der selbst mit klarkommen, das geht mich nichts an! Um Hilfe fragen eigentlich nur Mädchen! Jeder für sich, nur der Sozialarbeiter für uns alle!"

Der Versuch, Probleme zunächst alleine zu lösen stärkt das Selbstbewusstsein und hilft, immer wieder auftretende Schwierigkeiten zu bewältigen. Die Stärke wird aber zur Schwäche, wenn die Selbsthilfe ausgereizt ist, wenn ein Problem nur unter Beteiligung anderer zu lösen ist, wenn bei nicht zu lösenden Schwierigkeiten das entlastende Gespräch nicht wahrgenommen wird. In der Schule kumulieren dann die Verständnisprobleme und die nächste Klassenarbeit geht wieder den Bach runter.

8.2.3 Außen agieren und das Innenleben nicht ernst nehmen

Jungen werden dazu motiviert, sich in äußeren Bereichen zu bewegen, nach außen aktiv zu sein, Spannungen und Frustrationen lautstark, bewegungsreich, manchmal gewaltsam auszuagieren, Grenzen zu überschreiten, in gemeinsamen Unternehmungen den Kick zu suchen. Das Wahrnehmen und Gestaltung dessen, was innen ist: Im Körper, im Gefühl, aber auch in den engsten Lebens-Räumen, im eigenen Zimmer oder Cliquentreff des Jugendhauses, wird als unmännlich vernachlässigt, aus Angst vermieden und für unnötig befunden. „Komm, Streber, lass die Hausaufgaben, mach' lieber einen drauf, sei kein Schwuli, bolzen ist geil, Blumen gießen turnt ab".

Sich auszudrücken, Spannungen ausagieren, Frustrationen in Aggressionen wandeln, etwas aktiv tun gehört zu den Stärken von Jungen. Diese Stärken werden aber zu Schwächen, wenn das äußere Tun keine innere Entsprechung mehr hat und seelenlos wird, nur der Vermeidung dient und außer Kontrolle gerät.

8.2.4 Den Körper formen – sportlich oder als „ästhetisches Projekt"

Als männlich gilt, wenn Jungen der Körper als Leistungsorgan ansozialisiert wird, als natürliche Ressource, die keiner Pflege bedarf. Die „Verkörperlichung" unserer Gesellschaft zeigt sich auf der Jungenseite durch die Bedeutung des Sports in seiner aktiven oder passiven Form. Der Körper hat zu funktionieren, sollte Stärke, Kraft, neuerdings (in manchen Teilkulturen) auch Attraktivität repräsentieren. Die Grenzen werden ausgereizt – durch Kräftemessen, wenig Schlaf, Alkohol, Fast-food. Auf Körpersignale zu achten, die Unwohlsein, ungute Entwicklungen anzeigen, gehört nicht zu dieser männlichen Körperkultur. „Du hast wohl deine Tage, du Weichei! Zeig', was in dir steckt! Den sauf' ich doch dreimal unter den Tisch! Den quält wieder ein Zipperlein! Was uns nicht umbringt, macht uns nur stärker!"

Den Körper als Kraftquelle nutzen, sich fit zu halten und zur Steigerung des Selbstbewusstseins ein zu setzen ist hilfreich und für Jungen wichtig. Die Stärke wird aber zur Schwäche, wenn der Körper nur ausgebeutet und die Sorge um ihn vernachlässigt wird.

8.2.5 Leistung und Rationalität betonen und Beziehungsdinge und Emotionales als „weiblich" disqualifizieren

Atmosphäre schaffen, sich um Beziehungen kümmern, mit Kindern umgehen, Haushaltsdinge erledigen, sind emotional besetzte Verhaltensweisen, werden mit Weiblichkeit oder Schwulsein assoziiert und als Abgrenzungskriterium zur männlichen Identitätsentwicklung benutzt. Das hat zur Folge, dass Emotionen nicht wahrgenommen, nicht für wichtig erachtet, jedenfalls nicht kultiviert werden. Jungen, die sich emotionaler präsentieren, stehen schnell unter Homosexualitätsverdacht, bekommen das Image des Weicheis verpasst und werden der weiblichen Seite zugeschlagen. „Das wollen wir doch jetzt mal nüchtern sehen! Lass das Sozialarbeitergelaber, sag uns lieber, was Sache ist! Lass das doch die Weiber erledigen!"

Rationalität ist eine wichtige Qualität zur Lebensbewältigung, aber die Stärke wird zur Schwäche, wenn wichtige Bedürfnisse nicht gelebt werden können, die vormals von Mädchen und Frauen befriedigt wurden und eigene Kompetenzen zu ihrer Befriedigung noch nicht gelernt wurden. Jungen wissen oder ahnen inzwischen, dass Gefühlswahrnehmung und -ausdruck, Entspannung und Grenzen achten, Atmosphäre gestalten und Freundschaft kultivieren auch ihnen selbst gut tut und nicht mehr delegiert werden kann.

Die beschriebenen männlichen Verhaltenstendenzen sind trotz mancher Variationen immer noch Erwartungen des männlichen Rollenmusters, nach der Jungen sozialisiert werden. Nicht jeder zeigt auf der jeweiligen Dimension die gleiche „typisch männliche" Ausprägung aber niemand kommt an den jeweiligen Prinzipien vorbei, muss sich je individuell damit auseinander setzen. Gemäß der unterschiedlichen Jungenkulturen und Persönlichkeitstypen reagieren Jungen unterschiedlich auf die entstandenen Entwicklungsaufgaben:

- Einige wenige haben bisher noch keine „Programmstörung" wahrgenommen und verharren in ihren alten Verhaltensmustern. Die weiblichen Bezugspersonen verhalten sich noch weitgehend komplementär zur patriarchalischen Männerrolle, kleine Irritationen werden verdrängt, ignoriert, geleugnet.
- Andere pazifizieren äußerlich, stellen sich durch androgynes Outfit und entsprechende Accessoires, auch „weichere" Verhaltensweisen auf die neuen Verhältnisse ein, reagieren im Kern und vor allem in Stresssituationen aber noch traditionell männlich.
- Manche ziehen sich auf die klassische Männerrolle und entsprechende männerbündlerische Cliquen zurück, verhärten und lösen auftretende Konflikte gewaltsam.
- Die meisten pendeln auf der Suche nach einer eigenen männlichen Identität zwischen verschiedenen Jungenbildern hin und her, identifizieren sich probeweise und basteln sich aus den erfolgreichen Erfahrungen ihren eigenen Weg.

8.3 Ziele und Handlungsprinzipien einer geschlechtsbewussten Arbeit mit Jungen

Schon bei der Zielformulierung, erst recht bei den Handlungsstrategien ist das Gleichgewicht zu beachten zwischen Verständnis, Unterstützung und Bekräftigung einerseits und dem Aufweis von Verhaltensalternativen, Verhaltenskorrekturen und der Konfrontation mit fremd- oder selbstschädigendem Verhalten andererseits. Jungen wollen vor allem mit ihren Stärken und Leistungen gesehen werden. Es kommt also immer darauf an, die hinter dem nicht immer akzeptablen Verhalten stehenden Botschaften zu erkennen.

Folgende zentrale Zielbereiche und Handlungsprinzipien sowie methodischen Impulse haben sich auf breitem Hintergrund als konzeptionell und praktisch brauchbar herausgestellt:

8.3.1 Entwicklung von Selbstvertrauen und Selbstrespekt

Selbstvertrauen und Selbstrespekt wachsen, wenn Jungen sich wertschätzen und ihre Fähigkeiten kennen. Diese Qualitäten können auch durch pädagogisch arrangierte Erfahrungen verstärkt und durch wertschätzende Beziehungen zu Erwachsenen gefestigt werden. Von jenen Personen, die ihre Stärken und kostbaren Qualitäten würdigen, welche sich oft unter coolen oder den großkotzigen Verhaltensweisen verbergen, nehmen Jungen viel eher kritische Anregungen und Konfrontationen an, als von den vielen die nicht richtig hinsehen und nur auf das vielleicht dominant unangenehme Äußere reagieren. Sie sind dann nicht gezwungen, zu bluffen und ihre überzogenen Machtdemonstrationen auch noch einzulösen. Ein positives Bild von sich selbst macht es nicht mehr erforderlich, sich von allem abzusetzen, was „nicht männlich" ist.

Die Hauptaufgabe der männlichen Pädagogen besteht darin, in Beziehung zu sein und stützend zur Seite zu stehen, manchmal auch Funktionen des professionellen „Ersatzvaters" – besser: Des Mentors zu übernehmen, der Fürsorge schenkt und in Konflikten und Angstsituationen zur Seite steht. Ausgehend von den bereits vorhandenen Fähigkeiten können kleine Schritte – Überforderungen vermeidend – in die Richtung des noch Fremden, noch nicht Erprobten gegangen werden.

8.3.2 Wertschätzung anderer Personen, Dinge und Ereignisse

Neben dem Zuspruch von Wertschätzung der eigenen Person durch andere sollten Jungen wechselseitige Erfahrungen damit machen können, dass ihnen andere Menschen, auch Dinge und Ereignisse, etwas Wert sind, dass sie Bedeutung haben. Alles kann libidinös besetzt werden und oft hängt es von der Kommunikationskultur ab, ob der Bluff, der Streit, die gewaltsame (Ver-)Nichtung oder die gemeinsame Anstrengung für das eigene Wohlergehen, die Sorge um den eigenen Raum oder sogar das Verhindern von Unmenschlichkeit und Verachtung lustvoll besetzt und mit Bedeutung versehen werden.

Jugendarbeiter können hier durch Modellverhalten, Verstärkung prosozialer Äußerungen, ausführliches wertendes Nachbesprechen von Aktivitäten und Anregungen zur Beschäftigung mit Kindern und hilflosen Personen ganz viel Atmosphäre beeinflussen und Akzente setzten.

8.3.3 Umgang mit der eigenen Energie und Körperlichkeit

Jungen bringen ein starkes Bedürfnis nach Aktivität, Bewegung, Kraftbeweis mit in die Einrichtung der offenen Jugendarbeit. Das Kennenlernen des eigenen Körpers, seiner Kräfte und der gezielte Einsatz der Bewegungsenergien – situationsgerecht und sozial verträglich – ist eine zu bewältigende Entwicklungsaufgabe.

Bewegungsräume zum Toben, Sport allgemein, auch Selbstverteidigungstechniken und -philosophien können das Vertrauen in die eigene Kraft stärken und verhindern, dass aus Gegnern Opfer werden. Dazu gehört auch, den Körper als durch Massage, Phantasiereisen und sanfte Körperspiele, auch gemeinsame Arztbesuche, als Seismograph zu schulen für jene Einflüsse, die gut tun und jene, die Schmerzen verursachen.

8.3.4 Umgang mit Grenzen

Jungen sind gewöhnt, an Grenzen heranzugehen, die eigenen und die Grenzen anderer oft auch zu überschreiten. Der kleine Schritt über die Grenzen ist zunächst eine Stärke, da nur auf diesem Wege Wachstum und Kontakt entwickelt werden. Da Jungen durch ein irreales Männlichkeitsideal dazu gedrängt werden, immer stark, diszipliniert und vor allem besser zu sein als andere, neigen sie dazu, Grenzen heillos zu überschreiten und die dabei auftretenden Verletzungen bei sich und anderen zu verdrängen, später gar nicht mehr wahrzunehmen. „Augen zu und durch" ist in Extremsituationen vielleicht die richtige Strategie, als Dauerverhalten macht es gefühllos und gewalttätig.

Durch geeignete situative Konfrontation (bei sexistischem, allgemein gewalttätigem Verhalten) und Rollenspiele können Jungen intuitive Feedbackprozesse verinnerlichen, die ein Bewusstsein von den vorhandenen Grenzen vermitteln, um die produktive von der destruktiven Grenzüberschreitung unterscheiden zu können. Dazu gehört auch, Regeln aushandeln zu lassen, Regeln zu setzen, wenn die Jungen sie selbst nicht bedenken und handhaben können, aber auch, unnötige Regeln zu vermeiden, die nur Widerstand zur Folge haben.

8.3.5 Fähigkeit und Bereitschaft zur Suche nach Verhaltensalternativen

Bessere Selbstwahrnehmung ermöglicht die Entwicklung und realistische Wahrnehmung von Verhaltensalternativen im persönlichen Beziehungsleben, in Schule, Beruf, Freizeit und den zukünftig gewünschten Lebensformen. Zwischen den äußeren materiellen und institutionell möglichen Ressourcen und dem rollenspezifisch eingeschränkten persönlichen Verhalten besteht meist viel verschenkter Raum für Verhaltensalternativen, die erst durch äußere Anregung und Ermutigung wahrgenommen und wertgeschätzt werden.

Jungenarbeit kann durch *biographische Impulse* und *persönliche Beratung* viel dazu beitragen, dass zunächst Zweifel, Unsicherheit und unrealistische Gedankenexperimente ihren Platz haben und nicht schnell verdeckt werden müssen, kann aber auch durch *themenzentrierte Arbeit* an der Zukunftsperspektive (Arbeitsteilung mit Partnerin, Berufspläne, Ernährung und Gesundheit, Intimität und Sexualität, Jungenfreundschaften) dazu verhelfen, dass neue Perspektiven realistisch angepackt werden.

Konzepte sind für praktisches Tun zur Orientierung wichtig, sie werden aber leicht zu Lernprogrammen und (ver)führen zum nahtlosen Übergang von dem alten, partriarchalen, in ein neues, alternatives Verhaltensprogramm und verhindern die Wahrnehmung dessen, was momentan ist. Schon die Jungen verhalten sich in den aufgezeigten Lernbereichen unterschiedlich, auch die erwachsenen Bezugspersonen in ihrer Umgebung. Programme verdecken leicht die Notwendigkeit, sich als Pädagoge und Pädagogin mit dem eigenen geschlechtsspezifischen Verhalten auseinandersetzen müssen und die eigene Besonderheit anzuerkennen. Jungen brauchen verschiedene Beispiele von Männlichkeit, mit denen sie sich „probe-identifizieren", um deren äußeren und inneren Wirkungen bei sich nachspüren zu können. Dazu sind ihnen zugewandte Männer wichtig, die bewusst wahrnehmen und ansonsten – gemessen an ihren immer mal auftretenden Leitbildern – gnädig und geduldig mit sich selbst umgehen.

Literatur

Böhnisch, L., & Winter, R. (1993). *Männliche Sozialisation. Bewältigungsprobleme männlicher Geschlechtsidentität im Lebenslauf*. Weinheim.

Münchmeyer, R., & Peukert, D. (1990). Historische Grundstrukturen und Entwicklungsprobleme der deutschen Jugendhilfe. In Sachverständigenkommission Achter Jugendbericht (Hrsg.), *Lebensverhältnisse Jugendlicher*. Bd. 1. (S. 1–49). München.

Sielert, U. (2010). *Jungenarbeit*. Praxishandbuch Jugendarbeit, Bd. 2 (4. Aufl.). Weinheim.

Sturzenhecker, B., & Winter, R. (2002). *Praxis der Jungenarbeit. Modelle, Methoden und Erfahrungen aus pädagogischen Arbeitsfeldern*. Weinheim.

Winter, R., & Willems, H. (Hrsg.). (1991). *Was fehlt, sind Männer. Ansätze praktischer Jungen- und Männerarbeit*. Schwäbisch-Gmünd und Tübingen.

Bundeszentrale für gesundheitliche Aufklärung (Hrsg.). (1998). *Kompetent, authentisch und normal? Aufklärungsrelevante Gesundheitsprobleme, Sexualaufklärung und Beratung von Jungen*. Köln. Studie von Winter, R., & Neubauer, G.

Zimmermann, P., & Lindau-Bank, D. (1995). *Jungen heute – Cool und Distanziert in ihrer Selbstwahrnehmung – Offen und annähernd für die Koedukation. Ergebnisse einer Jungenbefragung, Kurzfassung, Institut für Schulentwicklungsforschung*. Dortmund.

Kinder bis 10 Jahre

Burkhard Fuhs und Dagmar Brand

9.1 Einleitung

Kindheit heute ist eine Lebensphase, die in vielfältiger Form gestaltet und gelebt werden kann. Kinder haben nicht nur unterschiedliche Lebenswelten mit je ungleichen Chancen und Risiken in der Familie, in Bildungsinstitutionen und in ihren Freizeitaktivitäten, sie sind auch Akteure und (Co-)Konstrukteure ihrer eigenen Kindheit. Sie leben und erleben sehr unterschiedliche Biografien mit sehr persönlichen Erfolgen und Niederlagen, mit Glücksmomenten und zum Teil harten Zumutungen und Niederlagen. Die Pluralisierung und Individualisierung von Kindheit, das Nebeneinander unterschiedlicher Lebensstile und Kindheitsformen, das Wählen-Können aber auch das Wählen-Müssen bestimmen Alltag und Biografie von Menschen in allen Lebensphasen. Und auch die Kinder sind heute schon früh damit konfrontiert, dass vieles möglich ist und dass vieles durch eigene Anstrengungen und durch Motivation und Ausdauer von ihnen selbst abhängt, aber auch dass sich einiges, was sie sich erträumen und ersehnen, nicht erfüllt oder umsetzen lässt.

In diesem Beitrag sollen Kinder im Alter bis 10 Jahre in den Blick genommen werden. Allerdings muss hier eine weitere Altersbeschränkung erfolgen, da in diesem Handbuch Kinder als Adressaten der Offenen Kinder- und Jugendarbeit thematisiert werden, was eine Altersbeschränkung auf eine Zielgruppe von etwa 6 bis 10 Jahren rechtfertigt (vgl. auch Teil XI „Rahmenbedingungen Recht" in diesem Band).

Diese Altersspanne der Kindheit umfasst den Übergang in die Grundschule, das Grundschulalter und in der Regel den Übergang in die weiterführende Schule. Neben den Schulphasen und den Erfahrungen von Integration und Selektion haben die verschie-

Prof. Dr. Burkhard Fuhs ✉, Dagmar Brand
Erziehungswissenschaftliche Fakultät Grundschulpädagogik und Kindheitsforschung Erfurt,
Universität Erfurt, Nordhäuser Straße 63, 99089 Erfurt, Deutschland
e-mail: burkhard.fuhs@uni-erfurt.de, dagmar.brand@uni-erfurt.de

denen Lebensbereiche, in denen Kinder schon sehr unterschiedliche Erfahrungen machen, eine große Bedeutung. Die Schule mit ihren sozialen Bezügen, ihren Regeln, Werten und Normen ist nur eine Lebenswelt neben dem Elternhaus, der Verwandtschaft, den Freunden und dem sozialen Nahfeld. Fragt man nach empirischen Daten zu Kindern zwischen 6 und 10 Jahren, erweist es sich als eine Schwierigkeit bei der Beschreibung dieser sozialen Gruppe, dass selten exakt diese Altersgruppe erforscht wird und es zu Überschneidungen mit jüngeren und älteren Kindern kommt.

Das öffentliche Bild der Altersgruppe, um die es im Folgenden gehen soll, ist geprägt von Verunsicherung und Pessimismus: Negativ gefärbte Schlagworte wie „Konsumkindheit" (Fölling-Albers 2001, S. 10) und „Medienkindheit" (ebd.) bestimmen das Bild (vgl. Fuhs 1999). Für die Erwachsenen wird der Wandel von Kindheit in einer doppelten Perspektive erlebt. Erwachsene, die mit Kindern umgehen, erleben diese stets im Vergleich mit den Erinnerungen an ihre eigene Kindheit und bewerten den Wandel vor den (meist) positiven Entwürfen ihrer eigenen vergangenen Kindheit (vgl. Fuhs 2002). Kinder als Adressaten von Angeboten der Offenen Kinder- und Jugendarbeit in den Blick zu nehmen, muss deshalb stets mit einer Form der Reflexion der eigenen Bilder über Kindheit, der eigenen Kindheitserfahrungen und der eigenen Bewertungen von Kindheit einher gehen.

Ein Blick auf die realen Lebensformen und Lebenslagen von heutigen Kindern macht deutlich, dass Kindheit im Plural gesehen werden muss. Kinder bringen nicht nur unterschiedliche Kompetenzen, Interessen, Erfahrungen und Bedürfnisse mit, sie leben auch in einer Vielzahl von Lebenslagen (etwa sozialer Status der Eltern, Wohnregion, Geschlecht, kultureller Hintergrund) und Lebensformen (etwa die Familienform, der Lebensstil und die individuelle Gestaltung des Lebens durch Kinder und Erwachsene). In einer pädagogischen Situation, insbesondere in der Grundschule, aber auch in der Offenen Kinder- und Jugendarbeit, treffen so viele unterschiedliche Kindheiten aufeinander, die hinsichtlich des Standes der Entwicklung der Kinder Ausdruck unterschiedlicher Sozialisationsbedingungen und individueller Lebensverläufe sind.

9.2 Die Familie als Lebenswelt von Kindern bis 10 Jahre

Die Familie gilt nach wie vor als elementare Sozialisationsinstanz und ist für nahezu alle Kinder der erste und wichtigste Lebensbereich; sie werden in der Regel in eine Familie hineingeboren und gehören ihr zumeist während ihrer gesamten Lebenszeit an (vgl. Hurrelmann und Bründel 2003). Die Familie ist als primäre Lebenswelt der Kinder und Jugendlichen weiterhin, trotz der großen Bedeutung von Medien, Schule oder Peerbeziehungen, für ihre Sozialisation von zentraler Bedeutung.

Allerdings sind die Familienformen, in denen Kinder aufwachsen, durchaus unterschiedlich. Das heißt, es hat eine Pluralisierung der Formen des Zusammenlebens stattgefunden. Diese Pluralisierung ist beispielsweise ablesbar am Anteil der Kinder, die bei einem allein erziehenden Elternteil aufwachsen – im Jahr 2009 betrug dieser Anteil an allen Kindern bis 18 Jahre 16,5 Prozent (vgl. Statistisches Bundesamt 2010). Und es sind ca. sieben Prozent aller Kinder dieser Altersgruppe, die bei ihren unverheirateten Eltern leben. Allerdings wachsen immer noch drei von vier Kindern in einer Familie auf, in der entsprechend dem Normalitätsmuster (vgl. Nave-Herz 1994) ein verheiratetes Elternpaar mit seinen Kindern zusammenlebt (vgl. Statistisches Bundesamt 2010). Der Trend geht jedoch laut der amtlichen Statistik immer deutlicher weg von dieser „Normalfamilie" (vgl. ebd.). Allerdings gibt es auch insgesamt immer weniger Familien, in denen überhaupt Kinder leben (vgl. Statistisches Bundesamt 2010).

Die Tendenz bezüglich der Familiengröße verläuft dem gegenüber genau entgegengesetzt. Hier hat sich im Laufe der letzten 20 Jahre eine Homogenisierung durchgesetzt; Familien sind kleiner geworden. Seit den 1980er Jahren hat sich der Anteil von Ein-Kind-Familien an allen Familien mit Kindern unter 18 Jahren auf einem Niveau von 51 bis 53 Prozent stabilisiert. Es sind vor allem die Familien mit 3 und mehr Kindern, die seltener geworden sind (vgl. ebd.).

Durch die geringere Zahl von Kindern in der Familie haben sich auch das Generationenverhältnis, die Beziehungen zwischen Eltern und ihren Kindern, die Vorstellungen von dem, was Mütter, Väter und Kinder sein sollen, tiefgreifend gewandelt (vgl. Fölling-Albers 2001). Auch das Erziehungsverhalten hat sich entsprechend der von Peter Büchner beschriebenen „Verschiebung von einem Befehlshaushalt zu einem Verhandlungshaushalt" (Büchner 1983, S. 201) deutlich gewandelt: Eltern versuchen nicht mehr, Erziehungsziele wie Gehorsam oder Disziplin durch Strafen autoritär durchzusetzen, sondern Ziele wie Selbständigkeit und Hilfsbereitschaft stehen an erster Stelle, die vor allem über kommunikative Auseinandersetzungen „verhandelt" werden. In der Öffentlichkeit werden in den letzten Jahren diese Diskussionen um den Wandel der Familienstruktur, des Kindheitsbildes und des elterlichen Erziehungsverhaltens zunehmend von der Debatte um die sozialen Ungleichheiten in der Kindheit und einer neuen Kinderarmut überschattet.

Im internationalen Vergleich zeigt sich, dass Deutschland mit einer relativen Kinderarmut von 10,2 Prozent im Mittelfeld liegt. Allerdings bedeutet dieser Anteil, dass hier etwa 1,4 Millionen Kinder in relativer Armut, das heißt mit begrenzten Handlungsspielräumen, leben. Das Armutsrisiko steigt, wenn Kinder bei einem allein erziehenden Elternteil aufwachsen. Dazu liegen mittlerweile relativ viele empirische Untersuchungen vor, in denen weitgehend übereinstimmend betont wird, dass Ein-Eltern-Familien in besonderer Weise von Unterversorgung bis hin zu Deprivationslagen betroffen sind und deren Kinder folglich in Risikolagen aufwachsen (vgl. Neubauer 1989; Schneider 2001; Brand und Hammer 2002).

Dem 3. Armuts- und Reichtumsbericht der Bundesregierung ist zu entnehmen, dass das durchschnittliche Haushaltsnettoäquivalenzeinkommen von Familien mit Kindern nach den Daten für das Jahr 2005 16.556 Euro beträgt. Damit verfügen Familien im Durchschnitt über ein annähernd so hohes Nettoäquivalenzeinkommen wie alle Haushalte in Deutschland. Alleinerziehenden-Haushalte (77 %) und Haushalte mit drei und mehr Kindern (87 %) weisen aber im Durchschnitt die niedrigste Einkommensposition auf. Dagegen haben Paare mit nur einem Kind eine überdurchschnittliche Position (vgl. Bundesministerium für Arbeit und Soziales 2008). Armut – auch das ist deutlich geworden – ist nicht nur eine unakzeptable, schmerzhafte Situation für die Kinder in einer konsumorientierten Lebenswelt, sondern birgt auch das Risiko, dass die gesamte weitere Biografie der Kinder negativ beeinflusst wird.

9.3 Die Freizeit von Kindern bis 10 Jahre

Unübersehbar ist, dass neben Schule und Familie die Gestaltung der freien Zeit immer wichtiger geworden ist; Experten sprechen gar von einem dritten Sozialisationsbereich. Die Lebenswelt der Kinder ab dem Grundschulalter ist ein „Wechselspiel zwischen verpflichtenden Tätigkeiten" (Kuchenbuch und Simon 2006, S. 71), „Zeiten in der Familie" (ebd.) und „freier Zeit" (ebd.), in der die Kinder eine Vielzahl von Aktivitäten unternehmen (vgl. ebd.).

Kindliche Freizeit wird allgemein definiert als Erfahrungsraum von Kindern 1. ohne bindende und verpflichtende Kontakte in Familie, Kindergarten und Schule und 2. mit einem hohen Maß an Selbstentfaltung vor dem Hintergrund der kindlichen Interessen und Wahlentscheidungen. Mit ihrer Freizeit verbinden Kinder entsprechend Erwartungen hinsichtlich selbstgewählter, positiv besetzter Aktivitäten.

Die empirischen Befunde zeigen, dass die Freizeit- und Terminkindheit zu einem festen Bestandteil heutigen Kinderlebens geworden ist. Vor allem bei Familien mit einem hohen sozialen Status kann von einer Tendenz zu drei und mehr festen Terminen in der Woche gesprochen werden; wobei die Kinder Aktivitäten wählen (sollen), die der Norm der „sinnvollen Freizeit" entsprechen. Oft wird aber die Bedeutung der Terminkindheit überschätzt: Die institutionalisierte Kindheit hat keineswegs das traditionelle Kinderspiel vollständig verdrängt. Das freie Spiel draußen ist heute eine immer noch zentrale Aktivität der Kinder neben anderen. Im Jahr 2000 geben 51 Prozent der 6–13-Jährigen an, (fast) täglich draußen zu spielen – und 40 Prozent tun dies ein- oder mehrmals pro Woche, und an diesem Befund hat sich bis heute nicht grundlegend etwas geändert (vgl. Medienpädagogischer Forschungsverbund Südwest 2001, 2009).

Insgesamt aber hat sich historisch das Freizeitverhalten von Kindern verändert. Noch in den Jahren des Aufschwungs nach dem zweiten Weltkrieg ist die Kindheit durch eine Spielkindheit – vornehmlich draußen – gekennzeichnet (vgl. Fuhs 1999). Studien belegen am Ende des 20. Jahrhunderts einen Trend der „Entstraßlichung" und „Verhäuslichung" des Kinderspiels (vgl. z. B. Zinnecker 1989). Kinder haben immer häufiger eigene Zimmer, die Straßen sind wegen zunehmender Verkehrsdichte für „Draußenspiele" kaum mehr geeignet. Zunehmende Vernutzung traditioneller Kinderräume durch Erwachsene ist auch ein Grund für den Trend zur „Verinselung" von Freizeitaktivitäten, der aber auch nicht der Regelfall für alle Kinder ist (vgl. Zeiher und Zeiher 1994). Wenn heute oftmals vom Ende der Kindheit durch Verplanung und hohe Termindichte, die die freiwüchsige Straßenkindheit zerstöre, die Rede ist, muss allerdings bedacht werden, dass die historische Straßenkindheit kein „universelles" Kindheitsmodell war, das für alle sozialen Klassen gleichermaßen galt (vgl. Zinnecker 1989; vgl. auch Fuhs 1999).

In den letzten Jahren ist die Mediatisierung zu einer wichtigen neuen Entwicklung in der Kinderkultur geworden. Medienhandeln und Medienkultur lassen sich in der Schule, der Familie und in der Freizeit der Kinder finden. Immer mehr Lebens- und Bildungsbereiche finden mit und durch Medien statt und es lässt sich eine heftige Kontroverse um Bildungschancen (zum Beispiel Infotainment) oder Gefahren (Entwicklungsbeeinträchtigung durch Medien) beobachten. Heutige Kinderkultur etwa in den Freundschaftsbeziehungen, bei der Unterhaltung, im Spielen, beim außerschulischen Lernen oder in der sozialen Selbstdarstellung im Netz ist ohne Medienangebote nicht mehr denkbar. Neben Fragen des Jugendschutzes tritt zunehmend eine Diskussion um die Qualität der Angebote für Kinder und Fragen der Bildungsorientierung und der Selbstwirksamkeit im kindlichen Medienhandeln in den Vordergrund.

Ein *homogenes* Freizeitverhalten heutiger Kinder gibt es nicht – individuelle Besonderheiten und Vorlieben bestimmen das Bild. Immer noch gibt es die Spielkindheit im Freien und diese Erfahrungen gehören neben der Mediennutzung zu den Grunderfahrungen heutiger Kinder. Zwar haben sich seit 1990 die Spielgelegenheiten für Kinder in ihrem Wohnumfeld weiter verschlechtert, aber der Mehrzahl der Kinder stehen immer noch Sportplatz, Spielplatz, Grün- und Parkanlagen, der eigene Garten oder eine Freifläche zur Verfügung. Allerdings hat sich das Sicherheitsempfinden vieler Eltern in den letzten Jahren verändert, und dadurch ist der Aktionsradius der Kinder eingeschränkt worden (vgl. Frey-Vor und Schumacher 2006). Im Freizeitbereich sind nicht nur neue Chancen entstanden, es sind auch neue Risiken und neue Formen sozialer Ungleichheit sichtbar geworden, denen Angebote der Offenen Kinder- und Jugendarbeit beggegnen wollen. Festzuhalten ist, dass die Kinder heute in der Freizeit an vielen Orten vieles lernen und dass nicht zuletzt auch die Medienkindheit der informellen Bildung in der Freizeit ein neues Gewicht gegeben hat.

9.4 Bildungspartnerschaften und kindliche Bildungsprojekte

Mit der Entgrenzung von Schule und Kindheit (Fölling-Albers 2000, 2001) und dem Lernen in allen Lebensbereichen werden die Schule und die außerschulischen Angebote gleichermaßen vor neue Aufgaben gestellt. So wie Schule zu einem zentralen Lebensbereich für Kinder auch im Hinblick auf außerschulische Aktivitäten und (Freundschafts-) Beziehungen geworden ist, finden in außerschulischen Lebensbereichen wichtige Bildungsprozesse statt, die erheblichen Einfluss auf die Bildungschancen von Heranwachsenden haben. Neben der Familie (vgl. Büchner und Brake 2006) sind es vor allem die Freizeitaktivitäten und die mediatisierte Lebenswelt der Kinder, die als in höchstem Maße bildungsrelevant angesehen werden müssen. Die neuen Bildungsanforderungen – so eine Position in der Debatte – fordern eine neue Kooperation von Familie, Jugendhilfe und Schule (vgl. Rauschenbach 2009) und sie müssen über traditionelle Bildungsinstitutionen hinaus in einem umfassenden Bildungsverständnis „über die gesamte Lebensspanne" bewältigt werden. Die zur Zeit in der Umsetzung befindlichen Bildungspläne der Bundesländer (vgl. Deutscher Bildungsserver 2010) entwerfen zum Teil Bildungsvorstellungen für Kinder von 0 bis 10 Jahren, und die Bildungsbemühungen im Vorschulbereich zeigen, dass Bildung in einem neuen, umfassenden Sinne gedacht, global diskutiert und regional umgesetzt wird (vgl. Fthenakis 2006).

Schulische Bildung ist heute erst im Zusammenspiel mit außerschulischen Lebensbereichen und Bildungsprozessen von Kindern verständlich (vgl. Fuhs 2005), und die Frage der Qualität von Bildungsangeboten kann keineswegs mehr nur auf die Schule begrenzt werden (vgl. Tietze et al. 2005). In den heutigen durch Medien vielfältig bestimmten Lebenswelten von Heranwachsenden (Fuhs 2010) kommt dem informellen Lernen in diesem Prozess der Integration vielfältiger Bildungsformen in der Kindheit durch die Schule eine besondere Bedeutung zu (Otto und Rauschenbach 2004).

Informelles Lernen setzt sich vom formalen Lernen in der Schule „insbesondere dadurch ab, dass es in aller Regel von den individuellen Interessen der Akteure aus gesteuert ist. Es ist meist ungeplant, beiläufig, implizit, unbeabsichtigt, jedenfalls nicht institutionell organisiert, […]. Der Ort dieser Form der Bildung und des Lernens ist zuallererst der lebensweltliche Zusammenhang und die (soziale) Umwelt der Bildungsakteure; infolgedessen können entsprechende Lern- und Bildungsprozesse innerhalb wie außerhalb der formalen Bildungsinstitutionen zustande kommen." (Rauschenbach et al. 2004, 29).

Die Erweiterung der traditionellen Orientierung auf Lernen und Wissen formeller Bildungsprozesse um informelle Komponenten, mithin also die Sichtweise, wie sie im neuen Bildungsbegriff zum Ausdruck kommt, wird im Zwölften Kinder- und Jugendbericht sichtbar. Der Bericht befasst sich mit dem Thema „Bildung, Betreuung und Erziehung vor und neben der Schule" (vgl. Deutscher Bundestag 2005) und betont in seiner konzeptionellen Grundlegung, dass Bildung nicht nur in Bezug auf bildungsrelevante Institutionen, sondern im Kontext der alltäglichen Lebensführung zu diskutieren ist (vgl. ebd.).

Außerschulische Bildungsakteure, zu denen auch die Träger der Offenen Kinder- und Jugendhilfe zählen, sind damit eine grundlegende Voraussetzung für die Öffnung von Schule und zugleich wichtige Basis der „anderen Seite der Bildung" (vgl. Otto und Rauschenbach 2004). Zum einen stellen sie außerschulische Lernorte zur Verfügung, zum anderen unterstützen sie als lebensweltliche Experten schulische Bildungsprozesse. Nachfolgend sollen deshalb die Angebote der Offenen Kinder- und Jugendarbeit in den Mittelpunkt gestellt werden.

9.5 Herausforderungen der Offenen Kinder- und Jugendarbeit

Die Kinder- und Jugendarbeit ist ein Handlungsbereich der Kinder- und Jugendhilfe – neben der Kindertagesbetreuung, der Jugendsozialarbeit und den Hilfen zur Erziehung. Als Teil von Kinder- und Jugendarbeit findet die Offene Kinder- und Jugendarbeit ihre rechtliche Basis in § 11 SGB VIII (vgl. Gernert 2005). Die Jugendarbeit gewann in den letzten Jahrzehnten als außerschulisches Sozialisationsfeld an Bedeutung für die Bildung der Kinder und hat sich mit der Erweiterung auf die Altersgruppe der unter 14-Jährigen mittlerweile als Kinder- und Jugendarbeit etabliert (vgl. Cloos et al. 2009). Aktuelle Bemühungen und Diskussionen gehen in Richtung Kooperation und Vernetzung, insbesondere zwischen Kinder- und Jugendarbeit und Schule (Schulsozialarbeit) und zwischen Kinder- und Jugendarbeit und Elternhaus (vgl. Lüders und Behr-Heintze 2009).

Die Kinder- und Jugendhilfe und deren Bildungsrelevanz sowie ihre Rolle in den Bildungsprozessen muss deshalb in den Blick genommen werden, weil deutlich geworden ist, dass schul- und familienexterne Faktoren als Verstärker von positiven oder negativen Bildungsverläufen wirken können (vgl. Otto und Rauschenbach 2004).

So zeigen etwa Untersuchungen der Hirnforschung (vgl. Singer 2006), dass Bildung als ein umfassender Prozess verstanden werden muss, der lebenslang abläuft und über die engen Grenzen definierter Sozialisationsbereiche wie Schule, Familie, Peergroup und Medienkultur hinausreicht und in den Erfahrungs- und Lernprozessen des einzelnen Kindes, seinen Erfahrungen, seiner Motivation und seiner Co-Konstruktion kindlicher Lern- und Lebenswelten zusammengeführt wird. In dem Maße, wie Schule zu einem zentralen Lebensbereich für Kinder geworden ist, ist die außerschulische Lebenswelt zu einem Lernfeld für Kinder geworden. Nicht nur, dass die Familie eine grundlegende Größe für den Bildungserfolg eines Kindes ist (vgl. Büchner und Brake 2006), sie ist auch zu einem zentralen Organisationsfeld für die Unterstützung schulischen Lernens, etwa im Bereich der Hausaufgaben und der Nachhilfe, geworden. Mit der Entgrenzung der Lebenswelten gewinnt das Leben der Kinder eine neue umfassende Bedeutung für die Pädagogik, wie dies in den neuen Ansätzen zur Kindheitsforschung deutlich geworden ist (vgl. Hurrelmann und Bründel 2003; Luber und Hungerland 2008; Breidenstein und Prengel 2005).

Literatur

Brand, D., & Hammer, V. (2002). *Balanceakt Alleinerziehend. Lebenslagen, Lebensformen, Erwerbsarbeit*. Wiesbaden.

Breidenstein, G., & Prengel, A. (2005). *Schulforschung und Kindheitsforschung – ein Gegensatz?* Wiesbaden.

Büchner, P. (1983). Vom Befehlen und Gehorchen zum Verhandeln. Entwicklungstendenzen von Verhaltensstandards und Umgangsnormen seit 1945. In U. Preuss-Lausitz (Hrsg.), *Kriegskinder, Konsumkinder, Krisenkinder* (S. 196–212). Weinheim und Basel.

Büchner, P., & Brake, A. (2006). *Bildungsort Familie. Transmission von Bildung und Kultur im Alltag von Mehrgenerationenfamilien*. Wiesbaden.

Bundesministerium für Arbeit und Soziales. (2008). *Lebenslagen in Deutschland. Der 3. Armuts- und Reichtumsbericht der Bundesregierung*. Berlin.

Cloos, P., Köngeter, S., Müller, B., & Thole, W. (2009). *Die Pädagogik der Kinder- und Jugendarbeit*. Wiesbaden.

Deutscher Bildungsserver. (2010). Bildungspläne der Bundesländer. http://www.bildungsserver.de/zeigen.html?seite=2027. Zugegriffen: 21.02.2010.

Deutscher Bundestag. (2005). *Bildung, Betreuung und Erziehung vor und neben der Schule*. Kinder- und Jugendbericht. Bericht über die Lebenssituation junger Menschen und die Leistungen der Kinder- und Jugendhilfe in Deutschland, Bd. 12 Berlin. BT 15/6014 vom 10.10.2005.

Fölling-Albers, M. (2000). Entscholarisierung von Schule und Scholarisierung von Freizeit? Überlegungen zu Formen der Entgrenzung von Schule und Freizeit. *Zeitschrift für Soziologie der Erziehung und Sozialisation, 20*(2), 118–131.

Fölling-Albers, M. (2001). Veränderte Kindheit – revisited. Konzepte und Ergebnisse sozialwissenschaftlicher Kindheitsforschung der vergangenen 20 Jahre. In M. Fölling-Albers, S. Richter, H. Brügelman, & A. Speck-Hamadan (Hrsg.), *Fragen der Praxis – Befunde der Forschung*. Jahrbuch Grundschule, Bd. III. (S. 10–51). Seelze und Velber.

Frey-Vor, G., & Schumacher, G. (2006). *Kinder und Medien 2003/2004. Eine Studie der ARD/ZDF-Medienkommission*. Baden-Baden.

Fthenakis, W. E. (2006). *Elementarpädagogik nach PISA. Wie aus Kindertagestätten Bildungseinrichtungen werden können* (5. Aufl.). Freiburg.

Fuhs, B. (1999). *Kinderwelten aus Elternsicht*. Opladen.

Fuhs, B. (2002). Kindheitsforschung als Generationenforschung. In W. Bergsdorf, M. Eckert, & H. Hoffmeister (Hrsg.), *Herausforderungen der Bildungsgesellschaft. Ringvorlesung im Sommersemester 2002, Universität Erfurt* (S. 145–164). Weimar.

Fuhs, B. (2005). Kindheitsforschung und Schulforschung – zwei Gegensätze? Überlegungen aus Sicht der Kindheitsforschung. In G. Breidenstein, & A. Prengel (Hrsg.), *Schulforschung und Kindheitsforschung – ein Gegensatz?* (S. 161–176). Wiesbaden.

Fuhs, B. (2010). Kindheit und mediatisierte Freizeitkultur. In H. H. Krüger, & C. Grunert (Hrsg.), *Handbuch Kindheits- und Jugendforschung* (2., aktual. u. erw. Aufl., S. 637–652). Wiesbaden.

Gernert, W. (2005). Rechtliche Grundlagen der Offenen Kinder- und Jugendarbeit. In U. Deinet, & B. Sturzenhecker (Hrsg.), *Handbuch der Offenen Kinder- und Jugendarbeit* (3., völlig überarb. u. erw. Aufl., S. 315–321). Wiesbaden.

Hurrelmann, K., & Bründel, H. (2003). *Einführung in die Kindheitsforschung*. Weinheim.

Kuchenbuch, K., & Simon, E. (2006). Freizeit und Medien im Alltag von Sechs- bis 13-Jährigen. In G. Frey-Vor, & G. Schumacher (Hrsg.), *Kinder und Medien 2003/2004. Eine Studie der ARD/ZDF-Medienkommission* (S. 71–106). Baden-Baden.

Luber, E., & Hungerland, B. (2008). *Angewandte Kindheitswissenschaften – Eine Einführung für Studium und Praxis*. Weinheim.

Lüders, C., & Behr-Heintze, A. (2009). Außerschulische Jugendbildung. In R. Tippelt, & B. Schmidt (Hrsg.), *Handbuch Bildungsforschung* (2. Aufl., S. 445–466). Wiesbaden.

Medienpädagogischer Forschungsverbund Südwest. (2001). KIM-Studie 2000. http://mpfs-neu.de.server422-han.de-nserver.de/fileadmin/Studien/KIM2000.pdf. Zugegriffen: 30.09.2010.

Medienpädagogischer Forschungsverbund Südwest. (2009). KIM-Studie 2008. http://mpfs-neu.de.server422-han.de-nserver.de/fileadmin/KIM-pdf08/KIM2008.pdfv. Zugegriffen: 30.09.2010.

Nave-Herz, R. (1994). *Familie heute: Wandel der Familienstrukturen und Folgen für die Erziehung*. Darmstadt.

Neubauer, E. (1989). *Alleinerziehende Mütter und Väter – Eine Analyse der Gesamtsituation*. Schriftenreihe des Bundesministers für Jugend, Familie, Frauen und Gesundheit, Bd. 219. Stuttgart.

Otto, H. U., & Rauschenbach, T. (2004). *Die andere Seite der Bildung. Zum Verhältnis von formellen und informellen Bildungsprozessen*. Wiesbaden.

Rauschenbach, T., Leu, H. R., Lingenhauber, S., Mack, W., Schilling, M., Schneider, K., Züchner, I., & Bundesministerium für Bildung und Forschung (BMBF) (Hrsg.). (2004). *Non-formale und informelle Bildung im Kindes- und Jugendalter. Konzeptionelle Grundlagen für einen Nationalen Bildungsbericht.* Bildungsreform, Bd. 6. Berlin.

Schneider, N. F. (2001). *Alleinerziehen – Vielfalt und Dynamik einer Lebensform.* Weinheim.

Statistisches Bundesamt. (2010). *Genesis Online Datenbank.* www-genesis.destatis.de. Zugegriffen: 30.09.2010.

Tietze, W., Rossbach, H.-G., & Grenner, K. (2005). *Kinder von 4–8 Jahren. Zur Qualität der Erziehung und Bildung in Kindergarten, Grundschule und Familie.* Weinheim und Basel.

Zeiher, H., & Zeiher, H. (1994). *Orte und Zeiten der Kinder. Soziales Leben im Alltag von Großstadtkindern.* Weinheim und München.

Zinnecker, J. (1989). Vom Straßenkind zum verhäuslichten Kind. Kindheitsgeschichte im Prozeß der Zivilisation. In I. Behnken, M. du Bois-Reymond, & J. Zinnecker (Hrsg.), *Stadtgeschichte als Kindheitsgeschichte. Lebensräume von Großstadtkindern in Deutschland und Holland um 1900* (S. 142–162). Opladen.

Kids, die 10- bis 14-Jährigen

Thomas Drößler

10.1 Einleitung

Als Kids werden Heranwachsende zwischen 10 und 14 Jahren bezeichnet, die sich am Übergang vom Kindes- ins Jugendalter befinden. Kennzeichnend für Kids ist eine soziokulturelle Statusinkonsistenz; Heranwachsende dieses Alters können von ihren Verhaltensweisen, ihren Interessen, ihren Orientierungen und nicht zuletzt ihren tatsächlichen sozialen und kulturellen Handlungsmöglichkeiten her nicht mehr in den Status eines Kindes eingeordnet werden. Gleichzeitig haben sie weder den eines Jugendlichen bereits erlangt, noch wird ihnen dieser von ihrer Umwelt zuerkannt. Auch von ihrer „Entdeckung" her sind Kids eine sozial-pädagogische Alters- bzw. Statusgruppe. Friedrich et al. legten 1984 eine empirische Studie mit dem Titel „Die ‚Lücke'-Kinder. Zur Freizeitsituation von 9- bis 14-jährigen" vor, in der sie feststellten, dass Kinder bzw. Jugendliche in diesem Alter von der offenen Kinder- und Jugendarbeit nicht erreicht werden (vgl. Friedrich et al. 1984). Die Gleichzeitigkeit kindlicher und jugendlicher Bedürfnisse und Interessen von Kids wurde aufgrund ihrer entweder kindlichen oder jugendlichen Ausrichtung der Angebote weder erfasst noch systematisch aufgenommen. Aufgrund ihres Zwischenstatus sahen sich Kids mit dem Problem konfrontiert, Freizeitangebote vorzufinden, die entweder ihren Interessen, zumindest z. T., nicht mehr entsprachen, oder aus denen sie, da noch nicht wirklich Jugendliche, verdrängt bzw. in die sie gar nicht erst „hineingelassen" wurden (vgl. Friedrich et al. 1989).

Kids als eine vornehmlich sozial-pädagogisch bestimmte Alters- oder Statusgruppe zu betrachten scheint insofern berechtigt, als Kids – zunächst – als „Problemgruppe" wahrgenommen wurden: Kids sind ein Großstadtphänomen. Aufgrund ihres Aufwachsens in einem urbanen Lebensumfeld kommen sie schon frühzeitig mit Lebens- und Erfahrungswelten in Kontakt, die von einem traditionellen Standpunkt aus gesehen Jugendlichen

---

Dr. phil. Thomas Drößler ✉
Evangelische Hochschule Dresden, Dürerstraße 25, 01307 Dresden, Deutschland
e-mail: thomas.droessler@ehs-dresden.de

U. Deinet und B. Sturzenhecker (Hrsg.), *Handbuch Offene Kinder- und Jugendarbeit*,
DOI 10.1007/978-3-531-18921-5_10,
© VS Verlag für Sozialwissenschaften | Springer Fachmedien Wiesbaden 2013

bzw. Erwachsenen vorbehalten sein sollten. Ferner stammten die meisten Kids – im Sinne „verfrühter" Jugendlicher – aus sozial belasteten Herkunftsmilieus. Aufgrund dessen stehen sie biografisch früh vor Herausforderungen, denen sich Kinder in stabile(re)n Lebenslagen noch nicht gegenüber sehen. Fend konnte Anfang der 90er-Jahre zeigen, dass mit dieser Konstellation Lernprozesse bei Kindern korrespondieren, die zu devianten Verhaltensweisen führen können (vgl. Fend 1992). „Zumindest wird die Gefahr gesehen, dass Kids aufgrund ihres sozialen Hintergrundes […] dazu gezwungen sind, das Leben früher eigenständig in die Hand zu nehmen und dabei sozial auffällig werden" (Drößler 2004, S. 2).

U. a. dies aufnehmend wurde argumentiert, dass sich die Jugendphase biografisch vorverlagert hat (vgl. Deinet 1987; Böhnisch 2008). Deinet hat darauf hingewiesen, dass es neben den Kids auch und in der Mehrzahl gewissermaßen „normale ältere Kinder" gibt, die in gesicherten Lebensverhältnissen aufwachsen und damit biografisch länger einen gesicherten Schutz- und Schonraum Kindheit vorfinden (vgl. Deinet 1987). Gleichzeitig stellt er aber fest: „Neben der vorzeitigen körperlichen Reifung führt […] auch das Phänomen der sozialen Akzeleration zu einem früheren Ende der Kindheit" (ebd., S. 37). Am Übergang vom Status eines Kindes zu dem eines Jugendlichen befinden sich Kids in einem Dilemma: Sowohl kindliche als auch jugendliche Interessen treffen einerseits auf eine Umwelt, die sie eher als Kinder denn als Jugendliche ansieht. Andererseits entwickeln Kids bereits jugendtypische Verhaltensweisen, behalten aber auch eher kindlich geprägte bei. Zur Statusinkonsistenz gesellt sich gewissermaßen das Problem weiter bestehender „kindlicher Neigungen", die nicht mehr ohne Weiteres ausgelebt werden können. Überdies können jugendliche Interessen bisweilen überfordern oder auf „falschem Wege", durch übertrieben jugendliches Verhalten, verfolgt werden.

Der Übergang vom Kind zum Jugendlichen erfolgt gleichzeitig auf verschiedenen Ebenen (vgl. nachfolgend Drößler 2004):

- der Ebene der sozio- bzw. jugendkulturellen Möglichkeiten, Zugänge und Aufforderungen, wie sie insbesondere in Bereichen des Konsums, der Mode, der Freizeitgestaltung sich (neu) eröffnen;
- der Ebene der persönlichen Handlungsmöglichkeiten, der diesen zu Grunde liegenden und sich wandelnden Interessen und Bedürfnisse auf der einen, der aber erst zu entwickelnden Handlungskompetenzen und der sich nur allmählich erweiterten legitimen Handlungsräume auf der anderen Seite;
- der Ebene der individuellen Selbstwahrnehmung, die sich, auch wegen dieser Erweiterungen, zu einem mehr und mehr jugendlichem Selbstbild hin bewegt, ohne dass dieses von der sozialen Umwelt in gleichem Maße (und Tempo) nachvollzogen oder akzeptiert wird.

Damit jedoch wird eine erweiterte biografie- bzw. jugendtheoretische Betrachtungsweise nahe gelegt, die sich nicht allein auf „Lücke-Kinder" als Problemgruppe beschränkt. Unter dem Einfluss gesellschaftlicher, und insbesondere medialer, aber auch bildungs- wie soziokultureller Veränderungen, scheint das biografische Regime aufzubrechen, die Jugendphase an ihren Rändern generell zu erodieren. Selbst für die Phase der Kindheit wird aufgrund dessen nicht mehr von einem gesicherten Moratorium ausgegangen (vgl. z. B. Honig 1999). „In diesem Sinne gibt es […] keine vorgreifende Jugend, welche die späte Kindheit quasi okkupiert. Die umfassenden Wandlungsprozesse in modernen Industriegesellschaften haben dazu geführt, dass sich vielfältige Lebensbereiche heute bereits sehr früh nachwachsenden Generationen öffnen und von diesen ja auch erobert werden. Damit einher gehen freilich vielfältige Anforderungen, die – entsprechend früher – erkannt und bewältigt werden müssen. […] So gesehen sind die ‚jugendlichen' Verhaltensweisen und Beschäftigungen, wie sie 10-, 11-, ja mitunter 9-Jährige an den Tag legen, völlig normal" (Drößler 2002, S. 57 f.). Die Trennung zwischen Kindheit und Jugend ist strukturell und soziokulturell unscharf geworden.

10.2 Entwicklungs- und jugendtheoretische Einordnung

Als Lebensphase zwischen Kindheit und Erwachsensein repräsentiert Jugend einen Abschnitt der körperlichen und psychischen Reifung und Entwicklung, der gesellschaftlichen Integration und des Erwerbs von Fähigkeiten und Kompetenzen. Für junge Menschen sind damit vielfältige – biologische, psychische und soziale – Veränderungen verbunden, die in eine Reihe von für das Jugendalter als zentral angesehenen Entwicklungsaufgaben münden (vgl. Hurrelmann 1996). Kids befinden sich am Übergang in die Jugendphase, so dass diese Entwicklungsaufgaben (noch) nicht ihre volle Bedeutung entfalten. Trotzdem sehen sich bereits ältere Kinder vielfältigen gesellschaftlichen Anforderungen gegenüber, die traditionell betrachtet eher jugendtypische Interessen, Orientierungen und Verhaltensweisen implizieren. Die biologischen Reifungsprozesse setzen heute früher ein als noch vor einigen Jahrzehnten (vgl. bspw. Mitterauer 1986) und damit auch die mit ihnen korrespondierenden psychischen und sozialen Entwicklungsanforderungen. Insofern helfen jugendtheoretische Grundlagen bei einer näheren Beschreibung der Lebenssituation von Kids.

Aus der Perspektive der Entwicklungspsychologie befinden sich Kids am Übergang vom letzten Entwicklungsabschnitt der Kindheit hin zur Pubertät. Diese Phase wird als Vorpubertät oder frühe Adoleszenz bezeichnet. Wurde die Vorpubertät früher vor allem als eine krisenhafte Phase angesehen, so geht die moderne Entwicklungspsychologie mittlerweile von einer Phase relativer Stabilität und kontinuierlicher Entwicklung aus (vgl. Fend 1992; Drößler 2002).

Festzuhalten ist jedoch, dass die Gewissheiten der Kindheit sich langsam aufzulösen beginnen. So erleben „Mädchen nach dem 13. Lebensjahr eine Destabilisierung bei der emotionalen Selbstkontrolle und ein Abnehmen der individuellen Selbstakzeptanz. Bei den Jungen tritt dieses Phänomen erst ca. zwei Jahre später auf […]" (Drößler 2002, S. 60). Die Beschäftigung mit der eigenen, sich verändernden Persönlichkeit gewinnt insbesondere für Mädchen zunehmend an Bedeutung. „Während es bei Jungen im Alter zwischen 12 und 14 Jahren nur zu einer leichten Steigerung der Innenwendung kommt […] nimmt die Blickwendung auf die eigene Persönlichkeit bei den Mädchen vom 12. Lebensjahr an wesentlich stärker und kontinuierlicher zu" (ebd.).

Ausgehend von den Entwicklungsaufgaben in der Jugendphase haben Kötters, Krüger und Brake ein Modell zur Beschreibung des Übergangs von der Kindheit zur Jugend entwickelt (vgl. 1996). Nach diesem Modell kann der Statusübergang vom Kind zum Jugendlichen als ein Prozess zunehmender Verselbständigung beschrieben werden, der sich auf drei zentralen Ebenen vollzieht. Auf der Ebene der *praktischen Verselbständigung* kommt es zu Veränderungen im Bereich der Alltagsorganisation und -gestaltung. Die Verwendung des Taschengeldes, Konsum- und Freizeitverhalten, aber auch Beziehungen zum anderen Geschlecht wandeln sich. Hier werden auch Ereignisse mit besonderer biografischer Bedeutung wie das erste Verliebtsein verortet. Mit *sozialer Verselbständigung* sind Prozesse der Suche nach neuen, außerfamilialen Beziehungs- und Gesellungsformen umrissen. Im Zuge dessen verlieren familiale bzw. elterliche Normen an Bedeutung, wachsen Stellenwert und Orientierung an den Normen der Gleichaltrigenkultur. Der Ebene der *kognitiven Verselbständigung* schließlich werden die Herausbildung von eigenständigen Lebensvorstellungen, erste Lebensplanungen und Überlegungen zum künftigen Platz in der Gesellschaft zugeordnet – Prozesse der biografischen Selbstreflexion und Perspektiventwicklung.

10.3 Wandel der Familienbeziehungen

Bis zum Ende der Kindheit befinden sich Kinder in einem vollständigen Abhängigkeitsverhältnis zu ihren Eltern, das i. d. R. von beiden Seiten akzeptiert wird und nahezu alle Lebensbereiche umfasst.

Am Ende der Kindheit, am Übergang in die Jugendphase beginnt dieses Beziehungsgefüge sich zu verändern. „Die Autorität der Eltern verliert in vielen Bereichen an Stellenwert, […] Das Urteil der Eltern wird […] immer seltener unhinterfragt übernommen bzw. akzeptiert, ihre Kontrollbefugnisse werden in Frage gestellt und die elterlichen Machtinstrumente erodieren unter dem Einfluss fortschreitender jugendlicher Verselbständigung" (Drößler 2002, S. 62). Ab dem zwölften Lebensjahr setzen Distanzierungsprozesse gegenüber den Eltern ein, sie verlieren als Ansprechpartner an Bedeutung. Büchner und Fuhs stellen fest: „Während die Eltern bei den 10-jährigen Befragten noch hohe Priorität als Ansprechpartner bei Problemen und Sorgen haben, verändert sich die Prioritätensetzung kontinuierlich mit zunehmendem Alter und kehrt sich bei den 15-jährigen um: In diesem Alter sind es vermehrt die Freunde und Freundinnen, die bei Problemen und Sorgen zu Rate gezogen werden" (Büchner und Fuhs 1996, S. 163; vgl. auch Fend 1992).

10.4 Gleichaltrigenkontakte

Der Bedeutungswandel in den Beziehungen zu peers ist am Ende der Kindheit zunächst noch ein begrenzter. Ältere Kinder knüpfen ihre Sozialkontakte außerhalb der Familie zunehmend selbständiger und unter bewusstem Ausschluss von Erwachsenen bzw. Eltern (vgl. Baacke 1998).

Gleichaltrigengruppen verdrängen ab etwa dem 11. Lebensjahr die Eltern von der Spitzenposition bevorzugter Kontakte. Mehr und mehr gewinnen peers für die Kids als Lebensfeld an Stellenwert, in dem jugendkulturelles Experimentieren möglich ist, neue Bedürfnisse entdeckt und ausgelebt werden können (vgl. Shell Deutschland Holding 2010). Und schließlich sind sie der Raum für erste Begegnungen mit dem anderen Geschlecht (vgl. Tillmann 1992).

Der Kontakt mit Gleichaltrigen in Cliquen ist also nicht nur ein wichtiges Feld für die soziale Integration und die individuelle Entwicklung. Am Übergang von der Kindheit in die Jugendphase gewinnen Gleichaltrigengruppen eine andere Bedeutung – als jugendkulturelle Bühne bzw. Experimentierfeld. Was jedoch für Jugendliche selbstverständlich ist, entfaltet für Kids einen besonderen, aber ambivalenten Reiz. Die Peergruppe wartet „in diesem Alter mitunter auch mit Anforderungen auf, die den Selbstansprüchen der Kids einerseits entgegenkommen [...], die Heranwachsenden aber auch leicht überfordern können." (Drößler 2002, S. 67). Kids kopieren in der Clique jugendliche Verhaltensweisen, erscheinen dabei aber nicht selten, aufgrund unzureichender Handlungsstrategien oder fehlenden Wissens, übertrieben und gleichzeitig unbeholfen, balancieren entlang einer schmalen Linie zwischen (schon) echtem Coolsein und kindischem Verhalten. Andererseits befinden sie sich in „einem Dilemma zwischen der mehr und mehr hereinbrechenden und selbst gesuchten jugendkulturellen Norm und den noch vorhandenen starken, aber nun heimlichen und zu verheimlichenden kindlichen Neigungen und Wünschen" (ebd., S. 68).

10.5 Bedeutung für die Jugendarbeit

Aus sozialpädagogischer Perspektive sind sowohl die dargestellten Besonderheiten des Übergangs als auch die spezifischen Lebensbedingungen, unter denen dieser Übergang von den Kids erlebt und bewältigt wird, und nicht zuletzt die Art seiner individuellen Bewältigung von Interesse. Die Art und Weise, wie die an der Schwelle von der Kindheit zur Jugend wartenden Aufgaben, Verheißungen, Möglichkeiten aber auch Risiken bewältigt werden, hängt nach wie vor in hohem Maße davon ab, in welchem sozialen Umfeld Kinder groß werden. Der Widerspruch zwischen dem Status eines Kindes und dem eines Jugendlichen, die gleichzeitige Aktualität beider Statuskonfigurationen können leichter verarbeitet und bewältigt werden, wenn Kids hinreichende soziale und kulturelle Ressourcen zur Verfügung stehen, ihnen in ihren scheinbar inkonsistenten Orientierungen und Verhaltensweisen die notwendige Offenheit und Verständnis entgegengebracht werden und sensibel auf ihre individuellen, entwicklungsbezogenen wie lebenslagenspezifischen Bedürfnisse reagiert wird.

Viele Kids finden bspw. am Nachmittag eine Situation ohne adäquate Betreuung und Versorgung durch Erwachsene vor. In der Regel schon zu alt für den Hort sind Kinder ab 10 Jahre, gerade am Nachmittag, auf sich allein gestellt. Besonders betroffen sind davon

Kids in benachteiligten städtischen Wohnquartieren (vgl. DJI 1992; Deinet 1994). Mit der Qualität der Wohnquartiere ist ein weiterer pädagogisch bedeutsamer Aspekt verbunden: In ihrem Ausgreifen aus den familialen Lebenswelten und dem Streben nach mehr Selbständigkeit und Handlungsfähigkeit kommt der unmittelbaren räumlichen Lebenswelt der Kids eine herausragende Bedeutung zu (vgl. Böhnisch 2008). Kids eignen sich diese Umwelt aktiv an, erweitern so ihren Aktionsradius und erwerben dabei wichtige soziale Kompetenzen. Städtische Siedlungsgebiete und Wohnquartiere sind jedoch heute mit spezifischen Nutzungslogiken ausgestattet, so dass gerade Kindern und Jugendlichen viele Räume verschlossen bleiben bzw. sie in diesen auf ganz bestimmte Aktivitäten festgelegt sind. Für Kids ist dies in einem doppelten Sinne problematisch: einerseits sind sie wie alle Kinder und Jugendlichen auf spezielle Orte oder spezielle Aktivitäten verwiesen, andererseits machen sie die Erfahrung, dass diese – für Kinder *oder* für Jugendliche vorgesehenen – Orte ihren Bedürfnissen und Interessen nicht (mehr) entsprechen bzw. sie davon ausgeschlossen werden. Die offene Kinder- und Jugendarbeit verfügt demgegenüber grundsätzlich über die Möglichkeiten und Strukturen, den besonderen Interessen und Bedürfnissen von Kids geeignete sozialpädagogische Angebote und Maßnahmen gegenüber zu stellen. Konzeptionelle Schwerpunkte können/sollten dabei sein:

- die Entwicklung von altersangemessenen familienergänzenden Angeboten der Betreuung und Versorgung, insbesondere im Anschluss an die Schule;
- die Schaffung von Freizeitangeboten, die den spezifischen Bedürfnissen von Kids entgegen kommen, d. h., in denen sie sowohl ihre jugendlichen wie ihre kindlichen Anteile ausleben können;
- die Bereitstellung von nutzungsoffenen und damit Aneignung und Umwidmung ermöglichenden Räumen in Jugendhäusern sowie die Unterstützung der Heranwachsenden bei der Aneignung ihrer unmittelbaren sozialräumlichen Umwelt im Wohnquartier durch spezielle Freizeitangebote auf der einen, die Ermöglichung von quartiersbezogener Beteiligung und Mitbestimmung auf der anderen Seite (vgl. bspw. Deinet 1987).

Die sozialräumliche Dimension in der offenen Kinder- und Jugendarbeit unterstreicht darüber hinaus die Bedeutung geschlechterbewussten pädagogischen Handelns. „Nach wie vor", so Kromer und Tebbich (1998), „ist der Hauptaufenthaltsort der Mädchen – quasi als klassischer Mädchenraum in offenen Jugendeinrichtungen – die Mädchentoilette, und das aus banalen Gründen: weil die Freizeiträume durch die innenarchitektonische Gestaltung und Atmosphäre (Tischtennisplatten, Flipper, Kicker, Billard- u. a. Spieltische) auf Burschen zugeschnitten und somit automatisch männliche Territorien sind. [...] Zugangs- und Aufenthaltsbereiche werden für Mädchen zu ‚Laufsteg-, Präsentierteller- und Nadelöhrsituationen' und daher auch zumeist gemieden: Sie werden begafft, nach ihrem Aussehen beurteilt und in sexistischer Manier bewertet oder verbal angemacht" (Kromer und Tebbich 1998, S. 65). Mädchen befinden sich in einem doppelten Dilemma: Ihnen fehlt es nicht nur mit Blick auf ihre alters-, sondern auch auf ihre geschlechtsspezifischen Bedürfnisse und Interessen an Orten und Angeboten (da die wenigen von Jungen belegt/für diese eingerichtet sind). In der offenen Kinder- und Jugendarbeit mit Kids haben mädchenorientierte Angebote daher einen besonderen Stellenwert. Gleichzeitig muss Mädchenarbeit jedoch Separierung vermeiden, vielmehr die selbstbewusste Begegnung mit Jungen ermöglichen und unterstützen.

Geschlechterbewusstes pädagogisches Handeln ist aber genauso mit Blick auf die Jungen geboten. Sie „verhalten sich anders. Sie sind raumgreifender und expressiver" (Drößler 2002, S. 77), was bedeutet, dass sie in ihrem Erkundungs- und Erprobungsverhalten sehr viel offensiver, nach außen agieren und dabei stark räumlich bzw. territorial orientiert sind (vgl. Böhnisch und Winter 1993). In der offenen Kinder und Jugendarbeit liegen eine Reihe von sozialräumlich orientierten Ansätzen und Methoden vor, die geeignet sind, dieses Verhalten pädagogisch aufzugreifen und damit individuelle und soziale Lern- und Aneignungsprozesse zu befördern (vgl. Deinet 1987, 1989, 1994). Und schließlich ist mit Blick auf das Verhältnis der Jungen zu ihren Altersgenossinnen darauf hinzuweisen, dass ihr (etwas später) erwachendes Interesse an den Mädchen bei diesen nicht selten auf Gleichgültigkeit, wenn nicht gar Ablehnung trifft.

Die Grundlage einer professionellen Jugendarbeit mit Kids bilden gesicherte Kenntnisse über die Besonderheiten dieser Altersgruppe. Die Verknüpfung sozialpädagogischen und entwicklungsbezogenen Wissens über Kids hilft dabei, die individuelle und Entwicklungssituation, den Zusammenhang von gesellschaftlichen Entwicklungen, lebenslagenspezifischen Faktoren und den „typisch untypischen" Verhaltensweisen und Orientierungen von Kids zu verstehen und pädagogisch aufzunehmen. Kern dessen muss eine pädagogische Grundhaltung sein, die diesem Verhalten die nötige Sensibilität und Offenheit entgegen bringt; eine Haltung, die Kids in ihrem Streben nach Jugendlichkeit unterstützend und bisweilen sanft korrigierend begleitet, gleichzeitig aber offen ist für kindliche Bedürfnisse, ohne die Kids dabei zu desavouieren. Die aus dieser Jugendlichkeit bisweilen resultierende Überforderung verlangt von den PädagogInnen Begleitung und Unterstützung „auf Abruf". Denn das vehemente Streben nach Selbständigkeit, die zunehmenden Abgrenzungsversuche gegenüber Erwachsenen und nicht zuletzt das eigene Selbstbild als Jugendliche, lassen ungefragte, wenn auch gut gemeinte Ratschläge und Hilfeangebote von Erwachsenen als Einmischung, Gängelung oder gar Herabsetzung erscheinen. Auf der anderen Seite fällt es den Kids gerade deshalb schwer, bei schwierigen, sie überfordernden Situationen und Fragestellungen an Erwachsene mit der Bitte um Rat, Unterstützung oder Zuhören heranzutreten. Begleitung und Unterstützung auf Abruf meint mithin, für Kids da zu sein, wenn diese es fordern, sensibel wahrzunehmen, wenn Unterstützung gebraucht wird und diese ebenso sensibel und ggf. diskret anzubieten, und wenn nicht: sich im Hintergrund zu halten.

Literatur

Baacke, D. (1991). *Die 13- bis 18-jährigen. Einführung in die Probleme des Jugendalters* (5. Aufl.). Weinheim und Basel.

Baacke, D. (1998). *Die 6- bis 12-jährigen. Einführung in die Probleme des Kindesalters* (6. Aufl.). Weinheim und München.

Böhnisch, L. (1996). *Pädagogische Soziologie. Eine Einführung.* Weinheim und München.

Böhnisch, L. (2008). *Sozialpädagogik der Lebensalter* (5., überarb. Aufl.). Weinheim und München.

Böhnisch, L., & Winter, R. (1993). *Männliche Sozialisation. Bewältigungsprobleme männlicher Geschlechtsidentität im Lebensverlauf.* Weinheim und München.

Büchner, P., du Bois-Reymond, M., Ecarius, J., Fuhs, B., & Krüger, H. H. (1998). *Teenie-Welten. Aufwachsen in drei europäischen Regionen.* Opladen.

Büchner, P., & Fuhs, B. (1996). Der Lebensort Familie. Alltagsprobleme und Beziehungsmuster. In H. H. Krüger, P. Büchner, & B. Fuhs (Hrsg.), *Vom Teddybär zum ersten Kuss. Wege aus der Kindheit in Ost- und Westdeutschland* (S. 159–200). Opladen.

Deinet, U. (1987). *Im Schatten der Älteren. Offene Arbeit mit Kindern und jüngeren Jugendlichen.* Weinheim und München.

Deinet, U. (1989). Hortarbeit im Jugendhaus. Eine konzeptionelle Alternative? *deutsche jugend, 37*(9), 398–406.

Deinet, U. (1994). Ganztagsangebote im Jugendhaus. Inpflichtnahme oder Perspektive für die offene Kinder- und Jugendarbeit? *deutsche jugend, 42*(3), 122–130.

Deutsche Shell Holding. (2010). *Jugend 2010. Eine pragmatische Generation behauptet sich.* Frankfurt a. M.

Deutsches Jugendinstitut (DJI). (1992). *Was tun Kinder am Nachmittag? Ergebnisse einer empirischen Studie zur mittleren Kindheit.* München.

Drößler, T. (2002). Kids. In W. Schröer, N. Struck, & M. Wolff (Hrsg.), *Handbuch der Kinder- und Jugendhilfe* (S. 53–80). Weinheim und München.

Drößler, T. (2004). Kids – zwischen Pokemon und Minirock. https://www.familienhandbuch.de/kindheitsforschung/schulkindalter/kids-zwischen-pokemon-und-minirock. Zugegriffen: 7. September 2011.

Fend, H. (1992). *Vom Kind zum Jugendlichen. Der Übergang und seine Risiken.* Bern, Stuttgart und Toronto.

Fuhs, B. (1996). Das außerschulische Kinderleben in Ost- und Westdeutschland. Vom kindlichen Spielen zur jugendlichen Freizeitgestaltung. In H. H. Krüger, P. Büchner, & B. Fuhs (Hrsg.), *Vom Teddybär zum ersten Kuss. Wege aus der Kindheit in Ost- und Westdeutschland* (S. 129–158). Opladen.

Honig, M. S. (1999). *Entwurf einer Theorie der Kindheit.* Frankfurt a. M.

Hurrelmann, K. (1995). *Lebensphase Jugend. Eine Einführung in die sozialwissenschaftliche Jugendforschung.* Weinheim und München.

Kötters, C. (1996). Wege aus der Kindheit. Verselbständigungsschritte im Jugendalter. In H. H. Krüger, P. Büchner, & B. Fuhs (Hrsg.), *Vom Teddybär zum ersten Kuss. Wege aus der Kindheit in Ost- und Westdeutschland* (S. 99–128). Opladen.

Kromer, I., & Tebbich, H. (1998). *Zwischenwelten. Das Leben der 11- bis 14-jährigen.* Graz und Wien.

Mitterauer, M. (1986). *Sozialgeschichte der Jugend.* Frankfurt a. M.

Oerter, R., & Montada, L. (1987). *Entwicklungspsychologie* (2. Aufl.). Weinheim.

Remplein, H. (1954). *Die seelische Entwicklung in der Kindheit und Reifezeit. Grundlagen und Erkenntnisse der Kinder- und Jugendpsychologie.* München.

Tillmann, K. J. (1992). Von Spielbubis und eingebildeten Weibern. In K. J. Tillmann (Hrsg.), *Jugend weiblich – Jugend männlich. Sozialisation, Geschlecht, Identität* (S. 13–27). Opladen.

Ullrich, M. (1999). *Wenn Kinder Jugendliche werden. Die Bedeutung der Familienkommunikation im Übergang zum Jugendalter*. Weinheim und München.

Wichard, R. (1988). Freizeitinteressen von Schülern. Ergebnisse einer Befragung 13- bis 16-jähriger Jugendlicher. *deutsche jugend, 36*(9), 389–399.

Jugendliche, die 14- bis 20-Jährigen

Achim Schröder

11

Wer als Erwachsener mit Jugendlichen arbeitet oder über sie schreibt, sollte immer wieder auf die eigene Jugendzeit reflektieren und auf den mit dem Erwachsenenstatus verbundenen Generationenkonflikt. Die Erinnerung an jene Übergangszeit und die Vergegenwärtigung der damit verknüpften Gefühle, kann sehr wichtig sein, um sich einen Zugang zu den Nöten, Ängsten und überspielenden Verhaltensweisen zu verschaffen, mögen sie in ihren konkreten Ausprägungen derzeit noch so anders sein als zur eigenen Jugendzeit. Neben dieser Empathie gegenüber dem Jugendlichsein kommt es zugleich darauf an, sich des anderen Status bewusst zu sein und dem Generationenkonflikt nicht aus dem Weg zu gehen. Eine Leugnung desselben stiftet mehr Verwirrung und zwiespältige Erwartungen als die klare Positionierung und jenen auf dieser Grundlage möglichen Aktivitäten und Beziehungen.

Die Jugendphase beginnt mit der einsetzenden Pubertät, aber wann sie endet, lässt sich nicht mehr allgemeingültig bestimmen. Während früher die Heirat und der Eintritt in das Berufsleben ein solches Ende markierten, sind die Übergänge heute fließend geworden. Die gesellschaftlichen Individualisierungs- und Entgrenzungsprozesse haben zu einer – auch in der Wissenschaft deutlich vernehmbaren – Unsicherheit darüber geführt, wie wir derzeit die Jugendphase fassen können. Umso wichtiger erscheint für die Jugendarbeit, eine fachliche Vergewisserung über die strukturellen Grundlagen der Adoleszenz und ihrer wesentlichen Bewältigungsfelder. Diese werden durch weitere Modernisierungsprozesse nicht ausgehebelt, sie verändern jedoch ihre Gestalt.

Prof. Dr. phil. Achim Schröder ✉
Fachbereich Gesellschaftswissenschaften und Soziale Arbeit Darmstadt, Hochschule Darmstadt University of Applied Sciences, Adelungstr. 51, 64283 Darmstadt, Deutschland
e-mail: achim.schroeder@h-da.de

11.1 Pubertät, Adoleszenz und Herausforderungen im Jugendalter

Unter *Pubertät* versteht man die körperlichen Veränderungen bei der Entwicklung der primären und sekundären Geschlechtsmerkmale. Die Pubertät ist ein Werk der Natur, es geht um die biologischen Vorgänge im Menschen. Im Alter zwischen 9 und 13 Jahren machen die Mädchen und die Jungen – die einen früher, die anderen etwas später – wegweisende körperliche Veränderungen durch, mit deren Bewältigung sie eine Reihe von Jahren beschäftigt sind. Mädchen und Jungen werden geschlechtsreif, d. h. die Mädchen erleben ihre „Menarche", ihre erste Menstruation und die Jungen ihren ersten Samenerguss, auch „Spermarche" genannt. Dieses im Zentrum stehende heranreifende Vermögen, Kinder zu gebären und Kinder zu zeugen, wird eingeleitet und begleitet durch weitere körperliche Erscheinungen. Das Äußere verändert sich, Pickel tauchen auf und plötzliche Wachstumsschübe lassen den Körper aus den Fugen geraten. Manche Körperteile wachsen ungleichzeitig, sodass eine gewisse Schlacksigkeit beim Gehen die Folge sein kann. Ungelenke Bewegungen und ein „Sichhäßlichfühlen" führen zu Verunsicherungen und zu Scham. Pubertierende versuchen sich phasenweise zu verstecken, sie möchten manchmal im Boden versinken. Auch das Wachstum des Busens bei Mädchen wird keinesfalls nur herbeigesehnt, es erzeugt eine Scheu vor den Blicken der Anderen. Die Jungen erleben einen Stimmbruch, der ihnen plötzlich die gewohnte Kraft ihrer lauten und durchsetzungsfähigen Stimme nimmt. Zugleich sehnen sie ihren ersten Bartwuchs herbei.

Als *Adoleszenz* bezeichnet man die Zeit, die junge Menschen brauchen, um sich mit der durch den pubertären Umbruch ausgelösten Situation psychisch zu arrangieren, um den neuen Körper „bewohnen" zu lernen und um sich einen Platz in der Gesellschaft zu verschaffen. Die Adoleszenz betont im Unterschied zur Pubertät den kulturellen Einfluss. Sie ist ein Werk des Menschen. Der Verlauf der Adoleszenz wird geprägt durch die kulturellen Angebote, die eine Gesellschaft zur Verarbeitung des pubertären Umbruchs bereithält. In vielen Kulturen hat man *Initiationsriten* benutzt, um die körperlichen und psychischen Wallungen in den Griff zu bekommen und die Pubertierenden in die bestehende Gesellschaft einzubinden. Solche Pubertätsriten waren in früheren Zeiten für alle Heranwachsenden obligatorisch. Man gab den Jugendlichen vor, auf welche Weise sie sich von der Kindheit zu verabschieden hatten, wie sie in einer Zeit des Übergangs – zumeist außerhalb der gewohnten Lebensweise – die Fertigkeiten und die Einstellungen für ihr späteres Leben erlernten, und wie sie sich dann als Erwachsene in die Gesellschaft auf neue Weise einfügen mussten. Die Zeit des Übergangs war in jenen sogenannten „kalten Kulturen", die keine Veränderungen zuließen, verhältnismäßig kurz. Die Adoleszenz war auf wenige Tage oder Wochen begrenzt.

Dagegen ist in „heißen Kulturen", also jenen mit starkem Wandel, der Übergang in das Erwachsenenalter nicht mehr solchen allgemeinverbindlichen Ritualen unterworfen. Es bilden sich durch moderne Jugendkulturen zwar immer wieder neue ritualisierte Elemente heraus und es kommen aufgrund von Migration andere Riten hinzu, aber sie zeigen eher an, wie vielfältig der Weg sein kann; sie haben den Verpflichtungsgrad der früheren Kulturen verloren.

Die mit der Adoleszenz verknüpften inneren Spannungen können in der heutigen Gesellschaft verstärkt ausgelebt werden. Die Jugendphase ist offener und länger geworden. Während noch vor knapp hundert Jahren der experimentelle Charakter der Jugendphase vorrangig den bürgerlichen Schichten und den männlichen Jugendlichen vorbehalten war, kamen durch die Verlängerung von Ausbildungszeiten und die Auflösung von gesellschaftlich vorgegebenen Normen und Lebensweisen auch die Mädchen sowie mittleren und unteren Schichten in den Genuss von „Möglichkeitsräumen" (King 2002). Im Idealfall steht Jugendlichen ein „psychosoziales Moratorium" (Erikson), eine Auszeit zur Verfügung, in der sie noch relativ frei von Verantwortung sind. Allerdings hat sich die Entwicklung nicht einfach auf diesem Weg fortgesetzt und eine Art Moratorium für alle Jugendlichen geschaffen. Die stärksten Einschränkungen von Freiräumen und Möglichkeitsräumen erleben vor allem jene, die aufgrund ihrer Herkunft mit geringem sozialem Kapital ausgestattet sind und sich den unsichereren Zukunftserwartungen ausgesetzt sehen.

Eine Einteilung der modernen Adoleszenz in *drei Zeitphasen* ist sinnvoll: Frühe, mittlere und späte Adoleszenz. Die Zeit der Pubertät oder frühe Adoleszenz meint die Heranwachsenden zwischen 9/13 und 14/16 Jahren. Unter mittlerer Adoleszenz versteht man die Zeit jenseits der unmittelbaren körperlichen Veränderungen, in der man sich im Alter zwischen 14/16 und 18/19 in sozialen Beziehungen außerhalb des Elternhauses erprobt und teilweise bereits die ökonomische Selbständigkeit erwirbt oder vorbereitet. Die späte Adoleszenz oder das „junge Erwachsenenalter" zwischen 18/19 und 25/30 erfährt in den letzten Jahren erhöhte Aufmerksamkeit, weil sich zumeist erst in dieser Zeit entscheidet, ob und wie sich die Heranwachsenden in die Gesellschaft einfädeln können oder ob sie sich in einer Position der Ausgrenzung wiederfinden (Böhnisch 2012).

11.2 Familie, Liebe, Arbeit und Selbst als Bewältigungsfelder der Adoleszenz

Im Unterschied zur Kindheit stehen in der Jugendphase neue Herausforderungen an. Dazu stelle ich im Folgenden – im Unterschied zu den normierenden Entwicklungsaufgaben, wie von der Entwicklungspsychologie favorisiert – vier Bewältigungsfelder heraus. Die *Bewältigungsperspektive* ermöglicht uns einen offeneren Zugang, weil sie herausstellt, dass ein Subjekt handlungsfähig bleiben muss. Das schließt auch jene Muster mit ein, die als gefährdend oder gefährlich gelten, aber aus Notlagen heraus zur Wiederherstellung eines psychosozialen Gleichgewichts wirksam werden (Böhnisch 2012, S. 46 f.).

In der Adoleszenz ist eine Bewältigung auf den Feldern Familie, Liebe, Arbeit und Selbst unumgänglich,

- weil Jugendliche sich erstens *von ihren Eltern lösen* und die familiären Beziehungen umgestalten müssen,
- weil sie sich zweitens mit der Pubertät zu einer – auch genitale Liebe und Fortpflanzung einschließenden – *Liebesfähigkeit* gedrängt fühlen,

- weil sie drittens eine gesellschaftlich definierte *Arbeitsfähigkeit* für ihre Reproduktion benötigen
- und weil viertens gegensätzliche Erfahrungen und Gefühle *im Selbst zu integrieren* sind, um in sozialen Interaktionen bestehen zu können.

Diese Bewältigungsfelder sind dem gesellschaftlichen Wandel ausgesetzt; ich stelle einige aktuelle Tendenzen dar.

Die *Ablösung von den Eltern* kann divergierende Erscheinungsformen aufweisen, wenn man die heftig und öffentlich ausgetragenen Konflikte in den 1960er- und 70er-Jahren mit den seit den 1990er-Jahren sich im wesentlich innerhäuslich abspielenden Dramen vergleicht. Die Jugendlichen ziehen seltener früh von zu Hause aus und sie begeben sich politisch und sub-kulturell nicht mehr so häufig in einen schroffen Gegensatz zu den Eltern. Die Sozialwissenschaften haben daraus so manche voreiligen Schlüsse gezogen, wenn beispielsweise die Shell-Studie (Deutsche Shell 2000) eine weitgehend normative Übereinstimmung zwischen Eltern und ihren heranwachsenden Kindern konstatierte und die Ablösungskonflikte als nicht länger gültiges „Bestimmungsmerkmal" von Jugend bezeichnete. Zugleich boomt die Ratgeberliteratur zur Pubertät auch zu Beginn der 2010er-Jahre, die meisten Familien müssen heftige Konflikte überstehen und viele Eltern nehmen vermehrt pädagogische und therapeutische Hilfen in Anspruch.

Auch die Hinwendung zu den Peers als einer mit den Ablösewünschen verbundenen Erscheinung ist ungebrochen. Die heutigen Jugendszenen und -kulturen sind weniger klar konturiert und vielfältiger; die virtuellen Gemeinschaften im Netz bieten zudem Erweiterungen der Möglichkeitsräume an.

Für die Entwicklung von *Liebesfähigkeit* muss in der Adoleszenz aufgrund der nun gereiften Fähigkeit zur Fortpflanzung die Leistung vollbracht werden, die genitale Sexualität mit der Zärtlichkeit zu verbinden. Die von Sigmund Freud herausgestellte Zweizeitigkeit der Sexualentwicklung – einer ersten in der frühen Kindheit und einer zweiten ab der Pubertät – kann als grundlegend für ein Verständnis gegenüber dem Jugendalter gelten, nicht weil Sexualität das alles dominierende Thema ist, sondern diese grundlegende Differenz zwischen Kindes- und Jugendalter darin gründet. Vergleicht man die Handlungen und Interaktionen zwischen Eltern und ihren Kindern im Kindes- und im Jugendalter, so haben sie eine zum Teil vollkommen andere Bedeutung. Freud fasst die besonderen Leistungen, die Jugendliche im Konfliktfeld zwischen Eltern, Sexualität und Kultur vollbringen müssen, wenn sie ihre Liebeswünsche nicht länger bei den Eltern realisieren können, folgendermaßen zusammen: „Gleichzeitig mit der Überwindung und Verwerfung dieser deutlich inzestuösen Phantasien wird eine der bedeutsamsten, aber auch schmerzhaftesten, psychischen Leistungen der Pubertätszeit vollzogen, die Ablösung von der Autorität der Eltern, durch welche erst der für den Kulturfortschritt so wichtige Gegensatz der neuen Generation zur alten geschaffen wird" (Freud 1905, S. 95).

Der öffentliche Umgang mit Liebe und Sexualität hat sich in den letzten Jahrzehnten radikal gewandelt. Was früher verheimlicht wurde, steht heute über diverse Medien offen zur Schau. Das ruft auf der einen Seite den Kinder- und Jugendschutz auf den Plan und führt auf der anderen dazu, dass Jugendliche sich ihre Aufklärung selbst beschaffen können und viele Eltern in der Täuschung leben, denen stehe doch alles vergleichsweise offen.

Doch die Eroberung der sexuellen Geheimnisse braucht Zeit und Raum. Angesichts des zur Verfügung stehenden großen Freiraums im Umgang mit Sexualität ist der Erfahrungs- und Lernprozess unter heutigen Jugendlichen noch wichtiger geworden, weil mit dem neuen Freiraum auch unhinterfragte sexuelle Normen und eindeutige Rollenmuster weggebrochen sind. Insofern seien, so eine Studie des DJI, die „Anforderungen an Jugendliche gewachsen, selbst wahrzunehmen, zu ‚spüren', was ihnen persönlich gut tut" (Stich 2003, S. 100).

Zum Status des Erwachsenen gehört in einer arbeitsteilig organisierten Gesellschaft die *Arbeitsfähigkeit* in dem Sinn, zu einer eigenständigen Lebensführung in der Lage zu sein. Von der seit Mitte der 1970er-Jahre in den entwickelten kapitalistischen Gesellschaften etablierten Sockelarbeitslosigkeit und von den zunehmend unterfinanzierten Teilzeitbeschäftigungen geht eine Bedrohung gegenüber jungen Menschen aus. Das ist besonders dann der Fall, wenn bereits die Eltern in prekären Verhältnissen leben und sie ihren Kindern kaum eine gute Bildung und Ausbildung ermöglichen können. Arbeitslosigkeit oder die Aussicht auf Arbeitslosigkeit führen im Jugendalter unweigerlich zu einer gesteigerten Diskrepanz zwischen dem Wunsch nach sozialer Anerkennung und Integration einerseits und der offenen oder subtilen Verweigerung von Aufnahme in die Gesellschaft andererseits. Unter diesen Bedingungen die geforderte Arbeitsfähigkeit zu entwickeln, fällt schwer. Die unsicheren Zukunftsaussichten für Jugendliche und der fehlende Halt angesichts drohender Exklusion haben auch erhebliche Auswirkungen auf das vierte Bewältigungsfeld.

Gegensätzliche Erfahrungen und polare Persönlichkeitsanteile gilt es, im Verlauf der Adoleszenz ein Stück weit *im Selbst zu integrieren*. Die Veränderungen in der Adoleszenz führen zu einer Dezentrierung des Subjekts; es muss sich von den infantilen Liebesobjekten lösen, sieht sich mit neuen sexuellen Erregungen konfrontiert und muss seine Beziehungen umgestalten. Es sucht ein neues Gleichgewicht. Denn der Mensch ist – auch angesichts von gesellschaftlichen Freisetzungsprozessen – über seine Leiblichkeit gezwungen, das Selbst im Sinne einer Gesamtheit der seelischen Vorgänge und Instanzen in eine Kohärenz zu bringen. Die von der jüngeren Sozialwissenschaft teilweise vertretene Vorstellung, dass Teil-Identitäten wie unverbunden nebeneinander existieren, ist aus einer leibseelischen Perspektive nicht haltbar (Bohleber 1999, S. 513).

11.3 Geschlechtsspezifisch und kulturell bedingte Differenzen

Die Adoleszenz markiert *geschlechtsspezifische Differenzen*. Der Stimmbruch beim Jungen hat eine andere Entwicklungsbedeutung und wird anders erlebt als das Wachstum des Busens beim Mädchen. Die genitale Reife muss sich für einen Jungen anders anfühlen als für ein Mädchen, allein aufgrund der Tatsache, dass die Gebärfähigkeit allein der Frau vorbehalten ist. Wenn wir über die „Bedeutung" von Geschlechtsmerkmalen nachdenken, befinden wir uns niemals pur in der Welt der Biologie, sondern haben es immer zugleich mit kulturellen und sozialen Zuschreibungen zu tun. Denn wie die Männer auf den wachsenden Busen der Mädchen reagieren, ist kulturbedingt. Und es ist auch kulturbedingt, wenn die körperlichen Zeichen bei einem werdenden Mann keine vergleichbare öffentliche Beachtung bei Frauen erfahren wie die Zeichen der Mädchen bei Männern.

Hinsichtlich der geschlechtsspezifischen Zuschreibungen ist auffällig, dass trotz starker Tendenzen zu einem möglichst gleichberechtigten Umgang mit beiden Geschlechtern die Weiblichkeit weiterhin anders inszeniert wird als die Männlichkeit. Und das beginnt in der Pubertät, wenn der Blick auf die Mädchen viel eindeutiger geschlechtlich ausgerichtet ist und sich der Blick auf die Jungen zu einem großen Teil um den Wettbewerb mit anderen Jungen dreht (Sichtermann 2002).

Ein weiteres aber erst in Ansätzen erforschtes Thema ergibt sich aus *kulturell bedingten Differenzen*, weil die Adoleszenz anders verläuft, wenn die Heranwachsenden in ihren Familien mit traditionellen Lebensweisen und Geschlechterrollen konfrontiert sind. Doch die Wirkungen sind weniger gradlinig und eindeutig, als gemeinhin angenommen. Eine Reihe von jüngeren Studien, in denen junge Migrantinnen und Migranten selbst zu Wort kommen und die Interpretationen ihres Selbstbildes und ihrer Entwicklung darstellen, belegen eine biografische Vielfalt und die Entwicklung neuer kultureller Ausdrucksformen (King 2008; Riegel und Geisen 2010). Die Jugendlichen und jungen Erwachsenen mit Migrationshintergrund sind einer verdoppelten Herausforderung ausgesetzt, weil sie Trennung und Umgestaltung im Verlauf ihrer Adoleszenz bewältigen und sich – migrationsbedingt – in der Auseinandersetzung zwischen Herkunftsfamilie und Ankunftsgesellschaft positionieren müssen. Sie sind im Hinblick auf Umgestaltungskompetenz in spezifischer Weise gefordert. Diese Sichtweise ist übrigens nicht mit dem gängigen Bild kompatibel, Jugendliche mit Migrationshintergrund befänden sich „zwischen zwei Stühlen". Denn dieses Bild unterstellt homogene Systeme (Riegel und Geisen 2010, S. 9). Die in den Studien interviewten Jugendlichen jedoch machen deutlich, wie unterschiedlich der Umgang mit den Differenzen sein kann – man kann sie vermeiden, defensiv offenhalten oder auch extensiv ausleben – und unterschiedlich die Adoleszenz im Zusammenspiel der vielen Einflussfaktoren verlaufen kann.

11.4 Jugendliche und Jugendarbeit – Konsequenzen und Anregungen

Erstens. Die Angebote für Jugendliche in der ersten „heißen" Phase der Adoleszenz sollten sich von denen für Kinder wegen der nun notwendigen Distanzierung gegenüber den Eltern der Jugendlichen unterscheiden. Während eine enge Kooperation mit den Eltern im Kontext von Arbeit mit Kindern empfehlenswert ist, kann diese Kooperation mit der hier besprochenen Altersgruppe zu einem Problem werden. Anderseits bietet die Jugendarbeit den Eltern bisweilen die einzige Möglichkeit, noch jenseits des Jugendamtes Gespräche über Belastungen führen zu können, denen ihre Kinder offenbar ausgesetzt sind.

Zweitens. Die Jugendarbeit sollte die Bedeutung der Peers ernst nehmen, an den Cliquen ansetzen, Gleichaltrigenleben ermöglichen und zugleich Neues und Erweiterndes bieten. Auf ein solches „Darüberhinaus" kommt es an, denn das pure Cliquenleben können die Jugendlichen zumeist ohne die Jugendarbeit gestalten.

Drittens. Mädchen und Jungen gehen sich in den ersten Jahren der Pubertät zuweilen sehr deutlich aus dem Weg; gemischtgeschlechtliche Gruppen und Projekte werden von den 12- bis 14-jährigen häufig nicht gewünscht oder man kann auch sagen „nicht ertragen". In dieser Zeit ist die Affinität zum eigenen Geschlecht und – vor allem bei Jungen – die Unsicherheit über die Geschlechtsidentität und die damit verknüpfte Angst besonders groß. Phasenweise getrennt geschlechtlich zu arbeiten, kann von daher sehr angemessen sein (Schröder 1991, S. 70 f.).

Viertens. Thematisch scheint sich anzubieten das aufzugreifen, was die Jugendlichen in dieser Zeit besonders beschäftigt: Liebe, Freundschaft, Sexualität. Aber die Erfahrungen zeigen, dass sich die Jugendlichen häufig als zu „dicht dran" empfinden, um mit anderen, zumal mit Älteren darüber zu sprechen. Die engste Freundin oder die verschworene Jungengemeinschaft sind übergangsweise oft der einzige Ort, an dem man sich traut, die eigenen Gefühle zu zeigen. Viele Jugendliche holen sich in dieser Zeit die ersehnten Informationen lieber auf anonyme Weise – über Zeitschriften, Fernsehen, Internet. Zu reflexiven und selbstreflexiven Gesprächen in einer Gruppe oder zu einer Mitarbeit an einem Projekt wird man eher Jugendliche in der mittleren Adoleszenz 15/16 Jahren gewinnen können, wenn bereits eine gewisse Distanz zu den „Ersterfahrungen" vorhanden ist.

Fünftens. Jugendarbeit kann dann eine belebende und stärkende Funktion für den experimentellen „Möglichkeitsraum" der Jugendphase übernehmen, wenn die Jugendarbeit für die Jugendlichen zu „ihrem" Ort wird. Dabei kommt es für die Jugendarbeit darauf an, nicht nur offen zu sein, sondern diesen Bedeutungen eine konkrete Gestalt in Form von adäquaten Angeboten und Strukturen zu geben, damit Jugendliche sich darin wieder finden bzw. daran reiben und sich soziale Räume aneignen können.

Literatur

Böhnisch, L. (2012). *Sozialpädagogik und Lebensalter. Eine Einführung* (6., überarb. Aufl.). Weinheim und München.

Bohleber, W. (1999). Psychoanalyse, Adoleszenz und das Problem der Identität. *Psyche, 53*(6), 507–529.

Deutsche Shell (Hrsg.). (2000). *Jugend 2000*. Opladen.

Freud, S. (1905). *Drei Abhandlungen zur Sexualtheorie*. Frankfurt.

King, V. (2002). *Die Entstehung des Neuen in der Adoleszenz. Individuation, Generativität und Geschlecht in modernisierten Gesellschaften*. Opladen.

King, V. (2008). Aufstieg aus der bildungsfernen Familie? Anforderungen in Bildungskarrieren am Beispiel junger Männer mit Migrationshintergrund. In A. Henschel, R. Krüger, C. Schmitt, & W. Stange (Hrsg.) *Jugendhilfe und Schule. Handbuch für eine gelingende Kooperation* (S. 333–346). Wiesbaden.

Riegel, C., & Geisen, T. (Hrsg.). (2010). *Jugend, Zugehörigkeit und Migration. Subjektpositionierung im Kontext von Jugendkultur, Ethnizitäts- und Geschlechterkonstruktionen* (2., durchges. Aufl.). Wiesbaden.

Schröder, A. (1991). *Jugendgruppe und Kulturwandel. Die Bedeutung von Gruppenarbeit in der Adoleszenz.* Frankfurt.

Schröder, A., & Leonhardt, U. (2011). *Kooperation zwischen Jugendarbeit und Schule. Wie Jugendarbeit schulisches Lernen erweitert.* Schwalbach/Ts.

Sichtermann, B. (2002). *Frühlingserwachen. Pubertät – Wie Sex und Erotik alles verändern.* Reinbeck.

Stich, J. (2003). Annäherungen an Sexualität. Ein empirisches Forschungsprojekt mit Jugendlichen. *Zeitschrift für Sexualforschung, 16*(2), 99–115.

Ältere Jugendliche und junge Erwachsene im Schatten der Jüngeren

12

Marion Panitzsch-Wiebe

12.1 Vorbemerkung

Der Fokus des folgenden Beitrags liegt auf der Gruppe der älteren Jugendlichen und jungen Erwachsenen, die gesellschaftlich gegenwärtig wenig Beachtung findet oder sogar als problematisch in das Bewusstsein der Öffentlichkeit dringt. Verfolgt man die Berichterstattung in den Medien, so wird dort ein Bild von jungen Menschen gezeichnet, welches sich auf die Darstellung von Gewalttätigkeit, Kriminalität und Drogengenuss dieser Gruppe konzentriert. Leider wird dabei der Zusammenhang von niedrigem Bildungsniveau, Migrationshintergrund und abweichenden Verhalten häufig unreflektiert herausgestellt. Junge Erwachsene werden so zu einer gesellschaftlichen Risikogruppe erklärt, die in den letzten Jahren Debatten um schärfere Kontrollen, strengere Sanktionen und rigide gesetzliche Regelungen in der Öffentlichkeit, der Politik aber auch in Fachkreisen hervorrief. Letztere Entwicklung ist ebenso problematisch wie die einseitige Konzentrierung auf den Ausbau möglichst früher Förderungsprogramme, die die Vernachlässigung und Marginalisierung einer Zielgruppe nach sich zieht, die auch in Fachpublikationen als gefährdete oder abgeschobene Generation beschrieben wird. Junge Menschen wachsen heute ohnehin in einer Gesellschaft auf, die zunehmend gleichgültig gegenüber der nachwachsenden Generation und ihren Entwicklungsproblemen wird und das, obwohl die gesellschaftliche Erwartungshaltung vor dem Hintergrund ständiger, rasanter Veränderungen gleichermaßen anspruchsvoller geworden ist. Die nachwachsende Generation hat einerseits vorgeschriebenen Identitätsmustern zu entsprechen wie das Herausbilden einer beruflichen und geschlechtlichen Rolle, einer normativen, kulturellen und politischen Orientierung und, andererseits sind moderne Lebensläufe von Brüchen, Übergängen, Leistungsdruck und

Dr. phil. Marion Panitzsch-Wiebe ✉
Department Soziale Arbeit Hamburg, Hochschule für Angewandte Wissenschaften Hamburg,
Alexanderstr. 1, 20099 Hamburg, Deutschland
e-mail: marion.panitzsch-wiebe@haw-hamburg.de

Neuanfängen geprägt, was ein hohes Maß an Selbstsicherheit, Selbstvertrauen und Flexibilität erfordert. Ältere Jugendliche und junge Erwachsene sind mit der Bewältigung der gesellschaftlichen Anforderungen vielfach auf sich allein gestellt, verbunden mit einem hohen Risiko des Scheiterns. Konsequenterweise hat eine moderne Gesellschaft, wie die unsere, die nötigen Begleitungs- und Unterstützungsangebote für diese Altersgruppe bereit zu halten. Im Folgenden gilt es die Gruppe der „jungen Erwachsenen" im Kontext gesellschaftlicher Entwicklungen genauer zu betrachten, auf ihre Situation in prekären Lebenslagen einzugehen und sie als Zielgruppe der Sozialen Arbeit zu beschreiben.

12.2 Junge Erwachsene im Kontext gesellschaftlicher Entwicklungen

Der Titel des Beitrags hebt auf die Zielgruppen ältere Jugendliche und junge Erwachsene ab. Wenn die Beschreibungen im Text die Altersphase der 18–25-jährigen – im Einzelfall durchaus auch jünger oder älter – im Blick haben, spiegelt sich hier eine neuere Entwicklung im Rahmen der institutionalisierten Lebensläufe, die jugendtheoretisch mit den Begriffen *Entstandardisierung*, *Entgrenzung* und *Entstrukturierung* des Jugendalters gefasst wird. Diese verweist darauf, dass vor dem Hintergrund gesellschaftlicher Modernisierungsprozesse die Übergänge zwischen dem Jugend- und Erwachsenenalter weniger eindeutig und komplexer geworden sind. Zum einen müssen Jugendliche Erwachsenen-Aufgaben gerecht werden, zum andern münden immer weniger junge Menschen nach dem Abschluss der Schule in das Erwerbsleben ein, womit ein klassisches Merkmal des „Erwachsen-Seins" nicht erfüllt wird. „Die Grenzen sind fließend geworden, offen und es ist kaum möglich eine festgelegte Altersspanne für das Passieren des Übergangspunktes zwischen beiden Lebensphasen anzugeben" (Chassé 2008, S. 106). Viele junge Menschen benötigen zunehmend mehr Zeit, um die Entwicklungsaufgaben des Jugendalters abzuschließen, da sie länger im Bildungssystem verharren und somit länger ökonomisch abhängig sind. Zugleich werden sie in Bereichen der ethisch-kulturellen, politischen, geschlechtsspezifischen und sozialen Entwicklungsaufgaben selbständig und unabhängig. Chassé spricht hier von einer frühen soziokulturellen bei später sozioökonomischer Selbständigkeit (vgl. ebd.). Die Verschiebungen der lebensbiografischen Bewältigungsthemen und die zunehmende Orientierungs-Komplexität haben zur Veränderung jugendlicher Lebensläufe geführt. Die Jugendphase mündet nicht mehr bruchlos in das Erwachsenenalter ein, sondern eine Nach-Phase des Jungseins konstituierte sich seit Mitte der 80er-Jahre als weitere Form des Übergangs. Insbesondere die Entgrenzungen der Ökonomie (vgl. Elsen 2007) – die Überformung aller Lebensbereiche und Lebensformen durch die Profitlogik des Marktes – und die Flexibilisierungsprozesse von Arbeit forcierten die weitere Ausdifferenzierung der Lebensphasen und das „junge Erwachsenenalter" bildet eine Brücke zwischen den gesellschaftlichen Gruppen Jugend und Erwachsene. Paradoxerweise sehen die gesellschaftlichen Normalisierungsprozesse junger Menschen zeitgleich eine Ausdifferenzierung und eine Entdifferenzierung jugendlicher Lebensphasen vor (vgl. Galuske und Rietzke 2008). Junge Erwachsene haben zusätzlich zu den ihnen zugeordneten Aufgaben und Anforderungen jene zu identifizieren, die flexibilisiert im Lebenslauf eingearbeitet werden können, dieses kann sich auf zusätzliche Studienzeiten, Qualifizierungsmaßnahmen oder Familiengründungen beziehen. Während kindliche Orientierungsmuster weniger gesellschaftlichen Veränderungsprozessen unterliegen, werden die Verfallszeiten für Jugendliche immer kürzer. Die fast gänzliche Ökonomisierung aller gesellschaftlichen Sektoren führt dazu, dass jeglicher Lebensbereich des Menschen bis hin zu individuellen Subjektivierungsprozessen der Rationalität von Effizienz und Effektivität Folge zu leisten hat (vgl. Brökling 2007). So wird auch das knapper werdende Gut Jugend von der Erwachsenen-Gesellschaft vornehmlich unter dem Focus der Verwertbarkeit wahrgenommen. Erwartet werden die bruchlose Einfädelung in den Produktionsbereich bzw. die zügige Vorbereitung für den Arbeitsmarkt. Die verlängerte Übergangsphase des jungen Erwachsenenalters birgt für alle, die nicht den Anforderungen modernisierter Vergesellschaftung gerecht werden können, ein hohes Maß des Scheiterns und fatalerweise führt genau das Wissen um solche Risiken zum Scheitern.

12.3 Junge Erwachsene im Spannungsfeld gesellschaftlicher Anforderungen und eigener Aneignungsprozesse oder die Frage nach dem Verhältnis von Identität und Reproduktion

Die strukturellen Veränderungen des Übergangs können als Zunahme an Anforderungen interpretiert werden (vgl. Stauber und Walther 2002). Und es scheint so, folgt man aktuellen Statistiken und Veröffentlichungen zu Arbeitslosigkeit, Armut und Bildungsabbrüchen, dass in einigen Regionen Deutschlands 20–30 % junger Erwachsener den gesellschaftlichen Imperativen in einer sich weiter spaltenden Gesellschaft scheinbar nicht gewachsen sind. Die Folgen von Armut, Arbeitslosigkeit, Bildungssegregation, fehlende Schul- und Berufsabschlüsse, eingeschränkte kulturelle und soziale Teilhabe, psychosoziale und gesundheitliche Probleme erzeugen eine derart erschreckend hohe Zahl von gesellschaftlicher Benachteiligung und Exklusion. Trotz gesellschaftlichen Wandels und veränderter Übergänge haben sich junge Erwachsene immer auch mit den klassischen Entwicklungsaufgaben an eine „Normalbiographie" auseinanderzusetzen. Dabei handelt es sich im Wesentlichen um fünf gesellschaftlich wirksame Mächte der Reproduktion hoch entwickelter kapitalistischer Staaten, wie die Reproduktion des politischen Systems, der Geschlechterverhältnisse, der Sinn- und Deutungssysteme, der sozialen Gruppen und der Reproduktion sozialer Ungleichheit. Junge Menschen stehen konkret vor der Herausforderung sich auf die Übernahme einer Berufsrolle vorzubereiten, ihre Staatsbürger/innen-Rolle zu konkretisieren, sich politisch zu orientieren, moralische Prinzipien und Wertemuster und Vorstellungen von der eigenen Lebensform eingebettet in übergreifende Sinnzusammenhänge zu entwickeln. Erwartet werden eine Vorbereitung und Einfädelung in den Arbeitsmarkt, zugleich stehen Fragen zu Lebensstil, Partnerschaft, Familiengründung und Wohnungssuche an. Die eigene Identitätsarbeit wird jedoch immer schwieriger in einer Lebensphase, die von Fragmentierung, Gleichzeitigkeiten, Diversifizierung und Individualisierung geprägt wird. Nach Walther (2008) befinden sich junge Erwachsene in einem biographischen Dilemma und „Yoyo-Übergängen", da diese Altersphase immer weniger einer linearen Statuspassage entspricht. Junge Erwachsene haben sich flexibel gegenüber den Erwartungen des Arbeitsmarktes und den Bildungsinstitutionen zu verhalten, einzelne Lebensbereiche voneinander abzukoppeln und sie unterschiedlich der Jugend- oder Erwachsenenphase zuzuordnen und bleiben letztlich in dem Bemühen um die Entwicklung eigener Lebensentwürfe und der Vorstellung von einmaliger Ich-Identität auf sich allein gestellt oder werden bei ihren subjektiven Aneignungsprozessen blockiert, da „das postmoderne Problem der Identität" darin besteht, „die Festlegung zu vermeiden und sich Optionen offen zu halten" (Chassé 2008, S. 111). Dabei sind viele Jungerwachsene auf die Bewältigung aktueller Schwierigkeiten und Nöte wie der Umgang mit Frustration und Perspektivlosigkeit fokussiert, was individuelle Zukunftsplanungen erschwert. Ältere Jugendliche und junge Erwachsene stehen vor der Aufgabe, selbständig Lösungsmuster zu entwickeln, allerdings stehen kaum institutionelle Freiräume und gesellschaftliche Übungsfelder zur Verfügung. Die fortgesetzte Aneinanderreihung von misslungenen Orientierungsversuchen und Handlungsentwürfen und vergeblichen Sozialintegrationsbemühungen drängt junge Menschen zunehmend in die Marginalbereiche des sozialen Randes (vgl. Thomas 2010). Die verlängerte Übergangsphase des „jungen Erwachsenen" wird so zu einer Phase des Risikos, ohne dass sie die entsprechend öffentliche, politische und institutionelle Beachtung und Unterstützung erhält.

12.4 Junge Erwachsene in prekären Lebenslagen

Zusätzlich zur Herausforderung klassischen Entwicklungsaufgaben einer jugendlichen „Normalbiographie", bei gleichzeitigen Diversifizierungs- und Auflösungsprozessen derselben, zu entsprechen, haben zunehmend mehr junge Menschen die besonderen Belastungen aus prekären Lebenssituationen individuell zu bewältigen. Unter den Heranwachsenden ist die Gruppe der jungen Erwachsenen am höchsten von Armut betroffen. Junge Erwachsene und Haushalte mit Kindern insbesondere Alleinerziehende unterliegen dem größten Armutsrisiko. Ein Viertel der 19- bis 25-jährigen lebt unter der Armutsschwelle, was vorrangig auf Brüche im Bildungsverlauf, verlängerten Bildungs- und Ausbildungszeiten, schwierigen Übergängen in den Arbeitsmarkt und prekären Beschäftigungsverhältnissen zurück zu führen ist (vgl. Frick und Grabka 2010). Während Kinderarmut breit publiziert und debattiert wird, ist Armut bei älteren Jugendlichen und Jungerwachsenen ein kaum erforschtes Gebiet. Obwohl das Jungerwachsenen-Alter in der aktuellen Fachliteratur übereinstimmend als Phase „der radikalisierten Risiken" (vgl. Chassé 2008), als Phase „sich manifestierender sozialer Ungleichheit" (vgl. Walther 2008) oder als Phase „der Entwertung" (vgl. Bock und Schroer 2008) thematisiert wird und sich in der gegenwärtigen Armutsdebatte zunehmend das Verständnis von Armut als Lebenslage durchgesetzt hat – es geht um eine mehrdimensionale Unterversorgung in den Bereichen Existenzsicherung, Bildung, Gesundheit und Teilhabe –, wird die Situation junger Erwachsener gesellschaftlich und sozialpolitisch einseitig unter dem Verwertbarkeitsaspekt auf dem Arbeitsmarkt beleuchtet. Zunehmend setzt sich ein allgemeiner Konsens durch, junge Menschen, die im Alter zwischen 20 und 30 Jahren deutlich höher von (friktioneller) Arbeitslosigkeit betroffen sind als andere Altersgruppen (Statistik der Bundesagentur für Arbeit 2009), stärker zu sanktionieren, wenn arbeitsgesellschaftliche Zumutungen auf Ablehnung stoßen. Erwartet werden die Hinnahme von niedriger Entlohnung, schlechteren Arbeitsbedingungen, Einschränkungen bei der Berufswahl und beruflicher Warteschleifen. Die Sonderregelungen des SGB II sehen für unter 25-jährige ALG II-Empfänger/innen vor, sie sofort nach der schulischen Bildung in Ausbildung, Arbeit oder Arbeitsgelegenheit zu vermitteln. Wird eine zumutbare Arbeit, Ausbildung, Arbeitsgelegenheit oder Eingliederungsmaßnahme abgebrochen oder verweigert droht der unmittelbare Wegfall der Regelleistung. Da die Maßnahmen häufig an den Bedürfnissen und Bedarfen junger Erwachsener vorbeigehen, geraten diese in einen weiteren Sog gesellschaftlicher Exklusion. Ferner kann die am 1.4.2006 in Kraft getretene Neuregelung des SGB II, Jungerwachsene grundsätzlich zur Bedarfsgemeinschaft ihrer Eltern zu zählen und ihnen einen Auszug nur bei schwerwiegenden sozialen Gründen zu bewilligen, zur Prekarisierung dieser Lebensphase beitragen, da für viele nur ein Leben auf der Straße bleibt. Die Folgen von Benachteiligung, fehlender Partizipations- und Teilhabemöglichkeiten sind vielfältig. Unsicherheit, Selbstzweifel, Selbstwertstörungen, Einsamkeit und Isolierung, Perspektivlosigkeit, Pessimismus und Resignation, Rückzug, Krisen und psychische Störungen aber auch die Flucht in Ersatzhandlungen lassen die Nach-Jugendphase zu einem Projekt des individuellen Krisenmanagements werden. Vor der Folie ihres Gegenstandes, sozialen Problemen und dem gelingenden Leben, hätte Soziale Arbeit für derart belastete und risikoreiche Lebenssituationen entsprechende Angebote und Maßnahmen in ausreichendem Maße bereit zu halten. Hier wirken nicht nur sozialpolitische Entscheidungen, vor dem Hintergrund von gesellschaftlichen Umverteilungsproblemen, blockierend, sondern auch professionelle und disziplinäre Ausrichtungen der Sozialen Arbeit selbst.

12.5 Junge Erwachsene als Zielgruppe Sozialer Arbeit

Insgesamt muss das Bemühen um eine Bewältigung breit diskutierter und untersuchter gesellschaftlicher Armutsprobleme als relativ folgenlos bezeichnet werden. Auch die diesbezügliche Praxis der Sozialen Arbeit weist wenige Erfolge auf. Während für die Mütter und Väter der Sozialen Arbeit Lebenselend, Verwahrlosung, Armut, soziale Benachteiligung und ungleiche Lebensbedingungen die Basis ihres Wirkens darstellte, mit dem vornehmsten Ziel, die Schwachen durch soziale Hilfen wieder in die Gesellschaft zu integrieren, entdecken wir in der gegenwärtigen Praxis Formen zunehmender Armutsverwaltung, Prozesse des „Creamings", dem Abschöpfen Erfolg versprechender Klientels, eine Streitkultur um Zuständigkeiten mit gleichzeitiger Parzellierung der Angebote, eine, um mit Winkler (vgl. Winkler 2004) zu sprechen, Event orientierte Arbeit: sprich, kurze Programme mit hohem Medienwert in denen „Jobhopper des Sozialen" beschäftigt werden und den Ausbau kurzfristiger Trainingsprogramme. So konturiert sich eine Soziale Arbeit, die gesellschaftliche Diskriminierungs-, Selektions- und Segmentierungsprozesse befördert und verstetigt. Gerade im Bereich der beruflichen Eingliederungsmaßnahmen beklagen die Einrichtungen ihren Verlust an konzeptionellen Gestaltungsmöglichkeiten. Die öffentliche Ausschreibungspflicht mit zentralisierten, auf Wettbewerb und Kostenreduzierung ausgerichteten Vergabeverfahren lassen keine Konzepte, Angebote und Projekte mehr zu, die die individuellen Bedarfe von jungen Erwachsenen und die regionalen Besonderheiten berücksichtigen. Statt nachhaltiger Integrationskonzepte genehmigt die Arbeitsverwaltung nur kurzfristig angelegte Maßnahmen. Älteren Jugendlichen und jungen Erwachsenen, die in der Regel einen längeren und qualitativ anderen Förderbedarf, als arbeitslose Erwachsene bei ihrer beruflichen Eingliederung haben, droht so ein dauerhafter Ausschluss vom Arbeitsmarkt (vgl. Lünenborg 2010). Während Maßnahmen der beruflichen Bildung und Integration ausdrücklich auf die Gruppe junger Erwachsener zielen, schwinden sie zunehmend als Adressaten der Kinder- und Jugendhilfe. Zwar sieht der rechtliche Rahmen des Kinder- und Jugendhilfegesetzes grundsätzlich eine Förderung der individuellen und sozialen Entwicklung und eine Förderung im Bereich der Erziehung zu einer eigenverantwortlichen und gemeinschaftsfähigen Persönlichkeit aller jungen Menschen im Alter bis 27 Jahren vor. Die Praxis zeigt allerdings, dass Hilfen für junge Volljährige über das 21. Lebensjahr auch „in begründeten Einzelfällen" die Ausnahme bilden. Auch die weniger interventionsintensiven, niedrigschwelligen Arbeitsfelder sprechen immer weniger ältere Jugendliche und junge Erwachsene an. So zählen zur Stammbesucherschaft der Offenen Kinder- und Jugendarbeit, die sich ohnehin seit Jahren unter einem kontinuierlichen – auch auf Grund ihrer Strukturmerkmale – Legitimationsdruck befindet und deren materielle und personelle Ausstattung sich stetig verschlechtert (vgl. Seckinger und van Santen 2009), eher Kinder, Kids und jüngere Jugendliche. Maßnahmen und Programme wie spezielle Beratungs- und informelle Bildungsangebote, die sich explizit an Ältere richten, werden kaum noch genannt. In einer Gemengelage gewachsener Anforderungen, permanenten Legitimationsdruck, sozialpolitischer Ignoranz, institutioneller Vereinnahmungsversuche, einer gespaltenen Jugendhilfe und gesellschaftlichen Ordnungserwartungen sind Identitätsdiffusionen in der offenen Arbeit verständlich, allerdings verringern sich die Teilhabemöglichkeiten der Älteren. Insgesamt läuft die Jugendhilfe Gefahr, sich in ihrer gegenwärtig eher einseitigen Ausrichtung auf die frühe Förderung von Kindern in den Dienst einer investiven Sozialpolitik (vgl. Dahme und Wohlfahrt 2005) stellen zu lassen und somit selektiv zu wirken, da Investieren immer die Konzentration auf ausgewählte gesellschaftliche Gruppen bedeutet, während andere kaum Berücksichtigung finden. Auf die Folgen prekärer Lebenslagen junger Menschen wird auch in Fachkreisen zu schnell und unhinterfragt mit repressiven Vorschlägen reagiert, während sich Fachdebatten und Ausgaben der Kinder- und Jugendhilfe eher auf den Ausbau „Früher Hilfen" und von Ganztags- und Bildungsangeboten konzentrieren. Die Notwendigkeit einer frühen Förderung insbesondere von Kindern in benachteiligten Lebenslagen soll nicht bestritten werden, dies darf jedoch nicht zur Marginalisierung junger Erwachsener führen.

12.6 Fazit

Eine Soziale Arbeit, die sich in den Dienst älterer Jugendlicher stellen will, steht vor einer Reihe professioneller und disziplinärer Herausforderungen. Dies betrifft eine veränderte Praxis genauso wie eine Rückbesinnung auf ihren Gegenstand, ihren Auftrag, ihre ethischen Prinzipien, ihr politisches Mandat und eine weiterführende Theoriedebatte. Eine Praxis, die nicht länger defizitorientiert, bestenfalls rein kompensatorisch wirken will, kommt nicht umhin, sich zum öffentlichen Fürsprecher für die Belange junger Erwachsener zu machen. Zeitgemäße Einmischungsstrategien sind zu entwickeln, um auf sozialpolitische Entscheidungsprozesse Einfluss zu nehmen zu Gunsten einer Sozialen Arbeit, die jungen Erwachsenen nachhaltige Unterstützungsangebote bei individuellen Bildungs-, Aneignungs- und Selbstbestimmungsprozessen bietet. Begleitende ethischnormative Reflexionen Sozialer Arbeit müssen zum einen das Recht auf Eigensinnigkeit und spezieller Bedürfnisse junger Erwachsener untermauern und zum andern Soziale Arbeit von ihrer rein ökonomischen Ummantelung zu befreien helfen. Die Arbeit mit jungen Erwachsenen darf nicht nur an gesellschaftlich normativen Erwartungen ausgerichtet sein, sondern muss auch Orientierungsoptionen und Gestaltungsalternativen aufzeigen. Die wirtschaftlichen und sozialen Entwicklungen dürfen nicht zur Bedrohung jugendlicher Lebensplanung werden und lebensbewältigende Unterstützungsangebote sind einzufordern. Eine Rückbesinnung und Neuausrichtung der Sozialen Arbeit mit jungen Erwachsenen mit ihren vielschichtigen Bedürfnissen, anspruchsvollen Entwicklungsbedarfen und Problemen ist eine professionelle Herausforderung, die durch weiterführende Theoriekonzepte, die die Übergangssituation und die lebensweltlichen Zusammenhänge junger Erwachsener beleuchten, begleitet werden muss. Abschließend sei vor einer völligen „Pädagogisierung" des jungen Erwachsenenalters gewarnt, da sie erfolgreiche Aneignungs- und Selbstbestimmungsprozesse behindert und die Folgen rein marktwirtschaftlicher Vereinnahmung verschleiert.

Literatur

Bingel, G., Nordmann, A., & Münchmeier, R. (2008). *Die Gesellschaft und ihre Jugend. Strukturbedingungen jugendlicher Lebenslagen*. Opladen und Farmington Hills: Barbara Budrich.

Böhnisch, L. (1993). *Sozialpädagogik des Kindes- und Jugendalters. Eine Einführung* (2. Aufl.). Weinheim und München: Juventa.

Brökling, U. (2007). *Das unternehmerische Selbst. Soziologie einer Subjektivierungsform*. Frankfurt a. M.: Suhrkamp.

Chassé, K.-A. (2008). Armut und prekäre Lebenslagen im jungen Erwachsenenalter. In T. Rietzke, & M. Galuske (Hrsg.), *Junges Erwachsenenalter. Lebensalter und Soziale Arbeit. Basiswissen Sozialer Arbeit, Bd. 4*. (S. 104–124). Baltmannsweiler: Schneider.

Dahme, H.-J., & Wohlfahrt, N. (Hrsg.) (2005). *Aktivierende Soziale Arbeit. Theorie – Handlungsfelder – Praxis*. Baltmannsweiler: Schneider.

Elsen, S. (2007). *Die Ökonomie des Gemeinwesens. Sozialpolitik und Soziale Arbeit im Kontext von gesellschaftlicher Wertschöpfung und -verteilung.* Weinheim und München: Juventa.

Fischer, J., & Merten, R. (2010). *Armut und soziale Ausgrenzung von Kindern und Jugendlichen. Problembestimmungen und Interventionsansätze.* Baltmannsweiler: Schneider.

Frick, J., & Grabka, M. (2010). Weiterhin hohes Armutsrisiko in Deutschland: Kinder und junge Erwachsene sind besonders betroffen. *Wochenbericht Deutsches Institut für Wirtschaftsforschung, 77*(7), 2–5.

Lünenborg, L. (2010). Kurzfristige Maßnahmen statt einem nachhaltigen Integrationskonzept. Einrichtungen der beruflichen Integration benachteiligter Jugendlicher und Erwachsener verlieren immer mehr an Gestaltungsmöglichkeiten. *Blätter der Wohlfahrtspflege. Zeitschrift für Soziale Arbeit, 157*(3), 104–106.

Panitzsch-Wiebe, M. (2010). Jugendhäuser ohne Jugend!? *FORUM für Kinder- und Jugendarbeit, 3,* 22–25.

Rietzke, T., & Galuske, M. (Hrsg.) (2008). *Junges Erwachsenenalter. Lebensalter und Soziale Arbeit.* Basiswissen Sozialer Arbeit, Bd. 4. Baltmannsweiler: Schneider.

Seckinger, M., & van Santen, E. (2009). Jugend in der Kinder- und Jugendhilfe – Vom Fokus zum Rand?. In J. Schulze-Krüdener (Hrsg.), *Jugend. Lebensalter und Soziale Arbeit.* Basiswissen Sozialer Arbeit, Bd. 3 (S. 186–209). Baltmannsweiler: Schneider.

Schulze-Krüdener, J. (Hrsg.). (2009). *Jugend. Lebensalter und Soziale Arbeit.* Basiswissen Sozialer Arbeit, Bd. 3. Baltmannsweiler: Schneider.

Stauber, B., & Walther, A. (2002). Junge Erwachsene. In W. Schröer, N. Struck, & M. Wolff (Hrsg.), *Handbuch Kinder- und Jugendhilfe* (S. 113–137). Weinheim und München: Juventa.

Stauber, B., Pohl, A. & Walther, A. (2007). *Subjektorientierte Übergangsforschung. Rekonstruktion und Unterstützung biografischer Übergänge junger Erwachsener.* Weinheim und München: Juventa.

Thomas, S. (2010). *Exklusion und Selbstbehauptung. Wie junge Menschen Armut erleben.* Frankfurt und New York: Campus.

Walhalla Fachredaktion. (2007). *Das gesamte Sozialgesetzbuch, SGB I bis SGB XII, Ausgabe 2007/1.* Regensburg und Berlin: Walhalla.

Winkler, M. (2004). Pisa und die Sozialpädagogik. Anmerkungen zu einer verkürzt geführten Debatte. In H.-U. Otto, & T. Rauschenbach (Hrsg.), *Die andere Seite der Bildung. Zum Verhältnis von formellen und informellen Bildungsprozessen* (S. 61–79). Wiesbaden: VS.

Kinder- und Jugendarmut

Anke Oskamp

13.1 „Die beste Zukunft ist eine Gute Gegenwart" (Eckmann 2007)

Laut SGB VIII § 1 richtet sich Offene Kinder- und Jugendarbeit grundsätzlich an alle „jungen Menschen". Die Gesetze der Länder variieren jedoch hier und können, wie geschehen in NRW, eine Differenzierung der Zielgruppe vornehmen. So erklärt das Land NRW: „Die Träger der öffentlichen Jugendhilfe sollen darauf hinwirken, dass sie die besonderen Belange von Kindern und Jugendlichen in benachteiligten Lebenswelten und von jungen Menschen mit Migrationshintergrund berücksichtigen …" (Kinder- und Jugendfördergesetz Nordrhein-Westfalen – 3. AG – KJHG NRW § 3).

In NRW wird damit eine Entwicklung amtlich, die sich in der Praxis Offener Arbeit bundesweit abzeichnet: „Praktische Erfahrungen und Forschungsergebnisse zeigen seit vielen Jahren, dass Offene Arbeit besonders in der Lage ist, benachteiligte Kinder und Jugendliche, Jungen und Mädchen zu erreichen, und dass diese die Hauptbesuchergruppe darstellt" (Sturzenhecker 2010, S. 7).

Welche Funktion Offene Arbeit in Sachen Armut haben kann, wird im Folgenden skizziert. Ein notwendiger Schritt ist erstens: eine Erläuterung des grundlegenden Armutsverständnisses. Politische Formen der Armutsbemessung werden hinterfragt und ihre Bedeutung für den Blick auf Kinder und Jugendliche in unserer Gesellschaft skizziert. Im nächsten Schritt wird gezeigt, welche Folgen sich aus monetärer Armut ergeben und welche Dimensionen des Alltages in unterschiedlicher Intensität betroffen sein können. Im dritten Schritt werden Anknüpfungspunkte für Offene Arbeit markiert und abschließend mögliche Funktionen Offener Arbeit in Sachen Armut dargestellt.

Anke Oskamp ✉
Landesarbeitsgemeinschaft, Kath. Offene Kinder- und Jugendarbeit NRW Köln, Am Kielshof 12, 51105 Köln, Deutschland
e-mail: a.oskamp@lag-kath-okja-nrw.de

13.2 Wann bin ich arm?

Die deutsche Bundesgesetzgebung gibt zwei Formen der Armutsmessung vor, sozusagen zwei Fälle. Trifft einer zu, ist man arm. Fall 1: Arm ist, wer weniger als 60 % des durchschnittlichen Nettoäquivalenzeinkommens zur Verfügung hat. Ein Rechenexempel des statistischen Bundesamtes. Es unternimmt den Versuch auszurechnen, wie viele Menschen in Deutschland weniger materielle Mittel zur Verfügung haben als der Durchschnittsdeutsche. Er zeigt also Unterschiede und das Ausmaß der Unterschiede – auch dass die Unterschiede immer größer werden. Fall 2: Arm ist, wer sozialstaatliche Grundleistung erhält, etwa Sozialgeld gemäß SGB II und/oder Sozialhilfe. Ein Antrag genügt, um in diese Statistik aufgenommen zu werden, unerheblich ist die Fördersumme, um die es geht. Tatsächlich sagen beide Werte nichts darüber aus, wie es diesen Menschen, insbesondere betroffenen Kindern und Jugendlichen geht – welche Einschränkungen sie erleben und wie es gelingen kann, diese abzumildern oder gar zu reduzieren. Armut ist definiert als Einkommensarmut. Wer weniger im Portmonee hat, als sein Mitmensch, ist arm. Die Erfassung dieser Daten dient insbesondere dazu, in einer ökonomisierten Gesellschaft zu erfassen, wie un/gerecht sozioökonomische Mittel in Deutschland verteilt sind.

13.3 Bedeutung der Familien-/Haushaltsstruktur

Es fragt sich, welche Rolle Kinder und Jugendliche in der Armutsbemessung spielen. Sie geraten u. a. in die Armutsstatistik, weil sich beide Formen der Armutsbemessung auf den gesamten Haushalt und alle seine Mitglieder beziehen (vgl. Hübenthal 2009). Das heißt Kinder und Jugendliche sind arm, weil sie mit Menschen unter einem Dach leben, die weniger Geld haben als andere: (Langzeit-)Erwerbslose, Erwerbstätige auf niedrigem Zeitniveau oder mit Niedriglohn, Menschen, die sich getrennt haben oder in Scheidung leben sowie nicht/gering entlohnte Frauen in Haus-/Pflege-/Erziehungs-/Sorgearbeit. Vor allem handelt es sich um Menschen mit Migrationshintergrund, Familien mit vielen Kindern oder Alleinerziehende (vgl. Böhmer und Heimer 2008). Die Bedeutung der Haushaltsstruktur für die Armutsbetroffenheit von Kindern und Jugendlichen wird deutlich: Sprechen wir über Kinder und Jugendliche in Armut, intendiert das einen Haushalt, eine Familie, die arm ist. „Arme" Kinder entwachsen „armen" Familien von „armer" Herkunft. Sie werden nicht nur in das ökonomische Nichts hineingeboren. Die Wissenschaft spricht von Armutskarrieren und einer nicht endenden Schleife der Armut (vgl. Lutz und Hammer 2010).

13.4 Dimensionalität von Armut

Armut zeigt sich sehr unterschiedlich. Betroffen sein können folgende (kindliche) Handlungs- und Entwicklungsspielräume (in Anlehnung an Zander 2011):

- Materielle Grundversorgung (Wohnverhältnisse, Infrastruktur des Wohngebietes, Versorgung mit Lebensmitteln, Kleidung, Spielzeug).
- Lern- und Erfahrungspotentiale (Partizipation an sozialer Infrastruktur: an sportlichen, kulturellen oder kreativ tätigen Gruppen und Vereinen, Ausbildung der Lernkompetenzen, schulische Bildung, Zugang zu Nachhilfe oder Hausaufgabenbetreuung, Medienzugang).
- Soziale Netzwerke (soziale Ressourcen der Familie und der eigenen Person, Freundschaften, Kontakt in Schule und Freizeit).
- Alltagsklima (Anforderungen im Alltag, Hobbies, Freizeitausgleich, Urlaub, Familienkultur).
- Gesundheitliches Befinden (psychosomatische Befindlichkeit, physisches Wohlbefinden, körperlicher Entwicklungszustand, Suchtverhalten, Medienkonsum).

Gestalten sich alle Bereiche positiv, dann wächst ein Kind im sogenannten „Wohlergehen" auf und das Kind hat alles, was es für eine gesunde und altersgemäße Entwicklung braucht. Eine positive Zukunftsentwicklung ist zu erwarten. Zeigen sich Belastungen, dann handelt es sich je nach Belastungsgrad um eine „Benachteiligung" bzw. „multiple Deprivation".

In der Arbeit mit Kindern und Jugendlichen ist es unbedingt erforderlich, sich folgende Fragen zu stellen: *Was braucht das Kind gerade? Welche Bedarfe hat es längerfristig? Was bzw. wer macht seinen Alltag aus? Woran hat es Freude und worin findet es Selbstbestätigung? Welche seiner Ressourcen sind für die Arbeit mit ihm nutzbar?* Erst dann kann es gelingen, ein Angebots- und Handlungsspektrum anzubieten, das Alternativen zu gelebten Strategien und Bewältigungsmustern aufzeigt.

Die „tatsächlichen Lebenslagen der Betroffenen sind als Ausgangspunkt für unterschiedlich gelagerte Vorangehensweisen zur Prävention von Armutslagen und Förderung von Benachteiligungsstrukturen zu wählen" (Fischer 2010, S. 164).

Aus Sicht Sozialer Arbeit wird es darum gehen, zu klären, was Kinder und Jugendliche brauchen, um ihre Lern- und Entwicklungsaufgaben positiv meistern zu können, sich in ihrer multidimensionalen Lebenswelt wohl zu fühlen. Es geht um Lebensstrategien und eine breite Palette verfügbarer Handlungsoptionen bei Freude, bei Schmerz, bei Belastung, bei Kummer und jedweder anderen Form von Partizipation an sozialer Gemeinschaft. Es stellt sich die Frage nach der gerechten Verteilung von Lebens- und Partizipationschancen. „Lebenschancen sind Möglichkeiten des individuellen Wachstums, der Realisierung von Fähigkeiten, Wünschen und Hoffnungen und diese Möglichkeiten werden durch soziale Bedingungen bereitgestellt" (Dahrendorf 1979, S. 50).

> Auf diese Weise lässt sich zwar ein differenziertes Bild von Armut entwerfen, das jedoch durch den Nachteil erkauft wird, dass ein Vergleich erschwert bzw. unmöglich wird, weil die Dimensionen nicht 1:1 aufeinander bezogen werden können (Merten 2010, S. 136).

Dazu braucht es die Zusammenarbeit mit den Betroffenen selbst. Für Deimel ist diese Art von „Dolmetscherfunktion" partizipatorische Basishaltung pädagogischen Handelns.

Es gelingt ... aus registrierten Bedürfnissen entsprechenden Bedarf zu formulieren und in die Alltagsarbeit im Sinne einer Interessenvertretung aufzubauen (Deimel 2010, S. 6).

13.5 Effekte der Low-Budget-Kindheit

Der am meisten in Deutschland politisch diskutierte Effekt einer knappen Familien- bzw. Haushaltskasse ist Bildungsarmut. Kinder aus niedrigen sozialen Schichten sind überproportional in Hauptschulen vertreten und am Gymnasium in der Minderzahl. Das schränkt den Einstieg in ein geregeltes Berufsleben oder die Chance auf eine akademische Laufbahn drastisch ein. Laut PISA-Studie von 2001 wird Kindern aus niedrigen sozialen Schichten selbst dann nicht die gymnasiale Schullaufbahn empfohlen, wenn sie dieselbe Leistung zeigen wie Kinder aus gutsituierten Familien. Der Zugang zu Bildung oder einer Bildungsbiographie gestaltet sich schlichtweg schichtenkonform und die mit Armut verbundenen Selektionsprozesse werden durch das Bildungssystem verfestigt.

> Bildungsarmut ist eine zentrale Dimension von Armut und vor dem familiären Lebenshintergrund und der Herkunft von Kindern und Jugendlichen vielfach der Beginn von Prozessen mit „negativen Karrieren", von sich verfestigten Lebensschicksalen und sozialen Platzierungen. Bildungs- und Berufslaufbahn sind eng an die soziale Herkunft gekoppelt und der Zusammenhang von Bildung und sozialer Ungerechtigkeit ist bekannt (Haefeneger 2009, S. 15 f.).

13.6 Und warum schaffst Du es?

Bei der Frage, warum es einige Kinder selbst mit vermeintlich schlechter Ausgangsposition und unter widrigsten Umständen schaffen, ihr Leben zu meistern, landet man u. a. in der Resilienzforschung, welche als wesentlicher Baustein für die Armutsforschung und -prävention gelten kann. Resilienz meint „die Fähigkeit, starke seelische Belastungen, ungewöhnliche Entwicklungsrisiken, auch erlebte Traumata ‚unbeschadeter' zu bewältigen als zu erwarten stünde" (Zander 2011, S. 9). Resiliente Menschen „aktivieren Kräfte in sich selbst und wissen Unterstützung von außen dafür zu nutzen, um in extremen Belastungssituationen nicht zu zerbrechen, sondern im Gegenteil ‚elastisch' darauf zu reagieren, gewissermaßen wie eine Weide im Wind dem Sturm durch Biegsamkeit zu trotzen" (ebd.).

Resiliente Menschen sind in der Lage, Krisen oder Problemsituationen mit erfolgreichen Bewältigungsstrategien zu begegnen. Sie zeichnen sich durch zwei charakterisierende Stärken aus. Erstens verfügen sie über positive Selbstbezüge und -identifikationen. Persönlichkeitsmerkmale wie Selbstvertrauen, kognitiv-soziale Aufmerksamkeit, Kommunikationsfreude und extrovertierte Impulsivität tragen dazu bei, dass diese Menschen ein positives Verhältnis zu sich selbst aufbauen können. Sie zeichnen sich aus durch den starken Glauben und das Vertrauen in die eigenen Fähigkeiten und Möglichkeiten.

Zweitens verfügen resiliente Menschen über positive Beziehungen zu einer oder mehreren Bezugspersonen ihres Umfeldes, aus denen sie Anerkennung, Respekt und Wertschätzung erfahren. Das kann jemand aus dem „Inner-Circle" sein: dem innerfamiliären sozialen Umfeld, bestehend aus Eltern, Geschwistern oder Großeltern. Das kann aber auch eine Bezugsperson aus einem außerfamiliären Netzwerk sein, etwa ein Fußballtrainer, ein Freund in der Schule oder der beste Kumpel. Entscheidend ist die Qualität der gelebten Beziehung. Aus ihrer Ermutigung, Aufmerksamkeit und Ansprechbarkeit entsteht die Erfahrung als Person wertvoll zu sein und etwas bewegen zu können. Holz nennt diese Stärken auch Schutzfaktoren: personale Ressourcen, die in der Person des Kindes liegen und soziale Ressourcen, die in der inner- wie außerfamiliären Umwelt des Kindes liegen. Sie bieten Möglichkeiten der positiven Einflussnahme von außen in Form 1) kindorientierter Maßnahmen 2) eltern-/familienorientierter Maßnahmen sowie 3) sozialraumorientierter Maßnahmen (vgl. Holz 2010).

Tatsächlich werden Schutzfaktoren in ihrer Umkehrung zu Risikofaktoren. Das bedeutet, das Kind selbst kann aus sich selbst Kraft schöpfen, kann aber auch selbstdestruktive Potentiale entwickeln. Soziales, d. h. inner- wie außerfamiliäres Umfeld kann bereichern oder negativ beeinflussen.

13.7 Praevenire oder obtenire?

Von Prävention (vom lateinischen praevenire für „zuvorkommen, verhüten") kann im Grunde nicht die Rede sein. Denn in einer auf Erwerbsarbeit beruhenden Gesellschaft, in der es ständig um Haben- oder Nichthaben geht und alles auf einen einzigen monetären Faktor reduziert ist, ist Armut ein zwangsläufig eintretendes Phänomen oder auch „genuiner Bestandteil unserer Gesellschaft". Es wird immer einige geben, die mehr haben und einige, die weniger haben (vgl. Holz 2010).

Und wer das ändern will, also tatsächlich die Frage nach einer gerechten Verteilung gesamtgesellschaftlicher Mittel stellt, sieht sich in Gemeinschaft mit sozialpolitischen Protagonisten, die eine Reformierung von Arbeitsmarkt- und Beschäftigungs-, Bildungs-, Gesundheits-, Wohnungsbau- und Stadtentwicklungs-, Familien- und Sozialpolitik fordern (vgl. Butterwegge 2011). Auch das ist möglich. Doch ist das die Aufgabe Offener Arbeit? Oder ist es vielmehr Aufgabe Offener Arbeit das „Feld zu behaupten" (lat. obtenire) und sich selbst durch die Arbeit mit Benachteiligten zu profilieren und eigenes Expertenwissen zur Verfügung zu stellen?

13.8 Fazit

Kinder und ihre Familien brauchen niedrigschwellige, beziehungs- und beteiligungsorientierte sowie fest in kommunale Jugendhilfestrukturen verankerte Freizeit-, Beratungs- und Bildungsangebote. Offene Kinder- und Jugendarbeit bietet hierfür einen geeigneten

Rahmen gerade aufgrund ihrer zentralen Charakteristika der Freiwilligkeit, Offenheit und Niedrigschwelligkeit. Ihr Setting erlaubt, soziale, physische und psychische Bedürfnisse individueller oder gruppenspezifischer Form wahrzunehmen, zu analysieren und sie in Form sozialpädagogisch moderierter Angebote prozesshaft aufzuarbeiten.

Ziel ist es, authentische Lösungen und Strategien für ein lösungszentriertes Handeln im Alltag von Kindern, Jugendlichen und auch ihren Familien zu finden. Neben dem Erwerb von Sach- und Fachkompetenzen geht es um personenbezogene Kompetenzen wie Kritik-, Handlungs- und Gruppenfähigkeit, Selbstbestimmung, Empathie und die Fähigkeit zur gesellschaftlichen Mitverantwortung.

Darüber hinaus muss Offene Kinder- und Jugendarbeit – will sie authentisch bleiben im Sinne einer Interessenvertretung für Kinder und Jugendliche – politisch aktiv werden. Auf der Basis ihrer sozialraum- wie adressatenbezogenen Kenntnisse kann sie Präventionsstrategien entwickeln und in konkrete Handlungsoptionen bzw. Angebote transformieren und in kommunalpolitischen Diskursen einbringen.

> Sozialpädagogik richtet sich nicht nur an den Klienten, sondern in ihrer grundsätzlichen Situation des „doppelten Mandats" muss sie ebenso in Bezug auf Staat und Träger und Öffentlichkeit „politisch" handelnd Bezug nehmen (Sturzenhecker 2011, S. 6).

Das Strukturprinzip Offener Kinder- und Jugendarbeit lässt sich durch folgende Schritte beschreiben:

Bildung von Zugängen Offene Kinder- und Jugendarbeit tritt in Kontakt mit jungen Menschen – auch mit denjenigen, die als schwer oder nicht erreichbar gelten. Laut Krafeld ist Jugendarbeit besonders kompetent darin „genau an diejenigen ranzukommen, an die andere nur noch schwer oder gar nicht mehr ran kommen" (Krafeld 2011, S. 2). Stolz formuliert es anders. Er sagt die Paradigmen der OKJA seien in hohem Maße mit der Interessenorientierung von Kindern und Jugendlichen kompatibel (vgl. Stolz 2006). Ist der Zugang zu Kindern und Jugendlichen einmal geschaffen und wächst eine Beziehung, so wird es möglich zu erfahren, was diese beschäftigt. Das ist der erste Schritt hin zu einer sozialraumorientierten Lebensweltanalyse, die sich in Kinder und Jugendliche hineinversetzt, ihnen zuhört, ihre Belange ernst nimmt und versucht zu verstehen, was für sie im Leben wichtig ist.

Analyse der sozialraumbedingten Lebenslagen- und Sozialraumdimensionen im Hinblick auf ihre Intensität und Wirkungsweise Offene Arbeit verfügt nicht zuletzt aufgrund des politischen Rechtfertigungsdruckes, der stets auf ihr lastet, über eine Fülle von Konzepten, Bausteinen und Methoden qualitativer Lebensweltanalyse, die den Sozial- und Lebensraum von Kindern und Jugendlichen detailgetreu in seinen Bedarfen widerspiegelt. Das Wissen, das hieraus entsteht, kann als Expertenwissen über einen sehr klar definierten und räumlich begrenzten Sozialraum gelten. Bedarfe und Belastungsstrukturen werden somit deutlich und Hilfe- und Unterstützungsangebote eruierbar.

Entwicklung von Strategien gegen entwicklungshemmende, störende oder belastende Faktoren und Transformation in konkrete Angebote Ansatzpunkt für die Arbeit mit Kindern und Jugendlichen bleibt ihre Lebenswelt. Diese umfasst physische Faktoren der Grundversorgung (z. B. Wohnen, Kleidung, Nahrung), soziale Faktoren (soziale Teilhabe an Kultur, Gesellschaft und Bildung) sowie sozial-emotionale Faktoren (un-/bewusste Wahrnehmung/-muster, non-/verbale Kommunikation von Gefühlen und Beziehungen, Selbstbild, Selbst-/Bewusstsein/Wirksamkeit). Die Angebote der Offenen Kinder- und Jugendarbeit unternehmen den Versuch, Bedarfe, die aus diesen Dimensionen des Alltages entstehen, abzubilden, aufzufangen und mit ihnen ernsthaft und respektvoll umzugehen. Darüber hinaus beinhalten alle Angebote der Offenen Kinder- und Jugendarbeit gleichsam ein multidimensionales Beziehungsangebot an Kinder und Jugendliche, aus denen Erfahrungen von Selbstwirksamkeit, sozialer Integration und Handlungserfolgen erwachsen und Strategien in der Bewältigung von Konflikt-/Situationen entwickelt werden können.

Impulse setzen Offene Arbeit setzt nicht nur Impulse für Kinder und Jugendliche. Durch ihre sozialraum- wie adressatenbezogenen Kenntnisse ist sie in der Lage, kommunalpolitischen Diskursen eine unverfälschte Sicht auf das Leben von Kindern und Jugendlichen zu geben und wirksame Handlungsansätze und -alternativen aufzuzeigen.

Literatur

Böhmer, M., & Heimer, A. (2008). *Dossier Armutsrisiken von Kindern und Jugendlichen in Deutschland*. Berlin: Bundesministerium für Familie, Senioren, Frauen und Jugend.

Butterwegge, C. (2009). Die Armut ist gewollt. Ossietzky. http://www.ossietzky.net/14-15-2009&textfile=674. Zugegriffen: 12. September 2012.

Dahrendorf, R. (1979). *Lebenschancen. Anläufe zur sozialen und politischen Theorie*. Frankfurt a. M.: Suhrkamp

Deimel, R. (2010). Was meint Professionalität in der Offenen Arbeit? *Offene Jugendarbeit*, 2010(04), 4–9.

Eckmann, T. (2007). *Montag Stiftung Jugend und Gesellschaft. Philosophie Seminarreihe „einzueins" Was steckt dahinter*. Bonn: Montag Stiftung Jugend und Gesellschaft. http://www.montagstiftungen.de/fileadmin/Redaktion/Jugend_und_Gesellschaft/PDF/Veroeffentlichungen/1zu1_Philosophie_081125.pdf. Zugegriffen: 12. September 2012

Fischer, J. (2010). Armutsprävention in der sozialräumlichen Perspektive. In J. Fischer, & R. Merten (Hrsg.), *Armut und soziale Ausgrenzung von Kindern und Jugendlichen. Problembestimmungen und Interventionsansätze* (S. 160–173). Baltmannsweiler: Schneider-Verlag Hohengehren.

Hafeneger, B. (2009). Auswirkungen von Armut für die Jugendverbandsarbeit. In *Armut von Kindern, Jugendlichen und Familien und ihre Auswirkungen auf die Kinder- und Jugendarbeit. Dokumentation der Konferenz der Großstadtjugendringe* (S. 15–22). Bochum.

Holz, G. (2010). Kommunale Strategien gegen Kinder- und Bildungsarmut – Der Ansatz kindbezogener Armutsprävention. *Zeitschrift für Inklusion, 2010*(4). http://www.inklusion-online.net/index.php/inklusion/article/view/88/91. Zugegriffen: 02.02.12.

Hübenthal, M. (2009). *Kinderarmut in Deutschland. Empirische Befunde, kinderpolitische Akteure und gesellschaftspolitische Handlungsstrategien. Expertise im Auftrag des Deutschen Jugendinstituts.* München.

Krafeld, F. J. (2010). *Stärken Offener Jugendarbeit. Vortrag Forum Jugendarbeit des Niedersächsischen Landesamtes für Soziales, Jugend und Familie.* Hohegeiß.

Lutz, R., & Hammer, V. (2010). *Wege aus der Kinderarmut. Gesellschaftspolitische Rahmenbedingungen und sozialpädagogische Handlungsansätze.* Weinheim und München: Juventa Verlag.

Merten, R. (2010). Jugend und Armut – Herausforderungen angesichts einer vergessenen Generation. In J. Fischer, & R. Merten (Hrsg.), *Armut und soziale Ausgrenzung von Kindern und Jugendlichen. Problembestimmungen und Interventionsansätze* (S. 131–159). Baltmannsweiler: Schneider Verlag.

Stolz, H. J. (2006). *Zukunft der Offenen Kinder- und Jugendarbeit. Vortrag Jahrestagung leitender Fachkräfte in der Kommunalen Kinder- und Jugendarbeit.* Königswinter.

Strohmeier, K. P. (2010). *Die Bedeutung der regionalen Bildungspolitik für die Zukunft der Kommunen. Präsentation am 27.04.2010.* Ruhr-Universität Bochum.

Sturzenhecker, B. (2010). Warum Kinder und Jugendliche Offene Kinder- und Jugendarbeit brauchen. In Arbeitsstelle „Kulturelle Bildung in Schule und Jugendarbeit NRW" (Hrsg.), *Werkbuch 02: Offene Jugendarbeit und Kulturelle Bildung. Impulse für Profilbildung, Partnerschaften und Projekte* (S. 6–16). Remscheid.

Zander, M. (2011). Armut als Entwicklungsrisiko – Resilienzförderung als Entwicklungshilfe. In M. Zander (Hrsg.), *Handbuch Resilienzförderung* (S. 279–280). Wiesbaden: VHS-Verlag.

Kinder und Jugendliche mit Handicap

14

Iris Beck

14.1 „Handicap": ein in Zeiten der Inklusion weniger stigmatisierendes Etikett als der Behinderungsbegriff?

„Handicap" ist in Deutschland weder ein sozialrechtlich normierter, noch fachwissenschaftlich verwandter, sondern ein in unterschiedlichen Zusammenhängen auf Nachteile verweisender Begriff (am bekanntesten dürfte das Golf-Handicap sein). Gleichwohl wird er international und national auch im Sinn von Behinderung verwendet. Ursprünglich im englischen als Gerechtigkeitsimpuls entstanden, nämlich in Bezug auf das Ausgleichen von *Vorteilen*, indem im Sport der Bessere ein Handicap auferlegt bekam, setzte sich schnell die Bedeutung als das Wettmachen von *Nachteilen* durch. Der Begriff verweist also auf die soziale Kategorie der Benachteiligung und erlaubt somit eine Verbindung mit den Zielgruppen, die in diesem Kapitel ebenfalls gesondert neben den lebensalter- und geschlechtsbezogenen Gruppen behandelt werden, nämlich Kinder und Jugendliche in Armutslagen und solche mit Migrationshintergrund. Im Zusammenhang des vorliegenden Handbuches wird der Handicap-Begriff nicht euphemistisch verwandt, weil er möglicherweise weniger stigmatisiert, sondern um mit dem Behinderungsbegriff häufig verwobene Differenzvorstellungen im Sinne individueller Problemlagen, die gleichsam kausal aus vorrangig körperlichen oder geistigen Beeinträchtigungen hervorgehen, zu problematisieren und insbesondere, um die sozialrechtlich manifestierten Trennungslinien zwischen dem SGB VIII und dem SGB XII im Kinder- und Jugendbereich nicht von vornherein zu evozieren, sondern dem offenen Charakter der KJA auch einen offeneren Begriff beizustellen. Unter Berücksichtigung, aber unabhängig von sozialrechtlichen Statuszuweisungen, sollen deshalb Problematiken erschwerter Lern- und Entwicklungs-

Prof. Dr. Iris Beck ✉
Fakultät für Erziehungswissenschaft, Psychologie und Bewegungswissenschaft der Arbeitsbereich Behindertenpädagogik, Universität Hamburg, Sedanstraße 19, 20146 Hamburg, Deutschland
e-mail: iris.beck@uni-hamburg.de

prozesse verdeutlicht werden, die einerseits für die OKJA bereits relevant sind, z. B. durch den Auftrag der Berücksichtigung belasteter Lebenssituationen und andererseits im Sinne der grundsätzlichen Offenheit der Angebote für alle Kinder und Jugendlichen noch einer eigenen Thematisierung unter dem Aspekt der gleichberechtigten Inklusion und Partizipation bedürfen.

14.2 Situationen erschwerter Partizipation an Bildung und Erziehung

Der wissenschaftliche und politische Diskurs um das, was als Behinderung gilt, wird aktuell repräsentiert in der weltweit anerkannten internationalen Klassifikation von Behinderung der Weltgesundheitsorganisation (WHO 2001) und der Menschenrechtskonvention der Vereinten Nationen (UN) über die Rechte behinderter Menschen (UN-BRK) (UN 2006/2008), deren Umsetzung für Deutschland in einem Aktionsplan der Bundesregierung im Juni 2011 festgelegt wurde (Bundesministerium für Arbeit und Soziales 2011). Als Behinderungen gelten demnach Situationen und Bedingungen der Beeinträchtigungen von Aktivitäten und der Partizipation mit Blick auf eine selbstbestimmte Lebensführung aufgrund negativer Wechselwirkungen zwischen Menschen und ihrer sozialen und physikalischen Umwelt (Kontextfaktoren). Entscheidend ist somit die Dimension der Folgen und nicht die Tatsache einer, wie immer auch gearteten, Störung oder Schädigung körperlicher, psychischer oder kognitiver Funktionen oder Strukturen. Nicht die Person ist behindert, sondern die Situation der Behinderung entsteht durch die negative Wechselwirkung der Gegebenheiten einer Person auf der einen und der des Kontextes auf der anderen Seite. Erziehungswissenschaftlich betrachtet, rücken unter dem Aspekt der Behinderung Situationen längerfristig erschwerter Entwicklungs- und Lernprozesse in den Blick, denen unterschiedlichste Ursachen zugrunde liegen können und die mit Beschränkungen der Partizipation an Bildung, Erziehung und dem gesellschaftlichen Leben einhergehen können. Dieses offene, an den Folgen orientierte Verständnis löst sich vom sozialrechtlichen Behinderungsverständnis und hat eine Parallele im Schulrecht: Hier ist nicht ein sozialrechtlicher Behinderungsstatus maßgeblich für „besondere Hilfen", sondern die Feststellung eines „sonderpädagogischen Förderbedarfs" (Ständige Konferenz der Kultusminister 1994). Die hiermit „etikettierten" Schülerinnen und Schüler stellen eine äußerst heterogene Gruppe dar, die eines vereint: das Handicap der sozialen Ungleichheit und der institutionellen Segregation. Ca. 82 % der Schülerinnen und Schüler mit sonderpädagogischem Förderbedarf werden derzeit in Sonderschulen unterrichtet. Von den im Jahr 2008 in Deutschland 482.400 Schülerinnen und Schülern mit sonderpädagogischem Förderbedarf gehören allein 210.900 (43,7 %) dem Förderschwerpunkt Lernen an; ebenfalls stark zugewiesen wird zu den Förderschwerpunkten emotionale und soziale Entwicklung sowie Sprache (Kultusministerkonferenz 2010). In allen drei Fällen handelt es sich um Kinder und Jugendliche, deren sich häufig überlappende, erhebliche Entwicklungs- und Lernprobleme Folge sozialer oder familiärer Problemlagen, von Erziehungsschwierigkeiten oder institutionellen Selektionseffekten sind und die sozialrechtlich in der Regel keinen

Behinderungsstatus haben. Daneben finden sich Kinder und Jugendliche, die nach dem Sozialrecht (SGB IX, SGB XII) als behindert oder davon bedroht gelten oder gelten könnten (längst nicht alle „behinderten" Kinder und Jugendliche haben eine sozialrechtlichen Behinderungsstatus) und die sich nicht nur, aber überwiegend in den Förderschwerpunkten Sehen, Hören, körperliche und motorische oder geistige Entwicklung finden. Seit 2000 ist der Anteil der Schülerinnen und Schüler mit sonderpädagogischem Förderbedarf in allgemeinen Schulen und Förderschulen von 5,2 % auf 6,0 % aller Schülerinnen und Schüler im Alter der Vollzeitschulpflicht gestiegen. Nicht alle „behinderten" Schüler werden jedoch als „sonderpädagogisch förderbedürftig" etikettiert, wenn sie ohne besondere *pädagogische* Hilfe in einer Regelschule unterrichtet werden können, was nicht heißt, dass sie in schulischen und nicht-schulischen Zusammenhängen keine Erschwerungen erfahren und/oder andere Nachteilsausgleiche durch besondere Hilfen in Anspruch nehmen. Hinzu kommen die als behindert oder davon bedroht und in ihrer Entwicklung gefährdet geltenden Kinder unter 6 Jahren sowie Jugendlichen und jungerwachsenen Schulabgänger. Insgesamt kann vorsichtig geschätzt von einer Zahl von ca. 800.000 Kindern, Jugendlichen und jungen Erwachsenen ausgegangen werden, deren Lage durch längerfristig beeinträchtigte Entwicklungs- und Lernprozesse und begrenzte Partizipationschancen gekennzeichnet ist. Denn der Besuch von Sondereinrichtungen wirkt sich erschwerend auf den Zugang zu außerschulischen Regelangeboten, gerade auch in der Freizeit, aus (Markowetz 2011), der Status „Sonderschulabgänger" bzw. „sonderpädagogisch förderbedürftig" mindert ebenso wie der Status „behindert" die Chancen auf die berufliche Teilhabe, eine selbstbestimmte Lebensführung und die Eingebundenheit in soziale Netzwerke. Damit aber schließt sich wiederum der Kreis zur Frage sozialer Ungleichheit und benachteiligter Lebenslagen.

14.3 Bedingungen und Chancen erhöhter Partizipation in der OKJA

Die Berücksichtigung von Unterschieden ist immer auch dem Zeitgeist unterworfen; eigens thematisierte Zielgruppen entstehen qua Konstruktion, doch zugleich liegt dieser immer auch ein reales Defizit zugrunde, ohne genau sagen zu können, ob bislang vollständige Exklusion oder eine erschwerte, prekäre Inklusion vorherrschend war. Den in der OKJA bisher thematisierten Differenzlinien entlang der Kategorien von Geschlecht, Ethnie, Kultur (vgl. Plößer in diesem Band) sollte somit nicht nun noch eine weitere zugefügt werden in dem Sinn, dass es darum gehen muss, eine ganz markant unterschiedene Gruppe, für die zudem teilweise von der Kinder- und Jugendhilfe getrennte Zuständigkeiten und Trägerschaften für außerschulische Teilhabeleistungen bestehen, von „außen" nach „innen" zu bringen und dort dann „besondere" Hilfen zu etablieren. Vielmehr verdeutlicht der Diversity-Ansatz, wie ihn Plößer aus machtkritischer Perspektive vorstellt, dass ein nicht-hierarchischer Umgang mit Vielfalt leitend sein sollte: einerseits ist das So-sein wie andere, die Gemeinsamkeit anzuerkennen; möglicherweise zeigt sich dabei, dass im Einzelfall überhaupt kein besonderer Bedarf besteht. Andererseits darf ein Bedarf, der partizipationsrelevant ist, nicht unterschlagen oder nur global bestimmt werden (nach dem Motto „barrierefrei = rollstuhlgerecht" und alle Rollstühle sind gleich), weil sich dieser immer erst konkretisiert und individualisiert in Relation zu Situationen zeigt. Der gleichberechtigte Zugang zu Bildungs-, Entwicklungs- und Lernangeboten ist eine Vollinklusionsformel auf der Ebene der Systembeschreibung; erst die Adressierung unterschiedlich benachteiligter und beeinträchtigter Kinder und Jugendlicher durch die Organisationen und ihre Angebote erweist ihre konkreten Partizipationschancen und -grenzen. Der Einzelne legt aber seine Lage auch selber aus, deutet und interpretiert sie und in den Aktivitäten, die er verfolgt und in seinen konkreten Lebensbereichen individualisiert sich seine Situation (Wendt 1988). Es macht einen großen Unterschied, ob ein unterstützendes soziales Netzwerk vorhanden ist und belastende Erfahrungen wie z. B. Stigmatisierungen in einem Lebensbereich durch positive in einem anderen ausgeglichen werden können oder nicht, ob man ein Stigma zu bewältigen hat oder eine Kumulation diskriminierter Merkmale. Denn ein Handicap verbindet sich auch immer mit weiteren Differenzen wie der jeweiligen sozialen Lage, dem Geschlecht, der ethnischen Herkunft, die ebenfalls handlungs- und identitätsrelevant sein können – Kinder mit Handicaps sind auch Jungen oder Mädchen, haben einen Migrationshintergrund oder auch nicht – all dies strukturiert die Lage vor und erst die Durchdringung der „Dialektik von Individual- und Soziallage" (Wendt 1988, S. 83) erweist im Einzelfall, was an die Benachteiligung und Beeinträchtigung abbauender Unterstützung erforderlich ist. Und um die Dialektik, aber auch die Unterscheidung von Individual- und Soziallage zu verstehen, müssen auch Statuszuweisungen wie „behindert", „benachteiligt" oder „sonderpädagogisch förderbedürftig" beachtet werden, weil sie auf die Erfahrung von sozialer Ungleichheit, Positionshindernissen und Abhängigkeit deuten können, ohne die Lage „mit dem Faktum (…) schon für ausgemacht zu halten" (Wendt 1988, S. 83).

So können es in einem Fall Vorurteile sein, die es einem Kind erschweren, ein Angebot wahrzunehmen, im anderen die vom Wohnort weit entfernte Sonderbeschulung; nicht selten sind es Informationsdefizite über die Zugänglichkeit oder aber funktionale Hindernisse, die bezüglich der Nutzung bestehen können wie Kommunikations- oder Mobilitätshindernisse unterschiedlicher Art. Als ungünstig erweisen sich auch Beschränkungen wie die Zulassung nur eines Kindes mit Handicap pro Angebot wie z. B. einem Sport- oder Tanzkurs in einem Jugendzentrum. Zwar gibt es inklusive Angebote der OKJA, aber weder sind sie flächendeckend verankert, noch sind sie in jedem Fall uneingeschränkt zugänglich. Da zudem der Besuch von Sondereinrichtungen mit längeren Fahrzeiten und einer Einschränkung der Kontakte am Wohnort verbunden sein kann, ergeben sich weitere, zeitliche und soziale Zugangshindernisse. Familien mit Kindern, die sozialrechtlich als behindert gelten, müssen zudem Leistungen für die Teilhabe am Leben der Gesellschaft nach dem SGB XII beantragen, z. B. wenn eine Begleitung erforderlich ist, was neben den ohnehin bereits erforderlichen Beantragungen von Hilfen und Auseinandersetzungen um Fördermöglichkeiten eine Belastung darstellen kann. Insbesondere die Inklusion eines einzelnen Kindes in ein Angebot, das bis dahin exklusiv war, stellt sich oft sehr zeit- und kraftraubend für die Eltern dar, vor allem, wenn sie auf den guten Willen des Trägers und einzelner Mitarbeiter angewiesen sind. Die Zuständigkeitstrennung der Leistungen und die möglicherweise vor Ort bestehenden Hürden der Inanspruchnahme erklären auch, warum Eltern dann auf Freizeit- und Kulturangebote von Sondereinrichtungen zurückgreifen.

Inklusion und Partizipation realisieren sich in der Feinstruktur sozialräumlicher Bedingungen – in der Gemeinde – und die Beteiligung von Kindern und Jugendlichen sowohl auf kommunalpolitischer Ebene als auch auf der Ebene der Angebote selbst ist wichtiger Auftrag der OKJA. Bislang rücken aber Kinder und Jugendliche mit Handicaps weder auf der Ebene der kommunalen politischen Beteiligungsstrukturen für Kinder und Jugendliche noch der der Angebote systematisch in den Blick; kommunale Planungen der Kinder- und Jugendhilfe können exklusiv erfolgen, so dass sich auf dieser Ebene z. B. bereits Spielplätze oft nicht als „barrierefrei" erweisen. Initiativen zum Bau barrierefreier Spielplätze gehen entsprechend häufig von Interessensgruppen oder kommunalen Behindertenbeiräten oder -beauftragten aus. Die Frage der politischen Partizipation in der Öffentlichkeit, aber auch die lebensweltlichen Bedürfnisse von Kindern und Jugendlichen mit Handicaps generell werden gegenüber der Frage ihrer institutionellen Förderung und Therapie bislang vernachlässigt, sowohl was den Katalog der Teilhabeleistungen nach dem SGB IX und dem SGB XII betrifft, als auch was die Inklusionsstrategien der Bundesregierung zur Umsetzung der UN-Konvention betrifft. Die Trennung der Zuständigkeiten für Kinder und Jugendliche mit Handicap zwischen KJHG, wo explizit nur „seelisch" behinderte Kinder berücksichtigt sind, aber sich die OKJA auszeichnenden Leistungen für die Teilhabe an Bildung, Spiel, Sport, Erholung, Begegnung, aber auch familien- und arbeitsweltbezogene Arbeit und Beratung finden, und des SGB XII, das vieles davon eben nicht explizit vorsieht, hat erhebliche Folgen für eine sozialräumliche Planung und Zuständigkeit für alle Kinder und ihre Familien. Die Bundesregierung hat in ihrem Aktionsplan zur Umsetzung der UN-BRK die Überwindung der unterschiedlichen Verantwortungsaufteilung zum Ziel gesetzt und will die Eingliederungshilfe für Kinder und Jugendliche mit Behinderungen unter dem Dach des SGB VIII im Konsens zwischen Bund, Ländern und Gemeinden zusammenführen (Bundesministerium für Arbeit und Soziales 2011). Zur Überwindung der Grenzen zwischen Behindertenhilfe, Kinder- und Jugend-, Sozialhilfe, Schulbehörden und Gesundheitssystem werden aber bereits jetzt neue Strategien in Deutschland verfolgt wie die Verlagerung der Zuständigkeiten und Leistungs-Finanzierung für behinderte Kinder und ihre Familien von der Landes- auf die kommunale Ebene in Baden-Württemberg oder die Aktions- und Teilhabepläne vieler Kommunen und Bundesländer zur Umsetzung der UN-Konvention. Diese zielen auf eine bessere Vernetzung aller Akteure in den zentralen Feldern wie Wohnen, Bildung und Erziehung, Gesundheit, Freizeit und Beschäftigung und bieten die Chance auf eine querschnittorientierte, an regionalen Lebenslagen und Partizipation orientierte Planung und Gestaltung sozialer Räume. Das Jugendamt, aber auch kommunal vernetzte Verbünde von Leistungsträgern und -erbringern können zu Orten werden, wo die für die OKJA geforderte Beteiligung aller Kinder und Jugendlichen an kommunalpolitischen Entscheidungen ebenso wie an den sie betreffenden Angeboten und Maßnahmen realisiert wird. Kooperationen mit oder Kompetenztransfer durch Akteure, die ein spezielles Wissen oder spezielle Hilfen einbringen können, kann fehlendes Know-how für Angebote z. B. in Form von Beratung oder Begleitung im

Einzelfall oder Schulung und Information für professionelle und ehrenamtliche Mitarbeiter von OKJ-Angeboten ermöglichen. Anstelle der Initiierung einzelner oder einmaliger Maßnahmen wird eine Nachhaltigkeit besser gesichert, wenn Inklusion als Gesamtentwicklungsaufgabe der Regel- und der Sonderangebote begriffen wird; für die Kinder und Jugendlichen und ihre Familien müssen Angebote als leicht zugänglich und bekannt wahrnehmbar sein, was auch durch Schwerpunktsetzungen einzelner Angebote insbesondere mit Blick auf höhere Unterstützungsbedarfe oder durch Kooperationen mit Sondereinrichtungen, Selbsthilfegruppen oder -verbänden etc. erreicht werden kann.

Mangelnde Partizipation auf kommunaler Ebene und an den Angeboten verringert die Lebenschancen im Sinne der Handlungsspielräume des Einzelnen zur Entfaltung und Verfolgung seiner Interessen, dies geht weit über den Verlust an demokratischen Bildungsmöglichkeiten hinaus: So ist „aus pädagogischer Sicht zu fragen, ob Öffentlichkeit recht eigentlich nur auf die Durchsetzung von Interessen und also eine machtpolitische Beteiligung zu reduzieren ist, (…) oder ob sie nicht auch einen pädagogischen Eigensinn zu entfalten und insofern zur Identitätsbildung (…) beizutragen vermag" (Richter 2011, S. 89). Identitätsbildend und -stärkend ist auch die Auseinandersetzung und das Umgehen-Lernen und Umgehen-Können mit behindernden und benachteiligenden Bedingungen für Kinder mit und ohne Handicap. Die OKJA kann einen Raum bieten, in der sich Kinder und Jugendliche jenseits der schulischen Leistungsanforderungen oder gesellschaftlicher Positionszuschreibungen erleben und erproben können. Sie bildet damit auch eine wichtige Chancenstruktur für die unerlässlichen peer-Kontakte. Bildung, die mehr ist als das, was sich in „klingende Münze" wenden lässt und wie in der OKJA Auseinandersetzungsformen bietet, die Selbsttätigkeit, Entwicklung und Alltagsbewältigung fördern, ist insbesondere dort, wo Lebenschancen erschwert sind, für eine gelingende Lebensbewältigung unverzichtbar.

Literatur

Beck, I. (2002). Die Lebenslagen von Kindern und Jugendlichen mit Behinderung und ihrer Familien in Deutschland: soziale und strukturelle Dimensionen. In Sachverständigenkommission 11. Kinder- und Jugendbericht (Hrsg.), *Gesundheit und Behinderung im Leben von Kindern und Jugendlichen* (S. 175–316). München.

Beck, I. (2010). Lebenslagen und Bildungschancen behinderter und benachteiligter Kinder und Jugendlicher. In A. Liesner, & I. Lohmann (Hrsg.), *Gesellschaftliche Bedingungen von Bildung und Erziehung. Eine Einführung* (S. 63–74). Stuttgart.

Beck, I., & Degenhardt, S. (2010). Inklusion – Hinweise zur Verortung des Begriffs im Rahmen der internationalen politischen und sozialwissenschaftlichen Debatte um Menschenrechte, Bildungschancen und soziale Ungleichheit. In J. Schwohl, & T. Sturm (Hrsg.), *Inklusion als Herausforderung schulischer Entwicklung* (S. 55–82). Hamburg.

Bundesministerium für Arbeit und Soziales. (2011). „einfach machen". Unser Weg in eine inklusive Gesellschaft. Nationaler Aktionsplan der Bundesregierung zur Umsetzung des Übereinkommens der Vereinten Nationen über die Rechte von Menschen mit Behinderungen. Kabinettbeschluss: 15.06.2011. Berlin.

Kultusministerkonferenz. (2010). Statistische Veröffentlichungen der Kultusministerkonferenz. Dokumentation Nr. 189, März 2010. Sonderpädagogische Förderung in Schulen 1999 bis 2008. Sekretariat der Ständigen Konferenz der Kultusminister.

Luhmann, N. (1995). Inklusion und Exklusion. In N. Luhmann (Hrsg.), *Soziologische Aufklärung 6: Die Soziologie und der Mensch* (S. 237–264). Opladen.

Markowetz, R. (2011). *Freizeit inklusive*. Stuttgart.

Richter, H. (2011). Öffentlichkeit und Gemeinde. In I. Beck, & H. Greving (Hrsg.), *Gemeindeorientierte pädagogische Dienstleistungen*. Enzyklopädisches Handbuch der Behindertenpädagogik, Bd. 6. (S. 84–91). Stuttgart.

Ständige Konferenz der Kultusminister. (1994). Empfehlungen zur sonderpädagogischen Förderung in den Schulen in der BRD. Beschluss der Kultusministerkonferenz vom 6.5. 1994. Sekretariat der Ständigen Konferenz der Kultusminister.

Thimm, W. (2005). *Das Normalisierungsprinzip. Ein Lesebuch zu Geschichte und Gegenwart eines Reformkonzeptes*. Marburg.

United Nations (UN). (2006/2008). Übereinkommen über die Rechte von Menschen mit Behinderungen. Dreisprachige Fassung im Bundesgesetzblatt Teil II Nr. 35 vom 31.12.2008. http://www2.bgbl.de/Xaver/start.xav?startbk=Bundesanzeiger_BGBl&bk=Bundesanzeiger_BGBl&start=//*[@attr_id=%27bgbl208s1419.pdf%27]. Zugegriffen: 07.03.2010.

Wendt, W. R. (1988). Das Konzept der Lebenslage. Seine Bedeutung für die Praxis der Sozialarbeit. *Blätter der Wohlfahrtspflege, 1988*(4), 79–83.

World Health Organisation (WHO). (2001). *International Classification of Functioning, Disability and Health – ICF*. Geneva. Dt. Fassung als Download beim DIMDI, Dt. Institut für Medizinische Dokumentation und Information abrufbar.

Kinder und Jugendliche mit Migrationshintergrund

Hartmut M. Griese

Deutschland ist seit dem Anwerbestopp von 1973, der zur vermehrten – politisch nicht intendierten – Einreise von Familienangehörigen der „Gastarbeiter" führte, faktisch ein *Einwanderungsland*, was mittlerweile auch in einem Zuwanderungsgesetz dokumentiert wird, obwohl diese Botschaft in vielen Köpfen der Einheimischen noch nicht angekommen ist. Etwa 15 Mill. Menschen, ca. 18 % der Bevölkerung, haben einen *„Migrationshintergrund"* (Mh), d. h. eigene „Migrationserfahrungen" oder eine familiäre „Migrationsgeschichte", da sie selbst, ihre Eltern oder Großeltern, oder ein Teil davon nach Deutschland eingewandert sind. Dabei ist umstritten, ab wann bzw. wie lange jemand einen Mh hat. Mh ist ein statistisches Merkmal, welches nichts darüber aussagt, ob jemand sich selbst dieses Merkmal zuweist oder sich selbst als Mensch mit Mh begreift. *„Ich habe beschlossen, meinen Migrationshintergrund abzulegen"*, sagte z. B. eine Studentin im Seminar – und sinngemäß weiter: „Wenn schon, dann habe ich einen *,Migrationsvordergrund'*".

Ferner unterscheidet man mit Blick auf die Kinder und Enkelkinder der Einwanderer in der Regel nach Generationenzugehörigkeit, obwohl hier zwischen einem biologischen und einem soziologischen Generationenbegriff (gleiche Erfahrungen im sozialen Raum) differenziert werden müsste – was selten geschieht. Jedenfalls wächst inzwischen eine vierte und fünfte Generation heran, in der Menschen oftmals immer noch als „Ausländer" oder – politisch korrekt(er) – nunmehr als „Menschen mit Mh" typisiert werden.

Die sozio-demographische Entwicklung in Deutschland (abnehmende Geburtenzahlen bei den Einheimischen sowie höhere Geburtenraten bei den eingewanderten Familien – was sich mit der Dauer des Aufenthalts bzw. mit Annäherung der Lebensstile allmählich angleicht) hat dazu geführt, dass – je nach Region (starke Ost-West- sowie Stadt-Land-Unterschiede) – ca. ein Drittel bis ein Viertel der Kinder und Jugendliche einen Mh hat.

Prof. Dr. phil. habil. i.R. Hartmut M. Griese ✉
Institut für Soziologie, Leibniz Universität Hannover, Im Moore 21, 30167 Hannover, Deutschland
e-mail: h.griese@ish.uni-hannover.de

In westdeutschen großstädtischen Ballungszentren betrifft dies oftmals über die Hälfte der eingeschulten Kinder.

Aber: Mit der Zuschreibung „mit Mh" – man hat das Merkmal ja nicht erworben – wird eine zutiefst heterogene Bevölkerungsgruppe auf *eine* Kategorie reduziert, was suggeriert, dass sie über kollektiv geteilte Eigenschaften verfügt (vgl. dazu auch Griese und Sievers 2010, S. 28). Angesichts der äußerst unterschiedlichen Einwanderungsmotive, der Aufenthaltsdauer bzw. biographischen Erfahrungen, differenter ethnischer, religiöser, nationaler, schicht- bzw. milieubedingter familiärer Herkunft und Kapitalausstattung oder mit Blick auf Geschlecht, Bildung, Alter, Staatsbürgerschaft(en), Kompetenzen, Potentiale, Sprache oder Lebenspläne der Betreffenden ist es, zumindest wissenschaftlich-analytisch, unmöglich, diese pluralistische Menschengruppe mittels eines Merkmals zu definieren, zu typisieren oder zu beschreiben; ein Merkmal, das die Gesamtbevölkerung und damit die Gesellschaft in zwei Gruppen unterteilt, was logischerweise Zweiteilung, Abgrenzung und damit immer auch Ausgrenzung impliziert. Dieser unselige Dualismus (Wir und die Anderen, Einheimische und Einwanderer, das Eigene und das Fremde usw.) ist der Beginn von „*Rassismus*", hier im Gewand politisch korrekter bzw. wissenschaftlich-statistischer Zuschreibung – mit allerdings stigmatisierenden Folgen.

Es ist eine besondere Form von Verdinglichung, eine statistische Kategorie, die Migrationshintergrund in einer funktional ausdifferenzierten, schicht- und milieu-pluralistischen und individualisierten Einwanderungsgesellschaft zu einer politisch und sozial(-pädagogisch) relevanten Größe macht. Eine, die Heterogenität der Kinder und Enkelkinder der Einwanderer reduzierende Typisierung hat enorme und fatale Konsequenzen für deren medial-öffentliche Wahrnehmung sowie für den pädagogischen Umgang mit ihnen (Sonderbehandlung, Spezialpädagogik).

Statistisch sinnvolle Termini wie „mit Mh" sind nur scheinbar „wertfrei" – in unserem Fall, weil „mit" immer auch ein „ohne" impliziert, obwohl die Realität viel komplizierter ist, da es auch eine Vielzahl binationaler Ehen (mit und ohne einheimische Partner) mit Kindern gibt. (Neue) Begriffe dienen, theoretisch-analytisch wie alltagssprachlich-praktisch, immer der „Ordnung des Sozialen", konstruieren die Wirklichkeit und beeinflussen die Wahrnehmung von (neuen) Phänomenen. Begriffe benennen gesellschaftliche Veränderungen bzw. das, was als verändert wahrgenommen wird bzw. das, was (neu) „begriffen" werden soll. Sprache manipuliert unsere Wahrnehmung und unser Bewusstsein der Dinge. Das Hauptproblem der Zuschreibung „mit Mh" ist, dass die Betreffenden, vor allem die Kinder und Jugendlichen, die größtenteils in Deutschland geboren sind, komplexitätsreduzierend typisiert und damit identifiziert werden, also als „anders", als „deviant", abweichend von der „Normalität" wahrgenommen und im pädagogischen Kontext einer Kategorie zugeordnet und entsprechend behandelt werden – und dass sie keine Chance haben, sich dagegen zu wehren. In diesem Sinne ist der Terminus „mit Mh" nur die abgeschwächte, aber ähnlich ausgrenzend und stigmatisierend wirkende Ausgabe von „Ausländer(-kinder und -jugendliche)". Der Terminus „mit Mh" verkennt – wie „Ausländer" – den „Subjektstatus", das, worauf es in der pädagogischen Begegnung ankommt.

Es spricht also Vieles dafür, auf das Konstrukt (mit oder ohne) „Mh" im wissenschaftlichen und pädagogischen Zusammenhang möglichst zu verzichten oder – im Sinne des aktuellen *„intersectionality approach"* – dieses statistische Merkmal immer nur als ein Merkmal von vielen mitzudenken und zu reflektieren, so dass andere soziale Merkmale für die (sozial) pädagogische Theorie und Praxis relevanter werden (vgl. die „Trias von class – race – gender" sowie Religion, Nationalität, Bildung, Generation bzw. (Einreise-)Alter, Region, (Kapitalausstattung des) Elternhaus, Interessen und Bedürfnisse, biographische Erfahrungen und Schlüsselerlebnisse, peer-group-Kontakte, Kompetenzen und Potentiale, Hobbies und Zukunftspläne usw. – der Kinder und Jugendlichen mit Mh).

Gerade in einer Zeit, in der vor allem in den Medien klischeehaft und voller Vorurteile über Jugendliche mit Mh (sie werden zumeist „Migranten" oder „Ausländer" genannt – auch wenn sie hier geboren sind) berichtet wird („Sarrazins Erbe"), sollte zumindest die Wissenschaft und in ihrem Gefolge die theoretisch-kritisch reflektierte (sozial-)pädagogische Praxis den Begriff Mh vermeiden. Wer sonst, wenn nicht Wissenschaft und Pädagogik, sollte mit einem Verzicht anfangen, denn der intendierte Wandel findet zuerst in Sprache und Terminologie, dann erst in den Köpfen und im (Alltags-) Bewusstsein statt.

So lange das medial konstruierte „Bild des Fremden" nicht nur an Stammtischen, sondern auch in Presseberichten, populistischen Publikationen und TV-Debatten negativ konnotiert ist und in der Folge davon in breiten Teilen der Öffentlichkeit (bis hinein in Kreise der SPD und Gewerkschaften!) ablehnende Reaktionen hervorruft, so lange werden die vielen wohlmeinenden pädagogischen Projekte, Maßnahmen und Aktionen (good practice) ins Leere laufen, da sie das „Bürgerbewusstsein" bzw. die öffentliche Meinung, das, was letztlich für die „Integration" mitentscheidend ist, nicht erreichen.

So lange beim Begriff „mit Mh" in der Öffentlichkeit und im Bürgerbewusstsein tendenziell assoziativ an „Ausländer", „Türken", „Fremde", „Zwangsehe", „Ehrenmord", „Moslems", „Kopftuch", „verschleierte Frauen", „kriminelle und gewalttätige Jugendliche", „nicht integrierte oder integrierbare Ausländer" oder „Arbeitslose" usw., also an die medial und teilweise politisch-populistisch dominante Form der „Problempräsentation" gedacht wird, so lange sozialdarwinistische Thesen durch häufige mediale Präsenz salonfähig und viabel (anschlussfähig im Mainstream) sind, so lange tendenziell ethnisiert und kulturalisiert wird und nicht sozialstrukturelle (Stadtplanung, Armut, Polarisierung der Gesellschaft) und bildungspolitische Argumente (Chancenungleichheit, frühe Selektion, institutionelle Diskriminierung) zum Tragen kommen, so lange das gesellschaftliche Klima erkaltet und die Stimmung fremdenfeindlich ist, solange die Debattenkultur und die Talkshow-Inszenierungen (Kampf um Einschaltquoten) sich nicht ändern, so lange wird sich Deutschland nicht als aufgeklärte, vernunftgeleitete, den Kinder- und Menschenrechten verpflichtete und human-demokratische Einwanderungsgesellschaft (neu) erfinden. Dies sind aber die politisch-ideologischen Rahmenbedingungen für das, was (sozial-)pädagogisch machbar ist.

Nun zeigt sich aber in letzter Zeit durchaus ein Wandel in der politisch-medialen Debatte um Einwanderung – angefangen mit den Erkenntnissen der PISA-Studien ab 2000

(20–25 % sog. „*Risikojugendliche*" auf den beiden unteren Kompetenzstufen, von denen wiederum ca. 80 % männlichen Geschlechts sind und ca. 50 % davon einen Mh haben) über die gescheiterte „Green-Card-Initiative" von Ex-Kanzler Schröder bis hin zu demographischen Erkenntnissen über dramatisch sinkende Geburtenraten (Deutschland als Altenrepublik bzw. von der Alterspyramide zum Alterspilz). Es ist eine unbestrittene Tatsache, dass Deutschland bevölkerungspolitisch betrachtet junge Einwanderer und wirtschaftspolitisch gesehen vor allem qualifizierte Arbeitskräfte benötigt, wenn es zukünftig keine demographisch und ökonomisch bedingten „Standortnachteile" in Kauf nehmen will (vgl. ausführlicher dazu Griese und Sievers 2010).

Der vielzitierte und beschworene ökonomisch motivierte „Kampf um die besten Köpfe" und die „Angst vor Vergreisung" (und der dadurch angeblich gefährdeten Rentenfinanzierung – bei stetig steigender Produktivität und gigantisch zunehmenden Unternehmensgewinne!?) haben einen partiellen Wandel in der politischen Debatte um „Einwanderung und Integration" zur Folge gehabt in der Gestalt, dass Deutschland nunmehr offiziell Interesse bekundet an der „Integration" der hier lebenden „Menschen mit Mh", vor allem der hier geborenen Kinder und Jugendlichen sowie an der gezielten Anwerbung von (hoch-) qualifizierten Ausländern – nach dem Motto: „Die Guten (qualifizierten, jungen, „integrationswilligen") ins Töpfchen (in die profitablen Bereiche von Wirtschaft und Industrie), die Schlechten (den Rest) ins Kröpfchen" (Ausweisung, schlecht bezahlte Hilfsarbeiten oder Gefängnis).

Es wird dagegen wenig bis gar nicht öffentlich-politisch diskutiert, ob nicht eine frühkindliche verbindliche kostenfreie Förderung aller Kinder, vor allem aus prekären sozioökonomischen Familienlagen (die Strukturkategorie gegenüber der Kulturkategorie „mit Mh") sinnvoller, kostengünstiger und nachhaltiger ist, als eine Anwerbung von Fachkräften aus dem Ausland, von denen die „Besten" sowieso längst in die klassischen Einwanderungsländer ausgewandert sind. Deutschland ist, auf Grund versäumter integrationspolitischer Maßnahmen und starker Abwehrmechanismen großer Teile der Politik, der Medien und der Öffentlichkeit kein attraktives Einwanderungsland für Hochqualifizierte – diesbezüglich mangelt es an Willkommenskultur, Anerkennungsklima und Integrationsbereitschaft. Der „deutsche Weg" der Förderung von (bildungsbürgerlichen) Familien statt von Kinderbetreuungseinrichtungen und damit allen Kindern bzw. die vorherrschende Familienideologie sowie eine zumeist fehlende Infrastruktur für eine individuelle, frühkindliche, staatlich organisierten Erziehung, haben dazu geführt (OECD-Studie von 2011), dass die Geburtenrate (1,4 Kinder pro Paar) äußerst gering ist (OECD-Durchschnitt: 1,7 Kinder), dass die Kinderarmutsrate erschreckend hoch ist (8,3 %) und dass nach wie vor ein großer Zusammenhang besteht zwischen Armut (prekärer Familienlage) einerseits und Bildung (-chancen) andererseits. Deutschland reproduziert seine Sozialstruktur und damit seine Bildungsprobleme.

Ob Kinder und Jugendliche einen Mh haben oder nicht, spielt, genau betrachtet, in diesem Kontext, eine geringe Rolle. So schneiden z. B. Kinder von Einwanderern aus Vietnam, Korea, Ukraine oder dem Iran im Bildungssystem wesentlich besser ab als einheimische Kinder – entscheidend dafür ist das, was wir „Kapitalhaushalt" nennen: Die Kombination von „ökonomischem" (Einkommen, Besitz, materieller Wohlstand, sozio-ökonomische Lage usw.), „sozialem" (Beziehungen, Kontakte, Netzwerke etc.) und „kulturellem Kapital" (Bildung und Wert der Bildung bei Eltern und Familie, Sprachkompetenzen, Lebensstil usw.).

Seit einiger Zeit wird daher ein *„Migrant Mainstreaming"* diskutiert – was nur die „soziale Tatsache" der strukturellen Diskriminierung und die alltägliche Stigmatisierung belegt (vgl. „Gender Mainstreaming"), und politische Parteien fordern aus wahltaktischen Gründen eine interne „Migranten-Quote". Ein normalisierter Umgang mit den Folgen der Einwanderung scheint nach wie vor in Deutschland schwer möglich. Hoffnung beruht aus meiner Sicht nur in der allgemeinen (!) Erkenntnis, dass das kreative, erfolgreiche und sympathische Auftreten unserer die reale Einwanderungsgesellschaft wieder spiegelnde Fußball-Nationalmannschaft, die überwiegend aus ehemaligen „Kindern und Jugendlichen mit Migrationshintergrund" besteht, zum Wandel des Bürgerbewusstseins und auch zu einem anderen „Deutschlandbild" im Ausland führen wird.

(Sozial-)pädagogisch, in der persönlichen Begegnung von Menschen gilt, dass Individuen (!) miteinander (!) interagieren, die zum einen Mitglied der „Gattung Mensch", also universell, und zum anderen einmalige und einzigartige Subjekte sind. Man kann pädagogisch dem Gegenüber nur gerecht werden, wenn man ihn in seiner *Allgemeinheit* (vgl. Menschenrechte, Grundbedürfnisse) und in seiner *Einzigartigkeit* (Biographie, Herkunft, Kompetenzen usw.) begegnet und dies respektiert und anerkennt. Von daher verbietet es sich, pädagogisch (!) in einer Einwanderungsgesellschaft (!) von „Kinder und Jugendlichen mit Mh" zu sprechen.

Ich komme beim Thema „Kinder und Jugendliche mit Mh" also zu der Erkenntnis, dass das Wichtigste im Themenzusammenhang – auch und insbesondere für in diesem Bereich pädagogisch Tätige – eine theoretisch angeleitete und empirisch abgesicherte kritische Analyse der Ethnisierung, Stigmatisierung und Diskriminierung (neusoziologisch Exklusion genannt) dieser Bevölkerungsgruppe in Medien, Politik, Öffentlichkeit und auch teilweise in Wissenschaft und (Sozial-)Pädagogik ist – eine Perspektive, wie ich sie bereits in meinem ersten Beitrag zur Thematik eingenommen hatte (vgl. Griese 1974). Die Situation der „Kinder und Jugendlichen mit Mh", deren Verhalten, Einstellungen und Wertorientierungen sowie ihre Zukunftschancen und -perspektiven sind primär davon abhängig, welches Bild dieser statistischen (nicht sozialen) Gruppe Medien, Wissenschaft und öffentliche Meinung konstruieren und damit das Bürgerbewusstsein strukturieren und welche migrations-, bildungs- und sozialpolitischen Rahmenbedingungen und pädagogischen Infrastrukturen in der Einwanderungsgesellschaft zur Verfügung gestellt werden. Meine Prognose ist (verglichen an der Rebellion in den arabischen Ländern): Die gesellschaftliche Konstruktion einer homogenen Gruppe (alle mit Mh) angesichts realer Ausdifferenzierungen und starker Unterschiede sowie die Vorenthaltung gesellschaftlich-beruflicher Chancen und Perspektiven könnte dazu führen, dass diese heterogene Gruppe eine Art kollektive Identität sowie ein rebellisches Bewusstsein entwickelt – *„wie man in den Wald ruft, so schallt es zurück"*.

Literatur

Griese, H. M. (1974). Stigma. Zur Analyse der Alltagssituation ausländischer Arbeiter in der Bundesrepublik Deutschland. *Erziehen heute, 1974*(4).

Griese, H., & Sievers, I. (2010). Bildungs- und Berufsbiographien erfolgreicher Transmigranten. *Aus Politik und Zeitgeschichte, 2010*(46–47), 22–28.

Teil IV
Themen und Praxen der Kinder und Jugendlichen in der Offenen Kinder- und Jugendarbeit

Abhängen, Treffen, Warten, Langeweile

Titus Simon

Zwei Aktivisten der ersten Stunde berichten von einer Anekdote, die zur Entstehungsgeschichte des mittlerweile über 30 Jahre existierenden Jugendhauses Balingen gehört. Beide sind schon etwas ergraut, der eine ist promovierter Akademiker, der andere erfolgreicher Unternehmer. Jener, welcher „Lupo" genannt wurde, beginnt zu erzählen: „Es muss so '75 gewesen sein, da sind der Raoul und ich auf Mopedklau gegangen. Hinten am Heuberg gab es einen Schopf[1], da stand immer ein Quickly[2] drin."

Und Raoul erzählt weiter: „Wir sind aufs Dach gestiegen und wollten auf diesem Weg einsteigen. Dann haben wir aber gesehen, dass da einer kommt. Da sind wir schnell wieder runter, bloß konnten wir halt nicht mehr abhauen, also haben wir uns hinter einem Busch versteckt."

Nun jetzt erzählt wieder der andere: „Und dann sind wir da gesessen und haben uns überlegt, warum wir eigentlich so einen Scheiß machen. Wir sind dann letztendlich drauf gekommen, dass es sinnvollere Beschäftigungen gibt als Mopeds zu klauen. Das war der Beginn der Jugendzentrumsinitiative Balingen."

16.1 Abhängen, Treffen, Warten, Langeweile: handelt es sich um schwindende Bestandteile des jugendlichen Alltags?

Im historischen Prozess erfahren zahllose Verhaltensweisen einen Wandel in der öffentlichen Bewertung. War das Rauchen selbst in hochkarätigen Diskussionsrunden des öffentlich-rechtlichen Fernsehens in den 1970er-Jahren nicht nur üblich, sondern auch

---

[1] Schopf: Scheune.
[2] Das „Quickly" war ein seit den 1950er-Jahren von der Firma NSU gebautes Moped, das sich großer Beliebtheit unter Jugendlichen erfreute.

Prof. Dr. rer. soc. Titus Simon ✉
Fachbereich Sozial- und Gesundheitswesen Magdeburg, Hochschule Magdeburg-Stendal,
Oberroter Str. 38, 74420 Oberrot-Wolfenbrück, Deutschland
e-mail: titus.simon@hs-magdeburg.de

Symbol für eine von ernster Nachdenklichkeit geprägte Diskussionskultur, so werden jene Raucher, die sich heute in den verbliebenen Raucherzonen zusammenballen, zu einer zahlenmäßig schwindenden Randgruppe, der eher negative Attribute zugeschrieben werden.

Muße zu haben, über disponible Zeit zu verfügen, war im 19. Jahrhundert das Privileg einer kleinen kritischen Minderheit, der „Bohemien", später ein typisches Merkmal jener akademischen Generation, die in den sechziger und siebziger Jahren des letzten Jahrhunderts in wachsendem Maße die Universitäten bevölkerte und im Rahmen vieler noch schwach strukturierter Studiengänge über ein großes Maß an disponibler Zeit verfügte. Es war die Epoche, in der selbst Lehrlinge Hermann Hesse lasen. Die Jugendcliquen trafen sich in ihrer freien Zeit – allein schon aus Mangel an anderen Gelegenheiten – in großer Zahl und gut sichtbar auf markanten Plätzen des öffentlichen Raumes. Sie bevölkerten die Domplatte in Köln, den Schlossplatz in Stuttgart, den Münchner Englischen Garten und die Marktplätze in Kleinstädten und Dörfern. Natürlich wurde dieses „Herumgammeln", das seinerzeit kaum mit der Zerstörung öffentlicher Anlagen einherging, misstrauisch beäugt und häufig drastisch kommentiert („Arbeitslager"). Da es aber der Mainstream war, bot sich den Jugendlichen die Gelegenheit, relativ risikoarm das Spannungsverhältnis zwischen Eigenerleben und Bewertung durch die Erwachsenen aushalten zu lernen.

Zwischen Abhängen, Treffen, Warten und Langeweile bestand immer eine enge Verbindung. Dasselbe Verhalten konnte mal mehr der einen, mal der anderen Zuschreibung entsprechen. „Herumhängen" besitzt Entspannungsfunktion, kann aber auch aus Gelangweiltsein hervorgehen. Das heute noch auftretende Herumsitzen an dörflichen Bushaltestellen kann auf Langeweile und fehlende Angebote zurückgehen. Es kann aber auch bedeuten, dass man auf die wartet, die mit dem nächsten Bus aus dem zentralen Schulort kommen. Freunde treffen zu können ist heute trotz der engen medialen Vernetzung zu einer schwierigen Angelegenheit geworden. Wenn die Zentralisierung der Schulstandorte, die Verlängerung des Schultages im „Ganztag" und die zusätzlich zu absolvierenden Bildungsangebote die Phasen gemeinsam erlebter disponibler Zeit reduzieren, dann werden die Kontakte über Twitter, Facebook und SMS wichtige Substitute.

16.2 Jugendarbeit legitimiert sich durch die Übernahme der gängigen Forderung nach „Abkehr vom Herumgammeln"

Eine der legitimatorischen Wurzeln aller Formen von Jugendarbeit lag seit ihrer Frühgeschichte im Schließen einer Lücke, die – je nach Epoche – „Zwischen Schule und Kaserne" oder „zwischen Schule und Ausbildung" lag. Auch die Entstehung einer eigenständigen Jugendphase ist eng verbunden mit der Verfügbarkeit disponibler Zeit, die bis ins ausgehende 19. Jahrhundert das Privileg der privilegierten Klassen war. Die Entstehung von Freizeit für breitere Bevölkerungskreise ist das Ergebnis der technologischen, ökonomischen und kulturellen Wandlungsprozesse, das Resultat zunehmender Arbeitsteilung, erkämpfter Arbeitszeitverkürzung, auch die Folge der Trennung von Arbeitsplatz und häuslichem Bereich (Simon 1989).

Jugendarbeit war seit ihren frühen Formen in den Lehrlings- und Gesellen-, sowie den Jünglings- und Mädchenvereinen freizeitbezogen, füllte die freie, disponible Zeit im Leben von Kindern und Jugendlichen.

Während der frühen Kämpfe um selbstverwaltete Jugendzentren ist aus einem zugespitzten kommunalen Konflikt die Bemerkung eines württembergischen Bürgermeisters in die überörtlichen Medien gelangt: „Rauchen, Cola trinken, herumgammeln und laute Musik hören ist zu wenig, um den Einsatz öffentlicher Mittel zu rechtfertigen." Schon damals wurde defensiv reagiert, indem man auflistete, wie viel Sinnvolles sich in Jugendzentren ereignen könnte.

Egal, wie viele Konzeptionen von Einrichtungen der offenen Jugendarbeit man heute sichtet, man stößt immer auf Passagen, die in irgendeiner Weise „sinnvolle Freizeitgestaltung" als eine der zentralen Aufgaben herausstreichen.

Aus zahlreichen Projekten und Begleitungen von Jugendhilfeplanungsprozessen in den neuen Ländern konnte abgeleitet werden, dass Jugendclubs in Ostdeutschland bei Verwaltungen und in der Bürgerschaft eine höhere Akzeptanz genießen als in Westdeutschland. Geht man dieser an sich erfreulichen Feststellung auf den Grund, so hat dies vielfach mit der oftmals nicht eingelösten Heilserwartung zu tun, man könne mittels solcher Angebote Jugendliche „von der Straße wegholen".

16.3 Die offene Jugendarbeit als der „Lückenschließer" im „Projekt Ganztagsbildung"

Ganztagsbildung ist eine ernsthafte Alternative. Aber sie ist auch deshalb im Diskurs, weil sie eine Ganztagsversorgung von Kindern und eine von der Erwachsenenwelt herbeigesehnte Kontrolle der disponiblen Zeit der Schülerinnen und Schüler suggeriert. Die verbleibende freie Zeit wird ebenfalls – von Sozialarbeitern begleitet – im Ganztag verbracht, was Rainer Dollase zu der Polemik verleitet: „In zwanzig Jahren werden die Städte bis 17 Uhr nur noch von Geronten bevölkert sein..." (Dollase 2009, S. 44).

Unstrittig ist: Wenn Kinder von 8 bis 17 Uhr (angesichts der zunehmenden Konzentration der Schulstandorte dann häufig auch von 7 bis 18 Uhr) durch die Schule und Schulwegzeiten gebunden sind, hat dies massive Auswirkungen auf Cliquenbeziehungen, sozialräumliche Einbindungen und nicht zuletzt auf die Jugend-, Sportvereins- und Kulturarbeit. In der Schule verbrachte disponible Zeit ist, auch wenn sie von guten erlebnis- und sportpädagogischen Programmen durchsetzt ist, immer auch von Erwachsenen kontrollierte freie Zeit. Aber ging es uns als Schülerinnen und Schüler nicht so wie Rainer Dollase, der ausführt:

> Die schönsten Schultage, an die ich mich erinnern kann, fanden nicht in der Schule statt... Und das Tollste waren Tage mit „Hitzefrei" – ein Wort, bei dem moderne Bildungsforscher vermutlich einen Schwächeanfall bekommen (ebd., S. 43).

16.4 Was ist zu tun?

Ein nostalgischer Blick zurück ist gelegentlich zur eigenen Erbauung zulässig, er führt jedoch nicht weiter. Jede Form der Pädagogik und Erziehung ist eingebettet in die jeweils gültigen Normen, Standards und Umwelteinflüsse. Der Züricher Erziehungswissenschaftler Jürgen Oelkers (2011, S. 1) fragt treffend: „Welches Kind wächst noch in einer Umgebung auf, in der die Eltern Strenge in bestimmten Punkten mit der Erlaubnis zu stundenlangem Herumstreunen in Flussauen oder Wäldern kombinieren könnten? Wo wären denn die Flussauen und wo ein Schulweg, der nicht anhaltende Ermahnungen zu verkehrsgerechtem Verhalten erzwingen würde?"

Jenseits der jeweils aktuellen sozial-, jugend- und bildungspolitischen Zuschreibungen bleibt das Jugendhaus für Jugendliche der Ort, um Freunde zu treffen und gemeinsam zu „chillen" – wie man es heute nennt, insbesondere für Jugendliche, die keine Freunde zu sich nach Hause einladen können. Das Jugendhaus ist unverändert niederschwelliges und zugleich sinnvolles Freizeitangebot, bleibt Rahmen für soziale Gruppenarbeit und jugendkulturelle Prozesse und Experimente. Dazu gehört auch, dem „Nichtstun" Raum zu lassen.

Im Sinne der Reformpädagogik entwickelt gelingende offene Jugendarbeit eine „Pädagogik des Ortes". Es werden Anreize geschaffen, die „Abhängen" und das Ausleben vitaler kreativer Bedürfnisse miteinander verbinden, die das „Pendeln" zwischen diesen beiden jugendtypischen Zuständen ermöglichen. Die an den Anfang gestellte Episode verdeutlicht, dass es auch in der fehlenden Struktur immer wieder Anreize für Jugendliche gibt, selbst etwas zu gestalten.

Eine populäre Forderung unter den kommerzkritischen Fußballfans lautet: „Gebt uns das Spiel zurück". Analog dazu könnte eine jugendpolitische Forderung lauten: Gebt uns mehr unstrukturierte freie Zeit. Die häufig abstrakt im Sozialarbeitsdiskurs formulierte Forderung nach Unterstützungsleistungen für eine Wiederaneignung von Freiräumen wird hier höchst konkret und schafft zugleich Anknüpfungspunkte an die Bedürfnisse und Aktivitäten eines Teils der Jugendlichen. Kinder und Jugendliche benötigen *nicht pädagogisch kolonialisierte freie Zeit* zur Pflege ihrer Beziehungen, zum Abhängen, Träumen und zur Wahrung ihrer Geheimnisse.

Literatur

Dollase, R. (2009). Elvis im Kofferradio. Der Ganztag zwingt uns zu Einerseits-Andererseits-Positionen. *Alternative Kommunalpolitik, 2009*(3), 43–44.

Oelkers, J. (2011). Wie war Erziehung früher? http://paed-services.uzh.ch/user_downloads/298/320_ZuerichWandelErziehung.pdf. Zugegriffen: 19.5.2011.

Simon, T. (1989). „Frei ham" wir den ganzen Tag. Anmerkungen zum Verhältnis von Arbeit und Freizeit unter Bedingungen von Armut und Wohnungslosigkeit. *Materialien zur Wohnungslosenhilfe, 1989*(9), 29–38.

Gruppen, Clique, Freundschaft

17

Achim Schröder

Für Kinder und Jugendliche sind freundschaftliche Beziehungen zu Gleichaltrigen ein zentrales Feld, auf dem sie Beziehungen erproben, Anerkennung suchen und ihr Selbst ausbilden. Bisweilen sind Kinder und Jugendliche vom Urteil der anderen, ihnen nahe stehenden oder in ihrem Umfeld als anerkannt geltenden Gleichaltrigen äußerst abhängig; sie leiden heftig, wenn sie sich ausgeschlossen fühlen oder sich der engste Freund bzw. die engste Freundin einer anderen Person zuwendet. Die Beziehungen unterscheiden sich prinzipiell von Beziehungen in der Familie – zu Mutter, Vater und Geschwistern –, weil diese Beziehungspartner von Anbeginn und auf Dauer existieren; selbst wenn man die Eltern verlässt, bleibt man innerlich ein Leben lang an sie gebunden. Anders ergeht es den Beziehungen außerhalb der Familie, sie müssen aufgenommen werden, sind von unterschiedlichen Bedingungen abhängig und können aufgekündigt werden.

Im Jugendalter kommt den Beziehungen zu Gleichaltrigen eine spezielle Bedeutung zu, weil nach dem pubertären Umbruch die Aufgabe ansteht, sich gegenüber den Eltern zu verselbständigen. Das betrifft in erster Linie Liebe und Sexualität und in zweiter Linie Arbeit und Reproduktion (vgl. Schröder und Leonhardt 2011). Mit der Geschlechtsreife wird die Verselbständigung geradezu erzwungen, weil sich die Jugendlichen bei ihrer Suche nach sexuellen Partnern nach außen wenden müssen; das Tabu gegenüber Sexualität innerhalb der Herkunftsfamilie ist universell und in allen Kulturen – wenn auch mit jeweils anderen Regeln – errichtet. Die Sexualität treibt Jugendliche aus der Familie hinaus. Die Beziehungen zu den Peers und die Bildung von realen und virtuellen Gemeinschaften, von bisweilen festen Cliquen oder auch Banden sind durch diesen Drang geprägt; die Gleichaltrigengruppen können als „Übergangsobjekt" bezeichnet werden. Denn erstens sind diese Gruppen übergangsweise hoch wichtig, indem sie als Übungsfeld für die neu anstehenden Bedürf-

Prof. Dr. phil. Achim Schröder ✉
Fachbereich Gesellschaftswissenschaften und Soziale Arbeit Darmstadt, Hochschule Darmstadt
University of Applied Sciences, Adelungsstr. 51, 64283 Darmstadt, Deutschland
e-mail: achim.schroeder@h-da.de

nisse nach Intimität fungieren. Viele Jugendliche suchen diesen Schutz der Gruppe, bevor sie sich trauen, sexuelle Beziehungen aufzunehmen. Hier können sie beobachten, wie andere das Zueinander entwickeln, hier können sie ihren „Wert" ertesten, den sie anscheinend anderen gegenüber haben. Hier können sie eruieren, inwieweit sie eine Anerkennung ihres Soseins außerhalb von Familie erzielen. Meine zweite Begründung für die Eignung des Begriffs „Übergangsobjekt" beziehe ich aus dem, was die Psychoanalyse unter Objekt versteht. Im kindlichen Kosmos spielen die Eltern als Liebesobjekte die zentrale Rolle. Sie sind libidinös besetzt, sie sind verehrt, mit ihnen spielen sich die Kämpfe ab. In der Beziehung zu den Eltern lernen Kinder ihren starken Gefühle von Liebe und Hass zu regulieren – sofern die Eltern ihnen dazu gute und stabile Gelegenheiten bieten. Die Bezeichnung „Objekt" verweist darauf, dass die Liebe eine Funktion hat für den Liebenden selbst, hier das Kind. Insofern sind die Eltern zentrale Objekte für die kindlichen Bedürfnisse. Wenn nun die libidinöse Energie, die Liebesenergie, in Teilen von den Eltern abgezogen wird, um sie auf außerfamiliäre Personen richten zu können, zugleich aber geschlechtliche Partner/innen noch keine Option sind, dann genau erhält die Gruppierung der Gleichaltrigen eine aufgeladene Bedeutung.

Ein kurzer Blick in die Geschichte von Jugendgruppen, Peers und Jugendkulturen kann diese Perspektive bestätigen. Der Möglichkeitsraum Jugendgruppe konnte erst zu jener Zeit entstehen, als die gesellschaftlichen Freiheitsgrade mit der industriellen und politisch-geistigen Entwicklung sowie den verlängerten Ausbildungszeiten größer wurden und einen Schub in Richtung Individualisierung hervorbrachten. Diese Freiheitsgrade wirkten sich auf die Jugendphase aus, die ab Anfang des 20. Jahrhunderts – der Geburtsstunde der deutschen Jugendbewegung – als eine eigene Zeit sukzessive zugestanden und gesellschaftlich möglich wurde. Die Jugendbewegungen waren geboren und tauchten in immer neuen Varianten auf. So gab es die Zeit der Halbstarkenbewegung, als Jugendliche mit Gewalt gesellschaftliche Regeln verletzten ohne eine klar identifizierbare Botschaft zu verkörpern und man sprach von Jugendsubkulturen, wenn diese die Machtstrukturen zum Tanzen brachten. Für heute lässt sich sagen, dass wir es mit einer Pluralisierung zu tun haben, die nicht nur von einer Vervielfältigung der Szenen und Jugendkulturen mit diversen Untergruppierungen geprägt ist, sondern auch durch große Unterschiede hinsichtlich der Bedeutung einer festen Gruppe, Szene oder Jugendkultur. Während für die einen Jugendlichen ein starker Bezug auf eine identitätsstiftende Gemeinschaft lebenswichtig ist, kommen andere mit bedeutungsvollen und zum Teil wechselnden Freundschaften durch die Adoleszenz. Allerdings sind diese Ausrichtungen durch die soziale Herkunftsschicht stark beeinflusst. Eine zeitgenössische Erweiterung der Szenen ergibt sich aus den Möglichkeiten, virtuelle Gemeinschaften über das Internet zu bilden und auf diese Weise Zugehörigkeiten und Identifizierungen zu schaffen. Wer oder was zum Übergangsobjekt wird, kann offenbar äußerst verschieden sein.

Die empirische Jugendforschung bestätigt die dauerhaft große Relevanz der Bezüge zu Freunden und Peergroups. Durchschnittlich 71 % der 12- bis 25-jährigen fühlen sich einer Clique zugehörig (vgl. Shell 2010). Dieser Anteil ist seit 2002 nahezu konstant. Die stärkere Cliquenzugehörigkeit von Jungen gegenüber Mädchen macht nur 3 Prozentpunkte aus.

Die älteren Jugendlichen sind um etwa 10 Prozentpunkte häufiger Mitglied in einer Clique als die 12- bis 14-jährigen (ebd.). Die JIM-Studie als inzwischen renommierte Langzeitstudie über den Medienumgang der 12- bis 19-jährigen fragt jeweils nach non-medialen Freizeitaktivitäten. Sich „mit Freunden/Leuten treffen" rangiert mit 86 % auf Platz eins gefolgt von Sport (71 %) und „nichts tun, sich ausruhen" (65 %) (MPFS 2010, S. 9).

Speziell die Offene Jugendarbeit setzt an den Bedürfnissen an, mit Freunden und informellen Gruppen zusammen treffen zu wollen. In offenen Räumen können sich jugendliche Gesellungsformen vergleichsweise frei und selbstbestimmt entfalten; die Raumaneignung vollzieht sich zumeist gerade über die Gleichgesinnten und über eine Clique. Man geht dorthin, weil dort die Freunde sind. Und umgekehrt – ausgehend von Aktivitätsangeboten in offenen Räumen – fühlen sich Jugendliche angesprochen, die auf der Suche nach Freundschaften, Anbindungen an eine Gruppe und neuen Beziehungserfahrungen sind. Gruppenbildungen haben zugleich Prozesse der Ausgrenzung zur Folge, wenn sich beispielsweise im Jugendhaus jene Gruppierung oder Clique aufhält, auf die man gerade nicht treffen will. Oftmals sind Räume von einzelnen Cliquen besetzt. Das bedeutet eine konzeptionelle Herausforderung für die Offene Jugendarbeit, indem sie die unterschiedlichen Interessen und Funktionen der einzelnen Gruppen zu berücksichtigen sucht und differenzierte Raumangebote entwickelt. In jedem Fall sind die gruppendynamischen und freundschaftlichen Potentiale ein wesentliches Fundament für eine zukunftsorientierte Offene Jugendarbeit.

Literatur

Medienpädagogischer Forschungsverbund Südwest (MPFS) (Hrsg.). (2010). *JIM-Studie 2010. Jugend, Information, (Multi-)Media*. Stuttgart.

Schröder, A., & Leonhardt, U. (2011). *Kooperation zwischen Jugendarbeit und Schule. Wie Jugendarbeit schulisches Lernen erweitert*. Schwalbach a. Ts.

Shell Deutschland Holding (Hrsg.). (2010). *Jugend 2010. Eine pragmatische Generation behauptet sich*. Frankfurt.

Jugendsexualität

Uwe Sielert

18

Seit Bestehen der Bundesrepublik wurden in Deutschland sexuell aktive Jugendliche zu einer gesellschaftlichen Normalität. Die gesellschaftliche Liberalisierung wie auch die im Zusammenhang der Pubertät zunehmend früher einsetzenden körperlichen Veränderungen führten dazu, dass Jugendliche heute sexuell deutlich früher aktiv sind als noch vor 30 Jahren. Im Trend ist das Alter des ersten Geschlechtsverkehrs bei Jugendlichen gesunken. Der Anteil aller 14–17-jährigen Jugendlichen mit Koituserfahrung hat sich von 1980 (15 %) bis 2010 (33 %) mehr als verdoppelt. Seit etwa 10 Jahren nimmt dieser Aufwärtstrend jedoch leicht wieder ab (BZgA 2010a). Das „erste Mal" ist ein markantes Ereignis und doch nur eins unter vielen: Es gibt mehrere davon: Der erste Kuss, der Beginn der ersten „großen Liebe", ausgedehnte Pettingerfahrungen. Jugendliche berichteten, dass die Überbewertung des ersten Koitus in der Öffentlichkeit unnötigen Erwartungsdruck erzeugt (BZgA 2002). Es gibt auch eine relativ fest umrissene Gruppe von einem Fünftel der Jugendlichen, die mit 17 Jahren noch keinerlei sexuelle Partnerkontakte, also noch nicht einmal geküsst wurden oder Pettingerfahrungen gemacht haben (BZgA 2010a).

Jugendliche haben heute offenbar kein großes Interesse mehr, überholte Tabus zu brechen und tabulosen Sex zu leben, es sei denn, sie wittern neue Verbote, Kriminalisierungen und Verdächtigungen. Sie sind Nutznießer der sexuellen Liberalisierung. Intimität im komplizierten Lebensalltag ist sind ihnen wichtiger als Sex. Dennoch haben sie aber auch keine Scheu, im gegebenen Augenblick auch mit Ungewöhnlichem zu experimentieren. Aber am Anfang ist das meiste schon ungewöhnlich genug. Jedenfalls spielt Sexualität auch bei Jugendlichen trotz aller Liberalisierungsprozesse mehrheitlich im Rahmen fester Partnerschaften eine Rolle (Wendt 2009). Das typische Beziehungsmuster ist das der sukzessiven

Prof. Dr. paed. Uwe Sielert ✉
Institut für Pädagogik Kiel, Christian Albrechts Universität Kiel, Olshausenstr. 75,
24118 Kiel, Deutschland
e-mail: Sielert@Paedagogik.Uni-Kiel.de

Monogamie. Viele Jugendliche blicken auf eine Folge von Paarbeziehungen unterschiedlicher Dauer mit zumeist klar markiertem Anfang und Ende zurück.

18.1 Aufklärung

Jugendliche sind bis heute zunehmend verhütungsvernünftiger geworden. Das Verhalten der Jungen, das bisher immer nachlässiger war, hat sich bei jenen mit deutscher Staatsangehörigkeit inzwischen den immer schon besser verhütenden Mädchen angeglichen und der Wert der Nicht-Verhütenden ist auf 8 % gesunken. Bei Jugendlichen mit Migrationshintergrund sank der Anteil Nicht-Verhütender Mädchen von 2005 bis 2010 von 19 % auf 12 % und bei den Jungen sogar von 24 % auf 18 % (BZgA 2010a). Auch der familiäre Lebensraum ist im Durchschnitt für alle sexualfreundlicher geworden: Eltern geben nicht nur ihren Kindern insgesamt, sondern auch deren Sexualität zunehmend mehr Lebensraum und stehen zur Aufklärung zur Verfügung. Eltern aus Migrantenfamilien sind dabei jedoch weniger aktiv. Gleichaltrige Freunde sind zwar Vertrauenspersonen, werden aber weniger bei Wissensfragen genannt. Insgesamt gewinnen externe Erwachsene an Bedeutung für die sexuell relevante Wissensvermittlung. Lehrer/innen werden heute von drei Viertel der Jugendlichen als Informationsquelle genannt, die Tendenz ist seit Jahren steigend (ebd.).

Allerdings gibt es auch eine nicht unerhebliche Gruppe von Jugendlichen, vor allem jene mit wenig materiellen, sozialen und kulturellen Ressourcen, die in verschiedenster Hinsicht mit ihrer sexuellen Entwicklung ins Straucheln geraten und mehr pädagogische Begleitung und Aufklärung benötigen. Für etwa ein Fünftel besteht kein Vertrauensverhältnis im Elternhaus, jedes 10. Mädchen und jeder 5. Junge hat keine Vertrauensperson, um über sexuelle Fragen zu sprechen. Jeder Fünfte Jugendliche mit deutscher Staatsangehörigkeit hält sich selbst nicht für genügend aufgeklärt, bei jenen mit Migrationshintergrund ist es etwa ein Drittel. Weniger als die Hälfte der Mädchen und ein Drittel der Jungen hadern mit ihrem eigenen Körper (ebd.).

18.2 Jugendsexualität interkulturell

Migrantinnen und Migranten sind trotz einer durchschnittlich größeren Problembelastung weder eine homogene noch eine besondere Gruppe in unserer Gesellschaft. Ihre Lebenswelten sind genauso vielfältig wie die der alt eingesessenen deutschen Bevölkerung. Die wenigsten Kinder von Migrantinnen und Migranten sind den Vorstellungen und Bewertungen von Sexualität und Zusammenleben ihrer Herkunftsfamilie und Herkunftskultur treu geblieben. Die meisten haben in einem längeren Prozess der innerfamiliären Aushandlung Werte und Normen der deutschen Hauptkultur angenommen und sie mit ihren erlernten Mustern kombiniert. Je nach Binnenkultur und Gesprächsbereitschaft der Familie, nach Bildung und Milieu gelingt das durch patchworkartige Identitätsmuster mehr oder weniger gut, manchmal kommt es aber zu heftigen Auseinandersetzungen und Identitätskrisen, bei denen alle Beteiligten pädagogische und beraterische Begleitung brauchen (BZgA 2010b).

18.3 Pornographie

Neu gegenüber früheren Generationen und für die Erwachsenen immer ein Skandalisierungsanlass ist der Zugang Jugendlicher zur Pornographie. Alle einschlägigen Studien belegen, dass Jugendliche potentiell jederzeit Zugang zur einfachen Pornographie haben: ungestört, unkontrolliert und kostenfrei.

Allerdings sind die Unterschiede zwischen Jungen und Mädchen in kaum einem Verhaltensbereich so unterschiedlich: Mädchen konsumieren sehr wenig gezielt Pornographie. Sowohl Jungen als auch Mädchen reagieren auf Hardcore-Pornographie übereinstimmend ablehnend. Drei Settings werden benannt, in denen Jungen Pornographie konsumieren: Alleine zur Selbstbefriedigung, zur Belustigung zusammen mit Gleichaltrigen, und selten zusammen mit der Freundin. Die Jugendlichen wachsen mit einem negativen Pornographie-Begriff auf, übernehmen das vorgegebene Bild aber nicht völlig. Sie finden in der Regel ihre eigene Haltung und die meisten erweisen sich als fähig, sich aktiv und kritisch damit auseinanderzusetzen und ihr eigenes Urteil zu bilden.

18.4 Verwahrlosung?

Das „Vergehen", die „Verwahrlosung" der Jugendlichen in den meisten Fallgeschichten der Sensationspresse liegt darin, dass sie angeblich zu früh anfangen, zu viele Partnerinnen haben und „Sex ohne Liebe machen". Die bereits referierten Daten haben deutlich gemacht, dass diese Verhaltensweisen keinesfalls seriös auf die Mehrheit der Jugendlichen bezogen werden kann, so dass mit Hilfe der Jugendsexualitätsforschung das „Verwahrlosungssyndrom" deutlich zurückgewiesen werden kann. Andererseits sind Fachkräfte in Einrichtungen der Erziehungshilfe, Jugendstrafanstalten und Beratungsstellen bei sexuellem Missbrauch immer auch mit Kindern und Jugendlichen konfrontiert, die erotische Phantasien und sexuellen Verhaltensweisen entwickelt haben, bei denen Schläge, stark abweichende Sexualkontakte und Gewalt Erregung zur Folge haben. Bestimmte Erscheinungsformen extensiven Hardcore-Pornokonsums in einer allgemein deprivierten Sexualkultur gehen meist mit familiären Bindungsproblemen (auch in „besser gestellten" Familien) und einer anregungsarmen Umwelt oder sozioökonomischen Notlage einher. Nicht der Sex ist dabei das Problem sondern die soziale Situation. Verweigert wird manchen benachteiligten Jugendlichen heute nicht nur Wissen sondern auch Anregungen zur Modellierung der Affekte und damit die Chance zum selbst bestimmten sexuellen Handeln. Ernst zu nehmen sind jedoch unfreiwillige Sexualkontakte, die unter Jugendlichen in einem Ausmaß verbreitet sind, dass intensive Prävention durch Sexualerziehung erforderlich ist. Immerhin äußerten in einer Prävalenzstudie 25 % der befragten Frauen, dass sie als Jugendliche unfreiwilligen sexuellen Kontakten ausgesetzt waren, die sich strafrechtlich definierten Tatbeständen zuordnen lassen. Nimmt man die gezielte Verabreichung von Alkohol und Drogen zur Durchsetzung sexueller Interessen hinzu, so steigt die Prävalenzrate auf über 50 % (Krahé 1999).

18.5 Was tun?

Offene Jugendarbeit ist ein von Jugendlichen genutzter Ort intimer Kommunikation mit der Möglichkeit der beratenden, parteilichen auch schützenden Begleitung durch Erwachsene wie auch andere, zu diesem Zweck durch Peer-Programme gebildete Jugendliche. Erforderlich ist eine Sexualpädagogik der Vielfalt: interkulturell, genderorientiert und medienkompetent. Wo immer es vor Ort möglich ist, sind infrastrukturelle Vernetzungen erfolgreich, mal mit Beratungsstellen, dem allgemeinen sozialen Dienst ebenso wie auch schwul-lesbischen Initiativgruppen und spezifischen Mädchen- und Jungenprojekten. In Bildungslandschaften bietet sich die Kommunikation mit Schulen und Einrichtungen der Erwachsenenbildung an. Das setzt aber sexuell gebildete Erwachsene voraus – und bis dahin ist noch viel zu tun. Bei alledem ist zu vermeiden, dass Sexualität vor allem im Kontext von Angst und Gefahr thematisiert wird. Sexualpädagogik wirkt präventiv nur als eine Quelle von Lust, positiven Beziehungserfahrungen und Lebensmut.

Literatur

Bundeszentrale für gesundheitliche Aufklärung (BZgA) (2010). *Jugendsexualität. Repräsentative Wiederholungsbefragung von 14–17-Jährigen und ihren Eltern*. Köln.

Bundeszentrale für gesundheitliche Aufklärung (BZgA) (2010). *Sexualität und Migration: Milieuspezifische Zugangswege für die Sexualaufklärung Jugendlicher*. Köln.

Krahé, B. (1999). Sexuelle Aggression zwischen Jugendlichen: Eine Prävalenzerhebung mit Ost-West-Vergleich. *Zeitschrift für Sozialpsychologie, 1999*(30), 165–178.

Wendt, E. V. (2009). *Sexualität und Bindung. Qualität und Motivation sexueller Paarbeziehungen im Jugend- und jungen Erwachsenenalter*. Weinheim und München.

Konsum und Kommerz

Lotte Rose

Junge Menschen verfügen über eigenes Geld und geben es eigenständig aus. Shoppen gehört zu einem beliebten Freizeitvergnügen (Rais 2003). Wie viel Geld vorhanden ist, wird regelmäßig von Marktforschungsinstituten untersucht. Doch die Zahlen zum jugendlichen Geldbesitz sind wenig aussagekräftig, wenn nicht Informationen dazu vorliegen, was davon selbst bezahlt werden muss, wieweit die elterliche Kontrolle bei den Kaufentscheidungen geht und inwieweit auch Gegenleistungen erbracht werden müssen, z. B. Mitarbeit im Haushalt.

Alle Verbraucherdaten zeigen, dass Kinder und Jugendliche mehr Geld erhalten, als die Taschengeldempfehlungen der Jugendämter für die verschiedenen Altersgruppen festsetzen. Nach der KidsVerbraucheranalyse 2010 fließen den 6- bis 13-Jährigen monatlich durchschnittlich 23 € Taschengeld zu. Geldgeschenke zu besonderen Anlässen addieren sich auf 186 €. Ein Teil des Geldes wird gespart (Finanznachrichten.de 2010). 2010 haben die 6- bis 19-Jährigen knapp 19 Milliarden € in Deutschland umgesetzt, 17 Milliarden davon von den Teenagern zwischen 13 und 19 Jahren. Während die Grundschulkinder ihr Geld vor allem für Süßigkeiten ausgeben, investieren Teenager vor allem ins Outfit, Ausgehen, Handy und Mobilität (eltern.t-online.de 2010). Dabei zeigen sie sich sehr markenbewusst (Rais 2003). Mädchen und Jungen bessern zudem ihr „Einkommen" durch Jobs auf, wobei die Befunde zum Umfang unterschiedlich sind: Nach der 16. Shell Jugendstudie (2010) trifft dies auf ein Drittel der Jugendlichen zu, nach dem LBS-Kinderbarometer (LBS.de 2009) sind es 60 % der 9- bis 14-Jährigen. Fast die Hälfte von diesen gab wiederum an, dass sie wegen ihres Jobs häufig oder oft gute Laune haben (ebd.).

Während die Verbraucherdaten kaum Angaben zu sozialen Ungleichheiten machen, stellt die 16. Shell-Jugendstudie (2010) fest, dass Jugendliche der Unterschicht sich häufi-

---

Prof. Dr. phil. Lotte Rose ✉
Fachbereich Soziale Arbeit und Gesundheit, Fachhochschule Frankfurt am Main, Nibelungenplatz 1, 60318 Frankfurt, Deutschland
e-mail: rose@fb4.fh-frankfurt.de

ger (42 %) über ihre schlechte finanzielle Situation beklagen, während in der Oberschicht fast zwei Drittel finanzielle Zufriedenheit bekunden. Weniger Geld haben auch Mädchen: Bei den 9- bis 14-Jährigen erhalten sie monatlich 3 € weniger als Jungen (LBS.de 2009). Einzelkinder erhalten zudem mehr Geld als Kinder aus Familien mit Geschwistern (Lange und Fries 2006). Dazu kommt: Je liberaler das Finanzerziehungsmuster in der Familie (und dieses ist eher in Haushalten mit höheren Einkommen vorfindbar), desto mehr Geld erhalten die Kinder und Jugendlichen (ebd.).

Junge Menschen als Geldbesitzer und Marktakteure – dies ist kein Phänomen der modernen Konsumgesellschaft. Kindheitsforschung zeigt, dass auch in vergangenen Epochen Läden, Markttrubel und Kaufen für Kinder und Jugendliche faszinierend waren (vgl. Hengst 2001; Muchow und Muchow 1978). Kindheit und Jugend als konsumfreie Zonen hat es also nie gegeben. Was sich jedoch durch Zeit verändert hat, sind die Möglichkeiten und die Intensität der Marktteilhabe von Kindern und Jugendlichen, so wie das schließlich auch für die Erwachsenenwelt gilt.

Im (fach-)öffentlichen Diskurs zu Konsum und Kommerz im Leben junger Menschen dominieren kritische Bedenken. Problematisiert werden die schädlichen Einflüsse der Werbeindustrie, die Kinder und Jugendliche mit ihren zielgruppenspezifischen Kampagnen geschickt manipulieren und fragwürdige und grenzenlose Konsumwünsche auslösen, die ohne die Werbung nicht entstanden wären. Gefordert wird daher eine medienkritische Konsumerziehung für junge Menschen – nicht im Sinne eines Konsumtabus, aber als Erziehung zum kompetenten Konsumenten, der die Raffinesse der Werbebilder durchschaut und seine Konsumbedürfnisse und sein Konsumverhalten zum eigenen Wohle gelungen steuert (Mohn 2009).

Eine verstärkte Problemdiskussion gibt es auch zur jugendlichen Verschuldung. 6 % der jungen Menschen sind insofern als verschuldet zu bezeichnen, als sie nicht in einem überschaubaren Zeitraum das geliehene Geld zurückzahlen können. Bei dem überwiegenden Teil der verschuldeten Kinder und Jugendlichen beträgt die Schuldensumme zwar nicht mehr als 100 €, bei 7 % liegt sie allerdings zwischen 100 und 950 €. Entgegen populären Darstellungen spielt das Handy als Verschuldungsursache nur eine geringe Rolle (Lange und Fries 2006). Festzuhalten ist auch, dass mehr als vier Fünftel der Kinder und Jugendlichen im Monatsdurchschnitt nicht mehr ausgeben als sie einnehmen. Der weitaus größte Teil der Kinder und Jugendlichen zeigt also eine solide finanzwirtschaftliche Rationalität (ebd.). Lange und Fries halten die jugendliche Verschuldung denn auch für eine „normale" Angelegenheit im jugendlichen Entwicklungsprozess, aus der die meisten innerhalb kurzer Zeit wieder herauskommen (ebd.).

Die pädagogische Debatte zum Konsum von Kindern und Jugendlichen steht im Spannungsfeld zwischen der Idee kindlicher Schutzbedürftigkeit, die durch die kommerziellen Profitinteressen bedroht ist, und der Anerkennung kindlicher Autonomie, die sich in der Marktteilhabe realisiert. Damit verdichtet sich in ihr letztlich auch die Paradoxie des modernen Kindheitskonzeptes. Mit der Monetarisierung des Kinder- und Jugendalltags verschwindet tendenziell die „Kindheit" als Sonderzone jenseits der Erwachsenenwelt (Feil 2003), wie dies schon Neil Postman für die medialisierte Welt prophezeit hat (Postman

1987). Als Konsumakteure beschleunigen junge Menschen energisch ihre Emanzipation. Sie entziehen sich den pädagogisierten Kulturräumen, in denen für junge Menschen Bildungsarrangements organisiert werden, die der erwachsenen Kontrolle unterliegen, teleologisch auf Weiterentwicklung für die Zukunft und an der Hochkultur ausgerichtet sind. In der Medien- und Konsumindustrie finden sie insofern mächtige Verbündete beim eigenen Aufstiegsstreben als für den Markt alle Teilnehmer gleichberechtigt sind. Kinder und Jugendliche sind hier lohnenswerte Zielgruppen mit spezifischen Bedürfnissen, aber dies ist bar jeder teleologischen Komponente (Hengst 2001). Wenn junge Menschen sich hier also mit so viel Begeisterung bewegen, dann kann Pädagogik hierbei viel lernen – nämlich zu dem, was sie jungen Menschen offenbar *nicht* bieten kann.

Literatur

eltern.t-online.de. (2010). Wofür geben Kinder in diesem Jahr ihr Geld aus? http://eltern.t-online.de. Zugegriffen: 1.4.2011.

Feil, C. (2003). *Kinder, Geld und Konsum. Die Kommerzialisierung von Kindheit*. Weinheim und München.

Hengst, H. (2001). Kinderkultur und -konsum in biografischer Perspektive. In I. Behnken, J. Zinnecker (Hrsg.), *Kinder. Kindheit. Lebensgeschichte* (S. 855–869). Seelze.

Bernhard, R. (2003). KidsVerbraucherAnalyse 2003. http://www.verbrauchernews.de/artikel/0000015157.html. Zugegriffen: 11. August 2003.

Finanznachrichten.de. (2010). KidsVerbraucherAnalyse 2010. http://www.finanznachrichten.de/nachrichten-2010-08/17652209-kidsverbraucheranalyse-2010-007.htm. Zugegriffen: 10. August 2010.

LBS.de. (2009). Kinderbarometer. Taschengeld und Laune aufgebessert. Pressemeldungen für Journalisten. http://www.lbs.de/bw/presse/initiativen/kinderbarometer/Taschengeld-und-Laune-aufgebessert. Zugegriffen: 07. August 2009.

Lange, E., & Fries, K. (2006). *Jugend und Geld 2005. Eine empirische Untersuchung über den Umgang von 10–17-jährigen Kindern und Jugendlichen mit Geld*. Münster und München.

Mohn, C. (2009). Kinder und Jugendliche als Verbraucher. Letzte Aktualisierung: 9.03.2011. https://www.familienhandbuch.de/haushaltfinanzen/verbraucherschutz/kinder-und-jugendliche-als-verbraucher. Zugegriffen: 01. April 2011.

Muchow, H., & Muchow, M. (1978). *Der Lebensraum des Großstadtkindes*. Hamburg. Reprint.

Postman, N. (1987). *Das Verschwinden der Kindheit*. Frankfurt a. M.

16. Shell Jugendstudie. (2010). *Jugend 2010. Eine pragmatische Generation behauptet sich*. Frankfurt a. M.

Drogenkonsum: ein Bildungsanlass

Norbert Wieland

Drogen gehören seit jeher und in allen Gesellschaften zum Alltag (vgl. Völger und v. Welck 1982). Folglich ist Drogenkonsum Jugendlicher bzw. ihre Auseinandersetzung mit Drogen und Drogenkonsum ein erwartbarer und sogar notwendiger Bestandteil ihrer Sozialisation. Diese Ansicht wird seit ca. 20 Jahren in Pädagogik und Psychologie vertreten (vgl. z. B. Silbereisen und Kastner 1985). Die Auseinandersetzung mit dem Thema Drogen gehört folglich zu den Pflichtaufgaben von Jugendhilfe (vgl. Friederichs 2002)

20.1 Drogen als Thema zwischen Jugendlichen und Fachkräften

Das Thema Drogen wird zwischen Jugendlichen und Fachkräften der Jugendhilfe/bzw. Kinder- und Jugendarbeit häufig nach einem irritierenden Muster verhandelt:

- Jugendliche bringen das Thema als Provokation ein, manchmal humorvoll, manchmal aggressiv. Manchmal handeln sie sich damit Sanktionen ein, öfter aber bleiben Reaktionen aus, und die Provokation versackt in der mühsam verdeckten Hilflosigkeit der Erwachsenen.
- Fachleute reden zu den Jugendlichen fast nur von Suchtgefahren. Die Jugendlichen sollen die Finger von Drogen lassen. Sie selbst tun das meist nicht. Das sehen die Jugendlichen deutlich (vgl. IGfH Erziehungshilfe Dokumentationen 2001).

Fachleute und Jugendliche reden systematisch aneinander vorbei: es entsteht bezogen auf das Thema Drogen kein Kontakt zwischen ihnen.

Prof. Dr. phil. Norbert Wieland ✉
Fachbereich Sozialwesen Münster, Fachhochschule Münster, Hüfferstr. 27,
48149 Münster, Deutschland
e-mail: norbert.wieland@fh-muenster.de

Offenbar ignorieren die Fachkräfte die konsumbezogenen Bedürfnisse und Anliegen der Jugendlichen. Sie halten sie für riskant, unvernünftig, jedenfalls nicht für wert, besprochen zu werden. Durch diese Praxis werden die Jugendlichen darauf verwiesen, sich außerhalb pädagogischer Einflussnahme ein Bild von Drogenkulturen, Erfahrungen mit Drogen zu machen. Fachkräfte vergeben die Möglichkeit, das Interesse Jugendlicher an Drogen und ihre Erfahrungen pädagogisch zu nutzen. Genau das ist Programm der Drogenpädagogik (vgl. Wieland 1997).

20.2 Drogenpädagogik

Drogenkonsum als kulturelle Praxis Drogenpädagogik ist die praktische Konsequenz aus der Vorannahme, Drogenkonsum, bzw. die Auseinandersetzung damit, sei Bestandteil jeder Sozialisation somit eine *Entwicklungsaufgabe*, die v. a. im Jugendalter bedeutsam wird. Drogenkonsum wird als *kulturelle Praxis*, als Praxis einer Drogenkultur, verstanden. Die Auseinandersetzung damit ist die *Aneignung* dieser Praxis, und daher die Bewältigung der Entwicklungsaufgabe.

Es gibt nicht die eine Drogenkultur, sondern verschiedene und teilweise gegensätzliche Drogenkulturen (vgl. Völger und v. Welck 1982), auf die sich Jugendliche beziehen können, zwischen denen sie in gewissem Maße auswählen können und müssen. Jugendspezifische Drogenkulturen sind Übergangsphänomene und erfüllen den Zweck, Jugendlichen die Bewältigung dieser Entwicklungsaufgabe zu erleichtern.

Drogenkulturen beruhen auf den beiden Funktionen von Drogen, auf ihrer *psychoregulativen* und der *sozialregulativen* Funktion (vgl. Wieland 1997).

Drogen verändern die Befindlichkeit ihrer Konsumenten, ihr Erleben und damit ihre Handlungsdispositionen. Menschen werden unter Drogeneinfluss aggressiv oder ruhig, sie empfinden weniger Schmerz oder Hunger, nehmen Zeit verändert wahr und vieles mehr. Vor allem befriedigen einige Drogen das anscheinend allgemein menschliche Bedürfnis nach Rausch (vgl. Legnaro 1982), das ist das Bedürfnis, den Alltag vorübergehend hinter sich zu lassen. Drogen funktionieren recht zuverlässig, und deshalb werden sie auch sozialregulativ eingesetzt, d. h. sie sichern eine gewisse Harmonisierung von Stimmungen verschiedener Menschen (vgl. Wieland 1997). Trinkrituale markieren Gruppenzugehörigkeit, Beginn oder Ende eines sozialen Ereignisses, die Raucherpause rhythmisiert den Arbeitsablauf.

Drogen haben körperliche und soziale „Nebenwirkungen", zu denen auch das Suchtrisiko gehört. Um diese Nebenwirkungen zu beherrschen, definieren alle Drogenkulturen Konsumregeln, die Jugendliche im Kontext der Drogensozialisation als Teil der kulturellen Praxis aneignen. Die meisten Drogen sind Erwachsenen vorbehalten. Somit ist Drogenkonsum mit der Übernahme des Erwachsenenstatus verbunden.

Jugendspezifische Konsummotive als Arbeitsansatz Ausgangspunkt von Drogenpädagogik sind die jugendspezifischen Konsummotive. D. h. das jugendliche Interesse an

Drogen, die Erfahrungen mit eigenem und fremdem Drogenkonsum sind nicht in erster Linie ein pädagogisches *Problem*, sondern ein *fruchtbarer Ansatz*, um die Drogensozialisation Jugendlicher zu begleiten und ggfls. zu sichern.

1. Die Übernahme drogenkultureller Praxis verleiht den Erwachsenenstatus und ist deshalb erstrebenswert. Sie erfolgt nicht immer als einfache Übernahme, oft auch als Protest gegen die Erwachsenen-Kulturen.
2. Risikoerleben ist aus sich heraus ein starkes Motiv, v. a. bei Jugendlichen, deren spezielles Bedürfnis nach Grenzerfahrung zu bedienen. Dies wiederum steht in Zusammenhang mit dem Wunsch, den eigenen Körper kennen zu lernen, dessen Grenzen zu erfahren und diese ggfls. auszudehnen. Das führt dazu, dass Jugendliche die Risiken z. B. des Drogenkonsums kalkulieren und beherrschen lernen. Es ist aber nicht so (vernünftig) motiviert: Jugendliche experimentieren nicht mit Drogen, weil sie lernen wollen, deren Risiken zu beherrschen, sondern wegen des Thrills, den es vermittelt, nicht zu wissen, ob man den Exzess ungeschädigt übersteht.
3. Die Zugehörigkeit zur Peergruppe ist für Jugendliche von grundlegender Bedeutung. Manche Jugendkulturen definieren sich durch einen spezifischen Drogenkonsum. Der ist die Eintrittskarte zur Peergruppe.

Grundsätze der Drogenpädagogik Die Grundsätze der Drogenpädagogik ergeben sich aus ihrem zentralen Ziel, nämlich Jugendliche dabei zu unterstützen, einen ihnen angemessenen Platz in einer Drogenkultur zu finden und aus zu füllen. Dies gelingt nur

… wenn ihre Anliegen und Bedürfnisse der Ausgangspunkt für Drogenpädagogik sind.

Von Anliegen und Bedürfnissen ausgehen heißt nicht unbedingt, sie zu befriedigen. Es kann auch heißen, ihnen zuwider zu handeln und dadurch einen Konflikt auszulösen, durch den Jugendliche ihre Position in einer Drogenkultur präziser bestimmen können. Dafür ist es erforderlich, dass die erwachsenen Konfliktpartner diese Bedürfnisse verstehen und anerkennen.

… wenn Drogenpädagogik Jugendliche zur Reflexion eigener und fremder Konsummuster anregt.

Es geht nicht um die Vermittlung konsumrelevanter Normen, sondern darum, die Reflexion eigener und fremder Konsummuster und -motive anzuregen. Dies eröffnet erforderliche Handlungsspielräume.

… wenn Drogenpädagogik die Widersprüche in und zwischen Drogenkulturen thematisiert.

Die Aneignung kultureller Praxis bezieht sich häufig auf widersprüchliche Inhalte, weil sie nicht widerspruchsfrei ist. Dabei spielen zum einen soziale Konflikte eine Rolle mit denen, die an der Aneignung beteiligt sind, z. B. die PädagogInnen. Zum anderen gibt es innere, d. h. motivationale Konflikte z. B. zwischen dem Motiv, eine Wirkung zu erzielen und Nebenwirkungen zu vermeiden.

> … wenn Drogenpädagogik Wissen und Einstellungen bereitstellt, die Jugendliche für ihren Alltag nutzen können.

Das setzt voraus, dass die PädagogInnen differenziertes Wissen über den Alltag von Jugendlichen und Kindern und über die dort relevanten Drogen und Drogenkulturen bereithalten sowie Haltungen zu Drogen und Drogenkonsum authentisch vorleben.

20.3 Drogenpädagogik als Bildungsangebot im Rahmen Offener Kinder- und Jugendarbeit

Dass Drogenpädagogik die Erfahrungen Jugendlicher mit Drogen und ihren Drogenkonsum als Anknüpfungspunkt und nicht von vorneherein als Problem definiert, weist sie als Bildungsmaßnahme aus und grenzt sie ab von der pädagogischen Arbeit mit riskant konsumierenden oder abhängigen Jugendlichen, selbst wenn diese Arbeit die oben formulierten Grundsätze teilt. Denn dass sie zweifellos einen bedeutenden suchtpräventiven Nutzen hat, ist erwünschte Nebenwirkung, nicht Hauptanliegen von Drogenpädagogik. Es geht darum, Jugendliche zu unterstützen, einen passenden und attraktiven Platz in einer Drogenkultur zu finden, eine ihnen eigene und passende kulturelle Praxis mit Drogen auszubilden (vgl. Sturzenhecker 2002). Dies kann die Praxis der Abstinenz oder eine gesundheitlich und sozial hoch riskante Praxis sein.

Ein solches Anliegen entspricht der humboldtschen Vorstellung von Bildung im Sinne einer Stärkung eigener Kräfte (vgl. ebd.) und ist notwendig am Freizeitbereich Jugendlicher orientiert. Denn Drogensozialisation vollzieht sich vornehmlich außerhalb und in deutlicher Abgrenzung von Schule und Beruf, da Drogenkonsum mit den Leistungsanforderungen dort nur selten kompatibel ist. Es ist die mit Peers verbrachte Freizeit, die den Rahmen für Drogensozialisation abgibt.

Damit ist Offene Kinder - und Jugendarbeit gefragt, weil sie sich genau auf diesen Lebensraum bezieht und dort ihren spezifischen Bildungsauftrag wahrnehmen kann. In diesen Auftrag fügt sich Drogenpädagogik gut ein.

Literatur

Friedrichs, J. (2002). *Drogen und Soziale Arbeit*. Opladen.
Internationale Gesellschaft für erzieherische Hilfen (IGfH) (2001). *Dialog und Kooperation von Jugendhilfe und Drogenhilfe*. Erziehungshilfe Dokumentationen, Bd. 20. Berlin.
Legnaro, A. (1982). Ansätze zu einer Soziologie des Rauschs – zur Sozialgeschichte von Rausch und Ekstase in Europa. In G. Völger, & K. von Welck (Hrsg.), *Rausch und Realität* (S. 93–114). Hamburg.

Silbereisen, R., & Kastner, P. (1985). Jugend und Drogen: Entwicklung von Drogengebrauch – Drogengebrauch als Entwicklung. In R. Oerter (Hrsg.), *Lebensbewältigung im Jugendalter* (S. 192–219). Weinheim.

Sturzenhecker, B. (2002). Beer Education – zur Kultivierung von Alkoholtrinken mit Jungen. In B. Sturzenhecker, & R. Winter (Hrsg.), *Praxis der Jungenarbeit*. Weinheim und München.

Völger, G., & von Welck, K. (Hrsg.). (1982). *Rausch und Realität*. Hamburg.

Wieland, N. (1997). Drogenkultur, Drogensozialisation und Drogenpädagogik. *ZSE, 1997*(3), 270–286.

Jugendkulturelle Praxen

Christian Spatscheck

Erste Beobachtung: Einschätzungen über Jugendkulturen sind geprägt von Zuschreibungen über junge Menschen (Baacke 2007). Gleichwohl spielen Jugendkulturen im Lebensalltag junger Menschen eine große Rolle. Farin (2010) schätzt, dass aktuell etwa 70 % der Jugendlichen von Jugendkulturen beeinflusst sind und etwa 20 % sich als „volle" Mitglieder begreifen.

Zweite Beobachtung: Vertraute Mechanismen ändern sich. Lange standen Jugendkulturen für subkulturellen Protest und Revolte gegen die kontrollierende Erwachsenengeneration. Heute werden subversive Tugenden wie Kreativität, Innovation, Aktivität und Provokation zu geschätzten Fähigkeiten, die das unternehmerische Selbst (Bröckling 2007) im globalisierten Kapitalismus geradezu braucht. Vertraute Formen von Kontrolle und Rebellion verschwinden zugunsten einer neuen normativen Doppelfigur von Freiheit und Selbstverantwortung.

Dritte Beobachtung: Alte Mechanismen wirken weiter. Die überzogene „moral panics" (Cohen 1972) gegenüber den „langhaarigen" und „grundlos rebellischen" Rock'n'roll Fans der 1950er und 60er unterscheidet sich oft nur wenig von heutigen Reaktionen Erwachsener auf Gangsta Hip Hop mit menschenverachtenden Texten, gewaltverherrlichende Computerspiele oder Jugendliche mit (vermeintlich) mangelndem Interesse an Integration oder guter Ernährung.

Jugendkulturen erfinden sich beständig neu, mit ästhetisch-sinnlichen Neuschöpfungen bringen sie sich in Differenz zur Gesellschaft (Spatscheck 2006; Spatscheck et al. 1997). Dabei scheinen folgende Elemente von zentraler Bedeutung.

Musik In einer Jugendstudie gaben 98 % aller 10- bis 18-jährigen an, gerne Musik zu hören (Zinnecker et al. 2003), etwa 21 % machen selbst Musik (MPFS 2010). Obwohl schon in den

Prof. Dr. phil. Christian Spatscheck ✉
Fakultät Gesellschaftswissenschaften, Hochschule Bremen, Neustadtswall 30,
28199 Bremen, Deutschland
e-mail: christian.spatscheck@hs-bremen.de

späten 70er-Jahren entstanden, ist Hip Hop momentan für die 10- bis 18-jährigen die erste Wahl (Archiv und Gangway 2008). Die „gute alte Rockmusik" bleibt nach sechzig Jahren Existenz erstaunlich vital: Neben verschiedenen Spielarten des Metal schätzen Jugendliche weiterhin Indie-, (Retro-)Punk-, Emo- und Garage-Bands. Im Weird- und Freak-Folk findet die akustische Folkmusik neue Spielarten. Auch der bereits Ende der 80er-Jahre entstandene Techno findet in Varianten wie Electro, Dubstep, Grime, Drum&Bass, Gabba weitere Verbreitung. Digitale Formate, MP3-Player und Smartphones erschließen neue Wege für die Distribution von Musik.

Mode Generelle Normen der Jugendmode lassen sich nur schwer definieren, die modische Unverbindlichkeit bringt viel Freiraum und gesteigerte Anforderungen an Kreativität und Entscheidungsfähigkeit mit sich. In manchen Kontexten sind Marken weiterhin von zentraler Bedeutung (Zinnecker et al. 2003). Beim „Retro-Look" kommen Modestile aus vergangenen Jahrzehnten zu neuer Aktualität. In Jugendkulturen wie Cosplay (Costume Play) oder Visual Kei wird das Spiel mit der Verkleidung zum zentralen Inhalt.

Körperlichkeit Durch Piercings, Tattoos, Branding, Bodybuilding oder Schönheitsoperationen wird der Körper zum Träger symbolischer jugendkultureller Inhalte (Neuß und Große-Lohheide 2007; Shell 2010). Gabriele Klein (2004) beschreibt, wie im Techno Botschaften aus der Musik direkt über das Tanzen kommuniziert und verinnerlicht werden. Aktuelle Tanzstile, wie das „Jerken", das „Krumping" oder der „Melbourne Shuffle" sowie Trendsportarten, wie „Parkour" verdeutlichen, wie kulturelle Aneignung über den Körper verläuft.

Design Jugendkulturen prägen Formen des Designs, etwa bei Homepages, Apps, Videoclips, Animationen, Flyern, Szene-Magazinen oder CD-Covern. Bekannte Bilder und Symbole werden aus ursprünglichen Kontexten entrissen und in neue Kontexte integriert. Die ersten Flyer, Plakate und Fanzines wurden noch in Copyshops hergestellt, heute sind vierfarbige, geschnittene, gefalzte und gestanzte Hochglanzdrucke gebräuchlich (Riemel 2005). Die Verbreitung von Technik und Produktionsmöglichkeiten führten zur enormen Popularisierung von Designmedien.

Kunst Im Hip Hop zählt das Erstellen von „Graffitis" und „Tags" zur festen Kulturform. Die mit Spraydosen oder Faserstiften erstellten Bilder und Schriftzüge haben oft keine direkten Botschaften und bilden als „Tags" Namen oder kryptische Buchstabenkombinationen ab. Baudrillard (1978) betrachtet Graffitis als „Bedeutungsträger ohne Bedeutungen", mit denen öffentliche Flächen wieder angeeignet werden. Mit der „Street Art" lassen sich neue Formen kreativer Eingriffe in den Stadtraum finden (Klitzke und Schmidt 2009). Rund um den Techno entstehen eigene Formen von Lichtprojektionen, Malerei, Körperkunst, Pyrotechnik, Video- und Objektkunst (Die Gestalten 1995).

Sprache Nach den Prinzipien der Bricolage (Bastelei) werden in Cliquen eigene Formen von Sprache entwickelt: Gespräche über Konsum- und Gebrauchsgüter, Medienprodukte,

Drogen, etc. vermischen sich mit Übertreibungen, Stigmatisierungen und Diskriminierungen zu einem semantischen Kontext (Ferchhoff 1993). Auf diese Weise entstehen auch sprachliche Neuschöpfungen, wie das von Migrantenjugendlichen geprägte „Kiezdeutsch" oder die ironisierte „Kanak-Sprak".

Medien Jugendliche integrieren Medienangebote (vgl. Kap. 24, 26 bis 28) durch aktive Aneignung und Vernetzung in ihre jugendkulturellen Neuschöpfungen. Aktuelle Beispiele hierfür sind Online-Communities wie Schüler-VZ und Facebook.

Drogen Die Verbindung von Jugendkulturen und Drogen hat eine lange Tradition (vgl. Abschn. 20). Einflüsse von Drogen sind bei der Entwicklung verschiedener Musikstile und ästhetischer Elemente erkennbar, jedoch wird es zunehmend schwieriger, bestimmten jugendkulturellen Szenen bevorzugte Arten von Drogen zuzuordnen.

Und wie weiter? Obwohl es als junger Mensch schwieriger wird, sich ästhetisch-sinnlich von den Erwachsenen abzugrenzen, werden Jugendliche weiterhin innovativ tätig bleiben und sich dazu ihre Freiräume suchen. Dabei lassen sich vielfältige Funktionen von Jugendkulturen erkennen, etwa Eskapismus, Entspannung, Körperlichkeit, Sexualität, Ästhetik, Sinnlichkeit, Orientierung, Sinn, Kompetenzerwerb, Zuwendung, Mitgliedschaft, Identität, Autonomie, Anerkennung und Gerechtigkeit (Spatscheck 2006). Jugendarbeit sollte diese Ressourcen entdecken und daran anknüpfend innovative Arbeitsformen, Angebote und Räume entwickeln, die die jugendlichen Bedürfnisse nach Abgrenzung und Differenz nicht vereinnahmen.

Literatur

Archiv der Jugendkulturen, & Gangway e.V. (Hrsg.). (2008). *HipHop in Berlin*. Berlin.

Baacke, D. (2007). *Jugend und Jugendkulturen. Darstellung und Deutung* (5. Aufl.). Weinheim und München.

Baudrillard, J. (1978). *Kool Killer oder der Aufstand der Zeichen*. Berlin.

Bröckling, U. (2007). *Das unternehmerische Selbst. Soziologie einer Subjektivierungsform*. Frankfurt a. M.

Cohen, S. (1972). *Folk Devils and Moral Panics*. London.

Farin, K. (2010). Jugendkulturen heute. Essay. *Aus Politik und Zeitgeschichte, 2010*(272), 3–8.

Die Gestalten (1995). *Localizer 1.0 – The Techno-House-Book*. Berlin.

Ferchhoff, W. (1993). *Jugend an der Wende des 20. Jahrhunderts. Lebensformen und Lebensstile*. Opladen.

Klein, G. (2004). *Electronic Vibration. Pop Kultur Theorie*. Wiesbaden.

Klitzke, K., & Schmidt, C. (2009). *Street Art. Legenden zur Strasse*. Berlin.

Medienpädagogischer Forschungsverbund (MPFS) (2010). *JIM 2010 – Jugend, Information, (Multi-)Media*. Stuttgart.

Neuß, N., & Große-Loheide, M. (2007). *Körper-Kult-Medien. Inszenierungen im Alltag und in der Medienbildung*. Bielefeld.

Riemel, M. (2005). *Flyer Soziotope. Topographie einer Mediengattung*. Berlin.

Shell Deutschland Holding (2010). *Jugend 2010*. Frankfurt a. M.

Spatscheck, C. (2006). *Soziale Arbeit und Jugendkulturen. Jugendarbeit und die Dialektik von Herrschaft und Emanzipation im Kontext des Systemtheoretischen Paradigmas der Sozialen Arbeit*. Marburg.

Spatscheck, C., Nachtigall, M., Lehenherr, R., & Grüßinger, W. (1997). *Happy Nation?!? – Jugendmusikkulturen und Jugendarbeit in den 90er Jahren*. Münster.

Zinnecker, J., Behnken, I., Maschke, S., & Stecher, L. (2003). *Null Zoff & voll busy. Die erste Jugendgeneration des neuen Jahrhunderts*. Opladen.

Jugend und Religion

Hartmut M. Griese

22

Deutschland ist eine (post-)moderne *säkularisierte Gesellschaft*, wobei theoretisch kontrovers diskutiert wird und empirisch nicht eindeutig geklärt ist, ob es gegenwärtig zu einer *„Renaissance der Religion"* kommt bzw. gekommen ist oder nicht. Zumindest kann festgestellt werden, dass die Themen *Kirche*, im Zusammenhang mit Kirchenaustritten, -kritik und -skandalen (sexuelle Übergriffe hinter Kirchenmauern), aber auch Kirchentage und Kirchenevents (Papstwahl) sowie *Religion*, im Kontext von „neue Religiosität", „neuer Atheismus" und „Gott ist tot", wieder aktuell sind.

Rein statistisch gesehen gehören ein knappes Drittel der Bewohner jeweils der katholischen oder der protestantischen Kirche an oder ist konfessionslos (überwiegend in Ostdeutschland, wo sich nur noch etwa 20 % zum Christentum bekennen) und 5 % (ca. 4 Millionen) sind Moslems. Weiter ist es für Analysezwecke sinnvoll, zwischen Religion (Konfession), Religiosität (Spiritualität), Glauben (Weltanschauung, Wertorientierung) und Kirche (Institution) zu trennen sowie idealtypisch zu unterscheiden zwischen

a) praktizierenden, institutionshörigen und streng Gott-Gläubigen – die *aktiv Religiösen* (überwiegend moslemische sowie christliche Jugendliche in Ostdeutschland),

b) konfessionell gebundenen Dienstleistungsnutzer, Religion light – die *passiv Religiösen* (Westdeutschland)

c) konfessionslosen, atheistisch-agnostischen Freidenkern – die *Areligiösen* (Ost- und Teile Westdeutschlands)

d) konfessionsübergreifenden Religionsbastlern, Patchwork-Religion – die *individuell Religiösen* (überwiegend Westdeutschland),

wobei jede dieser Gruppierung nochmals in Untergruppen zu differenzieren wäre, d. h. in Deutschland kann man von einem *toleranten religiöser Pluralismus* sprechen. Ebenso lässt

Prof. Dr. phil. habil. i.R. Hartmut M. Griese ✉
Institut für Soziologie, Leibniz Universität Hannover, Im Moore 21, 30167 Hannover, Deutschland
e-mail: h.griese@ish.uni-hannover.de

sich eine Spannung zwischen (postmodernem) Atheismus und (neuer) Frömmelei sowie zwischen (teilweise dogmatischer) Kirchenkritik und Papstenthusiasmus beobachten.

Weiter gilt, dass institutionell orientierte Religionsausübung stark mit Alter, Geschlecht und Bildung korreliert, d. h. jüngere Menschen haben eine größere Distanz zur Institution (Kirche, Moschee-Verein), nicht unbedingt zur Religiosität (Spiritualität); Frauen/Mädchen sind stärker religiös gebunden und richten ihr Leben stärker danach aus; besser Gebildete haben in der Regel eine größere kritisch-reflexive Distanz zu Institution, Religion und Gottglauben.

Während die Nachkriegsjugend noch als überwiegend ideologie- und religionsneutral beschrieben wurde („Skeptische Generation"), Religion kein Alltagsthema für junge Menschen war und die Kirche als nahezu konkurrenzlos in Sachen Sinnstiftung sowie Wertevermittlung und Weltdeutung galt, änderte sich mit Zunahme der Kirchenaustritte ab Anfang der 70er-Jahre (eine Folge der ideologie- und gesellschaftskritischen Studentenbewegung bzw. Kulturrevolution) auch die religiöse Orientierung vor allem der bildungsbürgerlichen Jugend in Richtung „Jugendsekten" und *„neue religiöse Bewegungen"*. Danach standen dann mehr die *Kirchentage* – als Beispiel für eine „neue Religiosität der Jugend" – im Zentrum medialer und religionssoziologisch-theologischer Aufmerksamkeit. Deren Inhalte und Themen waren eindeutig politisch, aktuell und zukunftsbezogen (Ökopax und Atomenergie) und eng an christliche Botschaften (*Bergpredigt*) gekoppelt. Die große Attraktivität der Kirchentage für junge Menschen belegt, dass Religionsunterricht, Konfirmation oder Firmung und der sonntägliche Gottesdienst die „Herzen und Sinne" sowie die Alltagsthemen der Jugend kaum erreichen.

Seit den 90er-Jahren liegen etliche empirische Studien zum Thema „Jugend und Religion" vor, die unter der Theorieperspektive *„Pluralisierung und Individualisierung"* vor allem religiöse Lebensstile und Alltagspraxen sowie eine Typologie der Jugend vorgelegt haben (z. B. Helsper 2000; Feige 2002). Konstatiert wurden z. B. „fünf jugendliche *religiöse Typen*" (praktizierende, konventionelle, formelle, privatisierende und nicht-religiöse) sowie sechs „*Weltanschauungstypen*" (Christen, nicht-gläubige Theisten, Reinkarnationsgläubige, Deistische Naturalisten und Subjektivisten bzw. Autonomisten) oder acht „*Religionsstile*" (Ignorant, Praktiker, Grübler, Eremit, Aktivist, Plauderer, Theoretiker und Lebendiger). Ferner differenziert Helsper (ebd.) in „drei große Richtungen": „entmodernisierte bzw. gegenmoderne Bewältigungsformen" (Fundamentalismus, Rigorismus, Islamismus), „subjektivierende Formen" (reflexive Suchbewegungen) und „aktive, privatisierende ‚Sinn-Bricolage'" (Synkretismus, postmodernes Religionsbasteln).

Insgesamt kann festgehalten werden, dass Religion in der postmodernen Gesellschaft bei jungen Menschen tendenziell zur individuellen Privatangelegenheit wird (*Patchwork-Religion*). Weiter ist zu konstatieren, dass die „normative Integrationskraft" der institutionalisierten Konfessionen, vor allem der christlichen Kirchen, stark nachgelassen hat („kritische Distanz" oder „aktives Desinteresse" junger Menschen). Neben relativer Entchristianisierung, Entkonfessionalisierung und Individualisierung der Religion gibt es eine Wiederkehr der Religion (*Renaissance*) bei Teilen der Jugendlichen mit moslemischem Vordergrund sowie eine Abkehr vom Religiösen bei atheistischen jungen Menschen (*Agnostizismus*).

Auch hier wird deutlich, dass man von „Jugend" nur im Plural sprechen sollte („*Die Jugend gibt es nicht*"), dass „Jugend" immer auch einen Reflex auf gesellschaftliche Bedingungen des Aufwachsens darstellt (*Sozialisation*) und dass Jugendforschung die Erkenntnisse des aktuellen „*intersectionality approach*" (pluralistische Ursachen von sozio-kultureller Ungleichheit) heranziehen sollte. Ferner belegen aktuelle Studien (z. B. Shell 2006), dass ein Einfluss institutioneller religiöser Erziehung (Schule) oder Unterweisung (z. B. Konfirmandenunterricht) kaum mehr nachzuweisen ist, dass Wertorientierungen und Lebensstile sich überwiegend in der Familie und dann unter dem Einfluss von peer groups und Medien herausbilden. „Religion spielt im Wertesystem der Jugend weiterhin nur eine mäßige Rolle", so dass eher „keine Renaissance der Religion" sowie „große religiöse Unterschiede" („*Religion light*", „*Religionsferne*", „*echte Religiosität*", „*Atheismus*") (ebd., S. 24) zu beobachten sind.

Interessant scheint noch die Erkenntnis, dass der Aberglaube eher bei religiös sozialisierten jungen Menschen eine Chance hat und dass aktuelle Ereignisse wie Kirchentag, Papstbesuch usw. die religiös-spirituellen Bedürfnisse und Glaubensinteressen junger Menschen stark beeinflussen, so dass empirische Ergebnisse über „*Jugend und Religion*" immer in einem gesellschaftlich-historischen Kontext relativierend und kritisch gesehen werden sollten.

Angesichts von Deinstitutionalisierung, Pluralisierung religiöser Lebensformen, Entkonfessionalisierung und Privatisierung von Religion, Religiosität und Glauben unter säkularisierten Lebensbedingungen ist zu fragen, ob der allseits postulierte „*Dialog der Religionen*" mit der Lebensrealität der Jugendlichen überhaupt noch etwas zu tun hat oder: Was glaubt und woran orientiert sich der Konfessionslose oder Atheist? Die relative Unwirksamkeit institutioneller religiöser Unterweisung lässt ferner die Frage aufkommen, ob der Streit um den Religionsunterricht bzw. „Islamunterricht" nicht völlig unzeitgemäß ist und die existenziellen jugendlichen Bedürfnisse nach spiritueller Erfahrung in der Zeit der Identitätssuche nicht vollkommen übergeht.

Literatur

Feige, A. (2002). Jugend und Religion. In H. H. Krüger, & C. Grunert (Hrsg.), *Handbuch Kindheits- und Jugendforschung*. Opladen.

Griese, H. M. (2009). Jugend und Religion, Religiosität, Kirche. Überlegungen zu einem postmodernen Verhältnis. *deutsche jugend*, 2009(2), 67–73.

Helsper, W. (2000). Jugend und Religion. In U. Sander, & R. Vollbrecht (Hrsg.), *Jugend im 20. Jahrhundert. Sichtweisen – Orientierungen – Risiken*. Neuwied.

Shell Deutschland Holding. (2006). *Jugend 2006. Eine pragmatische Generation unter Druck*. Frankfurt.

Sport in der Offenen Kinder- und Jugendarbeit

Hanns-Ulrich Barde

Das Thema Sport in der Offenen Kinder und Jugendarbeit, wird oft unterschätzt. Vielleicht liegt dies an der Assoziation von Sport mit Leistungsdruck und Konkurrenz – alles Begriffe, die in der Pädagogik generell eher kritisch angesehen werden.

Dabei haben in der Geschichte Sport und Bewegung oftmals gesellschaftliche Normen aufgebrochen und in Frage gestellt. Mitte des 18. Jahrhunderts waren es die Turner und Turnerinnen, die es wagten, öffentlich in Parks und auf Plätzen das Turnen zu beginnen. Das war damals ein öffentlicher Affront. Nicht viel besser ging es den Fußballspielern Ausgang des 19. Jahrhunderts. Das Kicken wurde sogar von der Polizei verfolgt. Vor 15–20 Jahren begannen Skateboarder und BMX-Radfahrer in Deutschland den urbanen Raum für ihren Sport zu entdecken. Öffentliche Plätze, Treppenanlagen und bevorzugt Granit- und Marmoranlagen vor Banken und Versicherungen erlebten eine zusätzliche Nutzung. Oft erst Jahrzehnte später treten diese sportlichen Veränderungen ihren Siegeszug an und werden dann gesellschaftsfähig. Solche Umbrüche werden heutzutage häufig von Kindern und Jugendlichen getragen. Für sie sind informeller Sport und neue Formen körperlichen Selbstausdrucks in verschiedenen Bewegungsarten ein wichtiges Medium der Entwicklung, der Selbstpräsentation, der körperlichen und sozialen Kompetenzentwicklung, sowie der Aneignung von (öffentlichen) Räumen. All das spricht dafür, in der Offenen Kinder- und Jugendarbeit die Sport und Bewegungsinteressen der Kinder und Jugendlichen aufzugreifen, denn darin stecken vielfältige Chancen die Selbstbildung der Kinder und Jugendlichen (auch in ihren Sozialitäten) zu fördern.

Da Kinder und Jugendliche informellen Sport und verschiedene Bewegungsweisen, mit Vorliebe im öffentlichen Raum praktizieren, ergibt sich hier für Offene Kinder- und Jugendarbeit eine wichtige Chance. Sie kann im Sinne eines sozialräumlichen Ansatzes über das Jugendhaus hinaus das Interesse an der Aneignung und Mitgestaltung des öffentli-

Hanns-Ulrich Barde ✉
Sportgarten e.V. Bremen, In der Wisch 8 C, 28205 Bremen, Deutschland
e-mail: barde@sportgarten.de

chen Raumes und die damit verbundene informelle Bildung von Kindern und Jugendlichen stärken. Im Folgenden werden dazu einige Praxisfelder und ihre Bildungspotenziale kurz beschrieben.

Kontakt zu Zielgruppen durch Sport und Bewegung Nicht alle Zielgruppen der Offenen Kinder und Jugendarbeit sind von vornherein bereit, in die Jugendhäuser zukommen und sich deren räumlichen Bedingungen und Angeboten anzupassen. Die Nutzung des öffentlichen Raumes als Treffpunkt und Lebensraum, ob mit dem Skateboard, dem BMX, oder beim Parcours übt eine ungebrochene Faszination aus. Eine Offene Kinder und Jugendarbeit, die sich nicht darauf beschränkt, in der Jugendeinrichtung auf BesucherInnen zu warten, hat hier eine Chance, an den Bewegungs- und Sportinteressen der Kinder und Jugendlichen anzuknüpfen. So kann über dieses Thema Kontakt und erste Kooperation entstehen. Die Offene Kinder und Jugendarbeit kann Kindern und Jugendlichen in Beteiligungsprozessen begleiten, um die Interessen im öffentlichen Raum, in der Schule, und im Jugendhaus besser realisieren zu können. Daraus können sich viele andere Themen einer gemeinsamen Bildung entwickeln.

Das Beispiel Straßenfußball Bei der Methode Straßenfußball ist Teilhaben Prinzip. Jugendliche organisieren Kleinfeldturniere bei denen geschlechtsgemischt und mit eigenen Regeln gespielt wird. Anstelle von Schiedsrichtern werden Moderatoren eingesetzt. Diese begleiten die Spiele von Anfang bis zum Ende, d. h. von der Begrüßung der beiden Teams, der Verständigung über die Regeln nach welchen gespielt werden soll vor dem Spiel und dem abschließenden Feedback nach Spielschluss. Über den Erfolg entscheiden nicht nur Tore, sondern auch Fairness, Verhalten und der gegenseitige Respekt. So übernehmen die Sportler Verantwortung auf und neben dem Platz.

Sie lernen das Verlieren und Gewinnen und erfahren dass Erfolg nicht auf die Dauer einer Spielzeit beschränkt ist. Im Deutschen Netzwerk Straßenfußball werden mit unterschiedlichen pädagogischen Schwerpunkten nach diesem Prinzip Jugendliche im gesamten Bundesgebiet gefördert.

Gestaltung des öffentlichen Raumes Skater und BMX-Sportler haben eine lange Tradition ihre eigenen Obstacles (das sind die zu überwindenden Hindernisse und Rampen) selbst zu bauen und zu gestalten. Dieses Potential gilt es zu erhalten und zu befördern. Zum einen um zu verhindern, dass künftig alle zehn Kilometer die gleich Skateanlage steht, zum anderen weil über Planung, Bau und Betrieb Kenntnisse erworben, der Austausch gefördert und die Fähigkeit Entscheidungen zu treffen gefördert werden. Ob z. B. bei der temporären Gestaltung des Bremer Bahnhofsvorplatzes, oder den Planung für eine Bowl-Landschaft in der Überseestadt Jugendliche sind nicht nur als künftige Nutzer besonders gefragt, sondern sie erlernen städtische Entscheidungsprozesse und die Möglichkeiten demokratischen Handelns. Das Thema Anlage einer Sportfläche (ob es sich um Skaterbahnen, öffentliche Basketball oder Fußballplätze handelt) ist prädestiniert, um Kinder- und Jugendliche zu beteiligen und zwar nicht nur hinsichtlich der Funktionalität einer solchen Anlage. Auch

Fragen des Betriebes, die Einbindung der Nachbarschaft, die weitere Aufenthaltsqualität, die Ausrichtung von Veranstaltungen, bis zur Beteiligung beim Bau der Anlage sind attraktive Betätigungsfelder für eine prozesshafte Beteiligung. Das Themenfeld Sport bietet Kindern und Jugendlichen vielfältigste Handlungsfelder um sich verbal und aktiv handelnd einzubringen und zu beteiligen.

Pädagogische Aufgabe von Fachkräften in der Jugendarbeit ist es, solche Aneignung in der Öffentlichkeit zu schützen und zu unterstützen, zu eröffnen und reflexiv zu begleiten, gegenüber den Kindern/Jugendlichen und den erwachsenen Entscheidungsträgern in Politik und Verwaltung.

Selbstwirksamkeit und soziales Lernen Über erlebnispädagogische Angebote, wie Klettern, Ausdauersport, Wassersport etc. werden Jugendliche ganz einfach und direkt erreicht. Pädagogische Ziele, wie die Übernahme von Verantwortung, Aufbau von Selbstbewusstsein, Ausdauer und Konzentration werden durch eigenes Erleben und aktive Beteiligung leichter erreicht. So entscheidet an einer Kletterwand nicht die eigene Außendarstellung oder Selbstüberschätzung über das Vorankommen, sondern schon nach wenigen Zentimetern verliert der Kletternde den Boden unter den Füßen und ist fortan auf eigene Kräfte und die Konzentration des Sichernden angewiesen. Bei solch existentiellen Erfahrungen, begreifen die Teilnehmer sich und Ihr Handeln selbst. Sie bestimmen das Tempo und die Schwierigkeitsgrade. Sie können sich individuell steigern und erfahren.

Literatur

Baumheier, U., Fortmann, C., & Warsewa, G. (2010). *Schulen in lokalen Bildungs- und Integrationsnetzwerken. Schriftenreihe Institut Arbeit und Wirtschaft der Universität Bremen*. Bremen.

Bundesministerium für Verkehr, Bau und Stadtentwicklung (BMVBS). (2010). Freiräume für Kinder und Jugendliche. *Werkstatt Praxis*, *2010*(70), 24–31. Berlin.

Landessportbund Hessen e.V. (2004). „*Zukunftsorientierte Sportstättenentwicklung*". Bd. 6. Frankfurt.

Rüten, A., Abu-Omar, K., Lampert, T., & Ziese, T. (2005). Körperliche Aktivität. In Robert Koch Institut, & Statistisches Bundesamt (Hrsg.), *Gesundheitsberichterstattung des Bundes*. Berlin und Bonn. H. 26 (2005).

Schmidt, W. (2008). 2. Kinder- und Jugendsportbericht. Schorndorf. www.netzwerk-strassenfussball.org. www.sportgarten.de.

Spielen und Spiele

Tanja Witting

Spielen stellt einen wesentlichen Bestandteil der regelmäßigen Freizeitbeschäftigungen von Kindern und Jugendlichen dar. 91 % der 6- bis 13-Jährigen spielen täglich oder mehrmals in der Woche draußen, 89 % drinnen und 62 % nutzen in derselben Häufigkeit Computer-, Konsolen- oder Onlinespiele (vgl. MPFS 2011). Im Jugendalter nimmt die Zeit, die mit Spielen verbracht wird, deutlich ab. Empirisch erfasst ist v. a. die Zeit, die Jugendliche im Alter von 12 bis 19 Jahren mit Bildschirmspielen verbringen: 35 % nutzen Computer- und Konsolenspiele täglich oder mehrmals pro Woche, wobei der Anteil der Jungen mit 55 % deutlich über dem der Mädchen (14 %) liegt (vgl. MPFS 2010).

In den Einrichtungen der Offenen Kinder- und Jugendarbeit wird das Interesse der Kinder und Jugendlichen am Spiel aufgegriffen durch das Angebot entsprechenden Spielmaterials: Diverse Karten- und Brettspiele gehören vielerorts ebenso zur Grundausstattung wie mittlerweile spielfähige Computer oder Spielekonsolen.

Gemeinsam ist dem aufgeführten traditionellen wie digitalem Spielangebot ihre Zugehörigkeit zum Bereich der Regelspiele. Spielbrett, Kartensatz und Programmcode eines Bildschirmspiels geben Spielregeln vor und eröffnen durch diese Spielräume. Da, wo sich Menschen auf ein Regelspiel einlassen, müssen sie bereit sein, die eigenen Handlungsimpulse den Spielregeln unterzuordnen. Dies ist v. a. dann von besonderer Bedeutung, wenn das Regelspiel nicht in Form eines Einzelspiels, sondern als Sozialspielform, mit oder gegen einen Partner oder eine Gruppe, gespielt wird. Hier ist die Fähigkeit gefordert, sich auf eine Spielgemeinschaft einzulassen und sich in diese einzubringen. Dabei können Regelspiele gleichermaßen die Fähigkeit zur Kooperation und zur Konkurrenz fördern.

Während das Bildschirmspiel bis vor wenigen Jahren v. a. als Einzelspielform genutzt wurde, hat es sich in den unterschiedlichsten Usergruppen in den letzten Jahren immer

Prof. Dr. Tanja Witting ✉
Fakultät Soziale Arbeit, Ostfalia Hochschule Braunschweig/Wolfenbüttel, Salzdahlumer Str. 46/48, 38302 Wolfenbüttel, Deutschland
e-mail: t.witting@ostfalia.de

stärker in seiner Ausprägung als Sozialspielform etabliert. So werden Bildschirmspiele verschiedener Genres einerseits in Rahmen virtueller Spielgemeinschaften genutzt. Andererseits bietet der Markt der Bildschirmspiele vermehrt sogenannte Partyspiele, die ein gemeinsames Spiel vor dem Bildschirm ermöglichen. Dabei reicht das Angebot von Quiz-, über Karaoke- bis zu Bewegungsspielen.

In ihrer spieldynamischen Ausrichtung sind sowohl die traditionellen als auch die digitalen Regelspiele auf das Erleben der eigenen Leistungsfähigkeit ausgerichtet; speziell Brettspiele teilen sich mit Bildschirmspielen ihre Ausrichtung in Hinblick auf die Muster von Erledigung, Bereicherung, Verstärkung – und v. a. in Hinblick auf die Muster von Macht, Herrschaft und Kontrolle (vgl. Fritz 2004).

Dabei ist das Spiel um Macht, Herrschaft und Kontrolle bei Bildschirmspielen häufig an Bildwelten gekoppelt, die stark an Szenarien der realen Welt erinnern können, in denen der Spieler interaktiv handeln kann. Dies wirft die Frage auf, ob gewalthaltige Bildschirmspiele aggressive Einstellungen oder gar aggressives Verhalten ihrer Nutzer fördern können. Die vorliegenden Befunde zu dieser Fragestellung sind uneinheitlich, und die Wirkungsforschung hierzu weist zahlreiche theoretische wie methodische Probleme auf (vgl. hierzu ausführlich Klimmt 2004). Meta-Studien verweisen sowohl auf einen schwachen (vgl. Sherry 2001) als auch auf einen starken (vgl. Anderson und Bushman 2001) aggressionsfördernden Effekt von gewalthaltigen Bildschirmspielen.

Sollen Bildschirmspiele in der Offenen Kinder- und Jugendarbeit im Rahmen von Spielangeboten genutzt werden, so sind die Bestimmungen des Jugendmedienschutzes zu beachten und die Spiele nur gemäß der auf der Verpackung und dem Datenträger ersichtlichen Alterskennzeichen der USK (Unterhaltungssoftware Selbstkontrolle) zugänglich zu machen.

Die Offene Kinder- und Jugendarbeit kann Gelegenheiten schaffen, über die Erfahrungen, die die Spieler und Spielerinnen in virtuellen, insbesondere gewalthaltigen und nicht für ihre Altersgruppe freigegebenen, Spielwelten machen, ins Gespräch zu kommen und sich das eigene Spielverhalten und -erleben zu vergegenwärtigen. Ein solches Angebot erscheint v. a. deshalb notwendig, da die Merkmale virtueller Spielwelten die Entwicklung einer reflexiven Haltung erschweren, indem die interaktiven und oft zeitkritisch gestalteten Handlungsanforderungen in Bildschirmspielen vielmehr Absorption der Aufmerksamkeit und Immersion bedingen, als dass sie reflexive Distanz ermöglichen. Medienpädagogische Arbeit ist in diesem Sinne dazu angehalten, die Reflexionsfähigkeit von Kindern und Jugendlichen im Umgang mit virtuellen Spielwelten zu fördern und ihnen im Gespräch die Möglichkeit zu eröffnen, das Erlebte einzuordnen und zu verarbeiten (vgl. Witting 2007).

Auch die Frage, welchen persönlichen Stellenwert und zeitlichen Umfang die Nutzung von Bildschirmspielen für den Einzelnen einnimmt, kann im Rahmen der Offenen Kinder- und Jugendarbeit aufgegriffen werden und so eine mögliche exzessive oder abhängige Nutzung virtueller Spielwelten offensichtlich machen. Zum aktuellen Zeitpunkt ist eine „Computerspielsucht" noch nicht als eine klinische Störung in die einschlägigen diagnostischen Manuale aufgenommen. Ein ausgedehntes, problematisches Spielverhalten wird jedoch häufig anhand der Kriterien für eine stoffgebundene Abhängigkeit auf eine mögliche pathologische Ausprägung hin überprüft (negative Konsequenzen, Kontrollverlust, Entzugserscheinungen, Einengung des Handlungsspielraums, Toleranzentwicklung, starkes Verlangen [zu spielen]). Häufig stellen wenig strukturierte Lebensphasen, schwierige Lebenssituationen oder fehlende Beziehungen Auslöser für eine exzessive Bildschirmspielnutzung dar (vgl. Schmidt et al. 2011). Viele virtuelle Spielwelten ermöglichen das Ausleben von durch Erfolg bestätigter Leistungsorientierung und das Erleben von Sozialität und Freundschaft in virtuellen Spielgemeinschaften. So können Belastungsphänomene einen Anlass darstellen (Bildschirm-)Spiele kompensatorisch zu nutzen, um Versagensängsten und Einsamkeitsgefühlen entgegenzuwirken (vgl. Renner 2008).

Mit einer Vielfalt an traditionellen und digitalen Spielangeboten kann Offene Kinder- und Jugendarbeit einem einseitigen und problematischen Spielverhalten entgegenwirken, neue Spielräume eröffnen, neue Erfahrungen ermöglichen und neue Begegnungen initiieren.

Literatur

Anderson, C. A., & Bushman, B. J. (2001). Effects of violent video games on aggressive behavior, aggressive cognition, aggressive affect, physiological arousal, and prosocial behavior: A meta-analytic review of the scientific literature. *Psychological Science, 2001*(12), 353–359.

Fritz, J. (2004). *Das Spiel verstehen. Eine Einführung in die Theorie und Bedeutung*. Weinheim und München.

Klimmt, C. (2004). Computer- und Videospiele. In R. Mangold, P. Vorderer, & G. Bente (Hrsg.), *Lehrbuch der Medienpsychologie* (S. 695–712). Göttingen.

Medienpädagogischer Forschungsverbund Südwest (MPFS) (Hrsg.). (2010). *JIM 2010. Jugend, Information, (Multi-) Media. Basisstudie zum Medienumgang 12–19-Jähriger in Deutschland*. Stuttgart.

Medienpädagogischer Forschungsverbund Südwest (MPFS) (Hrsg.). (2011). *KIM 2010. Kinder und Medien, Computer und Internet. Basisstudie zum Medienumgang 6–13 Jähriger*. Stuttgart.

Renner, M. (2008). *Spieltheorie und Spielpraxis. Ein Lehrbuch für pädagogische Berufe*. Freiburg.

Schmidt, J.-H., Drosselmeier, M., Rohde, W., & Fritz, J. (2011). Problematische Nutzung und Abhängigkeit von Computerspielen. In J. Fritz, C. Lampert, J. H. Schmidt, & T. Witting (Hrsg.), *Kompetenzen und exzessive Nutzung bei Computerspielern: gefordert, gefördert, gefährdet* (S. 201–251). Düsseldorf.

Sherry, J. L. (2001). The effects of violent video games on aggression. A meta-analysis. *Human Communication Research, 2001*(27), 409–431.

Witting, T. (2007). *Wie Computerspiele uns beeinflussen. Transferprozesse beim Bildschirmspiel im Erleben der User*. München.

Arbeit und Zukunft

25

Benedikt Sturzenhecker

Die Entwicklungsaufgabe von Jugendlichen, Zugang zur Welt der (Lohn-)Arbeit zu bekommen, wird gerade für die benachteiligten Zielgruppen Offener Kinder und Jugendarbeit (OKJA), die häufig von Bildungsrisiken betroffen sind, immer schwerer zu erfüllen. Die Jungen und Mädchen müssen sich auseinandersetzen mit Mangel an Ausbildungsstellen, mit erhöhten Qualifikations- und Leistungsansprüchen, Arbeitslosigkeit (wenn sie diese Ansprüche etwa an Facharbeiterqualifikationen nicht erfüllen) mit Konkurrenz und finanziellem Druck. Es stellen sich Fragen wie: Welchen Beruf soll ich anstreben? Was muss ich dafür tun? Welche Chancen habe ich (besonders wenn ich keinen oder einen „niedrigen" Schulabschluss habe)? Wie kann ich mir ein Einstiegskonzept in ein gelingendes Berufsleben zusammenbasteln?

Die Offene Kinder- und Jugendarbeit antwortet darauf mit persönlichen Beratungs- und Klärungsgesprächen zum Berufswunsch, mit Bewerbungstrainings und Hilfe für einen erfolgreichen Schulabschluss, Vermittlung von Beratungskontakten, Angeboten von beruflicher Orientierung (besonders für Mädchen), Girls- und Boys-Days, Besuchen bei möglichen Lehrstellen usw. Diese Arbeit geschieht allerdings häufig unsystematisch und wird kaum konzeptionell entwickelt.

Solch typische Arbeit an der Berufseinmündung glaubt noch an das Versprechen einer Normal-Arbeitsbiografie oder tut mindestens so „als ob" dieser Weg für viele ihrer Adressaten doch irgendwie möglich sein müsste. Problematisch wird es jedoch für die größer werdende Zahl von Jugendlichen, die kaum noch einen Einstieg in die Arbeitsbiografie erhalten und nahezu keine sicheren Perspektiven für ein dauerhaftes Lohnarbeitsleben entwickeln können. Immer mehr zeigt sich, dass das klassische Modell des männlichen, deutschen, qualifizierten, gewerkschaftlich organisierten, tariflich bezahlten, unbefristet

---

Prof. Dr. phil. Benedikt Sturzenhecker ✉
Fakultät für Erziehungswissenschaft, Psychologie und Bewegungswissenschaft Arbeitsbereich Sozialpädagogik und außerschulische Bildung, Universität Hamburg, Binderstr. 34,
20146 Hamburg, Deutschland
e-mail: benedikt.sturzenhecker@uni-hamburg.de

angestellten Lohnarbeiters obsolet geworden ist. Da die Nutzer Offener Jugendarbeit häufig aus marginalisierten gesellschaftlichen Gruppen mit geringen Chancen kommen, ist dieses Feld besonders von den Problemen des Endes der Normal-Arbeitsbiografie betroffen.

Im Weiteren wird von folgenden Thesen ausgegangen:

1. OKJA nimmt noch zu wenig Arbeit und Beruf als zentrales Zukunfts-Krisen-Thema jugendlicher Entwicklung und ihrer benachteiligten Zielgruppen auf.
2. Die OKJA verliert (wie insgesamt die Jugendhilfe) angesichts der Erosion des Modells der normalen Lohnarbeitsbiografien die zentrale Orientierung an dem bisher zentralen Ziel von Lebensentwürfen und dem zentralen Modus gesellschaftlicher Integration. Es stellt sich die Frage: Wie kommt man heute aus der Jugendphase heraus, das heißt, wie kann man in ein gelingendes Erwachsenenleben gelangen, auch wenn die Normalkonstruktion der Lohnarbeitsbiografie problematisch geworden ist?
3. Einmündung in Lohnarbeitsbiografien geschieht nicht nur schicht- sondern auch geschlechtsspezifisch. Jungen und Mädchen machen unterschiedliche Entwürfe von (Lohn-)Arbeitsbiografien und reagieren unterschiedlich auf deren allgemeine Krise.

Was folgt daraus für eine grundsätzliche Konzipierung des Umgangs mit dem Thema „Zukunft und Arbeit" in der Offenen Kinder- und Jugendarbeit?

25.1 Lebensbewältigung und Integration jenseits von Lohnarbeit

Auf die Krise der biografischen Perspektive Normalarbeit als OKJA zu antworten hieße, TeilnehmerInnen zu einer Lebensbewältigung zu befähigen, die nicht mehr nur auf die Erlangung einer Normal-Arbeitsbiografie orientiert wäre. Die Frage wäre dann: Wie können Jugendliche (die ja Erwachsene werden) „qualifiziert" werden, auch jenseits der Normal-Arbeitswelt zu überleben, bzw. sinnerfüllt und integriert zu leben? Wie können sie sich zudem Optionen der Einmündung in Lohnarbeit eröffnen und offen halten? Dafür müssten folgende spezielle Kompetenzen entwickelt werden (neben der allgemeinen Entwicklung von Persönlichkeit und sozialer Kompetenz):

- Fähigkeit zum Einfordern der sozialen Sicherungsrechte,
- Fähigkeiten zur Erlangung finanzieller Ressourcen jenseits von fester Berufsarbeit (z. B. durch wechselnde Jobs, besonders im Dienstleistungsbereich),
- Erlangen der dafür notwendigen sozialen, technischen und wirtschaftlichen Kompetenzen,
- Fähigkeiten zur Gestaltung und Nutzung von sozialen Unterstützungsnetzwerken und -milieus,
- Entwicklung von sozial und persönlich als sinnvoll erfahrenen Tätigkeiten jenseits von Erwerbstätigkeit,

- Bewusstsein für und Vermeidung von riskanten Handlungsformen und Entwicklung von konstruktiven Bewältigungskompetenzen für Krisen.

Eine Stärkung der Lebensbewältigung sollte in Konzepte sozialräumlicher bzw. kommunalpädagogischer Jugendarbeit eingebunden sein. Besonders die lokalen sozialen Gemeinschaften/Cliquen der Jugendlichen und ihre spezifischen Kulturen sind die Basis von Lebensbewältigung und sollten akzeptiert und unterstützt werden.

Ein Versuch dazu könnte z. B. die Einrichtung einer Jobbörse im Jugendhaus sein, in der Bürgern kleine Dienstleistungen wie Gartenarbeit, Putzen, Renovieren, Tierversorgung, Besorgungsleistungen usw. angeboten werden. Die beteiligten Jugendlichen würden dafür in Kursen qualifiziert und für ihre Arbeit ortsüblich bezahlt. Sie könnten vieles dabei üben: Akquisition neuer Jobs, technische Fertigkeiten, Kompetenzen von Dienstleistern. Ihr Selbstbewusstsein und ihre Zufriedenheit verbessern sich, weil sie sich als (wieder) aktiv erleben, ihre Kompetenzen erweitern und eigenes Geld verdienen.

25.2 Teilnahme an der Demokratie als Integrationsalternative zur Lohnarbeit

In spezifischen Milieus fehlt zur Lebensbewältigung allerdings oft die Verbindung dieser eigenen sozialen Unterstützungsnetzwerke zur Gesamtgesellschaft. Einer Befähigung zur *Bewältigung* des Lebens fehlt es leicht an einer Sinn-Perspektive und einem Entwicklungsanreiz zur *Gestaltung* des eigenen Lebens in Zukunft im Blick auf die Integration in die Gesellschaft. Die Lohnarbeit, die zentraler Modus der gesellschaftlichen Integration war, kann diese nicht mehr ohne Weiteres sichern. Als alternativer Integrationsmodus, der tatsächlich für alle als gleiche Mitglieder dieser Gesellschaft gilt, ist vielleicht nur der Status als BürgerIn einer demokratischen Gesellschaft erkennbar. Als Beteiligte/r an der demokratischen Gestaltung der Gesellschaft, als BürgerIn mit Rechten und Pflichten wird für die Einzelnen Anerkennung und Integration als Gesellschaftsmitglied ermöglicht. Daraus folgt: Kinder und Jugendliche sollten nach diesem Konzept auch in der OKJA üben, sich an demokratischen Entscheidungen und politischen Auseinandersetzungen zu beteiligen und sich als aktives Gesellschaftsmitglied einzubringen. Ihre Lebensbewältigung kann Sinn machen, wenn sie verortet ist in einer übergreifenden gemeinsamen demokratischen Gestaltung der gesellschaftlichen Lebensbedingungen, und das gilt besonders für die Gestaltung der Verhältnisse vor Ort im eigenen Lebensumfeld, dem Stadtteil oder der Kommune. Unterstützung von Lebensbewältigung sollte also eingebunden sein in die Befähigung zur Teilhabe an der demokratischen Gesellschaft. Das geht im Üben von Partizipation in der Jugendeinrichtung, dem Stadtteil, der Gemeinde und Region bis schließlich zur europäischen Perspektive. (Praktische Vorschläge dazu siehe bei Sturzenhecker i. d. Buch.)

25.3 Das Jenseits der Normalarbeit geschlechtsbewusst angehen

Noch beherrschen Normen geschlechtsspezifischer Arbeitsteilung auch die biografischen und arbeitsbezogenen Zukunftsentwürfe von Jungen und Mädchen. Jungen konzipieren sich weiter als Verdiener und Versorger; Mädchen wollen Beruf, Ehe und Mutterschaft ideal kombinieren. Beide Modelle haben hohe Risiken: Die Krise der männlichen Lohnarbeitsbiografie erschüttert die herrschende männliche Identitätskonstruktion wie kaum etwas anderes. Das führt zu schweren Verunsicherungen und eher zur Überbetonung von klassischen Männlichkeitsentwürfen in Körperkult, Dominanz, Gewalt und Sexismus (besonders bei marginalisierten Jungen). OKJA muss sich dieser Krise von Männlichkeit ihrer teilnehmenden Jungen stellen und ihnen eine Jungenarbeit anbieten, in der sie in einem Freiraum die klassischen Muster reflektieren und kritisch hinterfragen und gleichzeitig neue Handlungsalternativen suchen und erproben können. So wäre es eine Aufgabe von OKJA, Settings zu schaffen, in denen Jungen produktive Fähigkeiten jenseits der „Produktion" erlernen könnten, wie etwa haushaltlich-reproduktive Fähigkeiten, Kinderbetreuung und -erziehung, Sorge für Ältere, Schwache und Ausgegliederte, sozial-ästhetische Kompetenzen der Gestaltung von Wohn- und Lebensräumen, musische Kompetenzen, Gesundheits- und Körperpflege usw. Die OKJA wäre dafür besonders geeignet, weil sie – anders als etwa Schule – offenere Experimentierräume jenseits von Zwängen alter Arbeits- und Männlichkeitssozialisation gestalten könnte.

Für die Mädchen liegt das Risiko ihres Modells von „Ich will alles: Beruf *und* Kinder/Familie" darin, doch nur mit der traditionellen Hälfte abgespeist zu werden bzw. sich angesichts der Probleme, in Beruf und Arbeit zu gelangen, sehr schnell in die vermeintliche Klarheit/Sicherheit der Mutterrolle zu flüchten. Damit verschwinden die Mädchen allzu leicht in Privatheit. Die Leistungen der gesellschaftlich wenig anerkannten weiblichen Arbeit entfalten ohnehin ihre (Re-)Produktivität außerhalb der öffentlichen Lohnarbeit. Zwar mit den emotional-sozial nützlichen Kompetenzen für Lebensbewältigung ausgestattet, fehlt Mädchen häufig die Übung und Chance, sich auch öffentlich in demokratischen Entscheidungsprozessen „machtvoll" einzubringen und für eigene Interessen zu kämpfen. Besonders für die Mädchen könnte OKJA die Unterstützung von Lebensbewältigung gerade mit der Aneignung demokratischer Teilnahme kombinieren. In einer so ausgerichteten Mädchenarbeit in der OKJA könnten Fähigkeiten entwickelt werden, eigene Interessen zu erkennen, zu formulieren, sie öffentlich wirksam mit der „eigenen Stimme" zu artikulieren und Lösungen auszuhandeln.

Dieser Text ist eine aktualisierte und gekürzte Fassung von Sturzenhecker und Deinet (2001).

Literatur

Sturzenhecker, B., & Deinet, U. (2001). Arbeitsweltbezogene Angebote in der Offenen Jugendarbeit. In P. Fülbier, & R. Münchmeier (Hrsg.), *Handbuch Jugendsozialarbeit*. Bd. 2. (S. 711–716). Münster.

Internet und Soziale Netzwerke

26

Nadia Kutscher

26.1 Alltagspraxen von Kindern und Jugendlichen im Internet

Innerhalb weniger Jahre haben sogenannte „Neue Medien" im Lebensalltag von Kindern und Jugendlichen eine zentrale Rolle errungen. Diese grundlegenden Veränderungen haben weit reichende Auswirkungen auf freizeit- wie auch institutionsbezogene Bildungspraxen der nachwachsenden Generation. Im Jahr 2011 nutzten insgesamt 98 % der Jugendlichen im Alter von zwölf bis 19 Jahren das Internet (MPFS 2011a). Kinder im Alter von sechs bis 13 Jahren nutzten 2010 zu 57 % das Netz (MPFS 2011b). Neben dieser generellen Ausweitung der Nutzungsfrequenz hat sich vor allem die Art der Nutzung im Laufe der Zeit deutlich ausdifferenziert – hierbei sind die Kategorien Alter, Geschlecht und Bildungshintergrund besonders bedeutsam. So nutzen viele Kinder und Jugendliche das Netz zur Informationssuche und zur Kommunikation, die Art und Weise, wie sie das tun, welche Seiten sie besuchen und welche Nutzungsmotive sie haben, unterscheiden sich jedoch aufgrund ihrer unterschiedlichen lebensweltlichen Kontexte.

Ein zentrales Thema bleibt in diesem Zusammenhang die „Digitale Ungleichheit" (DiMaggio und Hargittai 2001), d. h. Bildungs- und Beteiligungsungleichheiten von Kindern und Jugendlichen außerhalb des Internet reproduzieren sich innerhalb des Mediums und beinhalten somit das Potential einer zunehmenden Spaltung innerhalb des virtuellen Raums in diejenigen, die teilhaben an Bildungs- und Partizipationsmöglichkeiten und diejenigen, die auf unterschiedliche Weise daran nicht partizipieren (Theunert 2011; Kutscher 2009; Wagner 2008; Tillmann 2008). Weitere Problemfelder stellen u. a. der Umgang mit personenbezogenen Daten, illegalen Datenzugängen, kommerziellen Inhalten, uner-

---

Prof. Dr. phil. Nadia Kutscher ✉
Fachbereich Sozialwesen Köln, Katholische Hochschule Nordrhein-Westfalen, Wörthstr. 10,
50668 Köln, Deutschland
e-mail: n.kutscher@katho-nrw.de

U. Deinet und B. Sturzenhecker (Hrsg.), *Handbuch Offene Kinder- und Jugendarbeit*,
DOI 10.1007/978-3-531-18921-5_26,
© VS Verlag für Sozialwissenschaften | Springer Fachmedien Wiesbaden 2013

wünschten sexualisierten oder gewaltbezogenen Inhalten, Cyber-Bullying dar (Hasebrink und Lampert 2011).

Soziale Netzwerke im Internet stellen mittlerweile einen zentralen Raum der Internetnutzung junger Menschen dar. Sie sind webbasierte Dienste, in denen es möglich ist, ein öffentliches oder halböffentliches Profil einzurichten, durch eigene Texte und hochgeladene Bilder zu gestalten, sich mit anderen NutzerInnen zu vernetzen sowie über Profile anderer Verknüpfungen zu verfolgen und zu erweitern (Boyd und Ellison 2007). Erste Formen von Social Networks entstanden 1997, aufgrund von Abwanderungsbewegungen ist weltweit und in Deutschland das derzeit am meisten bei Kindern und Jugendlichen verbreitete Facebook (Grgic und Holzmayer 2012, S. 20 f.; MPFS 2011, S. 35). In diesem Zusammenhang verlagert sich das Kommunikationsverhalten zunehmend in die Netzwerke: E-Mail- und Chatnutzung nehmen ab während die sozialen Netzwerke für die Kommunikation der Kinder und Jugendlichen untereinander immer bedeutsamer werden (Busemann und Gscheidle 2010, S. 359). Gleichzeitig sind die Grade der Beteiligung innerhalb der Netzwerke und die darin praktizierten Nutzungsweisen allgemein sehr unterschiedlich. Im Vordergrund steht dabei das Ansehen von Profilseiten oder Bildern sowie anderen Nachrichten zu schreiben (Schorb et al. 2010, S. 18), d. h. das Pflegen sozialer Beziehungen (Schmidt et al. 2009, S. 9). Eine darüber hinausgehende, aktivere Beteiligung ist nur bei einer Minderheit von Kindern bzw. Jugendlichen festzustellen (Theunert 2011; Wagner et al. 2009; Sutter 2009). Allerdings zeigt sich jedoch ein neues Phänomen: Da die Kommunikation sich zunehmend in die Netzwerke hinein verlagert, entsteht sozialer Druck, Mitglied in einem Netzwerk zu werden um nicht aus den Kommunikationsstrukturen der Peers hinauszufallen. Gleichzeitig stellen gerade einige der meist verbreiteten Netzwerke ein hohes Datenschutzrisiko dar. Damit bedeutet die Frage nach dem Verhältnis von Privatheit und Öffentlichkeit bzw. Entprivatisierung und Kommerzialisierung von Räumen für junge Menschen durch soziale Netzwerke eine Zukunftsherausforderung.

26.2 Handlungsoptionen und Herausforderungen für die Offene Kinder- und Jugendarbeit

In der Offenen Kinder- und Jugendarbeit sind „Neue Medien" als Teil der Lebenswelt von Kindern und Jugendlichen in Form von Medienprojekten, Internetcafés u. ä. vertreten. Als Ort, der nahe am Alltag der Kinder und Jugendlichen angesiedelt ist, ist sie herausgefordert, sie im Umgang mit diesen „neuen Medien" im Sinne von Medienbildung bzw. Medienkompetenzförderung zu befähigen. Beratungsangebote stehen in diesem Zusammenhang vor dem ethischen, rechtlichen und pädagogischen Dilemma, Kinder und Jugendliche dort aufzusuchen, wo sie ihren Alltag verbringen (z. B. in sozialen Netzwerken) und gleichzeitig zu vermeiden, sich in datenschutzrechtlich fragwürdige Kontexte zu begeben und das vertrauliche Setting zu gefährden.

Da die Zielgruppen der offenen Arbeit häufig „schwer erreichbare" bildungsbenachteiligte junge Menschen sind, sind entsprechende zielgruppensensible Ansätze notwendig, um ihnen Zugang zu Bildung und Teilhabe zu eröffnen (Welling 2008). Mit Blick auf die Zielgruppen der Offenen Arbeit steht hierbei weniger im Vordergrund, vorliegende Konzepte mit einer starken Produktorientierung in der Medienarbeit umzusetzen als vielmehr ausgehend von den Alltagsbedürfnissen der Kinder und Jugendlichen für sie sinnrelevante Ansatzpunkte einer Mediennutzung zu entwickeln und dies als Ausgangspunkt für eine Fähigkeiten erweiternde Medienbildung mit Blick auf ihren Gebrauchswert sowie ihren Schutz zu realisieren (Kutscher et al. 2009).

Literatur

Boyd, D. M., & Ellison, N. B. (2007). Social network sites: Definition, history, and scholarship. *Journal of Computer-Mediated Communication, 2007*(13). http://jcmc.indiana.edu/vol13/issue1/boyd.ellison.html. Zugegriffen: 19.03.11.

Busemann, K., & Gscheidle, C. (2010). Web 2.0: Nutzung steigt – Interesse an aktiver Teilhabe sinkt. *Media Perspektiven, 2010*(7–8), 359–368. http://www.media-perspektiven.de/uploads/tx_mppublications/07-08-2010_Busemann.pdf. Zugegriffen: 19.03.2011.

DiMaggio, P., & Hargittai, E. (2001). From the "Digital Divide" to "Digital Inequality": Studying Internet use as Penetration Increases*. Working Paper 15. http://www.princeton.edu/~artspol/workpap/WP15%20-%20DiMaggio%2BHargittai.pdf. Zugegriffen: 19.03.2011.

Hasebrink, U., & Lampert, C. (2011). Kinder und Jugendliche im Web 2.0. *Aus Politik und Zeitgeschichte, 2011*(3), 2–10. http://www.bpb.de/files/LOT0MN.pdf. Zugegriffen: 19.03.2011.

Herzig, B., Meister, D. M., Moser, H., & Niesyto, H. (Hrsg.) (2009). *Jahrbuch Medienpädagogik 8: Medienkompetenz und Web 2.0.* Wiesbaden.

Kutscher, N. (2009). Virtuelle Räume Jugendlicher – die Wirkmacht kulturellen Kapitals bei der Nutzung des Internet. In C. J. Tully (Hrsg.), *Multilokalität und Vernetzung* (S. 158–174). Weinheim.

Kutscher, N. (2012). Virtuelle Soziale Netzwerke als Raum Sozialer Arbeit – Herausforderungen und Perspektiven für Bildung und Teilhabe. In J. Fischer, & T. Kosellek (Hrsg.), *Netzwerke und Soziale Arbeit*. Weinheim.

Kutscher, N., Klein, A. I., Lojewski, J., & Schäfer, M. (2009). Medienkompetenzförderung für Kinder und Jugendliche in sozial benachteiligten Lebenslagen. In Landesanstalt für Medien Nordrhein-Westfalen (Hrsg.), *LfM-Dokumentation*. Bd. 36. Düsseldorf.

Medienpädagogischer Forschungsverbund Südwest (MPFS) (Hrsg.). (2011a). *JIM 2011. Jugend, Information, (Multi-)Media*. Stuttgart.

Medienpädagogischer Forschungsverbund Südwest (MPFS) (Hrsg.). (2011b). *KIM 2010. Jugend, Information, (Multi-)Media*. Stuttgart.

Schmidt, J., Lampert, C., & Schwinge, C. (2009). Nutzungspraktiken im Social Web – Impulse für die medienpädagogische Diskussion. In B. Herzig, D. M. Meister, H. Moser, & H. Niesyto (Hrsg.), *Jahrbuch Medienpädagogik 8 – Medienkompetenz und Web 2.0* (S. 255–270). Wiesbaden.

Schorb, B., Kießling, M., Würfel, M., & Keilhauer, J. (2010). MeMo_SON10. Medienkonvergenz Monitoring. Soziale Online-Netzwerke-Report 2010. http://www.uni-leipzig.de/~umfmed/MeMo_SON10.pdf. Zugegriffen: 19.03.2011.

Sutter, T. (2009). Medienkompetenz und Selbstsozialisation im Kontext Web 2.0. In B. Herzig, D. M. Meister, H. Moser, & H. Niesyto (Hrsg.), *Jahrbuch Medienpädagogik 8 – Medienkompetenz und Web 2.0* (S. 41–58). Wiesbaden.

Theunert, H. (2011). Aktuelle Herausforderungen für die Medienpädagogik. *Aus Politik und Zeitgeschichte, 2011*(3), 24–29. http://www.bpb.de/files/LOT0MN.pdf. Zugegriffen: 19.03.2011.

Tillmann, A. (2008). *Identitätsspielraum Internet*. Weinheim und München.

Wagner, U. (2008). *Medienhandeln in Hauptschulmilieus*. München.

Wagner, U., Brüggen, N., & Gebel, C. (2009). Web 2.0 als Rahmen für Selbstdarstellung und Vernetzung Jugendlicher. Analyse jugendnaher Plattformen und ausgewählter Selbstdarstellungen von 14- bis 20-jährigen. http://www.jff.de/dateien/Bericht_Web_2.0_Selbstdarstellungen_JFF_2009.pdf. Zugegriffen: 19.03.2011.

Welling, S. (2008). *Computerpraxis Jugendlicher und medienpädagogisches Handeln*. München.

Mobiles Telefon – Das Gadget der Ablösung und Kontaktpflege

Claus Tully

Das erste mobile Telefon gab es 1983 in den USA. Noch vor zehn Jahren war es für Jugendliche kaum erschwinglich. Heute ist es Allgemeingut geworden, deutlich über 95 % aller Jugendlichen besitzen ein solches Gadget (engl. Dingsda). Die nachstehende Tab. 27.1 zeigt die unterschiedlichen Nutzungsformen an.

Tab. 27.1 Nutzung verschiedener Handyfunktionen (täglich/mehrmals wöchentlich) in Prozent (Quelle: basierend auf JIM – Studie 2010, eigene Darstellung)

Nutzungsart	Mädchen	Jungen
SMS erhalten	90	74
Anrufe erhalten	84	76
SMS schicken	87	70
Anrufe tätigen	74	66
Musik hören	64	62
Fotos/Filme machen	46	29
Nachrichtendienste empfangen	20	18
Handyspiele	15	19
Internet surfen	6	11
Mails abrufen	6	8

Prof. Dr. phil. Claus Tully ✉
Deutsches Jugendinstitut e.V. München (DJI), Nockherstr. 2, 81541 München, Deutschland
e-mail: tully@dji.de

27.1 Telefonieren und andere Formen der Nutzung

Das Handy dient unter anderem zum Telefonieren. Sein Vorzug ist die direkte Kommunikationsanbahnung von P2P (Person zu Person). Anders war es bei Jugendlichen früherer Generationen, da konnte das Familientelefon nicht umgangen werden. Das mobile Telefon ist vielseitig nützlich für Videos, Fotos, zum Musik abspielen, Radio hören, Adressverzeichnisse führen, SMS (kurze Textnachrichten á 160 Zeichen), MMS (Bildnachrichten), mobiles Internet (soziale Netzwerke, Routenplanung etc.). Der übergeordnete Zweck ist die Organisation der eigenen Einbettung und der alltäglichen sozialen Bezüge. Der Gebrauch verspricht „Comfort and joy" (Annehmlichkeit und Spaß). Die Nutzung ist von spielerischer Art.

Auch das Alleinsein in der vernetzten Welt wird erträglicher. Das Handy fungiert wie Donald Winnicott für den Umgang von Kindern mit ihrem Teddy beschreibt, als Übergangsobjekt. Emotionale Beziehungen werden auf dieses Objekt übertragen. Bei Kindern geht es darum, dass die Trennung von der Mutter erträglich wird. Für Jugendliche geht es also nicht nur um die sachliche Nutzung, sondern auch um den Umgang mit eigenen Emotionen und Ängsten. Darüber hinaus stilisieren sich die Personen über die Nutzung ihres mobilen Telefons (vom strassbesetzten Täschchen bis hin zu technischen Features des Smartphones). Sichtbar wird das Tandem von „Individualität" und „Technik", von dem Niklas Luhmann einmal gesprochen hat. Handys spiegeln den Zeitgeist und sind in hohem Maße modisch, sie unterstreichen im günstigen Falle die Einzigartigkeit der User, also die des Individuums auf der „Suche nach Individuation" (zur Mode vgl. Katz und Sugiyama 2006). Übrigens kalkulieren die Anbieter dieser kleinen Apparate den Absatz genau mit dieser Funktion; das Handy gestattet, den Unterschied zu den anderen zu zeigen.

27.2 Folgen des Gebrauchs

Der Gebrauch dieses kommunikationstechnischen Apparates ist, wie der aller technischen Objekte, folgenreich. Identitätsarbeit und Peererlebnisse sind gemeinsame, Vertrauen stiftende Handlungen, die auf konkrete Erfahrungsräume und physische Nähe angewiesen sind. In Parallelwelten unterwegs zu sein und dennoch kommunikativ verknüpft, das geht mobil. Identität fußt nicht mehr vorrangig auf face-to-face-Kontakten (vgl. Mead 1973). Nachdrücklich treten zu den konkreten Erfahrungsräumen weitere Räume hinzu, die sich als bedeutsam erweisen. Denken und handeln bezieht sich fortschreitend auf nicht anwesende Personen. Gelebt wird in realen, wie in virtuellen Welten. Was die Virtuellen betrifft, so geht Castells davon aus, dass die Praxis des Internets, heute würden wir sagen, das Leben in Facebook, eine Fortsetzung des sozialen Lebens, wie wir es kennen, bedeutet (vgl. Castells 2005). Je flexibler und kommunikativer der Alltag, umso umfassender wird die Suche nach Verlässlichkeit. Diese Suche wird bemerkbar im wachsenden Bedürfnis nach Rückversicherung. Dieses Bedürfnis nach Absicherung scheint das Gegenstück allseitiger Disponibilität zu sein. Nicht von ungefähr spricht die Soziologie von einem Leben in der

Multioptionalität (Peter Gross). Die Bereitschaft, länger auf Antworten zu warten sinkt. Accesibility (dt.: Erreichbarkeit, Zugänglichkeit) wird wichtig, was abzulesen ist an den erwarteten Response- und Reaktionszeiten. Diese sinken tendenziell gegen Null. Auf Emails wird rascher reagiert als auf Briefe, auf SMS schneller als auf Nachrichten auf dem Anrufbeantworter. Für die sozialwissenschaftliche Betrachtung geht es mit Maurice Halbwachs um den „Espace vécu" (gelebter Raum), der heute anders aussieht als vor 20 Jahren. Die Räume in denen Jugendliche aufwachsen, sind unübersichtlicher und komplexer geworden.

27.3 Umgang mit Risiken

Zu den Risiken der Handynutzung gehören sicher die finanziellen Aufwendungen. Heute werden je nach Altersstufe und Intensität der Nutzung 20 bis 40 € monatlich dafür veranschlagt (vgl. Feierabend und Ratgeb 2008; MPFS 2010). Dies zwingt zu einer Umschichtung in anderen Budgetteilen, z. B. Musik, ausgehen, sparen usw. (vgl. Tully 2010). Zu den Risiken der Verschuldung durch den Handy-Gebrauch existieren einschlägige Untersuchungen (vgl. Fries et al. 2007). Ebenfalls zu den Risiken moderner Handy-Nutzung wird Happy Slapping (englisch: „fröhliches Schlagen") gezählt. Es verdankt sich den Zusatzfunktionen Foto und Video für Bildaufnahmen und der Bluetooth-Technik zur preiswerten Weitergabe von Handy zu Handy. Für das Happy Slapping werden Beschädigungen Dritter in Szene gesetzt, die dann z. B. mit Handykameras gefilmt werden. Die Schlägereien können auch gespielt sein. Es werden aber ebenso reale gewalttätige Auseinandersetzungen provoziert und gefilmt. Die Weitergabe dieses Bildmaterials erfüllt den Tatbestand des „Mobbing". Ziel ist es, das jeweilige Opfer zu demütigen. Wichtig ist es, um die rechtlichen Grenzen der Bilderproduktion zu wissen: Es gibt kein Recht, andere Personen, in welchem Zusammenhang auch immer abzulichten. Das informationelle Selbstbestimmungsrecht verbietet es, von anderen ohne deren Zustimmung Bilder zu machen, ob in „schicklichen" oder „unschicklichen" Situationen. Zudem ermöglicht inzwischen die digitale Gesichtserkennung, über das Handy-Bild die fotografierte Person zu identifizieren. Handys und ihre Nutzer lassen sich inzwischen nicht nur von der Polizei orten. Auch hier ist die Selbstbestimmung des Subjekts berührt.

27.4 Fazit und Empfehlungen für die Praxis

Das Handy ist ein Multifunktionsgerät, und es greift tief in den sozialen Alltag ein. Der mobile Lebensalltag, der sich dem jugendtypischen Prozess der Ablösung und Neueinbettung verdankt, macht die mobile Kommunikation so attraktiv. Per Kommunikationstechnik wird der Lebensalltag insgesamt reorganisiert. Wir haben es also nicht nur mit einem zusätzlichen Artefakt zu tun, sondern mit einer Gestaltung sozialer Verhältnisse. Sich treffen, Musik hören, sich austauschen, usw. ist vom Artefakt der mobilen Kommunikation nicht mehr trennbar. Insofern ist Sensibilität für diese Veränderung, die unbemerkt den

Alltag formt, unabdingbar. Um dies zu erleben, bietet es sich u. a. im Rahmen der praktischen Jugendarbeit auch an, das Handy mal vorübergehend abzugeben (vgl. Tully und Stockhausen 2006).

Literatur

Castells, M. (2005). *Die Internet-Galaxie. Internet, Wirtschaft und Gesellschaft*. Wiesbaden.

Feierabend, S., & Rathgeb, T. (2009). Always connected: Das Handy als Begleiter der Jugend. In C. Tully (Hrsg.), *Multilokalität und Vernetzung* (S. 189–200). Weinheim und München.

Fries, K. R., Göbel, P. H., & Lange, E. (2007). *Teure Jugend*. Opladen.

Medienpädagogischer Forschungsverbund Südwest (MPFS). (2010). *JIM. Jugend, Information, (Multi-)Media. Basisstudie zum Medienumgang 12- bis 19-Jähriger in Deutschland*. Stuttgart.

Katz, J., & Sugiyama, S. (2006). Mobile phones as fashion statements: evidence from student survey in the US and Japan. *New Media & Society, 2006*(8.2), 321–337.

Mead, G. H. (1973). *Geist, Identität und Gesellschaft*. Frankfurt a. M.

Tully, C. (2010). Für das Auto bleibt kaum Geld. Fakten und Überlegungen zur Mobilität von Jugendlichen. In: *Frankfurter Allgemeine Zeitung*, 31.08.2010.

Tully, C., & Stockhausen, T. (2006). Das Handy. Ein Objekt im Jugendalltag und ein Thema der Jugendarbeit. *deutsche jugend, 54*(3), 105–113.

Fernsehen

Franz-Josef Röll

Das Medium Fernseher hat trotz einer zunehmenden Zahl konkurrierender Mediengattungen nach wie vor eine hohe Beliebtheit bei Jugendlichen, es wird etwa von neun von zehn Jugendlichen (88 %) regelmäßig (zumindest mehrmals pro Woche) genutzt. Die durchschnittliche Sehdauer pro Tag beträgt bei den 14–19-Jährigen 108 min (Zubayr und Gerhard 2011). Das Medium „Fernsehen" ist weiterhin ein nicht unbedeutender Begleiter von Jugendlichen in ihrem Lebensalltag, wenn auch Musik hören, Internet und Handy nutzen inzwischen als wichtiger eingeschätzt werden.

Jugendliche nutzen das Fernsehen primär unterhaltungs- und erlebnisorientiert. Die privaten Sender werden von den Jugendlichen vorgezogen, besonders beliebt sind die Unterhaltungssendungen von RTL: Casting-, Gerichts- und Talkshows, Daily Soaps und Telenovelas sowie sogenannte authentische Reportagen (Betrugs- und Verdachtsfälle). In der Regel sind die gezeigten Geschehnisse inszeniert und werden von Laiendarstellern dargestellt. Emotionales Erleben und Stimmungsregulation sind wichtige Motive für Jugendliche. Dies erklärt auch ihre Vorliebe für spannungsgeladene fiktionale Angebote wie Actionfilme oder Horrorserien. Sehr beliebt ist Lifestyle-TV, da die Bedürfnisse von Jugendlichen, das eigene Aussehen und den Körper zu gestalten, aufgegriffen werden.

Bei den Casting-Shows, einer Ausprägung von Reality TV, werden Alltagsmenschen im Rahmen eines medial inszenierten Entscheidungsverfahrens in einem öffentlichen Auswahlprozess ausgewählt, „gecastet". Dabei präsentieren sie ihre Fähigkeiten nicht nur einer Jury, sondern vor einem Massenpublikum. Per Telefon-Voting wird der „Super-Star" gekürt. Die Grenzen zwischen Inszenierung, Intimität, Realität und Fiktion verwischen sich. Mitfühlen und Miterleben wird als Fernseherlebnis präsentiert. Emotionalisierung und Stigmatisierung und die Darstellung emotionaler Grenzsituationen gehören zum Drama-

---

Prof. Dr. Franz-Josef Röll ✉
Fachbereich Gesellschaftswissenschaften und Soziale Arbeit Darmstadt, Hochschule Darmstadt,
Adelungstraße 51, 64283 Darmstadt, Deutschland
e-mail: franz-josef.roell@h-da.de

turgiekonzept. Das Besondere wird mit dem Alltäglichen verknüpft. Die ZuschauerInnen werden zum Komplizen gemacht. Niederlagen und Ausgrenzungen werden individualisiert. Eine Identifikation erfolgt vorzugsweise mit den Gewinnern.

In den Sendungen sind identitäts- und sinnstiftende Elemente sowie Ressourcen anbietende Sehnsuchtsofferten integriert, die im Widerspruch stehen zu dem teledarwinistisches Schema der Dramaturgie der Sendungen. Bei diesen Formaten werden neoliberale Werte „verkauft". Das Prinzip der individualisierten Leistungsgesellschaft wird reproduziert. Stigmatisierung, Leistung und Selektion werden als gesellschaftliche Realität dargestellt. Vermittelt wird implizit die Notwendigkeit der Selbstvermarktung, Erfolgsstreben und ein hoher Leistungsethos. Allerdings wird die Selbstverwirklichung und Lebenszufriedenheit mit Konsum verknüpft. Suggeriert wird Autonomie und Selbst-Optimierung, die Realität sind Wettbewerb und Konkurrenz. Zugleich wird die Logik der „Ökonomisierung des Sozialen" als Subtext gesendet: Du stehst immer im Wettbewerb. Arbeite an Dir, optimiere Dich, investiere in Dich, mach etwas aus Dir (Döveling 2010).

Ähnlich wie bei den Castingshows werden auch in anderen fiktionalen Sendungen Wertehaltungen vermittelt und Lebensmodelle zur Diskussion gestellt. In Fernseherzählungen werden Modelle sozialer und individueller Lebensgestaltung thematisiert. Es werden immer wieder gleichbleibende Themenkomplexe aus privaten und öffentlichen Lebensbereichen bearbeitet. Vor allem bei Talk- und Gerichtsshows wird mittels fiktionalen Sendeformen der gesellschaftliche Konsens über verschiedene Modelle von Sozialverhalten und Lebensführung thematisiert. Daily-Talk-Reihen verkörpern einen gesellschaftlichen Wandel. Vermittelt wird, dass es keine für alle Gesellschaftsmitglieder gültige Moral mehr gibt. Sie muss immer wieder ausgehandelt werden. Fernsehen hat daher die Funktion der kommunikativen Konstruktion der gesellschaftlichen Moral.

In sozial ausdifferenzierten Gesellschaften kommt den Medien eine zentrale Bedeutung bei der Aushandlung von Normen und Werten zu. Medien vermitteln und formen kulturellen Sinn. Die Angebote im Fernsehen knüpfen an den Erfahrungen der Menschen an. Fernsehen hat dabei sowohl die Aufgabe, die gesellschaftlichen Verhältnisse zu legitimieren (affirmative Bedeutung), muss aber auch auf die Interessen und Bedürfnisse der RezipientInnen reagieren. Sie sind auch gezwungen Entwicklungen und Strömungen aufzugreifen und zu verstärken, die in einer Gesellschaft latent vorhanden sind. So waren in vielen Soap Operas bereits „Patchwork-Familien" als neuer Familien-Typus zu sehen, Jahre bevor die Soziologen einen Wandel in der Familienform identifizierten. Dem Fernsehen kommt somit auch die Funktion gesellschaftlicher Transformation zu.

Ebenso kann keinesfalls davon ausgegangen werden, dass die von den ProduzentInnen intendierten Wirkmechanismen bei den RezipientInnen ungebrochen wirken. Die vorgefertigten Geschmacksmuster werden nicht automatisch übernommen, es kann auch zu einer Umdeutung der Botschaften kommen. Jugendliche eignen sich Medien eigensinnig und vielfältig an. In unterschiedlichen kulturellen Kontexten und aufgrund der Möglichkeit einer subjektiven Aneignung der jeweiligen Medientexte können die Medienprodukte unterschiedlich gelesen werden. Jugendliche sind durchaus in der Lage Inszenierungsstrategien zu durchschauen. Gleichwohl kann es sein, dass Sie die Wirkmechanismen von unbewussten Botschaften nicht erfassen, daher ist es sinnvoll Erfahrungsräume für Gegenerfahrung zu öffnen.

Für die offene Kinder- und Jugendarbeit bietet sich eine Vielzahl von Handlungsfeldern. Kinder und Jugendliche können sich mit ihren Wahrnehmungsmustern, den Normen und Werten, die in den von ihnen favorisierten Sendungen vermittelt werden, auf eine spielerische Weise auseinander setzen. Eine Decodierung der bewussten und unbewussten Botschaften (Subtexte) von Fernsehsendungen gelingt am besten, wenn Jugendliche sich produktiv mit den Formaten auseinander setzen. Durch die eigenständige handlungsorientierte Produktion von Casting- und Talkshows sowie Soap Operas werden die subtilen Botschaften nicht nur (kognitiv) verstanden, sondern im doppelten Sinne der Bedeutung „begriffen". So kann u. a. gelernt werden, wie MedienproduzentInnen arbeiten, um die Emotionen der RezipientInnen zu beeinflussen. Ziel könnte sein, sich wiederholende soziokulturelle Muster, Rollenstereotype und Lebensmodelle sowie die Aussparung bestimmter Themenbereiche zu erkennen sowie beim Umgang und der Auseinandersetzung mit populärkulturellen Produkten Handlungsvermögen zur Verbesserung sozial-kommunikativen Kompetenz und von Medienkompetenz zu erwerben. Zugleich erleben die Kinder und Jugendlichen, dass sie zu produktiven und ästhetischen Leistungen fähig sind. Das stärkt das Selbstbewusstsein, die Kommunikationsfähigkeit wird erhöht und führt zum Erleben der Selbstwirksamkeit, eine bedeutsame Erfahrung, um Resilienz zu fördern.

Literatur

Bleicher, K. (1999). *Mythos Fernsehen als Mythos. Poetik eines narrativen Erkenntnissystems*. Wiesbaden.

Döveling, K. (2010). The show must and will go on. *merz, 2010*(2), 15–21.

Krotz, F. (2010). Lange Andreas: Leistung und Stigmatisierung als Inszenierung im Fernsehen. *merz, 2010*(2), 8–14.

Stehling, M., & Thomas, T. (2010). Lifestyle-TV zwischen Kritik und Attraktivität. *merz, 2010*(2), 22–29.

Zubayr, C., & Gerhard, H. (2011). Tendenzen im Zuschauerverhalten. Fernsehgewohnheiten und Fernsehreichweiten im Jahr 2010. *MediaPerspektiven, 2011*(3), 126–138.

Gewalt

Holger Schmidt

29

Gewaltbereite Kinder und Jugendliche und Offene Kinder- und Jugendarbeit dürften seit Bestehen dieses Handlungsfeldes eng miteinander verbunden sein. Diese Verbindung ist insofern nicht überraschend, setzt sich die Struktur der Besucher/innen doch überproportional aus Kindern und Jugendlichen sozial benachteiligter, belasteter und bildungsferner Milieus zusammen (Schmidt 2011). Dieser soziale Hintergrund bedeutet ein hohes Risikopotential, abweichendes Verhalten auch in Form von Gewalt oder zumindest Gewaltbereitschaft zu entwickeln. Überraschend hingegen ist der Umstand, dass das Phänomen der Gewalt in der Offenen Kinder- und Jugendarbeit bisher wenig theoretische und empirische Reflexion seitens der Disziplin hervorrief. Zwar befassten sich in der Vergangenheit einige Autoren mit diesem Thema (Scherr 1991; Sturzenhecker 1994), aber erst eine fachfremde Studie des Kriminologischen Forschungsinstituts Niedersachsen (KNF) (Pfeiffer et al. 2008) erweckt in jüngster Zeit verstärktes Interesse daran. In dieser Studie wurden die Ergebnisse dahingehend fälschlich interpretiert, dass ein kausaler Zusammenhang zwischen den in der Offenen Kinder- und Jugendarbeit vermehrt auftretenden gewaltbereiten Besucher/innen und den Einrichtungen selber konstruiert wurde. Entsprechend formulierten Vertreter/innen der Disziplin der Sozialen Arbeit einen vehementen Widerspruch (Expertengruppe Offene Jugendarbeit 2009). In diesem Beitrag werden die empirischen Erkenntnisse zur Gewalt im Handlungsfeld angerissen (ausführlich Schmidt 2009), anschließend Folgerungen für die Wissenschaft und Praxis formuliert.

Holger Schmidt ✉
Institut für Sozialpädagogik, Erwachsenenbildung und Pädagogik der frühen Kindheit (ISEP), Technische Universität Dortmund, Emil-Figge-Str. 50, 44227 Dortmund, Deutschland
e-mail: Holger.Schmidt@fk12.tu-dortmund.de

29.1 Gewalt in der Offenen Kinder- und Jugendarbeit im Spiegel der Forschung

Das Phänomen der physischen und psychischen Gewalt in der Offenen Kinder- und Jugendarbeit ist nahezu alltäglich anzutreffen, empirische Studien widmen sich diesem jedoch explizit nicht. Die hier zusammengetragenen Ergebnisse sind in den meisten Fällen als Nebenprodukt empirischer Forschung gewonnen worden.

Frühe Studien (1950er- und 1960er-Jahre) zeigen Hinweise, dass Kinder und Jugendliche die Normen in der Offenen Kinder- und Jugendarbeit annehmen und sich zumindest innerhalb der Institution nicht oder weniger gewalttätig zeigen. Allerdings werden gewalttätige Konflikte außerhalb der Institution ausgetragen und die bisherige subkulturell geprägte, abweichendes Verhalten befürwortende Sozialisation kann nur punktuell beeinflusst werden. Es ergeben sich weiterhin Hinweise, dass nach Eröffnung der Heime der Offenen Tür Ende der 1950er-Jahre das delinquente Verhalten der Jugendlichen im Sozialraum der Einrichtung zurückgegangen ist (zusammenfassend Schmidt 2009).

Thole (1991) konnte später ähnliche Phänomene der unterschiedlichen Normbefolgung in- und außerhalb der Offenen Kinder- und Jugendarbeit beobachten. Weiterhin wird aufgrund seiner Studie ersichtlich, dass die Jugendlichen die in der Einrichtung minimal vorhandenen und von ihnen nachvollziehbaren Normen einfordern und auf ihrer Einhaltung bestehen. Diese Regeln nehmen den Jugendlichen den Zwang, auch kleinste Dispute durch körperliche Auseinandersetzungen zu klären, da ihnen im Gegensatz zur Schule der Handlungsspielraum zur Selbstregulation gegeben wird. Aufgrund der Alltagsorientierung erhält die Einrichtung der Offenen Kinder- und Jugendarbeit eine starke Akzeptanz und Relevanz für die Jugendclique. Ähnlich beobachtete Tertilt (2001) die Rolle der Mitarbeiter/innen, die durch ein resolutes Auftreten den Respekt der gewaltbereiten Jugendlichen erlangen konnten und dadurch normkonformes Verhalten bei diesen erzielten. In einer aktuelleren Studie konnten Handlungssituationen beobachtet werden, in denen Jugendliche aggressiv oder gewaltbereit auftreten, die von Mitarbeiter/innen gelöst werden, ohne eine Macht- oder Gewaltspirale in Gang zu setzen. Sie setzen Grenzen ohne Jugendliche auszugrenzen. Die Situation gestalten Professionelle deeskalierend, bereiten gleichzeitig einen Weg zur Verständigung mit den Jugendlichen und nehmen sie als Möglichkeit der informellen Bildung wahr, in der eigene Konfliktlösungsstrategien entwickelt werden können (Müller et al. 2005). Den Aufbau gewaltfreier Konfliktlösungskompetenzen bei Besucher/innen der Offenen Kinder- und Jugendarbeit konnten andere Studien ebenfalls nachweisen (zusammenfassend Schmidt 2009).

29.2 Aussicht

Die bisherigen empirischen Erkenntnisse zeigen zwar ein weitgehend normkonformes, gewaltfreies Verhalten innerhalb der Einrichtungen, ob für die Majorität der gewaltaffinen Besucher/innen jedoch in Folge ein sozialisationsrelevantes Verständnis für ein weitestgehend gewaltfreies soziales Miteinander in der Zivilgesellschaft auftritt, bleibt weitestgehend offen. Ebenso offen sind die konstitutiven Bedingungen innerhalb des Handlungsfeldes, unter denen Normen anerkannt und institutionalisiert werden. Für die sozialpädagogische Arbeit sind individuelle Ursachen gewalttätigen Handelns zum Fallverständnis sicherlich wichtig, normkonformes Verhalten kann jedoch nicht als selbstverständlich angesehen werden (Scherr 2010). Aufgrund der je individuellen Biografie und der sich daraus ergebenden Sozialisation der Besucher/innen der Offenen Kinder- und Jugendarbeit, die gewalttätiges Verhalten in unterschiedlichen Dimensionen ein- oder ausschließt, kann es für das Handlungsfeld nicht zur Aufgabe werden, Gewaltfreiheit herzustellen (Scherr 1991). Dabei bleibt jedoch stets zu berücksichtigen, dass die Mehrheit der Kinder und Jugendlichen auch in der Offenen Kinder- und Jugendarbeit Gewalt ablehnen, vor ihr zurück schrecken oder Schutz suchen. Somit begibt sich die Fachkraft vor Ort beständig in einen Zwiespalt, einerseits gewalttätige Auseinandersetzungen als Bildungsgelegenheiten für Konfliktlösungsstrategien qua ad hoc Mediation anzusehen, andererseits Kinder und Jugendliche vor Gewalttaten zu schützen und durch deren weitestgehenden Vermeidung das Feld offen für alle zu halten (Cloos et al. 2007). Das professionelle Handeln wird somit zu einem Balanceakt, Konfliktsituationen konstruktiv zu nutzen und vielfältige Handlungsoptionen entstehen zu lassen, die in der Lebenswelt der Kinder und Jugendlichen sinnhaft eingebettet sind, gleichzeitig jedoch, auch durch maßvolle, situative Sanktionen, Schutzzonen für Besucher/innen aufrecht zu erhalten, die in ihrem Alltag, ihrem Sozialraum, macht- und hilflos Gewalt gegenüberstehen.

Literatur

Cloos, P., Köngeter, S., Müller, B., & Thole, W. (2007). *Die Pädagogik der Kinder- und Jugendarbeit*. Wiesbaden.

Expertengruppe Offene Jugendarbeit. (2009). Jugendhäuser als Verstärker von Gewalt? Kritische Anmerkungen zu einer Studie von Christian Pfeiffer. *Deutsche Jugend, 57*(1), 7–15.

Müller, B., Schulz, M., & Schmidt, S. (2005). „Offene" Jugendarbeit als Ort informeller Bildung. Lern-Ort für differenzierte Beziehungsformen. *Deutsche Jugend, 53*(4), 151–160.

Pfeiffer, C., Rabold, S., & Baier, D. (2008). Sind Freizeitzentren eigenständige Verstärkungsfaktoren der Jugendgewalt? *Zeitschrift für Jugendkriminalrecht und Jugendhilfe, 19*(3), 258–268.

Scherr, A. (1991). Jugendarbeit und Gewalt. Thesen zur Enttabuisierung der (jugend-)pädagogischen Debatte. *Deutsche Jugend, 39*(11), 505–507.

Scherr, A. (2010). Ordnungsstiftende und illegitime Gewalt. Perspektiven reflexiver Gewaltforschung. *Soziale Passagen, 2010*(2), 169–181.

Schmidt, H. (2009). Gewalt im Kontext der Offenen Kinder- und Jugendarbeit. *Neue Praxis, 39*(3), 280–292.

Schmidt, H. (2011). Zum Forschungsstand der Offenen Kinder- und Jugendarbeit. Eine Sekundäranalyse. In H. Schmidt (Hrsg.), *Empirie der Offenen Kinder- und Jugendarbeit* (S. 13–127). Wiesbaden.

Sturzenhecker, B. (1994). Umgang mit Gewalt in der Jugendarbeit. Vom Alltagswurschteln zur bewußten Konfliktberatung. In Landschaftsverband Westfalen-Lippe Landesjugendamt (Hrsg.), *Gewalt? Antworten der Jugendarbeit!* (S. 73–90). Münster.

Tertilt, H. (2001). *Turkish Power Boys. Ethnographie einer Jugendbande*. Frankfurt a. M.

Thole, W. (1991). *Familie Szene Jugendhaus. Alltag und Subjektivität einer Jugendclique*. Opladen.

Rechtsorientierte und rechtsextreme Jugendliche

Wolfgang Nacken

Vorbei sind die Zeiten, in denen man rechte Jugendliche an der Farbe ihrer Schnürsenkel erkannte. Der glatzköpfige Mann mit Bomberjacke und Springerstiefel mag zwar vereinzelt noch dem Styling des jungen Neonazi entsprechen – mittlerweile aber hat die Vielfalt an Jugendkulturen auch in dieser Szene Einzug gehalten. So ist im organisierten Rechtsextremismus der elitäre Nationalist aus bürgerlichem Hause ebenso angesagt wie der gewaltbereite Straßenkämpfer, der sich nicht umsonst „Autonomer Nationalist" nennt und seine stille Bewunderung linksautonomer Kultur kaum verhehlen kann. Selbstverständlich gibt es auch Rechtsextremistinnen, die zu ihren blonden Zöpfen lange, schwarze Röcke tragen und ihren politischen Beitrag im Gebären und Erziehen möglichst vieler Kinder sehen. Grundsätzlich gilt aber: die Gesinnung eines Menschen sieht man ihm nicht unbedingt an.

Die rechtsextreme Gesinnung ist ein Gesamtkomplex unterschiedlicher Einstellungsmuster, denen durchweg Ungleichheitsvorstellungen zugrunde liegen (vgl. Decker et al. 2010):

- Pseudobiologisch begründete Einordnung von Menschen in unterschiedliche Gruppen, die voneinander abgegrenzt werden und ggf. in einem hierarchischen Verhältnis zueinander stehen (Rassismus)
- Vorstellungen von Staat und Nation, die Abbild dieses Rassismus sind und in denen sich das Individuum dem Kollektiv unterzuordnen hat
- die Orientierung an autoritären und totalitären Politikmodellen
- antisemitische Denkmuster, die eng mit Verschwörungstheorien verknüpft sind
- die Leugnung bzw. Relativierung der NS-Verbrechen.

In der offenen Kinder- und Jugendarbeit hat man es hier mit drei Gruppen zu tun. Zunächst sind es einzelne Jugendliche, deren rechte Orientierung durch entsprechende

Wolfgang Nacken ✉
Hamburg, Deutschland
e-mail: w.nacken@alice.de

Äußerungen oder dem Konsum rechtsextremer Musik auffällt, die ansonsten aber nicht in der Lage sind, ihre rechte Gesinnung ausführlicher zu artikulieren. Sodann gibt es die rechten Jugendcliquen, deren Mitglieder ebenso wenig ideologisch gefestigt und die auch nicht in die rechtsextreme Szene integriert sind (vgl. Farin 2010). Schließlich fallen rechtsextrem organisierte, ideologisch Gefestigte auf, die die offene Jugendarbeit vor allem deshalb aufsuchen, um Personal zu rekrutieren. Dabei können für einzelne Jugendliche die unterschiedlichen Gruppen Durchgangsstationen einer rechtsextremen Karriere sein. Auch die organisierte Szene weiß das und versucht, die Unsicheren vor allem sozial an sich zu binden. Am Ende wird darauf geachtet, dass die Kontakte und Beziehungen zur Welt außerhalb des organisierten Rechtsextremismus auf ein Minimum reduziert werden.

In der Regel geraten Jugendliche – meistens unter 15 Jahre alt – über jugendkulturelle Internetangebote mit der rechtsextremen Szene in Kontakt (vgl. Glaser und Pfeiffer 2007). Zwar ist ein diffuser Rassismus wahrscheinlich schon vorhanden und durch die Familie oder in der Peergroup vermittelt, um das rechtsextreme Angebot überhaupt attraktiv zu finden. Verstärkend kommen dann aber das Versprechen von sozialer Zusammengehörigkeit, der Glaube an die Überlegenheit der eigenen Gruppe und die Aura des Verbotenen dazu. Nicht selten spielt dabei der erste Kontakt mit Alkohol eine Rolle.

Für den Einstieg von Jugendlichen in die rechte Erlebniswelt ist dabei die Musikkultur das Tor in die rechtsextreme Denk- und Lebensweise schlechthin, denn sie transportiert ein bestimmtes Lebensgefühl, vermittelt über die Texte Kernelemente der Ideologie und integriert in die vermeintliche Gemeinschaft der Szene. Spätestens dann, wenn man Zugang zu einer der heimlich organisierten Rechtsrock-Konzerte hat oder an einem Aufmarsch teilnehmen darf, ist die Integration in die rechte Szene vollzogen.

An der hier nur kurz angerissenen idealtypischen Biographie eines Rechtsextremisten wird bereits deutlich, dass es vor allem männliche Jugendliche sind, die davon angezogen werden. Neben traditionellen Elementen des hegemonial-kumpelhaft Männlichen wie körperliche Härte, Dominanz über Andere und Alkoholkonsum wird hier eine klar definierte Identität als Kämpfer für das eigene Kollektiv angeboten. In dieser Rolle ist man zugleich Beschützer der (ausschließlich weißen und deutschen) Frauen und Kinder; eine Rolle, die man als verunsicherter junger Mann gerne annimmt.

Rechtsextreme Einstellungen sind jedoch unter Mädchen und Frauen ebenso verbreitet wie unter Jungen und Männern. Der Unterschied ist, dass die Mädchen weniger auffällig sind. Tatsächlich nimmt die Bedeutung der Rechtsextremistinnen in der Szene aber zu. Auch wenn es den eigenen Vorstellungen rechter Mädchen und Frauen zunächst widerspricht – Anerkennung bekommen sie dort hauptsächlich für ihren Beitrag zu Fortpflanzung, Familie und Fürsorge.

Wie soll man als Fachkraft in der offenen Kinder- und Jugendarbeit reagieren, wenn man es mit rechtsorientierten oder rechtsextremen Jugendlichen zu tun hat? Die allererste, spontane Reaktion auf einen rechten Vorfall sollte auf alle Fälle nicht moralisierend sein und sich nicht ausschließlich auf eine rationale, faktenorientierte Argumentation stützen, auch wenn letzteres zu einem späteren Zeitpunkt unumgänglich wird. Wichtig ist vielmehr, den betreffenden Jugendlichen zu signalisieren, dass man ihn oder sie als Person schätzt und dass man die Beziehung aufrechterhalten will. Die Dämonisierung rechtsorientierter und rechtsextremer Jugendlicher verbietet sich sowieso, denn sie widerspricht dem Grundsatz der Jugendhilfe, wonach ausnahmslos jeder junge Mensch ein Recht auf Förderung seiner Entwicklung hat. Die Anerkennung der Person schließt aber den klar artikulierten Widerspruch gegenüber einem bestimmten Verhalten und der zugrundeliegenden rechtsextremen Ideologie ein. Zudem dürfen die anderen Kinder und Jugendlichen in der offenen Arbeit nicht aus dem Blick geraten – manche sind potentielle Opfer und müssen geschützt werden; andere wiederum sind gefährdet, sich mit rechtsextremen Jugendlichen zu solidarisieren und damit in deren Sog zu geraten. In jedem Fall ist eine intensive Auseinandersetzung mit dem Thema Rechtsextremismus unumgänglich. An dieser Stelle sei deshalb auf das „Argumentationstraining gegen Stammtischparolen" (vgl. Hufer 2001) verwiesen.

Einen Sonderfall stellen rechtsextrem organisierte, ideologisch verfestigte Jugendliche dar. Diese sind in der Regel nicht empfänglich für politische Aufklärung, vielmehr geht es ihnen um die Verbreitung ihrer Ideologie unter den Jugendlichen und die Gewinnung neuer Mitstreiterinnen und Mitstreiter. Die pädagogische Fachkraft ist dabei im besten Fall ein Störfaktor, im schlechteren Fall eine erwachsene Person, die durch ihre Hilflosigkeit der rechten Agitation in die Hände spielt. Allerdings kann bei rechtsextrem organisierten Jugendlichen die Begleitung beim Ausstieg aus der Szene wichtig werden, die für den bzw. die Betroffene neben einer politischen und weltanschaulichen Neuorientierung vor allem den Verlust des bisherigen sozialen Umfelds bedeutet – Gründe genug, sich als pädagogische Fachkraft für den intensiven Betreuungsbedarf in solchen Fällen die Unterstützung von Expertinnen und Experten zu holen, wie sie bspw. die Organisation EXIT oder staatliche Programme bieten (vgl. VDK/MBR 2006).

In manchen Einrichtungen wird es allerdings so sein, dass keines der Kinder oder Jugendlichen rechtsextrem ist. Wahrscheinlicher ist, dass sich die Besucherinnen und Besucher von rechter Jugendkultur klar abgrenzen, sich aber trotzdem – oder gerade deshalb – mit Rechtsextremismus beschäftigen wollen. In dieser Situation muss es darum gehen, das Phänomen ins Blickfeld zu nehmen und nicht die rechtsextremen Individuen.

Literatur

Decker, O., Weißmann, M., Kiess, J., & Brähler, E. (2010). *Die Mitte in der Krise. Rechtsextreme Einstellungen in Deutschland 2010*. Berlin.

Farin, K. (2010). Unter Kameraden. *Zeitschrift für Jugendkriminalrecht und Jugendhilfe*, 2010(2), 124–130.

Glaser, S., & Pfeiffer, T. (2007). *Erlebniswelt Rechtsextremismus*. Schwalbach a. Ts.

Hufer, K. P. (2001). *Argumentationstraining gegen Stammtischparolen. Materialien und Anleitungen für Bildungsarbeit und Selbstlernen*. Schwalbach a. Ts.

Verein für Demokratische Kultur in Berlin e.V. (VDK), & Mobile Beratung gegen Rechtsextremismus in Berlin (MBR) (2006). *Integrierte Handlungsstrategien zur Rechtsextremismusprävention und -intervention bei Jugendlichen. Hintergrundwissen und Empfehlungen für Jugendarbeit, Kommunalpolitik und Verwaltung*. Berlin.

Verschuldung und Überschuldung von Jugendlichen und jungen Erwachsenen

31

Olivier Steiner

Die Verschuldung von Jugendlichen und jungen Erwachsenen hat in den letzten Jahren zunehmende Aufmerksamkeit in Medien, Öffentlichkeit und Forschung erhalten. Die gesellschaftliche Bewertung von Verschuldung ist allerdings umstritten und reicht von in Kreditwerbungen suggerierten Glücksverheissungen bis zur Verteufelung der Verschuldung als prekärer Auswuchs der Konsumgesellschaft. Für die Offene Jugendarbeit ist angesichts dessen eine kritische Auseinandersetzung mit der Thematik der Jugendverschuldung unter Beizug empirisch-wissenschaftlicher Erkenntnisse zentral, um zu begründeten Positionen im öffentlichen Diskurs zu gelangen sowie adäquate sozialpädagogische Umgangsweisen mit dem Thema zu entwickeln und umzusetzen.

31.1 Empirisches Wissen zur Jugendverschuldung

Bisher sind nur wenige repräsentative Erhebungen zum Ausmass der Jugendverschuldung im deutschen Sprachraum vorhanden. Lange (2004) stellt für Deutschland bei Jugendlichen und jungen Erwachsenen im Alter von 15 bis 24 Jahren einen Anteil von 13 bis 23 % Verschuldeter fest. Er konstatiert ferner einen Anteil von vier bis acht Prozent Überschuldeter, bei welchen die Verschuldung das zur Verfügung stehende monatliche Einkommen übersteigt. Für Österreich stellen Gabanyi, Hemedinger und Lehner (2008) in einer repräsentativen Erhebung bei SchülerInnen fest, dass zum Zeitpunkt der Datenerhebung 7 % der 10 bis 18-jährigen über 100 € Schulden haben.

Gemäss einer repräsentativen Bevölkerungsbefragung von Streuli (2007) haben 38 % der 18- bis 24-jährigen jungen Erwachsenen in der Schweiz offene Geldverpflichtungen. Die Gläubiger sind allerdings in erster Linie die Eltern, nur etwa 4 % der SchulderInnen

Dr. Olivier Steiner ✉
Institut Kinder- und Jugendhilfe Basel, Fachhochschule Nordwestschweiz Hochschule für Soziale Arbeit, Thiersteinerallee 57, 4053 Basel, Schweiz
e-mail: olivier.steiner@fhnw.ch

haben Schulden bei Kreditinstitutionen. Die Autorin folgert aufgrund der nur in wenigen Fällen hohen Schuldbeträge, dass es sich „nicht um ein Massenphänomen einer ‚kaufwütigen Jugend' handelt, sondern eine anteilsmässig eher geringe, aber besonders gefährdete Gruppe betrifft, die eine besondere Aufmerksamkeit verdient" (ebd., S. 14). Eine Studie bei 537 SchülerInnen in Basel-Stadt im Alter zwischen 17 bis 19 Jahren ergab einen Anteil von 27 % Verschuldeten, wobei allerdings nur sieben Prozent einen Verschuldungsbetrag von über 1000 CHF und 1,6 % über 4000 CHF aufwiesen (vgl. Streuli et al. 2008). Hohe Verschuldungsbeträge von mehreren tausend Schweizer Franken finden sich insbesondere bei Jugendlichen mit niedrigem Bildungsstatus. Die im Rahmen der Studie durchgeführten vertiefenden Interviews mit hoch verschuldeten, bzw. überschuldeten Jugendlichen zeigen ferner, dass kumulierte Verschuldungssituationen meist mit schwerwiegenden lebensweltlichen Problemlagen einhergehen. Auffällig in dieser Gruppe sind konfliktreiche familiäre Verhältnisse, die oft in Zusammenhang mit Armuts- und Migrationserfahrungen oder dem Verlust eines Elternteils stehen. Für viele hochverschuldete Jugendliche steht am Anfang der Verschuldung der frühe Auszug aus dem Elternhaus, der Abbruch der Schule oder Lehre in Zusammenhang mit einem übersteigerten Konsumverhalten als Bewältigungsstrategie in einer prekären Lebenslage. Die betroffen Jugendlichen stehen zugleich unter einem hohen exogenen (Gläubiger) und endogenen (fehlende konstruktive Bewältigungsstrategien) Druck, der eine erfolgreiche Transition ins Erwachsenenleben erschwert und in der Folge zu langandauernden Verschuldungssituationen führen kann. In Situationen kumulierter Verschuldung erhalten viele Betroffene zudem kaum Unterstützung durch Schule, Lehrbetriebe oder Eltern. Oftmals sind die Eltern der betroffenen Jugendlichen ökonomisch benachteiligt und nicht in der Lage, die Schulden ihrer Kinder auszugleichen (vgl. Streuli et al. 2008).

31.2 Pädagogischer Umgang mit Jugendverschuldung in der offenen Kinder und Jugendarbeit

Da Offene Kinder- und Jugendarbeit besonders stark von benachteiligten Kindern und Jugendlichen frequentiert wird (vgl. Schmidt in diesem Band), sollten sich Fachkräfte darauf einstellen, dass Probleme der Ver- bzw. Überschuldung zumindest bei einem Teil ihrer Besucherschaft auftreten können. Ein pädagogischer Umgang mit dem Thema muss dessen Rolle in der gesamten Lebenslage der jeweiligen Jugendlichen berücksichtigen und kann es nicht losgelöst von der arbeitsmarktlichen und familiären Situation der Jugendlichen verstehen und angehen. Streuli et al. (2008) fordern deshalb eine kontextuelle Betrachtungsweise, den Einbezug etwa von Eltern, Lehrpersonen, Ausbildungsbetrieben und die Förderung von grundlegenden Alltagskompetenzen. Übergreifendes Ziel für einen pädagogischen Umgang mit Verschuldung und Verschuldungsrisiko ist gemäss den AutorInnen die langfristige Stabilisierung der Lebenslage und die reflektierte finanzielle Mündigkeit überschuldeter Jugendlicher bzw. junger Erwachsener. Dies schliesst die Aufgabe ein, auch politisch auf prekäre Lebenslagen gerade von benachteiligten Jugendlichen hinzuweisen und strukturelle Verbesserungen für sie zu fordern. So sehen Gabanyi, Hemedinger und Lehner (2008) einen wichtigen Beitrag zur Verhinderung von Jugendverschuldung in der Verstärkung beschäftigungspolitischer Massnahmen zur beruflichen Qualifizierung von Jugendlichen und zur Verminderung der Jugendarbeitslosigkeit.

Im Alltag der Offenen Jugendarbeit wird es besonders darum gehen, für das Thema sensibel zu sein. Einerseits ist es sinnvoll, allgemeine Zugänge zum Thema zu eröffnen, andererseits braucht es bei betroffenen Jugendlichen individuell abgestimmte Herangehensweisen. In beiden Fällen geht es darum, Kompetenzen der Lebensbewältigung zu stärken (konkret kann das auch in Kooperation mit Schuldnerberatungsstellen geschehen). Über das Verschuldungsthema sind Möglichkeiten der Selbstbildung zur Frage des Erwerbs von und des Umgangs mit Geld erschließbar, sowie Fragen des Verhältnisses von eigenständiger Lebensführung, Lebenssinn, Arbeit und Konsum. Das Thema „Geld und Konsum" ist auch für viele Jugendliche ohne Verschuldungserfahrung hoch relevant. Insofern ist allgemein kein defizitorientierter oder problemorientierter Bezug auf Überschuldungsprobleme (etwa als gezielte Verschuldungsprävention) nötig. Eine Offene Jugendarbeit, die sich an den Selbstbildungsthemen der Jugendlichen orientiert, wird dieses Thema ohnehin aufgreifen und unter Einbezug der je unterschiedlichen Erfahrungen der Jugendlichen bearbeiten.

Literatur

Gabanyi, A., Hemedinger, F., & Lehner, M. (2008). *Jugendverschuldung. Analyse und Präventionsansätze*. Linz.

Lange, E. (2004). *Jugendkonsum im 21. Jahrhundert*. Wiesbaden.

Reifner, U. (2006). *Mythos Jugendverschuldung*. Hamburg.

Streuli, E. (2007). *Verschuldung junger Erwachsener – Zusammenfassung wichtiger Ergebnisse*. Olten und Basel: Hochschule für Soziale Arbeit, Fachhochschule Nordwestschweiz.

Streuli, E., Steiner, O., Christoph, C., & Shenton, F. (2008). *Eigenes Geld und fremdes Geld – Jugendliche zwischen finanzieller Abhängigkeit und Mündigkeit*. Basel.

Body und Beauty

32

Lotte Rose

Kinder und Jugendliche haben einen Körper, doch Jugend- und Kindheitstheorien und Pädagogik sind relativ „körperlos", sieht man von Beiträgen der Geschlechterforschung (u. a. Flaake und King 1992; Helfferich 1994) und der Ethnografie (u. a. Althans et al. 2001; Langer et al. 2010; Schulz 2010) in diesen Feldern ab, die aus der Sache heraus stärker den Körper fokussieren. Gleichwohl spielt der Körper in den öffentlichen Debatten über Kinder und Jugendliche eine große Rolle. Es wird problematisiert, dass die körperliche Gesundheit junger Menschen gefährdet ist (falsche Ernährung, Bewegungsmangel, exzessiver Medienkonsum, Verkehrsgefahren, Umweltschadstoffe u. ä.), Kinder und Jugendliche riskant mit ihrem Körper umgehen (Rauchen, Drogen, Koma-Saufen, ungeschützter Sex, S-Bahn-Surfen und andere Körper-Thrills u. ä.) und sie zu sehr mit ihrer Körpererscheinung und -ästhetik beschäftigt sind. Dass Selbstverortungen und Sinnsuche über äußerliches Schönheitshandeln, Körperinszenierungen, Muskelstählungen und riskante Körperexperimente statt über geistig-innerliche Anstrengungen gelingen können, ist nur schwer vorstellbar. Es dominieren Sorge und Unverständnis. „Etwas mehr Gelassenheit und Pragmatismus in der Bewertung der aktuellen Körperpraktiken scheint hier dringend angebracht." (Gugutzer 2007, S. 6).

Sehr populär ist im alltagstheoretischen und fachwissenschaftlichen Diskurs zudem die Idee, dass der Körper in der Pubertät besonders im Brennpunkt steht. Weil die geschlechtlichen Reifungen irritieren und befremden, schießt die Beschäftigung mit dem Körper über und treten Körperfixierungen und -praxen zutage, die die auftretende Verunsicherung bändigen sollen (Freud 1984). So plausibel dies ist, so basiert es jedoch letztlich auf einer Überdeterminierung der Sexualität und des geschlechtlichen Körpers. Es erzeugt ein „Primat der Biologie" (Kelle 2003, S. 75 f.), was den Blick auf den jungen Körper ver-

---

Prof. Dr. phil. Lotte Rose ✉
Fachbereich Soziale Arbeit und Gesundheit, Fachhochschule Frankfurt am Main, Nibelungenplatz 1, 60318 Frankfurt, Deutschland
e-mail: rose@fb4.fh-frankfurt.de

engt (ebd.). So wäre es nach Helga Kelle auch genau andersherum denkbar: Nicht die pubertären Körperveränderungen lösen die adoleszenten Verhaltensphänomen aus, wie gängigerweise angenommen, sondern die Pubertät wird von Mädchen und Jungen durch Reden und kulturelle Praktiken als Wirklichkeit hervorgebracht – und zwar relativ unabhängig vom jeweiligen körperlichen Entwicklungsstand. Es sind jedenfalls nicht unbedingt die körperlich am weitesten entwickelten Kinder, die sich jugendkulturell dann auch am weitesten hervorwagen, z. B. im Kleidungsstil oder bei der typischen Cliquenbildung (ebd.).

Das populäre Pubertätskonzept übersieht die Vorgänge somatischer Vergesellschaftung, die grundsätzlich permanent für alle Altersgruppen gelten und selbst dort, wo es scheinbar um ganz Sachliches und nichts explizit Geschlechtliches geht, z. B. in beruflichen Kontexten. Nach Pierre Bourdieu ist der Körper Ort der Einverleibung und Reproduktion sozialer Ordnungen. Wie der Körper gehalten, bewegt, geformt, vorgezeigt, platziert wird, was er mag und nicht mag – dies spiegelt die eigene Position wider und bringt sie gleichzeitig hervor (Bourdieu 1987). Der Körper ist eine sichtbare „Visitenkarte", mit dem „Eindrucksmanagement" beim „Theaterspiel" auf den Bühnen des Lebens betrieben wird. Es geht darum, mit der eigenen Rolle das Publikum körperlich zu überzeugen – und sich selbst auch (Goffman 2003). Niemand ist qua schlichter Anwesenheit anerkanntes und kompetentes Mitglied einer Gruppe, sondern erst durch die praktische Demonstration der passenden Zeichen. So ist die Partizipation an den verschiedensten Subkulturen maßgeblich von der jeweiligen Inszenierung des Körpers getragen (Villa 2007, S. 20 f). Vergemeinschaftung und Distinktion organisieren sich keineswegs allein über Wollen, Verlautbarungen und Beschlüsse, sondern erst sehr materiell über die Botschaften der Körpersprache. „Oft, fast immer sind sehr spezifische Körperpraxen und Körpermodellierungen notwendig, um Mitglied einer Gruppe zu sein." (ebd., S. 21). Dies alles vollzieht sich in der Regel jenseits des Bewusstseins „hinter dem Rücken der Akteure".

Der Körper hat dabei immer auch die Funktion eines Kapitals, über das Anerkennung zu erringen ist – und dies vor allem bei jenen Gruppen, deren Kapitalbesitz eher spärlich ist. Dazu gehören Kinder und Jugendliche. Während ökonomisches, soziales und Bildungskapital in relevanten Größen erst Erwachsenen zur Verfügung stehen und daher von der jungen Generation nur schwer bei dem Wunsch nach Aufstieg in die Waagschale zu werfen sind, ist der Körper als Kapital schon frühzeitig entwickelbar und einsetzbar. Er wird damit zu jener Ressource, die in den modernen Kinder- und Jugendbiografien als Aufstiegskapital besonders intensiv kultiviert wird und werden muss. „Seinen Körper als Kapitalressource einzusetzen, legt Zeugnis davon ab, dass einem verlässlichere, weniger gefährdete und vor allem durchschlagkräftigere Handlungsressourcen als das sind: Geld, Grundbesitz, langjährige Beziehungen, Berufstitel usw. noch fehlen." (Zinnecker 1990, S. 648). Zinnecker hat deshalb den Begriff des „jugendlichen Körperkapitals" geprägt und hierbei vor allem das Phänomen des hohen Stellenwerts sportiver Tätigkeiten in den Kinder- und Jugendwelten im Blick gehabt. Einiges spricht auch dafür, davon auszugehen, dass bildungsbenachteiligte Jugendliche noch einmal dramatischer auf ihr Körperkapital verwiesen sind, um ihre schulischen Schwächen zu kompensieren (Friebertshäuser et al. 2010).

Wenn also junge Menschen exzessiv um ihren Körper kreisen, immer wieder neue spektakuläre Körperinszenierungen zeigen, ihn demonstrativ und penetrant in Performances nutzen, ihn berauschen, schulen und trainieren, Mutproben und Schmerzen aussetzen, wenn sie ihn stundenlang verschönern, dazu gar quälende Prozeduren auf sich nehmen, dann sind dies existentiell notwendige Vorgänge der sozialen Selbstpositionierung und der Beziehungsherstellung auf den „Bühnen des Lebens". Und sie machen damit im Prinzip nichts anderes als Erwachsene auch – nur sind die Bühnen und Körperskripte für Erwachsene natürlich andere. Dass die Körperaufführungen der Mädchen und Jungen für Erwachsene oft nur schwer aushaltbar sind und Irritationen und Sorge, schlimmstenfalls auch Missfallen erregen, folgt dabei letztlich einer normalen sozialen Logik – nämlich der der Generationenabgrenzung. Diese wird nicht allein über die unterschiedlichen Körperpraxen von Jung und Alt sicher gestellt, sondern auch in der Art und Weise wie von Erwachsenen über den jungen Körper gesprochen wird. Wenn hier vor allem Gefährdungen Thema sind, reproduziert dies die herrschende Generationenhierarchie (Fuhs 2003).

Literatur

Bourdieu, P. (1987). *Die feinen Unterschiede*. Frankfurt a. M.

Freud, A. (1984). *Das Ich und die Abwehrmechanismen*. Frankfurt a. M.

Flaake, K., & King, V. (1992). *Weibliche Adoleszenz*. Frankfurt a. M. und New York.

Friebertshäuser, B., & Richter, S. (2010). Körperkapital als Ressource – konzeptionelle und empirische Zugänge zu jugendlichen Selbstinszenierungen an einer Hauptschule. In A. Langer, S. Richter, & B. Friebertshäuser (Hrsg.), *(An)Passungen. Körperlichkeit und Beziehungen in der Schule – ethnografische Studien* (S. 23–53). Hohengehren.

Fuhs, B. (2003). Der Körper als Grenze zwischen den Generationen. In H. Hengst, & H. Kelle (Hrsg.), *Kinder – Körper – Identitäten* (S. 51–72). Weinheim und München.

Goffman, E. (2003). *Wir alle spielen Theater. Die Selbstdarstellungen im Alltag*. München.

Gugutzer, R. (2007). Körperkult und Schönheitswahn – Wider den Zeitgeist. *Aus Politik und Zeitgeschichte, 2007*(18), 3–6.

Helfferich, C. (1994). *Jugend, Körper und Geschlecht. Die Suche nach sexueller Identität*. Opladen.

Hengst, H., & Kelle, H. (2003). *Kinder – Körper – Identitäten*. Weinheim und München.

Kelle, H. (2003). Kinder, Körper und Geschlecht. In H. Hengst, & H. Kelle (Hrsg.), *Kinder – Körper – Identitäten* (S. 73–94). Weinheim und München.

Langer, A., Richter, S., & Friebertshäuser, B. (Hrsg.) (2010). *(An)Passungen. Körperlichkeit und Beziehungen in der Schule – ethnografische Studien*. Hohengehren.

Schulz, M. (2010). *Performances: Jugendliche Bildungsbewegungen im pädagogischen Kontext*. Wiesbaden.

Villa, P. I. (2007). Der Körper als kulturelle Inszenierung und Statussymbol. *Aus Politik und Zeitgeschichte, 2007*(18), 18–26.

Wulf, C., Althans, B., Audehm, K., Bausch, C., Göhlich, M., Sting, S., Tervooren, A., Wagner-Willi, M., & Zirfas, J. (2001). *Das Soziale als Ritual. Zur performativen Bildung von Gemeinschaften.* Opladen.

Zinnecker, J. (1990). Sportives Kind und jugendliches Körperkapital. *Neue Sammlung, 1990*(4), 645–653.

Eltern, Geschwister - Familienorientierung und Elternarbeit

Katja Birkner

Die veränderten Lebenssituationen von Familien gelten als gesellschaftliche und politische Herausforderungen. Sie betreffen die Offene Kinder- und Jugendarbeit (OKJA) und ihren Auftrag im Rahmen der Kinder- und Jugendhilfe als eine Lebenswelt vieler Kinder und Jugendlicher. Gleichzeitig gibt es systemische Vorbehalte gegenüber einem gelingenden Miteinander von der pädagogischen Arbeit mit Familien und der „alltäglichen" OKJA. Das Forschungsprojekt *Familien beraten, fördern, bilden – Familienorientierung in der OKJA – Wege zu einer intensiveren Elternarbeit* der LAG Katholische OKJA NRW ist diesem inhaltlichen Spannungsfeld begegnet. Als Ergebnis wurde eine Familienorientierung entwickelt, die sinnvolle pädagogische Schnittstellen für Arbeitsfelder in der OKJA beinhaltet (vgl. Birkner 2008) Die Bedürfnisse der Kinder und Jugendlichen als erste Zielgruppe der OKJA bilden dabei die primären Orientierungspunkte aller Bemühungen für Eltern- und Geschwisterangebote in einem Kinder- und Jugendzentrum.

In den 90er-Jahren hat sich innerhalb der Jugendhilfe ein Perspektivwechsel zur Lebensweltorientierung vollzogen (vgl. BMJFFG 1990). Eltern, Geschwister und die Familie als Ganzes gerieten zunehmend in den Focus; ihre Themen werden Teil der pädagogischen Arbeit und der Angebote. Hier liegt die Schnittstelle zur Offenen Kinder- und Jugendarbeit, deren Einrichtungen sich im Lebensumfeld der Familien befinden. Im Rahmen gesellschaftlicher Entwicklungen steigt der Prozentsatz der Benachteiligung in vielen Kommunen stetig an; besonders hart trifft es Familien in den Randbereichen der Städte. Dies hat neben den ökonomischen Auswirkungen auch Folgen für die sozialen Lebenssituationen dieser Familien. Häufig sind ihr Alltag und die Lebenswelt ihrer Kinder durch Isolation, Enge und Ausgrenzung geprägt. Der Stadtteil wird zur festen Bezugsgröße inklusive aller vorhandenen Angebote. Diese Fixierung bietet einerseits Sicherheit, schränkt aber das Lebensumfeld und die Auswahlmöglichkeiten an Beratungs- und Bildungsangeboten ein. In

---

Katja Birkner ✉
Abteilung Jugendseelsorge Köln, Erzbistum Köln, Marzellenstraße 32, 50668 Köln, Deutschland
e-mail: Katja.Birkner@Erzbistum-Koeln.de

den letzten beiden Jahrzehnten ist zudem die traditionelle Familienform als wesentlicher Lebensort für Erziehung und Sozialisation entkräftet zugunsten individueller Existenzformen und unterschiedlicher Lebensstile. (vgl. Sörensen 2001) Diese Lebenssituationen vieler Kinder und Jugendlichen sind Teile der Familienorientierung in der OKJA. Mit dem Auseinanderbrechen der Eltern-Milieus in Deutschland in diejenigen, die sich aktiv erziehend und fördernd um ihre Kinder kümmern und diejenigen, die ihre Entwicklung eher laufen lassen, wird deutlich, dass nicht alle Eltern das Gleiche, sondern unterschiedliche Entlastungen brauchen (vgl. Henry-Huthmacher 2008). Voraussetzung für die familienunterstützende pädagogische Arbeit in der OKJA sind Einsichten in die familiäre Lebenswelt. Oft kommt es vor, dass mehrere Kinder einer Familie dasselbe Kinder- und Jugendzentrum besuchen. Fachliches Wissen über verschiedene Aspekte von Geschwisterbeziehungen ist von Vorteil, um Entwicklungsprozesse von Kindern und Jugendlichen besser verstehen und unterstützen zu können. Die Arbeit mit Geschwisterkindern beinhaltet als Teil der Familienorientierung die Chance, einzelne Zellen belasteter Familiensysteme zu stabilisieren oder auch Familienmitglieder aus Rollenmustern zu entlasten. Aus Sicht des Forschungsprojektes brauchen Kinder und Jugendliche verstärkt Lebensräume, in denen sie gelingende Beziehungen erleben. Die Beziehungen zwischen den Besucherinnen und Besuchern selbst und in ihren Familien sind zudem wesentliche Teile der pädagogischen Arbeit in der OKJA: „Es geht um die Suche der Kinder nach Stärken und Familienersatz in den eigenen verlässlichen solidarischen Bezügen und es geht auch darum, ihnen und auch ihren Familien, Erfahrungen von Selbstwirksamkeit zu ermöglichen und das Gefühl von Ohnmacht und Resonanzlosigkeit des eigenen Agierens zu nehmen." (Essberger 2007, S. 7)

Die Freiwilligkeit der Angebote als originäre Rahmenbedingung der OKJA und deren offener Charakter entsprechen eher den Möglichkeiten der Familien im Sozialraum eines Kinder- und Jugendzentrums an Bildungsangeboten teilzunehmen. Mitten im Zentrum ihres pädagogischen Auftrags der Bildungsarbeit für Kinder und Jugendliche hat die Familienorientierung in der OKJA als *Querschnittsaufgabe* demnach das Ziel, die Familien in der Bewältigung ihres Alltags und Erziehungsauftrags zu unterstützen. Familienorientierung in der OKJA als anerkanntes Element der Jugendhilfe wird so zur *Brückeninstanz*, da es die Begegnung unterschiedlicher Bildungswelten ermöglicht. Konzepte und Angebotsformen der Familienorientierung in der OKJA stellen sich der Herausforderung, die Ressourcen von Kindern und Jugendlichen für diese Gesellschaft und für ihre Familien zu entdecken, sie zum Mitgestalten und verantwortlichem Handeln zu motivieren. Besonders Eltern mit Zuwanderungsgeschichte sehen in den Offenen Türen Anlaufstellen mit niederschwelligen Kontaktmöglichkeiten, die ihnen Angebote im Bereich der Beratung, der Kontakte untereinander, der Freizeitaktivitäten und der Partizipation eröffnen. Als Ergebnis des Forschungsprojektes wurden für die Struktur einer geeigneten Familienorientierung in der OKJA sechs Handlungsfelder festgelegt. Diese Arbeitsbereiche sind neben der Option für eine gestaltbare Familienorientierung, den Grundaufträgen der pädagogischen Arbeit in einem Kinder- und Jugendzentrum zuzuordnen:

1. *Freizeitpädagogische Angebote* für Familien als Ganzes, Teilfamilien oder Alleinerziehende, die Räume der Partizipation, der Regeneration, für das Erleben von Gemeinschaft Erwachsener mit ihren Kindern und Geschwisterkindern beinhalten.
2. *Beziehungsarbeit* mit Kindern und Jugendlichen, mit dem Ziel, eine lebenswerte und vertrauensstiftende Beziehungskultur erfahrbar werden zu lassen.
3. *Beratungsort* für niederschwellige ressourcenorientierte Erstberatung als Hilfestellung und Brückenfunktion für Eltern zur Stabilisierung belasteter Familiensituationen von Kindern und Jugendlichen, zur Stärkung der Kommunikationsfähigkeit der Eltern untereinander und mit anderen Institutionen (Schule etc.) sowie als Übungsraum für den Dialog innerhalb der Familie.
4. *Interkulturelle Öffnung* der Einrichtung als niederschwelliger Bildungsraum für Familien aus unterschiedlichen Kulturen und als Ort zum Mitgestalten und für ehrenamtliches Engagement.
5. *Bildungsangebote* für (benachteiligte) Familien im Sozialraum als neue Räume für Familien, ihre eigenen Ressourcen zu entdecken, weiterzuentwickeln und alternative Lebensweisen auszuprobieren, um so die Potentale der Eltern zur Entwicklung und Förderung ihrer Kinder zu stärken.
6. *Kooperation und Netzwerke* mit anderen Dienstleistungen für Familien eingehen und aufbauen.

In diesen Handlungsfeldern können in der OKJA die Ressourcen der Eltern und ihren Familie als Ganzes durch Methoden *lebenspraktischer* Hilfen, Angebote zu *verändertem* Freizeitverhalten, *erziehungsunterstützende* Beratung und Bildungsformen, *Dialogübungen* zwischen den Familienmitgliedern und *generationsübergreifende* Projekte gestärkt werden. Als konkretes Beispiel aus der Praxis für Umsetzung der Familienorientierung dient das Projekt *Gruppe Varresbeck* im *Haus der Offenen Tür St. Bonifatius* in Wuppertal (www.familienzentrum.wuppertaler-westen.de). Die Kinder dieser Gruppe erhalten ein besonderes Coaching für die Weiterentwicklung ihrer Persönlichkeit; die Eltern und Geschwister werden in die Arbeit integriert. (Weitere Praxisanregungen zur Veranschaulichung in Birkner 2008.)

Literatur

Birkner, K. (2008). Familien beraten, fördern und bilden – Familienorientierung in der Offenen Kinder- und Jugendarbeit. In Landesarbeitsgemeinschaft Katholische Offene Kinder- und Jugendarbeit NRW (Hrsg.), *Reflexionen – Wissenschaftliches Arbeiten in der Offenen Kinder- und Jugendarbeit*. Köln.

Bundesministerium für Jugend, Familie, Frauen und Gesundheit (BMJFFG). (1990). *Achter Jugendbericht*. Bonn.

Essberger, M. (2007). Entschlossen OFFEN – Kinder- und Jugendarbeit im Gegenwind. *Forum für Kinder- und Jugendarbeit, 2007*(1).

Henry-Huthmacher, C. (2008). Eltern unter Druck, Ergebnisse einer empirischen Studie. *Die politische Meinung, 2008*(460), 41–46.

Sörensen, B. (2001). *Pädagogik für den Zwischenraum, Schülerclubs an Grundschulen*. Münster.

Teil V
Konzeptionelle Ansätze in der Offenen Kinder- und Jugendarbeit

Geschlechtsbezogene Pädagogik in der Offenen Kinder- und Jugendarbeit

34

Regina Rauw und Michael Drogand-Strud

Unter Geschlechtsbezogener Pädagogik versteht sich ein pädagogischer Ansatz, der bewusst auf die Kategorie Geschlecht Bezug nimmt. Doch auch die Tradition preußischer Kadettenanstalten zur Herausbildung soldatischer junger Männer oder die Bildungsansätze der 50er-Jahre, die Mädchen auf die Rolle als Hausfrau und Mutter vorbereiten wollte, haben die Kategorie Geschlecht eindeutig berücksichtigt. Auch die Koedukation (gemeinsame Erziehung von Mädchen und Jungen), die in der DDR von Beginn an und in der BRD an vielen Schulen in den 70er-Jahren eingeführt wurde, hat Geschlecht insofern einbezogen, als nun Chancengleichheit für Mädchen und Jungen durch den gleichen Zugang zu Bildung hergestellt werden sollte.

Geschlechtsbezogene Pädagogik umfasst mehr als „irgendeinen" Bezug auf Geschlecht und hat sich auch aus der Kritik der vorgenannten Beispiele heraus entwickelt. Zur Definition geschlechtsbezogener Pädagogik gehört die Analyse von Gender und Geschlechterverhältnissen. Letztlich zeigt sich dieser Hintergrund in der Haltung der Pädagog_innen und in der durch sie geprägten pädagogischen Praxis der Offenen Kinder- und Jugendarbeit (im Weiteren OKJA).

Ein Teil dieser Haltung ist die Sichtweise, dass Jungen und Mädchen Jugendliche sind, die unter dem Aspekt von Geschlecht betrachtet werden. Hierzu gehört die Erkenntnis, dass Kinder in dieser Gesellschaft nicht geschlechtsneutral aufwachsen, sondern mit eindeutigen, sich gegenseitig ausschließenden Anforderungen geschlechtlich sozialisiert werden. Dabei wird den Einen eher mit Anforderungen von Schön-Sein, Freundlich-Sein oder Fürsorglich-Sein begegnet, während Anderen nahe gelegt wird Verhalten einzuüben, welches mit Stärke, Funktionalität und aktivem Handeln verbunden wird.

Regina Rauw ✉
Praxis für Coaching und Therapie, Elperstraat 8, 9443 TL Schooloo, Niederlande
e-mail: info@reginarauw.eu
Michael Drogand-Strud
Bundesarbeitsgemeinschaft Jungenarbeit, Berenbuscher Str. 59, 31675 Bückeburg, Deutschland
e-mail: drogand-strud@bag-jungenarbeit.de

Diese Anforderungen der Geschlechterbilder werden durch viele personale und gesellschaftliche Instanzen offen und subtil vermittelt. Dabei eignen sich Kinder und Jugendlichen diese Aspekte in einem Prozess des „doing gender" aktiv an. Während die Aneignung von Körperhaltungen oder Sprachmustern zu einem sehr frühen Zeitpunkt erfolgt und sich damit früh körperlich manifestieren, sind andere Weichenstellungen, wie etwa die Berufswahl zwar ebenso von klaren Gendervorgaben beeinflusst, können aber über eine bewusste Reflexion bereits zu dem Zeitpunkt eigener Auseinandersetzung mit dem Thema hinterfragt und korrigiert werden.

Alle diese historisch entstandenen und sich wandelnden Geschlechterbilder gehen von einer zweigeschlechtlichen Wirklichkeit aus, die normativ als unveränderbare essentialistische Wahrheit dargestellt wird. Damit ist nicht nur die Einhaltung von Normalitäten und die ständige Zuweisungen von Verhaltensweisen, Körperhaltungen, Kleidung, sexuelle Orientierung etc. verknüpft. Diese dualistische Sicht lässt auch das Bild entstehen, dass Jungen und Mädchen je eine homogene Gruppe bilden, die je genau das auszeichnet, was die „andere" Gruppe nicht aufzuweisen hat: Rosa-blau, gefühlvoll-entschlussfreudig, redend-handelnd, sanft-hart – dies sind daraus resultierende Eigenschaftspaare, die dann den Kindern und Jugendlichen nicht als Auswahl, sondern als Zuschreibung zugemutet wird. Da die Annahme einer biologischen Wurzel als Basis dieser Dualismen gilt, verlangt die Aufteilung in genau zwei Geschlechter eine Unmöglichkeit und gewaltvolle Leiderfahrung für intersexuelle Menschen, Transsexuelle bzw. alle diejenigen, die sich nicht dem Diktat von Frau-Sein oder Mann-Sein unterwerfen wollen oder können.

34.1 Zielsetzungen geschlechtsbezogener Pädagogik

Geschlechtsbezogene Pädagogik in der OKJA versteht sich als eine Begleitung der Kinder und Jugendlichen auf ihrem selbst-bestimmten Weg zum Erwachsen-Werden.

Ziel ist daher in erster Linie die Bereitstellung einer Möglichkeit für Jungen, Mädchen und alle anderen, ihre Interessen, Entscheidungen, Gefühle, Identifikationen etc. reflektieren und bewusst wählen zu können. Dieser Gedanke ist von der Erkenntnis geleitet, dass die Fachkräfte nicht Vorgaben für eine „richtige" Entwicklung von Kindern und Jugendlichen vermitteln, sondern diese befähigen sollen, ihre Entscheidungen selber zu treffen. Dazu gehören Selbstwahrnehmung, Reflexionsfähigkeit, wie auch die Eröffnung von Alternativen, Veränderungen oder Erlaubnissen für ein „So-oder-Anders-Sein". Notwendig ist diese Vermittlung von Alternativen, um eine Erweiterung der normativen Vorgaben von Geschlechterzuschreibungen aufzuzeigen.

Geschlechtsbezogene Pädagogik geht von einem Blick auf die Kinder und Jugendlichen aus, nach dem jede Person ein „Begehren"[1] in sich trägt, also letztlich im eigenen Handeln

---

[1] Der Begriff des „Begehrens" ist maßgeblich an der Zielbestimmung geschlechtsbezogener Pädagogik beteiligt. Das „Begehren" betont das intensive Interesse nach dem Erfüllen eigener Wünsche. Es beschreibt in Anlehnung an die Philosophie und politische Praxis der Mailänderinnen (vgl. Libreria delle donne di Milano 1996) eine Kraft, die sich als Wunsch, Sehnsucht, Verlangen, Anspruch oder

von dem Wunsch getragen ist, dass es ihr/ihm gut geht und sie/er sich frei von Zwängen und Begrenzungen entfalten kann. Damit werden die eigenen Bedürfnisse, Wünsche und Empfindungen der Kinder und Jugendlichen zum Ausgangspunkt von pädagogischen Prozessen und Handlungen. Selbstbestimmung, die Entwicklung eines Selbstwertgefühls und die Übernahme von (Selbst-) Verantwortung gelten als die zentralen Ziele geschlechtsbezogener Pädagogik.

Wie lassen sich diese Ziele nun unter Bezugnahme auf die Kategorie Geschlecht konkretisieren?

Selbstbestimmung in Bezug auf Geschlecht heißt, dass Kinder und Jugendliche ihrer eigenen Art und Weise, Geschlecht zu leben bzw. eine Geschlechtsidentität subjektiv zu entfalten, entwickeln können. Sie sollen die Möglichkeit haben, ihre individuellen Potentiale auszubilden, ohne dabei von Vorgaben, wie sie als Mädchen oder Junge zu sein haben, eingeschränkt zu werden.

Für die *Entwicklung eines Selbstwertgefühls* brauchen die jungen Menschen Bestätigung und Akzeptanz, ihre jeweilige „Eigenart" leben zu dürfen. Die Zielbestimmung eines positiven Selbstwertgefühls ist sowohl Voraussetzung als auch Absicht von Selbstbestimmung, denn je mehr eine Person eine Haltung des positiven Selbstwertes zu sich selber einnehmen kann, um so mehr kann sie sich auch „erlauben", die eigene Subjektivität unabhängig von äußeren Vorgaben zu entwickeln.

In der geschlechtsbezogenen Pädagogik können Kinder und Jugendliche erfahren, dass sie als Personen ernst genommen werden und mit ihren jeweiligen Eigenschaften und Fähigkeiten wertgeschätzt werden. Die einem Geschlecht zugeordneten Verhaltensweisen werden nicht höher oder geringer gewertet als die dem anderen Geschlecht beigemessenen. Mädchen und Jungen werden gleichermaßen wertgeschätzt und Lebensformen jenseits der Zweigeschlechtlichkeit werden wahrgenommen und erhalten einen Raum. Ziel ist es, keine Be- oder Abwertung über Geschlecht zu transportieren.

Die *Übernahme von Verantwortung* ist Teil dessen, die Kinder und Jugendlichen ernst zu nehmen und ihnen eine Haltung zu vermitteln, sich selbst und andere ernst zu nehmen. Dazu gehört auch der Respekt vor anderen und deren Grenzen. Selbstbestimmung bedeutet nicht, gemeinschaftliche Komponenten auszublenden und „eigene Macken auszuleben". In der geschlechtsbezogenen Pädagogik wird Kindern und Jugendlichen Handlungs- und Entscheidungsverantwortung zugesprochen. Sie werden als Handelnde mit ihrer Beteiligung an Prozessen angesehen und ihnen wird zugemutet, diese auch selbst zu verantworten – also auch die eigene Beteiligung am Geschlechterverhältnis zu erkennen, z. B. in der Art und Weise, wie sie sich geschlechtliche Vorgaben oder Hierarchien selbst zunutze machen.

Diese Zielsetzungen sind auch durch den Anspruch von „*Differenz in Gleichheit*" zu beschreiben (Prengel 1995). *Differenz* als Haltung legt Wert auf den Aspekt, sich zu unterscheiden und die „Eigenart" zu entwickeln. Es gibt Unterschiede zwischen Menschen,

---

Bedürfnis ausdrückt und in Richtung auf etwas hin gerichtet ist: auf Freiheit, Selbstbestimmung, Unabhängigkeit und Wohlbefinden.

innerhalb und zwischen allen Geschlechtern. Dies beinhaltet auch, kein Bild von einem „eigentlich richtigen" Mädchen oder Jungen als Leitbild zu haben oder zur Beurteilung von Handlungsweisen heranzuziehen. Differenz in diesem Sinne betont die Erlaubnis zum Unterschied, d. h. die Freiheit von geschlechtlichen Konstrukten als Zielbestimmung. Die so entstehende Vielfalt wird als Bereicherung angesehen, nicht als Bedrohung und nicht als Angleichung von Mädchen an Jungen oder Jungen an Mädchen.

In dieser Betrachtung ist es notwendig, der Vielfalt auch die Maxime der *Gleichheit* zur Seite zu stellen, damit sich nicht ungleiche Wertigkeiten in Genderhierarchien herausbilden. Gleichheit betont den rechtlich abgesicherten gleichen Zugang zu Ressourcen wie Bildung, Geld, Ernährung, Gesundheit oder Arbeitsplätzen, der allen Menschen, gleich welcher Unterschiedlichkeiten, offen stehen muss. Mit Gleichheit ist keine Gleichmacherei gemeint – Vielfalt ist die Maxime –, sondern sowohl die Gleichwertigkeit von Unterschieden als auch die rechtliche Gleichheit als ein einklagbarer Anspruch.

In der Realität be- und verhindern gesellschaftliche Verhältnisse jedoch die Entfaltung von Selbstbestimmungspotentialen von (jungen) Menschen.

Wir finden ein Geschlechterverhältnis vor, welches von der gesellschaftlichen symbolischen Ordnung bis hin zu den individuellen Einstellungen der Gesellschaftsmitglieder wirkungskräftig ist und folglich auch die Sozialisationsbedingungen von Kindern und Jugendlichen umfasst. Dieses Geschlechterverhältnis stellt sich uns als ein Machtverhältnis dar, welches sowohl durch den Zwang zur geschlechtlichen Eindeutigkeit im Rahmen der Geschlechterdualität (Kultur der Zweigeschlechtlichkeit) geprägt ist, als auch durch eine Geschlechterhierarchie, die Menschen und deren Handlungsweisen nach bestimmten Leitbildern bewertet bzw. abwertet. Damit wird deutlich, dass das herrschende Geschlechterverhältnis gerade nicht von egalitärer Differenz gekennzeichnet ist.

Die kritische Analyse dieses Geschlechterverhältnis halten wir für die geschlechtsbezogene Pädagogik für zentral, damit die Bedingungen erkannt werden, die Kinder und Jugendliche in ihrer Selbstbestimmung und der Entwicklung ihres Selbstwertes verhindern. Damit wird sich auch erschließen, inwiefern in der offenen Kinder- und Jugendarbeit Erfahrungen von Gleichheit in Differenz zu ermöglichen sind.

34.2 Die Kultur der Zweigeschlechtlichkeit

Geschlecht wird in unserer Gesellschaft so verstanden, dass es (nur) Frauen und Männer, Mädchen und Jungen gibt. Hinter dieser Auffassung liegen verschiedene Denkmuster, die entschlüsselt werden müssen, um die Zielsetzung geschlechtsbezogener Pädagogik in Relation zu den gesellschaftlichen Verhältnissen setzen zu können.

Der erste Schlüssel liegt im *Geschlechterdualismus*. Dieser folgt der Annahme, dass es genau zwei durch biologische Merkmale determinierte Geschlechter gibt, die unveränderbar und klar voneinander abgrenzbar sind. Schon biologisch gibt es keine eindeutige Unterscheidung der Menschheit in 100 % Mann und 100 % Frau. Wir nähern uns der Realität eher, wenn wir von einem Kontinuum auf einer Skala zwischen den beiden Polen ausgehen.

In unserem Alltag meinen wir aber grundsätzlich alle Menschen eindeutig geschlechtlich verorten zu können! Dies verweist darauf, dass Geschlecht im Sinne einer deutlichen Unterscheidung gesellschaftlich kulturell und sozial durch Gendermerkmale „vereindeutlicht" wird: Gang, Mimik, Gestik, Stimmmodulation, Frisur, Make-up, Farbe, Kleidung, zugeschriebene Befähigungen, Erlaubnisse, Eigenschaften, Berufe um nur einige Aspekte zu benennen, die als Gendermerkmale Zuordnungen erzielen.

Uneindeutigkeiten hingegen irritieren den/die Betrachter_in und führen auch dazu, geschlechtlich uneindeutige Personen als „krank", „gestört", „falsch" anzusehen und gesellschaftlich auszugrenzen.

Auch in dieser Kritik am Geschlechterdualismus geht es uns nicht um das Postulat einer „Gleichmacherei". Zweigeschlechtlichkeit reiht sich ein in die Dichotomien, mit denen wir uns in der Welt orientieren: arm und reich, gesund und krank, Inländer_in und Ausländer_in, erwerbstätig und arbeitslos – all diese binären Codes helfen uns zu unterscheiden, damit wir nicht alle Merkmale ständig einzeln untersuchen, hinterfragen und bewerten müssen. Ohne diese Orientierungserleichterung wären wir in unserer Wahrnehmung überfordert, würden uns in Details verlieren und handlungsunfähig werden. Das Denken in Dichotomien ist also nicht moralisch verwerflich, sondern „vereinfacht" schnelle Orientierung im Alltag.

Es geht jedoch darum, nicht auf solche Vereinfachungen der gesellschaftlichen Realität hereinfallen, sondern sie zu reflektieren und auch die Lebens- und Identitätsweisen anzuerkennen, die sich nicht in das einfache Schema einordnen lassen.

34.3 Die Geschlechterhierarchie

Das vorherrschende Geschlechterverhältnis ist neben dem Dualismus durch eine hierarchische Struktur gestaltet, die auf einer Ebene dem „männlichen" Pol mehr Wert verleiht als dem „weiblichen".

Dies hat zur Folge, dass die männlich-zugeschriebene Eigenschaften, wie z.B. Rationalität und Zielorientierung als höherwertige und erstrebenswerte Potentiale für Männer wie Frauen gelten. Umgekehrt finden sich die weiblich-zugeschriebenen Potentiale kaum als Leitbild für Männer. Eignet sich ein Junge oder Mann Attribute aus dem „weiblichen Spektrum" an, so gibt dies einen Grund zu seiner Abwertung bzw. Erniedrigung.

Geschlechterhierarchie lässt sich als unterschiedliche Bewertung von „Männlichkeit" und „Weiblichkeit" in allen Lebensbereichen nachweisen, so z.B. in der geschlechtsspezifischen Arbeitsteilung, in psycho-sozialen Verhältnissen, in der Sprache, in der Aneignung von öffentlichen Räumen, in der Definitionsmacht, im Zugang zu Ressourcen und Kapital.

Auch der entsprechend des Geschlechterdualismus segmentierte Arbeitsmarkt erfährt durch die Geschlechterhierarchie seine Bewertungsstruktur. Dies drückt sich zum Beispiel darin aus, dass Berufe, deren Beschreibung mit „männlichen" Attributen, wie Durchsetzungsstärke oder Technikkompetenz assoziiert werden, besser bewertet werden als solche, die sich an sozialen und emotionalen Kompetenzen ausrichten.

Gerade in der Hierarchie der pädagogischen Berufe – von der Erzieherin im Kindergarten bis zum Hochschullehrer – findet sich ein eindeutiges Geschlechtergefälle, dass sich in unterschiedlicher Bezahlung und Wertschätzung der geleisteten Arbeit ausdrückt.

Die dichotome Zuordnung: Mann = Erwerbstätigkeit, Frau = Familie erzeugt darüber hinaus durch die hierarchische Bewertung, nach der nur Erwerbstätigkeit bezahlt wird, ökonomische Vorteile für die Männer, die der damit verbundenen Anforderung nach einem vollzeit-erwerbstätigen Familienernährer entsprechen (können).

Auf einer zweiten Ebene wirkt die Geschlechterhierarchie auch innerhalb der Geschlechtergruppen. Jungen und Männer, die sich etwa den Zuschreibungen „Stärke", „Heterosexualität" oder „Erfolg" verweigern, werden mit Begriffen wie „Weichei", „Schwul" oder „Looser" versehen und in der Hierarchie abgewertet.

Ergänzend zum Dualismus schlägt sich Herrschaftshierarchie als zentrale Denkweise unserer Kultur in allen Lebensbereichen nieder. Ebenso wie die Kategorie Geschlecht sind z. B. auch die Kategorien Ethnizität, Klasse oder Religion von Hierarchie durchdrungen. Ein Pol wird je als der höherwertige und eigentlich richtige definiert und damit ein scheinbar eindeutiges Kriterium konstruiert, mit dem Macht stabilisiert wird.

In der geschlechtsbezogenen Pädagogik geht es darum eine kritische Analyse des Geschlechterverhältnisses vorzunehmen. Insbesondere das Erkennen von hierarchischen Strukturen sowie das Aufdecken von individuellen und kollektiven Erfahrungen von Geschlechterhierarchie ermöglichen es, die eigene pädagogische Verantwortung hierin wahrzunehmen und Gegenerfahrungen zu eröffnen.

34.4 Das Geschlechterverhältnis als Sozialisationsrahmen für Mädchen und Jungen

Das heutige Geschlechterverhältnis hat sich gesellschaftlich mit Veränderungen in den Produktionsverhältnissen, mit der Entstehung der Manufakturen und der Aufklärung herausgebildet. Die Globalisierung mit den technischen und ökonomischen Entwicklungen sowie veränderten Arbeits- und Lebensverhältnissen haben soziale Strukturen und damit die Grundlage für den Orientierungsrahmen des Geschlechterverhältnisses erneut verändert. Dies führt dazu, dass der Geschlechterdualismus Menschen in ihrer Entfaltung mehr einschränkt als ihnen Orientierung zu geben.

Kinder wachsen von Geburt an in unsere Kultur der Zweigeschlechtlichkeit hinein. Identitätsentwicklungen werden nur im Rahmen der eindeutigen dualistischen Geschlechterordnung als Jungen und Mädchen zugelassen. Damit einher gehen die Erwartungen sich gemäß einer „weiblichen" oder „männlichen" Norm zu verhalten, bzw. auf dieser Folie betrachtet und bewertet zu werden.

Zugleich konkretisiert sich das Geschlechterverhältnis hierarchisch in der Abwertung der „weiblich" zugeordneten Potentiale. Diese Geschlechterhierarchie führt zu realen Abwertungen und Diskriminierungen von Mädchen und Frauen, zur Verleugnung weiblich konnotierten Verhaltens von Jungen und zur Geringschätzung sozialer, emphatischer und fürsorglicher Aspekte.

Für die Sozialisation von *Mädchen* bedeutet dies, dass sie mit den Anforderungen einer „weiblichen" Entsprechung konfrontiert sind. Dazu gehören soziale Kompetenzen, Kommunikation, Fürsorge, Schaffen einer positiven Atmosphäre, Umsicht, aber auch Sexualisierung des Körpers, Verfügbarkeit, Duldsamkeit und Zurückhaltung. Gesellschaftlich gelten diese Fähigkeiten und Aspekte als Kehrseite dominanter Strukturen. Diese Ambivalenz aus Verhaltenskodex und damit verknüpfter Abwertung kennzeichnet weibliche Sozialisation.

Aktuelle Anforderungen an flexible Erwerbs- und Familienstrukturen aber auch Errungenschaften der zweiten Frauenbewegung haben die traditionellen Sozialisationsanforderungen erweitert. Mädchen sehen sich aktuell einem modernen Mädchenbild gegenüber, indem sie zwar nach wie vor alle weiblich etikettierten Eigenschaften vorweisen sollen, zugleich aber auch die männlich zugeordneten Verhaltensweisen wie Durchsetzungskraft, Mut, Selbstbestimmung, Durchhaltevermögen und Entschlussfreude in ihr Lebenskonzept zu integrieren haben.

Eine Folge dieses Konzeptes ist, dass Mädchen dem medial inszenierten Leitbild des „Alphamädchen" nacheifern, welches „es" geschafft hat, bessere Abschlüsse macht als die Jungs, privat und beruflich alles im Griff hat, Karriere machen kann und Kinder bekommen kann, wenn „es" soweit ist, den eigenen Körper lustvoll genießt, Partnerschaften eingehen und verlassen kann – jedenfalls nichts mehr mit der Opferzuschreibung vergangener Frauengenerationen zu tun hat. Freilich wird dieses Modell dadurch begrenzt, dass Mädchen und Frauen geschlechterhierarchisch immer noch abgewertet werden, oft auf ihren Körper reduziert werden und in der Falle der Doppel- bzw. Mehrfachbelastungen durch Erwerbsarbeit, Repräsentationstätigkeiten, Hausarbeit, Kindererziehung, Pflege- oder Reproduktionsleistungen stecken. Die Überforderung dieses Lebensmodells fällt auf die Mädchen und Frauen als persönliches Versagen und Selbstüberschätzung zurück. In der Folge bleiben ihnen Schuldgefühle über ihr individuell verantwortetes Versagen trotz aller Autonomie und Potentiale.

Dieses moderne Mädchenbild beherrscht seit einigen Jahren den Diskurs als Leitbild für Mädchen und Frauen. Dabei umfassen die Bedingungen nur eine quantitativ kleine Gruppe. Mädchen mit Handicaps, seien es körperliche oder psychische Einschränkungen, niedriger sozialer Status oder Bildungsabschluss, islamischer Glaube oder Migrationsgeschichte sind in der Regel von den Chancen und Versprechungen dieses Bildes ausgeschlossen.

In der *Jungen*-Sozialisation wirkt sich das hierarchische Geschlechterverhältnis als hoher Druck auf Jungen aus „Männlichkeit" unter Beweis stellen zu müssen, um Anerkennung zu erlangen. Als männlich gilt, wer stark ist, sich entschluss- und handlungsfreudig zeigt, kantig, klar und kompetent daherkommt. Letztlich findet sich in der Männerforschung das Bild einer „hegemonialen Männlichkeit", die mächtig, erfolgreich, grundsätzlich gewaltbereit und – natürlich – heterosexuell orientiert ist. Dazu gilt besonders die Fähigkeit zu einer familienernährenden Erwerbstätigkeit zu den grundlegenden Beweisen einer „männlichen Identität". Jungen lernen diese männlichen Stereotypen als normierend und unerreichbar kennen, die auch von den Vätern, Lehrern und anderen Männern kaum in Frage gestellt werden. Ein Ausdruck dieses Dilemmas ist die anhaltende öffentliche Diskussion um die „armen Jungs", die bereits von dem taffen „Alpha-Mädchen" überholt werden.

Besonders problematisch ist es, dass den Jungen – besonders in der Peergroup – „Männlichkeit" schnell aberkannt werden kann, wenn ihnen „nachgewiesen" werden kann, ein zentrales Merkmal hegemonialer Männlichkeit nicht zu erfüllen. Dies führt dazu, dass Jungen versuchen nicht als schwach oder hilflos zu gelten, sondern im Gegenteil oft darum bemüht sind, Gelegenheiten zu nutzen oder konstruieren, in denen sie Männlichkeit beweisen können. Dabei ist es für Jungen notwendig, sich von allem als „weiblich" Geltenden abzugrenzen und es abzuwerten. Der Geschlechterdualismus macht es möglich, dass „Männlichkeit" durch die Negation von „Weiblichkeit" gefüllt werden kann. Da es Jungen in Situation von Trauer, Unsicherheit, Schmerz oder Angst schwer fällt eine männlich anerkannte Bewältigungsform zu finden, wird ihnen Externalisierung als adäquate Problembewältigungsstrategie nahegebracht. Damit können sie mit ihren Gefühlen ins Außen, in der Aktion, Aggression – ins Handeln gehen – allerdings um den Preis innerer Distanz zu den basierenden Gefühlen. Von außen betrachtet zeigt sich so ein typisches Jungenverhalten, welches allerdings den Blick auf die Ursache verdeckt.

Auch das klassische Jungenbild hat eine Erweiterung erfahren: so wird dieses mittlerweile ergänzt um Aspekte von „Care" – als Pflege, Fürsorge und Kümmern – besonders in dem Feld eigener Kinder, um die Gewinnung von Softskills, Sozialkompetenzen und die Erweiterung der Berufsplanung um eine eigenverantwortliche Lebensplanung sowie weiterer eher weiblich konnotierter Bereiche wie etwa die Körperlichkeit unter dem Beauty-Aspekt. All diese Gendererweiterungen entsprechen den aktuellen Anforderungen an die Lebens- und Berufsfähigkeit von Jungen. Sie bergen aber zugleich auch immer das Risiko der Abwertung in sich und können von den Jungen daher nur unter der Bedingung genutzt werden, dass sie weiterhin das klassische Bild von „Männlichkeit" unter Beweis stellen.

34.5 Geschlechtsbezogene Pädagogik in der Offenen Kinder- und Jugendarbeit

In der OKJA kann die Haltung von Gleichheit und Differenz für die Kinder und Jugendlichen *erfahrbar* werden. Die Offene Arbeit kann einen Rahmen und Erlebnisraum zur Verfügung stellen, in dem sich Mädchen, Jungen und alle Anderen erproben können; hier findet sich der Raum für praktische Selbstbestimmung und Möglichkeiten alternativer Gendererfahrungen und offener Lebensperspektiven.

Auf dem Hintergrund des Freiwilligkeitsprinzips der OKJA können die Ziele geschlechtsbezogener Pädagogik im Prozess der Beziehungsarbeit vermittelt werden. Kinder und Jugendliche können sich frei von Erfolgskontrollen oder Lernzielvorgaben als Subjekte mit ihren alltäglichen Fragen und Erlebnissen einbringen und in der offenen Arbeit neue Erfahrungen gewinnen. Die Chance für geschlechtsbezogene Pädagogik liegt genau darin, die Ziele durch eine „andere" Realität zu vermitteln, die sich vom Alltag der Kinder und Jugendlichen darin unterscheidet, dass sie Selbstbestimmung eröffnet und ihnen ein „Begehren" und die Übernahme von Verantwortung zuspricht. Die Qualität liegt in einem Erfahrungsraum, der von Gleichheit in Differenz gestaltet ist, und somit alternative Erfahrungen zur geschlechtshierarchischen Normalität vermittelt und gleichzeitig dadurch ermöglicht, diese Normalitäten überhaupt wahrzunehmen.

Damit sei nicht gesagt, dass im Alltag der OKJA mit einem geschlechtsbezogenen Konzept nicht auch diskriminierende Erlebnisse aufgrund von Geschlecht oder Erfahrungen von Grenzüberschreitungen bzw. Fremdbestimmungen gemacht werden. Geschlechtsbezogene Pädagogik – eingebunden in einen Alltag der Beteiligten – ist nicht losgelöst von einer geschlechtshierarchischen Normalität zu sehen, die ja letztlich immer durch die Individuen gestaltet wird. Hier kommt es entscheidend darauf an, wie dann mit solchen Erlebnissen umgegangen wird, wie sie reflektiert werden und wie die Verantwortung der einzelnen und die Eingebundenheit in gesellschaftliche Kontexte aufgearbeitet werden.

34.6 Die Haltung der pädagogischen Fachkräfte

Daraus folgt, dass der Erfahrungsraum, der Kindern und Jugendlichen in der OKJA zur Verfügung gestellt wird, entscheidend von der Haltung der pädagogischen Fachkräfte geprägt wird.

Die Genderanalyse und besonders die kritische Selbst- und Teamreflexion erhält daher zentrale Bedeutung für die geschlechtsbezogene Pädagogik in der Praxis der OKJA. Die konsequente Anwendung vorurteils- und zuschreibungsfreier Begegnung, die Idee von Vielfalt in Gleichheit und die Bereitschaft zu neuen Erkenntnissen und Erfahrungen im Kontakt mit den Kindern, Jugendlichen und den Kolleg_innen eröffnet neue Chancen für Selbstbestimmung und die Überwindung einengender Genderbilder.

Diese Haltung lässt sich aus unserer Sicht mit folgenden vier Kriterien umschreiben, die die Qualität geschlechtsbezogener Pädagogik in der offenen Jugendarbeit ausmachen:

34.6.1 Die Geschlechterfrage wird konsequent in das gesamte Spektrum der pädagogischen Arbeit einbezogen

Schon das 1990/91 in Kraft getretene Kinder- und Jugendhilfegesetz hat die Verankerung dieser Sichtweise befördert, in dem es die Jugendhilfe dazu aufgefordert, „die unterschiedlichen Lebenslagen von Mädchen und Jungen zu berücksichtigen, Benachteiligungen abzubauen und die Gleichberechtigung von Mädchen und Jungen zu fördern" (§ 9 Abs. 3 SGBVIII).

Das bedeutet, dass im pädagogischen Alltag aller Arbeitsbereiche die Berücksichtigung der Geschlechterfrage zur *Normalität* wird. Erforderlich sind geschlechtsbezogene Analysen der pädagogischen Aufgabe und des Klientels, des Angebotes und des Settings (Räume, Zeiten, Mitarbeiter_innen) sowie der Struktur der Einrichtung (Leitung, Beteiligungsprozesse, Personalpolitik).

Fragen für die offene Arbeit können zum Beispiel sein:

- Wie ist die Verteilung zwischen Jungen und Mädchen in der Besucher_innenstruktur?
- Welche Räume werden eher von Mädchen, welche eher von Jungen in Anspruch genommen?
- In welchen Beziehungsstrukturen kommen welche Kinder und Jugendliche in die Einrichtung (mit Freund_innen, alleine, als Beziehungspartner_in, …)?
- Wie sieht die Personalstruktur in der Einrichtung aus?
- Welche Angebote werden von Frauen, welche von Männern durchgeführt?
- Wie sieht die Arbeitsteilung innerhalb des Teams unter Genderaspekten aus?
- Eröffnen wir Jugendlichen, die entgegen gesellschaftlicher Normen z. B. als Crossdresser, homo- oder intersexuell leben, einen „Frei-"Raum?
- Welche Geschlechterkonzepte liegen der Darstellung der Einrichtung in der Öffentlichkeit (Pressearbeit, Werbeflyer, Ausstellungen)?

Auf dem Hintergrund dieser Analysen gilt es dann, Konzepte, Angebote, Räume, Strukturen und Personalpolitik so zu gestalten, dass die Ressourcen für alle Kinder und Jugendlichen zugänglich sind und den Zielen geschlechtsbezogener Pädagogik entsprechen. Damit gilt es, alle Entscheidungen in der Arbeit unter Einbezug der Geschlechterfrage zu treffen, seien es z. B. die Fragen, wo der Kicker stehen soll, wie die Toiletten renoviert werden, wie viel Geld für die erlebnispädagogischen Materialien ausgegeben wird und wer aus dem Team mit welchen Angeboten die nächste Ferienfreizeit durchführt.

Diese Haltung wird auch durch den Ansatz des „Gender-Mainstreaming" verfolgt, der sich in dem Kinder- und Jugendplan des Bundes wiederfindet, wo vorgegeben ist: „Der Kinder- und Jugendplan soll (…) darauf hinwirken, dass die Gleichstellung von Mädchen und Jungen als durchgängiges Leitprinzip gefördert wird (Gender Mainstreaming)." (Bundesministerium für Familie, Senioren, Frauen und Jugend 2001).

34.6.2 Kinder und Jugendliche werden in der Offenen Kinder- und Jugendarbeit nicht auf Genderzuschreibungen reduziert

In der Haltung der pädagogischen Fachkräfte dürfen die jungen Menschen nicht auf ein bestimmtes Bild von Mädchen-Sein oder Junge-Sein festgelegt werden.

Allzu oft bestimmen Gender-Vorstellungen offen oder unbemerkt die Konzepte, Räume und Begegnungen der OKJA. Dies geschieht, wenn vermutet wird, Mädchen würden Wert auf eine gemütliche Atmosphäre legen oder Jungen bräuchten eine Produktorientierung, um für Angebote motiviert zu sein. Welche Vorannahmen auch immer, sie verstellen den Blick auf die realen Kinder und Jugendlichen. Ziel ist, sie mit ihrer eigenen

Realität und Selbstdefinition, mit ihren Widersprüchen, Brüchen und Ungereimtheiten wahrzunehmen. Gerade diese zum Ausgangspunkt von geschlechtsbezogener Pädagogik zu machen, bedingt aber, ihnen den Raum möglichst weit zu öffnen, ihnen vorurteilsfrei zu begegnen und neugierig zu sein auf ihre individuellen Geschichten und Interpretationen. Selbstverständlich bieten sich Jungen und Mädchen auch mit stereotypen Genderbildern an. Hier gilt es, die angebotenen Inszenierungen wahrzunehmen, sie aber nicht unhinterfragt zu lassen, sondern Angebote zur Reflexion und Erweiterung zu machen.

Hier wird die Spannung deutlich, dass Fachkräfte geschlechtsbezogener Pädagogik einerseits ein kritisches Verhältnis zu einengenden Genderbildern haben und andererseits nicht der Versuchung unterliegen sollten, Kindern und Jugendlichen eigene Leitbilder vorzugeben. Geschlechtsbezogene Pädagogik ist frei von einer Zielvorstellung, wie die Jugendlichen werden sollen. Ziel sind weder Alpha-Mädchen und metrosexuelle Jungs noch Machos und Girlies.

Diese Haltung impliziert eine Reflexion der eigenen Bilder von „Mädchen-Sein" oder „Junge-Sein" sowie auch der Frauen- und Männerbilder. Diese sind zumeist Produkte eigenen Erfahrungen und der eigenen geschlechtsspezifischen Sozialisation. Sie wahrzunehmen und zu erkennen eröffnet den Raum, sie nicht mehr auf Mädchen und Jungen zu projizieren. In einer eigenen – auch biographischen – Auseinandersetzung können sich pädagogische Fachkräfte der subjektiven Geschlechterzuschreibungen bewusst werden und damit einen Umgang finden.

Dies dient dem Ziel, Kindern und Jugendlichen die Selbstdefinition ihres Geschlechterkonzeptes zu überlassen und damit Selbstbestimmung zu ermöglichen. Eine Reflexionsebene unter Kolleg_innen ist hierzu notwendig und fördert eine aufmerksame und permanente Überprüfung eigener Bilder im Alltag.

34.6.3 Fachkräfte stellen sich selbst als Personen mit ihrer eigenen Genderinszenierung zur Verfügung. Die eigene Beteiligung am Geschlechterverhältnis wird erkannt und reflektiert

Beziehungsarbeit im Kontakt zu den Besucher_innen ist der zentrale pädagogische Bestandteil des Konzeptes eines offenen Jugendhauses. Oft sind Einrichtungen von ihrem Stil her, z. B. im Umgang miteinander, im Umgang mit Regeln, in der Raumgestaltung und Atmosphäre nahezu Spiegelbilder der sie gestaltenden Pädagog_innen.

Die Kinder und Jugendlichen suchen hier auch nach Erwachsenen, an denen sie sich orientieren und an denen sie sich reiben können. Unabhängig davon, ob sich eine pädagogische Fachkraft dessen bewusst ist, von den Besucher_innen wird sie immer und unmittelbar als Frau oder Mann wahrgenommen, sie trägt permanent dazu bei, welches Frauen- oder Männerbild sich bei den Kindern und Jugendlichen entwickelt oder manifestiert.

In der geschlechtsbezogenen Pädagogik geht es darum, sich der eigenen Inszenierung bewusst zu sein und sich selbst mit dem eigenen Geschlechterkonzept zur Verfügung zu stellen. Dazu gehört auch, die eigene Beteiligung am Geschlechterverhältnis zu reflektieren und dafür Verantwortung zu übernehmen.

In der Praxis gilt es dann, den Kontakt bewusst in das professionelle Selbstverständnis einzubeziehen und sich als greifbare Person anzubieten, die sich fragen lässt, wie sie lebt, was sie mag und was sie denkt. Dazu gehört, mit den eigenen Grenzen präsent und verständlich zu sein.

34.6.4 Partizipation wird als Gestaltungsprinzip von geschlechtsbezogener Pädagogik verstanden

Mit der geschlechtsbezogenen Pädagogik erleben Kinder und Jugendliche einen Raum in der OKJA, indem sie von sich selbst ausgehend ihre Interessen formulieren können. Ausgangspunkt sind nicht ein „Mädchen-Sein" oder „Junge-Sein", nicht eine Identität im Sinne „Wer bin ich?", sondern Perspektiven, Wünsche, Sehnsüchte und Interessensbekundungen der beteiligten jungen Menschen als Antwort auf die Frage „Was will ich?"

Damit wird der Raum in einer Weise eröffnet, dass an den Selbstäußerungen der Kinder und Jugendlichen und ihrer Motivation angeknüpft werden kann. Mit dieser Herangehensweise wird es möglich, das Selbstverständnis und Lebensgefühl der Kinder und Jugendlichen aufzugreifen, weil sie sich eben nicht auf ein „Mädchen-Sein" oder „Junge-Sein", „Anders-Sein" oder überhaupt irgendwie „Sein-müssen" festgelegt sehen, sondern ihre eigenen Wünsche und Ideen einbringen können, die häufig gar nicht das Geschlecht thematisieren. Dies verlangt aber den Pädagog_innen eine Haltung ab, die Beteiligung der Jugendlichen zu wollen und insofern auch Kontrolle über Geschehnisse, wie z. B. Programmplanung oder Renovierungen loszulassen. Die Qualität von Partizipation hängt entscheidend davon ab, ob sie ernst gemeint und glaubhaft ist und wirklich ein entsprechender Rahmen abgesteckt wird, den die Adressat_innen überblicken und verantworten können, in dem sie dann aber tatsächlich die Möglichkeiten haben, ihre Interessen einzubringen, auszuhandeln und umzusetzen (vgl. dazu Sturzenhecker zur Demokratiebildung i. d. Buch).

34.7 Mädchenarbeit, Jungenarbeit, reflexive Koedukation und Crosswork

Geschlechtsbezogene Pädagogik lässt sich nach verschiedenen Settings unterscheiden: Jungenarbeit und Mädchenarbeit als „geschlechtshomogene" Ansätze sowie reflexive Koedukation und Crosswork als „gemischtgeschlechtliche". Dabei stellt Crosswork ein Setting dar, in dem Pädagoginnen mit Jungen und Pädagogen mit Mädchen arbeiten.

Die Frage, in welcher Konstellation ein geschlechtsbezogenes Angebot konzipiert wird, entscheidet sich inhaltlich unter der Maßgabe der Ziele Selbstbestimmung, Entwicklung von Selbstwertgefühl und Übernahme von Verantwortung. Aufgrund der oben beschriebenen Haltung der pädagogischen Fachkräfte wird es möglich sein, abzuwägen und zu entscheiden, ob geschlechtshomogene oder geschlechtsgemischte Gruppenzusammensetzungen den Zielsetzungen am chesten entsprechen. Oft genug ergeben sich Konstellationen im Alltag der OKJA, aber auch aus praktischen Erwägungen bzw. Gegebenheiten. Bei Ein-Personen-Teams im Jugendhaus, Frauenteams in Einrichtungen oder geschlechtshomogenen Besucherstrukturen sind die Settings oft organisatorisch bedingt und nicht pädagogisch gewählt. In jedem Fall bestimmen sie die pädagogische Situation mit und müssen in ihrer Wirkungskraft analysiert werden.

Bei dem Abwägen einer pädagogische Begründung ist zu berücksichtigen, um was für ein Angebot es sich handelt, welche Intention mit dem Angebot verbunden wird, welcher Stellenwert diesem Angebot im Gesamtkonzept zukommt, und welche Möglichkeiten geschlechtshomogene Gruppen bzw. geschlechtsgemischte Gruppen bieten.

Um die Kooperations- und Kommunikationskultur in der OKJA zu verbessern, können geschlechtsgetrennte und geschlechtsgemischte Gruppen die Dimension der Thematik mit verschiedenen Qualitäten erschließen. Die Beteiligung einiger Jugendlichen kann in geschlechtshomogenen Gruppen erhöht werden, da dort viele „alltägliche" Normalitäten zwischen den Geschlechtern außer Kraft gesetzt sind.

Eine sexualpädagogische Einheit wird in den meisten Fällen sinnvoller in geschlechtshomogenen Gruppen durchzuführen sein. Für die Jungen eröffnet das zum Beispiel die Möglichkeit, auch mal Unsicherheiten zu zeigen und Fragen zu stellen, ein Verhalten, was die meisten sich sicherlich im Beisein der Mädchen nicht trauen würden. Insbesondere der Austausch unter Jungen und Männern über Empfindungen und reale Erlebnisse ist ein seltenes Erlebnis, denn im geschlechtsgemischten Alltag überwiegt häufig der Druck, sich überlegen oder zumindest cool zeigen zu müssen. Für Mädchen ist es in einer geschlechtshomogenen Gruppe oft leichter, die eigenen Gefühle und Wünsche zu äußern. Auch fällt die Angst vor grenzüberschreitendem Verhalten (Sprüche, Blicke, Berührungen) durch die Jungen weg, was für die meisten Mädchen eine deutliche Entspannung mit sich bringt. In der Mädchengruppe ist die Möglichkeit viel eher gegeben, Erlebnisse von sexuelle Gewalt und Grenzüberschreitungen zu thematisieren. Unter Mädchen zu sein bedeutet, die Realität von Mädchen und Frauen aufzuwerten, ihr einen Wert zu verleihen, und die eigenen Erfahrungen im Zusammenhang mit der Zuschreibung des weiblichen Geschlechts thematisierbar zu machen.

Die Chancen von geschlechtsgetrennten Erfahrungen liegen also insbesondere darin, dass eine alltägliche Normalität außer Kraft getreten wird, nach der Mädchen und Jungen zusammen erzogen werden. In dieser Normalität wird Gender in der Regel nicht thematisiert und geschlechtsbezogene Komponenten mit dem Verweis auf einen Gleichheitsanspruch ignoriert. Andererseits stellt sich gerade in der scheinbar geschlechtsneutralen Normalität das Geschlechterverhältnis immer wieder in seiner dualistischen Struktur her. Zu leicht werden Kinder und Jugendliche nur in den polaren Gruppierungen „die Jungen" und „die Mädchen" wahrgenommen und entsprechend der binären Denkweise als Komplementarität angesehen.

Reflexive Koedukation ermöglicht Kindern und Jugendlichen die Erfahrung, gemeinsame Erlebnisse mit einem kritischen Blick auf Gender-Normierungen zu erfahren. In den Berliner Leitlinien zur Verankerung geschlechterbewusster Ansätze in der Jugendhilfe (LAG 2004) ist ausgeführt: „Reflektierte Koedukation thematisiert im Miteinander von Mädchen und Jungen Geschlechterhierarchien und -stereotypen mit dem Ziel, sie abzubauen und statt dessen ein System des Miteinanders zu entwickeln, in dem individuelle Unterschiede ohne Benachteiligungserfahrungen für Mädchen und Jungen erlebbar sind." (s. 6) Aufgabe reflexiver Koedukation ist also eine OKJA mit Kindern und Jugendlichen verschiedener Geschlechter in der geschlechterdemokratischer Verhaltensweisen und einem gleichberechtigten Geschlechterverhältnis praktiziert werden.

Im koedukativen Alltag offener Arbeit bedeutet dies auch Reflektionen mit den Jugendlichen im Sinne von:

- Wer hat welche Aufgaben übernommen?
- Welche Tätigkeiten waren öffentlich sichtbar, welche standen eher im Hintergrund?
- Welches Geschlechterverhältnis spiegelt sich hierin?
- Inwiefern haben sich die Jugendlichen mit ihren Aufgaben wohl gefühlt oder hätten sie gerne etwas anderes gemacht?

Neben der Betrachtung der Geschehnisse und damit der eigenen Beteiligung am Geschlechterverhältnis ist es wichtig, Alternativen aufzuzeigen und vorzuleben bzw. zusammen mit den Jugendlichen Veränderungsideen zu entwickeln und einen Raum herzustellen, diese auszuprobieren. Reflexive Koedukation impliziert die Möglichkeit, sich selber neu kennen zu lernen und sich im Miteinander neu auszuprobieren. Hier wird der Rahmen aufgemacht, Selbstverständlichkeiten in Frage zu stellen, was die Konstruktionen von Geschlecht und deren Bewertung angeht.

Crosswork ist ein Setting geschlechtsbezogener Pädagogik, in dem Männer mit Mädchen und Frauen mit Jungen arbeiten. Es handelt sich also um ein Setting, dass Geschlechtergruppen benennt und mit ihnen arbeitet. Die Qualität dieses Settings liegt darin, tradierte Genderstereotype irritieren zu können, wenn z. B. eine Kollegin mit den Jungen Mopeds repariert oder ein Kollege mit den Mädchen kocht. Zugleich können damit Geschlechterbilder und Rollenvorstellungen erweitert werden.

In der Realität arbeiten oft Frauen mit Jungen. Das numerische Verhältnis legt dies in der offenen Arbeit nahe. In dieser Konstellation sind Kolleginnen gegenüber den Jungen oft in der Situation, dass ihre Autorität in Frage gestellt wird, wenn die Jungen die Genderhierarchie nutzen, um „männliche Überlegenheit" zu reklamieren.

Zugleich ist das hierarchische Verhältnis von Pädagogen zu Mädchen sehr deutlich und steht unter einem Generalverdacht eines missbräuchlichen Verhältnisses. Beide Konstellationen erfordern so eine Reflexionsleistung der Fachkräfte in den Settings und eine gute Eingebundenheit in Team- bzw. kollegialen Strukturen, um in schwierigen Situationen Unterstützung zu erhalten.

Literatur

Landesarbeitsgemeinschaft (LAG) nach § 78 SGB VIII. (2004). *Geschlechterdifferenzierte Arbeit mit Mädchen und Jungen in der Jugendhilfe (Berliner Leitlinien)*. http://www.genderorientierung.de/doc/doc_download.cfm?uuid=2302C053C2975CC8AAFA37B8B2783B71&&IRACER_AUTOLINK&&. Zugegriffen: 03. Januar 2011.

Busche, M., Maikowski, L., Pohlkamp, I., & Wesemüller, E. (Hrsg.). (2010). *Feministische Mädchenarbeit weiterdenken. Zur Aktualität einer bildungspolitischen Praxis*. Bielefeld.

Connell, R. W. (1999). *Der gemachte Mann. Konstruktion und Krise von Männlichkeiten*. Opladen.

Drogand-Strud, M. (2011). Genderkompetenz bei Lehrerinnen und Lehrern. *PÄDAGOGIK*, 63(3/2011), 28–31.

Bundesministerium für Familie, Senioren, Frauen und Jugend. (2001). *Richtlinien v. 19.12.00, Kinder- und Jugendplan des Bundes (KJP), In: Gemeinsames Ministerialblatt I.1 Absatz 2c vom 10. Januar 2001*, S. 18f. http://www.gmbl-online.de/ausgaben.html#issue-2001-2. Zugegriffen: 20. Januar 2011.

Glücks, E., & Ottemeier-Glücks, F. G. (Hrsg.). (1994). *Geschlechtsbezogene Pädagogik. Ein Bildungskonzept zur Qualifizierung koedukativer Praxis durch parteiliche Mädchenarbeit und antisexistische Jungenarbeit*. Münster.

Jantz, O., & Grote, C. (2003). *Perspektiven der Jungenarbeit*. Opladen.

Libreria delle donne di Milano (1996). *Das Patriarchat ist zu Ende. Es ist passiert – nicht aus Zufall*. Rüsselsheim.

Prengel, A. (1995). *Pädagogik der Vielfalt*. Wiesbaden.

Rauw, R., Jantz, O., Reinert, I., & Ottemeier-Glücks, F. G. (2001). *Perspektiven geschlechtsbezogener Pädagogik*. Opladen.

Rauw, R., & Reinert, I. (2001). *Perspektiven der Mädchenarbeit*. Opladen.

Interkulturelle und antirassistische Ansätze in der Offenen Kinder- und Jugendarbeit

35

Albert Scherr

Die „Tatsache Einwanderungsgesellschaft" stellt für die Offene Kinder- und Jugendarbeit (OKJA) eine zweiseitige Herausforderung dar: Einerseits handelt es sich bei einem erheblichen Teil der BesucherInnen um Kinder- und Jugendliche mit Migrationshintergrund. Damit stellen sich die Fragen, was relevante Unterschiede der Lebenssituation, Bedürfnisse und Interessen von Kindern und Jugendlichen mit und ohne Migrationshintergrund sind sowie was erforderlich ist, um auf diese Situation angemessen zu reagieren. Andererseits ist die OKJA auf eine gesellschaftliche Situation bezogen, in der Migranten und Minderheiten strukturell benachteiligt sowie Adressaten von Vorurteilen sind, denen fremdenfeindliche, ethnisierende und kulturrassistische Diskurse und Ideologien zu Grunde liegen. Folglich ist es auch erforderlich zu klären, was OKJA zur Auseinandersetzung mit solchen Einstellungen, Praktiken und Strukturen beitragen kann, die Kindern und Jugendlichen mit Migrationshintergrund den Status gleichberechtigter Gesellschaftsmitglieder bestreiten.

Darauf bezogen sind für die OKJA unterschiedliche Ansätze einer Pädagogik der Einwanderungsgesellschaft bedeutsam (vgl. als Überblick Diehm und Radtke 1999; Hormel und Scherr 2004; Mecheril 2004; Nohl 2010). Einflussreich in der OKJA sind vor allen Theorien und Konzepte der interkulturellen sowie der antirassistischen Pädagogik. Diese gehen von grundlegend unterschiedlichen Ausgangsannahmen aus und unterscheiden sich auch in Hinblick auf ihre Zielsetzung: Inter- bzw. multikulturelle Ansätze haben ihren Schwerpunkt darin, Verstehen, Verständigung und wechselseitige Anerkennung zwischen Einzelnen und Gruppen mit unterschiedlichen kulturellen Hintergründen zu ermöglichen (vgl. Hormel und Scherr 2004; Gogolin und Krüger-Potratz 2010). Antirassistische Ansätze zielen dagegen auf die Kritik und Überwindung von Dominanzverhältnissen und Diskriminierung in den Beziehungen zwischen Mehrheit und Minderheiten (vgl. Melter und Mecheril 2009; Scharathow und Leiprecht 2009).

Prof. Dr. phil. habil. Albert Scherr ✉
Institut für Soziologie Freiburg, Pädagogische Hochschule Freiburg, Kunzenweg 21,
79102 Freiburg, Deutschland
e-mail: scherr@ph-freiburg.de

Im vorliegenden Beitrag werden Stärken und Schwächen interkultureller Ansätze dargestellt, und es wird aufgezeigt, dass eine konsequente Ausrichtung an einer Antidiskriminierungsperspektive eine tragfähige Grundlage für die OKJA bietet. Auf Theorien und Konzepten antirassistischer Pädagogik kann dabei nur knapp eingegangen werden.

35.1 MigrantInnen als Adressaten

Es ist inzwischen üblich, Kinder- und Jugendliche mit Migrationshintergrund als eine Bevölkerungsgruppe in den Blick zu nehmen, die sich von Kinder- und Jugendlichen ohne Migrationshintergrund unterscheidet. Dies ist aber keineswegs so evident, wie es auf den ersten Blick zu sein scheint. Denn bei Kindern und Jugendlichen mit Migrationshintergrund handelt es sich keineswegs um eine homogene Gruppe, sondern u. a. um in Deutschland geborene Kinder von Arbeitsmigranten, aber auch um nachgezogene Familienangehörige, um Spätaussiedler, um eingebürgerte Jugendliche und Jugendliche mit nicht-deutscher Staatsangehörigkeit, um Kinder aus Flüchtlings- und Asylbewerberfamilien, aber auch um sogenannte unbegleitete Minderjährige. Hinzu kommt seit Mitte der 1990-Jahre eine größer werdende Teilgruppe von Jugendlichen und jungen Erwachsenen ohne legalen Aufenthaltsstatus. Diese Teilgruppen unterscheiden sich nicht nur nach ihrer Aufenthaltsdauer, ihrem rechtlichen Status und ihrer sozioökonomischen Position, sondern auch hinsichtlich ihrer biografischen, sprachlichen und kulturellen Hintergründe. Diejenigen Migrantenjugendlichen, die die Einrichtungen der Offenen Kinder- und Jugendarbeit besuchen, sind auch kein repräsentativer Querschnitt aller eingewanderten Jugendlichen. Es handelt sich vielmehr überwiegend um Jugendliche mit geringem formalem Bildungsniveau.

Die z. T. problematischen Verhaltensmuster, die von PraktikerInnen immer wieder beschrieben werden (bei männlichen Jugendlichen: Aggressivität, Sexismus, Dominanzverhalten usw.; bei weiblichen Jugendlichen: Unterordnung unter die Kontrolle männlicher Familienangehöriger), sind schon deshalb nicht als direkte Folge der Tatsache verständlich, dass es sich um Migrantenjugendliche handelt. Vielmehr sind sie als Reaktionsweisen benachteiligter Jugendlicher auf die ihnen gesellschaftlich zugemuteten Erfahrungen des Scheiterns in Schulen und auf dem Arbeitsmarkt, der sozialen Ausgrenzung und Diskriminierung sowie auf bei einem relevanten Teil auch auf eine Situation relativer Armut zu analysieren. Dabei zeigt sich, dass die Formen der Selbstbehauptung, des Kampfes um Beachtung und Wertschätzung sowie der Entwicklung subkultureller Verhaltensmuster und Identitäten denjenigen überaus ähnlich sind, die auch marginalisierte einheimische Jugendliche realisieren und die von der Jugendforschung immer wieder beschrieben worden sind (s. etwa Bohnsack et al. 1995; Brake 1981; Dannenbeck et al. 1999; Elias und Scotson 1993; Kersten 1998; Tertilt 1996)

Gleichwohl ist die Vorstellung immer noch einflussreich, dass die zentrale Gemeinsamkeit der Jugendlichen mit Migrationshintergrund darin besteht, dass sie einer „anderen Kultur entstammen" oder „angehören" und gerade deshalb eine besondere Herausforderung für die Jugendarbeit darstellen. Im Unterschied zur älteren *Ausländerpädagogik* (s. Griese 1984), die noch generell vermeintliche „Sozialisationsdefizite", „Bildungsdefizite" und „Integrationsprobleme" von Kindern und Jugendlichen aus Einwandererfamilien unterstellte, hat sich inzwischen jedoch in der Fachdiskussion zur *Interkulturellen Pädagogik* ein verändertes Verständnis der Situation von MigrantInnen etabliert: Kulturelle Vielfalt und kulturelle Differenzen werden nicht länger als ein Ausnahme- und Problemfall betrachtet, sondern als ein prinzipiell unproblematisches Merkmal moderner Gesellschaften. In den Blick gerückt werden vor diesem Hintergrund die gesellschaftlichen Strukturen und Prozesse, in denen sich kulturelle Unterschiede auflösen oder aber verfestigen (s. Bommes und Scherr 1992; Ha 1999; Heckmann 1998; Krüger-Potratz 1999; Scherr 1998, 2000a), sowie die kreativen Bewältigungsformen von Migrationsprozessen (s. Dannenbeck et al. 1999; Hamburger 1997; Riegel 2004; Tepecik 2011). Kritisiert wurde und wird weiter ein politischer und pädagogischer Diskurs, der aus Beobachtungen der Situation rechtlich diskriminierter und ökonomisch benachteiligter Teilgruppen der Einwanderungsbevölkerung verallgemeinernde Schlüsse über „die Kultur" und „die Probleme" „der Migranten" ableitet. Zudem kann nicht davon ausgegangen werden, dass die Herkunftskultur festlegt, wie Heranwachsende sich selbst definieren, mit wem sie sich identifizieren, wie sie ihren Alltag bewältigen und gestalten und an welchen Wertvorstellungen sie sich orientieren. Denn Jugendliche mit Migrationshintergrund sind – wie auch Einheimische – in der Lage, sich von den Vorgaben ihre Herkunftsmilieus zu distanzieren und eigene Lebensentwürfe zu entwickeln.

Dass es darauf bezogen eine Aufgabe der Kinder- und Jugendarbeit ist, alle Heranwachsenden in der Entwicklung zu einer eigenverantwortlichen und selbstbestimmungsfähigen Persönlichkeit zu unterstützen, ist eigentlich selbstverständlich. D. h. auch: Jugendarbeit hat den Auftrag, Heranwachsende zu befähigen, die Erwartungen und Vorgaben kritisch zu überprüfen, die in Familien und Verwandtschaften, aber auch in Schulen, den Massenmedien und politischer Kommunikation an sie gerichtet werden.

Im Fall von Kindern- und Jugendlichen mit Migrationshintergrund ist dies jedoch keineswegs selbstverständlich. Denn eine Sichtweise, die unterstellt, dass Migranten quasi Gefangene ihrer Herkunftskultur sind, betrachtet sie nicht als selbstbestimmungsfähige Subjekte, sondern als Angehörige einer kulturellen Gruppe. Damit wird der von Migranten immer wieder reklamierte Anspruch, als ganz normale Gesellschaftsmitglieder anerkannt zu werden, konterkariert. Es ist keineswegs einfach, sich der Zuschreibung, irgendwie anders zu sein als die Angehörigen der Mehrheitsgesellschaft, zu entziehen; und auch deshalb kann es naheliegend sein, ggf. die eigene Differenz zur Mehrheitsgesellschaft darzustellen.

Darauf bezogen ist in der Fachdiskussion immer wieder ein Abschied von kulturalistischen Sichtweisen und die Durchsetzung eines Paradigmenwechsels in Richtung auf eine „subjektorientierte Pädagogik der Vielfalt und Anerkennung" (Geiger und Lösche 1999, S. 109; s. auch Bommes und Scherr 1992; Hamburger 2009; Prengel 1995; Scherr 1997, 2001) eingefordert worden.

Es ist jedoch fraglich, ob eine Überwindung von Stereotypen und Praktiken, die Kinder und Jugendliche mit Migrationshintergrund immer wieder auf die Rolle von Repräsentanten „ihrer" Herkunftskultur festschreiben, in der Praxis der OKJA tatsächlich erfolgt ist. (s. Melter 2006) Und es ist auch keineswegs einfach, eine angemessenes Verständnis der Bedeutung bzw. Bedeutungslosigkeit kultureller Unterschiede in der Einwanderungsgesellschaft zu entwickeln.

35.2 Kulturelle Vielfalt in der Einwanderungsgesellschaft

Eine politisch einflussreiche Sichtweise betrachtet Gesellschaften als Nationalstaaten, die sich aus einer sprachlich und kulturell möglichst homogenen Bevölkerung zusammensetzen sollen. Gesellschaft wird dort als eine Gemeinschaft im Großformat gedacht, deren Zusammenhalt und Stabilität auf von allen geteilten Werten, Normen und Identifikationen beruht. Vor diesem Hintergrund werden Einwanderer als „kulturell Fremde" wahrgenommen und wird von ihnen erwartet, dass sie sich an die Kultur der Aufnahmegesellschaft anpassen. Zudem werden Benachteiligungen von Migranten als Folge ihrer Unangepasstheit an die Bedingungen der Aufnahmegesellschaft „erklärt". Unplausibel ist diese Deutung aber schon deshalb, weil die Unterschiede im Ausmaß des Erfolgs oder Misserfolgs von Migrantengruppen, etwa im Bildungssystem, nicht auf kulturelle Unterschiede, z. B. zwischen bildungserfolgreichen spanischen Migranten und weniger bildungserfolgreichen italienischen Migranten, zurückzuführen sind.

Demgegenüber beschreiben soziologische Gesellschaftstheorien die moderne Gesellschaft als eine in Teilsysteme (Wirtschaft, Politik, Erziehung usw.) differenzierte und kulturell pluralisierte. Grundlage des gesellschaftlichen Zusammenlebens sind demnach gerade nicht spezifische kulturelle Werte und Normen, sondern zentral die Regeln des Rechts, die Zwänge der Ökonomie und die formalen Verfahren der demokratischen politischen Repräsentation. Kulturelle Unterschiede zwischen Bevölkerungsgruppen sind folglich prinzipiell bedeutungslos, solange Individuen bereit und in der Lage sind „ihre Identität gleichsam in private und öffentliche Anteile aufzuspalten" (Habermas 2001, S. 21).

D. h.: Für das Funktionieren der Gesellschaft ist es gleichgültig, welche religiösen Überzeugungen, Ernährungsgewohnheiten, Erziehungsstile oder sexuellen Orientierungen Individuen im privaten Bereich praktizieren, solange sie die geltenden Gesetze beachten und keine Vorherrschaftsansprüche geltend gemacht werden. So betrachtet benötigen moderne Gesellschaften auch keine nationale „Leitkultur", sondern nur eine gemeinsame Verkehrssprache sowie eine politische und rechtliche Ordnung, die gegenüber kulturellen Besonderheiten indifferente, relativ abstrakte Verkehrsregeln etabliert. Moderne Gesellschaften können insofern als solche Gesellschaften verstanden werden, die das Zusammenleben von Individuen und sozialen Gruppen ermöglichen, die sich voneinander in zahlreichen Aspekten der privaten Lebensführung unterscheiden (s. dazu Nassehi 1999).

Dem skizzierten nationalstaatlichen Gesellschaftsverständnis entspricht die Erwartung, dass sich Einwanderer mit zunehmender Dauer ihres Aufenthaltes an die Vorgaben der Aufnahmegesellschaft anpassen und kulturelle Unterschiede allmählich an Bedeutung verlieren (s. dazu Han 2000, S. 286 ff.). Obwohl dies in zentralen Lebensbereichen durchaus der Fall ist (s. etwa Gille und Krüger 2000; Brettfeld und Wetzels 2007) – wird kulturelle Differenz in Einwanderungsgesellschaften nicht vollständig bedeutungslos. Insbesondere diejenigen Migrantengruppen, die sozioökonomisch benachteiligt und/oder Adressat fremdenfeindlicher Kommunikation sind, werden veranlasst, sich auf ethnische und/oder religiöse und/oder nationale Merkmale zu beziehen, um sich gesellschaftlich zu artikulieren, soziale Anerkennung und Rechte einzufordern.

Auf diese Beobachtung reagieren Konzepte, die von einer *multikulturellen Gesellschaft* sprechen (s. Kymlicka 1999). Sie weisen auf die Unterdrückung und erzwungene Anpassung von Minderheiten im Prozess der Etablierung von Nationalstaaten, aber auch auf die Widerständigkeit von Minderheiten gegen Anpassungszumutungen hin. Die Politik und Pädagogik des Multikulturalismus wendet sich vor diesem Hintergrund gegen die Vorstellung, dass Nationalstaaten auf die kulturelle Homogenität ihrer BürgerInnen angewiesen sind sowie gegen Ideologien, die eine Überlegenheit und Vorherrschaftsansprüche der westlichen Zivilisation und Kultur im Verhältnis zu allen anderen behaupten. Gemeinsam ist den unterschiedlichen und z. T. kontroversen Varianten einer multikulturellen bzw. interkulturellen Politik und Pädagogik eine Programmatik, die darauf zielt, Prozesse der gegenseitigen Anerkennung, des Verstehens und der Verständigung zwischen Menschen zu fördern, die unterschiedlichen Kulturen entstammen bzw. die sich unterschiedlichen Kulturen zuordnen (s. etwa Auernheimer 1990; Taylor 1993; Krüger-Potratz 2010).

Kritisch eingewandt wird gegen multikulturelle Konzepte *erstens*, dass sie Individuen als „kulturelle Deppen" betrachten, ihnen also die Fähigkeit bestreiten, sich als selbstbestimmungsfähige Einzelne kritisch mit kulturellen Traditionen auseinander zu setzen und sich von diesen zu distanzieren. Alain Finkielkraut (1989, S. 111) argumentiert, dass einige Befürworter des Multikulturalismus „das absolute Primat des Kollektivs" gegenüber den Einzelnen postulieren und einen reaktionären Kulturbegriff beanspruchen: „Unter dem Wort Kultur ist es ihnen nicht mehr darum zu tun, das Vorurteil und die Unwissenheit zurückzudrängen, sondern darum, die unverwechselbare Volksseele, deren Hüter sie sind, in ihrer Eigentümlichkeit zum Ausdruck zu bringen" (ebd., S. 18). *Zweitens* wird darauf hingewiesen, dass die Problematik von Einwanderern weniger in ihrer vermeintlichen kulturellen Besonderheit, sondern in ihrer strukturellen (ökonomischen, politischen und rechtlichen) Diskriminierung begründet liegt. Erforderlich sei deshalb eine Strukturpolitik, die auf tatsächliche Gleichstellung zielt, keine Pädagogik, die sich an kulturellen Unterschieden orientiert (s. Radtke 1991). *Drittens* wird argumentiert, dass kulturelle Differenz nicht schlicht als gegebene Tatsache vorauszusetzen sind, sondern dass es erforderlich ist, nach den Gründen und Ursachen von Prozessen der Selbst- und Fremdethnisierung zu fragen (s. Bommes und Scherr 1991; Scherr 2000a). *Viertens* weist die Kritik darauf hin, dass in einer modernen Gesellschaft niemand in einer einzigen und geschlossen Kultur lebt, sondern in unterschiedlichen, sich überlagernden kulturellen Kontexten. Individuelle und kollektive Identitäten sind also nicht monokulturell determiniert, sondern das Ergebnis kreativer Auseinandersetzungen mit vielfältigen Bezügen (s. Hall 1999; Scherr 2001; Brubaker 2007).

Obwohl politische und soziokulturelle Vorherrschaftsansprüche – etwa im Sinne einer nationalen „Leitkultur" – mit Konzepten der multikulturellen Gesellschaft in Frage gestellt werden, können Interkulturalität bzw. Multikulturalismus aus diesen Gründen folglich keineswegs als unproblematische Orientierung für die OKJA verstanden werden.

In der Offenen Kinder- und Jugendarbeit sind interkulturelle bzw. multikulturelle Perspektiven zudem weniger als sozialphilosophische oder gesellschaftspolitische Theorien, sondern eher als ein veralltäglichtes soziales Deutungsmuster bedeutsam (s. Bommes und Scherr 1992). Jugendliche werden vielfach als Angehörige nationaler („die Albaner", „die Türken", „die Russen") oder ethnischer („die Kurden") Gruppen klassifiziert und es wird dazu aufgefordert, dass „Konzepte multikultureller Jugendarbeit … der ganz spezifischen Situation der jeweiligen ethnischen Zielgruppe Rechnung tragen" müssen (Kilb 1998, S. 178).

Interkulturalität bzw. Multikulturalismus als Deutungsmuster stehen damit in der Gefahr, stereotype Sichtweisen Jugendlicher und pauschale Erklärungen ihrer Verhaltensweisen zu transportieren, die den an eine fachlich qualifizierte sozialpädagogische und sozialarbeiterische Interpretation zu stellenden Anforderungen in keiner Weise gerecht werden. Geboten ist es demgegenüber, im Kontext einer differenzierten Betrachtung der Lebenssituation Jugendlicher zu klären, was die Gründe und der Sinn der Verwendung bestimmter kultureller Elemente in jeweiligen Kontexten sind.

D. h.: Das Verhalten eines Jugendlichen, der z. B. als Arbeiterkind in einer westdeutschen Großstadt aufgewachsen ist, das deutsche Schulsystem durchlaufen hat und sich regelmäßig nach dem Ende seiner Arbeitszeit mit Freunden im Jugendhaus trifft, kann man nicht angemessen erklären, indem man darauf hinweist, dass es sich z. B. um einen Jugendlichen mit türkischer Staatsangehörigkeit handelt. Dies gilt selbst dann, wenn eine Gruppe von Jugendlichen sich zusammensetzt, um Tee zu trinken, Brettspiele zu spielen und sich dabei etwa in türkischer oder russischer Sprache unterhält. Denn die Praxis, in Gleichaltrigengruppen mit ähnlichem Erfahrungshintergrund nach der Arbeit bzw. Schule „abzuhängen", d. h. sich zu entspannen und über alltägliche Erlebnisse zu kommunizieren, ist keine kulturspezifische, sondern findet sich bei Jugendlichen mit ganz unterschiedlichen sozialen, kulturellen und nationalen Hintergründen. Wenn diese Praxis gelegentlich in Formen realisiert wird, die auf spezifische kulturelle Muster zurückgreifen, dann ist danach zu fragen, was jeweilige Jugendliche vor dem Hintergrund ihrer Lebenssituation in der Einwanderungsgesellschaft und in spezifischen Situationen dazu veranlasst. Der Hinweis auf die Herkunftskultur allein erklärt nichts.

35.3 Kulturelle Unterschiede und hybride Identitäten

Gleichwohl ist nicht generell zu bestreiten, dass es kulturelle Unterschiede gibt und dass diese für das Selbstverständnis von Individuen und sozialen Gruppen von Bedeutung sein können. Dies gilt nun aber nicht nur im Vergleich von Einheimischen und Migranten, sondern auch im Vergleich von Religionen und regionalen Kulturen. Auch deshalb ist es begründungsbedürftig, wenn für tatsächliche oder zugeschriebene kulturelle Besonderheiten von Migranten ein besonderer und anderer Stellenwert behauptet wird, als dies etwa für

Unterschiede zwischen Katholiken, Protestanten und Atheisten, Deutschen und Franzosen oder Bayern und Norddeutschen der Fall ist.

Wenn kulturelle Unterschiede anders als in der Form von Vorurteilen verstanden und beschrieben werden sollen, dann stellt sich erstens das Problem, dass Kulturen vielschichtig, veränderlich, in sich widersprüchlich und keineswegs klar voneinander abgegrenzt sind. Zweitens gehören Individuen nicht einfach einer Kultur an, sondern sie beziehen sich in eigensinniger Weise auf die unterschiedlichen kulturellen Kontexte, mit denen sie konfrontiert sind, greifen Elemente aus diesen auf, verändern diese oder lehnen sie ab. Sie definieren ihre Identität zentral durch die Selbstzuordnung zu einer Kultur bzw. zu kulturellen Kontexten, oder aber gerade durch die Ablehnung einer Kultur. Selbst wenn also ein kultureller Kontext umfassend verstanden und beschrieben ist, ist damit noch nicht analysiert, was dieser für Einzelne und soziale Gruppen bedeutet. OKJA hat es zudem nicht mit Kulturen als solchen, sondern immer nur mit konkreten Personen zu tun.

Kultur wird gewöhnlich als ein Containerbegriff gebraucht, mit dem alles das bezeichnet wird, was soziale Gruppen voneinander unterscheidet – Mythen und Rituale, Ernährungsgewohnheiten, Familien- und Verwandtschaftsstrukturen, religiöse Bekenntnisse, künstlerische Ausdrucksformen, Normierungen von Männlichkeit und Weiblichkeit, Sexualität usw. Die Vorstellung, dass es unterschiedliche Kulturen gibt und dass Individuen einer (und nur einer) dieser Kulturen angehören, haben Ethnologen im Rahmen der Erforschung von Stammesgesellschaften entwickelt (s. Girtler 1979). D. h.: anhand von solchen Gesellschaften, die nach außen hin weitgehend abgeschlossen und intern relativ homogen sind, in denen die Kultursphären Religion, Moral, Recht und Kunst noch nicht getrennt sind und deren Mitglieder über keinen Zugang zu Massenmedien verfügen. Für solche Gesellschaften trifft zu, dass Kinder und Jugendliche die Festlegungen der eigenen Kultur als selbstverständlich und als alternativlos erfahren und dass die Begegnung mit Fremden eine irritierende Infragestellung eigener Selbstverständlichkeiten bedeutet.

Ein Verständnis von Kultur als in sich geordneter und geschlossener Kontext, in dem Kinder und Jugendliche aufwachsen, wird aber der Realität moderner Gesellschaften nicht mehr gerecht. Spätestens beim Eintritt in die Schule lernt man, dass dort andere Regeln und Normen gelten als in der Familie. Dass es unterschiedliche Lebensstile und unterschiedliche Religionen, Vegetarier und Fleischesser, Heterosexuelle und Homosexuelle usw. gibt, ist in der modernen Gesellschaft auch ohne pädagogische Belehrung im Alltag und den Massenmedien erfahrbar. Kinder und Jugendliche wachsen also in der modernen Gesellschaft mit einem selbstverständlichen Wissen über kulturelle Differenzen sowie in pluralisierten, heterogenen und dynamischen Kontexten auf, deren Abgrenzungen nach außen unklar und fließend sind. *Die Redeweisen von „der deutschen", „der türkischen" oder „der islamischen" Kultur sind – wenn überhaupt – dann nur noch als Hilfskonstruktionen sinnvoll, sie beschreiben keineswegs mehr umfassende, einheitliche und klar unterschiedene Ordnungen, in die das individuelle Leben umfassend eingebettet ist.* Gleichwohl sind typische Unterschiede in einigen Teilbereichen nicht zu bestreiten: Pferdefleisch steht in Deutschland, anders als in Österreich, nicht auf den Speisezetteln landestypischer Restaurants, gläubige Muslime betrachten, anders als gläubige Christen, Schweinefleisch nicht als Nahrungsmittel, traditionsbewusste Katholiken halten am Ideal der unauflöslichen Ehe und des Verbots der Abtreibung fest, können dafür aber nicht mit gesellschaftsweiter Zustimmung rechnen. Moderne Gesellschaften sind also durch eine unübersichtliche Pluralität vielfältiger kultureller Muster gekennzeichnet, die sich in einer schwer durchschaubaren Weise überlagern, vermischen, abgrenzen und die von Individuen in je eigensinniger Weise aufgegriffen und abgelehnt werden.

Als Normalfall können deshalb „hybride Identitäten" (Hall 1999, S. 196) gelten, d. h. Vermischungen von Elementen aus unterschiedlichen kulturellen Zusammenhängen im Selbst- und Weltverständnis von Individuen. Dass unter diesen Bedingungen wenig über einen Menschen ausgesagt ist, wenn man darauf hinweist, dass er als Deutscher in Deutschland ausgewachsen ist, dürfte niemand ernsthaft bestreiten. Denn außer der Tatsache, dass damit gewöhnlich der Erwerb der Landessprache einhergeht, ist damit wenig festgelegt. Anders verhält es sich im Fall von Einwanderern: Bei diesen werden kulturelle Typisierungen leichtfertig und oft ohne nähere Kenntnis der Herkunftsgesellschaft und der dort einflussreichen kulturellen Muster verwendet. Dagegen wendet Ursula Apitzsch auf der Grundlage empirischer Forschungen ein (1999, S. 482), dass gerade die „Migrationsbiografie als eine Praxis" zu verstehen ist, „die der Wirklichkeit globalisierter Gesellschaften nicht hinterher hinkt, sondern sie … avantgardistischer bearbeitet als die Lebenspraxis authochtoner Bevölkerungsteile". Migranten sind demnach Experten im Umgang mit unterschiedlichen kulturellen Kontexten, mit denen sie sich kreativ und innovativ auseinander setzen. Diese Einschätzung wird auch von einer Studie des Sinus-Instituts belegt, in der u. a. deutlich wird, dass nur eine Minderheit der Migranten in Deutschland sich zentral in Bezug auf ihre Herkunftskultur definiert. Für einen erheblichen Teil gilt hingegen, dass sie „sich selbst gar nicht als ‚Migrant(in)' verstehen, sondern als selbstverständlicher Teil der deutschen Gesellschaft und Kultur in diesem Land leben" (Wippermann und Flaig 2009, S. 5).

35.4 Identitätsarbeit und Kulturen in der Jugendarbeit

Offene Kinder- und Jugendarbeit stellt *Lern- und Experimentierräume* zu Verfügung, die es Jugendlichen idealiter ermöglichen, in repressionsarmen und eigenständig gestaltbaren Kontexten Handlungsweisen und Kommunikationsstile zu erproben, sich mit Anderen und sich selbst in einer Situation auseinander zu setzen, in der Misslingen und Scheitern relativ risikolos sind. Der pädagogische Sinn eines solchen Arrangements ist in der entwicklungspsychologischen Annahme begründet, dass die Klärung des eigenen Selbstverständnisses, die Entwicklung einer personalen und sozialen Identität eine zentrale Entwicklungsaufgabe im Jugendalter ist, die durch Jugendliche selbst in langwierigen Klärungsprozessen bearbeitet wird. Denn die moderne Gesellschaft lässt eine berufliche Orientierung am Vorbild der Eltern in der Regel nicht zu, sie erzwingt keine religiösen Bekenntnisse und sie verpflichtet niemanden darauf, sich an den Werten und Normen einer bestimmten Teilkultur zu orientieren. Jugendliche Identitätsarbeit findet in der modernen Gesellschaft vor dem Hintergrund einer Vielfalt pluralisierter Teil- und Subkulturen statt, die keine eindeutigen und verbindlichen Vorgaben für das eigene Selbstverständnis etablieren. Jugend ist deshalb eine Lebensphase, die auch durch identitäre Suchbewegungen gekennzeichnet ist (s. Scherr 2009, S. 125 ff.).

Dabei lehnen sich Jugendliche mehr oder weniger eng an die Vorgaben, z. B. die politischen und religiösen Überzeugungen ihrer Herkunftsfamilie an oder lehnen diese ab, binden sich in jugendkulturelle Szenen ein und verlassen diese wieder, wählen sich Helden der Mediengesellschaft (Sport- und Popstars) als Idole, mit denen sie sich für einen bestimmten Zeitraum identifizieren. Sie definieren sich als Mitglieder der „imaginären Gemeinschaft" (Benedikt Anderson) Nation oder gehen in Distanz zu nationalen Identifikationsangeboten, begreifen sich als Mitglied einer ethnischen Gruppe oder sie verzichten darauf. Identitätsarbeit vollzieht sich also durch Auseinandersetzungen, Identifikationen und Abgrenzungen mit vielfältigen kulturellen Kontexten und mündet im gelingenden Fall in ein reflektiertes Selbstverständnis der je eigenen individuellen Bedürfnisse, Interessen, moralischen und politischen Überzeugungen.

Nationale und ethnische Identifikationen sind also nur ein Bezugspunkt im Prozess der Identitätsarbeit und es gibt – und auch das gilt für einheimische Jugendliche ebenso wie für Zugewanderte – keinen prinzipiellen Grund, diesen generell eine besondere und primäre Bedeutung zuzuweisen. *Die Bedeutung nationaler und ethnischer Identifikationen ist im Fall eingewanderter Jugendlicher im Kern als Reaktion auf Prozesse der diskriminierenden Zuschreibung einer fremdkulturellen Identität durch die Aufnahmegesellschaft im Zusammenhang mit Erfahrungen sozialer Benachteiligung und Ausgrenzung verständlich.*

Auf die Zuschreibung einer negativ bewerteten kollektiven Identität kann durch Versuche reagiert werden, diesen durch Anpassungsbemühungen zu entgehen, aber auch durch Prozesse der Übernahme der Zuschreibung in Verbindung mit Versuchen der Umbewertung der zugeschriebenen Identität sowie der Perspektivenumkehr. Im ersten Fall versucht man sich unkenntlich zu machen, in zweiten werden den negativen Fremdstereotypen positive Eigenstereotype entgegengesetzt und im dritten Fall werden die Regeln und Normen der Aufnahmegesellschaft als Ausdruck einer merkwürdigen und schwer verständlichen Kultur beobachtet (s. dazu Kallmeyer 2002). Nationale und ethnische Identifikationen sind im Fall von eingewanderten Jugendlichen ebenso wie im Fall von einheimischen Jugendlichen insbesondere dann attraktiv, wenn sie es ermöglichen, Erfahrungen der Benachteiligung, Diskriminierung und Ausgrenzung zu bewältigen. Denn sie erlauben es, die eigene Situation nicht als Folge individuellen Versagens, sondern als Konsequenz eines ungerechten Umgangs mit einem Kollektiv zu interpretieren und dadurch in einer Weise verständlich zu machen, die die eigene Selbstachtung nicht beschädigt. Zudem bietet die Identifikation mit einer Nation oder Ethnie eine leicht zugängliche Möglichkeit der Selbstaufwertung. Der Stolz, Deutscher oder Türke zu sein, ist durch einen bloßen Akt der Identifikation zugänglich.

Solche Prozesse der Fremd- und Selbstzuordnung finden auch im Kontext der OKJA statt, so etwa, wenn Jugendliche sich gegenseitig als „Türken", „Kanacken", „Russen" oder als „Nazideutsche" typisieren, wenn sich multikulturelle Einwandercliquen bilden, die sich von Deutschen abgrenzen oder aber wenn Jugendliche sich zu deutschnationalen Gruppierungen zusammenschließen und sich den Auftrag erteilen, militant gegen die angebliche Vorherrschaft der Ausländer vorzugehen. Professionelle Jugendarbeit steht vor der Aufgabe, solche Prozesse, ihre Bedingungen, Verläufe und Folgen zu analysieren sowie Handlungsstrategien zu entwickeln, durch die Jugendliche befähigt werden, auf ausgrenzende Identifikationen zu verzichten sowie Distanz und Kritikfähigkeit gegenüber den Einordnungsprozessen in nationale und ethnische Kollektive zu entwickeln.

Jugendarbeit als Praxis der Subjektbildung (s. Scherr 1997) hat sich zweifellos an einer Haltung des Respekts und der Anerkennung im Verhältnis zu kulturellen, insbesondere zu religiösen und ethnischen Unterschieden zu orientieren. Sie hat aber zugleich den Auftrag, Jugendliche zu befähigen, bewusste, begründete und reflektierte Entscheidungen in Bezug auf kulturelle Vorgaben zu treffen.

Es kann in der OKJA also nicht allein darum gehen, zu Unterschieden die direkt oder indirekt, tatsächlich oder vermeintlich aus kulturellen Bezügen resultieren, mit einer Haltung der Toleranz und des Respekts zu reagieren. Für eine an demokratischen und menschenrechtlichen Prinzipien orientierte Jugendarbeit stellt sich vielmehr die Aufgabe, sich aktiv mit allen Strukturen, Praktiken, Ideologien und Vorurteilen auseinander zu setzen, die dazu führen, dass die Möglichkeiten von Kindern und Jugendlichen, einen selbstbestimmten Lebensentwurf zu entwickeln und zu realisieren, eingeschränkt werden.

35.5 Jugendarbeit gegen Diskriminierung und Rassismus

Für eine solche Perspektive stellt der Antidiskriminierungsgrundsatz der Allgemeinen Erklärung der Menschenrechte eine zentrale normative Grundlage bereit (s. Hormel und Scherr 2004, S. 131 f.; Bielefeldt 2010). Denn dieser geht von den grundlegenden Rechten jedes Einzelnen auf ein Leben in Würde aus und fordert deshalb zur Überwindung aller Formen von Benachteiligung auf, denen gesellschaftliche Konstruktionen ungleichwertiger Gruppen zur Grunde liegen.

D. h. im vorliegenden Zusammenhang: *OKJA in der Einwanderungsgesellschaft ist darauf verwiesen, gegen alle Formen von Diskriminierung vorzugehen, die Kinder und Jugendliche mit Migrationshintergrund bzw. als Angehörige von Minderheiten, z. B. als Sinti und Roma, betreffen.* Dies betrifft zentral fremdenfeindliche bzw. rassistische Strukturen, Praktiken und Einstellungen in der Mehrheitsgesellschaft, aber auch Abgrenzungen und Vorurteile, die in Konflikten zwischen Minderheitenangehörigen zum Tragen kommen,

Dazu relevante Konzepte und Methoden sind für den Bereich der Jugendbildungsarbeit insbesondere in einer antirassistischen Perspektive entwickelt worden. (s. z. B. DGB-Bildungswerk Thüringen 2010; Scharathow und Leiprecht 2009). Darüber hinaus liegen inzwischen vielfältige Materialien zur Menschenrechtsbildung (s. Hormel und Scherr 2004, S. 131 ff.; Deutsches Institut für Menschenrechte 2005) sowie zu einer vorurteilsbewussten Erziehungs- und Bildungsarbeit vor. (s. www.anti-bias-werkstatt.de/12.html sowie den Beitrag „Umgang mit Diversity in der OKJA" in diesem Band.)

Die konsequente Verankerung einer Antidiskriminierungs- und Antirassismusperspektive in der OKJA ist bislang jedoch nicht erfolgt. Zwar sind durchaus Bemühungen erkennbar, antirassistischen Jugendgruppen in der Offenen Jugendarbeit Rückhalt und Unterstützung zu bieten. Zudem existieren Kooperationsprojekte zwischen Jugendzentren und Trägern der Bildungsarbeit. Erforderlich wäre darüber hinaus eine Auseinandersetzung mit der Frage, wie Einrichtungen der OKJA konzeptionell so gestaltet werden, dass sie als diskriminierungsfreie Räume sowie als Orte erfahrbar sind, in denen eigene Diskriminierungserfahrungen artikuliert und bearbeitet werden können.

35.6 Akzeptanz von Vielfalt und Kritik von Diskriminierung

Die OKJA ist auf vielfältige Unterschiede von Lebensstilen, Lebensentwürfen, biografischen Erfahrungen, Identitäten, Gewissheiten, Überzeugungen, Normen und Werten bezogen. Ihre Adressaten unterscheiden sich von den erwachsenen MitarbeiterInnen wie die MitarbeiterInnen voneinander, und ersichtlich handelt es sich bei ihren TeilnehmerInnen nicht einfach um Kinder bzw. Jugendliche, sondern um männliche und weibliche, ältere und jüngere, deutsche und nicht-deutsche Heranwachsende die unterschiedliche Schultypen besuchen, im Schulsystem erfolgreich sind oder scheitern, eine Ausbildung absolvieren oder arbeitslos sind, die vorbestraft sind oder nicht, vollständigen oder unvollständigen, armen und wohlhabenden Familien angehören, sich als Christen, Muslime oder als Atheisten verstehen, usw. Kinder und Jugendliche die an den Angeboten der OKJA teilnehmen, leben in Familien und Verwandtschaften, die unterschiedlichen Klassen, Schichten und soziokulturellen Milieus angehören, und zu einem nicht unerheblichen Teil handelt es sich um Jugendliche aus Einwandererfamilien. *Offene Kinder- und Jugendarbeit steht folglich vor der Anforderung, auf eine Vielfalt unterschiedlicher Lebensgeschichten, Lebenssituationen, Lebensstile und Lebensentwürfe zu reagieren, die darin begründeten Ausdrucksformen, Kommunikationsweisen, Bedürfnisse und Interessen aufzugreifen sowie einen sozialen Raum zu gestalten, in dem ein diskriminierungsfreier und produktiver Umgang mit Differenzen und Konflikten möglich ist.*

Professionelle Kompetenz in der OKJA besteht deshalb nicht zuletzt in der Fähigkeit und Bereitschaft, sich auf die reale Unterschiedlichkeit der Erfahrungen, Lebens- und Kommunikationsstile Jugendlicher einzulassen. Erforderlich ist dazu vor allem erstens eine entwickelte *Dialogfähigkeit*, die dazu befähigt, mit jeweiligen Jugendlichen in Verständigungsprozesse einzutreten. Unverzichtbar ist zweitens eine Professionalität, die eine akzeptierende Haltung gegenüber heterogenen Lebensentwürfen mit einer konsequenten Ablehnung aller Formen von Diskriminierung verbindet.

Eine Leistung der der OKJA könnte dann nicht zuletzt darin bestehen, Heranwachsenden die Erfahrung zu ermöglichen, dass es anstrebenswert ist, soziales Zusammenleben auf der Grundlage des menschenrechtlichen Prinzips zu gestalten, das jede/r das Recht hat, über sich selbst zu bestimmen, und niemand das Recht, über Andere zu verfügen.

Literatur

Apitzsch, U. (1999). Biografieforschung und interkulturelle Pädagogik. In H. H. Krüger, W. Marotzki (Hrsg.), *Handbuch erziehungswissenschaftliche Biografieforschung* (S. 471–486). Opladen.

Auernheimer, G. (1990). *Einführung in die interkulturelle Pädagogik*. Darmstadt.

Bielefeldt, H. (2010). Das Diskriminierungsverbot als Menschenrechtsprinzip. In U. Hormel, A. Scherr (Hrsg.), *Diskriminierung* (S. 21–34). Wiesbaden.

Bohnsack, R., Loos, P., & Schäffer, B. (1998). *Die Suche nach Gemeinsamkeit und die Gewalt der Gruppe. Hooligans, Musikgruppen und andere Jugendcliquen*. Opladen.

Bohnsack, R., & Nohl, A. M. (1998). Adoleszenz und Migration – Empirische Zugänge einer praxeologisch orientierten Wissenssoziologie. In R. Bohnsack, & W. Marotzki (Hrsg.), *Biographieforschung und Kulturanalyse* (S. 260–282). Opladen.

Bommes, M., & Scherr, A. (1991). Der Gebrauchswert von Selbst- und Fremdethnisierung in Strukturen sozialer Ungleichheit. In *Prokla*, 83, S. 291–31.

Bommes, M., & Scherr, A. (1992). Multikulturalismus – ein Ansatz für die Praxis der Jugendarbeit? In *Deutsche Jugend*, 5, S. 199–20.

Brake, M. (1981). *Soziologie der jugendlichen Subkulturen*. Frankfurt und New York.

Brettfeld K, & Wetzels, P. (2007). *Muslime in Deutschland*. Hamburg.

Brubaker, R. (2007). *Ethnizität ohne Gruppen*. Hamburg.

Dannenbeck, C., Esser, F., & Lösch, H. (1999). *Herkunft erzählt. Befunde über Zugehörigkeiten Jugendlicher*. Münster/New York/München.

Deutsches Institut für Menschenrechte (Hrsg.). (2005). *Kompass. Handbuch zur Menschenrechtsbildung*. Berlin.

DGB-Bildungswerk Thüringen (Hrsg.). (2010). *Baustein zur nicht-rassistischen Bildungsarbeit* (3. Aufl.). Jena. www.dgb-bwt.de.

Diehm., I., & Radtke, F. O. (1999). *Erziehung und Migration*. Stuttgart.

Elias, N., & Scotson, J. (1993). *Etablierte und Außenseiter*. Frankfurt.

Geiger, E., & Lösche, H. (1999). Paradigmenwechsel in der interkulturellen Jugendarbeit. *deutsche jugend*, 47(3), 107–115.

Gille, M., & Krüger, M. (Hrsg.). (2000). *Unzufriedene Demokraten. DLI-Jugendsurvey 2*. Opladen.

Girtler, R. (1979). *Kulturanthropologie*. München.

Gogolin, I., & Krüger-Potratz, M. (2010). *Einführung in die interkulturelle Pädagogik* (3. Aufl.). Stuttgart.

Griese, H. (Hrsg.). (1984). *Der gläserne Fremde. Bilanz und Kritik der Gastarbeiterforschung und Ausländerpädagogik*. Opladen.

Ha, K. N. (1999). *Ethnizität und Migration*. Münster.

Habermas, J. (2001). *Glaube und Wissen*. Frankfurt.

Hall, S. (1999). Hybridität. In J. Engelmann (Hrsg.), *Die kleinen Unterschiede* (S. 105–108). Frankfurt/New York.

Hamburger, F. (1994). *Pädagogik der Einwanderungsgesellschaft*. Mainz.

Hamburger, F. (1999). Zur Tragfähigkeit der Kategorien „Ethnizität" und „Kultur" im erziehungswissenschaftlichen Diskurs. *Zeitschrift für Erziehungswissenschaft*, 1997(2), 167–178.

Hamburger, F. (2009). *Abschied von der Interkulturellen Pädagogik*. Weinheim und München.

Han, P. (2000). *Soziologie der Migration*. Stuttgart.

Heckmann, F. (1998). Ethnische Kolonien: Schonraum für Integration oder Verstärker für Abgrenzung. In Friedrich Ebert Stiftung (Hrsg.), *Ghettos oder ethnische Kolonien?* (S. 29–42). Bonn.

Hormel, U., & Scherr, A. (2004). *Bildung für die Einwanderungsgesellschaft*. Wiesbaden.

Hormel, U., & Scherr, A. (2004). Interkulturelle Pädagogik – Standortbestimmung und Perspektiven. *Kursiv, 2004*(2), 32–45.

Hormel, U., & Scherr, A. (2009). Bildungskonzepte für die Einwanderungsgesellschaft. In S. Fürstenau, & M. Gomolla (Hrsg.), *Migration und schulischer Wandel* (S. 43–60). Wiesbaden.

Kallmeyer, W. (2002). Sprachliche Verfahren der sozialen Integration und Ausgrenzung. In K. Liebhart, E. Menasse, & H. Steinert (Hrsg.), *Fremdbilder – Feinbilder – Zerrbilder* (S. 153–182). Wien.

Kersten, J. (1998). Sichtbarkeit und städtischer Raum. In W. Breyvogel (Hrsg.), *Stadt, Jugendkulturen und Kriminalität* (S. 112–129). Bonn.

Kiesel, D., Messerschmidt, A., & Scherr, A. (Hrsg.). (1999). *Die Erfindung der Fremdheit. Zur Kontroverse um Gleichheit und Differenz im Sozialstaat*. Frankfurt.

Kilb, R. (1998). Multikulturelles Muster. In U. Deinet, & B. Sturzenhecker (Hrsg.), *Handbuch offene Jugendarbeit* (2. Aufl., S. 173–179). Münster.

Krüger-Potratz, M. (1999). Stichwort: Erziehungswissenschaft und kulturelle Differenz. *Zeitschrift für Erziehungswissenschaft, 2*(2), 149–166.

Kymlicka, W. (1999). *Multikulturalismus und Demokratie*. Berlin.

Mecheril, P. (2004). *Einführung in die Migrationspädagogik*. Weinheim und München.

Melter, C. (2006). *Rassismuserfahrungen in der Jugendhilfe*. Münster.

Melter, C., & Mecheril, P. (Hrsg.). (2009). *Rassismustheorie und Forschung*. Rassismuskritik, Bd. I. Bad Schwalbach.

Nassehi, A. (1999). *Differenzierungsfolgen. Beiträge zur Soziologie der Moderne*. Opladen.

Nohl, A.-M. (2010). *Konzepte interkultureller Pädagogik*. Bad Heilbronn.

Prengel, A. (1995). *Pädagogik der Vielfalt*. Opladen.

Radtke, F. O. (1991). Lob der Gleich-Gültigkeit. In U. Bielefeld (Hrsg.), *Das Eigene und das Fremde* (S. 79–96). Hamburg.

Radvan, H. (2010). *Pädagogisches Handeln und Antisemitismus*. Bad Heilbrunn.

Riegel, C. (2004). *Im Kampf um Anerkennung und Zugehörigkeit*. Frankfurt/London.

Scharathow, W., & Leiprecht, R. (2009). *Rassismuskritik*. Rassismuskritische Bildungsarbeit, Bd. 2. Bad Schwalbach.

Scherr, A. (1997). *Subjektorientierte Jugendarbeit. Eine Einführung in die Grundlagen emanzipatorischer Jugendpädagogik*. Weinheim und München.

Scherr, A. (1998). Die Konstruktion von Fremdheit in sozialen Prozessen. *Neue Praxis, 28*(2), 49–57.

Scherr, A. (2000). Ethnisierung als Ressource und Praxis. *Prokla – Zeitschrift für kritische Sozialwissenschaft, 30*(120), 399–414.

Scherr, A. (2000). Subjektivitätsformen Jugendlicher. In V. King, & B. Müller (Hrsg.), *Adoleszenz und pädagogische Praxis* (S. 233–250). Freiburg.

Scherr, A. (2001). Interkulturelle Bildung als Befähigung zu einem reflexivem Umgang mit kulturellen Einbettungen. *Neue Praxis, 2001*(4), 347–357.

Scherr, A. (2009). *Jugendsoziologie*. Wiesbaden.

Taylor, C. (1993). *Multikulturalismus und die Politik der Anerkennung*. Frankfurt.

Tepecik, E. (2011). *Bildungserfolge mit Migrationshintergrund*. Wiesbaden.

Tertilt, H. (1996). *Turkish Power Boys. Ethnographie einer Jugendbande*. Frankfurt.

Wippermann, C., & Flaig, B. (2009). Lebenswelten von Migrantinnen und Migranten. *Aus Politik und Zeitgeschichte, B, 2009*(5), 3–11.

Umgang mit Diversity in der Offenen Kinder- und Jugendarbeit

36

Melanie Plößer

Die Einsicht, dass Kinder und Jugendliche „unterschiedlich verschieden" (Lutz und Wenning 2001, S. 31) sind, kann als zentrale Grundlage einer an Diversity orientierten offenen Kinder- und Jugendarbeit verstanden werden. Rücken interkulturelle Ansätze (vgl. Scherr i. d. Band) migrationsbedingte Differenzen und geschlechtsbezogener Pädagogiken (vgl. Rauw und Drogand-Strud i. d. Band) die Unterschiede zwischen Jungen und Mädchen in den Blick, weitet Diversity den Fokus auf die Vielfalt von Differenzlinien in ihren jeweilligen Verknüpfungen. In dem Beitrag soll zunächst ein kurzer Überblick über die Entwicklung des Diversity Ansatzes gegeben werden. Vor dem Hintergrund eines machtkritischen Verständnisses von Diversity wird dieses anschließend als Konzept vorgestellt, das auf die Berücksichtigung von unterschiedlichen Differenzlinien abzielt und dabei die mit den jeweiligen Differenzen einhergehenden, besonderen Interessen der Kinder und Jugendlichen ebenso zu berücksichtigen sucht, wie die mit Differenzverhältnissen einhergehenden Benachteiligungen. Abschließend sollen mögliche Chancen wie auch Risiken und Grenzen des Umgangs mit Diversity in der Offenen Kinder- und Jugendarbeit diskutiert werden.

36.1 Entwicklung des Diversity-Ansatzes

Der aus dem angloamerikanischen Sprachraum stammende Begriff „Diversity" bedeutet Heterogenität und Verschiedenheit. Als bedeutsame Differenzen entlang derer diese Verschiedenheit von Menschen organisiert ist, gelten zum Beispiel „Geschlecht", „Klasse", „sexuelle Orientierung", „Alter", „Behinderung", „ethnische Herkunft" oder „Religion". Diese Kategorien werden als sozial produzierte wie auch wirkmächtige Differenzlinien erkannt,

---

Prof. Dr. Melanie Plößer ✉
Fachbereich Sozialwesen, Fachhochschule Bielefeld, Kurt-Schumacher-Straße 6,
33615 Bielefeld, Deutschland
e-mail: melanie.ploesser@fh-bielefeld.de

entlang derer Ressourcen zugewiesen oder abgesprochen, identitäre Zuordnungen und Ausgrenzungen vorgenommen werden und entlang derer die Subjekte selber ein Verständnis von sich als „Mädchen" oder „Jungen", als „Migrantin" oder „Lesbe" entwickeln. Diesen für die Lebenswirklichkeiten der Subjekte bedeutsamen vielfältigen Differenzlinien will Diversity gerecht werden.

Nun handelt es sich bei Diversity „nicht um einen einheitlichen Ansatz" (Munsch 2010, S. 26), sondern um „eine Vielfalt von Gleichstellungs- und Antidiskriminierungsprogrammen auf verschiedenen Ebenen, von einzelnen sozialen Einrichtungen über Wirtschaftskonzerne bis hin zur Europäischen Union" (ebd.). Gleichwohl kann zwischen zwei zentralen Entwicklungslinien des Konzepts unterschieden werden: dem eher utilitaristisch ausgerichteten und vor allem in der Wirtschaft verbreiteten Ansatz des „Managing Diversity" und einer stärker auf die Beseitigung von Ungleichheiten und Ausgrenzungen abzielenden „Diversity Politik" (vgl. Abdul-Hussain und Baig 2009; Cooper 2004; Munsch 2010). Das seit Anfang der 2000er-Jahre verstärkt im Kontext von Ökonomie und Verwaltung zu findende Konzept des „Managing Diversity" versteht die Unterschiede zwischen Menschen vor allem als Ressourcen und erkennt in deren zunehmender Berücksichtigung auf den Ebenen von Personalpolitik, Organisation oder Handlungsstrukturen die Möglichkeit effizienter und gewinnbringender zu arbeiten und zu wirtschaften (vgl. Stuber 2004). „Managing Diversity" kann hier als Strategie verstanden werden, durch die Unterschiede vor allem aufgrund der mit ihnen einhergehenden spezifischen Fähigkeiten und Kompetenzen berücksichtigt werden, weil diese für den Erfolg der jeweiligen Organisation oder Einrichtung als bedeutsam erkannt werden. Zielt „Managing Diversity" zwar auch auf eine Verbesserung der Lebens- und Arbeitsverhältnisse von Mitarbeiter_innen, Kund_innen oder Klient_innen ab, drohen hier jedoch leicht spezifische Macht- und Ungleichheitsverhältnisse, die mit den unterschiedlichen Differenzlinien verbunden sein können, aus dem Blick zu geraten (vgl. Hormel 2008; Mecheril 2008). Eine solche Berücksichtigung von differenzbedingten Benachteiligungen findet sich vor allem in solchen Diversity Verständnissen, die in einem engen Zusammenhang mit sozialen Bewegungen – wie der US-amerikanischen Bürgerrechtsbewegung und der Frauenbewegung – stehen, bzw. aus diesen hervorgegangen sind. Diversity umfasst hier ein weites politisch motiviertes Diskursfeld, in das Ansätze aus unterschiedlichen Antidiskriminierungskontexten, wie dem Feminismus, neueren sexualitätspolitischen Bewegungen, aus interkulturellen und rassismuskritischen Positionen eingeflossen sind. Diese Positionen zeichnen sich neben dem Eintreten für die Wertschätzung und Anerkennung von Differenzen vor allem auch durch die kritische Reflexion von differenzbedingten Macht- und Ungleichheitsverhältnissen aus (vgl. Cooper 2004; Munsch 2010). Zentrale Merkmale dieser politisch motivierten Diversity Konzepte sind die Forderungen nach Anerkennung von Differenz, der Abbau von differenzbedingten Benachteiligungen und Diskriminierungen wie auch die selbstreflexive Hinterfragung derjenigen problematischen Effekte, die mit einem Eintreten für Differenzen – und zwar auch im Rahmen von Diversity Strategien – einhergehen können (vgl. Mecheril und Plößer 2011). Die in diesem politischen Kontext entwickelten Ziele, Perspektiven und Umgangsweisen sollen im Folgenden für die Praxis der Offenen Kinder- und Jugendarbeit vorgestellt und konkretisiert werden.

36.2 Berücksichtigung von Differenzen in der Offenen Kinder- und Jugendarbeit

Differenz kann für die Offene Kinder- und Jugendarbeit (ebenso aber auch für alle anderen Handlungsfelder der Sozialen Arbeit) als Voraussetzung pädagogischer Interventionen verstanden werden (vgl. Kessl und Plößer 2010). So wird die Offene Kinder- und Jugendarbeit selber erst durch eine Unterscheidung, nämlich der zwischen Kindern, Jugendlichen auf der einen und Erwachsenen auf der anderen Seite, konstituiert. Die Orientierung an Differenzen erweist sich einerseits als unhintergehbar, um auf besondere Bedarfe und Benachteiligungen der Subjekte eingehen zu können. Andererseits werden diese Differenzlinien aber auch als Bezugsrahmen für normierende Anpassungen und Disziplinierungen herangezogen (vgl. Plößer 2010). Dementsprechend kann auch der Bezug auf die Differenz „Kindheit" und „Jugend" in der Offenen Kinder- und Jugendarbeit als notwendige Referenz verstanden werden, um den besonderen lebensweltlichen Zusammenhängen dieser Adressat_innengruppe gerecht(er) zu werden oder bestehende Problematiken der Zielgruppe (z. B. Kinderarmut, Auswirkungen der ALGII Regelungen auf Unter 25-Jährige) thematisieren zu können. Zugleich entpuppt sich die Geschichte der Jugendarbeit aber auch als Prozess, in dem die Entdeckung der Differenz „Kindheit und Jugend" mit einer Nützlichmachung der Kinder und Jugendlichen für die neuen Anforderungen des Industriekapitalismus und der Lohnarbeitswelt einhergeht (vgl. Münchmeier 2001, S. 816 ff.)

Ausgehend von der Grunddifferenz „Alter" finden in der Offenen Kinder- und Jugendarbeit bald auch weitere Unterschiede innerhalb der Adressat_innengruppe eine Berücksichtigung. Susanne Maurer (2001) beschreibt diese Entwicklung als Prozess, im Zuge dessen je unterschiedliche Differenzen eine Thematisierung erfahren oder aber auch wieder dethematisiert zu werden drohen. Während die Kategorie „Klasse" in der Kinder- und Jugendarbeit in Zusammenhang mit sozialen Problemlagen wie Armut oder Verwahrlosung bereits recht früh fokussiert wurde, scheint diese heute eher wieder ausgeblendet zu werden. Auf die Bedeutsamkeit der Kategorie „Geschlecht" wird seit Mitte der 1980er-Jahre von feministisch motivierten Pädagoginnen hingewiesen. Zugleich fordern diese die Kinder- und Jugendarbeit auf, den besonderen Lebenswelten von Mädchen Rechnung zu tragen (vgl. Graff i. d. Band). Die sich daraus entwickelnde Mädchenarbeit wird einige Jahre später durch eine die besonderen Lebenslagen von Jungen zu thematisieren suchende Jungenarbeit ergänzt (vgl. Sielert i. d. Band). Ende der 1990er-Jahre richtet sich der Fokus der Kinder- und Jugendarbeit – ausgelöst durch interkulturelle und rassismuskritische Debatten – schließlich auf die Differenzlinien „Kultur" und „Ethnie". Seit Anfang der 2000er-Jahre wird der Blick auf diese drei „Achsen der Differenz" (Klasse, Geschlecht und „Rasse") (Klinger und Knapp 2005) durch die zunehmende Thematisierung der sexuellen Orientierungen Jugendlicher ergänzt (vgl. Hartmann 2009; Howald 2001; Stuve 2001).

Einig sind sich die jeweiligen Differenzpädagogiken darin, dass die Kinder- und Jugendarbeit ihren Addressat_innen nur dann gerecht werden kann, wenn neben den je individuellen Lebensgeschichten und Bedürfnissen immer auch eine Anerkennung der durch unterschiedliche Differenzlinien hervorgebrachten Lebensrealitäten der Subjekte erfolgt. Unterschiede werden in den differenzsensiblen Ansätzen der Offenen Kinder- und Jugendarbeit somit als zentrale Ordnungskriterien erkannt, entlang derer die Ressourcen, die Partizipations- und Darstellungsmöglichkeiten, die Deutungs- und Handlungsmuster von Subjekten reguliert werden. Anerkennung von Differenzen in der Kinder- und Jugendarbeit heißt dann, die Kinder und Jugendlichen immer auch *als* Mädchen oder *als* Jungen, *als* Jugendliche mit oder ohne Migrationshintergrund anzuerkennen und zu verstehen – und zwar deshalb, weil diese in einer gesellschaftlichen Ordnung als Mädchen oder Jungen, als Jugendliche mit oder ohne Migrationshintergrund, als gesund oder „behindert" sozial platziert werden und in dieser Ordnung selber ein Identitätsverständnis von sich als Mädchen, als Junge oder als Migrantin entwickeln.

Vor diesem Hintergrund wird dann auch die Nicht-Berücksichtigung sozialer Differenzlinien als Ausblendung und sogar als Bestätigung von Macht- und Ungleichheitsverhältnissen kritisiert (vgl. Mecheril und Plößer 2009). Durch eine vermeintlich neutrale Leitorientierung – „die Jugendlichen", „die Kinder" – werden nämlich zum einen zentrale weitere Differenzen (Behinderung, Geschlecht, sexuelle Orientierung) innerhalb der jeweiligen Adressat_innengruppe vernachlässigt. Zum anderen werden solche Normen (z. B. „gesunde Kinder", „heterosexuelle Jugendliche") verdeckt, die mit den jeweiligen Orientierungen immer auch implizit verbunden sein können und die die Handlungen und Deutungen der Sozialpädagog_innen – zumeist unbewusst – beeinflussen. Ausweg aus dieser Differenzblindheit und den damit einhergehenden Gefahren von Ausschlüssen und Homogenisierungen stellt deshalb das (An-)Erkennen von Differenz dar.

Obwohl die Soziale Arbeit auf das Thema Differenz – wie Hubertus Schröer (2005, S. 8) schreibt – „organisatorisch wie inhaltlich" zunächst nur „mit jeweils *isolierten Ansätzen*" antwortet, lässt sich seit Mitte der 1990er-Jahre im theoretischen Diskurs wie auch in den Konzepten und Selbstverständnissen der Praxiseinrichtungen der Offenen Kinder- und Jugendarbeit eine Bewegung hin zu einer Anerkennung der Vielfalt und Verwobenheit von Unterschieden nachzeichnen. Insbesondere Theoretiker_innen und Praktiker_innen, die zum Beispiel im Rahmen von Mädchen- und Jungenpädagogik oder im Rahmen interkultureller Jugendarbeit bereits eine soziale Differenzlinie, wie z. B. Gender, fokussieren, sehen sich, angeregt durch praktische Erfahrungen und neuere differenztheoretische Debatten, herausgefordert ihren Fokus auszuweiten, die je thematisierte Differenz in Verbindungen mit anderen Differenzen wahrzunehmen und die Handlungskonzepte darauf abzustimmen.

Diese Bewegung der Ausweitung des Blickwinkels auf die Vielzahl von Differenzkategorien in ihren jeweiligen Verknüpfungen ist das zentrale Anliegen von Diversity (vgl. Mecheril und Plößer 2011). Im Fokus von Diversity-Analysen stehen beispielsweise „die Kategorien Gender (…), Sexuelle Orientierung, Hautfarbe, kulturelle Herkunft, Migrant_innen/Nicht-Migrant_innen, Sprache, Religion, Alter, Stadt/Land, soziale Klasse,

‚Behinderung'/Nicht-‚Behinderung'" (Czollek et al. 2009, S. 59 f.). Diese Kategorien können und sollen aber immer wieder erweitert werden. So geht es beispielsweise in aktuellen Diskussionen verstärkt auch um die Kategorien „Aussehen" und „Körper", die für die Lebenswelten von Jugendlichen und jungen Erwachsenen als zunehmend bedeutsamer erkannt werden (vgl. Czollek 2008; Groß 2010).

Differenzen werden nun im Rahmen eines machtkritischen Diversity-Verständnisses nicht als natürlich und unveränderbar, sondern als in sozialen Interaktionen (re-)produziert verstanden. Das heißt, Differenzen sind nichts, mit dem das Subjekt zur Welt kommt und die es „hat". Ganz im Gegenteil werden Differenzen erst durch alltägliche Praxen der Zuschreibung und Darstellung konstruiert, gefestigt aber auch verändert. Beispielsweise wird das Kind – so die Erkenntnis der Genderforschung – dadurch zum Mädchen oder zum Jungen, dass es geschlechtsspezifische Zuschreibungen als Mädchen oder Junge erfährt und sich selber als solches bzw. solcher darstellt. Diese Einsicht in die Praxis des „doing gender" (West und Zimmerman 1987) oder allgemein gesprochen in die des „doing difference" (Fenstermaker und West 2002) eröffnet der Offenen Kinder- und Jugendarbeit einen kontextspezifischen Blick auf konkrete Praxen der Herstellung, der Bestätigung aber auch der Verschiebung von Identitäten. Zugleich wird so einer Homogenisierung und Essentialisierung von Differenzen vorgebeugt. Kinder und Jugendliche „sind" in dieser Perspektive nicht einfach „Migranten", „Mädchen" oder „Jungen". Vielmehr werden sie als Subjekte verstanden, die aufgrund der Wirkmächtigkeit und Verwobenheit unterschiedlichster Differenzkategorien Einordnungen, Zuschreibungen und Platzierungen erfahren und sich vor der Folie dieser Erfahrungen und Anrufungen darstellen und inszenieren müssen. Differenzen werden im Diversity-Konzept also als sozial produzierte aber dennoch wirkmächtige Unterscheidungsformen verstanden.

36.3 Perspektiven und Umgangsweisen einer an Diversity orientierten Offenen Kinder- und Jugendarbeit

Kann die Anerkennung in pädagogischen Ansätzen, die sich an einer Leitdifferenz orientierten, wie z. B. die Mädchenarbeit, als gerichtete Anerkennung, mithin als Anerkennung der Mädchen erfolgen und sich in Handlungsmaximen wie „Parteilichkeit" oder „autonome Räume" ausdrücken, stellt Diversity die Soziale Arbeit vor die Aufgabe, ihre Adressat_innen wie auch ihre Mitarbeiter_innen in ihrer Vielfalt anzuerkennen (vgl. Hahn 2007; Lamp 2007). Wie aber kann eine Anerkennung der Vielfalt von Differenz erfolgen? Wie kann die Offene Kinder- und Jugendarbeit Differenzen und damit einhergehende Ungleichheiten berücksichtigen, wenn nicht mehr klar ist, welche Differenzen überhaupt eine Rolle spielen und wie die je bedeutsamen Differenzlinien miteinander verwoben sind? In den aktuellen Debatten um Diversity lassen sich zwei zentrale Vorschläge finden, die für den Umgang mit der Differenz im Plural als handlungsleitend verstanden werden. Zum einen soll die Anerkennung der Vielfalt von Differenzen durch eine *Offenheit* gegenüber den Selbstverständnissen der Subjekte ermöglicht werden. Zum anderen soll der Abbau der mit unterschiedlichen Differenzlinien einhergehenden Benachteiligungen unter Berücksichtigung *intersektionaler und queerer Ansätze* erfolgen.

36.3.1 Partizipative Offenheit

Um die Differenzen in ihrer Vielfalt anerkennen zu können, schlägt Rudolf Leiprecht (2008a, S. 434) einer an Diversity orientierten Sozialen Arbeit vor, sich zunächst folgende Frage zu stellen: „Weshalb, in welcher Weise und mit welchen Folgen spielt ein bestimmtes Ensemble von Differenzlinien in einem konkreten sozialen Kontext eine Rolle?" Zur Beantwortung dieser Frage wird es notwendig sein, den Kindern, Jugendlichen wie auch den Mitarbeiter_innen nicht gleich fertige Kategorien überzustülpen (indem z. B. eine Gruppe für Mädchen mit Migrationshintergrund angeboten wird), sondern deren jeweilige Selbstverständnisse und Selbstverortungen einzuholen. Berücksichtigung von Vielfalt heißt dann, solche Anerkennungsverhältnisse zu ermöglichen, in denen sich die Jugendlichen mit den für sie je bedeutsamen Identitätsmerkmalen darstellen und positionieren können. Eine solche an Diversity orientierte Kinder- und Jugendarbeit kann sich dann als „Möglichkeitsraum" (Leiprecht 2008a, S. 477) verstehen, in dem Subjekte die Möglichkeit erhalten, sich „So-und-auch-anders" (Holzkamp 1983, zitiert nach Leiprecht 2008a, S. 477) wahrzunehmen und darzustellen. „Dies kann in einem offenen Modus der Ansprache Ausdruck finden, die den Subjekten Spielraum für multiple, in Widerspruch zueinander stehende, sich überlagernde Identitätskonstruktionen" (Fegter et al. 2010, S. 241) gibt und die jeweilige Ausdrucksformen nicht zu vereindeutigen sucht.

Diese Offenheit gegenüber den vielfältigen Selbstpositionierungen der Subjekte bedeutet nicht, dass damit Wissen und Kompetenzen bisheriger differenzpädagogischer Ansätze überflüssig werden – im Gegenteil: Die im Rahmen von feministischen, migrationspädagogischen oder integrativen Theorien oder Konzepten gesammelten Einsichten in die Lebenswelten und Lebenslagen von Mädchen und Jungen, von Jugendlichen mit Migrationshintergrund oder von Kindern mit Behinderung dienen als Folien entlang derer die Selbstdarstellungen, Erfahrungen und Positionierungen verstanden und verortet werden können. Zugleich geben diese wichtige Hinweise darauf, wie denn die Offene Kinder- und Jugendarbeit als „Möglichkeitsraum" gestaltet werden muss (Barrierefreiheit, Anerkennung von Sprachenvielfalt, gendergerechte Ansprachen), damit sich die Kinder und Jugendlichen in diesem überhaupt positionieren, darstellen und mithin Anerkennung erfahren können.

36.3.2 Abbau von Benachteiligungen durch intersektionale und queere Ansätze

Machtkritische Diversity Ansätze machen nicht nur darauf aufmerksam, dass Unterschiede in ihrer Verwobenheit anzuerkennen sind, sie weisen auch darauf hin, dass Subjekte aufgrund von vielfältigen Differenzierungen und Zuordnungen benachteiligt oder ausgegrenzt werden. Ungleichheiten und Diskriminierungen werden damit nicht als individuelle Schicksale thematisiert, sondern als Effekte gesellschaftlicher Strukturen und Ordnungen. Diese wirken nachhaltig auf das Alltagsleben der Subjekte ein, sie zeigen sich in institutionellen Settings, sie regulieren die je zur Verfügung stehenden Ressourcen und sie beeinflussen die Deutungs- und Handlungsmöglichkeiten wie auch die Selbsteinschätzungen der Subjekte. Zugleich werden Ungleichheiten und Benachteiligungen in konkreten sozialen Interaktionen durch die Subjekte selbst bestätigt und reproduziert. „Doing difference" heißt somit auch immer „doing inequality" (Fenstermaker und West 2002).

Neben der Ausrichtung der Kinder- und Jugendarbeit auf die produktive Anerkennung und Gestaltung von Vielfalt geht es Diversity – ähnlich wie den feministischen, interkulturellen oder integrativen Pädagogiken – deshalb auch um den Abbau von Ungleichheiten und Diskriminierungen. So kommen Einrichtungen der Offenen Kinder- und Jugendarbeit, die auf die Anerkennung von Differenzen zielen, nicht umhin zu fragen, durch welche gesellschaftlichen Normen und Strukturen die Anerkennung und Handlungsfähigkeit ihrer Adressat_innen (wie auch ihrer Mitarbeiter_innen) denn verhindert werden. Fragen der Berücksichtigung sozialer Identitätspositionen werden deshalb im Diversity Ansatz auch mit kritischen Analysen sozialer Strukturen, mit Fragen nach gerechteren Lebensverhältnissen und mit einer Kritik von binär und hierarchisch organisierten Differenzordnungen verknüpft (vgl. Heite 2008; Mecheril und Plößer 2009). Nachdruck erhält diese macht- und ungleichheitskritische Perspektive vor allem durch das im Jahr 2006 in Kraft getretene Allgemeine Gleichbehandlungsgesetz, das sich zum Ziel setzt „Benachteiligungen aus Gründen der Rasse oder wegen der ethnischen Herkunft, des Geschlechts, der Religion oder Weltanschauung, einer Behinderung, des Alters oder der sexuellen Identität zu verhindern oder zu beseitigen" (§ 1 AGG).

Eine Möglichkeit, die Benachteiligungen nicht isoliert mit Bezug auf eine Kategorie wahrzunehmen, sondern in den jeweiligen Verwobenheiten unterschiedlicher Differenzlinien, eröffnet das Konzept der Intersektionalität. Mit dem Begriff „Intersektionalität" verweist Kimberlé Crenshaw (1994) auf die komplexen Wechselwirkungen zwischen den unterschiedlichen ungleichheitsgenerierenden Differenzkategorien und macht deutlich, dass Subjektpositionen als Schnittpunkte mehrerer sozialer Differenzmarkierungen und damit immer auch als Schnittpunkte mehrerer Diskriminierungsformen verstanden werden müssen. Intersektionale Ansätze suchen deshalb die Differenzlinien wie auch die damit einhergehenden Ungleichheitserfahrungen in ihren jeweiligen Verwobenheiten zu erkennen (vgl. Degele und Winker 2009, vgl. zur Anwendung des Intersektionalitätsansatzes für das Themenfeld Jugend Groß 2010).

Berichtet beispielsweise ein Jugendlicher den Mitarbeiter_innen eines Jugendzentrums von seiner Erfahrung, in eine Diskothek nicht eingelassen worden zu sein, so kann diese Erfahrung als Schnittstelle unterschiedlicher Diskriminierungsformen verstanden werden, durch die zugleich unterschiedliche Identitätskategorien (z. B. Körper, Klasse, Migrationshintergrund, Geschlecht) reproduziert werden, die dann für den Jugendlichen identitätsbildend wirken können (und zum Beispiel zu einem Selbstverständnis führen können, einen nicht anerkennenswerten Körper zu haben). Für die Offene Kinder- und Jugendarbeit stellt sich damit die Aufgabe strukturelle wie auch institutionelle Bedingungen, die die Lebenswelten der Adressat_innen und Mitarbeiter_innen der Kinder- und Jugendarbeit beeinflussen und beschränken können, kritisch in den Blick zu nehmen: Durch welche gesellschaftlichen und durch welche institutionellen Strukturen werden Ressourcen wie auch Handlungsmöglichkeiten von Adressat_innen und Mitarbeiter_innen beschränkt? Inwiefern werden durch institutionelle Regeln der Einrichtung Differenzen bestätigt und reproduziert?

Ein Wissen um aktuelle Geschlechterverhältnisse, heteronormative Ordnungen, Rassismus oder strukturelle Benachteiligungen von Menschen mit „Behinderung" kann damit als bedeutsames Wissen einer an Diversity orientierten Kinder- und Jugendarbeit verstanden werden. Aus welchen jeweiligen Schnittstellen sich die lebensweltlichen Zusammenhänge des Subjekts zusammensetzen und welche Diskriminierungserfahrungen für die Subjekte dann jeweils relevant sind – all das kann erst im interaktiven Prozess gemeinsam ausgelotet werden. Neben der Berücksichtigung solcher Diskriminierungen, Ungleichheiten und Benachteiligungen, die aus den mit den Differenzlinien einhergehenden Zuordnungen, Zuschreibungen und Ressourcenverteilungen einhergehen, machen sogenannte queere Ansätze der Differenzforschung darauf aufmerksam, dass Benachteiligungen und Diskriminierungen nicht erst aus den mit den Differenzen einhergehenden ungleichen Behandlungen und Ressourcenverteilungen herrühren, sondern auch in der Einteilung selber begründet liegen. Dadurch dass Differenzen in einer binären Entweder-oder-Ordnung organisiert sind, müssen sich die Subjekte in dieser ausschließenden Ordnung als entweder männlich oder weiblich, als homo- oder heterosexuell, als gesund oder behindert darstellen und verstehen (vgl. Mecheril und Plößer 2009). Individuen werden – so die queere Kritik – erst durch diese Einordnung zu anerkennbaren Subjekten. Zugleich werden solche Positionen nicht anerkannt oder abgewertet, die sich in dieser Entweder-oder Ordnung nicht wieder finden lassen oder sich dieser widersetzen. Die Diskriminierungserfahrungen eines als männlich kategorisierten Jugendlichen, der sich gerne schminkt und Röcke trägt, lässt sich also nicht allein mit Bezug auf strukturelle oder institutionelle Ungleichheiten erklären oder ändern. Vielmehr wird diese Diskriminierung erst durch eine strenge Entweder-oder Logik hervorgebracht, die Subjekten klare Positionen zuweist und solche Positionen ausschließt und abwertet, die die jeweiligen kulturellen Zuschreibungen und Platzierungen nicht erfüllen wollen oder können.

Eine Offene Kinder- und Jugendarbeit, die die unterschiedlichen Differenzen ihrer Adressat_innen und Mitarbeiter_innen zu berücksichtigen sucht, sollte sich deshalb nicht nur die Frage stellen, wer mit den jeweiligen Angeboten und Konzepten angesprochen, sondern auch, wer ausgeschlossen wird. Wen sprechen die jeweiligen Angebote nicht an? Wer wird durch die Angebote und Ansprache erst als anders produziert? Und: „Wie könnte (…) an den Orten, an denen die Praxis ‚Diversity' eine Rolle spielt, eine kommunikative Berücksichtigung von Differenz und Identität, von Fremdheit und Anderssein möglich sein, die dominante Differenzschemata nicht so relevant setzt, dass man gezwungen oder verführt wird, sich in diesen Schemata darzustellen, und einem und einer zugleich die

Freiheit gewährt wird, sich in diesen Schemata zu artikulieren?" (Mecheril 2008 o. S.). Ziele queerer Ansätze der Kinder- und Jugendarbeit sind deshalb die Vervielfältigung von Identitäten, das Ausprobieren neuer und alternativer Inszenierungen von Identität wie auch die kritische Infragestellung solcher Normen und Ordnungen, durch die identitäre Positionierungen diszipliniert, begrenzt oder abgewertet werden (vgl. Howald 2001; Plößer 2009; Stuve 2001).

36.4 Diversity: Chancen und Möglichkeiten – Risiken und Nebenwirkungen

Diversity kann als Konzept verstanden werden, das der Offenen Kinder- und Jugendarbeit neue Perspektiven und Handlungsmöglichkeiten eröffnet. Durch die Ausweitung des Blickwinkels und die damit einhergehende Berücksichtigung der Vielzahl und Verwobenheiten von Differenzlinien können die Angebote besser auf die jeweiligen Bedarfe der Kinder und Jugendlichen wie auch der Mitarbeiter_innen abgestimmt werden. Homogenisierenden, stereotypisierenden und stigmatisierenden Sichtweisen auf *die* Mädchen oder *die* Jungen, auf *die* Migranten oder *die* Behinderten kann so vorgebeugt werden, schließlich steht mit „einer diversitätsbewussten Perspektive (…) nicht mehr ein einzelnes und isoliertes Gruppenmerkmal im Mittelpunkt" (Leiprecht 2008b, S. 17).

Dadurch, dass nicht mehr eine Leitdifferenz im Fokus der Anerkennung steht, fördert Diversity auch ein partizipatives, an den Subjekten selbst orientiertes Vorgehen, das deren je individuellen Positionierungen, Ressourcen und Bedürfnissen gerecht werden will, ohne dabei strukturelle Ungleichheiten und die Bedeutsamkeit sozialer Differenzlinien aus den Augen zu lassen. Da ja nicht klar ist, durch welche Differenzlinien eine Subjektposition beeinflusst ist und in welchen Kontexten und in welcher Weise diese Linien bedeutsam werden, fordert Diversity verstärkt dazu auf, die jeweiligen Selbstverständnisse und Erfahrungen der Subjekte einzuholen. Diversity verleiht damit der lebensweltorientierten Forderung nach Ausrichtung der Offenen Kinder- und Jugendarbeit an den Prinzipien der Partizipation und der Integration (vgl. Thiersch 1992) noch einmal zusätzliches Gewicht (vgl. zur Verbindung von Lebensweltorientierung und Diversity auch Sickendiek 2007).

Diversity ist ein Konzept, das für die Soziale Arbeit eine wichtige theoretisierende Perspektive auf soziale Verhältnisse und die jeweiligen subjektiven Positionierungen in diesen Verhältnissen eröffnet. Dabei kann es zugleich dafür sensibilisieren, dass Differenzen keine natürlichen, fixen Größen, sondern sozial konstruierte und veränderliche Kategorien sind, die durch Zuschreibungen an die Subjekte ihre Wirkmacht entfalten und gleichzeitig von diesen für die Darstellung und Inszenierung von Identitäten genutzt werden (müssen). Zugleich werden Differenzen durch Diversity nicht mehr als Ausnahme oder als zusätzliche Belastung verstanden. Vielmehr gilt deren Berücksichtigung als notwendige Voraussetzung, um den individuellen Lebenswelten der Kinder und Jugendlichen überhaupt erst gerecht werden zu können. Diversity kann damit auch zu einer Abkehr von einem – auch in der Sozialen Arbeit vielfach noch verbreiteten – Denken beitragen, dass mit (mehr) Differenzen notwendig (mehr) Probleme und mehr Arbeit einhergehen (vgl. Mecheril und Plößer 2011).

Sein Potential entfaltet der Diversity Ansatz auch dadurch, dass er – an die machtkritische Entwicklungslinie der Diversity Politik anknüpfend – bestehende Diskriminierungen und Ungleichheiten der Subjekte in ihren Verwobenheiten zu erkennen und gegen diese vorzugehen sucht. Auf der Grundlage des Allgemeinen Gleichbehandlungsgesetzes lassen sich dabei vielfältige Benachteiligungen ausmachen, die auf die Lebenswelten der Kinder und Jugendlichen einwirken.

Allerdings – und dies ist auch schon die erste Einschränkung, die den Diversity Ansätzen entgegengebracht werden kann – kann Diversity solche Pädagogiken, die sich vorrangig mit einer Differenzlinie befassen, also etwa die Geschlechterpädagogik oder die Interkulturelle Pädagogik nicht ersetzen. Vielmehr seien diese, so die Auffassung Leiprechts (2008a, S. 476), weiterhin unverzichtbar „nicht nur weil ein *besonderes* und *vertieftes* Wissen zur Entstehungs- und Wirkungsgeschichte und Aktualität der jeweiligen Differenzlinien notwendig ist, sondern auch, weil es in allen Fachdebatten der Erziehungs- und Bildungswissenschaften (…) qualifizierte Stimmen geben muss, die die allgemeine Berücksichtigung dieses besonderen und vertieften Wissens begründen und einklagen können".

Darüber hinaus kann in vielen Kontexten die Fokussierung einer zentralen Differenz nach wie vor als notwendiger und unhintergehbarer Fokus verstanden werden. Soll es in der Kinder- und Jugendarbeit beispielsweise um die Thematisierung von Rassismus gehen, erweist sich der Bezug auf die Kategorien „Migration", „Kultur" oder „Whiteness" als unhintergehbar. Ebenso bedarf die Thematisierung von Erfahrungen sexualisierter Gewalt des Rückgriffs auf die Kategorie Geschlecht. Diversity ist damit keine Alternative zu oder gar ein Ersatz von Mädchenarbeit, Jungenarbeit, interkultureller oder antirassistischer Arbeit. Diversity ist vielmehr eine wichtige Perspektiverweiterung solcher Angebote, die sich eh schon eine „Differenzbrille" aufgesetzt haben, die also Differenz(en) als konstitutiv für die soziale Wirklichkeit ihrer Adressat_innen erkannt haben.

Weiterhin sollten sich Diversity Ansätze einem reinen Feiern von Differenzen und damit auch einer Gleichsetzung von Differenzen als alle „irgendwie gleich wichtig" enthalten. Denn wie María do Mar Castro Varela (2010, S. 254) schreibt: „Buntheit kann nicht das Ziel sein, sondern ist eher das Problem". Zum einen wird durch ein solches Buntheits-Denken die Vorstellung fest bestehender, essentieller Unterschiede befördert. Zum anderen droht dadurch die notwendige kritisch-reflexive Auseinandersetzung mit Dominanzverhältnissen wie auch die Einsicht in die institutionelle und professionelle Verstrickung aller Beteiligten in diese aus dem Blick zu geraten. Wird Diversity nur als Feiern von Vielfalt und Unterschiedlichkeit verstanden, drohen gesellschaftliche aber auch institutionelle und professionelle Ordnungen, durch die Differenzen und Ungleichheiten immer auch (re-)produziert werden, unberührt zu bleiben (vgl. Hormel 2008).

Zudem haben – wie Rudolf Leiprecht (2008a, S. 435) deutlich macht – „nicht alle möglichen Diversitäten (…) eine vergleichbare Relevanz." Insbesondere in Bezug auf Diskriminierungsformen und Diskriminierungserfahrungen, müssten „begründete, aber auch immer wieder revidierbare Entscheidungen über ihre – u. U. auch bereichsspezifische Bedeutung – getroffen werden können." Gegen die in der Sozialpädagogik bisweilen verbreite Annahme, dass „jede/r ja irgendwie anders sei" und dieser Andersheit am Besten über eine individuelle Zuwendung zu begegnen sei, kann also eingewandt werden, dass es Differenzen gibt, die auf der Ebene gesellschaftlicher Strukturen und Diskurse stärker gewichtet werden als andere und als solche die Lebenswelten der Subjekte auch stärker beeinflussen und beschränken können. So haben etwa rassistische Diskurse einen größeren Einfluss auf die identitären Positionierungen von Kindern und Jugendlichen als die neuen Raucher_innen-Gesetze. Würden nun Diskriminierungserfahrungen, z. B. von Rassismus betroffenen oder vom neuen Raucher_innengesetz betroffenen Jugendlichen, einfach gleichgesetzt, würde „eine jahrhundertealte Geschichte von Sklaverei, Kolonialismus und Rassismus dethematisiert" (Leiprecht 2008a, S. 435).

Abschließend sind auch Diversity Ansätze nicht davor gefeit, durch ihren Bezug auf Differenzen, selber Ungleichheiten, Stigmatisierungen und Ausschlüsse zu produzieren. Als Praxis des Umgangs mit Differenz (darauf haben insbesondere postfeministische, queere und antirassistische Positionen hingewiesen) ist Diversity selbst immer auch an der oben beschriebenen Konstruktion von Differenz beteiligt. Diversity orientierte Kinder- und Jugendarbeit stellt also selber eine machtvolle Praxis dar, insofern hier bestimmte Identitätspositionen gestärkt und gefördert, andere hingegen als problematisch erachtet und wieder andere ganz ausgeblendet werden. Doing Kinder- und Jugendarbeit heißt damit immer auch doing difference und heißt damit auch die (Re-)Produktion von Differenz- und Ungleichheitsverhältnissen. Diversity braucht deshalb eine selbstreflexive Wendung, eine machtkritische Betrachtung der eigenen Angebote, Ziele und Strukturen (vgl. Leiprecht 2008b; Maurer 2008). Paul Mecheril fordert deshalb dazu auf, die Kritik an den Machtwirkungen von Differenzen ernst zu nehmen und auf die eigene Praxis anzuwenden: Denn erst wenn „die Frage gestellt wird, wer von ‚Diversity' wie profitiert und wer durch den ‚Diversity'-Einbezug auf Identitätspositionen festgelegt oder gar in einer eher inferioren Position bestätigt wird, kann ‚Diversity' etwas anderes sein als die raffinierte Fortsetzung von Machtverhältnissen mit auf den ersten Blick ‚irgendwie achtbar' wirkenden Mitteln" (Mecheril 2008, o. S.).

Literatur

Abdul-Hussain, S., & Baig, S. (2009). Diversity – eine kleine Einführung in ein komplexes Thema. In S. Abdul-Hussain, & S. Baig (Hrsg.), *Diversity in Supervision, Coaching und Beratung* (S. 15–60). Wien.

Castro Varela, M. d. M. (2010). Un-Sinn: Postkoloniale Theorie und Diversity. In F. Kessl, & M. Plößer (Hrsg.), *Differenzierung, Normalisierung, Andersheit. Soziale Arbeit als Umgang mit den Anderen* (S. 249–262). Wiesbaden.

Cooper, D. (2004). *Challenging Diversity. Rethinking Equality and the Value of Difference*. Cambridge.

Crenshaw, K. (1994). Mapping the Margins: Intersectionality, Identity Politics, and Violence Against Women of Color. In M. Fineman, & R. Mykitiuk (Hrsg.), *The Public Nature of Private Violence* (S. 93–118). New York.

Czollek, L. C. (2008). Social Justice und Diversity Training. *Sozial Extra*, 2008(11), 24–27.

Czollek, L. C., Perko, G., & Weinbach, H. (2009). *Lehrbuch Gender und Queer. Grundlagen, Methoden und Praxisfelder*. Weinheim.

Fegter, S., Geipel, K., & Horstbink, J. (2010). Dekonstruktion als Haltung in sozialpädagogischen Handlungszusammenhängen. In F. Kessl, & M. Plößer (Hrsg.), *Differenzierung, Normalisierung, Andersheit. Soziale Arbeit als Umgang mit den Anderen* (S. 233–248). Wiesbaden.

Fenstermaker, S., & West, C. (2002). *Doing Gender, Doing Difference. Inequality, Power and Institutional Change*. New York.

Groß, M. (2010). „Wir sind die Unterschicht" – Jugendkulturelle Differenzartikulationen aus intersektionaler Perspektive. In F. Kessl, & M. Plößer (Hrsg.), *Differenzierung, Normalisierung, Andersheit. Soziale Arbeit als Umgang mit den Anderen* (S. 34–48). Wiesbaden.

Hahn, K. (2007). Vielfalt und Differenz aus der Perspektive der Sozialen Arbeit. *Sozialmagazin*, 2007(2), 20–27.

Hartmann, J. (2009). Heteronormativität – pädagogische Implikationen eines macht- und identitätskritischen Konzepts. *betrifft Mädchen*, 2009(2), 52–58.

Heite, C. (2008). Ungleichheit, Differenz und Diversity. Zur Konstruktion des professionell Anderen. In K. Böllert, & S. Karsunky (Hrsg.). *GenderKompetenz in der Sozialen Arbeit* (S. 77–87). Wiesbaden.

Holzkamp, K. (1983). *Grundlegung der Psychologie*. Frankfurt a. M. und New York.

Hormel, U. (2008). Diversity und Diskriminierung. *Sozial Extra*, 2008(11), 20–24.

Howald, J. (2001). Ein Mädchen ist ein Mädchen ist kein Mädchen? Mögliche Bedeutungen von „Queer Theory" für die feministische Mädchenbildungsarbeit. In B. Fritzsche, A. Tervooren, J. Hartmann, & A. Schmidt (Hrsg.), *Dekonstruktive Pädagogik. Erziehungswissenschaftliche Debatten unter poststrukturalistischen Perspektiven* (S. 295–309). Opladen.

Karsunky, S. (Hrsg.). (2008). *Genderkompetenz in der Sozialen Arbeit* (S. 77–78). Wiesbaden.

Kessl, F., & Plößer, M. (2010). Differenzierung, Normalisierung, Andersheit. Soziale Arbeit als Arbeit mit den Anderen – eine Einleitung. In F. Kessl, & M. Plößer (Hrsg.), *Differenzierung, Normalisierung, Andersheit. Soziale Arbeit als Umgang mit den Anderen* (S. 7–16). Wiesbaden.

Klinger, C., & Knapp, G. A. (2005). Achsen der Ungleichheit – Achsen der Differenz. Verhältnisbestimmungen von Klasse, Geschlecht, „Rasse"/Ethnizität. *Transit – Europäische Revue*, 2005(29), 72–95.

Lamp, F. (2007). *Soziale Arbeit zwischen Umverteilung und Anerkennung. Der Umgang mit Differenz in der sozialpädagogischen Theorie und Praxis*. Bielefeld.

Leiprecht, R. (2008). Eine diversitätsbewusste und subjektorientierte Sozialpädagogik. *neue praxis*, 2008(4), 427–439.

Leiprecht, R. (2008). Diversity Education und Interkulturalität in der Sozialen Arbeit. *Sozial Extra*, 2008(11), 15–19.

Lutz, H., & Wenning, N. (2001). *Unterschiedlich verschieden. Differenz in der Erziehungswissenschaft*. Opladen.

Maurer, S. (2001). Das Soziale und die Differenz. Zur (De-)Thematisierung von Differenz in der Sozialpädagogik. In H. Lutz, & N. Wenning (Hrsg.), *Unterschiedlich verschieden. Differenz in der Erziehungswissenschaft* (S. 125–142). Opladen.

Maurer, S. (2008). Sich verlieren im unendlich Verschiedenen. *Sozial Extra*, 2008(11), 13–14.

Mecheril, P. (2008). *Diversity. Differenzordnungen und Modi ihrer Verknüpfung*. http://www.migration-boell.de/web/diversity/48_1761.asp. Zugegriffen: 18.03.2011.

Mecheril, P., & Plößer, M. (2009). Differenz. In S. Andresen, R. Casale, T. Gabriel, & R. Horlacher (Hrsg.), *Handwörterbuch Erziehungswissenschaft* (S. 194–208). Weinheim.

Mecheril, P., & Plößer, M. (2011). Diversity. In H. U. Otto, & H. Thiersch (Hrsg.) *Handbuch Soziale Arbeit. Grundlagen der Sozialarbeit und Sozialpädagogik* (4., vollst. überarb. Aufl., S. 278–287). München.

Munsch, C. (2010). *Engagement und Diversity. Der Kontext von Dominanz und sozialer Ungleichheit am Beispiel Migration*. Weinheim und München.

Plößer, M. (2009). I kissed a Girl and I liked it? Queere Perspektiven für die Mädchenarbeit. *betrifft Mädchen, 2009*(2), 59–63.

Plößer, M. (2010). Differenz performativ gedacht. Dekonstruktive Perspektiven auf und für den Umgang mit Differenzen. In F. Kessl, & M. Plößer (Hrsg.), *Differenzierung, Normalisierung, Andersheit. Soziale Arbeit als Umgang mit den Anderen* (S. 218–232). Wiesbaden.

Schröer, H. (2005). *Vielfalt Gestalten – Kann Soziale Arbeit von Diversity – Konzepten lernen?* www.antidiskriminierungsnetzwerk.eu/.../vielfalt_leben_und_gestalten.pdf. Zugegriffen: 18.03.2011.

Sickendiek, U. (2007). Von der Diversität zur Lebenswelt. Möglichkeiten und Grenzen des diversity-Ansatzes in der Beratung. In C. Munsch, M. Gemende, & S. Weber-Unger Rotino (Hrsg.), *Eva ist emanzipiert und Mehmet ist ein Macho. Zuschreibung, Ausgrenzung und Handlungsansätze im Kontext von Migration und Geschlecht* (S. 207–227). Weinheim und München.

Stuber, M. (2004). *Diversity. Das Potenzial von Vielfalt nutzen – den Erfolg durch Offenheit steigen*. Neuwied.

Stuve, O. (2001). „Queer Theory" und Jungenarbeit – Versuch einer paradoxen Verbindung. In B. Fritzsche, A. Tervooren, J. Hartmann, & A. Schmidt (Hrsg.), *Dekonstruktive Pädagogik. Erziehungswissenschaftliche Debatten unter poststrukturalistischen Perspektiven* (S. 281–294). Opladen.

Thiersch, H. (1992). *Lebensweltorientierte Soziale Arbeit*. Weinheim.

West, C., & Zimmerman, D. H. (1987). Doing Gender. *Gender & Society, 1987*(1), 125–151.

Winker, G., & Degele, N. (2009). *Intersektionalität*. Bielefeld.

37 Der Cliquenorientierte Ansatz in der Offenen Kinder- und Jugendarbeit

Franz Josef Krafeld

37.1 Problemstellung und Analyse

Gruppenarbeit galt jahrzehntelang als der zentrale, ja letztlich unverzichtbare Ort jeder Jugendarbeit. Sie war geradezu ihr Herz. Solange mit den traditionellen Heimabendgruppen und späteren Varianten von Gruppenarbeit tatsächlich eine relevante Anzahl von Jugendlichen erreicht werden konnte, ging es in der Fachdiskussion letztlich immer wieder nur um die eine Frage: Wie machen wir diejenigen Jugendlichen gruppenbereit, gruppenfähig und gruppeninteressiert, die sich bislang nicht angezogen fühlten. Und immerhin war das durchgängig die Mehrheit (jedenfalls überall dort, wo der Grundanspruch von Jugendarbeit auf Freiwilligkeit galt), denn diese Jugendarbeit erreichte immer maximal 40 % aller Jugendlichen. Für diejenigen, die bislang nicht erreicht wurden, wurden dann auch andere Formen von Jugendarbeit entwickelt – so vor allem die nach dem Zweiten Weltkrieg entstandene Offene Jugendarbeit. Weithin allerdings wurde diese nur wertgeschätzt als möglicher „Durchlauferhitzer" für die „eigentliche", die höherwertige Gruppenarbeit. Erst seit unübersehbar ist, dass derartige Vorstellungen geradezu flächendeckend scheitern und dass mit Gruppenangeboten praktisch überall immer weniger Jugendliche erreicht werden können (so dass z. B. längst ganze Landesverbände zu „Jugendverbänden ohne Jugend" geworden sind), geraten auch jugendliche Selbstorganisationsformen stärker in den Blick: ihre informellen Gruppierungen, ihre Freundeskreise und Cliquen.

Jahrzehntelang wurde von Cliquen praktisch nur gesprochen, wenn es um Gefährdungen von Jugendlichen ging. Cliquen gab es nur als „Cliquenproblem". Als scheinbar eher neutraler Begriff wurde allenfalls der amerikanische Terminus „Peergroup" übernommen, der aber dieses alltagsnahe Phänomen im Leben vieler Jugendlicher in die Sphäre wissenschaftlich-fremdsprachlicher Begrifflichkeit entrückte – und vor allem nicht das

Prof. Dr. Franz Josef Krafeld ✉
Kleiberstraße 2, 28816 Stuhr, Deutschland
e-mail: krafeld@fbsw.hs-bremen.de

Phänomen des selbstorganisierten sozialen Netzes als zentralem Kriterium ansah (sondern die Gleichaltrigkeit und Gleichrangigkeit) (vgl. z. B. Krüger et al.2008) Dabei ist in der Jugendforschung seit langem unstrittig, dass gerade selbstgeschaffene und selbstorganisierte Cliquen für Jugendliche längst zu einem ganz zentralen Sozialisationsbereich, ja vielfach zum einzigen Ort sozial eingebundener Identitätsbildung von Jugendlichen geworden sind (vgl. dazu Scherr 2010, S. 73 ff. oder zusammenfassend Thole 2000, S. 2006 ff.).

37.2 Zur Bedeutung und Funktion von Cliquen

Cliquen sind kein Phänomen, das sich nur in selbstgestalteten Freizeitbereichen findet. Cliquen finden wir auf der Straße genauso wie in der Schule, in der Arbeitswelt oder in der Jugendarbeit. Sie stellen innerhalb wie außerhalb solch etablierter Strukturen immer wieder neue Versuche Jugendlicher dar,

- sich in einer Welt, in der sie sich immer häufiger vereinzelt fühlen, selbst soziale Zusammenhänge zu schaffen,
- sich in einer Welt, in der sie sich immer häufiger ohnmächtig fühlen, selbst zu organisieren,
- sich in einer Welt, in der sie sich immer wieder unbeachtet fühlen, gemeinsam mit anderen Beachtung zu verschaffen,
- sich in einer Welt, in der sie sich immer wieder nicht ernst genommen fühlen, gemeinsam so aufzutreten, dass sie ernst genommen werden,
- in einer Welt, in der sie sich immer wieder als Objekte empfinden, leichter mit anderen gemeinsam etwas zu bewirken.

Die Wege freilich, die sie dazu beschreiten, und die Mittel und Handlungsmuster, die sie dazu einsetzen, haben sie weithin der bestehenden Erwachsenengesellschaft abgeguckt. Wir finden dort weithin die gleichen Muster von Misstrauen, Konkurrenz, Imponiergehabe, Machtausübung, Unterdrückung und Gewalt. Meist sind lediglich die Stile, Rituale und Symbole, mit denen sie all das zum Ausdruck bringen und ausleben, jugendkulturell ausgeformt. Es gibt also keinen Grund, Cliquen zu idealisieren. Cliquen in ihrer (objektiven und subjektiven) Bedeutung ernst zu nehmen und Cliquen so gut zu heißen, wie sie sind, das ist etwas völlig verschiedenes. Sie unkritisch zu fördern und zu unterstützen oder sich aus ihrer Entwicklung rauszuhalten, ist pädagogisch daher nicht vertretbar – auch wenn das in der Praxis immer wieder unter Cliquenorientierung verstanden wird.

Nicht zuletzt deshalb ist es aber ungeheuer wichtig, hinter den Erscheinungsformen von Cliquen auch deren grundlegenden Antriebe und Bedürfnisse zu sehen. Selbst dort, wo sich sehr problematische, ja teils gar erschreckende und Empörung auslösende Umgehens- und Verhaltensweisen zeigen, sind diese doch letztlich in aller Regel getragen von dem subjektiven Bemühen, das „eigene Leben mit anderen gemeinsam in den Griff zu kriegen" und „aus dem eigenen Leben was zu machen". Entsprechend werden die Jugendlichen auch keine Vorwürfe und keine Sanktionen davon abbringen können, sich so zu verhalten, wie sie es tun. Ändern werden sie sich in aller Regel nur dann, wenn sie selbst das Gefühl haben, dass sich andere Wege und Möglichkeiten als erfolgversprechender und als weniger riskant erweisen.

37.3 Grundlagen cliquenorientierter Offener Kinder- und Jugendarbeit

Cliquenorientierte Jugendarbeit begreift – zusammengefasst – Cliquen, Jugendszenen und Jugendkulturen als Versuche Jugendlicher, sich – in einer Welt, in der sie sich immer wieder ohnmächtig und vereinzelt fühlen, in der es ihnen immer schwerer fällt, überhaupt beachtet zu werden oder gar etwas zu bewirken – selbst soziale Zusammenhänge zu organisieren, selbstbestimmt aus ihrem Alltag etwas machen und dort irgendwie etwas bewirken zu wollen – selbst wenn die Art und Weise, wie es manche tun, noch so sehr erschrecken mag.

Die Bedeutung von Cliquen für Jugendliche anzuerkennen und zu akzeptieren heißt zunächst einmal, Abschied zu nehmen von einigen scheinbaren „Selbstverständlichkeiten" von Jugendarbeit:

1. Cliquenorientierte Offene Kinder- und Jugendarbeit hat Abschied zu nehmen von Vorstellungen,
   - man könne die Jugendlichen als Summe von Individuen erreichen oder gemäß eigener Zielgruppendefinitionen organisieren;
   - es gehe darum, aus Individuen überhaupt erst einmal Gruppen zu bilden.
2. Cliquenorientierte Jugendarbeit hat Abschied zu nehmen von der Vorstellung, die zentrale Aufgabe pädagogischen Handelns liege darin, das jeweilige Geschehen zu definieren und zu gestalten, indem Aktivitäten angeboten, Programme gestaltet, Zeit- und Raumstrukturen vorgegeben werden usw.
3. Cliquenorientierte Jugendarbeit hat Abschied zu nehmen von der Vorstellung, Orte von Jugendarbeit seien da (und nur da), wo Orte und Räumlichkeiten speziell diesem Zweck zugeschrieben sind. Orte cliquenorientierter Jugendarbeit können vielmehr überall da sein, wo Jugendliche sich in ihrer Freizeit aufhalten.
4. Cliquenorientierte Jugendarbeit hat Abschied zu nehmen von der Vorstellung, Jugendarbeit müsse überall und immer präsent sein, wo Jugend sich einbringt und einmischt. Räume zur Verfügung zu stellen oder abzusichern, ohne gleichzeitig die Freizeit Jugendlicher zu kolonialisieren, gehört dann als Selbstverständlichkeit ebenso dazu wie vertragsähnliche Abmachungen über die Verbindung von pädagogischen Beteiligungen und Selbstverwaltung/Selbstorganisation durch die Jugendlichen.
5. Cliquenorientierte Jugendarbeit hat Abschied zu nehmen von der Vorstellung, die „eigentliche" Arbeit sei die pädagogische Arbeit mit den Jugendlichen und alles andere an Aufgaben sei dabei hinderlich und störend. Cliquenorientierte Jugendarbeit kann

vielmehr nur lebensweltorientiert sinnvoll sein und verlangt daher, die Einmischung in diese Lebenswelten als zentralen Bestandteil der Arbeit zu begreifen.

Solche Abschiede fallen vielen in der Offenen Kinder- und Jugendarbeit häufig schwer. Und sie werden zudem häufig vom Träger oder von der lokalen Öffentlichkeit zusätzlich schwer gemacht. Aber: Wo alle pädagogische Überzeugung nicht dazu reicht, sich von solchen und ähnlichen Vorstellungen zu verabschieden, da drängen dann vielleicht schließlich immer wiederkehrende (Misserfolgs-)Erfahrungen zu derartigen Schritten. Denn praktische Erfahrungen beweisen immer wieder, dass Jugendarbeit in der Regel sehr schnell zum Scheitern verurteilt ist, wenn sie Cliquen in ihrer Bedeutung nicht ernst nimmt. Denn im Zweifelsfall erweist sich das subjektive Gewicht von Cliquenzusammenhängen fast immer als viel zu stark, als dass pädagogische Interventionen dagegen ankämen.

Ziel von Jugendarbeit im Umgang mit Cliquen – ob in offenen Jugendeinrichtungen, in der Arbeit von Jugendverbänden oder in aufsuchender Jugendarbeit – kann und darf demnach nicht sein, Jugendliche herausholen, die Cliquen schwächen, deren Wirken eindämmen oder deren Zusammenhalt am besten ganz zerschlagen zu wollen. Das ist weder erfolgversprechend noch pädagogisch sinnvoll. Denn die Ziele, die hinter der Bildung von Cliquen stehen, sind – wie oben aufgezeigt – letztlich auch ganz zentrale Ziele von Jugendarbeit. Daran ändert auch nichts, dass diese Ziele von manchen Cliquen in nicht akzeptabler oder gar in erschreckender Weise umgesetzt werden. Zentrales Ziel muss vielmehr sein, Cliquen solidarisch und kritisch zu begleiten, zu beraten und zu unterstützen in ihren selbstgestalteten Prozessen der Alltagsgestaltung und Lebensbewältigung. Das setzt voraus,

1. sich für die Clique überhaupt zu interessieren, für das, was sie ausmacht und welche Menschen zu ihr gehören – und nicht nur zu blicken auf das, was einen vielleicht stört,
2. sich anzubieten, die Clique in ihrer Alltagsgestaltung und Alltagsbewältigung zu begleiten und darin zu erleben,
3. anzuerkennen, dass es letztlich die Clique ist, die die Definitions- und die Entscheidungsmacht darüber besitzt, was passiert und was nicht (es ist also nicht eine Jugendarbeit gefragt, die Programme, Aktivitäten, Beschäftigung anbietet, sondern eine, die sich einlässt!),
4. anzuerkennen, dass es letztlich die Clique ist, die darüber entscheidet, was in ihr gegenwärtig „angesagt ist", welche Verhaltensweisen, Symbole und Rituale „einfach dazugehören" usw.,
5. sich einzusetzen dafür, dass die Clique überhaupt sozialen Raum findet, um sich zu entfalten.

Cliquenorientierte Offene Kinder- und Jugendarbeit hat es immer wieder zu tun mit Cliquen, an denen die erwachsene Umgebung massiv Anstoß nimmt. Das liegt zum einen daran, dass Jugendarbeit seit jeher dazu gedrängt wird, sich vor allem um diejenigen zu kümmern, die „auffallen und stören", und zweitens daran, dass im Umgang mit solchen Jugendlichen cliquenorientierte Ansätze bislang am weitesten entwickelt worden sind. Denn in der Praxis von Jugendarbeit zeigt sich bis heute immer wieder, dass erst dann ein cliquenorientierter Ansatz erwogen wird, wenn man mit allen konventionellen Mustern von Jugendarbeit nicht „an die Jugendlichen rankommt", gleichzeitig dieses Ziel aber auch nicht aufgeben will.

37.4 Handlungsprinzipien cliquenorientierter Offener Kinder- und Jugendarbeit

Die Entwicklung von Handlungsprinzipien im Umgang mit Cliquen hat davon auszugehen, dass Cliquen einerseits ganz zentrale, von Jugendlichen selbst geschaffene Muster sind, sich gesellschaftliche Realität handelnd anzueignen, und dass andererseits – wie schon aufgezeigt – die Entwicklung solcher Muster in jeder Gesellschaft selbstverständlich vorrangig diejenigen Orientierungs- und Handlungsmuster aufgreift und umsetzt, die in dieser Gesellschaft dominant sind. In einer Gesellschaft demnach, in der gewaltförmige Verhaltensweisen, in der patriarchale Herrschaftsmuster, in der Konkurrenzverhaltensweisen eine zentrale Rolle spielen, ist schlechterdings kaum zu erwarten, dass die Masse der Jugendlichen auf der Suche nach Selbstverwirklichung ganz andere Muster als solche gesellschaftlich primär angebotenen aufgreift. In den Cliquen schlägt sich demnach wie in allen anderen gesellschaftlichen Bereichen eine wachsende Schere zwischen denjenigen Werten und Orientierungen durch, die von den Sozialisationsinstanzen propagiert werden, und denjenigen, die in dieser Gesellschaft am ehesten Erfolg versprechen, nämlich „Erziehung zum sozialen Verhalten" auf der einen Seite und „Erziehung zu Egoismus und Konkurrenz" auf der anderen Seite.

Cliquenorientierte Jugendarbeit hat sich also in derartige Prozesse kritisch begleitend einzumischen, innerhalb wie außerhalb von Jugendeinrichtungen. Falsch und gefährlich wäre es jedoch, aus dieser Schere die Schlussfolgerung zu ziehen, Jugendliche aus Cliquen (zumal aus problematischen Cliquen) herausholen zu wollen, auffällige Cliquen am besten zerschlagen zu sollen. Solche Art anpassungsorientierter Pädagogik hat immer wieder – bestenfalls! – eine äußerst geringe Reichweite. Weit sinnvoller und wichtiger ist hingegen, Jugendliche darin zu bestärken und zu befähigen, produktiver und vielfältiger diejenigen Chancen und Möglichkeiten zu entfalten, die die von ihnen geschaffenen Cliquen bieten. Nicht zuletzt bedeutet das, sie zu befähigen, mit Widersprüchen zwischen eigenen Bedürfnissen nach Selbstentfaltung und den aktuellen Cliquenrealitäten offener umzugehen. Und der Maßstab für einen geeigneteren Umgang ist letztlich immer das subjektive Empfinden, besser, erfolgreicher und zufriedener mit Aufgabenstellungen, Problemen und Interessen im Kontext eigener Lebensbewältigung zurechtzukommen. Nur wo z. B. die Sinnhaftigkeit von positivem Sozialverhalten in solchem Kontext praktisch erlebt und erfahren wird, da kann sich entsprechendes pädagogisch angezieltes Verhalten auch tatsächlich durchsetzen.

Jungen oder Mädchen dagegen aus Cliquen herausholen zu wollen, macht nur da Sinn, wo diese das selbst wollen oder wo eine konkrete massive Gefährdung ein direktes entsprechendes Einschreiten unabdingbar macht. Weit sinnvoller als derartige Versuche ist dagegen in aller Regel, Jugendliche dabei zu unterstützen, sich nicht auf eine einzige Clique zu konzentrieren und zu fixieren, sondern sich möglichst unterschiedliche Cliquenzusammenhänge zu schaffen und sich in ihnen zu entfalten. Denn je vielfältiger die Zusammenhänge sind, in denen sich Jugendliche bewegen, umso weniger sind sie auch abhängig von dem, was in konkreten Cliquen passiert. Aus Untersuchungen zum Devianzverhalten Jugendlicher wissen wir, dass der Anpassungsdruck an deviante Verhaltensweisen in Cliquen umso größer ist, je mehr sich Jugendliche genau auf diese eine Clique angewiesen fühlen. Und auf der anderen Seite werden Fähigkeiten und Kompetenzen zum Ausprobieren veränderter Umgehens- und Verhaltensweisen dann besonders gefördert, wenn vielfältige Handlungs- und soziale Erprobungsräume zur Verfügung stehen. Das gilt allerdings nicht nur für Zugehörigkeiten zu solchen Cliquen und Freundeskreisen, die mehr oder weniger unverbunden nebeneinander stehen. Sondern das gilt ebenso für diejenigen, die sich überlappen oder die gar Teilgruppierungen innerhalb größerer Gruppierungen darstellen. Zu denken wäre da etwa an das Vorhandensein reiner Mädchensubsysteme innerhalb von heterogenen Cliquen, in denen die gleichen Mädchen – als dritte Ebene – teilweise in Paarbeziehungen leben. Oder eine andere Ebene stellen Vernetzungen von Cliquen innerhalb größerer jugendkultureller Szenen dar oder innerhalb eines lokalen Zusammenhanges, wo aufgrund der sozialräumlichen Nähe über jugendkulturelle Unterschiede oder Grenzen hinweg nach wie vor soziale Kontakte gepflegt und genutzt werden können (vgl. dazu insgesamt: Kühnel und Matuschek 1995; Albrecht et al. 2007; Alisch und Wagner 2006).

Cliquenorientiert zu arbeiten heißt zusammenfassend vor allem:

1. Anfangen, wo die Clique steht ... und sich mit ihr in Bewegung setzen.
2. Die subjektive Relevanz und Funktion der Clique für die Jugendlichen wahrnehmen und erst nehmen – aber auch die subjektiven und die von außen diagnostizierten Grenzen.
3. Die Leistungsfähigkeiten und Stärken der Clique als selbstorganisiertes soziales Netz wahrnehmen, schätzen, ausbauen und nutzen.
4. Die subjektive Einschätzung der Stärken und Schwächen ihrer Clique durch die Jugendlichen wichtig nehmen.
5. Die jeweilige jugendkulturelle Ausrichtung der Clique als Bemühen um subjektgeleitete gesellschaftliche Teilhabe begreifen.
6. Einmischungen von außen und Konfrontation mit anderen Sichtweisen nicht ausschließen, sondern als zentralen Bestandteil von Ernst-Nehmen verstehen.
7. Die Clique als soziale Basis sehen, ... ohne aber alles im Cliquenverbund (mit allen) angehen und bewältigen zu wollen.
8. Auch mit einzelnen, mit Paaren oder mit Teilgruppen überall da arbeiten, wo die jeweiligen Jugendlichen und die Pädagoginnen und Pädagogen das als sinnvoll ansehen (also nicht Cliquenorientierung übersetzen mit: nur im Cliquenverbund arbeiten!)
9. Förderung möglichst vielfältiger sozialer Vernetzungen mit und neben der Cliqueneinbindung.

10. Optionen offen halten oder entfalten, sich von ihr bei Bedarf auch abgrenzen oder absetzen zu können.

Cliquenorientierte Offene Kinder- und Jugendarbeit ist letztlich – jenseits aller konventionellen Handlungsprinzipien von Jugendarbeit – erst mal und vor allem

- sozialräumliche Jugendarbeit,
- beziehungsorientierte Jugendarbeit,
- lebensweltorientierte/einmischungsorientierte Jugendarbeit.

Sozialräumlich ist cliquenorientierte Jugendarbeit anzulegen, da Cliquen sich jeweils ihre Orte suchen müssen, an denen sie unter sich sein können – und damit immer leichter mit der Umwelt in Konflikt geraten. Das fängt an bei konkurrenzhaften Konflikten um vorhandene Jugendeinrichtungen und deren Räumlichkeiten, ist aber vor allem ein immer gravierenderes Problem in den Alltagswelten von Jugendlichen. Denn wir haben in den letzten Jahren in einem ganz rapiden Tempo eine Funktionalisierung von Umwelt in dem Sinne erlebt, das Multifunktionalität zugunsten von Monofunktionalität breitflächig verschwand – selbst auf dem Lande. Vor ein, zwei Generationen war es noch üblich, dass sich Kinder und Jugendliche, auch in größerer Zahl, an vielen Orten treffen konnten, auf der Straße, auf Gewerbegrundstücken, auf Privatgrundstücken, auf zeitweise ungenutzten Flächen. Erwachsene schritten erst dann ein, Ärger gab es meist erst dann, wenn sie dort etwas anstellten. Heute reicht ganz oft schon allein die Tatsache, dass mehr als vier, fünf Kinder oder Jugendliche irgendwo zusammen sind, dafür aus, dass irgendwelche Erwachsene sich genötigt sehen zu intervenieren. Denn, so heißt es, sie gehören nicht auf die Straße, nicht vors Einkaufszentrum, nicht auf das Abstandsgrün zwischen den Wohnblocks und erst recht nicht in die ökologische Schutzzone. Nun gibt es zwar viele Kinder und Jugendliche, die sich nicht gleich überall vertreiben lassen oder die gar immense Fähigkeiten entwickeln, sich solchen Versuchen erfolgreich zu widersetzen. Solche Fähigkeiten machen ja geradezu zum immer größeren Teil Auffälligkeiten von Jugendlichen aus. Aber auch für diejenigen Jugendlichen, die einfach nicht wegzukriegen sind von ihren Treffpunkten, ist dieses Raum-Verteidigen immer wieder eine höchst stressige und aufreibende Angelegenheit. Entsprechend wird das Anbieten von Räumen oder auch nur das Bemühen, informelle Treffpunkte besser zu schützen und abzusichern, von Cliquen durchweg als immens attraktives Angebot empfunden. Das Bedürfnis nach Raum erweist sich in der Praxis immer wieder als das erste zentrale Problem, über das sich Kontakt zu Cliquen herstellen und aufbauen lässt, „an die Jugendarbeit bislang nicht rankam" (vgl. dazu Krafeld et al. 1993, S. 49–62).

Andererseits werden Jugendeinrichtungen sehr häufig geplant, „um Jugendliche von der Straße zu holen", nicht vorrangig, um ihnen etwas zu bieten. Jugendeinrichtungen sollen den durchfunktionalisierten Erwachsenenwelten die störenden Kinder und Jugendlichen wegholen, mit einer Staubsauger-Pädagogik in Restzonen bringen, in die einzig verbliebenen Orte im Stadtteil, an denen sie sich dann noch legitimerweise aufhalten dürfen – und die sie dann freilich teilen sollen mit allen möglichen Gleichaltrigen, mit denen sie vielleicht gar nicht zusammen sein wollen. Solche Ghettoisierungsabsichten stehen dem – von Erwachsenen umgekehrt ja durchweg ebenfalls selbstverständlich in Anspruch genommenen – Bedürfnis entgegen, nicht auch noch in der Freizeit mit solchen Leuten zusammen sein zu wollen, die „man eigentlich überhaupt nicht abkann", „auf die man eigentlich überhaupt keinen Bock hat" oder „vor denen man endlich mal seine Ruhe haben will".

Cliquen in Jugendeinrichtungen sind dann häufig solche,

- die sich entweder als sehr dominant und bestimmend eine Jugendeinrichtung oder Teile von ihr als ihren exklusiven Ort angeeignet haben (einrichtungsbeherrschende Cliquen), oder
- sind umgekehrt diejenigen, die sich relativ konfliktarm in einer Jugendeinrichtung aufhalten können, sich bislang nicht trauen oder es nicht geschafft haben, sich andere Territorien anzueignen (z. B. Kinder und insbesondere Mädchen), oder
- sind schließlich diejenigen, die eine Jugendeinrichtung als geschützten „Stützpunkt" (so Hans Thiersch) nutzen, um von dort aus erst einmal mehr und mehr Expeditionen zur Erschließung und Aneignung weit riskanterer Umwelten zu unternehmen (vor allem jüngere Jugendliche).

Gegenüber den letztgenannten Gruppierungen erscheint die weit verbreitete Praxis in der Offenen Kinder- und Jugendarbeit geradezu als absurd, die Betreuung von Cliquen nur bis an die Türe der Einrichtung reichen zu lassen. Gerade solche Jugendlichen brauchen es, dass sie auch an und mit ihren neu angeeigneten Orten angenommen und ernst genommen werden – ohne dass dabei gleichzeitig ein Versuch erfolgt, solche neuen Orte (sei es im Park, an einem Bunker, in einem Einkaufszentrum oder unter einer Brücke) gleich wieder pädagogisch kolonisieren zu wollen. Hinausreichende Arbeit ist ein für solche Ansätze in Mode gekommener Begriff, die die Arbeit in Jugendeinrichtungen mit aufsuchenden Anteilen für Cliquen zu verbinden suchen, sei es für Cliquen, die sich schrittweise vom Haus lösen, die sich vom Haus gelöst haben – oder sei es für solche, die die bestehende Einrichtung niemals aufsuchen würden, für jugendarbeiterische Betreuung an ihren Orten aber durchaus zugänglich sind.

Nimmt man die Ursachen des Bedeutungszuwachses von Cliquen ernst, so ist cliquenorientierte Jugendarbeit letztlich primär als Beziehungsarbeit gefordert, in der sich Jugendarbeiterinnen und Jugendarbeiter nicht nur in ihrer Rolle und Funktion, sondern authentisch als Personen zeigen und einbringen, die Interesse für diese Jugendlichen aufbringen. Die Bedeutung dieses personalen Angebots wird immer wieder immens unterschätzt. Für auffällige Kinder- und Jugendcliquen reduzieren sich Außenkontakte mit Erwachsenen nicht selten weitestgehend auf interventions- und konfliktgeleitete Kontakte. Und die, die brav und unauffällig sind, laufen vielleicht gar Gefahr, überhaupt nicht wahrgenommen und beachtet zu werden. Was etwa in der Arbeit mit rechten Jugendcliquen gängige Erfahrung ist, dass nämlich die Jugendlichen fast durchgängig sagen „Für uns hat sich noch nie jemand interessiert" oder „Mir hat noch nie jemand zugehört", scheint auch für immer mehr „normale", weniger oder unauffällige Jugendliche zu gelten. Entsprechend große Bedeutung messen Cliquenjugendliche immer wieder der Tatsache bei, wenn Erwachsene sich für sie interessieren und sich um sie kümmern – nicht nur bezogen auf das, was sie an den Jugendlichen stört. Was Jugendliche dann allerdings von solchen Erwachsenen erwarten, ist nicht, dass diese – nach pädagogischen Konzepten – das Cliquenleben in die Hand nehmen, es leiten und bestimmen und auf „sinnvolle" Pfade führen, sondern dass sie das von den Jugendlichen selbstinszenierte Cliquenleben ein Stück weit begleiten, die Jugendlichen unterstützen bei ihren oft schwierigen und gewundenen Wegen der Alltags- und Lebensbewältigung. Dieses Begleiten schließt Anregung, Austausch und Beratung ein, auch Kritik, personal geleitete Konfrontation und Empörung, aber nicht die Übernahme von Leitung und Verantwortung!

In der Arbeit mit extrem auffälligen Jugendcliquen wird diese personale Beziehungsarbeit immer häufiger ausdrücklich thematisiert und wichtig genommen, weil sonst oft überhaupt keine Arbeitsebene mit den entsprechenden Jugendlichen herzustellen ist. Der dort formulierte Anspruch „Zuhören ist anfangs das wichtigste" – nicht selbst reden zu wollen, sondern „da sein, einfach da sein", nicht das Geschehen selbst in die Hand nehmen zu wollen – gilt aber letztlich auch für die Arbeit mit unauffälligen Cliquen. Nur lassen solche es eher geschehen, dass sich personale Angebote primär über Aktivitätenangebote vermitteln – oder auch darauf weitgehend reduzieren oder dahinter fast verbergen.

Cliquenorientierte Jugendarbeit hat es mit Jugendlichen zu tun, die in selbstgeschaffenen sozialen Vernetzungen aktiv handelnd auf ihre erfahrenen Lebenslagen reagieren – wie auch immer. Ihre Zusammenschlüsse sind sehr direkt und unmittelbar lebensweltbezogen entstanden und lebendig. Entsprechend wichtig ist mit ihnen eine lebensweltorientiert angelegte Jugendarbeit. Das beginnt meist mit Konflikten um informelle Treffpunkte – und seien es informelle Treffpunkte in einer Jugendeinrichtung, am Kicker, auf der Empore im Café, als privilegierte Disco-Gruppe im Technikraum der Disco oder z. B. im Eingangsbereich des Hauses. Hier sind oft Konfliktbegleitung und Konfliktberatung gefragt. Das ist allerdings etwas sehr viel anderes als Konfliktbewältigung und Konfliktlösung, die sozialer Arbeit oft als Aufgabe zugeschoben werden (besonders, wenn es um Konflikte zwischen Jugendlichen und Erwachsenen geht), die aber letztlich immer Angelegenheit der Beteiligten sind und bleiben müssen. Die zum Beispiel von Nachbarn, von Trägern und von den Gemeinden so häufig angezielten Krisensitzungen unter weitgehendem oder völligem Ausschluss der einen Konfliktpartei, der Jugendlichen, versuchen dagegen immer wieder, Sozialarbeit stellvertretend verantwortlich zu machen. Lässt sich Sozialarbeit stellvertretend in solche „Angeklagtenrollen" treiben – und sie lässt sich allzu oft! –, so macht sie sich letztlich handlungsunfähig. Denn dann lässt sie sich auf Ebenen unter Handlungszwang setzen, auf denen sie tatsächlich das Handeln nicht in der Hand hat.

Die lebensweltorientierte infrastrukturelle Arbeit setzt sich fort in Bestrebungen zur Vernetzung und Kooperation mit all denjenigen Institutionen, Einrichtungen und Organisationen, mit denen die Jugendlichen in ihrem Umfeld in relevanter Weise zu tun haben – seien es Schule, Jugendamt, Sozialamt, Jobcenter, Polizei, Drogenberatung, Spielplatz, Einkaufszentrum, Nachbarschaft u. ä. Ganz zentraler Schritt von Vernetzungsarbeit ist dabei zumeist zuerst, daran zu arbeiten, dass die Jugendlichen nicht mehr so sehr durch jeweils spezifische Brillen – nur als Schulstörer, als Randalierer, als Straftäter – wahrgenommen werden, sondern komplexere Bilder von den Jugendlichen in ihren Lebenswelten entstehen. Geradezu ideal ist es, wenn es Sozialarbeiterinnen und Sozialarbeitern dann in der Arbeit mit Jugendcliquen gelingt, in deren Umfeld als die besten Kenner dieser Jugendlichen anerkannt und gefragt zu sein und als Experten für die Lebenssituationen Jugendlicher gelten.

37.5 Zielgruppen cliquenorientierter Offener Kinder- und Jugendarbeit

Zielgruppen cliquenorientierter Jugendarbeit können also letztlich alle Jugendlichen sein, die sich in Cliquen organisieren. Immens verkürzt jedenfalls wäre es, dabei nur solche Jugendcliquen im Blick zu haben, die

- von anderen Angeboten von Jugendarbeit nicht erreicht werden,
- sich an öffentlichen Plätzen zeigen, wo sie unerwünscht sind,
- besonders auffälliges oder anstoßerregendes Verhalten zeigen,
- polizeilich auffällig werden.

Gerade bei Jugendlichen, die von konventionellen Angeboten von Jugendarbeit erreicht werden, wird häufig übersehen, wie sehr auch für diese ihre cliquenmäßigen Einbindungen und Orientierungen eine Rolle spielen und gestaltend wirken. Entsprechend werden damit viele Chancen vertan, bestehende Formen von Jugendarbeit weiterzuentwickeln und zu effektivieren. Wohl deutlichstes Beispiel dafür ist die Situation ehrenamtlicher Mitarbeit von Jugendlichen in der Jugendarbeit: Seit langem gilt als ein zentrales Problem, besonders in der Jugendverbandsarbeit, dass es viel zu wenige ehrenamtliche Mitarbeiterinnen und Mitarbeiter gibt und die vorhandenen oft nach kurzer Zeit wieder aufhören. Betrachtet man, welche Jugendlichen länger durchhalten, so zeigt sich, dass das vornehmlich zwei Gruppierungen sind: Zum einen sind das Jugendliche, die ihre zentralen Kontakte und Beziehungen im Feld ihrer ehrenamtlichen Tätigkeit haben. Für sie macht die ehrenamtliche Tätigkeit einen wesentlichen Teil eines Cliquenlebens aus, das sich informell in diesen Strukturen entwickelt hat. Und die zweite Gruppe besteht aus Leuten, die eher vereinzelt sind, Schwierigkeiten mit sozialen Kontakten und der eigenen Alltags- und Lebensbewältigung haben und in der ehrenamtlichen Tätigkeit die Anerkennung und den Halt suchen, die sie sonst nicht finden. Für den Träger, die Einrichtung, den Verband haben Mitarbeiterinnen und Mitarbeiter aus dieser zweiten Gruppierung allerdings meist eine weniger große Bedeutung. Daraus ergibt sich, dass zum „Anwerben" und längerfristigen „Einbinden" Jugendlicher als ehrenamtliche Mitarbeiterinnen und Mitarbeiter die Wahrnehmung von deren Cliquenbezügen ungemein wichtig ist.

Oder Jugendarbeit versucht immer wieder, vor allem im Sinne des traditionellen Anspruchs von Jugendverbandsarbeit, Jugendliche zu organisieren. Dabei bleibt oft unbeachtet oder wird allenfalls als Störfaktor wahrgenommen, dass die anvisierten Jugendlichen in aller Regel nicht als einzelne Individuen da sind, sondern sich in Cliquenzusammenhängen bewegen. Sich dann durch Pädagoginnen und Pädagogen neu organisieren zu lassen, kann dann ganz leicht zu Bedürfnis-, Interessen- und Loyalitätskonflikten mit der bestehenden Organisierung in der bisherigen Clique führen. Gerade Frauen, die Erfahrungen mit Mädchengruppenarbeit haben, können von diesem dauernden Dilemma ein (Klage-) Lied singen. Interpretiert wird dieses Dilemma allerdings ganz häufig ausschließlich auf der Ebene, dass es so schwer sei, den Mädchen Zeiten ohne Jungen attraktiv zu machen.

Literatur

Alisch, L. M., & Wagner, J. (Hrsg.). (2006). *Freundschaften unter Kindern und Jugendlichen. Interdisziplinäre Perspektiven und Befunde*. Weinheim.

Albrecht, P. G., Eckert, R., Roth, R., Thielen-Reffgen, C., & Wetzstein, T. (2007). *Wir und die anderen: Gruppenauseinandersetzungen Jugendlicher in Ost und West*. Wiesbaden.

Krafeld, F. J. (1992). *Cliquenorientierte Jugendarbeit. Grundlagen und Handlungsansätze*. Weinheim.

Krafeld, F. J. (1996). *Die Praxis akzeptierender Jugendarbeit. Konzepte, Erfahrungen, Analysen aus der Arbeit mit rechten Jugendcliquen*. Opladen.

Krafeld, F. J. (1999). Cliquenorientierte Arbeit mit zugewanderten Jugendlichen – unter besonderer Berücksichtigung von Aussiedlerjugendlichen. *deutsche jugend, 47*, 13–20.

Krafeld, F. J., Möller, K., & Müller, A. (1993). *Jugendarbeit in rechten Szenen. Ansätze – Erfahrungen – Perspektiven*. Bremen.

Krüger, H. H., Köhler, S. M., Zschach, M., & Pfaff, N. (2008). *Kinder und ihre Peers. Freundschaftsbeziehungen und schulische Bildungsbiographien*. Opladen.

Kühnel, W., & Matuschek, I. (1995). *Gruppenprozesse und Devianz. Risiken jugendlicher Lebensbewältigung in großstädtischen Monostrukturen*. Weinheim.

Scherr, A. (2010). Cliquen/informelle Gruppen: Strukturmerkmale, Funktionen und Potentiale. In M. Harring, O. Böhm-Kasper, C. Rohlfs, & C. Palentien (Hrsg.), *Freundschaften, Cliquen und Jugendkulturen. Peers als Bildungs- und Sozialisationsinstanzen* (S. 73–90). Wiesbaden.

Thole, W. (2000). *Kinder- und Jugendarbeit. Eine Einführung*. Weinheim.

Medien- und Kulturarbeit in der Offenen Kinder- und Jugendarbeit

38

Johannes Fromme

Medien- und Kulturarbeit ist eine Sammelbezeichnung für vielfältige Inhalte und Arbeitsformen. Musische und gestalterische Angebote gehören dazu, aber auch Spiel- und Zirkusaktionen, Foto- und Filmprojekte oder Tanz- und Theaterwerkstätten – um nur einige Beispiele zu nennen. Es handelt sich also nicht um einen klar umrissenen konzeptionellen Ansatz, sondern um einen breit angelegten Aufgabenbereich, der zudem nicht auf den Bereich der Offenen Kinder- und Jugendarbeit beschränkt ist. Medien- und Kulturarbeit ist vielmehr eine Querschnittsaufgabe von wachsender gesellschaftlicher Bedeutung für schulische wie außerschulische Handlungsfelder. Doch was verbindet die verschiedenen hier versammelten Themen und Angebote? Oder anders gefragt: Warum ist es gerechtfertigt, sie unter einem Label zusammenzufassen? Schauen wir uns dazu die beiden Bausteine unserer Sammelbezeichnung etwas genauer an.

38.1 Medienarbeit

Der Begriff der Medienarbeit ist isoliert nicht sehr gebräuchlich, aber in der Medienpädagogik gilt die *aktive Medienarbeit* als ein wichtiger methodischer Ansatz einer modernen, handlungsorientierten Medienpädagogik (Schell 2003). Auch Bezeichnungen wie Jugendmedienarbeit tauchen in diesem Zusammenhang gelegentlich auf (z. B. Röll 2008). Der Grundgedanke der handlungsorientierten Medienpädagogik ist es, den Menschen die erforderlichen Fähigkeiten, Fertigkeiten und Kenntnisse für einen selbstbestimmten, kritischen und produktiven Umgang mit technischen Medien zu vermitteln. Dafür hat sich zunächst im wissenschaftlichen Diskurs, später auch in der pädagogischen Praxis und in

Prof. Dr. Johannes Fromme ✉
Institut für Erziehungswissenschaft, Otto-von-Guericke-Universität Magdeburg, Zschokkestr. 32, 39104 Magdeburg, Deutschland
e-mail: jfromme@ovgu.de

der Politik, der Begriff der *Medienkompetenz* als Leitkategorie durchgesetzt (Baacke 1996; Schorb 2005; Hugger 2008). Die aktive Medienarbeit ist gerade im außerschulischen Bereich die bevorzugte Form, in der die handlungsorientierte Medienpädagogik praktisch umgesetzt wird. Die leitende Annahme dabei ist, dass die Zielsetzung, „aus bloßen Medienkonsumenten auch Medienproduzenten zu machen" (Schell 2005, S. 9), nur im Rahmen einer aktiv-gestaltenden und lebensweltorientierten Auseinandersetzung mit Medien bearbeitet werden kann. Mit der Hinwendung zur aktiven Medienproduktion werden pädagogische Ansätze überwunden, bei denen Medien lediglich zum Gegenstand einer rezeptiv-analytischen Auseinandersetzung gemacht wurden.

Der Ansatz der aktiven Medienarbeit (wie die handlungsorientierte Medienpädagogik insgesamt) kann von der Entstehung her als pädagogische Antwort auf eine durch *Massenmedien* geprägte Öffentlichkeit und auf einen durch Massenmedien geprägten Medienalltag verstanden werden. Massenmedien beruhen auf dem Prinzip, dass wenige Sender sich über technische Medien mit ihren Botschaften (z. B. zum Zwecke der Information, Unterhaltung oder Werbung) an ein anonymes Massenpublikum wenden. Damit haben massenmedial verbreitete Botschaften einen erheblichen Einfluss auf die öffentliche Meinung, der auch zur Manipulation missbraucht werden kann. Um diese Gefahr zu reduzieren, sind verschiedene Instrumente und Maßnahmen zur Regulierung und Kontrolle der Medien etabliert worden (vgl. z. B. http://www.programmbeschwerde.de/aufsichtsbehoerden)[1]. Auch der gesetzliche Jugendmedienschutz, der u. a. besondere Regelungen für den Zugang Minderjähriger zu Filmveranstaltungen und zur Altersfreigabe verschiedener Trägermedien umfasst, gehört in diesen Kontext. Der Jugendmedienschutz versucht dem Umstand Rechnung zu tragen, dass Kinder und Jugendliche erst nach und nach die kognitiven, emotionalen und sozialen Voraussetzungen erwerben, um z. B. Gewalt darstellende Medieninhalte angemessen verarbeiten zu können. Während der gesetzliche Jugendmedienschutz (wie die Medienregulierung insgesamt) sich primär an die Akteure im Medienbereich richtet (z. B. Produzenten, Vertreiber und Verkäufer), setzt die handlungsorientierte Medienpädagogik vor allem bei den Mediennutzern an.[2] Sie will die Nutzer – insbesondere die heranwachenden – in die Lage versetzen, massenmediale Botschaften zu verstehen und kritisch zu hinterfragen, und zwar durch aktive Medienarbeit.

Die Welt der Medien hat sich in den letzten zwei Jahrzehnten mit der Verbreitung des Internet und anderer digitaler Technologien aber stark verändert. „Insgesamt sind die Grenzen zwischen einzelnen Medienarten wie auch zwischen verschiedenen Kommunikationsarten und -formen im Zuge der Etablierung neuer Medien fließender geworden" (Six et al. 2007, S. 25). Wir haben es also nicht mehr nur mit klassischen Massenmedien zu tun, sondern mit neuen Medienkonstellationen, bei denen Mediennutzer z. B. mit digitalen Medien

---

[1] Bei allen im Text erwähnten Internetseiten erfolgte der letzte Zugriff Anfang September 2011. Auf die einzelne Nennung des Zugriffsdatums wird hier verzichtet.
[2] Im Text werden zur besseren Lesbarkeit nur männliche Funktionsbezeichnungen verwendet. Sofern das Geschlecht der Personen nicht ausdrücklich thematisiert wird, sind immer weibliche und männliche Personen gemeint.

interagieren (z. B. bei Computerspielen), sich über neue Medien öffentlich zu Wort melden (z. B. in Foren oder Weblogs) oder eigene Filme, Fotos oder Texte veröffentlichen können (z. B. bei youtube.com, myvideo.de, flickr.com, blog.de). Damit ergibt sich auch für die aktive Medienarbeit eine veränderte Ausgangssituation und Ausrichtung. Das Leitbild der Medienkompetenz kann nicht mehr (primär) der kritische Rezipient sein, der versteht und durchschaut, wie Massenmedien arbeiten, wie sie Bedeutung herstellen und versuchen ihn zu beeinflussen, wie sie organisiert sind und wie er selbst sie klug nutzen kann. Das Leitbild angesichts der digitalen und vernetzten Medienkultur ist heute eher der selbstbewusste Mediennutzer, der in der Lage ist, die vielfältigen kommunikativen und partizipativen Potentiale der neuen Medienkultur (Jenkins et al. 2006) zwischen on- und offline aktiv, flexibel und reflektierend zu nutzen. Inwieweit sich dieses neue Leitbild bereits in allen Bereichen der Medienpädagogik und Medienpolitik durchgesetzt hat, ist allerdings eine andere Frage.[3]

38.2 Kulturarbeit

Der Begriff der Kulturarbeit bezieht sich ebenfalls auf praktische und aktive Formen der Auseinandersetzung mit Kultur und kann somit von Kulturkonsum bzw. Kulturrezeption abgegrenzt werden. Die Kultur & Art Initiative e.V. in Detmold formuliert ihre Zielstellung beispielsweise wie folgt: „Wir wollen dem passiven Kulturkonsum mit aktiver Kulturarbeit entgegenwirken. Deshalb bieten wir den TeilnehmerInnen unserer Veranstaltungen kreative und projektorientierte Angebote" (http://www.hangar-21.eu/hangar-21-kulturfabrik/projekte-partner/kultur-art-initiative-ev/). Mit der Zusammenführung von Kultur und *Arbeit* (zu Kulturarbeit) wird aber nicht nur ein aktiver Zugang zur Kultur angezeigt, sondern auch ein spezifisches Kulturverständnis. Die Geschichte der Kulturarbeit ist noch nicht geschrieben, aber sie scheint eng verbunden mit jenem erweiterten Kulturverständnis, das sich vor dem Hintergrund von Studentenbewegung und Alternativbewegung seit den 1970er-Jahren entwickelt hat und zunehmend auch für die Kulturpolitik maßgebend geworden ist (Nahrstedt et al. 1990, S. 27). Ein wichtiger Vertreter dieser neuen Kulturpolitik war der langjährige Nürnberger Kulturdezernent Hermann Glaser (z. B. Glaser und Stahl 1974, 1983), der seinerzeit forderte, dass jegliche Kultur *Soziokultur* sein sollte. Damit war auf der einen Seite eine Demokratisierung von Kultur angestrebt, also die Vision, durch stadtteilorientierte Angebote (z. B. in soziokulturellen Zentren) Kultur allen Bevölkerungsschichten zugänglich zu machen (Kultur für alle). Auf der anderen Seite ging es um eine Erweiterung des bürgerlichen Kulturbegriffs, der auf traditionelle Künste bzw. „hochkulturelle" Ausdrucksformen beschränkt blieb, in Richtung auf vielfältige selbstbestimmte und kreative Formen des ästhetischen Ausdrucks und der Alltagskultur (Kultur

---

[3] Die Frage nach der Reichweite der Konzepte der Medienkompetenz wird in jüngster Zeit vor allem in Relation zum Konzept der Medienbildung diskutiert (z. B. Fromme und Jörissen 2010; Moser et al. 2011).

von allen), was wiederum auf den Aspekt des Selbermachens verweist. Dem traditionellen Kulturverständnis wurde vorgeworfen, es sei „losgelöst von den sozialen und politischen Lebensbedingungen" und diene so „der Stabilisierung und Absicherung der bürgerlichen Herrschaft" (Nahrstedt et al. 1990, S. 28). Im Unterschied dazu steht der Begriff der Soziokultur für ein Kulturverständnis mit starkem Gesellschaftsbezug. Ähnlich kritisch wurde im Übrigen der Bildungsbegriff gesehen, im Bereich der Soziokultur war daher nicht von kultureller Bildung, sondern eben von Kulturarbeit die Rede. Allerdings spielen diese Abgrenzungen von Kunst und/oder Bildung heute kaum mehr eine Rolle. Die Bundesvereinigung Soziokultureller Zentren e.V. schreibt auf ihrer Webseite z. B.: „Soziokultur ist ausgerichtet auf eine enge Verknüpfung des Alltagslebens der Menschen mit Kunst und Kultur und bietet mehr als eine ‚reine' elitäre Kunstförderung. Sie verkörpert andererseits aber keine Bewegung gegen die Kunst, sondern setzt auf die Verbesserung der Lebens- und Arbeitsbedingungen der Menschen mit künstlerischen und kulturellen Mitteln" (http://www.soziokultur.de/bsz/node/17).

Parallel zu den skizzierten Erneuerungen im Bereich der Kulturpolitik und der Soziokultur hat sich auch eine Kinder- und Jugendkulturarbeit mit eigenem Profil entwickelt, die seit den 1990er Jahren als eigenes Handlungsfeld im Überschneidungsbereich von Bildung, Jugendhilfe und Kultur gilt (vgl. Ministerium für Arbeit, Gesundheit und Soziales/Kultusministerium des Landes NRW 1994). Ihr geht es um die Verknüpfung der Alltags- und Lebenserfahrungen von Kindern und Jugendlichen mit ästhetischen Handlungsformen unter der Perspektive des vielfältigen kulturellen Lernens bzw. der kulturellen Bildung. Diese Lern- und Bildungsprozesse sollen durch Kinder- und Jugendkulturarbeit angeregt, professionell unterstützt und fachlich begleitet werden, und ein wichtiger Akteur in diesem Handlungsfeld ist die Offene Kinder- und Jugendarbeit.

38.3 Medien- und Kulturarbeit

Eine Verbindung von Medienarbeit und Kulturarbeit lässt sich zunächst so denken, dass technische Medien und Medienwelten ein wichtiger Teil der Alltagskultur gerade von Kindern und Jugendlichen sind und somit in das Blickfeld der Kinder- und Jugendkulturarbeit geraten. Dies würde besonders für aktive, produktive oder ästhetisch-künstlerische Formen der Arbeit mit Medien gelten, also z. B. Video-, Foto- oder Internetprojekte, die problemlos unter dem Label „Kulturarbeit" laufen können. Aus dieser Perspektive wäre Medienarbeit ein Teilbereich der Kinder- und Jugendkulturarbeit, dessen Stellenwert in den letzten Jahren freilich gestiegen ist (vgl. Ministerium für Arbeit, Gesundheit und Soziales/Kultusministerium des Landes NRW 1994, S. 64). Diese Ein- und Unterordnung wird allerdings der (aktiven) Medienarbeit, wie sie in der Medienpädagogik verankert ist, nicht gerecht. Vor dem Hintergrund der kurz skizzierten eigenständigen Entwicklungsgeschichte in Theorie und Praxis wird hier folglich von *gleichberechtigten* Ansätzen ausgegangen, die nicht ineinander überführbar sind, auch wenn sie große Überschneidungsbereiche und manche Ähnlichkeiten aufweisen.

Aufs Ganze gesehen ist *Kulturarbeit* mit Kindern und Jugendlichen ohne Berücksichtigung der Medien kaum denkbar, weil sie die gesamte Alltagskultur durchdringen und für die Heranwachsenden oft eine sehr große Bedeutung haben. Auf der anderen Seite geht es in der aktiven *Medienarbeit* immer auch darum, die besonderen Ausdrucks- und Kommunikationsmöglichkeiten bestimmter Medien kennen und nutzen zu lernen. Diese ästhetisch-gestalterische Komponente steht nicht in jedem Fall im Mittelpunkt (Röll 2008), aber insgesamt gesehen kommt Medienarbeit ohne Berücksichtigung der kulturell-ästhetischen Dimension nicht aus. Es liegt insofern nahe, Medien- und Kulturarbeit gerade in der nicht curricular strukturierten außerschulischen Bildungsarbeit als einen Arbeits- und Aufgabenbereich zusammenzufassen, ohne die Eigenarten und Besonderheiten beider Ansätze aufzugeben.

38.3.1 Ziele, Hintergründe und Begründungen

Ganz allgemein gesprochen, geht es in der Pädagogik darum, die Menschen beim Erwerb jener Kenntnisse, Fähigkeiten und Fertigkeiten zu unterstützen, die sie benötigen, um am gesellschaftlichen Leben aktiv, selbstbestimmt und sozial verantwortlich teilhaben und teilnehmen zu können. Weil wir Menschen in eine kulturelle Welt hineingeboren werden, die sich zudem ständig verändert, ist das eine sehr komplexe Aufgabenstellung, an der von der Familie über die Schule und außerschulische Einrichtungen bis hin zu Unternehmen und Trägern der Weiterbildung viele unterschiedliche gesellschaftliche Akteure mitwirken.

Im Kinder- und Jugendhilfegesetz wird die Aufgabenstellung für die Jugendarbeit ganz im Sinne der aktiven sozialen Teilhabe formuliert: „Jungen Menschen sind die zur Förderung ihrer Entwicklung erforderlichen Angebote der Jugendarbeit zur Verfügung zu stellen. Sie sollen an den Interessen junger Menschen anknüpfen und von ihnen mitbestimmt und mitgestaltet werden, sie zur Selbstbestimmung befähigen und zu gesellschaftlicher Mitverantwortung und zu sozialem Engagement anregen und hinführen" (KJHG, § 11, Abs. 1). Zu den sechs ausdrücklich genannten Schwerpunkten der Jugendarbeit gehört die „außerschulische Jugendbildung mit allgemeiner, politischer, sozialer, gesundheitlicher, kultureller, naturkundlicher und technischer Bildung (ebd., Abs. 3).

Es liegt nahe, die Medien- und Kulturarbeit diesem Schwerpunkt zuzuordnen (Exner und Schmidt-Apel 2005, S. 197 f.), weil die kulturelle Bildung dort ausdrücklich mit aufgeführt wird. Dies ist bereits eine gute Arbeits- und Rechtsgrundlage, allerdings ist die Medien- und Kulturarbeit darauf keineswegs beschränkt, wie an einigen Beispielen (hier mit dem Fokus auf Medien) gezeigt werden kann. Medienarbeit kann z. B. einen Beitrag zur technischen Bildung leisten, denn im aktiven Umgang mit moderner Medientechnik können sowohl praktische Kompetenzen als auch ein erweitertes Verständnis für technische Prozesse und die Bedeutung von Technik für unser Leben erworben werden. Hinzu kommt, dass wir es heute überwiegend mit digitalen Medien zu tun haben, die auf der Computertechnologie basieren. Diese Technologie weist als Schlüsseltechnologie über den Bereich der Medien hinaus, und insofern kann ihr auch in der technischen Bildung eine

Schlüsselrolle zugewiesen werden. Die aktive Medienarbeit bietet weiterhin für den Bereich der politischen Bildung einen interessanten Zugang. Politik und politische Kommunikation sind in modernen Gesellschaften eng mit den Medien und medialen Ästhetisierungsstrategien verbunden. Aktive Medienarbeit zielt auch darauf, Kindern und Jugendlichen (themenbezogen) die Teilnahme an der medial vermittelten öffentlichen Kommunikation zu ermöglichen. Dafür haben sich mit dem Internet heute vielfältige neue Möglichkeiten eröffnet, die pädagogisch bisher kaum erschlossen worden sind. Da technische Medien zunehmend alle Bereiche des gesellschaftlichen Lebens durchdringen, somit von einer Mediatisierung der Gesellschaft gesprochen werden kann (Krotz 2007), wird Medienbildung zu einer Querschnittsaufgabe, der sich kein Bereich der Pädagogik mehr verschließen kann (http://www.keine-bildung-ohne-medien.de/). Umgekehrt können über die aktive Medienarbeit für Kinder und Jugendliche Zugänge zu vielfältigen gesellschaftlichen Bereichen eröffnet werden. Die kulturelle Bildung kann in ganz ähnlicher Weise als Querschnittsaufgabe aufgefasst werden, denn hier „überschneiden sich kulturpädagogische Gegenstandsbereiche mit den sozialen, politischen, religiösen, nationalen Lebenswelten ihrer Adressaten, vorrangig der Kinder und Jugendlichen" (Zacharias 2001, S. 20). Insofern sind kulturelle Bildung und Medienbildung als Teile einer Allgemeinen Bildung zu verstehen und können nicht darauf reduziert werden, die Aneignung gegebener Kulturgüter oder Medienprodukte zu unterstützen.

Eine starke Begründung für Medien- und Kulturarbeit besteht weiterhin darin, dass sie besonders gut an den Interessen der Heranwachsenden anknüpfen kann. Sehr wichtige Bereiche der Freizeitgestaltung sind im Jugendalter traditionell gesellige, sportliche und musikbezogene Beschäftigungen, wie die seit den 1960er-Jahren durchgeführten Shell-Jugendstudien zeigen. Es handelt sich offenbar um besonders identitätsrelevante Themen- und Handlungsbereiche in der (Kinder- und) Jugendkultur, wobei sich z. B. die Musik- oder Sportvorlieben im Detail natürlich verändert und in vielfältige Stile und Szenen ausdifferenziert haben (Ecarius und Fromme 2000; Ferchhoff 2011). Diese kulturellen Stile und Interessen können von der Jugendarbeit in der Kulturarbeit leichter aufgegriffen werden als etwa von der Schule. Im Bereich der Mediennutzung haben wir es mit grundlegenderen Veränderungen zu tun als in der übrigen Freizeitgestaltung. Heute gehören Medien wie Handy, Computer und Internet zur beinahe selbstverständlichen Geräteausstattung von Jugendlichen (und oft auch schon von Kindern), die ganz andere Nutzungsformen hervorgebracht haben als wir sie von traditionellen Massenmedien wie dem Fernsehen kennen (man denke etwa an Social Sharing-Portale wie Youtube, an Soziale Netzwerke wie Facebook oder an Crowdsourcing-Projekte wie http://www.thejohnnycashproject.com/). Basisdaten zur Veranschaulichung des Wandels der Mediennutzung bieten die seit 1998 bzw. 1999 regelmäßig vom Medienpädagogischen Forschungsverbund Südwest durchgeführten JIM- und KIM-Studien (kostenlos abrufbar auf www.mpfs.de). Herausgegriffen seien hier exemplarisch nur die Daten der JIM-Studien zum Handybesitz der 12- bis 19-Jährigen: Bei der ersten JIM-Studie 1998 gaben 8 % der (repräsentativ) Befragten an, ein eigenes Mobiltelefon zu besitzen, im Jahr 2000 waren es bereits 49 %, 2004 dann 90 % und nach der aktuellsten JIM-Studie von 2010 haben wir mit 97 % beinahe eine Vollversorgung erreicht (MPFS 2010). Die Entwicklungen im Bereich der Medien und der Mediennutzung sind für die Medien- und Kulturarbeit insofern wichtig, als mit den neuen Medien neue Möglichkeiten der Mitbestimmung und Mitgestaltung durch die Kinder und Jugendlichen verbunden sind, die von der Jugendarbeit aufgegriffen werden können. Da die praktischen Kompetenzen der Heranwachsenden nicht selten diejenigen der pädagogischen Mitarbeiter übersteigen, kann Mitgestaltung auch die Übernahme von Vermittlungs- und Tutorenaufgaben durch die Heranwachsenden umfassen.

38.3.2 Voraussetzungen und Ressourcen

Das Spektrum der Einrichtungen und Träger der Offenen Kinder- und Jugendarbeit ist breit (siehe auch die Teile XV und XII dieses Handbuchs), der Institutionalisierungsgrad ist dagegen vergleichsweise gering, wenn man als Maßstab eine Institution wie die Schule heranzieht. Vor diesem Hintergrund sind allgemeine Aussagen über die konkreten Rahmenbedingungen und Ressourcen für Medien- und Kulturarbeit in der Offenen Kinder- und Jugendarbeit schwierig. Jeder Einrichtungstyp stellt einen eigenständigen Typ von Lernumgebung mit spezifischen Merkmalen hinsichtlich der materiellen Ausstattung, der räumlichen Gestalt, der Handlungsmöglichkeiten und Handlungsanregungen sowie der professionellen Unterstützungsformen dar. Beim Abenteuerspielplatz haben beispielsweise die Außenbereiche ein besonderes Gewicht, während bei Jugendkunstschulen die Angebote räumlich und zeitlich ganz anders vorstrukturiert sind. Auch bei Einrichtungen desselben Typs können einzelne Merkmale sehr unterschiedlich sein. Daher wird die Frage der Ressourcen und Voraussetzungen in der Weise bearbeitet, dass aufgezeigt wird, was für Medien- und Kulturarbeit erforderlich ist.

Eine zentrale Voraussetzung besteht darin, dass es in der Einrichtung Mitarbeiter gibt, die Medien- und Kulturarbeit für wichtig halten und bereit sind, sich für diesen Aufgabenbereich einzusetzen. Das ist auch heute noch keineswegs selbstverständlich, speziell was das Thema der Medien angeht. Unter Pädagogen und auch Sozialarbeitern ist traditionell die Ansicht relativ verbreitet, dass Kinder und Jugendliche zu viel Zeit mit Medien verbringen und dass die pädagogische Aufgabe primär darin bestehe, ihnen „sinnliche" und „authentische" Erfahrungen zu ermöglichen statt weitere mediale Erfahrungen „aus zweiter Hand". Allerdings hat hier mittlerweile bei Vielen doch ein Umdenken eingesetzt, so dass der Medienumgang nicht mehr nur als Problem oder Risiko betrachtet wird:

- Zunehmend wird anerkannt, dass Medien ein wichtiger und unhintergehbarer Bestandteil der Alltagskultur von Kindern und Jugendlichen sind, aber auch des Alltags- und Berufslebens Erwachsener.
- Die Mediennutzung von Heranwachsenden wird nicht mehr grundsätzlich reduziert auf das Bild des passiven Medienkonsums. Vielmehr wird gesehen, dass Medien auch aktiv angeeignet werden, z. B. im Zusammenhang mit Prozessen der Identitätsentwicklung

(Wegener 2008), und dass gerade im Kontext der neuen Medien viele kreative und kommunikative Verwendungsweisen zu finden sind (Hugger 2010).
- Insofern wird auch die Vermittlung von Medienkompetenz nicht mehr nur in der Medienpädagogik, sondern auch in anderen pädagogischen Bereichen (wie der Schule) als wichtige Aufgabe deklariert (siehe z. B. http://medienkompetenz.rlp.de/).

Da der zuletzt genannte Punkt auch im politischen Raum zunehmend aufgegriffen wird, ist zu erwarten, dass neben der kulturellen Bildung und Kulturarbeit auch die Medienbildung und Medienarbeit in den nächsten Jahren von immer mehr pädagogischen Akteuren (auch in der Offenen Kinder- und Jugendarbeit) als wichtige Aufgabe angesehen wird.

Wenn Mitarbeiter in der Offenen Kinder- und Jugendarbeit die Medien- und Kulturarbeit nicht nur im Prinzip, sondern auch ganz konkret für die eigene Einrichtung als relevant ansehen, dann stellt sich die Frage nach den erforderlichen Ressourcen. Es werden zunächst Personen benötigt, die in der Lage sind, entsprechende Angebote professionell zu konzipieren und durchzuführen. Wer medien- oder kulturpädagogisch arbeiten will, benötigt entsprechende Kompetenzen, die auch kulturelle Kompetenzen umfassen wie Musizieren, Medienproduktion, handwerklich-künstlerisches Gestalten oder Spielen (Giesecke 1989, S. 131). Es ist schwer einzuschätzen, wie viele Einrichtungen dazu zurzeit auf Expertise im eigenen Mitarbeiterteam zurückgreifen können. Wenn man auf die Statistiken der Kinder- und Jugendhilfe des Statistischen Bundesamtes zurückgreift (im Netz zu finden unter http://www.destatis.de: Startseite > Publikationen > Fachveröffentlichungen > Sozialleistungen > Kinder- und Jugendhilfe), dann findet man Indizien dafür, dass die Kompetenzprofile der Teams je nach Einrichtungstyp unterschiedlich ausfallen können. Von den bundesweit (mit Stand 31.12.2006) ausgewiesenen 21.166 Mitarbeitern im Einrichtungstyp „Jugendzentrum, Jugendfreizeitheim, Haus der Offenen Tür" werden 591 dem Arbeitsbereich der kulturellen Jugend-(bildungs-)arbeit zugerechnet, also 2,8 %. Beim Einrichtungstyp „Jugendkunstschule, kulturpädagogische und kulturelle Einrichtung für junge Menschen" arbeiten dem gegenüber von 3020 Mitarbeitern 2244 im Arbeitsbereich der kulturellen Jugendbildung, also 74,3 % (Statistisches Bundesamt 2008, Tab. 78.1, Blatt 1). Ob man daraus ableiten kann, dass in Jugendzentren kaum kulturelle Bildung oder Kulturarbeit stattfindet, scheint aber fraglich. So wird bei den pädagogisch betreuten Spielplätzen in der Statistik gar keiner der 1261 Mitarbeiter dem Bereich der kulturellen Jugendarbeit zugerechnet. Wir wissen natürlich, dass auch in diesen Einrichtungen Medien- oder Kulturarbeit stattfindet, aber die pädagogischen Mitarbeiter werden in der Statistik schlicht einem eigenen Arbeitsbereich mit Namen „Spielplatzwesen" zugeordnet.

Die Frage der Mitarbeiterkompetenzen für Medien- und Kulturarbeit hängt natürlich eng zusammen mit der Aus- und Fortbildungssituation. Die Kulturpolitische Gesellschaft stellt seit 1999 in ihren Kulturpolitischen Mitteilungen Aus- und Fortbildungsgänge für kulturelle Handlungsfelder vor und führt aktuell im Netz rund 50 entsprechende Studienprogramme auf (siehe http://www.kupoge.de/studiumkultur.html) – darunter auch einzelne Studiengänge für Kulturpädagogik (FH Niederrhein), für Kulturarbeit (FH Potsdam), für Kultur- und Medienpädagogik (FH Merseburg) oder für Kultur-

und Medienbildung (PH Ludwigsburg). Grundständige medienpädagogische Studiengänge bietet aktuell nur die Universität in Magdeburg an (BA und MA Medienbildung), ansonsten sind medien- und kulturpädagogische Ausbildungsinhalte Bestandteile von erziehungswissenschaftlichen, sozialpädagogischen, sozialarbeiterischen oder anderen Studiengängen. Da solche Kompetenzbereiche in den für die Jugendarbeit relevanten Studiengängen aber eher punktuell als flächendeckend verankert sind, dürfte nur eine Minderheit der derzeitigen Mitarbeiter aus dem Studium entsprechende Kompetenzen mitbringen. Die Mitarbeiter haben sicherlich die Möglichkeit, sich im Rahmen der Fort- und Weiterbildung medien- und kulturpädagogische Kompetenzen anzueignen. Neben anderen stellt die Gesellschaft für Medienpädagogik und Kommunikationskultur (GMK) entsprechende Informationen bereit und führt eigene Fortbildungen durch (http://www.gmk-net.de/). Aber auch der Bereich der medien- und kulturpädagogischen Fort- und Weiterbildung scheint noch überwiegend durch Einzelmaßnahmen und wenig abgestimmte oder gar vernetzte Angebote gekennzeichnet zu sein. Ein breites und auf die speziellen Anforderungen der Offenen Kinder- und Jugendarbeit abgestimmtes Angebot wäre erst noch zu entwickeln.

Wenn im Mitarbeiterkreis die erforderliche Expertise im Bereich der Medien- und Kulturarbeit nicht vorhanden ist, aber auch, wenn das Angebotsspektrum über das hinaus ausgedehnt werden soll, was man aus eigener Kraft realisieren kann, dann bietet es sich an, auf externe Fachleute zurückzugreifen, also auf Medien- oder Kulturpädagogen mit dem erforderlichen Fachwissen, oder auch auf Künstler, Medienmacher oder andere Kulturschaffende, die man für Kurse, Projekte oder Aktionen gewinnen kann. Dabei sind Kooperationen mit anderen Einrichtungen ebenso denkbar wie der Rückgriff auf Agenturen, Freiberufler oder Vereine, die sich entsprechend spezialisiert haben.

Zu den erforderlichen Ressourcen für Medien- und Kulturarbeit gehört weiterhin eine geeignete technische, materielle und räumliche Infrastruktur. Sicherlich kann und muss nicht jede Einrichtung für jede Art von Medien- und/oder Kulturarbeit vorbereitet und ausgestattet sein. Gerade kleinere Einrichtungen werden sich beschränken und spezialisieren, größere Vorhaben dann ggf. im Rahmen von Kooperationen verwirklichen. Aber die vorhandene Ausstattung und Infrastruktur sollte aktuell und zeitgemäß sein, wenn der Gedanke der Lebensweltorientierung ernst genommen werden soll. PCs oder andere Geräte, die in Büros oder zu Hause ausrangiert und durch aktuelle und leistungsstärkere Modelle ersetzt wurden, braucht man im Jugendhaus auch nicht mehr aufzustellen. Sie würden bei den Jugendliche auf wenig Akzeptanz stoßen, aber auch der Zielstellung widersprechen, durch außerschulische Angebote die Chancengleichheit bei der Nutzung der digitalen Medien zu verbessern und dazu beizutragen, „digitale Ungleichheit" abzubauen (siehe auch http://jugendonline.eu/ > Über uns). Eine Breitbandinternetanbindung ist als notwendige Basisinfrastruktur für alle Einrichtungen anzusehen. Dem gegenüber bietet sich für die Medien- und Kulturarbeit die Anschaffung eigener Endgeräte oder sonstiger Ausrüstungen nur dann an, wenn entsprechende personelle Ressourcen verfügbar sind und es sich nicht nur um ein einmaliges Projekt, sondern um ein regelmäßiges oder zumindest wiederkehrendes Angebot handeln soll. Zur Erprobung neuer Ansätze und Angebote kann man aber auch mit Partnern zusammenarbeiten, die die erforderliche Ausrüstung mitbringen (z. B. Medienmobile, wie sie die Medienanstalt Sachsen-Anhalt betreibt).

38.3.3 Methoden und Handlungsprinzipien

Die Medien- und Kulturarbeit ist geprägt durch eine Vielfalt and Angeboten, Themen und Methoden, wobei die Schwerpunkte je nach Einrichtungstyp, Zielgruppen, Träger und Mitarbeiterstruktur unterschiedlich gesetzt werden können. Dies zeichnet lebenswelt- und zielgruppenorientierte pädagogische Arbeitsformen prinzipiell aus. In der Offenen Kinder- und Jugendarbeit hängt die Notwendigkeit, an den Bedürfnissen, Interessen und lebensweltlichen Themen der Zielgruppen anzusetzen, nicht zuletzt mit der Strukturbedingung der *Freiwilligkeit* zusammen (Sturzenhecker 2005). Für die Medien- und Kulturarbeit bedeutet das auch, den (medialen) Jugendkulturen vorurteilsfrei zu begegnen, sich für die entsprechenden Praxen und deren subjektive wie auch sozialisatorische Bedeutung zu interessieren sowie grundlegende Kenntnisse über die kulturellen Aktivitäten und Kontexte zu haben oder zu erwerben, um zu einer differenzierten Einschätzung ihrer kreativen und ihrer Bildungspotenziale kommen zu können (Jörissen und Marotzki 2010). Daher gehört zur medien- und kulturpädagogischen Kompetenz der Mitarbeiter in Offenen pädagogischen Handlungsfeldern unhintergehbar ein differenziertes Wissen über zeitgenössische jugend- und medienkulturelle Phänomene, also beispielsweise über soziale Netzwerke (wie Facebook), Computerspiele und Online-Spielwelten (wie World of Warcraft), Musik- oder Filmvorlieben, den Umgang mit Handys etc. Kompetentes und sozial verantwortliches mediales und/oder kulturelles Handeln entsteht aber nicht allein in der Peer-Kultur. Daher ist eine pädagogische Begleitung und Unterstützung durch die Erwachsenen erforderlich. Die Medien- und Kulturarbeit in der Offenen Kinder und Jugendarbeit begleitet die (medien-) kulturellen Praxen, indem sie ihnen einerseits Raum gibt und andererseits neue Perspektiven und Ideen einbringt, Fragen stellt und auch Antworten und Know-how anbietet.

Zu den wesentlichen Handlungsprinzipien der Medien- und Kulturarbeit gehören vor diesem Hintergrund neben der bereits erwähnten *Lebensweltorientierung*:

- *Handlungsorientierung*: Das Prinzip des handelnden Lernens versucht dem Umstand Rechnung zu tragen, dass Lernen kein bloßer kognitiver Prozess ist, sondern auf der handelnden, aktiven Auseinandersetzung mit den Dingen sowie auf Eigenproduktion und sinnlicher Erfahrung beruht (Hartung und Unger 2009).
- *Diskursivität*: In offenen außerschulischen Handlungsfeldern ist pädagogisches Handeln nicht durch Curricula, Bildungsstandards oder ähnliche Vorgaben reguliert, sondern durch eigene Konzepte organisiert, die auf die Zielgruppe abgestimmt sind und mit den Teilnehmenden diskursiv verhandelt werden (müssen) (Sturzenhecker 2005). Man kann auch sagen, zu den Gelingensbedingungen gehören geeignete Beteiligungsformen für die Kinder und Jugendlichen.

- *Exemplarität*: Der Gedanke des exemplarischen Lernens ist eine didaktische Antwort auf die Problemstellung, dass es angesichts der zunehmenden Komplexität und Fülle des Wissens in den verschiedenen Fächern nicht (mehr) möglich ist, in pädagogischen Settings alles zu vermitteln (man denke auch an Museen, die ihre umfangreichen Sammlungen nie komplett ausstellen können). Martin Wagenschein hat dem vor allem in den Naturwissenschaften verbreiteten Streben nach Vollständigkeit das Prinzip der Gründlichkeit im Exemplarischen gegenübergestellt (Kübler 2009). Dieser Zugang charakterisiert auch die Medien- und Kulturarbeit, die mediale oder kulturelle Phänomene beispielhaft erschließt und im Hinblick auf ihre jugendkulturelle wie gesellschaftliche Bedeutung zu durchdringen versucht.

Charakteristisch für die Medien- und Kulturarbeit ist weiterhin die didaktische und methodische Vielfalt. Wir finden Workshops, Kurse, Gruppenarbeit, Erkundungen, Lerndialoge und Lernhelfer-Systeme (Tutorien), um nur einige wichtige Ansätze zu nennen (für einen Überblick didaktischer Modelle siehe Flechsig 1991). Als besonders wichtige und verbreitete Methode gilt die *Projektarbeit*. Projektarbeit ist im Regelfall Gruppenarbeit. Bei der Projektarbeit wird eine Aufgabe oder ein Problem selbstständig bearbeitet, von der Planung über die Durchführung bis hin zur Ergebnispräsentation. Selbstständige Bearbeitung heißt aber nicht, dass die Lernenden allein gelassen werden, vielmehr erhalten Sie Unterstützung etwa in Form von Hilfsmitteln, Materialien, Geräten oder pädagogischen Begleitern. Projekte sind zeitlich, räumlich und personell begrenzt, können aber von der Komplexität her sehr unterschiedlich angelegt sein. Das kulturpädagogische Projekt „Mini-München, die Stadt der Kinder" (Zacharias 2001, S. 33–37, siehe auch http://www.mini-muenchen.info) beispielsweise, an dem innerhalb von 14 Projekttagen rund 30.000 Kinder teilnehmen, ist ganz anders dimensioniert als etwa das Projekt Zeitzeugengeschichte des Vereins Metaversa in Berlin, in dem ein Webportal (http://zeitzeugengeschichte.de/) aufgebaut wurde, auf dem Jugendliche per Video oder Audio aufgezeichnete und zu Clips aufbereitete Interviews mit Zeitzeugen des Nationalsozialismus einstellen. Einen Einblick in die Vielfalt medienpädagogischer Projekte vermittelt z. B. die GMK-Buchreihe „Dieter Baacke Preis Handbuch", in der neben theoretischen und praktischen Perspektiven zur Medienpädagogik auch ausgezeichnete Projekte vorgestellt werden. Über die Themenwahl können Verbindungen zwischen der Lebenswelt der Heranwachsenden und gesellschaftlich oder pädagogisch relevanten Fragestellungen hergestellt werden, etwa Migration, Armut, Mode oder Genderfragen. Durch ein Projekt werden unterschiedliche Aktivitäten zusammengeführt, die Lernprozesse stehen somit in einem größeren, für alle nachvollziehbaren Zusammenhang. Durch Projektbesprechungen und Reflexionen wird dazu beigetragen, dass die im Projektverlauf gemachten Erfahrungen auch bewusst gemacht werden. Projektarbeit findet seinen Abschluss in der Regel durch die Präsentation der Ergebnisse, das heißt, Projekte sind auch produktorientiert. Je nach dem Rahmen, der für die Ergebnispräsentation geschaffen wird, erfahren die Projektteilnehmer so eine mehr oder weniger große öffentliche Anerkennung.

38.4 Ausblick

Unter den Bedingungen der fortschreitenden Modernisierung steigen die Anforderungen an die Fähigkeiten der Menschen (und auch schon der Kinder und Jugendlichen), sich in komplexen Situationen zu orientieren und sich selbst zu organisieren. Medien- und Kulturarbeit kann sich daher nicht damit begnügen, technische oder ästhetische Kompetenzen oder curricular verwertbares Wissen zu vermitteln oder auf Gefahren im Netz aufmerksam zu machen. Die Aufgabe ist vielmehr komplexer angelegt. Es geht um die Stärkung der Partizipationskompetenz als wesentliche Grundlage für die gesellschaftliche Teilnahme und Teilhabe aller Kinder und Jugendlichen. Im Sinne von Jürgen Mittelstrass (2002) geht es also darum, nicht nur Verfügungswissen (Faktenwissen), sondern auch Orientierungswissen zu vermitteln. Dies ist eine Querschnittsaufgabe, der sich alle Bereiche der Bildung verstärkt widmen müssen. In diesem Zusammenhang gilt es auch, der zunehmenden digitalen Ungleichheit zwischen Jugendlichen aktiv entgegenzuwirken. Die Offene Kinder- und Jugendarbeit hat aufgrund ihrer prinzipiellen Alltagsnähe und Lebensweltorientierung einerseits besonders gute Voraussetzungen, in diesem Handlungs- und Aufgabenfeld erfolgreich wirksam zu werden. Andererseits sind die personellen und materiellen Voraussetzungen für eine professionelle Medien- und Kulturarbeit noch nicht zufrieden stellend.

In vielen Einrichtungen finden sich für die Medienarbeit bereits überzeugende und leistungsfähige Konzepte und Arbeitsformen. Von einem flächendeckenden Angebot und von einer nachhaltigen Verankerung der Medien- und Kulturarbeit kann aber bisher nicht gesprochen werden. Ein Schlüssel dafür ist die professionelle Kompetenz der Mitarbeiter. Daher muss eine Kombination von Medienbildung und kultureller Bildung in der Ausbildung von pädagogischen Mitarbeitern der Jugendarbeit verbindlicher verankert werden als es bisher der Fall ist, etwa als standardmäßiges Wahlpflichtangebot in pädagogischen und sozialpädagogischen Studiengängen. Auch in der Fort- und Weiterbildung sollte der Vermittlung entsprechender zeitgemäßer Kompetenzen eine systematischere Aufmerksamkeit gewidmet werden. Daneben ist für eine gelingende Medien- und Kulturarbeit auch ein nachhaltiger Ausbau der erforderlichen Infrastruktur und technisch-materiellen Ausstattung erforderlich. Bisher haben wir es in vielen Fällen noch mit begrenzten Einzelprojekten und Projektförderungen zu tun, in die teilweise viele Ressourcen investiert werden, aber nicht mit einer nachhaltigen Entwicklung – genau darum müsste es in Zukunft aber gehen: um nachhaltige Rahmenbedingungen für die Medien- und Kulturarbeit.

Literatur

Baacke, D. (1996). Medienkompetenz – Begrifflichkeit und sozialer Wandel. In A. von Rein (Hrsg.), *Medienkompetenz als Schlüsselbegriff* (S. 112–124). Bad Heilbrunn.

Baacke, D. (1997). *Medienpädagogik*. Tübingen.

Ecarius, J., & Fromme, J. (2000). Außerpädagogische Freizeit und jugendkulturelle Stile. In U. Sander, & R. Vollbrecht (Hrsg.), *Jugend im 20. Jahrhundert. Sichtweisen – Orientierungen – Risiken* (S. 138–157). Neuwied/Kriftel/Berlin.

Exner, C., & Schmidt-Apel, S. (2005). Kultur- und Medienarbeit. In U. Deinet, & B. Sturzenhecker (Hrsg.), *Handbuch Offene Kinder- und Jugendarbeit* (3., vollst. überarb. u. erw. Aufl., S. 197–205). Wiesbaden.

Ferchhoff, W. (2011). *Jugend und Jugendkulturen im 21. Jahrhundert. Lebensformen und Lebensstile* (2., akt. u. überarb. Aufl.). Wiesbaden.

Flechsig, K. H. (1991). *Kleines Handbuch didaktischer Modelle* (3. Aufl.). Göttingen. http://www.ikud.de/Handbuch.html. Zugegriffen: 14. September 2011.

Fromme, J., & Jörissen, B. (2010). Medienbildung und Medienkompetenz. Berührungspunkte und Differenzen zweier nicht ineinander überführbarer Konzepte. *merz* 54(5), 46–54.

Giesecke, H. (1989). *Pädagogik als Beruf. Grundformen pädagogischen Handelns* (2. Aufl.). Weinheim/München.

Glaser, H., & Stahl, K. H. (1974). *Die Wiedergewinnung des Ästhetischen. Perspektiven und Modelle einer neuen Soziokultur*. München.

Glaser, H., & Stahl, K. H. (1983). *Bürgerrecht Kultur*. Frankfurt a. M./Berlin/Wien.

Hartung, A., & Unger, A. (2009). Handelndes Lernen. In B. Schorb, G. Anfang, & K. Demmler (Hrsg.), *Grundbegriffe Medienpädagogik Praxis* (S. 98–100). München.

Hugger, K. U. (2008). Medienkompetenz. In U. Sander, F. von Gross, & K. U. Hugger (Hrsg.), *Handbuch Medienpädagogik* (S. 93–99). Wiesbaden.

Hugger, K. U. (Hrsg.). (2010). *Digitale Jugendkulturen*. Wiesbaden.

Jenkins, H., Clinton, K., Purushotma, R., Robison, A. J., & Weigel, M. (2006). *Confronting the Challenges of Participatory Culture: Media Education for the 21st Century. An occasional paper on digital media and learning*. Chicago, Ill. http://digitallearning.macfound.org/atf/cf/%7BE45C7E0-A3E0-4B89-AC9C-E807E1B0AE4E%7D/JENKINS_WHITE_PAPER.PDF. Zugegriffen: 12. Juni 2011.

Jörissen, B., & Marotzki, W. (2010). Medienbildung in der digitalen Jugendkultur. In K. U. Hugger (Hrsg.), *Digitale Jugendkulturen* (S. 103–117). Wiesbaden.

Krotz, F. (2007). *Mediatisierung. Fallstudien zum Wandel der Kommunikation*. Wiesbaden.

Kübler, H. D. (2009). Exemplarisches Lernen. In B. Schorb, G. Anfang, & K. Demmler (Hrsg.), *Grundbegriffe Medienpädagogik Praxis* (S. 64–66). München.

Medienpädagogischer Forschungsverbund Südwest (MPFS). (2010). *JIM 2010. Jugend, Information, (Multi-)Media. Basisstudie zum Medienumgang 12- bis 19-Jähriger in Deutschland*. Stuttgart 2010. Alle JIM-Studien seit 1998 sind auch online verfügbar unter: http://www.mpfs.de/index.php?id=11. Zugegriffen: 14. September 2011.

Ministerium für Arbeit, Gesundheit und Soziales/Kultusministerium des Landes Nordrhein-Westfalen (Hrsg.). (1994). *Bericht Kinder- und Jugendkulturarbeit in Nordrhein-Westfalen – Jugendkulturbericht*. Düsseldorf.

Mittelstrass, J. (2002). Bildung und ethische Masse. In N. Killius, J. Kluge, & L. Reisch (Hrsg.), *Die Zukunft der Bildung* (S. 151–170). Frankfurt a. M.

Moser, H., Grell, P., & Niesyto, H. (Hrsg.) (2011). *Medienbildung und Medienkompetenz. Beiträge zu Schlüsselbegriffen der Medienpädagogik*. München.

Nahrstedt, W., Brinkmann, D., & Lauch, B. (1990). *Soziokultur à la Carte. Bestandsaufnahme und Perspektiven soziokultureller Zentren*. Bielefeld.

Röll, F. J. (2008). Außerschulische Jugendmedienarbeit. In U. Sander, F. von Gross, & K. U. Hugger (Hrsg.), *Handbuch Medienpädagogik* (S. 512–518). Wiesbaden.

Schell, F. (2003). *Aktive Medienarbeit mit Jugendlichen. Theorie und Praxis* (4., unveränderte Aufl.). München.

Schell, F. (2005). Aktive Medienarbeit. In J. Hüther, & B. Schorb (Hrsg.), *Grundbegriffe Medienpädagogik* (4., vollst. neu konzipierte Aufl., S. 9–17). München.

Schorb, B. (2005). Medienkompetenz. In J. Hüther, & B. Schorb (Hrsg.), *Grundbegriffe Medienpädagogik* (4., vollst. neu konzipierte Aufl., S. 257–262). München.

Six, U., Gleich, U., & Gimmler, R. (2007). Kommunikationspsychologie. In U. Six, U. Gleich, & R. Gimmler (Hrsg.), *Kommunikationspsychologie und Medienpsychologie* (S. 21–50). Weinheim/Basel. Lehrbuch.

Statistisches Bundesamt. (2008). *Statistiken der Kinder- und Jugendhilfe. Einrichtungen und tätige Personen (ohne Tageseinrichtungen für Kinder). Revidierte Ergebnisse.* Wiesbaden. http://www.destatis.de/jetspeed/portal/cms/Sites/destatis/Internet/DE/Content/ Publikationen/Fachveroeffentlichungen/Sozialleistungen/KinderJugendhilfe/ SonstigeEinrichtungen5225403069004,property=file.pdf. Zugegriffen: 14. September 2011.

Sturzenhecker, B. (2005). Institutionelle Charakteristika der Offenen Kinder- und Jugendarbeit. In U. Deinet, & B. Sturzenhecker (Hrsg.), *Handbuch Offene Kinder- und Jugendarbeit* (3., vollst. überarb. u. erw. Aufl., S. 338–344). Wiesbaden.

Wegener, C. (2008). *Medien, Aneignung und Identität. „Stars" im Alltag jugendlicher Fans.* Wiesbaden.

Zacharias, W. (2001). *Kulturpädagogik. Kulturelle Jugendbildung. Eine Einführung.* Opladen.

Zacharias, W. (2010). *Kulturell-ästhetische Medienbildung 2.0. Sinne. Künste. Cyber.* München.

Subjektorientierte Offene Kinder- und Jugendarbeit

39

Albert Scherr

Die Theorie subjektorientierter Jugendarbeit zielt darauf, Grundprinzipien eines Verständnisses von Jugendarbeit als einer Praxis zu entwickeln, die Jugendliche zu einem möglichst selbstbestimmten Leben befähigen soll. Gegen die Tendenz zu einer theoretischen und konzeptionellen Aufsplitterung des Arbeitsfeldes geht es darum, den gemeinsamen Kern einer solchen Kinder- und Jugendarbeit auszuweisen, die sich nicht als eine Instanz der bloßen An- und Einpassung Heranwachsender in die ihnen vorgegebenen Lebensbedingungen begreift.

Die Grundprinzipien subjektorientierter Jugendarbeit sind für die Arbeit mit den unterschiedlichen Adressatengruppen Offener Kinder- und Jugendarbeit also ebenso relevant wie für solche Formen der Jugendarbeit, bei denen eine spezifische Thematik oder Problematik im Zentrum steht.

Ausgangspunkt subjektorientierter Jugendarbeit ist die Annahme, dass die Kernaufgabe von Jugendarbeit als eigenständiges Arbeitsfeld der Kinder- und Jugendhilfe nicht darin besteht, auf unangepasste, ärgerliche und irritierende Verhaltensweisen Jugendlicher in der Absicht zu reagieren, diese zu sozial unauffälligen, angepassten Gesellschaftsmitgliedern zu erziehen, die geltende Gesetze beachten und ihre Lebensführung an den Leitnormen der Arbeits- und Konsumgesellschaft orientieren. *Der eigenständige Auftrag von Jugendarbeit wird dagegen darin gesehen, Heranwachsende zu einer eigenverantwortlichen und selbstbestimmten Lebensführung sowie dazu zu befähigen, zugleich das Recht Anderer anzuerkennen, ihr Leben eigenverantwortlich und eigensinnig zu gestalten. Es geht also zentral um die Stärkung autonomer Urteils-, Entscheidungs- und Handlungsfähigkeit in Auseinandersetzung mit inneren Blockaden und äußeren Einschränkungen.*

Prof. Dr. phil. habil. Albert Scherr ✉
Institut für Soziologie Freiburg, Pädagogische Hochschule Freiburg, Kunzenweg 21,
79102 Freiburg, Deutschland
e-mail: scherr@ph-freiburg.de

Subjektorientierte Jugendarbeit grenzt sich damit gegen die Zuweisung eines gesellschaftlichen Kontrollauftrags ebenso ab wie gegen ein Verständnis ihres Bildungsauftrags, der Bildung zentral als Erzeugung ökonomisch verwertbarer Qualifikationen missversteht.

Gegenüber der in der Fachdiskussion immer wieder eingeforderten Verabschiedung von emanzipatorischen Orientierungen nimmt subjektorientierte Jugendarbeit eine skeptische Haltung ein. Was Leitbegriffe wie Befreiung, Autonomie, Mündigkeit, Kritikfähigkeit und Selbstbestimmung heute bedeuten und welche Orientierungen für die Jugendarbeit sie enthalten, diese Frage kann zwar nicht mehr direkt mit den Denkmodellen der 1960er- und 1970er-Jahre beantwortet werden (s. Lindner 2006). Das heißt aber nicht, dass es sich um einen Traditionsbestand handelt, auf den moderne Jugendarbeit folgenlos verzichten könnte. Erforderlich ist es vielmehr, die Idee einer emanzipatorischen Jugendarbeit gegenwartsbezogen neu zu bestimmen und ihre Aktualität zu begründen.

Wenn Offene Kinder- und Jugendarbeit als eine subjektorientierte Theorie und Praxis konzipiert wird, die dem Ziel verpflichtet ist, Bildungsprozesse des Subjekts bzw. zum Subjekt zu ermöglichen, dann geht es auch nicht darum, eine Spezialtheorie für die Jugendarbeit zu formulieren. Beabsichtigt ist vielmehr, die Theorie und Praxis der Kinder- und Jugendarbeit an einem grundlegenden Paradigma zu orientieren, das für die Begründung, Analyse, Kritik und konzeptionelle Entwicklung vielfältiger pädagogischer Handlungsfelder bedeutsam ist (s. dazu etwa Freire 1974; Holzkamp 1993; Meueler 1993; Scherr 1990, 1992, 1996, 1997 und 2002a; Sünker 1989; Winkler 1988).

Subjektorientierung ist auch kein konkurrierendes Konzept zu einer sozialräumlichen, randgruppenorientierten, cliquenakzeptierenden, demokratischen, interkulturellen, antirassistischen, bedürfnisorientierten und geschlechtsspezifischen Jugendarbeit.[1] Obwohl in den genannten Ansätzen z. T. andere Akzentuierungen vorgenommen werden wird davon ausgegangen, dass *Subjektorientierung als ein übergreifendes Grundprinzip verstanden werden kann, das für unterschiedliche konzeptionelle Ansätze der Jugendarbeit bedeutsam ist.*

39.1 Emanzipatorische Jugendarbeit oder Problemgruppenpädagogik?

Offene Kinder- und Jugendarbeit unterscheidet sich von zahlreichen anderen Arbeitsfeldern der Pädagogik und Sozialarbeit durch das Prinzip der Freiwilligkeit der Teilnahme. Jeder kann, aber niemand muss sich auf Offene Kinder- und Jugendarbeit einlassen. Schon

---

[1] Zum Verhältnis von sozialräumlicher und subjektorientierter Jugendarbeit s. Scherr 2004; zum Verhältnis von Subjektorientierung zu interkulturellen Ansätzen s. den Beitrag „Interkulturelle und antirassistische Ansätze in der OKJA" in diesem Band; Prinzipien einer subjektorientierten geschlechtsbezogenen Jugendarbeit werden bei Rose/Scherr (2000) skizziert. Zu den Anforderungen an eine subjektorientierte Jugendarbeit mit arbeitslosen Jugendlichen s. Scherr/Stehr 1995; vgl. Krafeld 1989.

deshalb ist Offene Kinder- und Jugendarbeit nicht angemessenen als eine Instanz der Sozialkontrolle und Sozialdisziplinierung beschreibbar. Denn als Pädagogik und Sozialarbeit unter Bedingungen der Freiwilligkeit ist sie strukturell sanktionsschwach und nicht in der Lage, gezielt zu beobachten und zu beeinflussen, was Jugendliche außerhalb ihrer Einrichtungen tun. Die immer wieder gestellte Frage „Wozu (offene) Jugendarbeit?" (s. Giesecke 1984; Böhnisch und Münchmeier 1987) ist deshalb besser mit dem Hinweis auf die Erfordernisse und Möglichkeiten der Unterstützung von Entwicklungs- und Bildungsprozessen als mit dem Argument zu beantworten, die Gesellschaft benötige eine die Familie, Schule, Berufsausbildung und Strafrechtspflege ergänzende Kontroll- und Erziehungsinstanz.

Dass Jugendarbeit mehr und anderes sein soll als eine Schule und Familie ergänzende Erziehungsorganisation einerseits, eine „Problemgruppenpädagogik für sozial Benachteiligte" andererseits, gehört nicht nur zu ihren in den bürgerlichen und proletarischen Jugendbewegungen (s. Krafeld 1984) der Schüler- und Studentenbewegung der 60er-Jahre sowie den älteren Theorien antikapitalistischer bzw. emanzipatorischer Jugendarbeit (s. Giesecke 1971; Lessing und Liebel 1974) historisch verankerten Traditionsbeständen. Dieser Anspruch kommt auch in der Formulierung ihrer gesetzlichen Grundlagen zum Ausdruck: Jugendarbeit soll gemäß dem KJHG (§ 11) junge Menschen zu „Selbstbestimmung", zu „gesellschaftlicher Mitverantwortung" und zu „sozialem Engagement" befähigen. Mit diesen Formulierungen wird der Jugendarbeit – und dies unterscheidet sie von allen anderen Feldern der Sozialen Arbeit – ein umfassender, die eigenständige und sozial verantwortliche individuelle Lebensgestaltung sowie die gesellschaftspolitische Bildung einschließender Auftrag vorgegeben.

Es kann jedoch nicht übersehen werden, dass diese rechtlichen Vorgaben in der Praxis immer wieder uminterpretiert werden: Offene Kinder- und Jugendarbeit soll „Problemjugendliche von der Straße holen", lautet eine einschlägige Formulierung.

Die vor ca. 10 Jahren in Gang gekommene Debatte über den *Bildungsauftrag* der Kinder- und Jugendhilfe in der sog. „Wissensgesellschaft" greift die Vorgaben des KJHG auf und versucht, zur gesellschaftlichen Anerkennung der Bildungspotentiale auch der Jugendarbeit beizutragen (s. Münchmeier et al. 2002; BMFSFJ 2005; Rauschenbach 2009). Darauf bezogen stellt sich die Aufgabe, ein umfassendes und emanzipatorisch akzentuiertes Bildungsverständnis gegen eine Engführung zu verteidigen, die Bildung auf Qualifizierung für den Arbeitsmarkt reduziert und der Offenen Kinder- und Jugendarbeit schulergänzende Aufgaben zuweist. Obwohl dies in der Fachdiskussion vielfach deutlich betont und ein eigenständiger Bildungsauftrag reklamiert wurde (s. u.a. Scherr 2002a, b; Sturzenhecker 2004), steht die Offene Kinder- und Jugendarbeit gegenwärtig in der Gefahr, auf die Rolle einer Hilfsinstanz für die schulische Vermittlung von Qualifikationen verwiesen zu werden. Gerade deshalb ist es erforderlich aufzuzeigen, dass und warum Jugendarbeit einen anderen Auftrag hat als die Unterstützung schulischen Lernens.

Ein Erfolg der Bildungsdiskussion ist jedoch darin zu sehen, dass der Jugendarbeit inzwischen im politischen Diskurs durchaus mehr und anderes zugetraut wird als Leistungen der familienergänzenden Erziehung und der Prävention. Dies hat aber Stellenstreichungen und Mittelkürzungen nicht verhindert.

Für die Theorie und Praxis der Offenen Kinder- und Jugendarbeit ist seit den 1980er- und 1990er-Jahren zudem die Tendenz einflussreich, ihre Aufgabe darin zu sehen, sozial Benachteiligten Hilfen zur Lebensbewältigung zur Verfügung zu stellen (s. Böhnisch und Münchmeier 1987, S. 15 ff.; Bauer 1991, S. 49 ff.; Scherr 1996; Böhnisch 2002). In Zusammenhang damit wurde Jugendarbeit seit Mitte der 1980er-Jahre sozialpolitisch immer wieder als Mittel zur Bewältigung vielfältiger Problemlagen (etwa: Drogenkonsum, Jugendgewalt und Jugendkriminalität) in Dienst genommen. In Folge dieser Entwicklungen kann ein erheblicher Teil der Offenen Kinder- und Jugendarbeit als ganz normale sozialpädagogische bzw. sozialarbeiterische Praxis charakterisiert werden, die mit Hilfen für Benachteiligte befasst und darauf ausgerichtet ist, Exklusionsprozesse zu verhindern, auf ihre Folgen zu reagieren und Reinklusionen zu ermöglichen (s. Bommes und Scherr 2012).

Damit waren und sind die Eigenständigkeit und die Einheit der Jugendarbeit in Frage gestellt. Es gibt durchaus gute Gründe, manche Einrichtungen der Offenen Kinder- und Jugendarbeit eher als Formen der Jugendsozialarbeit im Sinne des § 13, Abs. 1, als soziale Gruppenarbeit im Sinne des § 29 KJHG oder als Hilfen zur Erziehung (§ 32 KJHG) einzuordnen, also nicht als eine Jugendarbeit, die sich an den Vorgaben des § 11 KJHG orientiert. Sofern dies der Fall ist, treten Möglichkeiten der außerschulischen Jugendbildung gegenüber klassischen sozialarbeiterischen und sozialpädagogischen Hilfen in den Hintergrund. Eine solche Praxis benötigt dann auch keine eigenständige Theorie der Jugendarbeit als Grundlegung, sondern kann sich an den Theoremen und Methodenlehren der Sozialarbeitswissenschaft und Sozialpädagogik orientieren.

Soll ein emanzipatorischer Anspruch gleichwohl nicht zu Gunsten eines Mandats der sozialen Hilfe, Kontrolle und der sozialen Integration aufgegeben werden, dann kann Offene Kinder- und Jugendarbeit nicht auf ein Angebot der Betreuung sowie der Unterstützung in Not- und Problemlagen reduziert werden. Auch eine Offene Kinder- und Jugendarbeit mit sozial benachteiligen und vermeintlich politikverdrossenen Jugendlichen kann sich nicht darauf beschränken, diese beim „Überleben im Hier und Jetzt" zu unterstützen, sondern ist aufgefordert, sie bei der Realisierung eines möglichst selbstbestimmten, eigenverantwortlichen und politische Beteiligungschancen ergreifenden Lebens zu unterstützen. Denn das Recht, „mit aufrechtem Gang erwachsen zu werden", auf eine bewusste, möglichst selbstbestimmte Gestaltung des eigenen Lebens sowie auf soziale Teilhabe kann nicht als ein Privileg verstanden werden, sondern kommt in einer Gesellschaft mit demokratischem Selbstanspruch allen zu.

Eine weitere Schwierigkeit emanzipatorischer Jugendarbeit ist darin begründet, dass Jugendliche sich heute in vielen Bereichen ihres Alltags (Beziehungen und Sexualität, Musik- und Kleidungsstile) nicht mit offenkundig repressiven Normen konfrontiert sehen, die Versuche der Befreiung von Bevormundungen provozieren; sie finden eher eine verunsichernde und widersprüchliche Gemengelage aus alten und neuen Reglementierungen, liberalisierter und autoritärer Erziehung, den Zwängen der Arbeitswelt und dem Mangel an geeigneten Arbeitsplätzen, den Verheißungen des Konsums, massenmedial inszeniertem Sexismus usw. vor. Zygmunt Bauman (1992, S. 226 ff.) diagnostiziert eine Gleichzeitigkeit von Formen der „Verführung" und der „Repression", mit denen die Individuen in der

Gegenwartsgesellschaft konfrontiert sind. Was Selbstbestimmung individuell und gesellschaftlich bedeuten kann, ist vor diesem Hintergrund nicht mehr von vornherein lebenspraktisch evident.

Im Weiteren sind deshalb theoretische Klärungen erforderlich, denen sich dann konzeptionelle Folgerungen anschließen.

39.2 Subjektivität und Bildung als theoretisch-konzeptionelle Grundbegriffe

Der hier zu Grunde gelegte Begriff Subjektivität bezeichnet nicht die individuell-besondere innere psychische Verfassung von Einzelnen, ihre Individualität. Der Terminus Subjektivität steht vielmehr für die Annahme, dass Individuen mit der Möglichkeit von Selbstbewusstsein und Selbstbestimmungsfähigkeit ausgestattete Einzelne sind, die auf der Grundlage von Abwägungen zwischen Alternativen entscheiden und handeln können. Individuen als Subjekte sind keine Marionetten äußerer gesellschaftlicher Zwänge, verinnerlichter Normen und Verhaltensprogramme oder ihrer Triebnatur. Zudem ist für den Subjektbegriff die Annahme konstitutiv, dass die Selbstbewusstseins- und Selbstbestimmungsfähigkeit der Einzelnen keineswegs voraussetzungslos gegeben, sondern in ihrer lebensgeschichtlichen Entwicklung und lebenspraktischen Realisierung abhängig sind von den je konkreten sozialen Bedingungen, welche die Entfaltung der individuellen Möglichkeiten befördern oder behindern, unterstützen oder erschweren.

So zeigen Untersuchungen der Sozialisationsforschung, welche sozialisatorischen Bedingungen der Entwicklung einer autonomen moralischen Urteilsfähigkeit förderlich sind, wie sich eine post-konventionelle Ich-Identität bilden kann, wie autoritätsfixiertes oder aber eigenverantwortliches Handeln in inneren Verhaltensdispositionen verankert wird (s. Scherr 2002c). Theorien sozialer Ungleichheit sowie soziologische Untersuchungen von Macht- und Herrschaftsstrukturen (s. Bourdieu 1984; Bauman 1992; Popitz 1992) weisen darüber hinaus nach, dass die Möglichkeiten selbstbewussten und selbstverantwortlichen Handelns nicht nur von den lebensgeschichtlich entwickelten Bedürfnissen, Fähigkeiten und Eigenschaften Einzelner abhängig ist, sondern zudem von den jeweils sozial ungleich verteilten bzw. situativ verfügbaren Handlungsressourcen einerseits, den gegebenen Handlungs- und Entscheidungsspielräumen andererseits. Wenn Einzelpersonen oder soziale Gruppen psychisch oder sozial so „unter Druck stehen", dass ihre Gedanken und Anstrengungen nur noch darum kreisen, die vorgegebene Situation zu bewältigen, oder wenn durch materielle und sonstige Zwänge Entscheidungsspielräume auf ein Minimum reduziert sind, dann bleiben die Möglichkeiten der bewussten Selbstbestimmung eng begrenzt.

Subjektivität ist deshalb als ein normativ-kritischer Grundbegriff zu verstehen. Er dient dazu, für die Analyse von Behinderungen, Beschädigungen und Begrenzungen des Selbstbewusstseins und der Selbstbestimmungsfähigkeit, denen Individuen und soziale Gruppen unterliegen, theoretisch zu sensibilisieren.

Weiter verweist der Subjektbegriff darauf, dass Einzelpersonen und soziale Gruppen in für sie verbindlichen subjektiven – aber gerade nicht bloß individuellen, sondern mit anderen Mitgliedern einer Gruppe bzw. einer Subkultur sozial geteilten – Sinnwelten leben, d. h., dass sie die Wirklichkeit auf der Grundlage spezifischer Deutungs- und Bewertungsmuster wahrnehmen und erleben (s. Berger und Luckmann 1970). Vordergründig betrachtet eindeutige Situationen und Ereignisse können sich, so gesehen, für Jugendarbeiter und Jugendliche höchst different darstellen und für die Beteiligten jeweils etwas anderes bedeuten. Pädagogisches Handeln als kommunikatives Handeln besteht deshalb nicht zuletzt darin, die subjektive Wirklichkeit der jeweiligen Klientel zu verstehen zu versuchen.

Pädagogisch relevant wird ein solcher Subjektbegriff durch seine konstitutive Verbindung mit dem Bildungsbegriff. Bildung meint in der Tradition einer kritischen Pädagogik nämlich nicht nur Lernen im Sinne der Aneignung von Qualifikationen, von Fähigkeiten und Fertigkeiten, die Individuen in Schule und Arbeitsmarkt abverlangt sind, sondern die allseitige und umfassende Entwicklung der individuellen Fähigkeiten, des Selbstgefühls, des Selbstbewusstseins und der selbstbestimmten Handlungsfähigkeit. Dies schließt Bildung im engeren Sinne als Aneignung eines Wissens und Entfaltung eines Reflexionsvermögens, die zu einem rationalen Welt- und Selbstverständnis befähigen, mit ein. Ein kritischer Bildungsbegriff orientiert Pädagogik nicht ausschließlich und primär an der Aufgabe der Erziehung, verstanden als Einübung in gesellschaftliche Normen und Regeln und Anpassung an gesellschaftliche Verhaltenserwartungen, sondern an dem Ziel, die Subjekt-Werdung von Einzelnen zu fördern (s. Meueler 1993). Damit konvergiert der pädagogische Anspruch der Bildung mit dem Menschenbild und dem Gesellschaftsverständnis, wie es dem sozialphilosophisch-sozialwissenschaftlichen Grundbegriff Subjektivität zugrunde liegt. Bildung wird als Subjekt-Bildung verstanden (s. Scherr 2002a, b).

Dimensionen von Subjekt-Bildung

Subjekt-Werdung: Entwicklung von Sprach-, Handlungs- und Reflexionsfähigkeit, Erfahrung von Selbstwirksamkeit; Erweiterung der Spielräume eigenständigen Handelns;

Selbstachtung: Entwicklung des Selbst(wert)gefühls und grundlegender Selbstkonzepte vor dem Hintergrund von Erfahrungen sozialer Anerkennung bzw. Missachtung;

Selbstbewusstsein: Entwicklung des Wissens über eigene Fähigkeiten, Bedürfnisse und Interessen sowie eines rational begründeten Selbstverständnisses (individuelle und soziale „Identitäten");

Selbstbestimmung: Entwicklung von Potentialen zu einer eigensinnigen und eigenverantwortlichen Lebensgestaltung in Auseinandersetzung mit gesellschaftlichen Möglichkeiten und Zwängen.

39.3 Konkretisierung für die Jugendarbeit

Eine Jugendarbeit, die Jugendlichen im Rahmen ihrer Möglichkeiten zu einem etwas selbstbewussteren und selbstbestimmteren Leben sowie zu einer nicht auf berufliche Qualifizierung beschränkten, sondern vielfältigen Entwicklung ihrer Bedürfnisse, Fähigkeiten und Interessen verhelfen will, ist darauf angewiesen, sich mit den spezifischen Widersprüchen, welche die Lebensphase Jugend insgesamt charakterisieren, sowie mit den für klassen-, schicht- und milieuspezifische Jugendformen charakteristischen Erfahrungen auseinander zu setzen (s. Hornstein 1990; Zinnecker 1986; Scherr 1995; Vester et al. 2001). *Denn Subjekt-Werdung kann im Kontext einer bildungstheoretisch fundierten Jugendpädagogik nicht als ein Programm postuliert werden, das von PädagogInnen gegenüber Jugendlichen proklamiert und durchgesetzt wird. Vielmehr muss es darum gehen, an den widersprüchlichen Erfahrungen Jugendlicher anzusetzen, ihre Unzufriedenheit mit und ihr Leiden an ihren je konkreten Lebensbedingungen, ihre uneingelösten Bedürfnisse nach einem gelingenderen Leben sowie ihre in den Versprechungen des Warenkonsums und den Inszenierungen der Kulturindustrie nicht aufgehenden Interessen aufzugreifen.* Darüber hinaus kommt einer subjektorientierten Jugendarbeit die Aufgabe zu, Jugendliche im Prozess der Suche nach ihnen angemessenen Lebensentwürfen zu begleiten und zu unterstützen.

Jugend ist – subjekttheoretisch betrachtet – eine überaus widersprüchliche Lebensphase. Denn Jugendliche als Schüler, Studenten und Auszubildende unterliegen einerseits besonderen materiellen Abhängigkeiten sowie – als noch nicht Volljährige – auch rechtlich normierten Einschränkungen ihrer selbstbestimmten Handlungsfähigkeit (Wahlrecht, Vertragsfähigkeit etc.). Jugend ist insofern einerseits ein defizitärer, durch Begrenzungen der Selbstbestimmungsfähigkeit gekennzeichneter sozialer Status. Hinzu kommt, dass die Bewältigung der spezifischen Entwicklungsaufgaben der Adoleszenz (s. Fend 2000, S. 205 ff.) und der damit verbundenen Psychodynamik zu Belastungen führen können, welche die individuelle Handlungs- und Entscheidungsautonomie begrenzen, aber zugleich auch die Ablösung aus vorgefundenen familialen Abhängigkeiten anstoßen. Andererseits unterliegen Jugendliche – sofern sie von den Zwängen der Erwerbsarbeit und der direkten materiellen Existenzsicherung freigestellt sind – noch nicht im vollen Sinne den die Erwachsenenexistenz charakterisierenden Zwängen und Disziplinierungen (s. Bruder und Bruder 1984, S. 1 ff.). *So betrachtet sind Kindheit und Jugend nicht nur defizitäre Lebensphasen, Stadien des Noch-Nicht-Erwachsenseins, der Unreife, sondern auch Lebensphasen, in denen es noch stärker möglich und zulässig ist, eigene Spontaneität, Kreativität und Eigensinn zu entfalten.* Jugend kann deshalb zugleich als noch nicht umfassend disziplinierte Subjektivität verstanden werden. Jugend ist gegenwärtig zwar kein Moratorium mehr (s. Trotha 1982), aber gleichwohl noch eine der Möglichkeit nach experimentelle Lebensphase. Jugendkulturen als „Suchbewegungen" artikulieren diese Widersprüchlichkeit zum Teil in selbstdestruktiven Formen, aber auch in solchen, die Möglichkeiten eines emanzipatorischen Lernens enthalten (vgl. Ziehe und Stubenrauch 1982). Sofern Jugend eine Phase des experimentell-suchenden Ausprobierens von Lebensentwürfen ist, liegt die Chance einer subjektorientierten Jugendpädagogik gerade darin, solches Experimentieren aufzugreifen, zu unterstützen und zu ermöglichen. Einer subjektorientierten Jugendpädagogik stellt sich damit die Aufgabe, Jugendliche im Prozess der Suche nach einem ihnen angemessenen Leben zu unterstützen.

Eine pädagogische Programmatik der Subjektbildung hat vom verfügbaren Wissen darüber auszugehen, was für die Entwicklung selbstbestimmter Handlungsfähigkeit im Jugendalter förderliche Bedingungen sind. Diesbezüglich sind insbesondere folgende Aspekte für das pädagogische Handeln bedeutsam (s. dazu ausführlicher Scherr 1997, 2008; vgl. Brumlik 1993):

- Strukturen des sozialen Handelns, die ein durch wechselseitige Wertschätzung und Anerkennung als eigenverantwortliche und moralisch autonome Individuen gekennzeichnetes gemeinsames Handeln ermöglichen (z. B. Freundschaftsbeziehungen, solidarische Gruppen);
- soziale Beziehungen, die sich durch Verlässlichkeit und Wahrhaftigkeit auszeichnen;
- die Möglichkeit, eigene Handlungs- und Entscheidungsfähigkeit in kooperativen Handlungszusammenhängen und somit sich selbst als handlungs- und gestaltungsfähige Person zu erfahren (z. B. durch die Mitarbeit in selbstorganisierten Projekten und selbstverwalteten Einrichtungen);
- Erfahrungen der Teilhabe an egalitären Entscheidungsstrukturen, in denen eigene Überzeugungen dargelegt und als motivierte und begründete Stellungnahmen respektiert werden (z. B. in Gruppendiskussionen);
- Erfahrungen der eigenen Stärken und der eigenen Fähigkeiten als Gegenerfahrungen zu gesellschaftlich zugemuteten Ohnmachtserfahrungen (z. B. in selbstorganisierten Arbeits- und Lernprozessen, im Rahmen politischer oder kulturpädagogischer Aktionen);
- Aufforderungen und Anregungen zu einer umfassenden aktiven Entfaltung eigener Fähigkeiten und Interessen (z. B. durch ein vielfältiges Angebot von Projektgruppen, Werkstätten und themenzentrierten Veranstaltungen);
- Möglichkeiten, sich mit der eigenen Lebensgeschichte und Lebenssituation reflexiv auseinander zu setzen sowie die eigene lebenspraktische Zukunft bewusst zu entwerfen (z. B. in Projekten der geschlechtsspezifischen und arbeitsweltbezogenen Bildungsarbeit);
- Chancen, sich in interkulturellen Bildungsprozessen damit auseinandersetzen, dass die Voraussetzungen des eigenen Selbst- und Weltverständnis keineswegs fraglos-selbstverständlich und alternativlos sind;
- Empowerment und Erarbeitung eines Wissens über die grundlegenden eigenen Rechte, z. B. durch Menschenrechtsbildung.

Die Notwendigkeit einer subjektorientierten Jugendpädagogik ist auch darin begründet, dass eine erziehende Jugendpädagogik, die von der Annahme ausgeht, sie könne sich auf eine Weitergabe der vorherrschenden Lebensentwürfe Erwachsener beschränken, nach der Entdeckung der ökologischen Grenzen des Fortschritts und der sozial destruktiven Wirkungen einer verselbständigten marktwirtschaftlichen Ökonomie nicht mehr legitimierbar ist (vgl. Giesecke 1985). Zugleich aber wäre es naiv, Jugend erneut die Rolle des Repräsentanten eines „neuen, besseren Lebens" zuzumuten. Denn jugendliches Experimentieren entdeckt „riskante Chancen", und eine verantwortliche Pädagogik ist aufgefordert, die Wahrscheinlichkeit des selbst- und fremddestruktiven Scheiterns zu verringern.

Mit Blick auf Probleme der Arbeitsmarktintegration sind im Kontext subjektorientierter Jugendarbeit zwei konkurrierende Optionen zu diskutieren: Franz-Josef Krafeld (1989) plädiert mit dem Blick auf die Krise der Arbeitsgesellschaft, aber auch insgesamt im Kontext seiner Überlegungen zu einer cliquenakzeptierenden Jugendarbeit, für eine Programmatik des „Anders-leben-Lernens", d. h. dafür, die Erwartung aufzugeben, dass Jugendarbeit sich noch normativ am Modell einer erwerbsarbeits- und familienzentrierten Lebensführung klassischer Prägung orientieren könne. Subjektorientierung verlangt demnach danach, ein Leben jenseits der Erwerbsarbeit zu akzeptieren und sich mit Jugendlichen gemeinsam auf die Suche nach neuen Lebenswürfen zu begeben. Dagegen lässt sich nun einwenden, dass es auch in der Jugendarbeit nicht darum gehen kann, die Forderung nach der Gewährleistung von Ausbildung und Berufsarbeit für alle Jugendlichen in einer Gesellschaft, die nach wie vor materiell und kulturell eine Arbeitsgesellschaft ist, aufzugeben. Deutlich wird in dieser Kontroverse, dass eine subjektorientierte Jugendarbeit zwar die geschriebenen und ungeschriebenen gesellschaftlich dominanten Normen nicht schlicht als pädagogische Leitideen übernehmen kann, aber zugleich auch nicht dem Fehler unterliegen darf, die lebensbestimmende Macht der gesellschaftlichen Realität zu ignorieren. Ihr Maßstab ist es, wie sie zu einer nicht nur kurz-, sondern auch langfristig gelingenderen Lebensführung ihrer Adressaten beitragen kann.

39.4 Subjektbildung in der Offenen Kinder- und Jugendarbeit

Die spezifische Rolle der Offenen Kinder- und Jugendarbeit in Jugendhäusern und Jugendtreffs ist vor diesem Hintergrund nun näher zu bestimmen.

Die genuine Chance einer subjektorientierten Offenen Kinder- und Jugendarbeit liegt darin, dass eine Gestaltung von Jugendhäusern als soziale Orte der Subjektbildung angestrebt wird. Dieser abstrakte Grundgedanke lässt sich wie folgt konkretisieren:

- Ausgangspunkt einer subjektorientierten Offenen Kinder- und Jugendarbeit ist die *Auseinandersetzung mit den jeweiligen Lebenslagen konkreter Jugendlicher in einem Stadtteil bzw. einer Gemeinde* und den darin begründeten Bedürfnissen und Interessen. Dabei geht es jedoch nicht darum, eine Dienstleistung anzubieten, welche der offenkundigen und artikulierten „Nachfrage" ein entsprechendes „Angebot" gegenüberstellt, sondern darum, einen Ort für die Entwicklung solcher Bedürfnisse/Interessen und die Bearbeitung solcher Problemlagen zu gestalten, die weder von einer kommerzialisierten Freizeitindustrie aufgegriffen werden, noch in den familialen und informellen Lebenszusammenhängen Jugendlicher zureichend zum Tragen kommen. Positiv formuliert: Anzuset-

zen ist an den jeweiligen konkreten Beschädigungen, Begrenzungen und Behinderungen einer selbstbewussten und selbstbestimmten Lebensgestaltung.
- Das räumliche, zeitliche und personale Arrangement von Jugendhäusern und Jugendtreffs sowie ihr öffentliches Image sollen diese als *soziale Orte* ausweisen, *welche vielfältige Eigenaktivitäten Jugendlicher anregen, ermöglichen und fördern*, sowie Hilfe und Unterstützung in problematischen Lebenssituationen anbieten. Jugendhäuser sollten also keine Orte der bloßen Verwahrung und der Betreuung von „Problemjugendlichen" sein.
- Offene Kinder- und Jugendarbeit sollte grundsätzlich als ein *multifunktionales Angebot* konzipiert werden, dem der umfassende Anspruch eigen ist, die Bildungsprozesse Jugendlicher einschließlich der Bewältigung der Probleme und Gefährdungen der Lebensgestaltung zu unterstützen. Im Unterschied zu den differenzierten und auf spezifische Hilfeleistungen festgelegten übrigen Angeboten der Jugendhilfe liegt eine Chance Offener Kinder- und Jugendarbeit *erstens* darin, dass sie in der Lage ist, alltagsbezogene, politische und kulturelle Bildungsprozesse „ganz normaler", in der Regel sozial unauffälliger und unproblematischer Jugendlicher anzuregen und zu unterstützen; *zweitens* aber auch darin, dass sie, sofern die konkrete Lebenssituation ihrer Klientel dies verlangt, dazu beitragen kann, soziale Gefährdungslagen frühzeitig zu erkennen und Jugendliche in ihren Auseinandersetzungen mit den Anforderungen der Schule, des Arbeitsmarktes, im Fall familiärer Krisen usw. schon dann zu beraten und zu unterstützen, wenn diese noch nicht in eine Situation geraten sind, die sie zur Klientel der Heimerziehung, der Jugendberufshilfe oder des Jugendstrafrechts werden lässt. Offener Kinder- und Jugendarbeit kommt hier auch die Funktion einer sozialpolitischen „Frühwarninstanz" zu, in der Problemlagen sichtbar werden.
- Multifunktionalität und tendenzielle Allzuständigkeit für die Unterstützung der jugendlichen Subjektivität heißt noch nicht, dass jedes Jugendhaus all diese Funktionen in sich vereinen muss. Insbesondere in Städten ist eine *Differenzierung der Einrichtungen* geboten, die den Lebenslagen von Teilgruppen sowie den Lebensstilen von Jugendszenen gerecht wird.
- *Selbstorganisation und Selbstverwaltung* sind in allen Bereichen zu unterstützen und zu ermöglichen, in denen sie von Jugendlichen angestrebt werden. Dies verlangt von PädagogInnen die Bereitschaft, sich dann zurückzunehmen, wenn sie nicht gebraucht werden sowie Eigenaktivitäten Jugendlicher zuzulassen; weiter die Fähigkeit, Jugendliche bei der Entwicklung von Strukturen, die Selbstorganisation ermöglichen, zu unterstützen, und die Schaffung eines solchen Images eines Jugendhauses (nach außen und nach innen), das dieses als eine Einrichtung wahrnehmbar macht, in der Jugendliche ihre Interessen und Fähigkeiten entfalten können.
- Jugendhäuser sind als soziale Orte zu gestalten, in denen eine *Kultur der gegenseitigen Achtung und Anerkennung* sich entwickeln kann. Versteht man Jugendarbeit als eine pädagogische Praxis der Subjektbildung, dann heißt dies nicht, Verhaltensstile, Regeln und Rituale, wie sie von Jugendlichen praktiziert werden, schlicht zu akzeptieren, sondern in dialogischen Prozessen eine solche Gestaltung des wechselseitigen Handelns

anzustreben, die möglichst kooperativ und durch gegenseitigen Respekt gekennzeichnet ist.
- Zudem sind in der Offenen Kinder- und Jugendarbeit *Angebote der Beratung, der sozialarbeiterischen Einzelfallhilfe* sowie Angebote für bzw. Strukturen der Kooperation mit Einrichtungen der Jugendberufshilfe bereitzustellen, die ein biographisches Scheitern an schulischen und beruflichen Anforderungen, an den Strukturproblemen des Arbeitsmarktes oder aber die Entwicklung von Problembiographien verhindern können. Offene Kinder- und Jugendarbeit kann die ihr tatsächlich zufallenden sozialpolitischen Aufgaben nicht ignorieren.
- Offene Kinder- und Jugendarbeit ist aufgefordert, *politische Lernprozesse* anzuregen. Die vielfach beklagte und vielfach auch falsch interpretierte „Entpolitisierung" Jugendlicher ist nicht schlicht als ein Faktum hinzunehmen, sondern sollte Anlass für die Suche nach Formen der Auseinandersetzungen sein, die für jeweilige Jugendliche subjektiv relevante Themen in für sie angemessenen Formen aufgreifen.

39.5 Methoden und Handlungsprinzipien subjektorientierter Offener Kinder- und Jugendarbeit

Ausgangspunkte für die Entwicklung von Methoden und Handlungsprinzipien einer subjektorientierten Jugendpädagogik ist die von L. Nelson (1948, S. 30) wie folgt formulierte basale Problematik: „Ist das Ziel einer Erziehung vernünftige Selbstbestimmung ... so entsteht die Frage, wie es möglich ist, durch äußere Einwirkungen einen Menschen zu bestimmen, sich nicht durch äußere Einwirkung bestimmen zu lassen."

Der hier angesprochene Widerspruch zwischen dem Ziel der Selbstbestimmung und der Tatsache, dass jede Pädagogik Elemente der Fremdbestimmung durch den Erziehenden enthält, lässt sich nicht auflösen. Es ist gleichwohl möglich, produktiv mit diesem Problem umzugehen, wenn Jugendpädagogik als eine dialogische Praxis verstanden wird, in der Pädagogen und Jugendliche in einen gemeinsamen Verständigungs- und Lernprozess eintreten (s. Freire 1974).

Subjektorientierte Jugendarbeit als eine dialogische Praxis, welche die Entfaltung der individuellen Potentiale selbstbewussten und selbstbestimmten Handels anregen und ermöglichen will, ist *erstens* darauf angewiesen, sich die subjektive Lebenswirklichkeit ihrer Adressaten mit Hilfe sozialwissenschaftlicher Methoden verstehend zu erschließen. Denn es kann weder davon ausgegangen werden, dass Jugendliche in der Lage sind, ihre Bedürfnisse und Interessen zu artikulieren, noch kann unterstellt werden, dass Pädagogen immer schon wissen, was die „eigentlichen" und „wahren" Bedürfnisse und Interessen sind. Vielmehr sind diese jeweils konkret zu erschließen. Insofern kommt Methoden der sozialwissenschaftlichen Feldforschung und der sinnverstehenden Biografieforschung für eine subjektorientierte Jugendarbeit eine vorrangige Bedeutung zu. Dies führt dazu, dass die anwendungsorientierte Verfügung über Methoden der Sozialforschung als grundlegendes Qualifikationselement von JugendarbeiterInnen zu verstehen ist.

Ein *zweites* zentrales pädagogisches Handlungsprinzip, eher eine pädagogische Haltung als eine klare Handlungsregel, lässt sich als das Prinzip formulieren, gemeinsam mit Jugendlichen eine Praxis zu entwickeln und nicht für sie bzw. stellvertretend zu handeln (s. Liebel 1994). Ansatzpunkt einer solchen gemeinsamen Praxis sind die Stärken, nicht die Defizite und Probleme Jugendlicher. Eine solche subjektorientierte Jugendarbeit begründet sich auch in der Erwartung, dass eine pädagogische Förderung und Unterstützung von Jugendlichen in einer Atmosphäre wechselseitiger Wertschätzung und Anerkennung es ermöglicht, dass problematische Handlungsmuster schrittweise an subjektiver Bedeutung verlieren können.

Drittens geht eine subjektorientierte Jugendarbeit von einem mäeutischen Selbstverständnis aus (s. Sünker 1989, S. 160 ff.). Sie versteht sich als eine Praxis, die auf die Entfaltung verschütteter und blockierter Fähigkeiten im Dialog und mit einem höchstmöglichen Maß an Partizipation und Eigenverantwortung zielt.

Abverlangt ist JugendarbeiterInnen im Rahmen einer subjektorientierten Jugendarbeit deshalb *viertens* ein permanenter Balanceakt zwischen dem Respekt vor dem Eigensinn und der prinzipiell anzunehmenden Autonomie der Lebenspraxis Jugendlicher einerseits, der Fähigkeit und Bereitschaft anderseits, regressive und destruktive Formen der Lebensbewältigung zu erkennen, in Frage zu stellen und alternative Handlungsorientierungen anzubieten. Diesbezüglich lassen sich nun keine eindeutigen Regeln festlegen, sondern Jugendarbeit ist auf dialogische Aushandlungsprozesse darüber angewiesen, was jeweils als subjektiv angemessenes und zugleich sozial akzeptables Handeln gelten kann.

Fünftens kann das Prinzip der politischen Einmischung als ein grundlegendes Handlungsprinzip subjektorientierter Jugendarbeit gelten. Jugendarbeit kann sich nicht darauf beschränken, im pädagogischen Binnenraum zu agieren, sondern hat eine wichtige Funktion in der politischen Skandalisierung solcher Lebensbedingungen, die Jugendliche an der Entwicklung ihrer Fähigkeiten hindern. Zu einem solchen politischen Mandat ist eine subjektorientierte Jugendarbeit in besonderer Weise befähigt, wenn JugendarbeiterInnen über differenzierte Kenntnisse der Lebensbedingungen und Lebensstile verfügen, also in jeweiligen politischen Kontexten als lokale Jugendexperten agieren können.

39.6 Ausblick

Eine Entwicklung, in deren Folge die Offene Kinder- und Jugendarbeit erneut unter Legitimationsdruck geraten und auf die Aufgaben reduziert werden wird, einerseits „Problemjugendliche" zu betreuen sowie anderseits – quasi als „Hilfsschule" – schulergänzende und arbeitsmarktbezogene Qualifizierungsaufgaben zu übernehmen, ist keineswegs unwahrscheinlich. Ob es dagegen gelingt, Jugendarbeit als einen eigenständigen Bildungsort zu erhalten, ist auch davon abhängig, ob ihre Fachöffentlichkeit in der Lage ist, den besonderen Nutzen von Jugendarbeit für eine an demokratischen und menschenrechtlichen Prinzipien orientierte Gesellschaft in politischen Auseinandersetzungen zu verdeutlichen. Die Theorie subjektorientierter Jugendarbeit stellt dafür eine Argumentationsgrundlage zu Verfügung.

Literatur

Bauer, W. (1991). *Jugendhaus. Geschichte, Standort und Alltag offener Jugendarbeit*. Weinheim/Basel.

Bauman, Z. (1992). Ethik des Gehorsams. In *Dialektik der Ordnung* (S. 166–183). Hamburg.

Berger, P. L., & Luckmann, T. (1970). *Die gesellschaftliche Konstruktion der Wirklichkeit*. Stuttgart.

Böhnisch, L., & Münchmeier, R. (1987). *Wozu Jugendarbeit?* Weinheim/München.

Böhnisch, L. (2002). Lebensbewältigung. In W. Thole (Hrsg.), *Grundriss Soziale Arbeit* (S. 199–213). Opladen.

Bommes, M., & Scherr, A. (2012). *Soziologie der Sozialen Arbeit* (2. Aufl.). Weinheim und München.

Bourdieu, P. (1984). *Die feinen Unterschiede*. Frankfurt a. M.

Bruder, A., & Bruder, K. H. (1984). *Jugend. Psychologie einer Kultur*. München/Wien/Baltimore.

Brumlik, M. (1993). Freundschaft, Fairneß und Gemeinschaft in der Pädagogik. *Rundbrief Gilde Soziale Arbeit, 1993*(1), 7–17.

Fend, H. (2000). *Entwicklungspsychologie des Jugendalters*. Opladen.

Freire, P. (1974). *Erziehung als Praxis der Freiheit*. Stuttgart.

Giesecke, H. (1971). *Die Jugendarbeit*. München.

Giesecke, H. (1984). Wozu noch Jugendarbeit? *deutsche jugend, 1984*(10), 443–449.

Giesecke, H. (1985). *Das Ende der Erziehung*. Stuttgart.

Holzkamp, K. (1993). *Lernen. Subjektwissenschaftliche Grundlegung*. Frankfurt a. M./New York.

Hornstein, W. (1990). *Aufwachsen mit Widersprüchen – Jugendsituation und Schule heute*. Stuttgart.

Krafeld, F. J. (1984). *Geschichte der Jugendarbeit*. Weinheim/Basel.

Krafeld, F. J. (1989). *Anders leben lernen. Von berufsfixierten zu ganzheitlichen Lebensentwürfen*. Weinheim/Basel.

Lessing, H., Damm, D., Liebel, M., & Naumann, M. (1986). *Lebenszeichen der Jugend. Kultur, Beziehung und Lebensbewältigung im Jugendalter*. Weinheim/München.

Lessing, H., & Liebel, M. (1974). *Jugend in der Klassengesellschaft*. München.

Liebel, M. (1994). *Wir sind die Gegenwart. Kinderarbeit und Kinderbewegungen in Lateinamerika*. Frankfurt a. M.

Lindner, W. (2006). *1964–2004: Vierzig Jahre Jugendarbeit in Deutschland. Aufbruch, Aufstieg und neue Ungewissheit*. Wiesbaden.

Lindner, W. (Hrsg.). (2008). *Kinder- und Jugendarbeit wirkt. Aktuelle und ausgewählte Evaluationsergebnisse der Kinder- und Jugendarbeit*. Wiesbaden.

Meueler, E. (1993). *Die Türen des Käfigs: Wege zum Subjekt*. Stuttgart.

Müller, B. (1993). Außerschulische Jugendbildung oder: Warum versteckt Jugendarbeit ihren Bildungsanspruch? *deutsche jugend, 1993*(7–8), 310–319.

Münchmeier, R., Otto, H. U., & Rabe-Kleberg, U. (Hrsg.). (2002). *Bildung und Lebenskompetenz. Kinder- und Jugendhilfe vor neuen Aufgaben*. Opladen.

Nelson, L. (1948). Die sokratische Methode. In L. Nelson (Hrsg.), *Drei Schriften zur kritischen Philosophie*. Wolfenbüttel.

Popitz, H. (1992). *Phänomene der Macht*. Stuttgart.

Rauschenbach, T. (2009). *Zukunftchance Bildung. Familie, Jugendhilfe und Schule in neuer Allianz*. Weinheim.

Rose, L., & Scherr, A. (2000). Der Diskurs der Geschlechterdifferenzierung in der Kinder- und Jugendhilfe. Ein kritischer Blick. *deutsche jugend, 2000*(2), 65–74.

Scherr, A. (1990). Subjektivität und Ohnmachtserfahrungen. *deutsche jugend, 1990*(5), 205–213.

Scherr, A. (1992). Das Projekt Postmoderne und die pädagogische Aktualität kritischer Theorie. In W. Marotzki, & H. Sünker (Hrsg.), *Kritische Erziehungswissenschaft – Moderne – Postmoderne*. Bd. 1. (S. 101–151). Weinheim.

Scherr, A. (1995). *Soziale Identitäten Jugendliche. Politische und berufsbiographische Orientierungen von Studenten und Auszubildenden*. Opladen.

Scherr, A. (1996). Bildung zum Subjekt. Ideen für eine zeitgemäße emanzipatorische Jugendarbeit. *deutsche jugend, 1996*(5), 215–222.

Scherr, A. (1997). *Subjektorientierte Jugendarbeit. Eine Einführung in die Grundlagen einer emanzipatorischen Jugendpädagogik*. Weinheim/München. www.ph-freiburg.de/fileadmin/dateien/fakultaet3/sozialwissenschaft/sozio/scherr/SubjektorientierteJugendarbeit.pdf. Zugegriffen: 05.01.2011.

Scherr, A. (2002a). Subjektivität und gegenseitige Anerkennung als Grundprinzipien kritischer Pädagogik. In B. Hafeneger, P. Henkenborg, & A. Scherr (Hrsg.), *Pädagogik der Anerkennung* (S. 26–44). Bad Schwalbach.

Scherr, A. (2002b). *Der Bildungsauftrag der Jugendarbeit*. In Münchmeier, Otto, Rabe-Kleeberg a.a.O., S. 93-10.

Scherr, A. (2002). Sozialisation, Person, Individuum. In H. Korte, & B. Schäfers (Hrsg.), *Einführung in die Hauptbegriffe der Soziologie* (6. Aufl., S. 45–66). Opladen.

Scherr, A. (2004). Rückzugsräume und Grenzüberschreitungen. In U. Deinet, & C. Reutlinger (Hrsg.), *„Aneignung" als Bildungskonzept der Sozialpädagogik* (S. 161–174). Wiesbaden.

Scherr, A. (2008). Subjekt- und Identitätsbildung. In T. Coelen, & H.-U. Otto (Hrsg.), *Grundbegriffe Ganztagsbildung* (S. 137–146). Wiesbaden.

Scherr, A., & Stehr, J. (1995). Vorschläge für einen subjektorientierten Umgang mit arbeitslosen Jugendlichen. *Sozialmagazin, 20*(3), 42–47.

Sturzenhecker, B. (2004). Zum Bildungsanspruch von Jugendarbeit. In H. U. Otto, & T. Rauschenbach (Hrsg.), *Die andere Seite der Bildung. Zum Verhältnis von formellen und informellen Bildungsprozessen* (S. 147–165). Wiesbaden.

Sünker, H. (1989). *Bildung – Alltag – Subjektivität*. Weinheim.

Trotha, T. v. (1982). Zur Entstehung von Jugend. *Kölner Zeitschrift für Soziologie und Sozialpsychologie, 34*, 254–277.

Vester, M., von Oertzen, P., Geiling, H., & Hermann, T. (2001). *Soziale Milieus im gesellschaftlichen Strukturwandel*. Frankfurt.

Winkler, M. (1988). *Eine Theorie der Sozialpädagogik*. Stuttgart.

Ziehe, T., & Stubenrauch, H. (1982). *Plädoyer für ungewöhnliches Lernen. Ideen zur Jugendsituation*. Reinbek.

Zinnecker, J. (1986). Jugend im Raum gesellschaftlicher Klassen. In W. Heitmeyer (Hrsg.), *Interdisziplinäre Jugendforschung* (S. 99–132). Weinheim/München.

Das sozialräumliche Muster in der Offenen Kinder- und Jugendarbeit

40

Ulrich Deinet und Richard Krisch

40.1 Anfänge und aktuelle Diskurse um das „Sozialräumliche" in der Jugendarbeit

Lothar Böhnisch und Richard Münchmeier haben mit ihren gemeinsamen Veröffentlichungen „Wozu Jugendarbeit?" (1987) und „Pädagogik des Jugendraums" (1990) in der Fachöffentlichkeit den Begriff der „sozialräumlichen Jugendarbeit" geprägt. Ihre gesellschaftliche Analyse, der zufolge die Auflösung tradierter Normen und die Freisetzung der Jugend von vorgefügten Lebensläufen zu einem Bedeutungsverlust von Institutionen, Rollen und Normen führe und gleichzeitig eine vermehrte sozialräumliche Orientierung der Jugendlichen zur Folge habe, ist die Grundlage einer sozialräumlichen Jugendarbeit. Jugendarbeit wird selbst zum Medium der Raumaneignung, zur Ressource der „Lebensbewältigung" von Kindern und Jugendlichen. Auf den Zusammenhang zwischen veränderten sozialräumlichen Bedingungen und jugendlichen Aneignungsformen sowie möglichen Konsequenzen für die Jugendarbeit haben aber vorher schon andere Autoren hingewiesen, selten jedoch in einem so deutlichen Bezug zur Offenen Jugendarbeit, wie bei Böhnisch und Münchmeier.

Den Zusammenhang zwischen Veränderungen in der Lebenswelt von Kindern und Jugendlichen und einem daraus zu folgernden jugendpolitischen Mandat der Jugendarbeit hat der Jugendforscher Hellmut Lessing in einem viel beachteten Aufsatz (1984) und einem Buch (1986) als Konzept der „Wi(e)deraneignung von Arbeit, Umwelt und Kultur"

Prof. Dr. Ulrich Deinet ✉
Fachbereich Sozial- und Kulturwissenschaften Düsseldorf, Fachhochschule Düsseldorf, Wilhelmstr. 4, 42781 Haan, Deutschland
e-mail: Ulrich.Deinet@t-online.de
Dr. phil. Richard Krisch
Fachhochschule Campus Wien Department Soziales, Verein Wiener Jugendzentren, Prager Straße 20, 1210 Wien, Österreich
e-mail: r.krisch@jugendzentren.at

formuliert. Lessing bezeichnet sein Konzept zwar nicht als sozialräumliches, stellt aber sozialräumliche Überlegungen an den Anfang. Er stellt dem Begriff der „Wiederaneignung" den der „Enteignung" gegenüber und analysiert die gesellschaftliche Entwicklung der Arbeitsgesellschaft als „Enteignung sozialer Räume" bzw. als „kulturelle Enteignung" und Abschiebung Jugendlicher z. B. in die Unterbeschäftigung. Sein Konzept von Jugendarbeit als „Wi(e)deraneignung" verfolgte demzufolge die Schaffung von Arbeitsplätzen in alternativen Projekten und die Rückgewinnung kultureller Ausdrucksformen von der Jugendarbeit aus. Jugendarbeit ist als Jugendpolitik aufgefordert und hat das Mandat, sich in Planungsprozesse (z. B. Freiraum-, Spielplatz-, Wohnumfeld- und Verkehrsplanung) einzumischen und für den Erhalt und die Schaffung von „Frei-Räumen" für Kinder und Jugendliche zu kämpfen.

Gerd Brenner (1987) hat in seinem Aufsatz „Besetzt euren Platz! Über die Vernachlässigung des Territorialen in der Jugendarbeit" die „territoriale Enteignung Jugendlicher" kritisiert und eine Umorientierung der Jugendarbeit gefordert. Ähnlich wie Lessing fordert Brenner eine neue, aus der Sicht von Kindern und Jugendlichen entwickelte Definition von Räumen in der Jugendarbeit, die Schaffung von z. B. Mädchenräumen, die Einmischung der Jugendarbeit (insbesondere der Jugendverbandsarbeit) in Stadtplanung und die Sicherung öffentlicher Räume gegen die „Gefahr einer weiteren pädagogischen Kolonisierung jugendlicher Lebenswelten" (Brenner 1987, S. 124).

Die aktuelle Sozialraumdebatte wird weit über die Jugendhilfe hinaus geführt und maßgeblich durch die Thematik „Soziale Stadt und Soziale Arbeit" bestimmt. Die vielschichtigen Problemlagen der Städte sowie Ansätze zu deren Lösung – wie beispielsweise Stadtteilmanagement, Quartiersfonds oder aber die sozialräumlich orientierte Jugendarbeit – stehen im Fokus.

40.2 Zugänge zur Sozialraumorientierung

Der sozialarbeiterische/sozialpädagogische Ansatz der Sozialraumorientierung macht den sozialen Raum zur zentralen Bezugsgröße für ein an den Bedürfnissen und Interessen der Menschen ausgerichtetes sozialarbeiterisches Handeln. Der Begriff Sozialraum weist auf „den gesellschaftlichen Raum und menschlichen Handlungsraum" (Kessl und Reutlinger 2007, S. 23) hin, auf räumlich bezogene und erfahrene Kontexte sozialen Handelns. Der Sozialraum ist durch gesellschaftliche Verhältnisse strukturiert, wodurch er zugleich Handlungsräume eröffnet und beschränkt. Der physisch-territoriale Raum ist Teil dieses sozialen Gefüges und seiner handlungsregulierenden Mechanismen. Er muss jedoch immer in Verbindung mit seinen sozialen Dimensionen betrachtet werden, um komplexe soziale Wirkzusammenhänge mit zu berücksichtigen und soziale Ungleichheiten nicht weiter fest zu schreiben.

Sozialraumorientierung richtet sich als sozialräumlich-reflexive Haltung einerseits auf die Thematisierung handlungseinschränkender sozialer Verhältnisse. Dabei findet eine zielgruppenspezifische Ausgestaltung des Handlungsraumes ebenso Berücksichtigung

(z. B. milieuspezifische Eigenheiten des Verhaltens, altersspezifische Formen der Raumaneignung oder soziokulturell bestimmte Zugangs-Barrieren), wie sozialräumliche Aspekte, wie beispielsweise das Image eines Stadtteils, die Verteilung räumlicher Ressourcen oder die Zugänglichkeit von Informationen (vgl. Krisch et al. 2011).

Andererseits stehen die Erweiterung und die Unterstützung der Handlungsfähigkeiten und Handlungskompetenzen von Menschen im Vordergrund. Das Bindeglied zwischen den beiden Aspekten ist die Befähigung zur politischen Partizipation. Durch sie werden Prozesse der Emanzipation und des Empowerments eingeleitet und zugleich an der Bearbeitung sozialer Verhältnisse mitgewirkt.

Der Begriff Sozialraum versteht Räume als das Ergebnis sozialer Praktiken und befindet sich damit in Abgrenzung zu Vorstellungen eines gegebenen und nicht veränderbaren physisch-geographischen Raumes (vgl. Kessl und Reutlinger 2007).

Erst über die Tätigkeit des Menschen wird ein Territorium zum sozialen Raum (vgl. Simmel 1992). Gleichzeitig wirken bestehende bzw. sich entwickelnde räumliche Arrangements auf das soziale Handeln der Menschen aus, weshalb von einem relativen bzw. relationalen Raumverständnis auszugehen ist (vgl. ebd.). Menschen erfahren dementsprechend „den Raum als Ortszusammenhang von zugänglichen Möglichkeiten und einschränkenden Verwehrungen" (Böhnisch et al. 2009, S. 113).

Dementsprechend bezieht sich nach Kessl und Reutlinger „(…) eine Sozialraumperspektive nicht primär auf physisch-materielle Objekte, auf das, was wir alltagssprachlich „Orte" oder „Plätze" oder eben auch „Räume" nennen: Gebäude, Straßen oder Stadtteile. Vielmehr gilt das Interesse einer Sozialraumperspektive dem von den Menschen konstituierten Raum der Beziehungen, der Interaktionen und der sozialen Verhältnisse (…). Mit Sozialraum werden somit der gesellschaftliche Raum und der menschliche Handlungsraum bezeichnet, das heißt, der von den handelnden Akteuren (*Subjekten*) konstituierte Raum und nicht nur der verdinglichte Ort (*Objekte*)" (ebd. 2007, S. 23).

Der Zusammenhang zwischen Sozialraumorientierung und Sozialer Arbeit findet sich in den Diskussionen um Gemeinwesenarbeit in den 1960er- und 1970er-Jahren. In aktuelle Konzepte wurden Ansätze der Lebensweltorientierung, des Empowerments und der Ressourcenorientierung integriert und Vernetzung bzw. Kooperation als zentrale Arbeitsmethoden bestimmt (vgl. Hinte und Treeß 2007 bzw. Kessl und Reutlinger 2007).

Ebenfalls in einer lebensweltorientierten Tradition wird in der Offenen Jugendarbeit die Subjektbezogenheit des sozialen Raumes betont (vgl. Deinet 2009; Krisch 2009). Sozialraumorientierung im Kontext von Kindern und Jugendlichen weist auf die besondere Bedeutung sozialräumlicher Aneignungsprozesse für die Entwicklung und Sozialisation von Heranwachsenden hin: In Wechselwirkung zwischen jugendlicher Entwicklungsdynamik und der gesellschaftlichen Verfasstheit von Räumen entwickeln sich Bildungs-, Lern- und Sozialisationsprozesse (vgl. Krisch 2009; Rätz-Heinisch et al. 2009). Dementsprechend fokussiert „der sozialräumliche Blick" (Deinet und Krisch 2002, 2006) auf die Wirkung räumlich vermittelter Bildungsgelegenheiten, Partizipationschancen und Entfaltungsmöglichkeiten.

Die topografische Perspektive der Sozialraumorientierung birgt jedoch auch theoretische Gefahren, wie etwa jene der territorialen und traditionsbezogenen Verkürzung des Konzeptes. Verbreitete Assoziationen zum Sozialraumbegriff wie Dörfer, Quartiere u. ä. vermögen in einer hoch mobilen und vernetzten Welt nur mehr beschränkt die moderne Ausgestaltung sozialer Räumlichkeit wieder zu geben (vgl. Pantucek 2007).

40.3 Sozialräume als Lebenswelten und Aneignungsräume

Die in der Kinder- und Jugendarbeit entwickelten sozialräumlichen Konzepte (vgl. Deinet 2009; Krisch 2009) basieren auf wissenschaftlichen Traditionen, die Kinder, Jugendliche und Erwachsene als handelnde Subjekte in ihrer Lebenswelt sehen. Dabei untersuchen sozialökologische Ansätze (Baacke 1984; Zeiher 1983) insbesondere die räumlichen Bedingungen der Lebenswelt und beschreiben vor allem die Struktur kindlicher und jugendlicher Lebensräume und deren Veränderungen. Die Frage nach der Qualität der Räume wird zwar implizit gestellt, oft aber bleiben die Lebensweltbezüge einseitig auf eine strukturelle Ebene bezogen: Die Veränderung der Struktur des Lebensraumes, z. B. im Modell der Verinselung, erklärt noch nicht die Qualität der Räume (Inseln). Die Verdrängung von Kindern und Jugendlichen aus dem öffentlichen Raum durch die weitgehende Verplanung und Funktionalisierung aller Flächen ist nicht zu leugnen, dennoch zeigen viele Beispiele, dass sich Kinder und Jugendliche auch in der heutigen Stadtumwelt Räume aneignen (z. T. mit hohem Risiko), sich inszenieren (Skater), Hindernisse überwinden (Parcour) und abbilden (Sprayer) können. Es geht also nicht nur um die Struktur, sondern wesentlich um die Qualität von Räumen; diese werden immer erst durch die in ihnen liegenden (neuen) Möglichkeiten zu sozialen Räumen.

Die in den sozialökologischen Forschungen skizzierten Modelle und die Ergebnisse der Kindheits- und Jugendforschung müssen deshalb auf die jeweilige Lebenswelt bezogen und konkretisiert werden, um darauf aufbauend, die Frage beantworten zu können, welche Funktion, welche „Verortung" sich für die Jugendarbeit in der jeweiligen sozialräumlichen Situation ergeben kann. Aus einem solchen formalen und nicht qualitativen Verständnis heraus greift auch eine Interpretation des sozialräumlichen Ansatzes zu kurz, in der es nur darum geht, Kindern und Jugendlichen Räume zur Verfügung zu stellen.

Mit dem Aneignungskonzept kann der Versuch gemacht werden, die Qualitäten der „Räume" von Kindern und Jugendlichen zu verstehen und daraus Rückschlüsse für die Konzeptionierung der Jugendarbeit zu ziehen.

Die Ursprünge des Aneignungsbegriffes, gehen auf die sogenannte kulturhistorische Schule der sowjetischen Psychologie zurück, die vor allem mit dem Namen Alexej Nikolajewitsch Leontjew verbunden ist (vgl. Deinet 2009). Die grundlegende Auffassung dieses Ansatzes besteht darin, die Entwicklung des Menschen als tätige Auseinandersetzung mit der ihn umgebenden Welt, als Aneignung der gegenständlichen und symbolischen Kultur zu verstehen. Die sozialräumliche Umgebung präsentiert sich dem Menschen in wesentlichen Teilen als eine Welt, die bereits durch menschliche Tätigkeit geschaffen bzw. verändert wurde. In der materialistischen Aneignungstheorie von Leontjew (1977) wird der Begriff der „Gegenstandsbedeutung" in den Mittelpunkt gestellt. Genauso, wie im Prozess der Vergegenständlichung, Personen und Gegenstände durch das Ergebnis produktiver Arbeit miteinander verbunden sind, geht es im umgekehrten Prozess der Aneignung für Kinder und Jugendliche darum, einen Gegenstand aus seiner „Gewordenheit" zu begreifen und sich die in den Gegenständen verkörperten menschlichen Eigenschaften und Fähigkeiten anzueignen.

Im Gegensatz zu klassischen entwicklungspsychologischen Ansätzen entwickelt Leontjew damit ein Konzept, das die Entwicklung des Menschen als tätige Auseinandersetzung mit der Umwelt begreift. Als tätigkeitstheoretischer Ansatz wurde das Aneignungskonzept insbesondere von Klaus Holzkamp, einem bedeutenden Vertreter der „Kritischen Psychologie" (1973), weiterentwickelt und auf heutige gesellschaftliche Bedingungen übertragen. Der Leontjewsche Begriff der Gegenstandsbedeutung (als Vergegenständlichung gesellschaftlicher Erfahrung, die im Aneignungsprozess erschlossen werden muss) wird von Holzkamp bis auf die gesellschaftliche Ebene komplexer sozialer Beziehungen abstrahiert. Entsprechend muss die individuelle Entwicklung ebenfalls von einfachen (gegenständlichen) Formen bis zu hochkomplexen Zusammenhängen erschlossen werden.

Der Begriff Raumaneignung bezeichnet eine vom Subjekt ausgehende Tätigkeit, die durchaus auch im Konflikt mit gesellschaftlichen Veränderungen der Umwelt stehen kann. Raumaneignung bezieht sich auf das räumliche Erleben von Individuen, auf Veränderungen in ihrer Lebensumwelt und auf Qualitäten der Räume, die Individuen in ihrer unmittelbaren Umgebung finden.

Auf der Grundlage ihrer Definition von Raum als „(…) eine relationale (An)Ordnung von Lebewesen und sozialen Gütern an Orten" (Löw 2001, S. 224 f.) beschreibt Martina Löw, wie Kinder und Jugendliche heute mit unterschiedlichen Raumvorstellungen leben und Räume mit zwei Prozessen konstituieren, die sie als „Spacing" und „Syntheseleistung" bezeichnet. Spacing bezieht sich auf das „Errichten, Bauen oder Positionieren" (Löw 2001, S. 158) in Relation zu anderen Positionierungen. Zur Konstituierung von Raum „bedarf es aber auch einer Syntheseleistung, das heißt, über Wahrnehmungs-, Vorstellungs- oder Erinnerungsprozesse werden Güter und Menschen zu Räumen zusammgefasst" (ebd., S. 159).

Vor dem Hintergrund der Erkenntnisse der Raumsoziologie muss der Aneignungsbegriff insofern aktualisiert werden, als er nach wie vor die tätige Auseinandersetzung des Individuums mit seiner Umwelt meint und bezogen auf die heutigen Raumveränderungen der Begriff dafür sein kann, wie Kinder und Jugendliche eigentätig Räume schaffen und die (verinselten) Räume ihrer Lebenswelt verbinden. Somit passt der Begriff der Aneignung sehr gut zu der von Löw besonders herausgehobenen Bedeutung der Bewegung und der prozesshaften Konstituierung von Raum im Handlungsverlauf. Diese „Tätigkeit" ist aber heute nicht mehr (nur) als gegenständlicher Aneignungsprozess in dem klassischen Sinne von Leontjew zu verwenden (s. o. Gegenstandsbedeutung etc.). Die von Kindern und Jugendlichen geleistete Verbindung unterschiedlicher (auch virtueller und symbolischer) Räume kann im Aneignungsbegriff als aktive prozesshafte Form eingebunden werden. Aneignung der Lebenswelt heute bedeutet, Räume zu schaffen (Spacing und Syntheseleistung) und sich nicht nur vorhandene gegenständlich anzueignen.

Zusammenfassend kann man den Aneignungsbegriff wie folgt operationalisieren: Aneignung für Kinder und Jugendliche ist

- eigentätige Auseinandersetzung mit der Umwelt,
- (kreative) Gestaltung von Räumen etc.,
- Inszenierung, Verortung im öffentlichen Raum (Nischen, Ecken, Bühnen) und in Institutionen,
- Erweiterung des Handlungsraumes (neue Möglichkeiten in neuen Räumen),
- Veränderung vorgegebener Arrangements,
- Erweiterung motorischer, gegenständlicher, kreativer und medialer Kompetenz,
- Erprobung des erweiterten Verhaltensrepertoires in neuen Umgebungen (Deinet 2009).

„Raumaneignung" bedeutet also für Kinder und Jugendliche nicht nur die Erschließung schon vorhandener und vorstrukturierter Räume (als Syntheseleistung), sondern im Sinne von Martina Löw gleichzeitig auch die Schaffung eigener Räume als Platzierungspraxis (Spacing). Gerade der öffentliche Raum hat im Hinblick auf die hier dargestellten Prozesse eine wichtige Funktion als „Bühne" für Aneignungsprozesse außerhalb von Institutionen.

40.4 Der Ansatz einer sozialräumlichen Jugendarbeit

Der Ansatz der sozialräumlichen Jugendarbeit, in der „Pädagogik des Jugendraums" (Böhnisch und Münchmeier 1990) grundgelegt, sieht Jugendarbeit als einen zentralen „Ort" im Rahmen sozialräumlicher Zusammenhänge, in dem Kinder und Jugendliche aufwachsen. Diese entwickelt, entsprechend der auf das Lebensumfeld bezogenen Bedürfnisse und Interessen der Zielgruppen, adäquate Angebote. Offene Jugendarbeit versucht zusätzlich, Kinder und Jugendliche bei der Erschließung und Aneignung öffentlicher Räume im Gemeinwesen zu fördern und zu unterstützen. Das Ziel ist es, diese subjektive, qualitative Sichtweise des Sozialraums als Ertrag der Entwicklung des sozialräumlichen Musters der Jugendarbeit stärker in die Sozialraumdebatte der Jugendhilfe zu bringen. Dem formalen Verständnis von Räumen als sozialgeografischen Planungsgrößen steht also ein deutlich anderes Verständnis von sozialräumlicher Orientierung gegenüber, welches Sozialraum als subjektives Konstrukt einer Lebenswelt auffasst und danach fragt, wie subjektive Lebenswelten gestaltet und strukturiert sind, in welchen Räumen Kinder und Jugendliche leben und welche Anforderungen sich daraus an eine Kinder- und Jugendarbeit ergeben. Der Ansatz der „Sozialräumlichen Jugendarbeit" versteht sich dabei nicht als inhaltliches Konzept (wie etwa die Mädchen- oder Jungenarbeit) und wird hier auch nicht verstanden, als eine Umorientierung der Kinder- und Jugendarbeit auf die Bedarfe in Stadtteilen mit besonderem Problembedarf. Sozialräumliche Jugendarbeit beschreibt vielmehr einen spezifischen

Weg der Konzeptentwicklung in dieser. Sie geht von Begründungen und Orientierungen aus, die sich aus dem Zusammenhang zwischen dem Verhalten von Kindern und Jugendlichen und den konkreten Räumen, in denen sie leben, ergeben. Der sozialräumliche Ansatz verweist auf einen Weg der Konzeptentwicklung, der aus den Bedingungen der Lebenswelten von Kindern und Jugendlichen inhaltliche Konsequenzen für die Jugendarbeit formuliert.

Sozialräumliche Konzeptentwicklung fragt aus der Analyse der Lebenswelten von Kindern und Jugendlichen, mittels der Anwendung verschiedenster Methoden der Sozialraumanalyse nach Bedarfen und Anforderungen an die Kinder- und Jugendarbeit. Diese Vorgehensweise steht im Gegensatz zu einer eher institutionellen Konzeptentwicklung, die mitunter sehr stark von den Rahmenbedingungen der Institution, deren Ausstattung sowie den Ressourcen der Fachkräfte ausgeht.

40.5 Sozialraumanalyse als Methodik sozialräumlicher Jugendarbeit

Die in einigen Feldern der Sozialen Arbeit durchgeführten Sozialraumanalysen versuchen die Wechselwirkungen zwischen sozialem Handeln und gesellschaftlich durchwirkten Räumen abzubilden und damit Ressourcen und Probleme in den sozialräumlichen Zusammenhängen des Stadtteils/der Region sichtbar zu machen. Grundlage ist ein dynamisch-reflexives Sozialraumverständnis, welches physisch-geographische und soziale Raumaspekte in einem gegenseitigen Beeinflussungsverhältnis begreift. Bei der Erhebung von Daten werden sowohl quantitative als auch qualitative Methoden angewandt, um einerseits sozio-strukturelle Bedingungen, aber auch lebensweltliche Deutungsmuster und sozialräumliche Aneignungsprozesse zu erfassen. Von großer Bedeutung ist der Beteiligungs- und Aktivierungscharakter der Methoden, welcher die Anwendung von Sozialraumanalysen in der sozialen Arbeit charakterisiert (vgl. Krisch et al. 2011, S. 35).

Ein Beispiel für ein dynamisches Sozialraumverständnis findet sich im Bereich der Offenen Jugendarbeit. Deren Konzepte der Sozialraumanalyse gehen von einer gegenseitigen Beeinflussung von sozialen Praktiken und materiellen Raumbedingungen aus. Über sozialräumliche Aneignungsprozesse in Form der tätigen Auseinandersetzung mit der räumlich vermittelten Umwelt entstehen unter Jugendlichen Deutungsmuster, Nutzungsformen und Handlungsoptionen. Um diese zu erheben, werden Methoden wie Stadtteilbegehungen (vgl. Gemeinwesenbeobachtungen in der GWA), subjektive Landkarten, Cliquenraster, Befragungen von Schlüsselpersonen u. ä. unter aktiver Einbeziehung der Jugendlichen und anderer AkteurInnen angewandt. Über die Verquickung verschiedener Methoden können die gruppenbezogene Aneignungsprozesse genauso wie die diskursive und sozio-strukturelle Reglementierungen eines Sozialraums in den Blick genommen werden.

Entsprechend der vielfältigen (disziplinären) Perspektiven auf die Kategorie des Sozialraumes variieren auch die Zugänge zur Sozialraumanalyse entlang ihrer Schwerpunktsetzung und ihrer konzeptuellen Ausgestaltung. Während in der Sozialen Arbeit in einem dynamisch-reflexiven Sozialraumverständnis die Wechselwirkungen zwischen sozialen Praktiken und physischen Räumen erforscht werden sollen (vgl. Krisch 2009) und der „Beteiligungs- und Aktivierungscharakter" (Deinet 2009, S. 9) in der Durchführung eine bedeutende Rolle spielt, stehen in anderen Konzeptionen die vorwiegende Orientierung an städtischen Gebieten sowie die starke Betonung der physischen Dimension des Sozialraums im Vordergrund.

Die mitunter dominierende Position der physischen Raumkategorie ist jedoch angesichts eines dynamischen Sozialraumverständnisses, welches physische und soziale Aspekte immer in einem gegenseitigen Beeinflussungsverhältnis begreift, kritisch zu hinterfragen. Insbesondere im Bereich der Jugendarbeit liegen Konzepte der Sozialraumanalyse vor, die von einer gegenseitigen Wechselwirkung zwischen Handlungsformen bzw. Wahrnehmungen und der materiellen Dimension des Sozialraumes ausgehen (vgl. Deinet 2005; Krisch 2009). Diese erfolgt mittels Prozessen der sozialräumlichen Aneignung, in welchen durch eine tätige Auseinandersetzung mit dem Raum Selbstbildungsprozesse von Kindern und Jugendlichen (vgl. Rätz-Heinisch et al. 2009) stattfinden und spezifische Bedeutungs- bzw. Nutzungsmuster entstehen. In Folge werden vor allem unterschiedliche Nutzungsbedürfnisse von Jugendlichen und Erwachsenen, sowie die dadurch entstehenden Konflikte bzw. Handlungseinschränkungen thematisiert (vgl. ebd.). Die Durchführung der Methoden (s. u.) schließt die Beteiligung der Jugendlichen ein und ist so auch Teil der Praxis der Jugendarbeit.

Zu den angewandten sozialräumlichen Methoden zählen u. a.

- Stadtteilbegehung
- Nadelmethode
- Cliquenraster
- Institutionenbefragung
- Strukturierte Stadtteilbegehung
- Autofotografie
- Subjektiven Landkarten
- Zeitbudgets
- Fremdbilderkundung

(vgl. auch Deinet 2009a; Krisch 2009; Deinet 2009b sowie: http://www.sozialraum.de/methodenkoffer/).

40.6 Ebenen sozialräumlicher Jugendarbeit

Sozialräumliche Jugendarbeit versucht daher nicht nur Jugendliche durch differenzierte Angebote zu fördern, Lern-, Bildungs- und Sozialisationsprozesse zu initiieren, sondern sie auch bei der Erweiterung ihrer Handlungs(spiel)räume in öffentlichen Räumen zu unterstützen und sie damit auch an der Gestaltung ihrer Lebensumwelt zu beteiligen.

Die spezifischen Qualitäten sozialräumlich orientierter Jugendarbeit sind:

- Über systematische Sozialraumanalysen (Stadtteilbegehungen, Nadelprojekte, Interviews etc.) die Bedarfe, Interessen und Probleme der unterschiedlichen Jugendkulturen aufzunehmen,
- dementsprechende Angebote in der Einrichtung bzw. in den Sozialräumen Kinder und Jugendlicher zu machen,
- über Kooperationen und Vernetzung ein Netzwerk für Jugendliche aufzubauen und damit deren Handlungsräume zu erweitern,
- Beratungs- und Unterstützungsangebote aufeinander zu beziehen und sozialräumlich zu öffnen,
- Konflikte zu moderieren,
- Jugendliche bei der Erweiterung und Mitgestaltung von „Räumen" zu unterstützen,
- Jugendpolitische Anliegen zu thematisieren und damit auch politische Bildungsprozesse zu initiieren (vgl. Böhnisch und Krisch 2011).

Auf unterschiedlichen Ebenen eröffnet sie so alternative Erlebnis- und Erfahrungsebenen, ermöglicht Öffentlichkeit für Kinder und Jugendliche und deren Anliegen und basiert auf deren Mitsprache und Mitgestaltung (vgl. Krisch 2011).

1. Ebene: *Offener Raum Jugendarbeit*
   Über das Prinzip der Offenheit, der Freiwilligkeit und der Bedürfnisorientierung eröffnet sich eine spezifische Qualität der Jugendarbeit. Die Möglichkeit der selbsttätigen Aneignung, der Veränderbarkeit von Situationen, die Möglichkeit Interessen und Ideen einzubringen und diese auch verwirklichen zu können, schafft mannigfaltige Bildungsprozesse. Als „sozialpädagogische Arena" (vgl. Cloos et al. 2007) gefasst, eröffnen sich über die Auseinandersetzung mit den sozialräumlichen Angeboten in der Jugendarbeit verschiedene Nutzungsmöglichkeiten. Kommunikation, Interaktion, verschiedene Formen der Auseinandersetzung und die damit verbundenen Aushandlungsprozesse ermöglichen partizipative Entscheidungen über Zugang und Ressourcen der offenen Jugendarbeit.
2. Ebene: *JugendarbeiterInnen: Beziehung und Reflexion*
   Die Anwesenheit von SozialpädagogInnen, die in einem partnerschaftlichen, nicht autoritären Verhältnis zu den Kindern und Jugendlichen stehen, ermöglicht vielschichtige Formen der Reflexion, Spiegelung und Auseinandersetzung. Sie sind – aus einem sozialräumlichen Blickwinkel – „Teil des Raumes" und bieten in verschiedenen Rollen mit z. T. nichttraditionellen Zuschreibungen – z. B. Frauen als Leitung, Männer in Sorgefunktionen, Frauen als parteiliche Förderinnen von Mädchen, MitarbeiterInnen mit Migrationshintergrund in leitenden Stellungen – Bedeutungsalternativen für Jugendliche. Die Beziehung zu Erwachsenen, zu denen kein Abhängigkeits- oder Autoritätsverhältnis besteht,

und welches sich durch eine hohe Verbindlichkeit auszeichnet, ist ein zentrales Medium der Auseinandersetzung. In den Räumen der Jugendarbeit sind damit die Geschlechterfrage und die „Diversityperspektive" strukturell eingelagert und ermöglichen über alternative Rollenverständnisse und Handlungsweisen sowie über die Veränderbarkeit von Situationen, spezifische Lernsituationen.

3. Ebene: *Jugendarbeit als Geselligkeitsraum: Peergroup und Zugehörigkeit*
Offene Jugendarbeit eröffnet die Möglichkeit sich zu treffen, sich als Clique zu konstituieren aber auch im Rahmen der Jugendarbeit die Erfahrung von „Zugehörigkeit" – als ein bedeutendes Medium des Lernens – zu machen. So findet in der Jugendarbeit Peergroup-Lernen als ganz bedeutende Form des informellen Lernens statt, wobei auch hier wieder über gemeinsam erarbeitete Regeln des Umganges, über bestimmte Vorschläge der Formen von Gegenseitigkeit, verschiedene Lernmöglichkeiten eröffnet werden (vgl. Sting 2002).

4. Ebene: *Jugendarbeit als sozialer Raum*
Im Kontext „jugendkultureller Vielfalt, aber auch medial orientierter Angebote und kultur- und erlebnispädagogischer Projekte bietet Jugendarbeit bewusst und gezielt Räume, die Erfahrungen möglich machen, die in dieser Weise in anderen Lebensbereichen nur schwer zugänglich sind." (Deinet 2009, S. 147). Die Möglichkeiten in diesem Setting Konflikte auszutragen, Anerkennung zu erfahren, Zugehörigkeit zu erleben, sich auf vielschichtigste Aushandlungsprozesse einzulassen, verschiedenste Formen und Möglichkeiten der Selbstdarstellung schaffen Wechselwirkungen im „Raum Jugendarbeit" die ganz spezifisch für die offene Jugendarbeit sind.

5. Ebene: *Jugendarbeit als Bewältigungsraum*
Der „Raum" Jugendarbeit stellt eine bedeutende Ressource der Lebensbewältigung für Kinder und Jugendliche dar. Themen wie Übergänge in Ausbildung, Schule, Partnerschaft, Sexualität, Aids, Verhütung, Drogen werden ausgehend von den Lebens- und Alltagswelten der Jugendlichen und deren Stärken in Form von Angeboten und Projekten aufgenommen. Folder, Flyer, Informationsmaterialien, Internetzugänge, vielschichtige Wissensbestände der MitarbeiterInnen prägen das sozialräumliche Klima der Jugendarbeit.

6. Ebene: *Jugendarbeit als Erlebnis- und Erfahrungsraum*
Gerade vor dem Hintergrund von Bildungsbenachteiligung, die ja immer auch auf fehlende Möglichkeiten und Ressourcen zurückgeführt werden kann, bietet die offene Jugendarbeit verschiedenartige Erlebnis- und Erfahrungsmöglichkeiten an. Sei es auf der Ebene von Jugendkultur, Sport und Bewegung, sei es auf der Ebene von Internet und Medien, von Veranstaltungen oder von Stadtteilfesten. Aber auch Ausflüge und Ferienaktivitäten eröffnen neue Handlungsräume, wobei die Partizipation der Kinder und Jugendlichen ganz besonders im Blickpunkt steht.

7. Ebene: *Netzwerke über Kooperation*
Jugendarbeit unterstützt Aneignungs- und Bildungsprozesse auch außerhalb ihrer Orte, insbesondere im öffentlichen Raum. Hier entstehen über Kooperationen mit Schulen, über Auseinandersetzung mit Erwachsenen, mit Verwaltung und Politik Netzwerke und Möglichkeitsräume für Jugendliche, in denen vielfältige informelle Lernprozesse stattfinden und in denen Jugendliche auch Anerkennung erfahren.

8. Ebene: *Jugendarbeit und öffentlicher Raum*
Jugendarbeit fördert die Aneignungsprozesse von Jugendlichen im öffentlichen Raum und nimmt auch ein jugendpolitisches Mandat wahr. Beteiligung und politische Bildung meint sowohl Aneignung im Raum als auch vielfältige Formen politischer Bildungsprozesse. Speziell Mädchen erfahren durch die Jugendarbeit Unterstützung in ihren Bestrebungen, Plätze und Freiräume abseits klassischer Burschenterritorien zu besetzen.

9. Ebene: *Jugendarbeit und Partizipation*
Die Beteiligung Kinder und Jugendlicher an den Vorgängen der Jugendarbeit ist ein Charakteristikum der Offenen Jugendarbeit. Die Förderung von Partizipation entspricht nicht nur einem demokratischen Prinzip, sondern geht davon aus, dass in der Mitbestimmung, in der Umsetzung von Interessen in demokratischen Aushandlungsformen und in der damit verbundenen Übernahme von Verantwortung bedeutende (politische) Bildungsprozesse eingelagert sind.

40.7 Bildungspotentiale sozialräumlicher Jugendarbeit

In Unterscheidung zu Erwachsenen, die sich ja über ihre Arbeit, Familie, Freizeitaktivitäten etc. definieren, sind Kinder und Jugendliche viel mehr auf Orte und Situationen angewiesen, in denen sie sich abbilden, in denen sie Identität entwickeln und sich identifizieren können. Sozialräume sind – so betrachtet – neben Gesellungsorten auch Bildungs- und Erlebnisräume, in denen Kinder- und Jugendliche sich entwickeln, sich mit Werten und Normen der Gesellschaft auseinandersetzen und prägende Erfahrungen gesellschaftlicher Teilhabe machen.

Der sozialräumliche Blick eröffnet Zugänge zur Bildungsdiskussion und ermöglicht einen spezifischen Beitrag der Jugendarbeit zur Bildungs- und Beschäftigungsdebatte (vgl. Oehme et al. 2007). Der sozialräumliche Ansatz analysiert, wie und über welche Tätigkeiten sich Jugendliche in ihren sozialräumlichen Kontexten Handlungsmöglichkeiten aneignen, die bei der Bewältigung des Alltags von Bedeutung sind. Über die tätige Auseinandersetzung mit ihrer symbolischen und materiellen Umwelt entwickeln Jugendliche ihre motorischen Fähigkeiten, bilden Handlungskompetenzen und Orientierungswissen aus, entwickeln Identität und setzten sich mit gesellschaftlichen Bedingungen auseinander, die sich in der Struktur der Räume – auch im Sinne subjektiver Handlungsräume – abbilden. Dabei können Aneignungsprozesse als zumeist non- formal bzw. informell verlaufende Bildungsprozesse verstanden werden.

Aus der pädagogischen Sicht der Jugendarbeit geht es deshalb darum, sozialräumliche Zusammenhänge derart zu arrangieren, dass sie „bildsam" sind, dass sie also Aneignungsprozesse fördern und damit Jugendlichen Handlungsoptionen, gesellschaftliche Teilhabe und biographische Perspektiven eröffnen.

Konkrete Bildungsbeiträge der Jugendarbeit sind beispielsweise:

- … in den Arrangements der Jugendarbeit neue Erlebnis- und Erfahrungsebenen und Gelegenheitsräume für informelle Bildungsprozesse zu schaffen und damit Lernprozesse zu ermöglichen;
- … den Sozialraum insgesamt – von dem die Jugendarbeit ein Teil ist – mit dem jugendpädagogischen Blickwinkel zu durchziehen und Zusammenhänge zwischen verschiedensten AkteurInnen im Sozialraum herzustellen, so dass die Aneignungsmöglichkeiten der Jugendlichen erweitert werden;
- … Anerkennung von Bildungsprozessen durch Institutionen – der über den sozialräumlichen Bezug hergestellt werden könnte – zu schaffen. Dies beinhaltet auch den Blick auf die Diversität der Bildungsvoraussetzungen, der Bildungsanstrengungen und Bildpotentiale unterschiedlicher Jugend(en) zu schärfen;
- … Bildungs- und Beschäftigungsstrukturen zu benennen, die an Lebenswelten, Interessen und Fähigkeiten der Jugendlichen ansetzen, von ihren sozialen Räumen ausgehen, als sinnstiftend erlebt werden und Kompetenzentwicklung erlauben.

Für die Jugendarbeit eröffnen sich vielschichtige Ansatzpunkte sich in dieser Bildungsdiskussion einzubringen (vgl. auch den Beitrag zum Thema Jugendarbeit und Bildungslandschaften in diesem Buch). Lassen sich doch einerseits deren sozialpädagogische Zielsetzungen auch als soziale Bildungsprozesse (vgl. Sting 2002) deuten und somit offene Jugendarbeit als Raum non-formaler Bildung und als Ort informellen Lernens begreifen (vgl. Rätz-Heinisch et al. 2009), in dem beispielhaft die unterschiedlichen Bildungspotentiale Jugendlicher anerkannt und differenzierte Bildungsanstrengungen gefördert werden. Über „sozialräumliches Lernen" (vgl. Krisch 2011), wie die Entwicklung von Kompetenzen über Prozesse der tätigen Aneignung in der Jugendarbeit beschrieben werden kann, entwickelt sie ihren spezifischen Bildungsbeitrag und versteht sich als Teil der Bildungsinfrastruktur. Dabei spielen auch die Förderung der Beteiligung und Partizipation Jugendlicher im öffentlichen Raum und der Aufbau regional vernetzter (Bildungs-)Zusammenhänge eine bedeutende Rolle.

Literatur

Baacke, D. (1984). *Die 6–12-jährigen. Einführung in die Probleme des Kindesalters*. Weinheim.
Böhnisch, L., Lenz, K., & Schröer, W. (2009). *Sozialisation und Bewältigung. Eine Einführung in die Sozialisationstheorie der zweiten Modernen*. Weinheim und München.

Böhnisch, L., & Krisch, R. (2011). *Politische Bildung in sozialräumlicher Perspektive*. http://www.sozialraum.de/politische-bildung-in-sozialraeumlicher-perspektive.phpb. Zugegriffen: 22.09.2011.

Böhnisch, L., & Münchmeier, R. (1987). *Wozu Jugendarbeit? Orientierungen für Ausbildung, Fortbildung und Praxis*. Weinheim und München.

Böhnisch, L., & Münchmeier, R. (1990). *Pädagogik des Jugendraums. Zur Begründung und Praxis einer sozialräumlichen Jugendpädagogik*. Weinheim und München.

Brenner, G. (1987). Besetzt euren Platz! Über die Vernachlässigung des Territorialen in der Jugendarbeit. In *Deutsche Jugend*, 35(2), 62–70.

Cloos, P., Köngeter, S., Müller, B., & Thole, W. (2007). *Pädagogik der Kinder- und Jugendarbeit*. Wiesbaden.

Deinet, U. (2009). *Sozialräumliche Jugendarbeit. Grundlagen, Methoden, Praxiskonzepte* (3., überarb. Aufl.). Wiesbaden.

Deinet, U. (2009). *Methodenbuch Sozialraum*. Wiesbaden.

Deinet, U. (2011). *„Aneignung" und „Raum" – zentrale Begriffe des „sozialräumlichen Konzepts"*. http://www.sozialraum.de/deinet-aneignung-und-raum.php. Zugegriffen: 04.10.2011.

Deinet, U., & Krisch, R. (2006). *Der sozialräumliche Blick der Jugendarbeit. Methoden und Bausteine zur Konzeptentwicklung und Qualifizierung*. Wiesbaden.

Deinet, U., & Sturzenhecker, B. (2005). *Handbuch Offene Kinder- und Jugendarbeit*. Wiesbaden.

Hinte, W., & Treeß, H. (2007). *Sozialraumorientierung in der Jugendhilfe. Theoretische Grundlagen, Handlungsprinzipien und Praxisbeispiele einer kooperativ-integrativen Pädagogik*. Weinheim und München.

Krisch, R. (2009a). *Sozialräumliche Methodik der Jugendarbeit. Aktivierende Zugänge und praxisleitende Verfahren*. Weinheim und München.

Krisch, R. (2009b). *Sozialraumanalyse als Methodik der Jugendarbeit*. http://www.sozialraum.de/sozialraumanalyse-als-methodik-der-jugendarbeit.php. Zugegriffen: 04.10.2011.

Krisch, R., & Deinet, U. (2007). Die Analyse von Lebenswelten und Sozialräumen als gemeinsames Projekt von Jugendarbeit und Schule. In G. Knapp, & K. Lauermann (Hrsg.), *Schule und Soziale Arbeit*. Klagenfurt, Ljubljana und Wien.

Krisch, R., Deinet, R., & Oehme, A. (2006). Sozialräumliche Aneignung als Bildungsperspektive. Grundzüge einer Kooperation zwischen Jugendarbeit und Schule. In K. Wetzel (Hrsg.), *Ganztagsbildung – eine europäische Debatte. Impulse für die Bildungsreform in Österreich* (S. 43–60). Wien.

Krisch, R., Stoik, C., Benrazougui-Hofbauer, E., & Kellner, J. (2011). *Glossar soziale Arbeit im öffentlichen Raum*. Wien: Kompetenzzentrum für Soziale Arbeit des FH Campus Wien.

Krisch, R. (2011). *Sechster Bericht zur Lage der Jugend in Österreich, Jugend aus der Sicht der Jugendarbeit*. Wien: Bundesministerium für Wirtschaft, Familie und Jugend.

Kessl, F., & Reutlinger, C. (2007). *Sozialraum. Eine Einführung*. Wiesbaden.

Leontjew, A. L. (1977). *Probleme der Entwicklung des Psychischen* (2., überarb. Aufl.). Kronberg im Taunus.

Lessing, H. (1984). Jugendarbeit als Wi(e)deraneignung von Arbeit, Umwelt und Kultur. *Deutsche Jugend*, 32(10), 450–459.

Lindner, W. (2006). *Vierzig Jahre Kinder- und Jugendarbeit in Deutschland* (S. 1964–2004). Wiesbaden.

Lindner, W. (2008). *Kinder- und Jugendarbeit wirkt. Aktuelle und ausgewählte Evaluationsergebnisse der Kinder- und Jugendarbeit*. Wiesbaden.

Löw, M. (2001). *Raumsoziologie*. Frankfurt a. M.

Müller, B. (2002). Bildungsbegriffe in der Jugendarbeit. *Offene Jugendarbeit, 2002*(2), 16–25.

Oehme, A., Beran, C. M., & Krisch, R. (2007). *Neue Wege in der Bildungs- und Beschäftigungsförderung*. Wissenschaftliche Reihe des Vereins Wiener Jugendzentren, Bd. 4. Wien.

Rätz-Heinisch, R., Schröer, W., & Wolff, M. (2009). *Lehrbuch Kinder- und Jugendhilfe. Grundlagen, Handlungsfelder, Strukturen und Perspektiven*. Weinheim und München.

Reutlinger, C., & Wigger, A. (2008). Von der Sozialraumorientierung zur Sozialraumarbeit. Eine Entwicklungsperspektive für die Sozialpädagogik? *Zeitschrift für Sozialpädagogik, 6*(4), 340–370.

Riege, M., & Schubert, H. (2005). *Sozialraumanalyse. Grundlagen – Methoden – Praxis* (2. Aufl.). Wiesbaden.

Scherr, A. (1997). *Subjektorientierte Jugendarbeit: Eine Einführung in die Grundlagen emanzipatorischer Jugendpädagogik*. Weinheim und München.

Schmidt, H. (2011). Empirische Forschungsergebnisse zur Offenen Kinder- und Jugendarbeit. In H. Schmidt (Hrsg.), *Empirie der Offenen Kinder- und Jugendarbeit* (S. 13–130). Wiesbaden.

Simmel, G. (1992). *Soziologie. Untersuchungen über die Formen der Vergesellschaftung*. Frankfurt a. M.

Spatscheck, C. (2010). Kinder- und Jugendarbeit im sozialen Raum: Über die Vernetzung und Gestaltung sozialer Nahräume. *Soziale Arbeit, 2010*(2), 64–70.

Sting, S. (2002). Bildung. In W. Schröer, N. Struck, & M. Wolff (Hrsg.), *Handbuch Kinder und Jugendhilfe* (S. 377–392). Weinheim und München.

Sting, S., & Sturzenhecker, B. (2005). Bildung und Offene Kinder- und Jugendarbeit. In U. Deinet, & B. Sturzenhecker (Hrsg.), *Handbuch Offene Jugendarbeit* (3., vollst. überarb. u. erw. Aufl., S. 320–246). Wiesbaden.

Stoik, C. (2008). Sozialraumorientierung als theoretische Grundlegung der Sozialen Arbeit. *Sozialarbeit in Österreich, 2008*(1), 116–133.

Sturzenhecker, B. (2006). „Wir machen ihnen ein Angebot, das sie nicht ablehnen können." Strukturbedingungen der Kinder- und Jugendarbeit und ihre Funktionalität für Bildung. In W. Lindner (Hrsg.), *1964–2004: Vierzig Jahre Kinder- und Jugendarbeit in Deutschland. Aufbruch, Aufstieg und neue Ungewissheit* (S. 179–193). Wiesbaden.

Thiersch, H. (2000). *Lebensweltorientierte Soziale Arbeit. Aufgaben der Praxis im sozialen Wandel* (4. Aufl.). Weinheim und München.

Zeiher, H. (1983). Die vielen Räume der Kinder. Zum Wandel räumlicher Lebensbedingungen seit 1945. In U. Preuss-Lausitz, H. Zeiher, & D. Geulen (Hrsg.), *Kriegskinder, Konsumkinder, Krisenkinder* (S. 176–194). Berlin.

Demokratiebildung in der Offenen Kinder- und Jugendarbeit

Benedikt Sturzenhecker

Im Folgenden[1] werden die Ergebnisse der Sekundäranalyse zum empirischen Wissen über Offene Kinder- und Jugendarbeit von Schmidt (2010 und i. d. Buch) in Bezug auf die Realität von demokratischer Partizipation in ein Verhältnis zu den gesetzlichen und konzeptionellen Anforderungen gesetzt. Dazu wird zunächst der Auftrag zur Demokratiebildung dargestellt, und es werden die strukturellen Potenziale der Offenen Kinder- und Jugendarbeit für genau diese Aufgabe erläutert. Diese Ansprüche werden dann mit der Realität von Partizipation und Demokratiebildung in der Offenen Jugendarbeit (in Bezug auf die Ergebnisse von Schmidt) konfrontiert. Daraus werden abschließend zukünftige Handlungsperspektiven gefolgert.

41.1 Der Auftrag: Demokratiebildung

Der Auftrag der Offenen Kinder-und Jugendarbeit zu Demokratiebildung lässt sich klar im Paragraphen 11 SGB VIII (Kinder- und Jugendhilfegesetz) erkennen: *„Jungen Menschen sind die zur Förderung ihrer Entwicklung erforderlichen Angebote der Jugendarbeit zur Verfügung zu stellen. Sie sollen an den Interessen junger Menschen anknüpfen und von ihnen mitbestimmt und mitgestaltet werden, sie zur Selbstbestimmung befähigen und zur gesellschaftlichen Mitverantwortung und zu sozialem Engagement anregen und hinführen."*

---

[1] Dieser Text stammt bis auf kleine Änderungen aus dem Buch: Schmidt, H. (Hrsg.): *Empirie der Offenen Kinder- und Jugendarbeit*. Wiesbaden 2010 S. 131–146. Vielen Dank für die freundliche Abdruckgenehmigung!

Prof. Dr. phil. Benedikt Sturzenhecker ✉
Fakultät für Erziehungswissenschaft, Psychologie und Bewegungswissenschaft Arbeitsbereich Sozialpädagogik und außerschulische Bildung, Universität Hamburg, Binderstr. 34,
20146 Hamburg, Deutschland
e-mail: benedikt.sturzenhecker@uni-hamburg.de

Die Formulierung des Zieles von Jugendarbeit als der Befähigung zu Selbstbestimmung, gesellschaftlicher Mitverantwortung und sozialem Engagement entwirft ein mündiges Individuum, das sich in einer zivilgesellschaftlichen Demokratie aktiv einbringt. Selbstbestimmung wird dabei nicht als soziale Unabhängigkeit konzipiert, im Sinne eines Demokratieverständnisses von „Jeder kann machen, was er will!", sondern das selbstbestimmte Subjekt wird eingebunden in gesellschaftliche Mitverantwortung. Selbstbestimmung soll sich entfalten im Rahmen einer gesellschaftlich-demokratischen Auseinandersetzung, Mitentscheidung und Mitverantwortung. Die Begriffe der Mitverantwortung und des sozialen Engagements zeigen ein zivilgesellschaftliches Demokratieverständnis, das nicht nur auf Mitentscheiden reduziert wird, sondern mit dem eine Bürgerin, ein Bürger entworfen wird, die/der nach demokratischen Regeln getroffene Entscheidungen auch mittragen, mit umsetzen und sich darüber hinaus für ein solidarisches Miteinander in der Gesellschaft engagieren kann und will. Ein solches Demokratiekonzept, das in § 11 SGB VIII deutlich wird, zielt nicht nur auf eine Befähigung zur Teilnahme an Demokratie als Herrschaftsform (etwa als sonst passiver Wahlbürger in einer Konkurrenz- bzw. Elitendemokratie), sondern auch auf eine aktive Beteiligung an Demokratie als Gesellschaftsform (die u. a. gekennzeichnet ist von der Selbstorganisation von BürgerInnen in Verbänden und Vereinen, einem System gesellschaftlicher Konfliktregelung und einer freien und vielfältigen Öffentlichkeit). Die Formel einer „Anregung sozialen Engagements" verweist auf den Aspekt von Demokratie als Lebensform (vgl. Himmelmann 2007), in der es darum geht, dass die BürgerInnen die demokratischen Prinzipien auch zur Gestaltung ihrer Verhältnisse im Alltag nutzen, also etwa gegenseitige Anerkennung, Gewaltverzicht, Fairness, soziale Kooperation sowie Solidarität praktizieren. Der § 11 SGB VIII modelliert nicht nur ein anspruchsvolles Wirkungsziel, sondern auch eine spezifische Art und Weise, wie dieses Ziel durch Jugendarbeit erreicht werden soll: Nämlich nicht durch eine theoretische Vermittlung (etwa einen Unterricht in Politik und Demokratie), sondern durch aktive demokratische Partizipation der Kinder und Jugendlichen. Nur so ist die gesetzliche Vorgabe zu interpretieren, Jugendarbeit solle an den Interessen der Kinder und Jugendlichen anknüpfen und von ihnen mitbestimmt bzw. mitgestaltet werden. „Ihre Interessen" sind also die Inhalte von Jugendarbeit und damit auch die Inhalte demokratischer Mitentscheidungs- und Mitverantwortungsprozesse in der Jugendarbeit. Es geht nicht um ein künstliches Demokratiespielen, sondern um die konkreten Interessen der Beteiligten, die demokratisch realisiert werden sollen. Damit wird Kinder- und Jugendarbeit (und so werden auch die Einrichtungen der Offenen Kinder- und Jugendarbeit) als ein Ort realer demokratischer Erfahrungen konzipiert, an dem die Beteiligten über ihre Themen und Inhalte gemeinschaftlich entscheiden und deren Realisierung sie gemeinsam verantworten. Demokratie soll durch aktives, demokratisches Handeln angeeignet werden.

Eine aktive Aneignung von Selbst (Subjekthaftigkeit) und Welt (Gesellschaft) wird in der deutschen erziehungswissenschaftlichen Tradition als „Bildung" bezeichnet, neuerdings auch als „Selbstbildung" (vgl. Bundesjugendkuratorium 2002), um den Unterschied zur schulischen *Aus*bildung zu betonen (zum Bildungsansatz in der Jugendarbeit vgl. Sting und Sturzenhecker 2005). Damit lässt sich zusammenfassend der Auftrag der Jugendarbeit als die Ermöglichung von „Demokratiebildung" bezeichnen, und zwar im Sinne der Aneignung von Demokratie durch Demokratie, die die Subjekte im sozialen Zusammenhang der Organisationen der (Offenen) Kinder- und Jugendarbeit praktizieren (vgl. Sturzenhecker 2008).

Die theoretischen Konzepte von Kinder- und Jugendarbeit haben in verschiedensten Nuancierungen einen Auftrag politischer Bildung konstatiert und von Jugendarbeit gefordert, auf die Unterstützung der gesellschaftlichen Kritik- und Handlungsfähigkeit der Kinder und Jugendlichen zu zielen. Aber dieser Auftrag ist bisher kaum im Sinne der Ermöglichung demokratischen Lernens durch demokratisches Handeln aufgefasst worden. Typisch für die an einer gesellschaftspolitischen Bildung orientierten Konzepte ist etwa die Formulierung von C.W. Müller im Jugendarbeitsklassiker „Was ist Jugendarbeit?" von 1964. Danach ist es Ziel der Jugendarbeit, „junge Leute sicherer und selbstbewusster, weil distanzierter, in ihrer gesellschaftlichen Umwelt zu machen" und „ihr gesellschaftliches Handlungspotential zu vergrößern" (Müller et al. 1964, S. 36). Für Müller organisiert sich die für die Jugendarbeit als zentral identifizierte Methode der Gruppenpädagogik auf dem Wege der Offenheit, egalitärer Kommunikation und der Kultivierung eines gemeinsamen Stils, aber nicht auch oder grundlegend als Verein demokratisch interagierender Mitglieder. Hier wird Demokratie als Lebensform im Sinne einer „Gemeinschaftsinszenierung" (Sturzenhecker 1996, S. 190) realisiert. Mindestens implizit ergibt sich damit auch ein Verständnis von Demokratie als Herrschaftsform, in dem man Politik und Regieren den „Eliten" (siehe das Konzept der „Elitendemokratie") überlässt. Demokratie zu lernen und zu leben erforderte hingegen, Demokratie auch als lebensweltlich erfahrbare Herrschafts- und Gesellschafsform zu institutionalisieren und zwar auf der Basis freiwilliger Mitgliedschaft im Verein (vgl. Richter 2008, 2010).

Auch in den zeitgenössischen theoretischen Ansätzen zu Jugendarbeit, wie der einflussreichen „Subjektorientierung" von Albert Scherr, wird der Begriff der Demokratie und ihre Realisierung in der Jugendarbeit konzeptionell nicht ausbuchstabiert, obwohl Scherr deutlich konstatiert, dass es in der Jugendarbeit für die Kinder und Jugendlichen „um eine partizipativ-demokratische Gestaltung ihres Alltagslebens, insbesondere in der Institution der Jugendarbeit selbst" gehe, „sowie um politisch-kulturelle Lernprozesse, die Jugendliche zu einem bewusst gestalteten Leben, aber auch zur politischen Mitwirkung befähigen" (Scherr 1997, S. 58).

Seit Mitte der 1990er-Jahre jedoch hat mit dem Aufleben der Partizipationsidee auch die Jugendarbeitsdebatte dieses Thema vermehrt aufgegriffen (vgl. z. B. Sturzenhecker 1993, 1998, 2005; Leif 1998; Ludwig 2002, 2003; Burdewick 2003; Griese 2005; Zinser 2005; Züchner 2005). Dabei wird häufig der Begriff der Partizipation als Beteiligung, Mitbestimmung oder Teilnahme verstanden oder gar mit Demokratie synonym verwendet (so z. B. in Knauer und Sturzenhecker 2005). Präziser wäre es jedoch, von Demokratie zu sprechen, wenn Mitbestimmung (von Kindern und Jugendlichen) als Recht kodifiziert und – in pädagogischen Einrichtungen sowie außerpädagogischen (internen und externen) Öffentlichkeiten – durch direkte und repräsentative Entscheidungsgremien gewährleistet wird. Partizipation hingegen bezeichnet im pädagogischen Rahmen eine Gewähr von begrenzten Möglichkeiten der Mitsprache, Mitwirkung und Mitbestimmung durch Erwachsene, Fachkräfte und Organisationen gegenüber Kindern und Jugendlichen. Partizipation wäre damit eine – allerdings sehr wichtige – Vorstufe, während Demokratie eine volle Beteiligungs- und Entscheidungsberechtigung bietet, weil sie auf der gemeinsamen freiwilligen Mitgliedschaft aller Beteiligten und einer wechselseitigen Verpflichtung im Verein beruht (vgl. Richter 2000).

41.2 Strukturelle Potenziale und Probleme von Demokratiebildung in der Offenen Kinder- und Jugendarbeit

Die strukturellen Rahmenbedingungen in der Offenen Kinder- und Jugendarbeit (vgl. Sturzenhecker 2006), wie sie auch im SGB VIII vorgegeben werden, schaffen zunächst grundsätzliche Potenziale für Demokratiebildung (vgl. zum Folgenden Sturzenhecker und Richter 2010). Offene Kinder- und Jugendarbeit – und das heißt hier jetzt besonders in der Form praktizierter Demokratie – soll als „Angebot" zur Verfügung gestellt werden. Damit ist das strukturelle Prinzip der *Freiwilligkeit* für diese Form der Kinder- und Jugendarbeit angesprochen, das eine wichtige Vorbedingung für Demokratiebildung ist. Jugendarbeit ermöglicht Kindern und Jugendlichen eine freie Assoziation; sie können sich hier frei gesellen und selbst bestimmen, was und wie sie etwas zusammen tun möchten.

Auch das für die Offene Kinder- und Jugendarbeit typische Charakteristikum der *Offenheit* ermöglicht eine demokratische Selbstorganisation, denn für Jugendarbeit sind weder die Zielgruppen noch die Inhalte und Arbeitsweisen festgelegt. Sie sollen ja gerade durch die Beteiligten „mitbestimmt und mitgestaltet" werden. Da die Jugendarbeit kein inhaltliches Curriculum und keine didaktischen Vorgaben kennt, kann sie sich strukturell auf das einlassen, was die Kinder und Jugendlichen in ihr tun und wie sie es gemeinsam realisieren wollen.

Daraus folgt aber auch, dass die Beteiligten (und das schließt die Fachkräfte mit ein) die gemeinsamen Inhalte und Arbeitsweisen immer wieder neu aushandeln müssen. Damit entsteht eine strukturelle *Diskursivität* in der Offenen Kinder- und Jugendarbeit. Selbst wenn solche Arbeitsbündnisse in der Praxis eher implizit entstehen, schafft doch diese Grundstruktur einer unvermeidbaren Koproduktion die Potenziale für eine bewusst demokratisch gestaltete Aushandlungs- und Entscheidungspraxis in der Offenen Kinder- und Jugendarbeit.

Diese Diskursivität verlangt aber auch, dass sich die Beteiligten zur wechselseitigen Abklärung von Ansprüchen und Interessen auf Beziehungen einlassen. Immer wieder müssen auch die Personen aushandeln, wie sie sich gegenseitig sehen und anerkennen und wie sie ihre Beziehung führen wollen. Demokratie geschieht hier nicht in abstrakt-abgehobenen Systemen, sondern ist eingebettet in die Gegenseitigkeitskulturen der Beteiligten. Die Beziehungsabhängigkeit der Offenen Kinder- und Jugendarbeit verweist auf den Aspekt von Demokratie als Lebensform: Wenn die sozialen Beziehungen in der Offenen Kinder- und Jugendarbeit „demokratisch", also unter der Bedingung von gegenseitiger Anerkennung,

Gewaltfreiheit, Kooperation und Solidarität gestaltet werden, werden Basisbedingungen von Demokratie ermöglicht.

Dass aber auch Probleme für eine Demokratiepraxis gerade in der Offenen Kinder- und Jugendarbeit durch die Strukturbedingungen entstehen, lässt sich besonders am Charakteristikum der *fehlenden institutionellen, d. h. formellen Machtmittel* erkennen. Offene Kinder- und Jugendarbeit hat weder intern die Möglichkeit, durch institutionelle Mittel Macht über ihre freiwilligen TeilnehmerInnen auszuüben, noch hat sie Möglichkeiten, extern auf andere Institutionen einzuwirken. Wenn Bedingungen, Inhalte und Arbeitsweisen einer spezifischen Form Offener Kinder- und Jugendarbeit (etwa in einem Jugendhaus) den Interessen und Wünschen der TeilnehmerInnen nicht entsprechen, können diese sich den Vorgaben sofort entziehen, indem sie das freiwillige Setting verlassen. Offene Kinder- und Jugendarbeit kann nicht, wie etwa Schule über die Schulpflicht, einen Zwang zur Teilnahme ausüben. Ebenfalls kann sie nicht durch Leistungsanforderungen und Noten den beteiligten Kindern und Jugendlichen ein bestimmtes Handeln machtvoll nahelegen und erst recht nicht ihre Biografie durch die Erteilung von Zertifikaten beeinflussen. Das einzige Machtmittel, das ihr bleibt, ist der Ausschluss, in der Offenen Kinder- und Jugendarbeit realisiert durch das berühmte „Hausverbot". Das führt allerdings zu der Absurdität, dass man diejenigen, mit denen man doch arbeiten möchte und sollte, ausgrenzt und somit Jugendarbeit verhindert.

Diese Machtarmut eröffnet jedoch grundsätzlich ein weiteres Potenzial zur Demokratiebildung, da die beteiligten Fachkräfte sowie die Kinder und Jugendlichen sich strukturell gleichberechtigt gegenüber stehen. Selbst wenn die Fachkräfte bestimmte Entscheidungen zu Inhalten, Regeln und Arbeitsweisen durchsetzen wollen, kann das sofort durch die Kinder und Jugendlichen torpediert werden, indem sie nicht mehr teilnehmen. Deshalb sind die Fachkräfte gehalten (zumindest in irgendeiner rudimentären Weise) die Gestaltung der jeweiligen Jugendarbeit mit den Kindern und Jugendlichen auszuhandeln und sich auf ihre Interessen und Vorstellungen einzulassen. Damit entsteht auch das Potenzial, solche Klärungen in einem expliziten demokratischen Diskurs- und Entscheidungsprozess herbeizuführen.

Gerade mit der Möglichkeit der Teilnehmenden, sich Offener Kinder- und Jugendarbeit zu entziehen, ist aber auch ein grundlegendes Problem für die Umsetzung demokratischer Verhältnisse in den Einrichtungen mit offener Arbeitsweise verbunden: Die Kinder und Jugendlichen können nicht nur konflikthaften Aushandlungs- und Entscheidungsprozessen ausweichen, sondern sich auch der Verbindlichkeit gemeinsam getroffener Entscheidungen und damit der wechselseitigen Verantwortung entziehen.

Demokratie aber benötigt die Bereitschaft ihrer Mitglieder, sich verantwortlich den Entscheidungsprozessen zu stellen und die getroffenen Entscheidungen auch als verbindlich anzusehen. In diesem Sinne ist Demokratie Herrschaft von Entscheidungen, Regeln und gewählten Personen auf Zeit: Das, was man in demokratischen Verfahren entschieden hat, muss auch gelten und man muss es für sich als verbindlich respektieren (obwohl man selbstverständlich auch die Möglichkeit hat, neue Entscheidungen anzustrengen). Der Begriff der Verbindlichkeit weist damit auf den doppelten Aspekt demokratischer Entscheidungsstrukturen von verbindend und verpflichtend hin: Die Mitglieder *verbinden* sich *freiwillig* zu einem demokratischen Verein oder einer anderen formellen Rechtsgemeinschaft und *verpflichten* sich, ihre Verbindung und die auf dieser Basis getroffenen Entscheidungen einzuhalten. Die „Herrschaft" der gemeinsamen Beschlüsse können Betroffene akzeptieren, weil sie als Mitglieder und daher gemeinschaftlich Betroffene zugleich „Adressaten und Autoren" der gemeinsam getroffenen Entscheidungen sind. Im Sinne der Demokratie als Herrschaft-/Gesellschafts- und Lebensform: Realisiert sich die Freiheit zur Selbst- und Mitbestimmung (Autorenschaft) in dem „gesetzlichen Zwang" gültiger gemeinsamer Entscheidungen (Adressatenschaft) (Richter 2008, S. 871).

Zusammenfassend ist festzuhalten:

1. Ohne dass Beteiligte deutlich bekunden, dass sie als Mitglieder eines Vereins bereit sind, die gemeinsamen Entscheidungen verbindlich mitzutragen und mitzuverantworten, kommt Demokratie nicht umfassend zustande, weil nicht garantiert ist, dass die Urheber auch die künftigen Adressaten der Entscheidungen sind.
2. Ohne die Einsicht, dass die mit anderen verhandelten Regeln für einen bestimmten Zeitraum subjektiv und objektiv Gültigkeit haben, entsteht Unverbindlichkeit oder ein Zwang, weil die von den Entscheidungen Betroffenen nicht ihre Urheber sind. Daher wird es naheliegen, sich – gerade bei Konflikten – zu entziehen.

Zusammenfassend wird gerade für die Offene Kinder- und Jugendarbeit deutlich, dass die Strukturbedingungen von Jugendarbeit einerseits große Möglichkeiten zu einer Demokratiebildung in der Form demokratischen Handelns eröffnen, aber dass andererseits auch die strukturelle Unverbindlichkeit der Teilnahme bzw. Mitgliedschaft einer vollen Entfaltung demokratischer Verhältnisse entgegensteht.

41.3 Demokratiebildung im Spiegel der Empirie

Es soll nun mittels der Ergebnisse der Schmidtschen Sekundäranalyse überprüft werden, inwieweit der vom Kinder- und Jugendhilfegesetz und von theoretischen Ansätzen der Kinder- und Jugendarbeit erhobene Anspruch der Demokratiebildung in der Realität der Offenen Kinder- und Jugendarbeit umgesetzt wird. Dabei werden auch Ergebnisse der Sekundäranalyse interpretiert, die sich nicht ausdrücklich auf das Thema „Partizipation" beziehen, aber im Blick darauf gedeutet werden können, und es werden Ergebnisse einzelner Studien vertieft rezipiert.

Die Sekundäranalyse zeigt in Bezug auf Partizipation, dass es kaum empirische Erkenntnisse dazu gibt. Angesichts des klar erkennbaren und bedeutungsvollen Auftrags zur Demokratiebildung oder doch wenigstens zur Praxis von Partizipation in der Offenen Kinder- und Jugendarbeit ist dies erstaunlich.

Bezieht man sich auf die bei Schmidt referierten Studien im Blick auf Partizipation ab dem Jahr 2000, wird erkennbar:

- Kinder und Jugendliche wissen häufig nicht, wie sie in der Offenen Kinder- und Jugendarbeit Einfluss nehmen sollen (vgl. Hellmann 2002) beziehungsweise entdecken diese Möglichkeit erst nach längerem regelmäßigen Besuch (vgl. Klöver und Straus 2005b).
- Studien über die Partizipationsstrukturen in Einrichtungen einzelner Städte zeigen ein ambivalentes Bild: Zwischen kaum vorhandenen formellen Strukturen der Partizipation (so für Dortmund: Rauschenbach et al. 2000) und der Angabe organisierter Formen der Mitbestimmung in zwei Drittel der Einrichtungen (für München: Klöver und Straus 2005a).
- Ludwig (2002) zeigt, dass insbesondere in kleinen Einrichtungen starke Mitbestimmungsmöglichkeiten für Kinder und Jugendliche existieren, ebenso in Jugendzentren, die bereits in ihrer Entstehung durch eine hohe jugendliche Beteiligung geprägt waren. Darüber hinaus scheint sich auch ein hoher Mädchenanteil positiv auf Partizipation auszuwirken.
- Übereinstimmend zeigen viele Studien, dass das Vorhandensein von Partizipationsmöglichkeiten eindeutig zu den Qualitäten und Gründen gehört, warum Kinder und Jugendliche an der Offenen Jugendarbeit teilnehmen und sie schätzen. Hinzu tritt vor allen Dingen die Möglichkeit, sich frei mit Freundesgruppen zu gesellen, Gemeinschaft zu erleben, neue Freunde zu finden und differenzierte Betätigungsmöglichkeiten zu haben.

Damit lässt sich die Deutung wagen, dass eine strukturierte Demokratiepraxis, in der Kinder und Jugendliche ihre Rechte und die formellen Strukturbedingungen auf Mitentscheidung in der Offenen Jugendarbeit erkennen und umsetzen, selten anzutreffen ist. „Partizipation" ist hier eingebunden in die soziale Praxis freundschaftlich verbundener Hauptbesuchergruppen, die auf informelle Weise Inhalte und soziale Umgangsregeln mitbestimmen. Eine solche „Partizipation" als diffuse Einflussmöglichkeit scheint zurückzugehen auf die strukturelle Notwendigkeit zu Koproduktion Offener Jugendarbeit durch die hauptsächlich Betroffenen. Für die einzelnen Besucherinnen und Besucher ist also ihr Potenzial zur Einflussnahme gebunden an die Grade einer Integration in die gemeinschaftliche, wenn man so will „subkulturelle", Praxis informell bestimmender Teilnehmergruppen. Aus diesen Erkenntnissen folgert Schmidt die skeptische Frage, „ob in Einrichtungen der Offenen Kinder- und Jugendarbeit Selektionsmechanismen wirken, die lediglich einem Teil der Besucher/innen die Möglichkeit der Partizipation bieten" (Schmidt 2010, S. 83).

Die komplexe ethnographische Studie von Cloos et al. (2007) zum sozialen und pädagogischen Alltag in der Offenen Kinder- und Jugendarbeit bestätigt diese Interpretation. Die Zugehörigkeit zu einem Jugendhaus ist nicht formell geregelt, sondern wird in informellen, komplexen und lokal differenzierten sozialen Interaktionen und Riten – teilweise ohne Einfluss von Fachkräften/Erwachsenen – hergestellt. Wer also ein Jugendhaus kontinuierlich besuchen und damit auch an den nicht strukturierten, subkulturellen Mitentscheidungsmöglichkeiten partizipieren möchte, muss zunächst die spezifischen Hürden der Erlangung von Zugehörigkeit überwinden. Dieses steht einer demokratischen, rechtsförmig geregelten und gewährten Teilnahme, einer Partizipationsrechte eröffnenden, aber auch verbindlichen Mitgliedschaft entgegen. Partizipation in der Offenen Kinder- und Jugendarbeit bleibt somit vordemokratisch gebunden an soziale Zugehörigkeit: Wer die sozialen Selektionsprozesse besteht, darf mitmachen und mitreden. Die sozialen Zusammenhänge Offener Jugendarbeit zeigen sich als eine Art „Wahlfamilie": Darin sind „irgendwie" Gleichartige verbunden (bonding), ohne dass man explizit von außen erkennen könnte, in welchen Handlungsnormen und -mustern diese Bindung besteht und welche Regeln der Aufnahme gelten. Wenn man irgendwie dazu passt, gelingt die Inklusion, wenn Passung nicht besteht oder entsteht, bleibt man außen vor.

Dass die Erringung solcher Zugehörigkeit in diffusen und höchstens informell „geregelten" Prozessen im Alltag der Offenen Jugendarbeit geschieht, darauf verweist auch der Begriff der „sozialen Arena", den Cloos et al. für das soziale Geschehen in der Offenen Kinder- und Jugendarbeit bilden. Die Arena der Offenen Kinder- und Jugendarbeit ist demnach gekennzeichnet durch die Gleichzeitigkeit von „Aufführungsort und Zuschauerraum", durch unvorhersehbare „Transformationen von Interaktionsrahmen" und „prekäre(n) Bedingungen der Diskontinuität", durch „Kampf um Anerkennung", durch Herstellung von „Zugehörigkeit und Gemeinschaft über die Auseinandersetzung und Abgrenzung von anderen Subgruppen" und immer wieder durch „Bedingungen von Öffentlichkeit" (Cloos et al. 2007, S. 87 ff.).

Aus dem Blickwinkel der Demokratiebildung zeigt sich Offene Kinder- und Jugendarbeit als ein *vor-*, nicht jedoch als ein auch perspektivisch *un*demokratischer Ort, denn unabhängig vom Fehlen demokratisch geregelter Mitgliedschaft und Entscheidungsprozesse lassen sich auch die Potenziale für eine Entwicklung demokratischer Partizipation erkennen: In der strukturellen Notwendigkeit, Offene Kinder- und Jugendarbeit in öffentlichen Aushandlungsprozessen gemeinsam zu erzeugen, ist die Möglichkeit für eine rechtsförmige Mitgliedschaft und eine für alle zugängliche Demokratiebildung angelegt.

Die demokratischen Potenziale der Offenen Kinder- und Jugendarbeit zeigen sich auch daran, dass etwa in der Studie von Delmas und Scherr (2005) in den Selbstbeschreibungen der Lernprozesse von Teilnehmenden Offene Kinder- und Jugendarbeit sehr wohl demokratierelevante Kompetenzentwicklungen zu erkennen sind. Die Befragten berichten über ein Lernen an der Differenz durch die Heterogenität der Besucherstruktur (Alter, kulturelle Vielfalt, Jugendkulturen usw.) eine durch verschiedene Konfliktanlässe errungene Aneignung gewaltfreier Konfliktregulierung sowie von Kompetenzaneignung in Projekten zu eigenen Interessen sowie durch die Zuweisung begrenzter Verantwortlichkeit. Differenz anzuerkennen und Konflikte gewaltfrei zu lösen sind für Demokratie zentrale Kompetenzen. Dass eigene Interessen in Projekten realisiert werden können und zu Kompetenzerweiterung führen und dass für Gemeinschaft wichtige Dienste und Handlungsweisen verantwortlich übernommen werden können, verdeutlicht ebenfalls ein partizipatives Potenzial, das zumindest rudimentär den gesetzlichen Ansprüchen auf Interessenorientierung und Mitverantwortung entgegenkommt. Es wird erkennbar, dass diese demokratierelevanten Erfahrungen und Handlungsmöglichkeiten besonders auf der Ebene des sozialen Miteinanders im Jugendhaus entstehen: Die vielfältigen Cliquen und Personen müssen ihre subkulturell bedingten Differenzen akzeptieren, entstehende Konflikte bewältigen, gemeinsame Interessen umsetzen und Verantwortung für Projekte und Dienste übernehmen. Die „Wahlfamilien" müssen also in der sozialen Arena einer Offenen Kinder- und Jugendeinrichtung in Auseinandersetzung über Anerkennung und Zugehörigkeit immer wieder neu hergestellt werden. Da man nicht in sie „hineingeboren" werden muss, sondern sie freiwillig „wählen" kann, entstehen Chancen für soziale Integration, soziales Lernen und damit zumindest partiell auch Möglichkeiten für demokratieorientierte Bildung.

Demokratietheoretisch bleiben die genannten Erfahrungen und Kompetenzen auf den Aspekt von Demokratie als Lebensform beschränkt: Es ist der alltägliche soziale Umgang miteinander, in dem demokratieförderliche Praxen entstehen. Es fehlen jedoch Strukturen und Erfahrungen von Demokratie als Herrschafts- und Gesellschaftsform (vgl. Himmelmann 2007) in der pädagogischen Einrichtung: eine rechtlich geregelte Mitgliedschaft und Mitverantwortung, formelle Entscheidungsgremien und Entscheidungsregeln, eine Möglichkeit der Selbstorganisation von Interessengruppen in „Binnenvereinen", eine geregelte, statt informelle Konfliktaustragung in der „Gesellschaft" sowie eine strukturierte und nutzbare einrichtungsinterne Öffentlichkeit.

41.4 Den Auftrag ernst nehmen und Potenziale der Demokratiebildung nutzen

Der gesetzliche Auftrag und das strukturelle Potenzial zur Demokratiebildung in der Offenen Kinder- und Jugendarbeit schaffen für sie eine „Alleinstellungsmerkmal", denn außer in Vereinen und Jugendverbänden gibt es für Kinder und Jugendliche kaum eine institutionell gerahmte und unterstützte Möglichkeit, Demokratie konkret zu praktizieren: weder in der Schule noch in den Sphären des Konsums oder der Familie. Frühe Demokratieerfahrungen sind nicht nur wichtig, um handlungsfähige Bürgerinnen und Bürger zu „schaffen" (ein eher funktionalistisches Argument), sondern vor allem deswegen, weil das Recht auf Teilnahme an demokratischen Diskussions- und Entscheidungsprozessen eine zentrale Anerkennungsform und ein enormes Integrationspotenzial in modernen demokratischen Gesellschaften darstellt: Wie ungleich auch immer der gesellschaftliche Status und die Macht von Individuen sein mag, als demokratische Bürgerinnen oder demokratischer Bürger sind die Beteiligten gleichberechtigt, die Gesellschaft mitzugestalten. Das mag in der aktuellen politischen Praxis unzureichend umgesetzt werden, aber umso wichtiger werden gerade deshalb möglichst konkrete Erfahrungen und Bildungsprozesse mit demokratischem Handeln in der eigenen Lebenswelt, etwa in den Einrichtungen der Offenen Kinder- und Jugendarbeit oder in der Kommunalpolitik. Wenn Offene Kinder- und Jugendarbeit diesen Auftrag und diese Chance der Demokratiebildung ignoriert, verhilft sie zwar – gerade sonst benachteiligten und exkludierten – Kindern und Jugendlichen zu Erfahrungen sozialer Bildung und Bindung (die sicherlich nicht missachtet werden dürfen), aber sie verpasst die Möglichkeit, ihnen Aneignungsmöglichkeiten aktiver politisch-demokratischer Teilnahme in gesellschaftlichen Institutionen zu eröffnen.

Will man in der Offenen Kinder- und Jugendarbeit Demokratiebildung ermöglichen, gilt es, Möglichkeiten selbsttätiger Aneignung demokratischen Handelns zu eröffnen, also demokratische Partizipation nicht als „Spielwiese" anzubieten, sondern auf der Basis von Rechten in der Form echte Mitentscheidungsmöglichkeiten zu realisieren.

Mit dem Handlungskonzept „Kinderstube der Demokratie" (vgl. Hansen et al. 2011) kann gezeigt werden, dass Kindertageseinrichtungen sich demokratische Verfassung geben und Kinder ab zwei Jahren demokratische Mitentscheidungsrechte aktiv wahrnehmen können. Die erfolgreiche Praxis (vgl. Sturzenhecker et al. 2010) zeigt nicht nur, dass bereits junge Kinder dazu fähig sind, sich differenzierte demokratierelevante Kompetenzen anzueignen, sondern auch, dass eine demokratische Gestaltung sozialpädagogischer Einrichtungen durch eine Mitwirkungsrechte und -strukturen klärende Verfassung enorme Möglichkeiten von Demokratiebildung eröffnet. Eine solche Verfassung in der Offenen Jugendarbeit kann dem Vereinsprinzip (vgl. Richter 2000) folgen, d. h. Kinder und Jugendliche sind in demokratisch verfassten Vereinen strukturell gleichberechtigte und freie Mitglieder, die in demokratischer Selbstorganisation interne Öffentlichkeiten (die auch zu lokalen externen Öffentlichkeiten in Bezug stehen) sowie direkte und repräsentative demokratische Strukturen und Gremien zur Selbstbestimmung ihres Jugendhauses nutzen können. Geht man davon aus, dass das, was mit kleinen Kindern möglich ist, erst recht mit älteren Kindern und Jugendlichen umgesetzt werden könnte, so bietet sich auch für die Offene Kinder- und Jugendarbeit an, sich demokratische Verfassungen zu geben und nach dem Vereinsprinzip zu organisieren.

Die demokratische Verfassung einer Offenen Kinder- und Jugendeinrichtung enthielte dann analog zur allgemeinen staatlichen Demokratieform u. a.:

- eine Klärung von Mitgliedschaft und deren Erlangung,
- die Bestimmung von Grundrechten (Ganz abgesehen davon, dass das Grundgesetz der BRD selbstverständlich auch in pädagogischen Einrichtungen gilt, wäre es hilfreich, spezifische Rechte, besonders solche der Entscheidung, zu konkretisieren.),
- die Bereitstellung von Institutionen und Verfahren zu: Wahlen, Entscheidungsgremien und Gruppenparitäten, Fragen der Verantwortung bei der Umsetzung von Entscheidungen; Verfahren der Erstellung von „Gesetzen" und deren Revision (Hausordnung, Regeln, …), Institutionen der Konfliktklärung und „Rechtsprechung", …,
- Verfahren der Machtkontrolle und des Minderheitenschutzes.

Wie oben gezeigt, wäre es dabei für die Offene Kinder- und Jugendarbeit entscheidend, zunächst das Problem der Mitgliedschaft zu bearbeiten. Das wäre nicht nur nötig, um zu klären, wer sich bewusst entscheidet, die Rechte demokratischer Mitentscheidung, aber auch die Pflichten der Mitverantwortung wahrzunehmen, sondern auch, um die Risiken der sozialen „Selektionsmechanismen" (Schmidt) bei der Erlangung von Zugehörigkeit in einem Jugendhaus zu mindern und offenere wie gerechtere Zugangsmöglichkeiten zur demokratischen Community einer solchen Einrichtung zu eröffnen. Mit einer bewussten Klärung von Mitgliedschaft (die auch durch Mitgliedsausweise, Mitgliedsbeiträge usw.

deutlich würde) geschähe überhaupt keine Eingrenzung der prinzipiellen Offenheit der Jugendeinrichtungen für alle Interessierten (wie gern behauptet wird); im Gegenteil: Statt sich in einer undurchschaubaren sozialen Arena soziale Zugehörigkeit erkämpfen zu müssen, wären Zugangsmöglichkeiten klar geregelt und nutzbar; statt auf (gnädige) Aufnahme in gebundene Gemeinschaften (bonding) hoffen zu müssen, würden Individuen und Gruppen Brücken der (berechtigten und berechtigenden) Integration (bridging) in eine demokratisch strukturierte Community differenter Mitglieder gebaut.

In der Offenen Kinder- und Jugendarbeit kann ein solcher Demokratisierungsprozess nicht einfach von den Fachkräften oktroyiert, sondern muss mit den Besucherinnen und Besuchern gemeinsam entwickelt werden. Die häufig von pädagogischem Personal in der Offenen Arbeit gehörte Behauptung: „Unsere Kids wollen das nicht, und sie können es auch nicht!", kann kein Grund sein, den Auftrag der Demokratiebildung abzuweisen. Zunächst einmal kann man hinsichtlich dessen, was man nicht hat und nicht kennt, gar nicht entscheiden, ob man es will: Ohne mit den Teilnehmenden zu versuchen, Demokratie zu erringen und sie dabei zu prüfen und zu verbessern, dürften pädagogische Fachkräfte nicht paternalistisch über die Köpfe der Besucherinnen hinweg entscheiden, ob diese Demokratie tatsächlich wünschen. Der zweite Teil des Arguments ist weder demokratietheoretisch noch sozialpädagogisch gültig: In einer Demokratie gibt es für die berechtigte Teilnahme der Bürgerinnen und Bürger keine Zugangsvoraussetzung einer Befähigung zur Demokratie, sie haben das Recht und genießen die Anerkennung der Teilnahmeberechtigung unabhängig davon, welche Fähigkeiten sie haben. Auch sozialpädagogisch kann nicht von einer Defizitunterstellung ausgegangen werden, sondern ihre Aufgabe liegt ja gerade darin, die zunehmende Entwicklung von Handlungsfähigkeiten der Kinder und Jugendlichen zu unterstellen und zu unterstützen. Daraus folgt, dass eine von Fachkräften eröffnete Demokratiebildung auch die Aneignungs- und Entwicklungsprozesse der Kinder und Jugendlichen in demokratischem Handeln unterstützen muss. Dazu gehört ebenfalls, mit Fehlern, Fehlschlägen, Neuanfängen, nur langsamen und kleinsten Fortschritten usw. zu rechnen und diese als normale Erscheinungen der Aneignung von Demokratie zu respektieren.

Demokratiebildung verlangt zweierlei: Einerseits tatsächlich echte Entscheidungsrechte und Mitverantwortungspflichten zuzumuten, andererseits aber die dabei nötigen Bildungsprozesse zu unterstützen. Das wird in der Offenen Kinder- und Jugendarbeit bisher zu wenig gewagt. Die positiven Erfahrungen mit verfassungsbasierten Demokratiestrukturen in der Kita (vgl. Sturzenhecker et al. 2010) und einige gelingende Pionierprojekte der Eröffnung weitgehender Partizipation in Offenen Kinder- und Jugendeinrichtungen (vgl. Griese et al. 2005) machen jedoch Hoffnung, dass Offene Kinder- und Jugendarbeit Auftrag und Chance zur Demokratiebildung noch wird realisieren können.

Ich danke Elisabeth und Helmut Richter, von denen ich viel – auch für diesen Text – gelernt habe.

Literatur

Bundesjugendkuratorium. (2001). *Zukunftsfähigkeit sichern! Für ein neues Verhältnis von Bildung und Jugendhilfe. Eine Streitschrift des Bundesjugendkuratoriums.* http://www.bundesjugendkuratorium.de. Zugegriffen: 25. Mai 2011.

Burdewick, I. (2003). Moralentwicklung und politische Urteilsfähigkeit im Kindes- und Jugendalter. Entwicklungspsychologische Aspekte der Debatte um die politische Partizipation der jungen Generation. *deutsche jugend, 2003*(6), 265–273.

Cloos, P., Köngeter, S., Müller, B., & Thole, W. (2007). *Die Pädagogik der Kinder- und Jugendarbeit.* Wiesbaden.

Delmas, N., & Scherr, A. (2005). Bildungspotenziale der Jugendarbeit. Ergebnisse einer explorativen empirischen Studie. *deutsche jugend, 2005*(3), 105–109.

Griese, H. M. (2005). Partizipation in Jugendzentren. Ergebnisse und offene Frage eines sozialpädagogischen Praxisprojektes. *deutsche jugend, 2005*(10), S. 417–42.

Griese, H. M., Hohnisch, C., & Klemm, R. (2005). *Partizipation in Jugendzentren – Demokratie ist machbar.* Hannover. http://www.arsjubi.de/PDF/Dokudrei.pdf. Zugegriffen: 25. Mai 2011.

Hansen, R., Knauer, R., Sturzenhecker, B., & Negt, O. (2011). *Partizipation in Kindertageseinrichtungen. So gelingt Demokratiebildung mit Kindern!* Weimar und Berlin.

Hellmann, W. (2002). *Das Offene Kinder- und Jugendzentrum in der Lebenswelt seiner NutzerInnen. Eine Evaluationsstudie aus der Perspektive der BesucherInnen.* Aachen.

Himmelmann, G. (2007). Demokratie lernen als Lebens-, Gesellschafts- und Herrschaftsform. Schwalbach a. Ts.

Klöver, B., & Straus, F. (2005a). Zwischen Heimat, offenem Lernort, Konfliktstätte und Kanakentreff – Jugendfreizeitstätten aus der Perspektive von NutzerInnen und Nichtnutzern. In L. Kolhoff (Hrsg.), *Entwicklung der offen Jugendarbeit in Wolfsburg. Im Spannungsfeld von Nutzern, Sozialarbeit, Kommunen und Organisationsentwicklung* (S. 141–154). Wiesbaden.

Klöver, B., & Straus, F. (2005b). *Wie attraktiv und partizipativ sind Münchens Freizeitstätten? Zusammenfassende Ergebnisse einer (etwas anderen) Evaluationsstudie.* München. Forschungsbericht des IPP.

Knauer, R., & Sturzenhecker, B. (2005). Partizipation im Jugendalter. In B. Hafeneger, M. M. Jansen, & T. Niebling (Hrsg.), *Kinder- und Jugendpartizipation. Im Spannungsfeld von Interessen und Akteuren* (S. 63–94). Opladen.

Leif, T. (1998). Jugendverbände – Werkstätten der Demokratie. Kritischer Rückblick und Perspektiven. *deutsche jugend, 1998*(12), 537–540.

Ludwig, P. (2002). Wie kann Beteiligung im Jugendhaus gestaltet werden? Grundsätze und Grenzen von Beteiligungsstrukturen. In Arbeitsausschuss für politische Bildung (Hrsg.), *Praxis Politischer Bildung. Materialien – Analysen – Diskussionen.* Bd. 2. Weinheim/München.

Ludwig, P. (2003). Partizipation und Qualitätsentwicklung im Jugendhaus. Benachteiligung als wesentliche Beeinflussungsvariable. *deutsche jugend, 2003*(3), 120–126.

Müller, C. W. (1964). *Was ist Jugendarbeit? Vier Versuche zu einer Theorie.* München.

Rauschenbach, T., Düx, W., Hoffmann, H., Rietzke, T., & Züchner, I. (2000). *Dortmunder Jugendarbeitsstudie 2000. Evaluation der Kinder- und Jugendarbeit in Dortmund. Grundlagen und Befunde.* 1. Fassung für den Kinder- und Jugendausschuss. Dortmund August 2000. Unveröffentlicher Abschlussbericht Universität Dortmund. Dortmund.

Richter, H. (2000). Vereinspädagogik. Zur Institutionalisierung der Pädagogik des Sozialen. In S. Müller, H. Sünker, T. Olk, & K. Böllert (Hrsg.), *Soziale Arbeit. Gesellschaftliche Bedingungen und professionelle Perspektiven* (S. 154-164). Neuwied. Auch in: Richter, H. (2001): Kommunalpädagogik. Studien zur interkulturellen Bildung. Frankfurt a. M., S. 205-220.

Richter, H. (2008). Kommunalpädagogik. In T. Coelen, & H. U. Otto (Hrsg.), *Grundbegriffe Ganztagsbildung. Das Handbuch* (S. 868-877). Wiesbaden.

Richter, H. (2010). Jugendarbeit und Demokratiebildung. Vortrag auf der Tagung des Fördervereins Kommunale Sozialforschung e.V. „Was ist Kinder- und Jugendbildung?". Haus der Jugend am Stintfang, Hamburg, 6. November 2009. Wiesbaden Grundlage.

Scherr, A. (1997). *Subjektorientierte Jugendarbeit. Eine Einführung in die emanzipatorischer Jugendpädagogik*. Weinheim und Münche.

Schmidt, H. (2010). *Empirie der Offenen Kinder- und Jugendarbeit*. Wiesbaden.

Sturzenhecker, B. (1993). Demokratie zumuten – Moralerziehung in der offenen Jugendarbeit. *deutsche jugend*, 1993(3), 111-119.

Sting, S., & Sturzenhecker, B. (2005). Bildung und Offene Kinder- und Jugendarbeit. In U. Deinet, & B. Sturzenhecker (Hrsg.), *Handbuch Offene Kinder- und Jugendarbeit* (3., vollst. überarb. Neu-Aufl., S. 230-247). Wiesbaden.

Sturzenhecker, B. (1996). Politischer Diskurs, Gemeinschaftserziehung, Methoden lernen. Jugendgruppenleiter-Ausbildung am Jugendhof Vlotho 1948 und 1988: Ein Vergleich. In Jugendhof Vlotho (Hrsg.) *Bildung – Entfaltung des ganzen Menschen. Jugendhof Vlotho 1946-1996*, (S. 183-191). Münster.

Sturzenhecker, B. (1998). Qualitätsfragen an Jugendpartizipation. *deutsche jugend*, 1998(5), 210-21.

Sturzenhecker, B. (2005). Partizipation als Recht von Jugendlichen. *deutsch jugend*, 2005(6), 255-26.

Sturzenhecker, B. (2006). „Wir machen ihnen ein Angebot, das sie ablehnen können." Strukturbedingungen von Jugendarbeit und ihre Funktionalität für Bildung. In W. Lindner (Hrsg.), *1964-2004 Vierzig Jahre Kinder- und Jugendarbeit in Deutschland. Aufbruch, Aufstieg und neue Ungewissheit* (S. 179-193). Wiesbaden.

Sturzenhecker, B. (2008). Demokratiebildung in der Jugendarbeit. In T. Coelen, & H. U. Otto (Hrsg.) *Grundbegriffe Ganztagsbildung: Das Handbuch* (S. 704-713). Wiesbaden.

Sturzenhecker, B., Knauer, R., Richter, E., & Rehmann, Y. (2010). *Partizipation in der Kita. Evaluation demokratischer Praxis mit Vorschulkindern. Abschlussbericht*. Hamburg. http://www.partizipation-und-bildung.de. Zugegriffen: 25. Mai 2011.

Sturzenhecker, B., & Richter, E. (2010). Demokratiebildung in der Kinder- und Jugendarbeit – partizipative Potenziale stärker nutzen. In G. Himmelmann, & D. Lange (Hrsg.), *Demokratiedidaktik. Impulse für die Politische Bildung* (S. 103-115). Wiesbaden.

Zinser, C. (2005). Partizipation erproben und Lebenswelten gestalten. In U. Deinet, & B. Sturzenhecker (Hrsg.), *Handbuch Offene Kinder- und Jugendarbeit* (3., vollst. überarb. Aufl.). Wiesbaden: VS Verlag für Sozialwissenschaften.

Züchner, I. (2005). Mitwirkung und Bildungseffekte in Jugendverbänden – ein empirischer Blick. *deutsche jugend*, 2005(5), 201-209.

Peer Education in der Offenen Kinder- und Jugendarbeit

Martin Nörber

Die menschliche personale Entwicklung kann als Prozess verstanden werden, der sich nicht von selbst vollzieht, sondern im Zusammenspiel von Individuum und Gesellschaft geschieht. Erziehung – hier bezeichnet als Education – „ist aus dieser Sicht nicht ein Prozeß, der neben und zusätzlich zur natürlichen Entwicklung verläuft, sondern eine wesentliche Komponente von Entwicklung. Dieser systematisch lenkende Einfluß ist notwendig, weil das Kind bis zum Erwachsenenalter ohne Hilfe kompetenter Partner nie das Niveau der Gesellschaft erreichen würde …" (Oerter 1987a, S. 126).

Unter kompetenten Partnerinnen und Partnern ist dabei nicht allein die Gruppe der Erwachsenen (als Eltern oder Lehrerinnen bzw. Lehrer u. a.) zu verstehen. Vielmehr stellt die Gruppe der Peers – vielfach verstanden als die Gruppe der Gleichaltrigen – eine besonders bedeutsame Einflussgröße für Kinder und Jugendliche dar. Die Bezeichnung „Gleichaltrige" greift dabei allerdings zu kurz. Vielmehr erscheint es sinnvoller statt von (eher umgangssprachlich) Gleichaltrigen von „Peers" zu sprechen, wenn mehr als nur „Menschen gleichen Alters" gemeint wird. „Peer" als Wort mit altfranzösischem Ursprung meint vielmehr „Gleichsein" bzw. „von gleichem Rang sein". Unter Peers wird der mehr oder weniger organisierte Zusammenschluss von Personen, die sich gegenseitig beeinflussen und etwa einen gleichen bzw. ähnlichen Status sowie (annähernd) das gleiche Alter besitzen, verstanden.

Die hohe Bedeutung der Peers für Jugendliche wird beispielsweise bei der Unterstützung von Jugendlichen in Problemsituationen sowie der im Zusammenhang der Lösung von Problemen von Jugendlichen gewählten Bewältigungswegen deutlich. So weist eine Studie an verschiedenen Schulen Oberösterreichs beispielsweise darauf hin, dass die Ergebnisse „darauf schließen (lassen), daß Jugendliche, die sich mit ihrer Peergruppe in hohem Maße identifizieren, soziale, emotionale und informationelle Unterstützung bei der Lö-

---

Dr. Martin Nörber ✉
Hessisches Sozialministerium Wiesbaden, Dostojewskistraße 4, 65187 Wiesbaden, Deutschland
e-mail: Martin.Noerber@HSM.hessen.de

sung von Problemsituationen erhalten" (Kirchler et al. 1992, S. 277). Dieses Ergebnis in der Bedeutung der Peergruppe für Kinder und Jugendliche wird auch durch zahlreiche weitere Untersuchungen empirisch bestätigt. Dabei zeigt sich unter einer zeitgeschichtlichen Betrachtungsweise, dass die Bedeutung und Zugehörigkeit von Jugendlichen zu Peer-Gruppen zugenommen hat. „Rechneten sich in den 50er-Jahren nur etwa 1/3 der Jugendlichen – und dabei vorwiegend Jungen – solchen Gruppierungen zu, so sind es inzwischen – so die Shell-Studie von 1992 – bereits nahezu 80 % der Jungen wie der Mädchen" (Krafeld 1998a, S. 97).

Der mehr oder weniger enge Kontakt zwischen jugendlichen Gleichaltrigen ist demnach von erheblicher Bedeutung sowohl im Leben wie auch für das Leben von jungen Menschen. Peer-Gruppen bieten nicht allein Orte an denen jugendliche Orientierungen innerhalb und in Auseinandersetzung mit der Gesellschaft zur Entfaltung und Artikulation gelangen, sondern sind zudem Orte an denen durch gemeinschaftliches Aushandeln und Handeln jugendlicher Lebensalltag selbstorganisiert und selbstverantwortet gestaltet wird. Angesichts dessen existieren zahlreiche Arbeitsansätze im Rahmen von Peer-Education-Projekten, in denen die Peer-Gruppe in ihrer Bedeutung als pädagogische Methode genutzt wird (vgl. Nörber 2002).

42.1 Peer Education – was bedeutet das?

Die Peer-Gruppe stellt die zentrale Bezugsgruppe für Kinder und Jugendliche dar. Die Gruppe der Peers als aktuell reale oder virtuelle und der Lebensrealität vergleichsweise nahe Referenzgruppe schafft Bezugs- wie auch Orientierungspunkte für Entwicklungsprozesse. Darüber hinaus bietet sie Maßstäbe zur subjektiven Selbsteinschätzung. Peers sind damit für die Übernahme von Werten, Normen wie auch Verhaltensweisen für Kinder und Jugendliche hoch bedeutsam. Empirische Untersuchungen haben wiederholt deutlich gemacht, dass die Peer-Gruppe in ihrer Bedeutung für Jugendliche eine vergleichbare Relevanz wie die Gruppe der Eltern besitzt (vgl. u. a. Kirchler et al. 1992). Dabei existiert für Kinder und Jugendliche zwischen Eltern und Peer-Gruppe in der Regel kein Konfliktverhältnis. Festgestellt wird, dass „am unabhängigsten und kritischsten … sich jene Jugendlichen (erwiesen), die die Eltern und die Peer Group als ihre Bezugsgruppe nannten, wobei sich die Gewichte manchmal zugunsten der Eltern und manchmal zugunsten der Peer Group verlagerten" (Naudascher 1978, S. 131).

Die Gruppe der Peers verfügt damit über ein erhebliches Bildungs- und Erziehungspotential. Wenn die erfolgreiche Bewältigung von im Jugendalter anstehenden Entwicklungsaufgaben (vgl. Oerter 1987b) davon abhängt, „ob Jugendliche soziale, emotionale und informelle Unterstützung erhalten oder nicht" (Kirchler et al. 1992, S. 278), ist festzustellen, dass Jugendliche die sich mit Peers in einem vergleichsweise hohen Maße identifizieren, Hilfestellung von Peers erwarten können, die ihnen bei der Bewältigung von Problemsituationen helfen können (vgl. Kirchler et al. 1992). Angesichts dessen spezifizieren sich Peer-Education-Projekte gegenüber sonstigen in einer Gesellschaft existierenden

Bildungs- und Erziehungsangeboten dadurch, dass hier Bildungs- und Erziehungsprozesse von jungen Menschen für junge Menschen initiiert und getragen werden. So zeigen vorliegende Praxisberichte aus Peer-Education-Projekten beispielsweise zu den Themen Aids und Sexualität; Alkohol, Drogen und Sucht; ehrenamtliches/freiwilliges Engagement; IT-Kompetenz; Konflikte und Gewalt; Natur und Umwelt sowie Unterstützung, Beratung und Begleitung eine Bandbreite auf, die erkennen lässt, dass sich Peer Education für viele Themenfelder als Methode anbietet. Darüber hinaus machen vorliegende Praxisberichte zu Peer-Education-Projekten aus Belgien, Deutschland, Österreich und der Schweiz deutlich, dass Peer Education als ein „international" genutzter Arbeitsansatz zur pädagogischen Intervention verstanden werden kann (vgl. Nörber 2002).

42.2 Peer Education als konzeptionelle Grundlage in der Offenen Kinder- und Jugendarbeit

Über 75 % der befragten Jugendlichen des Westerwaldkreises gehörten einer oder mehreren festen Clique(n) an, griffen also auf diese Sozialisationsinstanz zurück und seien dementsprechend auch nur unter Beachtung dieser gewachsenen Strukturen erreichbar, so eine Aussage einer Anfang 2001 vorgelegten Regionaljugendstudie (vgl. Schrapper und Spies 2001). Angebote für Kinder und Jugendliche wie die Offene Kinder- und Jugendarbeit, die auf einer freiwilligen Entscheidung der Teilnahme bzw. des Besuchs beruhen, müssen deshalb die hohe Peerorientierung von Kindern und Jugendlichen im Rahmen ihrer Konzeption berücksichtigen.

Peer Education als konzeptionelle Grundlage einer pädagogischen Arbeit mit Kindern und Jugendlichen bedeutet, jugendliches Auftreten und Verhalten vor dem Hintergrund der Einbettung im Kontext einer Gruppe gleich(altrig)er Individuen zu betrachten. Gruppendynamische Prozesse besitzen dabei für einzelne Mitglieder wie die gesamte Gruppe eine hohe Bedeutung (vgl. Battegay 1986). Peer-Gruppen erfüllen beispielsweise aufgrund der in den Gruppen existierenden Konvergenz der Meinungen und Verhaltensweisen ein hohes Potential an Möglichkeiten zur Selbstinszenierung für ihre Mitglieder.

Der hohe Peerbezug besitzt dabei für die pädagogische Arbeit in der Offenen Kinder- und Jugendarbeit dahingehend eine zentrale Bedeutung, da hierdurch die besondere Chance existiert über die „Attraktivität" einer Gruppenzugehörigkeit einzelne Kinder und Jugendliche in besonderer Art und Weise anzusprechen und zu erreichen. Die Praxis von Peer-Education-Projekten macht dabei deutlich, dass die „unterschiedlichen Typen" von an einem Projekt beteiligten Kindern und Jugendlichen die Gefahr reduziert, dass – beispielsweise im Vergleich zu Ansätzen einer cliquenorientierten Jugendarbeit – eine „abschreckende" bzw. ausgrenzende Wirkung von der Peer-Gruppe im Projekt ausgeht und somit die Wahrscheinlichkeit von Situationen eines „closed shops" gering ausfällt, die eine Ansprache bzw. Integration von neuen interessierten Kindern und Jugendlichen erschwert bis verunmöglicht.

Grundlage konzeptioneller Überlegungen von Peer Education ist die Prämisse, dass Kinder und Jugendliche aufgrund ihrer alters- und statusmäßigen Nähe über qualitativ andere Zugänge zu Gleichaltrigen verfügen als Erwachsene und Peerbeziehungen soziale und intellektuelle Entwicklungen stark fördern können. Peer-Gruppen verfügen damit über ein originäres entwicklungsförderliches Potential. Ausgegangen wird davon, dass sich Peer Education von – „naturwüchsigen" – Bildungs- und Erziehungsprozessen in der Peer-Gruppe unterscheidet, in denen sich Jugendliche qua ihrer Mitgliedschaft zur „Alterskohorte Jugend" bewegen. Verwiesen wird darauf, dass die Untersuchungen Piagets und hierauf aufbauende Forschungsarbeiten gezeigt haben, „daß, in vollkommenem Gegensatz zum pädagogischen Alltagsverstand, gerade das, was man als moralische Haltung und Werte von Kindern verstehen kann – über das bloße Gehorchen hinaus –, also Sinn für Gerechtigkeit und Fairneß, Bereitschaft zu teilen, die Fähigkeit, sich in die Lage eines anderen zu versetzen etc., in erster Linie nicht aus dem Umgang mit Erwachsenen, sondern aus dem Umgang mit anderen Kindern und Jugendlichen gelernt wird … Auch für die Fähigkeit, sich zu behaupten und Kränkungen unbeschadet zu verarbeiten, haben Gleichaltrige und Freunde eine weit größere Bedeutung, als die berufenen Erziehungspersonen in ihrer Selbstüberschätzung gewöhnlich annehmen" (Müller 1996, S. 24).

Angesichts dessen stellt Peer Education auch für die Offene Kinder- und Jugendarbeit eine in besonderer Weise geeignete konzeptionelle Grundlage für die pädagogische Arbeit mit Kindern und Jugendlichen dar. Peer Education kann als Methode zur Vermittlung von Wissen, Kompetenz und Fähigkeiten verstanden werden und baut dabei auf der engen Beziehung, dem unmittelbaren Kommunikationsgefüge zwischen Gleichaltrigen auf. Peer Education bedeutet den Aufbau eines Angebotes gegenseitiger Unterstützung und Hilfe – aber auch Beeinflussung und Anpassung – durch Gleichaltrige. In der Konsequenz liegt die pädagogische Bedeutung von Peer Education auf zwei Ebenen:

- Einerseits bei der Gruppe der in Peer-Education-Projekten engagierten Kinder und Jugendlichen. Bei ihnen wird die Entwicklung von (sozialen) Kompetenzen sowie die Erweiterung des bisherigen Wissens unterstützt und gefördert.
- Andererseits bei den Kindern und Jugendlichen, die im Rahmen von Peer-Education-Projekten von am Projekt beteiligten Kindern und Jugendlichen im Hinblick auf eigenes Handeln bzw. im Hinblick auf Verhaltens- und/oder Handlungsmodifikationen beraten, unterstützt, motiviert u. a. werden.

Für die Offene Kinder- und Jugendarbeit bedeutet eine Peer Education bezogene konzeptionelle Ausrichtung, dass sie ihre sozialräumliche wie auch lebensweltorientierte Dimension verstärkt und der in der Offenen Kinder- und Jugendarbeit inhärent existierende „Bildungsbezug" eine neue Bedeutung erhält. Die Offene Kinder- und Jugendarbeit erweitert damit u. a. ihr vorhandenes räumliches Angebot um eine „Stützpunkt"-Funktion, in der Qualifizierung, Austausch und Planung von und mit Kindern und Jugendlichen stattfindet. Peer-Education-Projekte wie beispielsweise das Projekt „Mobile Mädchencomputerarbeit" (vgl. Lang und Weichler 2002) machen deutlich, dass diese Projekte in aller

Regel aufgrund einer ausgeprägten „Geh-Struktur" außerhalb der Räumlichkeiten der Offenen Kinder- und Jugendarbeit an Orten und Treffpunkten von Kindern und Jugendlichen stattfinden, aber eines „Basislagers" bedürfen.

42.3 Peer Education als Grundlage eines modifizierten beruflich-fachlichen Rollenverständnisses

Die Wiederentdeckung der „pädagogischen Kraft" von Gleichaltrigen (vgl. Thole 1995), die Feststellung, dass Jugendliche gute Expertinnen und Experten sind für die Vermittlung bei Problemen und Konflikten, für die Weitergabe und Erhöhung von Wissen, bei der Modifikation von Verhalten und Einstellungen, bedeutet für engagierte Fachkräfte in der Offenen Kinder- und Jugendarbeit ein neues Rollenverständnis des eigenen beruflich-fachlichen Engagements. Peer-Education-Projekte sind als ein Setting zu verstehen, das es Kindern und Jugendlichen erlaubt, als Expertinnen und Experten für ein Thema bzw. eine Aufgabe „auf gleicher Augenhöhe" mit hauptberuflich tätigen Fachkräften in der Offenen Kinder- und Jugendarbeit zu kommunizieren.

Bei der Nutzung von Peer Education als pädagogischer Methode kommt den hauptberuflich engagierten Fachkräften in der Konsequenz der „fachlichen Aufwertung" von Kindern und Jugendlichen eine geänderte Rolle zu. Sie begeben sich mehr in den Hintergrund, nehmen sich zurück, fördern das Engagement von Kindern und Jugendlichen durch Qualifizierung, Beratung, Begleitung und Sicherung förderlicher Rahmenbedingungen. Insofern besitzt Peer Education einen doppelten Effekt: Einerseits kommt Peer Education den einzelnen Mitgliedern der Peer-Gruppe zu gute, in dem diese eine qualifizierte Hilfestellung zur Unterstützung der Bewältigung von aktuellen (Problem-)Anforderungen angeboten bekommen. Andererseits erfahren Kinder und Jugendliche als Peer-Beraterinnen und Berater – in der Regel als Peer-Educater bezeichnet – aufgrund ihrer neuen Rolle und der hiermit einhergehenden Qualifikation u. a. eine Förderung ihrer persönlichen Entwicklung. „Häufig erlebten sich Peer Educaters später vergleichsweise als selbstbewußter, selbstsicherer und offener als andere Gleichaltrige. Sie sagten beispielsweise von sich, daß sie nach dem Training und ihren Erfahrungen mit anderen Jugendlichen Probleme sowie an sie gestellte Anforderungen besser bewältigen könnten. Verschiedentlich gaben sie an, ihre Meinung nun freier äußern zu können als vor dem Training. Zudem fühlten sie sich informierter, sozial kompetenter und meinten, ihre eigenen Bedürfnisse eher erkennen zu können als die meisten ihrer gleichaltrigen Mitschüler/innen. Auch Einstellungsänderungen und beabsichtigte Verhaltensänderungen wurden berichtet" (Kleiber und Appel 1999, S. 163 f.).

Mit der Qualifizierung von Kindern und Jugendlichen zu Expertinnen und Experten bzw. zu Peer-Educaters erfährt die pädagogische Rolle der in der Offenen Kinder- und Jugendarbeit hauptberuflich engagierten Fachkräfte somit eine neue Akzentuierung, löst aber grundsätzlich nicht das formulierte „Spannungsverhältnis zwischen Jugendarbeit als jugendkultureller Eigentätigkeit und Selbstorganisation und erzieherischen Absichten i. S.

gelingender Sozialisation, Jugendschutz und sozialpolitischer Ansprüche" (Appel 2001, S. 473). Die durch Peer Education erfolgte neue Akzentuierung bedeutet eine konsequente Stärkung des Selbstorganisationspotenzials von Kindern und Jugendlichen durch die Ausweitung des Verantwortungs- und Kompetenzbereichs bei Kindern und Jugendlichen. Kinder und Jugendliche werden dabei als „starke" Partnerinnen und Partner wahrgenommen. Die – nicht neue – Idee der „Stärkung der Stärken" wird hier konkret aufgegriffen um zur Stärkung der Persönlichkeiten von Kindern und Jugendlichen beizutragen.

42.4 Peer Education als Beitrag zur Stärkung der Bildungsarbeit in der Offenen Kinder- und Jugendarbeit

Ebenso wie Peer-Gruppen soziale Räume für Kinder und Jugendliche bieten, suchen Kinder und Jugendliche Räume und Personen, in und mit denen sie in Auseinandersetzung treten können. Das Angebot der Offenen Kinder- und Jugendarbeit zur selbstorganisierten und eigenverantworteten Gestaltung von Räumen bietet im Rahmen einer Peer Education bezogenen konzeptionellen Ausrichtung der Offenen Kinder- und Jugendarbeit originäre Möglichkeiten der Unterstützung und Förderung der Ausprägung individueller Persönlichkeit bei Kindern und Jugendlichen durch die Übernahme von Verantwortung als Peer-Educater.

Angesichts der von zehn Jahren in der Erklärung der Kultusministerkonferenz vom 4. Dezember 2001 zu den Ergebnissen von PISA getroffenen Feststellung, dass „eine der wichtigsten Schlussfolgerungen, die aus Pisa gezogen werden muss, ... die klare Ausrichtung des Unterrichts weg von theoretischer, lebensferner Bildung hin zu einer handlungs- und anwendungsorientierten Kompetenz (ist)", bedeutet dies auch zehn Jahre danach eine konsequente Stärkung des Selbstorganisationspotenzials von Kindern und Jugendlichen im Rahmen von Peer-Education-Projekten zur Förderung der Handlungskompetenz junger Menschen im Sinne dieses Bildungsverständnisses.

Peer-Education bietet sich aufgrund der spezifischen Verbindung der Aneignung und Vermittlung von Kompetenz und Wissen in besonderer Weise dafür an, die Fähigkeit zu selbstverantwortlichem Handeln junger Menschen zu fördern.

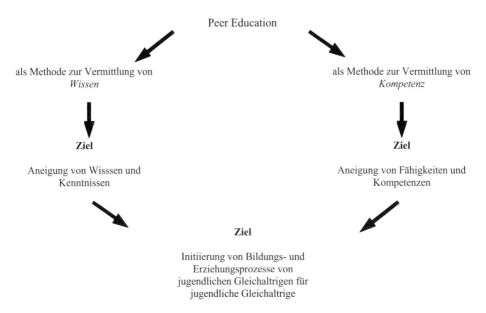

Eine konzeptionell an Peer Education orientierte Offene Kinder- und Jugendarbeit besitzt somit einen hohen Bildungsgehalt. Sie trägt zur Entwicklung von Kompetenzen in stets wechselnden Kommunikationskontexten bei, erweitert in erheblichem Umfang das existierende Handlungs- und Verhaltensrepertoire aufgrund kontinuierlich neuer Anforderungen und unterstützt die Auseinandersetzung in der Offenen Kinder- und Jugendarbeit zur „Neuformulierung" des Bildungsaspektes in der Offenen Kinder- und Jugendarbeit.

Literatur

Appel, M. (2001). Pädagogische Arbeit im offenen Jugendbereich: Grundbegriffe, Handlungsmuster und Kernprobleme. *Deutsche Jugend, 2001*(11), 469–475.

Battegay, R. (1986). *Sozialpsychologische und dynamische Aspekte. Der Mensch in der Gruppe, Bd. I.* Bern.

Kirchler, E., Palmonari, A., & Pombeni, M. L. (1992). Auf der Suche nach einem Weg ins Erwachsenenalter. Jugendliche im Dickicht ihrer Probleme und Unterstützung seitens Gleichaltriger und der Familienangehörigen. *Psychologie in Erziehung und Unterricht, 39*(4), 277–295.

Kleiber, D., & Appel, E. (2001). *Evaluation des Modellprojektes Peer Education im Auftrag der BZgA.* Köln.

Krafeld, F. J. (1998). Jungen und Mädchen in Cliquen. In U. Deinet, & B. Sturzenhecker (Hrsg.), *Handbuch Offene Jugendarbeit* (S. 96–102). Münster.

Lang, B., & Weichler, B. (2002). Peer-Group-Education in der Computerarbeit mit Mädchen. In M. Nörber (Hrsg.), *Peer-Education. Bildung und Erziehung von Gleichaltrigen durch Gleichaltrige* (S. 229–246). Weinheim.

Müller, B. (1996). Jugendliche brauchen Erwachsene. In G. Brenner, & B. Hafeneger (Hrsg.), *Pädagogik mit Jugendlichen. Bildungsansprüche, Wertevermittlung und Individualisierung* (S. 22–29). Weinheim.

Naudascher, B. (1977). *Die Gleichaltrigen als Erzieher. Fakten – Theorien – Konsequenzen zur Peer-Group-Forschung.* Bad Heilbrunn.

Naudascher, B. (1978). *Jugend und Peer Group. Die pädagogische Bedeutung der Gleichaltrigen im Alter von zwölf bis sechzehn Jahren.* Bad Heilbrunn.

Nörber, M. (2002). *Peer-Education. Bildung und Erziehung von Gleichaltrigen durch Gleichaltrige.* Weinheim.

Oerter, R. (1987a). Der ökologische Ansatz. In R. Oertter, & L. Montada (Hrsg.), *Entwicklungspsychologie* (S. 87–128). Weinheim.

Oerter, R. (1987b). Jugendalter. In R. Oertter, & L. Montada (Hrsg.), *Entwicklungspsychologie* (S. 265–338). Weinheim.

Schrapper, C., & Spies, A. (2001). *Jung sein im Westerwald – Lebens- und Freizeitsituation junger Menschen im Westerwaldkreis.* Koblenz.

Thole, W. (1995). „Weder nach Maß noch von der Stange." Überlegungen zum Wandel jugendlicher Gleichaltrigenkulturen. *Deutsche Jugend, 1995*(4), 170–179.

Abenteuer- und erlebnispädagogische Ansätze in der Offenen Kinder- und Jugendarbeit

Jochem Schirp

> Wenn Jugend die Zeit ist, in der Heranwachsende sich erproben, mit sich experimentieren müssen, um zu erfahren, wer sie unter den Anderen und in der Welt sind, dann drängt sich das Abenteuer als Lebensmuster förmlich auf. Abenteuer, so gesehen, ist der Jugend gemäß (Thiersch 1993, S. 38).

Die Abenteuer- und Erlebnispädagogik in Deutschland – darüber sind sich alle Betrachter trotz bisweilen auch kritischer Kommentierungen (vgl. Scherr 2006) einig – befindet sich etwa seit der Mitte der 80er-Jahre des vergangenen Jahrhunderts in einem Aufwärtstrend. Nach den Erfahrungen mit dem Nationalsozialismus in den ersten Nachkriegsjahren zunächst nur wenig erwünscht, gewann sie zunehmend an Attraktivität, so dass Sommerfeld (2001) nicht nur eine Erfolgsgeschichte der Erlebnispädagogik konstatierte, sondern sie zugleich als zeitgemäße Antwort der Pädagogik auf die Erziehungsprobleme der modernen Zeit bezeichnete. Seither ist die Dynamik weiterhin ungebrochen: Dies zeigt bereits ein erster oberflächlicher Blick auf die Praxis der Kinder- und Jugendhilfe, auf Selbstdarstellungen von Trägern, Konzeptentwürfe, Projektanträge, Tagungsprogramme u. v. m. Die Handlungsfelder der Abenteuer- und Erlebnispädagogik differenzieren sich stets weiter aus, berühren immer stärker Randgebiete der Pädagogik und weisen außerdem mehr und mehr z. B. im Bereich der betrieblichen Aus- und Weiterbildung, des Managementtrainings oder der Psychotherapie auch darüber hinaus.

In der Offenen Kinder- und Jugendarbeit werden abenteuer- und erlebnispädagogische Ansätze inzwischen insbesondere im Zusammenhang mit präventiven Angeboten zu den Themen Gewalt, Drogen, Schulverweigerung und Gesundheit, im Hinblick auf die Integration von Jugendlichen mit Migrationshintergrund oder unter einer allgemeinen bildungsorientierten Perspektive umgesetzt. Dies gilt sowohl für die eher stationäre Arbeit in Häusern der offenen Tür im städtischen Raum, auf Abenteuerspielplätzen und in Jugend-

Jochem Schirp ✉
bsj Marburg e.V., Biegenstraße 40, 35037 Marburg, Deutschland
e-mail: schirp@bsj-marburg.de

treffs in ländlichen Gebieten wie für mobile und aufsuchende Formen. Der unmittelbaren Handlungspraxis liegt dabei zumeist – gleichwohl nicht immer explizit und elaboriert – ein umfassender, klassischer Bildungsbegriff zugrunde. Man grenzt sich von einem „verkürzten" Bildungsverständnis ab, das allein auf den Erwerb von Faktenwissen und kognitiven Fähigkeiten setzt oder auf Nützlichkeitserwägungen bzw. ökonomischen Verwertungsinteressen beruht (vgl. Thiersch 2004; Becker 2009). Die auf dieser Basis formulierten Zielperspektiven der Praxiskonzepte fokussieren primär auf die Persönlichkeitsentwicklung und die Entwicklung sozialer Kompetenz von Kindern und Jugendlichen. Es geht u. a. um das Erkennen persönlicher Grenzen und ihre Überwindung, die Erfahrung von Selbstwirksamkeit und unmittelbarer Handlungsfähigkeit mit dem eigenen Körper, um soziale Erfahrungen des miteinander Seins und des aufeinander angewiesen Seins in der Gruppe bei der leib-sinnlichen Auseinandersetzung mit realen oder konstruierten Natursituationen. Darunter werden in aller Regel die Praktiken des Kletterns, Wanderns, Segelns, Kanufahrens, des Übernachtens im Freien und des Lagerfeuers subsummiert, auch wenn seit einigen Jahren zunehmend ebenfalls urbane Abenteuersituationen und Bewegungspraktiken (City-Bound, Parkour etc.), die ein gegenüber den naturräumlichen Settings vergleichbares Anforderungsprofil aufweisen, zum Spektrum der abenteuer- und erlebnispädagogischen Ansätze gezählt werden.

43.1 Gesellschaftliche Modernisierungsprozesse und die Abenteuer- und Erlebnispädagogik

Bei der Interpretation der Renaissance der Abenteuer- und Erlebnispädagogik in der Jugendarbeit in Deutschland erfolgt einerseits eine Vielzahl an Bezugnahmen auf ihre historischen Wurzeln in der Lebensphilosophie, der Jugend- und Pfadfinderbewegung, in der Reformpädagogik sowie später dann der Outward-Bound-Bewegung und der Jugendverbandsarbeit (vgl. Heckmair und Michel 2002; vgl. zu den teilweise auch problematischen Wurzeln Becker et al. 2007 und Oelkers 2011). Auch wird der Erfolg der Abenteuer- und Erlebnispädagogik in der Kinder- und Jugendarbeit vor dem Hintergrund der sozialwissenschaftlichen Diskussionen um die Erlebnisgesellschaft und die damit zusammenhängenden, sich schnell wandelnden Erlebnis- und Konsummärkte (vgl. Schulze 1992) als den Zeitgeist repräsentierendes pädagogisches Phänomen abgewertet.

Weder der Verweis auf den reichhaltigen ideengeschichtlichen Fundus noch die modernisierungskritische Perspektive allein wird jedoch der abenteuer- und erlebnispädagogischen Erfolgsstory der vergangenen Jahrzehnte gerecht. Denn solange beide Argumentationsfiguren isoliert bleiben, blenden sie die tatsächlichen gesellschaftlichen Entwicklungen aus, die als Gegenreaktion auf die zunehmenden Prozesse der Rationalisierung dazu führen, dass die vorreflexiven Dimensionen unserer anthropologischen Grundausstattung wieder eine höhere Aufmerksamkeit erfahren (vgl. Becker et al. 2007, S. 9 ff.). Dies hat mit der Disziplinierung des Körpers und seiner Sinne in unserer modernen Gesellschaft zu tun, die eine Vernachlässigung der Ansprüche anderer Dimensionen der Persönlichkeit in zentralen Lebensbereichen wie Schule und Beruf nach sich zieht. Körperlich-sinnliche Komponenten wurden zur Schwundmasse einer Moderne, deren Lebensweise aber ihren Preis in Form hoher psychosozialer Kosten z. B. im Kindes- und Jugendalter hat, denn vielfach kehren die Körper „durch die Hintertür" in das gesellschaftliche Leben zurück: als aggressive, gestresste, süchtige, kranke und übergewichtige Körper. Hier scheinen Problemkonstellationen auf, mit denen sich eine zielgruppenorientierte Kinder- und Jugendarbeit angesichts wachsender Präventions- und Instrumentalisierungstendenzen zunehmend konfrontiert sieht (vgl. Becker und Schirp 1997; Lindner i. d. B.).

Paradoxerweise stehen dieser Vernachlässigung des Körpers auf der einen Seite eine Aufwertung des Körpers auf der anderen Seite und eine enorme, postmoderne Vermehrung von Bewegungsaktivitäten gegenüber, insbesondere bei Kindern und Jugendlichen. Der Körper und seine jugendlich-vitale Präsentation wurden in den vergangenen Jahrzehnten immer mehr zu einer Art gesellschaftlichen Leitwährung für soziale Positionierungen, zu einem relevanten Kapital und gesellschaftlichen Tauschmittel (vgl. Zinnecker 1989) und Jugendliche spielen mit erlebnisattraktiven und expressiven Körperstilen und Selbstinszenierungen.

Kompensation und Lebensstil: Beide Entwicklungsdimensionen machen darauf aufmerksam, den Bedeutungszuwachs der Erlebnispädagogik nicht nur auf einen modischen Trend zu reduzieren, sondern ihn in einen größeren Zusammenhang zu stellen, handelt es sich dabei doch um pädagogische Versuche einer „Wiederbelebung" des Körpers, seiner Sinnlichkeit und Ganzheitlichkeit. Die Diskussionen zur Abenteuer- und Erlebnispädagogik sind insofern in globalere Vergewisserungen zu einer körper- und bewegungsbezogenen Kinder- und Jugendhilfe einzubetten. Denn für die Kinder- und Jugendarbeit besteht die große Herausforderung nun darin, wie sie gegen die Verkümmerung leib-sinnlicher Potentiale einerseits und gegen die beliebige Pluralisierung der Sport- und Bewegungsmärkte andererseits dazu beitragen kann, „Kindern und Jugendlichen eine zukunftsoffene lebenspraktische Körper- und Bewegungssicherheit zu vermitteln, die gegen eine Entfremdung vom eigenen Körper gerichtet ist" (Becker 2000, S. 474; vgl. zu den Dimensionen einer körper-, sport- und bewegungsorientierten Kinder- und Jugendarbeit Gilles 2003, 2007).

43.2 Wozu Abenteuer?

Trotz dieses offenkundigen Entwicklungsbedarfs hat die sozialpädagogische Theoriebildung, d. h. auch die Theorie der Kinder- und Jugendarbeit, Fragen zur Bedeutung von Körper und Bewegung bis heute weitgehend ausgeklammert (vgl. für die Jugendforschung Hübner-Funk 2003; Niekrenz und Witte 2011). Gleichwohl liegen inzwischen aber einige ernsthafte Versuche – insbesondere im Zusammenhang mit den Bundesweiten Fachtagungen zur Erlebnispädagogik zwischen 1992 und 2007 – vor, einen Dialog zwischen allgemeiner Sozialpädagogik und Abenteuer- und Erlebnispädagogik zu initiieren und zentrale Überlegungen und Paradigmen aufeinander zu beziehen. Hans Thiersch (1993, 2004) verwies auf die Bedeutsamkeit des Abenteuers, das Zugänge zu ausgegrenzten Jugendlichen ermögliche, wo Pädagogik ansonsten scheitere und ordnete das Abenteuer als funktionelles Äquivalent zu jugendlichem Risikoverhalten in das Konzept lebensweltorientierter Sozialer Arbeit ein. Heiner Keupp verknüpfte die sinnlich-körperliche Dimension erlebnispädagogischer Settings und ihr Authentizitätsversprechen mit der Frage, wie es Menschen heute gelingen kann, ihre Identitätsarbeit zu bewältigen und wie insbesondere Heranwachsende jene psychischen, physischen, sozialen und materiellen Ressourcen entwickeln können, die sie benötigen, um handlungsfähig und erwachsen zu werden. Um „Lebenskohärenz" aufbauen zu können, benötigten Kinder und Jugendliche in ihrer Lebenswelt Freiräume, um „sich selbst zu entwerfen und gestaltend auf ihren Alltag einwirken zu können" (Keupp 2004, S. 43). Diesen salutogenetischen Ansatz hat Keupp gemeinsam mit der Sachverständigenkommission im 13. Kinder- und Jugendbericht der Bundesregierung (BMFSFJ 2009), in dessen Mittelpunkt die Themen Gesundheitsförderung und gesundheitliche Prävention stehen, weiter ausgeführt. Mit den zentralen theoretischen Konzepten des Kohärenzgefühls und der Resilienz (Widerstandsressourcen) eröffnen sich eine Reihe an Anschlussmöglichkeiten zu einer abenteuer- und erlebnispädagogischen Praxis in der Offenen Kinder- und Jugendarbeit.

Auf die vielfältigen Bezüge der Abenteuer- und Erlebnispädagogik zur Aneignungs- und Sozialraumdiskussion in der Jugendarbeit hat vor allem Ulrich Deinet aufmerksam gemacht. Erlebnispädagogische Ansätze erscheinen ihm unter dem Aspekt des Aneignungsverhaltens von Kindern und Jugendlichen deshalb besonders interessant, weil sie eine Brücke zwischen pädagogisch inszenierten Räumen und dem Aneignungs- bzw. Risikobedürfnis von Jugendlichen allgemein schlagen und durch gezielte Bildungsangebote Bildungsmöglichkeiten eröffnen, die von den Lebenswelten der Kinder ausgehen. „… körperbetonte auf Wagnis und Risiko bezogene Projekte bieten bewusst und gezielt Räume, die Erfahrungen möglich machen, die in dieser Weise in anderen Lebensbereichen nur schwer zugänglich sind. Hier entwickeln erlebnispädagogische Projekte ein besonderes Curriculum nicht-schulischer Lernprozesse" (Deinet 2007, S. 226).

An den Bildungspotentialen für Kinder und Jugendliche knüpft auch der bildungstheoretische und kulturphilosophische Ansatz des Marburger Sportsoziologen Peter Becker an, der derzeit den einzigen konsistenten Theorieentwurf zur Abenteuerpädagogik vorhält. Auf der Basis entwicklungspsychologischer Überlegungen entwickelt er sein Modell des Abenteuers als einer Kulturform, einer entlasteten, spielerischen und sozialen Praxis des Umgangs mit Neugier, mit Wissensdrang und mit Erfahrungsbildung. Nach diesem Modell erfahren die Subjekte in der Auseinandersetzung mit den krisenhaften Situationen des Abenteuers, in denen ihre erworbenen Routinen nicht mehr ausreichen, die Autonomie ihres Handelns und bringen ihren individuellen Bildungsprozess voran. Dieser Ansatz ist deshalb für die Offene Kinder- und Jugendarbeit von besonderer Bedeutung, da er die altersspezifischen Bewältigungsaufgaben in Kindheit und Jugend sowie die in diesen zwingend zu machenden Erfahrungen des Selbstständigwerdens und der Autonomieentwicklung thematisiert und mit den Anforderungsdimensionen abenteuerlicher Aktivitäten in Verbindung setzt. „Sind es in der Jugendphase die Situation der Ablösung und die damit verbundenen Anforderungen, die abenteuerliche Situationen zu einem Thema dieser

Phase machen, so wird das Abenteuer in der Kindheit vor allem in dem unübersehbaren Drang, sich mit unbekannten Situationen und den sie bergenden Überraschungen auseinander zu setzen, zu einem spielerischen Umgang mit der noch unvertrauten Welt" (Becker 2004, S. 9; vgl. Becker 2006, 2009). Detailliert zeichnet Becker (1998) die strukturellen Erfahrungsgehalte abenteuerlicher Aktivitäten beim Befahren wilder Bäche und Flüsse, der Auseinandersetzung mit Wind und Wellen, der Bewältigung schwieriger Kletterpassagen etc. in der folgenden Übersicht nach, um auf die Analogien zu Erfahrungsgehalten und Entwicklungsaufgaben der Adoleszenz aufmerksam zu machen, in der es zunehmend um selbst verantwortete Ich-Leistungen und bewusst vollzogene Entscheidungen geht:

a) Abenteuer verlangen die Auseinandersetzung mit fremden und unvertrauten Situationen, mit inneren und äußeren Widerständen. Mit der Überschreitung der Grenze, die die vertraute Lebensweise bildet, gerät diese auf Distanz und kann damit überdenkenswert werden, kann Neues integriert werden.
b) Da Abenteuersituationen nie gleich sind, werden Lösungen strukturell gefordert, die noch nicht routinisiert sind. Dort, wo Routinen nicht greifen, werden Entscheidungen zwingend notwendig; Abwägung von Alternativen, Risikoanalysen und Transferleistungen sind gefordert.
c) Abenteuersituationen werden in aller Regel in der Gruppe bewältigt. Das Verhältnis von Verantwortung und Vertrauen wird thematisch, kommunikative Austauschprozesse, Diskussionsbereitschaft, Fähigkeiten zur Bewältigung von Konflikten werden verlangt.
d) Abenteuersituationen drängen dazu, erzählt zu werden. Dies ermöglicht die Reflexion der Ereignisse und die narrative Festigung der Erfahrungen. Es eröffnen sich Chancen, die erlebten Ereignisse dazu zu nutzen, die biografische Vergangenheit in ihrem Spiegel zu sehen und Erwartungen an den zukünftigen biografischen Verlauf zu formulieren.

Hiermit ist ein zentraler Argumentationskern des Modells umrissen. Gleichwohl verweist auch Becker – analog zum lebensweltorientierten Ansatz z. B. von Thiersch – auf die Attraktivität von Abenteueraktivitäten für Jugendliche generell und im Besonderen für benachteiligte Jugendliche, deren Lebensstile und Freizeitbedürfnisse häufig auf Action und Risiko ausgerichtet sind. Die Integrationskraft des Abenteuers lässt sich in der Offenen Kinder- und Jugendarbeit nutzen, um erst einmal die Suche der Jugendlichen nach den Thrills der Action und nach Spannung zu befriedigen. Über diese kompensatorische Funktion hinaus müssen aber dann die o. g. Erfahrungschancen in den Aktivitäten zur Entfaltung gebracht werden.

43.3 Jugendarbeit und/oder Schule – Orte der Umsetzung

Ein zweiter zentraler Kern der Überlegungen im Modell von Becker beschäftigt sich mit der Frage nach den Rahmungen und Umsetzungsorten abenteuerlicher Aktivitäten (vgl.

Becker 2005). Aufgrund ihrer strukturellen Bedingungen, der Dominanz des Selektionscodes „besser/schlechter", ihrer Orientierung an primär kognitiven Dimensionen und der Verkümmerung leib-sinnlicher Bildungsanteile bietet sich Schule zunächst eher nicht als institutioneller Rahmen an. Demgegenüber steht die Offene Kinder- und Jugendarbeit, die nicht an Curricula gebunden ist und auf Freiwilligkeit, Partizipation und Inklusion statt auf Selektion und Exklusion setzt, Heranwachsende als ganze Personen und nicht als Rollenträger behandelt, Experimente, Umwege und entschleunigte Formen der Erfahrungsbildung ermöglicht und städtische wie Naturräume als Bildungsgelegenheiten betrachtet. Jugendarbeit wird somit zu einem „Gegenort der Bildung leib-sinnlicher Lebendigkeit, wenn sie versucht, ihre Arbeit im Sinne einer umfassenden Bildung zu begreifen und zu begründen." (Becker 2010, S. 11; Übersetzung von Peter Becker aus seinem englischen Originaltext). Becker schlägt dennoch eine Intensivierung der Kooperationen zwischen Schulen und Trägern der Offenen Kinder- und Jugendarbeit bei abenteuerpädagogischen Unternehmungen vor, um die Bemühungen von Schulen auf Öffnung zu unterstützen, wenn diese auf eine Reduzierung ihres Exklusionsrisikos abzielen oder wenn diese im Rahmen der Ganztagsschulentwicklung auf eine Anreicherung der schulischen Praxis durch außerschulische Lernorte setzen, um einen neuen „ganzheitlichen" Bildungsentwurf umzusetzen. Gleichwohl werden sich auch diese Kooperationen mit dem Dilemma auseinander setzen und ihre Praxis kritisch auf dieses hin überprüfen müssen, das Hartmut von Hentig als „pädagogischen Midas" beschrieb und fürchtete: mit der Wirkmächtigkeit einer Schule, der alles „was sie anfasst" zur Belehrung gerät und in der die Neugierde und damit der Bildungsprozess zum Stillstand kommt. Hiermit sind nun einige Herausforderungen und Perspektiven für eine abenteuer- und erlebnispädagogische Praxis in der Offenen Kinder- und Jugendarbeit angedeutet.

43.4 Herausforderungen

43.4.1 Professionalität

Abenteuer- und erlebnispädagogische Angebote in der Offenen Kinder- und Jugendarbeit können eine große Bedeutung entfalten und viele positive Wirkungen bei der persönlichen und sozialen Entwicklung aller Kinder und Jugendlicher erzielen – für die sogenannten Normalen genauso wie für die Kinder und Jugendlichen mit Beeinträchtigungen oder die sogenannten Schwierigen, Gewalttätigen, Suchtgefährdeten etc. Die Auseinandersetzung mit der Natur, der kompetente Umgang mit Widerständen und Krisen, die Erfahrungen eigener Handlungsmöglichkeiten und Grenzen, das Bewältigen von Schwierigkeiten in der Gruppe sowie das Aushandeln von Lösungen: Dies alles kann – wenn das Setting „passgenau" ist – dazu führen, dass Kinder und Jugendliche sich selbst als handelnde und wirkmächtige Subjekte erfahren. Deshalb ist die Qualifikation und Professionalität der begleitenden Pädagogen von besonderer Bedeutung bei der Entwicklung, Planung und Umsetzung der Aktivitäten. Die Pädagogen müssen nicht nur über die jeweils notwendigen

„Hard Skills" in der Anleitung und Durchführung der Unternehmungen verfügen, sondern ebenfalls in der Lage sein, unter Einbezug ihres theoretischen und handlungspraktischen Kontextwissen eine „Deutung der spezifischen Fallproblematik" (Müller und Becker-Lenz 2008, S. 32) vorzunehmen. Die Professionellen müssen fallspezifisch für den gesamten Gruppenkontext und mit Blick auf die beteiligten einzelnen Jungen und Mädchen beurteilen und begründen können, warum sie eine spezielle Abenteuer-Praxis arrangieren und welche Bildungspotentiale sich daraus ableiten lassen.

Die Kompetenz der Professionellen, sich auf die jeweilige „Problemlage", die immer an die konkreten Heranwachsenden gebunden ist, einzulassen, ist für die Planung der Abenteueraktivitäten, die Auswahl der Methoden und das pädagogische Handlungskonzept aber auch für die an die abenteuerlichen Situationen anschließenden Reflexionsphasen, in denen Anschluss an die unmittelbaren Lebenswelten hergestellt und ein Transfer in den individuellen Bildungsprozess möglich werden kann, unerlässlich. Soziale Fachkräfte, die mit Kindern und Jugendlichen abenteuerliche Naturräume aufsuchen, sind insofern auch keine „Trainer", die standardisierte Programme abarbeiten. (zu Leitlinien guter Praxis und zum Anforderungsprofil von PädagogInnen in der Anleitung und Begleitung abenteuerpädagogischer Projekte, bsj Marburg 2005)

43.4.2 Geschlechtsspezifische Perspektiven

Dies bedeutet, dass abenteuer- und erlebnispädagogische Projekte stets auch die unterschiedlichen Lebenslagen, Bedürfnisse und Voraussetzungen von Jungen und Mädchen berücksichtigen müssen. Jungen und Mädchen entwickeln bereits in frühen biographischen Phasen einen unterschiedlichen Zugang zu abenteuerlichen oder sich wagenden Praktiken. So lassen sich Geschlechterdifferenzen im Risikoverhalten u. a. bei informellen Kinderspielen auf Abenteuer- oder anderen Spielplätzen erkennen. Mädchen und Jungen werden vielfach entweder eher beschränkt oder ermuntert, sie beanspruchen unterschiedliche Räume, sie entwickeln unterschiedliche Körperstile, um ihr „richtiges" Mädchen- oder Junge-Sein zu demonstrieren. Diese Differenzen können in der weiteren biographischen Entwicklung weitreichende Folgen für das jeweilige Selbstbild nach sich ziehen. Mädchen, die ihren Körper weniger in riskanten oder wagemutigen Experimenten erproben, werden vorsichtig, sich zurückhaltend neuen Situationen nähern oder sie gar vermeiden. Bei Jungen hingegen, die eine erhöhte Risikobereitschaft besitzen, kann der männliche Wagemut auch ambivalente Konsequenzen, z. B. das Eingehen nicht mehr beherrschbarer Risiken, nach sich ziehen (vgl. Rose 2000). Bei der Planung und Gestaltung abenteuerlicher Arrangements gilt es also, geschlechtsbewusste Blickwinkel und Perspektiven so auszurichten, dass die Subjektlogik, die immer auch geschlechtsspezifische Facetten aufweist, berücksichtigt wird. Männliches oder weibliches Handeln kann so vor dem Hintergrund der jeweiligen pädagogischen Situation angemessen rekonstruiert werden. Anregende abenteuerliche Bildungssituationen zu arrangieren bedeutet somit auch, eine situations- und persönlichkeitsangemessene Balance von einerseits Geduld, Vorsicht und Reflektion und andererseits Mut, Selbstvertrauen und Risikobereitschaft zu fördern, um dadurch einengenden geschlechtsstereotypen Mustern zu begegnen. Diese geschlechtsbezogenen Perspektiven der Abenteuer- und Erlebnispädagogik eröffnen ganz konkrete Anknüpfungspunkte für die Integration abenteuerlicher Unternehmungen sowohl in die ko-edukative Praxis wie in die geschlechtergetrennte Praxis der Mädchen- und Jungenarbeit in der Offenen Kinder- und Jugendarbeit.

43.4.3 Inklusion

Ebenso facettenreich sind die Entwicklungsmöglichkeiten einer an den Prinzipien der Inklusion orientierten Abenteuerpädagogik mit behinderten und nichtbehinderten Kindern und Jugendlichen (vgl. den Text von Beck i. d. Buch). Hierzu liegen bisher in Deutschland nur wenige Praxisberichte vor, die allerdings ermutigend sind (vgl. www.zerumueckermuende.de; www.muehlenkraft.de; www.e-l-e.de; Leven und Reinert 2000; Michl und Riehl 1996). Sie zeigen die autonomiefördernden und grenzerweiternden Chancen, die Outdoor-Unternehmungen mit behinderten Jungen und Mädchen beinhalten ebenso auf wie die Bildungsmöglichkeiten, die in den gemeinsamen Aktivitäten auch für die nichtbehinderten Teilnehmer stecken. Die Entwicklungsperspektiven in diesem Feld sind bei weitem noch nicht ausgeleuchtet. Noch liegen die enormen Potentiale, die die Abenteuerpädagogik für eine inklusive Praxis in der Offenen Kinder- und Jugendarbeit insbesondere im Zusammenhang mit Freizeit- und Bildungsmaßnahmen bereit hält, weitgehend brach.

43.4.4 Lebensweltorientierung

Die Bewältigung von Abenteuern darf nicht nur auf herausgehobene Bildungsprojekte und Ferienmaßnahmen begrenzt werden, sondern muss Teil des Alltags von Kindern und Jugendlichen sein, ihrer Lebenswelt zugänglich. Dazu zählen auch die informellen Bewegungs- und Abenteuerorte, die kleine und von Erwachsenen unkontrollierte Abenteuer ermöglichen. Straßen, Höfe, Parks, Wiesen und siedlungsnahe Waldgebiete als weitgehend nicht pädagogisierte und kolonialisierte Räume sind wichtige Orte in der Lebenswelt von Kindern und Jugendlichen, wo sie elementare Erfahrungen machen können. Zur Abenteuer- und Erlebnispädagogik gehört es deshalb auch, wenn sich sozialpädagogische Fachkräfte aktiv an Stadtplanungs- und Gestaltungsprozessen beteiligen, Kinder und Jugendliche dabei unterstützen, abenteuerliche Bewegungsräume selber zu planen und zu realisieren. Interessant sind in diesem Zusammenhang insbesondere auch Projekte der Offenen Kinder- und Jugendarbeit, die in den letzten Jahren entstanden sind, wie die AbenteuerHallen in Köln-Kalk, in denen viele urbane Abenteuer-Trends räumlich verdichtet praktiziert werden können und wo den Heranwachsenden somit ein sehr lebensweltnahes Gegengewicht zu kommerziellen Anbietern eröffnet wird. Offen bleibt, ob es solchen oder ähnlichen Projekten gelingt, nicht nur ein Ort zu sein, der abenteuerliche Bewegungspraktiken ermöglicht, sondern diese mit anderen Grunddimensionen der Jugendarbeit wie z. B. dem Aufbau tragfähiger Beziehungen zu den sozialpädagogischen Fachkräften und der auch langfristigen Begleitung und Unterstützung von Jugendlichen zu verbinden.

43.4.5 Internationalisierung

Die Globalisierungs- und Internationalisierungsprozesse machen auch vor der Offenen Kinder- und Jugendarbeit nicht halt, die sich zunehmend über den nationalen Rahmen hinaus transnational orientiert, z. B. im Rahmen internationaler Jugendbegegnungen, von Trainingskursen und Seminaren für junge Menschen sowie dem Austausch von Fachkräften und der Qualifikation von Multiplikatoren. Es scheint, als sei die Begegnungspraxis bereits vielfach von erlebnispädagogischen Ansätzen durchdrungen. Allerdings dominieren in dieser Praxis häufig insbesondere Aktivitäten wie Problemlösungsaufgaben, vertrauensbildende Übungen, Fungames etc., die in den Veranstaltungen in der Regel zur Beschleunigung der anstehenden Prozesse der Gruppenfindung, der Gruppendynamik, der sozialen Umgangsformen und des konstruktiven Miteinanders genutzt werden. Bei dieser vorherrschenden Praxis, bei der zunächst fraglich bleibt, ob es sich tatsächlich um abenteuer- und erlebnispädagogische Elemente handelt und nicht um klassische gruppenpädagogische Methodenkonzepte, besteht nicht nur die Gefahr, komplexe Bildungsprozesse mit der standardisierten Einübung von Fertigkeiten im Rahmen von Trainings zu verwechseln. Auch die Bildungspotentiale, die sich in der Auseinandersetzung mit der Diversität der unterschiedlichen nationalen Ansätze der Abenteuer- und Erlebnispädagogik allein im europäischen Raum z. B. des norwegischen „Friluftsliv", des finnischen „Erä" oder der Outdoor Education in den Ländern des Vereinigten Königreichs entfalten könnten, bleiben so ungenutzt.

Es spricht insofern einiges dafür, internationale Jugendaustauschmaßnahmen zukünftig stärker mit „echten", realen abenteuerlichen Aktivitäten – z. B. jenen des abenteuerlichen Unterwegsseins – zu verzahnen, um so auch mehr über die vielschichtigen Dimensionen der spezifischen Abenteuerkonzepte und ihrer Praktiken in den unterschiedlichen geographischen und kulturellen Regionen Europas zu erfahren. Für die Fachkräfte kann sich in der transnationalen Zusammenarbeit und in der Beschäftigung mit vertrauten oder fremden Ansätzen eine Vielzahl an Anregungen für die Bewältigung eigener Arbeitsprobleme ergeben. (zu unterschiedlichen Ansätzen der Abenteuer- und Erlebnispädagogik in der Kinder- und Jugendarbeit in anderen europäischen Ländern vgl. z. B. die norwegische Kinder- und Jugendeinrichtung Frigo in Oslo www.frigo.no, den Verein Wiener Jugendzentren www.jugendzentren.at oder die finnische Organisation Poseka www.poseka.fi; zu den verschiedenen kulturellen Traditionen der Abenteuerpädagogik in Europa generell Becker und Schirp 2008).

43.5 Ausblick

Die Herausforderungen für die Praxis zeigen, dass die Abenteuer- und Erlebnispädagogik, obwohl sie sich in den letzten Jahrzehnten im Handlungsfeld der Offenen Kinder und Jugendarbeit etablieren konnte und inzwischen zum zentralen konzeptionellen Bestand gehört, weiterhin gut daran tut, ihr fachliches Profil zu schärfen und sich theoretischen Auseinandersetzungen mit der allgemeinen Sozialpädagogik zu stellen. Dabei geht es im Wesentlichen um ihre generelle zukünftige Ausrichtung. Die Abenteuer- und Erlebnispädagogik könne die Pädagogik der Moderne schlechthin sein, so Michael Winkler (1995 und 2007). Gleichzeitig drohe ihr in der modernen Gesellschaft, dass das erzieherisch genutzte Überschreiten von Grenzen zum Selbstzweck wird, dass die Erlebnispädagogik mithin der Dynamik verfällt, die das Prinzip der Grenzüberschreitung gesellschaftlich angenommen habe. Degeneriert die Abenteuerpädagogik also zu einem Bestandteil der schillernden und entfremdenden Konsummärkte im Rahmen einer öffentlich subventionierten Angebotspädagogik? Bleibt es beim kurzfristigen Thrill, den Kinder und Jugendliche bei abenteuerlichen Unternehmungen als kompensatorische Reaktion auf eine sich nach und nach weiter entsinnlichende oder entkörperlichende Lebenswelt punktuell erleben dürfen? Oder gelingt es der Abenteuer- und Erlebnispädagogik tatsächlich, sich als moderner Bildungsansatz zu profilieren, nicht als romantischer Gegenentwurf zur Schule, sondern als ein gleichberechtigter Zugang zur Welt, in dem die ganze Person im Mittelpunkt steht?

Vieles wird dabei in der Zukunft von den Fachkräften und ihrer Qualifikation abhängen. In den vergangenen Jahren haben sich in der Kinder- und Jugendhilfe in Deutschland einige Fortbildungsanbieter etablieren können, deren Angebote explizit darauf fokussieren, sozialpädagogische Fachkräfte in abenteuerpädagogischen Ansätzen weiterzuqualifizieren. Mit dem Masterstudiengang „Abenteuer und Erlebnispädagogik" an der Universität Marburg ist ein erster weiterführender Studiengang entstanden, zu dessen Zielgruppe ebenfalls primär qualifizierte Sozialarbeiter und Sozialpädagogen mit (Fach)Hochschulabschluss zählen. Auch an unterschiedlichen Fachhochschulen wurden Zusatzqualifikationen aufgebaut. Internationale Vernetzungen der Hochschulen und der Jugendhilfe im Bereich der Abenteuer- und Erlebnispädagogik, z. B. im Rahme de European Institute for Outdoor Adventure Education and Experiential Learning (www.eoe-network.org) bringen neue, belebende Impulse mit sich. Es bleibt zu hoffen, dass diese Initiativen zukünftig zur notwendigen Professionalisierung des Feldes beitragen.

Bei allen konzeptionellen Überlegungen, den dazu notwendigen Zielformulierungen und Analysen von Erfahrungs- und Bildungspotentialen des Abenteuers darf nicht vergessen werden, dass das Abenteuer einen Wert an sich hat. Es ist unbestreitbar, dass mit abenteuer- und erlebnispädagogischen Maßnahmen in der Kinder- und Jugendarbeit Bildungsperspektiven entwickelt und erzieherische Erfolge erreicht werden können. Es darf aber auch wie bei allen Kolonialisierungen von Lebenswelten die Gefahr nicht übersehen werden, dass die damit verbundene Instrumentalisierung und Pädagogisierung weitere Erfahrungs- und Lernchancen verhindert. Dem Abenteuer droht dann das „Abenteuerliche" mitsamt seiner Faszination verloren zu gehen.

Literatur

Becker, P. (2000). Offenheit der Erfahrung und Bewährung im Abenteuer und Selbsttätigkeit im praktischen Tun. *neue praxis*, *30*(5), 472–486.

Becker, P. (2005). Das Abenteuer als eine Kategorie von Bildung. In J. Bietz, R. Laging, & M. Roscher (Hrsg.), *Bildungstheoretische Grundlagen der Bewegungs- und Sportpädagogik* (S. 227–249). Baltmannsweiler.

Becker, P. (2005). Das Besondere und das Allgemeine oder Jugendhilfe und Schule. Leib-sinnliche Krisen und Erfahrungen im Abenteuer als konstitutive Elemente des Bildungsprozesses und Gegendrift zur schulischen Unterrichtsorganisation. In R. Laging, & M. Pott-Klindworth (Hrsg.), *Bildung und Bewegung im Schulsport* (S. 72–96). Butzbach.

Becker, P. (2006). Zu den Gämsen oder zu den Tanzlehrern? Abenteuerliche Aktivitäten als Medium der Jugendbildung. In P. Becker, S. Landmann, J. Schirp, C. Schlichte, & H.-D. Zahn (Hrsg.), *Bildung in der Jugendhilfe. Traditionen – Perspektiven – Kontroversen* (S. 51–66). Marburg.

Becker, P. (2009). *Die Entstehung des Subjektes aus der Krise. Über Bildungspotentiale des Abenteuers. Abschiedsvorlesung*. Unv. Manu.

Becker, P. (2010). About the Necessity of an Education that is Orientated towards Sensory Perception and Physical Activity. In P. Becker, J. Schirp, & C. Weber (Hrsg.), *Water – Space for Experiences. Youth and Outdoor Education in Europe*. Marburg.

Becker, P., Braun, K.-H., & Schirp, J. (Hrsg.) (2007). *Abenteuer, Erlebnisse und die Pädagogik. Kulturkritische und modernisierungstheoretische Blicke auf die Erlebnispädagogik*. bsj-Jahrbuch 2006/2007. Opladen und Farmington Hills.

Becker, P., & Schirp, J. (1997). Modernisierung der Jugendhilfe. Zwischen Wirtschaftlichkeit und Qualität. In P. Becker, & J. Schirp (Hrsg.), *Umbau der Jugendhilfe*. bsj-Jahrbuch 1997/1998 (S. 7–14). Butzbach-Griedel.

Becker, P., & Schirp, J. (Hrsg.) (2008). *Other Ways of Learning. The European Institute for Outdoor Adventure Education and Experiential Learning 1996–2006*. Marburg.

bsj Marburg (2005). *The Next Step. Adventure and Outdoor Activities for Youth at Risk in the Transition from School to Work*. Marburg.

Bundesministerium für Familie, Senioren, Frauen und Jugend (BMFSFJ). (2009). *Bericht über die Lebenssituation junger Menschen und die Leistungen der Kinder- und Jugendhilfe in Deutschland – 13. Kinder- und Jugendbericht*. Berlin.

Deinet, U. (2007). Sozialraum als Aneignungs- und Erlebnisraum. In P. Becker, K.-H. Braun, & J. Schirp (Hrsg.), *Abenteuer, Erlebnisse und die Pädagogik. Kulturkritische und modernisierungstheoretische Blicke auf die Erlebnispädagogik*. bsj-Jahrbuch 2006/2007 (S. 211–228). Opladen und Farmington Hills.

Gilles, C. (2003). Kicker, Fußball, Kletterwand... Zur konzeptionellen Einbindung von Sport, Bewegung und Abenteuer in der offenen Kinder- und Jugendarbeit. In J. Koch, L. Rose, J. Schirp, & J. Vieth (Hrsg.), *Bewegungs- und körperorientierte Ansätze in der Sozialen Arbeit*. bsj-Jahrbuch 2002/2003 (S. 17–30). Opladen.

Gilles, C. (2007). Sportschuhe reichen nicht. Bewegung, Sport und Abenteuer in der Sozialen Arbeit. *Sozial Extra*, *31*(9/10), 12.

Heckmair, B., & Michl, W. (2002). *Erleben und Lernen. Einstieg in die Erlebnispädagogik* (4., überarb. Aufl.). Neuwied und Kriftel.

Hübner-Funk, S. (2003). Körperbezogene Selbstsozialisation. Varianten sozio-kultureller Überformung jugendlicher „Bodies". *DISKURS*, *13*(3), 5–9.

Keupp, H. (2004). Identitätskonstruktion. In J. Schirp, & I. Thiel (Hrsg.), *Abenteuer – Ein Weg zur Jugend? Entwicklungsanforderungen und Zukunftsperspektiven der Erlebnispädagogik*. Tagungsdokumentation der 5. Bundesweiten Fachtagung zur Erlebnispädagogik (S. 35–64). Butzbach-Griedel.

Leven, K., & Reinert, J. (1999). *Abenteuer wagen... ein Handbuch für die Praxis. Körper- und Bewegungsbezogene Angebote für Kinder und Jugendliche mit und ohne Behinderungen*. Butzbach-Griedel.

Michl, W., & Riehl, J. (1996). *Leben gewinnen. Beiträge der Erlebnispädagogik zur Begleitung von Jugendlichen mit mehrfacher Behinderung*. Alling.

Münchmeier, R. (2004). Erfahrungsorientierte Pädagogik in Jugendhilfe und Schule. In J. Schirp, & I. Thiel (Hrsg.), *Abenteuer – Ein Weg zur Jugend? Entwicklungsanforderungen und Zukunftsperspektiven der Erlebnispädagogik*. Tagungsdokumentation der 5. Bundesweiten Fachtagung zur Erlebnispädagogik (S. 21–34). Butzbach-Griedel.

Müller, S., & Becker-Lenz, R. (2008). Der professionelle Habitus und seine Bildung in der sozialen Arbeit. *neue praxis, 38*(1), 25–41.

Niekrenz, Y., & Witte, M. D. (2011). *Jugend und Körper. Leibliche Erfahrungswelten*. Weinheim.

Oelkers., J. (2011). *Eros und Herrschaft. Die dunklen Seiten der Reformpädagogik*. Weinheim.

Rose, L. (2000). *„Mädchen in Bewegung": das Modellprojekt zur bewegungs- und körperorientierten Mädchenarbeit. Entwicklungen, Erträge und Grenzen*. Butzbach-Griedel.

Scherr, A. (2006). Kommentar zum Beitrag von Peter Becker „Abenteuerliche Aktivitäten als Medium der Jugendbildung". In P. Becker, S. Landmann, J. Schirp, C. Schlichte, & H.-D. Zahn (Hrsg.), *Bildung in der Jugendhilfe. Traditionen – Perspektiven – Kontroversen* (S. 67–72). Marburg.

Schirp, J. (Hrsg.) (2000). *Abenteuer – Ein Weg zur Jugend? Differenz und Integration. Möglichkeiten, Erträge und Grenzen der Erlebnispädagogik an der Jahrtausendwende*. Tagungsdokumentation der 4. Bundesweiten Fachtagung zur Erlebnispädagogik. Potsdam.

Schirp, J. (Hrsg.) (2008). *Abenteuer – Ein Weg zur Jugend? Das Fremde als Schlüsselthema in der Abenteuer- und Erlebnispädagogik*. Tagungsdokumentation der 6. Bundesweiten Fachtagung zur Erlebnispädagogik. Marburg.

Schulze, G. (1992). *Die Erlebnisgesellschaft: Kultursoziologie der Gegenwart*. Frankfurt a. M.

Sommerfeld, P. (2001). Erlebnispädagogik. In H. U. Otto, & H. Thiersch (Hrsg.), *Handbuch Sozialarbeit/Sozialpädagogik* (2., überarb. Aufl.). Neuwied und Kriftel.

Thiersch, H. (1993). Abenteuer – ein Weg zur Jugend. In B. Runtsch (Hrsg.), *Erlebnispädagogische Maßnahmen in der ambulanten und stationären Jugendhilfe*. Tagungsdokumentation der 2. Bundesweiten Fachtagung zur Erlebnispädagogik. Frankfurt a. M. und Butzbach-Griedel.

Thiersch, H. (2004). Erlebnispädagogik zwischen Teilhabe am Erlebnismarkt und Lebensbewältigung. In J. Schirp, & I. Thiel (Hrsg.), *Abenteuer – Ein Weg zur Jugend? Entwicklungsanforderungen und Zukunftsperspektiven der Erlebnispädagogik*. Tagungsdokumentation der 5. Bundesweiten Fachtagung zur Erlebnispädagogik (S. 429–439). Magdeburg.

Winkler, M. (1995). Grenzüberschreitungen. In P. Becker et al. (Hrsg.), *Abenteuer – Ein Weg zur Jugend? Weiterentwicklungen der Erlebnispädagogik in den alten und neuen Bundesländern*. Tagungsdokumentation der 3. Bundesweiten Fachtagung zur Erlebnispädagogik (S. 17–44). Neubrandenburg.

Winkler, M. (2007). Versuch einer pädagogischen Kritik der Erlebnispädagogik. In P. Becker, K.-H. Braun, & J. Schirp (Hrsg.), *Abenteuer, Erlebnisse und die Pädagogik. Kulturkritische und modernisierungstheoretische Blicke auf die Erlebnispädagogik*. bsj-Jahrbuch 2006/2007 (S. 289–311). Opladen und Farmington Hills.

Zinnecker, J. (1989). Die Versportung jugendlicher Körper. In W. D. Brettschneider et al. (Hrsg.), *Sport im Alltag von Kindern und Jugendlichen* (S. 133–159). Schorndorf.

Prävention und andere „Irrwege" der Offenen Kinder- und Jugendarbeit. Fortsetzung absehbar

44

Werner Lindner

> Was ihr den Geist der Zeiten heißt, –
> Das ist im Grund der Herren eigner Geist, –
> In dem die Zeiten sich bespiegeln.
> (J.W. Goethe, Faust I)

Der nachfolgende Text ist verfasst im Bewusstsein der strukturellen Differenz von Theorie und Praxis, der notorischen Diskrepanz von fachwissenschaftlich-disziplinären und praktisch-professionellen Dimensionen in der Kinder- und Jugendarbeit. Der Ursprung dieser elementaren These ist auf F.D. Schleiermacher zurück zu führen: „Ist doch überhaupt auf jedem Gebiet, das Kunst heißt im engeren Sinne, die Praxis viel älter als die Theorie, so dass man nicht einmal sagen kann, die Praxis bekomme ihren bestimmten Charakter erst mit der Theorie. *Die Dignität der Praxis ist unabhängig von der Theorie; die Praxis wird nur mit der Theorie eine bewusstere.*" (Schleiermacher 1826/2000, S. 11; Hervorh. d. Verf.) In den nachfolgenden Abhandlungen wird diese Widersprüchlichkeit anhand einiger für die Kinder- und Jugendarbeit relevanter Kern-Begriffe immer wieder deutlich: was auf der fachwissenschaftlichen Seite als „Irrweg" markiert wird, gilt auf der anderen Seite als akzeptierte, bewährte, gar legitimationssichernde Praxis, weil sie Anerkennung (und Finanzmittel) verschafft. Infolgedessen kann die fachwissenschaftliche Kritik nicht per se den Anspruch des „besseren Wissens" verfolgen; und dies erst recht nicht, weil auch sie selbst keineswegs unumstößliche Wahrheiten verkündet, sondern gleichermaßen in einem offenen und unabgeschlossenen, auch innerwissenschaftlich kontroversen Diskursfeld agiert. Gemäß der Auffassung von Schleiermacher kann die (sozial-)pädagogische Theorie die vorliegende Praxis allenfalls bewusst(er) machen – eben diese Absicht wird anhand einiger Kernbegriffe (in) der Kinder- und Jugendarbeit verfolgt.

Prof. Dr. Werner Lindner ✉
Fachbereich Sozialwesen Jena, Ernst-Abbe-Fachhochschule Jena, Carl-Zeiss-Promenade 2,
07745 Jena, Deutschland
e-mail: Werner.Lindner@fh-jena.de

44.1 Prävention

Eine solchermaßen doppelt gegenläufige Konstellation (zum einen zwischen Theorie und Praxis und zum anderen innerhalb der Fachwissenschaft selbst) findet sich beim Präventionsbegriff. Betrachtet man die neuere kritische Präventionsdebatte (vgl. z. B. Wambach 1983; Herriger 1986; Lüders 1995; Ewald 1998; Lindner 1999; Freund und Lindner 2001; Kessl 2005; Dollinger 2006; Reder und Ziegler 2010), dann findet sich in dieser ein umfassendes, und wie man meinen sollte, überzeugendes und theoretisch gesättigtes Kompendium von Argumenten, die zu äußerster Vorsicht im Umgang mit jedwedem Präventionsverständnis Anlass geben und den Begriff selbst, wie auch eine mit ihm verbundene Praxis letztlich abweisen. Gleichwohl aber finden sich, gleichsam parallel mitlaufend, zahlreiche konträre Praxisbelege und fachwissenschaftliche Beiträge, die mindestens zur Verwunderung Anlass geben. Dies gilt nicht nur für eine in den letzten Jahren insbesondere im Kinderschutz ausufernde Attraktivität der sog. „frühen Prävention" (die schon deshalb ein sinnfreier Pleonasmus ist, weil „späte Prävention" faktisch keinen Sinn macht), sondern auch für tollkühne Begriffsverschraubungen in Titeln wie „Armutsprävention durch Bildung" (2. Ökumenischer Kirchentag im Mai 2010) oder „Bildung – Prävention – Zukunft" (15. Deutscher Präventionstag Mai 2010). Dass Prävention und Bildung sich eigentlich wechselseitig kategorisch ausschließen, weil Prävention das genaue Gegenteil von Bildung markiert, ist hier keines Innehaltens mehr wert. Dabei gibt es angesichts der sich wandelnden und zusehends offeneren Lebensverhältnisse für die Kinder- und Jugendarbeit sehr wohl eine Antwort jenseits der Prävention; und zwar: Bildung – soziale Bildung, (inter-)kulturelle und geschlechtssensible Bildung, unterstützende und begleitende Bildung. Allein „Bildung" hat überhaupt Chancen, die Probleme anzugehen, an denen die Prävention regelmäßig scheitert, ja scheitern muss. Denn im Gegensatz zu dem aussichtslosen Versuch, qua Prävention etwas zu verhindern, was nicht zu verhindern ist, wendet gerade „Bildung" Ungewissheit ins Produktive und Offensive. Verstanden als offenes Reservoir für Gestaltungs- und Lernanforderungen umfasst gerade sie zukunftsbezogenes, aktives und selbstbestimmtes Handlungslernen für Situationen und Aufgaben, die in der jeweils aktuellen Situation noch gar nicht identifizierbar und deshalb um so weniger voraussehbar sein können, je unbestimmter und offener die Lebensperspektiven von Kindern und Jugendlichen sich darstellen. Angesichts der zunehmenden Erosion von Traditionen und gesicherten Mustern der Lebensführung ist nur (sozialpädagogische) Bildung exemplarisch für den Umgang mit Unordnung geeignet – im Gegensatz zu eingelebten Routinen oder der präventiven Vermeidung von Unsicherheiten. Im Gegensatz zu Prävention schließt Bildung Unbestimmtheiten nicht aus, sondern bringt sie erst zur Geltung. Genau das macht ihren offenen, experimentellen und suchenden Charakter aus: Gängige Muster der Selbst- und Weltauslegung, auch problematische oder krisenhafte, werden gerade in Bildungsprozessen außer Kraft gesetzt und werden würdig, befragt zu werden, also fragwürdig. Das ist aber sehr viel mehr als eine lediglich präventive Neu-Etikettierung dessen, was bislang ohnehin schon getan wurde. Nicht „Prävention *durch* Bildung", sondern „Bildung *statt* Prävention" wäre mithin die einzig plausible Konsequenz.

Aber nicht nur Bildung, sondern auch ein weiteres Essential der Kinder- und Jugendarbeit ist aktuell offensichtlich problemlos mit einem, hier schon fahrlässig naiven Präventionsverständnis in Übereinstimmung zu bringen, wo neuerdings „Gewaltprävention als Förderung von Partizipation" (vgl. Autrata 2010) propagiert wird. Allerdings verfängt ein solcher Kunstgriff nicht, ohne dass zuvor – kontrafaktisch, also gegen alle Erkenntnisse der Kriminologie (vgl. Heinz 2010) – behauptet wird, die Jugendgewalt (habe) sich bis auf ein hohes Niveau hin entwickelt und breite Teile der Lebensrealität Jugendlicher erreicht (vgl. ebd.) So wird in Jugendhilfe, Jugendarbeit und Jugendschutz auch weiterhin und trotz aller kritischen Reflexion mit dem Präventionsbegriff kunstvoll jongliert. Dabei werden Politik und Gesellschaft von ihren Gestaltungsaufgaben einer konsistenten Lebenslagenpolitik oder einer „Kultur des Aufwachsens" entlastet und das je in Frage stehende Präventionsproblem (Drogenmissbrauch, Gewalt, Rechtsextremismus) affirmativ bearbeitet, indem mit der einen Hand eine Besorgnis aufgegriffen und dadurch bestätigt und mit der anderen Hand das Gegenmittel (Konfrontationskurs, Vernetzung, Mitternachtssport) herbei fabuliert wird. Es werden die immer gleichen Skripts reproduziert, indem eine permanent unter Zugzwang stehende Politik „Prävention" fordert und auch die Kinder- und Jugendarbeit sich (aufgrund chronischer Unterfinanzierung, öffentlichem und finanziellem Legitimationsdruck) dazu verleiten lässt, des „Kaisers neue Kleider" zu loben und Präventionserwartungen eilfertig zu bedienen. Vorläufiger (aber wohl längst nicht endgültiger) Höhepunkt des präventiven Unfugs ist das vorgeschlagene Verbot selbst von Schokoladenzigaretten für Kinder, weil diesen entscheidende Gefahren für späteres Rauchen beigemessen werden (vgl. Dambeck 2007; Quensel 2004, 2009).

Da es im Rahmen dieses Beitrag nicht möglich ist, alle absurden Windungen und Wendungen des Präventionsdiskurses konzise nachzuzeichnen, kann dies nur an ausgewählten Beispielen erfolgen. So ist exemplarisch zu nennen die Expertise von Schmidt (2010), in der nun auch die informelle Bildung auf ihre präventiven Aspekte hin befragt wird und dies über die semantische Finesse einer „erweiterten Definition des Präventionsbegriffs" (ebd., S. 5) erfolgt. Diese Erweiterung besteht darin, unter Rückgriff auf Wohlgemuth (2009) einem bislang kritisch orientierten Präventionsverständnis neue Sinn-Dimensionen anzuhängen, die sowohl der verbandlichen Kinder- und Jugendarbeit wie auch der Offenen Jugendarbeit eine „final-anstrebende Delinquenz- und Gewaltprävention" (Schmidt 2009, S. 52) attestiert: „Diese Expertise zeigt, dass die Handlungsfelder der Kinder- und Jugendarbeit sowie der Jugendsozialarbeit als Prävention angesehen werden können." (ebd.). Blickt man genauer auf die referierte Arbeit von Wohlgemuth (2009), so wird zunächst deutlich, dass es sich bereits im Ansatz um einen sinnwidrigen Theorietransfer handelt, weil diese sich wesentlich auf Erzieherische Hilfen bezieht (ebd.), ein Arbeitsfeld also, welches sich von der Kinder- und Jugendarbeit durch eine fundamentale Problem- und Defizit-Orientierung (vgl. § 27 SGB VIII) unterscheidet. Dabei ist die Intention der Autorin klar ersichtlich in dem Bemühen, einer kritischen Präventionsorientierung die Zähne zu ziehen und dies über eine ebenso findige wie filigrane „alternative Begriffsauslegung" (!) (ebd., S. 258) anzugehen, indem der Prävention eine „anstrebend-positive Dimension" (ebd., S. 32) angedichtet wird, welche die „Beseitigung von Negativfaktoren" und die „Installation von Positivfaktoren" (ebd., S. 43) betreibt. Erst vermittels einer solchen geradezu orwell'schen „Neusprech"-Strategie kann dann der „neue" (!) Präventionsbegriff assoziiert werden mit Förderung und Ermöglichung, mit „grundlegenden Elemente(n) kommunikativen Handelns" (ebd., S. 38), mit einer „emanzipatorische(n) Funktion" (ebd., S. 24), den „Möglichkeiten einer Befähigung" (ebd., S. 26) und der rundum „positive(n) Entwicklung des Individuums" (ebd., S. 42). Erst über das herbei fabulierte Phantasma eines „ermöglichende(n) und befähigende(n) Charakter(s)" (ebd., S. 69) vermag Prävention „die Gestaltung und Umsetzung individueller Lebensentwürfe (zu) ermöglichen" (ebd., S. 48) und Hindernisse zu beseitigen, „die einer selbstbestimmten Lebensführung entgegen stehen" (ebd., S. 47): „Prävention zielt dann darauf ab, dem Individuum eine individuelle Gestaltung des eigenen Lebens zu ermöglichen, bzw. den Raum für eine entsprechend selbstbestimmte Entwicklung zu öffnen bzw. zu erweitern." (ebd., S. 44). Damit werden die begrifflichen Grenzen zwischen Prävention, Erziehung und Bildung verwischt, wird Soziale Arbeit mit Prävention identisch.

Die flagrante Untauglichkeit solcher Begriffskreativität wird allerdings evident, indem einerseits zugestanden wird, dass „(für) jede Prävention (…) die Normativität bzw. die normative Setzung dessen, was als unerwünscht, negativ, abweichend usw., sprich als zu verhindernd definiert wird (grundlegend ist)" (ebd., S. 26) – auf der anderen Seite aber jegliche machtanalytische Reflexion unterbleibt, welche die Soziale Arbeit (und auch die Kinder- und Jugendarbeit) als Element von Regulierungsdispositiven kenntlich macht, deren Pointe gerade darin besteht, ohne Machtdemonstration auszukommen und auf verordnete Selbststeuerung zu setzen: „Soziale Arbeit entkommt dem Gefüge der Macht nicht. Dennoch ist aus dieser Einsicht nicht zu folgern, dass sie sich gefügig in das Gefüge fügen müsse." (Kessl 2005, S. 83 f.). Denn erst, sofern die subtilen Strategien von Herrschaft und Funktionalisierung dechiffriert und problematisiert werden, eröffnet sich, „wie sich in manchem, das sich philanthropisch und machtneutral geben will, eben doch Machtprozesse auswirken – insbesondere in der jüngeren modernen Sozialarbeit scheint dies der Fall, allzumal dort, wo sie sich als präventive (!) versteht oder Konzepten der Unterstützung von Subjektivität nachhängt. Noch im Empowerment-Ansatz (…) steckt mithin eine Komponente der Bemächtigung und Kontrolle." (Winkler 2010a, S. 100; Betonung. d. Verf.)

Letztlich dokumentiert sich in solch untauglichen Neuformulierungsversuchen ein windelweiches, affirmativ-nacheilendes Hinsinken an den Zeitgeist, demzufolge Kritik angesichts der Normativität des Faktischen eines „Präventionsmainstreams" ohnehin zwecklos ist: „Beharrt die Disziplin weiter auf ihrer stoisch kritischen Haltung gegenüber Prävention, so hat dies zwar plausible theoretische Gründe (!); sie ignoriert jedoch die (…) erwachsene Attraktivität (!) und Unumgänglichkeit (!) des Begriffs für die Profession." (Wohlgemuth 2009, S. 264, Betonung d. Verf.) – ein begriffliches Äquivalent für „Unumgänglichkeit" lautet: „alternativlos", womit das „Unwort" des Jahres 2010 markiert wurde.

Über solche rhetorischen Operationen wird nun das gesamte sozialpädagogische Handeln vom Präventionsbegriff kontaminiert: Bildung ist Prävention, Partizipation ist Prävention, Erziehung ist Prävention, Förderung ist Prävention, Empowerment ist Prävention,

Kommunikation ist Prävention, Capability ist Prävention, die Hilfe zur Umsetzung individueller Lebensentwürfe ist Prävention. (In dieser Logik ist auch Tischfußball-Spielen Prävention, weil die Jugendlichen während dessen von Schlimmerem abgehalten werden.) Die Dichotomie der Präventionseinschätzung verdeutlicht sich in Autratas zufriedener Auskunft: Prävention habe sich als methodische Orientierung im allgemeinen Denken, aber auch in fachlichen Diskussionen durchsetzen können (vgl. Autrata 2010) – wohingegen eine solche Bewertung vielmehr als gravierendes Indiz für eine fortscheitende Entpolitisierung und fachwissenschaftlich-reflexive Verwahrlosung gelten müsste: „Wurde vor Jahren im Bereich Sozialer Arbeit noch diskutiert, ob man sich in den Präventionsdiskurs aktiv einbringen oder sich nicht besser verweigern sollte, ist heute diese Entscheidung zumeist längst gefallen. Eine Position, die da lautet, der aktuelle Präventionsdiskurs sei vorwiegend ein ordnungspolitischer Diskurs, an dem wir uns nicht beteiligen (…) ist heute nicht mehr haltbar. Medialer Druck, finanzielle und gesetzliche Rahmenbedingungen, Ausgestaltung von Förderprogrammen hin zu sozialpräventiver Arbeit, aber auch das offensive Voranschreiten in den sozialpräventiven Bereich von eher repressiv handelnden Instanzen, wie z. B. der Polizei (…) oder Justiz (…) haben u. a. dazu geführt, dass man sich dieser präventionsorientierten Entwicklung stellen muss, will man in seinem Zuständigkeitsbereich nicht noch mehr an Deutungsmacht verlieren." (Klose 2010, S. 260).

44.2 Kompetenz

Eine ähnlich fatale Entwicklung zeigt sich in der weitgehend bewusstlosen Hingabe (nicht nur) der Praxis an den Kompetenzbegriff, welcher in der allgemeinen Bildungsdebatte, aber auch in den Diskussionen der Kinder- und Jugendarbeit in den letzten Jahren eine zunehmende Verwendungsfreudigkeit erfahren hat (vgl. Lindner 2012). Ursprünglich wurde der Begriff in Erwachsenenbildung, allgemeiner Weiterbildung, Berufspädagogik (Kirchhöfer 2004; Erpenbeck und Rosenstiel 2007), in der Europäischen Union (1998), der OECD und der Schulpädagogik (Weinert 2001; Hartig 2008; Oelkers 2009) gebraucht. Für die Kinder- und Jugendarbeit ist der wesentliche Bedeutungsschub des Kompetenzbegriffs durch die PISA-Studie und den hieraus resultierenden Weiterführungen, insbesondere im 12. Kinder- und Jugendbericht (BMFSFJ 2005) erfolgt. Die PISA-Studie und ihre Tests aber basieren auf einer schulbezogenen und psychologischen Kompetenztheorie, auf die sich fatalerweise auch der 12. Kinder- und Jugendbericht in der Adaption des Kompetenzbegriffes von Weinert beruft: „Kompetenzen sind die bei Individuen verfügbaren oder durch sie erlernbaren kognitiven Fähigkeiten und Fertigkeiten, um bestimmte Probleme zu lösen, sowie die damit verbundenen motivationalen, volitionalen – also den Willen betreffende Prozesse – und sozialen Bereitschaften und Fähigkeiten, um die Problemlösungen in variablen Situationen erfolgreich und verantwortungsvoll nutzen zu können" (Weinert 2001, S. 27). Im 12. Kinder- und Jugendbericht findet sich zudem (allerdings nur in einer Fußnote auf S. 113) der Verweis auf Weinert mit dessen Verwendungskontext internationaler Leistungsvergleichsstudien und darauf, dass Kompetenzen „funktional bestimmt" seien.

Im Kompetenzbegriff werden primär individuelle Fähigkeiten gemessen und verglichen; damit wird der Kompetenzbegriff vom Bildungsbegriff abgelöst und einer Funktionsverschiebung unterzogen, die nicht ohne eine mitlaufende gesellschaftskritische Analyse nachvollzogen werden kann. Im weiteren – und das hier eingeführte Kompetenzverständnis übernehmend – sind bis heute in den für die Kinder- und Jugendarbeit orientierenden oder sie direkt adressierenden Fachbeiträgen zahlreiche Artikel, Arbeiten und Studien erschienen, die diese Differenz allerdings nicht mehr thematisieren. (vgl. z. B. Münchmeier et al. 2002; Bundesvereinigung Kulturelle Jugendbildung 2004; Grunert et al. 2005; Rauschenbach 2009; Thole und Höblich 2008; Timmerberg und Schorn 2009; Düx et al. 2009; Buschmann und Sass 2010) Es kann nicht darum gehen, Bildung und Kompetenzen gegeneinander auszuspielen in eine Spaltung von „guter" Bildung und „böser" Kompetenz, mindestens aber ist darauf zu insistieren, dass beide Begriffe nicht dasselbe meinen. Überall und sofern dies geschieht, wird das Nicht-Planbare, das Überraschende, das Emergente der Bildung reduziert auf Planbares, Vergleichbares und Messbares (vgl. Borst 2005; Reichenbach 2008); wird die Unverfügbarkeit des Subjekts transformiert in Verfügbares. Bildung bezieht sich auf die anthropologische Notwendigkeit des Selbstentwurfs von Menschen in der Auseinandersetzung zwischen „Ich" und „Welt"; sie umschreibt den Prozess der Welterfahrung und Welterfassung, und zwar in Bezug auf den Kulturbegriff. Wenn Bildung als subjektive Seinsweise von Kultur zu verstehen ist, dann benennt sie „ein Aneignungsverhältnis gegenüber einer komplexen Tradition und Gegenwart, die es zu einer Lebensform zu integrieren gilt" (Brödel 2002, S. 45; vgl. Pongratz et al. 2007; Meueler 2005). Bildung beansprucht gegenüber Kompetenz eine weitaus umfassendere Funktion der Orientierung, welche der Kompetenzbegriff nicht leisten kann. Wenn man Bildung mit Blankertz als „Befreiung des Menschen zu sich selbst, zu Urteil und Kritik" (Blankertz 1974, S. 68) versteht, dann ist sie gegen eine unreflektierte Anpassung an vorgegebene Situationen gerichtet.

Ein exemplarisch-prominentes Beispiel für den nivellierenden Umgang mit dem Kompetenzbegriff findet sich demgegenüber bei Rauschenbach, der sich „von dem Gedanken leiten (lässt), dass es bei Fragen der Bildung letzten Endes um den Aufbau von handlungsrelevanten individuellen Kompetenzen geht" (Rauschenbach 2009, S. 94) und Bildung als „(einen) Prozess des Kompetenzerwerbs in den Bereichen der kulturellen, der sozialen, der subjektiven und der praktischen Bildung" versteht; (ebd., S. 106). Begründet wird diese Operation unter der Überschrift „Wenn aus Bildung Handlungskompetenz wird" mit einem „sozialwissenschaftlich-pragmatischen Zugang zum Thema Bildung", welcher einer Logik folgt, die ein als allzu ominös-empathisch empfundenes Bildungsverständnis zugunsten einer Sichtweise verwirft, die sich gemäß ihren Referenzautoren Pierce und Dewey nach bekannten Gegebenheiten richtet und auf übergreifende Analysen, Ursachenzusammenhänge und Wirkungsbegründungen im Zweifelsfall verzichtet. Und es ist, so die These, eben diese pragmatische Verkürzung (nicht zuletzt in Motiven der Messbarkeit), welche der Bildung ihre gesellschafts-kritischen Potenziale extrahiert. Und so wird mit der Orientierung am Kompetenzbegriff implizit eine Umwidmung des Subjektverständnisses vollzogen. Ein individualisiertes Kompetenzverständnis aber entspricht auf das Beste den Imperativen der Selbst-Integration qua Individualisierungstechniken, Selbsttechnologien und Selbstregierungstechniken, wie sie aktuell als neue Tugenden verklärt werden. (Die hier sich eröffnenden Verbindungen zur Humankapitaltheorie (vgl. Nicht und Müller 2009) und dem „Unternehmerischen Selbst" (Bröckling 2007; Höhne 2007) können nur als weiterführende Verweise angedeutet werden.) Die Subjekte haben demzufolge eine „Bringschuld" in der Orientierung an Nützlichkeitsstandards, die bei Nicht-Erfüllung die Zuschreibung von „Verantwortungslosigkeit" zur Folge hat. Zwar passen sich die Subjekte hier aufgrund eigener Entscheidungen an, also selbst-*organisiert*; fraglich ist jedoch, ob sie dies auch selbst-*bestimmt* tun. Rekurriert man auf die Befunde der subjektorientierten Jugendarbeit (Scherr 1997; Hafeneger 2005) und verknüpft diese mit der These eines aktuell mehr denn je „gefährdeten Subjekts" (vgl. Winkler 2004), dann ergibt sich vielmehr ein „extrinsischer Zwang zur intrinsischen Motivation" (Lederer 2009, S. 9; vgl. Winkler 2010b), der vergegenwärtigt, dass neue Freiheiten qua Freisetzung immer auch neue Zwänge und neue Risikobiographien erzeugen.

All dies geschieht in der aktuellen Verdichtung von Kompetenzanforderungen, die ihre Begründung weitgehend schuldig bleibt. Es gibt die Forderung nach Flexibilität, ohne zu erklären warum und wozu; es gibt die Forderung nach „Schlüsselqualifikationen", „Soft Skills" und „Problemlösungskompetenz" – aber wer wann und wo mit welcher Berechtigung eine neue Kompetenz annonciert, ist unklar. Es gibt Kompetenzcluster, Kompetenzzentren und Kompetenzpässe, selbst der Metzger wirbt mit „Wurstkompetenz"; und vielleicht braucht man auch bisweilen „Anpassungskompetenz" oder „Unterwerfungskompetenz"? Es gibt Pluralitätskompetenz und Transversalitätskompetenz. Angesichts des stetigen Wissenszuwachses ist auch das damit steigende Nichtwissen zu berücksichtigen, stets erfordert die eigene Inkompetenz angemessene Bearbeitung. Deshalb, so Marquard (1981) nur noch ironisch, sei die zentrale Zukunftskompetenz, Inkompetenz kompetent zu kompensieren; von anderen Kompetenzen wie Kompetenzdarstellungskompetenz (vgl. Pfadenhauer 2003) ganz zu schweigen. Tatsächlich aber schützt auch ein noch so umfassendes Kompetenzbündel nicht vor Prekarisierung und Entwertung, denn bei Misslingen lautet das Verdikt: „Du bist nicht kompetent genug." Indem die Kinder- und Jugendarbeit diesen Kompetenzdiskurs unbesehen übernimmt, trägt sie zu einer Funktionalisierung bei, die mit dem Kentlerschen Satz, von der „Bildung in Freiheit zu Freiheit" (Kentler 1964, 1972, S. 51) nichts mehr zu tun hat. Im Gegensatz zu Kompetenz und der damit verwandten Lebensbewältigung (vgl. Böhnisch und Schefold 1995) ist Bildung immer angewiesen auf Momente von Unbedrohtheit, Entlastetheit, Entschleunigung, Vertrauen und Ruhe, denn Problemdruck und Angst engen die Entwicklungsmöglichkeiten ein und reduzieren sich allzu schnell wieder auf Bewältigung. Die Frage ist daher, ob der bereits von Humboldt vertretene Anspruch eines selbstzweckhaften Charakters von Bildung, trotz aller aktuellen Trivialisierungen und bildungsbürgerlichen Sackgassen, für die Kinder- und Jugendarbeit noch Geltung beanspruchen kann. Ob diese allerdings der allerorten grassierenden „Kompetenzorientierung" ein genuin bildungsorientiertes Gegengewicht entgegen zu setzen vermag, ist beim derzeitigen Stand ihrer Praxis fraglich. Und so ist das um sich greifende *Kompetenzdenken auch in der Kinder- und Jugendarbeit Ausdruck ihres Funktionswandels in Richtung normativer Indienstnahme, bei der die eigene Bildungstradition entwertet wird*. Die Kinder- und Jugendarbeit folgt damit nicht mehr einer bildungsorientierten (sozial)pädagogischen Eigenlogik oder gar den Interessen Jugendlicher; sie ist daher nicht mehr *unter anderem auch bildungsrelevant*, sondern unterliegt dem drohenden Imperativ: ohne jede Bildungsrelevanz brauchen wir das gesamte Arbeitsfeld sowieso nicht mehr (vgl. Seckinger und van Santen 2009). In dieser doppelten Reduktion der Kinder- und Jugendarbeit: zum einen auf Bildung und darin zusätzlich noch einmal auf Kompetenzen unterliegt das Feld einer fragwürdigen Funktionsverschiebung, von der die aktuellen Kürzungen nur eine Facette markieren.

44.3 Hausaufgabenhilfe

Vergleichbare Reflexionsdefizite mit problematischen Folgen auch für die Praxis sind der Kinder- und Jugendarbeit schließlich im Umgang mit dem Thema Hausaufgabenhilfe/Hausaufgabenbetreuung zu attestieren. Die geringfügige Differenz von „Hausaufgaben" zu „Schulaufgaben" verdeutlicht, dass diese in der Regie der Schule entstehen, in der Frage ihrer Erledigung weitgehend externalisiert, im Resultat aber wiederum in schulische Bewertungen überführt werden. Nach der Definition von Nilshon umfassen Hausaufgaben „direkt und indirekt von Lehrenden eingeforderte Lern- und Übungstätigkeiten, die von den Schülern in der Familie, dem Hort oder in der Schule (Silentien) erbracht werden und die auf den fortlaufenden Unterricht und die andauernden Test- wie Prüfungssituationen bezogen sind." (Nilshon 1998, S. 231) Hausaufgaben beziehen sich also auf den schulischen Unterricht, in welchen die Betreuungskräfte keinen Einblick haben; sie dienen der Vertiefung, Übung und Anwendung schulischer Lerninhalte. Dabei ist die lernfördernde Wirkung von Hausaufgaben kaum belegt (vgl. Trautwein 2008); vielmehr ist davon auszugehen, dass die Qualität des Lernens weitaus wichtiger ist als die dafür aufgewendete Zeit: „Was eine strukturelle Verbesserung bzw. Stärkung des Hausaufgabenverhaltens anbetrifft, liegt hier eine Kernaufgabe der Schule (!)" (Zepp. 2009, S. 113), welche für eine angemessene didaktische Unterstützung zu sorgen hat. Bezogen auf die Ganztagsschule belegt eine Studie (vgl. Beher et al. 2007), dass die Hausaufgabensituation zwar als zentrales Handlungsfeld im (offenen) Ganztag definiert wird, dass aber das in der Hausaufgabenbetreuung überwiegend eingesetzte Personal über gar kein Lehramt verfügt. Das Setting „Hausaufgaben" ist darüber hinaus rigide strukturiert, es „eröffnet kaum Gestaltungs- und Beteiligungsraum; es finden sich keine Hinweise auf etablierte Feedbackstrukturen, z. B. durch eine Abfrage der Zufriedenheit der Kinder oder durch Rückmeldungen zu ihrem Lernen." (Nordt und Röhmer 2008, S. 74; vgl. Hoos 1998) Hier dominiert das „Prinzip Kontrolle"; kooperatives Lernen und eigenbestimmte Lernaktivitäten kommen kaum vor, selbstbestimmte Stoff-Aneignungen werden eingeschränkt, angemessene fachbezogene bzw. didaktische Unterstützungen sind Fehlanzeige; differenzierende Unterstützung, die sich am Interesse und Niveau der Kinder bzw. Jugendlichen ausrichtet und unabhängiges und selbstregulatives Lernen fördert, findet nicht statt; das Wohlbefinden der Kinder leidet ersichtlich; die Betreuungskräfte sind zudem gehalten, über die Aufgaben-Erledigung entsprechende (sanktionsauslösende) Rückmeldungen an Eltern und Lehrkräfte zu geben. Auf diese Weise bestärken die Hausaufgaben die schulischen Probleme eher noch, als dass sie diese auffangen, zumal die vorgegebene Betreuungszeit kaum ausreicht und etliche Kinder ihre Aufgaben erst zu Hause wirklich zu Ende bringen: „In der Hausaufgabenbetreuung (durch die Kinder- und Jugendarbeit, WL) der OGS werden Merkmale der Hausaufgabenpraxis der Halbtagsschule tradiert, ohne sie einer kritischen Reflexion zu unterziehen und die Praxis an den erziehungswissenschaftlichen Befunden zu Theorie und Empirie von Hausaufgaben auszurichten. Eine Qualitätssteigerung im Hinblick auf die didaktisch-methodische Funktion der Hausaufgaben kann auch deshalb nicht erreicht werden, weil in der Regel keine Personen mit der Hausaufgabenbetreuung befasst sind, die über professionelle Lehrkompetenzen verfügen und die pädagogische Qualität des Lernens sicherstellen können." (Nordt und Röhmer 2008, S. 77)

Im Fazit bleibt festzuhalten, dass durch Hausaufgaben ersichtlich kein Beitrag zur Förderung von Lernkultur und Unterrichtsqualität geleistet wird, sich die Kinder- und Jugendarbeit hieran aber als williger Dienstleister schulischer Aufgabenzuweisung beteiligt, ohne eigene Mitgestaltungschancen, ohne hinreichende pädagogische Qualifizierung, dafür aber im Rahmen eines strengen Kontroll-Settings. Solange die Kinder- und Jugendarbeit sich nicht konsistent am Begriff der „sozialpädagogischen Bildung" orientiert, ist sie konzeptionellen Unklarheiten ausgesetzt, die auch auf ihre Kooperationspraxis durchschlagen. Und solange die Fachkräfte ihren eigenständigen Bildungsauftrag nicht hinreichend verdeutlichen, werden sie in einem diffusen Kooperationsgemisch aus Betreuung, Freizeitpädagogik und Problemabsorptionen hin- und her dirigiert, was schließlich dazu führt, dass sie an der schulischen Selektionspraxis mitwirken, statt dieser entgegen zu arbeiten. Solange in Bildungskooperationen vor lauter Legitimationsangst ein lediglich hinnehmendes Einschwenken auf die verschiedenartigsten Kooperationswünsche anderer Akteure erfolgt, wird ihr ohnehin offenes bis diffuses Profil noch mehr bestärkt und ein selbstbewusstgestaltender Kooperations- und Bildungsbeitrag ausgebremst. Bis auf weiteres agiert die Kinder- und Jugendarbeit damit konträr zu eigenen Aufgaben und sozialpädagogischen Ansprüchen, als Ausfallbürge für Aufgaben der Schule (z. B. über die Integration von Hausaufgaben in den Unterricht), die weder in den Elternhäusern noch im Rahmen einer den Ansprüchen genügenden Ganztagsschule (angesichts auch hier einsetzender Einsparungen) zureichend weniger gewährleistet werden können.

Aus Kapazitätsgründen kann die Beleuchtung noch weiterer Irrwege der Kinder- und Jugendarbeit hier nicht fortgesetzt werden. Dabei ist dieses Themenfeld durchaus ergiebig. Weitere fachliche Verirrungen wären etwa auszumachen im fahrlässigen Umgang mit Begrifflichkeiten wie „Ganzheitlichkeit" (Reichenbach 2004; Kahlert 2007), „sinnvolle Freizeitangebote", dem gern strapazierten Klassiker „Angebote fahren" oder auch der allseits beliebten „Beziehungsarbeit" – Begriffen also, die eigentlich alle Kriterien sozialpädagogischen Kitsches erfüllen (vgl. Reichenbach 2004). Im Hinblick auf die dargestellten, aktuellen wie strukturellen Friktionen (in) der Kinder- und Jugendarbeit tut sich in deren weiterer kritischer Beobachtung auch zukünftig ein zweifellos einträgliches Betätigungsfeld auf. Fortsetzung absehbar.

Literatur

Autrata, O. (2010). Prävention von Jugendgewalt. Gewaltprävention durch Gestaltung des Sozialen. *Sozial Extra, 2010*(9/10), 23–26.

Beher, K., Haenisch, H., Hermens, C., Nordt, G., Prein, G., & Schulz, U. (2005). *Offene Ganztagsschule im Primarbereich*. Weinheim und München.

Blankertz, H. (1974). Bildung. In C. Wulf (Hrsg.), *Wörterbuch der Erziehung* (S. 65–69). München.

Böhnisch, L., & Schefold, W. (1995). *Lebensbewältigung: Soziale und pädagogische Verständigungen an den Grenzen der Wohlfahrtsgesellschaft*. Weinheim.

Borst, E. (2005). Die vermessene Bildung. In T. Badawia, H. Luckas, & H. Müller (Hrsg.), *Das Soziale gestalten* (S. 41–54). Wiesbaden.

Bröckling, U. (2007). *Das unternehmerische Selbst. Soziologie einer Subjektivierungsform*. Frankfurt a. M.

Brödel, R. (2002). Relationierungen zur Kompetenzdebatte. *Literatur und Forschungsbericht Weiterbildung, 2002*(49), 39–47.

Bundesministerium für Familie, Senioren, Frauen und Jugend (BMFSFJ). (2005). *Zwölfter Kinder- und Jugendbericht: Bildung, Betreuung und Erziehung vor und neben der Schule*. München.

Bundesvereinigung Kulturelle Jugendbildung. http://www.kompetenznachweiskultur.de.

Buschmann, M., & Sass, E. (2010). *Kapuzenpulli meets Nadelstreifen. Die Kinder- und Jugendarbeit im Fokus von Wissenschaft und Wirtschaft*. Neus.

Dambeck, H. (2007). Statistik macht Schoko-Zigaretten zur Einstiegsdroge. http://www.spiegel.de/wissenschaft/mensch/0,1518,489504,00.html. Zugegriffen: 03.02. 2011.

Deinet, U., & Icking, M. (2008). Entwicklung der Offenen Kinder- und Jugendarbeit durch die Kooperation mit Schule. *inform – Jugendhilfe & Schule, 2008*(2), 24–29.

Dollinger, B. (2006). Prävention. In B. Dollinger, & J. Raithel (Hrsg.), *Aktivierende Sozialpädagogik* (S. 145–154). Wiesbaden.

Düx, W., Prein, G., Sass, E., & Tully, C. J. (2008). *Kompetenzerwerb im freiwilligen Engagement: eine empirische Studie zum informellen Lernen im Jugendalter*. Wiesbaden.

Erpenbeck, J., & von Rosenstiel, L. (2007). *Handbuch Kompetenzmessung. Erkennen, verstehen und bewerten in der betrieblichen, pädagogischen und psychologischen Praxis* (2. Aufl.). Stuttgart.

Ewald, F. (1998). Die Rückkehr des genius malignus: Entwurf zu einer Philosophie der Vorbeugung. *Soziale Welt, 49*(1), 5–24.

Europäisches Zentrum für die Förderung der Berufsbildung (CEDEFOP) (1998). *Kompetenz, Dienstleistung, Personalentwicklung: welche Qualifikationen fordert die Arbeitsgesellschaft der Zukunft?* Berlin.

Freund, T.h, & Lindner, W. (2001). *Prävention. Zur kritischen Bewertung von Präventionsansätzen in der Jugendarbeit*. Opladen.

Grunert, C., Helsper, W., Hummerich, M., Theunert, H., & Gogolin, I. (2005). *Kompetenzerwerb von Kindern und Jugendlichen im Schulalter. Materialien zum Zwölften Kinder- und Jugendbericht*. Bd. 3. München.

Hafeneger, B. (2005). *Subjektdiagnosen. Subjekt, Modernisierung und Bildung*. Schwalbach im Taunus.

Hartig, J. (2008). Kompetenzen als Ergebnisse von Bildungsprozessen. In N. Jude, J. Hartig, & E. Klieme (Hrsg.), *Kompetenzerfassung in pädagogischen Handlungsfeldern* (S. 15–25). Berlin.

Heinz, W. (2010). *Gewaltkriminalität aus kriminologischer Sicht*. http://www.uni-konstanz.de/rtf/kik/Heinz_Gewaltkrim_Hegne2010.pdf. Zugegriffen: 20.02.2011.

Höhne, T. (2007). Der Leitbegriff „Kompetenz" als Mantra neoliberaler Bildungsreformer. Zur Kritik seiner semantischen Weitläufigkeit und inhaltlichen Kurzatmigkeit. In L. A. Pongratz, R. Reichenbach, & M. Wimmer (Hrsg.), *Bildung – Wissen – Kompetenz* (S. 30–43). Bielefeld.

Hoos, K. (1998). Das Dilemma mit den Hausaufgaben. Gedanken über ein umstrittenes didaktisches Mittel. *Die Deutsche Schule, 90*(1), 50–63.

Herriger, N. (1986). *Präventives Handeln und soziale Praxis*. Weinheim und München.

Kahlert, J. (2007). Ganzheitlich lernen mit allen Sinnen? Plädoyer für einen Abschied von unergiebigen Begriffen. *Grundschulmagazin, 2007*(12), 37–40.

Kentler, H. (1964/1972). Versuch 2. In C. W. Müller, H. Kentler, K. Mollenhauer, & H. Giesecke (Hrsg.), *Was ist Jugendarbeit? Vier Versuche zu einer Theorie* (6. Aufl., S. 37–88). Weinheim.

Kessl, F. (2005). *Der Gebrauch der eigenen Kräfte. Eine Gouvernementalität Sozialer Arbeit*. Weinheim und München.

Klose, A. (2009). Streetwork/Mobile Jugendarbeit. Handeln zwischen Kriminalisierung und Prävention. *Deutsche Jugend, 57*(6), 259–266.

Lederer, B. (2009). *Was sind Kompetenzen, was heißt Kompetent-Sein? Zur sozialen Logik des Kompetenzdiskurses – ein Essay*. http://www.uibk.ac.at/ezwi/team/assistenten/bernd_lederer/was-sind-kompetenzen.pdf. Zugegriffen: 15.02.2011.

Lindner, W. (1999). Zero Tolerance und Präventionsinflation. Jugend und Jugendarbeit im Kontext der gegenwärtigen Sicherheitsdebatte. *Deutsche Jugend, 47*(4), 153–162.

Lindner, W. (2012). Bildung und Kompetenzen – ein Differenzverhältnis. In T. Coelen (Hrsg.), *Was ist Kinder- und Jugendbildung? Definitionsversuche und Einführung ins Themenfeld* (S. 70–78). Weinheim und München.

Lüders, C. (1995). Prävention in der Jugendhilfe. Alte Probleme und neue Herausforderungen. *Diskurs, 1995*(1), 42–49.

Marquard, O. (1981). Inkompetenzkompensationskompetenz. Über Kompetenz und Inkompetenz der Philosophie. In O. Marquard (Hrsg.), *Abschied vom Prinzipiellen. Philosophische Studien* (S. 23–38). Stuttgart.

Meueler, E. (2005). Kompetenz oder: Das allseits vermessene funktionale Subjekt. *polis. Magazin für politische Bildung, 2005*(4), 23–25.

Münchmeier, R., & Rabe-Kleberg, U. (Hrsg.). (2002). *Bildung und Lebenskompetenz. Kinder- und Jugendhilfe vor neuen Aufgaben*. Opladen.

Nicht, J., & Müller, T. (2009). Kompetenzen als Humankapital. *Berliner Debatte INITIAL, 2009*(3), 30–44.

Nilshon, I. (1995). *Schule ohne Hausaufgaben? Eine empirische Studie zu den Auswirkungen der Integration von Hausaufgabenfunktionen in den Unterricht einer Ganztagsschule*. Münster.

Nordt, G., & Röhmer, C. (2008). Hausaufgaben in der offenen Ganztagsschule – ein Beitrag zur Förderung des schulischen Lernens und der Schulqualität? *Widersprüche, 2008*(110), 67–79.

Oelkers, J. (2009). *Kompetenzen zwischen „Qualifikation" und „Bildung"*. Vortrag v. 18.06.2009. http://paed-services.uzh.ch/user_downloads/1012/WienPolitischeBildung.pdf. Zugegriffen: 26.01.2011.

Otto, H. U., & Schrödter, M. (2010). „Kompetenzen" oder „Capabilities" als Grundbegriffe einer kritischen Bildungsforschung und Bildungspolitik. In H.-H. Krüger, U. Rabe-Kleberg, R.-T. Kramer, &

J. Budde (Hrsg.), *Bildungsungleichheit revisited. Bildung und soziale Ungleichheit vom Kindergarten bis zur Hochschule* (S. 163–183). Wiesbaden.

Pfadenhauer, M. (2003). *Professionalität. Eine wissenssoziologische Rekonstruktion institutionalisierter Kompetenzdarstellungskompetenz.* Opladen.

Pongratz, L. A., Reichenbach, R., & Wimmer, M. (Hrsg.). (2007). *Bildung – Wissen – Kompetenz.* Bielefeld.

Quensel, S. (2004). *Das Elend der Suchtprävention. Analyse – Kritik – Alternative.* Wiesbaden.

Quensel, S. (2009). *Wer raucht, der stiehlt … Zur Interpretation quantitativer Daten in der Jugendsoziologie.* Wiesbaden.

Rauschenbach, T. (2009). *Zukunftschance Bildung. Familie, Jugendhilfe und Schule in neuer Allianz.* Weinheim.

Reder, R., & Ziegler, R. (2010). Kriminalprävention und Soziale Arbeit. In B. Dollinger, & H. Schmidt-Semisch (Hrsg.), *Handbuch Jugendkriminalität. Kriminologie und Sozialpädagogik im Dialog* (S. 365–377). Wiesbaden.

Reichenbach, R. (2003). Pädagogischer Kitsch. *Zeitschrift für Pädagogik, 49*(6), 775–789.

Reichenbach, R. (2004). „Aktiv, offen und ganzheitlich": Überredungsbegriffe – treue Partner des pädagogischen Besserwissens. In *Parapluie: Kulturen – Künste – Literaturen,* Nr. 19. http://www.parapluie.de/cgi-bin/show.cgi?url=/archiv/worte/paedagogik/index.html&key=Roland%20Reichenbach. Zugegriffen: 15.02.2011.

Reichenbach, R. (2008). Soft Skills: destruktive Potentiale des Kompetenzdenkens. In C. Rohlfs, M. Harring, & C. Palentien (Hrsg.), *Kompetenz-Bildung. Soziale, emotionale und kommunikative Kompetenzen von Kindern und Jugendlichen* (S. 35–52). Wiesbaden.

Rohlfs, C., Harring, M., & Palentien, C. (2008). *Kompetenz-Bildung. Soziale, emotionale und kommunikative Kompetenzen von Kindern und Jugendlichen.* Wiesbaden.

Scherr, A. (1997). *Subjektorientierte Jugendarbeit: eine Einführung in die Grundlagen emanzipatorischer Jugendpädagogik.* Weinheim.

Schleiermacher, F. D. (1826). Grundzüge der Erziehungskunst. Vorlesungen von 1826. In M. Winkler, & J. Brachmann (Hrsg.), *Friedrich Schleiermacher. Texte zu Pädagogik. Kommentierte Studienausgabe* (S. 406–411). Frankfurt a. M.

Schmidt, H. (2010). *Präventionsansätze für Kinder- und Jugendliche im non-formellen und informellen Bildungsbereich. Expertise für die Enquetekommission III „zur Erarbeitung von Vorschlägen für eine effektive Präventionspolitik in Nordrhein-Westfalen" des Landtags von NRW.* Dortmund.

Seckinger, M., & von Santen, E. (2009). Jugend in der Kinder- und Jugendhilfe – Vom Fokus zum Rand. In J. Schulze-Krüdener (Hrsg.), *Jugend. Basiswissen Soziale Arbeit, Bd. 3.* (S. 186–209). Baltmansweiler.

Thole, W., & Höblich, D. (2008). Freizeit" und „Kultur" als Bildungsorte – Kompetenzerwerb über non-formale und informelle Praxen von Kindern und Jugendlichen. In C. Rohlfs, M. Harring, & C. Palentien (Hrsg.), *Kompetenz-Bildung. Soziale, emotionale und kommunikative Kompetenzen von Kindern und Jugendlichen* (S. 69–93). Wiesbaden.

Timmerberg, V., & Schorn, B. (2009). *Neue Wege der Anerkennung von Kompetenzen in der Kulturellen Bildung. Der Kompetenznachweis Kultur in Theorie und Praxis.* Remscheid.

Trautwein, U. (2008). Hausaufgaben. In W. Schneider, & M. Hasselhorn (Hrsg.), *Handbuch der pädagogischen Psychologie* (S. 563–573). Göttingen.

Wambach, M. (1983). *Der Mensch als Risiko.* Frankfurt a. M.

Weinert, F. (2001). *Leistungsmessung in Schulen*. Weinheim.

Winkler, M. (2004). Das gefährdete Subjekt. Grundlagentheoretische Überlegungen zur Sozialpädagogik. *Der Pädagogische Blick, 12*(1), 34–52.

Winkler, M. (2010). Freiheit/Zwang/Objektivität/Leere/Subjektivität/Abrichtung. Ein Essay über die Komplexität nicht nur der Sozialen Arbeit heute. *Sozialwissenschaftliche Literatur Rundschau, 2010*(60), 97–114.

Winkler, M. (2010). Standards und Risiko – Subjekte im Zwang zur Selbstabrichtung. In R. Klein, & S. Dungs (Hrsg.), *Standardisierung der Bildung: zwischen Subjekt und Kultur* (S. 109–132). Wiesbaden.

Wohlgemuth, K. (2009). *Prävention in der Kinder- und Jugendhilfe. Annäherung an eine Zauberformel*. Wiesbaden.

Zepp, L. (2009). Zum Verhältnis von Hausaufgaben und schulischer Leistungssteigerung bei Halbtags- und Ganztagsschülern. In S. Appel, H. Ludwig, U. Rother, & G. Rutz (Hrsg.), *Jahrbuch Ganztagsschule. Schwalbach am Taunus* (S. 103–120).

Teil VI

Offene Kinder- und Jugendarbeit zwischen Bildung und Schule/Ausbildung

45 Bildung und Offene Kinder- und Jugendarbeit

Stephan Sting und Benedikt Sturzenhecker

Die gesellschaftliche Diskussion um Bildung hat sich in den letzten Jahren intensiviert. Wissen und Bildung gelten in Gesellschaften wie Deutschland oder Österreich als zentrale gesellschaftliche Ressourcen und als Garanten des gesellschaftlichen und ökonomischen Erfolgs. Der Blick auf die Verwertbarkeit von Bildung als „Standortfaktor" und das gesellschaftliche Selbstverständnis als „Wissensgesellschaft" (vgl. Höhne 2004) hat dazu geführt, dass auch in außerschulischen Institutionen wie der Kinder- und Jugendarbeit zunehmend „Bildungsrelevantes" entdeckt wird.

Die Kinder- und Jugendhilfe versucht seit einiger Zeit, von dem gewachsenen Interesse an Bildungsfragen zu profitieren. Unter der Hand führt dies zu einem schleichenden Paradigmenwechsel vom „Hilfeparadigma" zum „Bildungsparadigma": Im Zwölften Kinder- und Jugendbericht der deutschen Bundesregierung werden z. B. alle Einrichtungen der „Kinder- und Jugend*hilfe*" zu vor-, neben- und außerschulischen *Bildung*sorten erklärt (vgl. BMFSFJ 2005). Einrichtungen der Kinder- und Jugendarbeit werden dabei als Bestandteile eines „Netzwerks Bildung" betrachtet, die sich am Ausbau ganztägiger, vernetzter Bildungsangebote beteiligen sollen (vgl. Bock et al. 2006). Jugendarbeit wird so zum Partner in regionalen oder kommunalen „Bildungslandschaften" (vgl. Mack 2008). Sie ist als Bildungsort gefragt, der eigene Beiträge zur Bildung von Heranwachsenden leisten kann. Für die Jugendarbeit birgt diese Situation einerseits die Chance einer Aufwertung als gesellschaftlich anerkannter Bildungsort (vgl. Rauschenbach 2009). Andererseits enthält sie

---

Prof. Dr. phil. Stephan Sting ✉
Institut für Erziehungswissenschaft und Bildungsforschung Klagenfurt, Alpen-Adria-Universität Klagenfurt, Universitätsstr. 65–67, 9020 Klagenfurt, Österreich
e-mail: Stephan.Sting@uni-klu.ac.at

Prof. Dr. phil. Benedikt Sturzenhecker
Fakultät für Erziehungswissenschaft, Psychologie und Bewegungswissenschaft Arbeitsbereich Sozialpädagogik und außerschulische Bildung, Universität Hamburg, Binderstr. 34,
20146 Hamburg, Deutschland
e-mail: benedikt.sturzenhecker@uni-hamburg.de

die Gefahr einer Vereinnahmung und Indienstnahme für die Herstellung ökonomisch verwertbarer Qualifikationen.

Bildung zu einem zentralen Thema der Kinder- und Jugendarbeit zu machen, erfordert zunächst eine Auseinandersetzung mit dem vorherrschenden, schulisch verengten Bildungsverständnis (1). Anknüpfend daran stellt sich unter Rückgriff auf das klassische Bildungsdenken die Frage nach einem für die Jugendarbeit angemessenen Bildungsbegriff (2) und nach zentralen Grunddimensionen von Bildung (3). In der Folge werden übergreifende bildungstheoretische Reflexionen für Konzeptionen der Jugendarbeit fruchtbar gemacht (4) und die Bedeutung der jugendlichen Gesellungspraxis für die bildungsorientierte Jugendarbeit skizziert (5), um schließlich Konsequenzen für das professionelle Handeln in der bildungsorientierten Jugendarbeit abzuleiten (6).

45.1 Bildung ist mehr als Schule

In aktuellen Bildungsdebatten wird von einem schulisch verengten Bildungsverständnis ausgegangen, das Aufgaben und Inhalte von Bildung von gesellschaftlichen Anforderungen ableitet und deren Realisierung an die Institutionen des Bildungssystems (Schule, Hochschule, Berufsbildung) delegiert. Bildung wird dabei zwischen der Notwendigkeit einer gesellschaftlichen Grund- und Allgemeinbildung und den Qualifikations- und Kompetenzanforderungen des Arbeitsmarktes lokalisiert. Im Zentrum dieses Bildungsverständnisses steht die Übernahme des gesellschaftlichen Konkurrenz- und Leistungsprinzips: Der Bildungsgang erscheint als Folge institutionalisierter Anstrengungen, die in Form von Abschlüssen und Zertifikaten belegbar sind und jenseits konkreter Lebensziele eine abstrakte Leistungsfähigkeit und -bereitschaft dokumentieren sollen. Bildung wird als „institutionelles Programm" der Schul-, Aus- und Hochschulbildung unausweichlich im Lebenslauf des Individuums verankert (vgl. Meulemann 1999).

Vor-, neben- und außerschulische Bildungsorte haben in dieser Perspektive einen vorbereitenden, ergänzenden oder kompensatorischen Charakter. Die Jugendarbeit soll z. B. die durch Bildungsprobleme verstärkten oder hervorgerufenen Lebensprobleme ihres Klientels auffangen und bei der Gefahr des Scheiterns von Bildungskarrieren verhindernd, korrigierend oder nachhelfend einspringen (vgl. Richter 1999). Sie soll benachteiligte, vom Arbeitsmarkt ausgeschlossene Jugendliche mittels kompensatorischem Kompetenzerwerb zum „Konkurrenzkampf" in der Leistungsgesellschaft befähigen (vgl. Kreher und Oehme 2002).

Jugendarbeit hat sich demgegenüber im deutschsprachigen Raum in Abgrenzung zu schulischen Zwecken entwickelt, um den Autonomieansprüchen Jugendlicher Geltung zu verschaffen. Sie entspringt der Tradition der Jugendbewegung, die sich auf einen subversiven, schuloppositionellen Gründungsimpuls zurückführen lässt. Das „Nicht-Schulische" ist ihr – wie der Sozialpädagogik insgesamt (vgl. Bäumer 1929) – als Wesensmerkmal eingeschrieben. Vor diesem Hintergrund stellt sich die Frage, wie Jugendarbeit mit der Intensivierung von Bildungsanforderungen umgehen soll und welches Bildungsverständnis für sie leitend sein könnte.

45.2 Zum Bildungsbegriff: historische und aktuelle Perspektiven

Zu Beginn des modernen Bildungsdenkens um 1800 stand die Verwertbarkeitsperspektive auf Bildung noch nicht im Vordergrund. Schulen stellten disparate, vereinzelte Einrichtungen dar, die weder von der Mehrheit der Heranwachsenden besucht wurden noch einen homogenisierten, abgestuften Bildungsgang ermöglichten. In dieser Situation herrschte ein subjektorientiertes, lebensweltlich verankertes Verständnis von Bildung vor. Bildung wurde als ganzheitlicher Vorgang betrachtet; sie ist „Resultat tausend würkender Ursachen" (Herder 1967, S. 81). Für Humboldt ist sie Begleiterscheinung aller unserer Tätigkeiten, indem sie die zersplitterten Aktivitäten und Fähigkeiten eines Menschen wie in einem „versammelnden Spiegel" in dessen „innerer Bildung" fokussiert. Jedes „Geschäft des Lebens" steht nicht nur für sich selbst, sondern dient darüber hinaus der „Erhöhung seiner Kräfte" und der „Veredlung seiner Persönlichkeit" (Humboldt 1980, S. 238). Eine derartige Bildung trennt nicht zwischen Willkürlichem und Unwillkürlichem oder zwischen Physisch-Sinnlichem und Kognitiv-Geistigem. Durch die soziale Einbettung hat die Bildung des einzelnen quasi-organisch teil an der Bildung der Gemeinschaft oder des Volkes (vgl. Humboldt 1980a). Das klassische Bildungsverständnis beschreibt Bildung somit nicht als autonomen pädagogischen Prozess, sondern als sozial integriertes Geschehen, dem gemäß heutiger Terminologie ein umfassender Sozialisationsprozess zugrunde liegt.

Zugleich ist das moderne Bildungsverständnis Resultat eines Individualisierungsschubs, einer Distanz zwischen Subjekt und Welt. Bildung ist in erster Linie Selbstbildung: Der sich bildende Mensch steht im „Mittelpunkt", der in der selbsttätigen Auseinandersetzung mit der umgebenden Welt die „Stärkung seiner Kräfte" und Steigerung seines Selbst anstrebt (Humboldt 1980, S. 235). Die soziale Einbindung des modernen Menschen ist brüchig geworden. Sie ergibt sich nicht mehr einfach aus der Tradition, sondern sie erfordert eine *Selbstreflexivität* und *bewusste Bildungsanstrengungen*. Mit Hilfe von Bildung überschreitet das Individuum die bloße Integration in bestehende Gemeinschaften und Lebenswelten in Richtung einer „allgemeinen Menschenbildung" und möglichst vielseitigen „harmonischen" Ausbildung aller potentiellen menschlichen Fähigkeiten. Jede spezifische Lebenswelt erscheint in gewisser Weise „plump", einseitig und „träge" (Humboldt 1980a, S. 346). Bildung beinhaltet demgegenüber ein Offenhalten für das Mögliche und Ideale, das die jeweilige Lebenswirklichkeit übersteigt. Humboldt beschreibt dies als Bildungsaufgabe der „Veredlung" und „Verfeinerung", der Selbst-Differenzierung durch möglichst vielseitige „Verknüpfung unseres Ichs mit der Welt zu der allgemeinsten und freiesten Wechselwirkung" (Humboldt 1980, S. 235 f.).

Gegenwärtige Zugänge zu einer bildungsförderlichen Jugendarbeit versuchen, die klassische Bildungsdiskussion für eine Neubestimmung von Bildung fruchtbar zu machen, die sich vom etablierten, schulisch dominierten Bildungsverständnis abhebt. Zwei Aspekte stehen dabei im Zentrum: der Lebensweltbezug und die Selbstbildungsperspektive.

Bildung als „informelle Bildung": Der Lebensweltbezug wird in Konzepten der „Ganztagsbildung", der „informellen Bildung" oder der „Alltagsbildung" betont (vgl. Sting 2010). Coelen erweitert mit Hilfe des Begriffs der „Ganztagsbildung" die kognitive, wissens- und ausbildungsorientierte Bildungsperspektive der Schule um identitäts- und persönlichkeitsbildende Komponenten, deren Realisierung vorrangig in außerschulischen Institutionen wie der Jugendarbeit gesehen wird (vgl. Coelen 2008). Der Fokus auf „informelle Bildung" hat deutlich gemacht, dass Bildung auch ohne organisierte Bildungsbemühungen einem Lernen aus Erfahrung in Alltagsvollzügen entspringt (vgl. Bundesjugendkuratorium, 2002). Rauschenbach bezeichnet diese nicht-intentionale, wenig formalisierbare Seite von Bildung als „Alltagsbildung". Nicht die formelle Bildung, sondern „die bislang unbeachteten Formen der Alltagsbildung" erzeugen aus seiner Sicht „die eigentliche Kluft zwischen Privilegierten und sozial Benachteiligten, zwischen den sozialen Schichten und Milieus, zwischen den Bildungsgewinnern und den Bildungsverlierern" (Rauschenbach 2007, S. 447 f.). Vor diesem Hintergrund plädiert er dafür, die gesellschaftliche und politische Aufmerksamkeit stärker auf die Alltagsbildung zu richten und – „im Falle ihres Ausfalls als basale Bildungskomponente – ersatzweise ein wirkungsvolles Surrogat in Form öffentlicher Bildungsangebote bereitzustellen" (Rauschenbach 2007, S. 452). Rauschenbach sieht dies als Möglichkeit, bestehende Bildungsungleichheiten zu verringern.

Dieser Ansatz bietet für die Kinder- und Jugendarbeit vielfältige Möglichkeiten, da sie als alltägliches Begegnungs- und Aktionsfeld von Kindern und Jugendlichen für die Beschäftigung mit Prozessen alltäglicher Bildung prädestiniert ist. Zugleich sind aber auch Probleme darin verborgen, die dann entstehen, wenn sich die bildungsförderliche Jugendarbeit unhinterfragt dem Prioritätenkatalog gesellschaftlicher Kompetenz- und Qualifikationserfordernisse unterwirft (vgl. Sting 2010a). Als kompensatorisches Bildungsangebot verlängert sie die (Aus-)Bildungserwartungen bis in den Alltag der Kinder und Jugendlichen. Dies führt zu einer „Verdichtung", die Spielräume für selbstbezogene Eigentätigkeiten und die eigensinnige Freizeitgestaltung zugunsten der Investition in das Humankapital verringert (vgl. Lüders 2007). Darüber hinaus tendiert die kompensatorische Bildungsförderung dazu, das „meritokratische Prinzip" des Bildungssystems und dessen Selektionsmechanismen indirekt zu bestärken, da sie die Infrastrukturvorgaben des Bildungssystems nicht aufbrechen kann (vgl. Dollinger 2010).

Bildung als Selbstbildung: Die Selbstbildungsperspektive begründet einen zweiten Gegenpol zur Dominanz schulischer Bildungsformen. Die Tatsache, dass sich Bildung ohne die Selbsttätigkeit und Eigenaktivität in der Aneignung der Welt nicht vollziehen kann, führt zu der Einsicht, dass eine Bildung von außen unmöglich ist, wenn sie nicht mit Bildungsbewegungen und Bildungsbestrebungen des sich bildenden Subjekts zusammentrifft. Gegen den Versuch, alltägliche Selbstbildungsprozesse durch gesellschaftliche Kompetenz- und Qualifikationsansprüche unter Druck zu setzen, sind in den letzten Jahren im Feld der Jugendarbeit einige Anstrengungen unternommen worden, um die faktisch vorhandenen Bildungspotentiale und die Komplexität alltäglicher Selbstbildungsprozesse herauszuarbeiten. Subtile Analysen von Interaktionen unter Jugendlichen in der Jugendarbeit bringen zum Vorschein, wie sich dort permanent Bildungsprozesse vollziehen. Sie zeigen, wie Jugendliche sich mit geschlechtstypischen oder interkulturellen Rollenerwartungen auseinandersetzen, wie sie sich praktisches, aber auch kognitives Wissen aneignen, soziale Beziehungsformen gestalten usw. (Müller et al. 2005; Cloos et al. 2007). Die Analyse derartiger Situationen bringt ein differenziertes Spektrum informeller Selbstbildungsprozesse zum Vorschein, das das enorme Bildungspotential der Jugendarbeit verdeutlicht.

45.3 Grunddimensionen von Bildung

Bei der Bestimmung von Ansatzpunkten für eine *bildungsorientierte Jugendarbeit* erscheint es sinnvoll, zwischen verschiedenen *Grunddimensionen* von Bildung zu unterscheiden. Bildung enthält eine für die Jugendarbeit grundlegende interaktive bzw. *Geselligkeitsdimension*; ihre Verschränkung mit dem gesamten Lebenslauf der sich bildenden Subjekte verweist auf die *biographische Dimension*, und die Rückbindung der Selbstbildungsbestrebungen an die jeweiligen sozialen Chancen und die soziale Position offenbart die *Bewältigungsdimension* von Bildung.

1. Der Bildungsprozess entspringt dem gesamten sozialen Zusammenleben. Er enthält immer eine umfassende „soziale Bildung" (Sting 2010), bei der jede bildungsrelevante Institution nur ein Element neben anderen Bildungswirkungen darstellt. Jugendarbeit ist ein Bestandteil des jeweiligen „Bildungsmilieus", der vielfältigen Gemeinschafts- und Sozialbezüge des sich bildenden Subjekts. Da der Bildungsprozess immer zugleich an die Selbstbestimmung und Selbstreflexivität der sich Bildenden gekoppelt ist, kann Jugendarbeit nur Anlässe und Impulse für letztlich selbsttätig verlaufende Bildungsprozesse bereitstellen.
Jugendarbeit beruht auf freiwilliger Teilnahme, und sie hat die selbstgestalteten Freizeitaktivitäten der Jugendlichen zum Inhalt; daher ist sie in besonderer Weise mit der informellen sozialen Praxis von jugendlichen Gleichaltrigengruppen verknüpft. Das Verhältnis, das das einzelne Subjekt im Kontext von Pluralität und Selbstbestimmung zu sozialen Gemeinschaften hat, wird in der klassischen Diskussion im Begriff der „Geselligkeit" zu erfassen versucht. Die *Geselligkeitsdimension* ist ein zentraler Aspekt von Bildungsprozessen. Aufgrund der Pluralisierung und Entstandardisierung der Lebensweisen in modernen Gesellschaften, die Gesellungsformen und Verhaltenspraktiken des sozialen Zusammenlebens ungewiss werden lässt, hat Schleiermacher schon Anfang des 19. Jahrhunderts erkannt, dass jenseits von Familie und Schule ein bildungswirksames „gemeinsames Leben" der Jugend, erfüllt mit „freier Tätigkeit und Spiel" notwendig ist, um diese auf die Teilhabe am „freien gesellligen Verkehr" vorzubereiten (Schleiermacher 1983, S. 241 ff.; Mollenhauer 1996, S. 876 ff.). Die Bildungsperspektive der außerschulischen Jugendarbeit findet dementsprechend in der Geselligkeitsdimension von Bildung ihre klassische Begründung: Sie setzt sich mit der freien Selbsttätigkeit infor-

meller Kinder- und Jugend-Peergroups auseinander und versucht Bildungsmöglichkeiten zu eröffnen, ohne jedoch außerschulische Bildungsfelder in schulanaloge Lernorte zu transformieren (vgl. Sting 2006; vgl. dagegen Brenner 1999).
2. Als lebenslanger Selbstbildungsprozess verlangt Bildung eine Berücksichtigung der *biographischen Dimension*. Einzelne Aspekte und Phasen des Bildungsprozesses müssen auf die Gesamtentwicklung des Subjekts bezogen werden, die ihren Fokus in der „Biographie" hat. Die Bedeutung von institutionellen Bildungsarrangements wie der Schule oder auch der Kinder- und Jugendarbeit für das sich bildende Subjekt lässt sich nur im Horizont biographischer Selbstkonstitution und Selbstreflexion erkennen. Dabei werden Bildungsvorgaben nicht einfach abgebildet, sondern im Rahmen einer subjektiven Gestaltung des eigenen Lebens und der Hervorbringung eines „individuellen Stils" der Problemverarbeitung transformiert (Marotzki 1995, S. 124; Koller 1999, S. 165 f.). Bildungseinsätze der Jugendarbeit sind darauf zu überprüfen, inwiefern sie „Biographierelevanz" erlangen können. Sie ist nicht per se ein privilegierter Ort von bedeutsamen Bildungsprozessen, sondern sie fügt sich in „sozial, zeitlich und räumlich nicht eingrenzbare" Bildungskonstellationen ein (Scherr 2008, S. 140). Die pädagogisch orientierte Biographieforschung hat gezeigt, dass vor allem solche Prozesse biographierelevant sind, die biographische „Innovationen" hervorbringen, indem sie die etablierten Muster der Welt- und Selbstinterpretation einer Person verändern und den Horizont für neue Erfahrungsformen und Betrachtungsweisen öffnen. Jugendarbeit hat aufgrund ihres ganzheitlichen Vorgehens von vornherein einen biographischen Bezug; sie hat daher prinzipiell gute Chancen zur Initiierung von Bildungsprozessen, die neue Erfahrungshorizonte eröffnen und Selbstreflexionsprozesse anstoßen.
3. Bildung ist aufgrund ihrer Bindung an die jeweiligen Lebenskontexte und Bildungsmilieus sozial differenziert. Sie enthält eine Auseinandersetzung mit den sozial ungleichen Bildungschancen, die als *Bewältigungsdimension* bezeichnet werden kann (vgl. Sting 2002). Je nach sozialem Ort bzw. Position in der Sozialstruktur bilden sich nach Bourdieu unterschiedliche Habitusformen aus, die unterscheidbare soziale Praktiken, Wert-, Wahrnehmungs- und Orientierungsmuster beinhalten (Bourdieu 1987). Die Habitusformen weisen eine unterschiedlich große Nähe zu den gesellschaftlich dominanten Leitorientierungen für Bildungsprozesse auf, die trotz aller Pluralisierung der Lebensstile nach wie vor auf einem „bürgerlichen" Lebensmodell mit Anforderungen wie Lernbereitschaft, Leistungs- und Kommunikationsfähigkeit, rationaler Selbstkontrolle und kognitiver Wissensorientierung beruhen (vgl. Frevert 1999).

Die jeweilige Affinität zu diesen Leitorientierungen eröffnet sozial unterschiedliche Chancen für den Erwerb von erfolgversprechenden Bildungsabschlüssen wie für den Erwerb von sozialer Anerkennung. Selbstbildungsprozesse enthalten damit ein „Umgehen" mit den sozialen Strukturen und Voraussetzungen des Handelns, das Böhnisch als „Bewältigung" definiert. Bewältigung beschreibt die Auseinandersetzung mit der jeweiligen sozialen Lebenslage; sie zielt auf Selbstbehauptung und psychosoziale Handlungsfähigkeit angesichts sozialen Drucks, sozialer Belastungen und Restriktionen (vgl. Böhnisch 1997). Da es Jugendarbeit oft mit sozial benachteiligter Klientel zu tun hat, spielt hierbei die Bewältigungsdimension eine besondere Rolle. Bildung geht nicht in Bewältigung auf, sondern sie orientiert sich an einer den jeweiligen Lebenshorizont überschreitenden Lebensgestaltung, die auf politische Handlungsfähigkeit, „Widerstandsfähigkeit" und universelle „Vernunft" zielt (vgl. Sünker 1996; Bourdieu 1998). Diese „Befreiung" aus den alltäglichen Notwendigkeiten und Verpflichtungen ist jedoch von den Chancen der jeweiligen sozialen Position abhängig. Bewältigung wird daher zu einer wichtigen Grunddimension von Bildung, die in der Jugendarbeit in Formen der Selbstbehauptung und des Strebens nach „sozialer Anerkennung" zur Geltung kommt (vgl. Böhnisch 1997).

45.4 Bildung in Jugendarbeitskonzepten

Viele der genannten Dimensionen bildungsorientierter Jugendarbeit gehören zu den konzeptionellen Essentials von Jugendarbeit seit ihren Anfängen im ausgehenden 19. Jahrhundert. Gerade in der Jugendbewegung ist die selbsttätige, von erwachsenen und schulischen Lernvorschriften freigemachte Bildung, die in jugendzentrierter Geselligkeit inszeniert wird, ein Kernelement. Das zeigt sich auch in der seit damals wichtigen Vorstellung von Jugendarbeit als einem von Jugendlichen selbstorganisierten Freiraum für selbstbestimmte, experimentelle Bildung, die sich z. B. in Begriffen wie „Jugendreich" oder in dem Motto „Jugend führt Jugend" wieder findet.

An solche Traditionen knüpfen in den 1960er-Jahren die „Vier Versuche" zur Frage „Was ist Jugendarbeit?" an (Müller et al. 1964), die den jugendlichen Autonomieanspruch als Kern der Bildung in der Jugendarbeit (in Differenz zur Schule) bestimmen. Seit den 1990er-Jahren wurden solche bildungstheoretischen Grundbestimmungen von Jugendarbeit immer wieder aufgegriffen und für eine veränderte gesellschaftliche Situation und für eine gewandelte Lebensphase Jugend aktualisiert (vgl. Scherr 1997; Müller 1993; Brenner 1999; Sturzenhecker 2002). Das geschah auch in Abgrenzung zu Konzipierungen von Jugendarbeit als rein beziehungsorientierter Pädagogik, als Freizeitspaß, als Betreuung, als Kontrolle bzw. Prävention und als Nothelfer von schulischer und anderer Ausbildung (vgl. Sturzenhecker 2002). Besonders gegen eine Jugendarbeit, die ihre Funktionalität für Qualifikation beweisen möchte, wurde der Bildungsanspruch auf eine selbsttätige Entwicklung mitverantwortlicher Selbstbestimmung als Ziel von Jugendarbeit hochgehalten (z. B. Thole 2000; Scherr 2002).

In den aktuellen Konzepten von Jugendarbeit als Bildung stehen besonders folgende Begriffe konzeptionell im Zentrum: *Anerkennung* als Voraussetzung der Entwicklung persönlicher Individualität, Selbstbewusstsein und Selbstbestimmung; *Konflikt* als Hinweis und Chance zur eigensinnigen Selbstfindung und -entwicklung und emanzipatorisch-selbstreflexiven *Selbstbestimmung*", zusammengefasst im Begriff der „Subjektorientierung".

Bereits 1993 hat Müller kritisiert, dass die verschiedenen aktuellen Konzepte von Jugendarbeit sich nicht mehr explizit auf die jugendarbeiterische Ermöglichung einer

„Selbstinitiation" von Kindern und Jugendlichen bezögen. Müller unterscheidet „zwischen *Erziehen* als dem Vermitteln (manchmal auch Einbläuen) von gesellschaftlichen Werten und *Bildung* als dem Vorgang, durch den ein Individuum zu einer eigenen Wertorientierung und Lebensform kommt …" (Müller 1996, S. 89). Er bestimmt den so verstandenen emanzipatorischen Bildungsansatz der Jugendarbeit als eine Basis der unterschiedlichen Konzepte, wie Raumorientierung, Kulturarbeit, Beziehungsarbeit oder Sozialarbeit. Wie auch immer die konzeptionelle Orientierung sei, in der Praxis ergäben sich jeweils viele Möglichkeiten, Themen der Selbstbestimmung und Handlungsformen der Ermöglichung solchen Eigensinns aufzugreifen. Dieser Eigensinn wird nach Müller besonders greifbar in Konflikten, in denen die Jugendlichen Interessen und Handlungsweisen zeigen, die nicht ohne Weiteres mit denen ihrer JugendarbeiterInnen übereinstimmen (vgl. Müller et al. 2005). So können ihre Raumaneignungsweisen oder die Stile ihrer kulturellen Selbstbehauptung ebenso wie die Gesellungsformen in ihren Cliquen und Szenen zu Konflikten führen, weil sie die Erwartung erwachsener Pädagogen enttäuschen. Diese Handlungsweisen und Interessen aufzugreifen und sie als einen konstruktiven „Kampf um Anerkennung" zu verstehen, würde Bildungspotenziale von Jugendarbeit eröffnen.

Auch Scherr, der mit seiner „subjektorientierten Jugendarbeit" (1997) die aktuell elaborierteste Theorie zur emanzipatorischen Bildung in der Jugendarbeit vorgelegt hat, bezieht sich auf den „Kampf um Anerkennung" (vgl. Honneth 1992). Die Erfahrung des Individuums von sozialer Anerkennung ist eine wesentliche Bedingung der Möglichkeit, eine persönliche Individualität, Selbstbewusstsein und Selbstbestimmung zu entwickeln. Das Bedürfnis nach Anerkennung enthält aber auch eine gesellschaftliche Dimension: „Anerkennung ist ein Gegenbegriff zur herrschaftlichen Unterwerfung von Individuen unter ihnen fremde Zwecke, zu ihrer bloßen Benutzung und Instrumentalisierung, zur Verletzung ihrer Würde und Integrität. Die Utopie einer Gesellschaft freier und gleicher Individuen, die Vorstellung nichtrepressiver Gemeinschaften kann als ein Verhältnis der wechselseitigen Anerkennung als Subjekte konkretisiert werden" (Scherr 1997, S. 53). Mit dem Blick auf die Bedeutung der sozialen Anerkennung für die Personalisation wird deutlich, dass Scherrs Ziel ein mündiges Subjekt ist, das nicht als monadisch individuell gedacht wird, sondern das aus der Angewiesenheit auf Strukturen wechselseitiger Anerkennung aufbauend eine selbstbewusste und selbstbestimmte Lebenspraxis entwickelt. Die basale, von sozialer Anerkennung abhängige *Selbstachtung* wird ergänzt durch das *Selbstbewusstsein*, durch die in der Auseinandersetzung mit der eigenen Biographie erworbene reflexive Fähigkeit, Wissen über sich selber auch sprachlich fassen zu können. Aus diesem Wissen und Abwägen über sich selber Handlungsperspektiven und Handlungsentscheidungen zu finden ermöglicht, zur *Selbstbestimmung* zu gelangen. Die Bildungsgeschichte zum Subjekt beinhaltet also aufeinander aufbauende Prozesse der Personalisation, gerade auch durch die Erfahrung der sozialen Anerkennung (Selbstachtung), der Selbstreflexivität (Selbstbewusstsein) und der Fähigkeit zu „eigenmächtigem" Handeln (Selbstbestimmung).

Auch andere Ansätze von Jugendarbeit bestimmen ausdrücklich Autonomie (vgl. May 1998) oder Selbstbestimmung als Kernbegriff bildender Jugendarbeit, so z. B. die aktuellen Konzepte von Mädchenarbeit (vgl. exemplarisch dafür Graff 1999). Möglicherweise war die Bildung selbstbestimmter Geschlechtsidentität, die parteiliche Mädchenarbeit entwarf, einer der deutlichsten Horte des Bildungskonzeptes in der Jugendarbeit (wenn auch nicht unter diesem Begriff), während in der Praxis anderer Ansätze emanzipatorische Ziele eher ignoriert oder vergessen wurden. In den feministisch-pädagogischen Positionen zur Ermöglichung von Geschlechterdemokratie (als Zusammenhang von Gleichheit *und* Differenz – vgl. Prengel 1993) wurden nicht nur Geschlecht und Geschlechterverhältnisse als wichtige Bildungsthemen hochgehalten, sondern es wurde auch mit dem Bildungsanlass „Partizipation und politisches Handeln" verbunden, der in der Jugendarbeit in den vergangenen Jahren zunehmend konzipiert und realisiert wurde (vgl. Bartscher 1998; Stange und Tiemann 1999; Sturzenhecker 2003, 2010; Verein Wiener Jugendzentren 2008).

Die traditionelle Bildungsorientierung der Jugendarbeit wird schließlich im Jugendarbeitsparagraphen (§ 11) des SGBVIII bestätigt: Hier wird die Entwicklung mitverantwortlicher Selbstbestimmung als Ziel von Jugendarbeit definiert (vgl. Sturzenhecker 2003a; Sturzenhecker und Richter 2010a).

45.5 Bildungsorientierte Jugendarbeit und gesellige Praxis

Bildung zu Selbstbestimmung, Selbstreflexivität und Selbstachtung ist auch in der Jugendarbeit von ihren sozialen Bezügen nicht zu trennen. Ausgehend von den Herkunftsbedingungen und Bewältigungsanforderungen knüpft sie an vielfältige, bereits stattgefundene Selbstbildungsprozesse an, die sich im Rahmen der informellen Praxis von Gruppen und Cliquen vollziehen. Die soziale Praxis jugendlicher Cliquen und Peergroups ist von selbstorganisierten Regeln und Ritualen geprägt, die eine Ordnung des Verhaltens und eine gemeinsame Formung des Handelns und Tuns hervorbringen (vgl. Hoffmann und Schröder 1996). Peergroups stiften Geselligkeitskontexte mit kollektiven Werten und Normen, mit gemeinsam akzeptierten sozialen Hierarchien, die Macht, Status und soziale Anerkennung innerhalb der Gruppe zum Ausdruck bringen (vgl. Sting 2002a). Der soziale Raum der Jugendarbeit ist durch die gruppenbezogene Aneignung von einem heterogenen Ensemble von oft unsichtbaren Reglementierungen durchzogen. Er enthält eine spezifische „Etikette", deren Einhaltung Bedingung für Zugang und Teilhabe ist (vgl. Goffman 1974) und die von der Jugendarbeit nicht ignoriert, sondern als Grundlage für Bildungsprozesse ernstgenommen werden muss. Das *Umgehen mit Cliquen und Gruppen* ist deshalb der zentrale Ausgangspunkt für eine bildungsorientierte Jugendarbeit. Die Rituale und Ritualisierungen beziehen sich auf alle möglichen Facetten des Gruppenlebens: Z. B. werden Medienvorbilder und mediale Modelle für gruppenbezogene Stilbildungen genutzt; gemeinsame „Re-Inszenierungen" verdichten gemeinsames Handeln und Gruppengeschmack (vgl. Wulf et al. 2001). Ebenso dienen „Rauschrituale" – ob mit Alkohol oder illegalen Drogen – der Hervorbringung gemeinsamer Erfahrungen, der Gestaltung von Statusübergängen und der Definition von Zugehörigkeiten und Abgrenzungen (vgl. Sting 2008).

Ohne Berücksichtigung dieser subtilen Geselligkeitspraktiken und der darin enthaltenen Bedeutungen für Einzelne und Gruppen findet Jugendarbeit nur schwer Zugang zu ihrer Klientel. Ihre Bildungseinsätze schließen sich an die informelle Gruppenpraxis an, um sie mit *bildungswirksamen Kriterien* zu konfrontieren. Es geht dabei um die Frage, inwieweit die Gruppenpraxis Spielräume für die Selbstentfaltung der einzelnen Subjekte eröffnet. Ermöglicht die Gruppe die Austragung von Konflikten und Aushandlungen, was die Integration von unterschiedlichen Positionen in den gemeinsamen Horizont erlaubt, oder setzt sie auf rigide und formalisierte Handlungs- und Ausdrucksmuster? Zeichnet sich die Gruppe oder Clique durch Offenheit für Andere, Neues und Unbekanntes aus, oder beruht ihre gesellige Praxis auf einer fundamentalistischen Schließung, die zur Ablehnung des anderen und Fremden führt? Jugendarbeit muss entlang dieser Kriterien Bildungsanlässe bereitstellen, die die bestehende Gruppenpraxis mit neuen Erfahrungsmöglichkeiten konfrontieren.

45.6 Professionelles bildungsassistierendes Handeln

Unterlegt man ein Verständnis von sozialpädagogischer Professionalität, nach dem der Professionelle „Assistent" (Kunstreich) des Selbst-(Re-)Produktionsprozesses (Schaarschuch 1996) der Adressaten ist und die Autonomie der Lebenspraxis – gelegentlich kontrafaktisch – fördert bzw. wiederherstellt (vgl. Dewe und Otto 2001), wäre es eine Aufgabe, in dialogischer Deutung mit den Jungen und Mädchen deren Bildungsthemen und -anlässe zu entdecken, herauszufordern und anzuregen, und diesem Prozess der Entwicklung von zunehmender mitverantwortlicher Selbstbestimmung zu assistieren. Selbstreflexivität sollte dann für den Bildungsweg der Jugendlichen ebenso ermöglicht werden wie im Blick auf die eigene Person und das eigene (professionelle) Handeln der JugendarbeiterInnen.

Entwirft man einen Prozesses professioneller Bildungsassistenz oder Bildungsbegleitung, so hätte er folgende wichtige Elemente (Beispiele zu praktischen Projekten dazu in Lindner und Sturzenhecker 2004):

Zu Beginn steht eine professionelle Beobachtung des Handelns von Einzelnen und Gruppierungen (vgl. Müller et al. 2005) auf der Suche nach Anlässen und Themen von Eigensinn, Selbstbestimmung(sversuchen), biographisch bedeutsamen Erfahrungen und Entwicklungen, Bewältigungsproblemen, Entfaltungsproblemen und -potentialen von Gruppenhandeln, Bedürfnissen und Interessen etc. Einerseits wird das Handeln der Jugendlichen als Angebot verstanden, in dem ihre Motive und Potentiale deutlich werden, andererseits geht es darum, durch eine entsprechende Gestaltung des sozialen und räumlichen Settings der Jugendarbeit Bildungsanlässe anzuregen.

So angeregte, dann angenommene oder entdeckte Themen werden dann „in der Sprache des Falls" (also dialogisch) mit den Jungen und Mädchen formuliert, um sie kommunizierbar und reflektierbar zu machen. Dabei können medial-ästhetische Darstellungen/Fassungen der Bildungsthemen helfen.

Darauf folgt eine gemeinsame Suche nach Handlungspotentialen und -alternativen, mit denen die inhaltlichen Aspekte des Themas ausgeleuchtet und zunehmend Selbstbestimmung erprobt und realisiert werden können, einschließlich der dabei zu berücksichtigenden gesellschaftlichen Einbindung bzw. Beschränkung solchen Handelns. Der konkrete Bedarf nach für ein „erfolgreiches" Handeln nötigen neuen Kompetenzen der Subjekte und Gruppen ist zu erschließen, ebenso wie die Wege ihrer Aneignung und Vermittlung. Die dazu notwendige Bewältigung von Belastungen und von Differenz- und Ungleichheitserfahrungen soll unterstützt werden. Ressourcen können entdeckt und genutzt werden, entstandene Konflikte und Krisen bearbeitet werden. Prozessbegleitend wird man bestrebt sein, neue Erfahrungen, Fragen und Probleme sprachlich zu fassen und zu reflektieren, um die Verfügungsgewalt und das Bewusstsein über den eigenen Bildungsprozess zu erhöhen. Eigenarten des Bildungsweges der Person und/oder Gruppierung könnten auf Chancen und Risiken der Ausweitung von mitverantwortlicher Selbstbestimmung geprüft werden.

Greift man solche Bildungsthemen mit der Perspektive der Maximierung von Reflexivität und Selbstbestimmung auf, kommt man kaum umhin, einen Übergang zur Beteiligung an kollektiven Entscheidungen im Jugendhaus zu eröffnen. Wenn Selbstbildung in Sozialitäten stattfindet, sind damit nicht nur die Cliquen/Freundeskreise der BesucherInnen gemeint, sondern auch die Gesamtheit der Teilnehmenden in einem Jugendhaus, wenn man so will: die Community der Einrichtung. Mit dieser entstehen eine einrichtungsinterne Öffentlichkeit und die Aufgabe, Bildungsprojekte auch zu Themen der öffentlich-gemeinsamen Debatte wie der kollektiven Entscheidung zu machen. Wer Bildung in pädagogischen Einrichtungen wie der Offenen Kinder- und Jugendarbeit fördern will, muss Entscheidungsbeteiligung eröffnen, anders gesagt: Bildung muss um Partizipation ergänzt werden (vgl. dazu den Text: Demokratiebildung in der Offenen Kinder- und Jugendarbeit in diesem Handbuch).

Literatur

Bartscher, M. (1998). *Partizipation von Kindern in der Kommunalpolitik*. Freiburg i. B.

Bäumer, G. (1929). Die historischen und sozialen Voraussetzungen der Sozialpädagogik und die Entwicklung ihrer Theorie. In H. Nohl, & L. Pallat (Hrsg.), *Sozialpädagogik. Handbuch der Pädagogik, Bd. 5* (S. 3–17). Berlin und Leipzig.

Bock, K., Andresen, S., & Otto, H.-U. (2006). Zeitgemäße Bildungstheorie und zukunftsfähige Bildungspolitik. Ein „Netzwerk Bildung" als Antwort der Kinder- und Jugendhilfe. In H. U. Otto, & J. Oelkers (Hrsg.), *Zeitgemäße Bildung. Herausforderung für Erziehungswissenschaft und Bildungspolitik* (S. 332–347). München.

Böhnisch, L. (1997). *Sozialpädagogik der Lebensalter*. Weinheim und München.

Bourdieu, P. (1987). *Sozialer Sinn*. Frankfurt a. M.

Bourdieu, P. (1998). *Praktische Vernunft. Zur Theorie des Handelns*. Frankfurt a. M.

Brenner, G. (1999). Jugendarbeit in einer neuen Bildungslandschaft. *Deutsche Jugend, 1999*(6), 249–257.

Bundesjugendkuratorium. (2002). Zukunftsfähigkeit sichern! Für ein neues Verhältnis von Bildung und Jugendhilfe. *Neue Praxis, 2002*(1), 3–9.

Bundesministerium für Familie, Senioren, Frauen und Jugend (BMFSFJ). (2005). *Zwölfter Kinder- und Jugendbericht: Bildung, Betreuung und Erziehung vor und neben der Schule*. Berlin.

Cloos, P., Köngeter, S, Müller, B., & Thole, W. (2007). *Die Pädagogik der Kinder- und Jugendarbeit*. Wiesbaden.

Coelen, T. (2008). Kommunale Jugendbildung. In T. Coelen, & H. U. Otto (Hrsg.), *Grundbegriffe Ganztagsbildung* (S. 732–740). Wiesbaden.

Dewe, B., & Otto, H. U. (2001). Profession. In H. U. Otto, & H. Thiersch (Hrsg.), *Handbuch Sozialarbeit Sozialpädagogik* (2., vollst. überarb. Aufl., S. 1399–1423). Neuwied und Kriftel.

Dollinger, B. (2010). Bildungsungleichheit als Konstituens von Sozialpädagogik. *Zeitschrift für Sozialpädagogik, 2010*(2), 190–209.

Frevert, U. (1999). Renaissance der Bürgerlichkeit? Historische Orientierungen über die kulturellen Ressourcen der Wissensgesellschaft. In F. W. Graf, A. Platthaus, & S. Schleising (Hrsg.), *Soziales Kapital in der Bürgergesellschaft* (S. 147–160). Stuttgart, Berlin, Köln.

Goffman, E. (1974). *Das Individuum im öffentlichen Austausch*. Frankfurt a. M.

Graff, U. (1999). Selbstbestimmung für Mädchen. Pädagogische Auswertung der Theorie und Praxis des Mädchentreffs Bielefeld. In Landschaftsverband Westfalen Lippe Landesjugendamt und Westfälische Schulen (Hrsg.), *Reihe Ideen und Konzepte der Fachberatung Jugendarbeit*, Nr. 19. Münster.

Herbart, J. F. (1982). Umriß pädagogischer Vorlesungen. In J. F. Herbart (Hrsg.), *Pädagogisch-didaktische Schriften*. Stuttgart.

Herder, J. G. (1967). *Auch eine Philosophie der Geschichte zur Bildung der Menschheit*. Frankfurt a. M.

Höhne, T. (2004). Über das Wissen (in) der Wissensgesellschaft und einige Konsequenzen für die Pädagogik. In H. U. Otto, & T. Coelen (Hrsg.), *Grundbegriffe der Ganztagsbildung* (S. 133–148). Wiesbaden.

Hoffmann, H., & Schröder, A. (1996). Zum gesellschaftlichen und pädagogischen Umgang mit jugendlichen Ritualen. In G. Brenner, & B. Hafenegger (Hrsg.), *Pädagogik mit Jugendlichen* (S. 130–140). Weinheim.

Honneth, A. (1992). *Kampf um Anerkennung. Zur moralischen Grammatik sozialer Konflikte*. Frankfurt a. M.

von Humboldt, W. (1980). Theorie der Bildung des Menschen. In W. von Humboldt (Hrsg.), *Werke in fünf Bänden*. Bd. 1 (S. 234–240). Darmstadt.

von Humboldt, W. (1980a). Plan einer vergleichenden Anthropologie. In W. von Humboldt (Hrsg.), *Werke in fünf Bänden*. Bd. 1 (S. 337–375). Darmstadt.

Koller, H. C. (1999). *Bildung und Widerstreit. Zur Struktur biographischer Bildungsprozesse in der (Post-)Moderne*. München.

Kreher, T., & Oehme, A. (2002). Wie entwickeln Jugendliche in Beschäftigungsmaßnahmen Kompetenz? *SOZIALEXTRA, 2002*(7–8), 27–31.

Lindner, W., & Sturzenhecker, B. (2004). *Bildung in der Kinder- und Jugendarbeit – vom Bildungsanspruch zur Bildungspraxis*. Weinheim und München.

Lüders, C. (2007). Entgrenzt, individualisiert, verdichtet. Überlegungen zum Strukturwandel des Aufwachsens. *SOS Dialog*, S. 4–10.

Mack, W. (2008). Bildungslandschaften. In T. Coelen, & H. U. Otto (Hrsg.), *Grundbegriffe Ganztagsbildung* (S. 741–749). Wiesbaden.

Marotzki, W. (1995). Qualitative Bildungsforschung. In E. König, & P. Zedler (Hrsg.), *Grundlagen qualitativer Forschung*. Bilanz qualitativer Forschung, Bd. 1 (S. 99–133). Weinheim.

May, M. (1998). Jugendarbeit und soziale Milieus. Plädoyer für eine neue Emanzipationspädagogik. In D. Kiesel, A. Scherr, & W. Thole (Hrsg.), *Standortbestimmung Jugendarbeit. Theoretische Orientierungen und empirische Befunde* (S. 79–103). Schwalbach a. Ts.

Meulemann, H. (1999). Stichwort: Lebenslauf, Biographie und Bildung. *Zeitschrift für Erziehungswissenschaft*, 1999(3), 305–324.

Mollenhauer, K. (1996). Kinder- und Jugendhilfe. Theorie der Sozialpädagogik – ein thematisch-kritischer Grundriß. *Zeitschrift für Pädagogik*, 1996(6), 869–885.

Müller, B. K. (1993). Außerschulische Jugendbildung oder: Warum versteckt Jugendarbeit ihren Bildungsanspruch? *deutsche jugend*, 1993(7–8), 310–319.

Müller, B. K. (1996). Bildungsansprüche der Jugendarbeit. In G. Brenner, & B. Hafeneger (Hrsg.), *Pädagogik mit Jugendlichen. Bildungsansprüche, Wertevermittlung und Individualisierung* (S. 89–96). Weinheim und München.

Müller, B., Schmidt, S., & Schulz, M. (2005). *Wahrnehmen können. Jugendarbeit und informelle Bildung*. Freiburg i. Br.

Müller, C. W., Kentler, H., Mollenhauer, K., & Gieseke, R. (1964). *Was ist Jugendarbeit? Vier Versuche zu einer Theorie*. München.

Prengel, A. (1993). *Pädagogik der Vielfalt. Verschiedenheiten und Gleichberechtigung in interkultureller, feministischer und integrativer Pädagogik*. Opladen.

Rauschenbach, T. (2007). Im Schatten der formalen Bildung. Alltagsbildung als Schlüsselfrage der Zukunft. *Diskurs Kindheits- und Jugendforschung*, 2007(4), 439–453.

Rauschenbach, T. (2009). Bildung – eine ambivalente Herausforderung für die Soziale Arbeit. *Soziale Passagen*, 2009(1), 209–225.

Richter, I. (1999). *Die sieben Todsünden der Bildungspolitik*. München und Wien.

Schaarschuch, A. (1996). Dienst-Leistung und soziale Arbeit. Theoretische Überlegungen zur Rekonstruktion sozialer Arbeit als Dienstleistung. *Widersprüche*, 1996(1), 87–97.

Scherr, A. (1997). *Subjektorientierte Jugendarbeit. Eine Einführung in die Grundlagen emanzipatorischer Jugendpädagogik*. Weinheim und München.

Scherr, A. (2002). Der Bildungsauftrag der Jugendarbeit: Aufgaben und Selbstverständnis im Spannungsfeld von sozialpolitischer Indienstnahme und aktueller Bildungsdebatte. In R. Münchmeier, H. U. Otto, & U. Rabe-Kleberg (Hrsg.), *Bildung und Lebenskompetenz: Kinder- und Jugendhilfe vor neuen Aufgaben* (S. 93–106). Opladen.

Scherr, A. (2008). Subjekt- und Identitätsbildung. In T. Coelen, & H. U. Otto (Hrsg.), *Grundbegriffe Ganztagsbildung* (S. 137–145). Wiesbaden.

Schleiermacher, F. D. E. (1983). Theorie der Erziehung. Die Vorlesungen aus dem Jahre 1826. In F. D. E. Schleiermacher (Hrsg.), *Ausgewählte pädagogische Schriften* (S. 36–243). Paderborn. Nachschriften.

Stange, W., & Thiemann, D. (1999). Alltagsdemokratie und Partizipation: Kinder vertreten ihre Interessen in Kindertagesstätte, Schule, Jugendarbeit und Kommune. In H. J. Glinka, C. Neuberger, & B. Schorn (Hrsg.), *Kulturelle und politische Partizipation von Kindern* (S. 211–231). München.

Sting, S. (2002). Zwischen dumm und klug. Perspektiven sozialer Bildung in der Wissensgesellschaft. *neue praxis*, 2002(3), 231–241.

Sting, S. (2002a). Soziale Bildung. Pädagogisch-anthropologische Perspektiven der Geselligkeit. In L. Wigger, E. Cloer, J. Ruhloff, P. Vogel, & C. Wulf (Hrsg.), *Forschungsfelder der Allgemeinen Erziehungswissenschaft* (S. 43–51). Opladen.

Sting, S. (2006). Peergroup-Kultur und soziale Bildung. In A. Heimgartner, & K. Lauermann (Hrsg.), *Kultur in der Sozialen Arbeit* (S. 179–193). Klagenfurt, Ljubljana, Wien.

Sting, S. (2008). Jugendliche Rauschrituale als Beitrag zur Peergroup-Bildung. In R. Bogner, & R. Stipsits (Hrsg.), *Jugend im Fokus. Pädagogische Beiträge zur Vergewisserung einer Generation* (S. 139–147). Wien.

Sting, S. (2010). Soziale Bildung. In W. v. Schröer, & C. Schweppe (Hrsg.), *Enzyklopädie Erziehungswissenschaft Online (EEO), Fachgebiet Soziale Arbeit*. Weinheim und München.

Sting, S. (2010a). Bildung in der Offenen Jugendarbeit. *Offene Jugendarbeit, 2010*(1), 4–9.

Sturzenhecker, B. (2003). *Partizipation in der Offenen Jugendarbeit.* http://www.epb.uni-hamburg.de/de/personen/sturzenhecker. Zugegriffen: 21. März 2011.

Sturzenhecker, B. (2003a). Jugendarbeit ist außerschulische Bildung. *deutsche jugend, 2003*(7–8), 300–307.

Sturzenhecker, B. (2010). Demokratiebildung – Auftrag und Realität in der Offenen Kinder- und Jugendarbeit. In H. Schmidt (Hrsg.), *Empirie der Offenen Kinder- und Jugendarbeit* (S. 131–146). Wiesbaden.

Sturzenhecker, B., & Richter, E. (2010). Kinder und Jugendarbeit zwischen Aktivierung und Bildung. In A. Liesner, & I. Lohmann (Hrsg.), *Gesellschaftliche Bedingungen von Bildung und Erziehung. Eine Einführung* (S. 204–215). Stuttgart.

Sturzenhecker, B., & Winter, R. (2002). *Praxis der Jungenarbeit. Modelle, Methoden und Erfahrungen aus pädagogischen Arbeitsfeldern*. Weinheim und München.

Sünker, H. (1996). Kritische Bildungstheorie – Jenseits von Markt und Macht? In D. Benner, A. Kell, & D. Lenzen (Hrsg.), *Bildung zwischen Staat und Markt. 35. Beiheft Zeitschrift für Pädagogik*. Weinheim und Basel, S. 185–201.

Thole, W. (2000). *Kinder- und Jugendarbeit. Eine Einführung*. Weinheim und München.

Verein Wiener Jugendzentren. (2008). *Partizipation. Zur Theorie und Praxis politischer Bildung in der Jugendarbeit.*, S. 54–63 Wien.

Wulf, C., Althans, B., Audehm, K., Bausch, C., Göhlich, M., Sting, S., Tervooren, A., Wagner-Willi, M., & Zirfas, J. (2001). *Das Soziale als Ritual. Zur performativen Bildung von Gemeinschaften*. Opladen.

Offene Jugendarbeit und Ganztagsschule

46

Ulrich Deinet und Maria Icking

46.1 Einleitung

Gesellschaftliche Veränderungen wie die demografische Entwicklung, der Wandel der Familie als Sozialisationsinstanz und die steigende Erwerbsbeteiligung von Frauen, aber vor allem auch erweiterte und veränderte Kompetenzanforderungen haben zu neuen Anforderungen an das Schulsystem geführt, die mit den traditionellen institutionellen Mustern nicht mehr zu beantworten sind. Die deutsche Halbtagsschule mit ihren bildungsorientierten Fachdidaktiken sieht sich nicht erst nach dem PISA-Schock zunehmend dem inneren Druck und äußeren Erwartungen gegenüber, nicht nur den Unterricht optimaler zu gestalten, sondern auch soziale Probleme lösen zu müssen, die traditionell anderen gesellschaftlichen Bereichen wie der Familie und der Jugendhilfe zugeordnet wurden.

Vor diesem Hintergrund ist der Ausbau der Halbtagsschule zur Ganztagsschule eines der zentralen Themen der Bildungspolitik der letzten Jahre. Insbesondere angestoßen durch das Investitionsprogramm „Zukunft Bildung und Betreuung" (IZBB) des Bundes haben die Bundesländer deutliche Anstrengungen unternommen, die Schulen in diese Richtung zu entwickeln.

Nach der Definition der Kultusministerkonferenz (vgl. KMK 2011) sind Ganztagsschulen im Primar- wie im Sekundarbereich Schulen, die:

Prof. Dr. Ulrich Deinet ✉
Fachbereich Sozial- und Kulturwissenschaften Düsseldorf, Fachhochschule Düsseldorf, Wilhelmstr. 4, 42781 Haan, Deutschland
e-mail: Ulrich.Deinet@t-online.de
Maria Icking
Gesellschaft für innovative Beschäftigungsförderung NRW Düsseldorf, Heinrich-Könn-Str. 39, 40625 Düsseldorf, Deutschland
e-mail: maria_icking@web.de

- ein ganztägiges Angebot von täglich mindestens sieben Zeitstunden an mindestens drei Tagen bereitstellen,
- an allen Tagen des Ganztagsschulbetriebs den teilnehmenden Schülerinnen und Schülern ein Mittagessen bereitstellen,
- das Ganztagsangebot unter der Aufsicht und Verantwortung der Schulleitung organisieren und in enger Kooperation mit der Schulleitung durchführen sowie in einem konzeptionellen Zusammenhang mit dem Unterricht stehen.

Ferner werden voll gebundene Formen, die für alle Schülerinnen und Schüler verpflichtend sind, teilweise gebundene Formen, die für einen Teil der Schülerinnen und Schüler verpflichtend sind und offene Formen mit individueller Teilnahme unterschieden.

2009 waren bundesweit rund 42 % aller Schulen Ganztagsschulen nach dieser Definition; rund 27 % aller Schülerinnen und Schüler nahmen 2009 bundesweit das Ganztagsangebot war, beide Anteile variieren allerdings sehr stark je nach Bundesland (KMK 2011, S. 1 und S. 30).

Vor allem die mit der Einführung der Ganztagsschule geforderte Über-Mittag-Betreuung und die nachmittäglichen Angebote stellen die einzelnen Schulen vor organisatorisch und inhaltlich große Herausforderungen. Hier dürfte ein zentraler Grund dafür liegen, dass viele Schulen bei der Gestaltung des Ganztagsangebots mit außerschulischen Kooperationspartnern zusammenarbeiten. „Dies hängt zum einen damit zusammen, dass sie auf Grund der Rahmenbedingungen nicht in der Lage sind, die verlängerte Schulzeit aus eigener Kraft zu bestreiten. Zum anderen soll dadurch erreicht werden, dass andere lebensweltliche Bereiche der Schülerinnen und Schüler in den schulischen Ganztag einbezogen werden und somit die umfassenden Bildungs- und Erziehungsaufgaben besser bewältigt werden können" (Arnoldt 2007, S. 86).

Wenn die Jugendarbeit im Rahmen des Ganztags mit Schulen kooperiert, sieht sie sich keineswegs als „Notlösung" wegen knapper Ressourcen und will sich nicht auf eine reine Dienstleistungsfunktion oder die Organisation eines additives Betreuungsangebot reduzieren lassen. Sie geht vielmehr davon aus, dass die mit dem Konzept der Ganztagsschule intendierten weitreichenden Ziele der Schaffung eines umfassenden Betreuungs- und Bildungsangebotes nur durch eine intensive Zusammenarbeit von Schule, Kinder- und Jugendarbeit und weiteren Bereichen der Jugendhilfe erreicht werden können, die schon bei der Planung beginnen muss. Die Öffnung von Schule in den jeweiligen Sozialraum bildet eine wesentliche Grundlage zur Verwirklichung des Konzeptes einer Ganztagsbildung, etwa zur Erschließung von informellen und sozialen Bildungsmöglichkeiten, die großen Einfluss auf die Entwicklung der Persönlichkeit von Kindern und Jugendlichen haben.

Im Folgenden wird zuerst die Notwendigkeit eines erweiterten Verständnisses von Bildung begründet, die eine zentrale Basis einer Kooperation von Jugendarbeit und Schule darstellt. Dies gilt ebenso für ein Verständnis von Schule als Lebensort über den reinen Unterricht hinaus. Anschließend werden einige empirische Befunde zur Kooperation dargestellt.

46.2 Ein erweiterter Bildungsbegriff als Grundlage einer Kooperation zwischen Jugendarbeit und Schule

Bildung ist mehr als Schule: Mit dieser plakativen Aussage soll verdeutlicht werden, dass Bildung mehr ist als formelle (schulische) Bildung, sie ist ebenfalls nicht- formelle Bildung, worunter „jede Form organisierter Bildung und Erziehung zu verstehen ist, die generell freiwilliger Natur ist und Angebotscharakter hat". Und nicht zuletzt ist Bildung informelle Bildung, darunter werden „ungeplante und nicht-intendierte Bildungsprozesse verstanden, die sich im Alltag von Familie, Nachbarschaft, Arbeit und Freizeit ergeben, aber auch fehlen können. Sie sind zugleich unverzichtbare Voraussetzung und ‚Grundton', auf dem formelle und nicht-formelle Bildungsprozesse aufbauen" (Bundesjugendkuratorium 2001, S. 5).

Auch der Zwölfte Kinder- und Jugendbericht macht darauf aufmerksam, dass die Berücksichtigung informeller Bildungsprozesse einen Blick auf Lernwelten jenseits formaler Bildungsinstitutionen werfen muss. Es geht um „die Wahrnehmung beiläufiger, nicht-intendierter Lernprozesse" (BMFSFJ 2005, S. 533); gefordert wird daher ein Zusammenspiel von Bildungsorten und Lernwelten. „Dabei kommen Schule und Jugendhilfe als öffentlichen Bildungs-, Betreuungs- und Erziehungsinstitutionen gestaltende und vermittelnde Funktionen zu" (BMFSFJ 2005, S. 534). Entscheidend ist in diesem Zusammenhang, dass diese Lernprozesse nicht durch Unterricht und ähnliche zielgerichtete Bildungsprozesse ermöglicht werden können, sondern durch direkte Begegnungen und Auseinandersetzungen mit der Umwelt. An anderer Stelle wird dafür der Begriff „Aneignung" verwendet und Bildung als Aneignung von Welt auch in einer sozialräumlichen Dimension definiert (vgl. BMFSFJ 2005).

In einem breiten Spektrum zwischen formellen und informellen Bildungsprozessen sowie zwischen formalen und non-formalen Settings wird im diesem Kinder- und Jugendbericht die Gleichrangigkeit unterschiedlicher Bildungsprozesse an unterschiedlichen Orten beschrieben. Dabei stehen auch informelle Bildungsprozesse in non-formalen Settings, etwa die Aktivitäten im Jugendzentrum oder die in der Clique im Fokus. Mit der Bezugnahme auf informelle Bildungsorte kommt zudem der öffentliche Raum in den Blick: Kinder und Jugendliche lernen und bilden sich auch in ihren jeweiligen Lebenswelten, Nahräumen, Dörfern, Stadtteilen; diese Orte der informellen Bildung prägen die intentionalen Bildungsprozesse wesentlich mit. Die Entwicklung sozialer Kompetenz im Umgang mit fremden Bezugspersonen in neuen Situationen, die Erweiterung des Handlungsraums und damit des Verhaltensrepertoires fördern dabei die Fähigkeit für den Erwerb von Kompetenzen wie Sprachkenntnisse u. Ä.

Damit gerät die alltägliche Lebensumwelt von Kindern und Jugendlichen in die nähere Betrachtung, deren Bedeutung in der ökologischen Sozialisationsforschung schon in den 1970er- und 1980er-Jahren betont wurde (vgl. Bronfenbrenner 1989). Aber auch die neuere Bildungsforschung versucht, alltägliche Lebenswelten und ihre Bildungswirkungen zu fassen. So spricht etwa Thomas Rauschenbach von der „Alltagsbildung" (vgl. Rauschenbach 2009), die als aktive Erschließung der Welt verstanden werden kann und sich insbesondere auf informelle Bildungsprozesse bezieht.

In seinem Konzept einer Kooperation zwischen Jugendhilfe und Schule auf einer sozialräumlichen Grundlage geht auch Thomas Coelen auf die Bedeutung der lokalen Öffentlichkeit für Bildungsprozesse ein und spricht deshalb von „kommunaler Jugendbildung" (vgl. Coelen 2002). Darüber hinaus schlägt er vor, besonders die Chancen der Zusammenarbeit von Jugendarbeit und Schule „in doppelter Abgrenzung zur formell dominierenden Ganztagsschule als auch zu einer durch familiäre Betreuungsmängel induzierten Ganztagsbetreuung" (Coelen et al. 2004, S. 84) unter dem Begriff der „Ganztagsbildung" zu fassen.

46.3 Ganztagsschule als Lebensort von Kindern und Jugendlichen

Auch die Schule ist ein Sozialraum, in dem informelle Bildungs- und Aneignungsprozesse möglich sind. Allerdings ist hier die Vermittlung von Wissen über Welt zumindest aus gesellschaftlicher Sicht die zentrale Funktion. Aber auch dieses Wissen muss selbsttätig von den Kindern und Jugendlichen angeeignet werden, wobei nicht zuletzt die durch Aneignungsprozesse in der Lebenswelt erworbenen sozialen und personellen Kompetenzen als grundlegende Schlüsselkompetenzen von Bedeutung sind.

Mack et al. kommen in ihrer vergleichenden Untersuchung „Schule, Stadtteil, Lebenswelt" von Schulen in sechs Regionen zu der Einschätzung: „Schule kann außerschulisch erworbene Kompetenzen nicht mehr ignorieren." (Mack et al. 2003, S. 215). Aus einer sozialräumlich orientierten Perspektive folgern sie, „dass auch die Aneignungsqualität des schulischen Raums betrachtet werden und danach gefragt werden muss, ob und in welcher Form schulische Räume selbstbestimmtes Aneignungshandeln von Kindern und Jugendlichen zulassen" (ebd.). Schule und besonders die Ganztagsschule ist also selbst auch Ort der informellen Bildung; „Aneignung" als subjektive Seite der informellen Bildung findet auch am Ort der Schule statt. Insofern müssen beide Funktionen, die Vermittlungs- und die Aneignungsfunktion zusammen betrachtet werden. Die Wissensvermittlung als gesellschaftliche Funktionszuschreibung von Schule und anderen Institutionen steht der Aneignungsfunktion, die in der Schule einen Teil der subjektiven Lebenswelt und des Sozialraum darstellt, gegenüber. Mack et al. betonen ebenfalls die soziale Funktion der Schule und konstatieren, „dass Schule auch über den Unterricht hinaus als Aufenthalts-, Arbeits- und Lebensraum von Schülerinnen und Schülern nachgefragt ist" (Mack et al. 2003, S. 224). Auf der Grundlage dieser Einschätzung empfehlen die Autoren eine intensivere Nutzung der Räume.

Versteht sich Schule als Teil der Lebenswelt von Kindern und Jugendlichen, so werden etwa Schulhöfe als Spielräume geöffnet und als Lernumwelten gestaltet. So beschreiben z. B. Braun und Wetzel, wie Schule als kind- und jugendgemäßer Lebensort gestaltet werden kann (vgl. Braun und Wetzel 2000).

Die skizzierten Aspekte machen deutlich, dass insbesondere die Ganztagsschule ein sozialer Ort ist, an dem Kinder und Jugendliche einen großen Teil ihres Tages verbringen. Vor allem deshalb spielen die genannten Aspekte für die Gestaltung der Ganztagsschule als Lebensort eine große Rolle. Eine solche Gestaltung einschließlich der Öffnung funktioniert nur mit Kooperationspartnern, die dafür die Konzepte und die Professionalität mitbringen. Hierbei gilt es zu zeigen, dass die Jugendarbeit ein besonders interessanter Partner für informelle Bildungsprozesse und für die Gestaltung von Setting auch im öffentlichen Raum ist.

46.4 Empirische Ergebnisse zur Kooperation

Über Kooperation von Jugendarbeit und Schule fehlen noch weitgehend empirische Befunde z. B. zu Angeboten und zu Erfahrungen mit der Kooperation. Erste Ergebnisse finden sich in Untersuchungen zur Ganztagsschule, die seit 2004 bundesweit im Rahmen eines Forschungsverbunds durchgeführt werden. In drei Wellen (2005, 2007 und 2009) wurden Schulleitungen, pädagogisches Personal, Schüler/-innen und Eltern einer repräsentativen Stichprobe von Schulen befragt (vgl. StEG Konsortium 2011).

In einer Sonderauswertung der Befragungen der ersten Erhebungswelle 2005 zu den Kooperationspartnern wird Rolle und Bedeutung der Jugendhilfe und in dem Rahmen auch der Jugendarbeit genauer untersucht (vgl. Arnoldt und Züchner 2008). Im Ergebnis wird deutlich, dass die Jugendhilfe zumindest in diesem frühen Zeitpunkt des Ausbaus der Ganztagsschule nicht der Hauptkooperationspartner ist. Organisationen der Jugendhilfe machen nur etwa 25 % der Partner aus, sind aber dann die umfassendsten Leistungsanbieter und decken mehr Angebote ab, eingeschlossen Angebote für spezielle Schülergruppen.

Die Kooperation mit Schule spielt für die Jugendhilfeorganisationen eine größere Rolle als dies bei anderen Partnern der Fall ist. Sie sind stärker an strukturellen und konzeptionellen Aspekten der Kooperation interessiert und das Personal ist höher und einschlägiger qualifiziert und häufiger hauptberuflich in der Ganztagsschule tätig. Die Kooperation mit der Jugendhilfe scheint sich zudem eher positiv auf eine Öffnung der Schulen in den Sozialraum auszuwirken.

Insgesamt bewerten die befragen Kooperationspartner aus der Jugendhilfe die Kooperation mit Schule positiv, sie sind aber auch kritischer, wenn es um „Kooperation auf Augenhöhe" geht. Nicht zuletzt haben die Befragungen ergeben, dass die Organisationen der Jugendhilfe sich mehr als die anderen Partner durch neue Angebote und Arbeitsfelder verändert haben.

Innerhalb der Jugendhilfe wird zwischen den Bereichen Jugendarbeit, Jugendsozialarbeit, Jugendämter und Beratung/Hilfen zur Erziehung/Jugendhilfestationen unterschieden. Zur Rolle und Bedeutung der Jugendarbeit als einen Bereich der Jugendhilfe zeigen die ersten StEG-Ergebnisse, dass sie im Vergleich zu den anderen Feldern der Jugendhilfe, und gemessen an Angebotsbreite und zeitlichem Umfang, eine eher geringe Bedeutung hat.

Die StEG Studie betrachtet die Kooperation ausschließlich aus der Sicht der Schule, vor allem auch deshalb sind die Ergebnisse einer weiteren Studie interessant, die auf die Kinder-

Abb. 46.1 Verteilung der Einrichtungen nach Kooperation im Ganztag bzw. außerhalb des Ganztags (n = 200)

und Jugendarbeit fokussiert ist. Die Studie der FH Düsseldorf (vgl. Deinet et al. 2010) basiert auf einer repräsentativen Befragung von 200 Einrichtungen der Offene Kinder- und Jugendarbeit in NRW und ergänzenden Interviews mit zwölf Einrichtungen.

Gegenstand der Befragung sind Inhalte und Formen der Angebote von Einrichtungen der Offenen Kinder- und Jugendarbeit, die sie in Kooperation mit Schulen im Schuljahr 2007/2008 durchgeführt haben. Der Gegenstandsbereich wurde nicht weitergehend definiert, damit nicht durch die Definition Angebote und Themen ausgeschlossen werden. Vor allem sollte vermieden werden, dass nur Kooperationen einbezogen werden, die auf festen und verbindlichen Verabredungen mit einzelnen Schulen basieren.

Kooperationen findet sowohl im Rahmen des schulischen Ganztags als auch in weiteren Bereichen statt. Im Rahmen der Untersuchung war die Unterscheidung zwischen Kooperationen innerhalb und außerhalb des Ganztags von Bedeutung, um das breite Spektrum der Kooperationsformen zwischen Jugendarbeit und Schule zu erfassen. Kooperation innerhalb des Ganztags heißt hier, sie ist eingebunden in die Ganztagsschule oder das Angebot ist als Ergänzung zur Halbtagsschule zu sehen.

Mit 47 % haben fast die Hälfte der Einrichtungen im Schuljahr 2007/2008 Angebote sowohl im Ganztag wie auch außerhalb des Ganztags gemacht. Mit gut 20 % ist der Anteil der Einrichtungen, die ausschließlich im Rahmen des Ganztags kooperieren, eher klein, andererseits sind es nur rund ein Drittel der Einrichtungen, die kein Angebot im Rahmen des Ganztags machen (vgl. Abb. 46.1).

Insgesamt kooperieren 135 Einrichtungen (67,5 %) im Rahmen des Ganztags. Sie wurden gefragt, im Rahmen welcher Strukturen bzw. welcher Förderprogramme sie diese Kooperation umsetzen. 76 Einrichtungen und damit mehr als die Hälfte sind Partner der Offenen Ganztagsschule im Primarbereich (OGS). Nur 14 Einrichtungen sind in diesem Zusammenhang Träger einer OGS, die Mehrheit arbeitet also als Kooperationspartner, der nicht für die gesamte Organisation der OGS verantwortlich ist, sondern ein oder mehrere Angebote macht.

46 Offene Jugendarbeit und Ganztagsschule

Tab. 46.1 Inhaltliche Angebote im Ganztag nach Schulstufen ($n = 134$, Mehrfachnennungen)

Angebote	Primarstufe		Sekundarstufe	
	Zahl Nennungen	in % der Einrichtungen	Zahl Nennungen	in % der Einrichtungen
Mittagessen	24	27,3%	52	66,7%
Hausaufgabenbetreuung	29	33,0%	59	75,6%
offener Bereich/freies Spiel	56	63,6%	65	83,3%
Sport und Bewegung	53	60,2%	55	70,5%
musisch-künstlerische Angebote	41	46,6%	29	37,2%
neue Medien	27	30,7%	28	35,9%
technisch-naturwissenschaftliche Angebote	18	20,5%	14	17,9%
soziales Lernen	46	52,3%	52	66,7%
interkulturelles Lernen	27	30,7%	24	30,8%
geschlechtsspezifische Angebote für Mädchen bzw. Jungen	28	31,8%	32	41,0%
Angebote in den Ferien	57	64,8%	31	39,7%
Lern- und Sprachförderung	18	20,5%	18	23,1%
Sonstige Angebote	11	12,5%	6	7,7%
Summe Nennungen	435		465	
Summe Einrichtungen	88		78	

Aus Tab. 46.1 lassen sich die inhaltlichen Angebote je nach Stufe entnehmen. Weil die Einrichtungen im Rahmen der OGS (Primarstufe) überwiegend nicht als Träger, sondern als Kooperationspartner tätig sind, ist es nachvollziehbar, dass Mittagessen und Hausaufgabenhilfe nur begrenzt Teil des Angebots ist, weil dies in der Regel vom Träger der OGS angeboten wird. Anders in der Sekundarstufe, hier bieten zwei Drittel der Einrichtungen im Rahmen des Ganztagsangebots auch ein Mittagessen an und mehr als 75 % eine Unterstützung bei den Hausaufgaben.

Der offene Bereich und das freie Spielen sind in beiden Bereichen ein wichtiges Angebot, das von den Einrichtungen gezielt auch als Ausgleich für die Anforderungen des Schulalltags angeboten wird. Ähnlich bedeutsam sind organisierte Sport- und Bewegungsangebote. Während in der Primarstufe das Angebot in den Ferien noch von größerer Bedeutung ist, sind es in der Sekundarstufe Angebote des sozialen Lernens.

Für die Mehrheit der befragten Einrichtungen ist die Kooperation mit Schule kein neues Geschäft, sondern eine fünf und mehr Jahre erprobte Arbeit. Zudem ist die Kooperation mehrheitlich in den Konzeptionen der Einrichtungen verankert. Die Kooperation scheint im Laufe der Zeit selbstverständlich geworden zu sein – im Gegensatz zu Aussagen, die davon ausgehen, dass dieses Thema für die Jugendarbeit eher neu sei.

Hinsichtlich der Anlässe der Kooperation zeigt sich ein differenziertes Bild: Die von den Einrichtungen aufgedeckten Bedarfe der Kinder und Jugendlichen sowie Anfragen aus Schulen stehen an oberster Stelle der Nennungen und zeigen einerseits, dass es der Kinder- und Jugendarbeit gelingt, ihre Bedarfseinschätzungen und die daraus folgenden Maßnahmeplanungen in die Kooperation einzubringen, und andererseits, dass sie auch auf die Bedarfe der Schulen reagieren kann. Auf keinen Fall bestätigen aber die Ergebnisse eine verbreitete Meinung, dass Jugendarbeit nur Erfüllungsgehilfe von Schule sei.

Die Befragungsergebnisse zu Formen und Inhalten der Kooperation verdeutlichen, dass die Kooperation zwischen Jugendarbeit und Schule nicht auf den Ganztag reduziert werden kann. Vielmehr kooperieren die Einrichtungen sowohl innerhalb als auch außerhalb des Ganztages in vielfältiger Weise. Der hohe Stellenwert der Kooperation im Rahmen der Offenen Ganztagsschule im Primarbereich zeigt, das auch die Jugendarbeit an diesem wichtigsten Feld der Veränderung der Schullandschaft in NRW beteiligt ist. Wichtig bleiben daneben die Angebote der Einrichtungen, die schon länger im Rahmen ihrer alltäglichen Arbeit laufen und sich vielfach an die Kinder – oft auch aus sozial schwachen Familien – richten, die nicht an der OGS teilnehmen.

Bei den Angebotsformen außerhalb des Ganztages stehen Einzelveranstaltungen und Projektarbeit an oberster Stelle, die direkte Beteiligung am Unterricht spielt dagegen eine geringere Rolle. Andererseits sind fast die Hälfte der Angebote der Einrichtungen Teil des Unterrichts. Es gelingt den Einrichtungen so in hohem Maße, die typischen Arbeitsformen der Kinder- und Jugendarbeit mit der Verbindlichkeit des Schulrahmens in Einklang zu bringen. An den am häufigsten genannten Themen wird einerseits deutlich, dass die Einrichtungen die Schulen vor allem mit Fachkräften des sozialen Lernens unterstützen, aber auch zentrale Themen der Offenen Kinder- und Jugendarbeit, wie z. B. die geschlechtsspezifische Arbeit, können eingebracht werden.

Die Aussagen zu den Auswirkungen der Kooperation auf die Einrichtungen zeigen, dass die Kinder- und Jugendarbeit aus der Kooperation mit Schule Nutzen ziehen kann: Die Einrichtungen erreichen darüber weitere Zielgruppen, sie sind im Sozialraum stärker vernetzt und ihre Legitimationsbasis wird gestärkt. Die Befürchtung, dass durch eine stärkere Kooperation mit Schule die Öffnungszeiten im Offenen Bereich reduziert würden, kann durch diese Befragung nicht belegt werden.

An der Bewertung einschließlich der abschließenden Frage zur Zufriedenheit mit dem bisherigen Verlauf der Kooperation zeigt sich eine eher ambivalente Einschätzung: Rund die Hälfte der Einrichtungen ist zufrieden mit der Kooperation, die andere Hälfte ist nur teilweise zufrieden oder nicht zufrieden. Einige Ergebnisse deuten auf ein durchaus vorhandenes Selbstbewusstsein hin, das die Einrichtungen in die Kooperation einbringen, andererseits wird vielfach beklagt, dass die Schule der Kooperation nicht genügend Wertschätzung und Anerkennung entgegenbringt. Und nicht zuletzt: Ein großer Teil will die Kooperation noch ausbauen.

46.5 Jugendarbeit und Schule: Breites Spektrum unterschiedlicher Kooperationsformen über den Ganztag hinaus

Im Rahmen der Studie wurden zusätzlich leitfadengestützte mündliche Interviews mit Einrichtungen durchgeführt, um mit Hilfe von Fallstudien unterschiedlichen Kooperationstypen veranschaulichen zu können (vgl. Deinet et al. 2010). Mit Blick auf die Lernorte können dabei grob Kooperationsformen, die schulstandortbezogen sind und solche Formen, die überwiegend die eigenen Räume oder Räume außerhalb von Schule und Einrichtungen für die Kooperation nutzen, unterschieden werden.

46.5.1 Schulstandortbezogene Kooperationsformen

Schulstandortbezogene Kooperationsformen bieten für die Schule den Vorteil, dass das Bild der Schule nach innen und außen an Qualität gewinnt. Eine direkte örtliche und zeitliche Anbindung an die Schulen hat für die Jugendarbeit oft zur Folge, dass sie von der Schule eher wahrgenommen und eher aktiv unterstützt wird. Für die Kinder und Jugendlichen sind die Formen ein Gewinn, weil sie den Raum Schule in ihrer Freizeit erleben und kennen lernen können.

Innerhalb dieser Kooperationsformen lassen sich wiederum zwei Formen unterscheiden. Bei der thematisch orientierten Projektkooperation geht es vor allem um Inhalte, für die der Jugendarbeit eine besondere Kompetenz zugeschrieben wird wie z. B. soziales Lernen, Konfliktbearbeitung und geschlechtsspezifische Arbeit. Die Umsetzung erfolgt weniger im Rahmen des Ganztags, sondern kennzeichnet eher die Projektarbeit außerhalb des Ganztags. Oft finden solche Projekte innerhalb der Unterrichtszeit statt, zum Teil bewusst ohne Lehrerbeteiligung und ausschließlich in der Verantwortung der Fachkräfte der Jugendarbeit. Voraussetzung ist hierbei eine hohe Spezialisierung der Fachkräfte, meist erworben durch Zusatzqualifikationen die von der Schule in der Regel auch hoch geschätzt wird.

Eine weitere Kooperationsform hängt unmittelbar mit der neuen Ganztagsschule zusammen bzw. ist vor allem ein Ergebnis des starken Ausbaus der Ganztagsschule. Insbesondere die Offene Ganztagsschule im Primarbereich (OGS) ist zumindest in Nordrhein-Westfalen ein additives Konzept, dass neben der Schule einen Träger vorsieht, der für die gesamte Organisation des Nachmittags nach der Unterrichtszeit verantwortlich ist. Im Sekundarstufenbereich beauftragen Schulen außerschulische Einrichtungen mit der Umsetzung der Übermittagsbetreuung und setzen dafür eigene Mittel ein, die sie auf die Einrichtung übertragen. In der Regel findet das Nachmittagsangebot in der Schule statt, d. h. die Fachkräfte der Einrichtung arbeiten an der Schule.

46.5.2 Sozialräumlich orientierte Kooperationsformen

Neben stark auf den Ort Schule hin ausgerichteten Kooperationen, insbesondere im Rahmen der sich entwickelnden Ganztagsschule, spielen auch Kooperationsformen und Orte außerhalb von Schule eine wesentliche Rolle. So werden deutlich mehr als die Hälfte der Angebote nicht in der Schule, sondern am Ort der Jugendarbeit oder an anderen Orten wie Parks, Freiflächen, Sport- und Freizeitanlagen, Bibliotheken etc. durchgeführt (vgl. Deinet et al. 2010).

Angebote in Einrichtungen der Offenen Kinder- und Jugendarbeit zeichnen sich aus durch:

- oftmals gut ausgestattete Räumlichkeiten;
- gute konzeptionelle Verbindungen zwischen offenen und geschlossenen Angeboten;
- oft langjährige Erfahrung in der Freizeit- und Erlebnispädagogik;
- Möglichkeiten, Kindern und Jugendlichen Raum zum Ansprechen sensibler Themen außerhalb der Schule zu bieten;
- Erreichbarkeit einer oft größeren und heterogenen Zielgruppe.

Zum einen lassen sich hier Kooperationsformen finden, die vor allem auf die Einrichtungen der Jugendarbeit als einen anderen, für Schule interessanteren Ort außerhalb von Schule zurückgreifen. Einrichtungen der Offenen Kinder- und Jugendarbeit haben eigene, zum Teil sehr unterschiedliche Räume, die über eine Qualität oder eine Ausstattung verfügen, die die Schule nicht bieten kann. Dies können Außengelände ebenso so sein wie beispielsweise ein Tonstudio. In bestimmten Kooperationsangeboten wird genau diese Qualität genutzt. Das Jugendzentrum kann aber auch einfach nur ein anderer Ort sein, der es erlaubt, zeitweise die gewohnte Umgebung der Schule verlassen zu können, um dort eine andere pädagogische Arbeit zu praktizieren.

Weitere Kooperationsformen sind eingebunden in eine jugendarbeitsübergreifende Stadtteilkooperation, die sich durch eine Zusammenarbeit auszeichnet zwischen einer sozialräumlich geöffneten Schule und einer Jugendarbeit, die sich ebenfalls sozialräumlich orientiert und nicht mehr auf eine Einrichtung bezogen ist. Kennzeichnend ist darüber hinaus die Integration weiterer Bereiche der Jugendhilfe, wie etwa mobile Arbeit, Schulsozialarbeit oder auch die Trägerschaft eines Horts.

46.6 Fazit

Die Ergebnisse der Studie zeigen ein differenziertes Bild der Kooperation der Jugendarbeit mit der neuen Ganztagsschule, aber auch außerhalb von Ganztagsangeboten zu Themen, Inhalten, Formen sowie Entwicklungs- und Veränderungstendenzen. Für die Mehrheit der befragten Einrichtungen ist die Kooperation mit Schule ein Bereich, aus dem sie Nutzen ziehen kann: Sie erreichen darüber weitere Zielgruppen, sind im Sozialraum stärker vernetzt und ihre Legitimationsbasis wird gestärkt. Insbesondere im Hinblick auf die Bedeutung der Kooperation mit Schule und die Einschätzungen der Einrichtungen dazu zeigen sich vielfach Übereinstimmungen mit den Ergebnissen der StEG-Studie.

Die Ergebnisse der o. g. Studien und die vorgestellten Kooperationsformen verweisen aber auch auf eine Gefahr, die mit der zu engen Kooperation zwischen Jugendarbeit und Ganztagsschule verbunden ist: Auf Grund der verbreiteten, wenig vorhandenen Öffnung von Schule und der Konzentration schulischer Themen auf den Schulstandort, insbesondere im Rahmen des Ausbaus der Ganztagsschule, die Schule vor große organisatorische Probleme stellt, ist Jugendarbeit in der Kooperation mit der Ganztagsschule sehr oft in der Rolle des Dienstleisters tätig und kann ihre Qualität als außerschulischer Ort oft nur unzureichend einbringen, weil sie sozusagen dem Diktat der Ganztagsschule unterworfen ist.

Erst mit einer weiter geöffneten Ganztagsschule, die auch eine vollständige Rhythmisierung in einem integrativen Konzept (im Gegensatz zum verbreiteten additiven Konzept zur Zeit) vollzieht, lässt sich eine eigenständige und gleichberechtigte Kooperationsgestaltung zwischen Jugendarbeit und Schule denken. Insbesondere die Stärkung informeller Bildungsprozesse, auch im öffentlichen Raum, die von der Jugendarbeit nachhaltig unterstützt werden können, hat zurzeit im Konzept der Ganztagsschule noch wenig Platz!

Die mit dem Projekt der Bildungslandschaft intendierte breitere Sicht von sehr unterschiedlichen Lernorten in verschiedenen Räumen, Institutionen, bis hin zum öffentlichen Raum, erweitert die zum Teil etwa enge Kooperation zwischen Jugendarbeit und Ganztagsschule möglicherweise. Aber auch hier muss man zwischen schulzentrierten und kooperationszentrierten Entwicklungsvarianten (vgl. Eisnach 2011) unterscheiden, die auch für die Entwicklung der Bildungslandschaft sehr unterschiedliche Entwicklungstendenzen beschreiben, die für die Rolle der Jugendarbeit im Rahmen einer Bildungslandschaft von großer Bedeutung sein kann (vgl. den Beitrag zur Rolle der Jugendarbeit in Bildungslandschaften i. d. B.).

Die vielfach entwickelten Kooperationsprojekte zwischen Jugendarbeit und Schule zeigen aber auch die Probleme einer zu starken Annäherung der Jugendarbeit an schulisches Lernen und die damit verbundene Gefahr, das eigene Profil zu verlieren. Thomas Rauschenbach formuliert diese Gratwanderung in folgender Weise: „Die Kinder- und Jugendarbeit muss sich als potenzieller Partner offensiver zum Projekt Ganztagesschule verhalten. Zugleich – und das ist unübersehbar ein weiteres Dilemma – ist sie im Zuge der Kooperation mit der Schule jedoch in ihrer Besonderheit und ihrer Identität bedroht" (Rauschenbach 2010, S. 211).

Literatur

Arnoldt, B. (2007). Öffnung von Ganztagsschule. In H. G. Holtappels, E. Klieme, T. Rauschenbach, & L. Stecher (Hrsg.), *Ganztagsschule in Deutschland. Ergebnisse der Ausgangserhebung der „Studie zur Entwicklung von Ganztagsschulen" (StEG)* (S. 86–136). Weinheim und München.

Arnoldt, B., & Züchner, I. (2008). *Expertise: Kooperation von Jugendhilfe und Ganztagsschule. Eine empirische Bestandsaufnahme im Prozess des Ausbaus der Ganztagsschulen in Deutschland*. Berlin.

Braun, K. H., & Wetzel, K. (2000). *Sozialpädagogisches Handeln in der Schule: Einführung in die Grundlagen und Konzepte der Schulsozialarbeit*. Neuwied.

Bundesjugendkuratorium. (2001). *Zukunftsfähigkeit sichern! Für ein neues Verhältnis von Bildung und Jugendhilfe.* http://www.bundesjugendkuratorium.de/pdf/1999-2002/bjk_2001_stellungnahme_zukunftsfaehigkeit_sichern.pdf. Zugegriffen: 26.12.2011.

Bundesministerium für Familie, Senioren, Frauen und Jugend (BMFSFJ). (2005). *Zwölfter Kinder und Jugendbericht: Bildung, Betreuung und Erziehung vor und neben der Schule*. Berlin: Bundesministerium für Familie, Senioren, Frauen und Jugend.

Coelen, T. (2002). *Kommunale Jugendbildung. Raumbezogene Identitätsbildung zwischen Schule und Jugendarbeit*. Frankfurt a. M.

Coelen, T., Hetz, H., & Wolf, S. (2004). Wer bildet die „Offene Ganztagsschule"? Bildungsanspruch und Bildungspraxis in der Kooperation von Grundschule und Jugendhilfeträger. In B. Sturzenhecker, & W. Lindner (Hrsg.), *Bildung in der Kinder- und Jugendarbeit. Vom Bildungsanspruch zur Bildungspraxis* (S. 77–93). Weinheim und München.

Deinet, U. (2005). *Sozialräumliche Jugendarbeit. Grundlagen, Methoden, Praxiskonzepte* (2., vollst. überarb. Aufl.). Wiesbaden.

Deinet, U., Icking, M., Leifheit, E., & Dummann, J. (2010). *Jugendarbeit zeigt Profil in der Kooperation mit Schule*. Soziale Arbeit und Sozialer Raum, Bd. 2 Opladen und Farmington Hills.

Kultusministerkonferenz (KMK). (2011). *Allgemein bildende Schulen in Ganztagsform in den Ländern in der Bundesrepublik Deutschland – Statistik 2005 bis 2009*. Berlin.

Mack, W., Raab, E., & Rademacker, H. (2003). *Schule, Stadtteil, Lebenswelt. Eine empirische Untersuchung*. Opladen.

Rauschenbach, T. (2009). *Zukunftschance Bildung, Familie, Jugendhilfe und Schule in neuer Allianz*. Weinheim und München.

StEG Konsortium. (2011). *Ganztagsschule: Entwicklung und Wirkungen*. http://www.quip-lat.com/files/pk101111/Ergebnisbroschuere_StEG_2010-11-11.pdf. Zugegriffen: 26.12.2011.

Schulsozialarbeit und Offene Kinder- und Jugendarbeit

47

Florian Baier

Schulsozialarbeit gibt es in Deutschland seit Beginn der 1970er-Jahre. Sie ist eine Dienstleistung der Kinder- und Jugendhilfe, die direkt in Schulen angeboten wird. Damit ist sie sowohl in Reformen, pädagogische Praxen und Probleme des Schulwesens als auch in Entwicklungen der Kinder- und Jugendhilfe eingebunden (vgl. Rademacker 2011). Quantitativ wurde sie in den letzten 40 Jahren kontinuierlich ausgebaut, allerdings ist ihre Entwicklung stark von regionalen bildungs- und sozialpolitischen Strömungen geprägt und somit vielerorts immer wieder auch Diskontinuitäten und Veränderungen unterlegen (vgl. ebd.).

Begleitet werden diese Praxisentwicklungen durch einen intensiver werdenden Fachdiskurs, der sich in einer Zunahme an Publikationen ausdrückt und damit gleichzeitig auch die Professionalisierungsprozesse dieses Handlungsfeldes dokumentiert (vgl. z. B. Baier und Deinet 2011b; Speck 2006, 2009; Spies und Pötter 2011). Zudem liegen mittlerweile auch verschiedene Forschungsbefunde zur Schulsozialarbeit vor (vgl. Olk und Speck 2010).

Der Diskurs zur Schulsozialarbeit ist stark von der Frage geprägt, wie sich die Schulsozialarbeit gegenüber der Schule sowie Lehrkräften positionieren sollte und welche Kooperationsmöglichkeiten und -probleme daraus resultieren (vgl. z. B. Maykus 2009; Otto und Bauer 2005; Jongebloed und Nieslony 2002; Olk und Speck 2001). In Anbetracht der Nähe der Schulsozialarbeit zur Schule, die sowohl reflektierte Kooperation, als auch begründete Abgrenzung erfordert, erschienen Fragen zu Kooperationen mit weiteren Diensten und Angeboten, wie z. B. zur Offenen Kinder- und Jugendarbeit, lange Zeit sekundär.

In den letzten zehn Jahren wurde die systematische Verortung der Schulsozialarbeit in die Angebotspalette der Kinder- und Jugendhilfe wieder verstärkt thematisiert. Insbesondere das Verständnis von Sozialer Arbeit mit Kindern und Jugendlichen als Bildungs-

---

Prof. Dr. Florian Baier ✉
Institut Kinder- und Jugendhilfe Basel, Fachhochschule Nordwestschweiz, Thiersteinerallee 57, 4053 Basel, Schweiz
e-mail: florian.baier@fhnw.ch

arbeit führte dazu, die verschiedenen Angebote und Handlungsfelder der Kinder- und Jugendhilfe in ihrem gegenseitigen Bezug zueinander neu zu denken und zu konzipieren. Schulsozialarbeit wurde fortan, genauso wie andere Angebote und Praxen der Kinder- und Jugendhilfe, als nicht-formelle Bildungsarbeit im Spektrum lokaler Bildungslandschaften verstanden (vgl. z. B. Baier und Deinet 2011a; Coelen und Otto 2008; Münchmeier et al. 2002). Dadurch wurden zum einen die konzeptionellen Gemeinsamkeiten verschiedener Angebote der Kinder- und Jugendhilfe deutlich. Zum anderen wurden die je spezifischen Beiträge einzelner Angebote zum gemeinsamen Ziel der Bildung von Kindern und Jugendlichen herausgestellt.

47.1 Das Arbeitsprofil der Schulsozialarbeit

Die typischen Arbeitsbereiche der Schulsozialarbeit lassen sich zusammenfassen in:

- Einzelfallhilfen (vielfach in Form von Beratungen)
- soziale Gruppenarbeiten und thematische Projektarbeit
- Gemeinwesenarbeit
- Kooperation mit der Schule (Schulentwicklung, Fach-Austausch)
- Elternarbeit

In welchem Ausmaß diese Arbeitsbereiche jeweils bearbeitet werden, ist regional unterschiedlich und abhängig von den zur Verfügung stehenden Arbeitszeiten, den weiteren vorhandenen Angeboten im Sozialraum, der programmatisch-konzeptionellen Ausrichtung der Schulsozialarbeit sowie der Kooperationsbereitschaft der jeweiligen Schule.

Schulsozialarbeitend ist eine soziale Innovation an Schulen, denn durch sie werden Themen und Anlässe bearbeitet, die vorher nicht, oder nicht auf eine professionelle Weise in der Schule bearbeitet wurden. Durch die Schulsozialarbeit verändert sich die Schulkultur, denn den Schülerinnen und Schülern wird durch das Vorhandensein von Schulsozialarbeit symbolisiert, dass sie mit ihren individuellen Lebensproblemen in der Schule ernst genommen werden und Hilfe erhalten. Der Weg dorthin ist jedoch nicht selten von Problemen und Konflikten geprägt, nicht zuletzt, weil Schule und Lehrkräfte auch Erwartungen an die Schulsozialarbeit sowie Perspektiven auf Kinder und Jugendliche haben können, die einer sozialarbeiterischen Herangehensweise widersprechen. Professionalität in der Schulsozialarbeit, verstanden als fachlich eigenständiges und reflektiertes Handeln, kann somit immer wieder von schulischer Seite aus erschwert oder auch beeinträchtigt werden (vgl. Baier 2007). Zudem Bedarf die Ausübung schulsozialarbeiterischer Professionalität auch einiger Voraussetzungen, die an Schulen nicht selbstverständlich gegeben sind: Schulen, die einzig darauf ausgerichtet sind, Unterricht zu erteilen, verfügen z. B. nicht selbstverständlich über geeignete Räumlichkeiten für die Schulsozialarbeit, für Lehrkräfte kann es ungewohnt sein, mit anderen Professionellen zu kooperieren und die Schulsozialarbeit muss in die prozeduralen Abläufe des Schulalltags integriert werden, indem es z. B. Schülerinnen und

Schülern ermöglicht wird, während des Unterrichts auf eigenen Wunsch hin Beratungen bei der Schulsozialarbeit in Anspruch zu nehmen.

47.2 Fachliche Orientierungen und Handlungsmaximen der Schulsozialarbeit

Schulsozialarbeit orientiert sich inhaltlich an den gleichen fachlichen Konzepten, die auch der Offenen Kinder- und Jugendarbeit zu Grunde liegen: Sie versteht sich als lebensweltorientiertes, nicht-formelles Bildungsangebot in Schulen (vgl. Speck 2009) und folgt Prinzipien wie z. B. der Freiwilligkeit, Partizipation, Niedrigschwelligkeit, Subjektorientierung, Geschlechtergerechtigkeit und dem anwaltschaftlichen Handeln für Kinder und Jugendliche. Eine besondere Funktion nimmt die Schweigepflicht ein, durch die Schülerinnen und Schüler Vertrauen zur Schulsozialarbeit aufbauen können. Schweigepflicht und Vertrauen bilden zentrale Voraussetzungen für erfolgreiche Einzelfallarbeit (vgl. Baier und Heeg 2011). Im Unterschied zur Offenen Kinder- und Jugendarbeit, die solche Prinzipien in einer *eigenen* Institution realisieren kann, steht die Schulsozialarbeit vor der Herausforderung, solche Handlungsprinzipien in einer nicht von ihr frei steuer- und gestaltbaren Institution zu realisieren. Schulsozialarbeitende stehen damit vor der Aufgabe, eigene Fachlichkeit in einer Institution zu realisieren, die unter Umständen auch anderen Orientierungen folgt.

47.3 Kooperationsanlässe und -formen zwischen Offener Kinder- und Jugendarbeit und Schulsozialarbeit

Für die Offene Kinder- und Jugendarbeit ist zu klären, warum und in welcher Form sie mit der Schulsozialarbeit kooperieren sollte und welcher Mehrwert aus solchen Kooperationen resultieren kann. Im Folgenden werden einige Beispiele für Kooperationsanlässe, -inhalte und -formen erläutert.

47.3.1 Kooperationsanlass „Bildungsorte und Kompetenzen vernetzen"

Offene Kinder- und Jugendarbeit sowie Schulsozialarbeit haben beide zum übergeordneten Ziel, Kindern und Jugendlichen Bildungsmöglichkeiten jenseits schulisch vermittelter Unterrichtsinhalte zu eröffnen. Dafür sind Kooperationen zwischen diesen beiden Handlungsfeldern sinnvoll und notwendig. Im Rahmen der Konzeption und Reflexion lokaler Bildungslandschaften stellen sich die Fragen, was Kinder und Jugendliche an welchem Ort auf welche Weise lernen können und welche Orte mit welcher Qualität dazu beitragen, dass Kinder und Jugendliche ihre Persönlichkeit entfalten können. Ist z. B. die „Aneignung von Welt" ein zentrales Moment des subjektiven Bildungsprozesses eines Kindes bzw. Jugendlichen, so stellt sich die Frage, welche „Welten" sich Kinder und Jugendliche in der Offenen Kinder- und Jugendarbeit sowie der Schulsozialarbeit aneignen können (vgl. Baier 2011). Aus der Perspektive der Handlungsfelder stellt sich die zu klärende Frage, auf welche Weise welche „Welten" den Kindern und Jugendlichen zur Aneignung zur Verfügung gestellt werden können. Diese Ausgangsfrage ist ein zentraler Anlass zur Kooperation von Offener Kinder- und Jugendarbeit und Schulsozialarbeit, denn in beiden Handlungsfeldern werden thematisch fokussierte Bildungsprojekte angeboten und durchgeführt. Ziel von Kooperationen ist es dann, thematisch aufeinander abgestimmte Bildungswelten anzubieten und Themendoppelungen zu vermeiden, indem z. B. nicht an beiden Orten ähnliche Projekte (z. B. zu den Themen Sucht, Fremdenfeindlichkeit oder Sexualität) durchgeführt werden, ohne dass die Professionellen davon wissen. Dafür ist es nicht nur notwendig, sich untereinander über die eigenen Aktivitäten auszutauschen. Darüber hinaus können die Kompetenzen der Professionellen wechselseitig genutzt werden, indem z. B. von Seiten der Offenen Kinder- und Jugendarbeit auch Projekte direkt in der Schule durchgeführt werden oder die Schulsozialarbeit die Räumlichkeiten des Jugendzentrums nutzt, um auch einmal jenseits schulischer Atmosphäre zu arbeiten.

Die Offene Kinder- und Jugendarbeit dürfte vielerorts eine gern gesehene Partnerin der Schulsozialarbeit sein, da sich die Schulsozialarbeit unter anderem durch eine sehr weit gefächerte Aufgabenpalette bei gleichzeitig begrenzten zeitlichen Ressourcen kennzeichnet. Kooperationen mit der Offenen Kinder- und Jugendarbeit im Kontext Schule können für die Schulsozialarbeit dazu beitragen, dass das Aufgabenspektrum Sozialer Arbeit an Schulen umfassender erfüllt wird, für die Offene Kinder- und Jugendarbeit haben Kooperationen den Vorteil, dass Kinder und Jugendliche neu und anders erreicht werden können und für Kinder und Jugendliche wird Schule zu einem abwechslungsreicheren und interessanteren Bildungsort.

47.3.2 Kooperationsanlass „Wissen vernetzen und kooperativ erzeugen"

Überall dort, wo Professionelle Sozialer Arbeit mit Kindern und Jugendlichen arbeiten, kumuliert sich Wissen über Lebensstile, Lebenslagen, Lebensweisen und Lebensprobleme von Kindern und Jugendlichen. Dieses Wissen verharrt jedoch in der „Versäulung" der einzelnen Handlungsfelder, wenn der systematische Austausch darüber nicht zum Inhalt professionellen Handelns gemacht wird. Das Wissen über Lebensstile, Lebenslagen, Lebensweisen und Lebensprobleme von Kindern und Jugendlichen ist Ausgangspunkt und notwendige Voraussetzung, um passgenaue, bedarfsgerechte und attraktive Angebote entwickeln zu können.

Kooperationen können jedoch nicht nur zum Inhalt haben, bereits vorhandenes Wissen auszutauschen. Darüber hinaus bieten Kooperationen die Möglichkeit, gemeinsam neues Wissen zu generieren. Werden z. B. Methoden der Sozialraumorientierung sowohl für die Offene Kinder- und Jugendarbeit als auch für die Schulsozialarbeit als Arbeitsinstrumente für eine professionelle Praxis angesehen, so stellt sich die Frage, wer vor Ort entsprechende Sozialraumanalysen durchführt. Dies könnte durchaus in Kooperation von Offener Kinder- und Jugendarbeit und Schulsozialarbeit geschehen und würde sicherlich den Erkenntnisgewinn einer Sozialraumanalyse noch einmal erhöhen. Außerdem können Kinder und Jugendliche direkt einbezogen werden, indem sie im Rahmen gemeinsamer Workshops erläutern können, welche Wünsche und Erwartungen sie an die Angebote und Leistungen der Kinder-, Jugend- und Schulsozialarbeit haben.

47.3.3 Kooperationsanlass „Lobbyarbeit"

Nicht selten passiert es, dass Bedürfnisse und Erwartungen von Kindern und Jugendlichen in politischen und planerischen Aktivitäten der Erwachsenenwelt übersehen werden. Die Soziale Arbeit mit Kindern und Jugendlichen formulierte vor diesem Hintergrund eine grundlegende Haltung des „anwaltschaftlichen Handelns" für Kinder und Jugendliche (vgl. z. B. Bundesjugendkuratorium 2001) sowie die „Einmischungsstrategie" (Mielenz 1981, 1997), um den Interessen von Kindern und Jugendlichen Gehör zu verschaffen. Zeigt sich damit, dass es auch zum professionellen Handeln gehört, auf politischer Ebene für die Interessen der Nutzerinnen und Nutzer der eigenen Angebote einzutreten, so dürften sich Kooperationen diesbezüglich als wertvolle Ressourcen erweisen, um anwaltschaftlichen Positionierungen Nachdruck zu verleihen und umfassender begründen zu können.

Literatur

Baier, F. (2007). *Zu Gast in einem fremden Haus. Theorie und Empirie zur Sozialen Arbeit in Schulen*. Bern, Berlin, Brüssel, Frankfurt a. M., New York, Oxford und Wien.

Baier, F. (2011). Theorie-Praxis-Transfer: Bildungstheoretische Elemente in ihrer Bedeutung für die Praxis. In F. Baier, & U. Deinet (Hrsg.), *Praxisbuch Schulsozialarbeit. Methoden, Haltungen und Handlungsorientierungen für eine professionelle Praxis* (S. 103–114). Opladen und Farmington Hills.

Baier, F., & Deinet, U. (2011). Konzeptionelle Verortungen: Schulsozialarbeit im Spektrum lokaler Bildungs- und Hilfelandschaften. In F. Baier, & U. Deinet (Hrsg.), *Praxisbuch Schulsozialarbeit. Methoden, Haltungen und Handlungsorientierungen für eine professionelle Praxis* (S. 97–102). Opladen und Farmington Hills.

Baier, F., & Deinet, U. (Hrsg.). (2011). *Praxisbuch Schulsozialarbeit. Methoden, Haltungen und Handlungsorientierungen für eine professionelle Praxis*. Leverkusen, Opladen.

Baier, F., & Heeg, R. (2011). *Praxis und Evaluation von Schulsozialarbeit. Sekundäranalysen von Forschungsdaten aus der Schweiz*. Wiesbaden.

Bundesjugendkuratorium. (2001). *Zukunftsfähigkeit sichern! Für ein neues Verhältnis von Bildung und Jugendhilfe. Eine Streitschrift des Bundesjugendkuratoriums*. Herausgegeben vom Bundesministerium für Familie, Senioren, Frauen und Jugend. Berlin.

Coelen, T., & Otto, H. U. (2008). *Grundbegriffe Ganztagsbildung. Das Handbuch*. Wiesbaden.

Jongebloed, J., & Nieslony, F. (2002). „Es geht doch!" – Zur Kooperation zwischen Lehrern und Schulsozialarbeitern. *Archiv für Wissenschaft und Praxis der sozialen Arbeit, 2002*(33), 71–83.

Maykus, S. (2009). Kooperation: Mythos oder Mehrwert. In F. Prüß, S. Kortas, & M. Schöpa (Hrsg.), *Die Ganztagsschule: von der Theorie zur Praxis* (S. 307–321). Weinheim und München.

Mielenz, I. (1981). Die Strategie der Einmischung – Soziale Arbeit zwischen Selbsthilfe und kommunaler Politik. *Neue Praxis, 1981*, 57–66. Sonderheft 6.

Mielenz, I. (1997). Einmischung als Prinzip. Erfahrungen aus 2 Jahrzehnten Einmischungsstrategie. *Blätter der Wohlfahrtspflege, 1997*(10), 208–214.

Münchmeier, R., Rabe-Kleberg, U., & Otto, H.-U. (Hrsg.). (2002). *Bildung und Lebenskompetenz. Kinder- und Jugendhilfe vor neuen Aufgaben*. Opladen.

Olk, T., & Speck, K. (2001). LehrerInnen und SchulsozialarbeiterInnen. Institutionelle und berufskulturelle Bedingungen einer „schwierigen" Zusammenarbeit. In P. Becker, & J. Shirp (Hrsg.), *Jugendhilfe und Schule. Zwei Handlungsrationalitäten auf dem Weg zu einer?* (S. 46–85). Münster.

Olk, T., & Speck, K. (2010). *Forschung zur Schulsozialarbeit: Stand und Perspektiven*. Weinheim und Basel.

Otto, U., & Bauer, P. (2005). Kooperationsprobleme in der Schulsozialarbeit. *Zeitschrift für Sozialpädagogik, 3*(1), 11–36.

Rademacker, H. (2011). Schulsozialarbeit in Deutschland. In F. Baier, & U. Deinet (Hrsg.), *Praxisbuch Schulsozialarbeit. Methoden, Haltungen und Handlungsorientierungen für eine professionelle Praxis* (S. 17–44). Opladen und Farmington Hills.

Speck, K. (2006). *Qualität und Evaluation in der Schulsozialarbeit. Konzepte, Rahmenbedingungen und Wirkungen*. Wiesbaden.

Speck, K. (2009). *Schulsozialarbeit. Eine Einführung*. München und Basel.

Spies, A., & Pötter, N. (2011). *Soziale Arbeit an Schulen. Einführung in das Handlungsfeld Schulsozialarbeit*. Wiesbaden.

Teil VII
Methoden in der Offenen Kinder- und Jugendarbeit

Projektarbeit

Rainer Kascha

Eine Unternehmung mit Befristung, ein Vorhaben mit einem Anfang und einem Ende – das unterscheidet Projektarbeit gegenüber dem institutionellen Alltagshandeln in einer (pädagogischen) Organisation. Das Deutsche Institut für Normung definiert in der DIN 69901 den Projektbegriff so:

„Vorhaben, das im wesentlichen durch Einmaligkeit der Bedingungen in ihrer Gesamtheit gekennzeichnet ist, wie z. B.

- Zielvorgabe
- zeitliche, finanzielle, personelle oder andere Begrenzungen
- Abgrenzung gegenüber anderen Vorhaben
- projektspezifische Organisation" (DIN 1987, S. 1).

In der öffentlichen Wahrnehmung verbreitete sich die Projektarbeit sich vor allem in der Wirtschaft und entfaltete dort ihre Logik und Standards im Projektmanagement. Seit den 1980er-Jahren wird der reformpädagogische Kerngedanke der Projektarbeit (vgl. Frey 2010) auch verstärkt in der Sozialen Arbeit aufgegriffen und schlägt sich hier in Theoriebildung, Fördersystematik und Alltagspraxis nieder.

48.1 Bedeutung

Der Projektbegriff ist zwischen sozialreformerischen Anstrengungen und einem eher konservativ-technologischem Verständnis angesiedelt. „Dass Demokratie und Projekt zusammengehörten" (Knoll 1991, S. 53 zitiert nach Gudjons 2008, S. 73) löst „das Projektkonzept endgültig aus dem Verständnis einer bloßen ‚Methode' vorwiegend handwerklichen

Dr. Rainer Kascha ✉
Paritätisches Jugendwerk NRW, Weyerstr. 243, 42719 Solingen, Deutschland
e-mail: rainer.kascha@paritaet-nrw.org

Tuns" (Gudjons 2008, S. 73). Zu diesem demokratischen Verständnis gehört zentral die Selbstbestimmung und Mitwirkung der Zielgruppen im Projekt.

Projektarbeit ist nicht identisch mit dem wöchentlichen Gruppentreff, dem regelmäßigen Training oder der täglichen Präsenz. Projekte entstehen zwar in den Routinen des Alltags der (Offenen) Kinder- und Jugendarbeit, sie sind aber davon abgegrenzt und abgrenzbar. Projekte sind häufig Highlights im Jahresverlauf und somit die „Rosinen im Alltagskuchen" der Offenen Arbeit.

Auf der anderen Seite ist zu beobachten, dass die Kinder- und Jugendarbeit Brüche in ihrer Entwicklung, ihrer Präsenz und in ihrem Ablauf durch zeitliche, personelle und finanzielle Begrenzungen aufweist. Dadurch zersplittert eine verlässliche und kontinuierliche Breitenarbeit im Alltag und die Arbeit bekommt fragmentarischen Charakter. Projekte wirken dann wie „Wunderkerzen" in einer ansonsten finsteren Lage der jeweiligen Kinder- und Jugendarbeit vor Ort.

Ob „Rosine" oder „Wunderkerze": Der Zugang als auch das Verweilen in der Kinder- und Jugendarbeit wird Kindern und Jugendlichen durch Projekte erleichtert. Durch den zeitlich begrenzten Rahmen, die konzentrierte Auseinandersetzung mit einem Thema, der dichten Arbeits- und Beziehungsatmosphäre und durch ein erreichbares Ergebnis oder Produkt erfreuen sich Projekte bei den Kindern und Jugendlichen großer Beliebtheit. Projekte fördern die Partizipation von Kindern und Jugendlichen, von Mädchen und Jungen. Projektarbeit kommt ihrem Bedürfnis nach schnellem Erfolg entgegen. Highlights, wie eine Aufführung, eine Fahrt, eine Präsentation oder ein fertiges Werkstück sind prägende Erlebnisse über das Kinder- und Jugendleben hinaus.

Die Geschichte der Offenen Kinder- und Jugendarbeit erscheint auch als eine Geschichte der zunehmenden Relevanz von Projektarbeit. Zu den traditionellen Fahrten und Freizeiten, sportlichen Aktivitäten, musischen Projekten und „bunten Abenden" der 1950er-Jahre entwickelten sich in den 1960er- und 1970er-Jahren inter- und soziokulturelle, kulturpädagogische und ökologische Projekte. Anfang der 1980er-Jahre betraten Projekte der Mädchenarbeit die Bühne, die Jungenarbeit folgte gut 15 Jahre später. Die 1990er-Jahre waren geprägt durch die Zunahme von cliquenorientierten Projekten und einer Vielzahl von Projekten gegen Ausländerfeindlichkeit und Gewalt, Fanprojekten.

Mit Beginn des 21. Jahrhunderts wurde die Projektorientierung in den Förderprogrammen von Bund, Ländern und Kommunen zum Merkmal von Reformgeist und Erneuerung. So führt der Präsident des Bundesamtes für Migration und Flüchtlinge aus: „Neben den Integrationskursen und der Migrationserstberatung bildet die Förderung von gemeinwesenorientierten Projekten zur sozialen und gesellschaftlichen Integration von Zuwanderern einen Grundpfeiler der Integrationsangebote des Bundes." (Bundesamt 2007, S. 3).

Daneben treten in den letzten Jahren vermehrt Stiftungen und Sponsoren als Projektförderer in der Kinder- und Jugendarbeit auf. Organisationen wie die „Aktion Mensch", die Deutsche Kinder- und Jugendstiftung oder die Stiftung Deutsche Jugendmarke fördern auch umfangreiche Projektvorhaben bis zu mehreren Jahren.

Leider belegen aktuelle Praxiserfahrungen auch, dass Projektförderungen als erste dem „Streichkonzert des Kürzens und Sparens" zum Opfer fallen.

48.2 Zielgruppen, Zugang, Ziele

Die Zielgruppen resultieren aus dem jeweiligen konkreten Bedarf vor Ort oder sind Vorgabe der Projektförderer. Die Kunst besteht häufig darin, das Stammpublikum einer Einrichtung mit den Projektteilnehmenden in Einklang zu bringen. Der „Zielgruppenspagat" kann so trainiert werden.

Je konkreter die Zielgruppe sowie der Zugang zu ihr sowie die angesteuerten Ziele erkennbar sind, umso ausgefeilter kann die Planung und Umsetzung der Projektarbeit erfolgen – und erfolgreich sein. Die „Drei Z" (Zielgruppe, Zugang, Ziele) helfen bei einer plausiblen und stringenten Konstruktion und unterstützen den Planungsprozess.

48.3 Wie wird ein Projekt gemacht?

Eine Kursreihe, der Projekttag, der Wochenendworkshop, die mehrwöchige Ferienfreizeit oder das dreijährige Gesundheitsprojekt bedürfen einer jeweils spezifischen Herangehensweise. Bei pädagogischen Projekten steht der Charakter des handlungsorientierten und selbstgesteuerten Lernens der Teilnehmenden im Vordergrund, die damit zu erreichenden Bildungswirkungen können durch Reflektionen gezielt gefördert werden (vgl. Frey 2010). Allgemein lässt sich ein Vorgehen in vier Projektschritten oder -phasen skizzieren (vgl. Gudjons 2008; Stockinger 1998):

Projektauslösung Die alltägliche Arbeit der Träger der Jugendhilfe lässt Problemlagen sowie Neigungen von Jugendlichen erkennen. Oder: Die Arbeit muss sich wandeln, da neue Jugendliche in Erscheinung treten. Oder: Probleme, Wünsche und Neigungen auf verschiedenen Ebenen des Trägers der Jugendarbeit (Nutzende, Besuchende, Mitarbeitende, Trägervertretung) lösen Projekte aus.

In dieser Phase sind das Gespräch und der Austausch innerhalb der Mitarbeiterschaft und des Trägers intensiv und notwendig, um ein gemeinsames Bewusstsein über den festgestellten Bedarf zu entwickeln und so die erste Verwurzelung eines zukünftigen Projektes zu bewirken. Hier wird die Frage nach dem „Warum wollen wir das so oder so machen?" gestellt und beantwortet. Problem- bzw. Aufgabenbewusstsein und grobe Zielsetzungen fallen in die Phase der Projektauslösung.

Projektplanung Das „Wer?" und das „Wie?" und hier insbesondere die „Drei Z", bestimmen die Phase der Projektplanung. Die Festlegung einer/eines Projektverantwortlichen, die Start- und Abschlusszeiten, das Aufstellen eines Zeitrasters und räumliche Festlegungen (im Haus, im Sozialraum, mit Kooperationspartnern, etc.) helfen, die Planung im ersten Schritt zu konstruieren. In einem zweiten Schritt sind die Sachmittel und Projektkosten zu ermitteln. Je nach Umfang ist ein Kostenplan aufzustellen, der die Kosten für Projektleitung, Fach- und Honorarkräfte, Raumnutzung, Fahrtkosten, Verpflegung, Sachmittel,

Dokumentation etc. enthält. Dem Kostenplan wird der Finanzierungsplan gegenübergestellt, der die Geldquellen zur Deckung der Kosten ausweist.

Ausreichend Zeit sollte der Planung der Projektauswertung eingeräumt werden, um die gewonnen Erfahrungen zu sichern, das Maß der Zielerreichung beurteilen zu können und letztendlich Schlussfolgerungen (auch für Folgeprojekte) zu ziehen.

Die Planung schließt mit der Erstellung des Konzeptes bzw. der Vorhabensbeschreibung ab. Danach erfolgt die Antragstellung im Rahmen der Projektmittelaquise.

Projektdurchführung Diese Phase ist die Umsetzung, die die Zielgruppe direkt berührt und betrifft. Nach dem Bewilligungsbescheid trifft jetzt der Plan auf die Praxis. Zwischen dem Beachten der Planung auf der einen Seite und dem Einbeziehen von aktuellen Wünschen und spontanen Reaktionen der Projektbeteiligten auf der anderen Seite liegt die Projektpraxis der Macherinnen und Macher. Initiative, Improvisationsgeschick, Delegieren, aber auch Lenken, Begrenzen, Reflektieren kennzeichnen die Kunst der Projektleitung. Kleinere Korrekturen gegenüber der Projektplanung müssen ebenso möglich sein, wie die Umsteuerung bei unvorhersehbaren Ereignissen in der Projektdurchführung.

Projektauswertung Die Instrumente dieser Phase sind Evaluationen und Auswertungen mit der Gruppe, Sach- und Erlebnisberichte, Dokumentationen, Presseveröffentlichungen. Die Materialien sollen den Ablauf des Projektes überprüfen und ein Fazit, eine Bilanz ermöglichen. Die Auswertung ist die Reflexion der gesamten Projektarbeit, d. h. aller Phasen, von der Auslösung bis zur Durchführung.

Projektarbeit hängt entscheidend von den Kompetenzen und dem Zusammenspiel der Projektmitwirkenden ab. Es ist sehr hilfreich, sich die verschiedenen Rollen in den jeweiligen Phasen zu vergegenwärtigen, um Rollenklarheit und Rollenbegrenzung zu praktizieren: „Der Souffleur ist nun mal nicht die Hauptdarstellerin!".

48.4 Chancen, Probleme und Perspektiven

Projektarbeit, will sie gelingen, ist nahe an der Lebenswelt von Mädchen und Jungen, in ihrer spezifischen Herkunft, in ihrem spezifischen Alter. Sie ist nicht nur bei denjenigen aus dem Besucherkreis „meiner" Einrichtung, sondern reicht weit in den umliegenden Sozialraum. Das eröffnet der Einrichtung einen methodischen Zugang zur Komplexität des Sozialraums, etwa in Bezug auf Schule, Elternhaus, Ausbildung, Geschäfte oder Plätze und Treffs. Über Projektarbeit kann eine Verknüpfung mit schulischem Projektunterricht erfolgen (vgl. Gudjons 2008). Damit sind Projekterfahrungen auch außerhalb der Einrichtungen der Jugendarbeit plan- und präsentierbar.

Mit der Methode „Projektarbeit" verstärkt die Kinder- und Jugendarbeit ihre Attraktivität, ihre Angebotspalette, ihre Ausbreitung in den jugendlichen Sozialraum und ihre Vorzüge als Kooperationspartnerin. Hierin liegen die größten Chancen – nicht nur mit Blick auf Kinder und Jugendliche, sondern auch gegenüber den Auftraggebern.

Beim Betrachten der anderen Seite der Medaille lassen sich unschwer die Probleme der Methode erkennen: Durch ihre Begrenzung kann Projektarbeit (Wahl)Perioden, Kassenlagen, Konjunkturen und Moden unterworfen werden, die nicht der Lebenswelt von Jugendlichen entspringen. Durch jugendferne Interessenslagen können spezifische Probleme (z. B. im Zusammenwirken von „Stammkräften" und „Maßnahmekräften", z. B. durch Erfolgs- und Legitimationsdruck seitens der politischen Auftraggeber) entstehen.

Projektarbeit kann so einer „Ex-und-Hopp-Mentalität" Vorschub leisten, die die Ziele einer kontinuierlicher angelegten Kinder- und Jugendarbeit konterkariert. Dabei wird sie zum Instrumentarium einer „Feuerwerkspädagogik", die große Highlights produziert und Projekte „abfackelt", die die Jugendlichen aber ansonsten „im Dunkeln" stehen lässt. Wird die Förderung von kontinuierlicher und verlässlicher Breitenarbeit zugunsten von Projektförderung vernachlässigt, treibt dies die Träger in „Kurzatmigkeit" und gefährdet deren Existenz.

Eine verantwortliche Projektförderung kann nur auf einer hinreichenden Strukturförderung aufbauen. „Der Markt für Projekte wächst (durch Stiftungen, Unternehmen, Öffentliche Hand). Durch ein geschicktes Projektmanagement können attraktive Projekte kreiert und umgesetzt werden – unter der Bedingung allerdings, dass als Basis eine Strukturförderung erhalten bleibt bzw. eingesetzt wird." (Kascha 2002, S. 110).

Bei den Trägern der Kinder- und Jugendarbeit sind die Fähigkeiten des Projektmanagements gefragt. Attraktive Projekte und eine gesicherte Infrastruktur sind Kennzeichen einer modernen Arbeit mit Jungen und Mädchen, mit jungen Frauen und Männern.

Literatur

Bundesamt für Migration und Flüchtlinge. (2007). *Projektjahrbuch 2007*. Nürnberg.

Deutsches Institut für Normung. (1987). *Projektwirtschaft, Projektmanagement, Begriffe*. Berlin.

Frey, K. (2010). *Die Projektmethode. Der Weg zum Bildenden Tun* (11. Aufl.). Weinheim.

Gudjons, H. (2008). *Handlungsorientiert lehren und lernen. Schüleraktivierung, Selbsttätigkeit, Projektarbeit* (7. Aufl.). Bad Heilbrunn.

Kascha, R. (2002). Brennpunkt: Jugendarbeit – Herausforderungen aus Sicht der Initiativen. In Ministerium für Frauen, Jugend, Familie und Gesundheit des Landes NRW (Hrsg.), *Jugendhilfe NRW – Strukturprobleme und Entwicklungsmöglichkeiten der Kinder- und Jugendarbeit* (Heft 3, S. 101–118). Münster.

Stockinger, H. G. (1998). Planung und Durchführung eines Projekts. In E. Badry, R. Knapp, H. G. Stockinger (Hrsg.), *Arbeitshilfen für Studium und Praxis der Sozialarbeit und Sozialpädagogik* (3. Aufl., S. 167–176). Neuwied.

Mobile, aufsuchende Ansätze in der Offenen Jugendarbeit

49

Ulrich Deinet und Richard Krisch

Die Entwicklungen der Arbeitsbereiche der Offenen Arbeit mit Kindern und Jugendlichen in Einrichtungen, d. h. in festen Häusern und Projekten sowie der Arbeitsbereiche Streetwork und Mobiler Jugendarbeit haben zu Abgrenzungen aber auch Übereinstimmungen in Arbeitsansätzen, Methoden etc. geführt. Nach einer deutlicheren Abgrenzung in den 1970–1980er-Jahren kann in den letzten Jahren eine pragmatischere Diskussion und Praxis bis hin zur Integration dieser Arbeitsbereiche beobachtet werden. Für die OKJA kann man heute konstatieren, dass ausgehend von stationären, festen Einrichtungen und Häusern der Kinder- und Jugendarbeit auch Ansätze mobiler aufsuchender Jugendarbeit zur OKJA gezählt werden.

Die auch zwischen Streetwork und Mobiler Jugendarbeit lange Jahre geführte Methodendiskussion um die Frage des Oberbegriffs bzw. der Frage, ob Streetwork ein eigener Arbeitsbereich oder eine Methode Sozialer Arbeit in unterschiedlichen Feldern sei, scheint ansatzweise überwunden. So etabliert sich der Begriff Streetwork als Form Aufsuchender Sozialer Arbeit im öffentlichen Raum, wendet sich Menschen mit speziellen Problemlagen zu und sucht sie an jenen Orten im öffentlichen Raum, die für sie eine besondere Anziehungskraft darstellen, wie Parks, Lokale, öffentliche Orte, etc. auf. Streetwork hat wenig mit der freizeitorientierten Kinder- und Jugendarbeit zu tun, sondern stellt einen eigenen Ansatz Sozialer Arbeit dar, der sich auf gesellschaftlich marginalisierte Personengruppen (oder: Personengruppen deren Verhalten gesellschaftlich problematisiert wird) bezieht.

Prof. Dr. Ulrich Deinet ✉
Fachbereich Sozial- und Kulturwissenschaften Düsseldorf, Fachhochschule Düsseldorf, Wilhelmstr. 4, 42781 Haan, Deutschland
e-mail: Ulrich.Deinet@t-online.de
Dr. phil. Richard Krisch
Fachhochschule Campus Wien Department Soziales, Verein Wiener Jugendzentren, Prager Straße 20, 1210 Wien, Österreich
e-mail: r.krisch@jugendzentren.at

Der Ansatz der mobilen Jugendarbeit (vgl. Specht 1987) hat sich in den 1970er-Jahren insbesondere als eine Arbeitsform mit jenen Jugendlichen entwickelt, die von der klassischen Offenen Kinder- und Jugendarbeit nicht erreicht werden. Mobile Jugendarbeit versteht sich als Aufsuchende Form Sozialer Arbeit an den Orten, an denen sich Jugendliche aufhalten, die dort ganz unterschiedliche Angebote macht, von Einzelberatung und Einzelfallhilfe über Cliquenarbeit, bis hin zu sportorientierten Freizeitangeboten im öffentlichen Raum. Aufgrund des Spannungsverhältnisses zu den Einrichtungen der Offenen Kinder- und Jugendarbeit (und den von diesen nicht erreichten Kindern und Jugendlichen) ergaben sich immer wieder auch Spannungen und Differenzen zwischen beiden Arbeitsfeldern bzw. Abgrenzungen, insbesondere aus dem Bereich der Mobilen Jugendarbeit. Dieses Nebeneinander bzw. Gegeneinander wurde auch dadurch verstärkt, dass die Trägerschaft für Einrichtungen der Offenen Kinder- und Jugendarbeit sowie Streetwork und Mobile Jugendarbeit oft völlig unterschiedlich waren oder die Arbeitsbereiche auch bei Jugendämtern in unterschiedlichen Abteilungen angesiedelt waren. Heute findet man jedoch Jugendeinrichtungen, an denen Mobile Jugendarbeiter angegliedert sind, sie sind dabei Bestandteil des Teams einer Einrichtung, arbeiten von der Einrichtung aus im jeweiligen Sozialraum, haben aber nicht den primären Auftrag, Jugendliche in die Einrichtung zu holen, sondern halten den Kontakt zu Jugendlichen die die Einrichtungen nicht besuchen bzw. die auch nicht bereit sind, sich auf normativere pädagogische Arrangements einzulassen.

Deutlich zu unterscheiden sind die beiden pädagogischen Situationen in der Einrichtung und im öffentlichen Raum: MitarbeiterInnen und Jugendliche agieren unter völlig unterschiedlichen Rahmenbedingungen in Einrichtungen, die eine bestimmte Regelstruktur besitzen, die sich auch auf Cliquendynamiken und die Umgangsformen der Jugendlichen auswirken und im Gegensatz dazu die niedrigschwellige pädagogische Situation im öffentlichen Raum, die von den Fachkräften „als Gäste in den Lebensräumen der Jugendlichen" auch einen völlig anderen Zugang erforderlich macht als dies im Rahmen einer Einrichtung möglich ist.

Unter sozialräumlichen Gesichtspunkten (vgl. Deinet und Krisch in diesem Band) muss die Trennung zwischen der Arbeit in Einrichtungen und dem öffentlichen Raum überwunden werden, d. h. eine sozialräumlich orientierte Jugendarbeit macht selbstverständlich Angebote außerhalb von Einrichtungen, z. B. auf öffentlichen Plätzen, in Parks, Lokalen, Einkaufszentren etc., nicht nur um Jugendliche zu erreichen, die die Einrichtungen nicht besuchen, sondern um selbst als Jugendarbeit im öffentlichen Raum präsent zu sein, sich im Sinne der Wahrnehmung eines jugendpolitischen Mandats gemeinsam mit Jugendlichen für ihre Belange einsetzen zu können.

Dadurch wird die klassische, einrichtungsbezogene „Komm-Struktur" der Einrichtungen durch eine „Geh-Struktur" eines „herausreichenden" Arbeitsansatzes (vgl. Deinet 2009; Krisch 2009; Verein Wiener Jugendzentren 2009) erweitert, so dass ein breiteres Spektrum von Zielgruppen als nur in der Einrichtung erreicht werden kann und sozialpädagogische Projekte im öffentlichen Raum über die Angebote in der Einrichtung hinaus realisiert werden (vgl. Krisch und Stoik et al. 2011, S. 11).

Die Begriffe „herausreichende" oder „hinausreichende Arbeit" beziehen sich auf die direkten Zusammenhang der Offenen Jugendarbeit in Einrichtungen und mobiler, aufsuchender Ansätze im Sozialraum: Einrichtungsbezogene und „herausreichende" Kinder- und Jugendarbeit geht von Standorten der Jugendarbeit, wie Jugendzentren und Jugendtreffs aus, in denen sie frei zugängliche Gesellungs-, Erlebnis- und Erfahrungsräume anbietet. Dem sozialräumlichen Ansatz folgend entwickelt sie eine regelmäßige Präsenz in ihrem Sozialraum/Grätzel/Stadtteil/Gebiet/Kiez und führt Angebote etwa in Parks oder an anderen öffentlichen Orten durch, um Jugendliche auch außerhalb ihrer Einrichtungen zu erreichen und deren Aneignungsmöglichkeiten zu erweitern.

Die „hinausreichende Arbeit" meint zunächst die offene Kinder- und Jugendarbeit im öffentlichen Raum. Analog zu Konzepten der mobilen Kinder- und Jugendarbeit besteht hier der Auftrag, die Jugendlichen auch außerhalb der Komm-Strukturen von Kinder- und Jugendhäusern in der Auseinandersetzung mit der sozialen Umwelt an unterschiedlichen Orten im lokalen Umfeld aufzusuchen. Es wird nicht nur der öffentliche Raum Kinder- und Jugendzentrun mit den Jugendlichen ausgehandelt, sondern sie werden in ihren Aushandlungsprozessen mit der konkreten sozialen Umgebung vor Ort unterstützt.

Dabei meint sie auch bewusst offene Kinder- und Jugendarbeit am öffentlichen Raum. Kinder- und Jugendarbeit hat ebenfalls einen Auftrag, über das bloße Aufsuchen von Kindern und Jugendlichen hinaus, politisch in die Gestaltung des öffentlichen Raums einzugreifen. Sie hat mit den Jugendlichen an der Gestaltung öffentlicher Räume zu arbeiten. Sie ermutigt die Jugendlichen, für ihre Aneignungsräume politisch zu streiten und in die Auseinandersetzung mit anderen Interessengruppen im öffentlichen Raum zu gehen. Sie ermöglicht es den Jugendlichen, ihre Interessen in der Aneignung des öffentlichen Raumes zu vertreten.)

Grundlage der herausreichenden Arbeit ist die Anerkennung der Heterogenität der Lebenslagen, Interessen und Bedürfnisse der Jugendlichen im öffentlichen Raum. Dazu zählt auch die Anerkennung und Förderung der spezifischen Aneignungsformen von Mädchen.

Der herausreichende Arbeitsansatz ist nicht auf einzelne Zielgruppen fokussiert, sondern versucht – entsprechend seiner sozialräumlichen Begründung – die infrastrukturellen Gegenbenheiten und Möglichkeiten des Sozialraums im Interesse der Kinder und Jugendlichen generell zu verbessern.

Die Methoden dieser Arbeitsform reichen von kontinuierlichen strukturierten Stadtteilbegehungen, Erforschung des Stadtteils mit sozialräumlichen Methoden unter Einbeziehung der Jugendlichen, Aufsuchen von Gruppentreffpunkten, regelmäßigen Angeboten, sport- und bewegungsorientierten Aktivitäten, Konfliktmoderation im Stadtteil bis zur Vernetzung und Kooperation mit verschiedensten sozialen Einrichtungen und Schlüsselpersonen im Stadtteil.

Die Vernetzung mit Institutionen, Politik, Verwaltung sowie Schlüsselpersonen dient auch der Verbesserung der öffentlichen Wahrnehmung von Kindern und Jugendlichen und kann der Verdrängung Jugendlicher aus dem öffentlichen Raum entgegenwirken.

Zu einem zukunftsweisenden Konzept sozialräumlicher Jugendarbeit gehören deshalb sowohl Angebote aus den Einrichtungen, heraus, als auch Angebote im öffentlichen Raum der Aufsuchenden mobilen Jugendarbeit bis hin zu Streetwork an spezifischen Orten mit bestimmten Zielgruppen, die über eine freizeit- und sozialpädagogisch ausgerichtete Arbeit hinausgehen. Die im Folgenden am Beispiel des Vereins der Jugendzentren der Stadt Wien beschriebenen Qualitätsstandards zeigen ein solch breites Spektrum, das ein breites Verständnis der Kinder- und Jugendförderung mit unterschiedlichen Ansätzen, auch im öffentlichen Raum, vorsieht (vgl. Verein Wiener Jugendzentren 2009, S. 3, 2012, S. 21).

Dabei werden folgende allgemeine Prinzipien der aufsuchenden und herausreichenden Arbeit verfolgt:

- Kontinuierliche Präsenz im Stadtteil
- Aufsuchen von wichtigen jugendrelevanten Orten und regelmäßige Anwesenheit
- Blick auf Jugendkulturen des Sozialraums/Stadtteils
- Anerkennung der Heterogenität der Lebenslagen, Interessen und Bedürfnisse der Kinder und Jugendlichen im öffentlichen Raum
- Anerkennung und Förderung der spezifischen Aneignungsformen von Mädchen
- Verlässliche und verbindliche Ansprechperson
- Förderung von kinder- und jugendkulturellen Ausdrucksformen im öffentlichen Raum
- Aktivierung von Kindern und Jugendlichen zu Sport und Bewegung
- Unterstützung von benachteiligten Gruppen im öffentlichen Raum
- Spielregeln des Zusammenseins im öffentlichen Raum thematisieren und eine Auseinandersetzung anregen und führen
- Förderung von Fähigkeiten und Kompetenzen
- Partizipation von Kindern und Jugendlichen gewährleisten
- Transparente Darstellung der vorhandenen Ressourcen und Möglichkeiten der Offenen Kinder- und Jugendarbeit
- Lobbying betreiben und Öffentlichkeit für Kinder und Jugendliche schaffen.

Arbeitsansätze mobiler und herausreichender Arbeit Der sozialräumlich orientierte Blickwinkel der Offenen Kinder- und Jugendarbeit bildet sich sehr stark in der kontinuierlichen Durchführung von Analysen des Sozialraumes mit sozialräumlichen Methoden der Jugendarbeit ab.

Durch die kontinuierlich durchgeführten Stadtteilrundgänge erwerben die JugendarbeiterInnen Kenntnisse über verschiedene Cliquen und Gruppen und deren Interessen und Erwartungen.

Vorrangig dienen Angebote an Cliquen- und Gruppentreffpunkten der Schaffung alternativer Freizeitmöglichkeiten und einer Ausweitung der Nutzungsformen der bekannten Orte. Auch werden gruppenspezifische Themen aufgegriffen und gemeinsam mit der Zielgruppe weiter entwickelt.

Ein wichtiger Schwerpunkt der herausreichenden Arbeit ist die Organisation und Durchführung von verschiedenartigen Veranstaltungen im öffentlichen Raum mit dem Fokus auf Partizipation und Anerkennung der Diversität der Jugendlichen.

In der tätigen Auseinandersetzung mit ihrer materiellen und symbolischen Umwelt erweitern Kinder und Jugendliche ihr Handlungsrepertoire, aber auch ihre motorischen und handwerklichen Kompetenzen. Durch die Bereitstellung von materiellen Ressourcen und deren gezielten Einsatz durch die JugendarbeiterInnen und der Förderung der Beteiligung von Jugendlichen erweitert Jugendarbeit die Aneignungsmöglichkeiten der Kinder und Jugendlichen.

Um die verschiedensten Zielgruppen eines Stadtteils gezielt in ihrer Lebenswelt und ihren sozialräumlichen Zusammenhängen zu unterstützen, bedarf es einer intensiven Zusammenarbeit mit den unterschiedlichen AkteurInnen. Über den Aufbau von Vernetzungszusammenhängen mit anderen Institutionen und Schlüsselpersonen eines Stadtteils können weitere Angebote im Stadtteil und damit Veränderungen der Infrastruktur des Gemeinwesens im Interesse der Kinder und Jugendlichen bewirkt werden. Dies betrifft Räume, Materialien oder finanzielle Mittel und das Fachwissen aller im Stadtteil und Bezirk verankerten, jugendrelevanten Institutionen, da sich so gebündelte Ressourcen potenzieren lassen.

Literatur

Deinet, U. (Hrsg.). (2009). *Sozialräumliche Jugendarbeit. Grundlagen, Methoden, Praxiskonzepte* (3., überarb. Aufl.). Wiesbaden.

Deinet, U., & Krisch, R. (2002/2006). *Der sozialräumliche Blick der Jugendarbeit. Methoden und Bausteine zur Konzeptentwicklung und Qualifizierung* (1. bzw. 2. Aufl.). Wiesbaden

Krisch, R. (2009). *Sozialräumliche Methodik der Jugendarbeit. Aktivierende Zugänge und praxisleitende Verfahren*. Weinheim und München.

Krisch, R., Stoik, C., Benrazougui, E., & Kellner, J. (2011). Glossar Soziale Arbeit im öffentlichen Raum. Kompetenzzentrum für Soziale Arbeit des FH Campus Wien. Im Auftrag der Stadt Wien.

Specht, W. (1987). *Die gefährliche Straße – Jugendkonflikte und Stadtteilarbeit*. Bielefeld.

Verein Wiener Jugendzentren (2009). *Herausreichende Arbeit. Grundlagenpapier*. Wien.

Verein Wiener Jugendzentren (2012). *Qualität und Wirkung der Offenen Jugendarbeit im Verein Wiener Jugendzentren*. Wien.

Einzelarbeit und Beratung

50

Franz Bettmer und Benedikt Sturzenhecker

Die Frage nach den Möglichkeiten und Grenzen einer individuellen Beratung in der Offenen Kinder- und Jugendarbeit (im Folgenden: OKJA) ist theoretisch wie empirisch kaum geklärt. Es gibt einerseits Argumente dafür, dass die Bedingungen der OKJA im Unterschied zu institutionalisierten Beratungsangeboten eine deutlich geringere Zugangsschwelle aufweisen (vgl. Bettmer 2001). In der Perspektive der Fachkräfte gehören Beratungstätigkeiten entsprechend häufig zum beruflichen Alltag (Ostbomk-Fischer 1991). Andererseits wird aber auf deutliche Hemmschwellen verwiesen, die im Setting der OKJA wirksam werden (vgl. von der Haar 2004, S. 14 ff.). Damit deutet sich an, dass eine Anbahnung von Beratungsgesprächen in der OKJA leicht fällt, eine Verstetigung und Vertiefung von Beratungsbeziehungen aber auf Probleme stößt. Der vorliegende Beitrag geht von der These aus, dass dem grundlegenden Anspruch von Jugendlichen, eine individuelle Souveränität aufrechtzuerhalten, hierbei eine zentrale Bedeutung zukommt. OKJA und Beratungssituation konstituieren jeweils unterschiedliche, aber nicht ohne weiteres kompatible Möglichkeiten, diesem Anspruch gerecht zu werden. Dies ist bei Versuchen zu einer stärkeren Integration von Beratungsangeboten in die OKJA vorrangig zu berücksichtigen.

Für die OKJA ist konstitutiv, dass sie sich auf Interaktionen zwischen Jugendlichen als „Feld kommunikativer Selbstregulierung" (Mollenhauer in: Müller et al. 1986, S. 108) bezieht. Die Arbeit mit einzelnen Jugendlichen ist hier nicht ausgeschlossen, steht jedoch zumindest in einem Spannungsverhältnis zur Arbeit mit Gruppen, soweit es um die Bearbeitung individueller Probleme geht. Diese Spannung wird vor allem in einer theoretischen Konzeption der offenen als einer „subjektorientierten Jugendarbeit" (Scherr 1997)

Prof. Dr. Franz Bettmer
Lehrstuhl für Sozialpädagogik, Universität Bamberg, Bamberg, Deutschland
Prof. Dr. phil. Benedikt Sturzenhecker ✉
Fakultät für Erziehungswissenschaft, Psychologie und Bewegungswissenschaft Arbeitsbereich Sozialpädagogik und außerschulische Bildung, Universität Hamburg, Binderstr. 34,
20146 Hamburg, Deutschland
e-mail: benedikt.sturzenhecker@uni-hamburg.de

erkennbar. Hier erscheint die OKJA in konsequenter Weise als ein sozialer Raum, „der dem Subjekt existentielle Sicherheit gibt" (Winkler 1988, S. 280). Diese Möglichkeit ergibt sich wiederum nur unter der Voraussetzung, dass die OKJA sich weitestgehend von gesellschaftlichen Determinationen, d. h. von Einflüssen anderer Institutionen (Familie, Schule, Arbeit usw.), frei hält (vgl. a. a. O., S. 279). In pädagogischer Hinsicht wird damit „ein Freiraum geschaffen, der es erlaubt, Selbstbestimmung zu üben" (Sturzenhecker 2002, S. 29).

Dabei liegen die Ansatzpunkte der Arbeit durchaus in den jeweiligen Lebenslagen der Jugendlichen und in den hier entstehenden „konkreten Beschädigungen, Begrenzungen und Behinderungen einer selbstbewussten und selbstbestimmten Lebensgestaltung" (Scherr 1997, S. 142), d. h. bei den gesellschaftlichen Determinationen, soweit sie einer Selbstbestimmung entgegenstehen. Die sozialpädagogische Fachkraft tritt hier jedoch „nur" als „Arrangeur und Initiator einer gemeinsamen Praxis" (a. a. O., S. 19) auf. Die Gestaltung dieser *gemeinsamen Praxis*, d. h. der Gesamtheit aller Beziehungen in der jeweiligen Einrichtung soll eine selbstbestimmte Entwicklung erlauben und fördern. Dazu ist es notwendig, dass dem individuellen Jugendlichen grundsätzlich und ggf. auch kontrafaktisch zu konkreten Beeinträchtigungen eine Souveränität in der eigenen Entwicklung und Lebensgestaltung unterstellt wird. Die Nutzung dieser Arrangements verlangt dann aber auch von den Jugendlichen selbst, dass sie sich in den Beziehungen – besonders gegenüber den anderen TeilnehmerInnen – als souverän darstellen und souverän agieren.

Die pädagogisch notwendige Thematisierung von Einschränkungen der Souveränität ist dann immer noch möglich, setzt aber voraus, dass solche Einschränkungen *generalisiert* werden können, d. h. dass auch die anderen Jugendlichen in ihrer eigenen Wahrnehmung von solchen Einschränkungen betroffen sind oder sein können. Die Einschränkungen erscheinen dann als gesellschaftliche Determinationen, die zwar das Leben der Jugendlichen außerhalb der OKJA beeinflussen können, für die internen Beziehungen aber wirkungslos bleiben, so dass Souveränität als individuelles Merkmal nicht in Frage gestellt wird. Unter dieser Bedingung können Beeinträchtigungen, die ansonsten den Anlass für Einzelfallarbeit und Beratung bilden, unter Beibehaltung der Souveränität generalisiert und damit in der gemeinsamen Praxis bearbeitet werden.

Für die soziale Beratung im Einzelfallbezug gelten zunächst sehr ähnliche Bedingungen. Sie sucht und definiert die beratungsrelevanten Probleme im Zusammenhang der sozialen Interaktionen, die das Leben des Ratsuchenden konstituieren. Dabei wird – wie in der OKJA – grundsätzlich eine Handlungsfähigkeit und damit auch eine Souveränität hinsichtlich der eigenen Lebensgestaltung unterstellt. Soziale Beratung ist daran gebunden, dass die Handlungs- und Entscheidungsprobleme, die den Beratungsanlass konstituieren, nicht außerhalb der Kontrolle des Ratsuchenden liegen. Lösungen müssen im Bereich sozial anerkannter Handlungsmuster entwickelt werden und die definierten Probleme im Kontext (jugend-)typischer Problemkonstellationen generalisierbar sein (vgl. Dewe und Scherr 1990).

Bei hinreichend homogener Zusammensetzung der TeilnehmerInnen könnten somit alle Probleme, die einen Beratungsanlass konstituieren, im Prinzip auch im Rahmen gemeinsamer Praxis bearbeitet werden, bspw. mit den Mitteln einer Gruppenberatung (vgl.

dazu Rechtien 2004). Es ist aber evident, dass die Vielfalt der individuellen Beratungsanlässe nicht vollständig und angemessen in diesem Rahmen aufgegriffen werden kann. Um entsprechenden Bedürfnissen der Jugendlichen gerecht zu werden, muss die OKJA auch individuelle Beratungsleistungen realisieren, die parallel zur gemeinsamen Praxis verlaufen. Die Besonderheit individueller Beratung besteht hier zunächst in dem Vorteil, dass sie sich umfassender, intensiver und langfristiger mit den individuell besonderen Aspekten eines Problems beschäftigen kann. Darin liegt aber zugleich ein Nachteil im Verhältnis zur gemeinsamen Praxis. Hier muss bereits zu Beginn eine überindividuelle Gemeinsamkeit, also eine Generalisierung festgelegt werden. Diese Anfangsbedingung sichert die Unterstellung von Souveränität als Grundlage der Kommunikationen ab. In der individuellen Beratung muss dagegen relativ offen gelassen werden, welche Generalisierungen des individuellen Problems zu welchem Zeitpunkt des Beratungsprozesses erreicht werden können. Souveränität wird damit sehr viel stärker „zur Disposition gestellt". Sie erscheint hier eher als ein Zustand, der verloren ist und erst wieder hergestellt werden muss, während sie in der gemeinsamen Praxis als ein verfügbarer Zustand erscheint, den es zu festigen und auszubauen gilt. Dieser Unterschied wird selbstverständlich auch von den Jugendlichen wahrgenommen. Es ist deshalb anzunehmen, dass sie den Weg der individuellen Beratung dann wählen, wenn sie ihr Problem nicht für generalisierbar halten und bei einer Thematisierung in der gemeinsamen Praxis Souveränitätsverluste befürchten.

Ist der Weg der individuellen Beratung einmal eingeschlagen, fällt es aber schwer, mit dem Problem in die gemeinsame Praxis zurückzukehren. Denn in der individuellen Bearbeitung von Problemen müssen auch die Lösungswege stärker mit den individuell besonderen Konstellationen der Handlungs- und Lebensbereiche verbunden werden. Die Bandbreite dessen, was für eine Thematisierung in der gemeinsamen Praxis generalisiert werden müsste, wächst also zusehends. Die Differenz zu den Souveränitätsbedingungen der gemeinsamen Praxis wird damit eher stärker.

Die Parallelität von gemeinsamer Praxis und individueller Beratung birgt aber auch die Gefahr, dass Prozesse individueller Beratung vorzeitig abgebrochen werden. Diese Gefahr resultiert vor allem daraus, dass die individuelle Beratungsbeziehung auch in der Außenwahrnehmung einen möglichen Souveränitätsverlust signalisiert. Jugendliche unterliegen einer starken Beobachtung und sozialen Kontrolle durch ihre *peers*. Eine kontinuierliche und sichtbare Einzelarbeit kann hierbei die Souveränitätsunterstellung als kommunikative Grundlage der gemeinsamen Praxis gefährden. In den wenigen empirischen Untersuchungen zu diesem Bereich lassen sich Hinweise auf ein entsprechendes Verhalten von Jugendlichen finden. Sie möchten insbesondere wiederholte Beratungssituationen gerne der Beobachtung entziehen und suchen deshalb nach Möglichkeiten, die Kontakte außerhalb der alltäglichen Vollzüge in der OKJA, z. B. außerhalb von Öffnungszeiten oder an anderen Orten zu realisieren. Zudem möchten Jugendliche den Freiraum der OKJA gerne vor einem Eindringen sozialer Determinationen ihres Lebens schützen. Das gilt auch für diesbezügliche Kenntnisse Anderer. Obwohl durchaus Vertrauen besteht, wollen Jugendliche in der Regel nicht, dass die Fachkräfte „alles" über sie wissen. Zwar wird eine Vertrautheit der Fachkräfte mit der eigenen Lebenswelt als hilfreich betrachtet, es unterliegt jedoch einem Kontrollvorbehalt der Jugendlichen, inwieweit dieses Wissen ausgebaut und damit im sozialen Raum der OKJA prinzipiell verfügbar wird (vgl. Bettmer 2001).

Eine angemessene und erfolgreiche Realisierung individueller Beratung setzt also voraus, dass man den Souveränitätsansprüchen der Jugendlichen entgegenkommt. Das erfordert spezielle kommunikative Fertigkeiten und – insbesondere bei einer Längerfristigkeit – auch die Einhaltung einer bestimmten Phasenabfolge (vgl. dazu etwa Culley 1996). Hier könnten *Weiterbildungen* sinnvoll sein. Soweit Beratungen innerhalb der Einrichtung stattfinden, ist es wichtig, einen *Rückzugsraum* bereitzustellen, der ein entsprechendes Setting bietet (vgl. dazu Großmaß 2004) und möglichst auch exklusiv für Zweiergespräche genutzt werden kann. Bei einer „Auslagerung" von Beratungen ergibt sich u. U. das Problem einer *Anrechnung auf die Dienstzeiten*. Hier müssten entsprechende Regelungen gefunden werden, um individuelle Beratungen als wesentliche fachliche Leistungen anzuerkennen.

Eine Einbindung in die organisatorischen Strukturen und Abläufe der OKJA erzeugt weitere Anforderungen. Beratungsbeziehungen basieren auf Vertrauen und sind deshalb an konkrete Personen gebunden. Beratungsprozesse erfordern ein hohes Maß an Verbindlichkeit. Das bedeutet, dass vereinbarte Termine eine Priorität gegenüber unverhofft anfallenden anderen Aufgaben haben müssen, und dass möglichst auch eine persönliche Verfügbarkeit der beratenden Fachkraft im Falle krisenhafter Zuspitzungen des Problems gewährleistet ist. Zudem sollten die einzelnen Beratungsgespräche nicht von vornherein zeitlich begrenzt sein. Um diesen Anforderungen gerecht werden zu können, sind *flexible Aufgaben- und Zeitstrukturen* notwendig, die wiederum hinreichende *personelle Kapazitäten* voraussetzen.

Darüber hinaus müssen gegebenenfalls zwei unterschiedliche Fragen sachgerecht entschieden werden können: Welche Beratungsanlässe können in die gemeinsame Praxis transformiert werden? Wann überschreitet ein Problem die eigenen Beratungskompetenzen, so dass eine Vermittlung in spezialisierte Beratungseinrichtungen oder in eine Therapie angezeigt ist? Für beide Entscheidungen kann man nur sehr bedingt auf „objektive" diagnostische Kriterien zurückgreifen. Hier wäre die Möglichkeit einer *kollegialen Supervision* angezeigt. Wichtig ist außerdem, dass solche Entscheidungen, wenn sie nach einem Einstieg in eine längerfristige Beratung getroffen werden müssen, nicht durch die Anforderungen oder Bedarfe der anderen Aufgaben beeinflusst werden, z. B. weil für ein Gruppenangebot noch TeilnehmerInnen gebraucht werden oder aus zeitlichen Gründen. Schließlich ergeben sich u. U. zusätzliche Aufgaben, soweit *Kooperationen* mit spezialisierten Beratungseinrichtungen intensiviert oder erst aufgebaut werden müssten.

Literatur

Bettmer, F. (2001). Jugendberatung in der offenen Jugendarbeit? Die Perspektive von Jugendlichen. *deutsche jugend*, *49*, 108–116.

Culley, S. (2002). *Beratung als Prozeß. Lehrbuch kommunikativer Fertigkeiten*. Weinheim und Basel.

Dewe, B., & Scherr, A. (1990). Beratung und Beratungskommunikation. *Neue Praxis, 20*, 488–500.

Großmaß, R. (2004). Beratungsräume und Beratungssettings. In F. Nestmann, F. Engel, & U. Sickendiek (Hrsg.), *Disziplinen und Zugänge. Das Handbuch der Beratung*, Bd. 1. (S. 487–496). Tübingen.

Müller, C. W., Kentler, H., Mollenhauer, K., & Giesecke, H. (1986). *Was ist Jugendarbeit? Vier Versuche zu einer Theorie*. Weinheim und München. Reprint von 1964

Ostbomk-Fischer, E. (1991). Chancen der Beratung in der Offenen Jugendarbeit. *deutsche jugend, 39*, 536–539.

Rechtien, W. (2004). Beratung in Gruppen. In F. Nestmann, F. Engel, & U. Sickendiek (Hrsg.), *Disziplinen und Zugänge. Das Handbuch der Beratung*, Bd. 1. (S. 359–373). Tübingen.

Scherr, A. (1997). *Subjektorientierte Jugendarbeit. Eine Einführung in die Grundlagen emanzipatorischer Jugendpädagogik*. Weinheim und München.

Sturzenhecker, B. (2002). Bildung. Wiederentdeckung einer Grundkategorie der Kinder- und Jugendarbeit. In T. Rauschenbach, W. Düx, & I. Züchner (Hrsg.), *Jugendarbeit im Aufbruch. Selbstvergewisserungen, Impulse, Perspektiven* (S. 19–59). Münster.

von der Haar, E. (2004). *Jugendberatung. Leitfaden für die Praxis in der Jugendarbeit, Ausbildung und Schule*. München/Unterschleißheim.

Winkler, M. (1988). *Eine Theorie der Sozialpädagogik*. Stuttgart.

Beziehungsarbeit

51

Achim Schröder

Unter Beziehungsarbeit versteht man in der Praxis all jene Aktivitäten und Bemühungen, die zur Herstellung und Aufrechterhaltung eines personalen Kontakts eingebracht werden. Beziehungsarbeit wird zumeist als Voraussetzung und Begleiterscheinung aller anderen Aktivitäten gesehen und ist für die offene Jugendarbeit von besonderer Bedeutung, weil sie über vergleichsweise wenig Festlegungen und Spezifizierungen verfügt und sich die Jugendhausbesucher zumeist auf dem Weg über die Kommunikation mit MitarbeiterInnen in spezielle Aktivitäten hineinfinden. Doch auch im Jugendhaus ist „Beziehungsarbeit" kein eigenständiger Arbeitsansatz. Denn die Arbeit an Personen und Beziehungen ist nicht von der Arbeit an Inhalten und Aktivitäten zu trennen, wie der diffamierende Begriff „Kuschelpädagogik" unterstellt. Beziehung ist kein verdinglichter Selbstzweck. Deshalb kommt es vor allem darauf an, geeignete analytische Begriffe heranzuziehen, um die Charakteristik der *professionellen Beziehung* herauszustellen. Erst wenn man sich über ihre Bestandteile und Bedingungsfaktoren im Klaren ist, kann man die Beziehungsarbeit in der Praxis einer Reflexion zugänglich machen.

51.1 Persönlichkeitsentwicklung und die Grenze zum Anderen

Für die Beziehung, die wir zu einem Anderen eingehen, ist von entscheidender Bedeutung, wie getrennt wir uns von ihm fühlen.

Diese Basisthese erscheint zunächst paradox, da sie die Beziehungsfähigkeit einer Person von ihrem „Getrenntsein" her bestimmt. Doch wo die *Grenze* zwischen einer Person und dem Anderen fehlt, ist die eigene Identität verschwommen; wo kein Bild entsteht, ob

---

Prof. Dr. phil. Achim Schröder ✉
Fachbereich Gesellschaftswissenschaften und Soziale Arbeit Darmstadt, Hochschule Darmstadt
University of Applied Sciences, Adelungsstr. 51, 64283 Darmstadt, Deutschland
e-mail: achim.schroeder@h-da.de

es sich nun um eigene Wünsche und Gefühle oder die des Gegenübers handelt, existiert eine Überschneidung. Diese beschränkt die Handlungsfähigkeit gegenüber dem Anderen. Es lässt sich unter diesen Umständen kein sicherer Standpunkt ermitteln, von dem aus die Person Beziehungen aufnimmt und aufnehmen kann.

Das Problem wird besonders deutlich an Kindern, die Übergriffe durch erwachsene Bezugspersonen erlebt haben. Sexueller Missbrauch ist die bekannteste und folgenschwerste Variante. Aber psychischer Missbrauch kann auf vielfältige Weise stattfinden, beispielsweise in den Formen, die man als „Ersatzpartnerschaft" bezeichnet, wenn Kinder also nicht als Kinder behandelt werden, sondern ersatzweise Funktionen von fehlenden (erwachsenen) Liebespartnern zu übernehmen gezwungen sind.

51.2 Offenheit und Halt in der Jugendarbeit

Die Erwartungen und Bedürfnisse, die Jugendliche angesichts von inneren, adoleszenztypischen Ambivalenzen und angesichts von ungewissen, sozialen Lebensperspektiven an Jugendarbeit richten, haben Böhnisch et al. (1998) mit dem Begriffspaar „Offenheit und Halt" auf den Punkt gebracht.

Ein zentrales Kennzeichen der Jugendarbeit ist ihre *Offenheit* gegenüber den Jugendlichen, ihren Bedürfnissen und Eigenarten. In der Offenheit spiegeln sich vor allem drei Prinzipien: freiwillig, adressatenoffen, ergebnisoffen. Die Jugendarbeit bietet sich als Experimentierfeld an; sie stellt Möglichkeitsräume zur Verfügung, in denen Jugendliche sich entfalten, bilden und im sozialen Miteinander erproben können.

Die Aktivitäten in der Jugendarbeit sind immer auch mit der Funktion verknüpft, *Halt* zu geben. Denn der Aktions- und Orientierungsraum Jugendarbeit unterscheidet sich von dem der Peers und Jugendkulturen durch ein verlässliches Angebot an Räumlichkeiten, an Strukturen und an Personen. Offenheit in der Jugendarbeit darf nicht verwechselt werden mit Beliebigkeit. Die Angebote – ob in der offenen Jugendarbeit, in Jugendverbänden, in sozio-kulturellen Einrichtungen oder in Bildungsstätten – sind immer verortet im Spannungsfeld zwischen Vorgaben und Selbsttätigkeit. Jugendarbeit übernimmt damit neben einer Freiraum gewährenden Funktion auch eine schützende und haltende. Diese Funktion können die Eltern für Jugendliche in der Ablösephase nicht mehr so ausfüllen wie zu Zeiten der Kindheit. Von den Gleichaltrigen kann die Funktion nur bedingt übernommen werden, denn die gleich Gesinnten und ähnlich Fühlenden sind von eigenen Verunsicherungen erfasst und deswegen nur begrenzt in der Lage, Halt und Rückhalt zu bieten.

Die haltende Funktion von Bezugspersonen lässt sich mit dem Bild vom „Containment" genauer begreifen. Der englische Psychoanalytiker Bion, der in der Tradition der Objektbeziehungstheorie steht, hat beschrieben, wie die Mutter die Funktion eines Containers für das kleine Kind übernimmt (Bion 1962). Wenn sich das Kind unangenehmer Gefühle durch Projektion auf die Mutter versucht zu entledigen, werden diese Gefühle in der Mutter umgewandelt und in akzeptabler Form zurückgegeben. Der Container ist ein Behälter mit einem Innenraum, der innerhalb bestimmter Grenzen etwas bewahren und halten und dann auch wieder hergeben kann. Dadurch kann das Kind lernen, seine feindseligen Impulse wie Ängste und Aggressionen wahrzunehmen und anzuerkennen sowie mit ihnen auf eine sozial verträgliche Weise umzugehen.

Wie lässt sich das auf *Jugendarbeit übertragen*? Es hängt viel davon ab, wie die JugendarbeiterInnen auf heftige Gefühle der Jugendlichen reagieren. Wie gehen sie mit aggressiven Verhaltensweisen um, wenn sie als Person selbst zum Objekt der Aggression der Jugendlichen werden? Die Wut nur aufzunehmen und zu „schlucken" ist eine problematische und letztlich auch unrealistische Möglichkeit. Sie einfach zurückzugeben wird – abgesehen von der Schwierigkeit, dies in eins-zu-eins zu tun – nur begrenzten Sinn haben. Demgegenüber erscheint es wichtig, erlebbar zu machen, dass man auch solche Gefühle erst einmal annehmen kann, ohne von ihnen „aus dem Gleis geworfen" zu werden. Auch wenn man nicht unberührt bleibt, so trifft einen nicht die ganze Wucht der Aggression. Man kann die Gefühle aufgreifen, halten und bewahren. Dazu passt das Bild des Containers. Mit dem Halten und Bewahren ist der Prozess noch keineswegs abgeschlossen. Jetzt geht es um eine Verknüpfung der empfangenen Gefühle mit den eigenen und somit um eine Umwandlung der Gefühle. Die JugendarbeiterInnen sollten in dieser Hinsicht gerade nicht die Gefühle bei sich behalten, sondern sie in der angereicherten und gewandelten Form an den Sender übermitteln. Dadurch wird intersubjektives Lernen möglich. Das unterscheidet sich von einem Lernen moralischer Wertmaßstäbe. Denn hier kommt die Person mit ihren Möglichkeiten und Grenzen zum Einsatz. Die Professionalität zeigt sich dann darin, die Situation überblicken, das Gegenüber mit seinen Schwächen und Fehlern annehmen und selbst entsprechend reagieren zu können (Stemmer-Lück 2004, S. 102 ff.). Dazu braucht es den von Außen angeleiteten Austausch über die konkreten Fälle, um über die Reflexion genau jene Möglichkeiten und Grenzen der eigenen Person auszuloten und gegebenenfalls zu erweitern.

51.3 Zur Unterscheidung zwischen „diffusen" und „spezifischen" Beziehungsanteilen

In der pädagogischen Fachdiskussion wird darauf hingewiesen, dass man pädagogisches Handeln systematisch unterscheiden muss „von der *naturwüchsigen sozialisatorischen Praxis* der Familie, Verwandtschaft und Siedlungsgemeinschaft" (Oevermann 1996, S. 141). Denn vom Anspruch her zielt pädagogisches Handeln auf eine *zusätzliche* Erziehung und Bildung außerhalb der familiären Praxis. Diese Unterscheidung wird erst dadurch möglich, dass Pädagogen sich eine Rolle aneignen und nicht nur als Person X oder Y auftreten und dass sie auf einem ausgewählten Feld zu einem Experten werden. Zugleich sind die Pädagogen als Person genau durch jenen „naturwüchsigen sozialisatorischen Prozess" in ihrer eigenen Familie, in ihrer eigenen Biografie geprägt; durch jenen Prozess hat sich herausgebildet, was jeder für sich als seine Identität oder seine Persönlichkeit bezeichnen kann. Deshalb haben wir es in pädagogische Beziehungen, immer mit unterschiedlichen Beziehungsanteilen zu tun.

Der Soziologe Parsons hat dazu die Unterscheidung in diffuse und spezifische Beziehungsanteile eingeführt (Pollak 2002). Bindungen in der Familie sind immer auf die Gesamtperson gerichtet; so nehmen Eltern ihre Kinder nicht nur als Schüler oder als Fußballspieler oder als Mitbewohner in den Blick, sondern sind auf vielfältige und vor allem emotionale Weise mit ihnen verbunden; deshalb werden diese Sozialbeziehungen als *diffus* definiert. Sie sind von der Tendenz her umfassend und lassen sich eben nicht spezifizieren. Davon sind Interaktionen und Beziehungen zu unterscheiden, die sich über ein Thema oder eine Aktivität herstellen und zu einem spezifischen Kontakt führen. Die *spezifischen* Anteile in pädagogischen Beziehungen sind unterschiedlich ausgeprägt; beispielsweise spielen die spezifischen Anteile in einer formalisierten Beratungssituation eine dominantere Rolle als in einem offenen Bildungsdiskurs. Aber in allen Feldern haben wir es mit einem Vermischungs-Phänomen zu tun; wir handeln in unserer Fachlichkeit und tun das vor dem Hintergrund unserer eigenen Lebenserfahrungen; und wir haben es mit Teilnehmenden oder Klienten zu tun, die ebenfalls nicht nur das explizit angesprochene Anliegen vortragen, sondern immer mit ihrer ganzen Person anwesend sind und agieren.

51.4 Professionelle Beziehungen – Verstrickungen und Reflexion

Professionelle Beziehungen sind – besonders in der offenen Jugendarbeit – immer ein Gemisch aus diffusen und spezifischen Beziehungsanteilen, oder anders gesagt: Diese Beziehungen sind geprägt durch Fachlichkeit und fachliche Absprachen auf der einen Seite und durch die daran beteiligten Personen mit ihrer Persönlichkeit und den sich damit verbundenen Erwartungen, Wünschen und Ängsten auf der anderen Seite. Eine Aufklärung über das Beziehungsgeschehen betrifft somit in einem Teil die Klärung dessen, was man miteinander will, die Klärung des *Arbeitsbündnisses*, betrifft aber zudem die mitschwingenden und nicht explizit intendierten Interaktionen zwischen den Personen (Bimschas und Schröder 2003, S. 20 ff.).

Eine Aufklärung über diffuse Beziehungsanteile kann nur durch Reflexion und Supervision geschehen. Man kann diese Aufklärung nicht vorwegnehmen. Man kann sich vorbereiten und die eigenen Fähigkeiten zu einer erweiterten Wahrnehmung ausbauen. Aber man kann diesem Phänomen nicht auf eine systematisch planende Weise „auf den Leib rücken", in dem man die möglichen Beziehungsmuster systematisiert und glaubt, auf diese Weise „gewappnet" zu sein.

Jugendliche neigen auf besondere Weise zum Handeln – oder besser gesagt zum Agieren, was bedeutet, dass die Affekte eine große Rolle spielen. Diese Neigung von Jugendlichen und der oftmals bestehende Handlungsdruck erklären die *Verstrickungen*, in die JugendarbeiterInnen hineingeraten können. Für Jugendliche sind sie wichtige Ersatz-Objekte, an denen sie durchspielen, erproben und testen, was sie im Kontakt zu anderen – und eben nicht nur zu Gleichaltrigen – leisten und erreichen können. Das erklärt auch, wie sehr eine laufende Reflexion der alltäglichen Erfahrungen auf einer Basis nötig ist, die solche Verstrickungen, die durch Übertragungen ausgelöst werden, als selbstverständliche Begleiterscheinung von Beziehungsarbeit mit Jugendlichen betrachtet. *Praxisreflexion und Supervision* sind somit wichtige Arbeitsanteile, die man nicht nur in Notsituationen braucht, sondern für den *alltäglichen Umgang* mit Jugendlichen. Durch die Dichte des jugendlichen Agierens kann man in Rollen und Vorstellungen hineingedrängt werden, die sich teilweise erst erschließen, wenn man eine Betrachtung von außen zulässt und damit aus dem Zentrum des Geschehens heraustritt. Insofern kommt es bei der Reflexion darauf an, sich einen spürbaren Abstand von der Situation und damit auch von den beteiligten Personen zu verschaffen. Verstärkte Initiativen und neue Wege wird es in dieser Hinsicht in der Jugendarbeit nur geben, wenn man die weitreichende Bedeutung von angeleiteter Reflexion und Supervision für die fachliche Fundierung der Jugendarbeit und ihrer MitarbeiterInnen und damit für die Qualitätsentwicklung anerkennt.

Literatur

Bimschas, B., & Schröder, A. (2003). *Beziehungen in der Jugendarbeit. Untersuchung zum reflektierten Handeln in Profession und Ehrenamt*. Opladen.

Bion, W. R. (1962). *Lernen durch Erfahrung*. Frankfurt a. M.

Böhnisch, L., Rudolph, M., & Wolf, B. (Hrsg.). (1998). *Jugendarbeit als Lebensort. Jugendpädagogische Orientierungen zwischen Offenheit und Halt*. Weinheim und München.

Oevermann, U. (1996). Theoretische Skizze einer revidierten Theorie professionalisierten Handelns. In A. Combe, & W. Helsper (Hrsg.), *Pädagogische Professionalität. Untersuchungen zum Typus pädagogischen Handelns* (S. 70–182). Frankfurt a. M.

Pollak, T. (2002). Was heißt „Beziehung" in der sozialen Arbeit? Psychoanalytische und professionstheoretische Aspekte. *deutsche jugend, 50*(2), 78–85.

Stemmer-Lück, M. (2004). *Beziehungsräume in der Sozialen Arbeit. Psychoanalytische Theorien und ihre Anwendungen in der Praxis*. Stuttgart.

Arbeit mit Gruppen

Sabine Ader

52.1 Entwicklung von Eigenständigkeit braucht Sozialitäten

Ein zentrales Anliegen der Offenen Kinder- und Jugendarbeit ist es, Kinder und Jugendliche zur Selbstbestimmung, zu gesellschaftlicher Mitverantwortung und zu sozialem Engagement zu befähigen. Folglich geht es darum, das Heranwachsen junger Menschen so zu begleiten, dass diese zunehmend mehr zu eigenständigen Subjekten werden, die sich mit ihren individuellen Vorstellungen und Bedürfnissen ins Verhältnis zu den gesellschaftlichen Aufgaben und Erwartungen setzen können. Mit den dafür notwendigen Kompetenzen werden Menschen jedoch nicht in ausreichendem Maße geboren, sondern erwerben diese durch Erziehung und (Selbst-)Bildung im Verlauf der Sozialisation. Dabei geht es immer um Vorgänge, die primär durch Selbsttätigkeit und Aneignung gesteuert werden, aber ebenso äußerer Anregung und vorhandener bzw. speziell gestalteter Erfahrungsfelder bedürfen. Es geht um einen wechselseitigen sozialen Prozess.

Begegnung, Beziehung und Gemeinschaft sind für solche Entwicklungen elementar. Aus der Sozialpsychologie ist bekannt, dass Menschen als soziale Wesen unmittelbar auf Beziehungen angelegt sind, nach Zugehörigkeit und Intimität streben und ihr Handeln wesentlich mitbestimmt wird durch Erfahrungen mit der sozialen Umwelt. Gruppen sind dabei eine ganz alltägliche Form des Miteinanders. „Wie selbstverständlich verbringen wir fast unser ganzes Lebens als Mitglieder von Gruppen. Wir wachsen in einer Gruppe auf, der Familie. Wir lernen, spielen, arbeiten, vergnügen uns in Gruppen, […]. Gruppe ist eine Grundform des sozialen Lebens" (König und Schattenhofer 2006, S. 9). Und sie bzw. die Begegnung mit anderen (in Gruppen) sind Voraussetzung für die Entwicklung einer autonomen Persönlichkeit, die sich maßgeblich durch Reaktion und Rückmeldung von

Prof. Dr. Sabine Ader ✉
Fachbereich Soziale Arbeit Münster, Katholische Hochschule NRW, Piusallee 89-91,
48147 Münster, Deutschland
e-mail: s.ader@katho-nrw.de

anderen herausbildet. Menschliches Erleben und Handeln, subjektiv bedeutsame Einstellungen, Gefühle, Werte und Normen etc. entwickeln sich vor allem durch Interaktion und Kommunikation in sozialen Bezügen, die das Individuum reflexiv verarbeitet.

52.2 Die Gruppe als Entwicklungsraum

In der Offenen Kinder- und Jugendarbeit sind Gruppenzusammenhänge ein zentrales und traditionsreiches Gestaltungselement. Ihre Ursprünge gehen zurück auf die Jugendbewegungen des beginnenden 20. Jahrhunderts, insbesondere die „Wandervogel-Bewegung", in denen sich Jugendliche angeleitet durch ältere Jugendliche zusammen taten, um unabhängig von der Anleitung durch Erwachsene Gruppenerfahrungen mit Gleichaltrigen zu machen. Pädagogisiert wurde die Gruppe als methodische Arbeitsform kurze Zeit später, als durch die Jugendbewegung geprägte Frauen und Männer ihre Erfahrungen in sich professionell etablierende Praxisfelder der Sozialen Arbeit transportierten, z. B. in reformpädagogische Projekte oder die Heimerziehung (vgl. Müller 2001; Schmidt-Grunert 2002). Der hier nur angedeutete Blick in die Geschichte der Gruppenpädagogik und Gruppendynamik lohnt, weil bereits dort Grundannahmen deutlich werden, die auch heute noch leitend sind (vgl. Schrapper 2009):

- Die Gruppe ist ein Feld, in dem sich Menschen in Interaktion und Kommunikation mit anderen erleben, Reaktionen auslösen und über die Wirkung des eigenen Verhaltens und Erlebens wiederum lernen; somit die eigene Identität entwickeln.
- Die Gruppe ermöglicht frühe Erfahrungen in Zusammenhängen Gleichaltriger, die von Selbstorganisation, Selbstbestimmung, Unabhängigkeit und in Teilen auch Subversion gegen die Erwachsenenwelt geprägt sind.
- Die Gruppe bzw. das dynamische Kräftespiel in Gruppen können für die beteiligten Akteure wertvolle Erfahrungsfelder bieten, wenn sie von Fachkräften professionell, d. h. bewusst gruppenpädagogisch gestaltet und begleitet werden.

Gerade für die Offene Kinder- und Jugendarbeit, die Freiwilligkeit, Mitbestimmung, Selbstorganisation und Diskursivität zu ihren Kernelementen zählt, bietet das methodisch planvoll arrangierte Gruppensetting vielfältige Möglichkeiten. Durch ihre spezifischen Arbeitsweisen kann sie Mädchen und Jungen darin unterstützen, ihre eigene Positionsbestimmung im Spannungsverhältnis von Individuum und Gesellschaft vorzunehmen und Fähigkeiten zu erwerben, dies immer wieder neu tun zu können – eine Anforderung, die gerade moderne Gesellschaften an ihre Mitglieder stellen. (Selbst-)Erfahrungen zu machen durch signifikante Andere, die eigene Wirksamkeit zu erleben, Subjekt- und Selbstbildung sowie Partizipation und Demokratielernen sind in diesem Kontext zentrale Optionen (vgl. die Geselligkeitsdimension von Bildung bei Sting und Sturzenhecker i. d. Buch).

52.3 Wissen über Gruppen eröffnet Deutungs- und Handlungsperspektiven

Gruppenpädagogisch zu arbeiten erfordert neben einer fachlichen Haltung zur Bedeutung von Gruppen auch spezifisches Fachwissen über ihre Beschaffenheit und Dynamik sowie eine entsprechende Handlungskompetenz. Die (Sozial-)Psychologie, die Gruppendynamik, die Soziologie und auch die Pädagogik liefern dafür wichtige Theoriebezüge. Diese verweisen darauf, dass Gruppen ein komplexes und mitunter kompliziertes Gebilde sind. Sie bieten ihren Mitgliedern Rückhalt, Schutz, Sicherheit und Unterstützung, üben Einfluss auf die einzelnen Gruppenmitglieder aus – und können diese auch enorm verunsichern. Jede Gruppe „tickt" anders, und doch gibt es bestimmte Dynamiken, die sich immer wieder zeigen. Weder ausführliches Wissen darüber noch methodische Anregungen können hier ausgeführt werden. Nachstehend werden jedoch exemplarisch einige zentrale Mechanismen beschrieben, über die es Kenntnisse und Erfahrungen braucht, um qualifiziert mit Gruppen zu arbeiten:

- Gruppen sind kein statisches Gebilde, sondern durchlaufen *Entwicklungsprozesse bzw. -phasen*, in denen jeweils spezifische Phänomene wahrzunehmen und in der Leitung zu berücksichtigen sind. Eine Gruppe ist z. B. in der Phase des Kennenlernens nicht in der Lage, eine Vielzahl von Informationen aufzunehmen, klare Entscheidungen zu treffen oder von allen abgestimmte Aktivitäten anzugehen. Denn es gibt zu diesem Zeitpunkt weder eine Vertrautheit im Miteinander noch einen Gruppenkontrakt. Erklärungsmodelle für diese Verläufe liefern das erweiterte *Phasenmodell von Stahl*, das auf *Tuckman* zurückgeht (vgl. Stahl 2007, S. 46 ff.), die etwas weniger statisch anmutende Übersicht von *König und Schattenhofer* (2006, S. 62 f.) oder das *Modell interaktioneller Fähigkeiten nach Schöpping* (1982, S. 109).
- Im Miteinander von Gruppen spielt nicht nur das jeweilige Thema eine Rolle, sondern auch die Befindlichkeit des oder der Einzelnen sowie die Bezüge untereinander. In projektbezogenen Gruppen, z. B. bei der gemeinsamen Planung eines Festivals, geht es nicht nur darum, die gestellte Aufgabe zu bewältigen, sondern immer auch um die Frage, ob es in der Gruppe Spaß macht, die Mitglieder einen Zugang zueinander finden und die Gruppe diese unterschiedlichen Aspekte in ein ausgewogenes Verhältnis bringen kann. Das *Modell der Themenzentrierten Interaktion* nach *Ruth Cohn* liefert hier Erkenntnisse, welche Bedeutung die drei Ebenen ICH, WIR und ES (d. h. Person, Gruppe und Thema) in Gruppenprozessen haben und wie sie genutzt werden können (vgl. Langmaack und Braune-Krickau 2000).
- Mitglieder von Gruppen bringen bestimmte Handlungsmuster mit und in Gruppensituationen ein. Beispielsweise sind sie sehr kommunikativ, gehen schnell auf andere zu, stellen Nähe her, sind distanziert, sehr autonom, zuverlässig etc. Gleichzeitig haben Gruppen eine ihnen eigene Struktur, die nicht nur durch die Summe der Eigenarten ihrer Mitglieder bestimmt wird, sondern auch durch die Dynamik im Miteinander, welche Verhaltensweisen aus dem immer vielfältigen Pool persönlicher Eigenschaften ihrer

Mitglieder fördert, behindert, verstärkt oder auch neu hervorbringt. Das Handeln Einzelner lässt sich somit nicht nur aus ihnen selbst heraus erklären, sondern auch aus der je spezifischen Situation und der Beschaffenheit einer Gruppe. Dies erklärt u. a. das sogenannte *Riemann-Thomann-Modell*, das den Zusammenhang von Persönlichkeits- und Gruppenstruktur beleuchtet (vgl. Stahl 2007, S. 223 ff.), jedoch mit Bedacht angewandt werden muss, um nicht vorschnelle Festlegungen zu treffen.

- Nah verbunden mit diesem Erklärungszugang ist das Thema *Rollen und Rollendifferenzierung*. Gruppen zeichnen sich aus durch unterschiedliche Rollen ihrer Mitglieder, z. B. die „Macherin", den konstruktiven Förderer, den Randständigen, die Mitläuferin etc. Diese verschiedenen Rollen, die sich auch im Alltag der Kinder- und Jugendarbeit in vielfältiger Gestalt zeigen, sind weder ausschließlich an die Persönlichkeitsstruktur der Mitglieder gebunden, noch sind sie statisch oder immer gleich verteilt. Gruppen benötigen die Differenzierung von Rollen und ein Ensemble unterschiedlicher Positionen, um funktionstüchtig zu sein. Zur Analyse und Deutung solcher Phänomene eignet sich gut das Modell von *Raoul Schindler* (vgl. König und Schattenhofer 2006, S. 51 ff.) oder der *Ansatz von Stahl* (2007, S. 302 ff.).

Diese hier nur in Ausschnitten skizzierten, empirischen Erkenntnisse der lang existierenden Kleingruppenforschung unterschiedlicher Disziplinen sollten Fachkräften in der Gruppenleitung bekannt sein und genutzt werden, ohne das dadurch die Fähigkeit erlangt werden kann, Gruppen mechanistisch zu steuern. Zum einen sind Erklärungsmodelle immer ein Konstrukt und somit eine Verkürzung von Realität, zum anderen entfalten Gruppen ihre Eigendynamiken. Sie sind immer „eigensinnige" Systeme, die sich letztlich selbst steuern und der Leitung nur begrenzte Einflussmöglichkeiten einräumen (vgl. Schattenhofer 2009). Leitung kann anregen und irritieren, nicht aber die gesetzten Ziele technokratisch umsetzen, da sie nur ein Faktor ist, der auf das Gesamtgeschehen Einfluss hat. Entscheidender für die gruppenpädagogische Arbeit ist, dass das Fachwissen über die Beschaffenheit, die Funktionsweisen und die Dynamik von Gruppen für Praxiszusammenhänge Analyse-, Deutungs- und Handlungsperspektiven eröffnet. Es liefert die Grundlage dafür Situationen besser zu verstehen, sie nicht nur auf der Basis individuumszentrierter Theoriebezüge zu deuten, sondern auch gruppendynamische Erklärungen zu nutzen. Dieses umfassendere, multiperspektivische Verstehen von Gruppenprozessen eröffnet Optionen für eine systembezogene Entwicklung von Handlungsstrategien und impliziert als methodisches Konzept für Gruppenarbeit andere Möglichkeiten als beispielsweise die einzelfallbezogene Arbeit oder die individuelle Beratung.

52.4 Gruppe als Methode: Lernorte professionell gestalten

Die konzeptionell bewusst gestaltete Arbeit mit Gruppen ist derzeit in Theorie und Praxis Sozialer Arbeit bzw. der Offenen Kinder- und Jugendarbeit nicht besonders en vogue. Als ein Indikator dafür kann angeführt werden, dass sich in einschlägigen Veröffentlichungen zu methodischen Grundfragen derzeit kaum Bezüge zur Gruppenarbeit finden. Gleichzeitig vollzieht sich der Alltag in der Kinder- und Jugendhilfe permanent in Gruppen, woraus sich für die Professionellen ein anspruchsvolles und manchmal nur schwer zu durchschauendes Bedingungsgefüge ergibt. Um die Komplexität und die Möglichkeiten solcher Handlungssituationen zu erfassen und zu nutzen, bedarf es der theoretischen Erinnerung an Ansätze der Gruppenpädagogik und eine daraus folgende konzeptionelle Debatte darüber, was Arbeit in und mit Gruppen heute bedeuten kann und wie sie gestaltbar ist. Ein solcher Diskurs hat sich auch ins Verhältnis zu setzen zu modern gewordenen Ansätzen der Gruppenarbeit, die stark auf die reglementierenden und kontrollierenden Möglichkeiten von Gruppensettings setzen, verhaltenstherapeutisch ausgerichtet sind und technische Machbarkeit suggerieren. Beispielhaft seien hier die Vielzahl von Trainings und Programmen genannt, restriktiv ausgerichtete erlebnispädagogische Projekte oder in Teilen auch die Konfrontative Pädagogik.

Plädiert wird demgegenüber dafür, die Gruppe im Sinne von Selbstbildung und Demokratielernen methodisch bewusst zu nutzen und dementsprechend pädagogische Orte und Arrangements zu gestalten, die subjektbezogene Erfahrungen in und mit der Gruppe ermöglichen. Es geht darum, sich selbst und andere besser wahrzunehmen, sich zu trauen und mitzuteilen, die eigene Vielfalt zu entdecken und auch den Emotionen und Konflikten im Dialog mit anderen standzuhalten (vgl. König und Schattenhofer 2006). Die dafür erforderlichen Kompetenzen sind Lernfelder in gruppenorientierten Settings und gleichzeitig Voraussetzung für die eigene Leitung von Gruppen. Die Offenen Kinder- und Jugendarbeit kann hier selbstbewusst an die eigenen Traditionen anknüpfen, da Beziehungsfähigkeit, Aufmerksamkeit, Ausdrucksfähigkeit, Rollenflexibilität und Ermutigung zur Selbst- und Mitverantwortung schon immer zu ihren leitenden Zielsetzungen gehörten.

Literatur

König, O., & Schattenhofer, K. (2007). *Einführung in die Gruppendynamik* (2. Aufl.). Heidelberg.

Langmaack, B., & Braune-Krickau, M. (2000). *Wie die Gruppe laufen lernt. Anregungen zum Planen und leiten von Gruppen* (7. Aufl.). Weinheim.

Müller, C. W. (2001). Gruppenarbeit. In H. U. Otto, & H. Thiersch (Hrsg.), *Handbuch Sozialarbeit, Sozialpädagogik* (2. Aufl., S. 739–744). Neuwied.

Schattenhofer, K. (2009). Selbststeuerung von Gruppen. In C. Edding, & K. Schattenhofer (Hrsg.), *Alles über Gruppen. Theorie, Anwendung, Praxis*, (S. 437–466). Weinheim und Basel.

Schmidt-Grunert, M. (2002). *Soziale Arbeit mit Gruppen. Eine Einführung* (2. Aufl.). Freiburg.

Schrapper, C. (2009). Die Gruppe als Mittel zur Erziehung – Gruppenpädagogik. In C. Edding, & K. Schattenhofer (Hrsg.), *Alles über Gruppen. Theorie, Anwendung, Praxis*, (S. 186–210). Weinheim und Basel.

Schöpping, H. G. (1982). *Gruppenleitung und gruppeneigene Führung*. Wiesbaden.

Stahl, E. (2007). *Dynamik in Gruppen. Handbuch der Gruppenleitung* (2. Aufl.). Weinheim und Basel.

Politische Bildung konkret

Benedikt Sturzenhecker

53

Die Aufgabe der Kinder- und Jugendarbeit kann als politische Bildung verstanden werden: Das SGB VIII sieht in § 11 als jugendarbeiterische Ziele die Entwicklung von „Selbstbestimmung" und „gesellschaftlicher Mitverantwortung" vor. Ziel von Jugendarbeit ist also, dass sich Kinder und Jugendliche als Subjekte (Selbstbestimmung) politischen Handelns (gesell. Mitverantwortung) erfahren und sich politisch-demokratisches Handeln, Mitentscheiden und Mitverantworten aneignen.

Politische Bildung verstehe ich als politisches Handeln. Damit geht es zunächst nicht um politische Aufklärung oder Wissensvermittlung: Diese Handlungsweisen sind zwar nicht irrelevant, sollten allerdings den Inhalten und Prozessen des jeweiligen exemplarischen politischen Handelns folgen (also nach- oder zugeordnet werden, wenn sie gebraucht werden) und nicht theoretisch von solchen abgekoppelt geschehen. Politisches Handeln verstehe ich als ein Handeln, in dem durch beteiligte/betroffene Akteure Interessen in einem (kleinen oder großen) Gemeinwesen (sei es in einer pädagogischen Einrichtung, einem Stadtteil, einer Kommune) öffentlich eingebracht, eingefordert, diskutiert und idealer Weise auf der Basis von Rechten in einem gemeinsamen demokratischen Entscheidungsprozess bearbeitet werden. Diese Prozesse (Politics) müssen die formalen Verfahren und Institutionen von Demokratie und Politik – gerade in der Kommune – einbeziehen (Polity) und geschehen konkretisiert auf Themen bzw. Felder und spezifisch zugehörige Strategien (Policy).

Pädagogische Assistenz von politischer Bildung bedeutet dann die Eröffnung eines politisches Settings, als Schaffung von Rahmenbedingungen politischen Handelns und Aneignens zunächst in der Jugendeinrichtung selbst und darüber hinaus auch in der Kommune.

Prof. Dr. phil. Benedikt Sturzenhecker ✉
Fakultät für Erziehungswissenschaft, Psychologie und Bewegungswissenschaft Arbeitsbereich Sozialpädagogik und außerschulische Bildung, Universität Hamburg, Binderstr. 34,
20146 Hamburg, Deutschland
e-mail: benedikt.sturzenhecker@uni-hamburg.de

Wenn die Offene Kinder- und Jugendarbeit eine „soziale Arena" (Closs et al. 2007) der Selbstdarstellung und der gegenseitigen Beobachtung darstellt, hat sie auch immer das Potenzial des Öffentlichen und Politischen: Vor aller Augen finden individuelle und soziale Selbstpräsentationen und Kämpfe um Anerkennung und Interessen statt. Diese Arena nicht nur als pädagogisch zu maßregelnden Kampfplatz zu verstehen, sondern ihn als einen Ort der gewaltfreien und diskursiven Auseinandersetzung über gemeinsame Angelegenheiten zu gestalten, hieße ihn in eine „Agora" zu verwandeln, in einen Marktplatz (der frühen attischen) Demokratie, auf dem die Beteiligten ihre Themen und Interessen öffentlich einbringen und gemeinsame Lösungen aushandeln.

Diese Grundannahmen unterstellen (auch) in der Offenen Kinder- und Jugendarbeit TeilnehmerInnen, die sich als ExpertInnen ihrer selbst einbringen können in pädagogische Diskurse (vgl. Richter 1991) der Entwicklung und Klärung individueller wie kollektiver Interessen, die fähig sind Lösungen auszustreiten, gemeinsam zu entscheiden und mitverantwortlich umzusetzen. Den BesucherInnen der Offenen Arbeit wird das unterstellt, was auch den BürgerInnen der Demokratie zusteht: Recht und Fähigkeit zur Mitentscheidung. Alles andere hieße sie zu defizitären Objekten einer (im besten Falle) paternalisch-pädagogischen Bevormundung zu degradieren. Die pädagogische Aufgabe besteht darin, im Aneignungsprozess politischen Handelns jeweils zu erkennen, wer welche Form von Unterstützung benötigt und mit moderierenden und methodischen Angeboten Entscheidungs- und Handlungsmöglichkeiten zu eröffnen.

Im Folgenden sind in aller Kürze einige Grundprinzipien solcher pädagogischer Unterstützung der Kinder und Jugendlichen bei der Aneignung politischen Handelns aufgezählt (Details finden sich etwa bei Sturzenhecker 2008, 2010; Verein Wiener Jugendzentren 2008).

53.1 Anerkennung ermöglichen

Auch die politische Bildung in den Einrichtungen der Offenen Jugendarbeit fußt auf der Ermöglichung von Anerkennung, darauf weisen verschiedene Texte in diesem Band hin (vgl. Sting und Sturzenhecker; Scherr; Schröder), deshalb wird dieser Aspekt hier nicht weiter ausbuchstabiert.

53.2 Wahrnehmen und Interessen/Themen dialogisch klären

Wenn politisches Handeln damit beginnt, dass Personen oder Gruppen sich an eine Form von „Öffentlichkeit" wenden, also das Private überschreiten und sich und ihre Themen in ein Verhältnis zu den anderen, zur sozialen Community der Einrichtung oder der Kommune setzen, besteht die pädagogische Aufgabe zunächst darin, solche Artikulationen der Kinder und Jugendlichen überhaupt wahrzunehmen und sie als politische zu deuten. Solcher Ausdruck in Richtung Öffentlichkeit kann geschehen als Moserei, Kritik, Anklage,

Vorschlag, Forderung usw. Für die pädagogische Wahrnehmung solcher rudimentären Ansätze einer politischen Haltung und Handlung ist es zentral, sie nicht erst in präzise formulierten Interessen und klaren Forderungen zu erkennen, sondern auch in den alltäglichen „Performances" (Marc Schulz) und besonders in negativ-kritischen Aussagen wahrzunehmen, denn politisches Handeln beginnt häufig mit einem „NEIN".

Artikulation benötigt im zweiten Schritt „Resonanz": eine Rückmeldung, die der Person bestätigt, dass etwas „angekommen" ist, dass eine Aussage gehört und aufgenommen vielleicht sogar verstanden wird. Indem man „politisch" auf eine Artikulation antwortet, kann sich auch der/die TrägerIn der Aussage als Subjekt einer politischen Handlung erkennen. Er/sie hat etwas mitzuteilen, dass auch andere „betrifft". Zurückzumelden, dass etwas angekommen ist, bedeutet aber auch eine dialogische Klärung einzuleiten, es kann geklärt werden, ob eine Person sich richtig verstanden fühlt, sie kann beginnen, ihre Position zu detaillieren und sie kann Zusammenklang, aber auch Differenz zu anderen Beteiligten erkennen.

In den seltensten Fällen wissen Menschen, was sie wollen, sondern das, was sie von den anderen brauchen und wie diese Bedürfnisse „gut" erfüllt werden könnten, klärt sich in einer diskursiven Auseinandersetzung mit den anderen Betroffenen. Deshalb ist die Frage „Was wollt ihr denn (mal machen)?" in der Offenen Kinder- und Jugendarbeit unsinnig: Was die Beteiligten wollen und wie dieses zusammen umgesetzt werden könnte, ist Ergebnis eines gemeinsamen binnenpolitischen Klärungsprozesses (und nicht pädagogische Erfüllung von „Kundenaufträgen"!).

Statt nur zu beobachten und wahrzunehmen, kann man viele Themen der Kinder und Jugendlichen entdecken, wenn man sich von ihnen ihre Welt zeigen lässt, d. h. mit ihnen herum geht und sich erklären lässt, was sie in ihrem Sozialraum sehen und was sie warum wie bewerten. Dieses wird häufig ein Übergang sein zu dem methodischen Schritt „Höre ihre Geschichten"; gerade die benachteiligten Kinder und Jugendlichen, die vielfach die Offene Jugendarbeit besuchen, machen häufig Erfahrungen von Ungerechtigkeiten und Diskriminierung (vgl. Kohl und Seibring 2011). Solche Geschichten beinhalten faktisch schon Kritik an sozialen und gesellschaftlichen Verhältnissen und formulieren, zumindest implizit, den Anspruch auf eine „politische" Veränderung der Zustände. Damit kann sich ein Einstieg ergeben, weiter zu klären, welche dieser Themen für die Beteiligten besonders relevant sind und wie mit pädagogischer Unterstützung ein nächster Schritt einer weiteren politischen Bearbeitung aussehen könnte.

53.3 Interessen medial artikulieren, anderen präsentieren, Diskurse eingehen

Nach dem Arbeitsschritt einer ersten Herausarbeitung von möglichen Interessen und Themen (unter Umständen noch im „geschützten Rahmen" von Gesprächen mit Individuen und einzelnen Gruppen) geht es im nächsten Schritt darum, formulierte Inhalte/Anliegen auch einer größeren Öffentlichkeit des gesamten Jugendhauses oder einer kommunalen

(Teil-) Öffentlichkeit bekannt zu machen. Dazu ist es zentral, den Beteiligten zu helfen, ihre Positionen medial zu gestalten und zu kommunizieren. Sie z. B. als Kurzvideo, SMS-Kampagne, Plakat, Theaterszene, Rap-Song zu fassen hat verschiedenste Vorteile: Die mediale Darstellung zwingt zu einer inhaltlichen Präzisierung, verlangt, sich in jenes Gegenüber hineinzuversetzen, das man erreichen möchte und erlaubt, sich in seinem materiell gestalteten Produkt selbst zu erkennen und die eigene Aussage (u. U. selbstkritisch) zu reflektieren.

Damit liegt der nächste Schritt nahe, die Beteiligten zu unterstützen, ihre gestalteten Inhalte und Positionen auch anderen zu präsentieren. Dabei müssen die Fachkräfte darauf achten, dass zwar eine gewisse Konfrontation mit ihrem Gegenüber stattfinden muss, diese Situation aber nicht ausliefern und überfordern darf. Die pädagogische Aufgabe ist es, immer wieder zu prüfen, welche nächsten Schritte politischen Handelns für die jeweiligen Kinder und Jugendlichen neue Aneignungsmöglichkeiten eröffnen können und wo Überlastungen zu vermeiden sind.

Wird erkennbar, dass ein solcher Schritt in die Öffentlichkeit mit eigener Artikulation zu schwierig ist, kann es hilfreich sein zu ermöglichen, dass man zwar Kontakt mit anderen aufnimmt, aber „in Deckung" bleiben kann, indem man zunächst diese nach ihrer Meinung zu einem in Rede stehenden Thema befragt.

Artikulationen bedürfen jedenfalls, wie oben erläutert, wiederum der Resonanz. Aus der „Antwort" der Gegenüber entsteht der Einstieg in einen Diskurs, eine Debatte aller Beteiligten, in denen Positionen dargestellt, gemeinsame Problemstellungen bestimmt, Lösungsalternativen vorgeschlagen und Argumente ausgetauscht und geprüft werden.

Auch diese Debatte kann medial geführt werden und muss nicht nur in direkten, ausführlicheren Gesprächssequenzen bestehen. Wichtig scheint zunächst, dass über die engeren Initiatoren hinaus ein Kommunikationsrahmen mit den anderen Beteiligten/Gegenübern eröffnet und gehalten wird. Es kann sein, dass angesichts von in solchen Diskussionen eher ungeübten BesucherInnen nur sehr kurze Diskurssituationen gestaltet werden können (5 min?), man aber nach Wegen sucht, in Kontakt zu bleiben.

Resonanzen von Gegenüber bringen nicht einfach nur positive Bestätigung. Mit der Antwort anderer kommen auch andere Positionen, Kritiken und Gegenmeinungen ins Geschehen.

Politisch-demokratisch ist es von zentraler Bedeutung, den Gegenüber oder Gegner zu respektieren und auch seine Positionen und Argumente ernst zu nehmen. Eine Kritik oder Gegenmeinung empfinden benachteiligte Jugendliche häufig als bedrohlich und abwertend. Entsprechend geraten sie leicht in Verteidigung, Rückzug oder Gegenangriff. Den Konflikt auszuhalten, weder körperliche oder psychische Gewalt ausüben, noch einfach zu flüchten, ist eine der zentralen Übungen politischer Bildung (Vgl. hierzu den Text zur Konfliktführung in diesem Buch). Entsprechend ist es eine pädagogische Aufgabe, hier immer wieder Unterstützung anzubieten.

53.4 Mitentscheiden und Mitverantworten

Vom demokratischen Diskurs über Interessen, Positionen und Argumente arbeitet man sich zur grundsätzlichen demokratisch-partizipativen Strukturierung der Entscheidungsprozesse in Einrichtungen der Jugendarbeit vor. Als Ort politischer Bildung sollte eine Jugendeinrichtung demokratisch organisiert sein, das heißt, die beteiligten Jugendlichen müssen ihre Rechte auf Beteiligung und die strukturellen Möglichkeiten von Partizipation kennen und nutzen können (vgl. Sturzenhecker zur Demokratiebildung i. d. Buch). Zur Mitentscheidung muss aber immer auch die Mitverantwortung hinzukommen: Die Kinder und Jugendlichen sind in die Umsetzung ihrer Entscheidungen aktiv einzubeziehen, ihnen ist Verantwortung zuzugestehen. Daraus folgt auch der letzte Schritt des politisch-demokratischen Handelns: die Revision. In der Erfahrung der Umsetzung gemeinsamer Entscheidungen wird die Machbarkeit/Angemessenheit dieser Beschlüsse erfahrbar und sie können zurückgenommen und weiterentwickelt werden.

53.5 Oszillieren zwischen Innen- und Außen-Politik

Politisch-demokratische Erfahrungen in der pädagogischen Einrichtung lassen sich nicht ohne Weiteres auf die allgemeine Politik, etwa der Kommune übertragen. Deshalb sollte mit den Jugendlichen immer wieder auch ein Übergang in die öffentlich-allgemeine Politik des Gemeinwesens gestaltet werden. Die Themenstellungen der Kinder und Jugendlichen beziehen sich ja nicht nur auf die Binnenverhältnisse einer pädagogischen Einrichtung, viele der Inhalte haben mindestens Schnittstellen zu allgemeineren gesellschaftlichen und politischen Fragen und Bedingungen. Auch hier gelten die Hinweise vom Anfang des Textes: Es gilt zu beobachten, wie sich Jugendliche auf den öffentlichen politischen Raum beziehen, welche Interessen und Problemstellungen sie im Bezug darauf zeigen, um dann mit ihnen (mediale) Möglichkeiten der öffentlichen Artikulation ihrer Interessen herauszufinden und zu erproben.

Literatur

Kohl, W., & Seibring, A. (Hrsg.). (2011). *„Unsichtbares" Politikprogramm? Themenwelten und politisches Interesse von bildungsfernen Jugendlichen*. Schriftenreihe der Bundeszentrale für politische Bildung, Bd. 1138. Bonn.

Richter, H. (1991). Der pädagogische Diskurs. Versuch über den pädagogischen Grundgedankengang. In H. Peukert, & H. Scheuerl (Hrsg.), *Wilhelm Flitner und die Frage nach einer allgemeinen Erziehungswissenschaft im 20. Jahrhundert. 26. Beiheft der Zeitschrift für Pädagogik* (S. 141–153). Weinheim und Basel.

Sturzenhecker, B. (2008). Die Stimme erheben und mitbestimmen. Politische Bildung in der Offenen Kinder- und Jugendarbeit. *deutsche jugend, 2008*(7–8), 308–315.

Sturzenhecker, B. (2010). Demokratiebildung als Antwort auf „Bildungsverweigerung". In M. Dörr, & B. Herz (Hrsg.), *„Unkulturen" in Bildung und Erziehung* (S. 39–52). Wiesbaden.

Verein Wiener Jugendzentren (Hrsg.). (2008). *Partizipation. Zur Theorie und Praxis politischer Bildung in der Jugendarbeit.* Wien.

Rituale gestalten

54

Gunter Neubauer und Reinhard Winter

Wer sich für die Materie des Rituals interessiert, wird danach vermutlich nicht zuallererst in der offenen Jugendarbeit suchen und fündig werden, sondern eher im Bereich von Religion, Therapie, Geheimgesellschaften usw. In Einrichtungen wie Jugendtreffs, Jugendclubs, Jugendhäusern und -zentren mit in der Regel angestelltem pädagogischem Fachpersonal erwartet man dagegen „seriöse" Angebote zur Freizeitgestaltung, zur Jugendbildung und -beratung.

Das liegt wohl auch an einem inneren Widerspruch zwischen dem Konzept des Rituals und dem „Credo" der offenen Jugendarbeit. Rituale beruhen gewöhnlich auf einer gefestigten kulturellen Tradition und laufen deshalb nach vorgegebenen Regeln ab. Sie werden entsprechend eng geführt und verdichten sich in zumeist feierlich-formellen Handlungen von hohem Symbolgehalt. Einige Grundprinzipien der offenen Jugendarbeit – die Freiwilligkeit der Teilnahme, Lebenswelt- und Alltagsorientierung, Offenheit und Flexibilität, Partizipation – lassen sich damit, so scheint es, nicht leicht in Übereinstimmung bringen.

Was dagegen als eher anschlussfähig an Ritual-Diskurse erscheint, ist die konzeptionelle Konzentration der offenen Jugendarbeit auf erfahrungsorientiertes und soziales Lernen auch im Kontext einer Gruppenorientierung (vgl. z. B. Fischer et al. 1997). Rituale sind ja im Kern Situationen verdichteter Erfahrung, die einer Gemeinschaft und ihren Mitgliedern Sinn, Halt und Ausrichtung zu geben versuchen. Solche Momente sind im weitgehend informellen, gering strukturierten Alltag der offenen Jugendarbeit allerdings wohl eher selten, oder müssen als solche eigens gestaltet werden. Vielleicht weckt dies aber gerade auch eine Sehnsucht, ein Bedürfnis nach Form, Orientierung, Verbindlichkeit und Ordnung – sowohl beim pädagogischen Personal, als auch bei den Jugendlichen selbst.

Gunter Neubauer ✉
Sozialwissenschaftliches Institut Tübingen, Ringstraße 7, 72070 Tübingen, Deutschland
e-mail: gunter.neubauer@sowit.de
Dr. rer. soc. Reinhard Winter
SOWIT – Sozialwissenschaftliches Institut Tübingen, Lorettoplatz 6, 72072 Tübingen, Deutschland
e-mail: Reinhard.Winter@SOWIT.de

In diesem Sinn können Rituale dazu beitragen, den Alltag zu strukturieren, und dabei helfen, individuelle oder gemeinsame Situationen und Übergänge zu gestalten. Wenn sie passen und gelingen, können sie Jugendlichen wie Fachkräften ein Mehr an Klarheit und Orientierung in der Lebensbewältigung geben. Der Versuch, Rituale in die offene Jugendarbeit einzubinden und gezielt zu nutzen, könnte also deren pädagogischen Gehalt nochmals verdichten und qualifizieren. Er müsste sich dabei allerdings am Anspruch messen lassen, die genannten Grundprinzipien der offenen Jugendarbeit – auch nicht temporär – einfach außer Kraft zu setzen. Zu berücksichtigen ist auch, dass „falsche" Rituale schnell als sinnlos oder überholt gelten; außerdem kann ihre Wirkweise (z. B. höherer Gruppenzusammenhalt durch Ausgrenzung anderer) problematisch sein.

Weitgehende Ansätze leiten aus dem Phänomen von Ritualen gleichsam eine Art Gesellschaftstheorie ab (vgl. Belliger und Krieger 2008; Burckhard 2007). Sie sehen in Ritualen die kommunikative Grundstruktur von Gesellschaften und verweisen darauf, dass politische, pädagogische oder familiäre Rituale mehr oder weniger allgegenwärtig sind. Man muss dieses Konzept nicht unbedingt teilen, um sich der Frage nach Gegenwart, Berechtigung und Wirksamkeit von Ritualen im eigenen Arbeitsfeld zu stellen.

Ob Rituale ankommen hängt dabei nicht zuletzt auch vom Alter der Teilnehmenden ab. Jugendliche legen größeren Wert darauf, dass ihre „erwachsenen" Autonomiewünsche respektiert und dem Ritual nicht einfach unterworfen werden. Daneben ist die Frage wichtig, was die Teilnehmenden der offenen Jugendarbeit selbst an Ritualen wollen und brauchen (bzw. brauchen könnten). Manches – auch Fragwürdiges (z. B. männliche Trinkrituale, Mutproben usw.) – bringen sie selbst mit, etwa aus der Schule oder aus Vereinskarrieren.

54.1 (Zu) große Rituale

Bei der Beobachtung des Ritual-Diskurses in pädagogischen Arbeitsfeldern fällt schnell auf, dass ein Bedarf an Ritualen insbesondere für Jungen und junge Männer, weit weniger für Mädchen und junge Frauen formuliert wird (vgl. Winter und Neubauer 2007). Das wird unter anderem mit dem kulturellen Verlust von Initiation begründet: Ohne die Erfahrung von Initiationsritualen, wie sie angeblich in Stammeskulturen selbstverständlich seien, fehle es männlichen Jugendlichen im Übergang zum Erwachsenenstatus heute an Eindeutigkeit, Klarheit und sicherer Orientierung. Wer Jungen dabei helfen wolle, auf der Spur zu bleiben, komme um Initiation eigentlich nicht herum.

Eine kritische Auseinandersetzung mit der teils grenzverletzenden und menschenverachtenden Ritualpraxis in Stammeskulturen ist hier nicht zu leisten; und auch die Frage, ob „einfache" Rituale in hochkomplexen, offenen und prinzipiell unsicheren modernen Gesellschaften überhaupt eine nachhaltige Wirkung zeigen können, sei an dieser Stelle dahingestellt.[1] Allerdings wollen wir auf zwei problematische Grundkonzepte hinweisen,

---

[1] Die männliche Beschneidung von Jungen im religiösen Kontext (Circumcision) ist ein Männlichkeits- und Zugehörigkeitsritual, das momentan zwischen Kinderschutz und Religionsfrei-

die hinter dem Wunsch nach einer Reorganisation von Initiationsritualen gerade bei jungen Männern stehen.

Zum einen ist das die Idee der Herstellung von Männlichkeit. Im Gegensatz zur Weiblichkeit, die quasi naturwüchsig entsteht, gilt Männlichkeit hier nicht als das, was sich in der „normalen" Lebenspraxis von Jungen und Männern entwickelt, sondern als etwas Besonderes, Vermitteltes und nicht frei Verfügbares. Männlichkeit muss deshalb eigens erworben, gemacht und unter Beweis gestellt werden – am besten unter Anleitung und mit dem Segen eingeweihter Männer. Dahinter verbirgt sich die Idee einer geschlechtlichen Sukzession: Männlichkeit muss direkt „von Mann zu Mann" weitergegeben werden, sonst entsteht eine kaum zu schließende Lücke und ein Verlust an „wahrer" Männlichkeit.

Solche Konzepte werden nochmals fragwürdiger, wenn sie sich mit der Annahme verbinden, dass insbesondere marginalisierte Jungen Rituale oder Initiation brauchen (sie brauchen wohl eher gesellschaftliche Chancen und Anerkennung), oder mit der Idee der Vaterlosigkeit – und die „sozialen Väter" sich in Überschätzung eigener wie fachlicher Grenzen für die besseren halten. Aus einer Perspektive kritischer Männerforschung ist dem entgegenzuhalten: Männlichkeit zugestehen, nicht machen!

Vor diesem Hintergrund unterscheiden wir zwischen dem „kleinen" und dem „großen" Ritual (vgl. Winter und Neubauer 2007). Große Rituale gehen aufs Ganze, sie wollen wirklich „das ganze Leben" einfangen („Wer bin ich? Woher komme ich? Wohin gehe ich?"), während kleine Rituale sich in ihrer Reichweite auf das zeitlich und sozial Naheliegende beziehen. Sie sind darin deutlich alltagsnäher – und damit für das Feld der offenen Jugendarbeit als geeigneter anzusehen. Einige Standard- oder Alltagssituationen der offenen Jugendarbeit, die sich für Ritualgestaltungen eignen, werden wir zum Abschluss dieses Beitrags skizzieren. Sich auf kleine Rituale zu beschränken heißt jedoch nicht, vor der Gestaltung von Übergängen oder Statuspassagen zurückschrecken zu müssen.

Gefordert ist allerdings ein Wissen um die Bedingungen der Möglichkeit von Ritual-Wirksamkeit. Gelingende Rituale brauchen einen allgemeinen sozialen Konsens – Statusübergänge müssen z. B. als solche anerkannt werden. Das Auseinanderklaffen von Pubertät und sozioökonomischer Unabhängigkeit, von der Möglichkeit, sich fortzupflanzen, und der eigenständigen Lebensführung ist hier ein gutes Beispiel: Dieser in unserer Gesellschaft langwierige und differenzierte Übergang in den Status des erwachsenen Mannes lässt sich nicht einfach durch ein Ritual oder Initiation in der mittleren Jugendphase überbrücken. Kein Ritual kann die vielfältigen Fragen der Ablösung von Herkunftskultur und -familie, von Berufswahl, soziokultureller Orientierung und Lebensperspektive ersetzen. Erwachsenwerden, die Entwicklung zum Mann ist ein Lern- und Gestaltungsprozess, der nicht zuletzt eigene Aktivität und Auseinandersetzung erfordert.

---

heit sehr kontrovers diskutiert wird. Wir können und wollen diese umstrittene kulturelle Praxis hier nicht kommentieren, verweisen aber auf den Artikel im Deutschen Ärzteblatt (Stehr et al. 2008), der mit den Anstoß für die aktuelle Debatte gegeben hat, und eine differenzierte Stellungnahme des Bundesforum Männer (Bundesforum Männer 2012).

54.2 Rituale richtig platzieren

Die Platzierung von „kleinen Ritualen" in der offenen Jugendarbeit sollte jedenfalls mit einem analytischen Blick auf den Einrichtungsalltag und die eigene Praxis beginnen: Wo gibt es – bei aller Offenheit im konzeptionellen Ansatz – Wiederkehrendes? Wo entstehen Wiederholungen, wo liegen allgemein akzeptierte Selbstverständlichkeiten? Gibt es vielleicht schon Rituale, die bislang noch gar nicht als solche wahrgenommen wurden – z. B. in der Programmgestaltung, in Aktivitäten, Abläufen, Regeln?

Gerade angesichts eines tendenziell eher informellen, strukturarmen Alltags kann es weiter sinnvoll sein, Alltagsrituale (Ritualisierungen) zu pflegen – oder zu entwickeln und gestalten: z. B. förmliche Begrüßung und Verabschiedung von Besucherinnen und Besuchern, Trink- und Feierrituale (Wann gibt es Alkohol, wann etwas richtig Gutes zu Essen?). Einer gewissen Aufmerksamkeit bedürfen auch wiederkehrende thematische Akzentsetzungen oder Settings, die das Profil der jeweiligen Einrichtung vergegenwärtigen: z. B. feste Angebote, Mädchen- oder Jungentage, Projektwochen, Ausflüge, Freizeiten. Daneben bieten sich „inhaltliche Ritualisierungen" etwa im Jahres- oder Wochenprogramm an: Vor jeder Sommerfreizeit findet eine Einheit Sexualpädagogik statt; im Herbst gibt's eine interkulturelle Woche, ein Musikfestival o. ä., jeden ersten Freitag im Monat wird Gulaschsuppe gekocht usw.

Für Rituale kann es auch „große", biografisch oder statusbezogen bedeutsame Anlässe geben: der Abschluss einer Phase des Erstkontakts zu Jugendlichen im Übergang zu Stammgästen (z. B. Freigetränk und informelles Gespräch); die Aufnahme in eine Arbeits- oder Projektgruppe im Jugendhaus; der 18. Geburtstag; das Ende der Jugendhauskarriere (als „Tritt ins Leben" weil zu alt geworden oder Umzug oder ...). Daneben gibt es auch eine Vielzahl von „kleinen" Anlässen: normale Geburtstage; die Schließung der Getränkeausgabe („Zapfenstreich"); Aufräumen und Putzen usw.

Für die offene Jugendarbeit interessant sind auch Rituale, die sich auf Gruppen- und Gemeinschaftsthemen und die soziale Kohäsion beziehen: Partizipationsrituale etwa bei der Raum- und Programmgestaltung; die Einrichtung eines Jugendhausrates; die Gestaltung des Übergangs von Macht und Verantwortung zwischen zwei Jugendhaus-Generationen usw. Auch im Fall von Konflikten eignen sich ritualisierte Gestaltungen: Formen von Mediation; „Einschwören" auf Regeln und Hausordnung; Disziplinierung und Ausschlüsse bis hin zum Hausverbot; ggf. die Wiederaufnahme („weiße Weste").

Zu bedenken ist zuletzt, dass es immer auch Teamrituale gibt: die Gestaltung der Teamsitzungen (z. B. mit einem Moment der Stille vor dem Beginn) und ggf. der Supervision; das Team geht in Klausur und reflektiert dort mithilfe eines Rituals das vergangene Jahr; es schreibt in bestimmten Abständen sein Konzept fort bzw. verfasst ein neues, noch besseres Konzept und stellt dieses feierlich in der Einrichtung vor; auch regelmäßige Schließzeiten oder eine Renovierung, die Gestaltung der Kontakte zum Träger, zur Presse, zur kommunalen Öffentlichkeit und zur Polizei können durch ritualisierte Elemente geformt und gefasst werden.

Mit Blick auf Grundprinzipien der offenen Jugendarbeit ist die wichtigste Aufgabe im Team jedoch, gerade die Rituale wahrzunehmen, die die Jugendlichen selbst entwickeln oder mitbringen, diese kritisch und nach Möglichkeit anerkennend zu begleiten, und erst in einem zweiten Schritt möglicherweise eigene Ritualangebote zu setzen.

Literatur

Belliger, A., & Krieger, D. J. (Hrsg.). (2008). *Ritualtheorien. Ein einführendes Handbuch* (4. Aufl.). Wiesbaden.

Bundesforum Männer. (2012). Zirkumzision in Deutschland – Impulse für eine öffentliche Diskussion. www.bundesforum-maenner.de/index.php?option=com_content&view=article&id=264:zirkumzision-in-deutschland-impulse-fuer-eine-oeffentliche-diskussion&catid=34:aktuelles&Itemid=1. Zugegriffen: 20. August 2012.

Dücker, B. (2007). *Rituale. Formen – Funktionen – Geschichte. Eine Einführung in die Ritualwissenschaft*. Stuttgart.

Fischer, D., Klawe, W., & Thiese, H. J. (Hrsg.). (1997). *(Er-)Leben statt Reden. Erlebnispädagogik in der offenen Jugendarbeit*. Weinheim und München.

Friebertshäuser, B. (2001). Rituale im pädagogischen Alltag. Inszenierungen von Statuspassagen in Institutionen der öffentlichen Erziehung. *neue praxis, 2001*(5), 491–506.

Schwiersch, M. (1998). Altes neu entdecken: Rituale in der Arbeit mit Gruppen. *erleben und lernen, 1998*(5), 11–15.

Stehr, M., Putzke, H., & Dietz, H.-G. (2008). Zirkumzision bei nicht einwilligungsfähigen Jungen: Strafrechtliche Konsequenzen auch bei religiöser Begründung. *Deutsches Ärzteblatt 105*(34–35), A1778–1780. www.aerzteblatt.de/archiv/61273/.

Vopel, K. W. (2006). *Gruppenrituale. Die Kunst, mit dem Herzen zu sehen* (4. Aufl.). Salzhausen.

Vopel, K. W. (2006). *Vertrauen ist besser. Rituale und Zeremonien für Gruppen und Teams*. Salzhausen.

Welter-Enderlin, R., & Hildenbrand, B. (Hrsg.). (2004). *Rituale – Vielfalt in Alltag und Therapie*. Heidelberg.

Winter, R., & Neubauer, G. (2007). Das „kleine" Ritual. Rituale und Inszenierungen in der Arbeit mit Jungen und Männern. *deutsche jugend, 2007*(12), 509–517.

Umgang mit Konflikten im Alltag Offener Kinder- und Jugendarbeit

Benedikt Sturzenhecker und Michael Trödel

55.1 Konflikte im Jugendhausalltag

Situationen im Alltag Offener Kinder- und Jugendarbeit, aus denen Konflikte entstehen (können), gibt es tagtäglich zuhauf: Andy betritt das Jugendhaus und rotzt erst mal auf den Boden. Der große Gerd tritt zum kleinen Klaus an den Billardtisch: „Du lässt mich doch mal spielen, oder?". Mehmet klatscht im Vorbeigehen Sandra auf den Hintern. Aisha beschimpft Carmen als „Hure".

Insbesondere im Offenen Treff des Jugendhauses können die scheinbar banalen Alltagskonflikte nerven und die PädagogInnen von „der eigentlichen pädagogischen Arbeit" ablenken. Kurse und Projekte, Fahrten und Freizeiten erscheinen stattdessen nicht nur pädagogisch wertvoller, sie lassen sich nach außen auch besser „verkaufen". So liegt es nahe, die aufreibende, oft erfolglos scheinende Sisyphosarbeit an den wiederkehrenden Konflikten im Offenen Treff entweder „nebenbei" als notwendiges Übel zu erledigen oder PraktikantInnen und Honorarkräften zu übertragen.

Wir plädieren stattdessen hier für ein Reframing und schlagen vor, (schwierige) Kinder- und Jugendliche und ihre Konflikte gerade als ein pädagogisch besonders sinnvolles Kernthema der Offenen Kinder- Jugendarbeit zu betrachten und dieses mit einer gesteigerten Reflexivität zu bearbeiten (vgl. Sturzenhecker 1995).

Prof. Dr. phil. Benedikt Sturzenhecker ✉
Fakultät für Erziehungswissenschaft, Psychologie und Bewegungswissenschaft Arbeitsbereich Sozialpädagogik und außerschulische Bildung, Universität Hamburg, Binderstr. 34,
20146 Hamburg, Deutschland
e-mail: benedikt.sturzenhecker@uni-hamburg.de
Michael Trödel
Immermannstraße 28, 33619 Bielefeld, Deutschland
e-mail: michael.troedel@googlemail.com

55.2 Was verstehen wir unter „Konflikt"?

Glasl (1993, S. 15) definiert einen sozialen Konflikt folgendermaßen: „Ein sozialer Konflikt ist eine *Interaktion* zwischen zwei oder mehreren Parteien, wobei wenigstens eine Partei *subjektiv* das *Agieren* der anderen Partei(en) als *Beeinträchtigung* erlebt und dies auf *Unvereinbarkeiten* im Denken, Fühlen oder Wollen zurückführt." Glasls Erläuterung seiner Definition fassen wir kurz zusammen: Die Interaktion, also das aufeinander bezogene Kommunizieren oder Handeln der Beteiligten, muss nicht grobes Gewalthandeln sein, aber es muss doch überhaupt ein Bezug aufeinander erkennbar sein. Das Erleben der Unvereinbarkeit kann außerordentlich subjektiv sein. Es lassen sich selten „objektive" Gründe dafür feststellen. Es geht darum, gerade das subjektive Erleben der Unvereinbarkeit anzuerkennen. Es gibt noch keinen Konflikt, wenn sich nur die Denk- und Vorstellungsinhalte von Menschen widersprechen, ohne dass es zu irgendwelchen Aktionen kommt. Der Konflikt entsteht erst, wenn eine Unvereinbarkeit irgendein Handeln in Bezug auf den anderen zur Folge hat. Zu Beginn eines Konfliktes bestehende Gefühle der Unvereinbarkeit sind oft sehr widersprüchlich und verdichten sich dann oft erst im Laufe des Konfliktes in Handlungen.

Ein Konflikt entsteht dann, wenn eine Partei oder ein Handelnder die Gründe für das Nichtverwirklichen der eigenen Gedanken, Gefühle oder Intentionen der anderen Partei zuschreibt. Dabei kommt es nur auf diese Zuschreibung an, es geht nicht darum, ob die Gegenpartei bewusst oder absichtlich so handelt. Ohne die Realisierung und das Erleben der Beeinträchtigung (Behinderung, Blockade, Widerstand, Abwehr oder Angriff seitens immerhin einer Partei) kann von einem sozialen Konflikt nicht gesprochen werden. Das subjektive Erleben der Beeinträchtigung hat zur Folge, dass eine Partei versuchen wird, die Beeinträchtigung durch den (vielleicht nur vermeintlichen) „Gegner" unwirksam zu machen.

Folgt man dieser Definition, müsste man im Alltag der OKJA eine Menge – auch und gerade kleiner – Konflikte erkennen. Cloos et al. (2007) zeigen mit ihrer ethnologischen Untersuchung des Jugendhausalltags, dass dieser als eine „Arena" verstanden werden kann. Das soziale Geschehen findet hier nicht nur öffentlich vor den Augen der anderen statt, sondern oft auch als Kampf. Häufig nehmen Fachkräfte soziale Konflikte im Jugendhaus aber erst als solche wahr, wenn sie schon höhere Eskalationsstufen erreicht haben und es zu Schreien, gegenseitigen Vorwürfen, Beleidigungen, Tränen und u. U. sogar körperlicher Gewalt kommt. Will man Konflikte aber als pädagogische Chance aufgreifen – wie wir es im Folgenden vorschlagen – wäre es hilfreich, auch die Anfänge von Konfliktkonstruktionen und die „kleinen" Konflikte mindestens erst einmal zu erkennen. Nur dann kann man die Konfliktkonstellation besser verstehen und hat Möglichkeiten, sich für Handlungsalternativen zu entscheiden, statt bei fortgeschrittenen Eskalationsstufen nur noch trennend oder sanktionierend einschreiten zu können.

55.3 Die Chance von Konflikten

Wir schlagen eine grundsätzliche pädagogische Haltung vor, die Konflikte als Chance für Bildungsprozesse der Individuen und der sozialen Community im Jugendhaus begreift. Einige dieser Potenziale eines Konflikte willkommen heißenden, konstruktiven Umgangs mit ihnen wollen wir kurz anreißen.

Zunächst müsste man dazu den (alltags-)pädagogischen Mythos des „Kinder/Jugendliche brauchen Grenzen!" kritisieren, denn aus ihm folgt häufig, dass Fachkräfte (eskalierte) Konflikte nur mit Sanktionen begegnen und versuchen „Regeln/Grenzen" durchzusetzen, ohne den Konflikt im Dialog mit den Kontrahenten gemeinsam besser verstanden zu haben. Kinder/Jugendliche brauchen aber nicht abstrakt gesetzte „Grenzen", sondern (erwachsene) Menschen, die eine begründbare Position zu sozialen Regeln und Konfliktführungsweisen haben, mit denen sie in eine bildungsförderliche Auseinandersetzung über die Regeln, ihre Begründung, ihren Sinn, ihre Geltung und Umsetzung mit den Kindern/Jugendlichen eintreten können. Werden stattdessen nur „Grenzen gesetzt", wirken diese wie Ausübung von Herrschaft: Die erwachsenen Fachkräfte setzen „gegen" die Jugendlichen durch, was sie für richtig halten, ohne diese „Gesetze" einem begründenden und prüfenden Diskurs zu stellen. Betroffene lernen so nicht Grenzen kennen, sondern sich als Opfer von Herrschaft zu erleben, was eher Unterlegenheits- und Hilflosigkeitsgefühle, Wut, Hass und Selbsthass, Flucht oder Aggression auslöst. Stattdessen ginge es darum, die Chancen zu entfalten, die eine solche „Reibung an Grenzen" bietet, nämlich die Chancen auf Kontakt, Beziehungsgestaltung und Gestaltung von und Identifikation mit gemeinsam als sinnvoll erkannten und errungenen Regeln und Grenzen.

Burckhard Müller (2003) hat eine zentrale Dimension Offener Jugendarbeit als gegenseitigen „Kampf um Anerkennung" (Honneth) beschrieben: Fachkräfte und TeilnehmerInnen ringen miteinander darum, als Subjekt anerkannt und respektiert zu werden. Das kann aber nur konstruktiv gelingen, wenn diese Konflikte nicht über Herrschaftsausübung der Fachkräfte verhindert bzw. weggeregelt werden – dieses käme eher einer Missachtung der Gegenüber gleich. Statt Konflikte als hinderlich, riskant und gefährlich zu begreifen, könnte man vielfältige Chancen entdecken: Sie motivieren die Beteiligten in Kontakt zu gehen, sich einzubringen und sich zu engagieren.

Sie enthalten ein Potenzial der Kritik und damit auch die Möglichkeit „Neues" zu entdecken und zu erarbeiten. Sie erlauben eine Thematisierung und Aneignung von Werten wie: Fairness, Gerechtigkeit, Gewaltfreiheit, Diskurs und Kompetenzen von Empathie, Kompromissfindung, Minderheitenschutz usw., ohne dass diese als artifizielle Übungen oder gar als Belehrungen eingeführt werden müssten. Es entsteht die Chance demokratisches Handeln an konkreten Konflikten zu lernen.

55.4 Umgang mit Konflikten – ein Schlüsselprozess in der Offenen Kinder- und Jugendarbeit

> Schlüsselprozesse beschreiben wiederkehrende Situationen und Abläufe in einer Einrichtung, deren Gestaltung maßgeblich für das Gelingen oder Misslingen der Arbeit ist (von Spiegel 2000, S. 188).

Der Umgang mit Konflikten ist unseres Erachtens einer der entscheidenden Schlüsselprozesse in der Offenen Jugendarbeit. Wenn die Konfliktgestaltung im Jugendhaus gut läuft, ist das „die halbe Miete" gelingenden pädagogischen Handelns. Wenn nicht, helfen auch keine noch so pädagogisch wertvollen Angebote. Die Erfahrung zeigt, dass eine Offene Einrichtung, in der Konflikte gemieden oder auf Kosten der BesucherInnen schlecht „gelöst" werden, dazu führt, dass das gesamte Jugendhaus „verbrannt" ist. Zudem ist das Lernen an alltäglichen realen Konflikten für Jugendliche ertragreicher als die curriculare Behandlung des Themas im Schulunterricht oder in den sogenannten Konflikttrainingskursen. Nur im „wirklichen Leben" – auch im Jugendhausalltag – lernen Jugendliche einen angemessenen Umgang mit Konflikten. Burkhard Müller (1996) bezieht sich auf Piaget, wenn er betont, dass „in vollkommenem Gegensatz zum pädagogischen Alltagsverstand Jugendliche gerade das, was man als moralische Haltung und Werte verstehen kann, also Sinn für Gerechtigkeit, Fairness, die Bereitschaft zu teilen, die Fähigkeit, sich in die Lage eines anderen zu versetzen etc. in erster Linie nicht aus dem Umgang mit Erwachsenen lernen, sondern dem Umgang mit anderen Kindern und Jugendlichen. Aber nur im Umgang mit Erwachsenen können Jugendliche herausfinden, welche moralischen Orientierungen in der Realität Bestand haben, erfolgreich sind und Anerkennung bringen. Ein bisschen zu simpel gesagt: Ihre Vorstellungen, was gut und was nicht gut ist, beziehen Kinder und Jugendliche eher von anderen Kindern und Jugendlichen. Ob es sich aber lohnt, gut sein zu wollen und auch die Rechte anderer anzuerkennen (oder eher nicht), das lernen sie nur von den Erwachsenen."

Wir nennen im Folgenden einige Handlungsmaximen einer bewussten und konstruktiven pädagogischen Konfliktbearbeitung im Jugendhaus.

55.4.1 Konflikte konzeptionell vorbereiten und flexibel aushandeln

Gestaltung von Konflikten als einen Schlüsselprozess zu sehen, bedeutet, Regeln und deren Umgang im Team und mit den Jugendlichen verbindlich zu vereinbaren. Das gilt zunächst für das pädagogische Team, das ein gemeinsames Verständnis von Konflikt und den Grundlinien des Umgangs damit entwickeln sollte. Dazu gehört auch, dass sich die Pädagoginnen und Pädagogen ihrer eigenen Werte und Normen bewusst werden, um diese in den Streitigkeiten mit den BesucherInnen klar vertreten zu können. Als weiterer Schritt sollte mit den BesucherInnen zusammen (immer wieder neu) gemeinsame Grundregeln des Umgangs mit Konflikten im Jugendhaus vereinbart werden. Diskursivität als ein Strukturmerkmal der Jugendarbeit bedeutet auch hier, den Sinn und die Gültigkeit von Regeln jeden Tag neu zu verhandeln und um gemeinsame Lösungen zu ringen. Dies ist nicht zu verwechseln mit Beliebigkeit von Regeln und Umgangsformen. Wenn Regeln – und davon gehen wir aus – mit den BesucherInnen gemeinsam entwickelt wurden, sind sie die Basis für das Streiten im Jugendhaus. Es reicht allerdings nicht aus, sich pädagogisch auf solche kodifizierten Vereinbarungen zu beziehen, sondern die Konflikte und die angemessenen Umgangsweisen damit müssen in der jeweiligen Situation ausgehend von der Wahrnehmung der PädagogInnen in Auseinandersetzung mit den Beteiligten immer wieder neu durchgestritten werden. Da aber situativ immer wieder auf das Neue reagiert werden muss, ist eine gemeinsame Reflexion der einzelnen Konflikte unerlässlicher Bestandteil eines konzeptionell geklärten Umgangs mit Konflikten im Team.

55.4.2 Konflikte wahrnehmen und dialogisch verstehen

Mit der von uns vorgeschlagenen Position, Konflikte als pädagogische Chance wahrzunehmen, wird man zunächst sensibel für die Wahrnehmung der unterschiedlichen Konflikte. Dabei geht es immer wieder darum zu klären, wer mit wem welchen Konflikt hat: BesucherInnen untereinander, Fachkräfte mit BesucherInnen oder BesucherInnen mit Fachkräften, oder auch Fachkräfte untereinander. Daraus ergibt sich die Klärung, in welcher Rolle Fachkräfte in einer Konfliktbearbeitung stehen. Hilfreiche Methoden zur Schlichtung wie die Mediation (Karolczak i. d. B.; Schmauch 2001) oder die gewaltfreie Kommunikation nach Rosenberg (2007) gehen davon aus, dass es für die Lösung von Konflikten zentral ist, die Konflikthintergründe in Gefühlen und Bedürfnissen in einem gleichberechtigten Dialog miteinander zu erkennen und Möglichkeiten ihrer besseren Berücksichtigung zu finden. Aus dem gemeinsamen Verstehensversuch können Lösungswege entwickelt werden, ganz beschränkt auf einzelne Beteiligte oder erweitert in Bezug auf Regelveränderung mit allen BesucherInnen und Veränderung von Strukturen und Ressourcen der gesamten Arbeit. Aus einzelnen Konflikten können so immer Themen für die demokratische Gestaltung der gemeinsamen Praxis im Jugendhaus werden.

55.4.3 Anerkennung des Gegenübers und die Anerkennung der eigenen Bedürfnisse/Ansprüche

Die Fachkräfte sind nicht immer nur neutrale ModeratorInnen, sondern haben auch eigene Interessen und Wertorientierungen, die sie in die Konflikte einbringen müssen. Sie müssen dafür sorgen, dass das Konfliktgegenüber als Person Anerkennung erfährt, auch wenn ihre/seine Handlung als Beeinträchtigung erlebt wird. Im Sinne eines gemeinsamen Lernens geht es aber darum, dass die Bedürfnisse und Vorstellung aller Beteiligten anerkannt und berücksichtigt werden – auch die der PädagogInnen.

55.4.4 Sich in Konflikte einmischen und die BesucherInnen Lösungen finden lassen

Nicht jeder wahrgenommene Konflikt muss aber auch explizit geführt werden: Immer wieder ist neu zu entscheiden, wann Einmischung pädagogisch sinnvoll oder gar unumgänglich ist oder wann man die Konfliktklärung besser den Beteiligten selbst überlässt. Es kann sein, dass die Aufgabe Schwache zu schützen und die eigenen Werte einzubringen Vorrang haben muss. Ebenso kann es sein, den Betroffenen vertrauensvoll Selbstbildung an Konflikten zuzugestehen. Kinder und Jugendliche erfahren in ihrem Alltag häufig, dass Erwachsene irgendwann aus dem Konflikt aussteigen – entweder ein Machtwort sprechen oder anders „die Geduld verlieren". Dialogische Konfliktgestaltung erfordert jedoch konsequentes Handeln und beharrliches „Dranbleiben". Zu dieser Haltung gehört jedoch auch die Schwestertugend „Lockerlassenkönnen" gemäß der alten Supervisorenweisheit „Um ein Problem zu lösen, muss man sich vom Problem lösen."

55.4.5 Sich aufs Konflikt-Spiel setzen

Kein Konflikt ist so banal, als dass man ihn nicht ernst nehmen sollte. Wenn Andy also auf den Boden rotzt, dann sollte er auch hierin ernst genommen werden. Das heißt jedoch nicht, dass man alle (ritualisierten) Handlungsweisen, die Anlass für Konflikte sein können, persönlich nehmen müsste. Konflikte können auch unter der Perspektive des spielerischen Kräftemessens für beide Seiten Spaß bedeuten. Müller (2005, S. 56) formuliert die Regel „Mitspielen": „Verlass dich nicht auf die Anerkennung irgendeiner deiner Rollen, Machtpositionen, Verantwortlichkeiten – aber spiele deine Rollen, Machtpositionen, Verantwortlichkeiten! Gehe davon aus, dass die Jugendlichen das Recht haben, all dies in Frage zu stellen und du doch nichts davon loswirst. Fehlt dir für dieses Spiel der Humor, dann wechsle den Job."

Literatur

Cloos, P., Köngeter, S., Müller, B., & Thole, W. (2007). *Die Pädagogik der Kinder- und Jugendarbeit*. Wiesbaden.

Glasl, F. (1993). *Konfliktmanagement. Ein Handbuch zur Diagnose und Behandlung von Konflikten für Organisationen und ihre Berater*. Bern und Stuttgart.

Müller, B. (1996). Konzepte des Pädagogischen in der Jugendarbeit. In U. Deinet, & B. Sturzenhecker (Hrsg.), *Konzepte entwickeln* (S. 226–239). Weinheim und München.

Müller, B. (2003). Bildung und Jugendarbeit – Zwischen Größenwahn und Selbstverleugnung. In W. Lindner, W. Thole, & J. Weber (Hrsg.), *Kinder- und Jugendarbeit als Bildungsprojekt* (S. 235–245). Opladen.

Müller, B. (2005). Siedler oder Trapper? Professionelles Handeln im pädagogischen Alltag der Offenen Jugendarbeit. In U. Deinet, & B. Sturzenhecker (Hrsg.), *Handbuch Offene Kinder- und Jugendarbeit* (S. 49–58). Wiesbaden.

Rosenberg, M. B. (2007). *Gewaltfreie Kommunikation*, 7., überarb. und erw. Neuaufl. Paderborn.

Schmauch, U. (2001). „Mit Reden statt Kloppen erfolgreicher durchs Leben" – Mediation und mediative Elemente in der Offenen Kinder- und Jugendarbeit (Teil 1). *deutsche jugend*, *2001*(5), 221–228. Teil 2 in Heft 6/2001, S. 266–273

von Spiegel, H. (Hrsg.). (2000). *Jugendarbeit mit Erfolg*. Münster.

Sturzenhecker, B. (1995). Konflikte als Chance – Für einen neuen Umgang mit Gewalt in der Jugendarbeit. *unsere jugend*, *1995*(4), 155–167.

Mediation und Streitschlichtung

Martin Karolczak

Der Begriff Mediation bezeichnet ein Konfliktverfahren, das durch eine von beiden Parteien akzeptierte allparteiliche dritte Person angeleitet wird. Mediation bedeutet Vermittlung. Die Mediatorin, der Mediator, versucht, durch Erhellung der Hintergründe und Motive des Konflikts die Streitparteien einander näher zu bringen. Das Nachvollziehen der Perspektive des jeweils Anderen und das dadurch gewonnene Verständnis für sein Handeln ermöglicht eine Arbeit an gemeinsamen Lösungen. Die Konfliktpartien werden durch das Verfahren unterstützt, eigene, ihnen angemessene Lösungen zu entwickeln (vgl. Besemer 2009). Die Teilnahme an einer Mediation ist freiwillig. Mediation unterscheidet sich von anderen Verfahren der Konfliktlösung durch die autonome Übereinkunft der Konfliktparteien bei der Lösungsfindung und dem Ziel der Konsensfindung (vgl. Montada und Kaals 2001).

Eine einheitliche sprachliche Verwendung des Mediationsbegriffs existiert nicht. Unterschiedliche Formen der Konfliktbearbeitung werden als Mediation bezeichnet: moderierte Konfliktlösung in Gruppen, Täter-Opfer-Ausgleich, Schiedsverfahren. Das Verfahren ist aus den USA übernommen, wo es in den 60er- und 70er-Jahren entwickelt wurde. Mediation findet als Familienmediation in Scheidungsfällen, in Betrieben, als Umweltmediation zwischen Interessengruppen und im Gemeinwesen, z. B. zur Bearbeitung interkultureller oder auch nachbarschaftlicher Konflikte, Anwendung.

Im Zusammenhang der Offenen Kinder- und Jugendarbeit (OKJA) ist im Wesentlichen die Mediation zwischen Einzelpersonen bedeutsam. Mediation wird neben der Vermittlung durch qualifizierte Erwachsene vor allem als Peer-Projekt durchgeführt. Hierbei aktive Kinder und Jugendliche werden Streitschlichter, Peer- oder Schulmediatoren und Konfliktlotsen genannt.

Martin Karolczak ✉
Fachbereich Erziehungswissenschaft, Arbeitsbereich Sozialpädagogik, Universität Hamburg,
Binderstraße 34, 20146 Hamburg, Deutschland
e-mail: martin.karolczak@uni-hamburg.de

Der Verlauf einer Mediation gliedert sich nach einem organisatorischen Vorgespräch in fünf Phasen (Besemer 2009, S. 98 ff.). Das Vorgespräch dient der Klärung über die Eignung des Falls für das Verfahren und der Kontaktanbahnung zwischen den Konfliktparteien und dem Mediator, der Mediatorin. Mit der Phase der Einleitung beginnt das Mediationsgespräch. Den Teilnehmenden werden die Gesprächsregeln und der Ablauf erläutert. In der zweiten Phase der Konfliktdarstellung schildern die Parteien die Situation aus ihrer Sicht. In der anschließenden Phase der Konflikterhellung bringen die Konfliktparteien Gefühle, Hintergründe und Motive ihres Handelns zum Ausdruck mit dem Ziel, einander besser verstehen zu können. Neuentstandenes gegenseitiges Verstehen ist die Grundlage für die anschließende vierte Phase die Lösungssuche. In der abschließenden fünften Phase der Übereinkunft wird durch die Konfliktparteien ein Konsens formuliert sowie zum Teil auch schriftlich fixiert und unterzeichnet. In der Regel wird den Parteien ein Nachfolgetermin zur Überprüfung der Vereinbarungen angeboten.

Mediation wird als Verfahren zur Konfliktbearbeitung häufig Programmen und Maßnahmen der Gewaltprävention zugeordnet. Gewalt und deren Prävention ist ein in der Jugendarbeit wiederkehrendes Thema, das unabhängig von vorhandenen Problemlagen „periodisch gesetzmäßig Konjunktur" (Griese 2000, S. 7) hat und trotz fachlicher Kritik (vgl. Freund und Lindner 2001; Sturzenhecker 2004) ein zentraler Gegenstand der Arbeit mit Jugendlichen ist. Die Programme und Maßnahmen sind in der Regel an Normübertretungen Jugendlicher ausgerichtet. Indem sie die Bedingungsebenen unter denen Jugendgewalt entsteht häufig vernachlässigen (vgl. Gugel 2007, S. 13 f.), sind viele Programme in ihrer Wirkung eingeschränkt. Mediation geht in Abgrenzung dazu über die Konfliktlösung im Einzelfall hinaus. Durch den im Verfahren angelegten „partizipativen Impetus" (Rademacher 2008, S. 109) bietet sie die Chance zu einer neuen Konfliktkultur in der Gesellschaft (vgl. Simsa 2004, S. 53). In der Mediation benennen die Streitparteien selbst Hintergründe und Motivationen und im Fall von Peer-Mediation wird den Kindern und Jugendlichen die Verantwortung für die Konfliktlösung übertragen. Dadurch hat Mediation Einfluss auf die Strukturen der Institution, in der sie Anwendung findet. Mediation wird dementsprechend auch als „Vorbereitung auf eine Welt der Teilhabe" (Edelstein 2008, S. 410) verstanden. In der Arbeit von und mit Jugendlichen muss das Verfahren daher vor allem auch als Verfahren zur Schaffung von Partizipationsmöglichkeiten gesehen werden (vgl. Kaletsch 2007, S. 25). Durch die Ausweitung des Verantwortungs- und Kompetenzbereichs von Kindern und Jugendlichen trägt Mediation als Peer-Education zu einer konsequenten Stärkung des Selbstorganisationspotentials bei (vgl. hierzu Beitrag 42 von Martin Nörber). Es kommt zu einem „doppelten Effekt" (vgl. ebd.) der Unterstützung bei der Bewältigung aktueller Probleme und der Förderung der persönlichen Entwicklung.

Mediationsprojekte sind, idealtypisch angelegt, den Prinzipien der Konstruktiven Konfliktbearbeitung des Harvard-Konzepts (vgl. Fisher et al. 2002) verpflichtet. Sie beinhalten die Unterscheidung zwischen Mensch und Problem sowie zwischen Position und Interesse, die Berücksichtigung verschiedener Konfliktebenen, die Aufrechterhaltung der Kommunikation und, als wesentliches Element der Konfliktbearbeitung, die Suche nach neuen Lösungen. In den Arbeitsfeldern Schule und Jugendarbeit hat sich die Anwendung einer

Kombination aus fünf Elementen als erfolgreich erwiesen: Konstruktive Konfliktbearbeitung nach dem Harvard-Konzept, Mediation, Peer-Education, Konflikt- und Projektmanagement (vgl. Faller 1998, 161 f.). Mediation ist ein auf Nachhaltigkeit angelegtes Verfahren der Konfliktlösung, womit ihre Implementation in einer Einrichtung ein anspruchsvolles Unterfangen ist, das die Etablierung einer zusammenhängenden Konfliktkultur erfordert.

Erfahrungen aus der offenen Jugendarbeit belegen, dass Mediationsverfahren auf „jugendgerechte Weise abgewandelt" (Schmauch 2001, S. 271) und in ein Rahmenkonzept eingebunden sein sollten, damit sie erfolgreich implementiert werden können (vgl. ebd.). Wenn Jugendliche an der Lösung von Konflikten gleichberechtigt mitwirken sollen, müssen sie auch in allen anderen Bereichen beteiligt werden. Das kann z. B. die Übernahme von Thekendiensten oder Verantwortlichkeiten für bestimmte Aufgaben bedeuten (vgl. Schröder und Merkle 2007, S. 69).

Auch für den Bereich der Schulmediation zeigen Evaluationsergebnisse, wie wichtig es ist, eine auf die gesamte Einrichtung bezogene gemeinsame Konfliktkultur zu etablieren. Weitere Bausteine hierzu sind die regelmäßige Berichterstattung zur Schaffung von Öffentlichkeit, Trainings zur Förderung sozialer Kompetenzen aller Schülerinnen und Schüler, die Qualifizierung nicht nur einer, sondern einer Gruppe von Fachkräften sowie das Überdenken bisheriger Sanktionsformen und die Reflexion des institutionellen Umgangs mit ihnen (vgl. Behn et al. 2006). Für die Arbeit in der OKJA könnte dies bedeuten, Angebotsformen der Beteiligung für Jugendliche zu schaffen, die auch das soziale Miteinander in der Einrichtung thematisieren, und das gesamte Team fortzubilden.

Aus der Perspektive der Jugendlichen bedeutet Mediation „soziales Lernen" (Simsa 2004, S. 54). Sie verstehen darunter das Erlernen von gegenseitigem Respekt, der Akzeptanz anderer Positionen, Interessen und Bedürfnisse, der Fähigkeit, sich in andere hineinzuversetzen, Regeln zu beachten, zuzuhören und andere ausreden zu lassen. Unter sozialem Lernen wird außerdem das Erlernen eines konstruktiven Umgangs mit den eigenen Gefühlen und Frustrationen verstanden (vgl. ebd.). Der Zuwachs an Kommunikationsfähigkeit, Interaktionsfähigkeit, Empathie, Solidarität und Toleranz, Teamgeist und Kooperationsbereitschaft (vgl. ebd.) belegt die Vielfalt der Lernerfahrungen. Mediation fördert so „die Emanzipation der Jugendlichen und die Demokratisierung und Humanisierung ihrer Lebenswelt" (Simsa 2004, S. 56).

In der OKJA erfährt Mediation jedoch keine große Beachtung. Schmauch verweist in ihrer Untersuchung darauf, dass durch die Charakteristika des Arbeitsfelds (große Fluktuation unter den Jugendlichen, mögliche Verlagerung von Konflikten nach außen, Fehlen von Räumlichkeiten) bei der Implementierung entstandene Schwierigkeiten dazu führen, dass die Umsetzung des eigentlichen Verfahrens auf einzelne Elemente reduziert wird (vgl. Schmauch 2001; 2004). Arbeitshilfen zur Implementierung (vgl. Faller et al. 2009) gibt es zwar, sie sind im Kern aber für das Praxisfeld Schule konzipiert. Mediation ist in der Jugendarbeit insgesamt „ein noch weitgehend unbearbeitetes Feld" (Simsa 2004, S. 63). Erste erfolgreich beschriebene Beispiele aus Berlin (Schröder und Merkle 2007, S. 69 f.) und Österreich (Bundesministerium für Wirtschaft, Familie und Jugend 2009) zeigen, dass Mediation trotz der Vorbehalte vor allem aufgrund der Arbeitsprinzipien des Arbeitsfeldes, wie Freiwilligkeit, Lebensweltorientierung, Partizipation, gelingen kann und für die OKJA großes Potenzial besitzt (vgl. ebd.).

Hierbei könnte die zunehmende Kooperation zwischen Ganztagsschulen und Einrichtungen der OKJA dazu führen, dass diese von den Erfahrungen und Kompetenzen der Schule profitiert. Obwohl Kinder und Jugendliche an allen Schularten ausgebildet werden und die Praxis zeigt, dass auch schwierige Schüler sich auf das Verfahren der Mediation einlassen können, wird diese Möglichkeit in der OKJA bisher zu wenig beachtet.

Literatur

Behn, S., Schroer, M., Schaffranke, D., Pleiger, D., Wink, S., & Kügler, N. (2006). *Mediation an Schulen. Eine bundesdeutsche Evaluation*. Wiesbaden.

Besemer, C. (2009). *Mediation. Die Kunst der Vermittlung in Konflikten*. Karlsruhe.

Bundesministerium für Wirtschaft, Familie und Jugend (Hrsg.). (2009). *Peer-Mediation in der offenen Jugendarbeit. Leitfaden.* Wien. www.bmwfj.gv.at/Jugend/Praevention/Documents/peer-mediation_oja.pdf. Zugegriffen: 12. September 2012.

Edelstein, W. (2008). Gewaltprävention durch Demokratielernen. Ein Interview mit Wolfgang Edelstein. In A. Schröder (Hrsg.), *Handbuch Konflikt- und Gewaltpädagogik. Verfahren für Schule und Jugendhilfe* (S. 407–423). Schwalbach/Ts.

Faller, K. (1998). Jeder kann gewinnen. Schulmediation als Chance für eine neue Konfliktkultur. In L. Breidenstein (Hrsg.), *Migration, Konflikt und Mediation. Zum interkulturellen Diskurs in der Jugendarbeit* (S. 157–171). Frankfurt a. M.

Faller, K., Kerntke, W., & Wackmann, M. (2009). *Konflikte selber lösen. Trainingshandbuch für Mediation und Konfliktmanagement in Schule und Jugendarbeit* (2., überarb. Aufl.). Mülheim an der Ruhr.

Fisher, R., Ury, W., & Patton, B. M. (2002). *Das Harvard-Konzept. Sachgerecht verhandeln – erfolgreich verhandeln* (21. Aufl.). Frankfurt a. M.

Freund, T., & Lindner, W. (2001). *Prävention. Zur kritischen Bewertung von Präventionsansätzen in der Jugendarbeit*. Opladen.

Griese, H. M. (2000). *Jugend(sub)kultur(en) und Gewalt. Analysen, Materialien, Kritik – soziologische und pädagogikkritische Beiträge*. Münster, Hamburg.

Gugel, G. (2007). *Gewalt und Gewaltprävention. Grundfragen, Grundlagen, Ansätze und Handlungsfelder von Gewaltprävention und ihre Bedeutung für Entwicklungszusammenarbeit* (2. Aufl.). Tübingen.

Kaletsch, C. (2007). Streitschlichtung und Persönlichkeitsstärkung. Die Bedeutung des Peer-Mediationansatzes in der (Ganztags-)Schule – Chancen und Grenzen. In H. Rademacher (Hrsg.), *Leitfaden konstruktive Konfliktbearbeitung und Mediation. Für eine veränderte Schulkultur* (S. 17–33). Schwalbach/Ts.

Montada, L., & Kals, E. (2001). *Mediation. Ein Lehrbuch auf psychologischer Grundlage*. Weinheim.

Rademacher, H. (2008). Mediation in der Erziehungs- und Bildungsarbeit. In A. Schröder (Hrsg.), *Handbuch Konflikt- und Gewaltpädagogik. Verfahren für Schule und Jugendhilfe* (S. 107–119). Schwalbach/Ts.

Schmauch, U. (2001). „Mit Reden statt Kloppen erfolgreicher durch Leben". Mediation und mediative Elemente in der Offenen Kinder- und Jugendarbeit (Teil 2). *deutsche jugend, 49*(6), 266–273.

Schmauch, U. (2004). Mediation und meditative Elemente in der Offenen Kinder- und Jugendarbeit. In T. Schlag (Hrsg.), *Mediation in Schule und Jugendarbeit. Grundlagen – Konkretionen – Praxisbeispiele* (S. 133–169). Münster.

Schröder, A., & Merkle, A. (2007). *Leitfaden Konfliktbewältigung und Gewaltprävention. Pädagogische Konzepte für Schule und Jugendhilfe.* Schwalbach/Ts.

Simsa, C. (2004). Wie Jugendliche Streitschlichtung erleben – Pädagogische Aspekte der Mediation für junge Menschen. In T. Schlag (Hrsg.), *Mediation in Schule und Jugendarbeit. Grundlagen – Konkretionen – Praxisbeispiele* (S. 51–66). Münster.

Sturzenhecker, B. (2004). Kinder- und Jugendarbeit ist keine Prävention. In H. Ostendorf (Hrsg.), *Effizienz von Kriminalprävention. Erfahrungen im Ostseeraum* (S. 24–34). Lübeck.

Essen und Kochen im Jugendhaus

57

Lotte Rose

Hunger zu haben, setzt Menschen unter enorme Triebspannung. Alle Menschen sind deshalb regelmäßig mit Nahrungsaufnahme beschäftigt – auch in der offenen Kinder- und Jugendarbeit. Es gibt die tägliche Mittagsverpflegung entweder im Jugendhaus selbst gekocht oder vom Caterer angeliefert; stellenweise übernimmt Jugendarbeit im Rahmen der Schulkooperation auch Organisation und Betreuung des Mittagessens in der Schule (Deinet 2009, S. 125 ff.). In allen Jugendhäusern ist es üblich, im offenen Bereich an der Theke Snacks und Getränke zum Kauf anzubieten. Ebenso üblich sind Kochprojekte mit den Jugendlichen, die durch Fachkräfte angeleitet werden. Es kann auch vorkommen, dass Jugendhausmitarbeiter spontan nach „Lust und Laune" ein Gericht für die Besucher kochen oder dass Jugendliche Speisen ins Jugendhaus mitbringen, sie sie in der Mikrowelle für sich wärmen. Als besondere Events werden explizite Gesundheitsaktionen durchgeführt, bei denen Kinder und Jugendliche „gesundes Essen" lernen sollen. Und schließlich: Kinder stillen ihren Hunger am Kühlschrank, wenn sie in die Einrichtung kommen, weil sie zu Hause unzureichend versorgt werden – mit Folgen für das Budget der Einrichtung.

Die Verpflegungsereignisse im Jugendhaus sind vielfach aus profanen Sacherfordernissen und Alltagserfahrungen geboren. Sie finden statt, weil Kinder und Jugendliche schlicht hungrig sind, Sättigung bekanntlich Entspannung, Lust schafft und zudem „friedlich" macht, gemeinsames Essen und Kochen Vergnügen bereitet und verbindet. Seltener sind sie – wie dies allgemein für die Soziale Arbeit gilt (Rose und Sturzenhecker 2009) – systematisch als konzeptionelles Praxiselement entwickelt. Dabei wirft der praktische Umgang mit dem Essenstrieb einige Fachfragen auf. Wenn Jugendarbeit es z. B. aus humanen Gründen übernimmt, die mangelnde familiale Ernährung zu kompensieren, ist daran zu

Prof. Dr. phil. Lotte Rose ✉
Fachbereich Soziale Arbeit und Gesundheit, Fachhochschule Frankfurt am Main, Nibelungenplatz 1, 60318 Frankfurt, Deutschland
e-mail: rose@fb4.fh-frankfurt.de

erinnern, dass die nutritive Grundversorgung junger Menschen nicht zu ihren eigentlichen Aufträgen gehört, und es ist zu bedenken, dass der manifeste Hunger vielleicht auch auf Kindeswohlgefährdungen und damit auf andere institutionelle Verantwortungsbereiche als die der Jugendarbeit verweist.

Gleichwohl stellt die Nahrungsgabe einen Beziehungsakt par excellence und damit eine enorme pädagogische Chance dar. Schließlich sind die frühesten Beziehungserfahrungen aufs engste mit oralen Sättigungserlebnissen durch versorgende Menschen geknüpft (Freud und Burlingham 1982, S. 76). Das Kind liebt jene, die es – im ganz engen Sinne nutritiv – nähren. Nicht zufällig kreisen viele beglückende Kindheitserinnerungen um kulinarische Genüsse, die von nahe stehenden Personen dargeboten wurden. Wenn also Jugendarbeit Nahrung spendet, macht sie mehr als lebenserhaltende Nährstoffe zu liefern, sondern sie zeigt elterliche oder auch mütterliche Beziehungsgesten. Damit offenbaren sich Dimensionen der Jugendarbeit, die in den prominenten Leitparadigmen der jugendlichen Autonomie, Selbstorganisation, Demokratiebildung und Emanzipation kaum aufgehoben sind, sie gar konterkarieren. Die Verköstigungssituation aktualisiert fürsorglich-paternalistische Seiten des Jugendhausalltags, in dem Kinder und Jugendliche als *Bedürftige* und *Abhängige* in einer *asymmetrischen* Beziehungskonstellation Zuwendung und Anerkennung finden. Sie enthält darüber hinaus das Moment der *Gastlichkeit* als ein Setting, in dem Fachkräfte zu bewirtenden Gastgebern und die Besucher zu empfangenden Gästen werden können – eine Figuration, die für das Selbstverständnis der Jugendarbeit eher ungewöhnlich ist.

Das Jugendhaus als Verköstigungsort und Küchenort – dies heißt immer auch: Normierungsort. Essen ist ein *phénomène social total* (Mauss 1990). Was wann wie wo in welchen Mengen angeboten, was wann wo wie und mit wem gegessen oder auch zubereitet wird, sozialisiert im praktischen Vollzug ganz elementar. Essen ist das egoistischste Bedürfnis überhaupt (Simmel 1957), weil das, was jemand isst, nicht mehr von anderen gegessen werden kann. Deshalb wurden und werden in allen Gesellschaften große Anstrengungen zur sozialen Regulierung der Essensgier betrieben und es sind feine Verhaltenscodes entstanden, die dafür sorgen (sollen), die Gier zu überwinden und den Nahrungskonsum zu einem sozial befriedeten Akt zu machen (Barlösius 1999, S. 173).

Die Kultivierung eines spezifischen Verhaltensrepertoires beim Essen, die Reglementierung von Tischgesprächen, die Ästhetik der Mahlzeit, des Tischgeschirrs und der Speisen – dies alles sind Vorgänge der Hervorbringung und gleichzeitigen Verkörperung einer sozialen Ordnung, die den Individuen viele Einschränkungen abverlangt. Individuen verleiben sich dabei nicht nur Nahrung ein, sondern eben auch einen komplexen Kodex des „richtigen" Essens, der Triebmodellierung, Körperlichkeit, des Miteinanderumgehens und der Vergemeinschaftung.

Genau deshalb kommt es bei mancher Mahlzeit zu erheblichen Konflikten. Das gemeinsame Essen bildet wie in einem Brennglas essentielle Grundkonflikte menschlichen Lebens ab – nämlich den Widerspruch zwischen freiheitlicher Individualität und normierender Sozialität. Im Streit beim Essen werden Kämpfe um Selbstbehauptung und Macht lebendig. Wer bestimmt für wen, was wie gegessen wird? Wer wird dabei überwältigt – und wie werden diese Zumutungen wiederum abgewehrt und das „Eigene" behauptet?

Was die Sozialisierung des Essens betrifft, so haben wir es gegenwärtig jedoch mit einer höchst paradoxen Situation zu tun. Zum einen lassen sich zahlreiche Indizien für eine weitreichende Deregulierung ausmachen. Essen ist dank eines reichhaltigen, preiswerten und permanent zugänglichen Nahrungsmittelmarktes jederzeit und allerorten individuell verfügbar. Essen wird damit in einer historisch so noch nicht dagewesen Weise zunehmend aus räumlichen, materiellen, zeitlichen und sozialen Vorgaben freigesetzt. Man kann essen, was, wie und wann immer man will. Der Trieb wird damit entgrenzt. Während zu früheren Zeiten Nahrungsmittelknappheit und das Angewiesensein auf die Nahrungsproduktion und -versorgung des eigenen Kollektivs Verzicht auferlegte, haben wir es heute mit dem autonomen Esser zu tun, der nun aber auch umso mehr vor die Aufgabe gestellt ist, den eigenen Essenstrieb selbst zu bändigen.

Zum anderen nehmen im Gegenzug die öffentlichen Normierungsprogramme zur Ernährung zu. Dramatische Medienmeldungen zum Bevölkerungsübergewicht, Kampagnen zur gesunden Ernährung und Gewichtsreduzierung, Fernseh-Soaps zum Abnehmen mit einer ökotrophologischen „Supernanny", Aufklärungsschriften, pädagogische Projekte zum gesunden Essen, Ernährungsführerschein – dies sind Versuche, den freigesetzten Essenstrieb sozusagen wieder „einzufangen" und einen mäßigenden und nach *medizinischen* Kriterien richtigen Ernährungsstil in der Bevölkerung durchzusetzen. Der Anspruch des gesunden Essens ist allgegenwärtig und auch für Pädagogik und Jugendarbeit zu einer selbstverständlichen Richtschnur geworden (Rose 2010), bei der man sich auf der guten Seite weiß. Und doch verbergen sich darin einige Schwierigkeiten.

Erstens wird die gesunde Ernährung sowieso in der Praxis permanent ad absurdum geführt, bedenkt man, was viele Caterer produzieren, Jugendhäuser aus Kosten- und Zeitgründen kochen und an den Theken im offenen Bereich anbieten. Zweitens wird ein autoritär-hierarchischer Raum geschaffen, in dem ernährungswissenschaftliche Experten vorgeben, was zu essen ist. Drittens proklamiert die gesunde Ernährung einen universellen Anspruch an die *gesamte* Bevölkerung: Für alle gelten die *gleichen* Gesundheitsrichtlinien. Individuelle Eigenheiten wie familiale, regionale, kulturelle oder ethnische Speisetraditionen, persönliche Geschmacksvorlieben und kulinarische Bedeutungskontexte werden ignoriert. Soziale Diversität ist damit gelöscht. Gleichzeitig werden Ungleichheiten aber genau dadurch verstärkt. Die propagierten Ernährungsnormen entsprechen nämlich überwiegend dem Essstil, der in gehobenen sozialen Milieus, und hier insbesondere von Frauen, praktiziert wird. Diese Gruppen haben also einen Vorteil, während andere Gruppen, wie die der sozial Benachteiligten und Bildungsfernen, der Eingewanderten oder auch der Männlichen einen Nachteil haben. Ihr Essstil wird als „unrichtig" abstempelt, weil er nicht dem aktuellen Ernährungswissen entspricht, und kulturell entwertet (Barlösius 1999, S. 225). Die „gesunden Esser" erheben sich über die „ungesunden", die sich Diffamierungen gefallen lassen müssen (Schorb 2009). Viertens verdrängt das Diktum des „gesunden Essens" alle weiteren normativen Fragen des Essens. Was Menschen essen, steht schließlich in direktem Zusammenhang zu elementaren gesellschafts-, wirtschaftspolitischen und ökologischen Fragen. Die Fixierung auf das „gesunde Essen" entpolitisiert und individualisiert den Nahrungskonsum jedoch radikal.

Eine Jugendarbeit, die sich dem „gesunden Essen" verschreibt, läuft von daher Gefahr, Grundsätze guter Jugendarbeit unmerklich zu verlieren: nämlich die Maximen der Partizipation, Lebenswelt- und Diversitätsorientierung und der politischen Bildung. Umso mehr ist es an der Zeit, als *soziale* Profession – und nicht als Gesundheitsprofession – die Wertedebatte zum Essen offensiv zu führen und Fachstandards der Jugendarbeit für die Gestaltung des Essens ernst zu nehmen. Dies umfasst:

- „Haltender Rahmen" für Gemeinsamkeit und Genuss: Lust und Gemeinsamkeit beim Essen zu erleben, bedarf sozialer und sensorischer Lernprozesse wie auch stabilisierender Verhaltensrituale. Hier sind Professionelle als Lernanreger und rituelle Gestalter gefragt.
- Partizipation: Gleichwohl sind Kinder und Jugendlicher immer auch aktiv an der Formung der Ästhetik und Kollektivität des Essens im Jugendhaus zu beteiligen. Die Essens- und Kochkultur ist gemeinsam zu *verhandeln* – zwischen den Kindern und Jugendliche wie auch mit den Fachkräften. Fachkräfte müssen für diese Verhandlungen ihre eigenen normativen Positionen selbst geklärt haben und argumentativ vertreten können.
- Diversität: Zu verhandeln ist dabei immer auch kulturelle Diversität: unterschiedliche Esstraditionen mit ihren verschiedenen Tabus, unterschiedliche Geschmäcker im Hinblick auf Tischsitten, Tisch- und Raumgestaltungen, Zeiten, Kulinaristik. Die besondere Herausforderung besteht dabei darin, die grundsätzlich Spannung zwischen individuellen Wünschen und Kollektivität erfolgreich auszubalancieren.
- Wiederaneignung der Nahrungsproduktion: Die Nahrungsproduktion ist heutzutage größtenteils „outgessourced" und entzieht sich damit dem persönlichen Erfahrungsfeld. Dies erzeugt „Dummheit", macht bei einer existentiellen Triebbefriedigung abhängig von anderen. Die Essensproduktion im Jugendhaus kann dazu beitragen, diese Entfremdungsprozesse ein Stück zu dämpfen, Kontrolle über das eigene Leben wieder zu erlangen und die Politik des Essens leibhaftig zu erleben.
- Das Recht, versorgt zu werden: Bei allen Autonomieansprüchen für junge Menschen – sie sollten auch einen selbstverständlichen Anspruch darauf haben, dass Erwachsene sie sättigen und dies als ihre Verantwortung annehmen.

Literatur

Barlösius, E. (1999). *Soziologie des Essens*. Weinheim und München.

Deinet, U. (2009). Essen im Ganztag als Kooperationsthema von Jugendarbeit und Schule. In L. Rose, & B. Sturzenhecker (Hrsg.), *„Erst kommt das Fressen …!" Über Essen und Kochen in der Sozialen Arbeit* (S. 121–137). Wiesbaden.

Freud, A., & Burlingham, D. (1982). *Heimatlose Kinder*. Frankfurt a. M.

Mauss, M. (1990). *Gabe. Form und Funktion des Austausches in archaischen Gesellschaften*. Frankfurt a. M.

Rose, L. (2010). Hauptsache gesund! Zur Medikalisierung des Essens in pädagogischen Einrichtunge. *sozial extra, 2010*(3/4), 50–53.

Rose, L., & Sturzenhecker, B. (Hrsg.). (2009). *„Erst kommt das Fressen ...!" Über Essen und Kochen in der Sozialen Arbeit*. Wiesbaden.

Schorb, F. (2009). *Dick, doof und arm. Die große Lüge vom Übergewicht und wer von ihr profitiert*. München.

Simmel, G. (1957). Soziologie der Mahlzeit. In G. Simmel (Hrsg.), *Brücke und Tür* (S. 243–250). Stuttgart.

Humor und Ironie   58

Marc Schulz

Humor und Ironie ist Teil des pädagogischen Alltags, aber zugleich befasst sich die pädagogische Diskussion sowohl empirisch als auch theoretisch nur unzureichend und kaum systematisch mit diesem Phänomen. Bei der Sichtung der einschlägigen pädagogischen Literatur fällt auf, dass die Definitionen der Begriffe Humor, Ironie oder Komik zum Teil erheblich variieren bzw. nur schwer in einem analytischen Sinn abgegrenzt werden können (vgl. im Überblick bspw. Aßmann und Krüger 2011) und zugleich Humor bzw. Ironie im Rahmen der pädagogischen Arbeit einen höchst unterschiedlichen Wert zugewiesen wird. Auch wenn hier ebenfalls keine trennscharfe Abgrenzung geleistet werden kann und daher Humor und Ironie synonym verwendet werden, so kann jedoch zunächst pointiert hervorgehoben werden, dass als zentrales Merkmal von Humor und Ironie die unauthentische und unernste Mehrdeutigkeit gelten kann, indem etwas anderes gesagt wird, als gemeint ist, und dies Ambivalenzen erzeugt, die das Gegenüber irritieren können. Diese versteckten, nicht wörtlich zu nehmenden Botschaften müssen jedoch vom Gegenüber auch kompetent dechiffriert werden. Demnach kann Humor und Ironie auch scheitern, indem das Gegenüber die Botschaft entweder gar nicht oder nur missverständlich wahrnimmt.

58.1 Humor und pädagogische Praxis

Es spricht einiges für die Mutmaßung, dass genau diese irritierende Mehrdeutigkeit und das damit verbundene Risiko des Misslingens von Kommunikation einer der Hauptgründe für die tendenziell eher negative Bewertung von Humor und Ironie in der Pädagogik ist. Humor und Ironie scheint deshalb kaum mit dem Terminus des pädagogischen Han-

---

Dr. phil. Marc Schulz ✉
Institut für Erziehungswissenschaft / Abteilung Allgemeine Erziehungswissenschaft, Stiftung Universität Hildesheim, Marienburger Platz 22, 31141 Hildesheim, Deutschland
e-mail: informellebildung@web.de

delns vermittelbar zu sein, welches sich an den normativen Maßstäben von Authentizität, Eindeutigkeit und Ernsthaftigkeit der professionellen Kommunikation gegenüber der Zielgruppe in (sozial)pädagogischen Kontexten zu messen hat. Alex Aßmann und Jens Oliver Krüger (2011) fassen zusammen, dass im pädagogischen Diskurs drei Argumentationsmuster zirkulieren, die der Ironie skeptisch gegenüber stehen (vgl. ebd., S. 17). Erstes „sprachlich-kognitiv" (ebd.) ausgerichtetes Argumentationsmuster ist, dass dem kindlichen und jugendlichen Gegenüber unterstellt wird, dass es keine (bzw. nicht „die" erwachsene) Ironie verstünde und damit folglich eine generationale Differenz betont wird; das zweite argumentiert „strukturell-phänomenologisch" (ebd.), dass Ironie unverständlich sei und daher Diffusität produziere; und schließlich argumentiert das dritte „moralisch" (ebd.), indem es die (zumindest potentielle) Demütigung und Demontage des Gegenübers betont, was sich schließlich im Kontext der Sozialen Arbeit, deren Arbeit sich primär auf die Problemlagen ihrer Zielgruppe konzentriert, weiter negativ zuspitzt. Zugleich werden aber mit humoristischen und ironischen Interventionsstrategien große pädagogische Hoffnungen verbunden. So heißt es bspw. auf einer einschlägigen Homepage zur Clownpädagogik: „Humor ist kommunikativ, stärkt die emotionale Intelligenz und soziale Kompetenz, erzeugt Empathie, arbeitet mit Paradoxien, kann Konflikte deeskalieren und macht einfach Spaß!" Der gezielte Einsatz eines „professionellen Humors" als Teil der pädagogischen Haltung soll, folgt man weiteren positiven Stimmen, nicht nur die Klientel animieren und Atmosphären auflockern, sondern auch das eigene pädagogische Handeln reflexiv zugänglich machen, psychohygienisch vor überhöhten Selbstansprüchen und Verstrickungen mit dem Klientel schützen und schließlich die Reichweite des eigenen Handelns entlasten (vgl. bspw. Baacke 1985). Allein anhand dieser knappen Aufschlüsselung zeigt sich, dass Humor und Ironie nicht nur an das Gegenüber adressiert ist, sondern genau so auch selbstbezüglich angelegt sein kann (vgl. auch Aßmann und Krüger 2011).

58.2 Humor im Alltag der Offenen Kinder- und Jugendarbeit

Auch für den Alltag der Offenen Kinder- und Jugendarbeit ist kaum zu übersehen, dass diverse Spielarten des spaßhaften und ironischen Umgangs zwischen pädagogischen Fachkräften, Kindern und Jugendlichen diesen maßgeblich mit strukturieren. Gerade die auf die Beobachtung und Beschreibung von Alltagshandlungen in den in der Offenen Kinder- und Jugendarbeit angelegten Studien dokumentieren eine Vielzahl an vieldeutigen Situationen (vgl. u. a. Hoppe et al. 1979; Küster 2003; Müller et al. 2008). Exemplarisch kann der folgende Ausschnitt aus einer Beobachtung in einem Jugendhaus gelten: „Einzelne Jungs sitzen an den Bistrotischen und wirken so, als würden sie nur darauf warten, bis das Café zu macht oder bis ihre Freunde bereit wären zu gehen. Kurz nach halb zehn kommt ein Mädchen zu Sarah [Fachkraft, MS] an die Theke und sagt: ‚Du, mir ist langweilig!' Worauf Sarah meint: ‚Du, mir auch!'" (Cloos et al. 2009, S. 144) Markant an der Schilderung ist, dass nicht nur die Jugendlichen, sondern auch der beobachtende Forscher offenkundig irritiert sind – und das auf unterschiedliche Weise: Während der Forscher unverhohlen seine

Verwunderung über die wartenden Jugendlichen mitteilt, und hinter der Beschreibung die Frage zu stehen scheint, weshalb die Jugendlichen nicht weg gehen, ereignet sich aus dieser Atmosphäre des Wartens ein knapper Dialog zwischen einer Pädagogin und einer Besucherin, der in einer von der Pädagogin gesetzten Pointe mündet. Auch wenn der weitere Verlauf der Situation jedenfalls an dieser Stelle offen bleibt, so scheint hier doch eine weitere Irritation entstanden zu sein, da die Antwort eine Paradoxie erzeugt: Die Pädagogin spielt den Ball an die Jugendlichen zurück, indem sie sich in ihrem Kommunikationsstil der Besucherin anähnelt, während das Mädchen (und die umstehenden Jungen) vielleicht aus dieser Retoure etwas für sich mitnimmt.

58.3 Professioneller Humor und Alltagskommunikation

Axel Schmidt (2005) hat darauf verwiesen, dass auch die in der Jugendarbeit zu beobachtenden Interaktionen der Heranwachsenden als Alltags- bzw. Freizeitkommunikationen zu bewerten seien, „in denen keine Aufgaben zu lösen und kein Wissen zu vermitteln ist" (ebd., S. 93) und daher nicht an den „zivilisationsgeschichtlich gewachsenen Idealen eines ‚guten Gesprächs'" (ebd., S. 88 f.) gemessen werden können. Vielmehr gehen Jugendliche in und mit ihrem kaum fokussierten und oftmals von Unernsthaftigkeit geprägten Sprechen soziale Beziehungen ein und erhalten diese aufrecht. Die Anähnlichung der Erwachsenen an diese Muster jugendlicher Unterhaltungen ist offenkundig auch deshalb möglich, da das Praxisfeld Offene Kinder- und Jugendarbeit – im Gegensatz zu anderen pädagogischen Institutionen – nicht den Erfordernissen einer eindeutigen, an Aufgaben oder Themen orientierten Kommunikation folgt, sondern Anschlüsse zu jugendlichen Themen herzustellen versucht und daher Züge des Alltäglichen zu tragen hat. Deshalb gehören humorvolle und ironische Interventionen, die permanent Diffusität und Hyperkomplexität hervorbringen, zu den Konstitutionsbedingungen der Jugendarbeit, die „den alltäglichen Freizeitcharakter der sozialen Veranstaltung Jugendarbeit" aufrecht erhalten und zugleich aber „die bildungsorientierten Grundintentionen damit in Einklang zu bringen [haben] – ohne daraus eine pädagogische Veranstaltung zu machen" (Cloos et al. 2009, S. 157 f.). Folglich ist die maßgebliche Differenz zwischen dem ironischen Sprechen unter Jugendlichen und zwischen Jugendlichen und Fachkräften die, dass die Professionellen die konstitutiven Regeln Offener Kinder- und Jugendarbeit insofern anwenden, als dass sie sich einerseits sichtbar machen und zeigen (vgl. ebd., S. 165 ff.). Andererseits aber müssen sie diese Sichtbarkeit zugleich möglichst sparsam einsetzen, damit im Rahmen des pädagogischen Agierens der Modus der Alltäglichkeit aufrechterhalten werden kann. Somit ist Humor und Ironie in der Jugendarbeit als eine Strategie der Veralltäglichung zu bezeichnen, in welcher Professionelle ihrerseits Anschlüsse an jugendliche Themen gestalten und Übergänge zu Arbeitsbeziehungen schaffen (vgl. ebd., S. 225 ff.) und damit aber auch, wie im Beispiel, aufzeigen, wie dieser pädagogische Freizeitort funktioniert.

58.4 Humor als professionelle Methode?

Die Spielarten des Humors und der Ironie in der Jugendarbeit führen zu potentiell paradoxen und irritierenden Situationen, die neue Anschlüsse ermöglichen. Daher können sie als eine mehrschichtige Handlungs- und Interventionsstrategie der Beteiligten interpretiert werden: Mit den durch Humor und Ironie erzeugten Irritationen werden einerseits Fremdheiten gegenüber den eigenen Erfahrungen erzeugt, die als Bildungsimpulse gesetzt (vgl. Schulz und Lohmann 2005; Schulz 2009) und vom irritierten Subjekt als Bildungsmoment interpretiert werden können (vgl. auch Koller 2011). Diese Bildungsimpulse können prinzipiell sowohl von den Jugendlichen als auch den Professionellen des Praxisfeldes gesetzt und als solche erfahren werden. Weiterhin zeigen die vorliegenden Studien das transformatorische Potential von Humor und Ironie, indem sie Medien für eine Transformation von realen, konflikthaften sozialen Situationen in ästhetischen, weniger dramatischen Situationen sein können, die alle Beteiligten entlasten. Daher kann Humor und Ironie als Teil der alltäglichen Kommunikation zunächst als eine soziale Kompetenz von Jugendlichen und pädagogischen Fachkräften gleichermaßen gelten, denen spezifische Effekte und Wirkungen zugeschrieben werden. Zugleich aber ist Humor und Ironie seitens der Fachkräfte nicht deshalb als Teil ihrer „professionellen Haltung" zu bezeichnen, als dass dieser freundlich-zugewandte und zugleich distanziert-reflexive Blick auf die Praktiken von Jugendlichen als Teil eines pädagogischen Idealbildes präferiert wird. Vielmehr ist dieser Humor für das spezifische pädagogische Handeln in der Offenen Kinder- und Jugendarbeit notwendig, da die Attraktivität des Ortes in seinem Freizeit- und nicht in seinem Pädagogikcharakter liegt. Die Leistung der Professionellen besteht folglich darin, aktiv dazu beizutragen, dass Situationen immer wieder mehrdeutig werden, um Jugendlichen situative Ein- und Ausstiegsmöglichkeiten zu eröffnen – ohne dabei die Selbstreferenzialität des Humors aus dem Blick zu verlieren. Diese Strategien der situativen Transformationen über Humor und Ironie herzustellen ist für die Offene Kinder- und Jugendarbeit konstitutiv. Auch deshalb sind methodisierte Interventionsstrategien des Humors und der Ironie, wie sie bspw. im therapeutischen Kontext unter den Stichworten „therapeutischer Humor" oder „paradoxe Intervention" bzw. im pädagogischen Kontext unter „Clownpädagogik" oder „Lachpädagogik" praktiziert werden, für die Jugendarbeit attraktiv. Zugleich aber ist für diese Interventionsstrategien die bereits im Vorfeld getroffene Differenz zwischen (diffusem) Alltag und (klarem) Arbeitsbündnis konstitutiv. Gerade darin unterschieden sie sich zu den Arbeitsbeziehungen der Jugendarbeit und können, nach derzeitigem empirischem Erkenntnisstand, nur unter erheblichen Modifikationen an den jugendarbeiterischen Kontext angepasst werden.

Literatur

Aßmann, A., & Krüger, J. O. (Hrsg.). (2011). *Ironie in der Pädagogik. Theoretische und empirische Studien zur pädagogischen Bedeutsamkeit der Ironie*. Weinheim und München.

Cloos, P., Köngeter, S., Müller, B., & Thole, W. (2009). *Die Pädagogik der Kinder- und Jugendarbeit*. Wiesbaden.

Hoppe, J. R., Hespos, M., & Stapelfeld, H. (1979). *Alltag im Jugendclub. Vom Umgang mit den Jugendlichen, von Freizeitaktivitäten und Starthilfen für den Beruf*. München.

Koller, H. C. (2011). Ironie als Bildungsmoment. In A. Aßmann, & J. O. Krüger (Hrsg.), *Ironie in der Pädagogik. Theoretische und empirische Studien zur pädagogischen Bedeutsamkeit der Ironie* (S. 49–65). Weinheim und München.

Küster, E. U. (2003). *Fremdheit und Anerkennung. Ethnographie eines Jugendhauses*. Weinheim, Berlin und Basel.

Müller, B., Schmidt, S., & Schulz, M. (2008). *Wahrnehmen können. Jugendarbeit und informelle Bildung* (2., erw. Aufl.). Freiburg i. Br.

Schmidt, A. (2005). Oberaffengeil ist peinlich! Von der Jugendsprache zur Peergroup-Kommunikation. In K. Neumann-Braun, & B. Richard (Hrsg.), *Coolhunters. Jugendkulturen zwischen Medien und Markt* (S. 83–100). Frankfurt a. M.

Schulz, M. (2009). Die bildungsanregenden Irritationen von Food-Art. In L. Rose, & B. Sturzenhecker (Hrsg.), *„Erst kommt das Fressen und dann kommt die Moral!" Kochen und Essen in der Sozialen Arbeit* (S. 163–174). Wiesbaden.

Schulz, M., & Lohmann, B. (2005). Wechseln Windeln Sichtweisen? Irritation als Bildungsanstoß in Playing Arts und Jugendarbeit. In B. Sturzenhecker, & C. Riemer (Hrsg.), *Playing Arts. Impulse ästhetischer Bildung für die Jugendarbeit* (S. 97–114). Weinheim und München.

Reisen

Wolfgang Ilg

59.1 Begriff und Einordnung

Als eine der attraktivsten Arbeitsformen im Methodenrepertoire non-formaler Bildung haben sich Freizeiten/Jugendreisen/Ferienlager (so nur einige der vielen gängigen Begriffe) in ihrer über 100-jährigen Geschichte in vielfältigen Kontexten etabliert – auch in der Offenen Arbeit. Gegenüber fast allen anderen Formen Offener Arbeit weisen sie wichtige Spezifika auf: Für die Teilnahme bedarf es verbindlicher Anmeldung, die Zeitdauer der bei einer Reise gemeinsam verbrachten Zeit übersteigt andere Projektangebote um ein Vielfaches – und nicht zuletzt sind Reisen mit z. T. erheblichen Kosten verbunden. In § 11 des Kinder- und Jugendhilfegesetzes wird die „Kinder- und Jugenderholung" als eine der Schwerpunktmaßnahmen der Jugendarbeit genannt.

Eine allgemeine Definition beschreibt Jugendgruppenfahrten als mit Gruppen durchgeführte, freiwillige, nicht am Heimatort stattfindende Aktivitäten, die mehr als zwei Tage dauern und deren Zielsetzung über die bloße Organisation eines gemeinsamen Urlaubs hinaus pädagogisch begründet und von Erwachsenen begleitet wird (Ilg 2008, S. 15). Als Grundtypen können internationale Jugendbegegnungen (vgl. dazu Thimmel im vorliegenden Band sowie Ilg und Dubiski 2011) und Freizeiten unterschieden werden. Letztere, also Maßnahmen ohne expliziten internationalen Begegnungscharakter stehen im Fokus des vorliegenden Kapitels. Typischerweise handelt es sich dabei um Fahrten von ca. 7 bis 14 Tagen Dauer mit Übernachtung in Jugendunterkünften oder Zelten, die Gruppengrößen variieren zwischen Kleingruppen von ca. 8 Jugendlichen (z. B. bei Trekkingtouren) und Camps mit über hundert Teilnehmenden. Der 12. Kinder- und Jugendbericht der Bundesregierung 2005 (BMFSFJ 2005, S. 460) geht von etwa 1000 Kinder- und Jugendreise-

Dr. rer. nat. Wolfgang Ilg ✉
Hirschstr. 29, 71067 Sindelfingen, Deutschland
e-mail: wolfgang.ilg@gmx.net

Anbietern in Deutschland aus, ein Überblick über das heterogene Feld der Anbieter ist jedoch nicht verfügbar (vgl. Gleu und Kosmale 2009).

59.2 Chancen und Herausforderungen

Aus Sicht vieler Jugendlicher stellt eine mit anderen verbrachte Freizeit einen der Höhepunkte im Jahreslauf dar. Die in Abb. 59.1 auszugsweise dargestellten Ergebnisse der bundesweiten Freizeitenevaluation verdeutlichen die insgesamt sehr positiven Erfahrungen jugendlicher Freizeitteilnehmer. Zugleich markieren sie wichtige Herausforderungen für die konzeptionelle Arbeit.

Das Zusammensein mit einer festen Gruppe rund um die Uhr bietet Gelegenheiten für intensive Gemeinschaftserfahrungen, eine Freizeit beschleunigt daher oftmals wie ein Katalysator die Entwicklung einer Gruppe. So entstehen Freundschaften und Cliquen-Beziehungen, die zugleich mit Abgrenzungsprozessen gegenüber einzelnen Gruppenmitgliedern (oder nicht teilnehmenden Jugendlichen aus der Heimatclique) ein-

Abb. 59.1 Ausgewählte Ergebnisse der bundesweiten Freizeitenevaluation (Ilg 2008); $N = 806$ Jugendliche

hergehen können. Häufig sind Freizeiten mit intensiven Naturerfahrungen verbunden und bieten hervorragende Rahmenbedingungen für erlebnispädagogische Arbeitsformen (vgl. das Kapitel von Schirp in diesem Band). Aufgrund der hohen Konzentration auf die Gruppenprozesse tritt bei Freizeiten das Erleben der Gastregion dagegen oft in den Hintergrund. Interkulturelle Erfahrungen und das Sprachenlernen bei Auslandsfahrten stellen sich bei internationalen Begegnungen daher deutlich stärker ein als bei Freizeiten. Dieser Unterschied verdeutlicht exemplarisch die spezifische Wirksamkeit konzeptioneller Zielsetzungen, die sich bei Jugendgruppenfahrten empirisch nachweisen lässt (Ilg und Diehl 2011).

Zur Konzeption einer Jugendgruppenfahrt gehört häufig deren Einbettung in das Spektrum von Jugendaktivitäten insgesamt, so dass die gemeinsame Reise im besten Fall nicht ein isoliertes Einzel-Event bleibt, sondern sich als Knotenpunkt im Netz der Angebote und Aktivitäten beispielsweise eines Jugendhauses einfügt. Im besten Fall kann es gelingen, dass sich Jugendliche bei einer Fahrt von der positiven Erstbegegnung mit Jugendarbeit und ihren Akteuren dazu animieren lassen, nach Ende der Freizeit auch andere Aktivitäten der Jugendarbeit aufzusuchen. Eine besonders positive Wahrnehmung kommt den Mitarbeitenden einer Freizeit zu – nicht zuletzt mit der Konsequenz, dass ein Großteil der teilnehmenden Jugendlichen sich vorstellen kann, später einmal selbst die Rolle eines ehrenamtlichen Mitarbeitenden zu übernehmen. In dieser Hinsicht stellen Freizeiten wichtige Kristallisationspunkte für den Aufbau einer Identifikation junger Menschen mit dem Jugendarbeitsträger und Experimentierorte für freiwilliges Engagement dar.

Die Intensität des sozialen Miteinanders erklärt sich durch den Charakter einer Freizeit, bei dem man der Gruppensituation permanent ausgesetzt ist. Das Zusammensein „vom Zähneputzen bis zur Nachtwanderung" impliziert Chancen für das Erproben alternativer Verhaltensweisen in alltäglichen Lebensvollzügen – so gelingt es beispielsweise mit Programmen zur Gesundheitsprävention bei Freizeiten, Aspekte wie Bewegung, Ernährung und Entspannung ganzheitlich zu integrieren. Auch für inklusive Ansätze bieten die „24 Stunden täglich" ein reichhaltiges Erfahrungsfeld dafür, das selbstverständliche Miteinander von Menschen mit unterschiedlichen Beeinträchtigungen einzuüben. Die kurzzeitpädagogische Chance des Freizeit-Settings beschreibt jedoch zugleich eine Gefahrenstelle: Jugendgruppenfahrten können aufgrund ihres Totalanspruchs auch für Manipulationen missbraucht werden, weshalb die Form des Jugendlagers sich nicht zuletzt bei totalitären Regimes einiger Beliebtheit erfreut(e) (geschichtliche Aspekte: Haese 1994; Friesenhahn und Thimmel 2005).

Will Jugendarbeit solche Gefahrenstellen vermeiden, sollte sie bei Freizeiten das Prinzip der Partizipation konsequent umsetzen, zum Beispiel mit (mindestens) einem „Tag in kompletter Teilnehmer-Verantwortung". Insbesondere bedarf es pädagogisch qualifizierter Mitarbeitender, die beispielsweise bei gefährlichen Unternehmungen oder bei sensiblen Punkten in Hygiene- und Küchenfragen professionelle Standards einhalten, zugleich aber Offenheit für die Ideen der Jugendlichen bewahren. Wenn die Teilhabe der Jugendlichen sich auf Entscheidungen über den Programmverlauf oder das gemeinsame Aushandeln von Regeln bezieht, werden Freizeiten zu wichtigen Erfahrungsräumen für demokratisches Lernen.

59.3 Mitarbeitende und Veranstalter

Ein wesentliches Qualitätsmerkmal von Jugendgruppenfahrten stellt der Betreuungsschlüssel dar. Wenn die Mitarbeitenden nicht auf die Rolle von Reiseleitern oder Animateuren reduziert bleiben wollen, sollten bei einer Reisegruppe von 30 Jugendlichen mindestens vier Teamer, besser sechs bis acht, dabei sein. Dies ist in der Regel nur durch den Einsatz von Ehrenamtlichen finanzierbar. Kommerzielle Jugendreiseanbieter setzen zumeist auf Honorarmitarbeiter, die sich aufgrund der dort üblichen Betreuungsschlüssel von 1:10 oder 1:15 jedoch wesentlich weniger Zeit für den Beziehungsaufbau nehmen können. Seit der Einführung verdichteter Studien- und Prüfungsordnungen ist es für Studierende vielerorts schwieriger geworden, sich für mehrere Wochen bei einer Fahrt zu engagieren. Hier drohen nicht nur ein schleichender sozialer Erfahrungsverlust für Studierende, sondern auch existenzgefährdende Personalsorgen bei Veranstaltern von Jugendgruppenfahrten.

Die in den Medien immer wieder breit dargestellten Berichte einzelner Großschadensereignisse bei Jugendgruppenfahrten (z. B. tödlicher Busunfall, Feuer im Freizeitheim) sowie Fälle sexuellen Missbrauchs haben zu einer zunehmend kritischen öffentlichen Wahrnehmung dieses Arbeitsfelds geführt (vgl. aej 2011). Vereinzelte schwarze Schafe unter den Veranstaltern gefährden den Ruf aller Träger. In der Folge wurden vielfach Bestrebungen entwickelt, Qualität über einheitliche Standards und Kriterien zu definieren, beispielsweise durch das vom BundesForum Kinder- und Jugendreisen vermarktete „Qualitätsmanagement Kinder- und Jugendreisen" oder das Label „geprüfte Qualität" des Fachverbands „Das Reisenetz". Ähnlich wie bei den Forderungen nach einem erweiterten Führungszeugnis bleibt das Verhältnis von bürokratischem Aufwand und tatsächlich hierdurch gesicherter pädagogischer Qualität jedoch ambivalent. Unstrittig ist, dass nur über qualitativ hochwertige und zugleich bezahlbare Jugendgruppenfahrten diese chancenreiche Jugendarbeitsform sich auch zukünftig am Markt der Jugendreiseanbieter behaupten kann (zu aktuellen Vorgängen und Diskussionslagen vgl. Müller o. J.).

59.4 Ausblick und Perspektiven

Jugendgruppenfahrten werden vermutlich auch in Zukunft eine wichtige Arbeitsform der Jugendarbeit bleiben, sie sind jedenfalls durch die Einführung von Ganztagsschulen weniger gefährdet als andere Formen der Kinder- und Jugendarbeit. Der in der Ganztagsschulentwicklung deutlich gewordene Betreuungsanspruch von Eltern insbesondere für Kinder und junge Jugendliche könnte dazu führen, dass Fahrten noch stärker unter dem Aspekt eines Betreuungsangebots für die Ferienzeit gesehen werden – hier gilt es, besonders nachdrücklich auch den Bildungsanspruch solcher Fahrten zu betonen (vgl. für Kinderfreizeiten Peters et al. 2011).

Damit solche Bildungsleistungen angemessen öffentlich gewürdigt werden, bedarf es in diesem Feld zukünftig auch verstärkter Forschungsaktivitäten. Ein Überblick des Deutschen Jugendinstituts (Arbeitskreis G5 2010) zeigt, dass neben den Studien der Freizeitenevaluation bislang kaum breit angelegte Forschung zu diesem Arbeitsfeld durchgeführt wurde (vgl. aber Porwol 2001 für Forschungsergebnisse zum kommerziellen Anbieter RUF Jugendreisen). Dieser Situation entspricht, dass seit dem Grundlagenwerk von Giesecke et al. (1967) zur Pädagogik des Jugendreisens nur wenige über Praxishilfen hinausweisende Darstellungen erschienen sind.

Die aktuellen gesellschaftlichen Herausforderungen im Zuge des demografischen Wandels und der Integrationsdebatten stellen auch Jugendgruppenfahrten vor wichtige Entwicklungsaufgaben. So muss es insbesondere im jugendverbandlichen Bereich gelingen, Jugendliche aus allen gesellschaftlichen Schichten mit Fahrtangeboten zu erreichen. Da der Reisepreis für Jugendliche aus bildungsbenachteiligten Familien oftmals ein möglicher Hinderungsgrund ist, bedarf es angemessener Unterstützungsleistungen, beispielsweise durch die in einigen Bundesländern etablierten Zuschüsse für Jugenderholungsmaßnahmen aus Landesjugendplanmitteln. In der Kooperation mit Migrantenselbstorganisationen liegen Chancen, Jugendliche mit Migrationshintergrund stärker zu erreichen (vgl. Drücker et al. 2010). Übergänge und Kooperationsmöglichkeiten mit angrenzenden Arbeitsfeldern wie beispielsweise den Stadtranderholungen (vgl. Hübner 2010) oder auch Schullandheimen könnten für die konzeptionelle Entwicklung von Jugendgruppenfahrten lohnende Perspektiven bieten.

Literatur

Arbeitsgemeinschaft der Evangelischen Jugend in Deutschland e.V. (Hrsg.). (2011). *Sex. Sex! Sex? – Umgang mit Sexualität und sexueller Gewalt bei Internationalen Begegnungen, Kinder- und Jugendreisen*. Hannover.

Arbeitskreis G5 (Hrsg.). (2010). *Kapuzenpulli meets Nadelstreifen. Die Kinder- und Jugendarbeit im Fokus von Wissenschaft und Wirtschaft*. Neuss. http://www.forschungsverbund.tu-dortmund.de/index.php?id=100

Bundesministerium für Familie, Senioren, Frauen und Jugend. (2005). *Zwölfter Kinder- und Jugendbericht. Bericht über die Lebenssituation junger Menschen und die Leistungen der Kinder- und Jugendhilfe in Deutschland*. Bonn.

Drücker, A., Chehata, Y., Jagusch, B., Riß, K., & Sinoplu, A. (Hrsg.). (2010). *Leitfaden InterKulturell on Tour. Internationale Jugendbegegnungen – Schauplatz neuer Kooperationen zwischen Migrantenjugend(selbst)organisationen und Internationaler Jugendarbeit*. Schwalbach/Ts.

Friesenhahn, G. J., & Thimmel, A. (Hrsg.). (2005). *Schlüsseltexte. Engagement und Kompetenz in der internationalen Jugendarbeit*. Schwalbach/Ts.

Giesecke, H., Keil, A., & Perle, U. (1967). *Pädagogik des Jugendreisens*. Bielefeld. (Faksimile-Nachdruck 2002)

Gleu, R. K., & Kosmale, J. D. (Hrsg.). (2009). *Deutsche Kinder- und Jugendreisen 2008. Aktuelle Daten zu Struktur und Volumen*. Berlin.

Hübner, A. (2010). *Freiwilliges Engagement als Lern- und Entwicklungsraum. Eine qualitative empirische Studie im Feld der Stadtranderholungsmaßnahmen*. Wiesbaden.

Ilg, W. (2008). *Evaluation von Freizeiten und Jugendreisen. Einführung und Ergebnisse zum bundesweiten Standard-Verfahren*. Hannover.

Ilg, W., & Diehl, M. (2011). Jugendgruppenreisen im Spiegel mehrebenenanalytischer Untersuchungen. Erfahrungen mit vernetzter Selbstevaluation in non-formalen Bildungssettings. *Zeitschrift für Evaluation 10*, 225–248.

Ilg, W., & Dubiski, J. (2011). *Begegnung schafft Perspektiven. Empirische Einblicke in internationale Jugendbegegnungen*. Berlin, Paris, Warschau.

Müller, W. (Hrsg.). (o. J., Loseblattwerk). *Praxishandbuch Kinder- und Jugendfreizeiten*. Landsberg.

Nagl, E. (2000). *Pädagogische Jugendarbeit. Was leistet Jugendgruppenarbeit für Jugendliche?* Weinheim und München.

Peters, H., Otto, S., Ilg, W., & Kistner, G. (2011). *Evaluation von Kinderfreizeiten. Wissenschaftliche Grundlagen, Ergebnisse und Anleitung zur eigenen Durchführung*. Hannover.

Porwol, B. (2001). *Qualität im Jugendtourismus – die zentrale Bedeutung der Kundenzufriedenheit; eine empirische Untersuchung*. Bielefeld.

Internationale Jugendbegegnungen 60

Andreas Thimmel

Internationale Jugendbegegnungen (IJB) sind ein spezifisches Arrangement bzw. eine Methode in der Offenen Kinder- und Jugendarbeit (zur Geschichte, Struktur und Systematik der IJB: Thimmel 2001; Friesenhahn und Thimmel 2005; Thimmel 2011). Sie können als eine Form des Kinder- und Jugendreisens/Jugendgruppenfahrten bezeichnet werden (vgl. Ilg im vorliegenden Band). In den Freizeit-, Bildungs- und Begegnungsprojekten kommen Jugendliche aus unterschiedlichen Ländern zusammen, sie verreisen in einer Gruppe und verbringen gemeinsam Zeit miteinander. Eine Kooperationsvereinbarung zwischen den Einrichtungen der Offenen Kinder- und Jugendarbeit mit entsprechenden Jugendeinrichtungen oder Schulen aus anderen Ländern bzw. Partnerstädten bilden die organisatorische Basis für IJB. Die Auswahl der Partner im Rahmen von Städtepartnerschaften ist zwar nicht zwingend, ergibt sich aber oft förderungsbedingt, da in vielen Kommunen nur diese Begegnungen finanziell gefördert werden. Zu unterscheiden sind bi-, tri- und multinationale Jugendbegegnungen sowie Workcamps. Historisch und aktuell gibt es unterschiedliche Begründungslinien für IJB. Außenpolitische Begründungen, wie Völkerverständigung, gute Nachbarschaft, Wiedergutmachung, Unterstützung der Handelsbeziehungen werden durch jugendpolitische ergänzt, wie die Hilfe beim Aufbau zivilgesellschaftlicher Strukturen oder der vergleichenden Praxis der Kinder- und Jugendhilfe. Interkulturelles und internationales Lernen, Persönlichkeitsbildung, Soziales Lernen und reflexive interkulturelle Bildung sind wichtige jugendpädagogische Begründungen.

IJB in der Offenen Kinder- und Jugendarbeit sind bisher wenig erforscht, die vorhandenen Studien aus der internationalen Jugendarbeit (IJA) beziehen sich auf Verbandsarbeit bzw. Jugendbildungsarbeit. Die bisherigen Forschungsergebnisse können jedoch auch auf die IJB in der OKJA übertragen werden. Eine Regensburger Langzeitstudie belegt die nach-

---

Prof. Dr. phil. Andreas Thimmel ✉
Fakultät für Angewandte Sozialwissenschaften, Fachhochschule Köln, Gustav-Heinemann-Ufer 54, 50968 Köln, Deutschland
e-mail: andreas.thimmel@fh-koeln.de

haltige Wirkung von IJB auf die Persönlichkeitsentwicklung der Teilnehmenden (Thomas et al. 2007), Evaluationsergebnisse über IJB mit Frankreich und Polen bestätigen die Hypothese von der IJB als Schnittstelle zwischen Tourismus, interkultureller und internationaler Bildung sowie allgemeiner Persönlichkeitsbildung. TeamerInnen und deren methodisch-didaktische bzw. gruppenpädagogische Kompetenz und pädagogische Haltung sowie die Einhaltung konzeptioneller, organisatorischer und finanzieller Mindeststandards sind ursächlich für die Zufriedenheit der Beteiligten und den Erfolg der Maßnahmen (Dubiski und Ilg 2008; www.freizeitenevaluation.de).

60.1 Struktur

IJB werden durch finanzielle Vorgaben und eine länderbezogene Institutionalisierung strukturiert und gesteuert. Der Kinder- und Jugendplan des Bundes (Abteilung Internationale Jugendarbeit im BMFSFJ), das Deutsch-Französische Jugendwerk (1963), das Deutsch-Polnische Jugendwerk (1991), das Deutsch-Tschechische Koordinierungsbüro Tandem (1997), das Deutsch-Israelische Koordinierungsbüro ConAct (2000), die Stiftung Deutsch-Russischer Jugendaustausch (2006) sowie IJAB – Fachstelle für Internationale Jugendarbeit der Bundesrepublik Deutschland e.V. sind Akteure, die sowohl als Fondsverwalter als auch Koordinatoren fungieren. „JUGEND für Europa", die Nationalagentur mit dem Programm „JUGEND IN AKTION", ist ein weiterer Akteur, Unterstützer und Finanzier von multinationalen IJB in der Offenen Kinder- und Jugendarbeit. Im Zuge der bundesdeutschen Umsetzung der EU-Jugendstrategie gewinnt die europäische Dimension in der Kinder- und Jugendarbeit eine immer größere Bedeutung (vgl. Spatscheck im vorliegenden Band). Die Einbeziehung der Offenen Kinder- und Jugendarbeit in diesen Prozess ist notwendig, steht aber erst am Anfang.

In den kommunalen und landesbezogenen Kinder- und Jugendplänen ist die Finanzierung auf kommunaler Ebene geregelt. Die differenzierten Regelungen einer in der Regel nicht-komplementären Finanzierung durch Kommunen, Land, Bund, EU sind eine Schwachstelle des Förderungssystems, da eine ausreichende Finanzierung Voraussetzung für das Gelingen der Projekte ist. Die Mehrzahl der teilnehmenden Jugendlichen ist zwischen 14 und 18 Jahren alt. Bisher können Jugendliche erst ab 12 bzw. 14 Jahren gefördert werden. Da interkulturelle Lernprozesse auch bei Kindern zwischen 8 und 12 Jahren angeregt werden können (Krok et al. 2010), wird jugendpolitisch darüber diskutiert, die staatliche Förderung für Kinder schon ab 8 Jahren zu ermöglichen.

60.2 Positionierung in der Kinder- und Jugendhilfe

In der Regel handelt es sich bei IJB um ein offenes Angebot für die BesucherInnen von Freizeitzentren bzw. für die Jugendlichen aus dem umliegenden Sozialraum. Die Reise bzw. der Gegenbesuch der ausländischen Gruppe findet meist in den Ferien statt und dauert zwischen 4 und 14 Tage. Vorbereitung und Aufbau einer Gruppe mit entsprechender Verbindlichkeit sind eine konzeptionelle und praktische Herausforderung. Der Stellenwert der IJB in der OKJA ist insofern different, dass IJB Höhepunkte im Rahmen des Jahreszyklus einer Einrichtung sein können und enorme Lern- und Bildungsprozesse bei den Teilnehmenden in Gang setzen. In vielen Fällen – dies ist Praxisberichten zu entnehmen – gelingt dies hervorragend und nachhaltig. Der Besuch beim Bürgermeister mit der Gruppe aus dem Ausland ist zudem eine gute Gelegenheit auf die eigene Arbeit positiv aufmerksam zu machen. IJB sind aber auch geprägt durch langwierige organisatorische und finanzielle Vorarbeiten und Unwägbarkeiten, langwierige Absprachen mit den Partnerorganisationen sowie Sprach- und Kommunikationsprobleme bei den Fachkräften und den beteiligten Jugendlichen. Dazu kommt oft – auch innerhalb des Diskurses in der Kinder- und Jugendhilfe – Unkenntnis und Skepsis gegenüber IJB, die als „Luxus-Bildung" und Urlaubsvergnügen abgewertet werden.

60.3   Zugang

Je nach Länder- und Sprachenkonstellation finden sich unterschiedliche Kommunikations-Konzepte. Da die meisten Jugendlichen einen Zugang zur englischen Sprache entweder über den Schulunterricht oder über Musik, Medien, web 2.0 oder Jugendkulturen haben, wird z. B. bewusst mit Englisch als Verkehrssprache gearbeitet. In anderen Fällen hat die Sprache des Gastlandes eine wichtige Rolle und Sprachmittler oder Übersetzer sind involviert. Der reflektierte Umgang mit Sprache als potentiellem Machtinstrument in Konzeption und Praxis ist eine Voraussetzung dafür, dass auch nicht-privilegierte bzw. sprachlich weniger geförderte Jugendliche ermutigt werden, an einer IJB teil zu nehmen. Jugendlichen aus nicht-privilegierten Milieus werden mit der IJB Auslands-Mobilitätserfahrungen eröffnet, die paradigmatisch Freizeit und non-formale Bildung verbinden und den Erfahrungshorizont der Jugendlichen erweitern. Aus dem bundesdeutschen Demokratie- und Jugendverständnis leitet sich die Forderung nach dem „Habitus der Internationalität für alle Jugendlichen" ab. Jugendliche mit Migrationshintergrund bzw. Vereine von Jugendlichen mit Migrationshintergrund wurden 2009/2010 in einem Bundes-Modellprojekt zur Teilnahme motiviert und in Tandems mit etablierten Trägern der IJA darin unterstützt, eine IJB zu planen und durchzuführen. Die wissenschaftlichen Ergebnisse von „Jugendarbeit international – Vielfalt erleben – JIVE 1" belegen, dass IJB ein großes jugend-, bildungs-, sozial- und integrationspolitisches Potential haben, das bisher zu wenig ausgeschöpft wird bzw. von verschiedenen Gruppen zu wenig genutzt wird (vgl. Thimmel et al. 2011). Der Vorschlag des Evaluationsteams zur „Wieder-"Belebung der IJB in der kommunalen Kinder- und Jugendarbeit wird seit 2011 im Projekt „Kommune goes international" in „JIVE 2" umgesetzt. 22 Kommunen aus fast allen Bundesländern werden durch Fachtagungen, Fortbildung, Coaching und Vernetzung dabei unterstützt, Jugendbegegnungen in der Kommune durchzuführen.

60.4 Methoden

Das interkulturelle Lernkonzept in IJB bedeutet, dass TeamerInnen Situationen danach einschätzen, ob diese für den interkulturellen Lernprozess günstig sind oder nicht und ob diese durch pädagogische Impulse zu strukturieren sind. Methodische Grundkenntnisse aus der außerschulischen Jugendarbeit, der Animation, der Freizeit-, Erlebnis- und Gruppenpädagogik und deren fallbezogener Transfer auf die internationale Lernsituation sind dafür Voraussetzungen. Der Wechsel zwischen Programm und „nicht verplanter" Zeit ist konstitutiv. Das gesamte Lernarrangement, d. h. Wohnen, Organisation, Essen, Sich-Wohlfühlen, Reisen, Freizeitgestaltung, touristische Bedürfnisse und Einkaufswünsche werden ernst genommen und als potenziell mögliche Lernsituationen methodisch reflektiert. Sie sind Thema und Anlass für Partizipation. Die Praxis der IJA lebt von hoher Motivation und Engagement, Organisationstalent und hoher Frustrationstoleranz der beteiligten Personen. Die Jugendlichen lernen gemeinsam in gemischtkulturellen Gruppen, sie arbeiten an gemeinsamen Themen, leben miteinander und verbringen gemeinsam ihre Freizeit. Die Palette der Bildungsthemen und Bildungsanlässe sowie der angewandten Methoden ist so breit wie die Themen und Methoden der OKJA allgemein. Das Credo der „Gemeinsamkeit" des Zusammenlebens von Jugendlichen aus verschiedenen Ländern sollte nicht dogmatisch gehandhabt werden. Es schließt die zeitweise, konzeptionell begründete oder sich im Prozess sinnvoll ergebende Kommunikation in monosprachlichen Gruppen ein. Abgrenzungen in Gruppen entlang unterschiedlicher Differenzlinien, neben Sprache und Nationalität also Sympathie bzw. Antipathie, Alter, Geschlecht, Jugendkulturen, fachliche Interessen, politische Einstellungen, formale Bildungsabschlüsse oder sozioökonomische Ressourcen, sind legitim.

60.5 Perspektivwechsel und Reflexion

Vielfalt und Unterschiedlichkeit sind in den IJB positiv besetzt. Perspektivwechsel und Reflexion sind wesentliche Merkmale der durch die Mobilitätserfahrung angestoßenen Bildungsprozesse. IJB halten als Setting eine Reihe von Inszenierungselementen und „sensiblen Momenten" vor, die Jugendlichen Gelegenheiten für individuelle und politisch gerahmte Auseinandersetzungsprozesse bieten. Beispielsweise agieren Jugendliche (bewusst) als VertreterInnen der Bundesrepublik im Ausland oder übernehmen bei einem Besuch aus dem Ausland eine Gastgeberrolle. Diese Formen von „Repräsentation" können Jugendliche zu einer Auseinandersetzung mit dem eigenen Land – möglicherweise auch mit dessen gesellschaftlichen und politischen Bedingungen – anregen. Neben dem Inszenierungselement der „Repräsentation" kann die beschriebene Auseinandersetzung sich z. B. auch in Form einer „Selbst-Erzählung" des oder der Jugendlichen vollziehen, die ihrem neuen israelischen Freund, ihrer neuen tunesischen Freundin „etwas" über ihren Alltag und dessen ökonomischer, sozialer und politischer Rahmung erzählen (vgl. Chehata et al. 2010).

Literatur

Breitenbach, D. (Hrsg.). (1979). *Kommunikationsbarrieren in der Internationalen Jugendarbeit. Ein Forschungsprojekt im Auftrag des Bundesministeriums für Jugend, Familie und Gesundheit.* Bd. 1–5. Saarbrücken.

Bundesministerium für Familie, Senioren, Frauen und Jugend. (2009). *Eckpunkte – Internationale Jugendpolitik des BMFSFJ. Begegnung fördern – Erfahrungen nutzen – gemeinsam gestalten.* http://www.bmfsfj.de/RedaktionBMFSFJ/Abteilung5/Pdf-Anlagen/eckpunkte-begegnungen-foerdern,property=pdf,bereich=bmfsfj,sprache=de,rwb=true.pdf. Zugegriffen: 03. Januar 2012.

Chehata, Y., Riß, K., & Thimmel, A. (2010). Vielfalt on tour – Internationale Jugendbegegnungen in der Migrationsgesellschaft. *„Bericht der wissenschaftlichen Begleitung des Modellprojekts ‚InterKulturell on Tour'".* http://www.jive-international.de/p751111762_478.html. Zugegriffen: 03. Januar 2012.

Dubiski, J., & Ilg, W. (Hrsg.). (2008). *Evaluation internationaler Jugendbegegnungen. Ein Verfahren zur Auswertung von Begegnungen.* Berlin, Paris und Warschau.

Friesenhahn, G. J., & Thimmel, A. (Hrsg.). (2005). *Schlüsseltexte. Engagement und Kompetenz in der internationalen Jugendarbeit. Texte aus 50 Jahren Praxis- und Theoriediskurs. Dokumentiert und neu kommentiert.* Schwalbach/Ts.

IJAB – Fachstelle für Internationale Jugendarbeit der Bundesrepublik Deutschland e.V. (Hrsg.). (2010). *Forum Jugendarbeit International 2008/2010. Internationale Jugendarbeit und Chancengleichheit.* Bonn.

Thimmel, A. (2001). *Pädagogik der internationalen Jugendarbeit. Geschichte, Praxis und Konzepte Interkulturellen Lernens.* Schwalbach/Ts.

Thimmel, A. (2011). Internationale Jugendarbeit. In EEO, Enzyklopädie Erziehungswissenschaft Online. Weinheim und München

Thimmel, A., Chehata, Y., & Riß, K. (2011). *Interkulturelle Öffnung der Internationalen Jugendarbeit. Gesamtbericht der wissenschaftlichen Begleitung zum Modellprojekt JiVE „Jugendarbeit international – Vielfalt erleben".* http://www.f01.fh-koeln.de/imperia/md/content/personen/a.thimmel/thimmel.pdf. Zugegriffen: 03. Januar 2012.

Thomas, A., Chang, C., & Abt, H. (2007). *Erlebnisse, die verändern – Langzeitwirkungen der Teilnahme an internationalen Jugendbegegnungen.* Göttingen.

Teil VIII
Qualität, Konzeptentwicklung, Planung in der Offenen Kinder- und Jugendarbeit

Konzeptionen entwickeln in der Offenen Kinder- und Jugendarbeit

Hiltrud von Spiegel

Konzeptionsentwicklung als Teil von Qualitätsentwicklung kam erst in den vergangenen 15 Jahren richtig in die Diskussion.

Albert Scherr kommt der Verdienst zu, das Thema für die Offene Jugendarbeit angegangen zu haben. Bereits 1993 hat er ein Konzeptentwicklungsprojekt für die Jugendarbeit des Kreises Offenbach durchgeführt (vgl. Scherr 1994). Die von Scherr erprobten und vorgeschlagenen Arbeitsweisen haben große Parallelität zu den hier entwickelten Schritten von Konzeptionsentwicklung. Seine Vorschläge finden sich besonders in Scherr 1997 und Scherr 1998.

In diesem Beitrag wird ein Modell zur Erstellung einer Konzeption vorgestellt, das in den Jahren 1998–2000 entstand. Es ist das Ergebnis des Modellprojekts „Qualitätsentwicklung, Qualitätssicherung und Selbstevaluation in der Kinder- und Jugendarbeit" (QQS). In Zusammenarbeit zwischen dem Landesjugendamt Westfalen-Lippe und der Fachhochschule Münster entwickelte und erprobte das fünfköpfige Projektteam (Hiltrud von Spiegel, Benedikt Sturzenhecker und Ulrich Deinet unter Mitarbeit von Sabine Ader und Remi Stork) mit Teams aus sieben verschiedenen Einrichtungen der Offenen Kinder- und Jugendarbeit arbeitsfeldübergreifende Handreichungen (Arbeitshilfen) für die Qualifizierung und Evaluation der pädagogischen und organisatorischen Arbeit. Die Ergebnisse wurden erstmals in Form eines Projektberichts im Jahr 2000 im Votum Verlag Münster veröffentlicht (vgl. von Spiegel 2000).

In diesem Beitrag wird eine Form der zielorientierten Konzeptionsentwicklung vorgestellt; eine weitere Variante – die Beschreibung von Schlüsselprozessen – findet man in von Spiegel 2007. Dort ist auch die Langfassung dieser Ausführungen inkl. der entsprechenden Arbeitshilfen nebst Beispielen nachzulesen. Wer sich für den theoretischen „Unterbau" der Arbeitshilfen interessiert, findet diesen in von Spiegel 2013; das Buch enthält ein um-

Prof. Dr. phil. i.R. Hiltrud von Spiegel ✉
Engershauser Str. 14, 32361 Preußisch Oldendorf, Deutschland
e-mail: Hiltrud.von.Spiegel@t-online.de

fangreiches Glossar sowie einen „Werkzeugkasten", in den auch die Handlungsbereiche der Konzeptionsentwicklung eingeordnet sind. Die Formulare der Arbeitshilfen können von der Homepage des Reinhard-Verlages heruntergeladen werden. Vorab erfolgt eine definitorische Klärung der Begriffe Konzept und Konzeption:

Konzepte sind veröffentlichte Entwürfe von Handlungsplänen, die hypothetischen Charakter haben. Sie kombinieren Beobachtungs- und Beschreibungswissen („Was ist der Fall?") mit Erklärungs- und Begründungswissen („Warum ist dies so?"), Wertwissen („Welche Zustände bzw. Verhaltensweisen sind wünschenswert?") und Handlungs- und Interventionswissen („Wie kommen wir da hin?"). Einige Konzepte beruhen auf empirischer Basis, da sie in der Praxis, beispielsweise in Modellvorhaben, erprobt und dann verallgemeinert wurden, andere wiederum bleiben auf der Ebene der gedanklichen Entwürfe. Konzepte werden meist für ein bestimmtes Arbeitsfeld oder eine bestimmte Aufgabe entworfen und sie bilden ein Reservoir, auf das Fachkräfte bei ihrer konzeptionellen Arbeit zurückgreifen können.

Eine Konzeption ist der Entwurf eines „institutionellen" Wirkungszusammenhanges für die gesamte Arbeit innerhalb einer Einrichtung oder einer Organisationseinheit. Sie ist mehr als eine Kombination verschiedener Wissensbestände und im Unterschied zum Konzept integriert sie zusätzlich institutionelles Wissen, (kommunal-) politisches Wissen, Wissen über Zielgruppen und persönliches Erfahrungswissen der Fachkräfte vor Ort. Sie enthält Aussagen darüber, welchen Zielgruppen welche Leistungen mit welchen Zielen und Leitlinien (Arbeitsprinzipien) sowie welchen Arbeits- und Angebotsformen angeboten werden, und wie und mit welchen Aufgaben welche Mitarbeiterinnen zusammenarbeiten. Sie ist ein gedankliches Grundgerüst, mit dem die strukturellen Elemente, die für methodische Arbeit unabdingbar sind, nachvollziehbar zusammengebracht werden. Sie beschreibt somit die Arbeit der Einrichtung und beantwortet die Fragen der Kollegen und auch Außenstehender nach dem Sinn der Arbeit und den zugrunde liegenden Wissensbeständen (vgl. von Spiegel 2013).

Die Gliederung dieses Aufsatzes orientiert sich an der Schrittfolge für eine Konzeptionsentwicklung, die im Folgenden dargestellt wird.

61.1 Materialsammlung für eine Konzeption anlegen

Die konzeptionelle Arbeit beginnt mit der Sammlung von Daten über die Ausgangssituation. Hierfür sollte man alle Informationen, die für die Erstellung einer Konzeption wichtig sind, übersichtlich zusammenstellen. Konzeptionsentwicklung ist Teamarbeit. Darum sollte sie möglichst öffentlich und unter großer Beteiligung erfolgen. Hilfreich ist eine genügend große Wandzeitung, die als Diagramm gestaltet ist und an einer gut zugänglichen Stelle aufgehängt wird, so dass alle Mitarbeiter – und auch die Kinder/Jugendlichen – den Prozess mitvollziehen und die Eintragungen ergänzen und/oder kommentieren können. Hier werden die Strukturelemente eingetragen, die die Arbeit in der Einrichtung bestimmen (Institution, Umfeld, Zielgruppe, Ziele, Leistungen, Ressourcen und Personal).

Für den ersten Arbeitsschritt, die Analyse der Ausgangssituation sollte man Informationen über die institutionellen Rahmenbedingungen einholen, rechtliche Grundlagen und Verwaltungsvorgaben prüfen, das Umfeld der Einrichtung unter die Lupe nehmen, die Bedürfnisse der Zielgruppen (an denen sich die aktuelle Arbeit ausrichtet), die derzeit geltenden Ziele (soweit sie benennbar sind) und die vorhandenen personellen und materiellen Ressourcen aufschreiben. Wenn die Teammitglieder spontan schon Ideen zum Änderungsbedarf produzieren, sollten sie diese schon einmal auf der Wandzeitung notieren. Hier dürfen alle Beteiligten zu jeder Zeit weitere Eintragungen machen.

Es folgt die Bedarfsermittlung. Man sollte zunächst eine Liste derjenigen zusammenstellen, die von der pädagogischen Arbeit der Einrichtung tangiert sind und daher spezifische Erwartungen hegen. Man kann diese Erwartungen dann selbst erfragen und erhält Original-Aussagen oder man leitet sie aus Erfahrungen ab, unterstellt sie also gewissermaßen. Sicher ist, dass es einen qualitativen Unterschied zwischen authentischen Aussagen und einem unterstellten Bedarf gibt. Zumindest bei den Kindern und Jugendlichen und auch bei den Vorgesetzten sollte man nicht auf eine Befragung verzichten. Bei beiden Gruppen wundert man sich manchmal, wie sehr die direkten Aussagen von dem abweichen, was man bisher selbst als gesicherte Erkenntnis betrachtete. Bzgl. der Kinder und Jugendlichen sollte man auch sog. Nichtnutzerinnen in die Erhebung aufnehmen, denn so gewinnt man Erkenntnisse darüber, warum sie nicht teilnehmen, was in deren Augen die Einrichtung unattraktiv macht usw.

In die Aktionen der Bestandserhebung und der Bedarfsermittlung sollten alle Teammitglieder (auch die ehrenamtlichen) einbezogen werden. Das fördert die Identifikation mit dem Gesamtprozess und verhindert, dass die Konzeption später ein einsames Dasein in einem Aktenordner fristet. Und wenn man die Befragung der Kinder und Jugendlichen mit aktivierenden Methoden durchführt, werden diese sich auch für den Fortgang der Arbeit und die Ergebnisse interessieren und ggf. bei weiteren Schritten, z. B. der Operationalisierung von Zielen mitarbeiten wollen.

61.2 Konsensziele bilden

Die gesammelten Erwartungen werden nun mit Blick auf den aufgezeichneten Änderungsbedarf in Ziele umformuliert. Das ist nicht ganz einfach, weil sich die geäußerten Erwartungen wahrscheinlich auf sehr verschiedene Punkte richten. Einige sind eher auf gewünschte Ereignisse bezogen („Partizipation von Jugendlichen"), die anderen mehr auf die Vermeidung unerwünschter Ereignisse („weniger Alkoholkonsum"). Manche sind eher kurzfristig ausgerichtet („Jugendliche von der Straße holen"), andere auf eine fernere Zukunft („aus den Jugendlichen gute Bürger machen"). Manche richten sich auf das Arrangement von Bedingungen („Öffnung des Hauses sofort nach der Schule und am Wochenende") oder auf kommunalpolitische wünschbare Zustände („guter Ruf"). Einige werden sehr allgemein formuliert sein („wirtschaftliches Arbeiten durch Ausrichtung an Effizienz"), andere anschaulich und konkret („Einrichtung von Kuschelecken").

Die Beispiele zeigen auch, dass meist keine Ziele beschrieben werden, sondern Angebote und anderes, was die Fachkräfte tun oder verhindern sollen, ohne dass deutlich wird, welchem Ziel dieses dienen soll. Somit kann es äußerst schwierig werden, Zielformulierungen zu finden, in denen die Erwartungen der Beteiligten tatsächlich aufgehoben sind. In solchen Fällen ist die Verlockung groß, die Erwartungen umzudeuten oder nur diejenigen herauszusuchen, die mit den Ideen des Teams übereinstimmen.

Die eigene oder die fachliche Sicht ist aber nur eine Perspektive unter mehreren, wie das folgende Beispiel zeigen soll: Wenn man etwa aus der Aussage eines Vorgesetzten „im Jugendzentrum soll es keine Schlägereien geben" das (fachlich begründete) Ziel „die Jugendlichen lernen Strategien konstruktiver Konfliktlösung" herausdeutet, kann es passieren, dass sich der Vorgesetzte missverstanden fühlt. Das Team würde wahrscheinlich aufgrund seiner fachlich geleiteten Interpretation in diesem Fall Strategien erarbeiten, um mit gewaltbereiten Jugendlichen Konfliktlösungsmöglichkeiten in der Einrichtung einzuüben. Das wiederum könnte auch dazu führen, dass eine gewisse Unruhe in der Einrichtung und auch missratene Versuche in Kauf genommen werden, während der Vorgesetzte damit rechnet, dass gerade solche Jugendlichen aus der Einrichtung verbannt werden (damit der gute Ruf der Einrichtung – und des Jugendamtes – erhalten bleibt).

Man sollte darum die Erwartungssammlung so anlegen, dass die Beteiligten schon während der Befragung ihre Aussagen zu den erwünschten Tätigkeiten oder Unterlassungen konkretisieren. Das ist möglich, wenn man die Gesprächspartner immer wieder freundlich fragt, wozu denn die Tätigkeiten der Pädagoginnen dienen sollen oder was „statt dessen" passieren soll.

Zurück zur Bildung von Zielen: Gute Ziele sind das Ergebnis eines Aushandlungsprozesses; es sind Konsensziele. In den Rang von Konsenszielen werden nur solche Ziele erhoben, die alle Beteiligten mehr oder weniger „unterschreiben" können. Je solider dieser Konsens zustande kommt, desto besser ist die Chance, mit den gewonnenen Zielen arbeiten zu können.

Man kann den Aushandlungsprozess real organisieren, indem man so viele echte Beteiligte wie möglich an einen Tisch holt. Wenn das nicht geht, kann man das Ganze als Rollenspiel gestalten oder sich zumindest um einen Perspektivenwechsel bemühen, indem man die einzelnen Rollen nacheinander einnimmt. Es ist hilfreich, bei diesem Arbeitsschritt wieder eine Wandzeitung benutzen, denn dann haben alle Beteiligten die zu Zielen umformulierten Erwartungen vor Augen.

61.3 Ziele zuordnen und operabel formulieren

Die Liste der auf diese Weise gewonnenen Konsensziele ist möglicherweise recht bunt. Die Ziele sind auf verschiedenen Ebenen anzuordnen und auf deren Formulierung wurde bisher nicht geachtet. Darum besteht der nächste Arbeitsschritt darin, die gewonnenen Ziele in Wirkungs- und Handlungsziele zu unterscheiden und einander zuzuordnen:

Wirkungsziele bezeichnen Vorstellungen über wünschenswerte Zustände oder erweiterte Handlungskompetenzen, deren Erreichung durch die Interventionen und Arrangements der Fachkräfte unterstützt werden soll. Sie sind prinzipiell auf die Adressatinnen einer Einrichtung (also Kinder/Jugendliche) bezogen. Sie geben die große Richtung des Unterfangens an, insofern haben sie eine orientierende Funktion. Sie bilden den Bezugspunkt für die Konstruktion von Handlungszielen und rechtfertigen diese. Bei der Formulierung von Wirkungszielen sollte darauf geachtet werden, dass die Sätze mit: „Die Kinder oder Jugendlichen sind fähig…" oder: „Kinder/Jugendliche lernen…" usw. beginnen, damit deutlich wird, wer das Objekt der Wirkungsziele ist.

Handlungsziele beschreiben Ideen über förderliche Bedingungen bzw. Arrangements, an deren Bereitstellung die Fachkräfte arbeiten und die – so die Annahme – das Erreichen der Wirkungsziele wahrscheinlicher machen. Handlungsziele beziehen sich auf die Handlungen der Fachkräfte. Sie stehen daher im Mittelpunkt der Konzeptionsentwicklung und werden durch die Wirkungsziele gerechtfertigt. Handlungsziele können sich auf eine besondere Raumgestaltung, auf die Eröffnung eines Rahmens für Entwicklungen und Experimente oder auf zielförderliche Haltungen der Fachkräfte innerhalb und außerhalb der Einrichtung beziehen. Es sind also die Arbeitsziele der Fachkräfte und die Fachkräfte sind auch für deren Realisierung zuständig und verantwortlich. Ihre Begründung und Rechtfertigung erfolgt im Team. Entsprechend beginnen Zielformulierungen für Handlungsziele mit den Worten: „Wir gestalten eine Atmosphäre, in der Experimente mit Regeln, Beziehungen und Verantwortung gefördert werden" oder: „Wir schaffen interkulturelle Begegnungsräume" usw. Für die Realisierung eines Wirkungszieles sind immer mehrere Handlungsziele denkbar und notwendig. Handlungsziele werden systematisch gegen Handlungsschritte abgegrenzt. Zielformulierungen sollten keine Handlungsschritte enthalten. Dennoch ist der Übergang fließend: Je konkreter ein Handlungsziel formuliert ist, desto ähnlicher wird es einem Handlungsschritt (vgl. von Spiegel 2013).

Das Team hat nun die Aufgabe, die im Aushandlungsprozess gewonnenen und differenzierten Ziele auf Moderationskarten zu übertragen und auf einer neuen Wandzeitung oder Pinnwand einander zuzuordnen: Oben werden die Wirkungsziele angehängt, darunter die dazu passenden Handlungsziele.

61.4 Konzeptionelle Ziele auswählen

Im nächsten Schritt müssen die gewonnenen Ziele gesichtet und sortiert werden. Man muss überlegen, welche der Ziele, die sich ja durchaus widersprechen können, bei der Entscheidung für konzeptionelle Ziele berücksichtigt werden müssen („Pflicht", z. B. Gesetze und Vorschriften), welche das Team berücksichtigen will („Wunsch", z. B. besonderes Profil der Einrichtung), welche es aber auch – begründet – zurückweisen will (z. B. wegen fehlender Zuständigkeit oder berufsethischer bzw. fachlicher Bedenken) und welche Ziele aus der fachlichen Diskussion („fachliche Standards", gewonnen aus der Sichtung aktueller Fachliteratur) zusätzlich einfließen sollten.

An dieser Stelle bietet es sich auch an, allein stehende Wirkungsziele durch mehrere passende Handlungsziele zu ergänzen oder zu einem oder mehreren Handlungszielen ein dazu passendes Wirkungsziel zu formulieren, so dass man mehrere sog. Zielpyramiden erhält. Das Team sollte sich dabei nicht nur auf das Haus selbst, sondern auch auf die begleitende und unterstützende Arbeit in den anderen Handlungsfeldern konzentrieren, in denen es zur Absicherung der Arbeit agiert (z. B. der Institution, im Sozialraum oder bzgl. verschiedener Kooperationspartner). Um nicht zu viel zu versprechen, ohne es auch umsetzen zu können, sollte man die Liste der Wirkungsziele auf maximal fünf begrenzen, die dann ja jeweils mit mehreren Handlungszielen konkretisiert werden.

Parallel muss darauf geachtet werden, dass die Zielformulierungen „operabel" sind: Handlungsziele sollten prinzipiell in einem überschaubaren Zeitraum erreichbar sein und in der Zuständigkeit der Fachkräfte liegen (d. h. von den Fachkräften selbst realisiert werden können). Sie sollten sprachlich positiv und verständlich formuliert sowie ethisch und fachlich vertretbar sein. Sie sollten aber noch nicht so konkret beschrieben sein, dass es Handlungsschritte sind. Beachtet ein Team diese Kriterien der Zielformulierung, dann steigt die Wahrscheinlichkeit, erfolgreich zu arbeiten.

61.5 Handlungsziele operationalisieren

Bei aller Konkretheit der Handlungsziele ist zu bedenken, dass die wünschenswerten Zustände in der Zukunft liegen. Die Fachkräfte müssen also methodische Wege (Handlungsschritte) finden, um diese Ziele zu realisieren. Und sie brauchen darauf abgestimmte Rahmenbedingungen in Form von Räumlichkeiten, Material, Arbeitszeit, Geld und entsprechend ausgebildetem Personal.

Mithilfe der ergebnis-, prozess- und strukturbezogenen Operationalisierung wird nun jedes Handlungsziel weiter konkretisiert. Damit wird ein (hypothetischer) Zusammenhang zwischen Zielen und geplanten Handlungen bzw. der Angebotsstruktur einer Einrichtung hergestellt, der als Wirkungszusammenhang bezeichnet wird. Man beginnt am besten mit der Konkretisierung der Handlungsziele bis auf die Indikatorenebene, indem man beschreibt, woran zu erkennen wäre, dass die jeweiligen Ziele erreicht wären. Bei der prozessbezogenen Operationalisierung muss man mit Blick auf diese Indikatoren der Zielerreichung sowohl Handlungsschritte als auch Handlungsregeln entwerfen. Denn ein größerer Teil der Handlungsziele kann eben nicht durch Angebotspakete realisiert werden, sondern schlägt sich in Haltungen nieder, die in Handlungsregeln zu fassen sind. Ein Beispiel: die Regel „Wir betrachten Konflikte als begrüßenswerte Übungsfelder" realisiert sich darin, dass man sowohl während eines kompakten Angebots („Tanzkurs HipHop") als auch in einer ungeplanten Begegnung im Offenen Bereich, nicht wegschaut, wenn sich ein Konflikt ereignet, sondern genau diese Situation als „Übungsfeld" erkennt und dem Wirkungsziel entsprechend nutzt. Das wiederum bedeutet in der strukturellen Dimension, Räume und Zeiten zu reservieren, die es ermöglichen, konflikthafte Begegnungen aufzugreifen und zu moderieren. Den Beitrag der Jugendlichen zur Realisierung des Handlungsziels kann man nicht entwerfen, denn das Team kann nur Pläne für die eigenen Handlungen machen und sehen, was sich daraufhin ergibt. Gewünschte Reaktionen der Jugendlichen wären eher Hinweise auf die Erreichung von Wirkungszielen.

In dieser Phase der Konzeptionsentwicklung fällt es Praktikern manchmal schwer, ihre bisherigen Handlungsroutinen kritisch und mit Blick auf die neu definierten Ziele zu überdenken und neue, fachlich fundierte Ideen für Handlungsschritte zu entwickeln. Hier liegt aber die größte Chance für die Qualifizierung des Teams und die Fachliteratur bietet ein reichhaltiges Reservoir an Ideen für methodische Vorgehensweisen (Handlungsschritte und Handlungsregeln). Die Fülle der veröffentlichten Konzepte (u. a. in diesem Handbuch) und Projektberichte liefert viele Ideen, die für die eigene Arbeit umgearbeitet werden können. Im Team kann man sich auch untereinander anregen („Wieso machst du das denn so?"; „Man könnte doch auch …"; „Ich mache es ganz anders …"). Das ist eine Chance, fachlich-professionelles Handeln zu hinterfragen und unter Einbezug wissenschaftlichen Wissens weiterzuentwickeln. Die prozessbezogene Operationalisierung verlangt auch, die Feinheiten des pädagogischen Handwerks präzise zu entwickeln, sie gemeinsam abzustimmen und sie erkennbar und reflektierbar zu machen.

In diese Arbeit kann man gut Ehrenamtliche einbeziehen, weil es hier um die ganz praktische Arbeit geht, die neu und zielbezogen konkretisiert wird. Und mit etwas Übung geht das Operationalisieren meist schnell und macht auch Spaß. Hauptamtliche sind in dieser Phase für den „Input" aus der Fachliteratur zuständig und sie müssen darauf achten, konkrete und erreichbare Handlungsziele und -schritte zu formulieren.

Den Abschluss der Planungsarbeit bildet die strukturbezogene Operationalisierung. Sie „erdet" die Planung insofern, als man für die Realisierung der Handlungsziele Räume, Material, Geld, Zeit und entsprechend qualifiziertes Personal braucht. Weil sich Erfordernisse oft gleichen, sollte man zunächst mehrere Handlungsziele ergebnis- und prozessbezogen operationalisieren und dann die strukturellen Überlegungen anstellen.

Dieser Operationalisierungsschritt „erdet" die Konzeptionsentwicklung weiter, denn Räume und Finanzen, der Arbeitstag und die Wochenarbeitszeit sind begrenzt. Mit Blick auf die strukturellen Ressourcen werden noch einmal neu Entscheidungen darüber getroffen, wie viele Ziele sich ein Team leisten kann und will. Es muss Prioritäten setzen und sich mit den Vorgesetzten, ggf. auch mit Kommunalpolitikern darüber verständigen, welche Ziele Unterstützung finden und in der Umsetzung finanziert werden können. Dieser Schritt muss ernsthaft betrieben werden, um spätere Überlastungen/Überforderungen zu vermeiden.

Ein Nachteil dieser Form der Konzeptionsentwicklung ist, dass die Arbeit kleinteilig und zeitlich aufwändig ist, so dass ein Team auch den Überblick verlieren kann. Es ist sinnvoll und notwendig, zumindest ein Wirkungsziel bis auf die Handlungsebene zu operationalisieren; zudem werden ergebnisbezogene Indikatoren (oder Indikatoren der Zielerreichung) auch für eine Evaluation gebraucht. Für die Fertigstellung der Konzeption benötigt man dann aber „nur" ein komplettes Set von Wirkungs- und Handlungszielen, das dann nach Bedarf weiter ausgearbeitet werden kann.

Mit der Übersicht über Bestand und Bedarf sowie die operationalisierten Wirkungsziele ist die Materialsammlung für eine Konzeption komplett! Aber wie bringt man den Wust von Material in eine überschaubare Ordnung? Denn es ist evident, dass man nicht alle Handlungsziele gleichzeitig umsetzen kann, sondern begründet auswählen muss.

61.6 Abgleich der derzeitigen Arbeit mit den operationalisierten Zielen

Der nächste Arbeitsschritt beginnt nun wieder mit einer Reihe von Entscheidungen. Das Team muss nämlich mit Blick auf die nun geltenden Ziele die derzeitige pädagogische Arbeit einer Revision unterziehen. Fragen sind z. B.:

- Welche der derzeitigen pädagogischen „Bausteine" (Angebote) dienen eigentlich welchen (Wirkungs- und Handlungs-)Zielen? Sind es die Ziele, die auch gewollt sind? Oder müssen die alten Ziele verworfen oder zumindest ergänzt werden?
- Stimmt die derzeitige Angebotsstruktur mit den als notwendig befundenen Angeboten überein? Müsste es nicht ganz andere oder zumindest modifizierte Angebote geben, wenn man auf die neu erarbeiteten Ziele hinarbeiten möchte? Oder sollten die Fachkräfte mehr Wert auf ihre Handlungsregeln und die dahinter stehenden Haltungen legen, die sie innerhalb der bestehenden Angebote realisieren?
- Sind die alltäglichen Abläufe mit Blick auf die Handlungsziele und Handlungsregeln durchdacht und entsprechend strukturiert?
- Wie sieht der Einsatzplan für die Mitarbeiter aus? Sind die richtigen Kolleginnen zu den richtigen Zeiten anwesend?
- Wie viel unverplante – disponible – Freiräume haben die Pädagogen, um beziehungsmäßige Experimente, Konflikte und spontane Aktionen zuzulassen und zu begleiten? Haben sie „Zeit zur richtigen Zeit"?
- Verfügen die Mitarbeiter über die notwendigen Kompetenzen, um die Arbeit so zu gestalten, wie es die Ziele nahe legen? Sollten sie besondere Fortbildungen belegen, um den konzeptionellen Anforderungen besser entsprechen zu können? Sollte bei der Auswahl neuer Mitarbeiter gezielt nach besonderen Fähigkeiten gesucht werden?
- Welche Rahmenbedingungen und Ressourcen unterstützen oder verhindern die Pläne? Müssen Räume umgestaltet oder anders genutzt werden? Wofür wird bisher das meiste Geld ausgegeben? Ist es mit Blick auf die neuen Anforderungen gut angelegt? Muss man Verhandlungen mit dem Träger oder dem Jugendamt über Räume oder die Finanzierung führen?
- Sollen Angebote und Arbeitsabläufe umgestellt werden und in welcher Radikalität? Sollen zunächst kleine, überschaubare Bereiche umstrukturiert werden oder soll ein großer Schnitt gemacht werden?

Am Ende dieses Arbeitsschrittes müssen die Angebote und Arrangements, die erhalten bleiben, und diejenigen, die um- oder neu gestaltet werden sollen, in eine zeitliche und inhaltliche Struktur gebracht werden. Das mündet zunächst in einen Wochen- oder Monatsarbeitsplan, der die beschreibbaren Angebote in eine Ablaufstruktur bringt. Das bedeutet, dass nun nicht mehr die Ziele, die den Angeboten zugrunde liegen, im Vordergrund stehen, sondern dass ein Programm entsteht.

Darüber hinaus sollte es einen umfassenderen (Jahres-)Arbeitsplan geben, der Verantwortlichkeiten der Mitarbeiter sowie Absprachen über einzelne Handlungsschritte und -regeln enthält.

61.7 Konzeption in eine schriftliche Fassung bringen

In einem weiteren Arbeitsschritt muss nun eine schriftliche Fassung der Konzeption hergestellt werden. Die Informationen müssen nachvollziehbar und verständlich zusammengefasst sein. Weil es keine Konzeption gibt, die für alle Adressaten und alle Zwecke brauchbar ist, sollte das Team verschiedene Versionen anfertigen:

- Träger, Jugendamt und Politik brauchen hauptsächlich eine Übersicht über die institutionellen Rahmenbedingungen, die Zielgruppen, die Wirkungs- und Handlungsziele. Sie möchten eine Legitimation dafür, dass das investierte Geld zweckentsprechend angelegt ist.
- Das Team benötigt fachlich begründete Leitlinien, also konkrete Informationen über Handlungsschritte, Handlungsregeln usw., um in stärkerer Übereinstimmung handeln zu können.
- Die Nutzerinnen (Kinder, Jugendliche) möchten wissen, welches Programm, welchen „Service" die Einrichtung bietet und was von ihnen erwartet wird.

Wichtig ist somit, dass die schriftliche Fassung der Konzeption auf die Informationsbedürfnisse derjenigen abgestimmt ist, die sie lesen und verstehen sollen. Alle Punkte sollten so kurz wie möglich abgehandelt werden; eine Konzeption sollte nicht mehr als zehn Seiten umfassen. Und zu dieser muss es noch eine Kurzfassung geben („Das Jugendhaus auf einen Blick"), die als Erstinformation an Politiker, an die Presse und nicht zuletzt an Eltern verteilt werden kann. Die Gliederung könnte folgende Punkte umfassen (vgl. von Spiegel 2007):

1. Wer sind wir?
2. Das Kinder- und Jugendhaus im Spiegel unterschiedlicher Erwartungen
3. Für wen arbeiten wir?
4. Worauf arbeiten wir hin?
5. Unsere Arbeitsprinzipien
6. Wie arbeiten wir?
7. Was passiert in unserem Haus und außerhalb?

Abschließend werden einige weiterführende Überlegungen zu der hier empfohlenen Arbeitsweise dargestellt (zu grundsätzlichen Erwägungen zur Arbeit mit Zielen vgl. auch Breede et al. 2007). Für die hier vorgestellte Form der Konzeptionsentwicklung gibt es ein Set von Arbeitshilfen. Es sind Checklisten und „Raster", die der Arbeit an der Konzeption einen „roten Faden" geben können und die mit fachlichen Inhalten gefüllt werden müssen. Sie zeigen, in welcher Weise die Aufgabe der Konzeptionsentwicklung zu bewältigen sein könnte, und sie helfen, die dafür notwendigen Prozessfertigkeiten einzuüben.

Die Eigenart der Arbeitshilfen, keine Inhalte vorzugeben, kann allerdings dazu verführen, dass man eingeübte Alltagsroutinen zwar systematisch, aber letztlich fachlich unreflektiert in die vorgegebenen Kategorien einordnet. Die Verwendung der Arbeitshilfen qualifiziert die pädagogische Arbeit also nicht per se. Man braucht einige Übung und vor allem eine Sensibilität der Beteiligten für konzeptionelle Fragen. Und ohne eine Sichtung und Diskussion der einschlägigen Fachliteratur wird es nicht gehen.

Eine Konzeptionsentwicklung ist und bleibt ein „Unikat". Sie muss von jedem Team unter Berücksichtigung der Erwartungen der Beteiligten und der personellen, materiellen und politischen Rahmenbedingungen konkret erarbeitet werden. Allgemeine Aussagen zu Zielen und fachlichen Standards der Offenen Kinder- und Jugendarbeit und die in der Fachliteratur publizierten Konzepte sind als Orientierung ausgesprochen hilfreich, aber sie ersetzen nicht die konkrete Bestandserhebung und Bedarfsermittlung und auch nicht die Aushandlung und Operationalisierung der Wirkungs- und Handlungsziele vor Ort.

Der Gewinn der Arbeit mit Zielen liegt in erster Linie darin, dass sich Teammitglieder auch auf eine „theoretische" Arbeit einlassen. Sie theoretisieren insofern, als sie versuchen, das was sie tun, begrifflich zu fassen und sich gegenseitig zu vermitteln, was wer mit Zielformulierungen wie „Übernahme von Verantwortung" oder „fairer und offener Konfliktaustragung" meint. Ein wichtiger Schritt besteht also darin, eine gemeinsame Sprache zu finden und zusammen Entscheidungen zu treffen.

Es geht bei der konzeptionellen Arbeit nicht darum, alle Prozesse in der Einrichtung zielorientiert und als nicht veränderbare Handlungsanweisungen durchzustrukturieren und festzuschreiben (auch wenn es hier zunächst den Anschein erweckt). Es ist nämlich nicht möglich, Technologien, also stabile Ziel-Mittel-Zusammenhänge für die Kinder- und Jugendarbeit zu entwickeln. Alle Komponenten einer Situation wandeln sich aufgrund der strukturellen Komplexität sozialer Prozesse und sind daher prinzipiell nicht vorhersehbar. Pädagogische Planung muss immer in relativierter und revidierbarer Form erfolgen, z. B. in Form hypothetisch entworfener Wirkungszusammenhänge. Diese fördern – im Gegensatz zur Technologie – nicht die Illusion, man könne in der Sozialen Arbeit „Ergebnisse" planmäßig produzieren. Sie dienen in erster Linie dazu, die eigenen Konstruktionen transparent und der methodischen und berufsethischen Reflexion zugänglich zu machen.

Literatur

Breede, C., von Spiegel, H., & Sturzenhecker, B. (2007). Warum Konzeptentwicklung in der Jugendarbeit. In B. Sturzenhecker, & U. Deinet (Hrsg.), *Konzeptentwicklung in der Kinder- und Jugendarbeit* (S. 34–50). Weinheim und München.

Scherr, A. (1994). Anregungen zur Verbesserung der Fachlichkeit in der offenen Jugendarbeit. *deutsche jugend, 4*, 160–168.

Scherr, A. (1997). Konzeptionsentwicklung – eine unverzichtbare Grundlage professioneller Jugendarbeit. In U. Deinet, & B. Sturzenhecker (Hrsg.), *Konzepte entwickeln* (S. 197–210). Weinheim und München.

Scherr, A. (1998). Konzeptionsentwicklung als Mitarbeiterqualifizierung und Qualitätssicherung in der offenen Jugendarbeit. In M. Mannheim-Runkel, & U. Taplik (Hrsg.), *Konzeptentwicklung in der Jugendarbeit* (S. 13–30). Frankfurt a. M.

von Spiegel, H. (2000). *Jugendarbeit mit Erfolg. Arbeitshilfen und Erfahrungsberichte zur Qualitätsentwicklung und Selbstevaluation.* Münster.

von Spiegel, H. (2007). So macht man Konzeptionsentwicklung – eine praktische Anleitung. In B. Sturzenhecker, & U. Deinet (Hrsg.), *Konzeptentwicklung in der Kinder- und Jugendarbeit* (S. 51–95). Weinheim und München.

von Spiegel, H. (2013). *Methodisches Handeln in der Sozialen Arbeit. Grundlagen und Arbeitshilfen für die Praxis* (5. Aufl.). München und Basel.

Zum Verhältnis von Jugendhilfeplanung und Offener Jugendarbeit

62

Titus Simon

62.1 Grundlegende Bemerkungen

Mehr als 20 Jahre nach Verabschiedung des SGB VIII – Kinder- und Jugendhilfegesetzes (KJHG) – hat sich Jugendhilfeplanung in nahezu allen Städten und Landkreisen Deutschlands in ähnlicher Weise etabliert wie in der „planungsfreundlichen" Schweiz. Diese Feststellung, die den erfreulicheren von zwei möglichen Zugängen charakterisiert, gilt sowohl für die alten als auch die neuen Bundesländer. Wenngleich die Implementierung von Planungsanstrengungen im Bereich der Jugendhilfe nahezu flächendeckend erreicht werden konnte, steht die Jugendhilfeplanung heute vor vielfältigen neuen Herausforderungen. Die neuen Finanzierungsregeln in der sozialen Arbeit (Leistungsvereinbarungen statt Kostendeckungsprinzip oder wie es die Ökonomen nennen: von der retrospektiven zur prospektiven Finanzierung) und auch die Pflicht zur Qualitätssicherung bzw. Qualitätsentwicklung haben die soziale Landschaft und die alte partnerschaftliche Zusammenarbeit zwischen Kostenträger und Leistungserbringer auch in der Jugendhilfe revolutioniert. Die sogenannte „Effizienzrevolution" hat gerade erst begonnen und es ist absehbar, dass die Neugestaltung des Verhältnisses von öffentlichen und freien Trägern noch einmal an Fahrt gewinnen wird. Die beobachtbare Übertragung von Steuerungsaufgaben auf die kommunale Sozialplanung und Jugendhilfeplanung ist nur ein weiterer Zwischenschritt (Dahme und Simon 2006). Der demographische Wandel, die Abwanderung jüngerer Altersgruppen aus Ostdeutschland sowie ein größer werdender Anteil an Kindern und Jugendlichen mit Migrationshintergrund stellen neue Anforderungen an die Gesellschaft, die Jugendhilfe und darauf bezogene Planungen dar.

Prof. Dr. rer. soc. Titus Simon ✉
Fachbereich Sozial- und Gesundheitswesen Magdeburg, Hochschule Magdeburg-Stendal,
Oberroter Str. 38, 74420 Oberrot-Wolfenbrück, Deutschland
e-mail: titus.simon@hs-magdeburg.de

Eine wichtige Aufgabe kommunaler Jugendhilfe – und damit auch der auf diese bezogenen Planung – bleibt die Klärung der Frage, ob der demographische Wandel zu einer Reduzierung des Bedarfs an Maßnahmen der Jugendhilfe führt, oder ob es stimmt, was viele Verantwortliche behaupten, dass nämlich trotz des Rückgangs der Zahl der Jugendlichen die Fallzahl gleich bleibt und die Schwere der Fälle sogar zunimmt.

Neue Planungsanforderungen resultieren auch aus dem als § 8 a SGB VIII eingefügten Schutzauftrag bei Kindeswohlgefährdung, der vor allem dazu dient, die fachlichen Voraussetzungen für das möglichst frühzeitige Erkennen kindeswohlgefährdender Tatbestände in Sozialräumen, an Orten, an denen Kinder und Jugendliche verkehren, in den Familien und in Einrichtungen der Jugendhilfe zu verbessern. In enger Beziehung hiermit steht auch der zusätzlich gefasste § 72 a SGB VIII, mit dem strengere Maßstäbe an die persönliche Eignung des in der Jugendhilfe beschäftigten Personals angelegt werden. Hierzu wurden in den letzten Jahren zahlreiche Fort- und Weiterbildungen veranstaltet, die sicherlich gut geeignet waren, das methodische und diagnostische Verständnis der einschlägig Tätigen zu verbessern. Eine auf diesen Aufgabenbereich abhebende, systematische neue, bzw. zusätzliche Schwerpunktsetzung in der kommunalen Jugendhilfeplanung ist bislang bestenfalls in Ansätzen zu erkennen.

Mit Blick auf die Themenstellung dieses Aufsatzes können jene Bereiche, die künftig verstärkt in die Aufgabenstellung der Jugendhilfeplanung gelangen müssten, lediglich aufgelistet werden:

- Schnittstellen, wie z. B., zwischen Jugendhilfe und dem Gesundheitswesen und noch spezieller zwischen Jugendhilfe und der (Kinder- und Jugend-)Psychiatrie,
- Evaluation des Bedarfs an institutionalisierter Ombudschaft in der Jugendhilfe,
- Einbeziehung neuer Regelungen wie z. B. des Bundeskinderschutzgesetzes (BKiSchG) und der Bestimmung von dessen Auswirkungen und Konsequenzen für die Jugendhilfe und hier auch für die Offene Jugendarbeit.

Die bereits früher angedeutete wachsende Konkurrenzsituation zwischen den freien Trägern hat sich in den letzten Jahren noch weiter verstärkt. Öffentliche Träger gehen zunehmend dazu über, Leistungen der Jugendhilfe unter den Bedingungen eines verschärften Wettbewerbs auszuschreiben. Dies gilt im wachsenden Maße auch für Offene Jugendarbeit. Im Zusammenhang mit der Debatte um die Optimierung des Einsatzes öffentlicher Mittel in der Jugendhilfe erlangt kommunale Jugendhilfeplanung somit zunehmend eine Lenkungs- und Steuerungsfunktion. Diese hat auch die in den letzten Jahren eingetretenen sozialrechtlichen Veränderungen zu berücksichtigen, die eine bedarfsgerechte Planung kommunaler Infrastruktur für Kinder und Jugendliche und ihre Familien zunehmend erschweren.

Der unerfreuliche Zugang zur Frage, welchen Stellenwert Jugendhilfeplanung heute einnimmt, resultiert aus der generell feststellbaren Umbruchsituation der Jugendhilfe als Ganzes. Die Krise der öffentlichen Haushalte hat zu merkwürdigen „inneren Differenzierungen" geführt, wie etwa der rechtswidrigen Unterscheidung zwischen „Pflichtaufgaben im engeren Sinne" – zu diesen werden z. B. die Erziehungshilfen gerechnet – und den „sonstigen Pflichtaufgaben", zu denen in vielen Gebietskörperschaften in Anknüpfung an die frühere Verwendung des Begriffs „freiwillige Leistungen" vor allem das Spektrum der Maßnahmen nach § 11 SGB VIII gehört.

Erschwerend kommt hinzu, dass die Jugendhilfeplanung selbst stagniert, auch hier kam es zu Personaleinsparungen oder wurden – etwa nach den jüngsten Gebietsreformen in Sachsen-Anhalt und Mecklenburg-Vorpommern – keine angemessene Personalstruktur geschaffen, die der neuen Großflächigkeit vieler neu entstandener Landkreise entspricht. Darüber hinaus wurde durchgängig die Chance vertan, die aus der Gebietsreform für die Jugendhilfe resultierenden Folgen zum Gegenstand einer frühzeitig einsetzenden Jugendhilfeplanung zu machen.

Im Fokus der aktuellen Diskurse um Jugendhilfeplanung stehen derzeit vermehrt:

- die Herausforderungen und Folgen des demographischen Wandels,
- die bislang immer noch nicht angemessen bewältigten Folgen der Migration,
- die Konkretion und Umsetzung dessen, was in fachlichen Diskursen zu Formen und Angeboten einer geschlechtersensiblen Jugendhilfe entwickelt wurde,
- die weitere Umsetzung der Ausgestaltung der im 12. Jugendbericht der Bundesregierung ausgerufenen Suche nach neuen, außerschulischen Lernorten,
- die Fortentwicklung der Verzahnung von schulischen Angeboten und der Jugendhilfe,
- die Entwicklung von noch tragfähigen und zukunftsträchtigen Jugendhilfestrukturen in den benachteiligten ländlichen Räumen, die in der Mehrzahl in Ostdeutschland liegen.
- Um auf kommunaler Ebene Kinderarmut wirksamer als bislang begegnen zu können, muss eine kommunale Armutsberichterstattung durchgesetzt und mit der Jugendhilfeplanung verzahnt werden.
- Eine besondere Dramatik hat mittlerweile die Benachteiligung von Jugendlichen erlangt, die maximal über einen Hauptschulabschluss verfügen: Lediglich 44 % der Bewerber gelangen auf Anhieb in eine Berufsausbildung alter Schule, also im dualen System. Eine 2009 veröffentlichte Untersuchung macht für Stuttgart, wo Beschäftigungs- und Ausbildungsmöglichkeiten immer noch günstiger sind als in anderen Sozialräumen, deutlich, dass nur 25 % der Schulabgänger mit Hauptschulabschluss sofort eine Lehre machen, 27 % Prozent absolvieren eine Berufsvorbereitung. Im Anschluss an das BVJ oder ein Berufseinsteigerjahr (BEJ) erhält nur jeder fünfte einen Ausbildungsplatz. Rund eine halbe Million Ausbildungsinteressierter landet jährlich im Übergangssystem. Insgesamt befinden sich durchgängig über eine Million junge Menschen in berufsvorbereitenden Maßnahmen, im schulischen Grundbildungsjahr, in den nicht berufsabschlussorientierten Klassen der Berufsfachschulen, in Maßnahmen des Jugendsofortprogramms oder in den Berufsschulklassen für Berufsschulpflichtige ohne Ausbildungsvertrag (Walbröl et al. 2009).

Für den bislang noch seltenen Fall, dass kreisangehörige Gemeinden ohne eigenes Jugendamt selbständig Jugendhilfepläne für ihr Gemeindegebiet erstellen, galten vormals die Regelungen des § 69 Abs. 5 SGB VIII:

> Kreisangehörige Gemeinden und Gemeindeverbände, die nicht örtliche Träger sind, können für den örtlichen Bereich Aufgaben der Jugendhilfe wahrnehmen. Die Planung und Durchführung dieser Aufgaben ist in den wesentlichen Punkten mit dem örtlichen Träger abzustimmen; dessen Gesamtverantwortung bleibt unberührt …

Hier hat sich allerdings der Bundesgesetzgeber im Jahr 2008 mit der Verabschiedung des KiföG deutlich zurückgenommen und mit der ersatzlosen Streichung von § 69 Abs. 5 SGB VIII die Ausgestaltung entsprechender Abgrenzungsregelungen den Landesausführungsgesetzen überlassen, was sowohl rechtssystematisch als auch alltagspraktisch einen deutlichen Rückschritt darstellt. Für die Bestimmung kreisangehöriger Gemeinden zu örtlichen Trägern der öffentlichen Jugendhilfe bedarf es somit künftig landesrechtlicher Regelungen, was eine Abkehr vom Prinzip einer bundesweit weitgehend einheitlich ausgestalteten Jugendhilfe darstellt. Exemplarisch sei hier auf die für Baden-Württemberg in § 5 Abs. 1 LKJHG getroffene Regelung verwiesen. Damit kreisangehörige Städte und Gemeinden örtlicher Träger der öffentlichen Jugendhilfe werden können, bedarf es hier einer Rechtsverordnung durch das Ministerium für Arbeit und Soziales. Voraussetzung für den Erlass der Rechtsverordnung ist ein Antrag der kreisangehörigen Gemeinde, sie zum örtlichen Träger der Jugendhilfe zu bestimmen. Dem Antrag kann nur entsprochen werden, wenn sowohl die Leistungsfähigkeit der Gemeinde zur Erfüllung der Aufgaben des örtlichen Trägers der Jugendhilfe gewährleistet ist, als auch die Leistungsfähigkeit des Landkreises gewahrt bleibt (Kaiser und Simon 2010).

62.2 Offene Jugendarbeit als Gegenstand der Jugendhilfeplanung

Vor dem Hintergrund des demografischen Wandels und der sozialstrukturellen Veränderungen in den Stadtteilen wird vielerorts die Offene Kinder- und Jugendarbeit umfassend auf den Prüfstand gestellt. Dies hat neben anderen Faktoren dazu geführt, dass die Angebote der Offenen Jugendarbeit insgesamt aber auch das darin beschäftigte Personal in den letzten 15 Jahren dramatisch reduziert wurden. In der Tat ist die Beachtung demografischer Faktoren eine wichtige Aufgabe der Jugendhilfe und der darauf bezogenen Planung (siehe Tab. 62.1). Gut gelingt dies in der Planung der Kindertagesbetreuung, wo kurzfristig für bereits geborene Kinder eine zahlenmäßig ausreichende Versorgung bereitgestellt werden kann und wo – trotz lokal auftretender Härten – die eine oder andere Schließung unabwendbar ist. Für die Offene Jugendarbeit gestalten sich die Verhältnisse keineswegs so schlicht, wie es die Geburtenzahlen suggerieren. Zum einen muss Jugendhilfeplanung für ihr jeweiliges Einzugsgebiet Mindeststandards vorgeben, was bedeuten kann, dass gerade in den peripheren ländlichen Räumen Einrichtungen erhalten werden müssen. Zum anderen frequentieren lediglich Teile der jeweiligen Alterskohorten die bestehenden Ju-

Tab. 62.1 Alterskohorten der Kinder, Jugendlichen und jungen Erwachsenen in Deutschland – mögliche Konsequenzen für die Jugendhilfe (Simon 2010 auf der Basis von Daten des Statistischen Bundesamtes 2009)

Alterskohorte	Jahr und Tendenz der Veränderung + ansteigend − sinkend	Konsequenzen für die Jugendhilfe
unter 3 Jahren	Ab 2012 −	Reduktion der Bedarfe an Krippen, nachfolgend der **Kindergärten, Kitas, Horte**.
3 bis unter 6 Jahre	Seit 2007 −	**Kita- und Kindergartenbedarf** sinkt.
6 bis unter 14 Jahre	Bis 2015 + 1 Ab 2016 −	Bedarfe an Maßnahmen der **schulbezogenen Sozialarbeit** mittelfristig stabil. Nachfrage nach **Jugendförderung, offener Jugendarbeit** für die jüngeren Nutzgruppen usw. dito, Personalbedarf konstant.
14 bis unter 18 Jahre	Bis 2015 − 2016 + Ab 2017 −	Reduktion des Bedarfs aller Formen der **Jugendarbeit** für die älteren Nutzergruppen. Isoliert hieraus resultiert ein leicht geringerer Personalbedarf in der Jugendarbeit und der Jugendsozialarbeit.
18 bis unter 21 Jahre	Bis 2014 − 2015 u. 2016 + ab 2017 −	Reduktion des Bedarfs an **Jugendarbeit und Jugendsozialarbeit für die älteren Jahrgänge** sowie der Jugendberufshilfen und der Hilfen für junge Volljährige, Sonderförderbedarf bei Problemgruppen.
21 bis unter 27 Jahre	seit 2009 −	s. o.
		Der Bedarf an **Erziehungshilfen** folgt den Entwicklungen der Alterskohorten.

gendhäuser, -clubs und -zentren. Diese Anteile liegen in manchen Großstädten bei nur 5–7 %. Jugendbefragungen haben Spitzenwerte unter 40 % sichtbar gemacht. Somit liegt die erste Herausforderung für Träger und Einrichtungen der Offenen Jugendarbeit darin, neue Nutzergruppen zu gewinnen. Oder anders formuliert: Der Geburtenrückgang muss noch keinen Rückgang an Besuchern offener Jugendeinrichtungen bedeuten.

Bereits frühere Analysen haben deutlich gemacht (Simon 1997, 2010a), dass Offene Jugendarbeit in den Prozessen der Jugendhilfeplanung besondere Beachtung findet. Dies resultiert aus folgenden Sachverhalten:

- Offene Jugendarbeit ist im Vergleich zu anderen Maßnahmen der Jugendhilfe im Lebensfeld eines Gemeinwesens immer gut sichtbar. Diese – oftmals negativ unterlegte – Auffälligkeit hat Aufforderungscharakter und führt zu einer stärkeren Berücksichtigung bei Planungsprozessen.
- Im Vergleich zu anderen Leistungssegmenten der Jugendhilfe unterliegt Offene Arbeit in der Regel einem höheren Legitimationsdruck. Verwaltungen und Kommunalpolitik

sind eher geneigt, „unangenehme" Fragen zu stellen. Die Frage nach Effizienz und Effektivität offener Jugendarbeit wird in den kommunalpolitischen Gremien weitaus häufiger gestellt als etwa bei der Jugendgerichtshilfe oder der Heimerziehung.
- Letzteres hängt auch damit zusammen, dass viele Bürgermeister und Finanzbeigeordnete heute wieder vermehrt von der sachlich falschen Annahme ausgehen, sie würden bei der Offenen Jugendarbeit eine Freiwilligkeitsleistung finanzieren.
- In Jugendfreizeitstätten sind größere Gruppen von Jugendlichen anzutreffen. Dadurch bieten sich diese Einrichtungen für Befragungen und Beteiligungsformen an.
- Die Hauptamtlichen sind wichtige ExpertInnen für die Lebensverhältnisse unterschiedlicher Gruppen Jugendlicher. Sie sind deshalb in besonderem Maße als zu befragende ExpertInnen und MultiplikatorInnen geeignet. Dies gilt insbesondere für den kleinstädtisch-ländlichen Bereich. Dort sind die MitarbeiterInnen von Jugendhäusern, -clubs und -zentren oftmals die einzigen Hauptamtlichen, die neben den Lehrern und Lehrerinnen mit Jugendlichen arbeiten.
- Offene Jugendarbeit ist neben den aufsuchenden Angeboten in der Regel stark in lokale und regionale Vernetzungszusammenhänge eingebunden. Diese werden vor dem Hintergrund der aktuellen Spar-, Streck- und Streichdebatte sowie den fachlichen Anforderungen an Jugendhilfe zum Hoffnungsträger, vor allem vor dem Hintergrund der stärker wahrnehmbaren Effizienzdebatte, zumal durch das Zusammenwirken von leeren Kassen und der Zunahme sehr unterschiedlicher sozialer Problemlagen der Legitimationsdruck auf die Jugendhilfe wächst. Dass Vernetzung nicht nur als weitgehend inhaltsleere Formel Verwendung findet, sondern entscheidendes Strukturelement für (kommunale) Gegenmachtbildung darstellt, belegen sowohl der historische Rückblick auf disruptive Einmischungsstrategien der Jugendzentrumsbewegung oder der Gemeinwesenarbeit als auch aktuelle innovative Prozesse in der Sozial- und Jugendarbeit. Speziell im Kontext offener Arbeit werden die Vernetzung mit Szenen und der Aufbau von Kontakten zu den entscheidenden Aufgabenstellungen, die letztendlich an einer Schnittstelle zwischen Planung und Jugendarbeit angelegt sind.

Es gibt keine allgemeingültigen Standards dafür, was mit Blick auf die Offene Jugendarbeit von der Jugendhilfeplanung geleistet werden soll. Die ausgeprägte Vielfältigkeit der diesbezüglichen Aufgabenstellungen lassen sich exemplarisch an folgenden Beispielen skizzieren:

Mit der Erarbeitung neuer Leitbilder wurden in Nürnberg zum einen bewährte Aufgaben der Offenen Jugendarbeit neu in den Blick genommen (geschlechterspezifische Ansätze, interkulturelle und internationale Jugendarbeit, politische Bildung und Partizipation). Stärker betont werden darüber hinaus künftig Aufgaben der Gesundheitsentwicklung und -förderung, außerschulischen Bildung, schulbezogene Kinder- und Jugendarbeit sowie arbeitsweltbezogene Ansätze. Einen gelungenen Beitrag stellt die neu erstellte Konzeption der Jugendsozialarbeit an Schulen für Nürnberg dar (Stadt Nürnberg, 2009), mit welcher Basiskonzepte für Schulsozialarbeit für alle Schultypen planerisch entwickelt und fachlich begründet wurden. In diesem Zusammenhang wurde Wert darauf gelegt, die Berührungspunkte der Jugendhilfen nach § 11 und nach § 13 auch jugendhilfeplanerisch miteinander zu verzahnen, zumal sich durch die Fokussierung auf den Bezug zur Schule Ausweitungen, Kooperationsoptionen und Abgrenzungsproblematiken ergaben.

Völlig andere Prioritätensetzungen erfolgten beispielsweise im großflächigen und einwohnerstarken Landkreis Esslingen. Dort ging man davon aus, dass die wachsende Abdeckung von freizeitbezogenen Angeboten in der Ganztagsbetreuung der Schulen zu Legitimationsproblemen der offenen Jugendarbeit geführt hat, auf die planerisch bislang auf drei Ebenen reagiert wurde:

- In ausgesuchten Gebietskörperschaften (Deizisau, Kirchheim/Teck, Plochingen, Hochdorf) gelang die Überführung von reinen Jugendhäusern zu generationenübergreifenden Einrichtungen. Dabei wird zwischen altersübergreifend arbeitenden Gemeinschaftszentren und weiter gehenden Mehrgenerationenhäusern unterschieden. Man folgte damit auch einem Trend, der stark durch das entsprechende Bundesprogramm gefördert wurde, das mittlerweile bereits wieder versiegt ist.
- In der Fortentwicklung schon bestehender Kooperationen zwischen Schulen und der offenen Jugendarbeit wurde ein Konzept „Jugendhaus in der Schule" entwickelt. Mittlerweile wurde eine vertragliche Lösung gefunden, die ein „Dreiecksverhältnis" zwischen dem Kreisjugendring Esslingen als freiem Träger, den jeweiligen Schulen und dem Amt für Schule und Bildung des Landkreises Esslingen rechtlich absichert.
- Die Mehrzahl der Jugendhäuser und -treffs im Landkreis haben das klassische Aufgabenspektrum offener Jugendarbeit erweitert oder sogar völlig hinter sich gelassen. Neben der intergenerativen Arbeit stehen die Integration in die Ganztagesbetreuung der Schulen und die Berufseinstiegsbegleitung im Vordergrund.

Mit Blick auf das Land Sachsen-Anhalt wird eine dritte Schwerpunktsetzung sichtbar.

Dort resultieren aus den beiden Landesförderungen „Jugendpauschale" und „Feststellenprogramm" wichtige Finanzierungsbeiträge für die Offene Jugendarbeit. Das Vorliegen einer aktuellen Jugendhilfeplanung ist die Grundvoraussetzung dafür, dass der örtliche Träger der Jugendhilfe diese Komplementärmittel überhaupt abrufen kann. Deutlich zur Qualitätsentwicklung hat der Umstand beigetragen, dass der Abfluss der Mittel aus dem Fachkräfteprogramm zudem daran gebunden ist, dass das geförderte Personal über eine entsprechende fachliche Ausbildung in Form eines einschlägigen Hochschulabschlusses verfügt.

62.3 Aktuelle Herausforderungen für Planung und Offene Jugendarbeit

Vor allem als Folge der stärkeren Verbreitung der Ganztagsschule stellen sich neue Herausforderungen sowohl an die offene Jugendarbeit als auch auf die Jugendverbandsarbeit, die planerisch aufgegriffen werden müssen:

- Sie steht vor einem Legitimations- und Finanzierungsdruck, wie z. B. in Brandenburg, wo das Finanzierungskonzept des Landes sich stark auf Maßnahmen am Schulstandort fokussiert.
- Sie steht vor neuen konzeptionellen Herausforderungen, wo sie – wie an vielen Orten bereits geschehen – in die Freizeitpädagogik und die Förderkonzepte der Ganztagsschule eingebunden ist.
- Neben den Angeboten am Schulstandort bedarf es Mindeststandards in der Fläche, somit muss ein angemessener Teil „schulferner" offener Jugendarbeit bestehen bleiben. Dies aus drei Gründen (Simon 2010b):
  1. Offene Jugendarbeit sollte zumindest partiell an ihrer bewährten sozialräumlichen Orientierung festhalten.
  2. Sie sollte auch für jene Jugendlichen ein lebensweltbezogenes Angebot vorhalten, die die Schule bereits hinter sich gelassen haben, ebenso für jene, die schulnah organisierte Angebote als „zu verregelt und zu sehr mit Schule verknüpft" empfinden.
  3. Sie sollte – im Sinne des 12. Jugendberichts – eine wichtige Funktion bei der Organisation informeller Lernorte einnehmen.

Dabei gibt es unterschiedliche Anforderungen und Optionen:

- Hier kann die Umstrukturierung bestehender Einrichtungen zu „Jugendclubs neuen Typs" hilfreich sein, in denen der Mehrgenerationengedanke und die Kooperation mit anderen sozialen Diensten „im Haus" hinzukommt (ebd.).
- Stärker entwickelt werden kann unverändert das Prinzip einer „hinausreichenden Arbeit" mit Cliquen, die bestehende Angebote schwach oder gar nicht nutzen.
- In dünn besiedelten ländlichen Räumen kann die heute noch vorhandene Personalausstattung nicht gehalten werden. Wo es auf Dauer nicht mehr möglich ist, in jedem dörflichen Jugendclub hauptamtliches Personal vorzuhalten, müssen Jugendhilfeplanung und sozialräumliche Konzeptentwicklung Antworten darauf geben, wie Fachlichkeit mittels regional agierender, hochkompetenter Multiplikatoren erhalten bzw. neu gestaltet werden kann.

Neben ihrem im Kern immer noch vorhandenen offenen Treffpunkt-, Kommunikations- und Freizeitgestaltungsfunktion, werden der offenen Jugendarbeit eine Vielzahl anderer Aufgaben zugeschrieben, denen sie sich – je nach örtlicher Situation – in unterschiedlicher Weise stellt:

- Sie leistet einen Beitrag zur Normeinhaltung durch sich abweichend verhaltende oder delinquente Jugendliche.
- Offene Jugendarbeit hat ungeachtet der häufig vorgetragenen Kritik an der vielerorts vorhandenen Dominanz von Migrantenjugendlichen in der gezielten und nachhaltigen Arbeit mit diesen eine Gewalt reduzierende Funktion. Entgegen der Skepsis gegenüber der oftmals zu starken Dominanz von Ausländerjugendlichen und den Vermutungen

über das daraus resultierende Gewaltverhalten verdeutlichen mehrere Studien, dass die Zusammenarbeit mit Migrantenjugendlichen nicht nur eine allgemeine Entwicklungsbegleitung, sondern auch Gewalt reduzierende Wirkungen entfalten kann.
- Unverändert gilt, dass die Genderperspektive in alle Praktiken der Schulen sowie der Kinder- und Jugendhilfe einfließen muss. Dabei müssen für Kinder mit stark religiösem Familien- und Migrationshintergrund neue Projekt- und Arbeitsformen entwickelt werden. Denn vieles von dem, was bislang als Mädchen- oder antisexistische Jungenarbeit entwickelt wurde, setzt eine höhere Bildung und eine zuvor erfahrene tolerante Erziehung voraus.
- Noch immer bietet Offene Jugendarbeit Chancen zur Beteiligung und ist damit ein wichtiger Motor für die Förderung demokratischer Prozesse. Ein traditionelles Problem für die pädagogische Praxis stellen jene Situationen dar, in denen das Autonomie- und Mitbestimmungsbedürfnis der Jugendlichen zu unerwünschtem Verhalten führt. Dies wurde in den letzten beiden Jahrzehnten immer wieder an jenen Beispielen deutlich, in denen Besucher ihrer rechtsorientierten jugendkulturellen Ausdrucksformen innerhalb „ihres" Jugendclubs auszuleben wünschten.
- Sie profiliert sich aktuell in verschiedenen Experimenten der Mehrgenerationenarbeit, in der eine Reihe von Lernoptionen liegen, ohne dass diese immer sofort als „Knoten im Bildungsnetz" bezeichnet werden müssen. In zentralen (größeren) Orten kann die Umstrukturierung bestehender Einrichtungen zu „Jugendclubs neuen Typs" hilfreich sein, in denen der Mehrgenerationengedanke und die Kooperation mit anderen sozialen Diensten „im Haus" hinzukommen.
- Gerade mit Blick auf die aktuellen Voraussetzungen in den peripheren ländlichen Räumen, von denen die Mehrzahl in den neuen Bundesländern liegt, sind Planungen für eine nachhaltige Dorfentwicklung, Jugendhilfe- und Schulentwicklungsplanung künftig stärker als bislang miteinander zu verzahnen. In der Bundesrepublik gibt es hierzu Überlegungen und erste Ansätze (siehe hierzu Camino 2007), die jedoch von den nur selten öffentlich gemachten Überlegungen der Raumplanung konterkariert werden, die mit Blick auf angeblich knappe Ressourcen dafür plädieren, einzelne „ausgeblutete" ländliche Räume langfristig vollständig aufzugeben und bereits mittelfristig von der Strukturförderung abzukoppeln. Diese Debatte muss künftig vermehrt von den Menschen geführt werden, die in den betroffenen Sozialräumen leben. Hierzu sollten Akteure der Wirtschaftsförderung, Jugendverbände, freie und öffentliche Träger der Jugendhilfe neue Kooperationen eingehen. Für offene Jugendeinrichtungen besteht die Chance, in solchen Herangehensweisen mehr zu sein als nur ein Jugendtreff.

Literatur

Camino. (2007). *Modellprojekt zur lebensweltorientierten Jugendhilfeplanung im ländlichen Raum unter den Bedingungen des demografischen Wandels. Abschlussbericht*. Berlin.

Dahme, H. J., & Simon, T. (2006). *Controlling in der offenen Jugendarbeit*. Berlin.

Kaiser, R., & Simon, T. (2010). *Kinder- und Jugendhilferecht Baden-Württemberg. Kommentar.* Wiesbaden.

Simon, T. (1997). *Jugendhilfeplanung. Ergebnisse einer bundesweiten Untersuchung.* Baltmannsweiler.

Simon, T. (2010). *Kommunale Jugendhilfeplanung* (7., erneut durchges. aktual. und überarb. Aufl.). Wiesbaden.

Simon, T. (2010). Aus zukünftigen Aufgaben der Offenen Jugendarbeit resultierende Anforderungen an Fachlichkeit und Ausbildung. *Offene Jugendarbeit, 2010*(4), 16–21.

Stadt Nürnberg (2009). *Konzeption der Jugendsozialarbeit an Schulen für Nürnberg.* Nürnberg.

Walbröl, P., Thole, W., & Zieske, A. (2009). Letzte Auffahrt Bildung. Jugendsozialarbeit als Bildungsort. *Sozial extra, 2009*(9/10), 32–34.

63 Systematische Datenerhebung als Grundlage einrichtungsbezogenen Berichtswesens

Thomas Mühlmann

Der Begriff „Berichtswesen" steht üblicherweise für das Sammeln, Dokumentieren, Aufbereiten und Berichten steuerungsrelevanter Informationen über eine bestimmte Organisationseinheit. Laut Management-Literatur ist es „das wichtigste Koordinations- und Kommunikationsinstrument des Controllings" (Horváth 2008, S. 17).

Das Ziel eines Berichtswesens in der Offenen Kinder- und Jugendarbeit besteht folglich in erster Linie darin, Strukturen, Prozesse und Ergebnisse ihrer Einrichtungen und Angebote so darzulegen, dass die Informationsbedürfnisse steuernder Akteure erfüllt werden. Diese Bedürfnisse und die daraus resultierenden Erwartungen an den Informationsgehalt der Berichte hängen eng mit der Frage zusammen, wie das Berichtswesen für Entscheidungen über finanzielle, materielle, personelle und ideelle Ausstattung der Einrichtungen genutzt werden soll. Es ist daher bereits vor der Konzeptionierung eines Berichtswesens zu klären, welches Verständnis von Steuerung Offener Kinder- und Jugendarbeit zugrunde gelegt wird.

In jedem Fall bildet das Berichtswesen eine unverzichtbare Informationsschnittstelle zwischen verschiedenen organisatorischen Ebenen, denn „wer die Qualität in der Kinder- und Jugendarbeit definieren, sie bewerten oder sie gar steuern möchte, braucht als Grundlage erst einmal eine Beschreibung dessen, was sie eigentlich beinhaltet und leistet" (Szlapka 2008, S. 113). Idealerweise dient es außerdem als „doppeltes" Reflexionsinstrument: Erstens können Konzipierung, Durchführung und Auswertung von Berichten Anlässe für eine Reflektion der Jugendarbeitspraxis bieten. Zweitens können, sobald Längsschnittdaten zur Verfügung stehen, auch manche Auswirkungen von Steuerungsentscheidungen reflektiert werden.

Thomas Mühlmann ✉
Fakultät für Bildungswissenschaften, Institut für Soziale Arbeit und Sozialpolitik, Universität Duisburg-Essen, 45117 Essen, Deutschland
e-mail: thomas.muehlmann@uni-due.de

Als Adressaten der Berichte kommen prinzipiell Träger, örtliches Jugendamt und Kommunalpolitik sowie gegebenenfalls Fachverbände und Förderer in Betracht, wobei nicht alle im engeren Sinne „steuernde" Aufgaben erfüllen. Im Folgenden wird daher davon ausgegangen, dass die Hauptadressaten in den meisten Fällen zunächst die örtliche Jugendamtsverwaltung sowie mittelbar der Jugendhilfeausschuss und politische Entscheidungsträger sein dürften.

Es kann in verschiedensten Formen berichtet werden, etwa in ausformulierten Jahresberichten, mit Hilfe einzelner oder regelmäßiger Fragebogenerhebungen oder auch durch persönliche Gespräche. Welche Form(en) und welcher zeitliche Ablauf gewählt werden, hängt in hohem Maße von den örtlichen Gegebenheiten ab. Alle Berichte haben jedoch gemeinsam, dass es sich im weitesten Sinne um kommentierte Datensammlungen handelt. Sie unterscheiden sich in Qualität und Quantität der Kommentierung, in der Auswahl und Aufbereitung der zugrundeliegenden Daten und vor allem in der Systematik der Datenerhebung. Wenn sichergestellt werden soll, dass der Bericht erstens alle relevanten Informationen enthält und zweitens mehrere Berichte untereinander vergleichbar sind, muss insbesondere für die Datensammlung ein Rahmen vorgegeben werden. Eine solche Struktur bietet ein Erhebungsinstrument – beispielsweise ein Fragebogen, der speziell auf Berichtsempfänger und den Berichtsgegenstand abgestimmt ist.

63.1 Berichtsempfänger

Zu Beginn der Entwicklung eines solchen Instrumentes muss geklärt werden, wer die erhobenen Daten erhält und für wen Berichte erstellt werden sollen. Aufgrund unterschiedlicher fachlicher Interessen und Zuständigkeiten benötigen der eigene Träger, der Fachverband, das örtliche Jugendamt oder ein Landesjugendamt jeweils verschiedene Daten und Berichtsformen. Zu unterscheiden ist allerdings zwischen der Datenerhebung und dem Bericht. Einmal erhobene Daten können selbstverständlich für verschiedene Adressaten individuell aufbereitet werden. Während der Träger und das Jugendamt Detailinformationen benötigen, können Politik oder Verbände in zusammengefasster Form informiert werden. Werden die verschiedenen möglichen Verwendungszwecke frühzeitig berücksichtigt, erübrigen sich dadurch im Idealfall mehrfache Erhebungen.

Es sollte außerdem erwogen werden, das Berichtswesen kommunenübergreifend zu entwickeln. Dies erhöht zwar den organisatorischen Aufwand und erfordert eine gewisse Kompromissbereitschaft, jedoch können so Ressourcen, Kompetenzen und Erfahrungen gebündelt werden. Entscheidender ist jedoch, dass dies einen Blick über den kommunalen „Tellerrand" ermöglicht und eine zusätzliche Ebene für Fachdialoge geschaffen wird. Beispiele für solche gemeinschaftlichen Entwicklungen gibt es bereits (vgl. Szlapka 2008; Witte und Arlt 2008; Mühlmann 2009).

63.2 Festlegung zu erfassender Einrichtungen

Eine möglichst präzise Definition der zu erfassenden „Einrichtungen" (im Sinne von Organisationseinheiten) ist notwendig, wenn das Berichtswesen für eine schwer überschaubare Einrichtungslandschaft ausgelegt ist.

Jede erfasste Einheit muss erstens *organisatorisch abgrenzbar* und damit in einem gewissen Maße eigenständig sein, um adressiert und gesteuert werden zu können. Diese „Eigenständigkeit" zu beurteilen, ist bei manchen mobilen Angeboten, Kooperationsprojekten, Einrichtungsverbünden oder Einrichtungen mit mehreren Standorten schwierig. In diesen Fällen hilft die Umsetzung einer zweiten Anforderung, dass nämlich jeder zu erfassenden Organisationseinheit *mindestens eine Person zuzuordnen* sein muss, die erreichbar und für das Berichtswesen verantwortlich ist. Als eigenständige Organisationseinheiten kommen daher nur solche Einrichtungen und Angebote in Betracht, die über mindestens eine ihnen eindeutig zugeordnete Personalstelle mit einem bestimmten Stundenkontingent verfügen. Eine solche „Einrichtung" kann also auch ein Spielmobil sein, wenn es über fest zugeordnetes Personal verfügt. Ein weiteres Beispiel: Wenn mehrere Jugendhäuser ausschließlich über ehrenamtliches Personal verfügen, es jedoch eine beim Träger fest angestellte Person gibt, die für alle Häuser mit festem Stundenkontingent koordinierend zuständig ist, kann dieser „Einrichtungsverbund" als organisatorische Einheit betrachtet werden. In diesem Kontext sollte auch geprüft werden, ob Einrichtungen mit ausschließlich ehrenamtlichem Personal oder sehr geringer Personalausstattung erfasst werden können.

Eine dritte Anforderung ist, dass die Einrichtung *auf Dauer angelegt* sein muss. Zeitlich begrenzte Projekte folgen anderen Steuerungslogiken – so ist beispielsweise eine jährliche Erhebung zu einem festen Stichtag oft nicht sinnvoll. Eine Vermischung innerhalb eines Berichtswesens dürfte deshalb zu einer verzerrten Darstellung führen. Sofern Projekte einer Einrichtung zuzuordnen sind, können sie aber als Angebote dieser Einrichtung erfasst werden.

Da die Übergänge zwischen Offener Arbeit und Jugendverbandsarbeit, Jugendsozialarbeit oder Schulsozialarbeit oftmals fließend sind, ist viertens die *inhaltliche Abgrenzung* zu klären. Aufgrund der zahlreichen Sonder-, Zwischen- und Mischformen dürfte eine formale Definition kaum sämtliche Einrichtungen und Angebote erfassen. Es ist daher sinnvoll, die Entscheidung in Grenzfällen vom Begriffsverständnis vor Ort abhängig zu machen: Einrichtungen der Offenen Kinder- und Jugendarbeit wären im Zweifelsfall schlicht jene, die von den Berichtsempfängern als solche angesehen werden. Eine gewisse Ungenauigkeit ist eher zu akzeptieren als der Ausschluss wichtiger Angebote durch eine rigide Definition.

63.3 Verwendungszweck und Ziel der Berichte

Abhängig von Gegenstand und Adressaten des Berichtswesens muss bestimmt werden, welche Rolle die Berichte bei der Steuerung einnehmen sollen, in welchem Maße und mit welchem Ziel das Berichtswesen also in das Steuerungskonzept eingebunden ist. Davon hängt ab, welche Informationen dann tatsächlich benötigt werden.

Nach „reiner" betriebswirtschaftlicher Lehre sollten die Berichte Aussagen über die Wirksamkeit von Maßnahmen hinsichtlich ihrer Ziele, also dem „Nutzeffekt beim Empfänger der Leistung und ggf. bei Dritten bzw. bei der Allgemeinheit" (Pook und Tebbe 2002, S. 62) enthalten. Im Controlling-Vokabular wird dies als „Outcome" bzw. „Impact" bezeichnet. Folgte man dieser Logik, müsste ein Berichtswesen die Ziele Offener Kinder- und Jugendarbeit operationalisieren und quantifizierbare (auszählbare) Indikatoren für deren Erreichung bereitstellen.

Die Bestimmung des Ziels der Maßnahmen erscheint zunächst leicht: Richtet man sich nach § 11 SGB VIII, soll Jugendarbeit die Entwicklung junger Menschen fördern, „sie zur Selbstbestimmung befähigen und zu gesellschaftlicher Mitverantwortung und zu sozialem Engagement anregen und hinführen". Was genau damit gemeint ist, bedarf jedoch politischer und moralischer Aushandlung, lässt sich also nicht einfach operationalisieren (vgl. Schrödter und Ziegler 2007, S. 6; Sturzenhecker und von Spiegel 2008, S. 326). Noch schwieriger (wenn auch nicht unmöglich) ist die Bestimmung der Wirksamkeit der Maßnahmen, also auf welche Weise und wie stark bestimmte Einrichtungen und Angebote zur Erreichung dieses Ziels beitragen. Der oben geschilderte manageriale Idealzustand eines wirkungsorientierten Berichtswesens geht davon aus, dass Wirkungen technologisch beschrieben und gesteuert werden können (vgl. Albus et al. 2011, S. 243). Eine Wirkungsforschung, die der Komplexität pädagogischer Arbeitsfelder gerecht wird, stellt jedoch auch an wissenschaftliche Projekte höchste Ansprüche, simple Technologien sind nicht ableitbar. Der naive Versuch, Wirkungen bestimmter Maßnahmen mit Hilfe eines zwangsläufig unterkomplexen Berichtswesens messen zu wollen, ist daher im schlimmsten Fall „gemeingefährlich" (vgl. Albus et al. 2011, S. 248), da er zu nur vermeintlich abgesicherten Erkenntnissen und dadurch womöglich zu falschen Steuerungsentscheidungen führt.

An einem Beispiel soll diese Problematik verdeutlicht werden: Die Steuerungsebene ist daran interessiert, ob und wie sich die räumliche Ausstattung einer Einrichtung auf die Ziele von Jugendarbeit auswirkt. Steuerungsbedarf könnte sich ergeben, wenn die räumliche Situation die Erreichung dieser Ziele erschwert oder zu wenig begünstigt. Es versteht sich dabei von selbst, dass kein *direkter* Zusammenhang zwischen Raumausstattung und etwa dem sozialen Engagement der NutzerInnen bestehen kann. Stattdessen ist von komplexen Wechselwirkungen zwischen Raumsituation, Nutzerstrukturen, Angeboten und pädagogischen Arbeitsbeziehungen auszugehen (vgl. Schulz 2008, S. 288). Diese Zusammenhänge können für einzelne Einrichtungen beispielsweise in Selbstevaluationen herausgearbeitet und reflektiert werden. Dies ermöglicht den Fachkräften im Optimalfall „reflexive Schleifen einer genaue[n] Selbst- und Fremdbeobachtung" (Schulz 2008, S. 287). Dabei könnten Beobachtungsfragen sein, „welche Räume welche Dynamiken und Modifikationen erzeugen; welche Räume von den Fachkräften eng kontrolliert und reguliert sind und wo Generationenvermischungen üblich sind und in welchen Jugendlichen eher manchmal oder völlig unter sich sind" (Schulz 2008, S. 289). Ein solches Vorgehen könnte als Baustein einer Wirkungsforschung dienen, also zur Identifizierung von Wirkfaktoren genutzt werden (vgl. Albus et al. 2011). Ergebnisse solcher Reflektionen könnten durchaus auch Steuerungsbedarf aufzeigen, dies wäre jedoch nicht ihr vorrangiges Ziel.

Ein anderer Selbstevaluationsansatz wurde beispielsweise in Berlin verfolgt. Hier wurden die Ziele von Jugendarbeit in quantifizierbare Indikatoren übersetzt. Das Ergebnis zeigt nach Ansicht von Witte et al., „dass es im Prinzip möglich ist, wesentliche pädagogische Qualitäten der Offenen Kinder- und Jugendarbeit, den Kern *guten pädagogischen Handwerks* zu beschreiben" (2005, S. 2, Hervorhebung im Original). Zur räumlichen Ausstattung sind unter anderem folgende Items enthalten:

> „Die Ausstattung der Funktionsräume ist sachgerecht und vielseitig. – trifft zu, trifft eher zu, trifft eher nicht zu, trifft nicht zu", „Es wird auch unter geschlechtsbewusstem Aspekt genau beobachtet, wie die Kinder und Jugendlichen das Anregungspotenzial der Räume nutzen. – nie, manchmal, meistens, regelmäßig", „Ruhigere Spiel- und Begegnungsmöglichkeiten sind von aktiveren Bereichen deutlich getrennt. – Trifft nicht zu, trifft eher nicht zu, trifft eher zu, trifft zu" (Senatsverwaltung für Bildung, Wissenschaft und Forschung Berlin 2012, S. 57 f.).

Für Selbstevaluationen (wie in Berlin) können dies hilfreiche Fragen sein, da sie nicht der Steuerung dienen, sondern „nur" eine fachliche Reflektion anstoßen sollen. Würden dieselben Fragen im Sinne eines Berichtswesens verwendet, wäre die Gefahr groß, dass dadurch die Komplexität der Jugendarbeit auf die Inhalte des Fragebogens reduziert und die Dialogebene entwertet werden würde (vgl. Schulz 2008, S. 281).

Es spricht daher vieles dafür, sich bei Erhebungen für das Berichtswesen auf „Input"- und „Output"-orientierte Zahlen und Daten zu beschränken, die gar nicht erst den Versuch des „Wirkungsnachweises" unternehmen. Dafür sind sie in ihrer Aussagekraft vergleichsweise überschaubar und verlässlich, da sie unabhängig von subjektiven Bewertungen erhoben werden können. Beispiel:

> „Anzahl Küchen: 0; Anzahl Kreativ-/Werkräume: 1; Anzahl Sporträume: 1; Anzahl Ruheräume: 0; Anzahl Gruppenräume (ohne spez. Widmung): 3" und „Anzahl der Öffnungstage im Berichtszeitraum: 158" (unvollständiger Ausschnitt aus dem Erhebungsinstrument zum Qualitätsverbund OKJA NRW).

Die Erreichung pädagogischer Ziele und der Steuerungsbedarf sind aus solchen Daten nicht direkt ablesbar, sie müssen in einem zweiten Schritt interpretiert und bewertet werden, beispielsweise in Fachdialogen. So könnten die obigen Beispieldaten zum Diskurs darüber führen, über welche quantitative Kapazität eine Einrichtung verfügt, ob bestimmte Angebotsformen technisch durchführbar sind oder ob ggf. spezielle Fertigkeiten seitens der MitarbeiterInnen benötigt werden (z. B. für die Betreuung eines Werkraums).

Auf der „Output"-Ebene können außerdem auch durchaus steuerungsrelevante „Kennzahlen" im Berichtswesen abgebildet werden, die im Sinne eines Soll/Ist-Vergleiches erfasst werden. Ein Beispiel für eine solche outputorientierte Kennzahl wäre eine bestimmte zu erreichende Zahl von Angebotsstunden pro Jahr (vgl. Witte und Arlt 2008, S. 187 f.). Diese besitzt zwar keine Aussagekraft über die Wirksamkeit der Angebote, zeigt jedoch immerhin, in welchem Maße überhaupt Angebote vorhanden sind.

Zwar können als Basis für Dialoge auch einige wenige „Outcome"-orientierte (also ergebnisbezogene) Messgrößen verwendet werden – beispielsweise Besucherzahlen. Es ist jedoch im Sinne der obigen Argumentation entscheidend, dass diese keinesfalls nur in ihrer quantitativen Dimension bewertet oder als Indikatoren für Wirksamkeit missbraucht werden dürfen (vgl. van Santen und Seckinger 2011, S. 218).

Sobald Adressaten, Gegenstand und Ziele des Berichtswesens feststehen, sollten der Ablauf und die Verantwortlichkeiten für die einzelnen Schritte des Erhebens, Aufbereitens und Berichtens beschrieben werden.

63.4 Inhalte des Berichtswesens

Die Inhalte ergeben sich in erster Linie aus den Informationsbedürfnissen der Berichtsadressaten. Es ist daher notwendig, dass diese (zunächst offen und unsystematisch) *Fragen* formulieren. Wird der oben ausgesprochenen Empfehlung gefolgt, wäre eine mögliche Leitfrage: Was müssen wir über die Einrichtungen wissen, um Fachdialoge sinnvoll führen zu können? Eine zweite könnte sein: Was sind Daten, die im Sinne outputorientierter Kennzahlen verwendet werden können?

Die Fragen können dann – möglichst unter Beteiligung von Fachkräften und weiteren Experten – systematisiert, differenziert und ausformuliert werden. Hilfreich ist dabei eine grobe Vorstrukturierung, beispielsweise nach Kerndaten (z. B. Ansprechpartner, Anschrift), Strukturdaten (z. B. Raum, Ausstattung, Personal), Prozessdaten (z. B. Angebote, Öffnungszeiten) und Ergebnisdaten (z. B. Besucherzahlen).

Aus den strukturierten Fragen ergeben sich *Merkmale* von Einrichtungen, über die die Berichte Auskunft erteilen sollen, beispielsweise das Merkmal Öffnungszeiten. Der nächste Schritt besteht dann in Überlegungen, wie mögliche *Ausprägungen* dieser Merkmale aussehen könnten. Am Beispiel der Öffnungszeiten: Wird jede einzelne Öffnungsstunde erfasst? Wird nach Wochentagen getrennt? Werden Werktage und Wochenenden unterschieden? Werden Ferienöffnungszeiten separat erfasst? Werden auch einmalige Öffnungen oder nur regelmäßige erfasst? Später kann entschieden werden, ob diese möglichen Ausprägungen als feste Antwortkategorien „zum Ankreuzen" vorgegeben werden oder es (zusätzlich oder ausschließlich) die Möglichkeit offener Antworten geben soll.

Eine Herausforderung bei der Festlegung möglicher Merkmale und Ausprägungen ist die Trennung der verschiedenen logischen Ebenen. Soll das Instrument beispielsweise die Möglichkeit bieten, „Angebote" einzutragen und diese zu charakterisieren, muss es differenzieren zwischen Angebotstyp (z. B. regelmäßiges und ständiges Angebot, Projekt und Maßnahme, Einzelveranstaltung), inhaltlichem Schwerpunkt, zeitlicher Lage, Zielgruppe und Angebotsort. Nur so lassen sich später Angebote sinnvoll vergleichen und sortieren.

Aus diesen Vorarbeiten dürfte sich eine recht lange Liste von möglichen Merkmalen und ihren Ausprägungen ergeben. Jede einzelne dieser Variablen sollte nun kritisch geprüft werden:

Welchem Erkenntnisinteresse bzw. Steuerungszweck dient die Variable? Wird sie wirklich benötigt? Diese Frage ist keineswegs selbstverständlich – viele Berichtsweseninstrumente enthalten nur deshalb bestimmte Variablen, weil sie leicht abzufragen sind oder weil man sie immer abgefragt hat. Um ein Aufblähen der Berichte mit nutzlosen Informationen zu vermeiden, sollten auch vermeintlich naheliegende Formulierungen kritisch geprüft werden: Wen und warum interessiert diese Variable? Wie sollen die Daten ausgewertet und verwendet werden? Welche Steuerungsziele werden mit der Auswertung verfolgt? Wurden Daten dieser Art in der Vergangenheit jemals nachgefragt bzw. verwendet? Fehlt etwas, wenn diese Daten nicht erhoben werden?

Ist die Variable für das intendierte Erkenntnisinteresse aussagekräftig und interpretierbar? Nicht alle häufig verwendeten oder vermeintlich naheliegenden Variablen sind auch tauglich, die dahinter stehende Frage der Steuerungsebene zu beantworten.

Beispielsweise hat es zunächst keinerlei fachliche Aussagekraft, den Anteil der BesucherInnen mit Migrationshintergrund zu erfragen. Es handelt sich dabei um eine Sammelbezeichnung für Menschen, die außer dieser Etikettierung keine gemeinsamen Merkmale aufweisen. Zwar gibt es statistische (!) Besonderheiten dieser Gruppe, diese beruhen jedoch auf sogenannten Scheinkorrelationen. Wird die Zahl unreflektiert erfasst, werden wahrscheinlich aufgrund bestehender Vorurteile bestimmte Defizite und Bedarfe vermutet. Aussagekräftiger wären beispielsweise Angaben über das soziale Herkunftsmilieu, die in Form des Berichtswesens allerdings kaum erhebbar sind (siehe nächster Abschnitt). Zwar ist eine „migrationssensible" jugendhilfebezogene Steuerung dringend erforderlich (vgl. Müller et al. 2010), doch dürfte es eine Überforderung sein, dies mit einem methodisch eher schlichten Berichtsweseninstrument umsetzen zu wollen.

Sind die Daten mit vertretbarem Aufwand erhebbar? Sind sie den Ausfüllenden bekannt? Wird eine ständige, unterjährige Datenerfassung benötigt? Werden beispielsweise Fragen zum Herkunftsmilieu der BesucherInnen gestellt, muss davon ausgegangen werden, dass die meisten MitarbeiterInnen nicht über derartiges Wissen verfügen. Eine Abfrage solcher Daten könnte die Angabe von „Schätzwerten" provozieren, die eher irreführend als hilfreich sind (siehe vorangegangener Abschnitt).

Ähnliches gilt für genaue Besucherzahlen einzelner Angebote, sofern diese nicht regelmäßig (täglich oder ggf. wöchentlich) protokolliert wurden. Wird dies gewünscht, müssen Dokumentationshilfen (Strichlisten, elektronische Formulare o. ä.) rechtzeitig entwickelt und angeboten werden. Ist eine solch genaue, aber auch aufwendige Protokollierung nicht gewollt, sollte erwogen werden, auf die Abfrage von Besucherzahlen komplett zu verzichten.

Auch praktische Erhebungsschwierigkeiten können auftreten: Beispielsweise dürfte es sehr aufwendig sein, auch solche „ehrenamtlichen MitarbeiterInnen" zu zählen, die nur einmalig beim Stühleschleppen für eine Veranstaltung geholfen haben. Hier müsste die Variable per Definition so eingegrenzt werden, dass nur Ehrenamtliche z. B. ab einer bestimmten Zugehörigkeitsdauer erfasst werden.

Welche fachpolitischen Folgen könnten sich aus der Erfassung dieser Daten ergeben?
Sobald Informationen erfasst werden, können sie politisch und medial aufgegriffen werden – es wird davon ausgegangen, dass sie eine gewisse Relevanz besitzen. Insbesondere wenn Daten schwierig zu interpretieren sind (siehe oben), entzieht sich ihre öffentliche und politische Rezeption oft dem fachlichen Einfluss. Entscheidet man sich beispielsweise trotz der oben ausgeführten Probleme für eine Erhebung der „BesucherInnen mit Zuwanderungsgeschichte", bestätigt man damit möglicherweise ungewollt, dass man die Herkunft von Menschen als ein taugliches Mittel betrachtet, um auf pädagogische Bedarfe zu schließen. Ein anderes Beispiel ist die Erhebung von Sachbeschädigungen in Einrichtungen: Auch hier sollte abgewogen werden, ob diese Daten, die nur mit zusätzlichem Kontextwissen sinnvoll interpretierbar sind, regelmäßig erhoben werden sollten.

Fachpolitisch können solche Variablen dazu führen, dass die Aufmerksamkeit von den eigentlich bestimmenden pädagogischen Herausforderungen abgelenkt wird. Andererseits sind es oft gerade politische Bedarfsäußerungen, die zur Aufnahme solcher Kategorien führen – hier ist dann eine entsprechend begründete Positionierung der Fachkräfte gefordert.

Ist die Erhebung rechtlich zulässig? Diese Frage betrifft insbesondere den Schutz personenbezogener Daten. Da viele Einrichtungen nur über wenig Personal verfügen, ist häufig eine anonymisierte Abfrage nicht möglich. Daher sollte geklärt werden, unter welchen Bedingungen die Erhebung solcher Daten (z. B. Alter, Geschlecht, Qualifikation) möglich ist – beispielsweise unter Vorbehalt einer Einverständniserklärung der betroffenen MitarbeiterInnen.

Ist die Formulierung der Variable eindeutig, sind unklare Begriffe definiert? Werden allgemeine Regeln der Fragebogengestaltung befolgt? Was ist ein „Werkraum"? Wann ist eine Einrichtung „geöffnet"? Was ist ein „Stammbesucher"? Während bestimmte Definitionen unverzichtbar sind, kann es bei anderen Begriffen ausreichend sein, die Interpretation den Ausfüllenden zu überlassen: Ein Raum könnte schlicht dann als „Werkraum" gelten, wenn die Ausfüllenden ihn als solchen bezeichnen.

Manche Definitionen sind zudem zwar grundsätzlich eindeutig, kommen aber nicht zum Tragen, wenn die ihnen zugrunde liegenden Informationen den ausfüllenden Personen nicht bekannt sind. So könnte das Einzugsgebiet einer Einrichtung zwar leicht anhand der Zeit definiert werden, die die BesucherInnen zur Anreise benötigen. Diese ist jedoch zunächst nur den Jugendlichen selbst bekannt und müsste daher durch eine BesucherInnenbefragung erfasst werden (wie beispielsweise bei Bröckling et al. 2011).

Neben der Verwendung eindeutiger Variablen gibt es weitere methodische Regeln, die für alle Befragungen gelten – so etwa, dass Antwortkategorien vollständig und überschneidungsfrei sein müssen. Verständlich erläutert werden diese beispielsweise bei Porst (2000).

Sollen und können die erfassten Daten auch statistisch ausgewertet werden? Wenn die Daten auch statistisch aufbereitet werden sollen, muss sichergestellt sein, dass eine elektronische Weiterverarbeitung möglich ist. Sollen beispielsweise die Öffnungszeiten erhoben werden und steht für die Antwort im Fragebogen nur ein freies Textfeld zur Verfügung, wird es uneinheitlich ausgefüllt werden: Eine Einrichtung schreibt vielleicht „Mo–Fr, 15–18 Uhr", eine andere formuliert „Werktags von 3 bis 6, Wochenende geschlossen". Für eine elektronische Datenverarbeitung müssten solche Daten aufwendig nachbearbeitet werden.

Muss die Variable verpflichtend ausgefüllt werden oder ist sie optional? Insbesondere bei überörtlichen Erhebungen kann es hilfreich sein, bestimmte Fragen, über die keine Einigkeit zu erzielen ist, zwar im Instrument beizubehalten, ihre Beantwortung jedoch als optional zu kennzeichnen.

63.5 Erhebung und Berichterstellung

Bei größeren Erhebungen und vor allem solchen, die regelmäßig stattfinden, empfiehlt sich ein sorgfältiger „Probedurchlauf" mit wenigen gezielt ausgewählten Einrichtungen. Insoweit ist das Instrument zu evaluieren und weiterzuentwickeln.

Da viele Strukturdaten sich nicht ständig ändern, können Teile unverändert in den nächsten Berichtszeitraum übernommen werden. Dies kann vor allem bei der Verwendung elektronischer Erhebungsinstrumente mehrfache Arbeit vermeiden.

Bei der Zusammenstellung und Präsentation der Daten ist sorgfältig darauf zu achten, dass die Empfänger des Berichtes weitgehend zweifelsfreie Schlüsse ziehen können und Fehlinterpretationen vermieden werden. Dazu ist sowohl eine übersichtliche Gestaltung als auch die Möglichkeit zur Kommentierung von Daten notwendig. Ansonsten gelten allgemeine Gestaltungsregeln für Berichte, beispielsweise ein möglichst gleichbleibender Aufbau, der Vergleiche erleichtert (vgl. z. B. Pook und Tebbe 2002, S. 73–80).

Abschließend ist noch zu betonen, dass sich bereits die Konzipierung und Einführung eines Berichtswesen-Instruments auf die Praxis auswirken. So erfordert schon die Festlegung, welche Daten als aussagekräftig gelten, ein hohes Maß an fachlicher Reflexion und Verständigung. Während der Erhebung setzt sich dies fort: Erfordert das Instrument beispielsweise, dass jedes Angebot einem bestimmten vorgegebenen inhaltlichen Schwerpunkt zugeordnet werden muss, könnte dies zu einer systematischeren Auseinandersetzung über die inhaltlichen Ziele der jeweiligen Maßnahmen führen. Solche Effekte können vor allem dann produktiv wirken, wenn bereits die Konzeption des Berichtswesens auf einem fachlichen Austausch basiert und Fachkräfte frühzeitig einbezogen werden.

Literatur

Albus, S., Micheel, H. G., & Polutta, A. (2011). Der Wirkungsdiskurs in der Sozialen Arbeit und seine Implikationen für die empirische Sozialforschung. In G. Oelerich, & H. U. Otto (Hrsg.), *Empirische Forschung und Soziale Arbeit. Ein Studienbuch* (S. 243–251). Wiesbaden.

Bröckling, B., Flösser, G., & Schmidt, H. (2011). *Besucherinnen- und Besucherstruktur der Offenen Kinder- und Jugendarbeit des Trägervereins der Evangelischen Offenen und Mobilen Arbeit mit Kindern und Jugendlichen e.V. in Bielefeld.* Dortmund. http://www.fk12.tu-dortmund.de/cms/ISEP/de/Sozialp__dagogik/MItarbeiter/Schmidt_Holger/Abschlussbericht.pdf. Zugegriffen: 20. Januar 2012.

Horváth, P. (2008). Grundlagen des Management Reportings. In R. Gleich, R. Horváth, & U. Michel (Hrsg.) *Management Reporting. Grundlagen, Praxis und Perspektiven* (S. 15–42). Freiburg.

Mühlmann, T. (2009). Qualitätsverbund Offene Kinder- und Jugendarbeit: Einführung einer landesweiten jährlichen Berichterstattung. *Jugendhilfe aktuell, 2,* 77–85.

Müller, H., Stauf, E., & Teupe, U. (2010). Migrationssensible Jugendhilfeplanung. In S. Maykus, & R. Schone (Hrsg.), *Handbuch Jugendhilfeplanung. Grundlagen, Anforderungen und Perspektiven* (3., vollst. überarb. und aktual. Aufl., S. 359–374). Wiesbaden.

Pook, M., & Tebbe, G. (2002). *Berichtswesen und Controlling.* München.

Porst, R. (2000). *Question-Wording. Zur Formulierung von Fragebogen-Fragen.* http://www.gesis.org/fileadmin/upload/forschung/publikationen/gesis_reihen/howto/how-to2rp.pdf. Zugegriffen: 20. Januar 2012.

Van Santen, E., & Seckinger, M. (2011). Forschungsperspektiven auf und für die offene Jugendarbeit. In H. Schmidt (Hrsg.), *Empirie der Offenen Kinder- und Jugendarbeit* (S. 217–237). Wiesbaden.

Schrödter, M., & Ziegler, H. (2007). *Was wirkt in der Kinder- und Jugendhilfe? Internationaler Überblick und Entwurf eines Indikatorensystems von Verwirklichungschancen.* http://www.wirkungsorientierte-jugendhilfe.de/seiten/material/wojh_schriften_heft_2.pdf. Zugegriffen: 20. Januar 2012.

Schulz, M. (2008). Evaluation als praktische Haltung in der Kinder- und Jugendarbeit. In W. Lindner (Hrsg.), *Kinder- und Jugendarbeit wirkt. Aktuelle und ausgewählte Evaluationsergebnisse der Kinder- und Jugendarbeit* (S. 281–293). Wiesbaden.

Senatsverwaltung für Bildung, Wissenschaft und Forschung Berlin (Hrsg.). (2012). *Handbuch Qualitätsmanagement der Berliner Jugendfreizeitstätten* (3., überarb. Aufl.). http://www.berlin.de/imperia/md/content/sen-jugend/bildung_in_der_freizeit/qm_handbuch.pdf. Zugegriffen: 28. Februar 2012.

Sturzenhecker, B., & von Spiegel, H. (2008). Was hindert und fördert Selbstevaluation und Wirkungsreflexion in der Kinder- und Jugendarbeit. In W. Lindner (Hrsg.), *Kinder- und Jugendarbeit wirkt. Aktuelle und ausgewählte Evaluationsergebnisse der Kinder- und Jugendarbeit* (S. 309–321). Wiesbaden.

Szlapka, M. (2008). Kommunales Berichtswesen als Grundlage der Qualitätsentwicklung. In U. Deinet, M. Szlapka, & W. Witte (Hrsg.), *Qualität durch Dialog. Bausteine kommunaler Qualitäts- und Wirksamkeitsdialoge* (S. 113–167). Wiesbaden.

Witte, W., & Arlt, M. (2008). Qualitätsmanagement und Berichtswesen als Elemente kommunaler Wirksamkeitsdialoge – das Modellprojekt Qualitätsentwicklung der Berliner Jugendarbeit. In U. Deinet, M. Szlapka, & W. Witte (Hrsg.), *Qualität durch Dialog. Bausteine kommunaler Qualitäts- und Wirksamkeitsdialoge* (S. 169–203). Wiesbaden.

Witte, W., Meinhold, M., Schweele, S., & Jacobsen, H. (2005). *Das Modellprojekt Qualitätsentwicklung der Berliner Jugendarbeit.* Berlin. http://www.berlin.de/imperia/md/content/sen-jugend/bildung_in_der_freizeit/bericht.pdf. Zugegriffen: 20. Januar 2012.

Kommunale Qualitäts- und Wirksamkeitsdialoge

Ulrich Deinet

Einen Zusammenhang zwischen den Kapiteln in diesem Teil zum Thema „Jugendhilfeplanung", „Berichtswesen" und „Konzepte entwickeln" kann das Thema kommunale Qualitäts- und Wirksamkeitsdialoge herstellen.

Qualitäts- und Wirksamkeitsdialoge verbinden unterschiedliche Bausteine der Qualitätsentwicklung, Planung, Steuerung und Konzeptentwicklung in einem kommunikativen Prozess der beteiligten Akteure:

Aus Sicht der Jugendhilfeplanung sind Qualitäts- und Wirksamkeitsdialoge (WD) ein Instrument, um die OKJA über die Einrichtungsebene hinaus, also auf kommunaler Ebene zu entwickeln und bedarfsorientiert auszurichten. In zahlreichen kommunalen Qualitäts- und Wirksamkeitsdialogen ist es Aufgabe der Jugendhilfeplanung, die Einrichtungen, Träger und Fachkräfte mit den sozialstrukturellen und sozialräumlichen Daten zu versorgen, die dann auch Anstöße für Konzeptentwicklungen sein können.

Kommunale Qualitäts- und Wirksamkeitsdialoge bieten die Möglichkeit, das gesamte Feld der OKJA transparenter, als bisher darzustellen, zu legitimieren und zu steuern. Eine wichtige Grundlage dafür bietet das von Mühlmann im vorangehenden Kapitel skizzierte Berichtswesen, das die notwendigen Daten für eine einrichtungsübergreifende, auf die ganze bezogene kommunale Darstellung von Tätigkeitsfeldern, Besucherzahlen etc. bietet.

In Bezug auf die Konzeptionsentwicklung der einzelnen Einrichtungen bieten kommunale Qualitäts- und Wirksamkeitsdialoge die große Möglichkeit des Austausches zwischen unterschiedlichen Einrichtungen und Trägern, im Rahmen ihrer Konzeptentwicklung sowie eine (sozialräumlich) orientierte Gestaltung von Schwerpunkten und konzeptionellen Ausrichtungen, die eine einzelne Einrichtung für sich alleine kaum realisieren kann. Kon-

Prof. Dr. Ulrich Deinet ✉
Fachbereich Sozial- und Kulturwissenschaften Düsseldorf, Fachhochschule Düsseldorf, Wilhelmstr. 4, 42781 Haan, Deutschland
e-mail: Ulrich.Deinet@t-online.de

zepte zu entwickeln macht in einem sozialräumlichen Ansatz nur dann Sinn, wenn Bedarfe und konzeptionelle Differenzierungen miteinander korrespondieren.

Kommunale Qualitäts- und Wirksamkeitsdialoge haben deshalb als Hauptthema, den Dialog zwischen Einrichtungen, Trägern, dem Jugendamt und der jugendpolitischen Steuerung, um gemeinsam die Wirkungen und die Ausrichtung der OKJA zu entwickeln. Kommunale Qualitäts- und Wirksamkeitsdialoge stellen deshalb eine Klammer dar für die beschriebenen Bausteine der Konzeptentwicklung des Berichtswesens und der Kooperation mit der Jugendhilfeplanung.[1]

64.1 Der Wirksamkeitsdialog für die Offene Kinder- und Jugendarbeit in Nordrhein-Westfalen

Die Grundidee des vom Land Nordrhein-Westfalen (NRW) initiierten Wirksamkeitsdialoges in der Offenen Kinder- und Jugendarbeit (OKJA) besteht darin, gemeinsam mit den Einrichtungen, Trägern und Kommunen einen Dialog über Effekte und Wirkungen der OKJA zu führen, um einerseits den wirksamen Einsatz insbesondere der Landesmittel in diesem Feld zu überprüfen, und andererseits dieses Feld weiterzuentwickeln und zu qualifizieren.

Ein solcher Wirksamkeits-/Qualitätsdialog geht über die Qualitätsentwicklung der einzelnen Einrichtungen hinaus und verbindet alle Einrichtungen und Projekte (sowohl in kommunaler als auch in freier Trägerschaft) in einem kommunalen Rahmen, so dass eine trägerübergreifende Kommunikation über Leistungen und Wirkungen möglich wird. Dies ist ein entscheidender Schritt, der über die schon geführten Qualitätsdebatten innerhalb der Trägergruppen und beim öffentlichen Träger hinausgeht. Insofern ist ein Wirksamkeits- und Qualitätsdialog, der trägerübergreifend geführt wird, auch ein Motor der Zusammenarbeit unterschiedlichster Einrichtungen und Projekte in einer Kommune.

Mit dem Wirksamkeitsdialog verbunden sind grundsätzliche Anforderungen hinsichtlich der Dialogbereitschaft und Transparenz, die eigentlich nur erfüllt werden können, wenn Einrichtungen und Projekte bereits auf ihrer Ebene Schritte zur Qualitätsentwicklung vollzogen haben. Um dies zu unterstützen, haben zahlreiche Kommunen ein kommunales Berichtswesen eingeführt, dessen Nutzung ein weiterer Schritt der Entwicklung eines Dialogs auf kommunaler Ebene darstellt.

Ein Spezifikum der Qualitäts- und Wirksamkeitsdialoge ist, dass sie auf unterschiedlichen Ebenen geführt werden:

- zwischen Einrichtungen in einzelnen Kommunen bzw. Sozialräumen (etwa in Großstädten, wo die Zahl der Einrichtungen so groß ist, dass ein Dialog sozialräumlich gegliedert werden muss),

---

[1] Die folgenden Ausführungen beziehen sich auch auf eine Studie im Auftrag des NRW-Jugendministeriums, vgl. Deinet (2007).

- zwischen Vertretern der Träger und des Jugendamtes,
- zwischen Politik und Fachebene.

Diese Dialoge müssen gut organisiert sein, d. h. die Organisation und die Entwicklung von Qualitäts- und Wirksamkeitsdialogen sind eine herausragende Aufgabe, insbesondere für den öffentlichen Träger als planungsverantwortliche Organisation.

Ein weiteres Element von Qualitäts- und Wirksamkeitsdialogen ist die Integration von Prozessen, die man als „top down" bzw. „bottom up" gesteuert bezeichnen kann. Sowohl von den Einrichtungen und der Praxis, als auch von der Politik ausgehend, werden auf den unterschiedlichen Ebenen Dialoge geführt, die aber nicht einseitig sind, sondern in alle Bereiche (auch in die Politik) und auf die Einrichtungsebene zurückgeführt werden müssen. Dies erzeugt nicht selten Spannungen, wenn etwa die Einrichtungen von der politischen Ebene die Formulierung langfristiger Zielsetzungen erwarten, die auch fachlich umsetzbar sein sollen. Oder wenn es um Planungssicherheit geht und die damit verbundene finanzielle Absicherung von Einrichtungen über einen längeren Zeitraum.

Eine gewisse Spannung im Qualitäts- und Wirksamkeitsdialog entsteht auch dann, wenn eine wirksame Steuerung dieses Feldes und, das gleichzeitig hohe Maß an Beteiligung von Einrichtungen und Trägern in einen Widerspruch geraten. So haben Wirksamkeitsdialoge zum Teil einen leicht strukturkonservativen Anstrich, wenn sie zwar Transparenz in das Feld bringen, die gewonnen Daten und Informationen aber sehr stark legitimatorisch genutzt werden und weniger zu Steuerungs- und Planungsprozessen. Demgegenüber stehen Wirksamkeits- und Qualitätsdialoge, die (in der Regel vom öffentlichen Träger ausgehend) Planungs- und Steuerungsaspekte eher betonen und deshalb auch eher zur Steuerung des Feldes geeignet sind.

Insbesondere dann, wenn der Steuerungsaspekt auch die Ressourcensteuerung beinhaltet, werden weitere Spannungen erzeugt. Deshalb verzichten einige Kommunen zunächst auf eine finanzielle Steuerung durch den Wirksamkeitsdialog durch die Herstellung finanzieller Sicherheit über mehrere Jahre (z. B. durch die Schaffung eines Moratoriums, d. h. die Garantie des bisherigen Fördervolumens für die freien Träger) und sorgen so dafür, dass sich die fachlichen Grundlagen, im Hinblick auf Struktur und Transparenz des Feldes entwickeln konnten. Ein solches Vorgehen können sich aber immer weniger Kommunen leisten, so dass die Ressourcenfrage meist eine wichtige Rolle in den Dialogen spielt.

Der Wirksamkeitsdialog in NRW wurde bundesweit mit großem Interesse verfolgt. Damit ist die Offene Kinder- und Jugendarbeit in NRW nicht nur in der fachpolitischen Diskussion aus einer gewissen Talsohle gekommen, sie findet damit auch Anschluss an Qualitätsentwicklungsprozesse, wie sie in anderen Feldern der sozialen Arbeit schon länger eingeführt sind.

Allerdings ist es in NRW nur begrenzt gelungen, die Ergebnisse des Wirksamkeitsdialoges auf Landesebene, für die politische Steuerung des Feldes nutzbar zu machen. Deshalb werden in den folgenden Ausführungen landespolitische und landesweite Perspektiven des Wirksamkeitsdialoges keine wesentliche Rolle spielen, zumal dieser zurzeit auf Landesebene eher stagniert, bzw. nicht erkennbar weitergeführt wird.

Für den Transfer in andere Bundesländer ist die kommunale Ebene deshalb von größerem Interesse. Zahlreiche Kommunen und Kreise in NRW haben unabhängig von der Landespolitik kommunale Wirksamkeitsdialoge eingeführt und diese auch, unabhängig von der Entwicklung der Landesförderung bzw. der Landespolitik in diesem Bereich, weitergeführt, weil sie das Feld der Offenen Kinder- und Jugendarbeit nachhaltig positiv beeinflussen wollen.

64.2 Ebenen und Elemente kommunaler Qualitäts- und Wirksamkeitsdialoge

Die Qualitäts- und Wirksamkeitsdialoge werden in den Kommunen vielfach in einem Kreislaufmodell beschrieben. Ausgehend von Einrichtungen und Projekten, ihrem Berichtswesen, den sich anschließenden Diskussionsprozessen bis hin zur politischen Steuerungsebene vollzieht sich der Dialog idealerweise als wiederkehrender Prozess, wobei die Rückmeldungen wiederrum die Einrichtungen erreichen und zu Veränderungen führen. Diesem Modell folgend werden die jeweiligen Wirksamkeitsdialoge auf folgenden Ebenen beschrieben:

- Ebene der Einrichtungen und Projekte mit den Elementen: Berichtswesen, Selbstevaluation, Zielbeschreibung;
- Dialogebene mit den Elementen: Rückmeldungen an Einrichtungen und Träger; Moderation bzw. Steuerung des Gesamtprozesses, Rolle und Funktion der Jugendhilfeplanung/Fachabteilung;
- kommunalen Ebene mit den Elementen: Gesamtbericht, Rolle des Jugendhilfeausschusses und der AG § 78, politische Steuerung.

Städte mittlerer Größe erscheinen besonders geeignet, dynamische Qualitäts- und Wirksamkeitsdialoge zu entwickeln. Anders, als in kleinen Kommunen gibt es für einen Dialog und einen Vergleich der Einrichtungen untereinander eine ausreichend große Zahl von Einrichtungen, die aber auch nicht – wie in den Großstädten – zu groß und damit nicht mehr überschaubar bzw. handhabbar ist. Auch, wenn es gerade in den Mittelstädten große Unterschiede in Bezug auf Trägerlandschaften und jugendpolitische Rahmenbedingungen gibt, liegen in den mittelgroßen Städten auch deshalb die meisten Erfahrungen mit kommunalen Qualitäts- und Wirksamkeitsdialogen vor, weil dafür Personalressourcen vorhanden sind. So gibt es überall eigene Abteilungen für Jugendarbeit bzw. Jugendförderung, die freien Träger verfügen über entsprechende Strukturen und außerdem ist eine Jugendhilfeplanung in der Regel vorhanden und oft fachlich gut ausgebaut.

Nur in wenigen Städten ist der Baustein der Selbstevaluation besonders entwickelt: In einer mittleren Großstadt geschieht dies auf der Grundlage einer ausgewogenen und gemischten Trägerlandschaft zwischen kommunalen und freien Trägern der Offenen Kinder- und Jugendarbeit. Die Einrichtungen vergleichen sich und die Qualität ihrer Arbeit in

64 Kommunale Qualitäts- und Wirksamkeitsdialoge

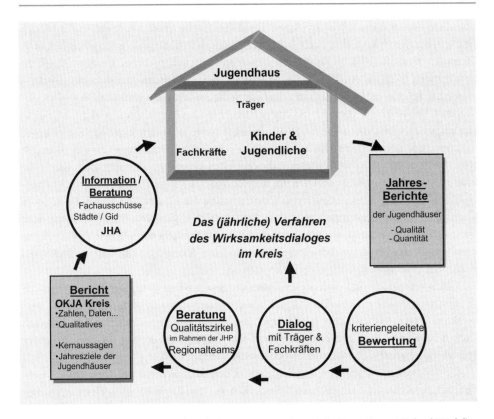

Abb. 64.1 Schaubild des Wirksamkeitsdialoges im Kreis Gütersloh, Darstellung: Michael Trödel)

Selbstevaluationsgruppen, die durch die regelmäßig stattfindenden Rückmeldungen in die Moderationsgruppe in den Gesamtprozess des Wirksamkeitsdialoges eingebunden sind. Dadurch können besonders die Fachkräfte der Einrichtungen erkennen, dass die Moderationsgruppe kein abgehobenes Gremium ist, sondern sich auch mit ihren praktischen Fragen beschäftigt, und diese Teil des Wirksamkeitsdialoges sind. Ein weiterer Effekt besteht darin, dass die Themensammlung der Projekte in der Moderationsgruppe zu einem besseren Überblick über Praxisthemen und Probleme in den Einrichtungen führt und sich daraus Fortbildungsbedarfe ableiten lassen, die z. B. in zentralen Veranstaltungen bearbeitet werden können. Auch andere Themen, die mit Rahmenbedingungen, wie Öffnungszeiten etc. zusammenhängen, können als Ergebnisse der Selbstevaluationsprojekte in die Moderationsgruppe eingebracht werden und damit in einen Wirksamkeitsdialog insgesamt.

In allen Mittelstädten sind Rückmelde- oder Planungsgespräche mit den Einrichtungen ein entscheidender Baustein des kommunalen Qualitäts- bzw. Wirksamkeitsdialoges. Auf der Grundlage eines entwickelten Berichtswesens (quantitativ und qualitativ), werden zum Teil schon mehrere Jahre lang Gespräche mit den Einrichtungen geführt, die das Ziel haben, sowohl einen zurückliegenden Zeitraum zu reflektieren, als auch Schwerpunkte und Ziele für das nächste Jahr zu planen. Diese Gespräche werden zum großen Teil durch den öffentlichen Träger, aber auch durch Mitglieder der Moderationsgruppe geführt. Die Gespräche sind oft Teil eines Kontraktmanagements und die Ergebnisse werden als Zielvereinbarungen festgehalten. Je nach Gesamtausrichtung des Dialoges sind diese Gespräche eher einrichtungs- und qualitätsorientiert oder eher steuerungsorientiert (s. u.).

Nach Anlaufschwierigkeiten und einer ersten Phase des Misstrauens, sind diese Gespräche heute zentraler Bestandteil der Wirksamkeitsdialoge in den mittelgroßen Kommunen. Erst wenn das Berichtswesen im Sinne des Dialoges an die Einrichtungen zurückgekoppelt wird, kann man überhaupt von einem dynamischen Gesamtprozess sprechen. Die Fachkräfte der Einrichtungen sprechen in der Regel davon, dass diese Rückmeldegespräche ausgesprochen wichtig sind, auch für die Wahrnehmung der Einrichtung durch die höheren Ebenen. Der früher weit verbreitete Effekt, dass mit der Abgabe von Jahresberichten keine weitere Wirkung verbunden war, hat sich durch die Einführung von Wirksamkeitsdialogen überholt, da das Berichtswesen direkt an ein Rückmeldegespräch durch den öffentlichen Träger bzw. die Moderationsgruppe gekoppelt ist.

Damit verbunden sind notwendige Entwicklungen auf Einrichtungsebene, insbesondere in Bezug auf die Zielformulierung, d. h. die Formulierung von Jahreszielen und Schwerpunkten. Dass es insbesondere in der Formulierung von operationalisierbaren Zielen nach wie vor Schwierigkeiten gibt, berichten ebenfalls viele Kommunen; hier existiert ein großer Fortbildungsbedarf, der entsprechend bearbeitet werden muss.

Die Zahl von Einrichtungen und bzw. deren Überschaubarkeit in Städten mittlerer Größe ermöglicht es, die Gesamtheit der Offenen Kinder- und Jugendarbeit auch einrichtungsbezogen in einem Gesamtbericht an den Jugendhilfeausschuss transparent zu machen und zu würdigen. Die Zahl der Einrichtungen ist noch nicht unüberschaubar, andererseits können und sollen im Jugendhilfeausschuss keine Details zu einzelnen Einrichtungen besprochen werden. Dazu dient in Einzelfällen ein Untergremium des Jugendhilfeausschusses, das sich mit den einzelnen Einrichtungen beschäftigt, in dem fachlich diskutiert wird und oberhalb der Bezirksebene die Steuerungsinteressen in Bezug auf die Gesamtstadt erhalten bleiben. Diese Perspektive zu erhalten, ist eine große Chance der Städte dieser Größe. Im Vergleich dazu ist es in Großstädten kaum möglich, eine Übersicht bei der großen Zahl der Einrichtungen zu behalten.

In Kommunen dieser Größe existieren meist auch unterhalb der Ebene der Gesamtstadt Stadtbezirke mit Bezirksversammlungen und BezirksvorsteherInnen und damit eine weitere, wenngleich weniger eigenständige kommunalpolitische Ebene, die für die Gestaltung von Qualitäts- und Wirksamkeitsdialogen von Bedeutung ist. Während der gesamtstädtische Jugendhilfeausschuss die große Richtung der Jugendhilfe bestimmt, liegt die Chance der Bezirke darin, eine noch direktere Verbindung zwischen Kommunalpolitik und Einrichtung herzustellen. Oft sind Vertreter der Bezirksvertretung auch an Stadtteilkonferenzen beteiligt; oder Teilberichte des Jahresberichts der OKJA werden auch in der Bezirksvertretung diskutiert. Oft werden die Einrichtungen im Stadtbezirk auch regelmäßig von den Bezirksvertretern besucht.

64.3 Steuerung, Qualitätssicherung oder beides?

Der Vergleich der Städte zeigte große Unterschiede in Bezug auf die jeweilige Grundorientierung. So ist der Wirksamkeitsdialog in einer Kommune geprägt durch eine hohe Beteiligung freier Träger und Fachkräfte auf allen Ebenen, bis hin zur Besetzung und Funktion der Moderationsgruppe, Rückmeldegespräche für städtische Einrichtungen können auch durch Mitglieder der Moderationsgruppe, also auch Vertreter der freien Träger, vorgenommen werden. Ein solcher Wirksamkeitsdialog ist stark einrichtungsbezogen, Qualität sichernd und in gewisser Weise strukturkonservativ, weil der Fokus stark auf Weiterentwicklung der bestehenden Einrichtungen liegt. In einem stark einrichtungsbezogenen Dialog ist es kaum möglich, die Existenz einzelner Einrichtungen in Frage zu stellen oder neue Bedarfe und Entwicklungen, etwa durch die Jugendhilfeplanung eingebracht, unabhängig von der vorhandenen Struktur zu diskutieren. Der Vorteil einrichtungsbezogener Wirksamkeitsdialoge liegt in der großen Akzeptanz durch die Einrichtungen und in der motivierenden Funktion für die Fachkräfte. Er basiert auf jugendpolitischen Rahmenbedingungen, die so gestaltet sind, dass der Bestand der Einrichtungen nicht gefährdet ist.

Eine stärker steuernde Orientierung hat der Wirksamkeitsdialog in anderen Kommunen. Ein Strukturkonservatismus im Sinne einer reinen Qualitätssicherung des Bestehenden, ist hier nicht zu unterstellen, weil eine deutliche Trennung zwischen den Aufgaben der Moderationsgruppe und den Aufgaben des Jugendamtes existiert. Zwar hat die Moderationsgruppe hier auch eine zentrale Stellung im Wirksamkeitsdialog, der öffentliche Träger nimmt jedoch seine Planungsverantwortung deutlicher wahr und so werden hier die Bewertungen des Berichtswesens der Einrichtungen vom öffentlichen Träger vorgenommen und nicht in der Moderationsgruppe. Ebenso führt dieser, die Rückmeldegespräche mit den Einrichtungen durch und hat so mehr Möglichkeiten, Aspekte neuer Bedarfe u. ä. einzubringen. Damit wird die Planungsverantwortung des öffentlichen Trägers stark betont und nicht zufällig wird einer solchen Kommune der Dialog auch als Planungs- und Wirksamkeitsdialog genannt.

Ein wichtiger Unterschied zwischen dem einrichtungs- und planungsorientiertem Dialog besteht auch darin, dass die Bedeutung einer Moderationsgruppe im planungsorientierten Dialog weniger groß ist und z. B. die Berichte aus Einrichtungen dort nicht diskutiert werden. Die Abteilung Jugendförderung ist dann ganz eindeutig die Herrin des Verfahrens. Die Steuerung der Einrichtungen über Fachleistungsstunden, Kontrakte, oder grund- und sozialraumbezogene Leistungen werden stringenter planungsorientiert vorgenommen. Neue Bedarfe können über Jahresgespräche an die Einrichtungen vermittelt werden und deren Ergebnisse sind Bestandteile der Kontrakte mit den Einrichtungen.

Welche Orientierung eines Wirksamkeitsdialogs eher vorherrscht hängt u. a. mit der Verteilung der Zuständigkeiten auf Stadt- bzw. Stadtbezirksebene zusammen. Die grundsätzlich positiv beschriebene Möglichkeit der Diskussion auf der kommunalen Bezirksebene muss unter Steuerungsaspekten auch kritisch interpretiert werden. Der Wirksamkeitsdialog in einer untersuchten Kommune zeigt deutlich, dass die Bezirksebene dort zu stark und die gesamtstädtische Ebene zu schwach im Wirksamkeitsdialog vertreten ist. Für das

Jugendamt und für den Jugendhilfeausschuss ergeben sich so kaum Steuerungsmöglichkeiten, weil die Ergebnisse und Themen zu kleinteilig bezirksorientiert diskutiert werden. Es entsteht hier auch keine Transparenz über die Bezirke hinaus, gesamtstädtische Veränderungsnotwendigkeiten durch veränderte Bedarfe können in diesem System kaum berücksichtigt werden.

Für eine eher steuerungs- und bedarfsorientierte Ausrichtung des Wirksamkeitsdialogs scheint die Mitwirkung der Jugendhilfeplanung ein wichtiger Faktor zu sein. Das Fehlen bzw. die mangelnde Mitarbeit der Jugendhilfeplanung in zahlreichen Kommunen führt z. B. auch zu einer Überforderung der Fachabteilung, die nicht gleichzeitig (auch weil sie selbst Anbieterin ist) den Steuerungsaspekt in den Wirksamkeitsdialog hineinbringen kann. Dafür fehlt ihr die fachliche Grundlage und die erforderlichen Daten, mit denen gezeigt werden könnte, welche Bedarfe es gibt und inwieweit diese noch nicht beantwortet werden. Die Abteilung versteht sich oft eher als Managerin des Gesamtprozesses des Wirksamkeitsdialoges; der Steuerungsaspekt müsste in einer anderen Rolle, insbesondere durch die Jugendhilfeplanung eingebracht werden.

Der Zusammenhang von Wirksamkeitsdialog und Fachdebatte in der Offenen Kinder- und Jugendarbeit zeigt sich dort, wo die Einführung der Wirksamkeitsdialoge die inhaltlichen Debatten anregen kann und diese nicht nur als formales Verfahren beschrieben werden. Aus den Wirksamkeitsdialogen ergibt sich so etwas, wie eine Prozessqualität, wenn z. B. wie in einer Kommune die Auswertung der Qualitätsberichte und die Rückmeldegespräche mit den Einrichtungen zur Planung und Durchführung von Fachtagungen und Fortbildungsangeboten führen, die mit den Themen zu tun haben, die in den Gesprächen und Berichten angesprochen werden. So ging es beispielsweise um das Thema der verstärkten Abgrenzung von Jugendgruppen und -gruppierungen entlang religiöser oder ethnischer Orientierungen und Merkmale. Ein weiteres Thema ist die beobachtete Abwertung der Gruppen untereinander und ihre gegenseitige Verdrängung. Die Auswertung zeigte, dass in unterschiedlichen Varianten immer wieder die gleichen Probleme und Themen in den Einrichtungen auftreten, unabhängig davon, ob sie in kommunaler oder in freier Trägerschaft geführt werden.

Das „Wirkungsverständnis" des Wirksamkeitsdialogs in NRW zeigt sich insgesamt und von der Landesebene her betrachtet eher eingeschränkt: Es geht nicht um die Frage, mit welchen finanziellen Mitteln (des Landes und der Kommunen), welche Wirkungen in der Offenen Kinder- und Jugendarbeit erreicht werden, und auch nicht um die sicher sehr wichtige, Frage, welche Wirkungen bei Kindern und Jugendlichen entstehen, sondern es geht um einen landesweiten Überblick über die Gestaltung des Feldes.

Auswirkungen und Effekte der Wirksamkeitsdialoge sind auf Grund dieser Entwicklungen deshalb eher auf kommunaler Ebene zu registrieren:

- Verbesserte Zusammenarbeit zwischen den öffentlichen und den freien Trägern: In zahlreichen Kommunen hat der Wirksamkeitsdialog zur Einsetzung sogenannter Steuerungsgruppen geführt, die sich trägerübergreifend auf das gesamte Feld der Offenen Kinder- und Jugendarbeit beziehen. Damit wurden durch den Wirksamkeitsdialog

vorhandene und überkommene träger- und jugendamtsspezifische Distanzierungen und mangelnde Formen der Zusammenarbeit überwunden, so dass das Feld insgesamt besser aufgestellt ist.
- Es gibt kommunale Beispiele dafür, wie die durch den Wirksamkeitsdialog geschaffene Transparenz und Legitimation des Feldes zu nachhaltigerer Unterstützung durch Politik führt, die bis hin zur besseren finanziellen Ausstattung in einzelnen Kommunen reicht.
- Insbesondere dann, wenn es im kommunalen Bereich gelingt, die vorhandenen Daten in den Fachdiskurs von Einrichtungen und Trägern einzuspeisen, konnten vorhandene Gremien aktiviert und eine deutlich verbesserte fachliche Reflexion und Entwicklung des Feldes erreicht werden.
- Es geht für viele Kommunen nicht darum, mit den erhobenen Daten nur das Landesberichtswesen zu bedienen, sondern Vergleiche zwischen Einrichtungen und Sozialräumen herstellen zu können, die gewonnenen Daten fachlich zu interpretieren und sowohl mit Einrichtungen (Rückmeldegespräche), mit Trägergruppen und stadtweit zu diskutieren, bis hin zu Workshops mit Jugendhilfeausschussmitgliedern etc.

Man besitzt heute also nicht nur Daten, die vorher so nicht vorlagen, sondern die Qualität der Daten ist auch geeignet für eine fachliche Weiterentwicklung. In einer Kommune hat der Wirksamkeitsdialog etwa dazu geführt, dass auf der Grundlage der Berichterstattung und der vorliegenden Daten nun für jede Einrichtung ein spezieller Schwerpunkt gesucht wurde.

Der Qualitätsgewinn durch den Wirksamkeitsdialog liegt in zahlreichen Kommunen darin, dass das gesamte Feld der Offenen Kinder- und Jugendarbeit in den Blick genommen wird und es eine fachliche Kommunikation zwischen Einrichtungen, sozialraumbezogen, trägerübergreifend und stadtweit gibt, bis hin zur Diskussion mit der Kommunalpolitik. Das Feld der Offenen Kinder- und Jugendarbeit kann so, als ein wichtiges Feld der Förderung von Kindern und Jugendlichen dargestellt und diskutiert werden, das mit dem Wirksamkeitsdialog auch an Qualitätsentwicklung anderer Felder der Kinder- und Jugendhilfe Anschluss gewonnen hat.

64.4 Die Grenzen der Qualitätsentwicklung

Trotz positiver Auswirkungen auf die fachliche Präsentation und Legitimation durch Qualitäts- und Wirksamkeitsdialoge – so wie sie auch in Landkreisen und Großstädten durchgeführt werden (vgl. Deinet 2007) können diese Strukturveränderungen und z. T. deutlichen Kürzungen im Bereich der Jugendarbeit nicht verhindern.

Maßnahmen zur Qualitätsentwicklung, wie die Entwicklung von Wirksamkeitsdialogen, stellen aber eine wichtige Grundlage dar, um das Feld der OKJA zu sichern sowie die Leistungen auch im Vergleich zu den anderen Feldern der Jugendhilfe besser sichtbar zu machen. Qualitätsentwicklung ist die Voraussetzung für eine gute Entwicklung der OJKA aber kann keine Versicherung für ihre jugendpolitische Zukunft sein, die von ganz anderen

Faktoren abhängt, wie der demographischen und der jeweiligen kommunalen Entwicklung oder der jugendpolitischen Situation im jeweiligen Bundesland auch vor dem Hintergrund einer nach wie vor rechtlich nicht wirklich abgesicherten Position der OKJA.

Insbesondere dann, wenn die Instrumente und Bausteine der Qualitätsentwicklung eher technokratisch abgearbeitet und top down administriert werden, stellen sich keine fachlichen Entwicklungen ein: Bessere Steuerung alleine macht das Feld und die erbrachten Leistungen noch nicht besser!

Die Kinder- und Jugendarbeit muss angesichts der sich verändernden Rahmenbedingungen neue Perspektiven entwickeln; Qualitäts- und Wirksamkeitsdialoge können dabei hilfreiche Instrumente sein, mit denen sich inhaltlich-fachliche Weiterentwicklungen erreichen lassen.

Literatur

Deinet, U., Szlapka, M., & Witte, W. (2007). *Qualität durch Dialog. Qualitätsentwicklung, Berichtswesen und Wirksamkeitsdialoge in der Kinder- und Jugendarbeit.* Wiesbaden.

Deinet, U., & Krisch, R. (2002). *Der sozialräumliche Blick der Jugendarbeit. Methoden und Bausteine zur Konzeptentwicklung und Qualifizierung.* Opladen.

Deinet, U. (Hrsg.). (2005). *Sozialräumliche Jugendarbeit. Grundlagen, Methoden, Praxiskonzepte* (2., vollst. überarb. u. erw. Aufl.). Wiesbaden.

Liebig, R. (2004). Strukturdaten zur Offenen Kinder- und Jugendarbeit. Befunde einer Jugendamtsbefragung in Nordrhein-Westfalen. *Deutsche Jugend, 7/8,* 315–323.

Liebig, R. (2005). Dialogstrukturen, Selbstreflexion und Fördergelder. Das Instrument des „Wirksamkeitsdialogs" in NRW – am Beispiel der Offenen Kinder- und Jugendarbeit. *Zentralblatt für Jugendrecht,* (10), 379–389.

Lindner, W. (2011). Jugendarbeit. In H. U. Otto, & H. Thiersch (Hrsg.), *Handbuch soziale Arbeit* (4., völlig neu bearb. Aufl., S. 669–675). München und Basel.

Ministerium für Frauen, Jugend, Familie und Gesundheit des Landes Nordrhein-Westfalen. (2002). *Offene Kinder- und Jugendarbeit. Der Wirksamkeitsdialog.* Düsseldorf.

Ministerium für Schule, Jugend und Kinder des Landes Nordrhein-Westfalen. (2003). *Strukturdaten der Offenen Kinder- und Jugendarbeit in Nordrhein-Westfalen 2001. Befunde der ersten NRW-Strukturdatenerhebung im Rahmen des landesweiten Berichtswesens zur Offenen Kinder- und Jugendarbeit.* Düsseldorf.

Ministerium für Schule, Jugend und Kinder des Landes Nordrhein-Westfalen. (2004). *Die Offene Kinder- und Jugendarbeit in Nordrhein-Westfalen. Befunde der zweiten Strukturdatenerhebung zum Berichtsjahr 2002.* Düsseldorf.

Projektgruppe WANJA (Hrsg.). (2000). *Handbuch zum Wirksamkeitsdialog in der Offenen Kinder- und Jugendarbeit. Qualität sichern, entwickeln und verhandeln.* Münster.

Sturzenhecker, B., & Deinet, U. (Hrsg.). (2007). *Konzeptentwicklung in der Kinder und Jugendarbeit. Reflexionen und Arbeitshilfen für die Praxis.* Weinheim.

Teil IX
Rahmenbedingungen Offener Kinder- und Jugendarbeit

Datenlage zur Offenen Kinder- und Jugendarbeit – Bilanzierung empirischer Erkenntnisse

65

Jens Pothmann und Holger Schmidt

Im Resümee einer Metaanalyse zu den bis in die 1990er-Jahre vorgelegten Forschungsarbeiten zur Kinder- und Jugendarbeit stellt Thole (2000) fest, „dass es der Kinder- und Jugendarbeit an einer entwickelten Forschungskultur fehlt und viele Fragen in den letzten Jahrzehnten demzufolge nicht empirisch beantwortet wurden" (Thole 2000, S. 28). Auch wenn das Fehlen empirischer Forschung mit Blick auf die jüngere Vergangenheit relativiert werden muss und insbesondere für die letzten Jahre eine deutliche Zunahme von entsprechenden Forschungsarbeiten für das gesamte Feld, aber insbesondere auch für die Offene Kinder- und Jugendarbeit zu beobachten ist (Schmidt 2011) sowie die Ergebnisse der amtlichen Kinder- und Jugendhilfestatistik gerade für die Kinder- und Jugendarbeit in ihrer Bedeutung für Praxis, Politik und Wissenschaft gestiegen sind (Pothmann 2011), so ist nach wie vor zumindest zweierlei zu konstatieren:

1. Es ist einzuräumen, dass die Diskussion über methodologische Fragestellungen für eine Forschung zur Kinder- und Jugendarbeit zu wenig und nur sporadisch geführt wird. Oftmals ist der Beginn einer solchen Diskussion – wie z. B. über die Erfassung von Wirkungen der Kinder- und Jugendarbeit (z. B. Liebig und Begemann 2008) – zu beobachten, die dann aber nicht systematisch weiter verfolgt wird.
2. Zweitens ist für den Stand der empirischen Forschung für die Kinder- und Jugendarbeit im Allgemeinen sowie die Offene Kinder- und Jugendarbeit im Besonderen festzustellen, dass zwar zahlreiche Befunde vorliegen, aber es vielfach an einer systemati-

---

Dr. phil. Jens Pothmann ✉
Arbeitsstelle Kinder- und Jugendhilfestatistik im Forschungsverbund Deutsches Jugendinstitut Dortmund, Technische Universität Dortmund, Vogelpothsweg 78, 44227 Dortmund, Deutschland
e-mail: Jens.Pothmann@fk12.tu-dortmund.de
Holger Schmidt
Institut für Sozialpädagogik, Erwachsenenbildung und Pädagogik der frühen Kindheit (ISEP), Technische Universität Dortmund, Emil-Figge-Str. 50, 44227 Dortmund, Deutschland
e-mail: Holger.Schmidt@fk12.tu-dortmund.de

schen Verknüpfung sowie an institutionalisierten Formen des Erkenntnistransfers fehlt (Buschmann 2009). Immerhin ist gerade für die zweite Hälfte der 2000er-Jahre zu beobachten, dass die damit verbundenen Defizite zumindest ein Stück weit aufgearbeitet werden konnten (Buschmann 2010; Schmidt 2011).

Die nachfolgenden Ausführungen verstehen sich als ein solcher Beitrag. Dabei wird das vorhandene quantitativ-empirische Wissen über insbesondere die Offene Kinder- und Jugendarbeit zu zentralen Dimensionen des Feldes systematisiert und aufeinander bezogen. Datengrundlage hierfür sind empirische Studien mit einem entsprechenden methodischen Design der letzten vier Jahrzehnte einerseits sowie die Ergebnisse der amtlichen Kinder- und Jugendhilfestatistik (KJH-Statistik) andererseits. Dabei steht die amtliche Statistik keineswegs im Gegensatz zur sozialwissenschaftlichen Forschung, sondern vielmehr geht es um eine Verzahnung dieser Forschungsstränge (Rauschenbach 2011). So ist die amtliche Statistik als institutionalisierte quantitative Forschung zu verstehen und ist damit eine wichtige Säule der quantitativen Forschung – nicht zuletzt auch für das Arbeitsfeld Kinder- und Jugendarbeit.

Auch wenn im Folgenden nicht das Arbeitsfeld Kinder- und Jugendarbeit im Allgemeinen mit seinen heterogenen Strukturen und vielfältigen Handlungsfeldern im Mittelpunkt steht, sondern speziell der Fokus – soweit dies die Datenlage hergibt – auf die Offene Kinder- und Jugendarbeit gerichtet wird, würde es ein Kapitel in dem hier vorgegebenen Rahmen überfordern, eine ausführliche und vollständige Metaanalyse über die Erkenntnisse der empirischen Studien sowie der amtlichen Statistik zur Offenen Kinder- und Jugendarbeit vorzulegen (dazu Schmidt 2011). Vielmehr werden die nachfolgenden Ausführungen sich an ausgewählten Dimensionen der Offenen Kinder- und Jugendarbeit orientieren, um hierzu zentrale Erkenntnisse der Surveyforschung sowie der amtlichen Statistik herauszuarbeiten. Dies sind im Einzelnen: Einrichtungen (1), Personal (2), Finanzen (3), Angebote (4), Besucher/-innen (5). In einem abschließenden Teil wird mit den Bevölkerungsvorausberechnungen der Blick auf eine Datenquelle gelenkt, die gerade in den letzten beiden Jahrzehnten als eine Art „Kontextstatistik" für die Arbeitsfelder der Kinder- und Jugendhilfe im Allgemeinen (Fendrich et al. 2005) und damit auch für die Offene Kinder- und Jugendarbeit im Besonderen (Rauschenbach et al. 2010) erheblich an Bedeutung hinzugewonnen hat (6).[1]

---

[1] Grundsätzlich konzentriert sich der Beitrag zu diesen genannten Dimensionen auf die Darstellung empirischer Erkenntnisse und weniger auf methodologische Aspekte der Erhebungen. Entsprechende methodische Hinweise zu den hier mit einbezogenen empirischen Studien finden sich bei Schmidt (2011). Eine ausführlichere Darstellung der Erhebungsinstrumente der KJH-Statistik zur Kinder- und Jugendarbeit sind bei Pothmann (2011) nachzulesen.

65 Datenlage zur Offenen Kinder- und Jugendarbeit

65.1 Einrichtungen

Über die quantitative Verbreitung der Einrichtungen der Kinder- und Jugendarbeit bieten die Auswertungen der KJH-Statistik bundesweite Daten, die auch für einzelne Bundesländer sowie die kommunale Ebene aufgeschlüsselt werden können (z. B. Rauschenbach et al. 2010). Zwar lässt sich über die KJH-Statistik nicht präzise die bundesweite Anzahl der Einrichtungen der Offenen Kinder- und Jugendarbeit bestimmen (Pothmann und Thole 2005), dennoch sind aufgrund der Tatsache, dass ein Großteil der über die amtliche Statistik erfassten und für die Kinder- und Jugendarbeit in Frage kommenden Einrichtungen dem Bereich der Offenen Kinder- und Jugendarbeit zugeordnet werden können – immerhin etwa 50 %, Rückschlüsse von der Gesamtentwicklung auf die Veränderungen im Bereich der Offenen Kinder- und Jugendarbeit möglich. Nicht zuletzt ist in Rechnung zu stellen, dass in der KJH-Statistik mit den Jugendzentren, den Jugendfreizeitstätten oder auch den Häusern der offenen Tür zentrale Orte einer Offenen Kinder- und Jugendarbeit bei der statistischen Erfassung berücksichtigt werden.

Im Jahr 1991 betrug die Gesamtzahl der Einrichtungen der Kinder- und Jugendarbeit für Deutschland insgesamt 13.437. Bis zum Jahre 1998 hat sich diese Zahl auf bundesweit 17.920 erhöht (+34 %). Für die Erhebungsjahre 2002 (17.372) und 2006 (17.966) lag die Zahl der Einrichtungen ebenfalls zwischen 17.000 und 18.000 und auch für die Erhebung 2010 zeigt sich die Zahl der Einrichtungen stabil (Pothmann 2012). Der Großteil dieser Einrichtungen sind Jugendzentren und Jugendfreizeitheime oder auch Häuser der offenen Tür (46 %)[2], also Einrichtungen, die man eher der Offenen Kinder- und Jugendarbeit zurechnen kann, gefolgt – mit zuletzt steigender Tendenz – von Jugendräumen und -heimen ohne hauptamtliches Personal (31 %). Auf die anderen der Kinder- und Jugendarbeit zuzurechnenden Einrichtungsarten, wie z. B. Einrichtungen bzw. Initiativen der mobilen Jugendarbeit, Jugendbildungsstätten, Jugendkunstschulen, pädagogisch betreute Spielplätze oder auch Jugendherbergen, entfällt somit ein Anteil von 23 %, wobei allerdings der Anteil einzelner Einrichtungstypen höchstens etwas mehr als 5 % beträgt (Pothmann 2009).

Die Zahl der Einrichtungen variiert in den Regionen Deutschlands in hohem Maße. Das zeigen beispielsweise Berechnungen für die Bundesländer. So weist eine Auswertung von Ergebnissen der amtlichen Kinder- und Jugendhilfestatistik nicht nur darauf hin, dass die Zahl der Einrichtungen pro 100.000 der 6- bis 21-Jährigen zwischen 73 in Hessen und 259 in Sachsen variiert. Darüber hinaus stellt die gleiche vom Hessischen Sozialministerium in Auftrag gegebene Untersuchung fest, dass innerhalb der Kreise und kreisfreien Städte Hessens pro 100.000 der genannten Bevölkerungsgruppe zwischen 38 und 144 Einrichtungen der Kinder- und Jugendarbeit bestehen (HMAFG 2010).

---

[2] Mit Blick auf die Jugendzentren stellen die selbstorganisierten Jugendzentren aus organisationssoziologischer, aber auch pädagogischer Perspektive eine besondere Form dar. Aktuelle Angaben zu deren Anzahl liegen allerdings für Deutschland insgesamt nicht vor. Die Zahl der selbstorganisierten Jugendzentren beruhend auf der Jugendzentrumsbewegung der 1970er-Jahre wurde 1980 mit 1500 selbstorganisierten Jugendzentren verbunden in ca. 40 regionalen Zusammenschlüssen angegeben (Sander 1980).

65.2 Personal[3]

Die KJH-Statistik ist auch eine geeignete Datenquelle für die Darstellung der Situation sowie der zahlenmäßigen Entwicklung der Beschäftigten in der Kinder- und Jugendarbeit. Ähnlich wie bei den Einrichtungen gilt auch hier, dass bundesweit einheitlich die Offene Kinder- und Jugendarbeit nicht dargestellt werden kann, sondern vielmehr die auf dem SGB VIII basierende Kinder- und Jugendarbeit. Gleichwohl sind die Jugendzentren, Jugendfreizeitheime sowie die Häuser der Offenen Tür die Einrichtungsform in der Kinder- und Jugendarbeit, in der die meisten haupt- und nebenberuflich tätigen Personen beschäftigt sind. Immerhin trifft das auf jeden zweiten Beschäftigten zu, so dass auch hier davon ausgegangen werden kann, dass Entwicklungen für die Kinder- und Jugendarbeit insgesamt in hohem Maße auf die Felder der Offenen Kinder- und Jugendarbeit übertragbar sind.

Für das Personal in der Kinder- und Jugendarbeit ist insgesamt seit den 1970er-Jahren bis Ende der 1990er-Jahre ein starker Anstieg der beschäftigten Personen in der Kinder- und Jugendarbeit zu beobachten. In Nordrhein-Westfalen beispielsweise hat sich die Zahl mehr als verdoppelt, in allen alten Bundesländern insgesamt ist sie um 75 % gestiegen (Pothmann und Züchner 2002). Zwischen 1998 und 2006 hat sich das Volumen der Beschäftigten in den Einrichtungen der Kinder- und Jugendarbeit bundesweit von 49.967 auf 42.926 reduziert (−14 %) – eine Entwicklung, die sich mit Blick auf die 2010er-Ergebnisse nicht weiter fortgesetzt hat (vgl. Pothmann 2012). Verlässt man die Einrichtungsperspektive und definiert Kinder- und Jugendarbeit über die pädagogischen Handlungsfelder, stellt sich der Personalrückgang bis Mitte der 2000er-Jahre noch deutlicher dar (Pothmann 2008). Zwischen 1998 und 2006 ist die Zahl der hier tätigen Personen von 44.560 auf zuletzt 33.631 zurückgegangen (−25 %). Auf Vollzeitstellen umgerechnet – die so genannten Vollzeitäquivalente – heißt das für den benannten Zeitraum ein Rückgang von 33.292 auf 19.814 Vollzeitäquivalente (−40 %).

Diese Entwicklung geht zusätzlich mit einer Verschlechterung der Arbeitsbedingungen einher. So resultiert der Personalrückgang aus einer Reduzierung der Beschäftigten mit einem wöchentlichen Beschäftigungsumfang von mehr als 30 Stunden: von knapp 28.300 auf noch etwas mehr als 15.300 (−46 %). Im gleichen Zeitraum ist die Zahl der Fachkräfte mit 16 bis 30 Stunden so gut wie gleich geblieben und hat sich die Zahl der Beschäftigten mit weniger als 16 Stunden pro Woche sogar erhöht (+29 %) (Pothmann 2008). Damit liegt der durchschnittliche wöchentliche Beschäftigungsumfang Ende 2006 noch bei 26 Stunden pro Woche, 1998 lag dieser Wert noch bei 30 Stunden. Gleichzeitig erreichte auch der Anteil der prekären Arbeitsverhältnisse in Form von befristeten Arbeitsverträgen Ende der 1990er-/Anfang der 2000er-Jahre eine beträchtliche Höhe: 2002 – aktuellere Daten liegen hierzu über die amtliche Statistik nicht vor – sind im Westen 18 % der Arbeitsverträge

---

[3] Auf eine ausführliche Darstellung der Personalstruktur mit Blick auf Alters- und Geschlechterverteilung oder auch der beruflichen Qualifikation wird an dieser Stelle verzichtet. Vielmehr wird auf den Beitrag von Thole/Pothmann i. d.B. zu den Mitarbeiter/-innen verwiesen.

befristet, im Osten sogar 54 % (Pothmann 2009). Diese Daten gehören mit zu den Strukturmerkmalen der Beschäftigungssituation in der Kinder- und Jugendarbeit. Völlig offen ist allerdings, welche Auswirkungen diese Personalstruktur auf die pädagogische Arbeit mit den jungen Menschen hat. Zukünftige Forschungsarbeiten sollten sich somit stärker als bislang auf veränderte Arbeitsbedingungen der Professionellen im Handlungsfeld der Offenen Kinder- und Jugendarbeit beziehen und den sich daraus möglichen Veränderungen der (sozial)pädagogischen Arbeit (vgl. Bröring und Buschmann 2012).

65.3 Finanzen und Finanzierung

Die strukturelle Finanzierung der (Offenen) Kinder- und Jugendarbeit wird im Text von Norbert Hubweber in diesem Buch differenziert erläutert. Deshalb werden hier nur einige Daten zur Höhe der Aufwendungen dargestellt.

Aufschluss über die Höhe der finanziellen Aufwendungen der öffentlichen Gebietskörperschaften für das Feld der Kinder- und Jugendarbeit insgesamt – eine gesonderte Betrachtung der Offenen Kinder- und Jugendarbeit ist dabei nicht möglich – liefern die Daten der KJH-Statistik. Laut der jährlichen Ergebnisse der amtlichen Kinder- und Jugendhilfestatistik belief sich das Ausgabenvolumen der genannten staatlichen Ebenen für die Kinder- und Jugendarbeit 2009 auf 1,56 Mrd. EUR. Das sind umgerechnet auf die Altersgruppe der 12- bis 21-Jährigen 179 EUR pro jungem Mensch und Jahr. Zwischen dem Jahre 2000 und 2009 hat sich dieser Wert nominal um etwa 10 % erhöht (Tab. 65.1). Diese Entwicklung vollzieht sich allerdings – im Übrigen für den Bundestrend vergleichsweise unbeeindruckt von demografischen Veränderungen – in unterschiedlichen Etappen. So ist zwischen 2000 und 2004 das Ausgabenvolumen für die Kinder- und Jugendarbeit von 1,411 Mrd. EUR auf 1,350 Mrd. EUR zurückgegangen (−4,4 %), um dann bis auf die besagten 1,559 Mrd. EUR im Jahre 2009 zu steigen (+15,5 %).

Tab. 65.1 Ausgaben der „öffentlichen Hand" für die Kinder- und Jugendarbeit (nominal); Deutschland; 2000–2009; Angaben absolut, pro 12- bis 21-Jährigen, in % (Quelle: Statistisches Bundesamt: Statistiken der Kinder- und Jugendhilfe – Ausgaben und Einnahmen, versch. Jahrgänge, eigene Berechnungen)

	2000	2001	2002	2003	2004	2005	2006	2007	2008	2009
Ausgaben insg. (in Mrd. EUR)	1,411	1,432	1,459	1,387	1,350	1,378	1,401	1,451	1,544	1,559
Anteil an JH-Ausgaben (%)*	7,6	7,5	7,2	6,7	6,5	6,6	6,7	6,4	6,3	5,8
Pro 12- bis 21-Jährigen	151	151	153	147	144	149	153	161	175	179

* Ausgewiesen wird der prozentuale Anteil der Ausgaben für die Kinder- und Jugendarbeit insgesamt an den Gesamtaufwendungen für die Kinder- und Jugendhilfe (JH-Ausgaben). Zur Kinder- und Jugendhilfe gehören u.a. die Kindertagesbetreuung oder auch die Hilfen zur Erziehung.

Die für die letzten Jahre zumindest auf den ersten Blick durchaus positive Entwicklung muss allerdings in gleich mehrfacher Hinsicht relativiert werden. So lassen sich empirische Hinweise identifizieren, die – wie schon der Bildungsbericht 2008 festgestellt hat (Autorengruppe Bildungsberichterstattung 2008) – einen Bedeutungsverlust der Kinder- und Jugendarbeit als Bildungsakteur vermuten lassen. Dies sind beispielsweise die Einführung eines neuen kommunalen Finanzmanagements mit Auswirkungen auf die Verbuchung finanzieller Aufwendungen (Schilling 2011), die allgemeine Preisentwicklung oder auch die Entwicklungen der finanziellen Aufwendungen in den anderen Arbeitsfeldern der Kinder- und Jugendhilfe (vgl. Tab. 65.1).

65.4 Angebote

Die Offene Kinder- und Jugendarbeit ist im Grunde durch zwei Angebotsformen gekennzeichnet. Einerseits bieten die Einrichtungen den Kindern und Jugendlichen die Möglichkeit, sich zu treffen und die vorhandenen mehr oder weniger frei zugänglichen Vorhalteangebote, wie Kicker, Billard, Internetzugang u. a., zu nutzen oder auch nicht. Andererseits werden strukturiertere Angebote in Form von AGs, Workshops oder Projekten durchgeführt, die ebenfalls zwar mehr oder weniger offen für alle Kinder und Jugendlichen zugänglich sind, die jedoch eine Beteiligung an einer konkreten Aktivität verlangen. Zunehmend hat sich zudem eine Entwicklung durchgesetzt, die Angebote entweder räumlich oder zeitlich für zwei Alterszielgruppen (Kinder bis ca. 10–12 Jahren einerseits und entsprechend ältere Kinder und Jugendliche andererseits) zu trennen.

Auf der Einrichtungsebene können Daten zur Angebotsanzahl und -inhalten erhoben werden. Schwieriger sind hingegen Aussagen zur Nutzung der Angebote durch die Besucherinnen und Besucher, da entweder eine entsprechende Statistik seitens der Einrichtungen geführt werden müsste oder die Daten auf Schätzungen der Fachkräfte beruhen. Befragungen der Besucherinnen und Besucher könnten ebenfalls Aussagen zur Nutzung der Angebote erbringen. Dabei ergibt sich jedoch die Schwierigkeit, dass unterschiedliche Einrichtungen unterschiedliche Angebote unterbreiten und folgerichtig lediglich ein niedriger prozentualer Anteil der aggregierten Besucherinnen und Besucher bestimmte Angebote nutzen können. Anders hingegen sieht es mit der Nutzung nahezu standardisiert auffindbarer Vorhalteleistungen aus (Kicker, Billard etc.). Eine Befragung der Besucherinnen und Besucher kann diesbezüglich sehr wohl konkrete Aussagen über deren Nutzung treffen.

Über Inhalte und Anzahl der strukturierten Angebote geben lediglich lokal sehr begrenzte Studien und Daten Auskunft (z. B. Fehrlen und Koss 2004), die repräsentative Aussagen nicht zulassen. Lediglich eine bundeweite Studie aus den 1970er-Jahren existiert (Grauer 1975). Bereits diese konnte feststellen, dass inhaltliche Angebote (informative und politische) in einer Minderheit der Einrichtungen (24 %) regelmäßig angeboten wurden. Es dominierten Angebote im Bereich Kommunikation, Spiel, Spaß, Tanz und Sport. Insgesamt liegen auch gegenwärtig die Schwerpunkte der Kinder- und Jugendarbeit eher im

Bereich Spaß/Fun/Action, inhaltlich ausgestaltete Angebote sind zum Teil deutlich schwächer gewichtet (Fehrlen und Koss 2004). Neue Technologien waren bis 2000 ein sehr unbedeutendes Thema (Rauschenbach et al. 2000) aufgrund einer unzureichenden technischen Ausstattung (Fehrlen und Koss 2003). Notwendige aktuellere Studien oder Daten zu Medienangeboten liegen derzeit nicht vor.

Als zunehmend wichtiges Angebot der Offenen Kinder- und Jugendarbeit kristallisiert sich die Beratung heraus. Inhaltlich sind Konflikte mit anderen Jugendlichen, Lebens-/Jugendberatung sowie schulische und berufliche Themen zu benennen (Rauschenbach et al. 2000; Ostbomk-Fischer 1991). In Baden-Württemberg bieten über 70 % der Einrichtungen der Offenen Kinder- und Jugendarbeit Unterstützungsangebote für den Übergang von Schule zum Beruf an (Fehrlen und Koss 2003).

Über Angebote der gezielten Prävention in Bezug auf unterschiedliche soziale Probleme existieren nahezu keine Daten, insbesondere aktuelle Erkenntnisse fehlen. Eine Studie aus den 1990er-Jahren zeigt, dass die Mitarbeiterinnen und Mitarbeiter der Offenen Kinder- und Jugendarbeit selten (6 %) über spezielle Kompetenzen oder Qualifikationen in Bezug zur Suchtprävention verfügen, 39 % jedoch an Fortbildungen teilgenommen haben. Im Jahr vor der Befragung wurde in 85 % der Kinderbereiche und 91 % der Jugendbereiche Maßnahmen der Suchtprävention (z. B. Plakataushang, Schriftenauslage, Infoveranstaltungen, Einzelfallhilfen etc.) durchgeführt, in über 60 % werden Kooperationen mit anderen Einrichtungen angegeben (z. B. Jugendamt, Drogenberatungseinrichtungen). Einrichtungen mit hauptamtlichen Mitarbeiterinnen und Mitarbeitern weisen insgesamt ein qualitativ höheres, umfangreicheres und differenzierteres Suchtpräventionsangebot auf. Ein generelles Alkoholverbot besteht in 52 % aller Einrichtungen (Ostbomk-Fischer 1995). Prävention bezüglich des Tabakkonsums spielt gegenüber dem Alkoholkonsum eine untergeordnete Rolle (Beckmann 2005).

Geschlechtsspezifische Arbeit ist mittlerweile zum Standard der Offenen Kinder- und Jugendarbeit geworden. Allerdings bezieht sich dies ausschließlich auf die Arbeit mit Mädchen, die insbesondere in Form von Gruppenangeboten, Bildungsarbeit, Sport und Kreativangeboten durchgeführt wird. Spezielle Angebote für Jungen werden lediglich in ca. 30 % der Einrichtungen durchgeführt, deren Schwerpunkte liegen im Sport und bei Kreativangeboten, Bildungsangebote sind seltener (Rauschenbach et al. 2000, Fehrlen und Koss 2003).

Etwa ein Drittel der Einrichtungen der Offenen Kinder- und Jugendarbeit in NRW bieten spezielle Angebote für Kinder und Jugendliche mit Migrationshintergrund an (Liebig 2005).

Die Nutzung der Angebote entspricht im Grunde den oben genannten Schwerpunkten. Die Besucherinnen und Besucher nutzen überwiegend unverbindliche, offene Angebote. Im Mittelpunkt steht die offene Treffmöglichkeit (Offener Treff, Café, Teestube oder ähnlich bezeichnet) gefolgt von offenen Spielangeboten, Ausflügen und Tagesfahrten, Discos, Musikangeboten, Computerprojekte sowie Sport. Angebote mit Bildungscharakter oder inhaltlich thematischer Ausrichtung werden eher mäßig bis schlecht besucht (Bröckling et al. 2011; Rauschenbach et al. 2000). Dieses Nutzungsbild hat sich seit Bestehen der Offenen Kinder- und Jugendarbeit der Nachkriegszeit nicht gewandelt (zusammenfassend Schmidt

2011). In einem Mädchentreff in Wiesbaden zeigte sich hingegen, dass die dortigen Besucherinnen deutlich häufiger an Kursen und Gruppenarbeiten teilnehmen als im direkten Vergleich zu einem koedukativen Jugendzentrum (Möhlke und Reiter 1995).

Rauschenbach et al. (2000) bildeten aufgrund ihrer Ergebnisse drei Kategorien von Angeboten: häufige Angebote mit hoher Nutzung, häufige Angebote mit geringer Nutzung und seltene Angebote mit hoher Nachfrage. Aus Sicht von befragten Schülerinnen und Schülern, also sowohl Besucherinnen bzw. Besucher als auch Nichtbesucherinnen bzw. -besucher, zeigt sich, dass Beratungsangebote zu unterschiedlichen Themen und bei älteren Schülerinnen und Schülern auch arbeits- bzw. berufsorientierte Angebote stark erwünscht sind. Ergebnisse einer quantitativen Studie in Stuttgart zeigen jedoch, dass lediglich 9,5 % der Jugendlichen die Mitarbeiterinnen und Mitarbeiter der Offenen Kinder und Jugendarbeit als persönliche Ratgeberinnen und Ratgeber bezüglich des Übergangs von der Schule zum Beruf bezeichnen (Gaupp et al. 2009). Jugendberatung wird von den Besucherinnen und Besuchern besonders in Bezug auf Probleme mit den Freunden, Eltern und der Schule gewünscht, die im Alltag auftreten. Themen, welche die eigene Identität in Frage stellen, scheinen jedoch nicht im Kontext der Offenen Kinder- und Jugendarbeit thematisiert werden zu wollen (Bettmer 2001). Eine aktuelle Studie in Bielefeld zeigt, dass die Kommunikation in den Einrichtungen mit den Mitarbeiterinnen und Mitarbeitern eine der häufigsten Tätigkeiten der Kinder und Jugendlichen darstellt. 55,5 % der Besucherinnen und Besucher haben häufig bis sehr häufig den Kontakt zu den Fachkräften, wenn sie Rat suchen (Bröckling et al. 2011).

65.5 Besucherinnen und Besucher

Die Offene Kinder- und Jugendarbeit steht nahezu beständig unter einem Legitimationsdruck, dessen Ursachen sich vereinfacht zugespitzt aus einem sich zurückziehenden Wohlfahrtsstaat, leeren Sozialkassen gepaart mit einem eher niedrigen öffentlichen Ansehen des Handlungsfeldes ergeben. Daraus resultiert eine der drängendsten Fragen in Bezug auf die Besucherinnen und Besucher der Offenen Kinder- und Jugendarbeit (vgl. dazu auch Schmidt i. d. Buch): Wie viele Kinder und Jugendliche nutzen das Handlungsfeld? Die Antwort ist mindestens ebenso uneindeutig wie der tatsächliche Nutzen, der sich für eine etwaige Legitimierung ergeben könnte. Antworten auf die Frage der Nutzung der Einrichtungen ergeben Erhebungen auf Seiten der (potentiellen) Nutzerinnen und Nutzer in Form von Besucherinnen- und Besucherbefragungen oder Jugendstudien, die das Freizeitverhalten der Kinder und Jugendlichen einbeziehen. Da das Handlungsfeld bewusst offen für alle Kinder- und Jugendlichen zur Verfügung steht, können Besucherinnen- und Besucherbefragungen niemals eine genaue Anzahl an Nutzerinnen und Nutzern ermitteln. Die heute angetroffenen Kinder und Jugendlichen könnten morgen schon nicht mehr kommen, wohl aber durch neue Gesichter ersetzt werden. Der Besucherinnen- und Besucherstrom kann also aufgrund der Offenheit des Feldes sowie unterschiedlicher äußerer Einflüsse (Jahreszeit, Wetter etc.) als fluide bezeichnet werden. Entsprechende Befragungen und Statistiken können folglich lediglich Momentaufnahmen darstellen, dadurch aber zumindest Annäherungen an tatsächliche Besucherinnen- und Besucherzahlen anbieten. Der Vorteil solcher Studien liegt jedoch in der Möglichkeit, die „Besuchsqualität" zu messen, beispielsweise anhand der Besuchshäufigkeit und Anwesenheitszeit oder den dort verbrachten Aktivitäten (z. B. Bröckling et al. 2011). Existierende Jugendstudien hingegen streifen die Offene Kinder- und Jugendarbeit lediglich am Rande und liefern diesbezüglich kaum verwertbares Datenmaterial. Auch die tatsächliche Nutzung der Offenen Kinder- und Jugendarbeit kann durch bestehende Large Scale Surveys nur bedingt abgelesen werden. So fragt die Shell Jugendstudie 2006 beispielsweise nach den fünf häufigsten Freizeitaktivitäten in der Woche und gibt als Antwortmöglichkeiten den Besuch von Jugendzentren neben Aktivitäten wie Musik hören, Fernsehen, nichts tun, sich mit Leuten treffen usw. vor (Shell Deutschland Holding 2006). Eine solche Operationalisierung ermöglicht Verzerrungen hinsichtlich einer Aussage bezüglich der Anzahl bzw. der Quote der Kinder und Jugendlichen, die Einrichtungen der Offenen Kinder- und Jugendarbeit nutzen. Die Durchsicht von 27 Studien der letzten 40 Jahre ermöglicht folgende tendenzielle Aussage zur Nutzungsquote der Offenen Kinder- und Jugendarbeit unter den 12–17 jährigen Kindern und Jugendlichen: 5–10 % nutzen sie regelmäßig, 20–30 % gelegentlich, 50–60 % nie.

Empirische Besucherinnen- und Besucherbefragungen ermöglichen ein weites Spektrum an Daten zu deren Struktur, die an dieser Stelle nur kurz und grob skizziert werden soll (ausführlicher siehe den Beitrag von Schmidt in diesem Buch oder Schmidt 2011). Besucherinnen und Besucher der Offenen Kinder- und Jugendarbeit sind:

- überproportional aus bildungsfernen, sozial belasteten Milieus
- überproportional Kinder- und Jugendliche mit Migrationshintergrund
- überproportional männlich
- konzentriert im Alter von 13–16 Jahren (im Kinderbereich 7–10 Jahre)
- vorwiegend Stammbesucherinnen und -besucher, die die Einrichtung bereits seit mehreren Jahren mehrmals wöchentlich besuchen

65.6 Kinder- und Jugendarbeit und der demografische Wandel – ein Ausblick

Der Elfte Kinder- und Jugendbericht hat herausgearbeitet, dass die Befassung mit der zukünftigen Bevölkerungsentwicklung im Rahmen von Jugendpolitik und Jugendhilfepolitik, aber auch Jugendhilfeplanung im 21. Jahrhundert unverzichtbar ist (Deutscher Bundestag 2002). Die Frage nach der Zukunft der Offenen Kinder- und Jugendarbeit ist demnach ohne einen Blick auf die in der Regel langfristigen demografischen Veränderungen nicht mehr zu beantworten. So kommt man nicht an der Tatsache vorbei, dass laut der 12. koordinierten Bevölkerungsvorausberechnung des Statistischen Bundesamtes für die nächsten Jahrzehnte bundesweit von rückläufigen Zahlen bei den jungen Menschen auszugehen ist (Statistisches Bundesamt 2009). Ohne hier auf regionale und altersgruppenspezifische Besonderheiten und deren Auswirkungen auf die Offene Kinder- und Jugendarbeit eingehen zu können (hierzu z. B. Rauschenbach et al. 2010; van Santen 2010), wird sich demnach zwischen Ende 2009 – dem sogenannten „Basisjahr" der 12. Bevölkerungsvorausberechnung – und 2025 die Zahl der 6- bis unter 27-Jährigen als potenzielle Adressaten der Offenen Kinder- und Jugendarbeit um 18 % von knapp 18,1 Mio. auf etwas mehr als 14,8 Mio. reduzieren. Die Zahl der 12- bis unter 22-Jährigen wird dabei sogar um etwa 21 % zurückgehen.

Bei aller Bedeutung der demografischen Veränderungen für die Handlungsfelder der Kinder- und Jugendarbeit steht genauso fest, dass diese alleine nicht ausreichen, um brauchbare Aussagen zur Zukunft der Offenen Kinder- und Jugendarbeit machen zu können. Von einem Automatismus zwischen einem demografisch bedingten Rückgang junger Menschen in den nächsten Jahrzehnten auf der einen sowie Kürzungen bei der Infrastruktur der Offenen Kinder- und Jugendarbeit auf der anderen Seite kann also zunächst einmal keine Rede sein (Rauschenbach et al. 2010). Vielmehr sind die Auswirkungen demografischer Veränderungen immer erst im Zusammenspiel mit politischen, sozialen und wirtschaftlichen Faktoren im Allgemeinen sowie im Falle der Offenen Kinder- und Jugendarbeit im Kontext sich verändernden Lebenslagen und -stile junger Menschen, aber auch des sich immer wieder neu formulierenden gesellschaftlichen Auftrags sowie den fachlichen Weiterentwicklungen der Kinder- und Jugendarbeit insbesondere mit Blick auf die pädagogischen Angebote selbst zu bewerten.

Van Santen (2010) unterscheidet bei den Auswirkungen des demografischen Wandels für die Handlungsfelder der Kinder- und Jugendarbeit auf der einen Seite eine quantitative und eine qualitative Dimension und differenziert auf der anderen Seite zwischen der Ebene der Adressatinnen und Adressaten und der Angebotsseite. Auf dieser theoretischen Folie kann abgeleitet werden, dass der aufgezeigte Rückgang der jungen Menschen neue Herausforderungen für die Offene Kinder- und Jugendarbeit in Sachen Mobilität und Erreichbarkeit der Angebote bedeuten werden. Angesichts einer absehbaren Zunahme von jungen Menschen mit einem Migrationshintergrund werden ferner interkulturelle Ansätze weiter an Bedeutung gewinnen. Darüber hinaus wird man bei der Organisation der Angebote stärker noch als bisher auf Kooperationspartner im Erziehungs-, Bildungs- und Sozialwesen angewiesen sein, denkt man beispielsweise nur an die Institutionalisierung lokaler Bildungslandschaften oder auch generationenübergreifender Angebote. Und nicht zuletzt werden sich auch Veränderungen in der Trägerlandschaft bis hin zu einer Zunahme von Trägerverbünden beobachten lassen. Der tatsächlich sich vollziehende demografische Wandel kann schließlich auch zu einer Chance der Offenen Kinder- und Jugendarbeit werden, bedenkt man die spezifische Besucherinnen- und Besucherstruktur des Arbeitsfeldes (s. o.), die zunehmende materielle Differenzierung und Endsolidarisierung in der Gesellschaft (Heitmeyer 2010) und die damit einhergehende erhöhte Notwendigkeit, Inklusionsmöglichkeiten zu schaffen.

Die zu erwartenden demografischen Veränderungen haben also ganz unterschiedliche Implikationen für die Offene Kinder- und Jugendarbeit. Dennoch gilt festzuhalten: Nicht die Demografie entscheidet über die Zukunft des Feldes, sondern ein ganzes Bündel unterschiedlicher Einflussfaktoren bis hin zu der Beantwortung von Fragen nach dem Selbstverständnis, der strategischen Ausrichtung sowie dem gesellschaftlichen Auftrag auch der Offenen Kinder- und Jugendarbeit im Horizont der aktuellen Umwälzungen des Bildungs-, Erziehungs- und Sozialwesens (Rauschenbach et al. 2010).

Literatur

Autorengruppe Bildungsberichterstattung. (2008). *Bildung in Deutschland 2008*. Berlin.

Beckmann, H. (2005). „Rauchfrei – aber wie?". *Probleme der Förderung des Nichtrauchens in der offenen Kinder- und Jugendarbeit. Eine qualitative Befragung pädagogischer Mitarbeiter/innen in Kinder- und Jugendeinrichtungen in Berlin-Mitte*. Berlin.

Bettmer, F. (2001). Jugendberatung in der offenen Jugendarbeit? Die Perspektive von Jugendlichen. *Deutsche Jugend, 49*(3), 108–116.

Bröckling, B., Flösser, G., & Schmidt, H. (2011). *Besucherinnen- und Besucherstruktur der Offenen Kinder- und Jugendarbeit des Trägervereins der Evangelischen Offenen und Mobilen Arbeit mit Kindern und Jugendlichen e.V. in Bielefeld. Forschungsbericht*. Dortmund. http://www.fk12.tu-dortmund.de/cms/ISEP/de/Sozialp__dagogik/MItarbeiter/Schmidt_Holger/Abschlussbericht.pdf. Zugegriffen: 13.05.2011.

Bröring, M., & Buschmann, M. (2012). *Atypische Beschäftigungsverhältnisse in ausgewählten Arbeitsfeldern der Kinder- und Jugendhilfe*. Frankfurt.

Buschmann, M. (2009). *Das Wissen zur Kinder- und Jugendarbeit. Die empirische Forschung 1998–2008. Ein kommentierter Überblick für die Praxis*. Neuss. www.ljr-nrw.de/fileadmin/Dokumente/Publikationen/kinder-und-jugendarbeit-120809.pdf. Zugegriffen: 26.01.2012.

Buschmann, M. (2010). *Kapuzenpulli meets Nadelstreifen. Die Kinder- und Jugendarbeit im Fokus von Wissenschaft und Wirtschaft*. Neuss.

Deutscher Bundestag. (2002). *Bericht über die Lebenssituation junger Menschen und die Leistungen der Kinder- und Jugendhilfe in Deutschland – Elfter Kinder- und Jugendbericht – mit der Stellungnahme der Bundesregierung. Drucksache 14/8181*. Berlin.

Fehrlen, B., & Koss, T. (2003). *Topographie der offenen Jugendarbeit in Baden-Württemberg*. Leinfelden.

Fehrlen, B., & Koss, T. (2004). Zur Bildungsarbeit unterschiedlicher Träger der Kinder- und Jugendarbeit. In: Akademie der Jugendarbeit Baden-Württemberg e.V. (Hrsg.), *Jugendarbeit ist Bildung! Die Offensive Jugendbildung in Baden-Württemberg 2003–2004 Materialien: Berichte, Expertisen, empirische Studien* (S. 7–23). Stuttgart.

Fendrich, S., Pothmann, J., van Santen, E., & Schilling, M. (2005). Zwischen Planungsnotwendigkeit und Zukunftsunsicherheit. Demografische Veränderungen und ihre Konsequenzen für die Kinder- und Jugendhilfe. In W. Thole, P. Cloos, F. Ortmann, & V. Strutwolf (Hrsg.), *Soziale Arbeit im öffentlichen Raum. Soziale Gerechtigkeit in der Gestaltung des Sozialen*. Wiesbaden.

Gaupp, N., Daigler, C., & Braun, F. (2009). Übergänge bildungsbenachteiligter Jugendlicher von der Schule in Ausbildung. Ergebnisse aus dem Stuttgarter Schulabsolventen-Längsschnitt in Bezug auf Erkenntnisse für die Arbeit in der Offenen Jugendarbeit. In: *Offene Jugendarbeit, 2009*(1), 20–30.

Grauer, G. (1975). *Jugendfreizeitheime in der Krise. Zur Situation eines sozialpädagogischen Feldes*. Weinheim.

Heitmeyer, W. (2010). Disparate Entwicklungen in Krisenzeiten, Entsolidarisierung und Gruppenbezogene Menschenfeindlichkeit. In W. Heitmeyer (Hrsg.), *Deutsche Zustände. Folge 9* (S. 13–33). Frankfurt a. M.

[HMAFG] Hessisches Ministerium für Arbeit, Familie und Gesundheit. (2010). *Kinder- und Jugendarbeit in Hessen. Auswertungen, Analysen zur Kinder- und Jugendarbeit in Hessen*. Wiesbaden.

Liebig, R. (2005). *Die Offene Kinder- und Jugendarbeit in Nordrhein-Westfalen. Befunde der zweiten Strukturdatenerhebung zum Berichtsjahr 2002*. Düsseldorf.

Liebig, R., & Begemann, M. C. (2008). Wirkungen als Forschungsgegenstand. Ansätze der empirischen Forschung von Wirkungen in der Kinder- und Jugendhilfe. In: *Sozial Extra, 2008*(9/10), 45–48.

Möhlke, G., & Reiter, G. (1995). *Feministische Mädchenarbeit. Gegen den Strom*. Münster.

Ostbomk-Fischer, E. (1991). Chancen der Beratung in der Offenen Jugendarbeit. In: *Deutsche Jugend*, 39(12), 536–539.

Ostbomk-Fischer, E. (1995). *Suchtvorbeugung in der Kinder- und Jugendarbeit. Die Begleitstudie. Werkkoffer*. Hamm.

Pothmann, J. (2008). Drastische Einschnitte. Amtliche Statistik signalisiert Personalabbau für Kinder- und Jugendarbeit. *Jugendpolitik, 2008*(2), 15–17.

Pothmann, J. (2009). Aktuelle Daten zu Stand und Entwicklung der Kinder- und Jugendarbeit – eine empirische Analyse. In W. Lindner (Hrsg.), *Kinder- und Jugendarbeit wirkt. Aktuelle und ausgewählte Evaluationsergebnisse der Kinder- und Jugendarbeit* (2. Aufl., S. 21–36). Wiesbaden.

Pothmann, J. (2011). Möglichkeiten und Grenzen quantitativer Forschung auf Basis amtlicher Daten. Vermessungen für die (Offene) Kinder- und Jugendarbeit am Beispiel der Kinder- und Jugendhilfestatistik. In H. Schmidt (Hrsg.), *Empirie der Offenen Kinder- und Jugendarbeit* (S. 269–286). Wiesbaden.

Pothmann, J. (2012). Jugendarbeit – gelandet nach freiem Fall. komDat Jugendhilfe, *2012*(1), 14–15.

Pothmann, J., & Thole, W. (2005). Ein Blick in den Zahlenspiegel. In U. Deinet, & B. Sturzenhecker (Hrsg.), *Handbuch Offene Kinder- und Jugendarbeit* (3. Aufl., S. 344–353). Wiesbaden.

Pothmann, J., & Züchner, I. (2002). Standortbestimmung NRW. Das Personal in der Kinder- und Jugendarbeit in Nordrhein-Westfalen im Horizont amtlicher Daten. In W. Düx, T. Rauschenbach, B. Sturzenhecker, & I. Züchner (Hrsg.), *Das Personal der Kinder- und Jugendarbeit* (S. 11–30). Münster.

Rauschenbach, T. (2011). Aufwachsen unter neuen Vorzeichen. *DJI Impulse, 2011*(1), 4–7.

Rauschenbach, T., Düx, W., Hoffmann, H., Rietzke, T., & Züchner, I. (2000). Dortmunder Jugendarbeitsstudie 2000. Evaluation der Kinder- und Jugendarbeit in Dortmund. Grundlagen und Befunde. 1. Fassung für den Kinder- und Jugendausschuß. *Unveröffentlichter Abschlussbericht Universität Dortmund*. Dortmund.

Rauschenbach, T., Borrmann, S., Düx, W., Liebig, R., Pothmann, J., & Züchner, I. (2010). *Lage und Zukunft der Kinder- und Jugendarbeit in Baden-Württemberg*. Stuttgart.

van Santen, E. (2010). Weniger Jugendliche, weniger Jugendarbeit? Demografische Veränderung als Herausforderung für die Jugendarbeit. In: *Deutsche Jugend, 2010*(4), 167–177.

Schilling, M. (2011). Der Preis des Wachstums. Kostenentwicklung und Finanzierung in der Kinder- und Jugendhilfe In: T. Rauschenbach, & M. Schilling (Hrsg.), *Kinder- und Jugendhilfereport 3*. Weinheim und München, (i. E.).

Schmidt, H. (2011). Zum Forschungsstand der Offenen Kinder- und Jugendarbeit. Eine Sekundäranalyse. In H. Schmidt (Hrsg.), *Empirie der Offenen Kinder- und Jugendarbeit* (S. 13–127). Wiesbaden.

Shell Deutschland Holding. (2006). *Jugend 2006. Eine pragmatische Generation unter Druck*. Frankfurt a. M.

Statistisches Bundesamt. (2009). *Bevölkerung Deutschlands bis 2060. 12. koordinierte Bevölkerungsvorausberechnung*. Wiesbaden.

Thole, W. (2000). *Kinder- und Jugendarbeit. Eine Einführung*. Weinheim und München.

Offene Kinder- und Jugendarbeit in den neuen Bundesländern

66

Titus Simon

Die Entwicklung und der Wandel Offener Kinder- und Jugendarbeit in den neuen Bundesländern wurden in den nun mehr als 20 Jahren, die seit dem Beitritt der DDR zur BRD vergangen sind, oftmals wissenschaftlichen und fachpraktischen Betrachtungen unterzogen (Exemplarisch: Förster et al. 1993; Thole 1993; Spieler 1993; Simon 1994, 1998; Schröder 1999; Schröder und Simon 2005; aktuell: Lindner 2010). Die vielfältigen Erörterungen haben ihre Gründe in den ausgeprägten Transformationsprozessen, in der Betrachtung von Brüchen und Kontinuitäten sowie in den unverändert fortbestehenden und gelegentlich sogar neu auftretenden Unterschieden zur Situation in den westlichen Bundesländern.

66.1 Jugendklubarbeit im Umbruch

Die ostdeutschen Besonderheiten wurden gleich nach der Wende sichtbar. In den ersten Monaten nach dem Umbruch wurde mehr als die Hälfte der in der DDR gegründeten 7000 Jugendclubs geschlossen. Zahlreiche mühsame Versuche, Offene Kinder- und Jugendarbeit neu zu installieren, haben später gezeigt, dass diese vorschnelle Zerschlagung und „Privatisierung" ebenso ein Fehler war wie die Entlassung vieler als „Pionierleiter" diskreditierter Hauptamtlicher. Die nach der Wende beschäftigten MitarbeiterInnen waren in erheblichem Umfang QuereinsteigerInnen in die Jugendarbeit, wiesen somit einen hohen Qualifizierungsbedarf auf (Simon 1994). Viele dieser Neueinsteiger gehörten später zu den ersten Jahrgängen, die ihre Abschlüsse an den in Ostdeutschland neu implementierten Studiengängen Sozialer Arbeit erwarben, die in den 1990er-Jahren vermehrt auch als zusätzliche berufsbegleitende Ausbildungen angeboten wurden.

Prof. Dr. rer. soc. Titus Simon ✉
Fachbereich Sozial- und Gesundheitswesen Magdeburg, Hochschule Magdeburg-Stendal,
Oberroter Str. 38, 74420 Oberrot-Wolfenbrück, Deutschland
e-mail: titus.simon@hs-magdeburg.de

U. Deinet und B. Sturzenhecker (Hrsg.), *Handbuch Offene Kinder- und Jugendarbeit*,
DOI 10.1007/978-3-531-18921-5_66,
© VS Verlag für Sozialwissenschaften | Springer Fachmedien Wiesbaden 2013

Die Umstrukturierung der Offenen Kinder- und Jugendarbeit vollzog sich zeitgleich zum Neuaufbau der kommunalen Sozialverwaltungen.

Aus meiner Beratungstätigkeit in den Nachwendemonaten blieb mir in Erinnerung, dass zahlreiche Verantwortliche enorme Kraftanstrengungen unternommen haben. Auch wurden manchmal sehr kreative und unkonventionelle Wege eingeschlagen, die man im Westen nicht kannte. Mitarbeiter und Mitarbeiterinnen aller Hierarchieebenen arbeiteten oftmals bis zur Erschöpfung, um in einem Szenario des Untergangs und der Übertragung von bundesrepublikanischen Prinzipien und Rechtsetzungen handlungsfähig zu bleiben. Erschwerend kam hinzu, dass die Verwaltungsspitzen meist aus ideologischen Gründen ersetzt, während die Kräfte der unteren und mittleren Hierarchieebenen nach oftmals abenteuerlichen Zwischenepochen übernommen wurden. Zudem kamen viele, die neu in der „ersten Reihe" positioniert wurden, als „Unterstützer" aus dem Westen oder aus der Bürgerbewegung – letztere vielfach ohne fachlichen Hintergrund. Diese wurden nun in eine Verantwortung hineingespült, der sie oftmals fachlich nicht gewachsen waren. Speziell die westdeutschen „Spitzen" können im Zusammenwirken mit der Verunsicherung in den Amtsstuben dafür verantwortlich gemacht werden, dass „Bewährtes" übernommen wurde. Beim Umbau bzw. dem Neuaufbau der Verwaltung wurden Strukturen eingeführt, die in der alten Bundesrepublik längst als reformbedürftig erkannt worden waren (Hinte et al. 1999).

Als problemverschärfend erwies sich der Umstand, dass die vielfältig neu aufgebaute freie Trägerlandschaft zwar ein hohes Maß an Pluralität besaß, darüber hinaus im Vergleich zu den Strukturen der alten Bundesrepublik vielfältige Defizite aufwies (Angerhausen et al. 1998):

- Die Mitgliedschaftsstruktur und das für die Jugendarbeit wichtige ehrenamtliche Engagement waren deutlich unterentwickelt,
- die Wahrnehmung der sozialpolitischen und „advokatorischen" Funktionen war schwächer ausgeprägt,
- die Träger der Freien Wohlfahrtspflege definieren sich angesichts der unterentwickelten Vereinskultur vorrangig als „Sozialunternehmen", die im öffentlichen Auftrag sozialstaatlich gewollte Leistungen erbringen.

Dahme (2006) belegt anhand landesbezogener Untersuchungen, dass in den neuen Ländern die sogenannten Modernisierungs- und Ökonomisierungstrends in Form von Ausgründungen auf kommunaler wie auf Seiten der freien Träger, Stärkung der Steuerungsfunktion der Kommune, Stärkung der Gewährleistungsfunktion und Abbau der Leistungsfunktion der Kommune, strikter purchaser-provider split, Ausschreibungsverfahren, Einführung neuer Vergütungssysteme für die Mitarbeiter u. Ä. von den Beteiligten eher akzeptiert wurden. Auf der anderen Seite weist die Soziale Arbeit generell – und in ihr auch die Jugendhilfe und die Offene Kinder- und Jugendarbeit – die zusätzliche Schwierigkeit auf, dass nun schon bereits seit vielen Jahren gut qualifizierte junge Kräfte aufgrund der prekäreren Anstellungsverhältnisse und der generell schlechteren Entlohnung in den Westen abwandern.

66.2 Ostdeutsche Offene Kinder- und Jugendarbeit um die Jahrtausendwende

Nach einer stürmischen Umbruchphase wurde die Offene Jugendarbeit ab den frühen 90er-Jahren zunehmend als „Entsorgungspark für ungelöste Probleme" entdeckt. Sie hatte sich nun orientierungslosen, mit Rauschdrogen experimentierenden, gewalttätigen und rechtsorientierten Jugendlichen zuzuwenden. Sonderprogramme – am bekanntesten wurde hier das AgAG-Programm – wiesen nun einem „geadelten" Segment der Offenen Kinder- und Jugendarbeit Spezialaufgaben wie der Bekämpfung des Rechtsextremismus zu, deren Erledigung von Sozialer Arbeit alleine niemals erfolgreich bewältigt werden konnte (Schröder und Simon 2005). Offene Arbeit mit „rechten Jugendlichen" wurde in diffusen, angst- und irritationsdurchsetzten örtlichen Kontexten vielfach herausgehoben. Ein Vorwurf, der einigen Kollegen zu machen ist, ist der, dass sie sich ohne Gegenwehr zur „Eier legenden Wollmilchsau" haben machen lassen, zu einer Institution, die suggeriert, dass sie die kommunal auffälligen Probleme in ihren unterschiedlichsten Ausformungen in den Griff bekommt. Nachfolgend schmerzte das massive Kreuzfeuer umso mehr, das eine unheilige Allianz unterschiedlicher Kritiker gegen „akzeptierende Jugendarbeit" entfacht hat. Resümierend kann festgestellt werden, dass Soziale Arbeit sich dieser für sie schmerzhaften Debatte nicht entziehen kann.

Butterwegge (2002) lehnt die akzeptierende Jugendarbeit mit rechten Cliquen auch aufgrund ihres „resignativen, defensiven und reagierenden Charakters" weitgehend ab. Er stellt auch zu Recht in Frage, *was* akzeptiert werden solle: die Personen mit einer rechten, nationalistischen bzw. rassistischen Orientierung oder diese Orientierung selbst (ebd.) Akzeptierende Jugendarbeit liefe aufgrund ihrer Täterfixierung und ihrer Konzentration auf die Beziehungsebene leicht Gefahr, mit dem prekären Selbstwertgefühl von (potenziellen) Gewalttätern auch deren politische Überzeugungen zu stabilisieren. Die vorläufige Bilanz der akzeptierenden Jugendarbeit ist seiner Meinung nach ernüchternd. Selbst ihre Befürworter räumen ein, dass es nur selten gelang, die rechte Weltanschauung bei den Jugendlichen zu überwinden. Daher sollten die Möglichkeiten der akzeptierenden Jugendarbeit nicht überschätzt, ihre Grenzen immer wieder von neuem abgesteckt werden. Nur wenn sich die akzeptierende Jugendarbeit der durch gesellschaftliche Rahmenbedingungen, strukturelle Probleme und beschränkte Ressourcen gesetzten Schranken bewusst bleibt, kann sie einen Beitrag zur Verringerung rechter und rassistisch motivierter Gewalt leisten (ebd.). Auch Borrmann (2006) zieht eine insgesamt negative Bilanz über die Wirkungs- und Herangehensweise der akzeptierenden Jugendarbeit:

> Doch mittlerweile liegen über rechte Jugendcliquen so viele Erkenntnisse vor, dass dieses Konzept nicht mehr zeitgemäß erscheint. Aus handlungstheoretischer Perspektive ist aber vor

allem ein weiterer Punkt zu kritisieren: Die Problemdefinition erfolgt ausschließlich normativ und wird nicht begründet (ebd., S. 227).

66.3 Anmerkungen zu aktuellen Herausforderungen

Die soeben dargestellten kritischen Einschätzungen sollten in künftigen Arbeitszusammenhängen ernst genommen werden und in Neuausrichtungen einer Sozialarbeit mit rechtsextremen Jugendlichen und jungen Erwachsenen einfließen. Die gesammelten Erfahrungen und etablierten Projekte sollten Ausgangspunkt für die (Weiter)Entwicklung fachlicher Standards vor Ort sein. Eine generelle Abkehr von einer Jugendarbeit mit rechten Jugendlichen kann den Verantwortlichen für die Offene Kinder- und Jugendarbeit schon deshalb nicht empfohlen werden, da in der Fläche oftmals keine anderen Akteure zur Verfügung stehen. Entscheidungsgrundlage für die Reichweite der jeweiligen Projekte ist immer eine fachlich präzise, selbstbewusste und auch angstfreie Analyse der vor Ort anzutreffenden Gemengelage. Dazu einige Verdeutlichungen (umfangreich: Simon et al. 2009):

- Wo rechter Mainstream dominiert, wo das Gemeinwesen nicht mehr konfliktfähig ist, verkommt Jugendarbeit oftmals zu einer reinen Treffpunktfunktion für junge Rechte.
- Wo Sozialarbeiter und Sozialarbeiterinnen eine unterstützende Struktur im Ort antreffen, können Grenzen sehr wohl weiter gesteckt werden.
- Die unterschiedlichen Sozialarbeiterpersönlichkeiten führen zu unterschiedlichen Grenzziehungen dessen, was bedrohlich wirkt. Wichtig ist immer eine Profilierung der Projekte in der Weise, die es Kollegen und Kolleginnen ermöglicht, in gesicherten und angstfreien Kontexten zu arbeiten. Es macht also einen fundamentalen Unterschied aus, ob ein Jugendhaus oder -club eine Milieubindung sowie Umfeld- und Besucherstrukturen aufweist, die auch das Auftreten von „Kameradschaftsangehörigen" oder NPD-Kadern als beherrschbaren, jederzeit kontrollierbaren Sachverhalt erscheinen lassen, oder ob Mitarbeiterinnen und Mitarbeiter über den im Nahraum ausgeübten Druck („wir wissen, auf welche Schule deine Tochter geht") die „Lufthoheit", sprich die Gestaltungskompetenz in einer Einrichtung längst verloren haben.

Notwendig ist dabei eine fortgesetzte unvoreingenommene Auseinandersetzung um bedarfsgerechte Formen kommunaler Jugendarbeit sowie deren Weiterentwicklung. Erst wenn diese Grundversorgung angemessen entwickelt und gesichert ist, stellt sich die Frage nach spezialisierten Angeboten, etwa in Form von sozialen Trainingskursen, Anti-Aggressions- und Antirassismustraining, der Ausweitung des Instruments des Täter-Opfer-Ausgleichs oder einer aufsuchenden Arbeit im Sinne der Hinwendung zu besonderen Ziel- oder Problemgruppen.

Vorrang jedoch hätte allemal Prävention. Diese resultiert in erster Linie aus demokratieförderlichen Sozialisationserfahrungen, einer integrierten und integrierenden

Infrastruktur- und Ordnungspolitik sowie der Vermittlung von Möglichkeiten des Erlebens von Zugehörigkeit, Teilhabe und Anerkennung (Möller und Schuhmacher 2007).

Neben den publizistisch hoch beachteten, zahlenmäßig allerdings weniger bedeutsamen Spezialisierungen auf die Zielgruppe „rechte Jugendliche" erfüllt Offene Kinder- und Jugendarbeit unverändert wichtige Funktionen der Grundversorgung im kommunalen Raum. Die Dichte an Einrichtungen liegt im Durchschnitt der neuen Länder deutlich über jener der alten Bundesrepublik. Der Jugendklub, der auch noch in der Gemeinde mit 500 Einwohnern mit zwei Hauptamtlichen arbeitet, ist hin und wieder noch anzutreffen.

Der Anteil der Jugendlichen, die Jugendklubs zu besuchen, liegt über den in den alten Bundesländern ermittelten Werten. Der Mädchenanteil unter den Besuchern und Besucherinnen ist höher (Schröder und Simon 2005).

Auch die von Jugendlichen angegebene Nutzungshäufigkeit ist bemerkenswert. So liegen die Werte für „täglichen Besuch" und „mehrmals pro Woche" ebenfalls deutlich über dem Durchschnitt der Ergebnisse aus westdeutschen Erhebungen.

Eine besondere Steuerungsaufgabe für die Jugendhilfe als ganzes sowie speziell auch für die offenen Angebote erwächst mit Blick auf Jugend- und Freizeitarbeit auch aus der Konfrontation mit zwei sich konträr gegenüber stehenden Entwicklungen. Während sich in Ostdeutschland – und hier insbesondere in den ländlichen Räumen – der Mobilitätsradius der unter 18-jährigen erheblich reduziert, entwickelt sich bei den jungen Erwachsenen ein Raumverständnis, dass dazu führt, dass sich diese am Wochenende zwischen 120 und 250 Kilometer bewegen.

Der derzeitige Entwicklungsstand Offener Jugendarbeit in den östlichen Ländern ist darüber hinaus durch zahlreiche Besonderheiten geprägt. Auf der einen Seite kann in einzelnen Landstrichen eine enorme Dichte an Jugendfreizeiteinrichtungen festgestellt werden, in denen zudem eine – im Vergleich mit Westdeutschland – sehr personalintensive Arbeit geleistet wird. Andererseits weist sie im Vergleich zur Offenen Kinder- und Jugendarbeit in der DDR sowie zu den Nachwendejahren dramatische Einschnitte auf.

Umfangreich hat vor kurzem Lindner (2010) Daten und Fakten zur Kinder- und Jugendarbeit in Ostdeutschland vorgestellt. Der Rückgang der öffentlich geförderten Maßnahmen erreicht an manchen Stellen 38 % (ebd.), was nicht mehr alleine mit dem Rückgang der Geburtenrate und der unverändert hohen Abwanderung junger Menschen zu begründen ist. Sich auf andere Studien berufend (AGJ 2008; Pothmann 2008) beziffert er den durchschnittlichen Personalabbau für die Jahre 2002 bis 2006 mit 51 % (ebd.). Dieser hohe Wert kann von mir für das Land Sachsen-Anhalt nicht bestätigt werden, auch wenn es hier mancherorts (z. B. in Halle) gravierende Reduktionen der Angebote Offener Kinder- und Jugendarbeit gegeben hat. Blickt man auf die Personalsituation in den Einrichtungen, so fallen vier Problemkreise auf:

1. Die meisten freien Träger beschäftigen mittlerweile ihr Personal auf der Basis von Haustarifen. Es kommt dabei zu Entlohnungen, die weit weg von den TVöD-Richtwerten sind. Die Fachpraxis muss darüber diskutieren, ob nicht analog zur Pflege auch für die

verschiedenen Arbeitsfelder der Sozialen Arbeit gesetzlich festgelegte Mindestlöhne zu fordern sind, die sich an den jeweiligen Ausbildungsabschlüssen orientieren.
2. Jenseits der wünschenswerten Optionen auf mehr Teilzeitarbeit sind viele JugendarbeiterInnen in ihren Einrichtungen aufgrund der eingetretenen Zuwendungskürzungen zwangsweise in Teilzeit beschäftigt. Dies wird gelegentlich noch dadurch verschärft, dass selbst kleine Träger von Jugendeinrichtungen Eigenmittel in einer Höhe erwirtschaften müssen, die man im Westen nicht kennt bzw. als unzumutbar zurückweisen würde. Es gibt Fälle, in denen MitarbeiterInnen mit Vollzeitdeputat eine Teilzeitentlohnung akzeptieren, um zur Erwirtschaftung der existenzsichernden Eigenmittel beizutragen.
3. Schon immer lag der Anteil der ostdeutschen MitarbeiterInnen, die auf der Basis von Befristungen in der Sozialen Arbeit beschäftigt sind, deutlich über den westdeutschen Werten. Dies hat mit der schwachen materiellen Grundausstattung vieler Träger zu tun, basiert aber insbesondere auf dem Umstand der enorm hohen Dichte von Beschäftigungsverhältnissen in Arbeitsfeldern, deren Finanzierung aus befristeten Programmen gespeist wird. Hierzu zählen auch die in allen neuen Bundesländern geleisteten Transferleistungen der Länder, die als Jugendpauschalen oder Feststellenprogramme meist für eine begrenzte Zahl an Jahren beschlossen werden. Jenseits der Befristungsproblematik sind diese Programme für die Aufrechterhaltung einer Mindestausstattung existenziell, da sie in der Regel komplementär zu den kommunalen Mittelbeiträgen geleistet werden. Zudem tragen sie zur Erhöhung der Fachlichkeit bei, da sie – wie z. B. in Sachsen-Anhalt – die Bestimmung beinhalten, dass nur Personal aus diesen Landesmitteln entlohnt werden kann, das über eine adäquate Qualifikation und Ausbildung verfügt.
4. Im Vergleich zu Westdeutschland sind in der östlichen Offenen Kinder- und Jugendarbeit weniger BerufsanfängerInnen tätig. Derzeit arbeiten in vielen Einrichtungen überalterte Teams, was vor allem auf zwei Umstände zurückzuführen ist. Zum einen haben es die öffentlichen und freien Träger der Jugendarbeit versäumt, rechtzeitig mit einer Personalentwicklung zu beginnen, die zur Verjüngung der Teams und zur angemessenen Beschäftigung älterer Kollegen und Kolleginnen in anderen Arbeitsfeldern der Sozial- und Jugendhilfe geführt hätte. Zum anderen sind trotz der allgemeinen Anstrengungen um eine verbesserte formale Qualifikation des in den Jugendklubs beschäftigten Personals in den Einrichtungen viele Kollegen und Kolleginnen anzutreffen, die gelegentlich schon vor der Wende oder in den allerersten Nachwendejahren in die Offene Kinder- und Jugendarbeit kamen. Viele dieser „Kräfte der ersten Stunde" besitzen allerdings keine adäquate Qualifikation und haben somit im fortgeschrittenen Alter noch weniger die Möglichkeit, in ein anderes sozialpädagogisches Berufsfeld zu wechseln. Sie sind sprichwörtlich wie real dazu „verdammt", bis zum Renteneintritt in der Offenen Kinder- und Jugendarbeit aushalten zu müssen – eine in vielen Fällen für alle Beteiligten fatale Entwicklung

Betrachtet man nur isoliert die *Dichte* an Offener Kinder- und Jugendarbeit, so kann der wenig kundige Beobachter zu dem Ergebnis gelangen, dass die ostdeutschen Landstriche trotz großer Einsparungen im Vergleich zu westdeutschen immer noch über ein größeres

Angebot verfügen. Dieser Sachverhalt hat in der jüngeren Vergangenheit neben anderen Aspekten als Begründung für die oben dargestellten Reduktionen herhalten müssen. Das noch vorhandene Angebot ist jedoch nicht nur eine notwendige (Teil)Antwort auf die facettenreichen Problemlagen vieler ostdeutscher Sozialräume. Es hat auch eine eindeutig ausgleichende Funktion vor dem Hintergrund

1. einer zwar sehr engagierten, aber in den jeweiligen Gemeinwesen zahlenmäßig weit unterhalb des notwendigen Bedarfs agierenden aufsuchenden Jugendarbeit;
2. einer gleichsam engagierten, aber quantitativ noch wesentlich unzureichenderen niedrigschwelligen Suchthilfe, die Kinder und Jugendliche tatsächlich wirksam erreicht;
3. der nach der Wende in Ostdeutschland deutlich geringeren Einbindung von Kindern und Jugendlichen in die sportliche und kulturelle Vereinsarbeit (hierzu Jandl und Simon 2000), die in vielen Großstädten noch unter dem Durchschnitt der ostdeutschen Länder liegt;
4. einer unzulänglichen Ausstattung mit Angeboten verbandlicher Jugendarbeit und als Folge hiervon einer nur sehr geringen Einbindung von Kindern und Jugendlichen in Gruppen und Maßnahmen der Jugendverbände;
5. der zu geringen Ausstattung mit Angeboten der Jugendsozialarbeit;
6. des flächendeckend fehlenden Angebotes eigenständiger Jugendberatungsstellen;
7. und schließlich der im gesamtdeutschen Vergleich feststellbaren schlechten Ausstattung mit Abenteuer- und Bauspielplätzen.

Vor allem als Folge der stärkeren Verbreitung der Ganztagsschule stellen sich neue Herausforderungen sowohl an die Offene Kinder- und Jugendarbeit als auch auf die Jugendverbandsarbeit:

- Sie agieren unter einem ständigen Legitimations- und Finanzierungsdruck, wie z. B. in Brandenburg, wo das Finanzierungskonzept des Landes sich stark auf Maßnahmen am Schulstandort fokussiert.
- Sie stehen vor neuen konzeptionellen Herausforderungen, wo sie – wie an vielen Orten bereits geschehen – in die Freizeitpädagogik und die Förderkonzepte der Ganztagsschule eingebunden ist.
- Neben den Angeboten am Schulstandort bedarf es Mindeststandards in der Fläche, somit muss ein angemessener Teil „schulferner" offener Jugendarbeit bestehen bleiben.

Offene Kinder- und Jugendarbeit, auch wenn sie gelegentlich antiquiert daher kommt, ist vor allem in zahlreichen ländlichen Sozialräumen Ostdeutschlands – eventuell noch neben Sportverein und Feuerwehr – das letzte Angebot, das Jugendliche noch erreicht. Es gehört angesichts der unverändert abwandernden besser qualifizierten jungen Menschen zum Spektrum der notwendigen Haltefaktoren. Dies gilt umso mehr dort, wo noch bestehenden Angebote der Jugendarbeit es zunehmend mit einer neuen Konkurrenz zu tun bekommen. Zahlenmäßig noch nicht bedeutsam, aber langsam anwachsend, entwickelt sich eine neue „Jugendarbeit von Rechts". Dort wo die NPD, Junge Nationaldemokraten, „Kameradschaften" und die sogenannten „Freien Kräfte" über eine entsprechende Infrastruktur verfügen, gelingt es ihnen, auch jenseits etablierter Jugendhilfe, attraktive Treffpunkte zu schaffen. Dies wird durch das Vorhandensein einer großen Anzahl leer stehender Immobilien in vielen Gemeinwesen ebenso begünstigt wie durch den nicht immer klugen, hin und wieder duldenden, gelegentlich sogar fördernden Umgang der kommunal Verantwortlichen mit den rechtsextremen Akteuren im Ort.

Vor den unverändert anhaltenden Strukturproblemen der prekären ländlichen Räume hätte eine noch angemessen ausgestattete Offene Kinder- und Jugendarbeit neben ihren „klassischen Funktionen" ein deutlich erweitertes Aufgabenspektrum. Sie ist ein wichtiger Akteur in kommunalen „Netzwerken gegen Rechts". Sie gehört zu den Strukturelementen, die als „Haltefaktoren" Wirkung entfalten. Noch wichtiger aber wäre eine Neuauslotung der für diese Problemzonen notwendigen Strukturentwicklung. Will man nämlich nicht, wie gelegentlich von Raumplanern vorgeschlagen, ganze Landstriche von der Ausstattung mit sozialer Infrastruktur abkoppeln, weil sie künftig vorwiegend von Geronten bevölkert werden, sind künftig Planungen für eine nachhaltige Dorfentwicklung, Jugendhilfe- und Schulentwicklungsplanung weitaus stärker als bislang miteinander zu verzahnen (Siehe auch Kap. 62 „Zum Verhältnis von Jugendhilfeplanung und Offener Kinder- und Jugendarbeit" in diesem Handbuch). Die Orte der Offenen Kinder- und Jugendarbeit könnten somit mehr sein als Treffpunkte oder Freizeitorte. Sie wären Zellen der notwendigen Strukturentwicklung in den peripheren ländlichen Räumen. Das schließt mit ein, dass sie – sicherlich in nur begrenztem Umfang – über die Erschließung europäischer Fördermittel für strukturschwache Räume auch Anbieter von Beschäftigung für jene Jugendlichen und jungen Erwachsenen werden könnten, die von anderen Maßnahmeträgern nicht (mehr) erreicht werden.

Literatur

Arbeitsgemeinschaft für Jugendhilfe (AGJ). (2008). *Personal in der Kinder- und Jugendhilfe. Herausforderungen und Perspektiven*. Berlin.

Angerhausen, S., Backhaus-Maul, H., Offe, C., Olk, T., & Schiebel, M. (1998). *Überholen ohne einzuholen. Freie Wohlfahrtspflege in Ostdeutschland*. Opladen.

Borrmann, S. (2005). *Soziale Arbeit mit rechten Jugendcliquen*. Wiesbaden.

Butterwegge, C. (2002). *Rechtsextremismus*. Freiburg.

Dahme, H. J. (2004). Die Freie Wohlfahrtspflege in Ostdeutschland. Modernisierung und Risiko. In R. Hufnagel, & T. Simon (Hrsg.), *Problemfall Deutsche Einheit. Interdisziplinäre Betrachtung zu gesamtdeutschen Fragestellungen* (S. 227–240). Wiesbaden.

Förster, P., Schubarth, W., Müller, H., & Friedrich, W. (1993). *Jugend Ost: Zwischen Hoffnung und Gewalt*. Opladen.

Hinte, W., Litges, G., & Springer, W. (1999). *Soziale Dienste: vom Fall zum Feld*. Berlin.

Jandl, H., & Simon, T. (2000). Von Traktor Suhl ins Fitness-Center. Zur Entwicklung des Breitensports in Ostdeutschland. *Alternative Kommunalpolitik, 2000*(2), 49–50.

Lindner, W. (2010). Status quo vadis? 20 Jahre Kinder- und Jugendpolitik und Kinder- und Jugendarbeit in den ostdeutschen Bundesländern. *deutsche jugend, 58*(1), 11–19.

Möller, K., & Schuhmacher, N. (2007). *Rechte Glatzen. Rechtsextreme Orientierungs- und Szenezusammenhänge – Einstiegs-, Verbleibs- und Ausstiegsprozesse von Skinheads*. Wiesbaden.

Pothmann, J. (2008). Aktuelle Daten zu Stand und Entwicklung der Kinder- und Jugendarbeit – eine empirische Analyse. In W. Lindner (Hrsg.), *Kinder- und Jugendarbeit wirkt. Ausgewählte und aktuelle Wirkungsergebnisse der Kinder- und Jugendarbeit*. Wiesbaden.

Schröder, S. (1999). Vom schwierigen Konstituierungs- und Entwicklungsprozess offener Jugendarbeit in den neuen Bundesländern. In T. Simon, & Bundesarbeitsgemeinschaft Offene Kinder- und Jugendarbeit e.V. (Hrsg.), *Offene Jugendarbeit. Entwicklung – Praxis – Perspektiven*. Leinfelden.

Schröder, S., & Simon, T. (2005). Entwicklung und Wandel offener Jugendarbeit in den neuen Ländern. In U. Deinet, & B. Sturzenhecker (Hrsg.), *Handbuch offene Kinder- und Jugendarbeit*. Wiesbaden.

Simon, T. (1994). Jugendhilfe. In H. Klemisch, G. Munier, W. Pohl, M. Scheffler, & R. Schiller-Dickhut (Hrsg.), *Handbuch für alternative Kommunalpolitik*. Bielefeld.

Simon, T. (1998). Jugendclub und Feuerwehr. Jugendarbeit in Ostdeutschland – eine Übersicht. *Alternative Kommunalpolitik, 1998*(5), 39–41.

Simon, T., Blumensath, S., Frömmert, C., & Saryaeva, R. (2009). *Es wächst nicht einfach Gras drüber. Rechtsextremismus in den ländlichen Räumen*. Herausgegeben vom Bund der Deutschen Landjugend. Berlin.

Spieler, K. (1993). Berufliche Integration von KulturarbeiterInnen und KulturpädagogInnen. In Bundesvereinigung Kultureller Kinder- und Jugendbildung e.V. (BKJ) (Hrsg.), *Woher – Wohin?* Remscheid.

Thole, W. (1993). Straße oder Jugendclub. Zur Reaktivierung der außerschulischen Kinder- und Jugendarbeit in den neuen Bundesländern. *neue praxis, 1993*(3), 185–206.

Die MitarbeiterInnen in der Offenen Kinder- und Jugendarbeit

Werner Thole und Jens Pothmann

Die Offene Kinder- und Jugendarbeit (OKJA)[1] ist ein sozialpädagogisches Handlungsfeld, in dem MitarbeiterInnen mit unterschiedlichen Qualifikationen und in unterschiedlichen Anstellungsverhältnissen sich beruflich und ehrenamtlich engagieren. In diesem Beitrag wird zunächst ausgeführt, welche formalen Tätigkeits- und Beschäftigungsstrukturen in der Kinder- und Jugendarbeit und konkret in der OKJA anzutreffen (1) und welche Berufsgruppen mit welchen Qualifikationen gegenwärtig in diesem Arbeitsfeld engagiert sind (2). Inwieweit die Verberuflichung der Kinder- und Jugendarbeit und der Offenen Kinder- und Jugendarbeit insbesondere sowie der auch in anderen sozialpädagogischen Handlungsfeldern anzutreffende Akademisierungsprozess parallel auch zu einer Professionalisierung führte, wird anschließend diskutiert (3). Hierüber angeregt wird implizit insbesondere die Frage nach dem „Handwerkszeug", das die MitarbeiterInnen in der Kinder- und Jugendarbeit benötigen, um fachlich abgesichert und begründet ihre Angebote und Projekte planen, durchführen und organisieren zu können. Überlegungen zu den zur Bewältigung des be-

---

[1] In diesem Beitrag kann der Terminus der „Offenen Kinder- und Jugendarbeit" nicht immer trennscharf verwendet werden, zumal die Übergänge und Überschneidungen zu Bereichen der Jugendverbandsarbeit fließend sind. So lässt es sich gar nicht vermeiden, dass die gesamte Kinder- und Jugendarbeit mit ins Blickfeld gerät. Der Begriff „Offene Kinder- und Jugendarbeit" wird in diesem Beitrag auch verwendet, weil in der Regel neben Jugendlichen auch Kinder von der außerschulischen Pädagogik angesprochen werden. Lediglich dort, wo zweifelsfrei ausschließlich jugendliche AdressatInnen gemeint sind, wird von „Offener Jugendarbeit" die Rede sein.

Prof. Dr. phil. habil. Werner Thole ✉
Fachgebiet Erziehungswissenschaft mit dem Schwerpunkt Soziale Arbeit und außerschulische Bildung Kassel, Universität Kassel, Arnold-Bode-Straße 10, 34127 Kassel, Deutschland
e-mail: wthole@uni-kassel.de
Dr. phil. Jens Pothmann
Arbeitsstelle Kinder- und Jugendhilfestatistik im Forschungsverbund Deutsches Jugendinstitut Dortmund, Technische Universität Dortmund, Vogelpothsweg 78, 44227 Dortmund, Deutschland
e-mail: Jens.Pothmann@fk12.tu-dortmund.de

ruflichen Alltags erforderlichen fachlichen Handlungskompetenzen und Wissensressourcen schließen den Beitrag verbunden mit einem Blick auf die aktuelle und zukünftige Bedeutung von Weiterbildung und Personalentwicklung in der OKJA ab (4).

67.1 Zwischen Ehrenamt und Beruf – eine erste formale Sortierung

Neben ehren- und nebenamtlichen sind hauptberufliche MitarbeiterInnen in den unterschiedlichen Feldern der Kinder- und Jugendarbeit tätig. Als hauptamtliche oder -berufliche MitarbeiterInnen sind diejenigen anzusehen, die in der Regel mindestens mit der Hälfte der tarifrechtlich geregelten wöchentlichen Arbeitszeit für einen längeren Zeitraum bei einem freien, öffentlichen oder privatrechtlichen Träger angestellt sind. Nebenamtliche MitarbeiterInnen, zuweilen auch als Honorarkräfte bezeichnet, sind mit weniger als der Hälfte der tarifrechtlich geregelten wöchentlichen Arbeitszeit in diesem sozialpädagogischen Handlungsfeld gegen Entgelt tätig. Ehrenamtliche sind MitarbeiterInnen, die entweder ohne Bezahlung oder aber gegen eine geringe Aufwandsentschädigung Aufgaben freiwillig wahrnehmen, beispielsweise JugendleiterInnen oder -gruppenleiterInnen in den Jugendverbänden oder auch bei beispielsweise Trägervereinen der OKJA. Darüber hinaus absolvieren Jugendliche bislang ihr Freiwilliges Soziales Jahr, neuerdings ihren Bundesfreiwilligendienst oder Personen der unterschiedlichsten Ausbildungswege ein Praktikum in Einrichtungen der OKJA.[2]

67.2 Die MitarbeiterInnen im Spiegel der Statistik

Bezogen auf die voll- und teilzeittätigen sowie auf Honorarbasis arbeitenden MitarbeiterInnen, die Träger, die quantitative Verteilung, die Qualifikationsprofile, die Geschlechterverteilung, die Altersstruktur und die Art des Beschäftigungsverhältnisses enthalten die 1974 erstmals und seit 1982 im vierjährigen Rhythmus durchgeführten Einrichtungs- und Personalerhebungen des Statistischen Bundesamtes auch für die Handlungsfelder der außerschulischen Kinder- und Jugendarbeit und mithin auch für die „offene Jugendarbeit" OKJA statistische Grunddaten. Für die ehrenamtlich in der Kinder- und Jugendarbeit Tätigen liegen keine vergleichbaren umfassenden Informationen vor (vgl. Düx et al. 2008).

---

[2] Verzichtet werden muss an dieser Stelle auf weitere Ausführungen zum Nebeneinander dieser Mitarbeitertypen in der Praxis. Hierauf wird – genauso wie z. B. auch auf das Spannungsfeld von Professionalisierung und natürlichen erzieherischen Ressourcen der JugendarbeiterInnen in einer historischen Perspektive – in dem Beitrag von Werner Thole und Jens Pothmann (2005) in der dritten Auflage dieses Handbuchs ausführlicher eingegangen.

67.2.1 Die Beschäftigten im Überblick

Die Jugendhilfestatistik mit Daten zum 31.12.2006[3] weist für außerschulische Einrichtungstypen wie Jugendzentren und Jugendfreizeitheime, Jugendheime, also kleine Jugendklubs, Einrichtungen oder Initiativen der mobilen Jugendarbeit, Jugendberatungsstellen, Jugendtagungs- und Jugendbildungsstätten, pädagogisch betreute Spielplätze, Einrichtungen der Stadtranderholung sowie Jugendkunstschulen und kulturpädagogische Projekte, insgesamt 17.966 Einrichtungen mit 33.719 Erwerbstätigen in den ost- und westdeutschen Bundesländern aus (vgl. Tab. 67.1). Zweidrittel aller in den Handlungsfeldern der außerschulischen Pädagogik registrierten MitarbeiterInnen, das sind knapp 21.700, sind in Jugendzentren und -freizeitheimen tätig. Rund 9 % der MitarbeiterInnen werden bei kulturpädagogischen Einrichtungen sowie etwa 7 % im Bereich der mobilen Jugendarbeit verzeichnet.

Darüber hinaus präsentiert die aktuelle „Einrichtungs- und Personalstatistik" folgende, ausgewählte Informationen über die MitarbeiterInnen in den über die amtliche Statistik erfassten Einrichtungen (vgl. auch Tab. 67.1):

- Bundesweit sind laut Jugendhilfestatistik 2006 bei den freien Trägern 62 % und bei den öffentlichen Trägern 38 % aller MitarbeiterInnen der Kinder- und Jugendarbeit beschäftigt. Die Relation zwischen den öffentlichen und den freien Trägern ist dabei für 2006 für die westlichen und östlichen Bundesländer keineswegs identisch. So sind in Westdeutschland 58 % der Beschäftigten den freien Trägern zuzuordnen, während dies in Ostdeutschland für über 82 % der MitarbeiterInnen gilt.
- Knapp 36 % der MitarbeiterInnen sind 2006 im gesamten Bundesgebiet hauptamtlich auf Vollzeitbasis tätig. Allerdings sind bereits nicht ganz 40 % der erfassten MitarbeiterInnen Teilzeitbeschäftigte. Etwa jede vierte tätige Person ist nebenamtlich tätig oder Honorarkraft. Diesbezüglich zeigen sich allerdings erhebliche Ost-West-Differenzen. Während in Westdeutschland der Anteil der nebenberuflich Tätigen bei immerhin 28 % liegt, beträgt dieser in Ostdeutschland lediglich rund 8 %. Entsprechend höher ist hier der Anteil der vollzeit- und teilzeittätigen MitarbeiterInnen an der Gesamtbeschäftigtenzahl. Dieser Befund korrespondiert durchaus mit der Tatsache, dass der Grad der Verberuflichung in den hier diskutierten Handlungsfeldern 2006 in den ostdeutschen Bundesländern höher als in den westdeutschen Bundesländern ist. Unabhängig davon wird jedoch über die Angaben zur Vollzeit- und Teilzeitbeschäftigung signalisiert, dass bei allen Ost-West-Differenzen mit bundesweit lediglich 36 % vollzeittätigen MitarbeiterInnen die Kinder- und Jugendarbeit einen geringen Anteil an „Normalarbeitsverhältnissen" im Vergleich

---

[3] Zum Ende des Jahres 2010 ist die zurzeit letzte Erhebung zu den Einrichtungen und tätigen Personen durchgeführt worden. Zum Zeitpunkt der Manuskripterstellung werden die Daten noch aufbereitet. Die Ergebnisse wurden 2012 vom Statistischen Bundesamt veröffentlicht, konnten aber für diesen Beitrag nicht mehr systematisch berücksichtigt werden. Die Daten sind beim Statistischen Bundesamt verfügbar (www.destatis.de) und werden von der Arbeitsstelle Kinder- und Jugendhilfestatistik ausgewertet.

Tab. 67.1 Beschäftigte in ausgewählten Einrichtungen[1] nach Geschlecht, Alter, Beschäftigungsumfang, Träger und Qualifikation (Deutschland insgesamt, Ost- und Westdeutschland[2]; 31.12.2006)

	Deutschland insg.		Westdeutschland		Ostdeutschland	
	abs.	in %	abs.	in %	abs.	in %
Insgesamt[3]	33.719	100	27.783	100	5936	100
Männer	13.900	41,2	11.933	43,0	1967	33,1
Frauen	19.819	58,8	15.850	57,0	3969	66,9
< 25 Jahre	3779	11,2	3321	12,0	458	7,7
25–40 Jahre	13.228	39,2	11.106	40,0	2122	35,7
40–60 Jahre	15.853	47,0	12.689	45,7	3164	53,3
> 60 Jahre	859	2,5	667	2,4	192	3,2
Hauptberuflichkeit	25.441	75,5	19.993	72,0	5448	91,8
davon in Vollzeitbeschäftigung	11.980	35,5	9457	34,0	2523	42,5
davon in Teilzeitbeschäftigung	13.461	39,9	10.536	37,9	2925	49,3
Nebentätigkeit	8278	24,5	7790	28,0	488	8,2
Öffentliche Träger	12.742	37,8	11.700	42,1	1042	17,6
Freie Träger	20.977	62,2	16.083	57,9	4894	82,4
Dipl. SozialpädagogInnen	9739	28,9	8597	30,9	1142	19,2
Dipl. PädagogInnen	2501	7,4	2084	7,5	417	7,0
ErzieherInnen	5544	16,4	4341	15,6	1203	20,3
Sonst. Hochschulabschluss[4]	3363	10,0	2633	9,5	730	12,3
Ohne Ausbildung	4234	12,6	3913	14,1	321	5,4

[1] Aus der Einrichtungs- und Personalstatistik werden hier folgende Einrichtungstypen berücksichtigt: Jugendtagungs- und Jugendbildungsstätten, Jugendzentren und Freizeitheime, Jugendräume und -heime, Jugendberatungsstellen, Initiativen der mobilen Jugendarbeit, Jugendkunstschulen und kulturpädagogische Einrichtungen, Einrichtungen der Stadtranderholung, pädagogisch betreute Spielplätze, Ferienerholungsstätten, Jugendzeltplätze, Kur-, Genesungs- und Erholungseinrichtungen sowie Jugendherbergen und Jugendgästehäuser.
[2] Angaben für Westdeutschland beziehen sich auf die westlichen Flächenländer und die Stadtstaaten. Die Ergebnisse für Ostdeutschland basieren auf den Resultaten für die fünf östlichen Flächenländer.
[3] Berücksichtigt wird die Zahl der tätigen Personen in den Einrichtungen insgesamt (siehe Anmerkung 1), sofern die Beschäftigten nicht hauptsächlich im hauswirtschaftlich-technischen Bereich eingesetzt werden.
[4] MitarbeiterInnen mit nicht einschlägig fachlichem Hochschulabschluss. Über die Statistik werden im Einzelnen erfasst: ÄrztInnen, PsychologInnen, LehrerInnen, Personen mit einem sonstigen Hochschulabschluss sowie Verwaltungsberufe im gehobenen Dienst.
Quelle: Statistisches Bundesamt (2006): Statistiken der Kinder- und Jugendhilfe – Einrichtungen und tätige Personen in der Jugendhilfe (ohne Tageseinrichtungen für Kinder); eigene Berechnungen

zu anderen Teilarbeitsmärkten der Kinder- und Jugendhilfe, aber auch im Vergleich zur Sozialen Arbeit insgesamt aufweist (vgl. Fuchs-Rechlin et al. 2011). Die Quote der Vollzeitbeschäftigten ist zudem in den letzten Jahren kontinuierlich zurückgegangen (vgl. Pothmann und Schmidt i. d. B.)

- 2006 sind, wie schon zu den vorherigen Erhebungszeitpunkten, mit nicht ganz 59 % weit mehr als die Hälfte aller MitarbeiterInnen in den Jugendfreizeitheimen und -zentren Frauen. Diese Tatsache ist insofern ein wenig überraschend, weil tendenziell davon ausgegangen wird, dass Jugendzentren sowohl von den BesucherInnen als auch von dem hier tätigen Personal männlich dominiert sind. In den ostdeutschen Bundesländern ist zudem im Vergleich zu den westdeutschen Gebieten ein signifikant höherer Anteil von Frauen in den kinder- und jugendpädagogischen Einrichtungen erwerbstätig.
- Nicht ganz die Hälfte aller MitarbeiterInnen (47 %) gehören der Altersgruppe der 40- bis 60-Jährigen an, rund 39 % sind im Alter von 25 bis 40 Jahren und 11 % jünger als 25 Jahre. Fast 3 % der Beschäftigten sind 60 Jahre und älter. Im Durchschnitt liegt das Altersniveau der Beschäftigten in Einrichtungen der Kinder- und Jugendarbeit in den ostdeutschen sogar noch höher als in den westdeutschen Bundesländern. Insbesondere zu der Altersgruppe der 40- bis 60-Jährigen gehören prozentual in Ostdeutschland (53 %) mehr Personen als in Westdeutschland (46 %).
- Das zertifizierte Qualifikationsprofil der pädagogischen MitarbeiterInnen ist breit gestreut und reicht von ÄrztInnen über LogopädInnen und HeilpädagogInnen, diplomierten sozialpädagogischen Fachhochschul- und UniversitätsabsolventInnen über HauswirtschaftlerInnen, IndustriemeisterInnen bis hin zu Personen mit einem künstlerischen Ausbildungsabschluss. 9739 der in der Jugendhilfestatistik 2006 erfassten Beschäftigten erlangten einen Fachhochschulabschluss der Fachrichtung Sozialarbeit oder Sozialpädagogik und 2501 studierten Erziehungswissenschaft und können somit auf ein Zertifikat verweisen, das sie als Diplom PädagogInnen ausweist. Gehen wir davon aus, dass die OKJA ein eigenständiges pädagogisches respektive sozialpädagogisches Handlungsfeld ist und eine qualifizierte Tätigkeit Kompetenzen voraussetzt, die grundsätzlich über ein einschlägig fachliches Studium erworben werden können, dann sind es erst einmal diese beiden Ausbildungsprofile, die als fachlich einschlägig angesehen werden können. Unterhalb einer universitären und fachhochschulischen Qualifikation können darüber hinaus noch die ErzieherInnen als fachlich ausgebildet für eine Tätigkeit in der einrichtungsbezogenen Arbeit angesehen werden. Demnach sind inzwischen 36,3 % der in der außerschulischen Pädagogik Beschäftigten über ein Studium und 16,4 % über eine fachspezifische Ausbildung formal und einschlägig für eine Tätigkeit in diesem außerschulischen Jugendarbeitsbereich qualifiziert. Darüber hinaus können weitere 10 % der Beschäftigten auf einen Hochschulabschluss in Studienbereichen und Fächern verweisen, der ohne weiteres nicht als einschlägige Qualifikation für diesen Bereich anzusehen ist. Insgesamt hat sich damit der schon zuvor abzeichnende Prozess der formalen Professionalisierung der OKJA weiter ausgebaut und damit konsolidiert.
- Mittlerweile verfügen somit über 50 % der Beschäftigten über einen fachlich einschlägigen Abschluss. Allerdings wiesen auch 2006 noch beinahe 13 % der Berufstätigen keiner-

lei Ausbildungsabschluss nach. Auch hier ist signifikant, dass in den Einrichtungen, die in den ostdeutschen Bundesländern liegen, weitaus weniger Beschäftigte ohne berufsqualifizierenden Abschluss engagiert sind als in den westdeutschen Bundesländern. Ein weiterer auffallender Unterschied zwischen Ost- und Westdeutschland ist die Quote der fachlich einschlägig ausgebildeten AkademikerInnen. Während deren Anteil im Westen bei 38 % liegt, sind es im Osten 26 %. Hingegen liegt hier der Anteil der ErzieherInnen mit 20 % gegenüber 16 % für den Westen etwas höher.

Im Kernbereich der OKJA, also in Jugendfreizeitheimen und Jugendzentren, die nach wie vor das größte und bedeutendste Segment der Kinder- und Jugendarbeit ausmachen, sind laut Kinder- und Jugendhilfestatistik 2006 18.000 Beschäftigte beruflich engagiert.

67.2.2 Personalstruktur im Wandel

Unter zeitvergleichenden Prämissen ist die Personalentwicklung in der Offenen Kinder- und Jugendarbeit aus mehreren Gründen von besonderem Interesse. Da wäre beispielsweise bezogen auf die Ausstattung des Feldes mit personellen Ressourcen die Diskrepanz zwischen einem gefühlten, kontinuierlichen Personalabbau und einem statistisch belegbaren Zuwachs der Beschäftigten (vgl. Thole und Pothmann 2001). Für den Westen der Republik lohnt der Blick in die letzten Jahrzehnte alleine insoweit schon, als dass sich mit dem Wechsel vom JWG zum SGB VIII vor rund 20 Jahren die rechtlichen Grundlagen der Kinder- und Jugendarbeit und damit auch der OKJA nicht nur verändert haben, sondern auch das Feld maßgeblich in den letzten zwei Jahrzehnten mitbestimmt haben. Nicht zuletzt ist für die ostdeutschen Bundesländer von Interesse, wie sich Strukturen nach dem ambivalenten Prozess der Vereinigung in den 1990er-Jahren entwickelt haben. Angesichts dieser Interessenslage ist Folgendes zu konstatieren:[4]

- In den alten Bundesländern hat sich zwischen 1974 und 1998 die Beschäftigtenzahl in den Einrichtungen der Kinder- und Jugendarbeit mehr als verdoppelt. Insgesamt ist die Zahl der tätigen Personen von knapp 19.100 auf nicht ganz 38.600 gestiegen. Zwischen 1998 und 2006 hat die Zahl der tätigen Personen nicht weiter zugenommen, sondern ist leicht auf knapp 36.100 Beschäftigte zurückgegangen.

---

[4] Aus methodischen Gründen werden sich die nachfolgenden Trendaussagen zur Veränderung der Personalsituation und -struktur in Ost- und Westdeutschland nicht durchgängig auf die gleiche Datengrundlage wie in Tab. 67.1 beziehen können. Vielmehr wird hier zusätzlich auf alle tätigen Personen in den Einrichtungen der Kinder- und Jugendarbeit zurückgegriffen werden müssen – also einschließlich des Personals in den Bereichen Hauswirtschaft und Technik. Darüber hinaus wird punktuell nicht auf die tätigen Personen in den Einrichtungen, sondern auf die Beschäftigten mit einem Arbeitsschwerpunkt in einem Handlungsfeld der Kinder- und Jugendarbeit rekurriert. Allerdings ist empirisch über die Kinder- und Jugendhilfestatistik belegt, dass diese beiden Gruppen zu einem großen Teil deckungsgleich sind.

- Der Personalzuwachs bis Ende der 1990er-Jahre verdankt sich insbesondere einer Expansion der Beschäftigtenquote in den „Jugendzentren und -freizeiteinrichtungen". Von 7559 im Jahre 1974 über 10.331 1982 und 14.938 1990 wuchs die Zahl der hier arbeitenden Personen auf 20.067 im Jahre 1998 an. Im Gegensatz zur Gesamtentwicklung hat sich dieser Wert bis zum Jahre 2006 sogar noch etwas auf 20.349 erhöht – eine Entwicklung, die sich auch für 2010 weiter fortgesetzt hat (vgl. Pothmann 2012).
- Dokumentiert wird über die amtliche Statistik für die letzten 20 Jahre ein beschleunigter Verberuflichungsprozess. So war noch 1974 fast die Hälfte aller MitarbeiterInnen nebenberuflich oder auf Honorarbasis tätig. 24 Jahre später hat sich der Anteil der nebenberuflich tätigen MitarbeiterInnen auf unter 20 % mehr als halbiert. Entsprechend sind vier von fünf Beschäftigten hauptberuflich im Rahmen einer Vollzeitstelle oder – insbesondere in den 2000er-Jahren zunehmend (vgl. Rauschenbach 2010) – einer Teilzeitstelle angestellt.
- Das Verhältnis zwischen öffentlichen und privaten Trägern in den westdeutschen Bundesländern hat sich seit der ersten Erhebung im Jahre 1974 verschoben. Waren Mitte der 1970er-Jahre noch knapp 68 % aller damals 14.200 MitarbeiterInnen bei freien und nur 32 % bei öffentlichen Trägern tätig, so beträgt dieses Verhältnis 2006 noch 58 % zu 42 %. Noch gravierender sind diesbezüglich die Veränderungen in den ostdeutschen Bundesländern seit Anfang der 1990er-Jahre. 1991 waren von den damals insgesamt erfassten knapp 2000 Beschäftigten 90 % bei öffentlichen und 10 % bei freien Trägern beschäftigt. Dies hat sich bereits im Laufe der 1990er-Jahre vergleichsweise schnell geändert. Mitte der 2000er-Jahre sind über 82 % aller MitarbeiterInnen bei freien und nur knapp 18 % bei öffentlichen Trägern tätig. Diese Entwicklung verdeutlicht, dass sich in den Städten und Gemeinden Ostdeutschlands insbesondere auch für die OKJA nicht nur quantitativ, sondern auch qualitativ ein anderes Verhältnis zwischen öffentlichen und freien Trägern herausgebildet hat (vgl. auch van Santen und Seckinger 2001).
- Im Erhebungsjahr 2006 waren in den alten Bundesländern nur noch knapp 12 % der MitarbeiterInnen in einrichtungsbezogenen Handlungsfeldern der Kinder- und Jugendarbeit jünger als 25 Jahre. Damit ist angezeigt, dass seit Erhebungsbeginn anteilig noch nie so wenig unter 25-jährige Personen wie 2006 in Handlungsfeldern der außerschulischen Pädagogik arbeiten. Gleichzeitig mehren sich in den letzten beiden Jahrzehnten die Anzeichen für ein Älterwerden des Personals. So reduziert sich zwischen 1990 und 2006 der Anteil der 25- bis unter 40-jährigen von 62 % auf 42 %, während die 40- bis unter 60-jährigen quantitativ von 20 % auf 44 % zulegen. Gegenwärtig sind somit erstmalig in Westdeutschland mehr Fachkräfte im Alter von 40 bis 60 Jahre als zwischen 25 und 40 Jahre tätig. Damit nähert sich die Entwicklung Westdeutschlands der Situation in Ostdeutschland an, gleichwohl hier die „Alterung" des Personals weiter vorangeschritten ist. So sind Mitte der 2000er-Jahre in Ostdeutschland gerade einmal 8 % der MitarbeiterInnen unter 25 Jahre, jedoch immerhin fast 52 % zwischen 40 und 60 Jahre alt.
- Zwar ist für die letzten 20 Jahre ein „Älterwerden" der Mitarbeiterschaft zu beobachten, gleichwohl kann von einer mitunter befürchteten „Vergreisung" noch keine Rede sein.

Dies gilt umso mehr, wenn man berücksichtigt, dass eine formale Professionalisierung im Sinne einer Zunahme fachlich einschlägig qualifizierter AkademikerInnen gleichzeitig auch einen späteren Berufseinstieg bedeutet, und wenn man zudem den Altersaufbau für die Kinder- und Jugendarbeit mit anderen Arbeits- und Handlungsfeldern des Bildungs- und Sozialwesens einschließlich der Kinder- und Jugendhilfe vergleicht (vgl. Rauschenbach 2010). Angesichts dieser bereits Mitte der 1990er-Jahre durchaus zu antizipierenden Entwicklung bleibt zu fragen, welche Konsequenzen hieraus für die Personalentwicklung und für die Kompetenzprofile von MitarbeiterInnen zu ziehen sind. Möglicherweise könnten in diesem Zusammenhang Kompetenzen wie (Berufs-)Erfahrung auf der einen Seite sowie auch eine höhere Flexibilität im Umgang mit neuen Impulsen auf der anderen Seite das Bild auch der OKJA verändern. Bezogen auf die AdressatInnen scheint zudem aufgrund des höheren Anteils von älteren MitarbeiterInnen eine Neugestaltung der Generationenbeziehungen auf der fachlichen Agenda zu stehen (vgl. Hafeneger 2002).

- Statistisch gesehen hat die Kinder- und Jugendarbeit und insbesondere auch OKJA seit den 1970er-Jahren in den alten Bundesländern, und nur die können für diesen Zeitraum aufgrund der Datenlage vergleichend herangezogen werden, über die hier tätigen MitarbeiterInnen ein fachlich einschlägiges Profil erhalten. Verfügten 1974 erst knapp 12 % der MitarbeiterInnen in den Einrichtungen über einen Fachhochschulabschluss, so hat sich dieser Anteil bei den Folgeerhebungen kontinuierlich erhöht. Im Jahre 2006 lag diese Quote bei knapp 31 %. Parallel hierzu ist zumindest seit den 1980er-Jahren ein leichter Anstieg von Diplom-PädagogInnen zu beobachten, wenngleich der Anteil dieser Profession 2006 immer noch unter 10 % lag (Tab. 67.1). Die somit zumindest über die formalen Ausbildungsabschlüsse identifizierte fachliche Ausgestaltung – wohl bemerkt immer noch bezogen auf die alten Bundesländer – ist unterhalb von Hochschulabschlüssen auch über die Zunahme von Personen angezeigt, die eine Fachschule für ErzieherInnen besuchten. Der Anteil der ErzieherInnen stieg von knapp 5 % im Jahre 1974 auf knapp 16 % im Jahre 2006. Demnach ist festzuhalten, dass heute mehr AkademikerInnen und mehr fachlich ausgebildete Personen auch in der OKJA beschäftigt sind als zu Beginn der statistischen Erfassung 1974. Zuletzt hat sich dieser Trend einer zumindest „formalen" Verfachlichung und Professionalisierung trotz sinkender Beschäftigtenzahlen weiter fortgesetzt.
- Der Trend einer zumindest „formalen" Verfachlichung und Professionalisierung gilt auch für die neuen Bundesländer. Sowohl insbesondere in der zweiten Hälfte der 1990er-Jahre (vgl. ausführlich Thole und Pothmann 2001) als auch in der ersten Hälfte der 2000er-Jahre ist eine Zunahme des fachlich einschlägigen AkademikerInnenanteils an den Beschäftigten zu beobachten. Insgesamt hat sich hier in den Handlungsfeldern der Kinder- und Jugendarbeit der Anteil von an Fachhochschulen oder Universitäten fachlich einschlägig ausgebildeten Fachkräften zwischen 1991 und 2006 von knapp 9 % auf rund 28 % mehr als verdreifacht.

67.2.3 Zwischenfazit

Insgesamt kann somit aus den vorangegangenen Analysen der vorliegenden amtlichen Daten zu den Beschäftigten festgehalten werden, dass trotz zuletzt gegenläufiger Entwicklung Mitte der 2000er-Jahre im Vergleich zur Mitte der 1970er-Jahre heute mehr als doppelt so viele Beschäftigte in der Kinder- und Jugendarbeit und auch deutlich mehr Beschäftigte in der OKJA tätig sind. Dies gilt im Übrigen auch, lässt man die Vereinigung 1990 unberücksichtigt.

Die OKJA hat in den letzten 30 Jahren nicht nur eine beachtliche Expansion realisiert, sondern zudem auch einen beachtlichen Qualifizierungsschub. Mitte des ersten Jahrzehnts des 21. Jahrhunderts waren so beispielsweise mehr AkademikerInnen und fachlich einschlägig qualifizierte Personen auch in der OKJA tätig als je zuvor. Gleichwohl kann der erreichte Stand der statistisch dokumentierten Fachlichkeit insgesamt noch nicht befriedigen. So hatte auch zuletzt noch fast die Hälfte der MitarbeiterInnen keine Möglichkeit, über ein Studium oder eine spezifische Ausbildung sich hinreichend weder auf eine Tätigkeit in der Kinder- und Jugendarbeit noch in der OKJA vorzubereiten. Dass möglicherweise viele von ihnen trotzdem im Beruf qualifiziert arbeiten, ist über die statistischen Daten weder zu belegen noch in Zweifel zu ziehen. Die formale Qualifikation alleine ist somit einerseits kein Indiz dafür, ob jemand hinreichend qualifiziert und geeignet ist (vgl. Thole und Küster 2002). Wenn es aber anderseits auch stimmt, dass das Wissen und Können und damit also das Kompetenz- und Handlungsprofil auch für die OKJA nicht zuletzt durch die Art der Qualifizierung mit bestimmt und geprägt wird (vgl. Thole et al. 2005), so heißt dies, dass erstens die ausgewiesene Verfachlichung und Professionalisierung der letzten 30 Jahre notwendig für die OKJA gewesen sind, aber auch, dass zweitens noch nicht alle Qualifizierungspotenziale ausgeschöpft sein dürften.

Eindeutig hingegen ist belegt, dass trotz aller gegenteiligen Annahmen, Vermutungen und entgegen aller Befürchtungen und „Aufschreie" sich die MitarbeiterInnenzahl auch in der OKJA zumindest bis Ende der 1990er-Jahre nicht dezimierte, sondern eine robuste quantitative Expansion bei den Beschäftigten zu verzeichnen gewesen ist. In den 2000er-Jahren hat sich dies allerdings grundlegend verändert. So weisen die empirischen Daten darauf hin, dass die insbesondere von vielen PraktikerInnen artikulierte „gefühlte Wirklichkeit" zum Zustand der OKJA mit den realen Fakten in Übereinstimmung kommen. Der „Mythos von der Krise der Kinder- und Jugendarbeit" (vgl. Thole und Pothmann 2001) wird Realität. So muss angesichts der statistischen Befunde festgestellt werden, dass die ungebrochene quantitative Modernisierung dieses sozialpädagogischen Arbeitsbereiches ins Stocken geraten ist. Dies gilt nicht nur mit Blick auf die Entwicklung bei den personellen Ressourcen, sondern auch hinsichtlich der zu beobachtenden Prozesse der Deregulierung, also der Aufweichung und Flexibilisierung der Beschäftigungsverhältnisse in diesem Arbeitsfeld. Inwiefern sich diese veränderten, nicht selten prekären Beschäftigungsbedingungen negativ auf die Qualität der pädagogischen Arbeit mit den jungen Menschen auswirken werden, ist derzeit empirisch noch weitgehend ungeklärt. Zumindest ist dies aber zu befürchten.

67.3 Qualifikationsprofile, Wissensressourcen und Handlungskompetenzen der MitarbeiterInnen

Was die ehrenamtlich-, neben- und hauptberuflichen MitarbeiterInnen in der Kinder- und Jugendarbeit insgesamt und in der OKJA machen, also welche Angebote, Projekte und Maßnahmen sie durchführen, wie sie ihren Alltag und ihre Angebote konzipieren und methodisch strukturieren wird erst in den letzten Jahren Gegenstand empirischer Aufklärungen (vgl. Cloos et al. 2009). Doch die Frage, welches Können auf Seiten der JugendbeiterInnen anzutreffen ist und mit welchem Wissen sie ihr Machen, Können und Handeln begründen und produzieren, welche Formen sie finden, um ihre Kenntnisse für einen „gelungenen", fachlich abgesicherten Berufsalltag fruchtbar zu machen, bleibt weitestgehend unbeantwortet. Nachfolgend geht es also darum, darzustellen, über welches fachlich virulente, nicht nur zertifizierte Qualifikationsprofil die MitarbeiterInnen verfügen.

67.3.1 Die Ehrenamtlichen

Insgesamt ist der Erkenntnisstand zu den Qualifikationsprofilen jenseits formaler Ausbildungsabschlüsse in Bezug auf die nebenberuflichen MitarbeiterInnen sehr dürftig. Und auch bezüglich der ehrenamtlichen JugendarbeiterInnen ist der aktuelle Wissensstand äußerst spärlich, zumal nicht einmal bekannt ist, wie sich die „Gesamtszene" der ehrenamtlichen MitarbeiterInnen nach beruflichen Erfahrungen, Geschlechtszugehörigkeit, Alter oder auch Migrationshintergrund strukturiert (vgl. Beher et al. 2002). Nur einige, zum Teil regionalbezogene Studien geben Auskunft über die Motivation der Ehrenamtlichen sowie ihre formalen und selbstgewählten Platzierungen (z. B. Hamburger et al. 1982; Beck und Wulf 1984; Fauser et al. 2008; Düx et al. 2008). Empirisch und über Erfahrungen zaghaft angezeigt ist zumindest – dann insbesondere aber auch aus dem Bereich der Jugendverbandsarbeit (vgl. auch Thole und Hoppe 2003) –, dass

- ehrenamtliche MitarbeiterInnen dazu tendieren, pädagogische Handlungsstrategien zu reproduzieren, die sie in ihrer vorehrenamtlichen Jugendarbeitsphase kennen lernten,
- ehrenamtliche MitarbeiterInnen zumeist in den Jugendverbänden und dort bei der Gestaltung von Freizeiten und Erholungsmaßnahmen, Schulungen und Gruppenstunden aktiv sind,
- in sach- und politikbezogenen Arbeitsbereichen vornehmlich männliche und in der konfessionellen Jugendverbandsarbeit vornehmlich weibliche Ehrenamtliche zu finden sind,
- die ehrenamtlichen MitarbeiterInnen am längsten aktiv sind, wenn sie sich einen „Funktionärsstatus" erobern,
- sich Jugendliche mit einem formal niedrigeren Schulabschluss, mit Migrationshintergrund und aus den fünf östlichen Bundesländern sowie aus Großstädten seltener engagieren,

- Erwachsene, nach ihrem Engagement befragt, angeben, über ihre Tätigkeit soziale und kulturelle Lernerfahrungen realisiert zu haben, die auch für berufliche Tätigkeiten und familiales Engagement Bedeutung hatten,
- sich die Ehrenamtlichen durchschnittlich unter vier Jahren engagieren, häufig im frühen Erwachsenenalter ihr Engagement in der Kinder- und Jugendarbeit reduzieren sowie sich ihr Engagement auf Aktivitäten vor Ort konzentriert und
- dass in der Regel in der Mitte der zwanziger Lebensjahre sich das ehrenamtliche Tun gänzlich einstellt (zusammenfassend Heidenreich 1991; vgl. auch Düx et al. 2008).

Neben praktischen, hilfeorientierten Tätigkeiten sind Ehrenamtliche insbesondere in der pädagogischen Gruppenarbeit, bei der Organisation von Veranstaltungen, in der Informations- und Öffentlichkeitsarbeit, in Bezug auf kleinere Verwaltungstätigkeiten sowie in Gremien und Ausschüssen aktiv (vgl. Düx et al. 2008).

67.3.2 Handlungskompetenzen und beruflicher Habitus von hauptamtlichen MitarbeiterInnen

Die erste größere Gesamtstudie zur einrichtungsbezogenen „Offenen Kinder- und Jugendarbeit", 1973 bezeichnenderweise unter dem Titel „Jugendfreizeitheim in der Krise" publiziert, diskutierte anhand der erhobenen Daten auch die Situation der MitarbeiterInnen in den Einrichtungen. Die über Selbstauskünfte erhobenen Daten hielten die Entlohnung und die Ausbildungsprofile, die Beziehungen zu den Trägern, Jugendlichen und Eltern fest. Darüber hinaus enthielt die Erhebung Hinweise auf die tatsächliche, die tarifrechtlichen Regelungen übersteigende Arbeitszeit der MitarbeiterInnen in den Freizeitheimen, auf die Diskrepanzen zwischen den gesellschaftlichen Erwartungen an die außerschulische Pädagogik und den pädagogischen Möglichkeiten dieser sowie die relativ hohe Zahl an BerufswechslerInnen unter den qualifizierten Kräften, die „die HeimleiterInnensituation als vorläufig und als Durchgangsstadium definieren" (Grauer 1973, S. 206), zu den normativen institutionellen Rahmenbedingungen und Kontrollen, obgleich auch festgehalten wurde, dass die normativen Zwänge die MitarbeiterInnen nicht gravierend einschränken, im Gegenteil sogar „die Heimleiter das Gefühl eines hohen Maßes an beruflicher Selbständigkeit genießen" (ebd., S. 205).

Eine weitere, vom Zuschnitt jedoch wesentlich kleiner angelegte Regionalstudie zehn Jahre später bestätigte die Ergebnisse zum Teil. Über 35 % der MitarbeiterInnen gaben an, in der Woche mehr als 40 Stunden zu arbeiten. Die Studie hielt zum Beispiel jedoch auch fest, dass über 30 % der befragten hauptamtlichen MitarbeiterInnen in der OKJA mehr als ein starkes Bedürfnis haben, ihren Arbeitsplatz zu wechseln, über 50 % ihre Tätigkeit über Verwaltungsvorschriften und Dienstanweisungen behindert sehen, lediglich 27 % der Einrichtungen im verstrichenem letzten Jahr vor der Befragung keinen Wechsel der MitarbeiterInnen verzeichneten und sogar über 80 % der Fachkräfte notierten, dass ihre

Arbeitssituation sie in der Ausübung von Freizeitmöglichkeiten einschränkt (vgl. Bergkessel et al. 1981).

Die nicht nur subjektiv als belastend empfundene, sondern auch auf der Basis weiterer Daten zur Befristung empirisch beobachtbare prekäre Arbeitssituation (z. B. Koss und Fehrlen 2003; Liebig 2006) wird nicht einmal durch eine hohe gesellschaftliche Akzeptanz honoriert. Anfragen von Jugendlichen, „Wofür wirst Du eigentlich bezahlt" (vgl. Aly 1977), und politische Missachtungen, „Mir ist jeder halbprofessionelle Fußballtrainer einer drittklassigen Jugendmannschaft sympathischer als diese anpolitisierten Jugendarbeiter", so ein ehemaliger Düsseldorfer Oberbürgermeister, forcieren „Identitätsprobleme zwischen Alltagsrealität und Utopie" (vgl. Knoll-Krist 1985). Wenig überraschen kann so, dass „Burn out" und „Cool out" Phänomene insbesondere von MitarbeiterInnen in der OKJA immer wieder artikuliert, auf Aus- und Fortbildungen thematisiert und in den einschlägigen Publikationen diskutiert wurden und werden. Verschärfend kommt seit einigen Jahren hinzu, dass JugendarbeiterInnen zunehmend mehr Schwierigkeiten erfahren, wenn sie in andere, in ihren Augen weniger problematische und stressbedingte Arbeitsbereiche der Sozialen Arbeit wechseln möchten. Erschwert wird den MitarbeiterInnen in der OKJA ein Arbeitsfeldwechsel auch, weil ihnen unterstellt wird, dass sie für andere sozialpädagogische Tätigkeiten nicht hinreichend qualifiziert sind. Was „wissen" und „können" die MitarbeiterInnen in der Kinder- und Jugendarbeit und welchen beruflichen Habitus zeigen sie, das ist im Folgenden das Thema.

67.3.3 Erfahrung, Wissen und Können

Empirisch belastbares Wissen zum Wissen und Können von MitarbeiterInnen in der Kinder- und Jugendarbeit und konkret in der OKJA liegt lediglich in einem sehr überschaubaren Umfang vor (vgl. auch Schmidt i. d. B.). Qualitative Untersuchungen (vgl. Thole und Küster-Schapfl 1996; vgl. auch Cloos et al. 2009) zeigen, dass die sozialpädagogischen AkteurInnen in der OKJA mit Hochschulausbildung mehrheitlich fachlich einschlägige Publikationen nur dann rezipieren, wenn sie nach Lösungswegen für gravierende Alltagsprobleme Ausschau halten oder wenn sie zu besonders im Trend liegenden Themen, wie beispielsweise die angenommene hohe Affinität von Jugendlichen zu rechtsorientierten Ideologien oder Fragen der geschlechtsspezifischen Sozialisation oder der Sozialraumorientierung, eine alltags- und praxisverträgliche Aufklärung suchen. Die herangezogenen Informationsquellen sind dabei allerdings nicht nur beliebig, sondern auch wenig spezifisch ausgewählt und nicht einschlägig fachlich. Die MitarbeiterInnen orientieren sich nicht primär über Fachorgane, sondern darüber, was „KollegInnen empfehlen", oder versuchen, über ihre nicht fachorientierte Privatlektüre Anregungen für ihren beruflichen Alltag zu erhalten. Wenn überhaupt stehen kognitiv leichter zugängliche Periodika, wie die sozialpädagogischen und psychologischen Monatszeitschriften, generell in der Lesegunst weit vor wissenschaftlichen Monographien, populär aufgemachte Literatur zu speziellen Fragestellungen vor solcher, die grundlegende Fragen thematisieren und Publikationen mit einem vermeintlich hohen Alltagsbezug vor solchen mit einem angenommenen ausgefächerten theoretischen Gehalt. Aber auch diejenigen, die Bezüge zur wissenschaftlichen Literatur suchen, finden hier nur selten ein einschlägig ausgewiesenes fachliches, die berufliche Praxis in der OKJA fundierendes und abstützendes Referenzwissen. Mit anderen Worten: Die MitarbeiterInnen in der OKJA zeigen mehrheitlich nur eine „niedrige" Affinität zu den wissenschaftlichen und fachlichen Diskursen der Erziehungs- und Sozialwissenschaft im Allgemeinen und der Sozialpädagogik des Kindes- und Jugendalters im Speziellen. Die verfügbaren fachlichen Wissens- und sozialen Erfahrungsressourcen sind in den Deutungen der Handelnden vorrangig in lebensweltlichen, biografisch angehäuften und alltagspraktischen Kompetenzen gelagert. Der langjährige Kneipenjob, die Praxis im Sportverein, die vor dem Studium ausgeübte ehrenamtliche Tätigkeit, Erlebnisse in Praktika, Studienerfahrungen außerhalb der fachlichen Veranstaltungen, Gespräche mit Freunden und Bekannten, Kenntnis des Lebensmilieus heutiger AdressatInnen, die vor dem Studium aufgrund des eigenen Lebensweges erworben wurden, und die Kommunikation mit KollegInnen bilden die wesentlichen Quellen der fachlichen Expertise.

Bei der Hervorbringung einer beruflichen Fachlichkeit wird dem Studium folglich auch nur eine marginale, in der Regel fast ausschließlich formale Bedeutung zugesprochen. Das Studium scheint die Herausbildung einer pädagogischen respektive sozialpädagogischen Fachlichkeit und Performanz bei den MitarbeiterInnen der Sozialpädagogik des Kindes- und Jugendalters nicht grundlegend zu habitualisieren. Lehrveranstaltungen, die sich direkt auf die Kinder- und Jugendarbeit insgesamt und insbesondere auf die Offene Kinder- und Jugendarbeit beziehen, sind allerdings auch nicht mehr an allen Universitäten und Fachhochschulen zu finden (vgl. Thole et al. 2005).

Wird den vorliegenden Studien zugestanden, die Wirklichkeit auch nur annähernd zu rekonstruieren, dann sprechen die JugendarbeiterInnen den „natürlichen Ressourcen", den sozial-kommunikativen Orientierungen und Fähigkeiten für die Ausgestaltung der OKJA eine nicht zu unterschätzende Geltung zu. Viele pädagogische MitarbeiterInnen gehen davon aus, dass diese alltagsorientierten Fähigkeiten hinreichen oder habitualisieren explizit eine „natürliche" Authentizität mit der Begründung, nur so die autonome Verselbstständigung von Kindern und Jugendlichen fördern zu können.

Die kindheits- und jugendpädagogischen MitarbeiterInnen agieren den vorliegenden Befunden nach zwar nicht auf der Basis eines situativ explizierten wissenschaftlich ausgewiesenen Wissens, vielleicht zuweilen auch intuitiv, aber keineswegs chaotisch und anarchisch. Sie gestalten den pädagogischen Alltag durchaus nach relativ klaren, wenn auch reflexiv häufig nicht rückgekoppelten und unter Entfaltung von drei „konstitutiven" Regeln. Erstens gehen sie situativ äußerst sparsam mit Interventionen um und nehmen nicht jede Situation zum Anlass für Transformations- und Modulationsversuche in Richtung einer pädagogischen Rahmung (Sparsamkeitsregel). Zweitens nehmen sie aktiv am Geschehen teil. Indem die MitarbeiterInnen zeigen, dass sie Spaß an diesen Aktivitäten haben, können sie die Kinder und Jugendlichen animieren, an den Aktivitäten teilzunehmen (Mitmachregel). Gleichwohl achten sie auf ihre aktive Präsenz. Sie nehmen Stellung zu den Äußerungen, Bewertungen und Handlungen der Kinder und Jugendlichen und machen sich als Personen mit bestimmten Werthaltungen und Normvorstellungen erkennbar (Sichtbarkeitsregel) (vgl. Cloos et al. 2009; auch Schulz 2010). Wird diesem empirischen Befund gefolgt, dann besteht die professionelle Herausforderung auch in der OKJA für die MitarbeiterInnen darin, als „Anderer unter Gleichen" zu agieren.

Keineswegs sind die beruflichen Profile der in der OKJA Tätigen kongruent. Neben mehr oder weniger deutlichen fachlichen Abstützungen finden sich berufliche Profile, die tendenziell an habituelle Profile der privaten Lebensführung angelehnt sind, neben solchen, die eine hohe Homogenität mit der sozialen Institution auszeichnet, finden sich Profilierungen, die stark in die infrastrukturellen sozialen Netzwerke der Kommune involviert sind, neben beruflichen Habituskonstitutionen, die ihr Profil über ihre Akzeptanz bei den AdressatInnen konturieren. Insgesamt sind die habituellen Profile jedoch nur äußerst marginal über ein nach außen offensiv dokumentiertes spezifisches ExpertInnenwissen konturiert. Weder scheinen die AkteurInnen in der OKJA darauf zu vertrauen, dass ihrem Wissen ein exklusiver Stellenwert in Bezug auf soziale Fragen, Probleme und Risiken von den gesellschaftlichen Öffentlichkeiten zugestanden wird, noch scheinen sie selbst ihrem Wissen soweit zu vertrauen, dass sie es zur habituellen Profilierung einzusetzen vermögen. Die beruflich soziale Praxis – die professionelle Performanz – und der professionelle, sozial-kulturelle Habitus ritualisieren sich primär über subjektive Orientierungen und den privaten Lebensstil und umgekehrt.

67.4 „Aber dazu brauche ich halt sogenanntes Handwerkszeug"[5] – Ausblick vor dem Hintergrund demographischer Veränderungen

67.4.1 Ein Blick zurück …

Das Aufgabenprofil, das die MitarbeiterInnen in den zurückliegenden 50 Jahren zu erfüllen hatten, unterlag einschneidenden Veränderungen. Die sozial-kulturelle Integration der jeweiligen heranwachsenden Generation über soziale Disziplinierung zu fördern und zu steuern, dies war bis weit in die 1950er-Jahre hinein das Mandat, das die Gesellschaft den JugendarbeiterInnen übertrug. Den JugendarbeiterInnen wurde die Lizenz übertragen, mittels methodisch strukturierter Angebote und Maßnahmen, je nach gesellschaftlicher Situation mal mehr, mal weniger autoritär und normativ, die Jugendlichen vor Verwahrlosung zu schützen und deren nonkonformistische Renitenzen zu kanalisieren und sie „passend" im Sinne des jeweiligen gesellschaftlichen Jugendentwurfes zu sozialisieren. Das Machen, Tun und Können orientierte sich an diesem Programm, war konturiert durch pädagogisch geleitete Intuition und diese wiederum war auszufüllen mit alltagsweltlich

---

[5] Aussage von einer Stadtjugendpflegerin einer norddeutschen Kleinstadt auf die Frage, mit welchem Können sie meint, ihre Alltagsarbeit zu bewältigen.

geprägten spielerischen, organisatorischen, rhetorischen, gesundheitlich-hygienischen, handwerklichen, musisch-kulturellen und in den Anfängen paramilitärischen Fähigkeiten.

Im Verlauf der 1960er-Jahre gewannen Handlungskompetenzen an Bedeutung, die die Selbstartikulationsfähigkeiten und Kommunikationsformen von Jugendlichen und Kindern zu stärken wünschten und die ein Gefühl für die Interessen und Wünsche der Heranwachsenden zu entwickeln ermöglichten. Gefragt waren Handlungskompetenzen, die Ziele wie die Förderung kritischer Mündigkeit und die Erhöhung der Bildungsfähigkeit von marginalisierten Jugendlichen zu unterstützen erhofften (vgl. Mollenhauer 1964). Im Zuge der theorieorientierten Neukonzeptualisierung einer Kinder- und Jugendarbeit seit Mitte der 1960er-Jahre und insbesondere in der ersten Hälfte der 1970er-Jahre wurde dieses Paradigma nochmals politisch radikalisiert. In der zugespitztesten und politisiertesten Variante hatten die JugendarbeiterInnen nun einzig noch die Aufgabe, Jugendliche darin zu befähigen und zu motivieren, kollektiv-organisiert die kapitalistische Gesellschaft zu bekämpfen (vgl. Liebel 1974; vgl. auch Ahlheim 1971). Wohlwissend um den illusionären, utopischen Charakter dieser für elementar erachteten Zielvorgaben und der damit der Kinder- und Jugendarbeit aufgebürdeten Überforderung, ist nicht zu übersehen, dass mit diesem Handlungsanspruch ein Aktivitätspotential sich entwickelte, das zwar den eigentlichen Intentionen nicht zu entsprechen vermochte, jedoch die Kinder- und Jugendarbeit zu einem lebendigen und innovativen sozialpädagogischen Handlungsfeld machte. Die von den JugendarbeiterInnen aktivierten Handlungskompetenzen wurden über die politischen Ansprüche präformiert und zeitweise im Feld entgegen der publizierten Vorgaben auch methodisch-didaktisch unterfüttert, wenn im Einzelnen auch nicht systematisiert und strukturiert.

Die über die allgemeine Politisierung freigesetzten Handlungskompetenzen und -aktivitäten konnten allerdings nicht fachlich ausbuchstabiert und weiter entwickelt werden, so dass im Verlauf der politischen Entideologisierung der Sozialpädagogik ab Beginn der 1980er-Jahre Gefühle der Unsicherheit und „Krisenhaftigkeit" bei den JugendarbeiterInnen mit Blick auf ihr Berufsfeld zunahmen. Differente, sich ergänzende wie ausschließende konzeptionelle Muster stehen seit diesem Zeitpunkt nebeneinander. Darüber ausbuchstabierte „professionelle" Anforderungsprofile sehen die JugendarbeiterInnen als nicht pädagogisch-wirkende BegleiterInnen von jugendlichen Selbstorganisationsprozessen, als infrastrukturelle RaumwärterInnen von öffentlichen Freizeit- und Bildungszentren sowie Projekten, als dienstleistungsorientierte VernetzerInnen von regionalen und stadtteilbezogenen politischen und kulturellen Initiativen, als LebensbewältigungshelferInnen, auch und insbesondere für marginalisierte Kinder und Jugendliche, oder als Bildungs- und FreizeitpädagogInnen für adressaten- und lebensweltorientierte Projekte und Angebote (vgl. u. a. Böhnisch und Münchmeier 1987, 1990; Krieger und Mikulla 1994; Müller 1993; Thole 2000, 2012).

67.4.2 Zum Wissen und Können der MitarbeiterInnen heute

Die heutige OKJA begreift sich im Kern als ein Feld der Initiierung von Bildungsprozessen. Dementsprechend haben sich die MitarbeiterInnen auch als AkteurInnen der Ermöglichung von Bildungsprozessen in einem non-formal geregelten gesellschaftlichen Handlungsraum zu verstehen. Im Kern sind die damit verbundenen Aufgabenstellungen für die MitarbeiterInnen über die Jahrzehnte jedoch gleich geblieben. SozialpädagogInnen und SozialarbeiterInnen und die sonstigen Berufstätigen in der OKJA begleiten und unterstützen Kinder und Jugendliche bei der Bewältigung von Krisen, Problemen und Übergängen, animieren sie, sich selbst und die Welt zu erfahren und zu begreifen.

JugendarbeiterInnen, die betonen, dass das „Studium nichts gebracht hat", die „Praxis etwas ganz anderes ist als die Theorie" und „man das Studium in der Praxis schnell vergessen sollte", wissen um die Schwierigkeiten, Wissen in Können, Theorie in Praxis zu übersetzen. Sie übersehen häufig jedoch, dass zur Entwicklung einer fachlich fundierten und nicht auf Zufälligkeiten vertrauenden Praxis alltägliche, intuitive und natürliche Wissensressourcen allein nicht hinreichend sind. Unabhängig davon, welches berufliche Verständnis die JugendarbeiterInnen für sich jeweils favorisieren, also für welches berufliche Praxisprofil ihrer Rolle sie sich entscheiden, sind von ihnen über Wissen abgefederte Handlungskompetenzen zu erwarten, ohne die ein fachlich fundierter Berufsalltag nicht gelingen kann. Hauptberufliche MitarbeiterInnen in der Kinder- und Jugendarbeit und damit auch im Feld der OKJA sollten

- Kenntnisse über die Lebenslagen und -verhältnisse von Kindern und Jugendlichen, ihre soziokulturellen Orientierungen und Stilpräferenzen sowie gesellschaftlichen Verortungswünsche, über die mit den Modernisierungsprozessen sich ständig modifizierenden Gestaltungsmöglichkeiten der Kindheits- und Jugendphase und der damit verbundenen Risiken und besonderen Problemlagen haben;
- Kenntnisse über die institutionellen Strukturen des bundesrepublikanischen Sozial- und Jugendhilfesystems haben und ein Wissen darüber, wie die öffentlichen Träger, also die Jugendämter, und freien Träger, also die Jugend- und Wohlfahrtsverbände, intern aufgebaut sind;
- über die rechtlichen Kodifizierungen der Kinder- und Jugendhilfe und der länderspezifischen Ausführungsbestimmungen informiert sein, also zumindest das Kinder- und Jugendhilfegesetz und die entsprechenden länderbezogenen Ausführungsbestimmungen kennen;
- subjekt-, milieu- und lebenswelt- sowie gesellschaftsbezogene soziologische und psychologische Wissensbestände gelernt haben;
- Wissen über die professionsethischen Standards pädagogischen Handelns in institutionellen Kontexten haben;
- über das Netzwerk sozialpädagogischer Hilfs- und Beratungsangebote allgemein und ortsbezogen Bescheid wissen;

- über Wissen in Bezug auf die politisch-administrativen Strukturen und die sozialstaatlichen Rahmenbedingungen verfügen;
- Wissen über die Reproduktionsmechanismen gesellschaftlicher Ungleichheit, u. a. in Bezug auf die Geschlechter und Ethnien, haben und
- Kenntnisse über den Einsatz von unterschiedlichen Methoden und Evaluationsformen, Organisationskonzepten und Kommunikationsformen aktivieren können.

Nachdrücklich erinnern insbesondere die Ergebnisse der sozialwissenschaftlichen Verwendungsforschung daran, dass einfache Transfer- und Transformationsprozesse von Wissensbeständen in die Praxis nur in den wenigsten Fällen und keineswegs durchgängig gelingen – es führt kein unmittelbarer Weg vom theoretischen Wissen zum praxiskompatiblen Handlungswissen (vgl. u. a. Dewe et al. 1992). Die genannten wissenschaftlichen und alltagspraktischen Wissensbestände sind demzufolge nur situations- und fallbezogen zu stimulieren und zu überdenken. In der beruflichen Praxis entwickeln sich diese über kontinuierliche Aktualisierungsprozesse zu aufgeschichteten Handlungsstrategien und -routinen. Und dabei sind die „Professionellen" immer wieder aufgefordert, ihre subjektiven und intuitiven Handlungsmuster kritisch zu inspizieren sowie ihre Wissensbestände und Deutungsmuster, aber auch die alltagsroutinisierten Regeln des Handelns unter Rückgriff auf die wissenschaftlichen und alltagspragmatischen Wissensbestände zu analysieren (vgl. Sturzenhecker 1996; Cloos et al. 2009).

Das „Herstellen", „Machen" und „Organisieren" von nicht schulischen, institutionalisierten pädagogischen Angeboten und Projekten erfordert demzufolge auch „praktische Handlungsfähigkeiten". Die OKJA verlangt von ihren MitarbeiterInnen insbesondere

- kommunikative Fähigkeiten, also die Kompetenz, mit Kindern und Jugendlichen „quatschen und labern" zu können;
- handwerkliche, sportliche und kulturelle Kompetenzen und spielerisches Geschick, etwa beim „Krökeln" und Tischtennis spielen, um mit den Kindern und Jugendlichen in eine produktive und kreative Auseinandersetzung treten zu können;
- rhetorische Fähigkeiten, um Anliegen und Ziele öffentlich verständlich vorstellen zu können und pädagogische Inhalte auch politisch begründen und argumentativ abstützen zu können;
- schriftliche Ausdrucksfähigkeiten, um zum Beispiel Presseberichte und Konzeptionen so verfassen zu können, dass sie von der Öffentlichkeit verstanden werden können;
- Rollenflexibilität, um zum Beispiel in einer Kinder- und Jugendhilfeausschusssitzung sprachlich und habituell entsprechend der dortigen Regeln auftreten zu können, um nicht auf den symbolischen und habituellen Stil, der gegenüber und im Kontakt mit den Kindern und Jugendlichen routiniert wurde, angewiesen zu bleiben;
- situationsangemessene Spontaneität;
- emphatische, biografie- wie ethnografieorientierte Wahrnehmungs-, Verstehens- und Beratungskompetenzen sowie
- Organisations-, Planungs-, Verwaltungs- und Kooperations-„Können" und

- insbesondere Fähigkeiten, mit den professionsethischen Prämissen, beispielsweise in der Ausbalancierung des Verhältnisses von Nähe und Distanz, souverän und nicht grenzverletzend umgehen und Missachtungen dieser Standards in den Organisationen wahrnehmen zu können.

Selbstverständlich kann nicht jeder Jugendhausarbeiter und jede Jugendhausarbeiterin alles perfekt beherrschen und ebenso selbstverständlich ist auch, dass die Vorstellungen von dem MitarbeiterInnenprofil von Handlungsfeld zu Handlungsfeld variieren. Bestimmte Kompetenzen des „Könnens" und Agierens, wie etwa das Vermögen, Probleme von Kindern und Jugendlichen nachzuvollziehen, Verwaltungsabläufe zu durchschauen und situationsadäquat und flexibel zu reagieren, sind vielleicht häufiger unabdingbar als zum Beispiel sportliche Fähigkeiten. Und sicherlich können Handlungs- und Kompetenzdefizite durch ein funktionierendes Team ausgeglichen werden. Auf ein gewisses Maß an alltagspragmatischen Handlungskompetenzen werden allerdings MitarbeiterInnen in der OKJA nicht verzichten können. Je mehr diese „Könnens"bereiche zum Beispiel in der Jugendhausarbeit aktiviert werden und über wissenschaftliches Wissen reflektierend rückgebunden werden, um so eindeutiger und selbstbewusster können sich die Kinder- und JugendarbeiterInnen als ExpertInnen in Sachen informeller und non-formaler Bildung sowie als sachkundige SpezialistInnen für die Sozialpädagogik des Kindes- und Jugendalters verstehen und gegenüber Dritten, zum Beispiel im politischen Raum, ausweisen.

67.4.3 Weiterbildung – Qualitätsentwicklung für die Handlungskompetenzen von morgen

Der Blick in die Daten der Kinder- und Jugendhilfestatistik hat gezeigt, dass die Kinder- und Jugendarbeit über die letzten Jahrzehnte hinweg eine beachtliche Wegstrecke in ihrem Professionalisierungsprojekt zurückgelegt hat. Darüber hinaus belegen empirische Studien nicht nur, dass für die JugendarbeiterInnen ein hohes fachliches Anforderungsprofil gilt, sondern auch, dass das angewandte Wissen und Können im Praxisalltag – bei allen einzuräumenden Qualitätsunterschieden – mitunter bereits ein beeindruckendes Niveau erreicht hat.

Mit Blick auf die OKJA ist herauszustellen, dass allein um die erreichte Fachlichkeit nicht zu gefährden der Fort- und Weiterbildung eine wichtige, wenn auch möglicherweise von der Praxis noch unterschätzte Bedeutung zur Qualitätsentwicklung zukommt. Das Wissen über die Bedingungen des Aufwachsens in modernen Gesellschaften ist angesichts der wahrzunehmenden Veränderungsgeschwindigkeiten nie aktuell (vgl. Thole und Höblich 2008) und bedarf der kontinuierlichen Auffrischung. Dies gilt umso mehr, als dass sich die fachlichen Anforderungen in den Handlungsfeldern seit Jahrzehnten (vgl. Abschn. 67.4.2) stetig verändert haben und weiter verändern werden, denkt man beispielsweise nur an zukünftige Optionen der OKJA im Rahmen lokaler Bildungslandschaften und die damit verbundenen Herausforderungen für das Personal (vgl. Rauschenbach et al. 2010).

Insbesondere ein Befund aus den statistischen Daten verweist auf die hohe und weiter zunehmende Bedeutung der Weiterbildung in der Kinder- und Jugendarbeit: Das Älterwerden sowie der längere, berufsbiografisch lebenslange Verbleib in der OKJA. Dabei geht es mit Blick auf Weiterbildung jedoch nicht allein darum, Wissensressourcen und Handlungskompetenzen für den pädagogischen und organisatorischen Alltag in der Kinder- und Jugendarbeit nach neustem Erkenntnisstand zu aktualisieren, zu erweitern und möglicherweise anders als bislang zu gewichten. Neben dieser wichtigen Dimension der beruflichen Bildung gehören auch die politische Bildung sowie die Persönlichkeitsentwicklung als pädagogischer Profi dazu. Weiterbildung kommt insgesamt die Aufgabe zu, die individuelle Wissensarbeit als einen Prozess über die gesamte Berufsbiografie hinweg zu begleiten und neben den klassischen Methoden (Fachtagungen, Kurse, Seminare, Workshops) auch neuere Formen der Bildungsarbeit in virtuellen Räumen zu etablieren sowie nicht zuletzt informelle Formen des Lernens am Arbeitsplatz – u. a. durch Teamarbeit, Supervision, Qualitätsmanagement, Evaluation und Coaching (vgl. auch Thole et al. 2005) – zu initiieren. Eine so verstandene Fort- und Weiterbildung kann mit Blick auf die länger andauernden Berufsbiografien in der Kinder- und Jugendarbeit sowie hinsichtlich fehlender „Karriereoptionen" dabei helfen, „berufsbiografische Sackgassen" (vgl. Peter 2002) und damit verbundene negative Auswirkungen auf Arbeitsmotivation und Berufszufriedenheit zu vermeiden.

Ein gutes Weiterbildungsangebot mit den oben dargestellten Dimensionen sowie unterschiedlichen didaktischen Settings ist mindestens genauso wichtig für BerufseinsteigerInnen. Dies gilt mit Blick auf Bachelor- und Masterstudiengänge, die häufig im Vergleich zu den Diplomstudiengängen weniger Praxisanteile aufweisen, so dass Anstellungsträger dazu übergehen müssen, BerufseinsteigerInnen gezielt durch entsprechende Qualifizierungsmaßnahmen bei der Einarbeitung zu unterstützen. Nicht zu unterschätzen ist in diesem Zusammenhang, dass solche Angebote das Berufsfeld der OKJA im Horizont eines möglichen Fachkräftemangels für die Sozial- und Erziehungsberufe im Allgemeinen sowie die Kinder- und Jugendhilfe im Besonderen (vgl. AGJ 2011) gegenüber anderen Arbeitsfeldern attraktiver machen könnte.

Literatur

Ahlheim, R., Hülsemann, W., Kapczynski, H., Kappeler, M., Liebel, M., Mahrzahn, C., & Werkentin, F. (1971). *Gefesselte Jugend*. Frankfurt a. M.
Aly, G. (1977). *„Wofür wirst Du eigentlich bezahlt?"*. Berlin.
Arbeitsgemeinschaft für Kinder- und Jugendhilfe (AGJ) (2011). *Fachkräftemangel in der Kinder- und Jugendhilfe. Positionspapier vom April 2011*. Berlin. http://www.agj.de/pdf/5/Fachkraeftemangel.pdf. Zugegriffen: 24.07.2011.
Beck, C., & Wulf, C. (1984). Ehrenamtliche Mitarbeiter in der Jugendarbeit. *Deutsche Jugend, 32*(1), 33–38.

Beher, K., Liebig, R., & Rauschenbach, T. (2002). *Das Ehrenamt in empirischen Studien – ein sekundäranalytischer Vergleich*. Herausgegeben vom Bundesministerium für Familie, Senioren, Frauen und Jugend (3. Aufl.). Stuttgart.

Bergkessel, P., Diekmeyer, H., Kern, E., & Lemm, R. (1981). *Die Arbeits- und Lebenssituation sozialpädagogischer Fachkräfte in der Jugendarbeit*. Düsseldorf.

Böhnisch, L., & Münchmeier, R. (1987). *Wozu Jugendarbeit? Orientierungen für Ausbildung, Fortbildung und Praxis*. Weinheim und München.

Böhnisch, L., & Münchmeier, R. (1990). *Pädagogik des Jugendraumes*. Weinheim und München.

Cloos, P., Köngeter, S., Müller, B., & Thole, W. (2009). *Die Pädagogik der Kinder- und Jugendarbeit* (2. Aufl.). Wiesbaden.

Dehn, G. (1929). Jugendpflege. In H. Nohl, & L. Pallat (Hrsg.), *Handbuch der Pädagogik*. Bd. 5. (S. 97–113). Langensalza.

Dewe, B., Ferchhoff, W., & Radtke, F.-O. (Hrsg.) (1992). *Erziehen als Profession*. Opladen.

Düx, W., Prein, G., Sass, E., & Tully, C. J. (2008). *Kompetenzerwerb im freiwilligen Engagement. Eine empirische Studie zum informellen Lernen im Jugendalter*. Wiesbaden.

Fauser, K., Fischer, A., & Münchmeier, R. (2008). *Jugendliche als Akteure im Verband. Ergebnisse einer empirischen Untersuchung der Evangelischen Jugend* (2. Aufl.). Opladen.

Fuchs-Rechlin, K., Pothmann, J., & Rauschenbach, T. (2011). Hilfen zur Erziehung als Beruf. Empirische Befunde zur Personalsituation im Überblick. *Forum Erziehungshilfen, 17*(2), 82–90.

Grauer, G. (1973). *Jugendfreizeitheime in der Krise*. Weinheim und Basel.

Hafeneger, B. (2002). „No easy way out". Berufsperspektiven in der Jugendarbeit. In T. Rauschenbach, W. Düx, & I. Züchner (Hrsg.), *Jugendarbeit im Aufbruch. Selbstvergewisserungen, Impulse, Perspektiven* (S. 235–250). Münster.

Hamburger, F., Beck, C., & Wulf, C. (1982). *Ehrenamtliche Mitarbeiter in der Jugendarbeit*. Weinheim und Basel.

Heidenreich, H. (1991). Mitarbeiterinnen und Mitarbeiter in Jugendverbänden. In L. Böhnisch, T. Gängler, & T. Rauschenbach (Hrsg.), *Handbuch Jugendverbände* (S. 272–281). Weinheim und München.

Knoll-Krist, D. H. (1985). *Profis im Jugendhaus*. Stuttgart.

Koss, T., & Fehrlen, B. (2003). *Topographie der offenen Jugendarbeit in Baden-Württemberg*. Leinfelden: AGJF Baden Württemberg.

Krieger, W., & Mikulla, J. (1994). *Offene Jugendarbeit und die Krise der Moderne*. Berlin.

Liebel, M. (1974). Überlegungen zum Praxisverständnis antikapitalistischer Jugendarbeit. In H. Lessing, & M. Liebel (Hrsg.), *Jugend in der Klassengesellschaft* (S. 161–179). München.

Liebig, R. (2006). *Entwicklungslinien der Offenen Kinder- und Jugendarbeit. Befunde der dritten Strukturdatenerhebung zum Berichtsjahr 2004 für Nordrhein-Westfalen*. Düsseldorf: Ministerium für Generationen, Familie, Frauen und Integration des Landes Nordrhein-Westfalen.

Mollenhauer, K. (1964). Versuch 3. In C. W. Müller, H. Kentler, K. Mollenhauer, & H. Giesecke (Hrsg.), *Was ist Jugendarbeit? Vier Versuche zu einer Theorie* (S. 89–118). München.

Müller, B. (1993). Jugend in sozialpädagogischen Institutionen. In H. H. Krüger (Hrsg.), *Handbuch der Jugendforschung* (S. 559–558). Opladen.

Peter, H. (2002). Produktive Irritationen. Weiterbildung zwischen Praxiserwartungen und fachlichen Erfordernissen. In T. Rauschenbach, W. Düx, & I. Züchner (Hrsg.), *Jugendarbeit im Aufbruch. Selbstvergewisserungen, Impulse, Perspektiven* (S. 181–206). Münster.

Pothmann, J. (2012). Jugendarbeit – gelandet nach freiem Fall? *KomDat Jugendhilfe, 15*(1), 14–15.

Rauschenbach, T. (2010). Kinder- und Jugendarbeit in neuer Umgebung. Ambivalenzen, Herausforderungen, Perspektiven. In M. Leschwange, & R. Liebig (Hrsg.), *Aufwachsen offensiv mitgestalten* (S. 17–51). Essen.

Rauschenbach, T., Borrmann, S., Düx, W., Liebig, R., Pothmann, J., & Züchner, I. (2010). *Lage und Zukunft der Kinder- und Jugendarbeit in Baden-Württemberg*. Stuttgart.

Schulz, M. (2010). *Performances: Jugendliche Bildungsbewegungen im pädagogischen Kontext*. Wiesbaden.

Sturzenhecker, B. (1996). Reflexivität ist gefordert. Zur professionellen Kompetenz in der offenen Jugendarbeit. *Der pädagogische Blick, 4*(4), 159–170.

Thole, W. (2000). *Kinder- und Jugendarbeit. Eine Einführung*. Weinheim und München.

Thole, W. (2012). Kinder- und Jugendarbeit. Freizeitzentren, Jugendbildungsstätten, Aktions- und Erholungsräume. In H. H. Krüger, & T. Rauschenbach (Hrsg.), *Einführung in die Arbeitsfelder des Bildungs- und Sozialwesens* (5. Aufl.). Opladen, i. E.

Thole, W., Wegener, C., & Küster, E.-U. (Hrsg.) (2005). *Professionalisierung und Studium. Die hochschulische Qualifikation für die Kinder- und Jugendarbeit. Befunde und Reflexionen*. Wiesbaden.

Thole, W., & Höblich, D. (2008). „Freizeit" und „Kultur" als Bildungsorte – Kompetenzerwerb über non-formale und informelle Praxen von Kindern und Jugendlichen. In C. Rohlfs, M. Harring, & C. Palentien (Hrsg.), *Kompetenz-Bildung. Soziale, emotionale und kommunikative Kompetenzen von Kindern und Jugendlichen* (S. 69–93). Wiesbaden.

Thole, W., & Hoppe, J. (2003). *Freiwilliges Engagement – ein Bildungsfaktor*. Frankfurt a. M.

Thole, W., & Küster, E. U. (2002). „Wenn Jugendarbeit zum Beruf wird". Die Qualifikationsfrage der Kinder- und Jugendarbeit. In T. Rauschenbach, W. Düx, & I. Züchner (Hrsg.), *Jugendarbeit im Aufbruch. Selbstvergewisserungen, Impulse, Perspektiven* (S. 159–180). Münster.

Thole, W., & Küster-Schapfl, E. U. (1996). Erfahrung und Wissen. Deutungsmuster und Wissensformen von Diplom-PädagogInnen und SozialpädagogInnen in der außerschulischen Kinder- und Jugendarbeit. *Zeitschrift für Pädagogik, 46*(6), 831–852.

Thole, W., & Pothmann, J. (2001). Der Krisenmythos und seine empirische Wirklichkeit. Stand der Kinder- und Jugendarbeit zu Beginn ihres zweiten Jahrhunderts. *Deutsche Jugend, 49*(4), 153–164.

Thole, W., & Pothmann, J. (2005). Die MitarbeiterInnen. In U. Deinet, & B. Sturzenhecker (Hrsg.), *Handbuch Offene Kinder- und Jugendarbeit* (3. Aufl., S. 19–36). Wiesbaden.

van Santen, E., & Seckinger, M. (2001). Neue Trägervielfalt in Ostdeutschland und ihre Folgen für das (neo)korporatistische System. *Zeitschrift für Sozialreform, 45*(1), 55–74.

Personalentwicklung

Katja Müller

Personalentwicklung (PE) versteht sich als systematische Gewinnung und Qualifizierung der MitarbeiterInnen mit dem Ziel, ihre Fähigkeiten kontinuierlich zu fördern und zu sichern (vgl. Böttcher und Merchel 2010). Kompetenz und Motivation der MitarbeiterInnen bestimmen auch in der Offenen Kinder- und Jugendarbeit (OKJA) wesentlich die Qualität des Angebots. Die Entwicklung und der Einsatz von Konzepten der PE spielen in der breiten Praxis der OKJA jedoch bisher keine Rolle.

Ein Aspekt erfährt allerdings in der Literatur und in Fachgesprächen immer wieder Aufmerksamkeit: Die Jugendarbeit gilt als Arbeitsfeld der Berufseingangsphase, in dem man nicht „zu alt" sein dürfe und nicht „zu lange" in einer Einrichtung verweilen sollte (vgl. Hafeneger 1990, 2002; Deinet 2000). Neben der Frage nach dem „Ausstieg" von MitarbeiterInnen haben Anstellungsträger auch zunehmend Schwierigkeiten, qualifiziertes Personal für ihre Einrichtungen der OKJA zu finden (vgl. AGJ 2011).

68.1 Blick auf die Fakten

Der Altersdurchschnitt der hauptberuflichen Fachkräfte der Jugendarbeit steigt: Inzwischen ist in Deutschland die Hälfte der MitarbeiterInnen über 40 Jahre alt (differenziertere statistische Angaben siehe Thole und Pothmann 2012 i. d. B.). Nur gut ein Drittel von ihnen hat einen Vollzeitarbeitsplatz. Gleichzeitig sind die Beschäftigungsverhältnisse prekärer geworden. Teilzeitstellen und befristete Arbeitsverhältnisse haben zugenommen (vgl. AGJ 2011). Damit bietet die OKJA für eine steigende Zahl an Fachkräften keinen langfristig gesicherten Lebensunterhalt. Dennoch ist die durchschnittliche Beschäftigungszeit in der OKJA in den letzten Jahren angestiegen: Die LAG Kath. OKJA in NRW ermittelte eine

Katja Müller ✉
LWL – Landesjugendamt Westfalen, Warendorfer Straße 25, 48133 Münster, Deutschland
e-mail: katja.mueller@lwl.org

Verweildauer von 6–9 Jahren in ihren Einrichtungen, die Dortmunder Jugendarbeitsstudie aus dem Jahr 2000 sogar 14 Jahre (vgl. LAG Kath. OKJA 2010; Schmidt 2011). Das Älterwerden des Personals in der Jugendarbeit und die längere Verweildauer in der OKJA kann mit der angestiegenen Akademisierung des Arbeitsfeldes erklärt werden. Dadurch sind die BerufseinsteigerInnnen schon älter als vor einigen Jahren (vgl. Thole und Pothmann i. d. B.). Auch geht mit der Ablösung des Bundesangestelltentarifs (BAT) durch den TVöD eine berufliche Veränderung für Fachkräfte, die aus dem BAT übergeleitet wurden, i. d. R. mit (erheblichem) finanziellen Nachteil einher. Nicht neu ist, dass Fachkräften häufig kaum alternative Arbeitsfelder, Aufstiegs- und Rotationsmöglichkeiten innerhalb der Organisation angeboten werden (vgl. Hafeneger 2002). Als geeigneter Arbeitsbereich für junge Berufseinsteiger angepriesen, kann sich die OKJA so zur beruflichen Sackgasse entwickeln.

68.2 Alter und Verweildauer als Qualitätsmerkmal?

Die Frage des Alters und der Verweildauer stellt sich besonders kritisch in der Jugendarbeit, aber interessanterweise weniger im Kita-Bereich, in der Schule oder im ASD etc. In der fachlichen Diskussion wird jedoch herausgestellt, dass qualitativ gute OKJA keine Frage des Alters ist. Zudem gibt es gute Argumente, dass älter werdende Fachkräfte wichtige (andere) Erwachsenenrollen gegenüber Kindern und Jugendlichen einnehmen können. In Teams ist eine Altersmischung günstig, weil eine längere berufliche Erfahrung z. B. für die Netzwerkarbeit im Sozialraum und/oder die jugendpolitische Interessensvertretung von Vorteil sein kann (vgl. Deinet 2000). Vor allem sind Reflexions- und Empathiefähigkeit, Zielorientierung und die Affinität zur jugendlichen Lebenswelt entscheidend. Dennoch ist gerade die OKJA ein Arbeitsbereich mit viel Gestaltungsfreiraum, in dem man sich auch einrichten, ermüden und der konzeptionellen Weiterentwicklung entziehen kann. Es ist also weniger die Debatte um das Lebensalter der Fachkräfte zu führen als die Auseinandersetzung um das erwünschte und umgesetzte Professionsprofil und die konkrete Einrichtungskonzeption (vgl. Hafeneger 2002).

Deinet hat bereits 2000 darauf hingewiesen, dass weniger das Lebensalter als vielmehr eine „Dequalifizierung durch lange Verweildauer" (Deinet 2000, S. 532) einen Risikofaktor für Einrichtungen der OKJA darstellt, der zur Trägheit und fehlender Innovationsbereitschaft führen kann. Er forderte damals „Maximal fünf Jahre, Verlängerung auf acht Jahre – dann muss Schluss sein!" (ebd., S. 535).

68.3 Strategische Personalentwicklung

Eine in der Organisation strukturell geplante Personalentwicklung bringt die inhaltlich-konzeptionellen Perspektiven des Arbeitsfeldes mit den berufsbiografischen Optionen der MitarbeiterInnen in Einklang (vgl. Peter 2002). PE in der OKJA muss also einerseits dazu dienen, geeignetes Personal zu finden, einzuarbeiten und zu qualifizieren, andererseits mit den tätigen MitarbeiterInnen eine langfristige berufliche Perspektive entwickeln.

PE beschreibt einen mittelfristig planbaren Kreislauf, der vor Beginn einer Einstellung ansetzt und mit einem Ausscheiden aus dem Dienst aufhört. Systematische Konzepte dafür sind nicht nur in der OKJA, sondern in der gesamten Sozialen Arbeit bisher Randerscheinungen und geraten nun verstärkt durch den angekündigten oder bereits erlebten Fachkräftemangel in den Blick.

Instrumente, die auch für die OKJA geeignet sind, werden im Folgenden kurz dargestellt: (vgl. ausführlicher: Hölzle 2006; Friedrich 2010; Pamme 2012).

Personalbeschaffung und Personalauswahl: Das Angebot von ausbildungs- und studienbegleitenden Praktika und ein enger Kontakt zu den Ausbildungsstätten können den Austausch zwischen jungen, zukünftigen Berufsanfängern und der OKJA ermöglichen. Eine Trainee-Zeit kann das Berufsanerkennungsjahr als Entscheidungsgrundlage und Einarbeitungszeit ersetzen. In einer strukturierten Einarbeitung sind regelmäßige Gespräche mit der fachlichen Leitung angezeigt, KollegInnen können die Funktion von Mentoren übernehmen. Eine Einarbeitungsphase ist mit reduzierten Aufgaben denkbar. Nicht zuletzt ein „aktiver Umgang mit der Probezeit" begünstigt eine bewusste Personalentscheidung. Gerade für die OKJA sind feldbezogene einführende Fortbildungen erforderlich – Detailkenntnisse sind nach einem komprimierten Bachelor-Studium kaum noch zu erwarten.

Fort- und Weiterbildung gilt als Kern der PE und umfasst individuell genutzte Fachtagungen/Seminare sowie Inhouse-Schulungen für ganze Teams/Fachbereiche. Insbesondere bei externen Fortbildungen sind Nutzen und Wissenstransfer zu sichern. Während bei Berufseinsteigern Kenntnisse und Fähigkeiten für das Feld der OKJA zu vertiefen sind, sollten früh feldübergreifende Qualifikationen zur individuellen beruflichen Weiterentwicklung geklärt werden.

Kollegiale Beratung, Supervision und Coaching bieten die Chance für die fachliche und persönliche Weiterentwicklung, der beruflichen Reflexion und Konfliktbearbeitung. Sie sind aber kein Allheilmittel für Belastungen und Schwächen der Organisationsstruktur (vgl. Pamme 2012).

Ohne ein regelmäßig stattfindendes *Personalentwicklungsgespräch* in transparenter und offener Kommunikation zwischen Leitung und MitarbeiterIn wird man eine strukturierte Steuerung des Kompetenzerwerbs und der beruflichen Weiterentwicklung nicht erreichen können.

Betriebswirtschaftlich hergeleitete PE-Maßnahmen wie *Zielvereinbarungsgespräche*, insbesondere in Kopplung mit einer *leistungsorientierten Bezahlung* werden sehr kontrovers diskutiert. Entscheidend für ihren Erfolg scheint die Einbettung in das gesamte Organisationsklima. Sie sind ggf. geeignet, einen besonderen Einsatz zu honorieren, aber befördern sicher nicht einen Ausstieg aus dem Feld oder einen Qualitätssprung.

Um die *Durchlässigkeit* in andere Arbeitsbereiche zu verbessern, sind arbeitsfeld- und trägerübergreifende Strategien erforderlich, die horizontale (in andere Felder, zu anderen Trägern) und vertikale Übergänge (in die Leitungsebenen) erleichtern. Hier sind die Führungskräfte gefragt, die Chance durch Austausch von berufserfahrenem Personal bspw. über Hospitationen zu fördern.

68.4 Personalentwicklung ist Führungsaufgabe

Alle Veröffentlichungen zur Personalentwicklung identifizieren selbstverständlich die Leitung als verantwortlich für eine strategische Personalentwicklung (vgl. AGJ 2010; Sprenger 2007; Arnold 2009). Eine moderne PE ist dann effektiv, wenn eine kommunikative Unternehmens- und Führungskultur den unmittelbaren Kontakt und vertrauensvolle Beziehungen unterstützt. Sie zielt darauf, die Potentiale der MitarbeiterInnen zu entfalten und ihre Zufriedenheit zu stärken. Hier geraten die konzeptionellen Überlegungen allerdings an die Grenzen des Arbeitsfeldes: Jugendzentren arbeiten mit kleinen Teams oder mit nur einer Fachkraft; häufig ist ein Träger nur für wenige Einrichtungen zuständig. Das bedeutet: Führungspersonen mit Verantwortung für PE sind oft gar nicht vorhanden (unklare Zuständigkeit) oder nicht qualifiziert (z. B. Ehrenamtliche als Vereinsvorstand). Innerhalb dieser Organisationsform ist es schwierig, strategische PE zu betreiben – und damit ist vielleicht schon ein Grund identifiziert, warum sie zwar seit Jahren gefordert, in der Praxis aber vernachlässigt und nur individualisiert betrachtet wurde.

„Klassische" PE, die sich auf die Entwicklung lernender Organisationen bezieht, ist daher in Strukturen der kommunalen Jugendämter und bei großen Trägern am ehesten realisierbar. Umso mehr sind diese Träger gefordert, systematische Konzepte der PE zu erproben – und ihre bisherige Passivität in dieser Frage muss als Drama bezeichnet werden. Für kleinere Träger gilt ebenso, sich ggf. in Trägerverbünden oder mit Unterstützung des örtlichen Jugendamts dem Thema der PE aktiv zu widmen.

68.5 Fazit

Da die Gewinnung von geeigneten Fachkräften schwieriger und das Älterwerden des Personals in der OKJA ein statistisches Faktum ist, müssen Konsequenzen für die PE vor allem systematisch und arbeitsfeldbezogen und nicht individualisiert diskutiert werden. Diese beziehen sich auf den Einstieg *in* das Arbeitsfeld, die Qualifizierung *während* der Tätigkeit und die Perspektiventwicklung *aus* der OKJA heraus.

Leitungskräfte müssen verstärkt die mittel- und langfristige Entwicklung ihrer Einrichtungen in den Blick nehmen. Es gilt systematisch für alle MitarbeiterInnen Personalentwicklung zu betreiben und frühzeitig sehr transparent die gegenseitigen Erwartungen zu klären.

Die MitarbeiterInnen sind gefordert, ihre beruflichen Perspektiven aktiv auf andere Arbeitsbereiche hin zu entwickeln.

Es bedarf darüber hinaus an Reflexion und Konzepten, wie ältere Fachkräfte ohne ständigen persönlichen Rechtfertigungsdruck einen fachlich und persönlich angemessenen Arbeitsplatz in der OKJA ausfüllen können.

Literatur

Arbeitsgemeinschaft für Kinder- und Jugendhilfe (AGJ). (2010). *Personalentwicklung in der Kinder- und Jugendhilfe. Herausforderungen für Leitungshandeln und Qualifizierung.* www.agj.de. Zugegriffen: 13.09.2011.

Arbeitsgemeinschaft für Kinder- und Jugendhilfe (AGJ). (2011). *Fachkräftemangel in der Kinder- und Jugendhilfe. Positionspapier der AGJ.* www.agj.de. Zugegriffen: 13.09.2011.

Arnold, R. (2009). *Das Santiago-Prinzip. Systemische Führung im lernenden Unternehmen.* Baltmannsweiler.

Böttcher, W., Merchel, J. (2010). *Einführung in das Bildungs- und Sozialmanagement.* Opladen.

Deinet, U. (2000). Die Jugendarbeit ist überaltert. *Deutsche Jugend, 48*(12), 529–536.

Friedrich, A. (2010). *Personalarbeit in Organisationen Sozialer Arbeit. Theorie und Praxis der Professionalisierung.* Wiesbaden.

Hafeneger, B. (1990). *Da wirst Du nicht alt. Älterwerden in der Jugendarbeit; Materialien und Reflexionen zum Dilemma eines Berufes.* Frankfurt a. M.

Hafeneger, B. (2002). „No easy way out". Berufsperspektiven in der Jugendarbeit. In T. Rauschenbach, W. Düx, & I. Züchner (Hrsg.), *Jugendarbeit im Aufbruch. Selbstvergewisserung, Impulse, Perspektiven* (S. 235–250). Münster.

Hölzle, C. (2006). *Personalmanagement in Einrichtungen der Sozialen Arbeit. Grundlagen und Instrumente.* Weinheim.

LAG Katholische Offene Kinder- und Jugendarbeit NRW (2010). *Katholische Offene Kinder- und Jugendarbeit in Nordrhein-Westfalen 2008/2009. Die wichtigsten Ergebnisse aus der jährlichen Befragung der katholischen Offenen Kinder- und Jugendeinrichtungen.* Köln.

Pamme, H. (2012). Personalentwicklung im ASD. In J. Merchel (Hrsg.), *Handbuch Allgemeiner Sozialer Dienst (ASD)* (S. 396–404). München und Basel.

Peter, H. (2002). Produktive Irritationen. Weiterbildung zwischen Praxiserwartungen und fachlichen Erfordernissen. In T. Rauschenbach, W. Düx, & I. Züchner (Hrsg.), *Jugendarbeit im Aufbruch. Selbstvergewisserung, Impulse, Perspektiven* (S. 181–206). Münster.

Schmidt, H. (2011). *Empirie der Offenen Kinder- und Jugendarbeit.* Wiesbaden.

Sprenger, R. K. (2007). *Mythos Motivation. Wege aus einer Sackgasse.* Frankfurt a. M.

Teil X
Sozialräumliche Rahmenbedingungen Offener Kinder- und Jugendarbeit

Urbane Lebenswelten und Sozialraumorientierung

69

Christian Reutlinger

In diesem Beitrag wird aufgezeigt, dass es der offenen Kinder- und Jugendarbeit in ihrer bisherigen Geschichte immer wieder gelang, die urbanen Lebenswelten von Kindern und Jugendlichen aufzuschließen und in die professionelle Arbeit mit einzubeziehen. Dem räumlichen Bedürfnis Heranwachsender konnte über diese *professionelle Raumsensibilität* entsprochen werden: Kinder und Jugendliche brauchen eigenständige und aneignungsfähige Räume, um auf von Bedürfnissen Erwachsener heraus ausgerichteten städtischen Bedingungen handlungsfähig zu bleiben. Aus einer aktuellen Perspektive ist es jedoch entscheidend, dass sich die sozialräumlichen Herausforderungen, welche sich durch das Verhältnis von physisch-materiellem Raum und sozialen Bedingungen ergeben, angesichts radikalisierter gesellschaftlicher Entwicklung der vergangenen Jahre ebenfalls massiv verändert haben. Dies hat gravierende Auswirkungen sowohl für die Handlungsmöglichkeiten von Kindern und Jugendlichen wie auch für eine sozialräumlich agierende Kinder- und Jugendarbeit.

Zwar hat die offene Kinder- und Jugendarbeit durch ihre spezifische Geschichte eine bestimmte professionelle Raumsensibilität, diese baut jedoch vielfach auf einem territorialen Verständnis von Raum auf. In der heutigen, zunehmend entgrenzten Welt ist dieses Verständnis nicht nur für die offene Kinder- und Jugendarbeit ein Problem. Betrachtet man die „Rede von der Sozialraumorientierung" (vgl. Kessl und Reutlinger 2010a), so zeichnen sich die meisten Ansätze Sozialer Arbeit, die Reformprozesse über eine Raumorientierung (als Dezentralisierung von Strukturen oder als Aktivierung von BewohnerInnen) durchführ(t)en, als territoriale Ansätze aus: Hilfen zur Erziehung, Gemeinwesenarbeit, Präventionsarbeit, um nur einige Felder zu benennen. Indem versucht wird, städtische Gebiete gleicher sozialer Problemlagen zu bestimmen, übernimmt Soziale Arbeit eine stadtsozio-

---

Prof. Dr. phil. habil. Christian Reutlinger ✉
Institut für Soziale Arbeit (IFSA) Rorschach Schweiz, Fachhochschule St. Gallen Hochschule für Angewandte Wissenschaften, Industriestrasse 35, 9401 Rorschach, Schweiz
e-mail: christian.reutlinger@fhsg.ch

logische Raumlogik (wie bspw. prominent im Bund-Länder-Programm „Soziale Stadt", vgl. Walther 2002). Aus der Perspektive von Kindern und Jugendlichen greift jedoch eine Sozialraumorientierung, die sich auf (benachteiligte) Stadtteile und mit einer Raumvorstellung von Raum als abgeschlossenem Behälter (Container) beschränkt, zu kurz. Dadurch drohen die biographischen Bewältigungsaufgaben, die aus dem ständig ansteigenden Druck des „Mithaltenmüssens" und der Gefahr des Überflüssigseins resultieren, in der *Unsichtbarkeit* zu versinken. Die Herausforderung für die offene Kinder- und Jugendarbeit besteht deshalb darin, erneut an den (urbanen) Lebenswelten von Kindern und Jugendlichen anzusetzen. Sie dürfte hierzu nicht mehr länger nur territorial argumentieren, sondern müsste erneut verstehen lernen, worin heute das (sozial)räumliche Problem liegt.

69.1 Kinder, Jugendliche und ihre urbanen Lebenswelten: Ein historischer Rückblick

Betrachtet man die urbanen Lebenswelten von Kindern und Jugendlichen zu verschiedenen historischen Zeiten, so lassen sich bestimmte Phasen und zum Teil radikale Veränderungen beschreiben. Dies hat wiederum gravierende Konsequenzen für die offene Kinder- und Jugendarbeit, die bisher darum bemüht war, die Lebenswelten zum Ausgangspunkt ihres Handelns zu nehmen. In einem historischen Rückblick gilt es, diese Entwicklung in der Folge zu umreißen. Mit „urban" wird in der Folge das Gegenstück zu „regional" bezeichnet. Mit diesem Begriffspaar soll es gelingen, die traditionelle Stadt-Land-Dichotomie neu zu fassen und dadurch den Veränderungen beider Lebenswelten resp. dem Verschwimmen der klaren Grenzen zwischen ihnen zu entsprechen. *Urbane* Lebenswelten sind demnach solche, die sich vorwiegend im städtischen Kontext beschreiben lassen. In der heutigen Zeit, in welcher ca. 90 % der Menschen in städtischen Kontexten leben (vgl. Kessl und Reutlinger 2010b), erlangen die urbanen Lebenswelten eine immer größere Bedeutung – dennoch gehören die *regionalen* Lebenswelten als komplementär zum Verständnis der Einheit beider Bereiche mit dazu (vgl. Deinet i. d. B.).

Bei der Analyse der städtischen Entwicklung und der daraus hervorgehenden urbanen Lebenswelten lässt sich für Kinder und Jugendliche nachzeichnen, dass sie zu jeder Zeit auf funktional nicht vorbestimmte „Möglichkeitsräume" (vgl. Winnicott 1985) angewiesen waren. Gleichzeitig wird auch deutlich, wie wichtig der spielerische Umgang mit den physisch-materiellen, sozialen und symbolischen Vorgaben ist, um die Umwelt mit eigenen Bedeutungen zu belegen (und damit zu ihrer Lebenswelt zu machen) und wie sich Heranwachsende darüber als eigenständige Individuen entwickeln (vgl. Reutlinger 2008). Diese Erkenntnis ist jedoch nicht zu jeder Phase städtischer Entwicklung gleichermaßen im Bewusstsein: Von der Mitte des 19. Jahrhunderts an bis zum zweiten Weltkrieg boten insbesondere Altstadtviertel eine privilegierte sozialräumliche Umwelt für Arbeiter- und Kleinbürgerkinder. Unter den spezifischen räumlichen Bedingungen (Hinterhöfe, verwilderte und unbebaute Grundstücke) und durch die kinderreichen Familien dieser sozialen Schichten ist die Rede von einer „klassenspezifischen Straßenkindheit" (Behnken et al.

1989, S. 6 f.), die zur Entfaltung einer „eigenständigen, klassenspezifischen Kinder- und Jugendkultur" (ebd.) führte. Aus einer bürgerlich geprägten Perspektive wurde die Bildung derartiger lokaler Kinder- und Jugendkulturen jedoch als negativ für die Entwicklung von Heranwachsenden betrachtet (vgl. Zinnecker 1979) und als Beginn von Verwahrlosung gesehen (Stichwort: „Die gefährliche Straße als Ort der Antipädagogik", siehe Reutlinger 2011). Umso zentraler waren Perspektiven, welche einen aufklärerischen Charakter hatten und auf die Wichtigkeit der eigenständigen Raumaneignung hinweisen konnten. Zu Beginn des 20. Jahrhunderts ist in diesem Zusammenhang die Studie zum „Lebensraum des Großstadtkindes" von Martha Muchow (1998 [1935]) hervorzuheben, welche dazu beitrug, aus pädagogischer Perspektive eine positive Sicht auf die Lebensräume von Großstadtkindern, bzw. der Bedeutung von Straßensozialisation einzunehmen.

Eine nächste Phase in der städtischen Entwicklung lässt sich in der Wiederaufbauphase nach der Zerstörung ganzer Städte im 2. Weltkrieg ausmachen, was zu einer grundlegenden Veränderung der Wohn- und Verkehrsverhältnisse führte. Sozialräumliche Kindheitsstudien zeigen auf, wie sich die Orte und Zeiten im Alltag von „Großstadtkindern" in dieser Phase entwickelten (vgl. Zeiher 1994; Zeiher und Zeiher 1994). In den 1960er- und 1970er-Jahren wurden westliche Städte z. T. radikal modernisiert, was in stadtsoziologischen Diskussionen als Funktionalisierung und Spezialisierung räumlicher Ausschnitte beschrieben wird. Im Zuge dieser Entwicklung wurden die Orte von Kindern zunehmend spezialisiert und voneinander abgetrennt. Wohnen und Familie, Spielen und Freizeit, aber auch Schule und Lernen usw. fanden getrennt voneinander an dafür spezialisierten Orten statt. Durch die Funktionalisierung und Spezialisierung war ein Zwang zur Mobilität gegeben. Das Auto hielt zunehmend Einzug in die Städte. Für das immer stärker wachsende Verkehrsaufkommen waren bald Schnellstraßen und mehr Parkgelegenheiten nötig, die wenigen noch verbliebenen Spielorte verschwanden. Die öffentlichen Plätze wurden von Handels-, Dienstleistungs- und Verkehrsfunktionen dominiert. An den Rändern der Städte entstanden neue Siedlungstypen (vor allem Eigenheim- und Hochhaussiedlungen). Es gab praktisch keine Flächen mehr, die nicht einem spezifischen Zweck dienten und so Freiraum für das phantasievolle Kinderspiel geboten hätten. Für Kinder entstanden öffentliche, gesellschaftlich organisierte Spielräume (Spiel- und Sportplätze). Diese liegen jedoch meist weit voneinander entfernt, wie „Inseln" verstreut in der Stadt (vgl. Zeiher 1994).

Mit dieser Entwicklung ist ein bestimmter Typus von Stadt verbunden, auf welchen sich offene Kinder- und Jugendarbeit auch heute noch beruft, wie der folgende Abschnitt genauer zeigt.

69.2 Aneignung und Sozialraumorientierung

Dieser Typus von Stadt lässt sich als entfremdete oder industriekapitalistische Stadt bezeichnen. Die dahinter liegende Logik der Rationalisierung im Rahmen des Industriekapitalismus führte dazu, dass nach und nach sämtliche Bereiche des menschlichen Lebens von den Regeln des Kapitals durchdrungen wurden (vgl. ausführlich Reutlinger 2003).

Die Lebensorte von Kindern und Jugendlichen in der entfremdeten Stadt waren von „Anregungsarmut", räumlicher „Monofunktionalität" und „Beschränkungen" gekennzeichnet und die Heranwachsenden wurden „in abgegrenzte Privaträume verdrängt" (Zeiher 1994, S. 355 ff.). Die räumliche Welt wurde als durchkapitalisiert, gleichförmig und unangreifbar beschrieben; für Kinder und Jugendliche gab es nichts zu verändern oder anzugreifen, da alles schon vorgefertigt war.

Die in den 1970er-Jahren entwickelte und in der sozialräumlichen Jugendarbeitsdiskussion noch heute aktuelle Entfremdungsthese (vgl. Deinet 1999) baut auf dem gesellschaftlichen Hintergrund dieses Stadttypus auf. Dem in der sozialräumlichen Diskussion gebräuchlichen Handlungsbegriff der *Aneignung* folgend (vgl. Deinet 1992; Rolff und Zimmermann 1990) brauchen Kinder und Jugendliche für ein gelingendes Aufwachsen die Auseinandersetzung mit der (physisch-materiellen und sozialen) Welt, die sie umgibt. Das Aneignungskonzept geht auf die sogenannte kulturhistorische Schule der sowjetischen Psychologie zurück und wird mit dem Namen Alexejew Nikolajew Leontjew (vgl. Leontjew 1967; Holzkamp 1973) in Verbindung gebracht. Damit reiht sich dieses Konzept, das für das Verständnis der konkreten Handlungen von Kindern und Jugendlichen konzipiert wurde (vgl. Deinet 1992), in eine marxistische Gesellschaftstheorie ein. Im Zusammenhang mit der Durchkapitalisierung entfremden sich nicht nur die vom Menschen durch Arbeit geschaffenen Gegenstände sondern auch die räumlichen und sozialen Welten, die Lebensorte der Kinder und Jugendlichen. Aneignungshandlungen sind in einer entfremdeten Stadt blockiert. Kinder und Jugendliche müssen jedoch handlungsfähig bleiben und sich ihre Umwelt aneignen, auch wenn diese entfremdet ist. Aus diesem Grund eignen sich Kinder und Jugendliche die physisch-materiellen Gegebenheiten mit eigenen, kindspezifischen oder jugendkulturellen Formen und außerhalb der Normorientierung an. Gleichzeitig verstoßen sie mit diesen Formen der Aneignung, wie zum Beispiel der symbolischen Raumaneignungen durch „Graffitis" (vgl. Specht 1991), gegen die gesellschaftlichen Normen und Regeln, verhalten sich damit „abweichend" und werden „sozial auffällig". Die Formen der jugendspezifischen Aneignung können als Gesellschaftskritik (oder als Kapitalismuskritik) gesehen werden und es besteht die Angst, dass die Jugendlichen einen subkulturellen Gegenentwurf zur industriekapitalistischen Arbeitsgesellschaft darstellen könnten und nicht (mehr) in die gesellschaftlichen Strukturen integrierbar sind.

Die Rolle der offenen Kinder- und Jugendarbeit in der entfremdeten Stadt Indem die offene Kinder- und Jugendarbeit ein Sensorium für die Lebenswelten von Kindern und Jugendlichen entwickelt hat und es zu ihrem Mandat machte, diese zu stärken, erhielt sie die Rolle des Anwaltes der sozialräumlichen Probleme Heranwachsender. In einer Zeit der „Reduzierung der Entwicklungsmöglichkeiten Jugendlicher" (Becker et al. 1983, S. 135) ist festzuhalten, „dass diese nur im Rahmen von Konzepten der offenen Jugendarbeit die Chance haben, in ihren jeweiligen Gruppen- und Cliquenzusammenhängen ihre Sozialräume möglichst autonom zu konstituieren" (ebd.).

So hat die offene Kinder- und Jugendarbeit viel dazu beigetragen, auf die Gefahr der Entfremdung hinzuweisen. Das Verdienst ist es, räumliche Bedingungen (aneigenbare physisch-materielle Gegebenheiten) zu fordern, die sich Kinder und Jugendliche selbst aneignen können um dadurch in die Gesellschaft und die gesellschaftlichen Strukturen hineinzukommen. Aus dieser Logik lässt sich das Kinder- und Jugendproblem in Städten als Raumproblem beschreiben; die sozialpädagogische Reaktion darauf war, nicht funktionalisierte Räume zu schaffen. Durch die aufklärerische Arbeit und die massiven Forderungen entstanden in vielen Stadtteilen „Spielplätze, Sportanlagen, Kindergärten und Freizeithäuser" (Zeiher und Zeiher 1994, S. 21), aber auch „Abenteuerspielplätze" (ebd.), „Jugendhäuser" (Becker et al. 1984) oder „Halfpipes" für Skater usw. Letzten Endes handelte es sich in den meisten Fällen auch um abgrenzbare physisch-materielle Raumsegmente. Diese auf den territorialen Raum bezogene Logik ging insofern auf, als die Humanressourcen der Jugendlichen gesellschaftlich gebraucht und über die Arbeit früher oder später integriert wurden. In der entfremdeten Stadt interessierte man sich für die Probleme der Kinder und Jugendlichen – deshalb hatte ihr „abweichendes Verhalten" ein integratives Moment. Dies hat sich unter den aktuellen städtischen Bedingungen im Rahmen des Strukturwandels der kapitalistischen Arbeitsgesellschaft radikal verändert.

69.3 Bewältigung und Sozialraumorientierung

Verfolgt man die städtischen Entwicklungstendenzen weiter, so geht die Kapitalisierung sämtlicher Lebensverhältnisse (in der ersten idealtypischen Stadt als Entfremdungsproblem beschrieben) weiter und hat sich in der Gegenwart radikalisiert. In der stadtsoziologischen Diskussion ist zunehmend von der „Spaltung der Stadt" die Rede (vgl. Dangschat 1999; Häußermann 1997). Sichtbar werden diese Spaltungstendenzen – so der stadtsoziologische Diskurs – indem unterschiedliche städtische Gebiete unterschiedlichen politischen Logiken zu unterliegen scheinen: Auf der politischen Ebene heißt Städtespaltung, dass, um überhaupt als Stadt, als Kommune im globalen Wettbewerb mithalten zu können, eine Politik betrieben werden muss, die vor allem multinationale Konzerne an die Städte bindet. Es geht als Stadt darum, einen möglichst optimalen Standort zur Verfügung zu stellen, damit sich multinationale Firmen niederlassen. Auf der anderen Seite gibt es Stadtteile und Lebensbereiche, die dabei vergessen und überflüssig werden, abgehängt sind. Hier setzen auch prominente Stadtentwicklungsprogramme wie das deutsche Bund-Länder-Programm „Soziale Stadt", oder die französische „Politique de la ville" an (vgl. Kessl und Reutlinger 2010a). Aus einer kritisch-reflexiven Sozialraumperspektive ist die Bestimmung solcher Stadtteile mit dem Ziel, die Ursachen auch da zu bekämpfen, ziemlich absurd, denn nicht die Stadtteile sind Trägerinnen sozialer Probleme, sondern diese werden an ganz anderen Stellen wie bspw. in einer missgeleiteten Wohnbau- und Integrationspolitik verursacht (vgl. ebd.).

Problematisch ist weiterhin, dass solche Stadtteile für globalisierende Prozesse keine Bedeutung mehr haben, sondern hiervon ausgegrenzt sind. Die dem vorliegenden Beitrag hinterlegte Annahme struktureller Überflüssigkeit, die diese Entwicklung mit sich zieht, scheint die Gesellschaft symbolisch zu spalten. Jedoch steht heute bei dieser Dichotomie nicht mehr länger Zentrum und Peripherie gegenüber, vielmehr scheint die Verwertungslogik des Kapitalismus weiter vorgedrungen zu sein, und deshalb scheint es heute um integrierte und abgehängte Lebensbereiche zu gehen. Oder anders ausgedrückt, scheinen sich die Menschen in sich, bzw. ihre Lebensbereiche zu spalten. Für die stadtsoziologische Diskussion heißt das, dass eben auch nicht mehr abgehängte und integrierte Stadtteile im Raum auszumachen sind. Integrierte und abgehängte Lebensbereiche trennt eine „unsichtbare Mauer" (Berger und Schmalfeld 1999, S. 326). Genau dieses Nicht-Sichtbare zeichnet die Städtespaltung aus. Diese Mechanismen allein im territorialen Raum der Stadt positionieren zu wollen, greift jedoch zu kurz. Das heißt, es ist nicht mehr auszumachen, wo es integrierte und wo es abgehängte Stadtteile gibt, auch wenn die Diskussion um Segregationsprozesse dies noch vorgibt. Ansätze, die versuchen den sozialen Spaltungsprozessen räumlich, d. h. über die Bestimmung bestimmter benachteiligter Territorien oder Gebiete zu begegnen, müssen kritisch hinterfragt werden. So besteht bspw. die Gefahr der Verfestigung des „Abgehängtseins" durch die Verdinglichung des Sozialraums (vgl. Reutlinger 2005). Indem ein „Stadtteil mit besonderem Entwicklungsbedarf" als „Sozialraum" definiert wird, können die Menschen darin mit einem Mal als „Abgehängte" und „Modernisierungsverlierer" lokalisiert und als solche festgeschrieben werden. Oder mit anderen Worten, es ist auf die Gefahr hinzuweisen, dass in Zeiten des sozialstaatlichen Abbaus und der Integrationsschwierigkeiten die damit zusammenhängenden sozialen Probleme nicht sozialstaatlich gelöst, sondern in den Sozialraum der Städte hineinverlagert werden. Der Sozialraum wird in dieser Logik zugeschnitten als Ort, an dem die sozialen Probleme auftauchen und gelöst werden sollen. Die Menschen drohen damit in physisch-materiellen Raumsegmenten eingeschlossen und dadurch weiter sozial- und auch räumlich ausgegrenzt zu werden.

Um die Menschen nicht im Sozialraum „einzuschließen", gilt es, überkommene Ansätze abzulegen und die sozialräumlichen Konstitutionsleistungen der (jungen) Menschen erneut in den Blick der offenen Kinder- und Jugendarbeit zu stellen, wie dies aktuelle soziologische und sozialgeographische Ansätze der (Sozial-)Raumforschung vorschlagen (vgl. insb. Löw 2001; Werlen 1997; Reutlinger 2003; Kessl und Reutlinger 2010a). Das heißt, dass der „Sozialraum" von den Konstitutionsleistungen bzw. Handlungen des dynamischen Subjektes her aufgeschlossen werden muss. Das handelnde Subjekt konstituiert den „Sozialraum" vor dem Hintergrund seiner biographischen Bewältigungsaufgaben und von den Bedeutungen, welches es der physisch-materiellen und sozialen Welt beimisst. Mit einer solchen Perspektive stellt sich heraus, dass die speziellen Entwicklungsgebiete der Städteförderung in den wenigsten Fällen „Sozialräume" sind, weder für die Akteure der Jugendhilfe noch für die AdressatInnen (vgl. Reutlinger 2004). Aus diesem Grund soll der Sozialraum oder sollen die Sozialräume als von Menschen über Handlung konstituierte „Räume" betrachtet werden, welche sich je nach Akteur anders und von neuem konstituieren können. „Sozialräume werden nicht als gegebene oder gar absolute Einheiten verstanden, sondern als ständig (re)produzierte Gewebe sozialer Praktiken" (Kessl und Reutlinger 2010a, S. 21). Nach entwicklungsbedürftigen Kriterien ausgewählte Gebiete sollen nicht mehr länger als „Sozialräume", sondern vielmehr als „Planungsräume" bezeichnet werden.

69.3.1 Urbane Lebenswelten von Kindern und Jugendlichen – heute

Die urbanen Lebenswelten haben sich durch die städtische Spaltungstendenz massiv verändert. Kinder und Jugendliche eignen sich auch unter den Bedingungen der gespaltenen Städte ihre (räumliche und soziale) Umwelt an, doch liegt das eigentliche Problem von Heranwachsenden nicht mehr in der Entfremdung, sondern in der Freisetzung und damit der Überflüssigkeit von Menschen im Zusammenhang mit dem digitalisierten Kapitalismus. Aufgrund seiner zunehmend globalisierten Struktur und neuer technologischer Rationalisierungsmöglichkeiten ist der „digitale Kapitalismus" entbettet und nicht mehr so stark wie früher auf Massenarbeit angewiesen. Dies bedeutet, dass immer mehr Menschen in „anomische Bewältigungssituationen freigesetzt, Massen von Menschen zu ‚Nichtproduktiven', ‚Überflüssigen' abgestempelt werden" (Böhnisch und Schröer 2001, S. 11).

Nicht alle Kinder und Jugendlichen haben deshalb die Garantie, über Bildung und Arbeit in die Gesellschaft integriert zu werden. Viele von ihnen sind durch den Strukturwandel der Arbeitsgesellschaft vom wirtschaftlichen Prozess freigesetzt und überflüssig. Um mit der derzeitigen Entwicklung (zum Beispiel Kampf um soziale Zugangsmöglichkeiten, Generationenkonkurrenz, Bewältigungs- und Bewährungsdruck usw.) mithalten zu können, entsteht ein immer größer werdender Druck auf alle Jugendlichen. Das Gefühl der Überflüssigkeit und der sich ständig vergrößernde Mithaltedruck muss jeder auf individueller Ebene in seiner Biographie bewältigen. Versuchen Heranwachsende heute, um handlungsfähig zu bleiben, sich die räumliche Welt anzueignen, so interessiert sich entweder niemand mehr dafür oder aber sie werden von den Raumwärtern (private und staatliche Sicherheitsleute) vom angeeigneten Objekt abgetrennt oder verdrängt; werden angezeigt und erhalten durch diese Kriminalisierung das Stigma der „abweichenden oder delinquenten" Jugendlichen. Da sich heute niemand mehr für den dahinter liegenden Grund solcher Bewältigungsformen von Kindern und Jugendlichen interessiert, führen Aneignungstätigkeiten nicht zur gesellschaftlichen Integration, sondern zur Verstärkung der (räumlichen und sozialen) Exklusion. Auf „abweichendes Verhalten" wird tendenziell nicht mehr sozialpädagogisch, sondern ordnungspolitisch reagiert. Kinder und Jugendliche bewältigen ihr Leben verstärkt in unsichtbaren Rückzugsräumen: Sie schreiben *unsichtbare Bewältigungskarten*.

69.3.2 Herausforderungen für die offene Kinder- und Jugendarbeit

Die klassische offene Kinder- und Jugendarbeit verliert die sozialräumlichen Probleme von Kindern und Jugendlichen in einer gespaltenen Stadt aus den Augen: Vor dem Hintergrund des aufgezeigten radikalisierten Ausgrenzungsprozesses sind für Kinder und Jugendliche Abenteuerspielplätze nicht mehr länger hinreichend. Es geht weniger um das zur Verfügung stellen von aneigenbaren Containern im abgehängten Stadtteil, sondern es wären vermehrt die Probleme im Zusammenhang mit der entgrenzten Arbeitsgesellschaft in die sozialräumliche Diskussion mit einzubringen (Ansatzpunkt Überflüssigkeitsthese).

Es geht heute nicht mehr darum „Räume" als physisch-materielle Kästchen zu schaffen, um den heutigen Problemen des Aufwachsens im Lebensort Stadt (die „Neue Armut" und die Verelendung von immer mehr Menschen, die steigende Delinquenz und die Jugendkriminalität oder die vermehrten Integrationsprobleme ganzer Bevölkerungsgruppen usw.) zu begegnen, sondern es geht darum, die unsichtbar gewordenen Formen der Bewältigung des Überflüssigseins zu sehen und die dahinter liegenden Gründe zu erklären. Einen wichtigen Beitrag kann in diesem Zusammenhang der sozialgeographische Ansatz der „*unsichtbaren Bewältigungskarten*" aus dem Bereich der „*Sozialgeographie des Jugendalters*" (vgl. Reutlinger 2003) leisten. Ausgangspunkt bildet die These, dass in allen westlichen Industriegesellschaften die Menschen vor Ort weiterhin ihr Leben gestalten, um handlungsfähig zu bleiben. Bei der Suche nach Orientierung, Zugehörigkeit und der sozialen, für das Selbstkonzept wirksamen Anerkennung schreiben alle Jugendlichen ihre „Landkarten" in der Stadt, die als „Bewältigungskarten" bezeichnet werden, indem sie sich ihre Umwelt aneignen und ihre jugendspezifischen Sozialräume konstituieren. Dabei ist die zunehmende Bedeutung der Gruppe der Gleichaltrigen für die Bewältigung herauszustreichen, da die Jugendlichen Selbstwert, Anerkennung und Orientierung nicht über einen Job, sondern über sich selbst und über die Gruppe finden. Dabei ist davon auszugehen, dass jeder Mensch täglich seine sozialen Bewältigungskarten schreibt und damit in einer Welt, in der immer mehr Menschen überflüssig sind, handlungsfähig bleibt. Über die Bewältigungskarten kann somit die sozialräumliche Wirklichkeit von Jugendlichen beschrieben und zugleich immer mit diesen in den gesellschaftlichen Rahmen gesetzt werden.

Für die sozialräumliche Kinder- und Jugendarbeit bedeutet dies, dass sie sich nicht darauf beschränken dürfte, die aktuellen Bewältigungskarten, die hier und jetzt in den „Containern" der Jugendhilfe-, Förderungsprogramm- und Stadtplanerlogik geschrieben werden, anzuerkennen. Die „Sozialpädagogik des Jugendraumes in der gespaltenen Stadt" sollte die Jugend in und mit ihren eigenen Bewältigungskarten, die sie bei den Bewältigungsleistungen im „digitalen Kapitalismus" schreiben, anerkennen. Die offene Kinder- und Jugendarbeit hätte dafür zu sorgen, dass die „Sozialgeographien der Jugend" auf unterschiedlichen Ebenen mit den gesellschaftlichen Partizipations- und Teilnahmeformen in Verbindung gebracht und auch Partizipationsformen in der Unsichtbarkeit, das heißt in nicht systemrationalen Bereichen des Lebens, ermöglicht werden. Es müssten vermehrt Ermöglichungsstrukturen geschaffen und ausgebaut werden. Diese dürften jedoch nicht nur örtlich und sozialräumlich auf den physisch-materiellen Raum beschränkt bleiben, ihrer bedarf es in allen möglichen Formen und Ebenen wie zum Beispiel als virtuelle, institutionelle und digitale Ermöglichungsstrukturen mit den diversen Sprachcodes. Dazu müssten die bisherigen Konzepte und Ideen von Sozialräumlichkeit und sozialem Raum durchbrochen werden und die Bewältigungskarten der Kinder und Jugendlichen als eigenständige Form der Bewältigungsleistung anerkannt, in Verbindung mit allen Bereichen – von virtuellen bis zu privaten – gebracht und die nötigen Übergänge angeboten werden.

Literatur

Becker, H., Eigenbrodt, J., & May, M. (1983). Der Kampf um Raum – Von den Schwierigkeiten Jugendlicher, sich eigene Sozialräume zu schaffen. *Neue Praxis, 13*(2), 125–137.

Becker, H., Hafemann, H., & May, M. (1984). *„Das ist hier unser Haus, aber ..." Raumstruktur und Raumaneignung im Jugendzentrum*. Veröffentlichung des Instituts für Jugendforschung und Jugendkultur e.V. Frankfurt a. M.

Behnken, I., Bois-Reymond, M., & Zinnecker, J. (1989). *Stadtgeschichte als Kindheitsgeschichte. Lebensräume von Großstadtkindern in Deutschland und Holland um 1900*. Opladen.

Berger, O., & Schmalfeld, A. (1999). Stadtentwicklung in Hamburg zwischen „Unternehmen Hamburg" und „Sozialer Großstadtstrategie". In J. S. Dangschat (Hrsg.), *Modernisierte Stadt – Gespaltene Gesellschaft*. Opladen.

Böhnisch, L., & Schroer, W. (2001). *Pädagogik und Arbeitsgesellschaft*. Weinheim und München.

Dangschat, J. S. (1999). *Modernisierte Stadt – Gespaltene Gesellschaft. Ursachen von Armut und sozialer Ausgrenzung*. Opladen.

Deinet, U. (1992). *Das Konzept „Aneignung" im Jugendhaus: neue Impulse für die offene Kinder- und Jugendarbeit*. Opladen.

Deinet, U. (1999). *Sozialräumliche Jugendarbeit: eine praxisbezogene Anleitung zur Konzeptentwicklung in der Offenen Kinder- und Jugendarbeit*. Opladen.

Häußermann, H. (1997). Armut in den Großstädten – eine neue städtische Unterklasse? *Leviathan, 25*(1), 12–27.

Holzkamp, P. K., & Schurig, V. (1973). Zur Einführung in A. N. Leontjews „Probleme der Entwicklung des Psychischen". In A. N. Leontjew (Hrsg.), *Probleme der Entwicklung des Psychischen* (S. 11–52). Frankfurt a. M.

Kessl, F., & Reutlinger, C. (2010). *Sozialraum – eine Einführung* (2. Aufl.). Wiesbaden.

Kessl, F., & Reutlinger, C. (2010). Ökonomischer Raum: Megacities und Globalisierung. In S. Günzel (Hrsg.), *Raum. Ein interdisziplinäres Handbuch* (S. 145–162). Stuttgart.

Leontjew, A. N. (1967). *Probleme der Entwicklung des Psychischen*. Berlin.

Löw, M. (2001). *Raumsoziologie*. Frankfurt a. M.

Muchow, M., & Heiner, H. (1998). *Der Lebensraum des Großstadtkindes*. Weimar und München.

Reutlinger, C. (2003). *Jugend, Stadt und Raum. Sozialgeographische Grundlagen einer Sozialpädagogik des Jugendalters*. Opladen.

Reutlinger, C. (2004). Sozialraumorientierte Vernetzung in „sozialen Brennpunkten" – der territoriale Aspekt im Programm E&C. In F. Kessl, & H. U. Otto (Hrsg.), *Soziale Arbeit und Soziales Kapital. Zur Kritik lokaler Gemeinschaftlichkeit* (S. 251–268). Opladen.

Reutlinger, C. (2005). Gespaltene Stadt und die Gefahr der Verdinglichung des Sozialraums – eine sozialgeographische Betrachtung. In Projekt Netzwerke im Stadtteil (Hrsg.), *Grenzen des Sozialraums. Kritik eines Konzepts – Perspektiven für soziale Arbeit* (S. 87–106). Wiesbaden.

Reutlinger, C. (2008). Sozialisation in räumlichen Umwelten. In K. Hurrelmann, M. Grundmann, & S. Walper (Hrsg.), *Handbuch Sozialisationsforschung* (7., vollst. überarb. Aufl., S. 333–350). Weinheim und Basel.

Reutlinger, C. (2011). Die gefährliche Straße. Raumtheoretische Betrachtung des ambivalenten Verhältnisses von öffentlichem Raum und Aufmerksamkeit generierenden Gruppen in der Sozialen

Arbeit. In M. Lindenau, & M. Meier Kressig (Hrsg.), *Zwischen Sicherheitserwartung und Risikoerfahrung. Vom Umgang mit einem gesellschaftlichen Paradoxon in der Sozialen Arbeit*. i. E.

Rolff, H. G., & Zimmermann, P. (1990). *Kindheit im Wandel. Eine Einführung in die Sozialisation im Kindesalter*. Weinheim und Basel.

Specht, W. (1991). *Straßenfieber*. Stuttgart.

Walther, U. J. (2002). Ambitionen und Ambivalenzen eines Programms. Die soziale Stadt zwischen neuen Herausforderungen und alten Lösungen. In U. J. Walther (Hrsg.), *Soziale Stadt – Zwischenbilanzen. Ein Programm auf dem Weg zur Sozialen Stadt?* (S. 23–43). Opladen.

Werlen, B. (1997). *Globalisierung, Region und Regionalisierung. Erdkundliches Wissen*. Sozialgeographie alltäglicher Regionalisierungen, Bd. 2. Stuttgart.

Winnicott, D. W. (1985). *Vom Spiel zur Kreativität*. Stuttgart.

Zeiher, H. (1994). Kindheitsräume. Zwischen Eigenständigkeit und Abhängigkeit. In U. Beck, & E. Beck-Gernsheim (Hrsg.), *Riskante Freiheiten* (S. 353–375). Frankfurt a. M.

Zeiher, H., & Zeiher, H. (1994). *Orte und Zeiten der Kinder. Soziales Leben im Alltag von Großstadtkindern*. Weinheim und München.

Zinnecker, J. (1979). Straßensozialisation. *Zeitschrift für Pädagogik, 25*(5), 727–746.

70
LAND Regionale Lebenswelten und sozialräumlich orientierte OKJA
Ländlicher Raum als Herausforderung für die Offene Kinder- und Jugendarbeit

Ulrich Deinet und Michael Janowicz

70.1 Ländlicher Raum – Begriffsbestimmungen

Für eine Betrachtung der sozialräumlichen Bedingungen, unter denen Jugendarbeit im ländlichen Raum geschieht, ist zunächst der Blick über den sozialwissenschaftlichen bzw. sozialpädagogischen Fokus hinaus notwendig. Insbesondere was Raumdefinitionen und Begriffe wie Land, Region etc. angeht, ist ein größerer Bezugsrahmen notwendig, der sich z. B. in den Raumabgrenzungen sowie siedlungsstrukturellen Gebietstypen des Bundesinstitutes für Bau, Stadt und Raumforschung finden lässt (BBSR 2011). Das Institut unterscheidet zwischen Agglomerationsräumen, verstädterten Räumen sowie ländlichen Räumen, die jeweils noch differenziert werden. Bei den Agglomerationsräumen unterscheidet man zwischen hochverdichteten und solchen mit herausragenden Zentren. Bei den verstädterten Räumen werden drei Kategorien gebildet: verstädterte Räume höherer Dichte, verstädterte Räume mittlerer Dichte mit großen Oberzentren und verstädterte Räume mittlerer Dichte ohne große Oberzentren. Ländliche Räume werden eingeteilt in solche mit hoher Dichte und solche mit geringer Dichte. Nach dieser Definition zählen vor allen Dingen Gebiete in Brandenburg, Niedersachsen und Bayern zu den ländlichen Räumen, während alle anderen Räume verstädterte oder Agglomerationsräume sind.

In einer zurzeit laufenden Untersuchung des Johann-Heinrich-von-Thünen-Instituts „Jugend in ländlichen Räumen: Zwischen Abwanderung und regionalem Engagement" von Helmut Becker et al. (2011) werden drei empirisch ausdifferenzierte Strukturen unter-

---

Prof. Dr. Ulrich Deinet ✉
Fachbereich Sozial- und Kulturwissenschaften Düsseldorf, Fachhochschule Düsseldorf, Wilhelmstr. 4, 42781 Haan, Deutschland
e-mail: Ulrich.Deinet@t-online.de
Michael Janowicz
Fachbereich Sozial- und Kulturwissenschaften Düsseldorf, Fachhochschule Düsseldorf, Kruppstr. 99, 40227 Düsseldorf, Deutschland
e-mail: michael.janowicz@fh-duesseldorf.de

schieden: „Ein erster Typus von ländlichem Raum kennzeichnen sie durch die Merkmale strukturschwach, peripher, dünn besiedelt mit schrumpfender Bevölkerung" (ebd., S. 12). Ein zweiter wird von ihnen als „wirtschaftlich und demographisch unauffällig in verstädterten Räumen charakterisiert". Ihr dritter Typus umfasst schließlich „wirtschaftlich stabile agglomerationsnahe Regionen mit wachsender Bevölkerung" (ebd.).

Michael May (2011) bezieht sich in seiner Studie „Jugendliche in der Provinz, ihre Sozialräume, Probleme und Interessen als Herausforderung an die soziale Arbeit" ebenfalls auf diese Definitionen und vergleicht sie mit der Typologie der OECD mit unterschiedlichen Gebietstypen: „Überwiegend ländliche Gebiete oder periphere Gebiete, integrierte Regionen und überwiegen urbanisierte Gebiete oder wirtschaftlich integrierte Gebiete" (May 2011, S. 11).

Vor diesem Hintergrund erscheinen manche Diskussionen, Veröffentlichungen und Studien, die sich direkt mit dem Thema Jugendarbeit im ländlichen Raum befassen, wiederum völlig andere Raumdefinitionen zu verwenden. Dennoch existiert schon seit vielen Jahren der Versuch, die einfache Dichotomie „Stadt-Land" zu überwinden und auch im Hinblick auf jugendliches Verhalten in solchen Regionen differenzierte Betrachtungsweisen zu entwickeln.

70.2 Studien zur Jugend im ländlichen Raum

Hans Ulrich Müller (1983) hat schon in seiner Studie „Wo Jugendliche aufwachsen" die Raumaneignung Jugendlicher in verschiedenen Lebensräumen (Neubausiedlung, Altstadtviertel, Kleinstadt) untersucht und dabei unterschiedliche Typologien herausgearbeitet, das Angewiesensein auf Mittler in den Blick genommen und die Chancen und Probleme der jeweiligen Umgebung analysiert. Ein wichtiges Ergebnis dieser Studie war auch eine stärkere Differenzierung über die pauschale Unterscheidung von „Stadt" und „Land" hinaus. So differenziert Müller den ländlichen Raum weiter in Kleinstadt und Umland: „Der ‚Land-Typus' (Kleinstadt und Umland) ist zweigeteilt: in den Typus ‚Jugendlicher in der Kleinstadt' und ‚Jugendliche im bäuerlichen Umland'. Für den ‚Umland-Typ' ist die Region, in der er lebt, auch ein ‚Gegenüber', in das er handelnd eingreifen und offensiv seine Lebensinteressen einbringen kann" (Müller 1983, S. 162).

Böhnisch und Funk (1989) hatten in ihrer Studie eine differenzierte Betrachtung vorgeschlagen, die besonders stark mit dem Begriff der Region operiert. Besonders interessant an dieser „regionalen Orientierung" ist die Überwindung der nicht mehr haltbaren Unterscheidung von Stadt und Land. Böhnisch und Funk formulierten in ihrem Buch „Jugend im Abseits – zur Lebenslage Jugendlicher im ländlichen Raum" schon vor mehr als 20 Jahren: „Der Jugendstatus ist heute nicht mehr so wie früher auf das Dorf angewiesen, er ist über das Dorf hinaus regional orientiert. Für diese Regionalorientierung gibt es aber keine dörflichen Traditionen" (Böhnisch und Funk 1989, S. 173).

In der Literatur wird immer wieder der Versuch gemacht, entsprechend der unterschiedlichen Gebietstypen auch das Verhalten Jugendlicher zu differenzieren und in unterschiedlichen Typisierungen zu beschreiben. Albert Herrenknecht hat mit seinem Institut „Pro Provincia" die Diskussion um die sozialräumlichen und kulturellen Veränderungen im ländlichen Raum in den letzten Jahren stark angeregt. Seine Studien und Projekte beziehen sich auch intensiv auf die Situation von Kindern und Jugendlichen und die Jugendarbeit selbst (http://proprovincia.de/). Für Herrenknecht spüren vor allem die Jugendlichen die Veränderungen der ländlichen Lebenswelten: „Die ‚Zwischenwelten' und das ‚Unterwegsein', die ‚Optionen' sind die neuen Charakteristika des ländlichen Alltags. Die Region ist der Zwischen-Raum, in dem die ‚Zwischenwelten' stattfinden und gelebt werden. Die ‚Regionalisierung' wird zum Containerbegriff des neuen Lebensgefühls unter der die eigene Positionierung im regionalen Dorf stattfindet" (Herrenknecht 2000, S. 54). Diese Regionalisierung korrespondiert mit tiefgreifenden strukturellen Veränderungen in den Dörfern selbst, die Herrenknecht als Binnenmodernisierung „dörflicher Lebenswelten" beschreibt. Er stellt die „unterschiedlichen Kulturkreise" des Dorfes pointiert in vier Gruppierungen vor:

- „Die Alt-Dörfler: die Ureinwohner mit langer dörflicher Tradition und entwickeltem Wir-Bewusstsein,
- die Wohnstandort- und Wohnstandard-Dörfler: die modernisierten Dörfler mit mittelständischem Lebensstil und hohen Freizeitansprüchen,
- die emanzipierten Dörfler: die dorfkritischen Dörfler mit einer persönlichen Distanz zum alltäglichen Dorfgeschehen,
- die neuen Dorf-Rand-Gruppen: eine Mischung von Ausgegrenzten oder selbst ‚isolierten' Dörflern, die nicht selten unfreiwillig zu Dorfbewohnern wurden" (Herrenknecht 2000, S. 49).

Der Begriff der Region eröffnet zwar Dimensionen, die über eine enge „dörfliche" Betrachtung hinausgehen und Zusammenhänge in einem größeren Rahmen beschreiben, bezogen auf die Lebenssituation von Jugendlichen bleibt der Begriff aber doch ungenau und schillernd. Herrenknecht fasst in einem neueren Aufsatz die wichtigsten Aspekte der Regionalisierung zusammen und zieht eine positive und eine negative Bilanz. In der Positivbilanz der Regionalisierung bezieht er sich auf folgende Aspekte: „Die Jugendlichen im ländlichen Raum sind durch ihre heute im Alltag vorherrschende Regionalorientierung, ihre häufigen Pendelwege in der Region, ihre Rolle als innovative Jugendkultur-Nachfrager und junge Konsumenten an breiter Front an der kulturellen Modernisierung der ländlichen Region beteiligt" (Herrenknecht 2009, S. 375).

70.3 Verinselung, Mobilität und virtuelle Räume

Das Muster der „Verinselung" hat Helga Zeiher (1983) entwickelt, um damit den uneinheitlichen Lebensraum von Großstadtkindern zu beschreiben. Im Gegensatz zum Modell der allmählichen Erweiterung des Handlungsraumes (vgl. Baacke 1984) erfolgt die Raum-

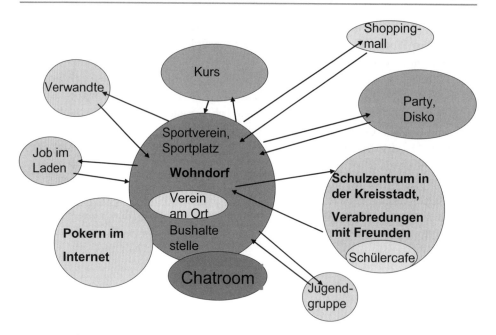

Abb. 70.1 Darstellung: Deinet in Anlehnung an Helga Zeiher (1983)

aneignung von Kindern im großstädtischen Bereich eben nicht in einer kontinuierlichen Erweiterung, sondern in der Aneignung einzelner Rauminseln. Diese Rauminseln (z. B. die Schule, das Kinderzimmer einer Freundin in einem anderen Stadtteil, die Jugendeinrichtung in der Nähe, die Musikschule etc.) stehen in keinem direkten räumlichen Zusammenhang, d. h. auch, dass die Überwindung der Distanzen zwischen den einzelnen Rauminseln zum Teil nur mit Hilfe öffentlicher Verkehrsmittel oder durch die Transporthilfe der Eltern erfolgen kann. Eine wesentliche Voraussetzung für die Aneignung von Rauminseln ist die Mobilität.

Obwohl für den Großstadtbereich entwickelt, ist das Inselmodell sehr geeignet zur Beschreibung der Lebenssituation der Kinder und Jugendlichen in den ländlichen Regionen. Dabei ist die wachsende Mobilität auch hier Motor der Veränderung und Auflösung dörflicher Strukturen und macht eine regionale Orientierung erst möglich. Die Verinselung der Lebenswelt ist aber auch durch die Mobilität erst lebbar, nur durch Mobilität sind die Inseln miteinander zu verbinden: „Beim Wechsel auf weiterführende Schulen wird der Busparkplatz zur zweiten Heimat. Auch im Freizeitbereich läuft die Beförderungsuhr des Familientaxis weiter: Die Jugendlichen werden zu ihren Terminen (Musik, Sport, PC-Kurs, etc.) gekarrt und bei den Freunden und nach Abendveranstaltungen abgeholt" (Herrenknecht 2000, S. 52).

Die Auswirkungen des demographischen und strukturellen Wandels im ländlichen Raum führen zu einer stärkeren Verinselung kindlicher und jugendlicher Lebenswelten. Obwohl das Inselmodell von Helge Zeiher in der Großstadt Berlin entwickelt wurde, passt es heute sehr gut zur Beschreibung kindlicher und jugendlicher Lebenswelten im ländlichen Raum, die zum Teil aus weit entfernt liegenden Raumsegmenten bestehen, die von den Kindern und Jugendlichen kaum selbstständig erreicht werden können. Sie sind in starkem Maße auf den öffentlichen Personennahverkehr, den familiären Hintergrund, aber auch die eigene Mobilität in Form motorisierter Fortbewegungsmittel abhängig.

Ein wichtiger Aspekt ist die Verbindung städtischer und ländlicher Lebensweisen, so wie sie besonders durch die neuen Medien und durch die Mobilität der Jugendlichen heute möglich geworden ist. Schon Böhnisch sprach 1991 (S. 12) davon, dass Jugendliche in zwei Welten leben: „Jugendliche im ländlichen Raum leben heute zwischen der urbanindustriellen Welt der Bildung, der Medien, der Freizeit und des Konsums auf der einen Seite und der Welt der dörflichen Kontrolle, der Durchgängigkeit, der alltäglichen Lebensbereiche, der Tabus und traditionellen Selbstverständlichkeiten, aber auch der Vertrautheit, Geborgenheit und sozialen Sicherheit auf der anderen Seite" (Böhnisch 1992, S. 5).

Die beschriebene Widersprüchlichkeit zwischen der unterschiedlichen Deutung von Sozialräumen kann eingebettet werden in ein Erklärungsmuster, das insgesamt von Paradoxien und Ambivalenzen ausgeht, die die Lebensphase Kindheit und Jugend insbesondere im ländlichen Raum kennzeichnen. Van der Loo und van Reijen (1992) sprechen von der scheinbaren Widersprüchlichkeit der Modernisierung, die sich für Jugendliche darin äußert, dass es in ihrer Lebenswelt sowohl zu einer Maßstabsverkleinerung (Aufspaltung bestehender gesellschaftlicher Einheiten) als auch zu einer Maßstabsvergrößerung (strukturelle Differenzierungen lösen sich auf, bestehende Grenzen werden immer mehr überschritten) kommt. Konkret bedeutet dies für Jugendliche einerseits ein Angewiesensein auf das direkte gesellschaftliche Umfeld (Wohninsel, Heimatdorf, Freundeskreis usw.), andererseits nehmen sie durch die Medien an Entwicklungen teil, die weit über ihren Nahbereich hinausgehen. D. h. sie orientieren sich am direkten Wohnumfeld oder einer Region ebenso wie an weltweit über die Medien propagierte Bilder und müssen diese Widersprüchlichkeit verarbeiten.

Die virtuellen Räume spielen im Leben der Jugendlichen eine zwiespältige Rolle: Zum einen sind sie Fluchträume, die die Vereinsamungstendenzen eher stärken, zum anderen bieten sie neue, interessante Formen der Kommunikation, die nicht voreilig negativ bewertet werden dürfen. Auch die „Sozialräume" im Internet sind sehr unterschiedlich. Soziale Netzwerke verknüpfen sogar virtuelle und gegenständliche Räume. Jugendliche eignen sich in den virtuellen Räumen deshalb auch Kompetenzen an. Dennoch kann man nicht über die Gefahr der „Medienverwahrlosung" von Jugendlichen hinwegsehen, wenn sie in brutalen Spielen „verschwinden", d. h. einen großen Teil ihrer Freizeit mit diesen verbringen.

70.4 Demographischer Wandel als Motor der Veränderung

Die Frage der Differenzierung jugendlicher Lebenslagen im ländlichen Raum oder in der Region hat durch die in den letzten Jahren immer intensiver diskutierten Auswirkungen des demographischen Wandels, insbesondere im ländlichen Raum, einen besonderen Schub erhalten. So befasst sich eine neuere Studie des Bundesministeriums für Ernährung, Landwirtschaft und Verbraucherschutz mit den Lebenslagen unterschiedlicher Bevölkerungsgruppen im ländlichen Raum, insbesondere auch der von Jugendlichen, unter dem Titel: Zwischen Abwanderung und regionalem Engagement, Lebensverhältnisse im ländlichen Raum. Heinrich Becker und Andrea Moser beschreiben dieses Spannungsverhältnis: „Die Frage, ob Jugendliche aus ländlichen Räumen abwandern, weil sie ihre Entwicklungsvorstellungen dort tatsächlich oder vermeintlich nicht hinreichend realisieren können, oder ob sie sich in ihrer Region engagieren, ist für die Entwicklung ländlicher Räume, aber auch für die Gesellschaft insgesamt von hoher Relevanz" (Becker et al. 2011, S. 20). In Bezug auf die Jugendforschung beklagen die Autoren zu Recht den Mangel an Jugendstudien, die sich mit den unterschiedlichen Lebenslagen im ländlichen Raum befassen: „Diese Untersuchungen liefern eine Vielzahl von interessanten Ergebnissen, die allerdings nicht nach Jugendlichen in ländlichen Räumen differenziert werden" (ebd.).

Zu den wenigen Forschungsprojekten gehörte das Bundesmodellprogramm „Jugendarbeit im ostdeutschen ländlichen Raum" (2004), das sich mit der Entwicklung der Lebenslagen von Jugendlichen und der Entwicklung der Jugendarbeit in den neuen Bundesländern beschäftigte, in denen sich der demographische Wandel am stärksten auswirken wird.

Aber auch in den westlichen Bundesländern wird die gesamte Weiterentwicklung der sozialen Infrastruktur sehr stark unter den Aspekten des demographischen Wandels diskutiert, die sich in den einzelnen Ländern zum Teil sehr heterogen vollziehen. So gibt es etwa in Nordrhein-Westfalen Landkreise, die nahe der Agglomerationsräume über eine zum Teil erstaunliche Bevölkerungsentwicklung im positiven Sinne verfügen, etwa der Kreis Borken (unabhängig von der in der gesamten Gesellschaft wirkenden Verlagerung der Altersgruppen). Andere Landkreise, etwa in der Eifel, sind sehr stark von einem Rückgang der Zahl der Kinder und Jugendliche betroffen (vgl. Bertelsmann Stiftung 2011).

Die auch im städtischen Raum diskutierten Auswirkungen des demographischen Wandels werden im ländlichen Raum aber durch die dort zu verzeichnenden Abwanderungstendenzen, insbesondere bei Jugendlichen verstärkt und bilden für die Diskussion der Jugendarbeit eine völlig andere Rahmenbedingung als im städtischen Raum.

Die Frage der Entwicklung von Jugendarbeit im ländlichen Raum ist deshalb vor dem größeren Zusammenhang der Entwicklung dieser Räume zu sehen, die insbesondere in den letzten Jahren unter den Auswirkungen des demographischen Wandels diskutiert werden. Für die Frage nach der Zukunftsfähigkeit des ländlichen Raums spielen infrastrukturelle Ausstattungen ebenfalls eine Rolle. Kinder- und Jugendfreundlichkeit, Institutionen und Angebote wie Kindertageseinrichtungen, Einrichtungen und Projekte der Jugendarbeit gehören zur sozialen Infrastruktur und sind als Standortfaktor durchaus auch für die Frage von Abwanderung bzw. Zuzügen relevant. Auch im Zusammenhang mit dem Bildungsdiskurs und der Entwicklung lokaler/kommunaler Bildungslandschaften erscheint die Kinder- und Jugendarbeit als Teil einer Bildungsinfrastruktur, die es zu stärken gilt: „Bildung ist ein wesentlicher Faktor bei der wirtschaftlichen und sozialen Entwicklung von Städten, Landkreisen und Gemeinden. Eine gut ausgebaute, konzeptionell aufeinander bezogene und verlässlich miteinander verknüpfte Bildungsinfrastruktur, die über die formalen Bildungsinstitutionen des Lernens hinaus (z. B. Kindertageseinrichtungen, Schule, Ausbildung, Universität etc.) auch die Familie, Cliquen, Jugendclubs, den Umgang mit neuen Medien, freiwilliges Engagement in Vereinen und Verbänden, Weiterbildungsangebote, Musikschulen, Bibliotheken, Jugendkunstschulen, Museen als Orte kultureller Bildung etc. einbezieht, kann zur gesellschaftlichen Teilhabe der Bürger/innen eines Gemeinwesens und zu mehr Chancengerechtigkeit beitragen." (Deutscher Verein 2009, S. 1).

In Bezug auf die Entwicklung ländlicher Räume als Rahmenbedingung für die Entwicklung der Jugendarbeit wird es keine einheitlichen Tendenzen geben; die Regionen in Deutschland sind sehr verschieden und durch die je eigenen Bedingungen und Ressourcen geprägt: „Die Entwicklung in den sehr verschiedenartigen ländlichen Räumen Deutschlands hängt neben den allgemeinen wirtschaftlichen Rahmenbedingungen und Politikmaßnahmen stark von den Einstellungen der Akteure und der Bevölkerung in der jeweils konkreten Region ab. Diese wiederum werden wesentlich durch die tatsächlichen oder wahrgenommenen Lebensverhältnisse beeinflusst. Sie zu kennen ist eine wichtige Voraussetzung um Politikmaßnahmen zur Entwicklung ländlicher Räume zielgerichtet konzipieren zu können" (Becker et al. 2011, S. 18).

70.5 Herausforderungen für die Jugendarbeit

Die hier nur kurz angedeuteten Aspekte der Veränderung der Strukturen im ländlichen Raum, insbesondere im Hinblick auf die Lebenssituation von Kindern und Jugendlichen, müssen auch zu nachhaltigen Veränderungen der Sozialen Arbeit, speziell der Kinder- und Jugendarbeit führen. Auch in diesem Themenbereich können nur einige Entwicklungslinien skizziert werden, die sich auf drei Gebiete beziehen, die in den letzten Jahren in der Kinder- und Jugendarbeit insgesamt von zentraler Bedeutung sind:

Nach der PISA-Debatte, insbesondere aber mit der Einführung von Ganztagsschulformen in den meisten Bundesländern spielt die Kooperation von Jugendarbeit und Schule eine zentrale Rolle für die zukünftige Entwicklung der Kinder- und Jugendarbeit. Die (unterschiedlichen) Bildungsbegriffe werden diskutiert, aber auch die Frage: Soll Jugendarbeit (mehr) auf Schule zugehen, um schulbezogene Angebote zu machen oder soll sie eher ihre Eigenständigkeit betonen? Auch diese Kooperation stellt sich im ländlichen Raum vollständig anders dar als in städtischen Räumen. Gerade im ländlichen Raum geht es nicht nur um eine Kooperation mit der Institution Schule, sondern um die Nutzung der z. T. zentralen Schulstandorte, an denen sich alle Kinder und Jugendlichen einer Region aufhalten, so dass die Schule heute zu einem der wichtigsten Lebensorte von Jugendlichen geworden ist. Für die Jugendarbeit ist es von großer Bedeutung, präsenter an diesen Orten zu sein. Angebote und Einrichtungen von Jugendarbeit an den zentralen Schulstandorten sind im ländlichen Raum aber immer auch mit der Problematik verbunden, dass die Schulen oft einen riesigen Einzugsbereich haben und Jugendliche deshalb nach ihrer Rückkehr in ihre Wohnorte für die Jugendarbeit am Schulstandort nicht mehr zur Verfügung stehen.

Die Sozialraumorientierung ist zu einem zentralen Paradigma der sozialen Arbeit geworden und führt auf der Ebene der Organisationsentwicklung zu konkreten Veränderungen der Sozialen Arbeit, etwa in sich regionalisierenden Jugendämtern, mit Sozialraum- oder Regionalteams etc. Vor diesem Hintergrund stellt sich die Frage, wie eine ländliche/regionale Orientierung der Kinder- und Jugendarbeit aussehen kann, insbesondere unter den Bedingungen des demographischen Wandels. Da die jugendliche Mobilität oft nicht an den jeweiligen Kreisgrenzen stehen bleibt, sondern sie in einem größeren Aktionsraum aktiv sind, muss es in der Zukunft darum gehen, Konzepte der Jugendarbeit in einem regionalen Raum zu entwickeln, die weit über den klassischen Zuschnitt ortsspezifischer und kreisorientierter Projektplanung hinausgehen. Dabei reicht es nicht, örtliche Standorte aufzugeben und nur noch in großen Einheiten zu planen, vielmehr muss ein kluges Nebeneinander unterschiedlicher Angebote auf mehreren Ebenen in Bezug auf die Mobilität und das Raumerleben von Jugendlichen im ländlichen Raum existieren. Dazu gehört etwa die gute Kooperation und Vernetzung aller Einrichtungen einer Region, die Profilierung einzelner Einrichtungen im Kontakt zu den anderen Einrichtungen sowie die Nutzung der Schulstandorte an den Mittel- und Oberzentren.

Die Jugendarbeit sollte virtuelle Räume nutzen, Plattformen bieten und diese mit Jugendlichen entwickeln und gestalten. Obwohl die Wirkungen der neuen Medien bisher nicht hinreichend erforscht bzw. die Forschung den aktuellen Entwicklungen hinterherhinkt, lässt sich sagen, dass die Entwicklung neuer virtueller Räume, etwa der augenblickliche Hype um Facebook die Unterschiede zwischen „Stadt" und „Land" weiter einebnet bzw. die Ambivalenz zwischen dem Agieren in virtuellen Räumen (weltweit ohne Grenzen, ohne Stadt-Land-Gefälle) und den gegenständlich physikalischen Möglichkeiten, etwa in der Mobilität werden weiter signifikant.

So wie viele Jugendeinrichtungen heute eine eigene Facebookseite haben und dieses Medium nutzen, wird es auch in Zukunft darum gehen müssen, nicht nur Schritt zu halten mit der Entwicklung der neuen Medien und deren Nutzung, sondern diese auch in Konzepte der Jugendarbeit mit einzubeziehen. Dazu können die Gestaltung eigener Seiten, die Entwicklung spezieller Kommunikationsformen genau so dienen wie die Förderung der Jugendlichen in der Nutzung der neuen Medien bzw. der Beherrschung ihrer Risiken. Mit der Nutzung der neuen Medien ist eine Raumerweiterung zumindest im virtuellen Raum erreicht, die wenig zu tun hat mit den sehr oft standortbezogenen Einrichtungen und Angeboten der Jugendarbeit.

In der Zeitgestaltung muss sich die Jugendarbeit weiter flexibilisieren, d. h. das Mobilitätsverhalten der Jugendlichen, insbesondere am Wochenende mit einbeziehen und insgesamt neue Zeitfenster entwickeln. Zeitlich befristete Entwicklungsprojekte vor Ort, die insbesondere die Aktivierung und Beteiligung von Jugendlichen zum Ziel haben, sind ebenfalls Bestandteile einer regionalen Jugendarbeit. Hier kann es darum gehen, in einzelnen Ortschaften zeitlich konzentriert Angebote und Projekte der Jugendarbeit auch durch hauptamtliche Fachkräfte aufzubauen, die sich dann aber nach einer gewissen Zeit zurückziehen, weil Jugendliche vor Ort die Initiative selbst übernommen haben. Die Unterstützung örtlicher Jugendarbeitsprojekte durch hauptamtliche Fachkräfte, die auf

Kreisebene oder in einer Region angestellt sind, bieten wesentliche Rahmenbedingungen für die Weiterentwicklung der jugendlichen Kultur im ländlichen Raum.

Literatur

Baacke, D. (1984). *Die 6–12-jährigen. Einführung in die Probleme des Kindesalters*. Weinheim.

Becker, H., & Moder, A. (2011). *Zwischen Abwanderung und regionalem Engagement. Lebensverhältnisse im ländlichen Raum*. http://literatur.vti.bund.de/digbib_extern/dk039938.pdf. Zugegriffen: 25.12.2011.

Bertelsmann Stiftung (Hrsg.). (2011). *Wer, wo, wie viele? – Bevölkerung in Deutschland 2025*. http://www.bertelsmann-stiftung.de/cps/rde/xbcr/SID-FC280403CB10E319/bst/xcms_bst_dms_29940_29941_2.pdf. Zugegriffen: 24.01.2012.

Böhnisch, L., & Funk, H. (1989). *Jugend im Abseits? Zur Lebenslage Jugendlicher im ländlichen Raum*. Weinheim/München.

Böhnisch, L. (1992). Distanz und Nähe. Jugend und Heimat im regionalen Kontext. *Pro Regio, 1992*(19), 4–15.

Bundesinstitut für Bau, Stadt und Raumforschung (BBSR). http://www.bbsr.bund.de/BBSR/DE/Raumbeobachtung/raumbeobachtungde__node.html. Zugegriffen: 27.12.2011.

Bundesmodellprogramm. (2004). *Jugendarbeit im ostdeutschen ländlichen Raum*. http://www.eundc.de/pdf/30002.pdf. Zugegriffen: 25.12.2011.

Deinet, U., & Krisch, R. (2002). *Der sozialräumliche Blick der Jugendarbeit. Methoden und Bausteine zur Konzeptentwicklung und Qualifizierung*. Opladen. (Nachdruck Wiesbaden 2006)

Deinet, U. (2005). *Sozialräumliche Jugendarbeit. Grundlagen, Methoden, Praxiskonzepte*. Wiesbaden. überarb. und erw. Neuaufl.

Deutscher Verein für öffentliche und private Fürsorge e.V. (2009). *Empfehlungen des Deutschen Vereins zur Weiterentwicklung Kommunaler Bildungslandschaften*. http://www.deutscher-verein.de/05-empfehlungen/2009/pdf/DV%2019-09.pdf.

Herrenknecht, A. (2000). Jugend im regionalen Dorf. In U. Deinet, & B. Sturzenhecker (Hrsg.), *Jugendarbeit auf dem Land* (S. 47). Opladen.

Herrenknecht, A. (2009). Brauchen wir eine neue sozialräumliche Jugendarbeit im ländlichen Raum? *deutsche jugend, 2009*(9), 369–379.

van der Loo, H., & van Reijen, W. (1992). *Projekt und Paradox*. München.

May, M. (2011). *Jugendliche in der Provinz, ihre Sozialräume, Probleme und Interessen als Herausforderung an die soziale Arbeit*. Opladen.

Müller, H. U. (1983). *Wo Jugendliche aufwachsen. Umweltaneignung in verschiedenen Lebensräumen: – in der Neubausiedlung – im Altstadtviertel – in der Kleinstadt*. München.

Pro Provincia Institut. http://proprovincia.de. Zugegriffen: 25.12.2011.

Winkler, M. (1988). *Eine Theorie der Sozialpädagogik*. Stuttgart.

Zeiher, H. (1983). Die vielen Räume der Kinder. Zum Wandel räumlicher Lebensbedingungen seit 1945. In U. Preuss-Lausitz, H. Zeiher, & D. Geulen (Hrsg.), *Kriegskinder, Konsumkinder, Krisenkinder*. Berlin.

Räumliche Settings gestalten

71

Christian Kühn

In einer sozialräumlich orientierten Jugendarbeit verwischt sich die Grenze zwischen der Nutzung und der Gestaltung des Raums. Schon die Auswahl der Räume, in denen Kinder und Jugendliche ihre Freizeit verbringen, ist Gestaltung im weitesten Sinn, eine Collage von Situationen, die einen zentralen Teil ihrer Lebenswelt bildet. Stärker als Erwachsene, deren Welt sich an Rollen und Institutionen orientiert, erleben junge Menschen ihre Welt als ein Netzwerk räumlicher Settings, die von architektonischen Formen, von Licht und Farbe, aber auch von Geräuschen und Gerüchen geprägt sind. Junge Menschen suchen kontrastreiche und intensive Räume, die funktionell nicht zu genau spezifiziert sind: einen robusten Rahmen, der vieles ermöglicht.

Eine zeitgemäße Planung von Einrichtungen der offenen Jugendarbeit wird mit einem Begriffspaar operieren, das auf der einen Seite das „räumliche Setting", auf der anderen Seite die „sozialräumliche Infrastruktur" umfasst. Während der erste Begriff den unmittelbar erlebbaren Raum bezeichnet, bezieht sich der zweite auf das Netzwerk an verfügbaren Orten und deren jeweiliges Aneignungspotential. Eine professionelle sozialräumliche Jugendarbeit braucht Kompetenz in beiden Bereichen: die Fähigkeit, intensive Räume für konkrete Anlässe zu gestalten ebenso wie die Fähigkeit, in Netzwerken zu denken und langfristig Veränderungen zu antizipieren.

Bei einem solchen Ansatz kann es nie um die Planung eines Endzustands gehen, sondern um einen kontinuierlichen Prozess, der mehr oder weniger stabile Zwischenzustände produziert. Dieser Gedanke erlaubt es Auftraggebern und Planern, sich die Komplexität der Aufgabe und die Kontingenz der Lösung einzugestehen und sich auf eine offene Planung einzulassen, die möglichst viel aus der lokalen Situation und ihrem Potential schöpft und etablierte Standards nur als einen von vielen Inputs für die Gestaltung betrachtet.

Prof. Dr. Christian Kühn ✉
Institut f. Architektur und Entwerfen Wien, Technische Universität Wien, Karlsplatz 13,
1040 Wien, Österreich
e-mail: c.kuehn@tuwien.ac.at

Es geht dabei nicht nur um formale Fragen: Ästhetik, Technik und gesellschaftliche Bedürfnisse stehen in einem komplexen und nie eindeutig aufzulösenden Wirkungszusammenhang. Bewusst oder unbewusst bringt Planung, indem sie die Gestalt der Umwelt festlegt, ein bestimmtes Weltbild räumlich und baulich zur Darstellung. Oft genug ist dieses Bild bei Einrichtungen der offenen Jugendarbeit geprägt von einem mittelschichtorientierten Geschmack und von einer Funktionslogik, die sich allein an den Kriterien von Sparsamkeit und Zweckmäßigkeit orientiert. Das ist oft gut gemeint und getragen von der Utopie einer für alle verständlichen, rational organisierten gemeinsamen Welt, wird der spezifischen Situation der jugendlichen Klientel aber nicht gerecht. Michel Foucault (1967) hat als Gegenbild dazu in einem Vortrag über „Andere Orte" den Begriff der „Heterotopie" ins Spiel gebracht: eine räumliche Wucherung, die scheinbar am falschen Platz ist, aber zumindest lokal und für den Moment eine reale, nicht-utopische Alternative zur dominanten Funktionslogik anbietet.

71.1 Erfahrungsmodi des Räumlichen

Wenn in unserer von zweidimensionalen Bildern geprägten Kultur von Raumwahrnehmung die Rede ist, dann wird diese oft auf ihre photographisch-bildhafte Wirkung reduziert. Damit bleibt schon auf der rein sinnlichen Ebene Wesentliches außer Acht gelassen: Tastsinn, Gehör, Geruchsempfinden und die Erfahrung von Kälte und Wärme. Obwohl wir nur über sehr beschränkte sprachliche Mittel zur Beschreibung dieser Wahrnehmungen verfügen, sind Erinnerungen an bestimmte Orte stark von deren feinen Nuancen geprägt. Auch die visuelle Wahrnehmung eines Raums darf nicht aufs Statisch-Bildhafte reduziert werden: zur Raumerfahrung gehört die Bewegung durch den Raum und durch Raumsequenzen mit Übergängen und Zwischenbereichen – ein Aspekt, der sich jeder bildhaften Repräsentation entzieht – und, als ein weiterer dynamischer Faktor, die Veränderung von Lichtstimmung und Farbe je nach Tages- und Jahreszeit.

Diese primären Qualitäten des Raums bilden einen Rahmen für menschliche Aktivitäten. Aktivität ist dabei nicht unbedingt mit dem Zweck gleichzusetzen, dem ein Raum dient: Die Tendenz, jedem Raum einen begrifflich eindeutig benennbaren Zweck zuzuweisen, ist eine funktionalistische Verkürzung, die von den elementaren Handlungen ablenkt, mit denen wir uns Räume erschließen: eine Tür öffnen, jemandem ausweichen, sich in den Mittelpunkt stellen, aus einer sicheren Nische beobachten, eine Gruppe bilden, etc. Diese Handlungen sind für uns so selbstverständlich, dass sie nur selten bewusst in die Planung einbezogen und diskutiert werden. Ob wir einen Raum als angenehm empfinden, hängt aber wesentlich davon ab, ob er diese Handlungen auf eine vielfältige und zurückhaltende Weise unterstützt. Wo die Gestaltung dagegen gleichgültig bleibt beziehungsweise dem Benutzer bestimmte Verhaltensweisen aufzwingt, entsteht Widerstand gegen den Raum, im Extremfall bis zur aggressivsten Art der handelnden Raumerfahrung, dem Vandalismus.

Die Erfahrung von Raum und Form durch die Sinne und durch Handlungen wird schließlich stets überlagert durch symbolische Interpretationen, wobei der sinnliche Eindruck zum Zeichen wird und die Handlung zum Ritual (im weitesten, profanen Sinn). Gebäude können dabei verschiedenste symbolische Bezugsebenen aufspannen: Sie können die Beziehung zwischen Mensch und Kosmos versinnbildlichen, aber auch Machtverhältnisse und kulturelles Selbstverständnis, man denke etwa an den Streit um die kulturelle Symbolik bestimmter Dachformen, in dem das Steildach als traditionsbewusst beziehungsweise reaktionär und das Flachdach als fortschrittlich beziehungsweise nihilistisch gilt.

Den genannten Aspekten des Räumlichen – Raum als Ort primärer sinnlicher Erfahrung, Raum als Handlungsrahmen und Raum als Symbol – entsprechen bestimmte Grundaufgaben der Gestaltung: erstens die Schaffung von einprägsamen Orten; zweitens die durchdachte Organisation von Handlungen im Raum; und drittens die symbolische Darstellung von Beziehungen. Im Planungsprozess müssen diese drei Bereiche über ihre analytische Trennung hinaus wieder zu einer Einheit gebracht werden.

71.2 Architektonische Konzeptentwicklung

Planung kann als ein Diskurs auf mehreren Ebenen betrachtet werden: erstens auf einer allgemeinen kulturellen und gesellschaftlichen Ebene; zweitens auf einer projektbezogenen Ebene, wo Auftraggeber, Betroffene und Planer einander im Idealfall lernend zu überzeugen versuchen; drittens auf der Ebene des professionellen Diskurses: Jedes Projekt reagiert – von seiner Gesamtkonzeption bis zu den Details – auf Vorbilder und Beispiele und kann seinerseits Bezugsobjekt zukünftiger Planungen werden. Offensichtlich kommen in diesem Diskurs verschiedene, einander ergänzende Sprachen zum Einsatz: die natürliche Sprache, Skizzen, Diagramme, Modelle, Pläne und schließlich das Bauwerk selbst, das ebenfalls als eine Art von Sprache betrachtet werden kann.

Am einfachsten ist die Übersetzung zwischen diesen Sprachen, wo es um quantitative und funktionelle Festlegungen geht: Aus jedem Plan lässt sich herauslesen, ob er die Quadratmeteranforderungen des Raumprogramms für bestimmte Funktionen erfüllt hat. Auch eine „offene" Planung, wie sie weiter oben verlangt wurde, wird auf derartige Festlegungen, wenn auch nur im Sinne einer ersten Hypothese, nicht verzichten können. Einrichtungen der offenen Jugendarbeit werden üblicherweise in folgende Funktionsbereiche eingeteilt:

- *Offener Bereich* (*Clubbereich*): Jugendcafé, Medienraum, Werkraum, offene Clubräume, Mädchenraum
- *Gruppen- und Cliquenbereich*: unabhängig zugängliche Räume, Musikproberäume; Räume für konzentriertes Spiel
- *Veranstaltungsbereich*: Veranstaltungsraum, Gymnastikraum, Diskothek
- *Außenbereiche*: Sportplätze, überdachte Werkplätze, Garten, Freiflächen für Veranstaltungen
- *Verwaltung*: Büro, Aufenthaltsräume für Mitarbeiter
- *Nebenräume und Erschließung*: Gänge, Nassräume, Lager, Haustechnik

Dass eine solche funktionelle Einteilung für die architektonische Konzeptentwicklung nicht ausreicht, wird klar, wenn man beispielsweise die Frage des Eingangs genauer bedenkt. Nach der obigen Gliederung wäre er dem Bereich „Erschließung" zuzuordnen. Funktionell weiter unterteilen ließe er sich in Windfang, Garderobe und Verteilerraum. Die Praxis zeigt jedoch, dass dieser Bereich eine Fülle von Aktivitäten beherbergt, die mit „Durchgehen" nichts zu tun haben: Er bietet die Möglichkeit, sich in einem Zwischenbereich aufzuhalten, ohne wirklich ins Innere treten zu müssen; ist Ort für Machtkämpfe (wer „besetzt" den Eingang?); repräsentiert die Einrichtung nach außen; wird in Spiele einbezogen; dient informellen Kontakten etc.

Um solche Überlegungen in die Planung einzubringen, ist der Pädagoge oder Sozialarbeiter in seiner Rolle als Bauherr gefordert, dem Planer eine dichte und lebensnahe Beschreibung von Aktivitäten und Ereignissen zu vermitteln. Will man von dieser Beschreibung nicht wieder in den Kurzschluss eines funktionalistischen Anforderungskatalogs zurückfallen, so empfiehlt es sich, einen Umweg über Metaphern mit starker räumlicher Assoziationskraft zu versuchen. Einige davon werden im folgenden ansatzweise vorgestellt; sie können als eine Art „Zwischensprache" verstanden werden, die zwischen der Beschreibung von Aktivitäten und der räumlichen Gestaltung vermittelt und so die Konzeptentwicklung im kreativen Diskurs zwischen Planern und Bauherrn erleichtert.

Das Haus als Stadt Das Innere eines Hauses kann analog zur Stadt als ein System von Wegen und Plätzen gedacht werden, mit einer Abstufung von öffentlichen über halböffentliche bis zu privaten, nur bestimmten Gruppen zugänglichen Bereichen. Die Metapher vom Haus als Stadt ist seit den sechziger Jahren immer wieder für Jugend- oder Gemeinschaftszentren herangezogen worden. Leitbild war dabei meist die „Agora", also eine zentrale Veranstaltungshalle nach dem Vorbild eines Marktplatzes, von dem aus die einzelnen Gruppenbereiche erschlossen werden. Dieser Typ orientierte sich eher am Idealbild des Dorfplatzes und kann den Bedürfnissen der heutigen differenzierten Jugendkultur kaum mehr entsprechen. Die Realität der modernen Stadt, die im Gegensatz zum traditionellen Dorf gerade das Nebeneinander von Kulturen erlaubt, erscheint dagegen als die viel zeitgemäßere Metapher: Sie ist eher labyrinthisch als zentralistisch; bietet fließende Übergänge nach außen und mehrere Zugänge; kennt auch dunkle und geheimnisvolle Plätze; erlaubt unverbindliche Kontakte ohne soziale Kontrolle.

Die Stadt als Haus Diese Metapher bezieht sich auf das Verhältnis zwischen Einrichtungen der offenen Jugendarbeit und dem übergeordneten System von Dorf oder Stadt: das Jugendhaus als großes, öffentliches „Zimmer", durch seine Ein- und Ausgänge mit dem Wegesystem seiner Umgebung vernetzt. Die Kombination der beiden Metaphern von Haus als Stadt und Stadt als Haus ergibt ein angesichts der Realität der modernen Stadt vielleicht naives Idealbild des Urbanen, in dem das Große und das Kleine, das Öffentliche und das Private miteinander harmonieren.

Baum und Höhle Ein einzelner Baum in einer ebenen Landschaft: Er markiert weithin sichtbar einen Ort und bietet unter seinen Blättern ein allgemein zugängliches Dach, unter dem man nicht „drinnen" ist, aber doch geschützt. Die Baumkrone selbst ist Rückzugs- und Fluchtbereich, ein Gewirr von Klettermöglichkeiten, aus dem man zugleich einen Ausblick zu einem weiteren Horizont erhält. Die Höhle ist der genau entgegengesetzte Rückzugsbereich, der den Blick nach innen, auf sich selbst verstärkt. Ein Jugendhaus braucht alle drei Ebenen: eine alltägliche, die offen ist auch für Kontakte mit der Außenwelt; eine lichte, obere Ebene, und eine dunkle untere Ebene der Introspektion oder ekstatischen Erfahrung (als deren profanste Variante der Diskothekenbesuch gelten kann). Man darf sich diese Ebenen durchaus konkret vorstellen: als Keller und Dachboden mit allen dazugehörigen Assoziationen, als Höhle und Baumhaus, dazwischen immer die Bezugsebene des Alltäglichen. In komplexeren räumlichen Settings muss der Übergang zwischen diesen Ebenen sowohl in der räumlichen Verknüpfung als auch in der Inszenierung des Hinauf- und Hinunterbewegens als eigenes, wichtiges Thema betrachtet werden.

Werkstatt und Fabrik Fabrik- und Lagerhallen sind in der Regel reine Hüllen, die verschiedenste Nutzungen zulassen. Mit ihren Grundqualitäten von Gleichmäßigkeit, Großzügigkeit und Robustheit eignen sie sich für aktive Inbesitznahme, für Besiedlung und Umnutzung. Die Industriearchitektur – vor allem jene des 19. Jahrhunderts mit ihren einfachen Konstruktionen und klaren Strukturen – hat ihre Qualität in vielen Adaptierungen auch für kulturelle Zwecke bewiesen. Neben diesem gestalterischen und funktionalen Aspekt gibt es auch einen symbolischen, der Fabrik und Werkstatt zu einer guten Metapher für Jugendeinrichtungen macht: In der modernen Stadt, die funktional nach Lebensbereichen wie Wohnen, Arbeit, Erholung und Verkehr zergliedert ist, sind solche Orte der Produktion im Wohnumfeld eine Rarität, die für Jugendliche besondere Anziehungskraft hat. Im Gegensatz zur kommerziellen Jugendkultur, in der die Jugendliche vor allem als Konsument gilt, kann hier zumindest die Vision einer selbstbestimmten Produktion vermittelt werden.

Grenzen und Brücken Die Grenze ist nicht das Gegenteil der Offenheit, sondern deren Voraussetzung: Ohne Grenze hat die Offenheit keine Kontur, ist nicht wahrnehmbar. Grenzen ermöglichen den Bau von Brücken und Schwellenbereichen und damit die Inszenierung von Ritualen, die Toleranz und Verständnis dem Fremden gegenüber erleichtern, das sich jenseits der Grenze befindet. In der Gestaltung bedeutet das besondere Konzentration auf Übergänge und Zwischenzonen; oft werden mehrere Brücken notwendig sein, unterschiedlich ausgeformte Zugänge zum Gesamtgebäude oder auch zu bestimmten Bereichen im Inneren.

Nische, Bühne und Burg Kinder und Jugendliche brauchen Bühnen und Nischen: die Bühne als Ort der Darstellung, auch des Sich-Verstellens, des Rollenspiels und der Maske, die Nische zum Dabeisein, ohne sich exponieren zu müssen. Zu Nische und Bühne gehört ein dritter Bereich, nämlich ein Ort, der so viel Sicherheit gibt, dass die Masken abgelegt werden können. Im Gegensatz zur Nische, die immer auf einen übergeordneten Raum bezogen bleibt, muss dieser Rückzugsbereich – den man mit der Metapher der „Burg" bezeichnen könnte – ein eigenständiger Kosmos sein, in den die Außenwelt zumindest für den Moment nicht eindringen kann.

Die genannten Metaphern lassen sich erweitern und ergänzen. Sie sollen eine Anregung sein, sich auf ein Planungsspiel jenseits der üblichen Funktionslogik einzulassen: Die Sachzwänge melden sich früh genug zu Wort, und wer ihnen keine Poesie entgegenzusetzen hat, wird kaum Räume schaffen, in denen sich Kinder und Jugendliche angemessen behaust fühlen.

Literatur

Foucault, M. (1993). Andere Räume (1967). In K. Barck (Hrsg.), *Aisthesis: Wahrnehmung heute oder Perspektiven einer anderen Ästhetik; Essais* (5., durchg. Aufl., S. 39). Leipzig.

Teil XI
Rahmenbedingung Recht

Rechtliche Grundlagen der Offenen Kinder- und Jugendarbeit im Bundes- und Landesrecht

Christian Bernzen

Offene Kinder- und Jugendarbeit als gesellschaftliche Aktivität braucht eigentlich keine rechtliche Grundlage – sie kann stattfinden, jeder und jede kann als Teil der eigenen verfassungsrechtlich geschützten Handlungsfreiheit an ihren Angeboten teilnehmen oder selbst Angebote der Offenen Kinder- und Jugendarbeit machen. Wird gleichwohl nach den rechtlichen Grundlagen der Kinder- und Jugendarbeit gefragt, ist zunächst in den Blick zu nehmen, für was eine rechtliche Grundlage gesucht wird, für eine öffentliche Förderung, für die Beteiligung von Trägern der Offenen Kinder- und Jugendarbeit an der Jugendhilfeplanung oder in einem Jugendhilfeausschuss, für Tätigkeiten im Rahmen von Kinderschutz oder auch die Abwehr von ungerechtfertigten Schadenersatzansprüchen. In vielen Belangen gelten für Angebote der Offenen Kinder- und Jugendarbeit und deren Träger keinerlei Besonderheiten, sie werden wie alle anderen gesellschaftlichen Gruppen oder doch wenigstens wie andere Träger der Jugendhilfe behandelt. Dennoch gibt es besondere Orte, an denen die Offene Kinder- und Jugendarbeit eine eigene Erwähnung im nationalen Sozialleistungsrecht findet. Dabei handelt es sich um § 11 SGB VIII und das zu dieser Vorschrift ergangene Landesausführungsrecht. Für diese prominente Erwähnung der Jugendarbeit im Allgemeinen und der Offenen Kinder- und Jugendarbeit ist während der Jugendhilferechtsreform in den siebziger und achtziger Jahren des vergangenen Jahrhunderts mit viel Engagement und großen Hoffnungen gekämpft worden – gleichwohl ist die praktische Bedeutung der Vorschrift beschränkt. Im folgenden soll die Norm bezogen auf die Offene Kinder- und Jugendarbeit in ihrer Struktur dargestellt werden (dazu unter Abschn. 72.1), das Landesrecht zu ihr in Bezug gesetzt werden (dazu unter Abschn. 72.2) und schließlich Überlegungen zur rechtlichen Verbesserung der Handlungsmöglichkeiten in der Offenen Kinder- und Jugendarbeit entfaltet werden (dazu unter Abschn. 72.3).

Christian Bernzen ✉
BERNZEN SONNTAG Rechtsanwälte Steuerberater Hamburg, Mönckebergstraße 19,
20095 Hamburg, Deutschland
e-mail: bernzen@msbh.de

72.1 Struktur des § 11 SGB VIII

§ 11 SGB VIIII ist Teil des ersten Abschnitts des Leistungskapitels des SGB VIII. In diesem Abschnitt werden Regelungen zu Angeboten der Jugendarbeit, der Jugendsozialarbeit und des erzieherischen Jugendschutzes getroffen. Die innere Verbindung dieser Leistungen ist eher lose, nicht umsonst werden sie in der Überschrift parallel aufgezählt. In der ersten Vorschrift des Leistungskapitels wird von der Jugendarbeit gesprochen. Dieses ist deshalb systematisch überzeugend, weil es sich bei den Leistungen der Jugendarbeit um die unter mehrerlei Rücksicht allgemeinen Leistungen der Jugendhilfe handelt: Leistungen der Jugendarbeit haben eine große Breite; praktisch alle Kinder und Jugendlichen kommen irgendwann einmal mit ihnen in Berührung und sie werden ohne besondere Voraussetzungen an alle erbracht. Bei ihnen handelt es sich um allgemeine Förderungsangebote (vgl. BMJFFG 1990, dort werden alle jungen Menschen „zwischen etwa 6 bis 25 Jahren" zum Adressatenkreis gerechnet). Jugendarbeit dient also in umfassender Weise der Förderung junger Menschen, sie soll auf die Befähigung zur Selbstbestimmung, gesellschaftlicher Mitverantwortung und sozialem Engagement abzielen. In ihren allgemeinen Förderungsauftrag eingeschlossen ist auch der Schutz junger Menschen vor besonderen Gefährdungen (Zur Weite des Auftrages vgl. Sturzenhecker 2007).

In Abs. 1 Satz 2 der Norm werden Prinzipien genannt. Dies sind

- Selbstorganisation,
- Ganzheitlichkeit und
- Partizipation,

konkretisiert wird dies als

- Anknüpfung an Interessen junger Menschen,
- Mitgestaltung und Mitbestimmung,
- Befähigung zur Selbstbestimmung sowie
- Anregung zu gesellschaftlicher Mitverantwortung und sozialem Engagement.

Diese Beschreibung im Gesetz entspricht den Anforderungen, die sich die Jugendarbeit selbst stellt (vgl. BMJFFG 1990; Sturzenhecker 1993; Bleistein 1985).

Selbstorganisation bedeutet, dass Angebote der Jugendarbeit vorrangig von den jungen Menschen selbst in ihrer konkreten inhaltlichen Ausrichtung und in ihrer Struktur bestimmt werden sollen. Mit dem Prinzip der Selbstorganisation wird zugleich der Anspruch erhoben, dass Kinder und Jugendliche Einfluss auf die Anbieter von Jugendarbeit erhalten. Das Prinzip der Ganzheitlichkeit soll absichern, dass Jugendarbeit sich umfassend an junge Menschen wendet und nicht lediglich einzelne Fähigkeiten oder Begabungen im Blick hat oder fördert. Mit dem Begriff Partizipation verbindet sich seit den sechziger Jahren des vergangenen Jahrhunderts die Beteiligung aller Betroffenen an sozialen und politischen Entscheidungen. Sie wurde entwickelt in kritischer Einschätzung der tatsächlichen Einflussmöglichkeiten im parlamentarisch-repräsentativen System; insb. auf vorhandene Parteien- und Verbändestrukturen. Ziel der Partizipation ist die Verbesserung der Lebensbedingungen junger Menschen sowie Demokratiebildung. Als „Einmischung der Jugendhilfe" ist die Forderung nach Partizipation im Sinne einer Querschnittsaufgabe nur ansatzweise verwirklicht worden (vgl. Schröder 1985). Die Formen der Jugendarbeit sind daran auszurichten, dass sich Jugendliche selbst betätigen und ihre eigenen Interessen artikulieren können. Jede Beschreibung von Jugendarbeit muss deshalb unmittelbar auf die gesellschaftlichen Rahmenbedingungen für Jugendliche und Jugendarbeit Bezug nehmen, deren Beschreibung sich freilich dem Gesetz entzieht (vgl. Bernzen 1991).

Öffentliche Aufgabe ist es, Kinder- und Jugendarbeit zu fördern. Dabei geht es gleichermaßen um die finanzielle Förderung (siehe dazu auch § 79 Abs. 2 SGB VIII) wie um die Verpflichtung des Staates, geeignete Bedingungen für eine kinder- und jugendgerechte Entwicklung zu schaffen (vgl. Jeand'Heur 1991). Damit ist die Förderung der Kinder- und Jugendhilfe keine sog. „freiwillige Aufgabe".

In Abs. 2 Satz 1 werden als Anbieter von Jugendarbeit verschiedene Arten freier Träger der Jugendarbeit und die öffentlichen Träger der Jugendhilfe genannt. Jugendverbände sind Organisationen junger Menschen, in denen diese die Arbeit selbst organisieren, gemeinsam gestalten und mitverantworten. Die Arbeit der Jugendverbände ist regelmäßig auf Dauer angelegt. Ihre Angebote der Jugendarbeit wenden sich – so die gesetzliche Beschreibung – nicht nur an ihre Mitglieder; Jugendverbände sind auch Träger von Angeboten, die an alle Jugendlichen gerichtet sind. Neben den Verbänden nennt die Vorschrift die „Gruppen der Jugend" als Anbieter und Träger. Sie unterscheiden sich von Jugendverbänden dadurch, dass sie nicht auf überörtlicher Ebene organisiert sind. Bei Initiativen der Jugend handelt es sich also um Gruppierungen, Aktionsgemeinschaften von jungen Menschen, die sich nach den Regeln der Selbstorganisation zusammenfinden, ihre Arbeit gemeinsam gestalten und verantworten, deren Arbeit aber – im Gegensatz zu Jugendverbänden und Jugendgruppen – nicht auf Dauer angelegt ist (vgl. Bernzen 1993). Als „andere Träger" der Jugendarbeit sind alle freien Träger der Jugendhilfe anzusehen, die auch Jugendarbeit betreiben, aber weder Jugendverbände und Jugendgruppen, noch Jugendinitiativen sind. Zu diesen anderen Trägern gehören neben den Kirchen und anderen Religionsgemeinschaften des öffentlichen Rechts die Wohlfahrtsverbände. Auch die öffentlichen Träger der Jugendhilfe insbesondere die kommunalen Träger, sind Träger der Jugendarbeit.

Das Gesetz nennt im zweiten Satz von Abs. 2 als unterschiedliche Formen der Jugendarbeit

- für Mitglieder bestimmte Angebote,
- offene Angebote der Jugendarbeit (kurz: offene Jugendarbeit) und
- gemeinwesenorientierte Angebote

Diese Formen sind nicht als Alternativen zu begreifen. Sie stehen vielmehr zueinander im Verhältnis der Ergänzung, Jugendarbeit ist als Einheit zu verstehen (vgl. Sturzenhecker

1993). Aus der Reihenfolge der Aufzählung lässt sich keine Gewichtung zwischen den unterschiedlichen Formen ablesen.

Angebote der Jugendarbeit, die für Mitglieder des juristischen Trägers bestimmt sind, zeichnen sich dadurch aus, dass sie eine kontinuierliche Form der Arbeit zur Voraussetzung haben. Regelmäßig geschieht sie in Gruppen von Jugendlichen. Dies stellt die traditionelle Form der Jugendarbeit dar, die im Laufe der Zeit unter anderem durch unterschiedliche offene Formen oder gemeinwesenorientierte Formen ergänzt worden ist. Für Mitglieder bestimmte Angebote der Jugendarbeit sind eigentlich nur von solchen Trägern denkbar, die selbst als Zusammenschluss von Personen verfasst sind, also über Jugendliche als Mitglieder verfügen. Dies sind die Jugendverbände und Jugendgruppen. In einem weiteren Sinne als Jugendgruppenarbeit verstanden, die auf Kontinuität angelegt ist, können solche Angebote auch von anderen freien und öffentlichen Trägern der Jugendhilfe auch zum Beispiel im organisatorischen Kontext Offener Kinder- und Jugendarbeit gemacht werden.

Das Gesetz nennt gleichrangig zu diesen Angeboten die Offene Kinder- und Jugendarbeit. Offene Jugendarbeit ist durch die Offenheit des Zuganges, des Inhaltes und der weltanschaulichen Grundlage des Angebotes gekennzeichnet; sie stellt sich unter den Anspruch, prinzipiell für alle Jugendlichen zugänglich zu sein, wenn auch einzelne Einrichtungen sinnvolle Schwerpunktsetzungen auf Zielgruppen vornehmen können. So sind die Jugendlichen gewissermaßen selbst das eigentliche Angebot (vgl. Möller und Nix 2006; Welz 1991).

Angebote der Offenen Kinder- und Jugendarbeit werden von öffentlichen und unterschiedlichen freien Anbietern organisiert. Teilweise sind sie in ein Gesamtangebot integriert, teilweise werden sie insbesondere in „Häusern der Jugend" oder „Häusern der offenen Tür" eigenständig aufgestellt. Aktuell ist eine Differenzierung von Einrichtungen zu erkennen, die sowohl auf Bedarfe diversifizierter Jugend, wie lokal unterschiedlicher Infrastrukturen von Jugendarbeit reagiert. So lassen sich mindestens Großeinrichtungen, kleine und Kleinsteinrichtungen, Jugendtreffs im ländlichen Raum, Mädchentreffs, Offene Jugendarbeit in Jugendkunstschulen und Soziokulturellen Zentren, Jugendkulturzentren, Selbstverwaltete Jugendzentren, Abenteuerspielplätze, Spielmobile und andere offene Einrichtungen speziell für Kinder unterscheiden (vgl. Corsa 2008).

Schließlich nennt das Gesetz gemeinwesenorientierte Angebote. Ihr Kennzeichen ist ein Stadtteilbezug. Sie orientieren sich insbesondere an Wohnvierteln und ihren Bewohnergruppen; diese sollen in Strategien zur Lösung sozialer Probleme von Kindern und Jugendlichen einbezogen werden. Durch gemeinwesenorientierte Angebote sollen Strategien der „Entstigmatisierung" einzelner Problemgruppen verfolgt werden. Ergänzt werden diese Formen der gemeinwesenorientierten Arbeit durch stadtteilübergreifende Ansätze, die sich an bestimmten „Szenen" von Jugendlichen orientieren. Als Anbieter von Formen der gemeinwesenorientierten Jugendarbeit kommen wiederum sowohl freie als auch öffentliche Träger der Jugendhilfe in Betracht (vgl. zusammenfassend: BMJFFG 1990; Dölker 2006).

Das Gesetz stellt keine strenge Verknüpfung zwischen Anbietern und Angeboten her, Angebote der Offenen Kinder- und Jugendarbeit können also von allen Anbietern von Jugendarbeit gemacht werden.

Thematische Schwerpunkte der Jugendarbeit werden in Absatz 3 genannt. Diese sind

- die außerschulische Jugendbildung mit verschiedenen Themenfeldern,
- die Jugendarbeit in „Sport, Spiel und Geselligkeit",
- lebensweltbezogene Angebote,
- internationale Jugendarbeit,
- Kinder- und Jugenderholung und Jugendberatung.

Die Angebote von Jugendarbeit in „Sport, Spiel und Geselligkeit" formulieren in einer ungebräuchlich gewordenen Sprache den Kern und die zugleich wichtigste Methode der Jugendarbeit: die Bildung von Gruppen junger Menschen. Die außerschulische Jugendbildung und lebensweltbezogenen Angebote bedienen sich dieser Methode vielfach, lediglich in der Jugendberatung spielt sie eine untergeordnete Rolle. Mit der Aufzählung von Schwerpunkten im Abs. 3 wird keine Legaldefinition von Jugendarbeit vorgenommen, wie sich aus der Formulierung ergibt. Die Regelung enthält auch nicht einen „Kanon" fest voneinander abgrenzbarer „quasi-schulischer Fächer".

Die Formen der allgemeinen, politischen, sozialen, gesundheitlichen, kulturellen, naturkundlichen und technischen Bildung unterscheiden sich stark. Das Gesetz skizziert ein sehr heterogenes Tätigkeitsfeld, in dem neben Trägern der Jugendarbeit eine Vielzahl anderer Bildungsanbieter tätig ist, z. B. Volkshochschulen, Landeszentralen der politischen Bildung, Bildungswerke und auch Ganztagsschulen. Insgesamt besteht das Problem, dass sich die Jugendarbeit in diesem Tätigkeitsfeld auf Grund der Vorgaben in den Förderrichtlinien in unterschiedliche Felder differenziert, obwohl das fachlich nicht geboten wäre. So besteht eine geringe Koordination/Kooperation zwischen außerschulischer Bildungsarbeit (auch internationaler Arbeit) einerseits und Verbänden und Offener Arbeit andererseits. Maßnahmen der Bildung werden aus verschiedenen Programmen der öffentlichen Hand gefördert (kommunale Jugendpläne, Landesjugendpläne, Kinder- und Jugendplan des Bundes sowie verschiedene Sonderprogramme). Eine Förderung ist auch nach den verschiedenen (Landes-) Jugendbildungsgesetzen vorgesehen (vgl. Wabnitz 2003).

Während die außerschulische Bildung nach dem Wortlaut des Gesetzes Jugendarbeit ist, sind das Sport, Spiel und Geselligkeit ohne weiteres nicht. Hier geht es jedoch um Bereiche, in denen Jugendarbeit wirksam werden soll. Dies versteht sich aus der Zielrichtung von Sport u. a. mit der Förderung im körperlich/gesundheitlichen Bereich sowie Spiel und Geselligkeit u. a. mit partnerschaftlichem Element und zweckfreiem Tun, mit dem der Vermarktung und Vergesellschaftung von Kindheit und Jugend entgegengewirkt wird. Jugendarbeit im Freizeitbereich ist deshalb klassische Jugendarbeit. Jugendarbeit im Sport ist möglich, ihr Ziel ist es, im Zusammenhang mit einem umfassenden Bildungskonzept der gesamtmenschlichen Entfaltung zu dienen. Dieses Ziel soll durch sportliches Tun und durch das Erleben von Gemeinschaft erreicht werden (vgl. für den Sport Marquardt 2005).

Zentrale Träger der Jugendhilfe können für Maßnahmen der Jugendarbeit im Sport eine Förderung aus dem KJP erhalten.

Bei der Förderung von Jugendarbeit in Spiel und Geselligkeit geht es vor allem darum, jungen Menschen Räume und Zeiten zur Verfügung zu stellen, in denen selbstbestimmtes Handeln in Gruppen ermöglicht wird; Gesellung in diesem Sinne ist der Kern aller Jugendarbeit (vgl. zur Tradition dieses Ansatzes vgl. Naudascher 1990). In dieser Ausrichtung entspricht die Jugendarbeit dem Bedürfnis junger Menschen, die eigene Persönlichkeitsentwicklung selbst mitzubestimmen. Angebote der Jugendarbeit in Spiel und Geselligkeit sind geeignet, jungen Menschen Hilfen für die sinnvolle Gestaltung der Freizeit zu geben. Mit dieser allgemeinen Beschreibung wird klar, dass der Sinn nicht in der Spezialisierung, sondern im Wechsel der Gruppenprogramme liegt, wobei das Spiel die regelmäßige Form ist. Deutlich werden hier zugleich die Grenzen einer rechtlichen Beschreibung von Jugendarbeit. „Gesellung", das heißt die (selbstbestimmte, freiwillige) Bildung von Gruppen, ist die regelmäßige Form von Jugendarbeit in Spiel und Geselligkeit. Dies gilt gleichermaßen für die unterschiedlichen Anbieter.

Maßnahmen der Jugendarbeit in Spiel und Geselligkeit werden aus unterschiedlichen Programmen gefördert,

- teilweise aus maßnahmenbezogenen Förderungstiteln,
- teilweise aus trägerbezogenen Titeln.

Auch große nichtstaatliche gesellschaftliche Organisationen wie Kirchen und Gewerkschaften fördern Maßnahmen der Jugendarbeit in Spiel und Geselligkeit aus Eigenmitteln.

Als lebensweltbezogene Form der Jugendarbeit nennt das Gesetz die arbeitsweltbezogene Jugendarbeit. Mit ihr soll jungen Menschen in einer stark auf materielle Werte bezogenen Gesellschaft die für seine Persönlichkeitsentwicklung notwendigen Lernelemente vermittelt werden. Ihr Ziel ist es, jungen Menschen die Mehrdimensionalität beruflicher Tätigkeit vertraut zu machen. Dazu sind die politischen und sozialen Rahmenbedingungen beruflicher Tätigkeit, die ethischen Maßstäbe für die Bewertung dieser Bedingungen sowie Motivation und Befähigung zu humaner Gestaltung zu vermitteln. Auch sollen Entscheidungshilfen für die Berufswahl unter politischen und sozialen Gesichtspunkten gegeben werden, wobei nicht die individuelle Beratung im Vordergrund stehen soll; der Schwerpunkt der Maßnahmen soll vielmehr auf der Gruppenarbeit liegen. Der im Verhältnis zur Schule repressionsfreie Raum der Jugendarbeit ist dazu in besonderer Weise geeignet. Aufgabe von arbeitsweltbezogener Jugendarbeit ist es auch, Anregungen zur Mitarbeit in berufs- oder ausbildungsbezogenen Sozialverbänden, wie z. B. Gewerkschaften, zu geben (vgl. aksb 1988). Maßnahmen der arbeitsweltbezogenen Jugendarbeit werden von unterschiedlichen Trägern angeboten. Bei der arbeitsweltbezogenen Jugendarbeit handelt es sich nicht um Jugendsozialarbeit; diese wendet sich vielmehr an junge Menschen, die zum Ausgleich sozialer Benachteiligungen oder zur Überwindung individueller Beeinträchtigungen auf besondere Unterstützungen angewiesen sind. Angebote der Jugendarbeit sind für alle jungen Menschen zu machen.

Mit der schulbezogenen Jugendarbeit soll die Jugendhilfe mit eigenen Angeboten offensiv fördernd im Bereich der Schule wirken. Ziel von Maßnahmen der schulbezogenen Jugendarbeit ist es, junge Menschen zu befähigen, ihre in der Schule gemachten Erfahrungen zu reflektieren und in Gruppen eigenständige Handlungsstrategien zu entwickeln. Bei der Entwicklung von Konzepten ist zu beachten, dass an den Interessen von Kindern und Jugendlichen angeknüpft, eine altersstufenspezifische Differenzierung der Angebote gewährleistet und eine Randgruppenorientierung vermieden wird sowie regionale Besonderheiten berücksichtigt werden. Schließlich ist darauf zu achten, dass bei allen Angeboten der schulbezogenen Jugendarbeit – im Gegensatz zu den Arbeitsformen der Schule – der Grundsatz der Freiwilligkeit de jure und auch de facto garantiert bleibt. Maßnahmen der schulbezogenen Jugendarbeit werden von unterschiedlichen Trägern der Jugendarbeit angeboten.

Weiter nennt das Gesetz familienbezogene Jugendarbeit, diese hat keine hervorgehobene praktische Bedeutung.

Ziel der internationalen Jugendarbeit ist, die Begegnung junger Menschen aus verschiedenen Ländern zu ermöglichen. Dabei sollen gemeinsames Lernen, Arbeiten und Erfahrungsaustausch von Führungskräften sowie Zusammenarbeit von Trägern der Jugendhilfe stattfinden. Durch die internationale Jugendarbeit sollen junge Menschen andere Kulturen und Gesellschaftsordnungen sowie internationale Zusammenhänge kennenlernen. In der Auseinandersetzung damit sollen sie auch ihre eigene Situation besser erkennen und einschätzen lernen. Zusätzlich sollen sich junge Menschen in internationaler Jugendarbeit bewusst werden, dass sie für die Sicherung und Ausgestaltung von Frieden, Gerechtigkeit und Freiheit in der Welt mitverantwortlich sind. Im Mittelpunkt der praktischen internationalen Jugendarbeit steht die Begegnung von Jugendgruppen verschiedener Nationalitäten im In- und Ausland. Von der pädagogischen Konzeption her soll das Prinzip der Gegenseitigkeit soweit wie möglich verwirklicht werden. Die Zahl der ausländischen und deutschen Teilnehmer soll bei bilateralen Programmen ausgeglichen, bei multilateralen Maßnahmen angemessen sein. Internationale Jugendarbeit kann als

- Begegnungsmaßnahme junger Menschen
- internationale Maßnahme mit Fachkräften der Jugendhilfe und
- Sondermaßnahme der internationalen Jugendarbeit

aus dem KJP gefördert werden.

Weitere Förderung internationaler Jugendarbeit ist durch Mittel der Kommunen oder der Länder möglich. Deutsch-Französische Jugendbegegnungen können aus Mitteln des Deutsch-Französischen Jugendwerkes (DFJW) gefördert werden. Das gleiche gilt bei deutsch-polnischen Jugendbegegnungen für das Deutsch-Polnische Jugendwerk. Schließlich können Maßnahmen der internationalen Jugendarbeit auch aus Mitteln der Europäischen Union gefördert werden. Für die Förderung aus den einzelnen Programmen gelten jeweils unterschiedliche Voraussetzungen (vgl. Wabnitz 1993).

Ziel der Maßnahmen der Kinder- und Jugenderholung ist die Wiederauffrischung der Kräfte der Kinder und Jugendlichen, die sie insbesondere durch Belastungen von Schule und Ausbildung verbraucht haben. Neben allgemeiner Angebote der Erholung treten spezialisierte Kur-, Genesungs- und Heilmaßnahmen. Allgemeine Maßnahmen sollen Kindern und Jugendlichen in einer von den Anforderungen der Schule und Arbeitswelt entlasteten Atmosphäre Zeit für sich, ihre Interessen und Neigungen und persönliche, helfende Gespräche geben. Sie sollen durch das alltägliche Zusammensein die Bereitschaft zum Engagement in der Gemeinschaft wecken und stärken. Zur Verwirklichung dieses Anspruches werden in Maßnahmen der Kinder- und Jugenderholung regelmäßig Angebote der politischen Bildung integriert. Angebote des Sports und der kulturellen Jugendbildung sind ebenfalls regelmäßiger Bestandteil der Maßnahmen der Kinder- und Jugenderholung, da sich Erholung nicht nur in Ruhe und Muße vollzieht. Angebote der Kinder- und Jugenderholung werden aus Landesjugendplänen und kommunalen Förderungsmitteln gefördert.

Jugendberatung hat im Rahmen der Jugendhilfe einen allgemeinen Beratungsauftrag: sie soll möglichst geringe Zugangsschwellen haben. Eine Konkurrenz zu anderen Beratungsangeboten soll vermieden werden. Jugendberatung hat es zwar mit individuellen Problemen zu tun, setzt aber keine „Mängellage" im Sinne von Erziehungshilfe voraus. So kann sie zu einer Dienstleistung der Jugendarbeit werden. Zu beachten ist bei jeder Form der Jugendberatung das elterliche Informations- und Zustimmungsrecht (vgl. Sturzenhecker 1993). Jugendberatung findet regelmäßig als Bestandteil anderer Angebote der Jugendarbeit, insbesondere der allgemeinen Angebote statt. Als Berater von Jugendlichen werden häufig diejenigen tätig, die auch im Rahmen der allgemeinen Angebote Funktionen haben. Der informelle Charakter von allgemeinen Formen der Jugendberatung und ihr breiter thematischer Zugriff macht für Jugendliche in besonderen Problemlagen das Verweisen auf spezialisierte (Folge-)Beratungen erforderlich.

Das Gesetz stellt (auch) keine strenge Relation zwischen den thematischen Schwerpunkten und den Angeboten oder Trägern her. Dies bedeutet, dass alle thematischen Schwerpunkte auch Schwerpunkte im Bereich der Offenen Kinder und Jugendarbeit sein können.

Absatz 4 der Vorschrift bestimmt in Reaktion auf eine Lebensrealität vor allem in Verbänden, Gruppen und Initiativen der Jugend, dass Angebote der Jugendarbeit auch Personen, die keine jungen Menschen im Sinne § 7 SGB VIII mehr sind, einbeziehen zu können. Damit werden Möglichkeiten zur Mitwirkung Ehrenamtlicher verbessert.

72.2 Landesrechtliche Bezüge

Der Vorschrift des § 11 SGB VIII fehlt etwas für die Existenz einer Rechtsnorm elementares, nämlich die Rechtsfolge. In diesem Sinn kann der § 11 SGB VIII als eine unvollständige Rechtsnorm bezeichnet werden. Das Bundesrecht selbst weist auf diesen Umstand hin und sieht in § 15 SGB VIII ergänzendes Landesrecht vor.

Den bestehenden Handlungsspielraum haben die Länder in unterschiedlicher Weise genutzt, in den meisten Ländern bestehen Ausführungsbestimmungen, in anderen nicht. Eine Reihe von Ländern haben eigene Ausführungsgesetze zu dem ersten Abschnitt des Leistungskapitels des SGB VIII erlassen, andere haben diese Regelungen in ein allgemeines Ausführungsgesetz integriert.

Zudem bestehen in einigen Ländern Sonderurlaubsgesetze, die für Praxis der Jugendarbeit und insbesondere für die Mitwirkung von Ehrenamtlichen von besonderer Bedeutung sind.

In Baden-Württemberg enthält ein allgemeines Ausführungsgesetz eine generelle Bestimmung zur Jugendarbeit, für die Förderung der Jugendbildung ist ein eigenes Jugendbildungsgesetz erlassen worden, Regelungen für Sonderurlaube enthält ein Gesetz zur Stärkung des Ehrenamtes. Die Offene Kinder- und Jugendarbeit findet keine eigene Erwähnung.

In Bayern ist Ausführungsrecht zu § 11 SGB VIII nicht ergangen.

In Berlin ist das Ausführungsrecht in dem allgemeinen Ausführungsgesetz zum SGB VIII enthalten. Neben allgemeinen Aussagen über die Jugendarbeit ist auch eine Regelung zum Sonderurlaub Bestandteil des Gesetzes. Die Offene Kinder- und Jugendarbeit findet keine eigene Erwähnung.

Brandenburg hat einen Anspruch auf Sonderurlaub für die Jugendarbeit im Landesrecht vorgesehen. Die Offene Kinder- und Jugendarbeit findet keine eigene Erwähnung.

Auch das bremische Landesrecht geht zweistufig vor: In dem allgemeinen Ausführungsrecht wird auf das speziellere Jugendförderungsgesetz verwiesen. Dessen § 11 Abs. 1 konstituiert die Verpflichtung der örtlichen Träger, die Angebote der Offenen Kinder- und Jugendarbeit zu fördern und bedarfsgerecht abzusichern. Außerdem enthält es Regelungen zum Sonderurlaub.

Das hamburgische Landesrecht enthält in seinem allgemeinen Ausführungsgesetz eine Regelung zur Jugendarbeit; außerdem besteht ein Sonderurlaubsgesetz, auf das in dem allgemeinen Ausführungsgesetz verwiesen wird. Die Offene Kinder- und Jugendarbeit findet keine eigene Erwähnung.

In dem allgemeinen hessischen Ausführungsgesetz finden sich Regelungen zur außerschulischen Jugendbildung und zum Sonderurlaub. Die Offene Kinder- und Jugendarbeit findet keine eigene Erwähnung.

In Mecklenburg-Vorpommern finden sich Landesausführungsbestimmungen zu § 11 SGB VIII und eine Regelung zum Sonderurlaub in einem eigenen Landesausführungsgesetz. Die Offene Kinder- und Jugendarbeit findet keine eigene Erwähnung.

Das niedersächsische Ausführungsrecht zu § 11 SGB VIII ist in einem Jugendbildungsgesetz enthalten. Daneben besteht ein eigenes Sonderurlaubsgesetz. Die Offene Kinder- und Jugendarbeit findet keine eigene Erwähnung.

In Nordrhein-Westfalen ist das Landesrecht zu § 11 SGB VIII in einem eigenen Jugendförderungsgesetz enthalten, dessen § 12 eine Beschreibung der Offenen Kinder- und Jugendarbeit vornimmt. Daneben besteht ein eigenes Sonderurlaubsgesetz, auf das im Jugendförderungsgesetz verwiesen wird.

Auch das rheinland-pfälzische Ausführungsrecht zu § 11 SGB VIII ist in einem eigenen Jugendförderungsgesetz enthalten. Daneben besteht ein Sonderurlaubsgesetz. Die Offene Kinder- und Jugendarbeit findet keine eigene Erwähnung.

Ähnlich ist die Regelung im Saarland: Das Ausführungsrecht zu § 11 ist Bestandteil des Kinder- und Jugendförderungsgesetzes, daneben besteht ein eigenes Sonderurlaubsgesetz.

In Sachsen ist bislang kein Ausführungsrecht zu § 11 ergangen. In einem Sonderurlaubsgesetz ist ein Anspruch auf Sonderurlaub geregelt. Die Offene Kinder- und Jugendarbeit findet keine eigene Erwähnung.

Ähnlich ist die Lage in Sachsen-Anhalt, als Ausführungsrecht im weiteren Sinne besteht lediglich ein Sonderurlaubsgesetz. Die Offene Kinder- und Jugendarbeit findet keine eigene Erwähnung.

Das schleswig-holsteinische allgemeine Ausführungsgesetz enthält die bei weitem differenziertesten Ausführungsregelungen zu § 11 SGB VIII, gleichwohl findet die Offene Kinder- und Jugendarbeit keine eigene Erwähnung. Eine Regelung zum Sonderurlaub ist Bestandteil dieses Ausführungsgesetzes.

Das thüringische Ausführungsrecht ist im allgemeinen Ausführungsgesetz enthalten und erwähnt Angebote der Offenen Kinder- und Jugendarbeit in § 16, der die Förderung regelt. Daneben enthält das Gesetz Bestimmungen zum Sonderurlaub.

72.3 Perspektiven für eine rechtliche Verbesserung der Handlungsmöglichkeiten in der Offenen Kinder- und Jugendarbeit

Wie sich aus der vorstehenden Darstellung des Landesrechts ergibt, liegt in dem Ausführungsrecht das Augenmerk kaum auf den Formen der Kinder- und Jugendarbeit, während den Anbietern ein vergleichsweise höheres Maß an Aufmerksamkeit gewidmet wird. Damit wird in dem Recht schwerpunktmäßig die Perspektive der Verwaltung bei der Rechtsanwendung eingenommen und gewissermaßen die Frage in den Blick genommen, wer an die Verwaltung Ansprüche stellen kann. Dieses ist für die Lebensrealität der jungen Menschen, der eigentlichen (End-)Adressaten von Leistungen nach dem SGB VIII von nachrangiger Bedeutung. Die Frage, in welcher Form sie Leistungen erhalten sollen, ist dagegen für sie wesentlich interessanter. Aus diesem Grund bietet es sich an, der Frage der Angebotsformen und ihrer Benennung im Ausführungsrecht der Länder bei einer Reform des jeweiligen Ausführungsrechts besonderes Augenmerk zu widmen. Regelungsinhalt könnte etwa sein, dass die öffentlichen Träger bei der Jugendhilfeplanung nach § 80 SGB VIII darauf zu achten haben, dass die unterschiedlichen Formen der Jugendarbeit in der Planung entsprechend der Bedürfnisse und Wünsche der jungen Menschen angemessen berücksichtigt werden.

Ein weiteres Problemfeld in der Offenen Kinder- und Jugendarbeit ist ein fehlender Rechtsanspruch auf eine finanzielle Förderung durch die örtlichen Träger der Jugendhilfe. Ein solcher Rechtsanspruch (für alle Formen der Jugendarbeit) wäre ein logischer Bestandteil des § 11 SGB VIII. Er fehlt aber, weil die zur Förderung verpflichteten öffentlichen Träger befürchten, dass ein solcher Anspruch im Ergebnis bei ihnen zu Mehrausgaben führen würde. Wahrscheinlich besteht diese Befürchtung zu Recht. Gerade deshalb ist es aber sinnvoll, einen Rechtsanspruch für die Gesamtheit der Träger der Jugendarbeit, die in dem Zuständigkeitsbereich eines öffentlichen Trägers tätig sind, zu fordern. Diese Träger sollten gewissermaßen treuhänderisch für die jungen Menschen, die die Adressaten der Leistungen nach § 11 SGB VIII sind, eine verwaltungsgerichtliche Überprüfung des Förderungsverhaltens des jeweiligen öffentlichen Trägers herbeiführen können. Dabei sollte auch die Frage justiabel sein, ob die Entscheidung des öffentlichen Trägers zur Förderung der verschiedenen Formen der Kinder- und Jugendarbeit und damit auch zur Offenen Kinder- und Jugendarbeit aufgrund sachgerechter Erwägungen getroffen worden ist.

Literatur

Arbeitsgemeinschaft für Kinder- und Jugendhilfe. (2008). *Kinder- und Jugendhilferecht von A-Z*. München.

Arbeitsgemeinschaft katholisch-sozialer Bildungswerke (aksb). (1988). *Ziele und Aufgaben politischer Bildung*. Bonn.

Bernzen, C. (1991). Zukunft der Jugendarbeit. In R. Wiesner, & W. Zarbock (Hrsg.), *Das neue Kinder- und Jugendhilfegesetz* (S. 239–266). Köln.

Bernzen, C. (1993). *Die rechtliche Stellung der freien Jugendhilfe*. Köln.

Bleistein, R. (1985). Jugendarbeit. In R. Bleistein, & G. Casel (Hrsg.), *Lexikon der kirchlichen Jugendarbeit* (S. 91–93). München.

Bleistein, R., & Casel, G. (1985). *Lexikon der kirchlichen Jugendarbeit*. München.

Böhnisch, L., Gängler, H., & Rauschenbach, T. (1991). *Handbuch Jugendverbände*. Weinheim.

Corsa, M. (2008). Offene Kinder- und Jugendarbeit. In Arbeitsgemeinschaft für Kinder- und Jugendhilfe (Hrsg.), *Kinder- und Jugendhilferecht von A-Z* (S. 261–263). München.

Dölker, F. (2006). Russisch – deutsch – deutschrussisch. Kulturelle Identität als Grundlage subjektorientierter und partizipierter Streetwork-Projekte. *deutsche jugend, 54*(9), 383–389.

Bundesministerium für Familie, Senioren, Frauen du Jugend (BMFSFJ). (1990). *Achter Kinder- und Jugendbericht*. Bonn.

Gernert, W. (1993). *Das Kinder- und Jugendhilfegesetz*. Stuttgart.

Jeand'Heur, B. (1991). *Der Kindeswohl – Begriff aus verfassungsrechtlicher Sicht*. Bonn.

Marquard, P. (2005). Jugendarbeit und Sport. Kinder und Jugendliche brauchen eine echte Kooperation beider Systeme! *Soziale Arbeit, 54*(4), 135–142.

Möller, W., & Nix, C. (2006). *Kurzkommentar zum SGB VIII*. München.

Naudascher, B. (1990). *Freizeit in öffentlicher Hand*. Düsseldorf.

Schröder, E. (1985). Partizipation. In R. Bleistein, & G. Casel (Hrsg.), *Lexikon der kirchlichen Jugendarbeit* (S. 145–146). München.

Sturzenhecker, B. (1993). Jugendarbeit. In W. Gernert (Hrsg.), *Das Kinder- und Jugendhilfegesetz* (S. 76–83). Stuttgart.

Sturzenhecker, B. (2007). Zum Milieucharakter von Jugendverbandsarbeit. Externe und interne Konsequenzen. *deutsche jugend, 55*(3), 112–119.

Wabnitz, R. (1993). Förderung der Kinder- und Jugendhilfe durch den Bund. In W. Gernert (Hrsg.), *Das Kinder- und Jugendhilfegesetz* (S. 295–307). Stuttgart.

Wabnitz, R. (2003). *Recht der Finanzierung der Jugendarbeit und der Jugendsozialarbeit*. Baden-Baden.

Welz, A. (1991). Offene Jugendarbeit. In L. Böhnisch, H. Gängler, & T. Rauschenbach (Hrsg.), *Handbuch Jugendverbände* (S. 588–591). Weinheim.

Wiesner, R., & Zarbock, W. H. (1991). *Das neue Kinder- und Jugendhilfegesetz*. Köln.

Kinderschutz in der Offenen Kinder- und Jugendarbeit – Umsetzung der §§ 8a und 72a SGB VIII

73

Gila Schindler

73.1 Kinderschutz in der Offenen Kinder- und Jugendarbeit

In der Kinder- und Jugendhilfe beruht die Wahrnehmung des Schutzauftrags bei Kindeswohlgefährdung seit dem 1. Oktober 2005 auf der gesetzlichen Grundlage des § 8a SGB VIII (BGBl. I 2005, 2729). Wann und wie mit einem Verdacht auf Kindeswohlgefährdung durch Fachkräfte der Kinder- und Jugendhilfe konkret umzugehen ist, beruht damit auf ausdrücklichen rechtlichen Regelungen, die als Mindeststandards bei der Wahrnehmung des Schutzauftrags bezeichnet werden können.

Dabei regelt die Norm die Wahrnehmung des Schutzauftrags nicht nur verbindlich für die Fachkräfte der Träger der öffentlichen Jugendhilfe, sondern auch die Mitarbeiter/innen von Trägern der freien Jugendhilfe werden im Rahmen von Vereinbarungen in entsprechender Weise zur Wahrnehmung des Schutzauftrags verpflichtet (§ 8a Abs. 4 SGB VIII). Die gesetzliche Regelung des § 8a SGB VIII gilt folglich sowohl für die Träger der öffentlichen als auch der freien Jugendhilfe (BT-Drucks. 15/3676, S. 26).

Dennoch zeigt ein Blick in die Praxis der Kinder- und Jugendhilfe, dass sich die Haltung zum Schutzauftrag der verschiedenen Leistungsbereiche der Kinder- und Jugendhilfe unterscheidet. Während die Aufgabe im Bereich institutionalisierter voll- oder teilstationärer Leistungen überwiegend als leistungsimmanenter Bestandteil der Hilfe angesehen wird, besteht eine entsprechende Eindeutigkeit für den Bereich der Offenen Kinder- und Jugendarbeit nicht (ISA 2006, S. 88 ff.).

Die Offene Kinder- und Jugendarbeit kann – wie alle anderen Bereiche der Kinder- und Jugendhilfe auch – zwar mit unterschiedlichsten Gefährdungssituationen für ihr Klientel in Berührung kommen, doch die Unverbindlichkeit ihrer Angebotsstrukturen unterschei-

---

Gila Schindler ✉
BERNZEN SONNTAG Rechtsanwälte Heidelberg, Poststraße 44, 69115 Heidelberg, Deutschland
e-mail: schindler@msbh.de

U. Deinet und B. Sturzenhecker (Hrsg.), *Handbuch Offene Kinder- und Jugendarbeit*,
DOI 10.1007/978-3-531-18921-5_73,
© VS Verlag für Sozialwissenschaften | Springer Fachmedien Wiesbaden 2013

det sie bei der Wahrnehmung des Schutzauftrags von anderen, stärker institutionalisierten Leistungen und Angeboten der Kinder- und Jugendhilfe (Deinet 2006, S. 213).

Als insofern prägende Strukturcharakteristika der Offenen Jugendarbeit werden i. d. R. Folgende genannt:

- freiwillige, wechselnde und unregelmäßige Teilnahme,
- offene Ziele, Inhalte, Arbeitsweisen,
- geringe institutionelle Macht,
- hoher Anteil an Ehrenamtlichkeit (Sturzenhecker 2004, S. 444–454).

Mit dieser Beschreibung wird unmittelbar ein Dilemma offensichtlich, dass die Tätigkeit in der Offenen Kinder- und Jugendarbeit in Bezug auf den Kinderschutz mit sich bringt: Kontakte mit Kindern oder Jugendlichen entstehen überwiegend unverbindlich und nicht nur mit pädagogischen Fachkräften, sondern auch mit ehrenamtlichen Mitarbeiter/innen. Auf dieser Grundlage bringt die Offene Kinder- und Jugendarbeit ihr Einsatzgebiet einerseits nicht unmittelbar mit der Wahrnehmung des Schutzauftrags nach § 8a SGB VIII in Verbindung, leistet aber andererseits ein niedrigschwelliges Angebot für Kinder und Jugendliche, welches gerade für belastete Kinder und Jugendliche einen Zugang zu qualifizierter Hilfe bietet (Deinet 2006, S. 214 f.).

Die Wahrnehmung des Schutzauftrags nach § 8a SGB VIII kann vor diesem Hintergrund vor allem als konstruktiver Beitrag zur Qualifizierung des Angebots der Offenen Kinder- und Jugendarbeit verstanden werden. Wie eine tätigkeitsfeldbezogene Wahrnehmung des Schutzauftrags für die Offene Kinder- und Jugendhilfe aussieht, wird mit diesem Beitrag vorgestellt.

73.2 Umsetzung des Schutzauftrags in der Offenen Kinder- und Jugendarbeit

73.2.1 Pflicht zur Wahrnehmung des Schutzauftrags

Einleitend wurde bereits die Frage angedeutet, ob für den Leistungsbereich der Offenen Kinder- und Jugendarbeit angesichts ihrer besonderen Struktur die Wahrnehmung des Schutzauftrags eigentlich in gleicher Weise gilt wie für andere Bereiche der Kinder- und Jugendhilfe. Auf rechtlicher Ebene ist für die Beantwortung der Frage die Feststellung maßgeblich, ob ein Anbieter Offener Kinder- und Jugendarbeit eine Vereinbarung im Sinne von § 8a Abs. 4 SGB VIII mit dem Träger der öffentlichen Jugendhilfe abgeschlossen und damit sich und seine Mitarbeiter/innen zur entsprechenden Wahrnehmung des Schutzauftrags verpflichtet hat. Dabei gilt, dass eine Vereinbarung nach § 8a Abs. 4 SGB VIII nur mit denjenigen Trägern abgeschlossen wird, die durch Einrichtungen und Dienste Leistungen der Kinder- und Jugendhilfe anbieten (ISA 2006, S. 89). Die Angebote der Offenen Kinder- und Jugendarbeit beruhen gesetzlich auf § 11 SGB VIII und zählen damit zum Leistungsspektrum der Kinder- und Jugendhilfe. Allerdings ist die Abgrenzung zur Jugendverbandsarbeit häufig fließend (AGJ 2005), deren Einbindung in den Schutzauftrag in der Regel noch weniger formalisiert erfolgt (vgl. Voigts 2005, S. 25). Dennoch dürfte in der Regel gelten, dass die Anbieter Offener Kinder- und Jugendarbeit grundsätzlich zu den Trägern gehören, mit denen Vereinbarungen nach § 8a Abs. 4 SGB VIII abzuschließen sind.

a. Abschluss von Vereinbarungen nach § 8a Abs. 4 SGB VIII

Das Verfahren zur Wahrnehmung des Schutzauftrags wie es in § 8a Abs. 1 SGB VIII vom Gesetzgeber vorgegeben wird, richtet sich unmittelbar nur an die Träger der öffentlichen Jugendhilfe (Meysen FK-SGB VIII 2009, § 8a Rn. 31.). Zwar war es ausdrücklicher Wunsch des Gesetzgebers bei der Normierung dieser Vorschrift die Fachkräfte der Träger der freien Jugendhilfe in die Wahrnehmung des Schutzauftrags einzubinden, (BT-Drucks. 16/3676, S. 26) aber aus verfassungsrechtlichen Gründen ist es ihm verwehrt, freie Träger unmittelbar gesetzlich zu verpflichten (Meysen FK-SGB VIII 2009, § 8a Rn. 31.). Aus diesem Grund wurde in § 8a Abs. 4 SGB VIII geregelt, dass die Träger der öffentlichen Jugendhilfe mit den Trägern der freien Jugendhilfe in ihrem Zuständigkeitsbereich Vereinbarungen abschließen sollen, die ihre Mitarbeiter/innen zur entsprechenden Wahrnehmung des Schutzauftrags verpflichten.

Wird die Vereinbarung abgeschlossen, so ergeben sich Inhalt und Umfang des Schutzauftrags für den Träger der freien Jugendhilfe in erster Linie aus dieser Vereinbarung, die die einzelnen Schritte gemäß § 8a Abs. 1 SGB VIII zur Wahrnehmung des Schutzauftrags bei Kindeswohlgefährdung enthalten muss (Wiesner SGB VIII 2011, § 8a Rn. 37 ff.).

Im Anschluss an den Abschluss einer Vereinbarung nach § 8a Abs. 4 SGB VIII obliegt es dem Träger der freien Jugendhilfe, Inhalt, Umsetzung und Organisationsfragen im Kontext der Wahrnehmung des Schutzauftrags für seinen internen Verfahrensablauf zu regeln. Bietet ein Träger der freien Jugendhilfe Offene Kinder- und Jugendarbeit als eine Leistung unter vielen an, so sollte er die Umsetzung des Schutzauftrags auch spezifisch für diesen Tätigkeitsbereich regeln oder bereits beim Abschluss der Vereinbarung mit dem Träger der öffentlichen Jugendhilfe darauf achten, dass bereichsspezifische Besonderheiten Beachtung finden (ISA 2006, S. 90 f.).

Grundsätzlich gilt, dass sich der Träger der freien Jugendhilfe nach Abschluss einer Vereinbarung in keinem Fall auf die Ansicht berufen kann, dass für dieses Tätigkeitsfeld der Auftrag nicht in gleicher Weise gelte. Es ist vielmehr an ihm, alle Mitarbeiter/innen mit der Aufgabe vertraut zu machen, einzubinden und entsprechend zu qualifizieren.[1]

b. Adressaten des Schutzauftrags

Ohne zusätzliche Regelungen im Rahmen der Vereinbarungen steht zunächst fest, dass nur die Fachkräfte des Trägers der freien Jugendhilfe zur Wahrnehmung des Schutzauftrags

---

[1] Dass sich solche Qualifizierungen wiederum in der Finanzierung widerspiegeln müssen, ist eine andere Frage und kann hier nicht vertieft erörtert werden. Vgl. u. a. Diakonisches Werk der Evangelischen Kirche in Deutschland e.V. (2008)

verpflichtet sind (Wiesner SGB VIII 2011, § 8a Rn. 33). Dabei ist es grundsätzlich irrelevant, ob eine Fachkraft haupt- oder nebenberuflich oder lediglich ehrenamtlich tätig ist (Wiesner SGB VIII 2011, § 8a Rn. 33).

Wird im Einzelfall überlegt, ob ein Mitarbeiter/eine Mitarbeiterin der Offenen Kinder- und Jugendarbeit zur Wahrnehmung des Schutzauftrags verpflichtet ist, so wird also zunächst zu prüfen sein, ob eine entsprechende Vereinbarung mit dem Träger der öffentlichen Jugendhilfe abgeschlossen wurde. Ist dies der Fall, so wird die Vereinbarung die Pflichten konkretisieren. Diese Pflichten muss der Träger der freien Jugendhilfe seinen Fachkräften nahebringen und ihre Erfüllung über die Vorgabe interner Strukturen regeln.

Damit gilt, dass kein Mitarbeiter/keine Mitarbeiterin gewissermaßen nachträglich von der Mitteilung überrascht werden kann, er/sie habe seine/ihre Pflicht zur Wahrnehmung des Schutzauftrags verletzt. Für den Träger wiederum ist damit klargestellt, dass er nicht nur Vereinbarungen abschließt, sondern auch dafür Gewähr trägt, dass diese seinen Mitarbeiter/innen bekannt sind und von ihnen umgesetzt werden.

73.2.2 Konkrete Rechtspflichten bei der Wahrnehmung des Schutzauftrags

Ist auf Grundlage einer Vereinbarung zwischen öffentlichem und freiem Träger die Frage geklärt, ob die Mitarbeiter/innen des freien Trägers zur Wahrnehmung des Schutzauftrags nach § 8a SGB VIII verpflichtet sind, so ergeben sich auch Inhalt und Umfang der Aufgabe unmittelbar aus der Vereinbarung. Dabei gilt, dass die Vereinbarung mindestens Vorgaben zu den Verfahrensstationen „Wahrnehmung gewichtiger Anhaltspunkte für eine Kindeswohlgefährdung", „Einschätzung der Gefährdungssituation im Fachteam unter Beteiligung einer insoweit erfahrenen Fachkraft", „Hinwirken auf die Annahme von Hilfen" und „Information des Jungendamtes" enthalten muss. Soweit die Vereinbarung diese Punkte nicht zusätzlich konkretisiert gilt Folgendes:

a. Wahrnehmung gewichtiger Anhaltspunkte für Kindeswohlgefährdung

Der Schutzauftrag nach § 8a SGB VIII wird aktiviert, wenn die Schwelle erreicht ist, bei der man von der Wahrnehmung „gewichtiger Anhaltspunkte für eine Kindeswohlgefährdung" sprechen kann (Meysen und Schindler 2004, S. 451).

Gewichtige Anhaltspunkte sind nach der Kommentarliteratur konkrete Hinweise, die der Fachkraft tatsächlich bekannt werden oder ernst zu nehmende Vermutungen, die sie aufgrund wahrnehmbarer Umstände hegt (Meysen und Schindler 2004, S. 451; Meysen FK-SGB VIII 2009, § 8a Rn. 12; Kindler und Lillig 2006, S. 16). Nicht jeder Hinweis auf eine Kindeswohlgefährdung löst folglich die Pflicht zur Wahrnehmung des Schutzauftrags aus, sondern nur diejenigen, denen ein gewisses Gewicht beizumessen ist. Eine solche Bestimmung macht die Einschätzung im Einzelfall allerdings nicht unbedingt leichter. Gerade im Bereich der Offenen Kinder- und Jugendarbeit, die auf dem häufig flüchtigen Kontakt mit Kindern und Jugendlichen basiert, ist schon eine erste Einschätzung oft schwer vorzunehmen. Erschwerend kommt hinzu, dass das Verantwortungsgefühl gegenüber einem Kind oder Jugendlichen, das bzw. der ein erstes Mal an einer Veranstaltung teilnimmt und dem man möglicherweise nie wieder begegnet, nicht sehr ausgeprägt ist. Der Gedanke, dass jemand anderes, bspw. ein Lehrer, die gleichen Beobachtungen macht und sich darum kümmern möge, weil er eine nähere Beziehung zum Kind bzw. Jugendlichen hat, ist in diesem Zusammenhang nicht fern liegend. Doch die rechtliche Vorgabe ist eindeutig und steht solchen Überlegungen entgegen – die Wahrnehmung gewichtiger Anhaltspunkte für eine Kindeswohlgefährdung aktiviert den Schutzauftrag und löst damit die weiteren Pflichten aus. D. h. die Pflicht zur Wahrnehmung des Schutzauftrags gilt bereits dann, wenn nur ein flüchtiger Kontakt zu einem Kind oder Jugendlichen hergestellt wurde. Dabei gilt allerdings, dass der Kontakt immer ein unmittelbarer sein muss. Macht ein Jugendlicher bspw. auf die Gefährdung eines Freundes aufmerksam, der am Angebot des Trägers nicht teilnimmt, so besteht diesem gegenüber keine Pflicht zur Wahrnehmung des Schutzauftrags.

Im Übrigen ist bei der Wahrnehmung von Anhaltspunkten für eine Kindeswohlgefährdung zu berücksichtigen, dass ihr Zweifel innewohnen kann. Es geht an dieser Stelle gerade nicht darum, sich seiner Sache sicher zu sein. Die Schwelle dient vielmehr dem Zweck, eine Chance zu erhalten, Unsicherheiten und Zweifel gemeinsam mit dem Kind bzw. Jugendlichen, seinen Erziehungsberechtigten und anderen Fachkräften zu besprechen und sie an den eigenen Beobachtungen teilhaben zu lassen (Kindler und Lillig 2006, S. 16). Auch die Entscheidung, ob ein Anhaltspunkt ein „gewichtiger" ist und daher in dem vorgeschriebenen Verfahren begutachtet werden muss, ist keine, die die wahrnehmende Fachkraft ohne Rückkoppelung treffen muss. Vielmehr kann bereits vor der eigentlichen Gefährdungseinschätzung im Wege eines bilateralen Austausches, einer kollektiven Fallberatung oder auf andere Weise eine qualifizierte Einschätzung vorgenommen werden, ob ein gewichtiger Anhaltspunkt im Sinne von § 8a SGB VIII vorliegt (Kindler und Lillig 2006, S. 16).

Gerade in der Offenen Kinder- und Jugendarbeit, deren Zielgruppe sich durch eine gewisse oder schon erhebliche Selbständigkeit auszeichnet, dürfte zur Vergewisserung der eigenen Wahrnehmung das Gespräch mit dem betroffenen Kind bzw. Jugendlichen nahezu unerlässlich sein. Die Wahrnehmung des Schutzauftrags bedeutet in diesem Sinne auch die Aufforderung an die Fachkraft, aktiv auf Kinder und Jugendliche zuzugehen und mit ihnen ins Gespräch zu kommen. Das wird nicht immer im unmittelbaren Interesse der Kinder und Jugendlichen selbst liegen, denn Themen wie Selbstgefährdung durch Drogen, mangelnde Impulskontrolle, selbstschädigendes Konfliktverhalten und andere gefährdende Phänomene im Jugendalter können je nach Zusammenhang durchaus gewichtige Anhaltspunkte für Kindeswohlgefährdung sein.

b. Gefährdungseinschätzung im Fachteam
Ist die Schwelle zur Aktivierung des Schutzauftrags überschritten, so liegt das weitere Vorgehen nicht im Ermessen der Fachkraft, sondern muss in der Vereinbarung so festgelegt sein wie gesetzlich in § 8a Abs. 1 SGB VIII vorgegeben (Meysen und Schindler 2004, S. 451; Meysen FK-SGB VIII 2009, § 8a Rn. 15). D. h. wird eine Wahrnehmung als gewichtiger An-

haltspunkt für eine Kindeswohlgefährdung beurteilt, so hat eine Gefährdungseinschätzung im Zusammenwirken mehrerer Fachkräfte stattzufinden (§ 8a Abs. 1 S. 1 SGB VIII).

Da Sinn der Einschätzung durch ein Fachteam ist, sich nicht gegenseitig eigene Meinungen und Urteile zu bestätigen, sondern kritisch zu hinterfragen und auf Grundlage des maßgeblichen Fachwissens möglichst objektiv zu betrachten, hat der Gesetzgeber die Hinzuziehung der sog. „insoweit erfahrenen Fachkraft" für die Gefährdungseinschätzung durch freie Träger verbindlich vorgegeben (Kohaupt 2006, S. 13; Meysen und Schindler 2004, S. 452).

Bei der Bestimmung, wer als erfahrene Fachkraft zu einer Gefährdungseinschätzung hinzugezogen werden kann, sollten die erforderlichen Kompetenzen im Vordergrund stehen (Kohaupt 2006, S. 13; Struck 2006, S. 200; Slüter 2007, S. 517). Diese sollen nicht allein auf einer entsprechenden Ausbildung beruhen, sondern sich gerade durch „Erfahrung" im Umgang mit Gefährdungsfällen ausgebildet haben (Slüter 2007, S. 517). Diese Erfahrung muss die Fachkraft befähigen, die Mitarbeiter/innen in der Offenen Kinder- und Jugendarbeit bei der Einschätzung der Kindeswohlgefährdung qualifiziert zu beraten und zu unterstützen. Neben einem fundierten Wissen über Gefährdungslagen und -folgen gehört dazu auch die Einbeziehung der Personensorgeberechtigten vorzubereiten und zu begleiten sowie ggf. eine Kooperation mit dem Jugendamt einzuleiten (Kohaupt 2006, S. 13).

Die besondere Erfahrung der hinzuzuziehenden Fachkraft sollte sich auch auf die besondere Gefährdungslage beziehen (Struck 2006, S. 200). So ist es für einen Träger nicht unbedingt sinnvoll, eine einzige Fachkraft zu benennen, die für sämtliche ggf. auftretenden Gefährdungssituationen hinzugezogen wird. Hier gehört es allerdings auch gerade zu den Kompetenzen der Fachkraft eigene Grenzen zu erkennen und auf die Einbeziehung zusätzlicher, spezifischer Kompetenz hinzuwirken. Im Übrigen bleibt festzuhalten, dass die hinzuzuziehende Fachkraft gerade nicht dem Träger der öffentlichen Jugendhilfe angehören soll (Krüger 2007, S. 400; Meysen und Schindler 2004, S. 452). Wäre dies der Fall, würde die Hinzuziehung bereits die Einschaltung des Jugendamts bewirken, was in dem Stadium der Gefährdungseinschätzung gerade nicht gewollt ist. Der freie Träger ist daher in seiner Entscheidung frei, welche insoweit erfahrene Fachkraft im Einzelfall zur Gefährdungseinschätzung hinzugezogen werden soll (ISA 2006, S. 40 ff.) und wird diese von den spezifischen Anforderungen abhängig machen. Das Jugendamt kann dabei ggf. beratend tätig werden.

c. Einbeziehung von Eltern

Bei der Gefährdungseinschätzung sind das Kind bzw. der Jugendliche und seine Eltern angemessen einzubeziehen. Wie bereits erörtert, dürfte im Rahmen der Offenen Kinder- und Jugendarbeit die Einbeziehung des betroffenen Kindes bzw. des betroffenen Jugendlichen Priorität haben, die sich auch im pädagogischen Konzept der Arbeit ausdrückt.

Die Einbeziehung der Eltern ist wiederum mit größeren Problemen behaftet als in stärker institutionalisierten Bereichen. Der Kontakt zwischen Kind bzw. Jugendlichem zur Offenen Kinder- und Jugendarbeit kommt in aller Regel nicht über die bzw. auf Veranlassung seiner Eltern zustande, sondern ist seine autonome Entscheidung. Die Einbeziehung seiner Eltern wird daher schnell als Eingriff in seine Autonomie empfunden und kann leicht zu einem Vertrauensverlust führen. Vor diesem Hintergrund spielt die Regelung, dass von der Einbeziehung der Eltern abgesehen werden soll, wenn ansonsten der wirksame Schutz des Kindes oder Jugendlichen in Frage gestellt wird, eine besonders wichtige Rolle. Selbst wenn es letztlich nur ausnahmsweise vorkommen wird, dass eine Einbeziehung der Eltern auf dieser Grundlage erlässlich ist, so zeigt die Wertung des Gesetzes doch, dass hier eine besonders hohe Kompetenz vonnöten ist, die einerseits zur Einbeziehung der Eltern führt und andererseits die Vertrauensbasis zum gefährdeten Kind bzw. Jugendlichen nicht zerstört. Konkret wird es darum gehen, das Einverständnis des Kindes bzw. Jugendlichen zum Elterngespräch zu erhalten.

d. Hinwirken auf die Annahme von Hilfe

Führt die Einschätzung im Fachteam dazu, dass eine Gefährdung des Kindes bzw. Jugendlichen als ausgeschlossen angesehen wird, so schreibt das Gesetz keine weitere Handlung vor. Dennoch kann es sinnvoll sein, auf Hilfs- und Unterstützungsangebote der Kinder- und Jugendhilfe aufmerksam zu machen, die nicht nur dann zur Verfügung stehen, wenn eine Kindeswohlgefährdung vorliegt (Slüter 2007, S. 519).

Hat sich eine Kindeswohlgefährdung in der Teameinschätzung allerdings bestätigt, so verpflichtet dies dazu, auf die Eltern zur Annahme weiterer Hilfen hinzuwirken. Ein solches Hilfsangebot steht unter verschiedenen Vorbehalten. So setzt die Wahl der geeigneten und erforderlichen Hilfe eine gesicherte Diagnose voraus (Tammen und Trenczek FK-SGB VIII 2009, § 27 Rn. 4). Diese dürfte im Einzelfall über die Gefährdungseinschätzung hinausgehen und fordert somit mehr als von der hinzuzuziehenden Fachkraft verlangt werden kann. Zudem sind Fachkräfte eines Trägers der freien Jugendhilfe rechtlich nicht in der Situation, verbindliche Leistungsangebote zu machen (ISA 2006, S. 48). In der Regel verlangt daher auch das Hinwirken auf die Annahme weiterer Hilfen perspektivisch eine Kooperation mit dem Jugendamt. Dieses muss eine eigene Entscheidung über die Gewährung weiterer Hilfen treffen und hierfür eine eigene Diagnose erstellen. Vor diesem Hintergrund wird ein Hinwirken auf die Annahme weiterer Hilfen sich entweder auf die Inanspruchnahme einer niedrigschwelligen Erziehungsberatung beziehen oder berät über mögliche Leistungsangebote des Jugendamts, wobei zwar erste Ideen zur geeigneten und erforderlichen Hilfe entwickelt werden können, verbindliche Entscheidungen jedoch nur durch das Jugendamt getroffen werden.

e. Kooperation mit dem Jugendamt

Mit dem vorangehenden Punkt wurde bereits deutlich, dass die Kooperation mit dem Jugendamt im Kontext einer Kindeswohlgefährdung, die von einem Träger der freien Jugendhilfe wahrgenommen wird, immer eine besonders wichtige Rolle spielt. Sie wird insbesondere dann erforderlich, wenn

- erforderliche Hilfen zur Gefährdungsabwendung von den Personensorgeberechtigten nicht angenommen werden oder
- weitere erforderliche Hilfen angenommen würden, aber durch den Träger der öffentlichen Jugendhilfe gewährt werden müssen.

Während im letzteren Fall die Kontaktaufnahme mit dem Jugendamt in aller Regel unproblematisch zustande kommt, da die Eltern schon ihr grundsätzliches Einverständnis mit weiterer Hilfe erklärt haben, ist die Situation, in der der Träger der freien Jugendhilfe zu der Einschätzung kommt, dass eine Gefährdung des Kindes besteht, die Eltern jedoch nicht bereit sind, weitere Hilfen in Anspruch zu nehmen, mit größerem Risiko für den weiteren Hilfeverlauf behaftet. Als Faustregel gilt an dieser Stelle, dass die Kontaktaufnahme zum Jugendamt zwar ohne den Willen der Personensorgeberechtigten erfolgen darf und bei Vorliegen der Voraussetzungen auch erfolgen muss, sie sollte jedoch nur im absoluten Ausnahmefall ohne Wissen der Eltern stattfinden (Kohaupt 2006, S. 11).

73.3 Wahrnehmung des Schutzauftrags außerhalb des Geltungsbereichs einer Vereinbarung nach § 8a Abs. 4 SGB VIII

Nach dem eingehenden Blick auf die Wahrnehmung des Schutzauftrags auf Grundlage von Vereinbarungen nach § 8a Abs. 4 SGB VIII ist noch ungeklärt, inwieweit der Schutzauftrag Bedeutung außerhalb des Anwendungsbereichs der Vereinbarungen hat. Dies hat jedoch besondere Bedeutung für das Tätigkeitsfeld der Offenen Kinder- und Jugendarbeit, in dem sich die Wahrnehmung des Schutzauftrags außerhalb des Geltungsbereichs von Vereinbarungen nach § 8a Abs. 4 SGB VIII relativ regelhaft ergibt. Denn wenngleich bislang keine verbindliche statistische Erhebung über den Abschluss dieser Vereinbarungen vorliegt, so zeigt ein Blick in die Praxis, dass dies mit Trägern der Offenen Kinder- und Jugendarbeit bis zum heutigen Tage keineswegs lückenlos erfolgt ist.

In einem ersten Schritt ist dazu festzustellen, dass sich die Pflicht zum Abschluss dieser Vereinbarungen zweifelsfrei ausschließlich an den Träger der öffentlichen Jugendhilfe richtet. Letztendlich ist es also an ihm, den Träger, der in seinem Zuständigkeitsbereich Offene Kinder- und Jugendarbeit anbietet, in die Wahrnehmung des Schutzauftrags nach § 8a SGB VIII einzubinden.

Für Träger, die bislang keine Vereinbarung zur Wahrnehmung des Schutzauftrags nach § 8a SGB VIII abgeschlossen haben, ergeben sich also daraus keine unmittelbaren Rechtspflichten. Es wäre jedoch leichtfertig, dies mit der Schlussfolgerung gleichzusetzen, dass in diesem Fall der Schutzauftrag nach § 8a SGB VIII keine Rolle spiele. Hier wird aus der Praxis häufig die Frage nach der Garantenhaftung gestellt – also nach dem, welche Rechtsfolgen für einen Mitarbeiter/eine Mitarbeiterin der Kinder- und Jugendhilfe gelten, wenn einem Kind oder Jugendlichen Schaden widerfahren ist und er bzw. sie dies hätte absehen können?

Galt eine Rechtspflicht zur Wahrnehmung des Schutzauftrags aus einer Vereinbarung heraus, wird diese konkrete Rechtspflicht als Maßstab des rechtlich relevanten Verhaltens zu prüfen sein. D. h. man prüft, ob die vereinbarten Schritte zur Wahrnehmung des Schutzauftrags eingehalten wurden (Schindler und Theißen 2012). Da jedoch die Grundsätze zur Wahrnehmung des Schutzauftrags nach § 8a SGB VIII allmählich zum Standard des pädagogischen Instrumentariums zählen dürften, wird auch ohne Abschluss von Vereinbarungen dieser Maßstab zumindest eine beachtenswerte Größe spielen. Träger der Offenen Kinder- und Jugendarbeit sollten vor diesem Hintergrund Überlegungen darüber anstellen, wie sie auch ohne Abschluss von Vereinbarungen interne Verfahren zur Wahrnehmung des Schutzauftrags regeln wollen und sollten.

Das zweite Feld, in dem die Wahrnehmung des Schutzauftrags außerhalb des Anwendungsbereichs von Vereinbarungen zu thematisieren ist, ist der Einsatz ehrenamtlicher Kräfte. Wie dargelegt, spielen diese in der Offenen Kinder- und Jugendarbeit einerseits eine wichtige Rolle, sind aber andererseits eindeutig nicht zur entsprechenden Wahrnehmung des Schutzauftrags wie hauptberuflich Tätige verpflichtet – es sei denn, dass es sich (zufällig) um Fachkräfte handelt. Damit gilt, dass auch eine interne Regelung sie nicht in gleicher Weise wie Hauptberufliche zur Verantwortung ziehen kann. Dies mag mit Blick auf Haftungsfragen erleichternd wirken, lässt die betroffenen Kräfte jedoch leicht verunsichert zurück, da die rechtliche Wertung unabhängig davon gilt, ob sie gewichtige Anhaltspunkte für eine Kindeswohlgefährdung tatsächlich wahrnehmen. In diesem Fall benötigen sie Halt und Rückversicherung, wie sie zum Wohl des betroffenen Kindes bzw. Jugendlichen mit ihrer Wahrnehmung umgehen sollen. Wenngleich hier also keine unmittelbare Rechtspflicht zur Einbindung der Ehrenamtlichen gilt, so soll an dieser Stelle auf die Bedeutung und den Wert von Präventionskonzepten hingewiesen werden, die erheblich zur Qualifizierung der Arbeit beitragen (vgl. Voigts 2005, S. 25; ISA 2006, S. 90 ff.).

73.4 Präventiver Kinderschutz – Prüfung der persönlichen Eignung nach § 72a SGB VIII

Geht die Gefährdung eines Kindes oder Jugendlichen von Mitarbeiter/inne/n eines Leistungserbringers der Kinder- und Jugendhilfe aus, so stellt sich stärker als bei anderen Gefährdungssituationen die Frage nach Prävention. Im Gegensatz zum privaten Umfeld des Kindes oder Jugendlichen ist der Träger hier selber in der Verantwortung und verfügt über Möglichkeiten, dafür Sorge zu tragen, dass seine Mitarbeiter/innen ihre Stellung gegenüber den betreuten Kindern nicht zu deren Nachteil ausnutzen.

Präventionskonzepte gibt es folglich viele, bei denen sich Ansatz und Strukturen unterscheiden mögen, das Ziel – der bestmögliche Schutz von Kindern und Jugendlichen vor Gefahren aus einem Angebot der Kinder- und Jugendhilfe heraus – gleicht sich jedoch. Ein einzelnes Teilstück des Wegs zu einer möglichst erfolgreichen Prävention wird vom Gesetzgeber mit § 72a SGB VIII vorgegeben – der Überprüfung der Mitarbeiter/innen in Hinblick auf rechtskräftige einschlägige Straftaten (Schindler FK-SGB VIII 2009, § 72a Rn. 7).

Wie nützlich und effektiv diese Regelung zur Verhinderung von Übergriffen durch Mitarbeiter/innen der Kinder- und Jugendhilfe ist, soll an dieser Stelle nicht weiter hinterfragt werden (zur Kritik am Präventionsparadigma vgl. Lindner i. d. Buch). Allerdings zeichnet sich nach anfänglich kontrovers geführten Diskussionen ab, dass die Vorlage von Führungszeugnissen von in der Kinder- und Jugendhilfe hauptberuflich tätigen Fachkräften allmählich eine Selbstverständlichkeit wird, die in der Praxis kaum Probleme aufwirft.

So gilt auch für die in der Offenen Kinder- und Jugendarbeit hauptberuflich Tätigen, dass sie zum Nachweis, sich keiner einschlägigen Vorstrafen schuldig gemacht zu haben, in der Regel ein Führungszeugnis vorlegen müssen. Jedenfalls wird der Arbeitgeber kaum einen anderen Weg sehen, um das Verbot angemessen zu beachten, keine einschlägig vorbestraften Personen einzustellen (Schindler FK-SGB VIII 2009, § 72a Rn. 20).

Für die Hauptberuflichen kommt es daher in der Regel nur darauf an, wer die Kosten für das Führungszeugnis übernimmt. Hier gilt als Faustregel, dass es sich bei einer Neubewerbung um Bewerbungskosten handelt, die der Bewerber/die Bewerberin tragen muss, während in einem Anstellungsverhältnis der Arbeitgeber die Kosten wird tragen müssen (Schindler FK-SGB VIII 2009, § 72a Rn. 14).

Galten die Überlegungen des Gesetzgebers, die zur Normierung des § 72a SGB VIII geführt haben, zunächst den hauptamtlichen Kräften, so stellt sich gerade für den Bereich der Offenen Kinder- und Jugendarbeit, der auch vom Einsatz Ehrenamtlicher geprägt ist, die Frage, inwiefern auch diese ein Führungszeugnis vorlegen müssen (vgl. Paritätisches Jugendwerk NRW 2010). Wenngleich diese eine weniger offizielle Position haben als beruflich Tätige, so ist dies für die Kontaktanbahnung irrelevant. Hieraus folgt, dass es unabdingbar sein muss, das gesamte Personal im kinder- und jugendnahen Bereich in die Prävention einzubinden (KVJS 2009, S. 30; Enders 2010; DBJR 2007, S. 83; VCP 2010, S. 29 ff.) Dazu gehört grundsätzlich auch die Überprüfung, ob sich ein ehrenamtlicher Mitarbeiter/eine ehrenamtliche Mitarbeiterin einer einschlägigen Straftat schuldig gemacht hat.

Diese Überlegungen wurden mit dem Bundeskinderschutzgesetz, das zum 1. Januar 2012 in Kraft getreten ist, in eine Neufassung des § 72a SGB VIII eingearbeitet. In dessen Absatz 4 heißt es nunmehr, dass die Träger der öffentlichen Jugendhilfe durch Vereinbarungen mit den Trägern der freien Jugendhilfe sowie mit Vereinen im Sinne des § 54 SGB VIII sicherstellen sollen, dass unter deren Verantwortung keine neben- oder ehrenamtlich tätige Person, die wegen einer der als einschlägig benannten Straftat rechtskräftig verurteilt worden ist, in Wahrnehmung von Aufgaben der Kinder- und Jugendhilfe Kinder oder Jugendliche beaufsichtigt, betreut, erzieht oder ausbildet oder einen vergleichbaren Kontakt hat. Hierzu sollen die Träger der öffentlichen Jugendhilfe mit den Trägern der freien Jugendhilfe Vereinbarungen über die Tätigkeiten schließen, die von den genannten Personen auf Grund von Art, Intensität und Dauer des Kontakts dieser Personen mit Kindern und Jugendlichen nur nach Einsichtnahme in das Führungszeugnis nach Absatz 1 Satz 2 wahrgenommen werden dürfen (BR-Drs. 202/11, S. 44).

Auf dieser Grundlage ist nunmehr für ehrenamtlich Tätige wie bei den hauptberuflich Tätigen die Vorlage von Führungszeugnissen unabdingbare Voraussetzung ihres Einsatzes. Allerdings wird die notwendige Grenzziehung in Bezug auf die konkreten Kontakte zwischen ehrenamtlich Tätigen und Kindern bzw. Jugendlichen in der Praxis noch Schwierigkeiten bereiten und im Zweifel eher zu einer extensiven Handhabung führen, um auf der „sicheren Seite" zu sein (Weber und Wocken 2012).

Literatur

Arbeitsgemeinschaft für Kinder- und Jugendhilfe (AGJ). (2005). *Stellungnahme der Arbeitsgemeinschaft für Jugendhilfe zur Offenen Kinder- und Jugendarbeit*. Berlin.

Diakonisches Werk der Evangelischen Kirche in Deutschland e.V. (2008). *Die „insoweit erfahrene Fachkraft" nach § 8a Abs. 2 SGB VIII – eine neue fachdienstliche Aufgabe?* http://fachinformationen.diakonie-wissen.de/node/2003. Zugegriffen: 3. Februar 2012.

Bernzen, C. (2009). Die Bedeutung des Kindesschutzauftrages der Jugendhilfe in der Kinder- und Jugendarbeit. *deutsche jugend, 2009*(12), 530–533.

Deinet, U. (2006). Schutzauftrag bei Kindeswohlgefährdung – Kinder- und Jugendarbeit. In E. Jordan (Hrsg.), *Kindeswohlgefährdung. Rechtliche Neuregelungen und Konsequenzen für den Schutzauftrag der Kinder- und Jugendhilfe* (S. 213–224). Weinheim.

Der Paritätische, Paritätisches Jugendwerk NRW. (2010). *(Erweitertes) Führungszeugnis in der offenen Kinder- und Jugendarbeit und in der Arbeit des Kinderschutzbundes. Eine Arbeitshilfe*. www.dksb-nrw.de.

Deutscher Bundesjugendring (DBJR). (2007). Empfehlungen des Deutschen Bundesjugendringes zur Überprüfung der Eignung von in der Kinder- und Jugendarbeit Aktiven. In Arbeitsgemeinschaft der Evangelischen Jugend in der Bundesrepublik Deutschland e.V. (aej) (Hrsg.), *Kinderrechte gegen Gewalt und Missbrauch. Die Umsetzung des Schutzauftrages der Kinder- und Jugendhilfe in der Evangelischen Jugend* (S. 83–86). Hannover.

Deutscher Bundesjugendring (DBJR). (2006). *Empfehlungen des Vorstands des Deutschen Bundesjugendrings zur Umsetzung des § 72a KJHG (Persönliche Eignung von Fachkräften)*. http://www.aej-haus-villigst.de/cms/upload/pdf/DBJR_Empfehlung_Endfassung_mitLogo1.pdf. Zugegriffen: 3. Februar 2012.

Enders, U. (2010). *Prävention von sexuellem Missbrauch in Institutionen*. http://www.zartbitter.de/0/Eltern_und_Fachleute/6020_praevention_von_sexuellem_missbrauch_in_institutionen.pdf. Zugegriffen: 3. Februar 2012.

BAGLJÄ – Bundesarbeitsgemeinschaft der Landesjugendämter. (2006). *Hinweise zur Eignungsüberprüfung von Fachkräften der Kinder- und Jugendhilfe nach § 72a SGB VIII*. http://www.bagljae.de/Stellungnahmen/098_Eignungsueberpruefung%20von%20Fachkraeften%20nach%2072a.pdf. Zugegriffen: 3. Februar 2012.

Institut für soziale Arbeit e.V. (ISA). (2006). *Der Schutzauftrag bei Kindeswohlgefährdung – Arbeitshilfe zur Kooperation zwischen Jugendamt und Trägern der freien Kinder- und Jugendhilfe*. Münster.

Kindler, H., & Lillig, S. (2006). Was ist unter „gewichtigen Anhaltspunkten" für die Gefährdung eines Kindes zu verstehen? In: Informationszentrum Kindesmisshandlung/Kindesvernachlässigung (IKK-Nachrichten): § 8a SGB VIII – Herausforderungen bei der Umsetzung. http://www.dji.de/cgi-bin/projekte/bchlst1.php?browid=7384&projekt=53&kurzform=0. Zugegriffen: 3. Februar 2012.

Kohaupt, G. (2006). *Expertise zum Schutzauftrag bei Kindeswohlgefährdung aus der Sicht eines Mitarbeiters der Kinderschutz-Zentren.* http://www.nachbarschaftshaus.de/fileadmin/user_upload/Kinderschutzkonferenz/G.Kohaupt_SchutzAuftrag.pdf. Zugegriffen: 3. Februar 2012.

Krüger, S. (2008). Die Münchner Grundvereinbarung zum Schutzauftrag bei Kindeswohlgefährdung nach § 8a und § 72a SGB VIII – Ein gesetzlicher Auftrag nimmt Gestalt an. *Das Jugendamt, 2007*(9), 397–403.

Kommunalverband für Jugend und Soziales Baden-Württemberg (KVJS) (Hrsg.). (2009). *Arbeitshilfe zur Umsetzung des Schutzauftrags bei Kindeswohlgefährdung und der Prüfung der persönlichen Eignung von Fachkräften.* Stuttgart.

Meysen, T., & Schindler, G. (2004). Schutzauftrag bei Kindeswohlgefährdung: Hilfreiches Recht beim Helfen. *Das Jugendamt, 2004*(10), 449–466.

Münder, J., Meysen, T., & Trenczek, T. (Hrsg.). (2009). *Frankfurter Kommentar SGB VIII: Kinder- und Jugendhilfe.* München.

Schindler, G., & Theißen, K. (2012). *Garantenstellung und Garantenpflichten von sozialpädagogischen Fachkräften. Eine Arbeitshilfe.* AWO Bundesverband e. V.

Slüter, R. (2007). Die „insoweit erfahrene Fachkraft", Überlegungen zu Standards der Fachberatung nach § 8a SGB VIII. *Das Jugendamt, 2007*(11), 517–520.

Struck, N. (2006). Der Schutzauftrag für die Träger von Erziehungshilfen. Ausgestaltung und Inhalt von Vereinbarungen. In E. Jordan (Hrsg.), *Kindeswohlgefährdung. Rechtliche Neuregelungen und Konsequenzen für den Schutzauftrag der Kinder- und Jugendhilfe* (S. 195–212). Weinheim.

Sturzenhecker, B. (2004). Strukturbedingungen von Jugendarbeit und ihre Funktionalität für Bildung. *neue praxis, 2004*(5), 444–454.

Verband Christlicher Pfadfinderinnen und Pfadfinder (VCP) (Hrsg.). (2010). *AKTIV! gegen sexualisierte Gewalt, Eine Handreichung für Verantwortungsträgerinnen und -träger im VCP.* http://www.evangelische-jugend.de/fileadmin/user_upload/aej/Kinder-_und_Jugendpolitik/Downloads/Kinder-_und_Jugendschutz/Praevention_sex._Gewalt/VCP_Praevention_Handreichung.pdf. Zugegriffen: 3. Februar 2012.

Voigts, G. (2005). Der Schutzauftrag bei Kindeswohlgefährdung im Kinder- und Jugendhilfeerweiterungsgesetz (KICK). *Jugendpolitik, 2005*(3), 25–29.

Weber, S., & Wocken, L. (2012). Das erweiterte Führungszeugnis als Instrument des Kinderschutzes. *Das Jugendamt, 2012*(2), 62–66.

Wiesner, R. (Hrsg.). (2012). *SGB VIII, Kinder- und Jugendhilfe. Kommentar.* München.

Teil XII
Rahmenbedingung Träger der Offenen Kinder- und Jugendarbeit

Dachorganisationen der Offenen Kinder- und Jugendarbeit

74

Norbert Hubweber

74.1 Einleitung

Nach den aktuellen Zahlen des Bundesamtes für Statistik (2010) gibt es im gesamten Bundesgebiet (mit ca. 81 Mio. EinwohnerInnen)

- 7661 Häuser der Offenen Kinder- und Jugendarbeit mit mindestens einer teil- oder vollzeitbeschäftigten hauptberuflichen pädagogischen Fachkraft,
- 334 Abenteuerspielplätze und
- 1017 Einrichtungen der mobilen Jugendarbeit.
- Hinzu kommen 5311 rein ehrenamtlich geführte Treffpunkte, die jedoch über ein regelmäßiges Angebot (ganzjährig, mindestens 1-mal wöchentlich geöffnet) verfügen.

Betrachtet man die Verteilung aller 14.323 Einrichtungen auf die einzelnen Bundesländer, so zeigt sich fast überall ein Verhältnis von 1 Einrichtung auf etwa 5500 EinwohnerInnen. Beschränkt man sich aber auf die 7661 hauptberuflich geleiteten Angebote, zeigt sich ein weniger ausgeglichenes (statistisches) Bild: Während das Saarland (bei ca. 1 Mio. EinwohnerInnen) 45 solcher Einrichtungen zählt, gibt es in Niedersachsen (bei ca. 7,8 Mio. EinwohnerInnen) davon 736 oder in Thüringen (bei ca. 2,2 Mio. EinwohnerInnen) 323.

Bekannt ist die Vielfalt der Einrichtungstypen, Trägerformen, Entstehungs- und Entwicklungsgeschichte und – hier von Wichtigkeit – ihre unterschiedliche Eingebundenheit in übergeordnete und/oder überörtliche Strukturen. Würde man diesbezüglich den Begriff der „Dachorganisation" ganz allgemein als „Zusammenschluss von Personen, Gruppen, Institutionen usw. zur Wahrnehmung von Interessen" verstehen, so wäre er nahezu demjenigen der „Vernetzung" oder des „Netzwerkes" synonym. Dies würde dann auch alle,

Norbert Hubweber ✉
Landesarbeitsgemeinschaft Katholische Offene Kinder- und Jugendarbeit Köln, Am Kielshof 2,
51105 Köln, Deutschland
e-mail: n.hubweber@lag-kath-okja-nrw.de

selbst relativ kurzfristige Formen der Kooperation von Einrichtungen der Offenen Kinder- und Jugendarbeit untereinander (z. B. zur Dokumentation eines regionalen Maßnahmen- oder Einrichtungsangebotes) und/oder mit anderen Personen oder Institutionen (z. B. zur Durchführung einer Projektwoche) einschließen.

Fassen wir also im Folgenden die einzelnen Merkmale in Hinblick auf das Feld Offener Kinder- und Jugendarbeit konkreter und beschreiben damit zugleich Struktur, Einflussbereich, Rechtsform, Funktion und Arbeitsweise derartiger Organisationen. Da es diesbezüglich auf Bundesebene bis heute weder historische noch bestandserhebende Gesamtdarstellungen gibt, kann nicht von einer Vollständigkeit der Systematik ausgegangen werden.

74.2 Zu den Merkmalen

1. Grundlegend bei der Kennzeichnung sozialer Organisationen ist die Unterscheidung zwischen „freier" und „öffentlicher" Trägerschaft. Für kommunal getragene Einrichtungen gibt es zwar in der tragenden Verwaltung (in einer Abteilungen bzw. einem Referat beim Ober-/Stadtdirektor oder im Jugendamt) zentrale AnsprechpartnerInnen, die (u. a.) für Offene Arbeit zuständig sind, auch gibt es Treffen, bei denen sich diese sachspezifisch austauschen (z. B. beim landesweiten Jahrestreffen Kommunaler JugendpflegerInnen), einen gemeinsamen, Interessen vertretenden Zusammenschluss öffentlich getragener Offener Kinder- und Jugendarbeit gibt es jedoch nicht. Wohl haben sich einzelne kommunale Einrichtungen paritätisch organisierten Dachorganisationen angeschlossen (siehe 2.).
Landesjugendamt, Landes- und Bundesjugendministerium oder kommunaler Spitzenverband als übergeordnete Stellen unterscheiden sich je nach Maßgabe des SGB VIII (KJHG) in der Wahrnehmung (landes-)spezifischer Aufgaben erheblich. So hat z. B. die BAG der Landesjugendämter in den letzten Jahren nicht nur Fachkongresse organisiert, sondern auch in wichtigen Fragen der Offenen Kinder- und Jugendarbeit Stellungnahmen und Empfehlungen gegeben. Insbesondere auf kommunal getragene Offene Kinder- und Jugendfreizeitstätten, aber auch auf frei getragene (Dach-)Organisationen üben diese Stellen übergeordneten Einfluss aus.
2. Einrichtungs- bzw. Trägerzusammenschlüsse erfolg(t)en zumeist aus ganz bestimmten Anlässen. Das heißt, Fachkräfte, TrägervertreterInnen, Jugendliche kommen aus Betroffenheit (und Enthusiasmus) zusammen, z. B. zur Abwendung von Förderkürzungen, zum fachlichen Austausch oder zur Mobilisierung der Öffentlichkeit bei sozialen Missständen. Sind die Anlässe von Dauer oder grundsätzlicher Art, trifft man sich öfter und regelmäßiger. Ein Gremium oder ein/e SprecherIn vertritt Anliegen und Positionen nach außen (Mandat), man gibt sich eine „Verfassung" (Geschäftsordnung, Satzung, Statut), stellt sich unter dem „Schutz" des § 78 SGB VIII (KJHG), der den freiwilligen Zusammenschluss verschiedener Jugendhilfeträger und die Verknüpfung ihrer Maßnahmen(-Planung) regelt, und/oder richtet ggf. ein Koordinationsbüro oder eine

Fachstelle als ständige/n AnsprechpartnerIn bzw. zur Qualifizierung und Interessensvertretung des Arbeitsfeldes ein.

So oder ähnlich ist der Entwicklungsgang der meisten örtlichen, überörtlichen und landesweiten, selbstorganisierten Arbeitsgemeinschaften. Ein Teil von ihnen entstanden in trägerspezifischer „Reinkultur" (z. B. in Nordrhein-Westfalen die Evangelische Arbeitsgemeinschaft der Offenen Türen – ELAGOT), als Zusammenschluss aller freien Träger oder auch paritätisch, kommunale Häuser eingeschlossen. Eine „klare" Trennung, insbesondere zwischen freien und öffentlichen TrägerInnen, gibt es nur in wenigen Orts- und Landesarbeitsgemeinschaften. Gerade vor Ort sind es oft gemeinsame, drängende Anliegen (z. B. Aktionen gegen Ausländerfeindlichkeit), die die Beteiligten an einem Tisch vereinen.

3. Der über-/regionale Einflussbereich der meisten Dachorganisationen ist an ihren Namen erkenntlich: Bundes-, Landes-AG oder AG der Stadt XY. (Eine Vertretung Offener Arbeit gegenüber dem Europarat steht weiterhin noch aus.) Doch nicht immer sind alle Einrichtungen der Region in der jeweiligen Dachorganisation vertreten, denn Mitgliedschaft ist freiwillig und kann in der Regel beidseitig gekündigt bzw. gar nicht erst in Betracht gezogen werden. Andererseits gibt es auch Mehrfachmitgliedschaften einzelner Einrichtungen in trägerspezifisch, fachlich oder örtlich unterschiedlichen Vertretungen. Entgegen der fachlichen Notwendigkeit gibt es im Bundesgebiet (immer noch) keine flächendeckende Vertretung aller Offenen Kinder- und Jugendfreizeitstätten: Zurzeit sind etwa ein Viertel von ihnen weder örtlich noch landesweit unter (irgend)einem fachspezifischen Dach zusammengeschlossen. Nur in fünf Bundesländern gibt es derzeit eine (oder gar mehrere trägerspezifische) Landesarbeitsgemeinschaft(en), die umfassend und ausschließlich Offene Einrichtungen als Mitglieder hat/haben. In den übrigen Ländern gibt es entweder keine oder nur eine einzige trägerspezifische Landesvertretung (z. B. der Verband saarländischer Jugendzentren in Selbstverwaltung), oder die Einrichtungen sind mit anderen Jugendarbeitsformen unter einem Dach (z. B. beim Bayerischen Jugendring).

Weiterhin sind unter den Dachorganisationen, die (u. a.) Offene Einrichtungen vertreten, eine Vielzahl von Formen vertreten, die die übliche geographische Zuordnung in Kommunal-, Landes- oder Bundesebene sprengen: So gibt es einen Arbeitskreis für Offene Jugendarbeit in katholischer Trägerschaft in den neuen Bundesländern oder die länderübergreifenden evangelischen Landeskirchen.

In der Bundesvertretung der Offenen Kinder- und Jugendeinrichtungen sind – ähnlich dem Bundesjugendring –
a) einzelne LAGs und
b) bundesweite träger- oder fachspezifische Organisationen
zusammengeschlossen.

4. Betrachtet man die verschiedenen Aufgabenstellungen bzw. codifizierten Vereinsziele der hier gemeinten Dachorganisationen, so findet man weitgehend übereinstimmende Funktionskategorien:

- Wahrnehmung von Betroffenheit und Selbsthilfe,
- Meinungs- und Erfahrungsaustausch der Mitglieder untereinander,
- Durchführung gemeinsamer (Groß-)Projekte oder Veranstaltungen,
- Kooperation mit anderen Institutionen,
- Qualifizierung der Mitglieder (Fachberatung, Erstellung von Arbeitshilfen, Fortbildung, Supervision),
- Erhalt bzw. bedarfsgerechter Auf-, Ausbau von Angeboten der Offenen Arbeit,
- gemeinsame fach- und jugendpolitische Außenvertretung,
- Öffentlichkeitsarbeit und Selbstdarstellung,
- (historische) Archivierung, empirische Datenerhebung und Dokumentation.

Während kleinere, zumeist örtliche Zusammenschlüsse die Erfüllung einzelner Aufgaben – je nach Bedarf – ohne großen Aufwand organisieren, erfordert die kontinuierliche Umsetzung aller Funktionen für einen größeren Einzugsbereich bzw. für eine größere Anzahl von Mitgliedseinrichtungen eine adäquate Ausstattung, d. h. die Einrichtung einer Geschäftsstelle, ausgestattet mit Bürokräften und ggf. FachreferentInnen. Zum Teil werden einzelne Funktionen an andere delegiert, z. B. an eine Bildungsstätte/Akademie. In der Regel sind die uns bekannten Geschäftsstellen mit 2–3 Fachkräften besetzt und erfüllen z. T. Aufgaben mehrerer Organisationsebenen (siehe Beispiel am Ende).

5. Rechtsform der meisten selbstorganisierten „Dächer" ist die relativ unverbindliche Arbeitsgemeinschaft (keine Rechtsperson), z. T. auf örtlicher Ebene auch eingeschlossen in sog. „Stadt(teil)konferenzen", und der nichteingetragene oder eingetragene Verein. Letzterer ist in der Regel auch Voraussetzung, um in den Genuss einer öffentlichen Förderung (landes- oder bundes-)zentraler Aufgaben zu kommen.

Alle landes- und bundesweiten Trägerverbände haben über eine Ordnung bzw. e.V.-Satzung eine demokratische (Gremien-)Struktur mit Vollversammlung, Vorstand und ggf. Ausschüssen.

Auch die Mitgliedschaft ist meistens klar geregelt. Dabei unterscheiden sich deutlich diejenigen Organisationen voneinander, in denen

a) einzelne Offene Kinder- und Jugendeinrichtungen, vertreten durch die/den TrägerIn und/oder die Leitung (z. B. der ABA Fachverband), oder

b) VertreterInnen mehrerer Arbeitsgemeinschaften, d. h. also ein Zusammenschluss von Dachorganisationen (z. B. die BAG OKJE), Mitglied sind. In beiden Formen finden sich z. T. auch Einzelpersonen (FachexpertInnen, Jugend-/PolitikerInnen u. Ä.) mit vollen, gleichberechtigten oder ordnungsmäßig eingeschränkten Mitgliedsrechten (z. B. in einem Fach-Beirat).

Nach Inkrafttreten des SGB VIII verstehen sich viele örtliche Arbeitsgemeinschaften Offener Kinder- und Jugendeinrichtungen, soweit in ihnen auch der öffentliche Träger mitarbeitet, im Sinne des § 78. Die dort genannte Aufgabenstellung, geplante Maßnahmen aufeinander abzustimmen und sich gegenseitig zu ergänzen, empfiehlt zwar eine enge Partnerschaftlichkeit aller Trägerformen und regt zu längerfristigen und ganzheitlichen Planungen an, dennoch sehen ExpertInnen darin keinerlei Rechtsstärkung solcher AGs im Gefüge der Jugendhilfestrukturen.

6. „Dachziegel", um im Bild zu bleiben, stellen Organisationen dar, die nur „unter anderem" Offene Kinder- und Jugendeinrichtungen – zumeist in der Minderzahl gegenüber anderen Institutions-, Angebotsformen oder Aufgaben – tragen oder als Mitglieder zählen. Neben bereits o. g. folgen hier noch einige regionale und bundesweite Beispiele: verschiedene Jugendverbände, das Deutsche Rote Kreuz, der Internationale Bund, der Förderverein für Jugend- und Sozialarbeit, einige Landessportbünde. Sie könnte man als „Offene Arbeit übergreifende" oder „unspezifische Dachorganisationen" bezeichnen, im Gegensatz zu denjenigen, die ausschließlich Einrichtungen Offener Kinder- und Jugendarbeit vertreten.
7. Dachorganisationen in Funktion und Wirkungskreis ähnlich sind die sogenannten Trägerverbände. Sie können örtlich – wie z. B. der Stuttgarter Jugendhaus e.V. – oder überörtlich – wie z. B. ein Diözesancaritasverband – organisiert sein und eine Vielzahl mehr oder weniger eigenständig arbeitender Offener Einrichtungen tragen und vertreten. In den meisten Fällen gibt es in ihnen intern auch demokratische Strukturen, so dass das öffentliche Mandat oder ggf. die Mitgliedschaft in einer (Landes-)Arbeitsgemeinschaft für jede einzelne Einrichtung gilt.
8. Auch wenn man sie nicht als Dachorganisation Offener Arbeit bezeichnen kann, so gibt es doch eine Vielzahl von Institutionen, die Fachkräfte oder TrägervertreterInnen Offener Kinder- und Jugendfreizeitstätten mehr oder weniger intensiv „betreuen", von daher gut kennen und an verschiedenen „Schaltstellen" (spezifische) Belange und Interessen – ohne Mandat, aber mit fachlicher Autorität – vertreten. Auch hier nur einige Beispiele: staatliche und private Ausbildungsstätten mit Praxis- oder Forschungsprojekten, Fachinstitutionen der Sozialarbeit/Sozialpädagogik, die AG der evangelischen Jugend (aej), die Akademie Remscheid. In diesem Sinne muss auch gewerkschaftliches Engagement (in Fragen der Beschreibung von Tätigkeitsmerkmalen, Verbesserung der Arbeitsplatzbedingungen oder der Tarifstufen) gesehen werden.

74.3 Down-Top: Ein beispielhafter Vertikalschnitt durch die handlungsfeldspezifischen Vertretungen

Der gewählte Vorsitzende eines katholischen Kölner Trägervereins, der neben Kindergarten, Seniorenheim usw. seit 1965 auch ein Heim der Offenen Tür (OT) betreibt, ist direktes Mitglied dreier AGs Offener Arbeit:

a) der Arbeitsgemeinschaft der Offenen Türen in Köln – AGOT Köln – (gegründet 1956, ca. 65 Mitgliedseinrichtungen), als örtlicher Zusammenschluss (fast) aller frei getragenen OTs,
b) der Diözesanarbeitsgemeinschaft der Katholischen Offenen Jugendarbeit in der Erzdiözese Köln (gegründet 1989, ca. 115 Mitgliedseinrichtungen) und

c) der Landesarbeitsgemeinschaft Katholische Offene Kinder- und Jugendarbeit Nordrhein-Westfalen – LAG Kath. OKJA NRW – (gegründet 1959, ca. 570 Mitgliedseinrichtungen).

Die örtliche AG (a) ist in keinem weiteren Dach eingebunden, ebenso die diözesane AG (b), die jedoch in die Gremien der LAG Kath. OKJA NRW (c) – ebenso wie die 4 weiteren (Erz)Diözesen NRWs – VertreterInnen entsendet.

Gemeinsam mit der Evangelischen Landesarbeitsgemeinschaft der Offenen Tür NRW (gegründet 1971, ca. 560 Mitgliedseinrichtungen) – ELAGOT NW, dem Falken Bildungs- und Freizeitwerk NRW e.V. – FBF – (gegründet 1972, ca. 60 Mitgliedseinrichtungen) und dem ABA Fachverband, Offene Arbeit mit Kindern und Jugendlichen e.V. (gegründet 1971, ca. 100 Mitgliedseinrichtungen innerhalb NRWs) bildet die LAG Kath. OKJA NRW – die Spitzenvertretung aller frei getragenen Einrichtungen NRWs, die Arbeitsgemeinschaft „Haus der offenen Tür" – AGOT-NRW e. V. – (gegründet 1971). Diese arbeitet auf Landesebene mit den vier anderen Spitzenvertretungen der freien Kinder-, Jugend- und Jugendsozialarbeit in einer Gemeinsamen Kommission zusammen. Obwohl diese sog. „G5" (bislang) keine Körperschaft gebildet hat, stimmt sie seit 1988 kontinuierlich ihre Anliegen ab, vertritt sie kooperativ ihre gemeinsamen Anliegen gegenüber Politik und Regierung, bzw. ist deren Kooperationspartner und führt gemeinsame landesweite Aktionen durch.

1994 schloss sich die AGOT-NRW mit weiteren Landesarbeitsgemeinschaften und bundesweit tätigen Institutionen (siehe unten) zur Bundesarbeitsgemeinschaft Offene Kinder- und Jugendeinrichtungen e.V. – BAG OKJE – zusammen.

Die BAG ist wiederum ordentliches Mitglied der Arbeitsgemeinschaft für Jugendhilfe – AGJ –, bekanntlich der größte und oberste Zusammenschluss bundeszentral bedeutsamer Jugendhilfeträger.

74.4 Adressen der wichtigsten Dachorganisationen

74.4.1 Bundesebene

- Bundesarbeitsgemeinschaft Offene Kinder- und Jugendeinrichtungen e.V.
  c/o AGJF Baden-Württemberg e.V.
  Siemensstr. 11
  70469 Stuttgart
  Internet: www.offene-jugendarbeit.net

74.4.2 Landesebene (Mitgliedsorganisationen der BAG OKJE)

- Amt für Jugendarbeit der Evangelisch-Lutherischen Kirche in Bayern
  Postfach 450131
  90212 Nürnberg
  Internet: www.ejb.de

- Arbeitsgemeinschaft Offene Türen Nordrhein-Westfalen e.V.
  Unter den Eichen 62a
  40625 Düsseldorf
  Internet: www.agot-nrw.de

- Arbeitsgemeinschaft der offenen Einrichtungen im Bistum Trier
  c/o Manfred Krauss
  Trierer Str. 123c
  56072 Koblenz
- Arbeitsgemeinschaft Jugendfreizeitstätten Baden-Württemberg e.V.
  Siemensstr. 11
  70469 Stuttgart

Internet: www.agjf.de

- Arbeitsgemeinschaft Jugendfreizeitstätten Freistaat Sachsen e.V.
  Neefestr. 82
  09119 Chemnitz
  Internet: agjf-sachsen.de

- Diözesanarbeitsgemeinschaft Offene Kinder- und Jugendarbeit im Bistum Osnabrück
  c/o Kath. Jugendbüro Emsland-Süd
  Burgstr. 21b
  49808 Lingen
  Internet: www.kjb-emsland-sued.de
- Evangelische Arbeitsgemeinschaft für Klubarbeit e.V.
  c/o Andreas Meyer
  Dorfstr. 52
  19243 Dodow
  Internet: www.offene-jugendarbeit.de

- Juz-united – Verband saarländischer Jugendzentren in Selbstverwaltung e.V.
  Blumenstr. 30–32
  66111 Saarbrücken
  Internet: www.juz-united.de

- Landesarbeitsgemeinschaft der Kommunalen Träger in Rheinland-Pfalz
  c/o Landesamt für Soziales, Jugend und Versorgung – Landesjugendamt Rheinland-Pfalz

Rheinallee 97–101
55118 Mainz
Internet: lsjv.rlp.de
- Landesverband der Offenen Kinder- und Jugendeinrichtungen in Schleswig-Holstein e.V.
c/o Dieter Wendt
Hermannstedterstr. 29
24160 Trappenkamp
- Verband Kinder- und Jugendarbeit Hamburg e.V.
Budapester Str. 42
20359 Hamburg
Internet: www.vkjhh.de

74.4.3 Weitere wichtige Adressen auf Bundes- und Landesebene

- ABA Fachverband Offene Arbeit mit Kindern e.V.
Clarenberg 24
44263 Dortmund
Internet: www.aba-fachverband.org

- Arbeitsgemeinschaft der evangelischen Jugend in Deutschland e.V.
Otto-Brenner-Str. 9
30159 Hannover
Internet: www.evangelische-jugend.de/

- Bayerischer Jugendring K. d. ö. R.
  Herzog-Heinrich-Str. 7
  80336 München
  Internet: www.bjr.de/

- Bund der Jugendfarmen und Aktivspielplätze e.V.
  Haldenwies 14
  70567 Stuttgart
  Internet: www.bdja.org

- Bundesarbeitsgemeinschaft Spielmobile e.V.
  c/o Spiellandschaft Stadt e.V.
  Albrechtstr. 37
  80636 München
  Internet: www.spielmobile.de

- Bundesarbeitsgemeinschaft Zirkuspädagogik e.V.
  Am Postbahnhof/Wasserturm
  10243 Berlin
  Internet: www.bag-zirkus.de

- Bundesvereinigung Soziokultureller Zentren e.V.
  Lehrter Str. 27–30
  10557 Berlin
  Internet: www.soziokultur.de
  (Hier auch zu finden: die Landesarbeitsgemeinschaften)

- Deutscher Paritätischer Wohlfahrtsverband – Gesamtverband e.V.
  Oranienburger Str. 13–14
  10178 Berlin
  Internet: www.der-paritaetische.de
  (Hier auch zu finden: die Landesarbeitsgemeinschaften)

- Landesarbeitsgemeinschaft Offene Kinder- und Jugendbildung Baden-Württemberg e.V.
  Siemensstr. 11
  70469 Stuttgart
  Internet: www.lago-bw.de

Freie Träger

75

Ulrike Werthmanns-Reppekus

Wichtige Markierungen in der sozialen Landschaft sind die Freien Träger sozialer Arbeit, die eine Organisations- und Institutionalisierungsform darstellen. Im Groben werden freie gemeinnützige Träger, Öffentliche und privat-gewerbliche Träger unterschieden, die im Wechselspiel zueinander stehen. Im Folgenden werden die freien Träger in der Kinder- und Jugendarbeit als Idealtypus dargestellt und ihre Möglichkeiten und Grenzen in der Arbeit. Dem schließen sich die Entwicklungen der Zahlen öffentlicher und freier Träger an, das sogenannte partnerschaftliche Verhältnis sowie die Wertegebundenheit der freien Träger. Für die Kinder- und Jugendarbeit sind drei Grundformen freier Trägerschaft von Bedeutung: Wohlfahrtsverbände, Jugendverbände und Selbsthilfe- und Initiativgruppen. Ergänzend werden die Fachverbände genannt, die Lobbyisten, aber nicht selber Träger sozialer (Jugend)Arbeit sind. Die Trägertypen stehen dem öffentlichen Träger gegenüber, der auf der Bundes-, Landes- und kommunalen Ebene agiert. Das KJHG gibt dabei auf Bundesebene die Rahmengesetzgebung vor, landesrechtliche Gestaltungsvorgaben ergänzen diese und die kommunale Ebene ist die der konkreten Ausgestaltung.

75.1 Freie Träger und Subsidiarität

Wer welche Aufgaben in der sozialen Arbeit wahrnimmt, wird u. a. im Kinder- und Jugendhilfegesetz (KJHG) und im Bundessozialhilfegesetz (BSHG) geregelt. Die Aufgabenerfüllung in der sozialen Arbeit wird nicht allein durch öffentliche (hoheitliche) Träger auf kommunaler bzw. staatlicher Ebene geleistet, sondern den sogenannten freien Trägern wird ein eigenes Handlungsrecht zugestanden. Freie Träger sind in der Regel Vereine, seltener GmbHs oder Stiftungen bürgerlichen Rechts, die vorrangig in der Alten-, Gesundheits-,

---

Ulrike Werthmanns-Reppekus ✉
Der Paritätische NRW e.V. Wuppertal, Loher Str. 7, 42283 Wuppertal, Deutschland
e-mail: werthmanns-reppekus@paritaet-nrw.org

Jugend- oder Sozialhilfe tätig sind. Nachfolgend wird von gemeinnützigen freien Trägern in der Kinder- und Jugendarbeit die Rede sein, die – anders als gewerbliche – nicht auf Gewinnerzielung ausgerichtet sind. In diesem Sinne sind Vereine und Verbände soziale Einheiten, deren Mitglieder sich freiwillig gefunden haben, um bestimmte Interessen im Hinblick auf die Lösung sozialer Probleme im weitesten Sinne arbeitsteilig zu verfolgen.

Die Aufgabenteilung ist geprägt durch das Prinzip der Subsidiarität. Der Begriff der Subsidiarität steht im Gedankengut liberaler Staats- und Gesellschaftstheorie und besagt, dass die eigene Existenzgestaltung vornehmlich dem Einzelnen überlassen bleibt. Der staatliche Eingriff ist auf Ausnahmesituationen beschränkt, wenn einzelne oder die Familie in ihrer Eigenständigkeit gefährdet sind. Daraus ergibt sich das Organisationsmuster sozialen Handelns in der Folge: Individuum – Familie – Gemeinde – Staat. Dies Prinzip wurde vor allem in der katholischen Soziallehre des 19. Jahrhunderts entwickelt. Die Vorstellung war, dass die Gesellschaft in Form von konzentrischen Kreisen organisiert ist, wobei immer den kleineren gegenüber den größeren Primärzuständigkeit für die Entwicklungsmöglichkeiten des Menschen zugesprochen wird. Versagt der kleinere Kreis, ist der jeweils größere Kreis zuständig. Historisch ist das zu verstehen als programmatische Stellungnahme gegen zunehmende sozialstaatliche Eingriffe bei der Lösung sozialer Probleme. Subsidiarität wandelte sich von einer gesellschaftspolitischen Strukturformel zu einem Prinzip formaler Zuständigkeitsverteilung im sozialpolitischen Sektor, die insbesondere den konfessionellen Trägern Legitimation zur Beanspruchung des Handlungsfeldes zwischen Individuum und Staat verschaffte. Auch die Staats- und Gesellschaftslehre des Liberalismus ist ideengeschichtlicher Hintergrund von Subsidiarität. Die Zusicherung individueller Freiheit durch den Staat und die Zuschreibung von Selbstverantwortung an das Individuum entsprechen dieser Idee. Die juristische Bedeutung von Subsidiarität für die Jugendhilfe ergab sich im Reichsjugendwohlfahrtsgesetz, wobei bei seiner Entstehung 1922 der Konflikt zwischen öffentlichen und freien Trägern noch in der Schwebe gehalten wurde. Es benannte den Nachrang öffentlicher gegenüber familiärer Erziehung und billigte den freien Trägern ein eigenständiges Recht auf Bestätigung zu, ohne ihren Vorrang festzulegen. Die Novellierung 1961 hat im Jugendwohlfahrtsgesetz die grundsätzliche Änderung verankert, dass nicht nur da, wo ausreichend Maßnahmen und Einrichtungen der freien Träger bereits bestehen, öffentliche Jugendhilfe untätig bleiben soll, sondern auch da, wo diese erst geschaffen werden können.

Die meisten freien gemeinnützigen Träger der Kinder- und Jugendarbeit sind Mitglieder in Wohlfahrtsverbänden oder sind Jugendverbände, beide sind selber freie Träger. Sind Kirchengemeinden Träger von z. B. Jugendfreizeitstätten, sind sie in der Regel dem entsprechenden konfessionellen Wohlfahrtsverband zugeordnet. Initiativen in der Kinder- und Jugendarbeit, als innovative Ideenträger und Kreativitätsbeschleuniger schließen sich über kurz oder lang i. d. R. dem Paritätischen Wohlfahrtsverband an, da das deutsche Trägersystem auf die organisierende, integrierende, repräsentierende, aber auch kontrollierende Funktion von Wohlfahrtsverbänden baut.

Jugendverbandsarbeit ist eine durch Mitgliedschaft gebundene Form der Jugendarbeit in freier Trägerschaft. Allerdings sind heute die Grenzen fließend geworden zur Offenen

Kinder- und Jugendarbeit und Initiativgruppenarbeit. So sind manche Jugendverbände auch Träger von Jugendzentren und für „neue Bewegungen" in der Jugendarbeit dient häufig der Weg über die Initiativgruppenarbeit hin zum Ziel Jugendverband zu werden. Z.B. hat die Alevitische Jugend in NRW durch ein Kooperationsprojekt mit dem Paritätischen Jugendwerk NRW den Weg zu den traditionellen Trägerstrukturen gefunden und ist mittlerweile anerkannter Jugendverband auf Bundes- und Landesebene. Die Selbstorganisation, die mindestens mittelfristig orientierte Mitgliedschaft, der Anspruch der Interessenvertretung bestimmter Gruppen junger Menschen, die ehrenamtliche Arbeit – die allerdings zunehmend von Hauptamtlichen flankiert wird – und die „traditionelle" Gruppenarbeit sind Merkmale eines Jugendverbandes, eine Organisationsstruktur in freier Trägerschaft, die einen eigenen Paragraphen im Kinder- und Jugendhilfegesetz hat: „In Jugendverbänden und Jugendgruppen wird Jugendarbeit von jungen Menschen selbst organisiert, gemeinschaftlich gestaltet und mitverantwortet. Ihre Arbeit ist auf Dauer angelegt und in der Regel auf die eigenen Mitglieder ausgerichtet, sie kann sich aber auch an junge Menschen wenden, die nicht Mitglieder sind. Durch Jugendverbände und ihre Zusammenschlüsse werden Anliegen und Interessen junger Menschen zum Ausdruck gebracht und vertreten." (KJHG, § 12, Abs. 2)

Unter größerem Legitimationsdruck stehen die Initiativen der Kinder- und Jugendarbeit, die als freie Träger i. d. R. lokale höchst unterschiedliche und z. T. völlig neue Ideen vertreten. Insbesondere Ende der 1970er-Jahre sind autonome Jugendzentren, Projekte der Mädchenarbeit, mobile Jugendarbeit, Projekte mit homosexuellen Jugendlichen und Ansätze, die nicht in das Regel- und Fördersystem der Kinder- und Jugendhilfe passen, entstanden. Mittlerweile haben sich diese Ansätze mehr oder weniger etabliert und sind auf eine große Akzeptanz gestoßen, in Teilen ist die „Verprojektierung" aber immer noch ein Zeichen dafür, dass sie nicht fester Bestandteile der Regelförderung sind wie es z. B. für die Jugendverbände gilt. Dazu kommt, dass die Modernisierungstendenzen dieser Träger in Teilen von etablierten Trägern übernommen wurden und, soweit sich die ehemalige Initiativgruppe nicht selbst als Träger etabliert hat, der Vertretungsanspruch überflüssig wurde. Die Folge ist demnach „vom Projekt (zum nächsten) zur Einrichtung" oder „vom Projekt zur Auflösung".

Die meisten freien Träger in der Kinder- und Jugendarbeit sind also die Angebote und Einrichtungen derjenigen, die klassischen Wohlfahrtsverbänden zugeordnet werden können sowie Jugendverbände und Initiativen. Die Vertretungsstrukturen in freier Trägerschaft, die Lobbyarbeit leisten, sind demnach die Wohlfahrtsverbände und die örtlichen und landesweiten Arbeitsgemeinschaften der Offenen Kinder- und Jugendarbeit sowie deren Bundesarbeitsgemeinschaft. Gewichtiger dagegen sind der Bundesjugendring, die Landesjugendringe sowie die Jugendringe auf örtlicher Ebene, die ihre Legitimation durch Tradition und gesetzliche Grundlage (KJHG, § 12 Förderung der Jugendverbände und § 71 Vertretung im (Landes-)Jugendhilfeausschüssen) haben. Alternativen, Gegenströmungen, Innovation, all das, was Initiativen für sich beanspruchen, muss quer dazu durchgesetzt werden.

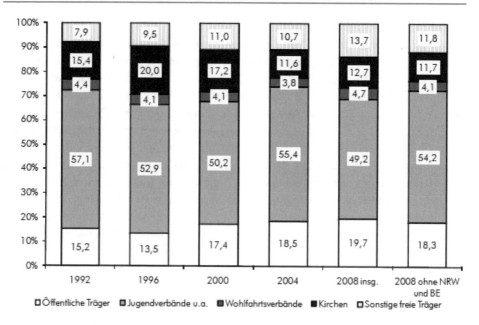

Quelle: Statistisches Bundesamt: Statistiken der Kinder- und Jugendhilfe – Maßnahmen der Jugendarbeit, versch. Jahrgänge; eigene Berechnungen

Abb. 75.1 Entwicklung des Trägerspektrums bei der Durchführung von öffentlich geförderten Maßnahmen in der Kinder- und Jugendarbeit (Deutschland; 1992, 1996, 2000, 2004, 2008; in %) (vgl. Bröring und Pothmann 2010)

Exkurs: Abseits der gefühlten Wirklichkeit Bei aller Schwierigkeit der Auswertung der amtlichen Statistik zur Kinder- und Jugendarbeit (vgl. Bröring und Pothmann 2010) sollte sie als empirische Grundlage für die Kinder- und Jugendarbeit nicht unterschätzt werden. So gibt sie Auskunft über die Trägerstruktur, die deutlich macht, welche Rolle die freien Träger spielen.

Bröring und Pothmann zeigen in der Abb. 75.1 die Entwicklung des Trägerspektrums.

Das Verhältnis öffentliche/freie Träger in der Kinder- und Jugendarbeit lässt sich mit rund 20 : 80 bezeichnen und zeigt die Bedeutung freier Träger.

75.2 Das sogenannte partnerschaftliche Verhältnis zwischen öffentlichen und freien Trägern

Öffentliche Träger in der Kinder- und Jugendhilfe sind das Jugendamt, das Landesjugendamt und die Jugendministerien auf Landes- und Bundesebene. An sie richten sich auch die Leistungsverpflichtungen des KJHG und die Gesamtverantwortung. Sie haben u. a. die Aufgabe, die freien Träger der Kinder- und Jugendarbeit bei ihrem Bestreben, ihre eigenständig gewählten Aufgaben durchzuführen, subsidiär zu fördern und zur Zusammenarbeit aufzufordern.

Ausdruck findet das in § 4 des Kinder- und Jugendhilfegesetzes:
Zusammenarbeit der öffentlichen Jugendhilfe mit der freien Jugendhilfe

1. Die öffentliche Jugendhilfe soll mit der freien Jugendhilfe zum Wohl junger Menschen und ihrer Familien partnerschaftlich zusammenarbeiten. Sie hat dabei die Selbständigkeit der freien Jugendhilfe in Zielsetzung und Durchführung ihrer Aufgaben sowie in der Gestaltung ihrer Organisationsstruktur zu achten.
2. Soweit geeignete Einrichtungen, Dienste und Veranstaltungen von anerkannten Trägern der freien Jugendhilfe betrieben werden oder rechtzeitig geschaffen werden können, soll die öffentliche Jugendhilfe von eigenen Maßnahmen absehen.
3. Die öffentliche Jugendhilfe soll die freie Jugendhilfe nach Maßgaben dieses Buches fördern und dabei die verschiedenen Formen der Selbsthilfe stärken.

„Die partnerschaftliche Zusammenarbeit ist die Voraussetzung für ein plurales Jugendhilfeangebot und damit für die Ausübung des individuellen Wunsch- und Wahlrechts junger Menschen und ihrer Familien." – so hieß es 1990 in der Begründung zu § 4 SGB KJHG. Damit wird ein zentrales Strukturprinzip der Kinder- und Jugendhilfe beschrieben. Dieser Zusammenhang von Pluralität und Wunsch- und Wahlrecht wird allerdings an verschiedenen Stellen immer wieder einmal in Frage gestellt. Die kommunalen Spitzenverbände diskutieren unter dem Stichwort Einsparungen gerne das Wunsch- und Wahlrecht (§ 5 KJHG), indem den Leistungsberechtigten das Recht zwischen Einrichtungen und Diensten verschiedener Träger zu wählen zugesprochen wird. Das ist von besonderer Bedeutung bei den Hilfen zur Erziehung, die verordnet werden können im Gegensatz zu den Angeboten der Kinder- und Jugendarbeit, die auf Freiwilligkeit fußen und bei denen in Folge dann auch mit den Füßen abgestimmt wird. Ebenso stehen die Beteiligungsformen und die Pluralität der Kinder- und Jugendhilfe immer dann zur Debatte, wenn es um die Finanzierung geht.

Das Ideal des sozialstaatlichen Dreiecksverhältnisses von Leistungsträger (öffentliche Träger) und Leistungsberechtigten (Kinder und Jugendliche/Personensorgeberechtigte) und Leistungserbringern (freie Träger) ist in der Realität von der möglichen Dominanz des öffentlichen Trägers bedroht.

So partnerschaftlich und frei wie der Eindruck scheinen mag, ist der Status freier Träger nicht. Vielmehr ist er eher widersprüchlich, da ein rechtlich selbstständiger Träger mit eigenem Profil und Anspruch gleichzeitig abhängig bzw. eingebunden ist in das Rechts-, Verwaltungs- und Finanzierungssystem sozialstaatlicher Leistungen. Hinzu kommt bei bestimmten Trägern der Kinder- und Jugendarbeit noch die disziplinierende Funktion in den eigenen Reihen durch Wohlfahrtsverbände oder Erwachsenenorganisationen der Jugendverbände. Bezugnehmend auf die „Förderung der freien Jugendhilfe" (§ 74 KJHG) heißt es dann auch in dem Kommentar von Johannes Münder u. a. im Hinblick auf das Zuwendungsrecht, also die Grundlage der Finanzierung von Kinder- und Jugendarbeit: „Bei politisch-rechtlicher Betrachtung ergibt sich jedoch über die Förderung nach § 74 als eine Form der Finanzierung der Arbeit der Träger der freien Jugendhilfe (Vor§ 73 Rz 3) ein anderes Bild, das durchaus auf eine reale Abhängigkeit der Träger der freien Jugendhilfe von den öffentlichen Trägern hindeutet: Den Trägern der öffentlichen Jugendhilfe sind als hoheitliche Aufgaben Gesamtverantwortung, Gewährleistungspflicht und Planungsverantwortung zugewiesen (§ 79). Ihren demokratisch-repräsentativ organisierten und legitimierten Gremien (letztlich bei den öffentlichen Trägern die Vertretungskörperschaften der Städte und Kreise) obliegen im Rahmen des SGB VIII die inhaltliche Definitionsgewalt, d. h. die Kompetenz festzulegen, was eine zu fördernde Jugendhilfeleistung ist. In der Funktion als Geldgeber (Zuwender/Finanzierer) wird diese besondere Stellung materiell konkret (§ 74 Rz 18 ff.) (zum Leistungsvergleich vgl. Rz 11)." (Münder 2006, S. 128).

Die Rechtsform freier Träger ist in der Regel der eingetragene Verein (e.V.), eine Rechtsform, die das Bürgerliche Gesetzbuch vorsieht. Die besonderen strukturellen Merkmale sind die Mitgliederversammlung und der von ihr gewählte Vorstand. Je nach Größe und Zusammensetzung des Vereins ist von basisdemokratischer Auseinandersetzung bis zur formalen Mitgliedschaft mit einer hauptamtlichen Geschäftsführung alles möglich.

Als gemeinnützige Körperschaften unterliegen die Vereine bestimmten finanziellen Begünstigungen im Steuerrecht, d. h. in der Befreiung von der Körperschafts-, Gewerbe- und Vermögenssteuer und in der Ermäßigung des Umsatzsteuersatzes. Allerdings hat das Gemeinnützigkeitsrecht auch entscheidende Nachteile. Eingeworbene Mittel müssen spätestens im Folgejahr ihres Erhalts zweckbestimmt ausgegeben werden, ist eine Sponsorenzuwendung höher als 30.000 Euro verliert der Träger seine Gemeinnützigkeit und ist voll steuerpflichtig. Deshalb gründen einige freie Träger eine gemeinnützige GmbH.

75.3 Von der Wertegemeinschaft zum Dienstleistungsunternehmen

Die Trägerpluralität der freien Träger ist gesetzlich legitimiert und gesellschaftlich gewünscht, dies beruht auf einer jahrzehntelangen Tradition. Insbesondere die konfessionellen (Wohlfahrts-)Verbände bieten Kinder- und Jugendarbeit im Geiste ihrer Konfession an. Neben den zwei großen christlichen Kirchen und dem jüdischen Wohlfahrtsverband ist damit zu rechnen, dass u. a. die islamische Religion auch einen Platz in dem Jugendhilfe- und Sozialsystem Deutschland beanspruchen wird bzw. es teilweise schon tut. Die Jugendverbände sind Wertegemeinschaften, die an die christlichen und mittlerweile auch alevitischen Werte anknüpfen, die die Geschichte der Arbeiterbewegung als Bezugspunkt haben, berufsständische Wurzeln aufweisen wie die Beamtenjugend oder Feuerwehrjugend und regionale wie die Landjugend. Der Ring politischer Jugend ist daneben der Zusammenschluss der Jugendorganisationen der politischen Parteien. Das Spektrum der freien Träger in der Kinder- und Jugendarbeit ist ein Spiegel gesellschaftlicher Lebenslagen von der religiösen, politischen, sexuellen, geschlechtsspezifischen bis hin zum ethnischen Hintergrund. Auf Seiten der Leistungsberechtigten, also der Kinder und Jugendlichen, wird diese Angebotsvielfalt nicht immer gleichermaßen differenziert wahrgenommen:

was unterscheidet in der Praxis ein öffentliches Jugendzentrum von einem evangelischen oder katholischen oder einem eines paritätischen Trägers? Die konzeptionelle Passgenauigkeit der Angebote und Einrichtungen an die sozialen Lebenslagen ihrer Besucher/innen muss nicht immer identisch sein mit der Differenziertheit der Trägerstrukturen. Religiös wie weltanschaulich geprägte Träger haben zunehmend Schwierigkeiten, Mitglieder zu rekrutieren und öffnen sich neuen Formen projektorientierten Arbeitens, die keine langfristige Bindung und Mitgliedschaft an einen Träger voraussetzen. Das Spannungsverhältnis zwischen den Trägern als Wertevermittler und Rekrutierungsinstanz auf der einen Seite und als Dienstleister für Kinder und Jugendliche (und dem öffentlichen Träger als Finanzierer!) auf der anderen Seite nimmt in Zeiten knapper Kassen zu.

Trotzdem sind weder die freien Träger noch ihr Status zu unterschätzen. Im Gegensatz zu der Grammatik hoheitlichen Handelns können sie relativ selbstbestimmt die Ziele sozialer Arbeit bestimmen und steuerrechtliche Vorteile als gemeinnützige Vereine in Anspruch nehmen. Neue Ansätze in der sozialen Arbeit, so zeigt es ihre Geschichte, sind meistens den freien Trägern und dem Engagement der dort Handelnden geschuldet. Freie Träger können Seismographen, Bedarfsanzeiger und Vorreiter sein. Wenn sie eine entsprechende Lobby haben und nicht eindeutig wertegebunden sind, kann die öffentliche Hand konzeptionell ihre Angebote, Einrichtungen und Dienste übernehmen und ausgestalten.

Literatur

Bauer, R. (2002). Freie Träger. In W. Thole (Hrsg.), *Grundriss sozialer Arbeit. Ein einführendes Handbuch* (S. 449–464). Opladen.

Bröring, M., & Pothmann, J. (2010). *Kinder und Jugendarbeit 2008 im Bundesländervergleich. Öffentlich geförderte Maßnahmen im Spiegel der amtlichen Statistik. Arbeitsstelle Kinder- und Jugendhilfestatistik.* Dortmund.

Merchel, J. (2003). *Trägerstrukturen in der Sozialen Arbeit. Eine Einführung.* Weinheim und München.

Münder, J., Baltz, J., Kreft, D., & Lakies, T. (2006). *Frankfurter Kommentar zum SGB VIII: Kinder- und Jugendhilfe.* Weinheim und München.

Werthmanns-Reppekus, U. (1990). Freie Träger, Initiativen und Selbsthilfegruppen. In Landesjugendamt Westfalen-Lippe (Hrsg.), *Kommunale Jugendpolitik nach dem KJHG* (S. 23–40). Stuttgart, München, Hannover.

Initiativen in der Offenen Kinder- und Jugendarbeit

76

Ulrike Werthmanns-Reppekus

Initiative ist ein alltagssprachlicher Begriff, der sich erst seit den 60er-Jahren als ein Fachbegriff in der sozialen Arbeit allgemein und in der Kinder- und Jugendhilfe im Besonderen etabliert hat. Laut Duden ist Initiative eine „erste tätige Anregung zu einer Handlung; Entschlusskraft, Unternehmungsgeist" (Duden 2000, S. 498). Nach der Studentenbewegung und den daraus erwachsenden sozialen Bewegungen (Heimkampagne, Jugendzentrumsbewegung, Kinderladenbewegung, Frauen-, Friedens- und Ökologiebewegung etc.) hat sich die „Initiativenbewegung" als Bürgerbewegung (Bürgerinitiative) und als eine Trägerlandschaft sozialer Arbeit herausgebildet. Entstanden als Kritik an traditionellen Ansätzen sozialer Arbeit und eher verankert in „Szenen" und „Alternativmilieus" sind Initiativen heute zwar nicht etabliert und förderungspolitisch abgesichert, aber fachlich anerkannt. In dem seit 1991 gültigen Kinder- und Jugendhilfegesetz wird dem Begriff „Initiative" Rechnung getragen, wenn es in dem Paragraphen zur Jugendarbeit heißt: „Jugendarbeit wird angeboten von Verbänden, Gruppen und Initiativen der Jugend, von anderen Trägern der Jugendarbeit und von der öffentlichen Jugendhilfe." (§ 11 Abs. 2 KJHG).

Die Stiftung Mitarbeit unterstützt seit 1963 bundesweit und seit der Wende auch in den neuen Bundesländern bürgerschaftliches Engagement und Selbsthilfeaktivitäten in unterschiedlichsten Handlungsfeldern der sozialen Arbeit. Der Paritätische Wohlfahrtsverband mit seinen Jugendwerken in Nordrhein-Westfalen, Niedersachsen, Baden-Württemberg, Sachsen-Anhalt und Brandenburg ist als Spitzenverband der Wohlfahrtspflege eine häufig genutzte Dachorganisation für Initiativen der sozialen Arbeit.

Ulrike Werthmanns-Reppekus ✉
Der Paritätische NRW e.V. Wuppertal, Loher Str. 7, 42283 Wuppertal, Deutschland
e-mail: werthmanns-reppekus@paritaet-nrw.org

76.1 Initiativen als Trägerform sozialer Arbeit

Initiativen gibt es in der sozialen Arbeit heute reichlich: Von Selbsthilfegruppen nach Krebs in der Gesundheitshilfe bis zu den Grauen Panthern in der Altenarbeit, vom Zusammenschluss von SozialhilfeempfängerInnen bis zur Bewegung „Selbstbestimmtes Leben" im Behindertenbereich. Selbsthilfegruppen (Betroffene helfen Betroffene) sind als Initiativen in der sozialen Arbeit entstanden, aus der Kritik an bestehenden Angeboten oder wegen vorhandener Lücken im System. Initiativen in der Kinder- und Jugendhilfe sind in der Regel keine Selbsthilfegruppen, sondern häufig finden sich engagierte (junge) Erwachsene, Jugendliche und Kinder zusammen, die etwas bewegen wollen. Vier Schwerpunkte in der Jugendhilfe sind z. Zt. zu beobachten:

Elterninitiativen zur Versorgung der unter 6-jährigen haben sich neben den traditionellen Kindergärten und Kindertagesstätten gebildet. Krippen, Krabbelstuben, altersgemischte Gruppen, integrierte Gruppen von behinderten und nichtbehinderten Kindern, (Waldorf-)Kindergärten, Tagesstätten und Horte sind Einrichtungstypen von Elterninitiativen. Eltern, deren Kinder diese Einrichtungen besuchen, bilden in Identität zugleich den Träger. Entstanden aus der antiautoritären Kinderladenbewegung, sind es heute weniger ideologisch fixierte Angebote als vielmehr Betreuungs- und Bildungseinrichtungen, die nun vermehrt die Zielgruppe unter Dreijähriger (U 3) abdecken wollen.

In den erzieherischen Hilfen ist nach der sogenannten Heimkampagne eine Fülle von alternativen Angeboten zur klassischen Heimerziehung entstanden. Kinderhäuser, Jugendwohngemeinschaften, betreutes Einzelwohnen, AusreißerInnen-Hilfen seien als Beispiele genannt. Aktuell wird die Initiative „Ombudschaft" in der Heimerziehung diskutiert, auch als Folge des „Runden Tisches Heimerziehung".

Als Reaktion auf die steigende Jugendarbeitslosigkeit sind insbesondere in den 80er-Jahren des letzten Jahrhunderts bis heute zahlreiche Initiativen entstanden: Projekte zur Berufsvorbereitung, Ausbildung und Beschäftigung insbesondere für sozial benachteiligte Jugendliche, Projekte zu Arbeit und Wohnen usw.

Die Initiativen in der Jugend- und Kulturarbeit weisen die breiteste Palette auf. Teilweise heute schon etabliert oder sogar von der öffentlichen Hand betrieben, sind ihre Wurzeln doch Initiativen. Das heißt, in den Anfängen ihrer Arbeit waren sie ein loser Verbund von Menschen, die ein bestimmtes Ziel vor Augen hatten (wir wollen ein soziokulturelles Zentrum in X-Stadt!), gaben sich dann einen organisatorischen und rechtlichen Rahmen (in der Regel in der Form eines eingetragenen Vereins) und schlossen sich dann häufig einem Wohlfahrtsverband (in der Regel DER PARITÄTISCHE) an. Diese organisatorischen Schritte waren meist pragmatisch orientiert, um Förderung, Beachtung und kommunales Gewicht zu bekommen. Aber auch der Bildungscharakter der Initiativen in der Kinder- und Jugendarbeit ist nicht zu unterschätzen. So sagte Prof. Klaus Schäfer anlässlich der Initiativenpreisverleihung in NRW 2009: „Auch wenn man es heute immer wieder fast gebetsmühlenartig hört, es muss doch immer wieder gesagt werden: Kinder- und Jugendarbeit bildet, Initiativgruppen bilden. Gerade in einer Zeit, wo die Rede davon ist, das „Bildung die Ressource der Zukunft" sei, wo sich Handwerk und Industrie beklagen, Jugendliche würden zu ihnen kommen und hätten nicht einmal basale Grundqualifikationen, und wo von den Kosten unzureichender Bildung gesprochen wird, muss es möglich sein, gerade auf den Bildungsaspekt der Kinder- und Jugendarbeit aufmerksam zu machen. Die heute prämierten Projekte sind Beispiele für Bildungsprozesse. Denn das Engagement wäre gar nicht möglich, hätte man sich nicht mit den Themen auseinandergesetzt und keine eigene Position und Haltung entwickelt. Dazu gehört nicht nur das Wollen, dazu gehört Durchstehungsvermögen ebenso wie die Gestaltungskompetenzen und auch Behutsamkeit, denn nicht alles geht sofort und alles ist von Beginn an richtig. Das aber sind Fähigkeiten, die junge Menschen brauchen und die oftmals nur in der Kinder- und Jugendarbeit angeeignet werden können. Das ist die besondere Stärke der außerschulischen Jugendbildung, auch der Initiativgruppen." (Deutscher Paritätischer Wohlfahrtsverband 2010, S. 46).

Schlagwortartig seien hier Initiativen der Jugend- und Kulturarbeit genannt: Jugendkunstschulen und kulturpädagogische Dienste, Kultur- und Medienwerkstätten, Lokalradios, Jugendfarmen, stadtteil-orientierte Projekte, Mädchen(haus)initiativen, integrative Behindertenprojekte, junge Schwulen- und Lesbengruppen usw. So steht dann auch im 6. Jugendbericht des Landes Nordrhein-Westfalen: „Ein besonderer Akzent in der offenen Jugendarbeit sind Initiativgruppen. ... Es handelt sich bei den Initiativgruppen, die in der Regel im PARITÄTISCHEN Jugendwerk zusammengeschlossen sind, um sozialpädagogische oder kulturelle Projekte, die sich spezifischen Bedürfnissen und besonderen fachlichen Anliegen widmen." (Ministerium für Arbeit, Gesundheit und Soziales des Landes NRW 1995, S. 145).

Die Basis dieser Initiativen sind in der Regel engagierte junge Erwachsene und Jugendliche, die die Angebote traditioneller Jugendverbände und Offener Türen nicht mehr ansprechen.

Der 11. Jugendbericht der Bundesregierung sagt dazu: „Es existiert eine unüberschaubare Vielfalt an Formen, Methoden und Inhalten der Kinder- und Jugendarbeit in unterschiedlicher Trägerschaft – von Jugendverbänden über offene Einrichtungen bis zu einer Vielzahl von selbstorganisierten Initiativen. So kann im Hinblick auf den unterschiedlichen Grad der Selbstorganisation die Motivationen junger Menschen zur Inanspruchnahme und Mitgestaltung sowie bezüglich einer Bindung an bestehenden Organisationen nur modellhaft differenziert werden zwischen einem eher konsumorientierten Mitmachen (Teilnahme), einer bewussten Mitwirkung (Teilhabe) und einer aktivierenden Mitbestimmung (Beteiligung)." (Bundesministerium für Familien, Senioren und Jugend 2002, S. 199).

76.2 Initiativen: Vom Wandel der Ansprüche

Als Folge der sogenannten 68er-Revolution entwickelten die Initiativen in der Kinder- und Jugendarbeit bestimmte Ansprüche, die im Kern bis heute Gültigkeit haben:

- alternativ zu bestehenden Strukturen, da sie die vorhandene als überholt oder unzureichend empfinden;

- autonom, d. h. selbstbestimmt und selbstverwaltet, um durch die Veränderung interner Binnenstrukturen neue Qualität von Arbeit zu ermöglichen;
- weitestgehend unhierarchisch, unter Berücksichtigung der emotionalen und subjektiven Befindlichkeiten der MitarbeiterInnen, um so eine höhere Identität von Arbeit und Leben zu ermöglichen – anders als bei traditionellen Trägern;
- einen ganzheitlichen Ansatz, der versucht, die normalerweise separierten Lebenswelten von „KlientIn" und „Profi" aufzuheben;
- überschaubare Gruppen mit dem Konsensprinzip, um Entfremdungseffekten in Großinstitutionen zu entgehen;
- der Versuch, der Individualisierung von Problemlagen entgegenzutreten, indem die gesellschaftlichen Zusammenhänge sozialer (Not-)Lagen transparent gemacht werden;
- die Betonung der präventiven Komponente sozialer Arbeit, um so die Notwendigkeit sozialstaatlichen Eingreifens zu verringern.

Initiativen entstanden aus individueller und kollektiver Betroffenheit. Die Organisationsformen waren überschaubar und kommunikativ.

Sowohl in Initiativen der sozialen Arbeit als auch in der Nischenpolitik alternativer Beschäftigungsprojekte, die sich parallel dazu entwickelt haben, wandelten sich die Ansprüche allmählich, Selbstbehauptung und unproduktive Erfahrungen mit der Basisdemokratie sowie kollektives Krisenmanagement ließen die neuen Organisationsformen wieder arbeitsteiliger werden. „GeschäftsführerInnen" in Initiativen und Projekten, ehemals undenkbar, sind heute eine Selbstverständlichkeit, wenn das Stadium der Ehrenamtlichkeit überschritten ist. Geblieben sind die Motive der eigenen Arbeitsplatzbeschaffung und der sozialpolitische Veränderungswille. Letzterer gilt in gewandelter Form, die häufiger auch eher vom ersten Fakt, dem Fehlen von Alternativen im traditionellen System begründet ist als nur im eigenen alternativen Anspruch.

Die Ziele von Initiativen waren von Anfang an, Alternativen zu schaffen: Alternativen zu bestehenden Angeboten oder Einrichtungen, zu Versorgungslücken und klassischen Arbeitsbedingungen, Ganzheitlichkeit, Lebenswelt- und Stadtteilorientierung sind in der Regel die Oberziele. Die politischen Ambitionen im Hinblick auf die Veränderungen der Verhältnisse haben sich im Westen sicher im Laufe der letzten beiden Jahrzehnte zu einem Pragmatismus hingewandt, der praxisbezogener, konkreter und diskursbereiter im Hinblick auf die vorhandenen Strukturen ist. „Staatsknete: nein danke!" ist heute kein Thema mehr. Auch bei der Betrachtung der neuen Bundesländer wird schon von einem Lernprozess der ersten und zweiten Initiativenwelle gesprochen. Ein Bündel von anspruchsvollen Zielen wurde abgelöst durch die Konzentration auf ein Vorhaben, ein konkretes Angebot (vgl. Bundesministerium für Familie, Frauen und Jugend 1994).

Heute werden Initiativgruppen als förderungswürdige Angebote schon berücksichtigt wie z. B. der Kinder- und Jugendförderplan des Landes NRW zeigt. Die Verprojektierung der Landschaft hat zwar erhebliche Nachteile im Gegensatz zu einer Regelförderung, ist aber ein erster Einbruch in klassische (Förder-)Systeme. Die großen Themen Inklusion, Migration und Diversity können möglicherweise nur durch vorbildhafte Projekte engagierter Initiativen eine Neuordnung sozialer Systeme vorantreiben. Zunehmend mehr ernst genommene Migrantenselbstorganisationen als Initiativen der Migrationssozialarbeit sind ein Beispiel für die schrittweise Veränderung von Deutschland als Einwanderungsland.

76.3 Exkurs: Empört euch!

Schon 1985 beschreibt Matthias Horx „Das Ende der Alternativen" und zehn Jahre später porträtiert Claus Leggewie die 89er-Generation. Für den einen sind aus den ehemaligen Alternativen selbstverwaltete Kleinbürger geworden, die zunehmend vergreisen und deren Sinnstiftung nicht mehr die Jugend ist. Ideologisierte Armut ist nicht mehr gefragt. Horx setzt auf die Teams, die nicht mehr kollektiv arbeiten, aber Räume für selbstbestimmte Arbeit schaffen. „Vielleicht muss sich der alternative Grundgedanke mit einer Art „Modernismus" verbinden, um nicht in der marginalisierten Ecke zu verstauben. Vielleicht kann sich der Siegeszug der Alternativbewegung nur in der Entstehung einer innovativen „unternehmerischen" Schicht fortsetzen, die auf Lebens- und Berufsqualität pocht, ohne den Preis der Kollektive zahlen zu wollen!" (Horx 1985, S. 65) Möglicherweise unterliegen in der sozialen Arbeit auch die überlebensfähigen Initiativen diesem Wandlungsprozess. Der Weg geht vom „Gutmenschen" zur Professionalisierung im Umgang mit sich selbst und den Bezugsgruppen, die weniger als KlientIn denn als NutzerIn gesehen werden.

Bei dem anderen heißt es: „Die Kulturrevolution der 60er-Jahre trug ihren Namen zu recht, sie hat soziale Phantasie entwickelt und Kreativität freigesetzt: Kinderläden, Wohngemeinschaften und Kollektivbetriebe haben sich zu neuen Lebensformen gemausert, es entstand eine libertäre Fusion aus Luststreben und Konsumkritik, opulente Askese und naiver Internationalismus verbanden sich, subkulturelle Experimente und soziale Bewegungen standen gegen die „Kolonialisierung der Lebenswelt" auf. Lasst sehen! Wer die Generation X unkreativ abstempelt, hängt noch im Sog dieses Umbruchs- als sei 1968 das Ende der bewegten Geschichte gekommen. Es wäre fatal, wenn die 89er sich diese Latte auflegen ließen. Der Maßstab, an dem das Neue gemessen wird, ist falsch gewählt. Heute strebt keiner mehr ernsthaft den Neuen Menschen an. Der Schöpfungsprozess des Neuen selbst wird anders gesehen. Belehrt durch die künstlichen Intelligenzen heutiger Technologie, wird Innovation heute eher als Re-Komposition und Ergebnis von ausdauernder Bastelei verstanden – als überraschende Verknüpfung bekannter Elemente" (Leggewie 1995, S. 145).

Initiativen in der Kinder- und Jugendarbeit als Widerstand, wie vorab beschrieben, ist heute in der Radikalität nicht mehr zu beobachten, auch wenn die Welt an vielen Orten brennt. Vielmehr fordert heute ein 93-jähriger französischer Philosoph die Jugend zu öffentlicher Empörung auf, seine Erfahrung aus der Résistance formuliert er so: „Ich wünsche allen, jedem Einzelnen von euch einen Grund zur Empörung. Das ist kostbar. Wenn man sich über etwas empört, wie mich der Naziwahn empört hat, wird man aktiv, stark und engagiert" (Hessel 2010, S. 10). Die Initiativen können sich die Leitidee von Stéphane Hessel: „Neues schafft heißt Widerstand leisten. Widerstand leisten heißt Neues schaffen." (ebd., S. 21) als Motto nehmen.

Vermutlich werden die atomare Verwüstungen in Japan, ausgelöst im März 2011, die Widerstandskräfte nicht nur der „Wutbürger", sondern auch die der Handelnden in der Kinder- und Jugendhilfe als Steilvorlage für ein Engagement nehmen und das nicht nur der „attac-Jugend" als globalisierungskritischer Initiative überlassen. Die Kinder- und Jugendhilfe ist zwar von streckenweise absurden Sparzwängen heimgesucht, ist aber in den eigenen Reihen inhaltlich aufgestellt, um die historischen Verwerfungen in den Erziehungshilfen (Runder Tisch Heimerziehung) und die sexuelle Gewalt (Runder Tisch Kinderschutz) aufgrund der Aufdeckungen in der jüngsten Vergangenheit zu bearbeiten. Initiativen wenden sich dort in politische Tagesordnungspunkte mit ministeriellem Vorsitz auf Bundesebene. Auch wenn die Ergebnisse nicht immer den Wünschen und gerechtfertigten Ansprüchen der Betroffenen entsprechen, so ist doch Licht in das Dunkel gebracht worden.

Empört Euch! Ob wir da auf die junge Generation hoffen können, bleibt abzuwarten. Die 16. Shell Jugendstudie bestätigt der Jugend 2010 einen optimistisch getönten Pragmatismus und ein hohes Maß an Selbstmanagement, was „nur" für die Gruppe sozial benachteiligter und „abgehängter" Jugendlichen in der Form nicht zutrifft, die immerhin mit einem Fünftel beziffert wird. Wenn auch bildungs- und Schichtabhängig, so sind doch 47 % aller Jugendlichen oft bis gelegentlich für soziale Zwecke aktiv, davon 15 % in einem selbst organisierten Projekt und 5 % bei Amnesty International oder Greenpeace. Die Bedeutung des Sozialraumes Verein hat zugenommen, einen leichten Zuwachs zeigen selbst organisierte Projekte. „Alles in allem zeigen die Ergebnisse die große Vielfalt auf, in der sich Jugendliche heute sozial einbringen. Es kann bei Jugendlichen also nicht von einem Rückgang im Sozialkapital die Rede sein, eher sogar von einer leichten Zunahme der Bereitschaft, sich zu engagieren" (Shell Deutschland 2010, S. 157).

76.4 Initiativen: Probleme und Chancen

Die Probleme von Initiativen sind auch heute noch – trotz beschriebenen Wandels- vielfältig:

Initiativ werden ist zwar gerade in ökonomischen Krisensituationen sozialpolitisch gewollt, wird aber förderungspolitisch wenig abgesichert. Richtlinien sind eher auf große Träger mit Eigenmitteln zugeschnitten als auf kleine, mittellose Initiativen. Eigenarbeit wird in der Regel nicht als Eigenmittel anerkannt, das ist aber das Kapital der Initiativen.

Solange die Finanzierung von Initiativen eher aus zeitlich befristeten Modellprojekten besteht, aus Arbeitsgelegenheiten usw. und Initiativen keine Chancen haben, in Regelfinanzierungen mit der entsprechenden Berücksichtigung ihrer Strukturen zu kommen, solange man ihnen nur die Projekttöpfe für innovative Arbeit zudenkt und sie somit auffordert, immer wieder blitzneu, modellhaft und einzigartig zu sein, solange kann Initiativenarbeit nicht bewährte, gute, alltägliche Arbeit im Spektrum sozialer Arbeit sein. Trotz dieser Schwierigkeiten gelingt es einigen Initiativen immer wieder aus unterschiedlichen Gründen (engagierte Einzelpersonen, gutes Lobbying, Vernetzung, gesellschaftlich brisantes Thema etc.), ihre Arbeit abzusichern. Für diese gilt: Zunehmende Professionalisierung, Spezialisierung und Formalisierung von Initiativen bringt sie durch einen latenten Prozess in die Nähe üblicher Institutionen. Ehrenamtlichkeit und geringe Arbeitsteilung (alle machen alles) wechseln zu Arbeitgeber-Arbeitnehmer-Strukturen. Die vielfach bleibende Identität von Vorstand und hauptamtlichen MitarbeiterInnen ist dann nur ein Problem. Diese Initiativen haben sich selbstkritisch im Hinblick auf ihre Organisation und Arbeitsteilung zu befragen und weiterzuentwickeln. Die Reflexion und Evaluation der eigenen Arbeit tut not, um den Übergang von ehrenamtlich engagiertem Handeln zu professioneller sozialer Arbeit selbstreflexiv gestalten zu können. Eine Organisationsentwicklungsberatung von außen kann da gute Dienste tun, scheitert aber häufig an fehlender Finanzierung. Auch hier wird wieder deutlich, dass herrschende Förderinstrumente nicht auf den Bedarf von Initiativen abgestimmt sind. Denn nicht nur die neue Idee oder der gute Wille gehören umgesetzt, sondern eine Fülle von juristischen, fachlichen, steuerlichen, förderungs- und jugendhilfepolitischen Problemen sind zu erkennen und zu bearbeiten. Das machen dann nicht die Rechts- oder Wirtschaftsabteilungen eines Verbandes, sondern engagierte Einzelpersonen. Die Angebotspalette von Initiativen ist breit und ihr Know-how muss sich zwangsläufig von fachlichen bis zu Managementqualitäten entwickeln, um im Dschungel der Richtlinien und Fördertöpfe zu überleben. Dass Initiativen Chancen haben können, zeigte die Übernahme des Modells in den neuen Bundesländern. Dass Initiativen sozialpolitisch gewünscht sind, zeigt die Beschwörung von bürgerschaftlichen Engagement und Ehrenamt, was in den neuen Freiwilligendiensten noch einen ganz anderen Ausdruck bekommen wird. Not tut politische Lobbyarbeit, eine stabile Vernetzung und ein flexibles Förder- und Richtliniensystem, das passgenauer auf die Inhalte und Strukturen von Initiativen zugeschnitten ist.

Literatur

Bundesministerium für Familie, Senioren, Frauen und Jugend. (1994). *Bericht über die Situation der Kinder und Jugendlichen und die Entwicklung der Jugendhilfe in den neuen Bundesländern*. Jugendbericht, Bd. 9. Bonn.

Bundesministerium für Familie, Senioren, Frauen und Jugend. (2002). *Bericht über die Lebenssituation junger Menschen und die Leistungen der Kinderund Jugendhilfe in Deutschland*. Jugendbericht, Bd. 11. Bonn.

Dokumentation des Paritätischen Jugendwerkes NRW. (2008). *Initiativen Leben – Profile der Initiativgruppen in NRW*. Wuppertal.

Duden. (2000). *Die Deutsche Rechtschreibung* (22., vollst. neu bearb. u. erw. Aufl.). Mannheim.

Hessel, S. (2010). *Empört Euch*. Berlin.

Horx, M. (1985). *Das Ende der Alternativen*. München und Wien.

Leggewie, C. (1995). *Die 89er. Portrait einer Generation*. Hamburg.

Deutscher Paritätischer Wohlfahrtsverband. (2010). *Bildungspotentiale im Paritätischen NRW*. Wuppertal.

Shell Deutschland Holding. (2010). *Jugend 2010*. Frankfurt a. M.

Teil XIII
Rahmenbedingung Finanzierung

Die öffentliche finanzielle Förderung der Offenen Kinder- und Jugendarbeit

Norbert Hubweber

Es gab in den letzten fünf Jahren bei den Bestands- und Angebotszahlen im Bereich der Offenen Kinder- und Jugendarbeit zwischen den einzelnen Bundesländern recht gegenläufige Entwicklungen. Dennoch blieben die Aufwendungen für den laufenden Betrieb von Räumlichkeiten, kleineren und größeren Häusern, Spielmobilen, Abenteuerspielplätzen und weiteren regelmäßigen Angebotsformen insgesamt gesehen konstant: So werden nach eigenen Berechnungen deutschlandweit jährlich etwas mehr als 1,6 Milliarden € für Offene Kinder- und Jugendarbeit verausgabt. Darin enthalten sind auch die sog. Investivkosten für Aus- und Neu-Bau, bzw. für Ausstattungsanschaffungen und -erhalt. Deren Anteil ist jedoch in den letzten Jahren stark rückläufig und beträgt etwa 2–4 % der Gesamtausgaben (Stand: 2010).

Als typische Non-Profit-Organisationen können die Einrichtungen und Maßnahmen nur einen Bruchteil dieser Summe selbst erwirtschaften: Bezogen auf die laufenden Betriebskosten sind es im Schnitt etwa 5 %, die durch Eintrittsgelder, Getränke- und Speisenverkauf oder Kursbeiträge – d. h. also, durch die BesucherInnen selbst – refinanziert werden können. Durchschnittlich weitere 1–2 % kommen durch Dienstleistungsentgelte, Raum-, Medien- oder Inventar-Vermietungen in den Einnahmentopf, nochmals 1–2 % durch Spenden oder Sponsoring. Bleibt also ein Anteil von über 90 % des jährlichen Etats, den die/der TrägerIn durch regelmäßige und verlässliche Zuwendungen, sprich: durch eine (Regel-)Förderung, einplanen muss. Diese findet sie/er ebenfalls in verschiedenen Quellen: Zum einen sind dies öffentliche Zuschüsse (Kommune, Land, Bund, EU), zum anderen Zuschüsse trägernaher bzw. -übergreifender Institutionen („Förder-Mix").

In Ausklammerung jugendpolitischer Fragestellungen der Bedarfsdeckung oder Angemessenheit öffentlicher Förderung (sie können nur landes-, kommunal- und einrichtungs- bzw. maßnahmentypisch beantwortet werden) soll hier geklärt werden, wie diese Kosten

---

Norbert Hubweber ✉
Landesarbeitsgemeinschaft Katholische Offene Kinder- und Jugendarbeit Köln, Am Kielshof 2, 51105 Köln, Deutschland
e-mail: n.hubweber@lag-kath-okja-nrw.de

gedeckt werden können. Die folgende Zusammenfassung will aus Trägersicht einen Überblick über die unterschiedlichen Formen, Bedingungen und Möglichkeiten der finanziellen Förderung Offener Kinder- und Jugendarbeit geben. Es geht um die Fragen: Wer und Was kann Wozu, Wie und Von wem gefördert werden?

Der üblichen, synonymen Verwendung der Begriffe „Zuwendung", „Förderung", „Subvention", und „Bezuschussung" (ob als Teil- oder Voll-Finanzierung) für die Finanzierung durch öffentliche Stellen wird auch hier gefolgt. Da Sachgaben (Vermögensgegenstände) nicht der Deckung konkreter Ausgaben dienen, zählen sie haushaltsrechtlich definitorisch nicht zur „Finanzierung" bzw. zu den Zuwendungen. Ebenfalls nicht dazu gehören (satzungsgemäße) Mitgliedsbeiträge, Geld- oder Sachspenden und Wettbewerbsgewinne. Das gleiche gilt für die Gewährung von Rabatten, die Freistellung von Gebühren oder Beiträgen u. ä.

77.1 Verpflichtungen

Das Anliegen der TrägerInnen Offener Arbeit, für ihre Aufgabenerfüllung eine planbare, dauerhafte und kostendeckende Finanzierung sicherzustellen, wird zwar allseits gesehen, ihm wird jedoch nicht durch einen Rechtsanspruch stattgegeben. Dies muss verwundern, denn...

77.1.1 Bundesrecht (für Land und Kommunen)

... § 11 des SGB VIII (KJHG) nennt – ein wenig unsystematisch – „offene Jugendarbeit" ausdrücklich als ein Arbeitsfeld, macht „Jugendarbeit in Sport, Spiel und Geselligkeit" sogar zum Schwerpunkt, d. h., die Bereitstellung derartiger Angebote ist für freie und öffentliche TrägerInnen verpflichtend. Doch im Widerspruch zum Gesetzestext wird – vor allem in der kommunalen Praxis – die Förderung Offener Arbeit weiterhin als „bedingte" oder gar „freiwillige" Leistung dargestellt, die der ungebundenen Disposition durch die Träger der öffentlichen Jugendhilfe unterliegen.

Unzweifelhaft hat der Träger der öffentlichen Jugendhilfe – das sind das Jugendamt als örtlicher und das Landesjugendamt als überörtlicher Träger sowie die oberste Landesjugendbehörde – die Gesamtverantwortung für die Erfüllung u. a. auch dieser Aufgabe (§ 79 SGB VIII). Der Träger der öffentlichen Jugendhilfe muss zwar nicht unbedingt selbst Offene Kinder- und Jugendarbeit anbieten, ist „allerdings verpflichtet, alles zu tun, was zur Erfüllung des Gesetzes erforderlich ist. Insoweit ergibt sich aus der in Absatz 1 und 2 geregelten Gesamtverantwortung der öffentlichen Jugendhilfe unmittelbar deren Pflicht, für die notwendigen Einrichtungen, Dienste und Veranstaltungen zu sorgen" (vgl. BT-Drucksache 11/5948, S. 100), und dies schließt u. a. – nach § 74 – deren finanzielle Förderung ein. Damit die Höhe der Mittel nicht vollkommen der Willkür überlassen bleibt, schreibt § 79 Abs. 2 Satz 2 SGB VIII den öffentlichen TrägerInnen vor, einen angemessenen Anteil ihrer für die

Jugendhilfe bereitgestellten Mittel für die Jugendarbeit zu verwenden: eine Art „Gewährleistung", jedoch ohne Nennung eines konkreten Prozentsatzes.

Dieser Umstand ist letztlich dafür verantwortlich, dass die o. g. Nennung der Offenen (Kinder- und) Jugendarbeit im § 11 nicht zu einem allgemeinen Gesetzesvollziehungsanspruch führt: Es gibt also kein Klagerecht, durch das ein bestimmter Umfang von Angeboten oder gar die Höhe einer Förderung geltend gemacht werden kann. Etwas anderes gilt, wenn entsprechende Zuwendungen durch landesrechtliche Maßnahmen konkretisiert werden bzw. würden:

77.1.2 Länderrechte

Zur Zeit wird Offene Kinder- und Jugendarbeit zwar in 13 der mittlerweile 16 Landesausführungsgesetze zum SGB VIII (KJHG) mit Regelungen im Bereich der Kinder- und Jugendarbeit berücksichtigt. In keinem wird jedoch ein Rechtsanspruch auf eine konkrete Leistung für die TrägerInnen festgelegt, die Floskel „nach Maßgabe der zur Verfügung stehenden Haushaltsmittel" bzw. „Mittelbereitstellung im Rahmen der finanziellen Leistungsfähigkeit" stellt letztlich Finanzquellen über Bedarfsdeckung. Zumeist werden lediglich Aufgabenfeld/er und Zuständigkeiten auf Landes- und Kommunalebene expliziert. Das heißt, ...

77.1.3 Landes- und Kommunale Richtlinien

... Tradition verpflichtet: Es sind in der Regel (ausschließlich) die Kommunen, die in der Vergangenheit eine mehr oder weniger bedarfsdeckende Infrastruktur Offener Kinder- und Jugendarbeit (mit)aufgebaut haben, die diese heute relativ zuverlässig fördern – geregelt meist durch mehr oder weniger ausführliche Richtlinien oder durch jährliche Budgetierung und natürlich „im Rahmen der zur Verfügung stehenden kommunalen Haushaltsmittel".

Nur in wenigen Bundesländern fühlt sich auch die Landesregierung – § 82 SGB VIII folgend – als (kommunale Unterschiede ausgleichende) Initiatorin und Förderin eines Ausbaus an Einrichtungen, also im sog. investiven Rahmen. Nordrhein-Westfalen ist eines der wenigen Länder, die Betriebskosten Offener Kinder- und Jugendarbeit, Abenteuerspielplätze und Mobile Formen aus dem Kinder- und Jugendförderplan (einer Zusammenstellung aller jugendarbeitsbezogenen Haushaltspositionen) bezuschussen, und zwar bereits seit 1952.

Obwohl Landes- wie Kommunalrichtlinien Planungssicherheit und Fördergerechtigkeit gewährleisten sollen, haben primäre Haushaltsgesichtspunkte erhebliche Unsicherheiten und Ungleichbehandlungen einzelner TrägerInnen zur Folge (z. B. Jährlichkeit der Zuwendungen, Geldmangel = Förder(ausbau)stopp, Gefahr von Haushaltssperren u. Ä.).

Um diese Unverbindlichkeit zu vermeiden, ...

77.1.4 Öffentlich-rechtliche Verträge

… schließen in den letzten Jahren Offene Kinder- und Jugendeinrichtungen und Kommunen vermehrt miteinander mehrjährige Förder- bzw. Zuwendungsverträge ab (nach Verwaltungsverfahrensgesetz, ergänzend Bürgerliches Gesetzbuch). In ihnen werden alle – ansonsten lediglich richtlinienmäßig vorgegebenen – gegenseitigen Pflichten rechtsverbindlich fixiert.

Mancherorts werden diese Vereinbarungen auch – in Anlehnung an Steuerungsmodellen aus der Wirtschaft – als „Leistungsverträge" bezeichnet. Sie regeln „Kostenvereinbarungen" und „Entgelte" für konkrete „Dienstleistungen". Von diesen Begriffen, nicht jedoch von der Sache her rückt eine solche „Vertragspartnerschaft" in die Nähe steuerrechtlich bedeutsamer Sachverhalte.

Die derzeit bekannte Vertragspraxis hat zwar vielerorts noch nicht den „Idealtypus" gegenseitiger Versicherung erreicht, festigt aber im Grundsatz die partnerschaftliche Verantwortung öffentlicher und freier TrägerInnen. Insbesondere gestalten sich vertragliche Regelungen schwierig, wo mehrere öffentliche, unabhängig voneinander agierende Förderer im Spiel sind, oder wo dynamische Kostenanteile (z. B. tariflich bedingte Lohnkostensteigerung) berücksichtigt werden bzw. unberücksichtigt bleiben.

77.2 ZuwendungsgeberInnen

Aufgrund der o. g. gesetzlich verankerten Gesamtverantwortung und der Selbstverpflichtung von Land und Kommunen stehen die öffentlichen Förderer als – vor allem – langjährige und relativ verlässliche Zuwendungsgeber meist im Vordergrund. Aber es gibt auch private Rechtspersonen und Institutionen, die Einrichtungen, Maßnahmen oder Projekte (teilweise) unterstützen, jedoch zumeist nur über einen zeitlich begrenzten Rahmen.

Folgende Übersicht fasst beide Gruppen unter geographischen Gesichtspunkten (Ebenen) zusammen. Dabei darf die Vielzahl möglicher Förderstellen nicht den Blick auf die Tatsache verstellen, dass zumeist nur das kommunale Jugendamt finanziert.

A. Öffentliche Förderungsmöglichkeiten
   A.1 Europa- und Bundesmittel (nur bei wenigen Modell-/Maßnahmen bzw. länderübergreifenden Projekten)
      A.1.1 Mittel der Europäischen Gemeinschaft
      A.1.2 Bundesministerium für Familie, Senioren, Frauen und Jugend (Kinder- und Jugendplan des Bundes)
      A.1.3 Andere Ministerien
         • Bundesministerium für Arbeit und Soziales
         • Bundesministerium für Wirtschaft

A.1.4 Weitere Bundesbehörden
- Institut für Bildung und Kultur
- Bundesagentur für Arbeit
- Bundesamt für den Bundesfreiwilligendienst
- Bundeszentrale für gesundheitliche Aufklärung
- Kulturfonds

A.2 Landesmittel

A.2.1 Zuständiges Fachministerium (in wenigen Bundesländern sind 2 unterschiedliche Ministerien zuständig)

A.2.2 Andere Ministerien

A.2.3 Landschaftsverbände/Landesjugendämter

A.3 Kommunalmittel

A.3.1 Eigenständige Haushaltsstelle: Kommunales Jugendamt (Kreis-, Stadt- und/oder Bezirks-Jugendamt)

A.3.2 Eigenständige Haushaltsstelle: andere kommunale Ämter (Förderung regelmäßiger, abgegrenzter Sonder-/Maßnahmen wie z. B. Unterstützung von Musikbands, Medienarbeit, Kulturfeste, Sportveranstaltungen, Ferienfahrten, soziale Hilfs- und Beratungsmaßnahmen u. a. seitens Stadt-, Sozial-, Gleichstellungs-, Kulturamt, Amt für Öffentlichkeit usw.)

A.3.3 Verfügungsfonds und Mittel stadteigener Institute (z. B. Museum, Bücherei, Kulturzentrum)

A.3.4 Vereinsförderung (Eingetragene und gemeinnützige Vereine können vom zuständigen Amt eine – meist geringe – Förderung erhalten.)

A.3.5 Sonstige kommunale Fördermöglichkeiten (kostenlose Inanspruchnahme von kommunalen Sach- und Dienstleistungen, wie z. B. Bereitstellung von Probe-, Trainingsräumen, Nutzung des Fuhrparks, städtische Druckerei, städtischer Technikpool, städtische Informationsmedien)

B. Förderungsmöglichkeiten seitens nichtöffentlicher TrägerInnen

B.1 Überregionale Institutionen

B.1.1 Trägerspezifische Institutionen (z. B. Kirchensteuermittel, Bundes- und Landesverbände)

B.1.2 Europa-, Bundes- und Landesstiftungen (z. B. Stiftung Deutsche Jugendmarke e.V., Robert Bosch Stiftung GmbH, Aktion Mensch e.V.)

B.1.3 Fachinstitutionen (z. B. Jugendschutz-, Verbraucherorganisationen, Medienstelle)

B.1.4 Bußgelder aus der Arbeit der Ober-/Landesgerichte und Finanzämter

B.2 Finanzierungsmöglichkeiten auf kommunaler Ebene

B.2.1 Örtliche Stiftungen

B.2.2 Bußgelder aus der Arbeit des örtlichen Gerichtes und Finanzamtes

B.2.3 Haus- und Straßensammlungen

B.2.4 (regelmäßige) Spenden und Zuwendungen, z. B. von Sparkassen, Banken und Versicherungen

B.2.5 Sponsoring

77.3 ZuwendungsempfängerInnen

Die verantwortungsvolle Übernahme des gesellschaftlichen Auftrags Bereitstellung von Angeboten der Offenen Kinder- und Jugendarbeit kann sowohl als kurz- oder mittelfristige, zeitlich relativ klar abgegrenzte Maßnahme, aber auch als eine auf Dauer angelegte Aufgabe betrachtet werden. Im letzteren Falle erwarten öffentliche Förderstellen in der Regel, dass die/der TrägerIn nach § 75 SGB VIII anerkannt ist (hierzu hat die Arbeitsgemeinschaft der Obersten Landesjugendbehörden am 14.4.1994 bundesweit geltende Grundsätze entwickelt), also den darin definierten fachlichen, gemeinnützigen und Erfahrung sichernden Bedingungen entspricht. Kommunale Jugendämter und Kirchen zählen – dem Gesetz nach – zu den „selbstverständlichen" (verlässlichen) EmpfängerInnen öffentlicher Förderung. Ausdrücklich ausgenommen werden in den meisten Förderbestimmungen lediglich Gewerbeunternehmen.

77.4 Zuwendungsgegenstände

Ähnlich wie in vielen anderen Bereichen unterscheidet man auch in der Förderung Offener Kinder- und Jugendeinrichtungen zwei „Grundarten":

a. Zuwendungen zu einzelnen, inhaltlich und zeitlich abgegrenzten (Modell-)Projekten oder Maßnahmen und
b. relativ dauerhafte Zuwendungen als Grund-, Struktur-, Regel- oder Institutionsförderung.

Es gibt Fördersysteme, nach denen ein/e TrägerIn nur eine dieser beiden Arten nutzen kann, andere lassen die Nutzung beider zu, d. h. also neben der institutionellen Regel- zugleich auch eine Maßnahmenförderung (z. B. für die Betreuung von Kindern über Mittag, für den Unterhalt einer Arbeitslosenwerkstatt u. Ä.).

In einer zweiten „Dimension" unterscheidet man

a. Investitionskosten-Förderung von
b. Betriebskosten-Förderung,

also zum einen Zuwendungen für den Neu-, Aus-, Umbau und die Reparatur von Gebäuden sowie die Anschaffung und Wiederbeschaffung von Einrichtungsgegenständen, technischen Geräten u. Ä. (a), zum andern Zuwendungen zu den laufenden Personal- und

Sachkosten (b). Beide Fördergegenstände haben in der Regel je eigene Richtlinien. Selbst im Betriebskosten-Förderbereich findet man landauf, landab eine Vielzahl an Variationen, je nachdem ob und wie einzelne Kostenbereiche zusammengefasst sind. So ist z. B. die Fortbildung und Supervision der hauptberuflichen Fachkräfte zumeist gesondert zu beantragen.

Während Personal-, Energie- und Reinigungskosten unangezweifelt zu den anerkennungsfähigen und demnach zuwendungswürdigen Betriebskosten zählen, könnte man ein eigenes Buch mit Beispielen füllen, was in manchen Fördereraugen zu den „förder-unwürdigen" Ausgaben zählt: ungeplante/unerwartete Mehrausgaben, Kosten für Aktivitäten außerhalb des Hauses, für nicht-koedukative Maßnahmen, für die Anschaffung von technischen Medien, für ein Dankeschön-Essen für Freiwillige HelferInnen, Kooperations- und Vernetzungstreffen usw.

77.5 Zuwendungszwecke

Zuwendungen werden absprache-, richtlinien- oder vertragsgemäß mit Förderzielen, -grundsätzen oder -zwecken verbunden (Zweckbestimmung). Diese werden meist aus rechtlichen (z. B. SGB VIII), sozialethischen, jugendhilfeplanerischen und/oder ortsspezifischen Vorgaben abgeleitet, zusammen mit dem Gegenstand definiert und ggf. in Schwerpunkten konkretisiert (z. B. „zur Bereitstellung qualifizierter pädagogischer MitarbeiterInnen", „für innovative Projekte").

Um auch unterschiedliche Einrichtungsformen annähernd bedarfsgerecht und vergleichbar zu fördern, haben öffentliche „Großförderer" (Landesregierung, Großstadt, Landkreis) in der Vergangenheit die unterschiedlichen Formen der Offenen Kinder- und Jugendarbeit, insbesondere die Häuser typologisiert, d. h. zentrale Strukturmerkmale als Förderkategorien definiert. Hierzu zählen u. a.:

- Einrichtungsgröße,
- Anzahl und Qualifikation der Fachkräfte,
- Ausstattung mit Honorarkräften,
- Öffnungsstunden und -tage pro Woche,
- Anzahl der BesucherInnen pro Jahr
- lokaler, regionaler oder überregionaler Einzugsbereich,
- Vorhandensein mobiler Arbeitsformen.

Während auf Landesebene der Trend beobachtbar ist, derartiges zugunsten einer allgemein zweckbestimmten Strukturförderung („Globalisierung") aufzugeben, findet im kommunalen Förderbereich – zumeist im Zuge „neuer Steuerung" und „Fördertransparenz" – diesbezüglich eine zunehmende Differenzierung statt.

Grundsätze und „Operationalisierung" in Fördertypen, letztlich auch die Höhe der entsprechenden Einzelzuwendungen gehören zu den wichtigsten Außeneinflüssen einer Einrichtung und der Infrastruktur Offener Einrichtungen. So stellt auch die örtliche oder landeszentrale Auseinandersetzung um konzeptionelle Weiterentwicklung und deren adäquate Berücksichtigung durch Richtlinien oder Vertragstexte Angelpunkt jugendpolitischer Interessenvertretung dar.

Insbesondere mit einer investiven Förderung wird eine sogenannte „Zweckbindung" der Mittel auf bestimmte Zeit (z. B. 10 oder 20 Jahre) ausgesprochen, welche die Arbeit einer Einrichtung langfristig bindet, ohne dass gleichzeitig die Deckung der laufenden Kosten für die – rechtsverbindlich – vorgegebene Zeitdauer garantiert wird.

77.6 Zuwendungsformen

Fördern heißt zuschießen, d. h. es erfolgt keine Rückzahlung der Gelder nach deren vereinbarten bzw. ordnungsgemäßen Verwendung. Zuwendungen in Form von Darlehen sind äußerst selten und gibt es in der Regel nur im investiven Bereich. Bzgl. aller o. g. Fördergegenstände (4.) kann man fünf Formen unterscheiden, nach denen Zuwendungen gegeben bzw. Fördermittel bewilligt werden:

a. Vollfinanzierung, also die Übernahme aller Kosten,
b. Fehlbedarfs- oder Restfinanzierung: Hierbei deckt ein/e ZuwendungsgeberIn alle Kosten ab, die einer/einem TrägerIn nach Abzug der Eigen- und Drittmittel übrig bleiben (sog. „Spitzenfinanzierung"),
c. Anteilsfinanzierung: Vorab legt die/der ZuwendungsgeberIn – ungeachtet der sonstigen Finanzlage der Trägerin/des Trägers – einen bestimmten Prozentsatz bzgl. des Anteils fest, den sie/er an den anfallenden (anerkennungsfähigen) Gesamtkosten übernehmen will. Auch hier kann der Finanzier mit der Festlegung auf eine konkrete €-Höhe sein Förderversprechen limitieren (z. B. „Anteil an den Betriebskosten: 33 % bis max. 50.000 €").
d. Festbetragsfinanzierung: Bei dieser Zuwendungsform werden vorab pauschalisierte Mittel zu den Gesamtkosten oder zu bestimmten Kostenarten (z. B. für Honorarkräfte) vergeben. Sie sind in der Regel nach o. g. Förderkategorien (5.) gestaffelt. Auch hier gibt es eine Limitierungsvariante, die sozusagen einen Übergang zur Anteilsfinanzierung schafft (z. B. „Zuschuss über 80.000 €, maximal 50 % der Gesamtkosten").
e. Formlose Zuwendung: Gemeint sind Spenden, Bußgelder, u. Ä. nicht-öffentliche Gelder sowie Preisgelder, die meist völlig frei von finanztechnischen Auflagen/Bezügen sind und sich nur an inhaltlichen Merkmalen grundlegend oder – weniger abstrakt und im engeren Sinne – zweckgebunden ausrichten (z. B. „zur Anschaffung eines Brennofens").

Neben der relativ seltenen Vollfinanzierung (a) ist es für freie TrägerInnen verfahrenstechnischer „Idealtypus", wenn sie (von allen GeldgeberInnen) feste Zuwendungen (d) erhalten, die insgesamt 85–90 % der Unkosten decken. Die beiden übrigen Arten (b und c) verlangen die Offenlegung aller finanziellen Verhältnisse und ggf. das „Jonglieren" zwischen den verschiedenen FördererInnen.

77.7 Zuwendungsverfahren

Um in den „Genuss" von Zuschüssen zu kommen, ist – je nach Förderstelle und -gegenstand – ein mehr oder weniger kompliziertes Verfahren einzuhalten, das sich jedoch in vier Phasen zusammenfassen lässt:

A. Sachliche und finanzielle Antragstellung
B. Antragsprüfung, Bewilligung und (ratenweise) Auszahlung
C. Sachlicher und finanzieller Verwendungsnachweis (inkl. ggf. Rückzahlung)
D. Prüfung des Verwendungsnachweises (inkl. Prüfbescheid)

Beide Seiten müssen vorgegebene oder festgelegte Termine einhalten, die Schriftform (mit rechtskräftigen Unterschriften) wahren, allgemeine und spezielle Nebenbestimmungen erfüllen, Antragsformulare verwenden, Rechtsmittelbelehrungen aussprechen, Sachberichte einfordern bzw. erstellen, Mitteilungspflichten erfüllen usw.

Während bereits der plangemäße Ablauf einer Maßnahme (Bau oder Betrieb) dem verfahrenstechnischen Laien einen relativ hohen Arbeitsaufwand abverlangt, bedingen unvorhersehbare Ereignisse (z. B. Mehrkosten, Schadensfälle, Krankheit) und deren verfahrensgemäße Folgen (z. B. Nachantragstellung, Terminverschiebungen, Widerspruch/Klage) eine/n Förder- und FinanzexpertIn.

77.8 Zuwendungsvoraussetzungen und -bedingungen

Neben der o. g. Definition der FörderempfängerInnen (3.), der Abgrenzung des Fördergegenstandes (4.), der Einteilung zweckbedingter Formen (5.) und der Einhaltung eines bestimmten Verfahrens (7.) machen die meisten Landes- bzw. Kommunalrichtlinien

a) weitere fachliche Vorgaben und/oder stellen
b) formale sowie finanztechnische Bedingungen.

Während erstere eher Ausdruck jugendpolitischer Initiative/Lenkung sind, zielen letztere auf die Gewährleistung einer ordentlichen und vor allem wirtschaftlichen Haushaltsführung. Hier eine Auswahl wichtiger Auflagen für Mittelvergabe und -verwendung:

- Eine Förderung erfolgt nur in Verbindung mit/im Rahmen einer Jugendhilfeplanung bzw. eines Jugendfreizeitstättenbedarfsplans (§ 74 SGB VIII folgend).
- Es werden nur Einrichtungen mit hauptberuflichen MitarbeiterInnen gefördert, die eine bestimmte Qualifikation (z. B. SozialarbeiterIn oder -pädagogIn) aufweisen.

- Im Falle der Gewährung eines Festbetrages, insbesondere bei mehreren Förderstellen, wird dem Träger das Erbringen einer Eigenleistung abverlangt, d. h., eine mögliche Vollfinanzierung ist ausgeschlossen.
- Öffentliche Bezuschussung versteht sich in der Regel als subsidiär und verlangt in vielen Fällen vom Träger, ggf. alle weiteren Finanzierungsquellen offen zu legen.
- Die Gewährung eines Zuschusses wird davon abhängig gemacht, ob die Gesamtfinanzierung der Bau- oder Betriebskosten gesichert ist.
- Es werden Bagatellgrenzen festgelegt, d. h. Mindestförderbeträge, unter denen keine Förderung erfolgt: Kleine Treffpunkte sind damit nicht anspruchsberechtigt.
- Insbesondere mit einer investiven Förderung wird eine sog. „Zweckbindung" auf bestimmte Zeit (z. B. 10 oder 20 Jahre) ausgesprochen, die die Arbeit einer Einrichtung langfristig bindet, ohne dass gleichzeitig die Deckung der laufenden Kosten garantiert wird.
- Viele Kommunen verlangen im Förderantrag die mehr oder weniger differenzierte Aufschlüsselung der zu erwartenden Sach- und Personalkosten bzw. der Baukosten. Unabhängig von der Höhe des Zuschusses setzt sie dem Träger Verschiebungsgrenzen (z. B. max. 10 %) zwischen den Einzelpositionen.
- Auch der „zeitnahe" Verbrauch der zugewiesenen Teilraten wird von Seiten öffentlicher Förderstellen der/dem EmpfängerIn regulär vorgeschrieben.

77.9 Anforderungen

Im Zusammenspiel o. g. inhaltlicher und formaler Förderbedingungen kommt es vielerorts zu dysfunktionalen Belastungen, Abhängigkeiten und überflüssigen Fixierungen. Gerade aus der Sicht der freien Träger führt ein kompliziertes und bürokratisches Förderwesen, das aufgrund seiner Unverbindlichkeiten letztlich doch die/den EmpfängerIn die größeren Risiken zumutet, zur Demotivation des (ehrenamtlichen) Engagements in der Trägerschaft Offener Kinder- und Jugendeinrichtungen. Um hier die Grundstrukturen zu vereinfachen, Initiativen zu ermutigen und die allseits geforderte Partnerschaft zwischen öffentlichen und freien TrägerInnen zu fördern, wären in vielen Fällen Vereinfachungen angeraten. Sie sollten (zumindest) von folgenden Prinzipien geleitet sein:

- Der öffentliche Träger ist zur Förderung Offener Kinder- und Jugendfreizeitstätten verpflichtet. Diese Verantwortung muss er mittels einer klaren, gerechten und verbindlichen Förderstruktur umsetzen. Dabei haben Landes- und Kommunalebene die Übernahme von Teil-/Aufgaben miteinander abzustimmen.
- Förderziele in Hinblick auf Offene Arbeit sollten – für Landes- und Kommunalebene – jeweils im Gesamt der Jugendhilfeaufgaben deutlich verortet und eindeutig beschrieben werden.
- Neben dieser klaren Aufgabenstellung verlangt eine partnerschaftliche „Fördergemeinschaft" Transparenz der Aufgabenerfüllung. Diese ist weniger durch eine formalisierte

Nachweisprüfung als durch eine kontinuierliche Jugendhilfeplanung und einem qualifizierten Wirksamkeitsdialog zu gewährleisten.
- Unbeschadet einer ordentlichen Abwicklung beidseitiger inhaltlicher und finanzieller Verpflichtungen sollten die Vergabeverfahren – miteinander korrespondierend – so vereinfacht werden, dass sie den Trägerinnen (neben der Beachtung arbeits- und versicherungsrechtlicher Bestimmungen) den eigentlich Schwerpunkt ihres Wirkungsfeldes – nämlich soziales Engagement – erhalten.
- Die begrüßenswerten Vorteile einer Festbetragsförderung verkehren sich ins Gegenteil, wenn sie nicht regelmäßig den Kostenentwicklungen im Personal- und Sachbereich angepasst werden („Dynamisierung").

77.10 Ein Finanzierungsbeispiel (Stand: 2013)

Betriebskosten

einer mittelgroßen Einrichtung aus NRW (mit regelmäßig 30 h Öffnungszeit/Woche) mit zwei hauptberuflichen pädagogischen Fachkräften, einem breiten Honorarkräfteangebot und einem JFD/BFD	181.360 €

Finanzierung

1.	Mittel aus dem Kinder- und Jugendförderplan NRW – KJFP	
	a. Fachbezogene Pauschale (der Höhe nach bewilligt durch die Kommunalverwaltung) als Betriebskostenförderung	40.200 €
	b. Zuschuss zu Sondermaßnahme „Gesund und munter"	6250 €
	c. Zuschuss zu Sondermaßnahme „Deeskalationstraining"	7300 €
2.	Zuschuss des Bundesamtes für Bundesfreiwilligendienst Mittel des örtlichen Jugendamtes	
	a. Anteilsbetrag: (hier nach der Formel: 50 % der nach Abzug der Landespauschale – 1.a. – verbleibenden Restkosten)	70.580 €
	b. Aktivitätenzuschuss: 43 € je Öffnungstag/Jahr	11.911 €
	c. Zuschuss zur Übermittagsbetreuung (Kostenpauschale):	9700 €
	d. Zuschuss für Mitarbeit bei Kulturwoche	7500 €
3.	Zuschuss des Bundesamtes für Bundesfreiwilligendienst	6120 €
4.	Einnahmen der Einrichtung (Getränkeverkauf, Eintrittsgelder usw.)	8683 €
5.	Raum-Vermietungen, Spenden, Sponsoring	6028 €
6.	Unterstützung durch Förderverein	7088 €
	Gesamt	181.360 €

Fundraising: Der „alternative Geldmarkt" als Chance der offenen Kinder- und Jugendarbeit? 78

Peter-Ulrich Wendt

Auch die offene Kinder- und Jugendarbeit müsse sparen, Mittel in gewohnter Größenordnung stünden nicht mehr zur Verfügung, konsolidieren sei angesagt; die (und nebenbei: durch §§ 11, 12 i. V. m. § 79 KJHG so verlangte) öffentliche Finanzierung der offenen Kinder- und Jugendarbeit (Jugendhäuser, Fachkräfte, Sach- und Betriebsmittel) als Regelfinanzierung wird vermindert oder ganz eingestellt, die wachsende Zahl der Projektfinanzierungen wird nach Laufzeitende nicht erneuert oder in eine Regelfinanzierung überführt. Unbeschadet der Grundtatsache, dass sich „der Staat" nicht selbst aus seiner sozialstaatlichen Leistungsverpflichtung befreien darf, steht doch auch fest: Seit den 1990er-Jahren ist die offene Kinder- und Jugendarbeit mit wachsenden Forderungen konfrontiert (eingebettet oft in eine grundsätzliche Infragestellung der Notwendig- und Sinnhaftigkeit von Offener Kinder- und Jugendarbeit), eine Praxis zu entwickeln, die erfindungsreich das Weniger an Regelfinanzierung durch ein Mehr an anderer Stelle kompensiert: Suggeriert wird, „Sponsoring" sei so ein Weg, sie möge sich damit einen „alternativen Geldmarkt" erschließen und zu diesem Zweck mit Unternehmen zusammenarbeiten (Unternehmen werden hier als wirtschaftliche Akteure bezeichnet, wobei auch örtliche Gewerbetreibende und Freiberufliche mit zu sehen sind).

Damit ist der Rahmen grob skizziert: Wo die Infragestellung der Finanzierung neue Wege zur Absicherung von Offener Kinder- und Jugendarbeit erzwingt, bricht sich (verständlicherer Weise) die Hoffnung Bahn, in der Zusammenarbeit mit wirtschaftlichen Akteuren den Königsweg aus der Sackgasse kommunaler Finanzierungsengpässe zu sehen. Sponsoringwünsche werden damit zur Reaktion auf (finanzielle) Not und zur Antwort auf Aktivierungszumutungen.

Prof. Dr. disc. pol. Peter-Ulrich Wendt ✉
Grundlagen und Methoden der Sozialen Arbeit, Kinder- und Jugendhilfe, Hochschule Magdeburg/Stendal, Breitscheidstraße 2, 39114 Magdeburg, Deutschland
e-mail: peter-ulrich.wendt@hs-magdeburg.de

U. Deinet und B. Sturzenhecker (Hrsg.), *Handbuch Offene Kinder- und Jugendarbeit*,
DOI 10.1007/978-3-531-18921-5_78,
© VS Verlag für Sozialwissenschaften | Springer Fachmedien Wiesbaden 2013

78.1 Alternativer Geldmarkt – ein Königs- oder Irrweg?

Alternativer Geldmarkt meint zunächst alle geldlichen Vorteile, die aus Sponsoring, Spenden oder Stiftungen zufließen könnten. Für die hierbei relevanten Akquiseprozesse zur „Erschließung von Ressourcen gemeinnütziger Organisationen" (Lang 1999, S. 13) hat sich der Begriff Fundraising durchgesetzt, der die planmäßige Vorbereitung und Durchführung aller Aktivitäten einer Non-Profit-Organisation (NPO) bedeutet, die der Akquirierung von Geld, aber eben auch Sachmitteln oder Dienstleistungen dienen (vgl. Urselmann 2007, S. 11; z. T. gute Handreichungen für die Praxis bieten Haibach 2006; Fundraising Akademie 2008; Bruhn 2010; Christa 2010). Sponsoring meint dabei ein „Geschäft auf Gegenseitigkeit zwischen einer sozialen Organisation und einem Unternehmen, das nach dem Prinzip Leistung und Gegenleistung funktioniert: Die Arbeit der Organisation wird mit Geld, Sachmitteln, Know-how, den üblichen Unternehmensleistungen oder durch freiwilliges ehrenamtliches Engagement der Angestellten (in der Arbeitszeit) gefördert und ist gleichzeitig in die Marketing- und die Kommunikationsstrategie des sponsernden Unternehmens eingebunden". Für Spenden jedweder Art werden dagegen keine Gegenleistungen abgesprochen; eine Spende wird (allenfalls) durch eine Spendenbescheinigung bestätigt. Stiftungen leben von den Erträgen ihrer Vermögensmasse (meist Geldeinlagen, u. U. auch ertragsfähige Immobilien oder Firmen), die durch die StifterInnen zweckbestimmt eingebracht wurden und nur im Sinne des Stiftungszwecks verausgabt werden dürfen (vgl. Lang 1999, S. 13 ff.; ebd.).

Sponsoring als Geschäft auf Gegenseitigkeit (2010 wohl im Umfang von ca. 4,2 Mrd. Euro, insb. in den Bereichen Sport und Kultur) setzt vergleichbar starke Partner voraus. Zu dieser Position der Gleichrangigkeit aber ist die Offene Kinder- und Jugendarbeit nur selten in der Lage, ist sie doch gezwungen, Sponsoringkooperationen zu suchen. Dem langfristigen unternehmerischen Kalkül steht der i. d. R. kurzfristige (dringende) Mitfinanzierungsbedarf der offenen Kinder- und Jugendarbeit gegenüber. Damit konstituieren sich Beziehungen faktischer Ungleichheit und -gewichtigkeit, und die offene Kinder- und Jugendarbeit verbleibt in der Position der Bittstellerin. Tatsächlich geht es um Geld gegen das fragile Versprechen, das Unternehmen dabei zu unterstützen, an einem Ruf zu arbeiten, auf den es (warum auch immer) Wert legt. Sponsoring ist nur das Deckmäntelchen, es kooperieren (in dieser Fokussierung rein auf das Geldliche) tatsächlich Ungleiche. Beziehungen der Ungleichheit aber führen eher zu frustrierenden Erfahrungen, da sich offene Kinder- und Jugendarbeit so direkt in die Rolle der Alimentierten begibt. Die Stärken der eigenen Arbeit, ihre Ressourcen, können so kaum gewinnbringend herausgestellt und entwickelt werden. Erschwerend kommt hinzu, dass die Konkurrenz auf dem alternativen Geldmarkt beträchtlich ist; in den zurückliegenden Jahren sind z. B. systematisch Schulen im Fundraising in Erscheinung getreten (vgl. z. B. DKJS 2008). Auch deshalb gilt nach wie vor die lapidare Feststellung, dass die Hoffnung „gänzlich unrealistisch" ist, sich „durch Sponsoring kurzfristig Ersatz aus den Kassen der Unternehmen beschaffen zu können" (Lang 1999, S. 13).

Quellen könn(t)en stattdessen Spenden und Stiftungen sein: Spenden in der Tradition des gelebten Philantropismus (vgl. Schmitt 2007) stellen Formen tätiger Unterstützung leistungsstarker Einzelpersonen und vor allem gesellschaftlicher Gruppen dar, die sich heute lokal z. B. in Form der Rotarier, der Zonta- oder Lions-Clubs äußern (vgl. Gradinger 2007). 2009 wurden Spenden im Umfang von (so der Deutsche Spendenrat) rd. 2,1 Mrd. Euro bewegt. Hier ist die Disparität von Geben und Nehmen offensichtlich und ehrlicher. Der Zweck der Zuwendung folgt primär den Vorstellungen der SpenderInnen und erwartet Anpassungsfähigkeit der offenen Kinder- und Jugendarbeit. Ähnliches gilt für mehr als 16.400 Stiftungen, die (laut Bundesverband Deutscher Stiftung) 2009 ein Einlagekapital von rd. 100 Mrd. Euro (und damit wohl eine Ausschüttung von rd. 5 Mrd. Euro) bewegten. Pragmatisch betrachtet dürfte dieser Weg für die Kinder- und Jugendarbeit ebenso wenig Erfolg versprechend sein (vgl. aber auch Damm 2008; Pisarczyk 2008): Zu speziell sind oft die Stiftungszwecke, zu begrenzt die bereitstehenden Budgets. Zudem spricht die Notwendigkeit einer aus der aktuellen Finanznotlage erwachsenden „Kaltakquise" (Förderer und Geförderte kennen sich nicht, eine Vertrauensbasis kann noch nicht gewachsen sein) nicht unbedingt für die Erfolgsaussichten des Fundraisings allgemein.

Allerdings sind interessante „Öffnungen" zu beobachten: So fördert z. B. Aktion Mensch e.V. wachsend mehr Projekte jenseits des ursprünglichen Zwecks, wodurch auch innovative Projekte der Offenen Kinder- und Jugendarbeit sich zusätzliche Mittel erschließen können, die freilich auf konzeptionell wie zeitlich eingegrenzte Vorhaben beschränkt bleiben müssen und die in Frage stehende bzw. fehlende Regelfinanzierung ebenfalls nicht kompensieren können. Insoweit ist auch hier nur eine Verlagerung des grundsätzlichen Problems möglich und finanzielle Not wird lediglich neu verteilt.

78.2 Kooperation mit wirtschaftlichen Akteuren im Gemeinwesen

Die Begrenzung der Perspektive auf den alternativen Geldmarkt greift folglich zu kurz. Dabei sind Sachspenden mindestens „genauso wichtig, wie das Spenden von Zeit, Wissen oder von Kontakten" (Lang 1999, S. 15). Die damit verbundenen geldwerten Vorteile bestehen z. B. in praktischer Hilfe (etwa handwerkliche Unterstützung), in persönlichen Kompetenzen (Wissen, Können und Zeit anderer Fachmenschen), der kritischen Außensicht auf offene Kinder- und Jugendarbeit (als Unvoreingenommenheit Außenstehender und Hilfe, die pädagogische Praxis besser zu gestalten), in Logistik (z. B. Fahrzeugen), Räumen und Flächen einschließlich der Zugänge zu kosten-günstigen Beschaffungsmöglichkeiten oder in (un-)mittelbarer Einflussnahme (Türöffner-Funktion), z. B. in Form öffentlicher Bekundungen zu Gunsten der Kinder- und Jugendarbeit (d. h. „Profilierung gegenüber Unterstützern, Politik, Verwaltung, Adressaten, potenziellen Mitarbeitern, Öffentlichkeit; Zugänge zu wichtigen Austauschpartnern; Unterstützung der sozialpolitischen Botschaften der Organisation"; vgl. Blanke und Lang 2010, S. 263).

Damit erschließt sich zugleich ein anderer Blick auf wirtschaftliche Akteure: Sie sind (sofern lokal verortet) eben mehr als „nur" Unternehmen, sie sind Handelnde im Gemeinwesen. Örtliche Gewerbetreibende (z. B. der Tischler im Stadtteil) sind dort auch (als Ganzheit von Privatperson und UnternehmerIn) Akteure, die als Privatpersonen oft ein lebhaftes Interesse an der Entwicklung ihres Dorfes oder Stadtteils haben, z. B. dass die Integration der Jugendlichen in das Gemeinwesen gelingt, sei es, weil sie künftige Auszubildende, MitarbeiterInnen oder KundInnen oder die Freunde oder MitschülerInnen der eigenen Kinder sind. Doppelt eingebunden nehmen sie sich im Gemeinwesen auch öffentlich ihren Platz, sind vielleicht kommunalpolitisch engagiert und auf ihre spezifische Weise Moderatoren im Gemeinwesen. Ihr Interesse an einem sozialintakten Gemeinwesen wurde bisher in der offenen Jugendarbeit eher unterschätzt (vgl. Damm und Lang 2000).

Wirtschaftliche Akteure werden damit auch anschlussfähig an eine sich lebensweltlich und sozialräumlich orientierende Offene Kinder- und Jugendarbeit. Es ergeben sich folglich (mehr oder weniger zwangsläufig) Möglichkeiten, sich als Partner im Gemeinwesen zu erleben. Solche Kooperationen liegen nahe, da die Anforderungen sich entwickelnder Gemeinwesen z. B. neue Orte und Formen erfordern, wo und wie Offene Kinder- und Jugendarbeit stattfindet. Die Zusammenarbeit mit Partnern im Gemeinwesen ist somit auch ein Ausdruck einer Suchhaltung, neue Wege gelingender Gemeinwesenentwicklung zu initiieren und auszugestalten, z. B. Versuche von Offener Kinder- und Jugendarbeit, sich ihr stellende pädagogische Aufträge (z. B. die Teilhabe und Selbstorganisation junger Menschen zu fördern) gemeinsam mit neuen Partnern und unter Inanspruchnahme deren Ressourcen gemeinwesenorientiert zu bewältigen. Dieses Interesse an Zusammenarbeit und Mobilisierung speist sich auch aus der Idee, dass außerhalb der selbst-verständlichen Kooperationsbeziehungen (die die offene Kinder- und Jugendarbeit z. B. mit Schulen eingeht) noch „eine Welt" ist, die für die Interessen und Themen von Kindern und Jugendlichen (z. B. im Prozess des beruflichen Übergangs) relevant ist, aber bisher noch nicht so recht im Blick war, und die zugleich Ressourcen einbringen kann, die hierfür bislang verschlossen waren.

Hier kann die offene Kinder- und Jugendarbeit ihre Kompetenzen, z. B. Formen sozialer Netzwerkarbeit, gleichberechtigt einbringen. Sie verfügt also über eigene Ressourcen, die andere benötigen und nachfragen. Nicht Defizite sind ihre Ausgangspunkte, sondern Stärken, und strategische Optionen in der Kooperation mit Akteuren, die in ihrem Netzwerk bestenfalls eine untergeordnete Rolle spielten, erhalten eine Chance. Solche Kooperationen sind Optionen auf eine andere Gestaltung des Sozialraumes unter kreativer Beteiligung von Einrichtungen und Fachkräften der offenen Jugendarbeit und den Kindern und Jugendlichen, die sie erreicht, mobilisiert und beteiligt.

Wirtschaftliche Akteure sind offenkundig als Akteure im Gemeinwesen an solchen intelligenten Kooperationen interessiert. Grundlage hierfür bilden Überlegungen zum Corporate Citizenship (mit ähnlichem Grundverständnis auch als Corporate Social Responsability/CSR oder Corporate Responsability etikettiert) als lokales Engagement wirtschaftlicher Akteure (vgl. Beckmann 2007; Habisch et al. 2007), womit ihre gezielte Einbindung in das Gemeinwesen durch die „Bündelung aller über die eigentliche Geschäftstätigkeit hinausgehenden gesellschaftsbezogenen Aktivitäten", die Mobilisierung seiner Ressourcen (z. B. Geld- und Sachleistungen, Freistellungen, die Förderung des freiwilligen Engagements von Mitarbeiter/innen etc.), die gezielte Kommunikation gegenüber anderen lokalen Akteuren und die Dauerhaftigkeit dieses Engagements als integralem Bestandteil der Unternehmenspolitik gemeint ist (vgl. Blanke und Lang 2010, S. 263, zit. ebenda; vgl. weiter z. B. Dresewski 2004, 2007; Backhaus-Maul 2010, Braun 2010; Braun und Backhaus-Maul 2010).

„Corporate Citizenship geht idealtypisch von einer Win-win-Situation für alle Beteiligten aus" (Blanke und Lang 2010, S. 263). Sie profitieren 1. direkt davon, dass leistungsfähige (!) soziale Einrichtungen für ein positives soziales Klima und damit für sog. „weiche Standortfaktoren" sorgen (zu denen auch ausreichende Bildungs-, Freizeit-, Erholungs- und Sozialeinrichtungen gehören). Jugendhäuser sind Orte, in denen junge Menschen kreativ sind und etwas ausprobieren wollen (was noch in „Anfangstagen" der Kooperation zwischen Jugendarbeit und wirtschaftlichen Akteuren z. B. dazu führte, das Jugendliche des dörflichen Jugendraums Homepages für ortsansässige Firmen programmierten); jetzt dürften es eher die Kernkompetenzen sein, die Jugendarbeit interessant machen: z. B. Räume, die anders, als gewohnt, aussehen, vielleicht ein Konzert erprobtes Veranstaltungsmanagement für betrieblichen Veranstaltungen, erlebnispädagogisches Inventar. Auch werden Zugänge zu interessanten Menschen eröffnet, z. B. zu den Besuchern des Jugendhauses (als potenziellen Praktikanten, Auszubildenden, Aushilfs- oder Arbeitskräften), die auch Dienstleistungen, Produkte oder Werbeideen durch Jugendliche testen können. 2. sind Kooperationen für die Unternehmenskultur und Personalentwicklung interessant: Probleme im betrieblichen Miteinander machen die Vermittlung sozialer Kompetenzen und Konfliktlösungsstrategien immer bedeutsamer und damit diese aus dem Bereich der Kernkompetenzen offener Kinder- und Jugendarbeit stammenden Fähigkeiten interessant. 3. tragen Kooperationen auch zum Imagegewinn und zur Profilierung bei: wirtschaftliche Akteure profitieren durch ihr Engagement für die offenen Kinder- und Jugendarbeit, weil sie sich für ein Projekt einsetzen, indem sie ganz direkt oder diskret im Hintergrund Einfluss auf politische Entscheidungsprozesse ausüben (Lobby), ein Thema im Gespräch halten (dafür sorgen, dass es nicht „kalt" zu den Akten gelegt wird) und sich öffentlich dafür erklärend (testimonials) die öffentliche Meinung beeinflussen (vgl. Damm und Lang 2001, S. 159 ff.). Gerade dieser Gesichtspunkt macht Kooperation für die offenen Kinder- und Jugendarbeit interessant: Lokale wirtschaftliche Akteure können ihren beträchtlichen Einfluss auf politische Akteure ins Spiel bringen, was einer Sicherung der offenen Kinder- und Jugendarbeit ganz unmittelbar zu Gute kommen kann. Gelingende Kooperationsprojekte erzielen dann „einen vierfachen Mehrwert: für die beteiligten Unternehmen, für ihre gemeinnützigen Kooperationspartner, für deren Adressaten und für das Funktionieren des Gemeinwesens insgesamt" (Blanke und Lang 2010, S. 269).

78.3 Pragmatische Schlussfolgerungen

Gleichwohl: Auch dann besteht – rein aus der Perspektive der offenen Kinder- und Jugendarbeit – kein Anlass zu großen Hoffnungen. Ihre Schwierigkeiten, sich auf Kooperationen einzulassen, sind beachtlich: Ablehnende Grundpositionen (Jugendarbeit in einer emanzipatorisch-antikapitalistischen Tradition) haben ihre Berechtigung; sich auf die „Segnungen" des digitalen Kapitalismus einzulassen muss schwer fallen, wenn zu sehen ist, wie dieser Kapitalismus mit Kindern und Jugendlichen ausgrenzend umgeht und wie unter dem Signum der Ökonomisierung Soziale Arbeit insgesamt deformiert wird. Aber auch unerfüllbare Erwartungen (wenn z. B. Werbung für fragwürdige Produkte gemacht werden soll) stehen neben unerfüllten Hoffnungen bzw. entwickelter Skepsis, wenn eigene (mehr aber noch fremde) Erfahrungen mit misslungenem Sponsoring auf neue Kooperationsüberlegungen übertragen werden. Dazu kommen (keineswegs unbegründete) Sorgen, dass das aktive Sich-Einlassen auf neue Partnerschaften zu einer Veränderung des eigenen Projekts und dessen Zielen führen wird; verbreitet ist die Befürchtung, in der Kooperation mit einem Unternehmen das eigene Profil zu verlieren (oder unerträglich verändern zu müssen), Überzeugungen aufgeben zu sollen und die eigene Kultur aufgeben zu müssen. Befürchtungen sind im Raum, solche Kooperationen könnten kommunalpolitisch als Einladung begriffen werden, der offenen Kinder- und Jugendarbeit den Geldhahn mit Verweis auf die bald sprudelnden neuen Geldquellen ganz abzudrehen. Allerdings werden auch differenziert-zustimmende Haltungen von eher pragmatisch-orientierten JugendarbeiterInnen akzentuiert formuliert, die eine Skepsis und Optimismus gleichermaßen durchsetzte Position des „mal sehen, was drin liegt" repräsentieren. Illusionslos werden Vorzüge und Nachteile abgewogen.

Wenn dieses Wollen entschieden ist, dann dürfte zugleich feststehen, dass dies alles „so nebenher" nicht zu leisten ist. Daher ist zunächst 1. zu klären, wer in einem Team der offenen Kinder- und Jugendarbeit am ehesten über das Selbstverständnis und die Kommunikationskompetenzen verfügt, in diesem Sinne Ressourcenarbeit zu leisten. Erforderlich ist hierfür 2. eine abgesicherte Struktur: sowohl nach innen, im Blick auf das Team, als auch nach außen, gegenüber z. B. dem Träger; beide müssen uneingeschränkt „dahinter stehen". Lustlosigkeit bzw. Desinteresse können sich Einrichtungen der offenen Kinder- und Jugendarbeit nicht erlauben, die sich auf neue Formen der Zusammenarbeit einlassen wollen. Dies setzt 3. eine entsprechende Kooperationskultur voraus, d. h. Stetigkeit (ein/e Mitarbeiter/in ist dauerhaft für diese Arbeit freigestellt, hat also Zeit für die Kooperation), Anschlussfähigkeit (eine Kommunikationsweise, die die Begriffswelten der Partner annimmt, beherrscht und nutzt; erforderlich sind kompetente „Zusammenarbeiter/innen", was im Gespräch mit Jugendlichen erfahrenen Jugendarbeiter/inne/n nicht schwer fallen sollte) und Verbindlichkeit (die Autorisierung, Vereinbarungen zu treffen, an die auch die anderen MitarbeiterInnen gebunden sind; die Praxis zeigt, dass nichts belastender ist, als Unverbindlichkeit, wozu auch mangelnde Termintreue und Zuverlässigkeit bei der Erbringung von zugesagten Leistungen bzw. Sicherstellung von Informationspflichten zählt).

Dies als Hintergrund unterstellt wird es darum gehen, die Kooperation in Bezug auf ein klar definiertes Ende (und „Meilensteine") zu bestimmen und dabei Ziele überprüfbar zu vereinbaren. „Klare Absprachen und Prioritäten, kleine Arbeitsschritte und ein realistischer Zeithorizont helfen, Misserfolge zu minimieren". Themen werden auch sein, „Checklisten, Ansprechpartner, Abläufe, Fristen und von vornherein ein Verfahren für den eventuellen Konfliktfall fest(zu)legen" und zuvor abzusprechen, „was in der Partnerschaft auf keinen Fall passieren soll(te)". „Kommunikation nach außen sollte erst dann erfolgen, wenn es etwas zu berichten gibt und konkrete Maßnahmen eingeleitet sind" (vgl. Blanke und Lang 2010, S. 270).

Im Kontext des sich institutionell abstützenden zivilgesellschaftlichen Engagements (z. B. in den Freiwilligenagenturen auf lokaler Ebene) haben sich Formen der Kooperation zwischen Unternehmen und Projekten des Sozialen insgesamt etabliert, z. B. die Idee des Marktplatzes: Wirtschaftliche Akteure bieten z. B. den Einsatz von MitarbeiterInnen, Know-how oder logistische Unterstützung an, nicht aber Geld. Nach für alle Beteiligten gleichermaßen transparenten Regeln moderiert betonen Marktplätze (noch) das Spielerische, Experimentelle und vorläufig Begrenzte. Es können dort kleine Projekte verabredet und begrenzte Inputs unterschiedlicher Ressourcen vereinbart werden; dies erlaubt es, gegenseitig miteinander Erfahrungen zu sammeln und Chancen auszuloten. Für diese Form der Zusammenarbeit gilt prinzipiell der Grundsatz des fairen Tausches, d. h. die beiderseitige Bereitstellung von Ressourcen, sei es in Form von förmlichen Vereinbarungen, sei es situativ als Beitrag des gegenseitigen Sich-Unterstützens (vgl. Placke 2009). Bei Misslingen hält sich der Schaden beidseitig in absehbaren Grenzen. Bei Gelingen aber kann Vertrauen aufgebaut werden, das für weitergehende Vorhaben Grundlage sein wird. Dann mögen (als „Warmakquise" unter Bekannten) auch Geldmittel nicht abwegig sein.

Gleichwohl: Selbst dann ist es mit dem alternativen Geldmarkt nicht weit her; die Regelfinanzierung wird so nicht ersetzt!

Literatur

Backhaus-Maul, H., Biedermann, C., Nährlich, S., & Polterauer, J. (Hrsg.). (2010). *Corporate Citizenship in Deutschland* (2. Aufl.). Wiesbaden.

Beckmann, M. (2007). *Corporate Social Responsibility und Corporate Citizenship. Eine empirische Bestandsaufnahme der aktuellen Diskussion über die gesellschaftliche Verantwortung von Unternehmen.* Halle.

Blanke, M., & Lang, R. (2010). Soziales Engagement von Unternehmen als strategische Investition in das Gemeinwesen. In A. Hardtke, & A. Kleinfeld (Hrsg.), *Gesellschaftliche Verantwortung von Unternehmen* (S. 242–272). Wiesbaden.

Braun, S. (Hrsg.). (2010). *Gesellschaftliches Engagement von Unternehmen.* Wiesbaden.

Braun, S., & Backhaus-Maul, H. (2010). *Gesellschaftliches Engagement von Unternehmen in Deutschland.* Wiesbaden.

Bruhn, M. (2010). *Sponsoring* (5. Aufl.). Wiesbaden.

Christa, H. (2010). *Grundwissen Sozio-Marketing.* Wiesbaden.

Damm, D. (2008). Fundraising für Stiftungen zur Förderung der Jugendarbeit. *deutsche jugend*, 2008(1), 28–37.

Damm, D., & Lang, R. (2000). Kooperationen zwischen Jugendhilfe und Wirtschaft. In P.-U. Wendt, M. Perik, & W. Schmidt (Hrsg.), *Managementkonzepte in der modernen Jugendarbeit* (S. 41–57). Marburg.

Damm, D., & Lang, R. (2001). *Handbuch Unternehmenskooperation*. Bonn und Hamburg.

DKJS/Deutsche Kinder- und Jugendstiftung. (2008). *Fundraising als Herausforderung und Chance für Schulen und ihre Kooperationspartner*. Berlin.

Dresewski, F. (2004). *Corporate Citizenship*. Berlin.

Dresewski, F. (2007). *Verantwortliche Unternehmensführung*. Berlin.

Fundraising Akademie (Hrsg.). (2008). *Fundraising: Handbuch für Grundlagen, Strategien und Methoden* (4. Aufl.). Wiesbaden.

Gradinger, S. (2007). *Service Clubs zur Institutionalisierung von Solidarität und Sozialkapital*. Saarbrücken.

Habisch, A., Schmidpeter, R., & Neureiter, M. (2007). *Handbuch Corporate Citizenship*. Heidelberg.

Haibach, M. (2006). *Handbuch Fundraising: Spenden, Sponsoring, Stiftungen in der Praxis* (3. Aufl.). Frankfurt a. M. und New York.

Lang, R. (1999). Fundraising für die Jugendarbeit. *Jugendpolitik, 1999*(3), 13–17.

Pisarczyk, S. (2008). Fundraising in Jugendfreizeiteinrichtungen: soziales Engagement von Jugendlichen in der Freizeit. *Sozial extra, 2008*(5–6), 46–49.

Placke, G. (2009). *Gute Geschäfte. Marktplatz für Unternehmen und Gemeinnützige*. Gütersloh: Bertelsmann-Stiftung.

Schmitt, H. (2007). *Vernunft und Menschlichkeit. Studien zur philanthropischen Erziehungsbewegung*. Bad Heilbrunn.

Urselmann, U. (2007). *Fundraising: Professionelle Mittelbeschaffung für Nonprofit-Organisationen* (4. Aufl.). Bern, Stuttgart und Wien.

Teil XIV
Rahmenbedingung Politik

Offene Kinder- und Jugendarbeit und staatliche Aktivierungsstrategien

79

Benedikt Sturzenhecker und Elisabeth Richter

Postwohlfahrtsstaatliche Aktivierungsstrategien zielen darauf ab, die Selbstsorge der Gesellschaftsmitglieder zu motivieren und gleichzeitig Formen der gemeinschaftlichen Sozialkontrolle zu implementieren. In den Versuch, diese Programmatiken umzusetzen, werden auch die Handlungsfelder der Kinder- und Jugendhilfe einbezogen. Galt dies zunächst für Arbeitsbereiche, die besonders erziehende und kontrollierende Aufgaben haben (wie etwa die Hilfen zur Erziehung), wird zunehmend auch die vorrangig *bildungs*orientierte Kinder- und Jugendarbeit mit Aktivierungsforderungen konfrontiert.

Die nachstehenden Abschnitte gehen der Frage nach, ob sich die Offene Kinder- und Jugendarbeit zur Institutionalisierung von Aktivierungsstrategien eignet, ohne dabei ihren genuinen Bildungsauftrag hintenanstellen zu müssen (vgl. dazu auch Sturzenhecker 2005). Darüber hinaus wird untersucht, inwieweit das Feld in *Konzepten* (also legitimierenden Selbstbeschreibungen, Zielbestimmungen, Strategieentwürfen usw.) und konkreten *Handlungsweisen* (in Maßnahmen, Projekten, Programmen etc.) „aktivierende" Handlungsformen aufgenommen hat. Da es bis dato zur Verbreitung von Aktivierungsstrategien in der Jugendarbeit keine empirisch gestützten Aussagen gibt, dienen die folgenden Ausführungen der zusammenfassenden Darstellung von Einschätzungen sowie der hypothetischen Verdichtung einzelner Erfahrungen und Erkenntnisse.

Prof. Dr. phil. Benedikt Sturzenhecker ✉
Fakultät für Erziehungswissenschaft, Psychologie und Bewegungswissenschaft Arbeitsbereich Sozialpädagogik und außerschulische Bildung, Universität Hamburg, Binderstr. 34,
20146 Hamburg, Deutschland
e-mail: benedikt.sturzenhecker@uni-hamburg.de
Dr. Elisabeth Richter
Fachbereich Erziehungswissenschaft Arbeitsbereich Sozialpädagogik Hamburg, Universität Hamburg, Binderstraße 24, 20146 Hamburg, Deutschland
e-mail: richter_lisa@hotmail.com

79.1 Zur Eignung der Jugendarbeit für Aktivierungsstrategien

Strategien der Aktivierung zielen nach Kessl und Otto zum einen auf die „Mobilisierung der Selbstsorge der Gesellschaftsmitglieder" (2003, S. 64) und dienen zum anderen der Implementierung „gemeinschaftlicher Sozialkontrollstrukturen" (a. a. O. S. 60). Dabei bezeichnet „Mobilisierung" ein aktives, fachlich gesteuertes Eingreifen, das Bereiche, Ziele und Handlungsweisen in Bezug auf die Förderung von Selbstsorge und sozialer Kontrolle vorgibt. Von diesen Vorgaben abweichendes Handeln soll durch negative Sanktionen kontrolliert werden, um Anpassungsleistungen „zu fördern" bzw. „zu fordern". Es kommt zum Paradox der von außen induzierten Verpflichtung zur Selbststeuerung/Selbstverantwortung des eigenen Lebens (zur detaillierteren Analyse von Aktivierungspolitiken in der Sozialen Arbeit vgl. z. B. Galuske 2004; Dahme und Wohlfahrt 2005; Kessl 2006).

Ein Zwang zur Selbstsorge kann jedoch nur wirken, wenn Abhängigkeitsverhältnisse vorliegen und empfindliche Zwangsmaßnahmen nicht nur angedroht, sondern tatsächlich auch umgesetzt werden können. Im Feld der Sozialen Arbeit bestehen solche Sanktionen in der Verweigerung bzw. dem Entzug monetärer Förderung/Hilfen, der „Einweisung" in Autonomie begrenzende erzieherische/therapeutische Maßnahmen/Einrichtungen oder der „Überweisung" an das Justizsystem, der Beobachtung/Kontrolle individueller Lebensvollzüge, der Exklusion aus helfenden/qualifizierenden Programmen und beziehungsabhängigen Sanktionen („Liebesentzug").

Im Folgenden wird zunächst anhand der *Strukturbedingungen* von Jugendarbeit (vgl. dazu auch Sturzenhecker 2006) und anschließend an den *inhaltlichen Zielen* dieses pädagogischen Handlungsbereichs zu zeigen sein, dass dem Arbeitsfeld diese zentrale Voraussetzung, das Abhängigkeitsverhältnis zwischen Adressaten und Fachpersonal, und damit gleichzeitig das Potenzial zur Umsetzung angedrohter Zwangsmaßnahmen weitgehend fehlt.

Zentrales Strukturmerkmal der Jugendarbeit ist die *Freiwilligkeit* der Teilnahme. Wie der § 11 SGB VIII Abs. 1 ausdrückt, ist Jugendarbeit als ein „Angebot" zur Verfügung zu stellen. Die fehlende Verpflichtung der Adressaten konterkariert das zur Umsetzung von Zwangsmaßnahmen notwendige Abhängigkeitsverhältnis.

Die Institution Jugendarbeit ist darüber hinaus prinzipiell gekennzeichnet durch das nahezu völlige *Fehlen formaler Machtmittel*. Sie hat weder intern die Möglichkeit, zwangsweise Einfluss auf ihre freiwilligen Teilnehmer auszuüben, noch kann sie extern auf andere Institutionen einwirken. Das einzige institutionelle Machtmittel, das der Offenen Kinder- und Jugendarbeit zur Verfügung steht, ist der Ausschluss der Klientel. Eine solche Exklusion wirkt jedoch dem demokratischen Bildungsauftrag der Jugendarbeit diametral entgegen.

Die Strukturbedingung der *Diskursivität* bildet das verbindende Moment zwischen den Prinzipien der Freiwilligkeit und der Machtarmut. Da es kaum institutionelle Vorgaben gibt, diskutieren und beschließen die Teilnehmenden und ihre PädagogInnen immer wieder neu, was mit wem, wie, wozu, wann und wo geschehen soll. Gemeinsame Aushandlungsprozesse auf der Basis wechselseitiger Akzeptanz stehen jedoch im Widerspruch zur einseitigen Verfügung von Sanktionen.

Lediglich das abschließende Charakteristikum der *Offenheit* hinsichtlich der Inhalte und Zielgruppen, das der „Offenen" Kinder- und Jugendarbeit eigen ist, ermöglichte – für sich genommen – die Umsetzung von Zwangsmaßnahmen, indem Ziele, Zielgruppen, Inhalte und Arbeitsweisen entsprechend bestimmt würden. Ein solcher Vorgang erscheint jedoch unangemessen, weil damit die Prinzipien der Freiwilligkeit, der fehlenden Machtmittel und der Diskursivität außer Kraft gesetzt und Jugendarbeit ihrer emanzipatorischen Grundstruktur beraubt werden würde.

Bei Betrachtung der *inhaltlichen Ausrichtung* von Jugendarbeit tun sich zusätzliche konzeptionelle Divergenzen zum Aktivierungskonzept auf. Denn zentrales Ziel der Jugendarbeit ist eine Erziehung zur Selbstbestimmung und Mitverantwortung auf der Basis demokratischer Interaktions- und Bildungsprozesse. Um dieses Ziel zu erreichen, ist zum einen, so die paradigmatische Annahme, die Eröffnung von Erfahrungsfreiräumen unabdingbar. Voraussetzung ist zum anderen eine „Erziehung zur Mündigkeit in Mündigkeit" (Richter 1992), die den Kindern und Jugendlichen maximale Selbstständigkeitspotenziale unterstellt und bei der emanzipativen Überwindung von Erfahrungs- resp. Bildungsbegrenztheit assistiert. Auf diese Weise werden „Zonen nächster Entwicklung" (Wygotski) eröffnet, die das Individuum in seinem Subjektstatus (und dessen erweiternder Aneignung) stützen und es nicht zum (Erziehungs-)Objekt degradieren.

Rein begrifflich liegt der jugendarbeiterische Konzeptbegriff der „mitverantwortlichen Selbstbestimmung" zwar nahe am aktivierungsorientierten Begriff der „Selbstsorge/Selbstverantwortung" (vgl. Sturzenhecker 2003, S. 384), er impliziert aber einerseits einen Bildungsbegriff, der auf die selbsttätige Entwicklung der eigenen Subjekthaftigkeit in Auseinandersetzung mit der Welt abstellt (vgl. u. a. Bundesjugendkuratorium 2002), und verweist andererseits auf unterschiedliche Mittel: Während Jugendarbeit ihr Ziel durch demokratische „Verständigungsarbeit" (Münchmeier) erreichen will, sucht Aktivierung ihre Vorstellungen durch paternalistische Maßnahmen und Programme des Förderns und Forderns zu verwirklichen. Anders gesagt: Die Aktivierungsstrategie gibt vor, was für die Adressaten „gut" ist und sucht das „Gute" zur Not auch mit Zwangsmitteln durchzusetzen. Jugendarbeit hingegen klärt mit ihren jeweiligen AdressatInnen immer wieder neu, was gemeinsam als „gut" zu betrachten und wie es zu realisieren ist.

Zusammenfassend ist festzuhalten: Mit dem Charakteristikum der Freiwilligkeit macht Offene Kinder- und Jugendarbeit Selbstentwicklungsprozesse möglich, erzwingt sie aber nicht; sie schafft einen Rahmen für Selbstentfaltung, für den die Ablehnung von Hilfsangeboten konstitutiv ist; die Strukturbedingungen schaffen die Voraussetzungen für eine demokratische „Echtsituation", in der Demokratie zugemutet wird (vgl. Sturzenhecker 1995) und die gemeinsamen Verhältnisse von allen Beteiligten zusammen geregelt werden, ohne dass allein pädagogische Macht die Ergebnisse steuernd bestimmt. Offene Kinder- und Jugendarbeit ist insofern für Aufgaben der Aktivierung dysfunktional. Sie kann niemanden zwingen oder ein bestimmtes Curriculum oktroyieren, weil dafür keine Machtmittel vorhanden sind. Jugendarbeit kann sich nur auf das einlassen, was aus Sicht der Kindern und

Jugendlichen selbst „dran ist"; sie kann ihren Bildungsbewegungen förderliche Freiräume eröffnen und sie dabei unterstützend begleiten.

79.2 Fremd- und Selbstaktivierung in der Offenen Kinder- und Jugendarbeit

Obschon im vorherigen Abschnitt argumentiert wurde, dass Jugendarbeit auf Grund ihres demokratischen Bildungsauftrags und den daraus resultierenden strukturellen Bedingungen für Aktivierungsstrategien wenig geeignet ist, lässt sich doch zum einen feststellen, dass staatliche und kommunale Träger der Jugendarbeit die konzeptionelle Einführung aktivierungspädagogischer Elemente von außen einfordern. Die Organisationen und Einrichtungen der Jugendarbeit selbst beschreiten zum anderen aber auch – in vorauseilendem Gehorsam – eine Art Selbstaktivierung.

Die *Aktivierung von außen* (hier als *Fremdaktivierung* bezeichnet) geschieht z. B. durch eine Veränderung der Förderungsbedingungen. Während staatliche und kommunale Programme bisher die Infrastruktur von Jugendarbeit förderten (z. B. durch Zuschüsse für Einrichtungen und pädagogisches Personal), verlangen sie heute zunehmend bestimmte inhaltliche und methodische Ausrichtungen sowie die Spezialisierung auf gewisse Zielgruppen. So werden einerseits Programminhalte vorgegeben, wie z. B. Gewalt-, Drogen- und Gesundheitsprävention, interkulturelle Erziehung, Berufsvorbereitung, Soziales Lernen, Medienerziehung usw., andererseits werden Methoden und institutionelle Settings vordefiniert, wie z. B. Betreuung, soziale Trainings, Sozialraumorientierung (oder der Bezug auf „Stadtteile mit besonderem Erneuerungsbedarf"), Selbstverteidigungsschulung usw. Ebenfalls werden Zielgruppen vorgeschrieben, wie z. B. Kinder und Jugendliche mit Migrationshintergrund, Kinder in Konfliktsituationen oder Notlagen, Benachteiligte, Schulverweigerer, gewaltorientierte Jungen, benachteiligte Mädchen, Schulversager, Cannabis- und Alcopops-Konsumenten, „Dicke Kinder" etc. Die Perspektive dieser Programme zeigt eine deutliche Defizitorientierung auf. Problematische Gruppen oder Gruppen mit Problemen werden identifiziert und sollen mit eher technologischen, d. h. didaktisch und curricular aufbereiteten Hilfs- und Lehrprogrammen überzogen werden. Offene Kinder- und Jugendarbeit wendet sich zunehmend nicht mehr an alle Kinder und Jugendlichen zur Stärkung und Entfaltung ihrer Potenziale, sondern richtet ihr Handeln auf die Anpassung und Kontrolle spezifischer Zielgruppen aus.

Selbst wenn die Fremdaktivierung nicht Inhalte, Methoden und Zielgruppen festlegt, verlangt sie von Jugendarbeit in „Wirksamkeitsdialogen und Zielvereinbarungen", Ziele, Zielgruppen und Arbeitsweisen vorzuplanen, mit den Geldgebern auszuhandeln und Wirkungen zu belegen. Jugendarbeit wird immer weniger gefördert im Sinne der Bereitstellung eines Freiraums für jugendliche Selbstentfaltung und Erfahrung von Demokratie, sondern sie wird funktionalisiert, um die „von oben" bestimmten Ziele und AdressatInnen zu erreichen. Die Institutionen der Offenen Kinder- und Jugendarbeit geraten so in ein Dilemma: Wenn sie weiter existieren wollen, müssen sie die „Angebote", also die Vorgaben der Förderprogramme, annehmen, „verraten" damit aber die strukturell-konzeptionellen Essentials von Jugendarbeit.

Zur *Selbstaktivierung* der Jugendarbeit: Jugendarbeit ist bisher möglicherweise der „freieste" Bereich der gesamten Jugendhilfe und Erziehung gewesen, also ein pädagogisches Feld, das keine differenzierten erzieherischen Inhalte, Ziele und Methoden vorgibt, sondern als Setting Bildungsangebote macht. Dieser Autonomie- und Freiraumcharakter ist nicht erst seit der Aktivierungsdebatte gefährdet. Es gibt hingegen eine lange Diskussion über die „sozialpolitische Inpflichtnahme" der Jugendarbeit. Immer wieder hat es Versuche gegeben, die Selbstorganisation und Interessenorientierung der Jugendarbeit zu reduzieren und sie für staatliche und politische Zielsetzungen zu funktionalisieren. Gegen diese Gefahren bringt z. B. der Frankfurter Lehr- und Praxiskommentar zum SGB VIII (Münder et al. 1993, S. 164) vor, „dass der öffentliche Träger die Eigenständigkeit von Jugendverbänden und Jugendgruppen nach Zielsetzung und Arbeitsinhalten ernst zu nehmen hat und öffentliche Förderung nicht etwa von Auflagen abhängig machen darf, mit denen er eine eigene jugend- bzw. sozialpolitische Zielsetzung verfolgen will". Angesichts der allgemeinen Kürzungswelle gerät die Jugendarbeit aber immer mehr in die Not, sich an solche Vorgaben der Fremdaktivierung anzupassen und eigene Strukturen aufzugeben. Dieses geschieht u. E. zunehmend nicht nur in Verteidigungskämpfen gegen Inpflichtnahme, sondern auch in Form einer vorauseilenden *Selbstaktivierung*: Offene Kinder- und Jugendarbeit bemüht sich, den Förderern ihre Funktionalität (auch ungefragt) zu beweisen, und präsentiert (auch unaufgefordert) mit Aktivierungskonzepten kompatible Orientierungen.

Solche Erscheinungen sind zurzeit im Feld der Kooperation von Jugendarbeit und Schule zu beobachten. Diese von Schulen und Politik verlangte Zusammenarbeit (z. B. zur Sicherung von Betreuungsangeboten am Nachmittag) wird zunehmend von Offener Kinder- und Jugendarbeit selbst angestrebt. Obschon sinnvolle Argumente für eine Kooperation mit Schule vorgebracht werden können (vgl. Deinet 2001b), so lässt doch die überraschend große Bereitschaft von Jugendarbeit, eine Kooperation ohne Reflexion der eigenen pädagogischen Position und der damit verbundenen Widersprüchlichkeit zu den Strukturbedingungen von Schule anzustreben, vermuten, dass hier von Selbstaktivierung, im Sine einer vorrauseilenden Anpassung an Aktivierungsprogrammatiken gesprochen werden kann.

Im Zusammenhang von Fremd- und Selbstaktivierung besteht die Gefahr, dass die Essentials und Potenziale von Offener Kinder- und Jugendarbeit als demokratischem Freiraum aufgegeben werden und sie sich in eine pädagogische Aktivierungsagentur für Kinder und Jugendliche im Auftrag von Staat und Kommunen verwandelt. Im nächsten Abschnitt soll geprüft werden, ob sich eine solche Praxis in verschiedenen Themenbereichen der Jugendarbeit schon durchsetzt.

79.3 Thematische Felder von Aktivierung in der Jugendarbeit

Aktivierungsstrategien in der sozialen Arbeit können nach Kessl und Otto (2003, S. 58 f.) entlang thematischer Felder unterschieden werden:

- Aktivierung von individueller Lebensgestaltungsverantwortung,
- Aktivierung von Selbstsorge in Präventionsprogrammen,
- Aktivierung im Sozialraum.

Im Folgenden werden anhand dieser Gliederung Hypothesen gebildet, die untersuchen, inwieweit Aktivierung in den verschiedenen thematischen Feldern auch in der Offenen Kinder- und Jugendarbeit angestrebt oder praktiziert wird.

79.3.1 Aktivierung von individueller Lebensgestaltungsverantwortung

Eine aktivierend orientierte Jugendarbeit würde den Schwerpunkt auf die Verhaltensoptimierung Einzelner legen. Sie würde dabei gegebene Verhältnisse als Sachzwang akzeptieren und versuchen, ein an sie angepasstes Verhalten zu trainieren. Das geschieht z. B., wenn in der Offenen Kinder- und Jugendarbeit Bewerbungstrainings durchgeführt werden, obwohl sie sich für die marginalisierten und schulisch gering oder nicht qualifizierten jugendlichen TeilnehmerInnen als widersinnig herausstellen. Ein Trimmen bestimmter Jugendlicher für einen ohnehin nicht für sie vorhandenen Arbeitsmarkt verleugnet die Notwendigkeit, ganz neue Formen von Selbsterhaltung und gegenseitiger Solidarität, z. B. zivilgesellschaftlich und nicht nur arbeitsgesellschaftlich basierter Integration, zu entwickeln (Richter 2004). Aktivierende Offene Kinder- und Jugendarbeit versucht, ihren finanziellen Förderern Funktionalität zu suggerieren („Wir integrieren Jugendliche in den Arbeitsmarkt!") und verrät dabei die tatsächlichen Interessen ihrer jugendlichen AdressatInnen. Sie entwickelt eine pädagogische „Als-ob-Struktur", in der so getan wird, als ob die Normalität einer Lohnarbeiter-Existenz für die Bildungsbenachteiligten noch erreichbar wäre (vgl. Krafeld 2000; Galuske 1993).

Projekte und Programme zur Zukunfts- und Lebensplanung und zum sozialen Lernen werden häufig in Kooperation mit Schule veranstaltet. Die Schule definiert dann ein Defizit bei ihren SchülerInnen und einen Bedarf an Training, während Jugendarbeit sich als Erfüllungsgehilfe funktionalisieren lässt. Damit verliert sie die Möglichkeit, Schule mit den Jugendlichen von außen zu analysieren, zu kritisieren und konstruktiv zu verändern. Jugendliche sind dann nicht mehr Subjekte ihres eigenen Lernens, sondern werden Objekte der Anpassung an institutionelle Verhaltensanforderungen.

79.3.2 Aktivierung in Präventionsprogrammen

In der Jugendarbeit hat das Präventionsparadigma als legitimatorische Selbstbeschreibung Karriere gemacht, um die Funktionalität und Finanzierungsnotwendigkeit von Jugendarbeit zu belegen. Auf diesem Wege hat sich inzwischen ein konzeptionelles Selbstverständnis verbreitet, wonach Jugendarbeit insgesamt als „letztlich präventiv", d. h. im eigentlichen Sinne generalpräventiv, anzusehen sei (zur Kritik des Präventionsparadigmas vgl. z. B. Kappeler 1999; Sturzenhecker 2000; Freund und Lindner 2001 und Lindner i. d. Buch).

Der Umsetzungsstand in der Praxis entspricht jedoch nicht dem Anspruch der präventiven Selbstzuschreibung, weil keine konkreten, curricularen und didaktischen Programme vorliegen, sondern stattdessen die „normale Praxis" als Präventionsarbeit definiert wird. Es fehlt in der Offenen Kinder- und Jugendarbeit jedoch oft nicht nur an Präventionsmethoden und inhaltlichen Kenntnissen. Die Arbeit in verpflichtenden Präventionsprojekten, Kursen und Schulungen wird außerdem durch das Strukturcharakteristikum der freiwilligen Teilnahme von Kindern und Jugendlichen erschwert bzw. verunmöglicht.

Darüber hinaus verlässt die Jugendarbeit mit dem präventiven Defizitbezug ihre traditionelle Orientierung an den Potenzialen und Stärken ihrer AdressatInnen, die auch abweichendes Handeln als normale Entwicklungs- und Bewältigungsstrategie von Jugendlichen versteht.

79.3.3 Aktivierung im Sozialraum

Als typisch für Aktivierungsprogramme wird eine sozialgeografische Raumorientierung analysiert, zu der zunehmend auch „die Identifizierung ‚benachteiligter Stadtteile bzw. Quartiere' und die Zuordnung spezifischer Aktivierungsprogramme im Rahmen ‚sozialraumorientierter' Interventions- und Präventionsstrategien" gehört (Kessl und Otto 2003, S. 59).

Auch für die Offene Kinder- und Jugendarbeit gibt es schon viele Jahre ein Paradigma der Sozialraumorientierung, mit dem die selbsttätigen Bildungspotenziale der Kinder und Jugendlichen besonders in Bezug auf den Raum unterstützt werden sollen (vgl. Deinet 1999; Deinet und Krisch 2002 und i. d. Buch). Jugendliche werden dabei als aktive Subjekte der Aneignung von Räumen angesehen, die aber durch Raumverhältnisse und Lebensbedingungen eingegrenzt werden. Diese Räume gilt es, zusammen mit den Jugendlichen (auch politisch) zu verändern (vgl. Deinet und Reutlinger 2004).

Wird Offene Kinder- und Jugendarbeit in sozialraumorientierte Aktivierungsversuche eingegliedert, geht die ursprüngliche Intention des jugendarbeiterischen Sozialraumansatzes verloren, weil das Handeln weniger von den Bedürfnissen und Bedarfen der Jugendlichen, als von dem Ziel bestimmt wird, in der Koordination und Kooperation zahlreicher Kontroll- und Sozialisationsinstitutionen ein sozialräumliches Netzwerk der Prävention, Kontrolle und möglicherweise Repression aufzubauen. Ulrich Deinet (2001a) weist auf die Gefahr hin, dass sozialraumorientierte Jugendarbeit in ihrem Versuch, sich an aktivierende Politik und sozialgeografische Präventionsstrategien anzupassen, die für Jugendarbeit notwendige Vertrauensbasis zu den Jugendlichen zerstören könnte.

In der Praxis kooperieren häufig vor allen Dingen Einrichtungen der Offenen Kinder- und Jugendarbeit mit Kriminalpräventiven Räten (Ordnungspartnerschaften mit der Polizei und anderen erzieherischen Diensten des Jugendamtes) in der Absicht, sozialgeografisch problematische Gruppen im Stadtteil sowie ihre Raumstrategien zu erkennen und dann gezielt präventions- oder interventionsorientiert zu handeln. Statt anwaltschaftlich mit den Jugendlichen zusammen ihr Recht auf Nutzung öffentlicher Räume zu reklamieren und ihre Aneignungspotenziale auszuweiten, wird Jugendarbeit zu einer Kontroll- und Erziehungsinstanz, die sich unter Umständen sogar gegen die Interessen von Jugendlichen richtet.

79.4 Fazit

Eine breite praktische Realisierung von Aktivierungsprogrammen in der Offenen Kinder- und Jugendarbeit ist bisher nicht festzustellen. In der konzeptionellen Selbstaktivierung kommt jedoch ein problematischer Wandel der Jugendarbeit zum Ausdruck: Jugendarbeit dient zunehmend nicht mehr der Bereitstellung von Freiräumen für jugendliche Eigeninteressen und der Förderung demokratischer Selbst- und Mitbestimmung. Statt ihren gesetzlich verankerten politisch-demokratischen Bildungsauftrag zu verteidigen, steht Offene Kinder- und Jugendarbeit in der Gefahr, ihre pädagogische Bestimmung durch Wandlung in eine Aktivierungsagentur zu vereinseitigen, die sich vorrangig der Aus-Bildung von Jugendlichen für die postwohlfahrtstaatliche (Arbeits-) Gesellschaft widmet. Die bestehenden Strukturbedingungen der Jugendarbeit (wie Freiwilligkeit, Interessenorientierung und Selbstorganisation) verhindern bis dato eine breite Umsetzung solcher Konzepte. Gleichzeitig gerät die Jugendarbeit jedoch unter den Druck staatlicher Förderprogramme. Offene Kinder- und Jugendarbeit steht vor einem Dilemma: Unterwirft sie sich nicht den staatlichen Aktivierungsvorgaben, verliert sie ihre Finanzierungsbasis. Passt sie sich jedoch diesen Forderungen an, gibt sie ihren Charakter als spezifisches und eigenständiges Feld jugendlicher Bildung auf.

Literatur

Bundesjugendkuratorium. (2002). Streitschrift: Zukunftsfähigkeit sichern! Für eine neues Verhältnis von Bildung und Jugendhilfe. In R. Münchmeier, H. U. Otto, & U. Rabe-Kleberg (Hrsg.), *Bildung und Lebenskompetenz. Kinder- und Jugendhilfe vor neuen Aufgaben*. Opladen.

Dahme, H. J., Otto, H. U., Trube, A., & Wohlfahrt, N. (Hrsg.). (2003). *Soziale Arbeit für den aktivierenden Staat* (S. 57–73). Opladen.

Dahme, H. J., & Wohlfahrt, N. (Hrsg.). (2005). *Aktivierende soziale Arbeit. Theorie – Handlungsfelder – Praxis*. Baltmannsweiler.

Deinet, U. (1999). *Sozialräumliche Jugendarbeit. Eine praxisbezogene Anleitung zur Konzeptentwicklung in der Offenen Kinder- und Jugendarbeit*. Opladen.

Deinet, U. (2001a). Sozialräumliche Orientierung – Mehr als Prävention. *deutsche jugend, 49*(3), 117–124.

Deinet, U. (Hrsg.). (2001b). *Kooperation von Jugendhilfe und Schule. Ein Handbuch für die Praxis.* Opladen.

Deinet, U., & Krisch, R. (2002). *Der sozialräumliche Blick der Jugendarbeit. Methoden und Bausteine zur Qualifizierung der Jugendarbeit.* Opladen.

Deinet, U., & Reutlinger, C. (2004). *„Aneignung" als Bildungskonzept der Sozialpädagogik. Beiträge zur Pädagogik des Kindes- und Jugendalters in Zeiten entgrenzter Lernorte.* Wiesbaden.

Freund, T.h, & Lindner, W. (2001). *Prävention. Zur kritischen Bewertung von Präventionsansätzen in der Jugendarbeit.* Opladen.

Galuske, M. (1993). *Das Orientierungsdilemma. Jugendberufshilfe, sozialpädagogische Selbstvergewisserung und die modernisierte Arbeitsgesellschaft.* Bielefeld.

Galuske, M. (2004). Der aktivierende Sozialstaat. Konsequenzen für die Soziale Arbeit. In *Studientexte aus der evangelischen Hochschule für Soziale Arbeit Dresden (FH)*, 4. Dresden.

Kappeler, M. (1999). Bedeutung und Funktion von Prävention in der Jugendhilfe. *FORUM für Kinder- und Jugendarbeit*, Teil 1: H. 2, 24–33, Teil 2: 3, 9–1.

Kessl, F. (2006). Aktivierungspädagogik statt wohlfahrtsstaatlicher Dienstleistung? Das aktivierungspolitische Re-Arrangement der bundesdeutschen Kinder- und Jugendhilfe. *Zeitschrift für Sozialreform (ZSR)*, H. 2, 217–232.

Kessl, F., & Otto, H.-U. (2003). Aktivierende soziale Arbeit. Anmerkungen zur neosozialen Programmierung sozialer Arbeit (S. 57–73). Dahme u. a., Opladen.

Krafeld, F. J. (2000). *Die überflüssige Jugend der Arbeitsgesellschaft. Eine Herausforderung an die Pädagogik.* Opladen.

Münder, J., Jordan, E., & Kreft, D. (1993). *Frankfurter Lehr und Praxiskommentar zum Kinder- und Jugendhilfegesetz.* Münster.

Richter, H. (1992). Der pädagogische Diskurs. Versuch über den pädagogischen Grundgedankengang. In H. Peukert, & H. Scheuerl (Hrsg.), *Ortsbestimmung der Erziehungswissenschaft. Wilhelm Flitner und die Frage nach einer allgemeinen Erziehungswissenschaft im 20. Jahrhundert* (S. 141–153). Weinheim/Basel.

Richter, E. (2004). *Jugendarbeitslosigkeit und Identitätsbildung. Sozialpädagogik zwischen Arbeitserziehung und Vereinspädagogik.* Frankfurt a. M.

Sturzenhecker, B. (1995). Konflikte bearbeiten, Demokratie einüben – Anregungen zur Moralerziehung in Jugendarbeit und Schule. In H. Schlottau, & K. Waldmann (Hrsg.), *Mehr als Karriere und Konsum – Jugendliche auf der Suche nach moralischen Orientierungen.* Bad Segeberg.

Sturzenhecker, B. (2000). Prävention ist keine Jugendarbeit. Thesen zu Risiken und Nebenwirkungen der Präventionsorientierung. *Sozialmagazin*, H. 1, 14–21.

Sturzenhecker, B. (2003). Aktivierende Jugendarbeit. In H. J. Dahme, H. U. Otto, A. Trube, & N. Wohlfahrt (Hrsg.), *Soziale Arbeit für den aktivierenden Staat* (S. 381–390). Opladen.

Sturzenhecker, B. (2005). Aktivierung in der Jugendarbeit. In H. J. Dahme, & N. Wohlfahrt (Hrsg.), *Aktivierende Soziale Arbeit. Theorie-Handlungsfelder-Praxis* (S. 134–149). Baltmannsweiler.

Sturzenhecker, B. (2006). „Wir machen ihnen ein Angebot, das sie ablehnen können." Strukturbedingungen von Jugendarbeit und ihre Funktionalität für Bildung. In W. Lindner (Hrsg.), *1964 – 2004: Vierzig Jahre Kinder- und Jugendarbeit in Deutschland. Aufbruch, Aufstieg und neue Ungewissheit* (S. 179–193). Wiesbaden.

Jugendpolitik und Offene Kinder- und Jugendarbeit

Klaus Schäfer

80.1 Zum Sachstand

Die Förderung der Offenen Kinder- und Jugendarbeit ist in den letzten Jahren vor allem im politischen Raum durchaus auch mit Skepsis gesehen worden. Hintergrund waren insbesondere Fragen nach ihrer Reichweite und ihrem Wirkungsgrad. Anfragen an die Offene Kinder- und Jugendarbeit hinsichtlich ihrer Bedeutung für junge Menschen sind sicherlich nichts Neues. Immer schon hat es Kritik gegeben und immer wieder wurde dabei vor allem die Bedeutung der Jugendzentren hinterfragt. Dabei spielte sicherlich auch die abnehmende Finanzkraft der Kommunen eine Rolle, die die Verteilungskämpfe und die verbleibenden Mittel verschärfte und die Konkurrenzen ansteigen ließ. Zwar gibt es durchgängig kein einheitliches Bild und die Situation dieser Form der Jugendarbeit ist in den Ländern und Kommunen äußerst unterschiedlich. Unstritig ist jedoch, dass die kommunalen Haushaltskrisen sich auch auf die Gestaltung dieser Arbeit auswirken und zugleich die Notwendigkeit einer immer wieder reflektieren Legitimation gestiegen ist. Angesichts der Zahl der in Deutschland vorhandenen Einrichtungen und Angebote bzw. Projekte sowie der Veränderungen in der Grundausrichtung der Arbeit (z. B. in Richtung Kooperation mit der Schule), zeigt sich aber, dass das Potenzial, das der Offenen Jugendarbeit innewohnt, ein entscheidender Motor sein kann und auch z. T. ist, dass eine lebensweltnahe pädagogische Arbeit mit jungen Menschen geleistet wird.

In jüngster Zeit sind zwar immer wieder Debatten über erforderliche Wege in der pädagogischen Arbeit mit Kindern und Jugendlichen und die Suche nach neuen Wegen in der Förderung der bestehenden Infrastruktur, nach Sicherung des Bestehenden einerseits und neuen Impulsen andererseits, geführt worden. Und es gehört wohl auch zur Genese der

Prof. Klaus Schäfer ✉
Ministerium für Familie, Kinder, Jugend, Kultur und Sport des Landes Nordrhein-Westfalen
Düsseldorf, Haroldstraße 4, 40213 Düsseldorf, Deutschland
e-mail: Klaus.Schaefer@mfkjks.nrw.de

pädagogischen Arbeit mit jungen Menschen, dass sie sich mehr als andere Bereiche immer wieder auf der Suche nach etwas Neuem begeben muss. Kinder- und Jugendarbeit insgesamt kann dies aber nur leisten und auch erreichen, wenn sie dabei einer kontinuierlichen Unterstützung aus dem politischen Raum sicher sein kann. Sie schafft Raum für Innovationen und auch kritische Reflektionen.

Ebenso wichtig wie eine kontinuierliche Förderung ist allerdings auch eine mit Profil gestaltete Kinder- und Jugendpolitik in den Ländern und vor allem in den Kommunen. Diese muss getragen sein von der Überzeugung, dass die Kinder- und Jugendarbeit als ein zentraler außerschulischer Bildungsbereich seine Potenziale auch nutzen kann und wirksam ist. Denn es wird immer bedeutsamer, dass der Durchbruch für eine gezielte Prävention gelingt und – so wie bereits in einigen Kommunen erfolgreich praktiziert (s. FAZ, 10. Januar 2012) – die präventiven Grundstrukturen neu gedacht werden. Es kann kein Zweifel sein, dass – ohne die Offene Kinder und Jugendarbeit auf präventive Aufgaben reduzieren zu wollen – jedenfalls die Kinder- und Jugendarbeit ein wesentliches Feld von „Präventionsketten" sein kann.

80.2 Eine offensive Jugendpolitik tut Not

Insgesamt aber bedarf dies auch einer offensiveren Jugendpolitik als der der letzten Jahre. Wollte man den aktuellen Zustand beschreiben, ist man fast geneigt festzustellen, dass es um die Jugendpolitik sehr still geworden ist. Kaum mehr finden grundlegende jugendpolitische Debatten über die erforderlichen Aufgaben und Perspektiven, besonders aber auch über die Lebenslagen junger Menschen statt. In den Jugendhilfeausschüssen vor Ort fehlt es oftmals auch an Initiativen für neue jugendpolitische Perspektiven. Im Deutschen Bundestag hat es seit langem keine jugendpolitische Debatte mehr gegeben, die weit über Bestandsaufnahmen hinausging. In den Ländern gibt es aber Anzeichen dafür, dass eine jugendpolitische Debatte Not tut und offensiv geführt werden muss (so z. B. in Nordrhein-Westfalen und Baden-Württemberg).

Ein wesentlicher Grund für diese jugendpolitische Abstinenz scheint darin zu liegen, dass die Jugendpolitik gegenüber einer von Prävention geprägten Kinder(schutz)politik mehr und mehr in den Hintergrund trat/treten musste. In der Tat waren die letzten Jahre in der kinder- und jugendhilfepolitischen Diskussion sehr bestimmt von den Debatten um sicher dringend erforderliche Verbesserungen im Kinderschutz. Diese dürften durch das ab dem 1. Januar 2012 geltende Bundeskinderschutzgesetz erreicht sein. Auch der Ausbau der frühkindlichen Bildung trug dazu bei, die Jugendpolitik in den Hintergrund zu drängen. Schließlich ist die Konzentration der ohnehin knappen Haushaltsmittel auf den Ausbau von Plätzen in Kindertageseinrichtungen ausgerichtet. Auch ist der erforderliche Mittelaufwand enorm hoch und führt in vielen Fällen zur Überforderung der kommunalen Ebene.

Doch eine solche Reduzierung der Kinder- und Jugendpolitik entspricht nicht den Belangen junger Menschen, aber auch nicht den politischen Erfordernissen insgesamt.

Zu groß sind die Herausforderungen für junge Menschen, sich in dieser Gesellschaft behaupten und auch mit ihren Belangen durchsetzen zu können. Die Verlängerung der Bildungsbiographien, der Übergang von der Schule in eine (immer seltener verlässliche) Arbeits- und Berufsperspektive, aber auch die Forderung seitens der Wirtschaft nach einer Beschleunigung der Bildungsdurchläufe sind gravierende Zeichen des gesellschaftlichen Wandels. Das damit ausgelöste Spannungsverhältnis zwischen Anforderungen und Möglichem bedarf einer Berücksichtigung in der Formulierung einer neuen oder offensiven Jugendpolitik. Das kann aber nicht allein eine auf ein Ressort zugeschnittene Politik sein. Denn so wichtig Jugendpolitik als Ressortpolitik auch ist, da es hierbei immer auch um die Vertretung der Interessen der jungen Menschen und der Organisationen und Einrichtungen der Jugend geht, bleibt bloße Ressortpolitik verhaftet in einer – wie auch die Praxis zeigt – Förderpolitik, die sich auf die Sicherung von Institutionen der Kinder- und Jugendförderung konzentriert. Das ist unverzichtbar, dennoch bedarf es eines weiten Blickes über diesen „Tellerrand" hinaus in andere gesellschaftliche Bezüge und politische Handlungsfelder. Denn die zentralsten Herausforderungen an die Gestaltung der Lebenswelten junger Menschen liegen in anderen Politikfeldern.

Am deutlichsten wird dies in der Offenen Kinder- und Jugendarbeit. Die neuen Befunde über die Armut in unserer Gesellschaft signalisieren gerade bei einer wachsenden Gruppe von Kindern und Jugendlichen enormen Handlungsbedarf und belegen auch, dass wir noch weit entfernt sind von einer Chancengleichheit gerade für diejenigen, die auf Grund ihrer sozialen Herkunft kaum oder oftmals auch keine Chancen für eine zufriedene Lebensperspektive haben (BMAS 2011). Es geht also aktuell und in Zukunft um die Suche nach einer Jugendpolitik, die der Vielfalt und Unterschiedlichkeit der Lebenswelten junger Menschen und neuen Anforderungen, die sich durch die Notwendigkeit einer verstärkten Interessenwahrnehmung ergeben, aufgreift.

Anzeichen dafür gibt es bereits. An vielen Orten ist dies erkennbar, in den Kommunen, in den Ländern, bei den Jugendorganisationen und auch im Bund. So z. B. im Rahmen der Entstehung von lokalen Bildungslandschaften, die oftmals auch die Chancen und Möglichkeiten für das Aufwachsen von Kindern und Jugendlichen einbeziehen. Auf Länderebene entstehen neue Konzepte oder jedenfalls neue Impulse. Baden-Württemberg hat mit der Beauftragung einer besonderen Kommission, die in 2010 ihr Ergebnis vorgelegt hat, einen Versuch unternommen, die Kinder- und Jugendarbeit zu qualifizieren und dabei auch die Jugendpolitik einzubeziehen (Rauschenbach et al. 2010). Nordrhein-Westfalen arbeitet an einer neuen Konzeption und hat zunächst den Kinder- und Jugendförderplan gestärkt, indem er um 20 Mio. EUR in 2011 und den Folgejahren aufgestockt wurde.

Auch der Bund sucht nach einer neuen Initiative und greift dabei auf die Empfehlungen „Zur Neupositionierung von Jugend" des letzten Bundesjugendkuratoriums von 2006–2009 zurück. Dieses hatte in seiner Stellungnahme gefordert, dass angesichts der gravierenden gesellschaftlichen Veränderungen ein Neupositionieren dringend erforderlich wäre und hat hierfür „einen kohärenten und ressortübergreifenden Ansatz von Jugendpolitik" entwickelt (BJK 2009, S. 2). Er will eine Neupositionierung der Jugendpolitik vornehmen und verspricht sich vom 14. Kinder- und Jugendbericht zentrale Impulse.

80.3 Jugend ist verunsichert

Dies zeigt, dass der Blick auf „die" Jugend in jüngster Zeit wieder an Bedeutung bzw. Beachtung gewonnen hat. Denn in jüngster Zeit wird es um die Jugend in Deutschland wieder etwas „lauter" und in vielen Bereichen auch nachdenklicher. Auslöser sind u. a. die Demonstrationen Jugendlicher in England, aber auch die Konflikte mit jugendlichen Fußball-Fans und auch die wachsende Gewaltkriminalität Einzelner. Dazu gehört auch die zunehmende Zurückhaltung bei den Wahlen auf allen Ebenen. Dies offenbart in dramatischer Weise, dass es bisher nur unzureichend gelungen ist, die Belange junger Menschen in Bezug auf ihre Zukunftshoffnungen auch befriedigen zu können. Dabei geht es um nichts anderes als um das Existenzielle, um Arbeit und ein humanes Leben auf sicherer wirtschaftlicher Basis. Die Zahl der jungen Menschen, die in England als ausgegrenzt gilt, mag deutlich größer sein als in Deutschland. Ein nüchterner Blick auf unsere Situation zeigt aber Ähnliches. Jüngst konnte man in einem Beitrag der Frankfurter Allgemeine mit der Überschrift „Produzieren wir eine Schicht sozialer Verlierer?" diese Tendenz bestätigt sehen. Danach erscheint die Differenz zwischen den materiellen Situationen der sozialen Schichten mehr und mehr auseinanderzugehen. Dies bezieht sich auch auf Interessen, Lebensstile, Weltanschauungen und Alltagskultur und wirkt sich direkt auf Chancen und Möglichkeiten der Teilhabe an Zukunftsschritten belastend aus, weil sich „die Voraussetzungen, unter denen Kinder aufwachsen, die Impulse, Förderungen und Maximen für die Lebensführung, die sie erhalten, immer mehr unterscheiden" (vgl. Köcher 2011).

Ähnliches lassen auch Schlussfolgerungen aus den seit Jahren von der Bundesregierung, den Ländern und vereinzelt auch von Kommunen herausgegebenen Berichten zur Situation von Kindern und Jugendlichen erkennen (z. B. Armuts- und Reichtumsberichte; Jugendberichte der Länder; spezifische Berichte im kommunalen Bereich). Bei allen durchaus auch positiven Meldungen über Optimismus und Zuversicht bei jungen Menschen, gehen Studien davon aus, das ca. jeder fünfte Jugendliche kaum oder sehr wenig Chancen hat, für sich eigenständig eine berufliche und sozial sichere Zukunft zu entwickeln. Diese Jugendlichen sind in der Regel solche, die man weithin als Bildungsverlierer bezeichnet.

Das alles spricht für die Notwendigkeit der Revitalisierung einer eigenständigen Jugendpolitik, denn solche Entwicklungslinien müssen geradezu die Jugendpolitik auf den Plan rufen. Sie ist es, die die Belange junger Menschen aufgreifen und gegenüber anderen Politikfeldern und auch der Öffentlichkeit vertreten kann. Das war Jugendpolitik auch immer von ihrem Anspruch her. Zu verweisen sei hier insbesondere auf die „stürmischen" Jahre, in denen Jugendpolitik immer präsent war, wenn es um Gestaltung der Gesellschaft und um Teilhabe ging. Beispielhaft hier vor allem die Debatte um die „Jugend im demokratischen Staat", was sogar zur Einsetzung einer Enquetekommission im Deutschen Bundestag geführt hat (vgl. Wissmann und Hauck 1983).

80.4 Die Offene Kinder- und Jugendarbeit zeigt Veränderungen

Die Offene Kinder- und Jugendarbeit braucht eine – wie andere Bereiche der Jugendarbeit auch – sie unterstützende Jugendpolitik. Denn auch die Offenen Arbeit spürt den gesellschaftlichen Wandel und kommt so manches Mal in die Defensive. Denn so breit die Offene Kinder- und Jugendarbeit aber auch infrastrukturell in den Jugendamtsbezirken aufgestellt ist, so dürfen ihre Struktur- und Entwicklungsprobleme nicht übersehen werden. Angesichts des demografischen Wandels, der wachsenden gesellschaftlichen Herausforderungen an die Erziehung und Bildung junger Menschen und mit der zunehmenden Verbreitung von Ganztagsschulen muss sie immer wieder neu „zugeschnitten" werden, damit sie ziel- und passgenau bleibt. So ist von besonders zentraler Bedeutung, dass sie ihr Verhältnis zur Schule konstruktiv klärt und sich in die örtlichen Debatten um die Bildungslandschaften offensiv einbringt. Vielerorts geschieht dies, inzwischen an fast allen Schulformen, im Schwerpunkt aber in den Grundschulen und den Hauptschulen. So sind Träger bzw. Einrichtungen der Offenen Kinder- und Jugendarbeit ebenso Partner von Schulen, wie es andere Träger der Jugendhilfe sind. Sie bieten häufig sehr spezifische pädagogische Maßnahmen an, von der reinen Betreuung bis hin zu ergänzenden Bildungsangeboten. Auch ist Offene Jugendarbeit mit ihren zahlreichen Facetten auch außerhalb von festen Einrichtungen angesiedelt. Abenteuerspielplätze, besondere Formen der mobilen Jugendarbeit, spezifische Projekte, etwa in der Mädchen- und Jungenarbeit, sind hier als Beispiele zu nennen.

Auch wenn sie auf eine unsichere gesetzliche (Finanzierungs-)Grundlage auf der Bundesebene wie auf der Landesebene fußt, die ihr keineswegs per se eine Planungssicherheit versprechen können, so ist sie dennoch in allen Ländern und auch in den Jugendamtsbezirken im Kern kaum in Frage gestellt. Die Offene Kinder- und Jugendarbeit ist ein nach SGB VIII wesentlicher Bereich der Kinder- und Jugendarbeit insgesamt. Sie ist zugleich der Ort, der durch eine Vielzahl von Einrichtungen (i. d. R. Jugendzentren) geprägt ist. Allein die insgesamt rd. 18.000 Einrichtungen prägen sie. In jedem Jugendamtsbezirk in Deutschland gibt es solche Einrichtungen, die heute sehr vielfältige Funktionen für junge Menschen haben. Sie sind Treffpunkt ebenso wie Ort von Veranstaltungen, Kommunikationszentren, Ort der Hilfe und Beratung, Ort der Kooperation mit der Schule, Ort der kulturellen Jugendbildung u.v.m. Dies schlägt sich auch in den Angebotsorten und Formen nieder. „Sie reichen von Jugendzentren, Häusern der offenen Tür, Kinder- und Jugendtreffs, aufsuchender Jugendarbeit, Spielmobilen, Abenteuerspielplätzen bis hin zu Schulen, in denen Freizeitmöglichkeiten, Projektarbeit zu bestimmten Fragen, sportliche Aktivitäten, Medienangebote, Hausaufgabenhilfen und vieles mehr angeboten wird." (Landtag Nordrhein-Westfalen 2008, 63). Nimmt man die in den Einrichtungen und darüber hinaus (z. B. in anderen offenen Formen und Räumen) stattfindenden Projekte und Maßnahmen hinzu, so dürfte die Angebotsvielfalt fast unübersichtlich sein. Gemessen mit anderen Feldern der Kinder- und Jugendarbeit ragt die Offenen Kinder- und Jugendarbeit dabei als stärkster Bereich deutlich heraus.

80.5 Die Rahmenbedingungen verändern sich

Tatsächlich aber haben sich die Rahmenbedingungen in den letzten 20 Jahren erheblich verändert. So sind vor allem folgende Entwicklungen auffällig: Wenn einerseits die Höhe der Förderung durch die öffentlichen Hände von rd. 639,9 Mio. EUR in 1991 auf rd. 1,29 Mrd. EUR in 2009 für Einrichtungen in der Kinder- und Jugendarbeit (wobei der größte Teil der Offenen Kinder- und Jugendarbeit zuzurechnen ist) gestiegen ist, ist nicht zu übersehen, dass es in der Offenen Kinder- und Jugendarbeit einen regelrechten Personalschwund gegeben hat. Sind heute noch rd. 38.000 MitarbeiterInnen in der Kinder- und Jugendarbeit tätig (Daten insgesamt aus der Kinder- und Jugendhilfestatistik 2006 und 2009), so zeigt sich für die Offene Kinder- und Jugendarbeit zwischen 1998 und 2006 ein deutlicher Verlust an personellen Ressourcen. Von 17.189 sank der Mitarbeiteranteil auf 11.495 beschäftigte Personen (Statistisches Bundesamt 2008). Das ist ein deutlicher Verlust von mehr als 6000 (in der Regel) Fachkräften. Auch ist der Altersdurchschnitt der hauptamtlichen Fachkräfte gestiegen; die Mehrheit der Fachkräfte ist heute zwischen 40 und 60 Jahre alt (Statistisches Bundesamt 2009), was zugleich impliziert, dass die Verweildauer, also der Zeitrahmen der Berufstätigkeit in der Offenen Kinder- und Jugendarbeit, deutlich gestiegen sein dürfte.

Der Personalabbau dürfte aber mit Entwicklungen zu tun haben, die die Offene Kinder- und Jugendarbeit bedrängen. Zum einen ist die Zahl der Einrichtungen reduziert, zum anderen sind Stellen entfallen und schließlich gibt es auch konzeptionelle Gründe, die z. B. in der Veränderung der Besucherstruktur, aber auch der Besucherzahl etc. liegen. Schließlich ist es aber auch die Optionsvielfalt der Kinder und Jugendlichen, die sie im Freizeitbereich haben, der es den Angeboten der Kinder- und Jugendarbeit immer schwerer macht, auf dem Markt dieser vielfältigen Möglichkeiten mitzuhalten. Zu diesem Markt gehören nicht nur Konsumangebote der Freizeitindustrie. Ebenso gehören dazu Angebote der kulturellen Jugendbildung, die an Bedeutung deutlich zugenommen haben, aber auch die Vielfalt der Medien, die von Kinder und Jugendlichen genutzt werden. Sicher ist es aber v. a. auch die Finanznot der Kommunen und der Länder, die auf Kostensenkung drängen. Das macht auch den gesetzlich schwachen (Finanz-)Status der Kinder- und Jugendarbeit insgesamt deutlich.

Ein Blick auf die Ausgabenstruktur der Jugendämter zeigt, dass die Kinder- und Jugendarbeit zunehmend in die Rolle eines „Sandwichs" zu kommen droht. Von der einen Seite gedrückt von den Ausgaben für den Ausbau der Kindertageseinrichtungen, von der anderen Seite von den Ausgaben für die Hilfen zur Erziehung. Das sind die beiden zentralen Ausgabenblöcke in einem Jugendamt, die sich auch in den kommenden Jahren erhöhen dürften. In diesem Prozess des Sichbehauptens zeigt sich eine deutliche Schwäche der Kinder- und Jugendarbeit: Sie ist statistisch nicht ausreichend erfasst und die vorhandenen Daten gehen auch nicht in die Tiefe. Es zeigt sich jetzt als eine Schwäche, dass sich die Träger der Jugendarbeit immer gegen eine Veränderung der Erhebungen in der Kinder- und Jugendhilfestatistik gewehrt haben. Immerhin kann man z. T. auf landesspezifische Daten zurückgreifen, so z. B. auf neuere Befunde des Deutschen Jugendinstituts für das

Land Baden-Württemberg (vgl. Rauschenbach et al. 2010). Auch im Forschungsbereich ist sie wenig verankert, was aber für die gesamte Kinder- und Jugendarbeit gilt. So wäre es wünschenswert, wenn von Seiten der Wissenschaft mehr zu dem Feld der Kinder- und Jugendarbeit geforscht werden würde.

Natürlich gibt es im Kleinen durchaus Hinweise über die Suche „nach neuen Ufern", und es gibt auch deutliche Versuche, das Profil der Offenen Kinder- und Jugendarbeit zu schärfen und zu verändern. So vor allem im Kontext der „Bildungsoffensive" hat sie gerade hier das Potenzial erkannt, das in einer besseren und vor allem systematischeren Kooperation mit dem Schulbereich liegen kann. Auf die Kinder- und Jugendarbeit allgemein und damit auch auf die Offene Kinder und Jugendarbeit speziell kommen durchaus neue Perspektiven zu, die z. T. bereits in den letzten 10 Jahren sichtbar geworden aber nur zögerlich oder unterschiedlich konsequent angepackt worden sind.

80.6 Suche nach „neuen Ufern"

Da ist vor allem die Stellung der Offenen Kinder- und Jugendarbeit im System der kommunalen Bildungslandschaften und damit auch ihr Verhältnis zur Schule zu nennen. So wird zwar immer wieder von der besonderen Bildungsfunktion der Offenen Kinder- und Jugendarbeit gesprochen und auf ihre informellen und non-formalen Aspekte hingewiesen. Dennoch hat sie ihren Platz im System der Bildung noch nicht bzw. nur unzureichend gefunden. Das zeigt sich in Nordrhein-Westfalen ebenso wie in anderen Ländern. Hier bedarf es einer offensiveren Haltung und auch eines eindeutigen Arrangements. Denn wenn man die Auffassung teilt, dass Bildung mehr als Schule ist (BJK 2002) und Schule in ihrer klassischen Form allein nicht die Herausforderungen an das Aufwachsen junger Menschen bewältigen kann, sondern dazu Partner braucht, dann wird sich die Offene Kinder- und Jugendarbeit Teil dieses Prozesses sein müssen. Hierbei muss sie aber ihre spezifische Kompetenz geltend machen. Es geht nicht um „Lückenfüller", sondern um eigenständige Angebote mit eigenen pädagogischen Methoden und Inhalten. Dabei wird der Zusammenarbeit mit der Schule eine immer wichtigere Bedeutung zukommen. Dies vor allem aus zweierlei Gründen:

- Zum einen spielt der Faktor „Zeit" eine zunehmend wichtige Rolle in der Gestaltung der Offenen Jugendarbeit, denn Zeit ist es, was den Kindern und Jugendlichen außerhalb der Schule am häufigsten fehlt und
- zum anderen, weil der Ort Schule sich verändert hat und weiter verändern wird, so dass in immer stärkerem Maße die Offene Kinder- und Jugendarbeit dort oder zumindest im direkten Umfeld auch ihre „Heimat" sehen muss.

Der Bildungsbericht zeigt die Entwicklungstendenzen, die sich in der Umgestaltung des Schullebens und der Schule als Ort der Bildung im ganzheitlichen Sinne ergeben. Die wachsende Bedeutung der Ganztagsschulen, in welcher Form auch immer, bestimmt zunehmend den Alltag der Kinder und Jugendlichen. (Konsortium Bildungsberichterstattung 2010 und 2011).

Eine weitere Herausforderung ist der demographische Wandel. Dieser bedeutet auch eine stärkere und konsequentere Einbeziehung der Adressatengruppe „Kinder und Jugendliche mit Migrationshintergrund". Das gilt vor allem für Stadtteile, in denen der Anteil der Bewohner mit Migrationshintergrund bereits 70 % und mehr ausmacht. Demographischer Wandel bedeutet aber auch vor allem in ländlichen Räumen, dass die Zahl der Kinder- und Jugendlichen rückgängig sein und diese Entwicklung an Dramatik noch zunehmen wird. So wird in einer Studie für die Landesregierung Baden-Württembergs auf einen dramatischen Rückgang der Zahl der 6- bis unter 27-Jährigen hingewiesen. Die Autoren folgern daraus, dass angesichts der zu erwartenden „Rückgängen in Höhe von 20 und mehr Prozent (dieser Altersgruppe)..., man sich mancherorts früher oder später nicht zuletzt aufgrund der demografischen Entwicklungen mit Forderungen nach Ressourcenkürzungen auseinandersetzen müssen" (Rauschenbach et al. 2010, S. 337).

Diese Entwicklung dürfte nicht nur für Baden-Württemberg zutreffen. Es zeigen sich ähnliche Entwicklungen in anderen Bundesländern, z. B. in Nordrhein-Westfalen. Gerade dies aber bedeutet zugleich, dass die Offene Kinder- und Jugendarbeit um ihren Platz in der Reihe der Angebote für junge Menschen ringen und sich weiter qualifizieren muss. Ihre Stärken, die Ehrenamtlichkeit, die besonderen Formen der Förderung, ihre Informations- und Beratungsfunktion, ihr Prinzip der Freiwilligkeit und der Pluralität und ihre besonderen methodischen Kompetenzen muss sie mehr ins Spiel bringen und die jugendspezifischen Interessen berücksichtigen. So zeigt sich im Bereich der kulturellen Jugendarbeit ein deutliches Interesse junger Menschen aller sozialer Schichten und Altersgruppen sich an neue Formen der Kultur heranzuwagen und diese auch für die eigene Entwicklung zu nutzen. Es lohnt sich, auf neue bisher eher fremde Felder zuzugehen und sie für sich zu erobern.

80.7 Abschluss

Heute 20 Jahre nach Inkrafttreten des neuen Kinder- und Jugendhilfegesetzes und zugleich auch mit der weit über das damalige Jugendwohlfahrtsgesetz hinausgehenden gesetzlichen Regelung auf Bundesebene und auch in den Ländern (immerhin gibt es in fast allen Bundesländern Regelungen zur Kinder- und Jugendarbeit, in einigen Ländern sogar spezifische Ausführungsgesetze, (Schäfer in Münder u. a. Frankfurter Kommentar SGB VIII § 15 Rz. 2) zeigt sich, dass das System „Kinder- und Jugendhilfe" inzwischen eine breite gesellschaftliche und politische Akzeptanz erfährt. Sie wird als etwas Ganzes wahrgenommen und nicht bloß als ein Additivum einzelner Felder, die beziehungslos nebeneinander stehen. Gerade angesichts der Bedeutung außerschulischer Orte der Bildung und zugleich eines verstärkten Blickes auf individuelle Bildungsbiografien wird auch die Kinder- und Jugendarbeit in ihrer Bildungsfunktion und als Lernort für soziale und kulturelle Kompetenzen erkennbar. Gerade in dieser Funktion kommt der Offenen Kinder- und Jugendarbeit eine eminent wichtige Bedeutung zu. Sie ist nicht nur der Ort, an dem Kinder aus allen sozialen Schichten „ihren" Treffpunkt sehen, sie ist auch der Ort, der mit seinen spezifischen Formen sich den Lebenswelten der Kinder und Jugendlichen am stärksten und wirksamsten öffnen kann. Sie wird in diesem Kontext sowohl Ort der Bildung als auch Ort der Prävention sein.

Daraus folgen aber auch für die Jugendpolitik neue Perspektiven. Sie muss ihren Blick verändern und sich stärker einmischen in die bildungspolitischen Diskussionen. Dabei muss sie anerkennen, dass die Einrichtungen und Orte der Offenen Kinder- und Jugendarbeit wichtige Orte der Bildung sind und sie in die Entwicklung lokaler Bildungslandschaften einbeziehen. So kann sie einen zentralen Beitrag dafür leisten, dass eine engere Verknüpfung zwischen den verschiedenen Politikfeldern, wie z. B. Schul-, Jugend-, Arbeitsmarkt- und Stadtentwicklungspolitik hergestellt werden kann. Dann kann Jugendpolitik auch im Sinne von Befähigung junger Menschen und der Ermöglichung sozialer Teilhabe und demokratischer Teilnahme wirksamer werden. Die Offene Kinder- und Jugendarbeit kann hierbei ein wichtiger Partner sein, denn sie ließe sich mehr als bisher einbinden in die Verantwortung bei der Mitgestaltung neuer Bildungsräume und Bildungsarrangements. Man muss sie nur gewinnen.

Literatur

Bundesjugendkuratorium – BJK/Sachverständigenkommission für den Elften Kinder- und Jugendbericht/Arbeitsgemeinschaft für Jugendhilfe. (2002). Leipziger Thesen in: www.bmfsfj.de/RedaktionBMFSFJ/Abteilung5/Ablagen_binaer/PRM-22373-Leipiger-Thesen-zur-aktuellen.propery=blob.doc/. Zugegriffen: 20.8.2006.

Bundesministerium für Arbeit und Sozialordnung – BMAS. (2011). *Armuts- und Reichtumsbericht.* Berlin.

Köcher, R. (2011). Produzieren wir eine Schicht sozialer Verlierer? In: Frankfurter Allgemeine Zeitung. http://www.faz.net/aktuell/politik/inland/allensbach-umfrage-fuer-die-f-a-z-produzieren-wir-eine-schicht-sozialer-verlierer-11112464.html. Zugegriffen: 17.1.2012.

Autorengruppe Bildungsberichterstattung (Hrsg.). (2008). *Bildung in Deutschland 2008. Ein indikatorengestützter Bericht mit einer Analyse zu Übergängen im Anschluss an den Sekundarbereich.* Bielefeld.

Krohn, P. (2012). Die Armutsprävention setzt sich langsam durch. In *Frankfurter Allgemeine Zeitung.* 10. Januar 2012

Landtag Nordrhein-Westfalen (Hrsg.). (2008). *Chancen für Kinder – Rahmenbedingungen und Steuerungsmöglichkeiten für ein optimales Betreuungs- und Bildungsangebot in Nordrhein-Westfalen.* Düsseldorf.

Münder, J., Meysen, T., & Trenczek (Hrsg.). (2009). *Frankfurter Kommentar SBG VIII Kinder- und Jugendhilfe* (6. Aufl.). Weinheim und München.

Rauschenbach, T., Borrmann, S., Düx, W., Liebig, R., Pothmann, J., & Züchner, I. (2010). *Lage und Zukunft der Kinder- und Jugendarbeit in Baden-Württemberg. Eine Expertise.* Dortmund, Frankfurt, Landshut, München.

Rauschenbach, T., Leu, H. R., Lingenauber, S., Mack, W., Schilling, M., Schneider, K., & Züchner, I. (2004). *Konzeptionelle Grundlagen für einen Nationalen Bildungsbericht – Non-formale und informelle Bildung im Kindesalter*. Berlin, Bonn.

Statistisches Bundesamt (Hrsg.). (2008). *Statistisches Jahrbuch 2008 für die Bundesrepublik Deutschland*. Wiesbaden.

Wissmann, M., & Hauck, R. (Hrsg.). (1983). *Jugendprotest im demokratischen Staat: Schlussbericht 1983 der Enquete-Kommission des 9. Deutschen Bundestages*. Bonn.

Kommunalpolitik und Offene Kinder- und Jugendarbeit

81

Norbert Kozicki

81.1 Kommunale Finanzen und die Förderung der Kinder- und Jugendarbeit

Noch nie seit Bestehen der Bundesrepublik haben die Kommunen tiefer in den finanziellen Abgrund geschaut als im Jahr 2010. Fast elf Milliarden Euro fehlten in den Kassen – und 2011 wird es kaum besser aussehen. Auch für 2011 erwartet der Deutsche Städte- und Gemeindebund ein zweistelliges Milliardendefizit. Die Finanznot der Städte und Gemeinden ist nur teilweise mit den Folgen der Wirtschafts- und Finanzkrise zu erklären. Der Grund für die langjährigen Defizite ist eine strukturelle Unterfinanzierung, die sich in der Krise zugespitzt hat. Nur in den kurzen Jahren des Wirtschaftsaufschwungs 2006 bis 2008 konnten die Kommunen Überschüsse erwirtschaften. Wiederholte Steuersenkungen seit 2001 haben Städte und Gemeinden finanziell ausgeblutet. Gemessen am Bruttoinlandsprodukt sind die Einnahmen sowie die Ausgaben der Städte und Gemeinden durch die Entstaatlichungspolitik der letzten Jahrzehnte deutlich gesunken. Anfang der 1990er-Jahre betrug ihr Anteil noch rund 8,5 %. Lägen Einnahmen und Ausgaben der Städte und Gemeinden auf diesem Niveau, hätten sie jährlich mindestens 30 Milliarden Euro mehr zur Verfügung.

Die 2009 beschlossene Schuldenbremse scheint Städte und Gemeinden nicht zu treffen, weil sie direkte Vorgaben für den Bund und die Länder macht. Die Schuldenbremse schreibt den Bundesländern vor, ab 2020 schuldenfreie Haushalte vorzulegen. Diese Schuldenbremse wird den Druck auf die Bundesländer spürbar erhöhen, die finanziellen Zuweisungen an die Kommunen zu senken. So etwa hat die Hessische Landesregierung angekündigt, die Zuweisungen an die Kommunen ab 2011 um 400 Millionen Euro zu senken.

Norbert Kozicki ✉
Falken Bildungs- und Freizeitwerk NRW e.V. Gelsenkirchen, Hohenstaufenallee 1,
45888 Gelsenkirchen, Deutschland
e-mail: norbert.kozicki@fbf-nrw.de

U. Deinet und B. Sturzenhecker (Hrsg.), *Handbuch Offene Kinder- und Jugendarbeit*,
DOI 10.1007/978-3-531-18921-5_81,
© VS Verlag für Sozialwissenschaften | Springer Fachmedien Wiesbaden 2013

Das ist ein nicht unerheblicher Anteil gemessen an der bisherigen Höhe der Zuweisungen von gut drei Milliarden Euro.

Das Fazit der Kämmerer: Erhöhung von Parkgebühren, Erhöhung der Hundesteuer, Anhebung der Kita-Gebühren, Schließung öffentlicher Einrichtungen, Verzögerungen von Sanierungen von Straßen und Gebäuden, Schließungen von Theatern und Schulen.

Nach den Jahren der Haushaltssanierung mit den Privatisierungen öffentlichen Eigentums ist nicht mehr viel übrig, was noch zu Geld machen wäre. Die kommunalen Einnahmen sind eingebrochen, die Investitionen nahezu halbiert.

In ihrer Zeitschrift „Kommunale Finanzen im Fokus" konstatiert das international tätige Beratungs- und Prüfungsunternehmen „Rödl und Partner" in Bezug auf die kommunale Finanzsituation:

> Konsolidierungsbemühungen und die Suche nach finanziellen Spielräumen in kommunalen Haushalten sind meist vom Thema der Personalkostenoptimierung geprägt. Personalabbau und zeitlich befristete Wiederbesetzungssperren stellen häufig anzutreffende Konsolidierungsbemühungen dar. Oftmals geraten bei dieser Fokussierung andere Ansätze, wie etwa die Transferaufwendungen im Bereich der Jugend- und Sozialhilfe, aus dem Blick und werden vernachlässigt. Die Optimierung dieser Aufwendung stellt sich aus zentraler Sicht häufig problematisch dar. Zum einen wird von den Fachämtern immer wieder der Hinweis auf die gesetzliche Pflichtigkeit gegeben, zum anderen gestalten sich politische Konsolidierungsbeschlüsse im Jugend- und Sozialhilfebereich schwierig (Seitz et al. 2011, S. 3).

„Personalkostenoptimierung" bedeutet nichts anderes als „Personalkostenreduzierung". Die Personalausgaben bei den Städten und Gemeinden sind der größte Ausgabenblock. Entsprechend den Vorschlägen dieser Beratungsfirmen ist die Anzahl der Beschäftigten im unmittelbaren öffentlichen Dienst der Kommunen von knapp zwei Millionen im Jahr 1991 auf gut 1,2 Millionen gesunken, die Zahl der Vollzeitbeschäftigten hat sich sogar von 1,6 Millionen auf 760.000 mehr als halbiert. Der Beschäftigungsabbau im öffentlichen Dienst der Kommunen war damit noch stärker als der Abbau im gesamten öffentlichen Dienst.

Diese Entwicklung ist seit 1998 auch im Bereich der Förderung der gesamten Kinder- und Jugendarbeit und speziell der Offenen Kinder- und Jugendarbeit feststellbar. In Nordrhein-Westfalen bestätigt die Kinder- und Jugendhilfestatistik diese bundesweite Entwicklung zum Abbau von Einrichtungen und Beschäftigten im Bereich der Kinder- und Jugendarbeit.

Der seit Oktober 2008 vorliegende Bericht der Enquetekommission des nordrhein-westfälischen Landtags „Chancen für Kinder – Rahmenbedingungen und Steuerungsmöglichkeiten für ein optimales Betreuungs- und Bildungsangebot in Nordrhein-Westfalen" konstatiert: „Trotz einer Konsolidierung der Ausgaben ist eine Reduzierung der Kinder- und Jugendarbeit festzustellen. Im Vergleich zum Jahrtausendwechsel werden jetzt nur noch halb so viele Kinder und Jugendliche mit Angeboten erreicht. Dies ist nicht allein mit der Ausgabenentwicklung der öffentlichen Förderung zu erklären. Wenn die non-formale Bildung durch die Kinder- und Jugendarbeit die Bildungslandschaft insgesamt bereichern soll, reicht ihre derzeitige Präsenz nicht aus. Der Rückgang der Maßnahmen lässt befürchten, dass die Struktur der Kinder- und Jugendarbeit zerbricht und die neue Verbindung von Jugendhilfe und Schule im Sinne einer ganzheitlichen Bildung eine ihrer wichtigsten Grundlagen einbüßt. Hier gilt es, sich neu aufzustellen." (Landtag Nordrhein-Westfalen 2008, S. 68)

Seit den 80er-Jahren expandierte die Kinder- und Jugendarbeit in Nordrhein-Westfalen, bis sie 1998 ihren Zenit erreichte und seitdem zurückgefahren wird.

Deutliche Einschnitte sind für das Personal der Kinder- und Jugendarbeit zu beobachten. So ist zwischen 1998 und 2006 das Personal in den pädagogischen Handlungsfeldern der Kinder- und Jugendarbeit auf Bundesebene von 44.560 auf 33.631 zurückgegangen (−25 %). Auf Vollzeitstellen umgerechnet fällt diese Bilanz noch Besorgnis erregender aus. So hat sich seit 1998 die Zahl der sogenannten Vollzeitäquivalente von knapp 33.300 auf rund 19.800 reduziert (−40 %). Diese Entwicklung resultiert aus einem Rückgang der Beschäftigten mit einem wöchentlichen Beschäftigungsumfang von mehr als 30 h: von knapp 28.300 auf noch etwas mehr als 15.300 (−46 %). Im gleichen Zeitraum ist die Zahl der Fachkräfte mit 16 bis 30 h gleich geblieben (0 %). Die Zahl der Beschäftigten mit weniger als 16 h pro Woche hat sich hingegen sogar erhöht (+29 %). Damit liegt der durchschnittliche wöchentliche Beschäftigungsumfang Ende 2006 bei 26 h pro Woche, 1998 lag dieser Wert bei 30 h (KomDat 2008).

Der zwischen 1998 und 2006 zu beobachtende Rückgang des Stellenvolumens trifft die östlichen Flächenländer (−51 %) stärker als den Westen (−36 %) der Republik (einschl. Berlin). Dabei ist die Zahl der jungen Menschen im Alter von 12 bis 21 Jahren im benannten Zeitraum in Westdeutschland noch gestiegen (+8 %) und in Ostdeutschland keineswegs um die Hälfte, sondern um knapp ein Drittel zurückgegangen (−29 %). Während also im westlichen Landesteil die Stellenentwicklung entgegengesetzt zur Bevölkerungsentwicklung verläuft, sind in Ostdeutschland überproportional im Verhältnis zu den „demografischen Verlusten" personelle Ressourcen abgebaut worden. Dies kommt auch darin zum Ausdruck, dass das Volumen der Vollzeitäquivalente bezogen auf 10.000 der 12- bis 21-Jährigen in beiden Landesteilen zurückgegangen ist, im Westen von 33 auf 20 sowie im Osten von 48 auf 33.

Kurzum: Die Kinder- und Jugendarbeit ist nach einer beachtlichen Expansionsdynamik in den 1980er- und 1990er-Jahren ein Arbeitsfeld, das aktuell von erheblichen Kürzungen betroffen ist. Der in den letzten Jahren zunehmende Legitimationsdruck im „politischen Raum" wirkt sich nunmehr offenbar in Form von Einschnitten in die öffentlich geförderte Infrastruktur für Kinder und Jugendliche aus.

In Nordrhein-Westfalen bestätigt die Jugendhilfestatistik für diesen Zeitraum von 1998 bis 2006 diese Entwicklung. In diesem Zeitraum reduzierte sich das Stellenvolumen bezogen auf Vollzeitstellen um rund 40 %, von 8051 auf 4699.

Jens Pothmann und Ivo Züchner kamen noch im Jahr 2002 in ihrer „Standortbestimmung NRW" zu folgendem Ergebnis: „Entgegen der vielfach formulierten Krisenrhetorik von einer Existenzbedrohung der Kinder- und Jugendarbeit weisen die amtlichen Daten für Westdeutschland wenn nicht auf eine Expansion dann aber zumindest auf eine Konsolidierung des quantitativen Ausbaus einer Infrastruktur zur Kinder- und Jugendarbeit hin. Dieser Trend zeigt sich grundsätzlich für das Land Nordrhein-Westfalen nicht nur bestätigt, sondern scheint – traut man den amtlichen Daten – weitaus stärker ausgeprägt zu sein." (Pothmann und Züchner 2002, S. 14).

Diese Feststellung kann heute so nicht mehr wiederholt werden.

Ein weiteres Ergebnis aus der Strukturdatenerhebung der nordrhein-westfälischen Landesjugendämter für das Jahr 2008 sei an dieser Stelle vorgreifend erwähnt. Auch wenn die Einrichtungen der Jugendarbeit nicht mit den Einrichtungen der Offenen Kinder- und Jugendarbeit als statistische Größe identisch sind, kann festgestellt werden, dass der Anteil der öffentlichen Träger bei 60,4 % und der der freien Träger bei 39,6 % der Gesamtausgaben für die Offene Kinder- und Jugendarbeit liegt. Bei Berücksichtigung der Trägerstruktur hinsichtlich der Trägerschaft von Einrichtungen der Offenen Kinder- und Jugendarbeit wird deutlich, dass die Einrichtungen der öffentlichen Träger überproportional besser gefördert werden. Die freien Träger tragen 70,9 % aller Einrichtungen, während die öffentlichen Träger 29,1 % aller Einrichtungen bewirtschaften.

Dieses Faktum wird im Rahmen einer jugendhilferechtlichen Einschätzung der kommunalen Jugendpolitik im weiteren Verlauf der Betrachtungen relevant werden.

Vor diesem Hintergrund gilt es die Bausteine für eine Strategie zur Sicherung und Weiterentwicklung der Offenen Kinder- und Jugendarbeit vor Ort neu zu reflektieren. Das geschieht aus einer konkreten NRW-spezifischen Perspektive.

81.2 Planungssicherheit durch lokale Kinder- und Jugendförderpläne

Nach der erfolgreichen Volksinitiative zur gesetzlichen Absicherung der Kinder- und Jugendarbeit in Nordrhein-Westfalen im Jahr 2004 – initiiert und getragen von der AGOT-NRW – beschloss der Landtag ein bundesweit bedeutsames Kinder- und Jugendförderungsgesetz als 3. Ausführungsgesetz zum Kinder- und Jugendhilfegesetz, das zum 1. Januar 2005 in Kraft getreten ist. Das neue Kinder- und Jugendförderungsgesetz ist die landesrechtliche Ausgestaltung gemäß 15 SGB VIII (KJHG), der die einzelnen Bundesländer ermächtigt, das Nähere über Inhalt und Umfang der Kinder- und Jugendarbeit über ein Landesgesetz zu regeln.

Das neue Kinder- und Jugendförderungsgesetz enthält auch Regelungen, die neue Anforderungen an die Planung der örtlichen Träger der öffentlichen Jugendhilfe stellen. Unter anderem muss der örtliche Träger der öffentlichen Jugendhilfe einen kommunalen Kinder- und Jugendförderplan erstellen, der ein neues Förderinstrument in der kommunalen Jugendpolitik darstellt. Dieser Kinder- und Jugendförderplan ist für die Dauer der Wahlperiode des Kommunalparlamentes zu beschließen. Mit diesem neuen Förderinstrument besteht die Möglichkeit, konkrete inhaltliche, fachliche und finanzielle Regelungen rechtsverbindlich für die Dauer einer Wahlperiode aufzustellen. Das betrifft nicht nur die Ebene der gesamten kommunalen Förderung, sondern bezieht sich auch auf die einzelne Einrichtung der Offenen Kinder- und Jugendarbeit. Damit wird eine langjährige Forderung der freien Träger der Offenen Kinder- und Jugendarbeit Wirklichkeit in Nordrhein-Westfalen.

Der kommunale Kinder- und Jugendförderplan basiert auf den zentralen Ergebnissen der Jugendhilfeplanung und spiegelt damit die wesentlichen Ziele und geplanten Maßnahmen wider, d. h. die eigenen Angebote und die zu fördernden Maßnahmen der Träger. Der Förderplan soll dadurch die Handlungssicherheit der Träger für einen mittelfristigen Zeitraum erhöhen und dafür die finanziellen Grundlagen sichern.

Bei der Sicherung der finanziellen Grundlagen hat die Kommune zwei Möglichkeiten. Der Rat bzw. Kreistag geht im Rahmen der Jährlichkeit des Haushaltes finanzielle Verpflichtungen nur für das kommende Haushaltsjahr ein und die weiteren Finanzmittel des Förderplans werden in die rechtlich unverbindlichere mittelfristige Finanzplanung eingestellt. Damit würde es sich für die verbleibenden Jahre der Wahlperiode um eine politische Erklärung zur Finanzierung der Jugendförderung handeln.

Die kommunale Jugendpolitik der freien Träger wünscht sich eine weitergehende Sicherung der finanziellen Grundlagen, nämlich für die Dauer der gesamten Wahlperiode. Aus diesem Grund operieren die freien Träger vor Ort mit der Forderung nach Abschluss von mehrjährigen Förderverträgen mit der Kommune, wodurch sich die Gebietskörperschaft über das kommende Haushaltsjahr hinaus bindet.

Eine Expertise „Kommunale Kinder- und Jugendförderpläne: Bestandsaufnahme, inhaltliche Bewertung und mögliche Konsequenzen für die künftige Planung" (2008) von Ulrich Deinet und Maria Icking zum 9. Kinder und Jugendbericht der Landesregierung verdeutlicht den Sachstand bei der Umsetzung der gesetzlich geforderten Planungssicherheit für die Träger vor Ort.

Rund zwei Drittel der Kommunen legen das Budget differenziert für die einzelnen Förderbereiche fest, ein Drittel macht nur Aussagen zum Gesamtbudget. Festlegungen des Budgets bezogen auf Träger, Einrichtungen und Stadtbezirke werden nur in einer Minderheit der Pläne (ca. 20 %) getroffen.

In der Mehrheit der Fälle (ca. 60 %) wird die Förderung für die gesamte Wahlperiode geplant und auch bewilligt. In 26,3 % der Pläne ist dokumentiert, dass die Förderung für die gesamte Wahlperiode geplant ist, aber jährlich bewilligt wird.

Ein weiterer Effekt der Einführung dieses neuen Förderinstrumentes war die Erhöhung der finanziellen Mittel für die Kinder- und Jugendarbeit und zwar in 40 % aller Kommunen. Diese Erhöhung geht überwiegend (85,7 %) auf eine Erhöhung der kommunalen Mittel zurück. Nur in 7,7 % der Kommunen mit ausgewertetem Kinder- und Jugendförderplan kam es zu Mittelkürzungen. Diese Zahlen belegen beeindruckend, dass dieses landesgesetzlich vorgeschriebene Förderinstrument überaus positive Effekte für die Förderung der gesamten Kinder- und Jugendarbeit hervorgerufen hat. Aufgrund der Dominanz der Offenen Kinder- und Jugendarbeit in den Kinder- und Jugendförderplänen kann davon ausgegangen werden, dass besonders die Förderung dieses Bereiches von den positiven Effekten profitiert.

Die Aufstellung eines örtlich bezogenen Kinder- und Jugendförderplans bringt auch fachliche Veränderungen für die Offene Kinder- und Jugendarbeit mit sich.

Die Notwendigkeit, einen Kinder- und Jugendförderplan zu entwickeln, erscheint in zahlreichen Kommunen als Anstoß für Neuentwicklungen auch im Bereich der Offenen Kinder- und Jugendarbeit. Da, wo es bereits einen etablierten Wirksamkeitsdialog in der OKJA gibt, wurde dieser zum Teil weiter ausgebaut und als zentrales Element der Steuerung und Evaluation des Bereiches beschrieben. In anderen Kommunen führte der Anstoß zur Entwicklung eines Kinder- und Jugendförderplans auch erst zur Einführung eines Wirksamkeits- bzw. Qualitätsdialogs (Deinet und Icking 2008, S. 42).

81.3 Revitalisierung der Jugendpolitik in den Jugendhilfeausschüssen

Ein weiterer Aspekt der kommunalen Jugendpolitik ist und bleibt die Revitalisierung der jugendpolitischen Interessensvertretung in den Jugendhilfeausschüssen und der optimalen Ausnutzung ihrer Kompetenzen nach dem Kinder- und Jugendhilfegesetz. Der Jugendhilfeausschuss ist Teil des Jugendamtes und unterscheidet sich aus diesem Grund prinzipiell von den anderen kommunalen Ausschüssen.

In der alltäglichen kommunalen Jugendpolitik sollte in Zukunft wieder verstärkt auf die drei grundlegenden Rechte des Jugendhilfeausschusses geachtet werden:

- Beschlussrecht in Angelegenheiten der Jugendhilfe im Rahmen der von der Vertretungskörperschaft bereitgestellten Mittel,
- Anhörungsrecht vor jeder Beschlussfassung des Rates in Fragen der Jugendhilfe und
- Antragsrecht an die Vertretungskörperschaft.

In der aktuellen Praxis der kommunalen Jugendpolitik werden diese Rechte hin und wieder nicht respektiert.

Weiterhin verdeutlicht sich in der Zusammensetzung des Jugendhilfeausschusses mit der Vertretung der freien Träger, dass dieses Politikfeld in besonderem Maße durch die Kooperation von öffentlichen und gesellschaftlichen Institutionen gekennzeichnet ist. Die Verdeutlichung dieser partnerschaftlichen „Kollegialverfassung" nach § 70 KJHG gehört zum originären kinder- und jugendpolitischen Grundverständnis besonders der freien Träger. Und diese freien Träger müssen heute verhindern, dass der Jugendhilfeausschuss zum Vollziehungsorgan des Kämmerers umfunktioniert wird. Der Jugendhilfeausschuss ist ein Fachausschuss, der zwar nicht im luftleeren Raum Politik betreibt, der aber die fachlichen Belange der gesamten Jugendhilfe nach vorne bringen muss.

Dabei ist zu berücksichtigen, dass die gesellschaftlichen Veränderungen neue Anforderungen an die Mitglieder in den Jugendhilfeausschüssen stellen. Die fachlichen Anforderungen steigen und die Mitglieder von Jugendhilfeausschüssen müssen sich z. B. mit Themen wie Qualitätssicherung und dem Wirksamkeitsdialog in der Offenen Kinder- und Jugendarbeit auseinandersetzen. In einer aktuellen Studie über den Zusammenhang von Verwaltungsmodernisierung und Jugendhilfepolitik in den Kommunen werden die aktuellen Probleme der Arbeit in den Jugendhilfeausschüssen mehr als deutlich. Die freien Träger und ihre Vertreter in den Jugendhilfeausschüssen sind aufgerufen, diese Probleme produktiv im Sinne einer effizienten fachlichen Vertretung des Handlungsfeldes aufzugreifen, um sie jugendpolitisch-konzeptionell zu bearbeiten (vgl. Bußmann et al. 2003, S. 54).

In der positiven Umkehrung der empirischen Befunde aus dieser Studie lässt sich für die politische Interessensvertretung in den Jugendhilfeausschüssen folgendes Grobkonzept entwickeln:

Den Mitgliedern im Ausschuss muss genügend Zeit vor allem für die politisch-strategische Diskussion gegeben werden, bei einer ausreichenden Anzahl von Sitzungsterminen im Jahr. Die steigende Komplexität des Feldes erfordert ebenfalls eine intensivere inhaltliche Diskussion in den Ausschüssen. Zur Ausgestaltung der Arbeit des Jugendhilfeausschusses muss der Vorsitzende über eine ausreichende Kompetenz in Sachen Sitzungsleitung und Moderation aufweisen. Bei der Besetzung der Mitglieder des Jugendhilfeausschusses durch die im Rat vertretenen Parteien soll darauf geachtet werden, dass nicht vorwiegend „Politiker aus der dritten Reihe" im Ausschuss sitzen. Die Mitglieder im Jugendhilfeausschuss müssen ihre jugendhilfepolitische Interessenvertretung im Rat und in den Fraktionen stärken und intensivieren. Es müssen mehr Abstimmungen mit anderen Ratsausschüssen durchgeführt werden. Zur Verbesserung der öffentlichen Wahrnehmung des Jugendhilfeausschusses trägt die Transparenz seiner Arbeit wesentlich bei. Die Vertreter der freien Träger in den Ausschüssen sorgen für ein partnerschaftliches Miteinander, in dessen Rahmen Lernprozesse für alle Mitglieder im Ausschuss möglich werden. Die Mitglieder des jeweiligen Jugendhilfeausschusses entwickeln für ihre Arbeit ein fachliches Selbstverständnis, das einer parteipolitischen Instrumentalisierung des Jugendhilfeausschusses entgegensteht.

81.4 Profilierung der Offenen Kinder- und Jugendarbeit über ihre Wirkung

Seit einiger Zeit steht die Frage nach den Wirkungen der Kinder- und Jugendarbeit ganz oben auf der Agenda der Jugendpolitik. In einem aktuellen Projekt in NRW wurde das Wissen zur Kinder- und Jugendarbeit zusammengetragen. (Arbeitskreis G 5 2009).

Die Initiatoren dieses Projektes verbanden mit dieser systematischen Erfassung der Forschungsergebnisse zu den Strukturen und Leistungen der Kinder- und Jugendarbeit das Ziel, die wissenschaftlichen Erkenntnisse zu popularisieren, in dem der Wissenstransfer von Seiten der Wissenschaft in die pädagogische Praxis und jugendpolitische Interessenvertretung ermöglicht wird. Besonderes Gewicht hat dabei das Moment der Weiterentwicklung der pädagogischen Praxis vor Ort in den einzelnen Handlungsfeldern der Kinder- und Jugendarbeit.

Der wissenschaftlich-empirische Nachweis der Leistungen der Offenen Kinder- und Jugendarbeit kann vor Ort positiv in die Gestaltung der kommunalen Förderpolitik eingebracht werden. Das wird in Zukunft ein wichtiger fachlicher Baustein zur Sicherung und Weiterentwicklung der Offenen Kinder- und Jugendarbeit sein.

81.5 Mitwirkung der Offenen Kinder- und Jugendarbeit in den kommunalen Bildungslandschaften

Die kommunalen Bildungslandschaften bzw. regionalen Bildungsnetzwerke stehen an vielen Orten noch am Anfang der Entwicklung. Aus der Sicht der Offenen Kinder- und Jugendarbeit fällt auf, dass im Mittelpunkt der kommunalen Bildungslandschaften zurzeit der Bildungsort Schule steht. Die Bildungsorte des nonformalen und informellen Lernens geraten häufig aus dem Blickwinkel im Rahmen des Prozesses der Kommunalisierung von Bildung. Ohne die Träger der Bildungsorte außerhalb von Schule können kommunale Bildungslandschaften nicht erfolgreich gestaltet werden. Wenn die Offene Kinder- und Jugendarbeit in den entstehenden Bildungslandschaften eine ihrer Wirkungen und Wirkungsmöglichkeiten entsprechende Rolle spielen will, muss sie sich frühzeitig in die Entwicklung der Netzwerke einmischen.

Vor Ort in den Kommunen hat die Offene Kinder- und Jugendarbeit die Aufgabe, in den Bildungslandschaften an einem Bildungsbegriff zu arbeiten, der formale, nonformale und informelle Bildungsangebote umfasst. Darüber kann Offene Kinder- und Jugendarbeit einen Perspektivwechsel mit anschieben, dass es nicht darum geht, was Schule braucht, sondern was Kinder und Jugendliche für gelingendes Aufwachsen brauchen. D. h. Offene Kinder- und Jugendarbeit muss offensiv kommunale Präsenz zeigen und ihr Bildungsprofil in die kommunale Bildungspolitik einbringen. Das wird in Zukunft ein weiterer wichtiger Baustein zur Weiterentwicklung der Offenen Kinder- und Jugendarbeit vor Ort werden.

Literatur

Arbeitskreis G 5 (Hrsg.). (2009). *Das Wissen zur Kinder- und Jugendarbeit. Die empirische Forschung 1998 – 2008. Ein kommentierter Überblick für die Praxis*. Düsseldorf.

Pothmann, J., & Züchner, I. (2002). Standortbestimmung NRW. In Ministerium für Frauen, Jugend, Familie und Gesundheit des Landes Nordrheinwestfalens, Universität Dortmund – Institut für Sozialpädagogik (Hrsg.), *Das Personal der Kinder- und Jugendarbeit. Jugendhilfe in NRW* (S. 11–30). Münster.

KomDat. (2008). *Jugendhilfe im Überblick. H.1 und 2*. Dortmund.

Landtag Nordrhein-Westfalen (2008). *Chancen für Kinder. Rahmenbedingungen und Steuerungsmöglichkeiten für ein optimales Betreuungs- und Bildungsangebot in Nordrhein-Westfalen*. Düsseldorf.

Ministerium für Generationen, Familie, Frauen und Integration des Landes Nordrhein-Westfalen (Hrsg.). (2010). *Bildung, Teilhabe, Integration – Neue Chancen für junge Menschen in NRW. 9. Kinder- und Jugendbericht der Landesregierung*. Düsseldorf.

Kozicki, N. (2010). Kinder- und Jugendförderung. In Institut für soziale Arbeit (Hrsg.), *Neue Entwicklungen und Orientierungen in der Kinder- und Jugendhilfe in NRW. Expertise zum 9. Kinder- und Jugendbericht der Landesregierung NRW* (S. 43–58). Münster.

Deinet, U., & Icking, M. (2009). *Kommunale Kinder- und Jugendförderpläne: Bestandsaufnahme, inhaltliche Bewertung und mögliche Konsequenzen für die künftige Planung. Expertise zum 9. Kinder- und Jugendbericht der Landesregierung NRW*.

Bußmann, U., Esch, K., & Stöbe-Blossey, S. (2003). *Neue Steuerungsmodelle – Frischer Wind im Jugendhilfeausschuss? Die Weiterentwicklung der neuen Steuerungsmodelle: Tendenzen und Potentiale am Beispiel der Jugendhilfe.* Opladen.

Seitz, T., & Rödl & Partner Nürnberg. (2011). Finanzielle Spielräume durch Steuerung von Transferaufwendungen. In: Rödl & Partner GbR (Hrsg.), *Kommunale Finanzen im Fokus.* H. März 2011 (S. 3). Nürnberg.

Politische Durchsetzungsstrategien der Offenen Kinder- und Jugendarbeit

82

Joachim Gerbing

Elementar, mein lieber Watson!
Sherlock Holmes von Conan Doyle in den Mund gelegt

82.1 Aktuelle Entwicklungen – Herausforderungen für die OKJA

Kinder- und Jugendarbeit steht unter Druck: Im gesamten Land vollzieht sich seit Jahren eine jugendpolitische Entwicklung, die – zunehmend weitab von den Grundlinien Offener Arbeit agierend – sich zum einen direkt gegen Kinder und Jugendliche richtet; zum anderen aber auch gegen eine Kinder- und Jugendarbeit, die sich in Teilen immer noch als parteilich im Sinne ihrer NutzerInnen und als gesellschaftspolitisch orientiert versteht.

Anlässlich dieser Entwicklungen, von denen nachstehend beispielhaft einige aufgezeigt werden sollen, ist die OKJA dringend aufgerufen, sich mit der Frage handhabbarer *politischer Durchsetzungsstrategien*, die sowohl auf notwendige Korrekturen laufender fachpolitischer Entwicklungen ausgerichtet, als auch als Impulsgeber für ebenso notwendige Weiterentwicklungen dienen können, zu befassen, ohne dabei aus den Augen zu verlieren, dass derartige Strategien ihren Nutzen nicht nur in krisenhaften Zeiten haben, sondern grundlegend und *elementar* ins Repertoire einer offensiv im Sinne ihrer NutzerInnen agierenden Kinder- und Jugendarbeit gehören.

So vollzieht sich beispielsweise unter dem Stichwort „Gewaltprävention" seit einigen Jahren ein Übergang zu einer auf Kontrolle und Ausgrenzung gegenüber als „kriminell" oder „gewaltbereit" geltenden Jugendlichen und Jungerwachsenen ausgerichteten Jugendhilfepolitik. In Hamburg gipfelte diese Entwicklung im Jahr 2007 im sogenannten Handlungskonzept „Handeln gegen Jugendgewalt". Alle in diesem Konzept gebündelten Maß-

Joachim Gerbing ✉
Verband Kinder- und Jugendarbeit Hamburg e.V., Budapester Straße 42,
20359 Hamburg, Deutschland
e-mail: j.gerbing@vkjhh.de

nahmen sind übrigens das Ergebnis einer Tagung der Innenminister der Länder – also keinesfalls eine Hamburger „Spezialität". Die eingeführten Maßnahmen reichen dabei von der Durchsetzung der Schulpflicht ggf. durch die Polizei sowie der Verpflichtung von Schulen, „gewalttätiges" Verhalten polizeilich zu melden über Präventionsprogramme gegen als „aggressives, dissoziales Verhalten im Kindesalter" apostrophierte Verhaltensweisen von Kindern bis hin zum Projekt „täterorientierte Kriminalitätsbekämpfung". Kinder- und Jugendbehörden, die gesamte Jugendhilfe und in der Folge auch die Einrichtungen der OKJA werden in der Folge – vermittels einer Reihe technokratischer Programme – in die Umsetzung dieses „Konzeptes" eingebunden.

Hier offenbart sich eine Schwäche der Offenen Arbeit mit Kindern und Jugendlichen, die Neubauer und Winter (2007, S. 45) in die Frage kleiden, warum Jugendarbeit „diese Beauftragung (der Gewaltprävention, Anm. d. Verf.) so unhinterfragt annimmt" und nachfolgend darüber spekulieren, dass sich diese Aufträge „vermutlich mit umfassenden Selbstansprüchen in der Jugendarbeit (übereinstimmen) hinter denen sich wenig profilierte Professionalität und Qualität verbirgt"

Diese – zugegebenermaßen sehr harte – Kritik konzentriert sich dabei nicht (nur) auf die Frage der internen (auf die Jugendlichen bezogenen) Herangehensweisen, sondern ebenso auf die externe – politische – Ebene, wobei Neubauer/Winter (a. a. O.) feststellen, dass „Explizite Gewaltprävention (…) individualisierte Gewaltprävention" ist und „Strukturelle Aspekte (Von Jugendgewalt, Anm. d. Verf.) aus der Jugendarbeit heraus kaum thematisiert werden" (ebd.).

Gewaltverursachende bzw. -fördernde Aspekte, die mittel- oder unmittelbar aus der strukturellen bzw. politischen Sphäre kommen, werden also nicht bzw. kaum offensiv angesprochen und in den öffentlichen Raum gestellt.

Zu diesem hier etwas ausführlicher angerissenen Aspekt der Beauftragung von Kinder und Jugendarbeit mit Gewaltprävention kommen allgemein noch weitere Entwicklungen hinzu, die die laufende und zukünftige Arbeit mit Kindern und Jugendlichen beeinflussen werden: Essberger (2007, S. 5 f.) benennt u. a.:

- die Entwicklung von Schulen hin zum Ganztagesmodell, das umfassend und verpflichtend den Tagesplan von Kindern bestimmt und damit im Leben von Kindern kaum noch frei gestaltbaren Raum für das Eigene, das Nicht-Institutionelle bestehen lässt. Eine solche Entwicklung hat unzweifelhaft Folgen für Arbeitsfeld der OKJA.
- den Trend im Bereich der Kinder- und Jugendhilfe hin zu einer Konzentration auf Kleinstkinder und einer diagnostisch stigmatisierenden „Früherkennung" (von „Problemen"), die mit Hilfe technokratisch angelegter Programme im Sinne einer ordnungspolitischen Normierung gelöst werden sollen bei einem gleichzeitigen „Vergessen" klassischer Zielgruppen wie Jugendlicher und Jungerwachsener.
- die im Zuge der „Ökonomisierung des Sozialen" von herrschender Politik formulierte Erwartung, kurzfristig „messbare" Erfolge vorzuweisen bei gleichzeitig drohendem Risiko, im Falle der „Nichterfüllung" finanzielle Einschnitte oder gleich die Einstellung der gesamten Förderung hinnehmen zu müssen.

Die Offene Arbeit mit Kindern und Jugendlichen wird eben nicht nur inhaltlich marginalisiert: Mehr und mehr wird sie auch finanziell zu einem abgehängten Sektor der Jugendhilfe. Aktuelle Zahlen des Statistischen Bundesamt (Statistisches Bundesamt 2010) verdeutlichen dies sehr anschaulich: So gaben Bund, Länder und Kommunen 2009 für die Jugendhilfe insgesamt 26,9 Mrd. Euro aus (ohne Einbeziehung der erwirtschafteten Einnahmen).Von dieser – auf den ersten Blick eindrucksvollen – Summe entfielen aber alleine 60 % auf den Bereich der Kindertagesbetreuung (16,2 Mrd.), weitere 26 % auf die Hilfen zur Erziehung (7,1 Mrd.).Demgegenüber lagen die Aufwendungen für Maßnahmen und Einrichtungen der Jugendarbeit bei 1,6 Mrd. Euro, das entspricht einem Anteil von 5,8 % an den Gesamtausgaben.

In Hamburg beabsichtigte die schwarz-grüne Koalition für den Doppelhaushalt 2011/ 2012 drastische Einschnitte in die finanzielle Infrastruktur der Kinder- und Jugendarbeit: Um insgesamt 10 % sollten die Zuwendungen für die Arbeit der Einrichtungen in freien Trägerschaft in den Bezirken sinken; die Bezirke als öffentliche Jugendhilfeträger sollten eine weitere Million in ihrem Bereich der Kinder- und Jugendarbeit einsparen.

Zwar gelang es, die Kürzungen im Bereich der freien Träger rückgängig zu machen (siehe hierzu im Folgenden), die beabsichtigten Einschnitte im Bereich der öffentlichen Jugendhilfe wurden letztendlich aber nur durch das Ende der Regierungskoalition (vorläufig) verhindert.

In Sachsen soll die Landesförderung für die Kinder- und Jugendarbeit im kommenden Jahr ebenfalls um 10 % sinken; eine Kompensierung durch Mittel der Kommunen ist angesichts deren finanzieller Lage kaum zu erwarten.

Ausreichend Gründe also, die Frage aufzuwerfen, wie sich die Kinder- und Jugendarbeit angesichts dieser Entwicklungen aufstellt und welche *politische Handlungsstrategien* zur Verfügung stehen.

82.2 Exkurs: Soziale Arbeit und Politik bzw. politisches Handeln

In der jüngeren Vergangenheit wieder verstärkt zu hören ist die Forderung nach einer Re-Politisierung der Sozialen Arbeit als deren Teil die OKJA hier verstanden wird. An dieser Forderung entzündet sich seit einigen Jahren ein – vornehmlich im wissenschaftlichen Bereich – ausgetragener Streit. Dabei geht es nicht nur um die Frage „ob die soziale Arbeit ein politisches Mandat hat" (Mühlum 2007, S. 15) oder (nur) einen „professionellen Auftrag" (ebd., S. 25), oder ob „Politik als eine Form der Hilfe wahrgenommen und engagiert betrieben als Element sozialarbeiterischen Handelns dann aber eben auch professionalisiert werden muss" (Rieger 2007, S. 105).Es geht in diesem Streit um den Zustand und die Verfasstheit sowohl „der Disziplin als auch der Profession und Praxis der Sozialen Arbeit, die sich, folgt man Michael Opielka "in Deutschland in einer unerfreulichen Opferrolle gegenüber Sozialreformen wie beispielsweise Hartz IV befinden...", wobei „der Grund für dieses tendenzielle Versagen in ihrer Depolitisierung und Deprofessionalisierung liegt" (Opielka 2007, S. 44).

Christian Stark konstatiert in seinem „Plädoyer für eine Re-Politisierung der Sozialarbeit" mit Bezug auf die sozialarbeiterische Praxis aus seiner eigenen Erfahrung als Sozialarbeiter in Innsbruck, dass ihm „Ende der 90er-Jahre einzelne Vereine ihre sozialpolitischen Aktivitäten mehr und mehr zu reduzieren und insgesamt ‚zahmer' zu werden schienen" im Gegensatz zu „ersten Erfahrungen in den 90er-Jahren, die noch stark von sozialpolitischen Aktionen geprägt (waren)". Begründet scheinen ihm diese Entwicklungen „vor allem (in der) Angst, dass zu starkes sozialpolitisches Engagement und damit verbundene Kritik an den Geldgebern zu Subventionskürzungen führen könnte" (Stark 2007, S. 75 f.).

Der Streit ist eben nicht nur akademisch. Letztendlich entscheidet sich in der Praxis, welchem Auftrag sich die Soziale Arbeit und mit ihr die Kinder- und Jugendarbeit verpflichtet fühlt, welches Menschen- und Politikbild sie ihrem professionellen Handeln zugrunde legt und welche Bedeutung der Begriff „Parteilichkeit" für ihre jeweilige Praxis hat.

„SozialarbeiterInnen haben die Pflicht, ihre Auftraggeber, Entscheidungsträger, Politiker und die Öffentlichkeit auf Situationen aufmerksam zu machen, in denen Ressourcen unangemessen sind oder in denen die Verteilung von Ressourcen, Maßnahmen und Praktiken unterdrückerisch, ungerecht und schädlich ist". Diese Erklärung der International Federation of Social Workers (IFSW), verabschiedet auf der Weltkonferenz 2004 in Adelaide, spricht zwar nicht explizit von politischem Handeln; erwähnt auch kein politisches Mandat, macht aber unzweideutig darauf aufmerksam, dass sozialarbeiterische und damit auch die kinder- und jugendarbeiterische Praxis einen über die rein „klientenzentrierte Arbeit" hinausgehenden Auftrag hat.

Welche Kollegin/welcher Kollege kennt in ihrer/seiner Praxis nicht diverse Situationen, in denen die obige Formulierung unmittelbar Anlass zum Handeln oder zumindest zur Reflexion über die realen Handlungsoptionen bieten könnte, beispielsweise bei dem alltäglichen Vorkommnis, dass BesucherInnen in die Einrichtung kommen, deren Lebensrealität von Armut, von Hartz IV-Bezug geprägt ist, deren Folgewirkungen dann mit (teuren) erzieherischen Hilfen kompensiert werden sollen.

Angesichts dieser, seit Jahren wachsenden, Zahl von Kindern und Jugendlichen, die in Armut leben, scheint der Streit um die Frage, ob die Soziale Arbeit einen politischen Auftrag bzw. ein politisches Mandat hat, mitunter sehr theoretisch, zumal nach meiner Erfahrung die Triebfeder zum gesellschafts- und fachpolitischem Handeln mindestens genauso oft durch konkrete Erfahrungen in der alltäglichen Praxis beeinflusst ist, als durch die wissenschaftliche Debatte.

In eine ähnliche Richtung wie die oben erwähnte IFSW argumentiert Münder, wenn er in seiner Kommentierung des KJHG schreibt, dass „Jugendhilfe als Interessenvertretung junger Menschen (…) insbesondere auf der jugend- und gesellschaftspolitischen Ebene den Auftrag (bezeichnet), durch politische Aktion und Intervention die Lebensbedingungen zu verbessern" (Münder et al. 2006, S. 87). Er folgt damit dem in § 1 SGB VIII festgeschriebenen gesetzlichen Auftrag der Kinder- und Jugendhilfe, „dazu beizutragen, positive Lebensbedingungen für junge Menschen und ihre Familien sowie eine kinder- und familienfreundliche Umwelt zu erhalten oder zu schaffen".

82.3 Welche Möglichkeiten aber hat die soziale Arbeit, hat die Kinder- und Jugendarbeit, diese in der Theorie aufgestellten Forderungen und Behauptungen in konkretes Handeln umzusetzen, auf welchen Ebenen kann wie politisch interveniert werden?

Ich will im Folgenden versuchen, anhand einiger Beispiele zu verdeutlichen, dass politisches Handeln und politische Durchsetzungsstrategien auch unter den heutigen restriktiven Bedingungen von Offener Kinder- und Jugendarbeit mach- und umsetzbar sind.

Wenn wir von politischen Durchsetzungsstrategien sprechen, deutet der Begriff der „Strategie" schon darauf hin, dass es nicht (oder nicht ausschließlich) um spontanes Handeln, um Reaktionen auf „tagespolitische" Geschehnisse geht.

Meyers Lexikon definiert den Begriff „Strategie" als den Entwurf und die Durchführung eines Gesamtkonzeptes, einschließlich der Festlegung von Methode und Vorgehen und nach Wikipedia handelt es sich um „ein längerfristig ausgerichtetes planvolles Anstreben eines Zieles unter Berücksichtigung der verfügbaren Mittel und Ressourcen" (Wikipedia 2011).

Eine „strategische" Ausrichtung spricht nicht gegen sinnvolle und notwendige Reaktionen auf die schon erwähnten tagespolitischen Geschehnisse, stellt aber sowohl den „langen Atem" als auch die „Planung" – die Verständigung auf ein- oder mehrere gemeinsame Ziele – als zentrale Aspekte in den Mittelpunkt des Handelns.

Einen solchen „langen Atem" erfordert in aller Regel die Arbeit in kommunalpolitischen Gremien, hier insbesondere dem jeweiligen Jugendhilfeausschuss (Kozicki i. d. Buch). Es gab in Hamburg lange Jahre eine Tradition, die da lautete: „Gehe nie ohne einen Antrag in den Jugendhilfeausschuss". Das ließ sich zwar nicht immer und in allen Fällen aufrechterhalten und vor Anträgen um der Anträge willen sei hier auch deutlich gewarnt! Dahinter stand aber die Erkenntnis, dass die Mitwirkenden in Jugendhilfeausschüssen unbedingt den Input aus der Praxis brauchen, um angemessene Entscheidungen treffen zu können, zudem fördert ein derartiges Herangehen auch das Bild einer offensiven Kinder- und Jugendarbeit, die sich erkennbar (und für PolitikerInnen nachvollziehbar) mit ihrem Arbeitsfeld beschäftigt. Die permanente Anwesenheit von MitarbeiterInnen aus dem Arbeitsfeld im Ausschuss gewährleistet darüber hinaus auch eine viel weitergehende Transparenz laufender Debatten und damit in der Folge ggf. auch besserer Reaktionsmöglichkeiten, als dies – in der Regel stark verkürzte und Ergebnis orientiert formulierte – Protokolle tun können.

Ebenfalls in Hamburg bewährt hat sich ein organisiertes Treffen von VertreterInnen von Trägern der Kinder- und Jugendarbeit, die in den jeweiligen bezirklichen Jugendhilfeausschüssen tätig sind. In Abständen von drei Monaten (in „Krisenzeiten" je nach Dringlichkeit auch häufiger) können bei diesen Treffen Anliegen, die das gesamte Arbeitsfeld betreffen, besprochen und koordiniert in den jeweiligen Ausschuss getragen werden. So gelang es 2009 durch entsprechende Voten von 5 (von insgesamt 7) bezirklichen Jugendhilfeausschuss sowie dem Landesjugendhilfeausschuss, ein Ansinnen des Landesrechnungshofes Nord, in dem dieser u. a. die grundsätzliche Befristung aller Projekte und Maßnahmen im

Bereich der Kinder- und Jugendarbeit gefordert hatte, in einigen Teilen zurückzuweisen und in anderen zumindest zu entschärfen.

Derartig organisierte Treffen lassen sich in einem Stadtstaat wie Hamburg – aufgrund der Stadtstaatenstruktur und „kurzer Wege" – naturgemäß einfacher organisieren als in Flächenstaaten, aber nicht nur für Länder, sondern auch für Kommunen und Kreise dürfte es sich um ein praktikables Modell handeln, zumal sich ja nicht zwingend nur die im JHA tätigen MitarbeiterInnen treffen müssen, genauso sinnvoll ist es, sich regelmäßig in einem Kreis von KollegInnen mit den jeweiligen JHA-VertreterInnen zusammenzusetzen.

82.4 Kampagnen – Eine erfolgreiche Methode politischen Handelns

Es hat in der – sowohl älteren als auch jüngeren – Vergangenheit immer wieder Kampagnen oder Volksinitiativen gegeben, die sich zu unterschiedlichen Anlässen gebildet und erfolgreich gearbeitet haben.

So ist es bereits 1993 in Berlin gelungen, ins Ausführungsgesetz des Landes zum SGB VIII festschreiben zu lassen, dass mindestens 10 % aller im Land Berlin aufgewendeten Jugendhilfemittel für die Kinder- und Jugendarbeit verwendet werden müssen.

Auch wenn dieser Prozentanteil bis heute nicht erreicht wird (2010 lag er bei ca. 6,5 %) bietet eine solche Formulierung Vorteile, z. B. was die bessere Abwehr von finanziellen Kürzungen und die darüber hinaus gehende rechtliche Einklagbarkeit angeht; nicht zu vergessen den Ausstrahlungscharakter über die eigene Stadt hinaus.

Vor dem Hintergrund geplanter umfangreicher Kürzungen von Landesmitteln für die Kinder- und Jugendarbeit wurde in Nordrhein-Westfalen in den Jahren 2003 und 2004 eine erfolgreiche Volksinitiative durchgeführt. „Jugend braucht Zukunft" hatte das Ziel „… die Förderung der Jugendarbeit (im Sinne der § 11–13 SGB VIII) rechtsverbindlich zu gewährleisten" (Buresch 2005, S. 549). Im Ergebnis wurde im Oktober 2004 ein entsprechender Gesetzentwurf von der damaligen Regierungskoalition, bestehend aus SPD und Bündnis 90/Die Grünen, verabschiedet.

82.5 „Entschlossen Offen" – Eine Kampagne der OKJA in Hamburg

2006 startete in Hamburg – vom Verband Kinder- und Jugendarbeit Hamburg e.V. initiiert – die seit den „Aufschrei-Aktivitäten" in den 1980er-Jahren größte und am breitesten angelegte Kampagne. Den Hintergrund bildeten – neben den eingangs beschriebenen Entwicklungslinien – öffentlich geführte Diskussionen in denen der OKJA negative Attribute wie eine nach „rückwärts gewandte Blockadehaltung", das „Fehlen zeitgemäßer Antworten", „Lust- und Ideenlosigkeit der MitarbeiterInnen" bis hin zu einer „völligen Bedeutungslosigkeit" attestiert wurden. Daneben wurde in Hamburg politischerseits immer wieder die Forderung laut, angesichts der Ganztagsschulentwicklung die finanziellen Zuwendungen der Kinder- und Jugendarbeit teilweise zur Disposition zu stellen.

Ziele der Gegenkampagne waren u. a.:

- entgegen des herrschenden Mainstreams die Rechte von Kindern und Jugendlichen auf ein Aufwachsen unter Bedingungen von Solidarität und Teilhabe statt von Disziplinierung und Angst vor Ausschluss und Stigmatisierung zu thematisieren,
- hinzuweisen sowohl auf die fachlichen wie berufsethischen Prinzipien der OKJA und auf die Unverzichtbarkeit ihrer eigenständiger Existenz für ein gelingendes Aufwachsen von Kindern und Jugendlichen,
- und gleichzeitig notwendige Veränderungsbedarfe für die Offene Kinder- und Jugendarbeit sowohl angesichts des Ausbaus von Ganztagsschulen als auch von sich verändernden Jugendhilfebedarfen aufgrund sich verändernder Lebenslagen von Kindern und Jugendlichen zur Diskussion zu stellen.

Es ging auch darum, sich als eigenständiges Arbeitsfeld mit „besonderer Geschichte und Beweglichkeit wieder einmal streitbereit sichtbar zu machen" (Essberger 2007, S. 4).

Bei den Planungen wurde von einer Dauer der Kampagne von mindestens einem Jahr ausgegangen. Zur Koordinierung und zur Sicherstellung der notwendigen Kontinuität wurde – neben einer Reihe von jeweils themenspezifisch orientierten Arbeitsgruppen – ein zentrales Gremium ins Leben gerufen, das als Anlaufstelle und zur Informationsweitergabe fungierte.

Aus dieser Koordinierungsgruppe bildete sich nach Beendigung der Kampagne ein Arbeitskreis, in dem fortlaufend die Entwicklung im Bereich der Kinder- und Jugendarbeit fachlich diskutiert und begleitet wird. Seine Handlungsfähigkeit und Mobilisierungsfähigkeit stellte dieser Kreis eindrucksvoll im Zusammenhang mit den geplanten 10%igen Haushaltskürzungen unter Beweis, als es innerhalb eines kurzen Zeitraumes gelang, durch Organisierung verschiedene Aktivitäten diese Kürzungen rückgängig zu machen.

Um die o. g. Ziele zu erreichen, wurden zum einen Aktionen an „Orten des Geschehens" durchgeführt, zum anderen wurde auf einen „bunten Mix" von Aktionen, Fachveranstaltungen, Diskussionsrunden und Veröffentlichungen gesetzt.

Begleitend wurden zur Diskussion sowohl extern wie auch intern Positionspapiere zu verschiedenen Themen publiziert und sowohl in Hamburg als auch auf dem Jugendhilfetag 2008 in Essen der Fachöffentlichkeit vorgestellt.

Als Fazit der Kampagne lässt sich festhalten: Das wesentliche Ziel wurde erreicht: Die Offene Arbeit debattiert, agiert sichtbar und ist in Hamburg wieder offensiv. Sie mischt mit und sie mischt sich ein und wird (wieder mehr) in der Fachöffentlichkeit zur Kenntnis genommen als in den Stadtteilen präsente und auf der Seite von Kindern, Jugendlichen und Familien agierende Kraft.

Das zeigt – allen Unkenrufen und aller Arbeitsbelastung zum Trotz, – dass in der Offenen Kinder- und Jugendarbeit sowohl die Bereitschaft als auch die Möglichkeit besteht, (fach)politisch aktiv zu werden und dies auch über einen langen Zeitraum hinweg.

Literatur

Buresch, E. (2005). Politische Durchsetzungsstrategien der Offenen Kinder- und Jugendarbeit. In U. Deinet, & B. Sturzenhecker (Hrsg.), *Handbuch Offene Kinder- und Jugendarbeit* (S. 548–554). Wiesbaden.

Essberger, M. (2007). Entschlossen *OFFEN* – Kinder- und Jugendarbeit im Gegenwind. Eine Kampagne aus Hamburg mit frischen Biss und traditioneller Substanz. *FORUM für Kinder- und Jugendarbeit, 2007*(1), 4–8.

Mühlum, A. (2007). Hat Soziale Arbeit ein Politisches Mandat? Ein Rückblick in die Zukunft. In M. Lallinger, & G. Rieger (Hrsg.), *Hohenheimer Protokolle*. Bd. 64. (S. 15–30). Rottenburg-Stuttgart.

Münder, J., Baltz, J., Kreft, D., Lakies, T., Meysen, T., Proksch, R., Schäfer, K., Schindler, G., Struck, N., Tammen, B., & Trenczek, T. (2006). *Frankfurter Kommentar zum SGB VIII: Kinder- und Jugendhilfe*. Weinheim und München.

Neubauer, G., & Winter, R. (2007). *Geschlechter differenzierende Aspekte in Angeboten der Gewaltprävention in der außerschulischen Jugendarbeit*. München. Expertise im Auftrag der Arbeitsstelle Kinder- und Jugendkriminalitätsprävention im Deutschen Jugendinstitut e.V.

Opielka, M. (2007). Soziale Arbeit und Sozialpolitik. Neue Anforderungen an Professionalität in einer Bürgergesellschaft. In M. Lallinger, & G. Rieger (Hrsg.), *Hohenheimer Protokolle*. Bd. 64. (S. 31–52). Rottenburg-Stuttgart.

Rieger, G. (2007). Politisierung als professionelle Herausforderung. In M. Lallinger, & G. Rieger (Hrsg.), *Hohenheimer Protokolle*. Bd. 64. (S. 85–108). Rottenburg-Stuttgart.

Stark, C. (2007). Politisches Engagement in der Sozialarbeit – Ist die politische Sozialarbeit tot? Plädoyer für eine Re-Politisierung der Sozialarbeit. In M. Lallinger, & G. Rieger (Hrsg.), *Hohenheimer Protokolle*. Bd. 64. (S. 69–84). Rottenburg-Stuttgart.

Statistisches Bundesamt. (2010). *Pressemitteilung Nr. 477 vom 20. Dezember 2010*. Bonn.

Wikipedia. (2011). Strategie. http://de.wikipedia.org/wiki/Strategie. Zugegriffen: 22. Dezember 2011.

Teil XV
Einrichtungstypen in der Offenen Kinder- und Jugendarbeit

Mädchentreff

Güler Arapi und Ulrike Graff

Mädchentreffs sind die institutionell weitestgehende Konsequenz aus der Kritik an der Jungenorientierung der offenen Kinder- und Jugendarbeit. Als geschlechtshomogene Einrichtungen haben sie das Ziel, Mädchen Freiraum für persönliche Entwicklungen zu geben, die kulturelle Normierungen überschreiten können und damit einen Beitrag zur Dekonstruktion von Geschlechterstereotypen zu leisten.

Auf der Ebene von Programmatik wird im Rahmen offener Jugendarbeit mit einem Mädchentreff Raum für Mädchen geschaffen, ohne geschlechtsspezifische Einschränkungen aufgrund direkter Interaktion mit Jungen. Mit Michael Walzer (1992) könnte man sagen, dass ein Mädchentreff eine „Sphäre der Gerechtigkeit" darstellt, innerhalb einer „Pädagogik der Vielfalt" (vgl. Prengel 2006), in der Mädchenkultur anerkannt wird neben und in einer von Jungen dominierten Jugendkultur (vgl. Tillmann 2008; Fritzsche 2003). Dies scheint insofern noch immer relevant zu sein, als die Synopse von Schmidt (2011) von empirischen Studien zur Jugendarbeit von 1950–2009 zeigt, dass die geschlechtsbezogene Nutzung sich seit den 1970er-Jahren nicht verändert hat: die Offene Kinderarbeit wird von Mädchen und Jungen gleichermaßen genutzt und ab ca. 12 Jahren nimmt der Anteil der Mädchen ab bis zu einem Verhältnis von 1 : 2 bis 1 : 3 (vgl. Graff 2011).

Auf jugendpolitischer Ebene realisiert ein Mädchentreff:

- die Forderung des Gender Mainstreaming: Maßnahmen zur tatsächlichen Gleichstellung von Frauen und Männern,

---

Dipl. Päd. Güler Arapi ✉
Fachbereich Sozialwesen Bielefeld, Fachhochschule Bielefeld, Kurt-Schumacher-Straße 6,
33615 Bielefeld, Deutschland
e-mail: gueler.arapi@fh-bielefeld.de
Dr. phil. Ulrike Graff
Fakultät für Erziehungswissenschaft, AG 1 Bielefeld, Universität Bielefeld, Universitätsstr. 25,
33615 Bielefeld, Deutschland
e-mail: ulrike.graff@uni-bielefeld.de

- den § 9.3 SGB VIII: Berücksichtigung der unterschiedlichen Lebenslagen von Mädchen und Jungen, sowie
- das Konzept von Mädchenarbeit als Teil geschlechtsbezogener Ansätze und als Querschnittsaufgabe bezogen auf die Ebene von Einrichtungen öffentlicher oder freier Jugendhilfeträger.

83.1 Entwicklungen und Konzepte

Die ersten Mädchentreffs entstanden Ende der 1970er-Jahre. Getragen von den Ideen der neuen Frauenbewegung entwickelten Pädagoginnen innerhalb traditioneller Jugendhilfeträger die Idee eines „Mädchentreff" als neuen Einrichtungstypus und forderten damit erstmals „eigene Räume" für Mädchen. Entweder als Innovation oder als progressives Aushängeschild eröffnete der Internationale Bund für Sozialarbeit (IB) erstmalig in Frankfurt/Main 1979 einen Treff für Mädchen. Außerhalb etablierter Strukturen und in der Tradition sozialer Bewegungen gründeten in den 1980er-Jahren engagierte Fachfrauen eigene feministische Vereine, die als freie Träger der Kinder- und Jugendhilfe die Trägerschaft übernahmen und eine öffentliche Finanzierung für Mädchentreffs durch die Anerkennung als Einrichtung der offenen Jugendarbeit erreichten.

„Mädchen zwischen Anpassung und Widerstand" (vgl. Savier und Wildt 1978) als Titel des ‚Klassikers' einer feministisch orientierten Arbeit mit Mädchen verweist auf den damaligen Begründungszusammenhang für den Mädchentreff als Ort des Eigensinns und der Selbstdefinition jenseits normierender Weiblichkeitsbilder. Vom anfänglichen „Frei-Raum" offen für alle Mädchen haben sich bis heute ausdifferenzierte Angebotsstrukturen entwickelt. Sie richten sich an Mädchen in ihrer kulturellen, ethnischen, körperlichen, sexuellen Vielfalt und haben hier lebensweltorientierte, intersektionelle Angebote (Migration, Antirassismus, Queer, Handicaps) entwickelt (vgl. Busche et al. 2010).

Folgende Grundprinzipien haben sich als Leitmaximen in der westdeutschen Diskussion der Mädchenpädagogik herausgebildet und sind als fachliche Standards heute immer noch aktuell:

Parteilichkeit als Prinzip bedeutet das Einlassen auf die Mädchen in ihrem So-Sein. Ihren Ausdruck findet sie in der Haltung und Arbeitsweise der Pädagoginnen, jedem Mädchen vorurteilsfrei als Subjekt zu begegnen. Als Entwicklungsaufgabe für Pädagoginnen hat sich in diesem Kontext Konfliktorientierung gezeigt (vgl. Graff 2004).

Ganzheitlichkeit geht von der umfassenden Sicht auf Mädchen aus, die die Komplexität ihrer Lebenswelten und deren Wechselwirkungen mit bedenkt statt isolierender Problembetrachtungen. Mit dieser Sichtweise war und ist Mädchenarbeit Vorreiterin einer lebensweltorientierten und präventiven Jugendhilfe.

Der „eigene Raum" des Mädchentreffs als geschlechtshomogener Erfahrungsraum beschreibt den Ort neuer Möglichkeiten – und nicht den Ort der Beschränkung im Sinne von „nur für Mädchen". Der öffentliche Raum (nicht das Mädchenzimmer zu Hause) gewinnt Bedeutung als ein Ort mädchenbezogenen Zusammenseins (Selbstbezug) und der

Sichtbarkeit ihrer Vielfalt und Differenz als Mädchen, als Ort der Gestaltung und des „Einübens" von Beziehungen (mit Gleichaltrigen und mit den Pädagoginnen als erwachsene Frauen) und als Ort, der neue Erfahrungen und Grenzüberschreitungen ermöglicht.

Partizipation als Haltung und Arbeitsprinzip fordert von den Pädagoginnen einen konsequenten Rückbezug auf die Wünsche und Rückmeldungen der Mädchen. Differenzen unter den Mädchen sollen sichtbar werden und das Aushandeln von Lösungen trägt zur Dekonstruktion weiblicher Normalität (Mädchen wollen …, Mädchen sind …) bei. Von den Pädagoginnen fordert diese Perspektive Authentizität und Neugier im Kontakt, sowie ein hohes Maß der Bereitschaft zur Auseinandersetzung, damit Mädchen sich mit „ihrer Stimme" (Brown und Gilligan 1994, S. 256) einbringen und nicht vermeintliche Erwartungen der Pädagogin erfüllen (ihr zuliebe lieber Handwerkliches zu tun statt einen Kuchen zu backen). Zu Ende gedacht kann dies – wie im Mädchentreff MaDonna in Berlin geschehen – zur zeitweiligen Aufhebung des Prinzips „Mädchenraum" führen, wenn Besucherinnen beschließen, Jungen (nach ihren Regeln) in den Mädchentreff einzuladen (vgl. Heinemann 2006).

83.2 Inhalte und Methoden

Der Mädchentreff als offene Freizeit-, Bildung- und Kultureinrichtung setzt im Grundsatz auf eine freiwillige Komm-Struktur mit Angeboten am Nachmittag und Abend, sowie an Wochenenden und in den Schulferien. Als Kern und Herzstück des offenen Treffpunkts für Mädchen wird in der Regel das sogenannte „Café" bezeichnet (Raum und unstrukturierter Zeitraum oft unter Einbezug von Selbstverwaltungsansätzen). Der Mädchentreff als offener Raum kann auch als Treffpunkt für selbstorganisierte Gruppen (Cliquen) genutzt werden. Individuelle Beratung findet als „Tür- und Angelgespräch" im offenen Bereich statt und/oder zu festen Zeiten als strukturiertes, separates Einzelgespräch. Freizeit- und Kulturarbeit im kreativen, medienpädagogischen, handwerklichen, körper- und bewegungsorientierten, ökotechnischen, abenteuerpädagogischen und anderen thematischen Bereichen finden meist in Kurs-, Gruppen- und Seminarform organisiert und damit für die Mädchen verbindlicher statt. Ergänzt wird dieses „Grundprogramm" von vielfältigen Kooperationsprojekten mit anderen Jugendhilfeeinrichtungen und/oder Schulen, die meist einen verbindlicheren Charakter für die teilnehmenden Mädchen haben (vgl. Pallmann 2011; Möhlke und Reiter 1995).

83.3 Mädchenarbeit in der Migrationsgesellschaft

Im Gegensatz zu Interkulturellen Ansätzen (vgl. u. a. Diehm und Radtke 1999) fokussiert die Migrationspädagogik die gesellschaftlichen Positionierungen der Migranten und Nicht-Migranten im komplexen Spannungsfeld machtvoller Zuschreibungsprozesse und die Rolle der pädagogischen Praxis innerhalb dieser. Dabei basiert die gewaltsame

Einteilung von Gesellschaft in „deutsch" und „nicht-deutsch" auf rassifizierenden Zuschreibungen und Imaginationen (vgl. Mecheril 2004), die historisch gewachsen sind. Hierdurch rücken Rassismuserfahrungen in den Mittelpunkt der Mädchenarbeit, denn diese Realität beeinflusst die Beziehungen und Interaktionen zwischen den Mädchen of Color/mit Migrationsgeschichte und den Pädagoginnen (of Color/mit Migrationsgeschichte) und auch den Mitarbeiterinnen untereinander (vgl. Arapi und Lück 2005).

83.4 Was bedeutet dies nun für die Grundprinzipien der Mädchenarbeit?

Für Parteilichkeit heißt dies, dass die eigene professionelle Haltung im Hinblick auf die Re-/Produktion von machtvollen und rassifizierenden Zuschreibungen unter einer kritischen Reflektion steht, sich mit der eigenen Positioniertheit und damit der eigenen Privilegien, der eigenen Biographie, den eigenen Bildern über die „Mädchen mit Migrationshintergrund" bewusst zu werden. In Sensibilisierungsprozessen liegt die Chance, dass eben diese Zuschreibungen verschoben (vgl. Mecheril 2004) werden und die Normalität des Rassismus (vgl. Mecheril 2007) gebrochen wird.

Das Prinzip der Ganzheitlichkeit verlangt im Hinblick auf Mädchen mit Migrationsgeschichten die Anerkennung von Mehrfachzugehörigkeiten. Eine Reduzierung auf ihre „zufällige" National-/Herkunftskultur ist eine Kulturalisierung. Diese „Einengung" wird den Lebenswelten der heterogenen und komplexen Migrationsgeschichten nicht gerecht. Eher ist pädagogisch reflexiv zu fragen: „Was wird als Ressource der Mädchen definiert und von wem?" Die Erfahrung der Mädchen, durch die Markierung zur Anderen gemacht zu werden, machtvolle Zuschreibungen zu erfahren und ihre Strategien mit diesen umzugehen, sollten im Mittelpunkt der Betrachtungsweise stehen. Rassismuserfahrungen sind dabei als alltäglich zu sehen und können sich auf grobe (körperliche Übergriffe), subtile (abwertende Blicke), antizipierte Rassismuserfahrungen (das Erwarten, dass in einem Setting Zuschreibungen stattfinden oder bspw. Orte, die vermieden werden) (vgl. u. a. Mecheril 1997) und verinnerlichten Rassismus beziehen.

Diese Betrachtungsweise führt dazu, dass innerhalb des gedachten „eigenen Raums" im Mädchentreff auch Erfahrungen von Rassismus erkannt werden können: „Aus dem anfänglichen Entsetzen, dass Schutzräume für Frauen und Mädchen, für die ich mitkämpfte, keine für mich sind und dass Rassismus zur Grundstruktur weißer Frauenprojekte gehört, entwickelte ich ein Bewusstsein für meine Situation. Ich fand Zugang zu dem Denken Schwarzer Feministinnen." (Raburu-Eggers 1998, S. 213). So ist es wichtig, dass innerhalb dieses Raums auch andere Räume vorhanden sind: Empowermenträume für Mädchen mit Migrationsgeschichten, innerhalb derer eine Thematisierung von Rassismuserfahrungen, Handlungsstrategien und Migrationsbiographien geschehen kann. Auch sind Räume zur Sensibilisierung- und Bewusstwerdung von verinnerlichter Diskriminierung und Rassismus für alle Mädchen notwendig. Dadurch dass durch die Markierung von Mädchen of Color und die Privilegierung weißer deutscher Mädchen unterschiedliche Perspektiven auf

Gesellschaft entstehen, brauchen diese Perspektiven unterschiedliche Räume zur Auseinandersetzung mit Rassismus, da es ansonsten zu Re-Produktionen von machtvollen und gegenseitigen Zuschreibungen kommt. Der Raum Mädchentreff ist auch dahingehend zu analysieren, inwiefern Migrationsgeschichten & -biographien, Widerstandsformen gegen Diskriminierung von Mädchen, Frauen of Color/Schwarzen Mädchen, Frauen/Mädchen, Frauen mit Migrationsgeschichten sichtbar sind. Darüber hinaus sind auch die Teamstruktur und die Zusammensetzung der pädagogischen Teams zu überprüfen.

Das Prinzip der Partizipation verlangt im Hinblick auf pädagogische Professionalität, sich ein (nicht stagnierendes) Wissen über Migration in ihrer Komplexität und daraus resultierenden gewaltvollen Zuschreibungsprozessen anzueignen, um den eigenen Blick auf die Wünsche und Rückmeldungen der Mädchen zu schärfen. Das bedeutet die Verstrickung von Diskriminierungsformen als Querschnitt zu setzen, pädagogische Situationen auf die Fragen „wer spricht über wen und mit welchem Interesse, wer wird gehört, wem wird Gehör geschenkt" zu hinterfragen, Selbstdefinition der Mädchen in den Mittelpunkt zu rücken und sie zu ermutigen, Begrifflichkeiten von Fremdzuschreibungen kritisch zu hinterfragen.

Eine migrationssensible und rassismuskritische Mädchentreffarbeit bedeutet somit:

- die Migrationsgesellschaft und damit einen postkolonialen/postnationalen Kontext zu ihrem Ausgangspunkt zu setzen;
- die eigenen Strukturen im Hinblick auf die Reproduktion und Aufrechterhaltung von Machtstrukturen, die Ausschlüsse produzieren, hin zu reflektieren (bspw. Stellenpolitik, Netzwerke, etc.);
- Die eigenen Praxen im Hinblick auf die Herstellung von „WIR" & „NICHT WIR" zu analysieren und darüber nachzudenken, wie „Möglichkeiten der Verflüssigung und Versetzung dieser (Ordnungs- G.A.) Schemata und Praxen" (Mecheril 2004, S. 12) aussehen können.

Literatur

Arapi, G., & Lück, M. S. (2005). *Mädchenarbeit in der Migrationsgesellschaft. Eine Betrachtung aus antirassistischer Perspektive.* http://maedchentreff-bielefeld.de/antira/tagungs-dokumentation-transkulturelle-teams.pdf. Zugegriffen: 20. November 2011.

Brown, L. M., & Gilligan, C. (1994). *Die verlorene Stimme.* Frankfurt und New York.

Busche, M., Maikowski, L., Pohlkamp, I., & Wesemüller, E. (Hrsg.). (2010). *Feministische Mädchenarbeit weiterdenken.* Bielefeld.

Diehm, I., & Radtke, F. O. (1999). *Erziehung und Migration.* Stuttgart.

Fritzsche, B. (2003). *Pop – Fans. Studie einer Mädchenkultur.* Wiesbaden.

Graff, U. (2006). *Selbstbestimmung für Mädchen. Theorie und Praxis feministischer Pädagogik.* Königstein i. Ts.

Graff, U. (2011). Genderperspektiven in der Offenen Kinder- und Jugendarbeit. In H. Schmidt (Hrsg.), *Empirie der Offenen Kinder- und Jugendarbeit* (S. 179–188). Wiesbaden.

Heinemann, G. (2006). Mädchentreff oder Hurenclub? Soziale Ausgrenzung und Fundamentalismus sind Herausforderungen für die Jugendhilfe. *Unsere Jugend, 58*(3), 110–121.

Mecheril, P. (1997). Rassismuserfahrungen Anderer Deutscher – eine Einzelfallbetrachtung. In P. Mecheril, & T. Teo (Hrsg.), *Psychologie und Rassismus* (S. 175–201). Hamburg.

Mecheril, P. (2004). *Einführung in die Migrationspädagogik*. Weinheim und Basel.

Mecheril, P., & IDA NRW. (2007). Die Normalität des Rassismus. *Zeitschrift des Informations- und Dokumentationszentrums für Antirassismusarbeit in Nordrhein-Westfalen, 13*(2), 3–9.

Möhlke, G., & Reiter, G. (1995). *Feministische Mädchenarbeit – Gegen den Strom*. Münster.

Pallmann, I. (2011). Mädchenorte als Bildungsorte. *Betrifft Mädchen, 24*(1), 74–78.

Prengel, A. (2006). *Pädagogik der Vielfalt*. Opladen.

Raburu-Eggers, M. M. (1998). Interkulturelle Teams. Sprachlosigkeit und verwobene Machtstrukturen. Zum Rassismus im Alltag feministischer Frauenprojekte. In M. do Mar Castro Varela, S. Schulze, S. Vogelmann, & A. Weiß (Hrsg.), *Suchbewegungen. Interkulturelle Beratung und Therapie*. Tübingen.

Savier, M., & Wildt, C. (1978). *Mädchen zwischen Anpassung und Widerstand*. München.

Tillmann, A. (2008). *Identitätsspielraum Internet. Lernprozesse und Selbstbildungspraktiken von Mädchen und jungen Frauen in der virtuellen Welt*. Weinheim und München.

Walzer, M. (1992). *Sphären der Gerechtigkeit*. Frankfurt a. M.

Kinder- und Jugendkulturarbeit in Jugendkunstschulen und Soziokulturellen Zentren

84

Evelyn May

Seit etwa zehn Jahren erlebt Kulturelle Bildung eine bildungs- und kulturpolitische Aufmerksamkeit, die eine Expansion des Arbeitsfeldes weiter vorantreibt, aber auch den Wandel von Einrichtungsprofilen und Kooperationsstrukturen fördert. Ein Vergleich der historisch gewachsenen, breitgefächerten Anbieter und Institutionen Kultureller Bildung zeigt erhebliche inhaltliche, konzeptionelle und strukturelle Unterschiede auf, so dass sich eine Einordnung in den Kontext der Offenen Kinder- und Jugendarbeit ausgesprochen komplex darstellt. Die verschiedenartigen Angebote innerhalb der Spartenvielfalt Kultureller Bildung reichen von temporären Projekten oder offenen Angeboten bis hin zu kontinuierlich stattfindenden Kursen in öffentlicher und/oder privater Trägerschaft. Sie sind in Jugendhilfe-, Bildungs- und Kulturbereichen angesiedelt und zielen von der Frühförderung bis zur Arbeit mit Jugendlichen in das Erwachsenenalter hinein. Für den Bereich der Jugendhilfe wird Kulturelle Bildung laut SGB VIII, § 11 den Aufgaben der Jugendarbeit zugeordnet und ihre Förderziele und Inhaltsbereiche fasst der Kinder- und Jugendplan des Bundes (KJP) wie folgt zusammen: „Kulturelle Bildung soll Kinder und Jugendliche befähigen, sich mit Kunst, Kultur und Alltag fantasievoll auseinander zu setzen. Sie soll das gestalterisch-ästhetische Handeln in den Bereichen Bildende Kunst, Film, Fotografie, Literatur, elektronische Medien, Musik, Rhythmik, Spiel, Tanz, Theater, Video u. a. fördern. Kulturelle Bildung soll die Wahrnehmungsfähigkeit für komplexe soziale Zusammenhänge entwickeln, das Urteilsvermögen junger Menschen stärken und sie zur aktiven und verantwortlichen Mitgestaltung von Gesellschaft ermutigen." Das in der Aufzählung der Inhaltsbereiche enthaltene „u. a." lässt erahnen, dass sich die Sparten noch weiter ausführen und differenzieren lassen. Gleichzeitig wird aber auch der Stellenwert Kultureller Bildung

Evelyn May ✉
Fachbereich Erziehungswissenschaft, Arbeitsbereich Ästhetische Bildung, Universität Hamburg,
Von-Melle-Park 8, 20146 Hamburg, Deutschland
e-mail: evelyn.may@uni-hamburg.de

deutlich, die über eine ästhetische Auseinandersetzung grundlegende Kompetenzen im Rahmen der Allgemeinbildung vermittelt.

Anhand der heterogenen Mitgliederstruktur der Bundesvereinigung Kultureller Kinder- und Jugendbildung e.V. (BKJ), des Dachverbandes der Kulturellen Bildung, wird ein erster (allgemeiner) Überblick über das breitgefächerte Arbeitsfeldes und seine vielfältigen Akteure möglich (siehe: www.bkj.de): Die BKJ vereint 54 Fachverbände, Landesvereinigungen und Institutionen, die sowohl unterschiedliche Sparten, von Bildender Kunst bis Zirkuspädagogik, wie auch verschiedenartige kulturpädagogische Tätigkeitsfelder wie beispielsweise Jugendkunstschulen und Kindermuseen beinhalten.

Im Folgenden werden zwei in Deutschland weit verbreitete Einrichtungstypen – Jugendkunstschulen und Soziokulturelle Zentren – exemplarisch vorgestellt. Diese Auswahl stellt den Versuch dar, eine Fokussierung im Feld der Offenen Kinder- und Jugendarbeit vorzunehmen und konzentriert sich auf bundesweit vertretene Initiativen und Institutionen, deren Strukturen und Konzepte durch Evaluationen hinreichend dokumentiert sind (vgl. etwa bjke 1995, 2003, 2011; Krimmer und Ziller 2008; Bundesvereinigung Soziokultureller Zentren e.V. 2011).

Jugendkunstschulen und kulturpädagogische Einrichtungen: Seit der Gründung der ersten Jugendkunstschulen in NRW Ende der 1960er-Jahre hat sich ihre Anzahl heute auf ca. 400 erhöht. Im Laufe ihrer Professionalisierung entstand ein breitgefächertes Angebot unterschiedlicher Einrichtungstypen, das neben Jugendkunstschulen auch Musikschulen, dezentrale Werkstätten, kulturpädagogische Dienste u. v. m. umfasst und hier unter dem Begriff „Jugendkunstschulen" subsumiert werden soll (vgl. Eickhoff 2003, S. 12 ff.). Diese vielfältigen Einrichtungsformen organisieren sich deutschlandweit im „Bundesverband der Jugendkunstschulen und Kulturpädagogische Einrichtungen e.V." (bjke), der sich in 14 Landesverbände und Landesarbeitsgemeinschaften strukturiert (siehe: www. bjke.de). Angebote von Jugendkunstschulen richten sich primär an Kinder und Jugendliche (und z. T. an Erwachsene) und gliedern sich inhaltlich sowie zielgruppenspezifisch entlang der Spartenvielfalt Kultureller Bildung, die im Idealfall „alle Künste unter einem Dach" vereint (vgl. bjke 2011, S. 6). Laut Erhebungsergebnissen aus dem Jahr 2007 (vgl. bjke 2011) setzt sich der größte Anteil des Angebotsspektrums aus kontinuierlich stattfindenden Kursen zusammen (75 %), die durch Ferienangebote, Projekte, offene Angebote etc. ergänzt werden. Insgesamt 63,5 % der NutzerInnen sind zwischen sechs und neunzehn Jahre alt. Mit 47 % bilden die 6- bis 13-jährigen die größte Zielgruppe. Die förderrechtliche Verankerung von Jugendkunstschulen im Jugend-, Bildungs- oder Kulturressort ist bundesweit sehr unterschiedlich geregelt. Wie aus dem Evaluationsbericht hervorgeht, reicht das Spektrum von Einrichtungen in kommunaler Trägerschaft (Kulturamt), die Förderungen aus dem Ressort Jugend auf Landesebene beziehen bis hin zu freien Einrichtungen der Jugendhilfe, die ein Profil als Jugendkunstschule aufweisen und anteilig vom Kultur- bzw. Kunstministerium der Länder gefördert werden. Demgegenüber gibt es aber auch gemeinnützige Kreativwerkstätten, die gänzlich ohne öffentliche Förderung arbeiten (vgl. bjke 2011, S. 6). Die Erhebungsergebnisse zeigen, dass sich ein Großteil der Einrichtungen (65 %) in freier Trägerschaft befindet, während 26 % kommunalen und 9 % privaten Trägern oder Stiftungen zugeordnet werden können. Obgleich die Besucherzahlen stetig steigen, stagnieren die Jahresetats der Einrichtungen im Bundesdurchschnitt seit ca. 20 Jahren. Aus diesem Grund sind Jugendkunstschulen auf einen Finanzierungsmix angewiesen und darin gefordert, ihre Eigeneinnahmen stetig zu erhöhen. Die prekäre finanzielle Situation spiegelt sich auch innerhalb der Personalstruktur der einzelnen Einrichtungen wider. Das heterogene Berufsprofil ihrer MitarbeiterInnen setzt sich aus künstlerisch-pädagogischem wie aus Verwaltungs- und Haustechnik-Personal zusammen. Der ohnehin sehr geringe Anteil fest angestellter MitarbeiterInnen ist meist nur in Teilzeit beschäftigt und lässt sich anhand der Daten von 2007 im Durchschnitt auf 1,3 künstlerisch-pädagogisch Tätige, 0,8 MitarbeiterInnen in der Verwaltung und 0,3 MitarbeiterInnen im Bereich Haustechnik und Reinigung pro Einrichtung hochrechnen. Demgegenüber zeichnen sich Jugendkunstschulen durch eine relativ hohe Beteiligung ehrenamtlich Engagierter mit 3,2 Personen pro Einrichtung aus. Den größten Anteil stellen nach wie vor mit 81,8 % die freien MitarbeiterInnen im künstlerisch-pädagogischen Bereich, so dass Jugendkunstschulen als explizite Honorarkraftbereiche beschrieben werden können. Trotz der enormen Verschiedenheit der einzelnen Institutionsarten und Einrichtungskonzepte benennt Mechthild Eickhoff folgende grundlegende Strukturmerkmale und Prinzipien, die allen Jugendkunstschulen und kulturpädagogischen Einrichtungen gemein sind: Sparten- und Medienvielfalt; Vielfalt der Vermittlungsmethoden und Lernmilieus; Lebensweltorientierung; Partizipation von Kindern und Jugendlichen; Kooperation und Vernetzung mit anderen Jugend-, Bildungs-, Kultur- und Freizeiteinrichtungen (Eickhoff 2003, S. 12 f.).

Soziokulturelle Zentren: Im Gegensatz zu Jugendkunstschulen verfolgen Soziokulturelle Zentren einen Generationen übergreifenden Ansatz, ihre Angebote werden aber von einem hohen Prozentsatz an Kindern und Jugendlichen wahrgenommen. Laut Erhebungsergebnissen aus dem Jahr 2009 (Bundesvereinigung Soziokultureller Zentren e.V. 2011) zählen bundesweit insgesamt 460 Mitgliederinstitutionen zum Bundesverband Soziokultureller Zentren e.V., die in 13 Landesverbänden organisiert sind (siehe: www.soziokultur.de). Die immense Vielfalt der Einrichtungen in Bezug auf ihre unterschiedlichen Programm- und Organisationsstrukturen erschwert auch hier eine Charakterisierung. Die ersten Institutionen, die heute unter dem Sammelbegriff „Soziokulturelle Zentren" zusammengefasst werden, entstanden in den frühen 1970er-Jahren meist aus sozial-politischen Initiativen heraus mit dem Ziel eine „Gegenkultur" zu etablieren, die sich traditionellen Kulturangeboten und -orten widersetzt und neue Formen demokratischer und kultureller Teilhabe eröffnet. Regionale und lokale Bedingungen ebenso wie soziale, kulturelle und ökonomische Veränderungen formten eine facettenreiche Landschaft unterschiedlicher Einrichtungsarten und konzeptioneller Schwerpunkte, die heute einen festen Bestandteil der kulturellen Grundversorgung in Deutschland bilden. Neben Einzelveranstaltungen wie Konzerten und Lesungen finden sich kontinuierliche Kurse, Workshops, Beratungen etc. wie auch offene Angebote, in denen Materialien und Infrastruktur zur kreativen Eigenaktivität bereitgestellt werden. Kinder- und Jugendliche bilden eine Schwerpunktzielgruppe, auch wenn sowohl das Angebotsspektrum wie auch die Zielgruppenausrichtungen den Bereich der

Kinder- und Jugendkulturarbeit deutlich überschreiten und darüber hinaus beispielsweise Stadtteilarbeit oder interkulturelle Arbeit beinhalten. Evaluationsergebnisse aus dem Jahr 2006 (Krimmer und Ziller 2008, S. 10) belegen, dass etwa die Hälfte der Einrichtungen mit KJGH-Anerkennung als Träger der Freien Jugendhilfe zugeordnet werden kann (insgesamt 49 %). Dabei liegt ihr Anteil in den östlichen Bundesländern mit 70 % deutlich über den Ergebnissen aus dem Westen, wo nur 38 % diesen Status beanspruchen. Nur ein geringer Prozentsatz der Einrichtungen verweist bereits im Namen auf diese Zielgruppe, wie Peter Kamp 2005 aufzeigt, als 29 von damals insgesamt 450 Zentren eine Bezeichnung als Kinder- und Jugendkulturzentrum führten (vgl. Kamp 2005, S. 379). Zur Personalstruktur liefern die aktuellen Daten aus dem Jahr 2009 (Bundesvereinigung Soziokultureller Zentren e.V. 2011, S. 14) folgende Ergebnisse: Soziokulturelle Zentren leben zu einem Großteil vom Engagement Ehrenamtlicher (ca. 57 %) und weisen nur einen geringen Prozentsatz fest angestellter MitarbeiterInnen auf (ca. 10 %), die hochgerechnet einen Anteil von 5,3 sozialversicherungspflichtig beschäftigten Personen pro Einrichtung ausmachen, von denen wiederum knapp die Hälfte (42,61 %) Vollzeit beschäftigt ist. Ca. 27 % aller MitarbeiterInnen sind in unsicheren Arbeitsverhältnissen als geringfügig Beschäftigte, Honorarkräfte, Praktikanten etc. tätig. Charakteristisch für Soziokulturelle Zentren ist zudem ihre chronische Unterfinanzierung und der Finanzierungsmix, der öffentliche Förderungen von Kommune, Land und Bund bis hin zu selbstbewirtschafteten Einnahmen aus dem Gastronomiebereich sowie Spenden und Sponsoring einbezieht.

Neben den hier aufgezählten großen Verbänden und Einrichtungstypen ließen sich noch weitere Institutionen der Kinder- und Jugendkulturarbeit aufzählen, deren Einordnung etwa aufgrund fehlender förderrechtlicher Bestimmungen oberhalb der Ortsebene nicht weiter definiert ist oder die als Bestandteil der offenen Jugendarbeit eher einer OT-Finanzierung entsprechen (vgl. Kamp 2005, S. 381). Auch die kurze Darstellung der breitgefächerten Mitgliederstruktur des Dachverbandes BKJ kann nur erste Einblicke in dieses facettenreiche Tätigkeitsfeld liefern. Wie Birgit Mandel resümiert, ist die deutschlandweite Struktur an außerschulischen Einrichtungen und Angeboten der kulturellen Kinder- und Jugendarbeit auch im internationalen Vergleich bemerkenswert, doch es geht „… insgesamt nur ein Bruchteil der öffentlichen Kulturförderung von 8,5 Milliarden Euro in die kulturelle Bildung" (Mandel 2010, 2011, S. 12). Das „komplexe, unübersichtliche Netz an kommunalen, regionalen, staatlichen und privaten Trägern" (Kamp 2010, S. 381) und die unterschiedlichen Förderungen und Zuständigkeiten in den Bereichen Jugend-, Bildungs- und Kulturarbeit sind nur schwerlich zu durchdringen. Laut § 82 des Kinder- und Jugendhilfegesetzes (SGB VIII 1990) ist es Aufgabe der Länder „auf einen gleichmäßigen Ausbau der Einrichtungen und Angebote hinzuwirken", was den Bereich der Jugendarbeit betrifft. Obgleich alle Länder durch Landesausführungsgesetze zum KJHG gehalten sind, diesen Gestaltungsanspruch zu operationalisieren, zählt die Förderung Kultureller Bildung längst nicht zu den vorrangigen Pflichtaufgaben. Ihr Stellenwert und ihre Anerkennung scheint heute zwar unumstritten, dennoch bescheinigt die Enquête-Kommission des Deutschen Bundestags „Kultur in Deutschland" 2007 Kultureller Bildung noch immer ein „Umsetzungsproblem" (vgl. etwa: Taube 2011, S. 4; Kamp 2010).

Weitere Veränderungen des Arbeitsfeldes werden durch die Umstrukturierung des Bildungssystems und den Ausbau der Ganztagsschulen beeinflusst, die verstärkt Kooperationen zwischen schulischen und außerschulischen Institutionen bedingen. „Generell geht es um den Wandel von der Angebots- zur Kooperationsorientierung, strukturell um die Ausweitung vom einrichtungsbezogenen zum vernetzten Bildungsangebot" (Kamp 2010, S. 381) wie Peter Kamp zusammenfasst. Schon jetzt verändern sich Strukturen bzw. Angebotsprofile der außerschulischen Kinder- und Jugendkulturarbeit und neue Standortbestimmungen werden notwendig, die sich in den Positionspapieren der einzelnen Verbände konkretisieren (vgl. etwa: bjke 2005; Bundesvereinigung Soziokultureller Zentren e.V. 2003).

Literatur

Bundesverband der Jugendkunstschulen und kulturpädagogischen Einrichtungen e.V. (bjke) (Hrsg.). (1995). *Jugendkunstschulen im Überblick. Statistiken, Grafiken, Vergleiche*. Unna.

Bundesverband der Jugendkunstschulen und kulturpädagogischen Einrichtungen e.V. (bjke) (Hrsg.). (2003). *Jugendkunstschule. Das Handbuch*. Unna.

Bundesverband der Jugendkunstschulen und kulturpädagogischen Einrichtungen e.V. (bjke) (2005). *12 Positionen zur Kooperation mit Ganztagsschule*. http://www.bjke.de/cms/index.php?id=400. Zugegriffen: 15. Januar 2011.

Bundesverband der Jugendkunstschulen und kulturpädagogischen Einrichtungen e.V. (bjke) (Hrsg.). (2011). *Phantasie fürs Leben – Jugendkunstschulen in Deutschland. Ergebnisse der bundesweiten Datenerhebung 2007 des bjke e.V*. Unna.

Bundesvereinigung Soziokultureller Zentren e.V. (2003). *Positionen der Bundesvereinigung Soziokultureller Zentren e.V. zur Bildungsdebatte*. http://www.soziokultur.de/bsz/node/42. Beschluss der Mitgliederversammlung am 24.09.2003. Zugegriffen: 30. März 2011.

Bundesvereinigung Soziokultureller Zentren e.V. (2011). *Soziokulturelle Zentren in Zahlen. Auswertung der Statistikumfrage der Bundesvereinigung Soziokultureller Zentren e.V. 2009/2010*. Berlin.

Eickhoff, M. (2003). Warum Jugendkunstschulen. In Bundesverband der Jugendkunstschulen und kulturpädagogischen Einrichtungen e.V. (Hrsg.), *Jugendkunstschule. Das Handbuch* (S. 12–13). Unna.

Kamp, P. (2005). Kinder- und Jugendkulturarbeit in Jugendkunstschulen, Soziokulturellen Zentren, Jugendkulturzentren und vergleichbaren Einrichtungen. In U. Deinet, & B. Sturzenhecker (Hrsg.), *Handbuch Offene Kinder- und Jugendarbeit*. Wiesbaden.

Kamp, P. (2010). *Querschnittsaufgabe mit Lücken – Zur Finanzierung kultureller Bildung*. http://www.bpb.de/themen/Z6U0AQ.html. Veröffentlicht: 14. Dezember 2011. Zugegriffen: 14. März 2011.

Krimmer, H., & Ziller, C. (2008). *Soziokulturelle Zentren in Zahlen 2006/2007. Auswertung der statistischen Erhebung der Bundesvereinigung Soziokultureller Zentren e.V*. Berlin.

Mandel, B. (2010/2011). Top-Thema kulturelle Bildung. *Infodienst. Das Magazin für kulturelle Bildung, 2010/2011*(98), 11–13.

Taube, G. (2011). Einführung. In Bundesvereinigung Kultureller Kinder- und Jugendbildung e.V. (Hrsg.), *Kultur öffnet Welten. Mehr Chancen durch Kulturelle Bildung. Positionen und Ziele* (S. 4–5). Remscheid.

Abenteuerspielplätze

Rainer Deimel

Vergleichsweise spät etablierte sich die Idee des Abenteuerspielplatzes (ASP) in Deutschland.

Die erste Gründung eines Abenteuerspielplatzes – im Märkischen Viertel in West-Berlin – geschah im Umfeld der „Studentenbewegung" 1967. Ab Anfang der 70er-Jahre kam es dann zu einem förmlichen ASP-Boom; dies vornehmlich in West-Berlin, Hamburg und Nordrhein-Westfalen. Vor einem etwas anderen Hintergrund entwickelte sich in Baden-Württemberg zeitgleich der Typus „Jugendfarm". Inzwischen werden derartige Einrichtungen zum Teil auch als „Kinderbauernhöfe" bezeichnet. Man kann davon ausgehen, dass in Deutschland bis zur Wiedervereinigung etwa 400 ASP Plätze gegründet wurden. (4) In den neuen Bundesländern gab es kurz vor und vor allem nach der „Wende" ebenfalls eine Reihe von Abenteuerspielplatz-Gründungen. Man kann davon ausgehen, dass es gegenwärtig ca. 500 Abenteuerspielplätze und Kinderbauernhöfe in Deutschland mit ca. 1200 Beschäftigten gibt.

Ab Mitte der 70er-Jahre gab es in der Entwicklung in der seinerzeitigen Bundesrepublik eine Stagnation, die auf verschiedenen Ursachen basierte. Die erste „ASP-Generation" kam „in die Jahre". Eltern der Kinder, die bei den ursprünglichen Gründungen aktiv waren, zogen sich aufgrund des Älterwerdens ihrer Kinder zunehmend zurück; der Elan der Initiativen ließ nach. Ferner hatten zahlreiche Kommunen erkannt, dass ein Abenteuerspielplatz durchaus in der Lage ist, die Jugendhilfelandschaft in der Stadt in besonderem Maße zu bereichern. Dementsprechend kam es zu Gründungen durch die Kommunen selbst bzw. übernahmen diese vormaligen Initiativenplätze. Die meisten Abenteuerspielplätze – auch die aus der Gründerzeit – existieren bis heute. Bislang ist nicht gelungen, diese Einrichtungen per Gesetz in Bestand und Ausstattung abzusichern. Ohne dass es seitens der Politik

---

Rainer Deimel ✉
ABA Fachverband Offene Arbeit mit Kindern und Jugendlichen e.V., Clarenberg 24,
44263 Dortmund, Deutschland
e-mail: rainerdeimel@aba-fachverband.org

inhaltliche Zweifel an der Arbeit von Abenteuerspielplätzen und Kinderbauernhöfen gibt, mangelt es häufig an ausreichender Unterstützung; so ist die sehr unterschiedliche Ausstattung mit Personal und Material erklärlich.

Der Begriff „Bauspielplatz" greift in der Regel – konzeptionell betrachtet – zu kurz; einem weiteren partiell verwandten, nämlich „Aktivspielplatz", soll widersprochen werden: Kinderspiel ist immer aktiv, unabhängig vom Ort des Geschehens. Insofern soll dieser Pleonasmus, der letztlich gegenüber kindlichem Spiel reichlich arrogant wirkt, hier nicht verwandt werden. „Abenteuer" hingegen kommt dem Gewünschten und Gemeinten sehr entgegen (vgl. Deimel 2010).

85.1 Sachliche und fachliche Standards von ASP Arbeit

Grundvoraussetzung für einen Abenteuerspielplatz ist ein ausreichend großes Gelände. In früheren Dokumenten wurde regelmäßig ein Grundstück in der Größe von 3000 bis 10.000 m^2 empfohlen. In der Praxis gibt es hiervon logischerweise Abweichungen. Gleichwohl entsprechen die meisten Plätze nach wie vor den genannten Größenordnungen. Zum Vergleich: Die kleinsten Spielplätze arbeiten auf einem Grundstück von etwa 1500 m^2. Es gibt ebenso Plätze mit einem Ausmaß von über 20.000 m^2. Hieraus auf die Qualität zu schließen, ist unangebracht. Es liegt allerdings auf der Hand, dass ein Platz umso mehr Angebote und Bereiche integrieren kann, je mehr Fläche vorhanden ist.

Grundvoraussetzung für einen Abenteuerspielplatz ist neben einem ausreichend großen Gelände ein Gebäude, das sowohl ganzjährige Präsenz von Personal zu garantieren vermag, als auch Gelegenheiten zum Rückzug bietet und für Projekte und andere spezielle Aktivitäten geeignet ist, zu denen man ein Haus benötigt.

Ein Spielplatzhaus sollte nicht kleiner als 200 m^2 sein. Im Spielplatzhaus befinden sich neben den sanitären Anlagen und einer Planungs- und Verwaltungseinheit (Büro) diverse – nach Möglichkeit multifunktionale – Räumlichkeiten, z. B. eine große Küche, Gruppen- und Werkräume (Holz, Metall, Fahrräder, Fotolabor, diverse andere Medienräume usw.), Tobe-Ecken, Theaterbühne bzw. variable Bühnenelemente. Für den Fall des Einsatzes tiergestützter Pädagogik gehören Stallungen dazu, die eine artgerechte Tierhaltung ermöglichen. Jeder Abenteuerspielplatz und jeder Kinderbauernhof benötigt ausreichend witterungsunabhängigen Lagerraum, um bedürfnis- und bedarfsgerecht Materialien für alle möglichen Aktivitäten vorhalten zu können. Zu den Standards gehören ferner ein möglichst großer Hüttenbaubereich,) eine oder mehrere Feuerstellen, Sportfelder, Wasserbereiche, Sandbereiche sowie die Kombination aus beidem, Wasser und Sand (= Matsch). Je nach Konzept und Schwerpunkten wird die Raumstruktur ergänzt. Derartige Ergänzungen können sein: Biotope verschiedener Art, Gärten, Weiden und Wiesen bei Tierhaltung, Theaterbühne, begeh- und bespielbare Skulpturen sowie Dächer, Kletterwände. Kindlichen Bedürfnissen entsprechend haben sich künstlich oder natürlich modellierte Grundstücke als äußerst attraktiv erwiesen.

Ein Abenteuerspielplatz oder Kinderbauernhof, der nicht nur verbale Unterstützung durch die örtliche Politik findet, verfügt in der Regel über mindestens zwei volle pädagogische Fachstellen, dies zum Teil in diversen Variationen, beispielsweise dergestalt, dass das Arbeitsstundenkontingent auf mehrere Personen verteilt ist. Es gibt ferner Plätze, die mit drei oder auch vier vollen Stellen arbeiten. Immer wieder erweist sich die Organisation eines Platzes als problematisch, wenn ausschließlich mit Honorarkräften gearbeitet wird, was in Einzelfällen ebenfalls geschieht. Ergänzt wird normalerweise das Kernteam durch Honorar- und Teilzeitkräfte, Berufs- und andere Praktikant(inn)en.

Die Aufgabenpalette für ein Team ist in allen Fällen sehr groß. Zahlreiche Praktiker(innen) haben sich im Laufe ihrer Tätigkeit zu Expert(inn)en für mannigfaltige Obliegenheiten entwickelt, vom Spielen über Kultur, handwerklichem Können, Tierhaltung und -zucht und anders mehr. Allen gemeinsam ist die Rolle als – zeitweilig wichtigste – Bezugsperson für die Kinder, die regelmäßig die Plätze aufsuchen. Sie bieten Schutz und Geborgenheit, leben Vertrauen, bestärken die Kinder in ihren Fähigkeiten und Fertigkeiten und bieten sich gleichfalls als Erwachsene außerhalb des Elternhauses und der Schule als „Projektionsfläche" und „Konfliktpartner(in)" an, als eine Persönlichkeit, an der man sich reiben und mit der man erleben kann, wie man allmählich erwachsen wird. Auch die Funktion als regelmäßig breit akzeptierte soziokulturelle Anlaufstelle im Stadtteil verdient eine gesonderte Erwähnung. Mitarbeiter(innen) auf Abenteuerspielplätzen sind daneben Milieukonstrukteure, Animateure, Lobbyisten – ebenso haben sie ein Verständnis und Handlungsmöglichkeiten bezüglich kindlicher Partizipation zu entwickeln. Das bezieht sich sowohl auf die jeweilige Platzgestaltung und -programmatik als auch auf Stadt- bzw. Stadtteilbelange.

85.2 Zielgruppen der ASP Arbeit

Aus Letztgenanntem lassen sich Rückschlüsse auf die Zielgruppen der Abenteuerspielplätze und Kinderbauernhöfe ziehen; dass diese sich Kindern im Schulalter ganzjährig zur Verfügung stellen, liegt in ihrer ureigensten Natur. In seltenen Fällen nehmen Plätze klare Altersabgrenzungen vor, und so wird erlebt, dass es zeitweise auch Vorschulkinder sind, die die Plätze aufsuchen und sich dort spielend betätigen. Auch nach oben hin ist die Altersgrenze meist nicht starr; vielfach auch gar nicht einhaltbar, da der Abnabelungsprozess von einer geliebten Einrichtung zahlreichen jungen Menschen sehr schwer fällt. Einige Einrichtungen machen aus dieser „Not" gar eine Tugend. So ist bekannt geworden, dass ein Bielefelder Abenteuerspielplatz nach der täglichen Schließungszeit das Spielplatzhaus Jugendlichen, die früher als Kinder zu den Stammbesuchern des Platzes zählten, als Treffpunkt zur Verfügung stellte. Dieses Verfahren war solange über einen Kontrakt mit den Betreffenden geregelt – sie hatten quasi Schlüsselgewalt –, bis sich ihr Bedarf wieder in eine andere Richtung entwickelte. Als willkommener Nebeneffekt konnten abendliche Zerstörungen drastisch gesenkt werden, da über einen Identifikations-Effekt die Jugendlichen gleichermaßen darüber wachten, dass Übergriffe während ihrer Anwesenheit nicht mehr stattfinden. Es gibt auch Plätze, die aus sich aus der Gruppe der aus der Arbeit „herausgewachsenen Kindern" Mitarbeiternachwuchs heranziehen. Nicht selten übernehmen diese dann als Jugendliche oder junge Erwachsene spezielle Aufgaben als Honorarkräfte bzw. Ehrenamtliche, etwa in der Tierpflege oder beim Hüttenbau.

Neben den jungen Menschen zählen seit etlichen Jahren auch zunehmend Erwachsene zum unmittelbaren Klientel der Plätze – über die bereits erwähnte Begleitung junger Kinder hinaus. Mehrheitlich handelt es sich dabei um Mütter. Diese Situation darf nicht mit dem Wunsch nach ehrenamtlichem Engagement verwechselt werden. Sicher lassen sich „Stamm-Mütter" auch gern zu besonderen Anlässen, wie etwa Festlichkeiten, einbinden. Motivation ihres alltäglichen Besuchs ist allerdings primär eigener Kommunikationsbedarf. Zum Teil geht es auch darüber hinaus; suchen nicht wenige Mütter oder auch andere Erwachsene Rat und Hilfestellung in lebensproblematischen Situationen. Diesem Bedarf wird häufig unkonventionell, befriedigend und einigermaßen kostenneutral begegnet. In gewissem Maße sind es auch Väter, die die Plätze aufsuchen. Je nach Einbindung in den Stadtteil können es auch noch andere Personen sein, die zum Alltag eines Platzes dazugehören, etwa der Rentner, der Freude dabei verspürt, sich um Stallungen, Tiere oder die Pflege von Gärten zu kümmern, Schulklassen einschließlich ihrer Lehrer(innen), die die Jugendhilfeeinrichtung als geeigneten Raum zur Durchführung ihrer Projekte entdeckt haben, usw.

Zu den seit langem gültigen Prämissen und Zielen der Abenteuerspielplatzarbeit, nämlich Bildung und Gesundheitsförderung im salutgenetischen Sinne, hat sich somit der Aspekt der Familienunterstützung zunehmend zu einem weiteren konzeptionellen Schwerpunkt der Spielplätze entwickelt. Abenteuerspielplätze und Kinderbauernhöfe bereichern somit die Szene der soziokulturellen Arbeit auf geeignete Weise.

85.3 Ziele der ASP Arbeit

Die typischen Ziele von Abenteuerspielplätzen und Kinderbauernhöfen lassen sich folgendermaßen skizzieren: Die Plätze bieten ein hervorragendes Übungsfeld der Emanzipation; dies in Bezug auf die Geschlechter, auf ethnologische Abstammung sowie soziale Herkunft. Da es auf den Plätzen nicht um Leistungszwänge, sondern um vielfältige kognitive, motorische, soziale, kreative und andere Erfahrungsgelegenheiten geht, wirken sie – im Gegensatz zu vielen anderen Einrichtungen – außerordentlich integrativ, ohne dabei Unterschiede leugnen zu wollen, im Gegenteil betrachten sie Vielfalt als echten Gewinn. Diese Sichtweise trägt in besonderer Weise zur Qualität dieses Konzepts bei. Sie fördern das Vertrauen in sich selbst und andere durch Gruppenerlebnisse, Selbst- und Grenzerfahrungen. Abenteuerspielplätze und Kinderbauernhöfe bieten mannigfaltige Felder der Kreativität und fördern die soziale, körperliche und geistige Entfaltung. Sie tragen entscheidend zum Aggressionsabbau bei, einem Erfordernis, dem in einer offensichtlich gewaltbereiten Lebenswelt ausreichend Platz eingeräumt werden muss. Der Einrichtungstypus Abenteuerspielplatz und/oder Kinderbauernhof leistet in seiner Zielsetzung bei seiner Klientel einen nicht unerheblichen Anteil an Bildungsarbeit (vgl. Trepte 2009). Eine besondere Chance und einen entsprechenden Erfolg dieser Form von Bildungsarbeit bietet der permanente Transfer-Effekt, den dieser handlungsorientierte pädagogische Ansatz beinhaltet. Ein Beispiel hierfür ist die kindgemäße Auseinandersetzung mit ökologischen Inhalten. Die Praxis liefert hierfür und für andere Komplexe umfangreiche Dokumente.

85.4 Potenziale der ASP Arbeit

In der sogenannten „Freiburger Studie" wurde einmal mehr bestätigt, dass Kinder, wenn sie Gelegenheit dazu bekommen, das Spielen draußen einer domestizierten Freizeitgestaltung vorziehen. Die bevorzugten Spielräume sollen zudem relativ wohnungsnah erreichbar sein. Diese Erkenntnis korrespondiert mit der langjährigen Erfahrung von Abenteuerspielplätzen; dies selbst in Phasen feuchter und kalter Witterung. Die Ursachen für das vor allem von der Politik erhobene Lamento über zunehmend bewegungs-, sozial-, motorisch- und anderweitig unfähige Kinder sind dementsprechend „hausgemacht", d. h. Kindern wird wider besseres Wissen häufig das, was sie für eine gesunde Sozialisation benötigen, schlicht vorenthalten. Selbst völlig „marktkonforme" Politiker(innen) sind auf mittlere bzw. längere Sicht hin schlecht beraten, wenn sie kindlichen Bedarf individualisieren oder ignorieren. Aus fachlicher Sicht lässt sich feststellen, dass es zu Abenteuerspielplätzen und Kinderbauernhöfen in einer zunehmend urbanisierten, häufig an den Lebensinteressen von Menschen vorbeigeplanten Umwelt bislang keine Alternative gibt. Dies gilt auch für den Ausbau von Grund-, Haupt- und anderen Schulen zu Ganztagsschulen: Denkbar wäre regelmäßig die zumindest partielle Umgestaltung bisheriger Schulhöfe zu Abenteuerspielplätzen. Zwischenzeitlich kann diesbezüglich auf ein paar mehr oder weniger beachtliche Träger bzw. Einrichtungen geblickt werden, die damit begonnen haben.

Pionierarbeit hat zum Beispiel die Laborschule Bielefeld geleistet, die neben anderen Lernfeldern, wie einem Garten, einen Bauspielplatz eingerichtet hat. In dem in Entwicklung befindlichen Kontext Ganztagsschule haben sich Träger der Offenen Kinder- und Jugendarbeit in Nordrhein-Westfalen angeschickt, Abenteuerspielplätze an Schulen zu entwickeln. Erwähnt werden sollen hier beispielsweise der Evangelische Verein zur Förderung von Schülerinnen und Schülern in Oberhausen sowie die Jugendfarm Bonn e.V. Beide Träger sind mittlerweile an etlichen Schulen aktiv. Nicht ganz einfach ist es, den Charakter der Offenen Arbeit in diesen Zusammenhängen aufrecht zu erhalten; dieses Ziel haben allerdings beide genannten Träger nicht aus dem Auge verloren.

Literatur

Blinkert, B. (2003). Die Bedeutung des Wohnumfeldes für das Heranwachsen junger Menschen – Städte brauchen außerhäusliche Aktionsräume. http://www.aba-fachverband.org/index.php?id=176&no_cache=1&sword_list[]=Freiburger. Zugegriffen: 11.04.2011.

Deimel, R. (2010). Was haben Abenteuerspielplätze mit Abenteuer zu tun? http://www.aba-fachverband.org/index.php?id=1289. Zugegriffen: 12.10.2010.

Trepte, I. (2009). Wo die wilden Kinder spielen. Ein Versuch mit einem erweiterten Bildungsbegriff in der Spielplatzarbeit umzugehen. http://www.aba-fachverband.org/index.php?id=1014. Zugegriffen: 04.06.2009.

Spielmobile   86

Rainer Deimel

Die ersten Spielmobile rollten Ende der 60er-/Anfang der 70er-Jahre in Köln, München und Berlin. Der Höhepunkt der Spielmobilgründungen fiel in das Jahr 1979, das von der UNO deklarierte „Jahr des Kindes". Derzeit existieren in Deutschland etwa vierhundert Spielmobile (vgl. BAG Spielmobile 2011). Die größte Dichte davon verzeichnet Nordrhein-Westfalen mit etwa hundert Projekten, gefolgt von Sachsen, Bayern und Baden-Württemberg.

Das Spielmobil erschließt vor allem aufgrund seiner Mobilität in besonderer Weise Kindern in der Stadt und auf dem Lande Auseinandersetzungs- und Aneignungschancen. Damit kommt ihm eine erhebliche Funktion in Bezug auf den Bildungserwerb von Kindern zu. Des Weiteren erfahren die NutzerInnen quasi „nebenher" eine nicht zu unterschätzende Gesundheitsförderung; dies vor allem vor dem Hintergrund der Außenaktivitäten und der motorischen Angebote. Dieter Baacke machte im Aktivwerden des Spielmobils den Versuch einer „Gegeninszenierung" (Baacke et al. 1990, S. 20) aus, eine „inszenierte Begegnung von Pädagogen und Kindern" (Baacke et al. 1990, S. 20 f.), in der versucht wird, einen Zusammenhang „zwischen Gegenseitigkeit, Körperlichkeit, Ganzheitlichkeit (und) Rhythmus" (ebd.) herzustellen und das „Gefühl für Freiheit und Bewegung ... wieder hereinzuholen" (ebd.). Über dieses – möglicherweise grundsätzliche – Basisverständnis der Spielmobilarbeit hinaus existiert eine ausgesprochene Breite an Konzepten, Aktivitäten, Aktionsorten, Strukturen, Trägerschaften, Zielgruppen und MitarbeiterInnen-Konstellationen.

Aufgrund der genannten Mobilität sind Spielmobile hinsichtlich ihres Einsatzortes relativ unabhängig. Regelmäßig finden die Aktionen von Spielmobilen auf Spiel- und anderen Plätzen, in Parks sowie auf Schulhöfen und dergleichen statt. Darüber hinaus sind öffentliche Straßen und Plätze als Aktionsorte zu verzeichnen, sofern seitens des Spielmo-

Rainer Deimel ✉
ABA Fachverband Offene Arbeit mit Kindern und Jugendlichen e.V., Clarenberg 24,
44263 Dortmund, Deutschland
e-mail: rainerdeimel@aba-fachverband.org

bils eine adäquate Veranstaltung durchgeführt wird bzw. wenn jenes sich an einer solchen beteiligt.

86.1 Fahrzeuge

Die Bandbreite der möglichen Vehikel erstreckt sich vom „Bauchladen" bzw. Bollerwagen über Velo-Mobile, PKW mit oder ohne Anhänger, Bauwagen, Kleintransporter wie Kleinbusse und diverse LKW-Typen bis hin zu ausgebauten Tiefladern und umfunktionierten Linienbussen. Während die kleinen Mobile in erster Linie als Transporter dienen, die die erforderlichen Materialien zu den Aktionsorten zu schaffen, um dort dann im Außengelände eine kindgerechte Spiellandschaft zu konstruieren, zeichnen sich die Großfahrzeuge dadurch aus, dass diese darüber hinaus selbst bespielbar sind. Die umfunktionierten Linienbusse dienen als mobile Räumlichkeiten, die auch einen ganzjährigen Einsatz zu gewährleisten imstande sind. Ausgerüstet sind sie mit Spiel-Tobe- und Bastel-Ecken, Kochnischen usw.

Eine spezielle Rolle spielen innerhalb der „Szene" solche Spielmobile, die sich ausschließlich auf Programmangebote bzw. auf die Durchführung einzelner zeitlich befristeter Projekte beschränken. Solche treten entweder mit eigenen Programmen in der Stadt auf, oder aber sie lassen sich in Veranstaltungen anderer Organisatoren einbinden.

An dieser konzeptionellen Schnittstelle der Spielmobilarbeit driften die fachlichen Positionen nicht selten auseinander. Kritisiert wird beispielsweise eine mangelnde Kontinuität oder der Umstand, solche sporadischen Angebote könnten zweckentfremdend gebraucht; eignen sie sich z. B. auch für die Selbstdarstellung von PolitikerInnen (auf „Stimmenfang") oder als Werbeträger der Wirtschaft.

86.2 Funktionen und Strukturen

Die Wirkung des Spielmobils steht immer im Zusammenhang mit seiner konzeptionellen Absicht, den Aktionsorten und -zeiten sowie den Fähigkeiten und Fertigkeiten des Personals. Das Spielmobil findet seinen Stellenwert nicht selten im Spannungsfeld zwischen „sozialer Bezirksfeuerwehr" und „Animation". Ein Großteil der Spielmobile wird nach einem festgelegten „Fahrplan" betrieben. Dieser ist entweder wochen- oder tageweise organisiert, was bedeutet, dass das Spielmobil beispielsweise über eine Woche lang an einem bestimmten Ort in der Stadt präsent ist, oder es befindet sich an bestimmten Wochentagen an im Stadtteil bekannten Stellen. Nicht selten schließt das Spielmobil Lücken in der sozialen Infrastruktur solcher Gebiete, in denen andere – stationäre – Angebote fehlen, bzw. es ergänzt sie auf sinnvolle und kooperative Art und Weise.

Die Politik der Träger spiegelt sich in der Regel in den beschriebenen Aktionsmerkmalen der Spielmobile wider. Ein Spielmobil kann sowohl als qualifizierter Ersatz für ein unzureichendes stationäres Angebot betrieben werden als auch aufgrund des hohen experimentellen Charakters eine gelungene kulturpädagogische Ergänzung der Jugendarbeitslandschaft sein. Darüber hinaus darf nicht zu Unrecht befürchtet werden, dass ein Spielmobil auch dazu dienen kann, die Realisierung stationärer Einrichtungen zu verhindern; hierzu reizen nicht zuletzt die relativ niedrigen Kosten und der sehr variable und daher öffentlichkeitswirksame Präsenzwert. Etwa die Hälfte der Spielmobile in Deutschland befindet sich in kommunaler Trägerschaft, die andere Hälfte wird von freien Trägern unterschiedlicher Couleur organisiert (vgl. BAG Spielmobile 2011).

Der Aktionsort ist naturgemäß nicht von der Wirkung der Einrichtung zu trennen, ob es sich nun um einen Park handelt, einen Spielplatz, der durch das Spielmobil belebt wird, oder einen Schulhof, der ansonsten nachmittags ungenutzt wäre. Mögliche Kooperationspartner spielen dabei ebenfalls eine Rolle, etwa ein Abenteuerspielplatz oder eine Schule. Gerade auch der Trend zu Ganztagsschulen lässt solche Kooperationen und Vernetzungen immer sinnvoller werden. Sollte das Spielmobil organisatorisch an eine stationäre Einrichtung angebunden sein, kann hierin eine hervorragende Chance gesehen werden, die Reichweite dieser Einrichtung nicht unbeträchtlich zu erweitern. Feststellbar ist ferner, dass Spielmobile aktiv an der Organisation und Durchführung von Ferien-Betreuungsmaßnahmen beteiligt sind. Dies korrespondiert mit einer immensen Nachfrage seitens der Eltern.

In keinem anderen Einrichtungstyp der Kinder- und Jugendarbeit ist die Problematik unzulänglicher Personalkontinuität derart evident wie beim Spielmobil. Zur Gründungszeit der meisten Spielmobile war deren Betreiben mit ABM-Kräften geradezu obligatorisch. Die Personalsituation hat sich partiell verbessert, allerdings kann festgestellt werden, dass insgesamt gesehen die personelle Absicherung zahlreicher Spielmobil-Projekte völlig unzureichend ist.

86.3 Konzeptionelle Essentials

Die Bundesarbeitsgemeinschaft Spielmobile (2011) beschreibt Spielmobile als „Werkstätten der Phantasie", die Farbe in den Alltag der erreichten Kinder bringen. Angeführt werden darüber hinaus u. a. folgende Aspekte:

- Abwesenheit von Leistungsdruck
- Förderung sozialen Lernens
- Räumliche Nähe zu den Nutzer(inne)n
- Rückeroberung von Spielräumen und Belebung von Spielorten
- Differenzierte Spielangebote
- Aufzeigen von Alternativen.

Während des 39. Internationalen Spielmobilkongresses 2010 im Ruhrgebiet wurden die aktuellen konzeptionellen Herausforderungen für die Spielmobilarbeit an etlichen Stellen explizit aufgezeigt und herausgearbeitet. Benedikt Sturzenhecker beispielsweise machte deutlich, was Kinder in differenzierten Lebenslagen gegenwärtig brauchen und was Spielmobile ihnen diesen Erfordernissen entsprechend bieten können. Mit Blick auf körperliche, soziale und kompetenzenförderliche Selbstwirksamkeitserfahrungen kann festgestellt werden, dass sie zahlreiche und vielfältige Erfahrungsangebote schaffen, Chancen ermöglichen, sich in Gruppen entfalten zu können; dies im Rahmen einer differenzierten Variationsbreite von Aktivitäten. Dazu erforderlich sind engagierte und kompetente Fachkräfte, Beziehungsangebote, hilfreiche Rückmeldungen an die Kinder und die Berücksichtigung ihrer Anliegen und Interessen; ferner die Vermittlung in Sachen Integration, beispielsweise durch entsprechende Gruppenangebote. Ein weiterer Aspekt ist der von Erfolgserfahrungen. Das bedeutet für die Arbeit beim Spielmobil, den Kindern Gelegenheiten zu schaffen, sich ohne Leistungsdruck einbringen zu können und ihnen Unterstützung zu gewähren, ihre Kompetenzen und Potenziale realisieren zu können und ihnen entsprechende Rückmeldungen zu geben.

86.4 Zielgruppen

Die klassische Zielgruppe des Spielmobils sind nach wie vor Kinder im Schulalter. Ob in der Praxis Gewicht auf soziokulturelle Aspekte gelegt wird bzw. gelegt werden kann, hängt primär vom Aktionsort ab, d. h. dieser entscheidet darüber, ob andere Altersgruppen – etwa Eltern – in die Arbeit einbezogen werden können. Werden zusätzliche Räumlichkeiten bei der Spielmobil-Arbeit genutzt, kann die Präsenz anderer Gruppen durchaus als Bereicherung angesehen werden. Das gilt vor allem bei freundlichem Wetter für Spiel- und Bewegungsräume sowie Kommunikationsecken im Freien.

In aller Regel haben Spielmobile einen großen Freizeitwert für deren BenutzerInnen; dies vor allem in dem Sinne, dass experimentellen Erfahrungen eine hohe Bedeutung zukommt. Denn Kinder haben immer weniger Gelegenheit zur eigenen Erfahrung in grobmotorischer wie künstlerischer Hinsicht. Spielmobile haben sich somit zu einem gelungenen Konzept im Sinne von Bildungs- und Gesundheitsförderung etabliert. Wie kaum eine andere Einrichtung haben Spielmobile durch die Besonderheit ihrer Mobilität die Möglichkeit, öffentliche soziale Orte zu konstruieren, die gestaltbar und verschiebbar sind und zur „Ich-Bekundung" (vgl. Langhanky 1996) taugen; sie haben die Chance, Räume der Öffnung zwischen Intimität und Öffentlichkeit entstehen zu lassen. Sie helfen Kindern, sich in der Öffentlichkeit mit ihren Problemen und Wünschen gemeinschaftlich darstellen zu können; dort könnten sie imstande sein, Räume der Sozialität zu organisieren. Vorstellbar ist ferner, dass sie in das Management der Quartiersplanung und -organisation mit einsteigen, sich in die Quartiers- und Stadtplanung einmischen und Nischen, die es unbedingt zu erhalten gilt, zu verteidigen.

86.5 Professionelle Spielmobilarbeit

Spielmobilarbeit muss – wie alle anderen Formen und Angebote der Offenen Arbeit mit Kindern und Jugendlichen – professionell geleistet werden (vgl. Deimel 2010), das bedeutet, Spielmobilarbeit in Bezug auf wissenschaftliches Wisse zu konzipieren, durchzuführen und zu reflektieren. Zur Kompetenz der Fachkräfte gehört auch die Fähigkeit zur Organisation. Das bedeutet, dass die Spielmobilarbeit über eine Fülle an Anregungen und Material verfügt, Räume organisiert, die von den Kindern angenommen werden können, ausreichend Zeit für entspannte Spielprozesse vorhanden ist und anderes mehr. Zur Organisationskompetenz der PädagogInnen gehört es, unter möglichst umfassender Beteiligung der Kinder einen Rahmen zu entwickeln, der ihren Interessen entspricht professionelle Aufgabe ist auch die bewusste Gestaltung der Beziehungen zwischen Fachkräften und teilnehmenden Kindern. Vor diesem Hintergrund gewährt Spielmobilarbeit Unterstützung und hilft bei der Entfaltung von Potenzialen und Kompetenzen der Teilnehmenden.

Ein weiterer Aspekt professionellen Denkens und Handelns ist die Übernahme von Lobbyarbeit. In diesem Zusammenhang spielt die Dolmetscherrolle, die PädagogInnen zu übernehmen haben, eine wichtige Rolle. Sie „begreifen" einerseits Interessen der Kinder, um sie in die jeweilige Arbeit integrieren zu können, andererseits transportieren sie ihre Erkenntnisse nach außen in den Sozialraum und die verantwortliche Politik, um so das Klima für das Aufwachsen junger Menschen insgesamt verbessern zu helfen.

Literatur

Baacke, D., Sander, U., & Vollbrecht, R. (1990). *Lebenswelten sind Medienwelten*. Bd. 1. Opladen.

Bundesarbeitsgemeinschaft (BAG) Spielmobile. (2011). Spielmobile im deutschsprachigen Raum. http://spielmobile.de/spielmobile/spielmobile-im-deutschsprachigen/. Zugegriffen: 29.12.2011.

Deimel, R. (2010). Was meint Professionalität in der Offenen Arbeit. *Offene Jugendarbeit*, *2010*(4), 5–9.

Langhanky, M. (1996). Die Abseitsfalle der Straßenkinder. *FORUM für Kinder- und Jugendarbeit*, *1996*(3), 24–29.

Intergenerative Einrichtungen in der Offenen Kinder- und Jugendarbeit

87

Jörn Dummann

87.1 Intergenerativer Kontakt

Im Jahr 2030 werden in Deutschland nur noch rund 77 Mio. Einwohner leben (Rückgang gegenüber 2005 um mehr als 5 Millionen Personen, −6,4 %). Dies zeigt sich am deutlichsten in der Gruppe der unter 20-Jährigen: Im Jahr 2030 werden voraussichtlich fast ein Viertel weniger Kinder und Jugendliche in Deutschland leben als 2011.

Der inzwischen vielschichtig wahrgenommene demografische Wandel wirkt sich auch auf intergenerative Kontakte aus. Die Häufigkeit solcher Kontakte nimmt kontinuierlich ab. 2005 wohnten in 1 % der Haushalte Eltern mit Kindern, deren Großeltern sowie in seltenen Fällen deren Urgroßeltern zusammen, 2008 nur noch 0,6 %. 2005 wohnten nur in rund 31 % der Haushalte zwei Generationen unter einem Dach zusammen. Dieser Trend, dass Generationen im familiären Kontext sinkend in Kontakt treten, ist bis dato weiter festzustellen. Der innerfamiliäre intergenerative Kontakt wird sich weiter rückläufig zeigen. Die Annahme, dass der intergenerative Kontakt zwischen Senioren und Jugendlichen durch die Zunahme von Senioren kausal zunehmen wird, ist nicht begründbar. Denn es ist eher ein Trend feststellbar, welcher hin zu Senioren-Peers geht: Wohn- und Angebotsprojekte explizit für Senioren; Schaffung von Sozialstrukturen, welche auf hohe Altersgruppen ausgerichtet sind; Unabhängigkeit in der Lebensführung von jüngeren Generationen. Dieser Trend festigt die Generationen in ihren jeweiligen Peers, was einen intergenerativen Kontakt oder gar Austausch aus Perspektive der jeweiligen Generationen vorerst irrelevant erscheinen lässt.

Die durch den demografischen Wandel hervorgerufenen Verschiebungen werden spürbare strukturelle Veränderungen in den Arbeitsfeldern der Sozialen Arbeit nach sich ziehen

Prof. Dr. Jörn Dummann ✉
Fachbereich Sozialwesen Münster, Fachhochschule Münster, Neubrückenstraße 38,
48143 Münster, Deutschland
e-mail: dummann@fh-muenster.de

müssen. Es gilt, nicht ausschließlich die negativen Aspekte dieses demografischen Wandels, sondern auch die daraus entstehenden Möglichkeiten aufzuzeigen – wie beispielsweise dem intergenerativen Kontakt innerhalb der OKJA.

87.2 Pädagogischer Generationenbegriff

Generationenbegriffe lassen sich vielfältig und differenziert beschreiben. Für die OKJA ist die Perspektive des pädagogischen Generationenbegriffs relevant. Es ist fällig, ob der zu Bildende jünger oder älter ist als der Bildende. Dieser Ansatz öffnet der OKJA neue Dimensionen für intergenerative Kontakte sowie intergeneratives Lernen. Denn nach diesem Ansatz geht es keinesfalls um einen einseitigen Wissenstransfer von alt zu jung in bewährten Zeitzeugengesprächen und ähnlichen etablierten Angeboten innerhalb der OKJA. Vielmehr gilt es zu eruieren, welche Wissensbestände in welche Altersrichtung fließen können. Wer lehrt wen? Und mit welcher Methode wird gelehrt? Dazu kann die OKJA auf die ihr bekannten informellen und nonformalen Settings zurückgreifen oder sich trauen, curricular geprägte Angebotsstrukturen mit einfließen zu lassen, ohne ihre Charakteristika (siehe Abschn. 87.4) zu vernachlässigen.

87.3 Wissensbestände

Heutige Risiken in Bezug auf das private Leben sowie die Berufstätigkeit unterscheiden sich in Art und Ausmaß von Risiken vergangener Jahre. Die neuen Risiken stellen Herausforderungen dar, sich ständig auf neue Situationen einstellen zu müssen. Eine solche Risikogesellschaft ist versicherungslos und kaum kalkulierbar. Die Gesellschaftsrisiken brechen nicht mehr schicksalshaft über unsere Gesellschaft ein (wie z. B. in damaligen Zeiten durch Hungersnöte), sondern beruhen auf Entscheidungen, die durchaus technisch-ökonomische Vorteile vor Augen haben. Die Jugend, welche sich auf ständig neue Trends und Entwicklungen einstellt, mag mit diesem Verhalten als fluktuativ wahrgenommen werden. Damit wird jedoch nur die erforderliche und sinnvolle Reaktion der Jugend auf eine Gesellschaft wahrgenommen, in eben welcher sie sich ständig neu zu orientieren hat. In unserer Risikogesellschaft muss der Zugang bzw. Verbleib in das gesellschaftliche Funktionssystem ständig neu errungen werden. Darüber hinaus haben sich Jugendliche in einer Wissensgesellschaft zurechtzufinden, in welcher sie aus einer Informationsflut ständig zu filtern haben. In einer Wissensgesellschaft aufzuwachsen birgt nicht nur den positiven Aspekt, auf diverse Informationsquellen zugreifen zu können, sondern auch die besondere Herausforderung, die Quellen als wahr, unwahr, relevant, publizistisch, lenkend oder authentisch einstufen zu müssen. Nicht mehr die mündliche Tradierung durch eine ältere Generation oder Papierquellen alleine sind als Quellen zu prüfen; neue Medien (Internetpublikationen, Foren, Soziale Netzwerke, Wikis etc.) ergänzen diese traditionellen Quellenangebote um ein Vielfaches. Die neuen Quellen ergänzen und ändern rasant und stetig ihren Wissensfundus und definieren Wissensbestände stetig neu. Längst nicht alle Wissensbestände können daher weiterhin durch Generationenerfahrungen tradiert werden. Im Bereich der neuen Medien schaffen sich Jugendliche eigenständig Wissensbestände.

Auf Dauer sind nur solche Wirklichkeitskonstrukte tragbar, die von einer Verständigungsgemeinschaft geteilt werden. Die älteren Generationen können sich die den Jugendlichen bereits vorliegenden Wissensbestände auf zwei Weisen aneignen: 1) Erschließung durch traditionelle Lernformen oder 2) Jugendliche als Lehrende zuzulassen. Letztere Variante stellt die Weitergabe von Wissensbeständen innerhalb des beschriebenen pädagogischen Generationenbegriffes dar: die Entkoppelung des Alters zwischen den Lernenden und den Lehrenden. Das Gelernte ist keinesfalls nur eine Abbildung und Widerspiegelung des Gelehrten. Lehre soll, konstruktivistisch gedacht, zum Selbstlernen anregen, auch zum Widerspruch, zum Querdenken, zum Probedenken. Voraussetzung hierfür ist allerdings, die Wissensbestände Jugendlicher wahr- und ernst zu nehmen, Jugendliche auch als Lehrende zu akzeptieren und sich selbst als Erwachsener unter Berücksichtigung des pädagogischen Generationenbegriffs in die Rolle als Lernender einzuordnen. Diese Form der Wertschätzung stellt einen wichtigen Baustein im intergenerativen Kontakt dar. Als problematisch ist die Bereitschaft der Erwachsenen und Senioren einzuschätzen, ihre Rolle als in allen Bereichen Lehrende, ihr eigenes Wissen Tradierende, aufzugeben.

87.4 Möglichkeiten durch die Charakteristika der OKJA

Die Strukturprinzipien und Charakteristika der OKJA sind auch im Kontext der intergenerativen Angebote zu halten. Offenheit, Diskursivität, Marginalität und Freiwilligkeit bieten die Basis für intergenerative Bildungsprozesse außerhalb von (Schul-)Curricula. An den Interessen der Zielgruppen orientiert kann die OKJA intergenerative Angebotsstrukturen entwickeln, welche Jugendlichen Anerkennung bei Erwachsenen und Senioren/innen einbringt. Aus Befragungen in Jugendkampagnen und Wirksamkeitsforschungen intergenerativer Programme lässt sich ableiten, dass durchschnittlich 80 % der befragten Jugendlichen die Anerkennung in hohem Maße als Motivationsgrund für freiwilliges Engagement und intergenerative Kontakte angeben.

Der OKJA steht durch die Einbindung intergenerativer Angebote keinesfalls eine Verschiebung oder gar Aufgabe ihrer Charakteristika bevor. Vielmehr erschließt sich ihr eine zusätzliche Angebotsform, in welcher sie innerhalb ihrer Charakteristika informellen Bildungsprozessen Raum geben kann und gerade in Hinblick auf ihre Freiwilligkeit ihre Kontaktmöglichkeiten zu Jugendlichen erweitert. Die intergenerative Angebotsstruktur stellt sich dabei nicht kontraproduktiv, sondern additiv und ergänzend zur Peergrouparbeit dar. Sie leistet dadurch eine konzeptionelle Fortschreibung der Arbeitsansätze und Methoden. Geschieht diese Fortschreibung auch weiterhin in einem Prozess ständiger Reflexion, so sind intergenerative Ansätze innerhalb der OKJA durchaus als ein wesentlicher Baustein zur Professionalisierung der Sozialen Arbeit verstehen.

87.5 Professionalität durch professionelle Mitarbeitende

Neben den Basisqualifikationen für Mitarbeitende in der OKJA werden die Fachkräfte bei der Initiierung und Strukturierung von intergenerativen Angeboten vor neue Herausforderungen gestellt. Es gilt, die Metaebene als Fachkraft der Sozialen Arbeit wahrzunehmen. Ad hoc liegt es auf der Hand, dass sich die Fachkraft in ihrer Funktion „Person als Werkzeug" als Person definiert, welche für die Jugendlichen eine ältere Generation darstellt. Eigene tradierte (fachliche und persönliche) Positionen mit Jugendlichen zu diskutieren gehört zur wichtigen Tagespädagogik der OKJA. Die Fachkraft muss jedoch realisieren, dass sie keinesfalls durch ein noch so ausgeprägtes Empathieverständnis und -Verhalten die Rolle für Hochbetagte, Senioren oder andere Erwachsene gleichermaßen gut ausfüllen kann. Als „Antenne für die Jugendlichen" gilt es vielmehr 1) deren Bedarfe als Nehmende wahrzunehmen (was interessiert Jugendliche an der alternden Generation: „wie sie ihren ersten Liebeskummer verarbeitete, …?") sowie 2) deren Bedarfe als Gebende wahrzunehmen (was könnten Jugendliche intrinsisch motiviert an ältere Menschen weitergeben: „wie man sich Informationen im Web2 erschließt …?") Hierfür einen Rahmen zu schaffen, worin nonformale und informelle Bildungsprozesse zwischen den Generationen stattfinden können, ohne sich einem schulischen Angebotscharakter zu unterwerfen, stellt eine neue Herausforderung für die Fachkräfte der OKJA dar.

87.6 Mehrgenerationenhäuser

Die bundesweiten Aktionsprogramme Mehrgenerationenhäuser (2007–2012: 550 Häuser, 2012–2014: 450 Häuser) in unterschiedlichen Trägerschaften stellten ein neues Praxisfeld für intergenerative Angebote innerhalb der OKJA dar (nicht als Wohnprojekte, sondern als offene Begegnungszentren). In Mehrgenerationenhäusern mit darin integrierten Jugendzentren wurden intergenerative Angebote unter den Strukturcharakteristika der OKJA durchgeführt. Auswertungen der für das Aktionsprogramm durchgeführten Wirkungsforschung bestätigen das Interesse Jugendlicher an intergenerativen Kontakten.

Keinesfalls jedes Jugendzentrum, welches sich für die Initiierung intergenerativer Angebote interessiert, muss an ein Mehrgenerationenhaus angeschlossen sein. Voraussetzung für eine erfolgreiche intergenerative Angebotsstruktur ist eine Vernetzung zu Arbeitsbereichen wie Erwachsenenbildung, Senioren-Begegnungsstätten und -Wohnheimen, Selbsthilfegruppen für Demenzkranke etc. – auch außerhalb des eigenen Trägerkonstrukts. Intergenerative Kontakte können die Peergrouparbeit der OKJA strukturell in der nonformalen und informellen Bildung bereichern; Jugendlichen kann ein erweitertes Methodenrepertoire angeboten werden und stigmatisierende negative Altersbilder finden eine konstruktive Gegendarstellung.

87.7 Intergenerative Praxis in der OKJA

Das Nebeneinander von Jung und Alt durch ein konstruktives Miteinander zu ersetzten, bedarf intensiver Bemühungen auf zwei Ebenen. Zum einen sind den Generationen die Vorteile und (soziale, ontogenetische) Gewinne eines gegenseitigen Kontaktes auch über die situative Ebene hinaus zu verdeutlichen und zugänglich zu machen. Zum anderen haben sich die Fachkräfte der OKJA mit für sie neuen Wissensbeständen auseinanderzusetzen (vgl. Teil IV), mit welchen wissenschaftlich begründbaren Methoden sie Kinder und Jugendliche in einen intergenerativen Kontakt zu Erwachsenen und Senioren bringen können.

Der Weg, intergenerative Ansätze in der OKJA zu verorten, ist weder geradlinig noch frei von Hindernissen. Doch erste Auswertungen intergenerativer Angebote innerhalb der OKJA zeigen, dass Kinder und Jugendliche intergenerativ Angebote als durchaus positiv wahrnehmen und bei einem intergenerativen Ansatz Raum für informelle und nonformale Lernprozesse gegeben wird, welcher der Peergrouparbeit eher verschlossen bleibt. Die Liste erfolgreicher intergenerativer Angebote in der OKJA ist lang – auch außerhalb des (meist mit garantiertem Erfolg versehenen) Themas neue Medien: Tanztee-Partys, Wii-fit-Aktionen, Gedicht-Battles, Geo-Caching, … Die seit 2007 gesammelten Erfahrungen in über 550 Mehrgenerationenhäusern in ganz Deutschland können den Fachkräften der OKJA durchaus als beispielhaft dienen und in ihre Einrichtungen der OKJA mit Lebensweltbezug auf ihre Zielgruppen modifiziert werden.

Die Herausforderung ist weniger in der Motivation der Zielgruppen zu suchen. Die Herausforderung besteht für die Fachkräfte der OKJA eher darin, bewährte Arbeitsansätze weiter zu entwickeln und sich als Fachkraft nicht ausschließlich statisch auf Wissensbestände und Arbeitsansätze, gelernt im Studium vor Jahren oder Jahrzehnten, zu berufen.

Intergenerative Angebote stellen eine Erweiterung der Handlungsansätze in der OKJA dar. Sie sind als ergänzende, nicht die Peergrouparbeit ablösende Ansätze zu verstehen.

Die OKJA vermag sich als eine ihrer Stärken durch Ihre Charakteristika ständig neu auf die aktuellen und sich ändernden Bedarfe von Kindern und Jugendlichen einzustellen. Dass intergenerative Kontakte auf wissenschaftlicher Ebene vertiefend Beachtung finden werden, ist gesetzt. Wenn auch die Praxis der OKJA die intergenerativen Ansätze nicht als Bedrohung, sondern als Handlungs- und Angebotserweiterung für sich erkennt, kann dies durchaus zu einer Professionalisierungsfestigung der OKJA führen.

Literatur

Arnold, R., Krämer-Stürzl, A., & Siebert, H. (1999). *Dozentenleitfaden: Planung und Unterrichtsvorbereitung in Fortbildung und Erwachsenenbildung: Planung und Unterrichtsbereitung in Fortbildung und Erwachsenenbildung*. Berlin.

Beck, U. (1986). *Risikogesellschaft. Auf dem Weg in eine andere Moderne*. Berlin.

Beck, U. (2009). *Die Risikogesellschaft – Konzept, Kontext und Kritik*. München.

Deutsche Shell Holding. (2010). *Shell Jugendstudie 2010*. Hamburg.

Dittler, U., & Hoyer, M. (2010). *Chancen und Gefahren des Aufwachsens in digitalen Erlebniswelten aus medienpsychologischer und medienpädagogischer Sicht*. München.

Düx, W., Prein, G., Sass, E., & Tully, C. W. (2008). Verantwortungsübernahme Jugendlicher im freiwilligen Engagement. In W. Düx, G. Prein, E. Sass, & C. J. Tully (Hrsg.), *Kompetenzerwerb im freiwilligen Engagement, Eine empirische Studie zum informellen Lernen im Jugendalter*. Wiesbaden.

Ehmer, J.(2006). Generationen in der historischen Forschung: Konzepte und Praktiken. In H. Kühnemund, & M. Szydlik (Hrsg.), *Generationen. Multidisziplinäre Perspektiven*. Wiesbaden.

Franz, J. (2010). Intergenerationelles Lernen ermöglichen. Orientierungen zum Lernen der Generationen in der Erwachsenenbildung. In R. Brödel, & D. Nittel (Hrsg.), *Forschung . Erwachsenenbildung und lebensbegleitendes Lernen*, Bd. 14. Bielefeld: Praxis.

Helsper, W., Kramer, R.-T., Hummerich, M., & Busse, S. (2009). *Jugend zwischen Familie und Schule, Eine Studie zu pädagogischen Generationenbeziehungen*. Wiesbaden.

Jacobs, T. (2006). *Dialog der Generationen*. Baltmannsweiler.

Lüscher, K. (2010). Ambivalenz der Generationen. Generationendialoge als Chance der Persönlichkeitsentfaltung. *Zeitschrift Erwachsenenbildung. Vierteljahresschrift für Theorie und Praxis, 2010*(1), 9–13.

Mannheim, K. (1928). Das Problem der Generationen. *Kölner Vierteljahreshefte für Soziologie, 7*(2), 157–185.

Schupp, S. (2004). Zukünftige Vermögen – wachsende Ungleichheit. In M. Szydlik (Hrsg.), *Generation und Ungleichheit* (S. 243–264). Wiesbaden.

Seitz, C., & Wagner, M. H. (2009). Wissen intergenerativ erzeugen und transferieren – die Chancen intergenerativer Zusammenarbeit. In G. Richter (Hrsg.), *Generationen gemeinsam im Betrieb. Individuelle Flexibilität durch anspruchsvolle Regulierungen* (S. 157–172). Bielefeld.

Statistische Ämter des Bundes und der Länder (2007). Bevölkerungs- und Haushaltsentwicklung im Bund und in den Ländern. In Statistische Ämter des Bundes und der Länder (Hrsg.), *Demografischer Wandel in Deutschland*. Bd. 1. Wiesbaden.

Sünkel, W. (1997). Generationalspädagogischer Begriff. In E. Liebau (Hrsg.) *Das Generationenverhältnis. Über das Zusammenleben in Familie und Gesellschaft*, (S. 195–204). Weinheim.

Sünkel, W. (2010). *Erziehungsbegriff und Erziehungsverhältnis. Allgemeine Theorie der Erziehung*. Bd. 1. Weinheim.

Teilkommerzielle Einrichtungen

88

Katja Müller

Dieser Beitrag beschreibt ein teilkommerziell geführtes Trägermodell der Offenen Kinder- und Jugendarbeit und diskutiert fachlich notwendige Rahmenbedingungen. Der Ausgangspunkt solcher Überlegungen liegt häufig in der finanziellen (Dauer-)Krise öffentlicher Haushalte begründet, die zu erheblichen Kürzungsbemühungen führt, von denen auch die Jugendarbeit betroffen ist. Es werden alternative Konzepte gesucht, die Kosten einsparen und dennoch bisherige Angebote aufrechterhalten.

Bisweilen wird auch angezweifelt, ob Einrichtungen der OKJA noch attraktiv genug sind für die gestiegenen Ansprüche der jugendlichen Zielgruppe. Eine teilkommerzielle Organisationsform wird daher immer wieder als Option angeregt.

Vor dem Hintergrund des gesetzlichen Auftrags der Kinder- und Jugendarbeit steht ihre Berechtigung im Rahmen der Jugendhilfe fachlich außer Frage (vgl. Sturzenhecker 2010; Hensen 2006a). Ihr unbestimmter Charakter lässt jedoch eine Vielfalt an Konzept- und Trägerstrukturen zu. Rollen und Aufgaben der pädagogischen Fachkräfte stehen dabei häufig in der Diskussion. Während die niederschwellige, informelle Kontaktaufnahme und Beziehungsaufnahme bspw. im Thekenbereich unverzichtbar erscheint, soll das Fachpersonal von vorwiegend organisatorischen und fachfremden Aufgaben in diesem Zusammenhang entlastet werden.

88.1 Sozioökonomische Entwicklungen in der Sozialen Arbeit

Ein Steuer- und Finanzsystem, welches die Kommunen benachteiligt, dramatisch zurückgehende Steuereinnahmen, Finanzkrisen und die dadurch ausgelösten staatlichen Kompensationsbemühungen sowie steigende Ausgaben bereiten den öffentlichen Haushalten

Katja Müller ✉
LWL – Landesjugendamt Westfalen, Warendorfer Straße 25, 48133 Münster, Deutschland
e-mail: katja.mueller@lwl.org

erhebliche Finanzierungsengpässe. In der Folge gelangen alle Leistungen, die nicht oder nicht in der Höhe gesetzlich vorgeschrieben sind, auf den Prüfstand. Die Kinder- und Jugendarbeit gerät so unter Legitimationsdruck, nicht zuletzt weil diese Leistung häufig (fälschlicherweise) als „freiwillig" eingeschätzt wird und ihr Profil diffus erscheint.

Diese Entwicklung der Kinder- und Jugendarbeit trifft auf vergleichbare Tendenzen in anderen Bereichen des Non-Profit-Sektors, die teilweise schon weiter fortgeschritten sind. Die Ausgestaltung des Wohlfahrtsstaates ist Veränderungsprozessen unterworfen: Der Sozialstaat, der unter der Leitlinie der Verteilungs- und Chancengerechtigkeit Transferleistungen sicherstellte, wird hinterfragt und als nicht mehr finanzierbar dargestellt (vgl. Hensen 2006a). Die Orientierung am freien Marktmodell und die Reduzierung sozialer Dienstleistungen gelten als sinnvollere Strategien der Zukunft, werden aber auch als neoliberal kritisiert. Unter den Sichtworten Ökonomisierung, Modernisierung und Verbetriebswirtschaftlichung trifft die Privatisierung von öffentlichen Unternehmen und zunehmende Wettbewerbsorientierung auch den Sozialen Bereich.

Hier waren zunächst Prozesse zu Qualitätsentwicklung und Qualitätssicherung zu verzeichnen: Während eine stärkere Nachfrage- und Kundenorientierung sowie mehr Transparenz im Ressourceneinsatz allgemein positiv bewertet werden (vgl. Dederich 2005), sind andere Veränderungsprozesse kritischer: Gemeinnützige Träger halten dem Wettbewerb nicht stand, das ehemals partnerschaftliche Verhältnis zwischen Staat und Wohlfahrtsverbänden bzw. Freien Trägern wird erschüttert, ihre traditionell programmatische Ziele sind in Frage gestellt und die Kosten-Nutzen-Rechnung drängt sich in den Vordergrund (vgl. Hensen 2006b). Neue Organisationsformen entstehen, welche Strukturelemente des Marktes und Non-Profit-Ziele unter Einbeziehung der Zivilgesellschaft und der Staatlichkeit miteinander verschränken (vgl. Evers et al. 2002; Oppen et al. 2003).

88.2 Teilkommerzielle Jugendeinrichtung als Pächtermodell

Der Begriff „teilkommerzielle Jugendeinrichtung" oder „halbkommerzielles Jugendcafé" (vgl. Sturzenhecker 1996) ist nicht klar definiert. Da in beinahe jeder Jugendeinrichtung ein Verkauf von Getränken und Snacks stattfindet, könnten sie alle – wenn auch in geringem Umfang – als wirtschaftlich tätig bezeichnet werden. „Teilkommerziell" impliziert aber zumeist, dass der geschäftliche Teil der Aktivitäten und die Erzielung von Gewinnen einen hohen Stellenwert in der Finanzplanung des Jugendzentrums einnehmen.

Der Begriff teilkommerzielles Jugendzentrum wird hier so verstanden, dass einerseits der gesetzlich begründete Auftrag der Jugendarbeit die Grundlage des Angebots ist, andererseits für die Umsetzung ein privater, auf eigene Kosten und Risiko wirtschaftender Betreiber aktiv ist, der i. d. R. kein pädagogisches Personal stellt. Sein Engagement ist jedoch an jugendpolitische und pädagogische Rahmenbedingungen (Öffnungszeiten, Preisgestaltung etc.) geknüpft und wird häufig von Seiten der öffentlichen Hand durch Sach- und/oder Geldleistungen finanziell gefördert (vgl. ebd.). Zentraler Unterschied zu anderen Trägermodellen ist, dass der Pächter im teilkommerziellen Jugendhaus nicht als freier

Träger der Jugendhilfe nach § 75 SGB VIII anerkannt ist. Das Angebot gilt dennoch als Einrichtung der öffentlichen Jugendhilfe, kann bspw. im städtischen Gebäude stattfinden und durch den Einsatz von pädagogischem Fachpersonal unterstützt werden.

Auch Jugendeinrichtungen in öffentlicher und freier Trägerschaft, gemeinnützige GmbHs oder städtische Eigenbetriebe etc. können als teilkommerziell bezeichnet werden, wenn sie mit ihren Angeboten so viel Gewinn erwirtschaften, dass sie zur Deckung ihrer Gesamtkosten (wesentlich) beitragen (sollen). Allerdings sind diese als anerkannter Träger der Jugendhilfe wie alle anderen strukturell und fachlich in die Jugendhilfepolitik und kommunale Dialogstrukturen eingebunden.

88.3 Entwicklung und Konzeptionierung

Die Entscheidung für ein teilkommerzielles Angebot kann nicht am Anfang, sondern muss am Ende von Umstrukturierungen in der Landschaft der kommunalen Kinder- und Jugendarbeit stehen. Ein über die Jugendhilfeplanung und unter Beteiligung junger Menschen ermittelter Bedarf bildet die Grundlage für das Gesamtkonzept der Jugendarbeit vor Ort, in dem alle Einrichtungen mit ihrem Profil, ihren Zielgruppen und ihrem Standort ein sinnvolles und sich ergänzendes Netzwerk ergeben. Die Konzeption einer teilkommerziellen Einrichtung muss wie alle anderen flexibel sein, sich an den Bedürfnissen der Jugendlichen orientieren und immer wieder überprüft werden (vgl. Sturzenhecker und Deinet 2007). Egal mit welchem Träger- und Finanzierungsmodell: Das Angebot der OKJA muss sich am Auftrag und den Prinzipien der Kinder- und Jugendarbeit ausrichten und als solches erkennbar sein. Daher ist die Zusammenarbeit eines teilkommerziellen Anbieters mit dem Jugendamt, anderen Einrichtungen und pädagogischen Fachkräften erforderlich.

88.4 Auswahl und Eignung des Pächters

Der Pächter ist ein wesentlicher Erfolgsfaktor für ein derartiges Jugendangebot (vgl. Sturzenhecker 1997). Er muss ein persönliches Interesse und einen Zugang zur Lebenswelt Jugendlicher in seine Arbeit mitbringen. Er ist mit seinem Team als „Gesicht" der Einrichtung eine wichtige Identifikationsfigur für die BesucherInnen. Nicht nur Ausstattung und Angebote entscheiden über die Akzeptanz, sondern auch die Einschätzung, ob sich Jugendliche vom Personal angesprochen und ernst genommen fühlen. Auch wenn sie – wie sonst auch – häufig nicht explizit Beratung und Begleitung suchen, müssen Konflikte konstruktiv angegangen und geklärt werden. Dazu benötigt der Pächter persönliche Fähigkeiten und die Bereitschaft, mit der jungen Zielgruppe anders umzugehen als mit erwachsenen Kunden. Es muss erkennbar sein, dass Aspekte des Jugendschutzes Vorrang haben vor seinem kommerziellen Interesse.

88.5 Zusammenarbeit zwischen Jugendamt und Pächter

Grundvoraussetzungen für die Zusammenarbeit zwischen Jugendamt/Kommunalpolitik und Pächter sind ein stabiles Vertrauensverhältnis und Transparenz. Beide Partner brauchen eine verlässliche Grundlage ihrer Zusammenarbeit, da sie neben Zeit und Engagement auch finanzielle Mittel, der Pächter ggf. die Basis seines Lebensunterhalts, in ein solches Projekt investieren. Diese Zusammenarbeit erfordert daher einen Kooperationsvertrag, der das Spannungsfeld zwischen mittelfristiger Absicherung und notwendiger Flexibilität ausbalanciert. Voraussetzung einer solchen Vereinbarung ist eine sorgfältige Finanzkalkulation, aus der ggf. der finanzielle Zuschuss des (öffentlichen) Trägers hervorgeht. Weitere Rahmenbedingungen wie Öffnungszeiten, Preisgestaltung, Umgang mit Alkohol, Angebotsprofil und andere Qualitäts- und Leistungsstandards sind festzulegen. Zu klären sind Investitionen für Ausstattung und Renovierungen. Zudem sind Regelungen für Veranstaltungen außerhalb der Jugendarbeit erforderlich: Wenn üblicherweise im normalen Betrieb der Jugendeinrichtung für den Pächter kaum Gewinn „übrig bleibt", wird man ihm finanziell lukrativere Formen für zahlungskräftigere Zielgruppen ermöglichen müssen, wie Konzertveranstaltungen, private Feiern, Abifeten usw. Im entsprechenden kommunalpolitischen Ausschuss sollte regelmäßig über die Arbeit berichtet werden.

88.6 Aufgaben der Kommune/des Jugendamts

Die Aufgaben des Jugendamts ändern sich durch den Kooperationsvertrag mit einer teilkommerziellen Jugendeinrichtung: Die Einhaltung der Vertragsvereinbarungen und des fachlichen Auftrags müssen kontrolliert, die Programmgestaltung immer wieder abgestimmt und die Einbindung in den Jugendhilfekontext organisiert werden. Im Unterschied zur Einrichtungen der OKJA mit Fachpersonal ist dieser Aushandlungsprozess um die Ausrichtung als Angebot der Kinder- und Jugendarbeit als aufwändiger einzuschätzen. Kurz gesagt: Wo Jugendarbeit öffentlich finanziert wird, muss auch Jugendarbeit „drin" sein. Das hat der öffentliche Träger zu garantieren.

88.7 Diskussion und Bewertung

Es kann eindeutig festgehalten werden, dass ein teilkommerzielles Jugendcafé nicht dazu geeignet ist, kommunale Haushalte wesentlich zu entlasten. Ein Angebot der OKJA, welches in seiner Ausrichtung die jugendliche Zielgruppe angemessen berücksichtigt, kommt nicht dauerhaft ohne finanziellen Beitrag und Absicherung aus. Ansonsten wird die Gewinnmaximierung früher oder später allein das Angebot bestimmen – oder der Pächter wird aufgeben. Der erforderliche Zuschuss ist nicht unerheblich und muss ggf. variabel sein. Vor der Entscheidung für ein teilkommerzielles Modell wird zunächst die Frage zu prüfen sein, ob nicht ein freier Träger der Jugendhilfe diese Aufgabe übernehmen möchte. Durch die Pächterkonstruktion entfällt zwar die Bindung an fest angestelltes Personal, aber die beschriebenen Aufgaben müssen bspw. durch das Personal der Jugendförderung im Jugendamt erfüllt werden.

Mit einem teilkommerziellen Angebot besteht die Chance, die Palette der Jugendarbeit vor Ort zu erweitern und dem Wunsch nach einem abwechslungsreichen Freizeitangebot nachzukommen. Möglicherweise unterstützt das Eigeninteresse des Betreibers seine Flexibilität und Motivation, die Einrichtung besonders attraktiv auszustatten. Die Zielgruppe ist dabei allerdings genau in den Blick zu nehmen: Auch bei einer moderaten Preisgestaltung erzeugt ein teilkommerzielles Angebot Bedürfnisse, die sich nur mit finanziellen Mitteln befriedigen lassen und daher nicht-privilegierte Jugendliche ausschließen.

Es kann festgestellt werden, dass im Rahmen von teilkommerziellen Jugendeinrichtungen …

- die Vorrangstellung des Profitgedankens nicht von der Hand zu weisen ist, aber durch die Vertragsgestaltung und enge Zusammenarbeit mit dem öffentlichen Zuschussgeber eingedämmt wird;
- die Kommunalpolitik und Öffentlichkeit durch die Finanzierungsstruktur und vertragliche Bindung Einflussmöglichkeiten auf die Ausgestaltung des Angebots haben;
- Haushaltsentlastungen von diesem Modell nicht seriös zu erwarten sind.

Ein Vorteil dieses Kooperationsmodells sei herausgestellt: Die Konkurrenz zwischen (teil-)kommerziellen Freizeitangeboten und pädagogischer Jugendarbeit in öffentlicher und freier Trägerschaft um die gleiche Zielgruppe kann auf diese Weise positiv in Zusammenarbeit gewendet werden. Das Jugendamt behält zudem Steuerungsmöglichkeiten, die es bei rein kommerziellen Freizeitangeboten nicht hat.

Dass es ohne eine große Portion Idealismus des Betreibers und eine vertrauensvolle Kooperation zum öffentlichen Träger allerdings nicht funktionieren kann, ist deutlich geworden. Unklar bleibt, wie die erforderliche Transparenz der Wirtschaftlichkeit so hergestellt und öffentlich diskutiert werden kann, dass daraus ein kommunaler Zuschuss errechnet wird: Schließlich muss entschieden werden, welcher Gewinn für den Pächter akzeptabel und in welcher Höhe dafür ein Zuschuss notwendig ist.

Letztlich ist in einem teilkommerziellen Jugendcafé das Spannungsfeld zwischen pädagogischen Interessen und wirtschaftlichem Ertrag nicht aufzuheben und muss ständig neu ausgehandelt werden.

Als Kernfrage bleibt der Beteiligungsaspekt als zentrales Merkmal von Jugendarbeit. Hier bestehen auch die größten Zweifel, ob ein Pächter in der Lage ist und überhaupt sein möchte, Jugendlichen Erprobungsräume zu bieten und sie an der Ausgestaltung seiner Einrichtung partizipieren zu lassen. Entscheidungen wird er sich nicht aus der Hand nehmen lassen. Auch die Arbeit mit Freiwilligen wird ein Betreiber nur sehr punktuell aufnehmen, wenn er dadurch seine Einnahmen oder sein professionelles Profil gefährdet sieht.

Es ist festzuhalten, dass eine teilkommerzielle Jugendeinrichtung vieler unterstützender örtlicher Rahmenbedingungen bedarf. Erfolgreiche Modelle lassen sich daher eher auf eine gewachsene Struktur und eine Passung der Kooperationspartner zurückführen als auf eine aus finanziellen Erwägungen getroffene (kommunalpolitische) Entscheidung.

Literatur

Dederich, M. (2005). Zur Ökonomisierung sozialer Qualität. *Sozialpsychiatrische Informationen*, *35*(4), 2–6.

Evers, A., Rauch, U., & Stitz, M. (2002). *Von öffentlichen Einrichtungen zu sozialen Unternehmen. Hybride Organisationsformen im Bereich sozialer Dienstleistungen.* Berlin.

Hensen, G. (2006a). Markt und Wettbewerb als neue Ordnungsprinzipien. Jugendhilfe zwischen Angebots- und Nachfragesteuerung. In G. Hensen (Hrsg.), *Markt und Wettbewerb in der Jugendhilfe. Ökonomisierung im Kontext von Zukunftsorientierung und fachlicher Notwendigkeit* (S. 25–41). Weinheim und Basel.

Hensen, G. (2006b). Rekonstruktion der Ökonomisierung zwischen subjektbezogenen Strategien und gesellschaftlichen Herausforderungen. In G. Hensen (Hrsg.), *Markt und Wettbewerb in der Jugendhilfe. Ökonomisierung im Kontext von Zukunftsorientierung und fachlicher Notwendigkeit* (S. 159–185). Weinheim und Basel.

Oppen, M., Sack, D., & Wegener, A. (2003). *Innovationsinseln in korporatistischen Arrangements. Public Private Partnership im Feld sozialer Dienstleistungen, Discussion Paper SP III 2003-117.* Berlin.

Sturzenhecker, B. (1997). Halbkommerzielles Jugendcafé. In Landschaftsverband Westfalen-Lippe (Hrsg.), *JUNEX – Junge Experten planen ein Jugendcafé: ein Partizipationsmodell* (S. 89–96). Münster.

Sturzenhecker, B. (2010). Warum Kinder und Jugendliche Offene Kinder- und Jugendarbeit brauchen. In M. Leshwange, & R. Liebig (Hrsg.), *Aufwachsen offensiv mitgestalten. Impulse für die Kinder- und Jugendarbeit* (S. 75–89). Essen.

Sturzenhecker, B., & Deinet, U. (2007). *Konzeptentwicklung in der Kinder- und Jugendarbeit. Reflexionen und Arbeitshilfen für die Praxis.* Weinheim und München.

Bauwägen im ländlichen Raum

Dieter Jaufmann und Susanne Gruber

89.1 Bauwägen – Buden – Hütten: Nicht so selten, und nicht von allen „geliebt"

Vorbemerkung: Das Problem lässt sich grundsätzlich nicht in den Griff bekommen, es sei denn durch eine konsequente Beseitigung (thematisch einschlägige Entscheidungs-Vorlage der Verwaltung an einen Landrat).

Jungsein und Aufwachsen im ländlichen Raum heißt für viele Kinder und Jugendliche auch heute noch eingeschränkte Mobilitätschancen, insbesondere an Wochenenden und in den Abendstunden. Ein reduzierter Aktionsradius bedeutet aber immer auch eine Verringerung der Möglichkeit der Nutzung von Angeboten. Hinzu kommt, dass in ländlich geprägten Regionen für Jugendliche tendenziell weniger Angebote vorhanden sind, die zudem auch in ihrer Ausgestaltung weniger vielfältig sind. In diesem Kontext wird nicht selten die Vermutung geäußert, dass bestimmte Jugendliche oder Gruppen von der lokalen Jugendarbeit nicht erreicht werden oder aber auch gar nicht erreicht werden wollen (so z. B. Klaas 2000). Zugespitzter formuliert: Es bestehe ein enger Zusammenhang zwischen Defiziten im Angebot generell und speziell der „offiziellen" Jugendarbeit und der Entstehung von Bauwägen insbesondere in ländlichen Milieus (Defizithypothese; vgl. z. B. Sozialministerium Baden-Württemberg 2004).

Es erstaunt also nicht, dass Jugendliche – sich selbst betreffend – vieler Orts die Initiative ergreifen und sich das gemeinsam schaffen, was ihnen fehlt bzw. sie sich wünschen, und was ihnen „gehört": Bauwägen, Buden, Hütten etc. Ihre Erscheinungsformen sind so vielfältig und bunt wie es ihre Initiatoren sind: Es werden Bauwägen umgestaltet, Baumhäuser konstruiert, Hütten erstellt oder andere Konstruktionen entworfen. Zumeist ste-

Dieter Jaufmann ✉, Susanne Gruber
Institut für Sozialplanung, Jugend- und Altenhilfe, Gesundheitsforschung und Statistik (SAGS),
Theodor-Heuss-Platz 1, 86150 Augsburg, Deutschland
e-mail: dieter.jaufmann@sags-consult.de, susanne.gruber@sags-consult.de

hen diese Bauwägen (zur leichteren Verständlichkeit des Textes wird im Folgenden der Begriff „Bauwägen" als Überbegriff für alle Erscheinungsformen verwendet) mehr oder weniger versteckt auf öffentlichem Gelände. Bauwägen bieten Nähe, Autonomie, wohlfühlen und stellen letztlich ein Stück identifizierbare Heimat dar. I. d. R. arbeitet, trifft, gestaltet und verwaltet man sich dabei selbst organisiert und ohne „Profis" der Jugendarbeit; ja man grenzt sich zumeist auch bewusst ab und sucht den Kontakt nicht. Zugespitzt formuliert: „Pädagogische Nachstellungen sehen Bauwagenmenschen... höchst ungern" (Pletzer 2005, S. 364 f.).

Nichtsdestotrotz sind Bauwägen sowohl in der Praxis als auch nach der entsprechenden Literatur im zumindest (bau-)rechtlichen Sinne zum stark überwiegenden Teil prinzipiell illegal und rechtswidrig (vgl. Behnke 1998, 2011) – es ist ein Phänomen, das nicht sein kann, ja eigentlich nicht sein darf –, aber trotzdem gibt es sie. Zusätzlich haften der Bauwagenszene viele (Vor-)Urteile an: sie stehen im Verdacht, als Ort des Drogen- und Alkoholkonsums zu fungieren, Rechtsradikalen Unterschlupf zu bieten und insgesamt die Integration der jungen Menschen in das Gemeindeleben mindestens zu erschweren.

Ungeklärt ist im Allgemeinen auch die Frage der Zuständigkeit und der Verantwortlichkeit für die Bauwägen zwischen der Gemeinde und dem Landkreis – häufig wird dies auch ganz bewusst so belassen, und sie fallen in die Kategorie „Man weiß nichts und will auch nichts wissen". Speziell die Schriftlichkeit von Vereinbarungen zwischen den involvierten Parteien wird als Problem gesehen (vgl. Oppelt 2007). Die „Grauzone" wird sich selbst überlassen! In den wenigsten Fällen kommen diese Gesellungstypen also über den Status der Duldung hinaus, wenngleich sie durchaus de facto Einrichtungen der Jugendarbeit sind. In der Summe sind Bauwägen also ein ambivalentes Thema, über das es nur wenig gesichertes und empirisch fundiertes Wissen gibt.

Hierzu werden im Folgenden in einem kurzen synoptischen Überblick einige wichtige Facetten vorgestellt. Neben einem Überblick über die aktuelle Verbreitung steht dabei im Vordergrund, ob und inwieweit das Bauwagenleben pädagogischen Ansprüchen an Einrichtungen der Jugendarbeit entspricht. Die dargestellten Ergebnisse stammen insbesondere aus einer von uns in den Jahren 2005/06 durchgeführten Untersuchung (vgl. LK Aichach-Friedberg 2006; Jaufmann und Gruber 2008), die allerdings durch weitere einschlägige Ergebnisse ergänzt wird, speziell auch aus der noch laufenden Studie im Landkreis Biberach. Es ist kein Grund ersichtlich, ob diese Erkenntnisse auf Bauwägen in ganz Deutschland übertragbar sind, bzw. warum dies nicht der Fall sein sollte. Sie geben einen guten und empirisch abgesicherten Einblick in ein strittiges und durch (Vor-)Urteile gekennzeichnetes Thema.

89.2 Entwicklung, Verbreitung, aktueller Forschungsstand

Bauwägen sind kein neues Phänomen. Bundesweite Statistiken über ihre Anzahl und Verbreitung liegen aber nicht vor. Einzelne empirische Erhebungen belegen, dass sie seit mindestens knapp 20 Jahren (vgl. BJR 2011) existieren, in Einzelfällen sogar bis zu 30 Jahre

(LK Aichach-Friedberg 2006). Aus selbstorganisierten Internetportalen ist der Eindruck zu gewinnen, dass das Phänomen „Bauwagen" vor allem in den südlichen Bundesländern verbreitet und ihr Einzugsgebiet eher regional ist. Es erstreckt sich vor allem auf die Gemeinde, in der sie aufgestellt sind und teilweise auf die Nachbargemeinden.

Die Frage „Warum gibt es Bauwägen?" beschäftigt politische Mandatsträger ebenso wie Pädagog/innen. Was macht den Reiz in dieser Szene aus, was passiert tatsächlich in den Bauwägen? – Antworten auf diese Fragen sind bislang nur in Ansätzen erfasst worden. Aus methodologischer Sicht stellen sich hier einige Schwierigkeiten. Das notwendige explorative Vorgehen, das sich aus der beschriebenen mangelnden Datengrundlage ergibt, erfordert Zugänge über qualitative Forschungsdesigns. Diese Zugänge benötigen Türöffner zur „Szene". Einzelne empirische Vorstöße in die Szene sind zu verzeichnen (vgl. z. B. Koss und Fehrlen 2010; LK Aichach-Friedberg 2006).

Die Forschungsprojekte fanden in Bayern und Baden-Württemberg statt. Sie zeichnen sich durch ein methodologisch mehrstufiges, explorativ organisiertes Forschungsdesign aus. In beiden Untersuchungen wurde zunächst der Zugang über die Kommunen gewählt, und dann über verschiedene Experten mit qualitativen Methoden Erkenntnisse über das Bauwagenleben erfasst. Beide Forschungsgruppen berichten von guten Rückläufen sowie von validen Ergebnissen.

89.3 Der „Reiz" des Bauwagenlebens bzw. Bauwagen – Live!

Auf Basis der genannten Forschungsergebnisse werden im Folgenden Einblicke in die Kultur der Bauwägen gegeben. Dabei ist die Szene insgesamt so vielgestaltig, dass keine generalisierenden Aussagen getroffen werden können – Bauwägen sind eben ein ambivalentes und heterogenes Phänomen.

Beim Klientel der Bauwägen ist zu unterscheiden zwischen regelmäßigen Nutzer/innen und Gästen/Besucher/innen von Festen. Es gibt Bauwägen, die als Treffpunkt einer in sich geschlossenen Clique fungieren. Es sind allerdings auch eine große Anzahl an Bauwägen auszumachen, die von einer größeren Anzahl an regelmäßigen Besuchern frequentiert werden. Auch die Öffnungszeiten – und damit die Zugänglichkeit – differieren, der größere Teil der Bauwägen ist (fast) täglich mehrere Stunden geöffnet.

Die meisten „Bauwagler" (ca. zwei Drittel) sind männlich und zwischen 20 und 27 Jahre alt, jedoch ist die Spannbreite ungewöhnlich groß: sie reicht von Kindern bis zu 80-Jährigen (vgl. dazu LK Landsberg 2010). Zudem ist zu konstatieren, dass Nutzer von Bauwägen diesen relativ lange bewirtschaften: zwischen 5 und 20 Jahre ist die gleiche Gruppe („Generation") verantwortlich für ihren Bauwagen. Dabei wird das Thema „Verantwortung" in den meisten Bauwägen großgeschrieben – die Mitglieder leben in einer Kultur intensiver Beteiligung, wobei ca. 80 % der regelmäßigen Nutzer/innen eingebunden sind.

Was passiert wenn Bauwagler sich treffen? Im Rahmen eines Interviews im Forschungsprojekt des Landkreises Aichach-Friedberg konnten die Bauwagler das selbst beschreiben. Ein großer Teil der Äußerungen lässt sich unter die Rubrik „Geselligkeit" subsumieren:

Karten spielen, ratschen, diskutieren, grillen und Musik hören stehen an oberster Stelle. „Feiern" oder „Partys" werden ebenso genannt, aber nicht an erster Stelle – sie sind ein Bestandteil des Bauwagenlebens unter vielen anderen (vgl. LK Aichach-Friedberg 2006). Ein ähnliches Ergebnis ist im Forschungsprojekt des Landkreises Biberach zu konstatieren, in dem die interviewten Schlüsselpersonen (Eltern, Bürgermeister …) Entwarnung geben: Alkoholexzesse gehören eher der Vergangenheit an.

Bauwägen sind als Räume zu beschreiben, in denen demokratische Strukturen erlernt werden – nahezu die Hälfte der befragten Bauwägen hat eine feste Organisations- und Entscheidungsstruktur. Auch kann davon ausgegangen werden, dass rechtsradikale Strukturen in Bauwägen weder die Regel darstellen noch überproportionale Häufungen vorzufinden sind.

89.4 Bauwägen in der Gemeinde – Aspekte der Beteiligung

Diese Einschätzung kann noch erweitert werden um die Integration der Bauwägen in das Gemeindeleben. Anhand verschiedener Fragen wurde ermittelt, ob und inwieweit sich die Bauwagenkultur selbst als ein Teil der Gemeinde begreift: Über 70 % fühlen sich in das gemeindliche Leben integriert und nehmen aktiv daran teil (z. B. Organisieren von Festen, Engagement bei gemeinnützigen Zwecken). Dies wurde auch von den Jugendbeauftragten der Gemeinden so gesehen, die zu vielen Fragestellungen vorab spiegelbildlich befragt wurden. Die Bauwagler sind neben ihren Aktivitäten im Bauwagen zumeist (ebenfalls über 70 %) auch in anderen lokalen Vereinen und Verbänden Mitglieder. Die Spannweite ist hier groß und reicht von der Freiwilligen Feuerwehr über die Landjugend, Sportvereine bis hin zum Fischereiverein. In der Summe gesehen ist also von einem extrem hohen Organisationsgrad außerhalb des eigenen Bauwagens auszugehen. Diese beiden Resultate decken sich auch mit den Ergebnissen im Landkreis Biberach (vgl. Koss und Fehrlen 2010).

Befragt wurden die Bauwagler auch zu ihrem Verhältnis zu Anderen. Im Überblick wird dabei deutlich, dass sie zu praktisch allen Gruppen und Institutionen Kontakte haben bzw. äußern. Am neutralsten gestaltet sich dieses Verhältnis – nicht gänzlich unerwartet – zur Polizei und zur Kirchengemeinde, am positivsten zum Grundstücksbesitzer, den Sportvereinen und der Freiwilligen Feuerwehr. Also auch hier keine bzw. nur sehr geringe „Spuren" von Abschottung der Bauwägen.

Das Resümee zu den Aspekten Eingebundenheit, Mitgliedschaften und Kontakte fällt in unserer Studie also anders als von Vielen erwartet, diagnostiziert oder behauptet aus. Sowohl in der Eigenwahrnehmung der Bauwagler als auch in der Außenperspektive der Jugendbeauftragten sind sie gut in das Gemeindeleben integriert. Zu einem großen Teil basiert diese Teilhabe auf der Mitgliedschaft in örtlichen Vereinen, Verbänden und Gruppierungen.

Dieses Resümee lässt sich auch mit einigen weiteren der relativ wenigen vorhandenen Studien, Praxisbeispielen und Zusammenstellungen belegen (vgl. KOMM,A 1998; KoJa LK

Eichstätt o.J.; LK Landsberg 2010; BJR 2011; Fehrlen und Koss 2011). „Die Identifikation mit dem Dorf, mit der Heimat, ist sehr groß. Der Zusammenhalt steht im Vordergrund. Man kennt sich, und man kennt sich aus" (Koss und Fehrlen 2010, S. 3).

89.5 Fazit

Von den empirischen Erkenntnissen ausgehend, sind der Bauwagenkultur durchaus pädagogische Elemente, die denjenigen der Jugendarbeit ähneln, zuzuerkennen. Gleichzeitig ist die Bauwagenkultur von den – pädagogisch gestalteten – Orten der Jugendarbeit deutlich zu differenzieren, beide Elemente können also nicht beliebig substituiert werden. Für die jungen Menschen bedeuten Bauwägen eine Möglichkeit des selbst organisierten Treffens in ungestörter Atmosphäre, sowie „Selbstverwaltung, Freiräume und weniger Kontrolle" (LK Aichach-Friedberg 2006, S. 39). Diese Aspekte werden von den Nutzern selbst hervorgehoben auf die Frage, was aus ihrer Sicht den „Reiz" des Bauwagenlebens ausmacht: „Unter sich zu sein", „Freiraum, Freiheit, Unabhängigkeit", „Kontakte knüpfen und Freundschaften zu schließen" sowie „Gemeinschaftsgefühl durch gemeinsame Aktionen" werden jeweils von fast 50 % genannt. Bauwägen sind also ein Ort der Geselligkeit, der Gemeinschaft und der Möglichkeit, in Selbstbestimmung und Selbstorganisation eigene Regeln zu finden.

Bauwägen – in ihrer ursprünglichen Form selbst organisierter Treffs von Jugendlichen und jungen Menschen – sind somit keine Notlösung, sondern eigenständige Erscheinungen jenseits der „etablierten" Jugendarbeit.

Es bleibt ferner kritisch festzuhalten, dass der rechtliche Status der Bauwägen i. d. R. als ungesichert zu gelten hat, aber sie andererseits sicherlich keinen rechtsfreien Raum darstellen können. Speziell die Einhaltung des Jugendschutzgesetzes bedarf prinzipiell einer genauen Beachtung. Allgemein gültige Regeln (z. B. gesetzliche Bestimmungen oder Brandschutzverordnungen) werden durchaus mitgedacht und zumeist auch umgesetzt (vgl. LK Aichach-Friedberg 2006; Koss und Fehrlen 2010). Baurechtliche Genehmigungen für die Existenz und den Betrieb eines Bauwagens liegen in der überwiegenden Zahl der Fälle nicht vor, das Maximale ist die Duldung (vgl. LK Landsberg 2010). Es sind Ermessensentscheidungen, die letztlich auch die Frage betreffen, was einem „die" Jugend wert ist.

Interessant ist auch, dass in den dargelegten empirischen Untersuchungen sich hinsichtlich der Frage, was denn den Reiz des Bauwagens ausmache, sehr viele Parallelen zu originären Kategorien der Jugendarbeit herauskristallisierten: Sozialisation, Selbstorganisation und -bestimmung, Freiheit, Geselligkeit, Partizipation und das Finden und Einüben eigener Regeln. Ebenso gilt die Tatsache, dass die Bauwagler gleichzeitig Macher, Gestalter und Nutzer, also Produzent und Konsument, in einer Person bzw. als Gruppe sind.

Insgesamt repräsentieren Bauwagler also den Wertetypus des „Aktiven Realisten" im Klages'schen Sinne, der als „mündiger Staatsbürger" einer sich wandelnden Gesellschaft gewachsen ist und diese Gesellschaft gleichzeitig aktiv mitgestaltet (vgl. Klages 1987).

Literatur

Bayerischer Jugendring (2011). *Arbeitshilfe „Bauwagenkultur"*. München.

Behnke, B. M. (1998). Rechtsgutachten. In Arbeitsgemeinschaft der Kreisjugendreferentinnen und Kreisjugendreferenten in Baden Württemberg im Landkreistag, Arbeitsgemeinschaft der Stadtjugendreferentinnen und Stadtjugendreferenten in Baden Württemberg im Städte- und Gemeindetag (Hrsg.), *KOMM,A – Kommunale Jugendarbeit in Baden-Württemberg: Hütten, Buden, Bauwagen – Eine Arbeitshilfe* (S. 8–19). Stuttgart.

Behnke, B. M. (2011). Rechtsgutachten „Bauwagenkultur". In Bayerischer Jugendring (Hrsg.) *Arbeitshilfe „Bauwagenkultur"* (S. 12–20). München.

Fehrlen, B., & Koss, T. (2011). *Projektzwischenbericht Buden bürgerschaftlich begleiten (BBB) – Jahr 2010*. o. O.

Jaufmann, D., & Gruber, S. (2008). Bauwägen als Indikatoren für Defizite in der Jugendarbeit oder aber Ausdruck selbst bestimmten und organisierten Handelns Jugendlicher. *Deutsche Jugend, 56*(11), 472–480.

Klaas, A. (2000). Jugendtreff im Bauwagen – ein Phänomen im ländlichen Raum. In U. Deinet, & B. Sturzenhecker (Hrsg.), *Jugendarbeit auf dem Land* (S. 125–135). Opladen.

Klages, H. (1987). Indikatoren des Wertewandels. In L. von Rosenstiel, H. E. Einsiedler, & R. K. Streich (Hrsg.), *Wertewandel als Herausforderung für die Unternehmenspolitik* (S. 1–16). Stuttgart.

Kommunale Jugendarbeit Landkreis Eichstätt (KoJa). (o.J.). *Jugendhütten und Bauwagen. Eine Arbeitshilfe für Gemeinden*. Eichstät.

KOMM,A – Kommunale Jugendarbeit in Baden-Württemberg. (1998). *Hütten, Buden, Bauwagen*. Stuttgart.

Koss, T., & Fehrlen, B. (2010). *Jugendbuden im Landkreis Biberach*. Hekt. Ms.

Landkreis Aichach-Friedberg. (2006). *Die Bauwagenszene im Landkreis Aichach-Friedberg*. Aichach.

Landkreis Landsberg. (2010). *Empfehlungen zum Umgang mit Bauwagen und Hütten als Jugendtreffpunkte im Landkreis Landsberg am Lech*. Landsberg. Beschluss vom 05.10.2011.

Oppelt, K. (2007). *Konzept zur Bauwagenproblematik im Landkreis Günzburg*. Hekt. Ms.

Pletzer, W. (2005). Kleine Einrichtungen im ländlichen Raum: Jugendtreffs, Stadtteiltreffs, Bauwagen, Bauhütten. In U. Deinet, & B. Sturzenhecker (Hrsg.), *Handbuch Offene Kinder- und Jugendarbeit* (S. 359–366). Wiesbaden.

Sozialministerium Baden-Württemberg. (2004). *Landesjugendbericht Baden-Württemberg für die 13. Legislaturperiode*. Stuttgart.

Teil XVI

Kooperation und Vernetzung in der Offenen Kinder- und Jugendarbeit

Kooperationspartner Allgemeiner Sozialer Dienst (ASD)/Hilfen zur Erziehung (HzE)

Ingrid Gissel-Palkovich

Der Ursprung des heutigen ASD liegt u. a. in dem Reformkonzept der „Familienfürsorge" des beginnenden 20. Jahrhunderts. Er stellt ein mehr oder weniger generalistisch ausgerichtetes Arbeitsfeld der Sozialen Arbeit in kommunaler Trägerschaft dar. Der Begriff „Allgemein" besagt, dass er ähnlich wie ein/e Allgemeinmediziner/-in (Erst-) Anlaufstelle für vielfältige soziale Anliegen der Bürger/-innen ist und nach Analyse der Situation und des Bedarfes gegebenenfalls an spezialisierte Sonderdienste vermittelt.

Das hinter dem ASD liegende Leistungs- und Aufgabenspektrum ist vielfältig und kann – aufgrund der kommunalen Selbstverwaltung – von Kommune zu Kommune variieren. So reicht das Angebotsspektrum in einigen ASD von der Hilfe für Kleinstkinder bis Hochbetagte, während andere ausschließlich für junge Menschen und deren Familien zuständig sind. Wer sich auf die bundesweite Suche nach dem Arbeitsfeld in den Kommunen begibt, muss sich daher auf unterschiedliche Aufgabenzuschnitte, Organisationsformen und Bezeichnungen einstellen, z. B. „Kommunaler Sozialer Dienst" mit über die Jugendhilfe hinausreichende Aufgaben, „Sozialpädagogischer Dienst" mit auf die Jugendhilfe begrenzte Aufgaben, „Bezirkssozialarbeit" als integrierter Teil eines multiprofessionellen Teams.

Trotz der skizzierten Heterogenität des Arbeitsfeldes lassen sich spezifische Merkmale beschreiben (vertiefend Gissel-Palkovich 2011):

- Die *Mehrzahl* der kommunalen Gebietskörperschaften in Deutschland verfügt über einen namentlich benannten *ASD*, der oftmals als Abteilung oder Sachgebiet in ein *Jugendamt* integriert ist.
- Der ASD ist in vielen Kommunen *regionalisiert bzw. dezentralisiert*, z. B. als regionale Arbeitsgruppe (Team) eines zentralen Jugendamtes.

Prof. Dr. Ingrid Gissel-Palkovich ✉
Fachbereich Soziale Arbeit und Gesundheit, Fachhochschule Kiel, Sokratesplatz 2,
24149 Kiel, Deutschland
e-mail: ingrid.gissel-palkovich@fh-kiel.de

- Die *Finanzierung* des ASD (z. B. seiner Personalstellen) und der von ihm vermittelten Leistungen (z. B. HzE) erfolgt aus kommunalen Haushaltsmitteln. Im Rahmen der Neuen Steuerung, der damit verbundenen Zusammenführung von Fach- und Ressourcenverantwortung sowie Budgetierung, liegt die Budgetverantwortung für HzE zunehmend im ASD.
- Die vorherrschenden Arbeitsprinzipien des ASD sind *Teamarbeit* und *Bezirkssozialarbeit*, d. h. mehrere Fachkräfte bilden ein Team mit regionaler Zuständigkeit. Innerhalb des Teams ist jeweils eine Fachkraft für einen bestimmten Bezirk (z. B. Straßenzüge) der jeweiligen Region zuständig.
- Ein *Aufgabenschwerpunkt* des ASD liegt bei der *Kinder- und Jugendhilfe* (nachfolgend Jugendhilfe), die gesetzlich im SGB VIII geregelt ist. Hierzu gehören: *Beratung in Erziehungs- und Lebensfragen*, Beratung über Kinderbetreuungsangebote, betreute Wohnformen für junge Eltern(teile) und Vermittlung in diese. Eine wesentliche Aufgabe des ASD ist die *Beratung, Hilfeplanung, -einleitung und -steuerung im Kontext der HzE* (§§ 27 ff., insbesondere § 36 SGB VIII). Seine Aufgaben liegen hierbei in der Klärung der formalen und sozialpädagogischen Voraussetzungen, Analyse des Hilfebedarfes, Entwicklung und Abstimmung einer angemessenen Hilfeart mit allen relevanten Beteiligten, Vereinbarung und Festlegung von Verbindlichkeiten im Rahmen eines Hilfeplans, Vermittlung und Begleitung der Hilfe, Fortschreibung des Hilfeplans sowie Einleitung eines angemessenen Prozesses der Hilfebeendigung. Der ASD erbringt somit keine HzE, sondern vermittelt und begleitet sie. Diese Aufgabe nimmt er innerhalb eines Leistungsdreiecks wahr, an dem der ASD als Teil des Leistungsträgers mit Planungs- und Vermittlungs- und Steuerungsfunktion, der/die Adressat/-in als Leistungsempfänger/-in und der hilfedurchführende Träger als Leistungserbringer beteiligt sind. Ein weiteres bedeutsames Aufgabenfeld liegt in der *Krisenintervention und Maßnahmen zum Schutz von Kindern und Jugendlichen* vor Vernachlässigung und Gewalt, das in den letzten Jahren eine exorbitante Bedeutung im Aufgabenspektrum des ASD erhalten hat (vgl. KomDat 2009, S. 5). Hierzu zählen die *Inobhutnahme* von jungen Menschen sowie die Mitwirkung bei gerichtlichen Entscheidungen, z. B. in Fragen des Entzugs der elterlichen Sorge nach § 1666 BGB.

Neben der einzelfallbezogenen Arbeit nimmt der ASD *sozialraumbezogene* Aufgaben wahr. Diese beziehen sich auf die Gestaltung und Verbesserung eines Stadtteils oder einer bestimmten Region für die darin lebenden Menschen. Beispielsweise initiiert der ASD bzw. beteiligt er sich an der Verbesserung des Leistungsangebotes im Sozialraum durch Aktivitäten der Vernetzung, Konzeptentwicklung und deren Umsetzung (vgl. Lüttringhaus 2010, S. 83 ff.).

90.1 Strukturelle Stärken und Probleme des ASD

Das Grundkonzept des ASD ist darauf ausgerichtet, ganzheitliche Unterstützung für die Adressat/-innen aus einer Hand zu ermöglichen bzw. von einem generalistischen Ausgangspunkt spezialisierte Unterstützung zu organisieren. Dies erfolgt, indem die Fachkräfte des ASD die verschiedenen Dimensionen von Problemlagen und Perspektiven auf den Fall miteinander verknüpfen (z. B. sozio-ökonomische, personale, familiale, psychische), und dort, wo ihre Zuständigkeit endet bzw. detaillierte Spezialkenntnisse benötigt werden, die Adressat/-innen an spezialisierte soziale Dienste, Einrichtungen und Akteure vermitteln und diesen Prozess im Rahmen einer Gesamtsteuerung des Einzelfalls – so zumindest idealerweise – begleiten.

Der Arbeitsansatz des ASD wendet sich damit gegen Konzepte der Aufspaltung und Segmentierung von Lebensbereiche und sozialer Probleme in einzelne Problemeinheiten, wie sie durch spezialisierte soziale Dienste als ausdifferenzierte Problembearbeitungsagenten entstehen können. Dies hat allerdings zur Folge, dass der ASD als Generalist unter Generalisten (noch) weniger als spezialisierte Arbeitsfelder Sozialer Arbeit über keine bzw. eher schwach ausgeprägte thematische Filter (wie Suchtabhängigkeit, Schuldenregulierung) verfügt, mit denen er Sachverhalte oder Probleme „aussteuern" kann. Er ist grundsätzlich für ein (mehr oder weniger) breites Spektrum im Fall, aber auch im Sozialraum anfallende Aufgaben zuständig, womit ein hohes Maß an Diffusität und Komplexität des Aufgabenfeldes verbunden ist. Die damit einhergehenden Probleme, wie eine aufgrund der Breite und geringen Spezialisierung erschwerte Profilbildung, die Gefahr der fachlichen Überfrachtung des Arbeitsfeldes und Überforderung seiner Akteure, sind seit Jahrzehnten unter Stichworten wie „Generalisierung und Spezialisierung" Gegenstand des Fachdiskurses (vgl. z. B. Landes 2010, S. 144).

90.2 Schnittstellen

Schnittstellen und damit Kooperationsfelder zwischen Offener Kinder- und Jugendarbeit (nachfolgend OKJA) und ASD ergeben sich aus der gemeinsamen Zielgruppe der jungen Menschen, deren lebensweltlichen und sozialräumlichen Umwelt sowie der in der Regel regionalisierten Organisationsstruktur und Arbeitsweise beider Arbeitsfelder.

(Einzel-)*Fallbezogene* Schnittstellen entstehen insbesondere im Kontext der HzE, aber auch im Bereich der allgemeinen Beratungsangebote sowie der Krisenintervention im Kinderschutz und Inobhutnahme. So zeigen die Zahlen der HzE, die sich nach dem SGB VIII auf die Altersgruppe der 0- bis unter 27-jährigen beziehen, dass die Altersgruppe der 6–18-jährigen – neben der in den letzten Jahren angesichts der Kinderschutzdebatte massiv gestiegenen Zahl von Hilfen für Kinder unter 6 Jahren – die Mehrheit der Kinder- und Jugendlichen in erzieherischen Hilfen darstellt (vgl. Fendrich et al. 2010, S. 5). Es ist davon auszugehen, dass ein Teil dieser jungen Menschen auch Besucher/-innen von Einrichtungen der OKJA waren bzw. sind. Den Fachkräften der OKJA kann somit im Einzelfall eine bedeutsame Rolle bei der Realisierung des gesellschaftlichen Teilhaberechts auf Jugendhilfeleistungen zukommen. Sie können „Gate-Keeper" sein, in dem sie dem jungen Menschen Zugang zum ASD und damit zu Unterstützungsangeboten ermöglichen, ihm informierend und begleitend zur Seite stehen und bspw. in Helferkonferenzen und Hilfeplangesprächen unterstützen. Für den ASD sind sie wichtige Akteure im Netzwerk des jungen Menschen, deren Einschätzung in Bezug auf Hilfebedarf und -perspektive einzubeziehen und die gegebenenfalls an dem Prozess der Hilfeplanung nach § 36 SGB VIII zu beteiligen sind. Wo es eine enge inhaltliche Verzahnung zwischen OKJA und HzE gibt, z. B. durch die Zusammenführung eines offenen Treffs mit flexiblen Hilfeangeboten, ist die OKJA ein wichtiger Baustein für eine einzelfallbezogene lebensweltnahe und niedrigschwellige HzE, die unter anderen Umständen möglicherweise von dem jungen Menschen nicht angenommen werden würde.

Struktur-/Sozialraumbezogene Schnittstellen lassen sich im Hinblick auf die Gestaltung und Ausstattung des Lebensumfeldes der Zielgruppe der jungen Menschen finden. Hierzu gehört die mehr oder weniger institutionalisierte Zusammenarbeit beider Arbeitsfelder in Arbeitsgruppen und Gremien, wie Stadtteilarbeitsgruppen. Sozialraumbezogene Kooperationen können sich darüber hinaus auf die Entwicklung und Umsetzung niedrigschwelliger Projekte, z. B. zur Armutsprävention bzw. -linderung durch Angebote der Mittagsbetreuung für Kinder (inklusive Mittagessen und Hausaufgabenhilfe) und/oder auf die strukturelle Verankerung und Absicherung einer nachhaltigen Verknüpfung der OKJA mit HzE (z. B. im Sinne von Jugendhilfestationen) beziehen. Unter dem Stichwort „Flexible Hilfen" liegen integrative Konzepte der strukturellen und inhaltlichen Verzahnung von offener Jugendarbeit und erzieherischer Hilfen vor, die – neben der einzelfallbezogenen Hilfe – deutlich sozialraumvernetzende und -gestaltende Akzente setzen (Beispiele: siehe Koch und Lenz 2005, S. 331 ff.).

90.3 Herausforderung Kooperation

Sicherlich, es gibt sie. Sozialräume, in denen ASD, Einrichtung(en) der OKJA und weitere Akteure eng zusammenarbeiten und die in einer Kooperation liegenden Potentiale ausschöpfen. In vielen Kommunen sieht die Realität jedoch anders aus: Strukturell verankerte Kooperation zwischen beiden Bereichen ist wenig ausgeprägt, eine Kooperationskultur nicht oder nur marginal entwickelt. Hohe Fallzahlen und gestiegene Fallkomplexität, kombiniert mit einer angespannten Finanz- und Personalausstattung, lassen oft wenig Zeit für Kooperation. Hinzu kommt ein traditionsgemäß eher durch Distanzierung und Abgrenzung gekennzeichnetes Verhältnis beider Arbeitsfelder. Für den ASD ist die OKJA mit ihren Angeboten oftmals eher fremd, zu bunt, zu unstrukturiert, zu unverbindlich, als dass Kooperationsmöglichkeiten aktiv gesucht würden. Die Vertreter/-innen der offenen Jugendarbeit sehen die Gefahr, durch eine stärkere Kooperation mit dem ASD und den HzE auf die Arbeit mit benachteiligten jungen Menschen fokussiert zu werden. Wird kooperiert, ist dies vielfach auf das Engagement Einzelner zurückzuführen. Entsprechend verweist eine Volluntersuchung des Deutschen Jugendinstituts aus dem Jahr 2007 die Jugendarbeit innerhalb einer Anzahl von Kooperationspartner der Jugendämter auf Platz 12, nach den kirchlichen Einrichtungen, der Arbeitsagentur und der Polizei (Pluto et al. 2007, S. 617).

Hinter dem Begriff der Kooperation steht somit eine erfolgversprechende Erwartung, die sich in der Praxis nur begrenzt einlösen lässt (ausführlich hierzu: vgl. Santen van und Seckinger 2003). Gerade in der einzelfallbezogenen Kooperation im Kontext der HzE kann es zu Konflikten zwischen den Fachkräften des ASD und der OKJA kommen. Hier treffen zwei Arbeitsfelder der Sozialen Arbeit und deren Akteure im Einzelfall aufeinander, die in ihren Aufgabenstellungen, Zielsetzungen, fachlichen Perspektiven und beruflichem Selbstverständnis sehr unterschiedlich sind.

Während Angebote der offenen Jugendarbeit primär auf freiwillige Begegnung, Freizeitgestaltung und Bildung für ein breites Spektrum von jungen Menschen zielen (vgl. Thole 2006, S. 112), liegt der Schwerpunkt der Arbeit des ASD und der HzE auf Situationen, in denen Familien und junge Menschen bei ihrer Lebensbewältigung soziale und erzieherische Unterstützung bzw. junge Menschen staatlichen Schutz benötigen. Das geschieht auch heute noch im Wesentlichen einzelfallbezogen.

Auch in den Einrichtungen der OKJA finden sich junge Menschen in individuell problematischen Lebenssituationen und mit besonderen Belastungsfaktoren. Im Unterschied zum ASD sind solche Problembeschreibungen jedoch in der Regel nicht der Zugangsgrund der jungen Menschen zu einer Einrichtung der OKJA und nicht primär Gegenstand der sozialpädagogischen Arbeit. Auch liegt der Fokus weniger auf einer individuellen Form sozialpädagogischer Unterstützung, als auf Angebote für eine mehr oder weniger spezifische Gruppe. Die Arbeitsweise der OKJA ist dabei von Parteilichkeit für die jungen Menschen geprägt.

Die skizzierten Unterschiede beider Arbeitsfelder beeinflussen die Kooperationsbeziehungen der Fachkräfte, bspw. wenn Fachkräfte der OKJA mit einer von Parteilichkeit für den Jugendlichen geprägten Erwartungshaltung an den ASD herantreten und ihn zum Handeln auffordern. Auch für den ASD stellt das Wohl des Kindes *das* handlungsleitende Paradigma dar, doch ist gute ASD-Arbeit auch vielfach Vermittlungsarbeit zwischen den unterschiedlichen Akteuren, insbesondere dem Kind bzw. der Jugendlichen/dem Jugendlichen und ihren/seinen Eltern. Solche Orientierungen stoßen bei den Fachkräften der OKJA nicht selten auf Unverständnis. Sie nehmen das fachliche Handeln der Sozialarbeiter/-innen des ASD als fachlich unzureichendes, einseitig familienbezogenes, von der kommunalen Sparpolitik geprägtes Handeln wahr, insbesondere dann, wenn sie nicht in die Abstimmungsprozesse zwischen ASD, Familie und dem jungen Menschen einbezogen sind und der Entscheidungsverlauf für sie intransparent bleibt.

Darüber hinaus erschwert die im ASD deutlich hervortretende funktionale Verbindung zwischen Hilfe und Kontrolle, seine behördliche Einbindung und strukturelle Nähe zu staatlichen Normierungsorganen die Kooperation beider Bereiche. Von Fachkräften aus traditionell pädagogisch geprägten Arbeitsfeldern wird die fallbezogene Einbeziehung des ASD nicht selten als ein Risiko für ihre Adressaten angesehen. Sie halten zum ASD eher Distanz bzw. sehen sich bei der Frage seiner Einbeziehung in einem Dilemma. Sie befürchten, dass damit das besondere Vertrauensverhältnis, welches unter dem Leitprinzip der Parteilichkeit zwischen Adressat/-in und Fachkraft der OKJA entsteht, in Gefahr geraten oder zerstört werden kann – möglicherweise mit der Folge, dass die in der Zusammenarbeit mit dem ASD liegenden Chancen für den jungen Menschen nicht genutzt werden können.

Kooperation zwischen OKJA, ASD und mit dem Feld der HzE, ist somit keine Selbstverständlichkeit und dort, wo sie stattfindet, kein einfacher Prozess. Soll sie gelingen, sind die dahinterstehenden Gemeinsamkeiten und Unterschiede in Zielgruppen, Aufgaben, fachlichen Orientierungen, institutionellen Arbeitsbedingungen, Grenzen und Problemstellungen zu erkennen und in der Kooperation bewusst zu gestalten.

Literatur

Fendrich, S., Pothmann, J., & Wilk, A. (2010). Welche Probleme führen zu einer Hilfe zur Erziehung. *Jugendhilfe, 12*(3), 5–6. Informationsdienst der Dortmunder Arbeitsstelle Kinder- und Jugendhilfestatistik, KomDat.

Gissel-Palkovich, I. (2011). *Lehrbuch Allgemeiner Sozialer Dienst – ASD. Rahmenbedingungen, Aufgaben und Professionalität*. Weinheim und München.

Koch, J., & Lenz, S. (2005). Zusammenarbeit zwischen offener Kinder- und Jugendarbeit und den Erziehungshilfen. In U. Deinet (Hrsg.), *Sozialräumliche Jugendarbeit. Grundlagen, Methoden und Praxiskonzepte* (2., vollst. überarb. Aufl., S. 331–340). Wiesbaden.

KomDat. (2009). Anstieg der Inobhutnahmen – mehr Probleme oder Intervention. *Jugendhilfe, 12*(2), 5. Informationsdienst der Dortmunder Arbeitsstelle Kinder- und Jugendhilfestatistik.

Landes, B. (2010). Organisationsmodelle und Personal. In Institut für Sozialarbeit und Sozialpädagogik e.V. (Hrsg.), *Der Allgemeine Soziale Dienst. Aufgaben, Zielgruppen, Standards* (S. 139–150). München.

Lüttringhaus, M. (2010). Handeln im Gemeinwesen oder „Der Fall im Feld". In Institut für Sozialarbeit und Sozialpädagogik e.V. (Hrsg.), *Der Allgemeine Soziale Dienst. Aufgaben, Zielgruppen, Standards* (S. 80–91). München.

Pluto, L., Gragert, N., van Santen, E., & Seckinger, M. (2007). *Kinder- und Jugendhilfe im Wandel. Eine empirische Strukturanalyse*. München.

van Santen, E., & Seckinger, M. (2003). *Kooperation: Mythos und Realität einer Praxis. Eine empirische Studie zur interinstitutionellen Zusammenarbeit am Beispiel der Kinder- und Jugendhilfe*. München.

Thole, W. (2006). Kinder- und Jugendarbeit: Freizeitzentren, Jugendbildungsstätten, Aktions- und Erholungsräume. In H. J. Krüger, & T. Rauschenbach (Hrsg.), *Einführung in die Arbeitsfelder des Bildungs- und Sozialwesens* (4. Aufl.). Opladen/Farmington Hills.

Einbindungen der Offenen Kinder- und Jugendarbeit in Sicherheitspartnerschaften und Kooperationen mit der Polizei – eine kritische Abgrenzung

91

Titus Simon

91.1 Die „Staubsaugerfunktion" des Sicherheitsdiskures

Seit nunmehr vier Jahrzehnten befindet sich Soziale Arbeit und damit auch die Offenen Kinder- und Jugendarbeit (OKJA) in Auseinandersetzungen, die um die (Wieder)Herstellung öffentlicher Sicherheit geführt werden. Die primitiv aber wirkungsvoll geführte Debatte um „immer weniger Sicherheit für immer mehr gesellschaftliche Gruppen" hat in der jüngeren Vergangenheit die Soziale Arbeit erheblich entwertet, deren Erfolge überwiegend aus langfristiger konzipierter Beziehungsarbeit und nicht so sehr in kurzfristigem Krisenmanagement liegen.

Neben anderen „modernen" Dienstleistungsberufen werden Sozialarbeit und Polizei als Ersatz für weggefallene oder geschwächte Selbstregulierungspotentiale tätig. Dieses Aktivwerden resultierte in der Vergangenheit zum einen aus rechtlichen und politischen Zuweisungen, zum anderen aus Teilen des jeweiligen beruflichen Selbstverständnisses. Die von einem besonderen Spannungsverhältnis geprägte Beziehung zwischen Sozialer Arbeit und Polizei hat immer mehr Berührungspunkte entwickelt, die nicht so sehr aus einer Annäherung der beiden Berufsgruppen oder reflektierten und abgestimmten Strategien resultieren, sondern im wesentlichen das Produkt dreier Entwicklungslinien darstellen (Simon 1999, 2010, S. 231):

- Polizei und Soziale Arbeit wenden sich oftmals denselben Ziel- und Problemgruppen zu: Jugendliche im öffentlichen Raum, Straftäter aller Altersgruppen, Wohnungslose, Stricher, Prostituierte, Drogengebraucher, Fußballfans, politisch motivierte Jugendszenen aus dem linken und rechten Spektrum. Hinzu kommen sehr viele einzelfallbezogene In-

Prof. Dr. rer. soc. Titus Simon ✉
Fachbereich Sozial- und Gesundheitswesen Magdeburg, Hochschule Magdeburg-Stendal,
Oberroter Str. 38, 74420 Oberrot-Wolfenbrück, Deutschland
e-mail: titus.simon@hs-magdeburg.de

terventionen die vom Umgang mit psychisch Kranken bis zum Krisenmanagement in familialen Kontexten reichen.
- Auch wenn sich Soziale Arbeit und Polizei unverändert durch ihren unterschiedlichen Arbeitsauftrag und die unterschiedliche Rechtsposition definieren – das entscheidende Moment ist hierbei der Strafverfolgungsauftrag polizeilicher Arbeit – haben veränderte methodische Herangehensweisen in den letzten Jahren zur Zunahme von „Berührungen" beigetragen. Vor allem im Umgang mit Jugendlichen hat Polizei stärker auf prophylaktische Ansätze gesetzt, was in einigen Orten zur Bildung von Projekten geführt hat, die entweder als Ausgründung oder sogar unter polizeilicher Regie sozialpädagogische Konturen aufweisen.
- Noch entscheidender als die strategischen und methodischen Veränderungen im beruflichen Handeln von Sozialer Arbeit und Polizei sind die zunehmenden Kontrollinteressen, welche aus den gewachsenen Sicherheitsbedürfnissen vieler Bürger und Bürgerinnen resultieren (ebenda). Hier agieren Soziale Arbeit und Polizei als die „rechte und die linke Hand des Staates", als die „harten und die weichen Kontrolleure". Steigende Kriminalitätsfurcht, ständige Horrorszenarien über „Ausländerkriminalität", „steigende Kinder- und Jugendkriminalität" und „steigende Gewaltdelikte" führen dazu, dass auch in Deutschland seit rund 20 Jahren unter dem Stichwort „community policing" über neue Strategien kommunaler Regulation nachgedacht wird, die öfter den je Polizei und Soziale Arbeit an „runde Tische" oder in „kriminalpräventive (Bei)Räte" bringen, deren Sprachregelungen allerdings vorwiegend ordnungspolitisch gefärbt sind. Zu Recht warnte bereits Frehsee (1998, S. 138) davor, dass sich der Präventionsbedarf in der öffentlichen Debatte zunehmend von der Kriminalität zur Ordnung verlagert. Das Gewaltmonopol der Polizei wird um ein „Sicherheitsmonopol" erweitert. Soziale Arbeit, die sich insbesondere in ihren jugend- und szeneorientierten Ansätzen traditionell einem „parteilichen Ansatz" verpflichtet sah, läuft Gefahr, dem öffentlichen Druck nachgeben und die Rolle des „kreativen Ordnungskaspers" annehmen zu müssen (Simon 1999). Dieser Vorgang tritt insbesondere in den neuen Ländern besonders häufig auf, wobei der Umstand, dass hier zumindest bis zur Jahrtausendwende sehr viele KollegInnen ohne entsprechende Hochschulausbildung tätig waren, sicherlich ebenso eine verstärkende Rolle gespielt hat wie eine noch stärkere Verhaftung an der Idee des (ordnungsrechtlich begründeten) Eingreifens des Staates.

In dem Maße, wie Offene Kinder- und Jugendarbeit mit Teilen der „auffälligen Gruppen" arbeitete, war sie in den letzten vier Jahrzehnten in die Auseinandersetzungen und Konflikte um eine engere Verzahnung des Tätigwertens der „harten" und der „weichen" Kontrolleure involviert. Dies begann Mitte der 1970er-Jahre mit den Versuchen, ein neues Konzept des „Jugendpolizisten" zu implementieren. Diesen sollte gestattet sein, in Ergänzung des sozialpädagogischen Handelns unangemeldet in den Jugendfreizeitstätten zu agieren. In den darauf folgenden Konflikten war die Haltung der Sozialen Arbeit weitgehend einheitlich, nämlich widerständig (siehe Schön und Rothschuh 1982). Soziale Arbeit generell, aber auch Teile der Jugendhilfe wurden Träger des gesellschaftlichen Protestes, der letztendlich zum Erfolg führte, auch weil er in Bündnissen mit anderen gesellschaftlichen Gruppen geführt wurde. Auf die Einführung von Polizeimodellen, die Elemente der Jugendarbeit in sich bergen sollten, wurde letztendlich verzichtet.

Vor dem Hintergrund verstärkter Bedrohungsängste verschiedener Bevölkerungsgruppen kam es in den Jahren nach der Wiedervereinigung zu unterschiedlichen Formen der Zusammenarbeit von Polizei mit anderen Gruppen und Akteuren, die zum Teil auch unter dem Begriff „Sicherheitspartnerschaft" firmierten. Die bekanntesten Projekte waren:

- die Aktion „Wachsamer Nachbar" in Baden-Württemberg,
- das Berliner Projekt „Nachbarn schützen Nachbarn",
- die Aktion „Sicherheitsberatung für Senioren" im Einzugsbereich von Friedberg/Hessen,
- die auf die Zielgruppe älterer Menschen ausgerichtete Maßnahme „Thüringer Landespräventionspreis".

Die oftmals aus einer Melange aus Aufgeregtheiten und kommunalen Vorkommnissen resultierenden Initiativen banden in vielen Orten auch Akteure der Offenen Jugendarbeit ein. Dies galt verstärkt für die neuen Bundesländer.

Aus den damaligen Aktivitäten resultiert die Erkenntnis, dass einmalige Aktionen eher verunsichern und in der Regel keine nachhaltige Wirkung haben. Ferner fiel auf, dass viele der Bürgerinitiativen, die sich nun vermehrt im Feld der Sicherheitsangelegenheiten bewegten, rechtspopulistisch ausgerichtet waren. In ihnen sowie in den von ihnen auf den Weg gebrachten örtlichen Vernetzungen bündelten sich nicht selten örtlich versammelte Aufgeregtheiten in der Erzeugung und Weiterverbreitung von heißer Luft.

Auf der anderen Seite wiesen viele der von Amtswegen initiierten Sicherheitspartnerschaften das Manko auf, nur berufliche Akteure zu vereinigen.

In Verknüpfung allgemeiner Sicherheitsdiskurse mit ökonomischen Verwertungsinteressen findet der Neoliberalismus seinen Ausdruck in den Auseinandersetzungen um eine „schlankere öffentliche Verwaltung", was mittels „neuer Steuerungsinstrumente" erreicht werden soll, in der Ablösung des Leitbildes der „sozialen Stadt" durch die Idee von der „Global Community" oder der „postindustriellen Stadt", deren Innenstädte den neuen Dienstleistern, den Kulturschaffenden und den Konsumenten vorbehalten sein sollen. Mit Blick auf die (französischen) Vorstädte analysiert Philippe Robert (2005) eine schleichende Erosion öffentlicher Sicherheit. Diese hat ihre zentralen Ursachen auf drei Ebenen:

1. Die Arbeitsgesellschaft verabschiedet die wenig Qualifizierten.
2. Der Wandel der Lebensgewohnheiten zerrüttet die private informelle Kontrolle.
3. Trotz ordnungspolitischer Aufrüstung in den Städten „sieche die Wirksamkeit öffentlicher Kontrolle langsam dahin", sei nur noch in der Lage zu begrenzten, eher symbolischen Handlungen im Reflex auf die populistisch zu Sicherheitsfragen vorgetragenen „Machtworte" der Politik (ebenda).

91.2 Zu den Grenzziehungen der Zusammenarbeit zwischen Jugendarbeit und Polizei

Polizei und Offene Kinder- und Jugendarbeit haben auf der Basis ihrer jeweiligen Rechtsgrundlagen und der tradierten fachlichen Standards ganz unterschiedliche Erfolgskriterien und Handlungskonzepte entwickelt, die zudem auf unterschiedlichen Betrachtungen Jugendlicher, insbesondere jugendlicher Tatverdächtiger basieren. Während erstere Ermittlungserfolg und Verhinderung konkreter Straftaten als Ziele formuliert, kann es innerhalb von OKJA um die Schaffung von Entwicklungschancen, Identitätsbildung, die Entwicklung von Konflikt- und Handlungsfähigkeit oder auch im Einzelfall sogar um die Stabilisierung von Gruppen gehen, welche die Polizei aufgrund ihrer möglichen „kriminogenen Wirkungen" gerne zerschlagen hätte.

Unverändert gilt daher das Prinzip: „Pädagogische Prävention vor polizeilicher Prävention" (Simon 2010, S. 237). Und wenn so manches kooperative Arrangement verlockend erscheint, auch weil man mit anderen „Playern" am „Runden Tisch" sitzt, bleibt die Rückbesinnung auf den aus der Mode gekommenen Satz „Schuster bleib bei deinen Leisten" geboten. Denn noch immer fehlt den Akteuren der Jugendarbeit ein angemessenes Zeugnisverweigerungsrecht, aber es gilt Vertrauensschutz, während das polizeiliche Handeln zu jedem Zeitpunkt dem Legalitätsprinzip unterworfen ist, was den einzelnen Beamten grundsätzlich dazu zwingt, nach Bekanntwerden von Straftaten Strafverfolgung einzuleiten.

Kooperationen mit der Polizei sind nur dann sinnvoll und zu vertreten, wenn die MitarbeiterInnen der OKJA aus einer abgesicherten Position heraus agieren. Voraussetzung hierfür sind klare Vereinbarungen mit dem eigenen Träger, was sich gelegentlich erschwerend gestaltet, wenn dies der örtliche Träger der Jugendhilfe und demnach der Landrat oder der (Ober)Bürgermeister der höchste Dienstvorgesetzte ist. Dennoch ist es der oftmals großen Mühe wert, ganz genau abzustimmen, bis wie weit die Zusammenarbeit gehen kann. Hilfreich sind Verabredungen, in denen die Verwaltungsspitzen vorab erklären, dass sie ihre MitarbeiterInnen beim Bekanntwerden von Straftaten nicht von ihrer dienstlichen Schweigepflicht entbinden. Wenn Soziale Arbeit allgemein sowie OKJA speziell und Polizei regelmäßige Kooperationsbeziehungen entwickeln sollen, bietet sich eine Verabschiedung von aufgabenbeschreibenden und grenzziehenden Rahmenvereinbarungen an. So wurden z. B. in Nürnberg sehr sinnvolle und grundlegende Kriterien formuliert und auch zwischen Kommunalverwaltung und Polizei offiziell vereinbart (Stadt Nürnberg et al. Nürnberg 2003a,b). Weiter gediehen sind die Erfahrungen in der Arbeit von den im Fußballgeschehen angesiedelten Fan-Projekten, in denen an manchen Orten hilfreiche Verabredungen und Grenzziehungen getroffen werden konnten (Gabriel 2010, S. 51, Klose und Steffan 2006, S. 239 ff.).

Abschließend sei daran erinnert, dass es für die Akteure der OKJA zunehmend schwieriger wird, an ihren selbst gestellten Zielen einer parteilichen Sozialen Arbeit sowie der Verbesserung und (Weiter-)Entwicklung sozialer Infrastruktur zu arbeiten. Zunehmend problematisiert wird die Verknüpfung zwischen sicherheits-, sozial- und beschäftigungspolitischen Strategien, die auch in den Programmen angelegt ist, die es sich zum Ziel gesetzt haben, die Situation von „benachteiligten Stadtteilen" zu verbessern, etwa im Programm „Soziale Stadt" oder im englischen „New Deal for Communities" (Hamedinger 2006). Gerade weil eine kaum mehr zu übersehende Flut von Regelungen und Interventionen bürgerschaftliche Gegenwehr weiter erschwert hat, macht Hoffnung, dass Fragen einer Segmentierung des öffentlichen Raumes, segregative Bestrebungen sowie geplante oder auch schon realisierte neue Formen der Überwachung den Protest von gesellschaftlichen Gruppen ausgelöst haben, die sich im weitesten Sinne der Grundidee einer die Menschenrechte wahrenden Zivilgesellschaft verpflichtet fühlen. Mit diesen zu kooperieren, muss wieder verstärkt Aufgabe der Offenen Kinder- und Jugendarbeit werden.

Literatur

Frehsee, D. (1998). Kriminalität als Metasymbol für eine neue Ordnung der Stadt. Bürgerrechte als Privileg, Jugend als Störfaktor. In W. Breyvogel (Hrsg.), *Stadt, Jugendkulturen und Kriminalität* (S. 130–152). Bonn.

Gabriel, M. (2010). Fußballfans sind keine Verbrecher!? Das schwierige Verhältnis zwischen Polizei und Fanprojekten. In K. Möller (Hrsg.), *Dasselbe in grün? Aktuelle Perspektiven auf das Verhältnis von Polizei und Sozialer Arbeit* (S. 47–55). Weinheim.

Hamedinger, A. (2006). Governance: „Neue" Technik des Regierens und die Herstellung von Sicherheit in Städten. *derivé – Zeitschrift für Stadtforschung, 2006*(24), 11–19.

Klose, A., & Steffan, W. (2006). Soziale Arbeit und Polizei im europäischen Kontext der Fanbetreuung. In G. Pilz, S. Behn, A. Klose, V. Schwenzer, W. Steffan, & F. Wölki (Hrsg.), *Wandlungen des Zuschauerverhaltens im Profifußball* (S. 17–20). Schorndorf.

Robert, P. (2005). *Bürger, Kriminalität und Staat*. Wiesbaden.

Rothschuh, M., & Schön, B. (1982). Die rechte und die linke Hand des Staates. Über die Verwandtschaft von Sozialarbeit und Polizei. *extra sozialarbeit, 1982*(12), 14–23.

Simon, T. (1999). Sozialarbeit und Polizei. *Bürgerrechte und Polizei/CILIP, 1999*(2), 39–48.

Simon, T. (2007). Öffentlichkeit und öffentliche Räume – wem gehört die Stadt. In D. Baum (Hrsg.) *Die Stadt in der Sozialen Arbeit. Ein Handbuch für soziale und planende Berufe* (S. 156–172). Wiesbaden.

Simon, T. (2010). Jugendberatungsstellen sind wichtig – aber dürfen nicht vorrangig bei der Polizei angesiedelt sein. In K. Möller (Hrsg.), *Dasselbe in grün? Aktuelle Perspektiven auf das Verhältnis von Polizei und Sozialer Arbeit* (S. 230–238). Weinheim.

Stadt Nürnberg, Staatliches Schulamt Nürnberg, & Polizeidirektion Nürnberg. (2003). *Grundlagen der Kooperation*. Modellprojekt Kooperation Polizei – Jugendhilfe – Sozialarbeit – Schule. Abschlußbericht, Bd. 1. Nürnberg.

Stadt Nürnberg, Staatliches Schulamt Nürnberg, & Polizeidirektion Nürnberg. (2003). *Kooperation Polizei und kommunale Jugendarbeit*. Modellprojekt Kooperation Polizei – Jugendhilfe – Sozialarbeit – Schule. Abschlußbericht, Bd. 4. Nürnberg.

Jugendsozialarbeit und Offene Kinder- und Jugendarbeit

Maria Icking

Die Jugendsozialarbeit ist wie die Offene Kinder- und Jugendarbeit Teil und Aufgabe der Jugendhilfe. Rechtsgrundlage ist der § 13 SGB VIII. Jugendsozialarbeit umfasst nach gängiger Definition die berufsbezogene Jugendsozialarbeit, die Schulsozialarbeit, das sozialpädagogisch begleitete Jugendwohnen und die aufsuchende, mobile Arbeit für verschiedene Zielgruppen (vgl. Pingel 2010). In diesem Beitrag geht es um die berufsbezogene oder auch arbeitsweltbezogene Jugendsozialarbeit. Zu den anderen Feldern wird auf die Beiträge in diesem Band verwiesen.

Im Unterschied zur Offenen Kinder- und Jugendarbeit, die sich an alle Kinder und Jugendlichen richtet, sind insbesondere benachteiligte Jugendliche Zielgruppe der Jugendsozialarbeit. „Jungen Menschen, die zum Ausgleich sozialer Benachteiligungen oder zur Überwindung individueller Beeinträchtigungen in erhöhtem Maße auf Unterstützung angewiesen sind, sollen im Rahmen der Jugendhilfe sozialpädagogische Hilfen angeboten werden, die ihre schulische und berufliche Ausbildung, Eingliederung in die Arbeitswelt und ihre soziale Integration fördern" (§ 13, Absatz 1 SGB VIII).

92.1 Grundlegende Diskurse und Herausforderungen

Der Diskurs zur Jugendsozialarbeit wird vor diesem Hintergrund stark von der Situation insbesondere benachteiligter Jugendlicher im Übergang in Ausbildung und Arbeit bestimmt. Diskutiert werden aber auch die gewandelten Bedingungen der Arbeitswelt, die diese wichtige Statuspassage bestimmen. Spätestens seit der Veröffentlichung der PISA-Studien ist bekannt, dass es eine Gruppe von Absolventen und Absolventinnen des Schul-

Maria Icking ✉
Gesellschaft für innovative Beschäftigungsförderung NRW Düsseldorf, Heinrich-Könn-Str. 39, 40625 Düsseldorf, Deutschland
e-mail: maria_icking@web.de

systems gibt, die aufgrund fehlender Schulabschlüsse und sozialer und persönlicher Benachteiligungsmerkmale sehr schlechte Startchancen im Hinblick auf Integration in Ausbildung und Arbeit haben. Auf der anderen Seite haben sich aber auch die strukturellen Bedingungen, unter denen die Heranwachsenden die Übergangsprozesse von Schule in Ausbildung und Arbeit bewältigen müssen, verändert. Die institutionalisierten Strukturen des Bildungs- und Ausbildungssystems bieten immer weniger Gewähr für einen friktionslosen Übergang, ablesbar vor allem an dem aufgeblähten Übergangssystem mit den oftmals perspektivlosen Warteschleifen. Hintergrund ist ein struktureller Wandel der Arbeitsgesellschaft, der auf der Seite der Individuen mit einer Destabilisierung der Normalbiografie verbunden ist. Der institutionalisierte Lebenslauf als Abfolge von Schule, Ausbildung, Erwerbsarbeit und Ruhestand weicht immer mehr risikoreicheren Biografien, die insbesondere durch riskante Übergangspassagen, wie z. B. aus Schule in Ausbildung oder von Ausbildung in Erwerbstätigkeit, geprägt sind (vgl. Icking 2004). Für viele Jugendliche ist eine „Lebenslage Übergang" (Oehme und Schröer 2009, S. 20) entstanden, weil immer weniger verlässliche Muster bzw. Gleissysteme zur Verfügung stehen, über die sie sich in die Arbeitsgesellschaft integrieren können. Die Heranwachsenden sind gefordert, die Übergangssituationen individuell zu bewältigen und die eigene Gestaltung der Biografie in Angriff zu nehmen. Es liegt auf der Hand, dass die Jugendlichen, die Zielgruppe der Jugendsozialarbeit sind, hier mehr Probleme haben als Jugendliche mit besseren Bildungs- und Sozialchancen (vgl. Heeg und Oehme 2011; Oehme 2009).

Ein weiterer Diskurs bezieht sich auf die Problematik der Nachrangigkeit der Jugendsozialarbeit und die Schnittstellen des SGB VIII zum SGB II und SGB III. Grundsätzlich sind die Leistungen des SGB VIII insbesondere gegenüber den Leistungen des SGB II und SGB III, aber auch gegenüber schulischen Bildungsangeboten, nachrangig. Zudem sind für die Kommunen als Jugendhilfeträger die Leistungen nur als Sollbestimmung normiert, d. h. der Träger kann nach pflichtgemäßem Ermessen die Entscheidung treffen, ob er Leistungen anbietet oder nicht (vgl. Proksch 2001). Auch wenn andererseits betont wird, dass es sich bei der Jugendsozialarbeit um eine kommunale Pflichtleistung handelt (vgl. Pingel 2010), so wird doch auch hier festgestellt, dass in der Konkurrenz insbesondere mit dem SGB II die Angebote originärer Jugendsozialarbeit zurückgehen, wobei die mangelnde Finanzkraft der Kommunen als eine der wesentlichen Ursachen gesehen wird. In der Praxis ergeben sich daraus vielfältige Probleme. Zum einen bezieht sich das SGB II nicht auf alle Jugendlichen mit Hilfebedarf, sondern nur auf Jugendliche aus Bedarfsgemeinschaften. Das oberste Prinzip des SGB II ist zudem, die Hilfebedürftigkeit zu beenden, was durchaus mit den Ansprüchen nach dem SGB VIII auf umfassende individuelle Unterstützung in Konflikt geraten kann. Zudem sind die Leistungen nach dem SGB II nicht freiwillig, d. h. Jugendliche, die nicht entsprechend mitwirken, sind von Sanktionen bedroht und können aus dem Hilfesystem herausfallen.

Eine zentrale Herausforderung der Jugendsozialarbeit besteht also darin, einerseits eine zu starke Fokussierung auf vermeintliche oder tatsächliche individuelle Defizite der Jugendlichen und damit eine Individualisierung der Übergangsproblematik zu vermeiden, andererseits aber den jeweils individuellen Jugendlichen anknüpfend an seine eigene biographische Entwicklungslogik zu unterstützen. Eine weitere Herausforderung ist, sich als Jugendsozialarbeit nicht auf Nachrangigkeit und Kompensation begrenzen zu lassen, sondern im Rahmen kommunaler Übergangsstrukturen ihre spezifische sozialpädagogischen Fachlichkeit umfassend einzubringen (vgl. Oehme und Schröer 2009).

92.2 Das Feld der Jugendsozialarbeit

Das Feld der Jugendsozialarbeit kann unter verschiedenen Kriterien bzw. Prinzipien definiert oder umrissen werden. Zum einen geht es um die Organisationen bzw. um die institutionelle Verfasstheit der Jugendsozialarbeit. Eine Orientierung bietet hier der Kooperationsverbund Jugendsozialarbeit, in dem sich Einrichtungen der Wohlfahrtsverbände und einzelne gemeinnützige Träger der Jugendsozialarbeit zusammengeschlossen haben und sich um inhaltliche Positionsbestimmungen und politische Strategien bemühen. Die Träger und Einrichtungen orientieren sich an dem Anspruch und dem gesetzlichen Auftrag der Jugendsozialarbeit, sozialer Benachteiligung und Desintegration junger Menschen pädagogisch auf der individuellen und durch Interessenvertretung auf der strukturellen Ebene entgegenzuwirken (vgl. Kooperationsverbund Jugendsozialarbeit 2011).

Zum zweiten kann das Feld inhaltlich definiert werden. Die wesentlichen Bereiche sind:

- Berufsorientierung mit schulischen oder schulnahen Angeboten, auch mit dem Ziel der Vermeidung von Schulverweigerung und Schulabbrüchen,
- Berufsvorbereitung für nicht ausbildungsreife Jugendliche und
- außerbetriebliche Berufsausbildung.

92.3 Gemeinsame Leitprinzipien

Mit der Offenen Kinder- und Jugendarbeit teilt die Jugendsozialarbeit eine Reihe gemeinsamer Leitprinzipien bzw. konzeptioneller Grundideen. Ein Leitprinzip ist die Partizipation, verstanden als Beteiligung der Jugendlichen an der Planung und Durchführung von Angeboten der Jugendarbeit. In der Jugendsozialarbeit sollte Partizipation nicht nur auf Beteiligung an Projekten und Maßnahmen bezogen werden, sondern auch als biografische Selbstbestimmung verstanden werden. Gemeint ist damit, dass die subjektiven Interessen und Bedürfnisse der Jugendlichen, auch im Prozess des Übergangs in Ausbildung und Arbeit, aktiv unterstützt werden sollten. Allerdings ist das Prinzip der Partizipation in der Jugendsozialarbeit ungleich schwieriger umzusetzen als in der Jugendarbeit, weil gerade in Maßnahmen, die z. B. durch die Ausbildungs- und Arbeitsförderung außerhalb der Jugendhilfe finanziert werden, die Jugendlichen sich oft festgelegten Zielen und Verfahren unterwerfen müssen, die nicht ihren biografischen Optionen entsprechen müssen (vgl. Heeg und Oehme 2011).

Im Selbstverständnis der Offenen Kinder- und Jugendarbeit ist der Bildungsanspruch mittlerweile fest verankert. Sie orientiert sich dabei an einem erweiterten Bildungsbegriff, der neben der formalen Bildung auch non-formale und informelle Bildungsprozesse in den Blick nimmt. Non-formale Bildung meint dabei organisierte Bildung, die allerdings generell freiwillig ist, und informelle Bildung bezieht sich auf eine Vielzahl ungeplanter und nicht intendierter Bildungsprozesse im Alltag und in der Lebenswelt. Während die Jugendarbeit sich vor allem im Bereich non-formale und informelle Bildung verortet, ist die Jugendsozialarbeit vielfach auch in das System der formalen Bildung eingebunden. Zu ihren Angeboten gehören formale Ausbildungsabschlüsse ebenso wie das Nachholen von Schulabschlüssen. Die vielfältigen Angebote der Jugendsozialarbeit hinsichtlich Beratung und Unterstützung benachteiligter Jugendlicher in Ausbildungs- und Alltagsfragen sind gerade wegen ihres freiwilligen Charakters eher der non-formalen Bildung zuzuordnen. Aspekte informeller Bildung finden sich in fast allen Angeboten und insbesondere in solchen, in denen Lernen und Arbeiten miteinander verbunden werden.

Sozialraumorientierung ist ein weiterer Leitbegriff der Jugendarbeit. Wesentliche Orientierungspunkte der Sozialraumorientierung sind die Lebensweltbedingungen der Jugendlichen und die Raumqualitäten und Ressourcen der Sozialräume, in denen sich Jugendliche aufhalten. Dies zu analysieren und für Konzeptentwicklung und Angebote der Jugendarbeit nutzbar zu machen, ist Anliegen einer sozialräumlichen Jugendarbeit (vgl. Deinet 2009) Eine sozialräumlich orientierte Jugendsozialarbeit sieht die Heranwachsenden mit ihren gesamten biografischen und lebensweltlichen Bezügen. Sozialraumorientierung heißt im Weiteren, auch die Jugendlichen in den Blick zu nehmen, die nicht in Maßnahmen und Angeboten zu finden sind, sondern durch niedrigschwellige Projekte und Angebote erst erreicht werden müssen. Ressourcenorientierung könnte im Bereich der Jugendsozialarbeit bedeuten, örtliche Unternehmen und ehrenamtlich Engagierte u. a. für Praktika und Ausbildungsmöglichkeiten zu mobilisieren.

Ein mit Blick auf die Jugendsozialarbeit tragfähiges Konzept der Offenen Kinder- und Jugendarbeit ist das Konzept der Aneignung. Es steht inhaltlich in einem engen Zusammenhang mit dem erweiterten Bildungsbegriff und der Sozialraumorientierung. Aneignung steht als Begriff für die aktive Gestaltung und Veränderung von Räumen, wobei darunter auch virtuelle Räume verstanden werden. Für die Jugendsozialarbeit bedeutet Aneignungsorientierung, dass sie den Heranwachsenden Übergangsräume zur Verfügung stellt, die nicht nur der Vorbereitung auf irgendetwas dienen, sondern eine eigene Qualität haben, die ihnen tätigkeitsorientiert Lern- und Bildungsprozesse ermöglicht. Dies können Produktionsschulen ebenso sein wie kulturelle oder soziale Projekte, die Lebensräume sind und die Jugendlichen bei der Bewältigung des alltäglichen Lebens unterstützen.

92.4 Kooperationsfelder

Die Offene Kinder- und Jugendarbeit ist in ihren Einrichtungen durchaus mit Fragen der Berufsorientierung und Ausbildungssituation befasst. So ergab eine Befragung von Einrichtungen in Nordrhein-Westfalen, dass rund ein Drittel von ihnen Angebote zu diesem Thema macht, ohne dass allerdings nähere Informationen dazu erhoben werden konnten, um welche Angebote sich es dabei handelt (vgl. Deinet et al. 2010).

Im Folgenden werden zwei Bereiche benannt, in denen Offene Kinder und Jugendarbeit und Jugendsozialarbeit kooperieren könnten. Zum einen geht es um Kooperationen im Sozialraum und zum anderen um Kooperationen im Rahmen kommunaler Bildungslandschaften. Die Jugendarbeit hat entwickelt, wie der Sozialraum bzw. der öffentliche Raum für die Jugendarbeit nutzbar gemacht werden kann. Daran anknüpfend wurde beispielhaft im Rahmen der Wiener Jugendarbeit untersucht, wie aus einer sozialräumlich orientierten Jugendarbeit vielfältige Anknüpfungspunkte für sinnvolle Beschäftigungsprojekte entwickelt werden können (vgl. Oehme et al. 2007).

Kommunale Bildungslandschaften berücksichtigen, dass es Lernorte und Bildungsprozesse jenseits von Schule und schulisch vermittelter Bildung gibt. Offene Kinder- und Jugendarbeit und Jugendsozialarbeit sind Teil der Bildungslandschaft mit unterschiedlichen Handlungsfeldern. Die Jugendsozialarbeit ist insbesondere im Übergang von der Schule in den Beruf tätig, während Offene Kinder- und Jugendarbeit u. a. im Rahmen der Ganztagsschule engagiert ist. Kooperationen sind eher selten, obwohl sich die Einrichtungen der Offenen Kinder- und Jugendarbeit als Lernorte außerhalb von Schule, z. B. für Projekte für schulmüde und schulverweigernde Jugendliche anbieten würden. Inhaltliche Kooperationen könnten sich auf gemeinsame Projekte beziehen, etwa bei der Gestaltung von Angeboten im öffentlichen Raum und im Zusammenhang mit Projekten aufsuchender Arbeit.

Zum Schluss sei Thomas Rauschenbachs Vergleich der Jugendsozialarbeit mit der Sportmedizin bemüht (vgl. Rauschenbach 2003). So wie diese nicht mehr nur Verletzte behandelt, sondern Teil des Trainerteams ist und die Trainingskonzeption mitgestaltet, verstehen sich die Offene Kinder- und Jugendarbeit und die Jugendsozialarbeit nicht nur als Reparaturbetrieb oder additive Ergänzung, sondern bringen ihre spezifische Fachlichkeit in die Gestaltung von Bildungs- und Bewältigungsprozesse von Kindern und Jugendlichen ein.

Literatur

Deinet, U. (2009). *Sozialräumliche Jugendarbeit. Grundlagen, Methoden und Praxiskonzepte*. Wiesbaden.

Deinet, U., Icking, M., Leifheit, E., & Dummann, J. (2010). *Jugendarbeit zeigt Profil in der Kooperation mit Schule. Ergebnisse und Empfehlungen zur Kooperation von Einrichtungen der Offenen Kinder- und Jugendarbeit mit Schulen*. Opladen.

Heeg, J., & Oehme, A. (2011). *Bildungsgerechtigkeit durch Teilhabe – Schulbezogene Teilhabeprojekte aus Perspektive der Jugendsozialarbeit. Eine Expertise im Auftrag des DRK-Generalsekretariat Kinder-, Jugend- und Familienhilfe*. Berlin. http://www.jugendsozialarbeit.de/media/raw/Expertise_DRK_Bildungsgerechtigkeit_durch_Teilhabe.pdf. Zugegriffen: 03. Februar 2012.

Icking, M. (2004). Entwicklung erwerbsbiografischer Gestaltungskompetenzen zwischen Vermittlung und Aneignung. In U. Deinet, & C. Reutlinger (Hrsg.), *„Aneignung" als Bildungskonzept der Sozialpädagogik* (S. 191–204). Wiesbaden.

Oehme, A. (2009). Biographisierte Übergänge in Arbeit. Zur Notwendigkeit einer bewältigungsorientierten Sicht auf Übergänge im jungen Erwachsenenalter. *Jugendforschung, 2009*(1), 9–21. Sozialwissenschaftlicher Fachinformationsdienst soFid (Hrsg.). http://www.ssoar.info/ssoar/files/2010/2350/sofid-jugend_2009-01_fb.pdf. Zugegriffen: 03. Februar 2012.

Oehme, A., Beran, C., & Krisch, R. (2007). *Neue Wege in der Bildungs- und Beschäftigungsförderung für Jugendliche. Untersuchung von Potenzialen der Jugendarbeit zur Gestaltung von sozialräumlichen Beschäftigungsprojekten.* Wien.

Oehme, A., & Schröer, W. (2009). Bildung für den Übergang: Sozialpädagogische Anforderungen an Jugendsozialarbeit. *Dreizehn, 2009*(3), 20–23.

Pingel, A. (2010). *Jugendsozialarbeit § 13 SGB VIII als Aufgabe der Jugendhilfe?! Informationen zur aktuellen Datenlage, bundesweiten Entwicklungen und fachlichem Hintergrund der Diskussion um die Umsetzung der Jugendsozialarbeit durch die (kommunale) Jugendhilfe.* Berlin.http://rmhserver2.netestate.de/koop_jsa/media/raw/JSA_als_kommunale_Aufgabe_Jugendhilfe.pdf. Zugegriffen: 03. Februar 2012.

Proksch, R. (2001). § 13 SGB VIII – Die zentrale rechtliche Grundlage für Jugendsozialarbeit. In P. Fülbier, & R. Münchmeier (Hrsg.), *Handbuch der Jugendsozialarbeit.* Bd. 1. (S. 213–235). Münster.

Kooperationsverbund Jugendsozialarbeit (2011). Ausgrenzung junger Menschen verhindern – neue Wege in der Förderung gehen und Jugendsozialarbeit stärken. Positionspapier. Berlin. http://www.jugendsozialarbeit.de/media/raw/KV_zum_DJHT__Ausgrenzung_verhindern__JSA_staerken.pdf. Zugegriffen: 03. Februar 2012.

Rauschenbach, T. (2003). Bildung in der Jugendsozialarbeit – zwischen beruflicher Qualifikation und Hilfen zur Lebensbewältigung. *Jugend – Beruf – Gesellschaft, 2003*(4), 232–244.

Kooperationspartner Sexualpädagogik

Inge Thömmes und Reinhard Brand

Wenn SexualpädagogInnen in Schulen, Einrichtungen der Offenen Kinder- und Jugendarbeit (im Weiteren: OKJA) kommen, ist die Spannung groß. Sexualität ist ein Thema zwischen öffentlicher zur Schau Stellung, Intimität und Tabuisierung. Wenn Sexualität offen von Erwachsenen angesprochen wird, geschehen Irritationen bei Kindern und Jugendlichen. Es wird ein bisschen peinlich, es wird gelacht, manche werden ganz still. Das Eis bricht schnell, wenn Kinder und Jugendliche merken, da sind Erwachsene „Profis im Sprechen über Sex", die Interesse an ihnen mitbringen.

Sexualpädagogik ist professionelle Gestaltung von Lernprozessen, die die sexuelle Sozialisation und Entwicklung ihrer AdressatInnen betreffen. SexualpädagogInnen begleiten und unterstützen Kinder und Jugendliche in deren Prozessen, sich als sexuelle Personen zu entwickeln (vgl. Valtl 2008, S. 128), sich in Hinsicht auf Sexualität zu bilden.

Sexualpädagogik in der Praxis ist meist Bestandteil einer breiten Angebotspalette in Beratungsstellen, die im Rahmen des gesetzlichen Auftrages zu Schwangerschaftskonflikt, Familienplanung, Sexualität und Partnerschaft beraten. pro familia als bundesweit agierende Institution ist einer der größten Anbieter mit einer Jahrzehnte langen professionellen Erfahrung in der Sexualpädagogik. Im Rahmen von Aids-Prävention wird Sexualpädagogik vor allem von regionalen Aids-Hilfe-Beratungsstellen und anderen Einrichtungen in Trägerschaft der Verbände der Wohlfahrtpflege oder der Kommunen angeboten.

Im Folgenden werden zunächst die Ziele von Sexualpädagogik sowie die verschiedenen Arbeitsbereiche, Angebotsformen und Zielgruppen vorgestellt.

Die Ebene der praktischen Kooperation zwischen OKJA und Sexualpädagogischen Arbeitsbereichen wird im zweiten Schritt erläutert.

Inge Thömmes ✉, Reinhard Brand
pro familia Bielefeld, Stapenhorststraße 5, 33615 Bielefeld, Deutschland
e-mail: sexpad@profamilia-bielefeld.de

93.1 Ziele und Themen

Ziel sexualpädagogischer Arbeit ist, Kinder und Jugendliche zu unterstützen in deren Prozess, sich selbstbestimmt und verantwortungsbewusst Sexualität anzueignen, zu entwickeln und zu leben. Sexualität wird als „ein wesentliches ‚Querschnittsthema' der Persönlichkeit" (Sielert 2008, S. 44) gesehen und umfasst die gesamte Identität, nicht nur Fragen der „Fruchtbarkeit" sondern auch Lustaspekte und die Möglichkeiten der Beziehungsgestaltung. In diesem umfassenden Sinn wirkt Sexualpädagogik dann auch präventiv in Hinsicht auf die Ausbreitung sexuell übertragbarer Krankheiten, beugt ungewollten Schwangerschaften vor und trägt bei zum Schutz vor sexuellen Gewalterfahrungen. Sexualpädagogik intendiert Toleranz und Respekt vor der Vielfalt menschlicher Lebensformen und Ausdrucksweisen sowie die Reflexion von Geschlechterrollen und Machtverhältnissen, die auf Sexualität und Partnerschaft Einfluss haben.

Meist arbeiten SexualpädagogInnen in Frau/Mann-Teams, so dass sich die Gruppen geschlechtshomogen zusammensetzen lassen. So entstehen Freiräume, die es ermöglichen, ohne Beobachtung und Bewertungsdruck durch TeilnehmerInnen des anderen Geschlechts Fragen zu stellen und Themen einzubringen.

Kindern und Jugendlichen werden altersgemäß und einfühlsam Informationen zu Sexualität zugänglich gemacht und vermittelt sowie Orientierungen über Werte und Normen angeboten. Kommunikation über Sexualität wird geübt und persönliche Lernprozesse über partnerschaftliches und sexuelles Handeln angeregt. Das Themenspektrum in sexualpädagogischen Veranstaltungen beinhaltet neben der Körper- und Sexualaufklärung die Kommunikation, das Sprechen oder Nicht-Sprechen über Sexualität, persönliche Wertvorstellungen, sexuelle Orientierungen, Möglichkeiten des Beziehungsaufbaus und der Beziehungsgestaltung. Inhaltlich arbeiten SexualpädagogInnen je nach Alter der Zielgruppe zu Körperwissen, Pubertät, Samenerguss und Menstruation, Zeugung und Schwangerschaft, Mythen und Fakten zu Sexualität, Mädchen-Sein Junge-Sein, Kennen lernen, Sexualität und kultureller Hintergrund, Verhütungsmethoden, das Erste Mal, Homo-, Hetero- und Bisexualität, sexuell übertragbare Krankheiten, Pornografie, Körperwahrnehmung, Grenzen, Partnerschaftswünsche u. a. m.

Als wesentlicher und größter sexualpädagogischer Arbeitsbereich steht die Gruppenarbeit mit Jugendlichen im Vordergrund.

Sexualpädagogik in Schulen – „Sex, Lust und Liebe im Stundenplan" Sexualpädagogische Angebote werden meist auf Anfrage der unterschiedlichsten Einrichtungen geplant und durchgeführt. Seit Jahren stellen Schulen den größten Kooperationspartner der Sexualpädagogik. Die Angebote umfassen mehrstündige bis mehrtägige Veranstaltungen und Veranstaltungsreihen, die eingebettet sind in das jährliche Unterrichtsprogramm. Die Veranstaltungen in Kooperation mit Schulen, ambulanten und stationären Einrichtungen der Jugendhilfe haben für die Teilnehmenden zunächst den Charakter einer Pflichtveranstaltung, da die Institution das sexualpädagogische Angebot im Rahmen des pädagogischen Programms durchführen lässt. In diesen Pflichtveranstaltungen entsteht durch das große

Interesse der Jugendlichen am Thema Sexualität und durch die Orientierung der SexualpädagogInnen an den Fragen und inhaltlichen Wünschen der Mädchen und Jungen eine Form der Zusammenarbeit zwischen Erwachsenen und Kindern/Jugendlichen, die selbstbestimmtes Lernen in Bezug auf Sexualität möglich werden lässt.

93.2 Sexualpädagogik in der OKJA – „Da kommen wieder die Leute mit dem Koffer!"

In der OKJA ist die Teilnahme der Mädchen und Jungen überwiegend freiwillig. Sie kommen aus Neugier, weil das Thema Sexualität sie interessiert, oder weil sie Fragen haben, die sie „anonym" besprechen können.

Kooperationspartner der Sexualpädagogik in der Offenen Kinder- und Jugendarbeit sind meist Häuser der Offenen Tür, Mobile Spieleinrichtungen, Mädchentreffs. Meist erfolgt die Zusammenarbeit auf Initiative der MitarbeiterInnen, die SexualpädagogInnen in ihre Einrichtung einladen. Je nach Bedarf wird nach sexualpädagogischer Einzel- oder Kleingruppenberatung für eine spezifische Besuchsgruppe gefragt, nach einem geschlechtshomogenen Gruppenangebot oder nach einem ganz freien Angebot in Form eines Stands mit Mitmachaktionen. Bei Jungen- und Mädchenfesten, die von verschiedenen Einrichtungen der OKJA innerhalb eines kommunalen Rahmens veranstaltet werden, sind sexualpädagogische Mitmachaktionen ebenfalls gefragt.

Mit den anfragenden MitarbeiterInnen wird im Vorgespräch geklärt, welchen Bedarf sie an sexualpädagogischer Arbeit für ihre BesucherInnen sehen. Daraus und aus den Bedingungen der erwarteten Zielgruppe leiten sich die Methode, das Setting und die eingesetzten Materialien ab. Ist z. B. ein Angebot nur für Mädchen zu körperlichen Veränderungen in der Pubertät angefragt, bietet sich der Mädchentag an, sollen ältere Jugendliche Informationen über Verhütungsmittel erhalten, sind spätere offene Zeiten oder Discoveranstaltungen zu bevorzugen. In der Einrichtung wird das sexualpädagogische Angebot angekündigt, beworben und mit den Mädchen und Jungen abgesprochen. Handelt es sich um ein Gruppenangebot für eine spezifische Gruppe in der Einrichtung, wird dieses Angebot meist alleine von der/dem SexualpädagogIn durchgeführt. Bei offenen Angeboten sind MitarbeiterInnen gelegentlich mit in den Räumen, wobei meist von den Kindern und Jugendlichen Wert auf Diskretion gelegt wird. Reflexionsgespräche mit den MitarbeiterInnen runden das Angebot ab.

Die angesprochenen Themen umfassen die gesamte Bandbreite der Sexualpädagogik von A wie Anmache, J wie Jungfernhäutchen bis Z wie Zungenkuss oder Zwangsheirat. Konkret kann das in der Praxis so aussehen, dass die SexualpädagogInnen mit Hilfe einer Mitmachaktion wie dem Glücksrad mit den Mädchen und Jungen zu Fragen über Liebe, Freundschaft, Sexualität ins Gespräch kommen. Am Glücksrad ziehen die TeilnehmerInnen Fragen, die aus früheren Gruppen stammen und verschiedene Themenfelder abdecken. So können ältere Jugendliche typische Fragen zum „Ersten Mal" ziehen, ohne dass sie selber diese Frage stellen müssen. „Blutet es beim Ersten Mal immer?", „Was kann man gegen die Angst vorm Ersten Mal machen?" oder „Was ist beim Ersten Mal wichtig?" sind Fragen, die viele Jugendliche beschäftigen, und die auf den Fragekarten des Glücksrads stehen. Die Tür zu einem Gespräch über andere und persönliche Fragen wird damit geöffnet, so dass weiter führende Anliegen angesprochen werden können. Erfahrungsgemäß nutzen viele Mädchen und Jungen diese Möglichkeit, ein persönliches Gespräch mit dem/der SexualpädagogIn zu beginnen, oder sie stellen sich immer wieder an, um am Glücksrad zu drehen und weitere spannende Fragen zu lesen und darüber zu sprechen. Es können Kleingruppendiskussionen entstehen z. B. über Fragen wie „Welche Verhütungsmethode ist am besten?", „Ich habe Angst, dass mein Freund Schluss macht, wenn ich nicht mit ihm schlafe. Was soll ich tun?".

Mit manchen Einrichtungen besteht eine kontinuierliche Zusammenarbeit, so dass für die Mädchen und Jungen immer wieder die Möglichkeit besteht, mit SexualpädagogInnen ins Gespräch zu kommen. Diese Kontinuität, wenn etwa jedes halbe Jahr eine sexualpädagogische Veranstaltung durchgeführt wird, oder sexualpädagogische Beratungszeiten monatlich eingeführt werden, ermöglicht den Mädchen und Jungen, ihre Fragen zu stellen oder Gespräche zu führen, wenn es für sie passt. Es zeigt sich häufig auch, dass kontinuierliche Angebote zu Sexualität in der Einrichtung u. a. zu einem reflektierteren Sprachgebrauch der Jugendlichen oder entspanntem Miteinander der Mädchen und Jungen führen können.

93.3 Fortbildungen für MitarbeiterInnen in der OKJA

Frei ausgeschriebene Fortbildungsangebote werden von einzelnen MitarbeiterInnen besucht, manche Fortbildungen werden direkt von einzelnen Einrichtungen angefragt. MitarbeiterInnen, die Jugendfreizeiten durchführen, sind sexualpädagogische MultiplikatorInnen ebenso wie Bademeister oder PädagogInnen in HOTs. In diesen meist mehrtägigen Fortbildungen ist die Kommunikation mit Kindern oder Jugendlichen über Sexualität ein wesentlicher Bestandteil. Sexuelle Entwicklung von Kindern und Jugendlichen, Methoden und Materialien für die Praxis sind weitere Elemente dieser Fortbildungen. Fälle und Fragen aus der Praxis z. B. „Unsere Jungs sprechen nur noch von Pornos.", „Ein Mädchen bei uns ist schwanger. Was sollen wir tun?" werden in den Fortbildungen angesprochen und geklärt. Selbsterfahrung und die Reflexion eigener Werte und Normen in Bezug auf Sexualität stellen einen weiteren Schwerpunkt dar.

Darüber hinaus besteht für MitarbeiterInnen der OKJA die Möglichkeit, sich zu Fragen des Umgangs mit sexualisierten Situationen bis hin zu Risiken sexualisierter Gewalt aus der Praxis von SexualpädagogInnen beraten zu lassen. Auch Möglichkeiten der Konzeptentwicklung oder eines sexualfreundlichen Umgangs in den Einrichtungen können mit der Hilfe sexualpädagogischer Fachkräfte erörtert werden. Kinder und Jugendliche vor sexualisierten Übergriffen untereinander und von Erwachsenen bzw. Fachkräften zu schützen, ist eine wichtige Aufgabe der OKJA, die in Fortbildungen thematisiert wird.

Sexualität ist ein – wie oben beschrieben – die gesamte Persönlichkeit betreffendes Thema, so ist Sexualpädagogik eine Querschnittsaufgabe pädagogischer Begleitung von Mädchen und Jungen. Neben punktuellen sexualpädagogischen Veranstaltungen bedarf sexuelle Bildung von Kindern und Jugendlichen also im Alltag verlässlicher, wohlmeinender Begleitung durch qualifizierte MitarbeiterInnen, so dass im Sinne der Kinder und Jugendlichen eine enge Kooperation zwischen OKJA und Sexualpädagogik sinnvoll und notwendig ist.

Literatur

Schmidt, R. B., & Sielert, U. (Hrsg.). (2008). *Handbuch Sexualpädagogik und sexuelle Bildung*. Weinheim und München.

Sielert, U. (2008). Sexualpädagogik und Sexualerziehung in Theorie und Praxis. In R. Schmidt, & U. Sielert (Hrsg.), *Handbuch Sexualpädagogik und sexuelle Bildung* (S. 39–52). Weinheim und München.

Valtl, K. (2008). Sexuelle Bildung: Neues Paradigma einer Sexualpädagogik für alle Lebensalter. In R. B. Schmidt, & U. Sielert (Hrsg.), *Handbuch Sexualpädagogik und sexuelle Bildung* (S. 125–140). Weinheim und München.

94 Kooperation zwischen der Offenen Kinder- und Jugendarbeit und der Drogenhilfe

Ursula Castrup

Das Drogenhilfesystem gliedert sich in drei große Bereiche, die *Suchtprävention*, die *Beratung und Therapie* sowie Angebote zur *Überlebenshilfe* für suchtmittelabhängige Menschen. Konträr dazu finden wir auf der anderen Seite den „Repressionsapparat", der im Sinne des Betäubungsmittelgesetzes (BtMG) Drogenkriminalität verfolgt. Die Offene Kinder- und Jungendarbeit (OKJA) wird sich mit beiden Aspekten beschäftigen müssen, ist doch davon auszugehen, dass vor allem Jugendliche (und weniger Kinder) mit Drogen experimentieren und auch riskante, bzw. strafbare Nutzungsweisen anzutreffen sind. Damit befindet sich die OKJA oftmals in einem Dilemma: Jugendlichen soll ein Freiraum zur Verfügung stehen, in dem Rauscherfahrungen nicht per se ausgeschlossen werden können, da in dieser Lebensphase Orientierung – auch im Umgang mit Drogen – gesucht wird. Demgegenüber stehen rechtliche und institutionelle Vorgaben der Prävention und des Verbots von Drogennutzung. Hier gilt es eine Haltung zu entwickeln, die sich an den Bedürfnissen der Jugendlichen orientiert und ihre Ressourcen stärkt ohne in rechtlich prekäre Situationen zu kommen. Eine Kooperation zwischen der OKJA und der Drogenhilfe wäre an dieser Stelle angemessen.

Die Drogenarbeit orientiert sich heute an individuellen und strukturellen Ressourcen, die dem einzelnen Menschen und der Gesellschaft zur Verfügung stehen. Der alleinige Blick auf das Defizitäre, das Krankmachende, als Ausgangspunkt für die Analyse von Suchtursachen und die Entwicklung von therapeutischen und präventiven Strategien, werden der komplexen Thematik nicht gerecht. Der Blick auf die Ressourcen und damit auf die gesundheitspräventive Ausrichtung der Arbeit, verbindet die OKJA und die Drogenarbeit. Es wird die gleiche Zielgruppe (besonders Jugendliche) angesprochen und es gibt ähnliche Ziele, Methoden und Haltungen. Direkte Anknüpfungspunkte gibt es dort, wo Jugendliche in den offenen Einrichtungen Suchtmittel konsumieren bzw. riskante/abhängige Konsum-

---

Ursula Castrup ✉
Fachstelle für Suchtvorbeugung der Drogenberatung e.V. Bielefeld, Ehlentruper Weg 47,
33604 Bielefeld, Deutschland
e-mail: castrup@drobs-bielefeld.de

muster festgestellt werden, die eine professionelle Bearbeitung erforderlich machen. Der (riskante) Konsum von Suchtmitteln, zu dem Jugendliche neigen, sollte daher Anlass genug sein, eine Haltung der kooperativen Unterstützung einzunehmen.

94.1 Das Drogenhilfesystem – ein Überblick

Die *Suchtprävention* als eine Säule des Drogenhilfenhilfesystems beschäftigt sich mit der Verhinderung von Sucht, von riskanten Konsummustern und schädlichem Gebrauch von Suchtmitteln. Sucht wird „im erweiterten Sinn definiert und umfasst physische, psychische und soziale Abhängigkeiten sowie substanzgebundene und nichtsubstanzgebundene Süchte. Der schädliche Gebrauch bezieht sich auf Verhaltensweisen, die negative psychische oder körperliche Folgen erwarten lassen und/oder im Wiederholungsfall die Wahrscheinlichkeit für eine spätere Suchtentwicklung vergrößern." (Horvath 2009, S. 15). Generelles Ziel der Suchtprävention ist die Verminderung von Risikofaktoren und die Förderung von Schutzfaktoren.

Die Suchtprävention definiert sich über verschiedene Parameter, untergliedert sich *zielgruppenorientiert* in drei Bereiche, denen unterschiedliche Konzeptionen zugrunde liegen:

1. Angebote der *universellen Prävention* verfolgen das Ziel der Lebenskompetenzförderung und der Persönlichkeitsstärkung junger Menschen und sind substanzunspezifisch angelegt. Zielgruppen sind Familien, Kindertagesstätten, Schulen, Betriebe, Jugend- und Freizeiteinrichtungen, Multiplikatoren aus diesen Bereichen u. a. m.
2. Ein weiterer wesentlicher Arbeitsschwerpunkt ist der Bereich der *selektiven Prävention*. Der Focus wird vom Generellen auf eine bestimmte Zielgruppe verlagert, wie z. B. Kinder aus suchtbelasteten Lebenszusammenhängen. Hier geht es vor allem um Früherkennung und Frühintervention, d. h. Verhaltensauffälligkeiten zu registrieren, die in der kindlichen Entwicklung auffallen oder Warnsignale, die im schulischen oder beruflichen oder auch Freizeit-Setting auftreten, um frühzeitig intervenieren zu können, bevor Suchtmittel als Hilfsmittel eingesetzt werden.
3. Die zielgruppenspezifische Ausrichtung ist auch ein wesentliches Kriterium der *indizierten Prävention*. Diese richtet sich speziell an Menschen, die in Bezug auf Suchtmittel riskante Konsummuster entwickelt haben. Es handelt sich um eine risikogruppenorientierte Vorbeugung. Zielgruppe sind z. B. Jugendliche, die über verstärkten Cannabiskonsum auffällig werden oder auch Kinder und Jugendliche, die mit einer Alkoholintoxikation in eine Klinik eingeliefert werden.

Neben dem individuellen Ansatz in der Suchtprävention werden gesamtgesellschaftliche Strukturen auf ihre suchtfördernden Faktoren hinterfragt. Deshalb findet sich eine weitere Klassifizierung in den Begrifflichkeiten der *Verhaltens- und Verhältnisprävention* wieder. Die Verhaltensprävention hat das Individuum im Blick, die Verhältnisprävention beobachtet die gesamtgesellschaftlichen Bedingungen.

Während die Suchtprävention im Vorfeld von Abhängigkeitserkrankungen angesiedelt ist, richten sich *Drogenberatung, -therapie und Überlebenshilfe* direkt an Menschen, die eine Abhängigkeit von illegalen Drogen entwickelt haben.

Die differenzierten Anforderungen und die komplexen Krankheitsbilder von Suchterkrankungen erfordern ein interdisziplinäres Team, das auf vernetzende Strukturen zugreifen muss. Eine Vernetzung von OKJA und Drogenhilfe könnte niedrigschwellige Zugänge, kurzfristige Beratung von MitarbeiterInnen und Jugendlichen in Form von Fallgesprächen und Einzelberatungen sowie weitergehenden Behandlungen von jugendlichen Drogenkonsumenten gewährleisten.

Im Allgemeinen bieten Drogenberatungsstellen ambulante Beratung und Therapie an; ebenso Angehörigenberatung; zielgruppenorientierte Angebote wie Frauenberatung, Jugendberatung, Betreuung und Beratung in Justizvollzugsanstalten; spezifische Behandlungsformen wie Substitutionsbehandlungen; außerdem ambulante Therapie und Nachsorge; stationäre Entwöhnungsbehandlungen und Arbeitsprojekte. Neben den eher therapeutisch und sozialpädagogisch ausgerichteten Angeboten werden i. d. R. *Überlebenshilfemaßnahmen* vorgehalten, zu denen Angebote zur Sicherung der Existenz, zur Krisenintervention und Notfallhilfe für DrogengebraucherInnen gehören.

Gerade bei jugendlichen Suchtmittelkonsumenten sind präventive und intervenierende Ansätze gefordert. Hier ist eine Vernetzung der Drogenhilfe im Bereich Prävention und Beratung mit der OKJA förderlich. Die Chancen, die sich aus gemeinsam zu entwickelnden Angeboten für MitarbeiterInnen und Jugendliche ergeben, werden in der Praxis oftmals nicht ausreichend genutzt.

94.2 Jugendliche im Kontext von Jugendarbeit und Drogenhilfesystem

Die Grundprinzipen der Drogenarbeit, eine akzeptierende Haltung, die ein Beziehungs-/Kontaktangebot beinhaltet, das sich nicht verurteilend sondern zuhörend gestaltet und die niedrigschwellige Herangehensweise finden ihre Parallelen in der OKJA. Schnittstellen der Jugend- und Drogenarbeit liegen zum einen in der Zielgruppe der (riskant) Suchtmittel konsumierenden Jugendlichen und auch in den Zielen der suchtpräventiven Arbeit, wie Lebenskompetenzförderung und Persönlichkeitsstärkung.

Ein wesentliches Ziel der OKJA wie auch der Suchtprävention ist die Förderung der Lebenskompetenz. Letztere wird aus Sicht der Suchtprävention als Schutzfaktor zur Verhinderung von Abhängigkeiten angesehen.

Gemeinsamkeit besteht demnach

- „in der geschlechts-, lebensphasen- und entwicklungsphasenspezifischen Ausrichtung der Angebote sowie der Berücksichtigung von verschiedenen Lebenswelten und Kulturen" (Horvath 2009, S. 18).

- in der Haltung der MitarbeiterInnen, die von einem akzeptierenden Ansatz getragen wird/werden sollte, die ein Kontaktangebot enthält/eine Beziehung anbietet, die „zuhörend und nicht verurteilend" (Horvath 2009, S. 18) ist. Dazu gehören auch die Auseinandersetzung mit eigenen „Suchtstrukturen" und das Wissen um die Bedeutsamkeit von Respekt, Klarheit und konsequentem Verhalten in Form von Begrenzung.
- in der Erreichbarkeit der Zielgruppe durch eine niedrigschwellige Herangehensweise.

94.3 Die (sucht)präventiven Möglichkeiten der Offenen Kinder- und Jugendarbeit

Für die OKJA stellt die Auseinandersetzung mit Jugendlichen, die Suchtmittel konsumieren, eine Herausforderung dar. Können suchtgefährdete Jugendliche in der OKJA gehalten werden, so bedeutet das eine große Chance für diese Personen. In diesem Sinne könnten „Aktivitäten im Rahmen der Offenen Jugendarbeit eine reale Alternative zum Suchtmittelkonsum darstellen" (Horvath 2009, S. 31).

„Eine wesentliche Klammer über alle präventiven Potenziale stellt die Haltung der JugendarbeiterInnen gegenüber Suchtmittelkonsum dar. Nur wenn diese Haltung auch teamintern eindeutig formuliert bzw. praktiziert wird, kann sie auf das System, auf die Jugendlichen in der Offenen Jugendarbeit, übergreifen" (Horvath 2009, S. 33). Klare Standpunkte, eindeutige Umgangsweisen mit Suchtmitteln, gelebte Vorbildfunktion und eine professionelle Reflexion sind für die Qualität präventiven Handels erforderlich.

94.4 Wie können Drogenhilfe und Offene Kinder- und Jugendarbeit gemeinsam agieren?

Beratung und Fortbildung Die MitarbeiterInnen von Einrichtungen der OKJA können ihr spezifisches Anliegen mit KollegInnen aus Drogenberatungsstellen besprechen, um gemeinsam ein adäquates Angebot zu finden, wie z. B. durch die Begleitung von Teambesprechungen oder einer Fallsupervision, die neue Antworten, neue Blickrichtungen eröffnen; sowie Fortbildungsangebote, die den Umgang mit konsumierenden Jugendlichen „erleichtern".

Beratung für Jugendliche Jugendliche aus offenen Jugendeinrichtungen, die aufgrund riskanter Konsummuster auffällig werden, können Einzelberatung in Anspruch nehmen. Ein möglichst niedrigschwelliger, die Motivationslage der Jugendlichen berücksichtigender Kontakt, ist hier wichtig. Projektangebote in der Einrichtung oder Einladung eines/r MitarbeiterIn der Drogenberatung bieten sich als Möglichkeit der Kontaktaufnahme an.

Information zu Suchtmitteln Informationsveranstaltungen für MitarbeiterInnen oder Jugendliche sowie Projektentwicklung und -begleitung können durch die Drogenhilfe in Einrichtungen der OKJA angeboten werden.

Lebenskompetenzförderung Lebenskompetenzförderung als Ziel universeller Suchtprävention ist hier das Bindeglied für eine Zusammenarbeit. Besonders hervorzuheben an dieser Stelle ist der Ansatz der Risikokompetenz, der in dem pädagogische Kommunikationsmodell „Risflecting" (Koller 2000) verortet ist. Der Grundgedanke dieses Konzeptes besagt: Jugendliche haben sich mit dem Bedürfnis nach Risikosituationen und rauschhaften Erfahrungen auseinander zu setzen, die ihnen gerade in dieser Lebensphase begegnen. Die Jugendarbeit sieht sich oftmals eher dem Auftrag verpflichtet, die Risiken und Negativ-Wirkungen all dieser Sehnsüchte einzuschränken. Aber eine Pädagogik, die Rausch und Risiko ausschließlich mit einer Gefahrenzone assoziiert, hilft Menschen nicht, eine Beziehung zwischen ihrem Lebensalltag und ihren außeralltäglichen Sehnsüchten und Erfahrungen aufzubauen, die auch in Drogennutzung münden können. So ist es für eine konstruktive Gesundheitsförderung nicht zuträglich, wenn das Phänomen „Rausch" mit dem zwangs- und abhängigkeitsorientierten Phänomen „Sucht" assoziiert wird: Die Verknüpfung zweier unterschiedlicher Phänomene ist weder einem fachlichen Diskurs noch einer differenzierten Umsetzung im Arbeitsalltag von Nutzen. Das Kommunikationsmodell „Risflecting" geht davon aus, dass Maßnahmen insbesondere im Bereich der Kinder- und Jugendarbeit nur dann Erfolg versprechend sind, wenn sie lebensweltorientiert geplant und durchgeführt werden, und das heißt hier die Motive, sozialen Praxen und Interessen der Jugendlichen rund um Drogennutzung aufzugreifen.

Die OKJA bewegt sich oftmals an der „Grenze zu gesellschaftlichen Tabus und letztlich auch an der Grenze der Akzeptanz durch politische Entscheidungsträger" (Horvath 2009 S. 34). Nicht immer stehen dabei die Bedürfnissen der Jugendlichen im Fokus. Gerade auch in Bezug auf die Problematiken, die sich aus dem Alkoholkonsum oder dem Konsum illegaler Drogen ergeben, erwarten Öffentlichkeit und auch Träger „schnelle Lösungen, die die Offene Jugendarbeit nicht bereitstellen kann" (Horvath 2009, S. 34).

Eine Allianz der unterschiedlichen Akteure aus dem Drogenhilfesystem und der Offenen Jugendarbeit könnte in diesem Sinne den präventiven Effekt und die Effizienz der Offenen Jugendarbeit stärken und Öffentlichkeit für ihre Anliegen schaffen.

Literatur

Horvath, I., Eggerth, A., Fröschl, B., & Weigl, M. (2009). *Die Präventive Rolle der Offenen Jugendarbeit*. Wien. Hrsg. vom Österreichisches Bundesinstitut für Gesundheitswesen.

OEAV, Akzente Salzburg, Landesjugendreferat Wien, Amt für Jugendarbeit der Provinz Bozen-Südtirol, & Verein VITAL. (2000). *Risflecting, Grundlagen, Statements und Modelle zur Rausch- und Risikopädagogik*. Salzburg. Koordination: G. Koller, & N. Rögl.

Jugendverbände und die Offene Kinder- und Jugendarbeit

Gunda Voigts

Die Jugendverbände in Deutschland und die Offene Kinder- und Jugendarbeit (OKJA) werden in den fachlichen Debatten oft als Gegensatzpaar skizziert. Damit wird an die Entstehungsgeschichte „Offener Jugendarbeit" nach 1945 angeknüpft. Diese starke begriffliche Abgrenzung muss heute als überholt erscheinen. Stattdessen wird in diesem Kapitel der Fokus auf das Zusammenspiel von Jugendverbänden als einer Trägergruppe und Offener Kinder- und Jugendarbeit als einer speziellen Angebotsform der Kinder- und Jugendarbeit gelegt.

95.1 Die geschichtsträchtige Beziehung von Jugendverbänden und Offener Kinder- und Jugendarbeit

Die Bewegung, die sich in ihren Anfängen nach 1945 mit der OKJA verknüpfte, und die Jugendverbände befanden sich in einer schwierigen Beziehung zu einander. Als im Rahmen der amerikanischen Re-Education Politik der Nachkriegsjahre in Deutschland die ersten Offenen Jugendeinrichtungen, die GYA-Heime (German Youth Activities) gegründet wurden, standen die Jugendverbände ihnen nicht nur wegen der aus ihrer Sicht finanziellen Übervorteilung und ihrer Ausrichtung am Hauptamt kritisch gegenüber. Vor allem das Prinzip der Unverbindlichkeit in der Offenen Arbeit schien dem verbandlichen Prinzip der Arbeit in festen (Mitglieds-)Gruppen diametral entgegen zu stehen. Den Akteuren der OKJA hingegen war die strukturell auch überregional angelegte und weltanschaulich geprägte Arbeit der Jugendverbände suspekt. Jedoch bereits Ende der 1940er-Jahre, als die Einrichtungen der Offenen Arbeit durch deutsche Institutionen übernommen, in der Folge zum Teil aufgegeben oder wieder näher an die Tradition der festen Gruppen herangeführt

---

Gunda Voigts ✉
Fachbereich Humanwissenschaften Abteilung für Sozialpädagogik und Soziologie der Lebensalter und -lagen, Universität Kassel, Brehmstr. 74, 30173 Hannover, Deutschland
e-mail: gunda.voigts@t-online.de

U. Deinet und B. Sturzenhecker (Hrsg.), *Handbuch Offene Kinder- und Jugendarbeit*,
DOI 10.1007/978-3-531-18921-5_95,
© VS Verlag für Sozialwissenschaften | Springer Fachmedien Wiesbaden 2013

wurden, kam es zu einer Annäherung. Ab Mitte der 1960er-Jahre öffneten sich dann die Jugendverbände den neuen „offenen" Arbeitsformen intensiv, so dass Ansätze Offener Jugendarbeit in der verbandlichen Angebotspalette ihren festen Platz fanden. Eine durchaus interessante Beziehung war die zwischen der Jugendzentrumsbewegung der 1970er-Jahre und den Jugendverbänden: Die Jugendlichen der Jugendzentrumsbewegung lehnten sich u. a. gegen die aus ihrer Sicht engen Formen der Jugendarbeit in den Jugendverbänden auf, betrachteten sie als zu zentralistisch, weltanschaulich – und damit politisch – festgelegt und zu nahe an ihren jeweiligen Erwachsenenorganisationen orientiert. Und trotzdem entstanden viele Jugendzentren nur dadurch, dass Jugendverbände und die Jugendzentrumsbewegung an vielen Orten im Sinne der Jugendlichen gemeinsam für die Einrichtung von Jugendzentren kämpften (vgl. Damm 1985; vgl. Welz 1991).

In der Entwicklung bis heute verwischen die Grenzen zwischen Jugendverbandsarbeit und der OKJA im positiven Sinne an vielen Stellen. Das gemeinsame Ziel der anerkannten Träger der Kinder- und Jugendarbeit ist es jetzt dezidiert, junge Menschen dazu zu befähigen, ihre eigenen Interessen zu bekunden und diese selbst durch- und umzusetzen (vgl. SGB VIII, § 11(1)). Damm weist schon 1985 darauf hin, dass Jugendarbeit heute „weniger eine Frage der Form, als eine Frage von Inhalten, Strukturen und mobilisierbaren Ressourcen" (Damm 1985, S. 534) geworden sei. In den Einrichtungen der OKJA haben feste Gruppen ihren Platz gefunden, ebenso wie in Jugendverbänden offene Arbeitsformen Einzug gehalten haben.

95.2 Nicht nur eine Frage der Definition: Vom Verbandsmitglied bis zu „erreichten" Kindern und Jugendlichen

Im 12. Kinder- und Jugendbericht wird die OKJA von der verbandlichen Jugendarbeit neben der sie charakterisierenden Hauptamtlichkeit pädagogischer Mitarbeitender und des Angebotsortes der „Einrichtungen" zentral dadurch abgegrenzt, dass „sich ihre Angebote nicht ausschließlich oder in erster Linie an Mitglieder richten" (vgl. BMFSFJ 2006, S. 242). Dabei wird einer aktuellen Entwicklung der Jugendverbandsarbeit zu wenig Rechnung getragen. Während Jugendverbände in ihren Anfängen bis ins letzte Jahrhundert überwiegend von „Mitgliedern" sprachen und auch als Mitgliederorganisationen strukturiert waren, sind spätestens in den 1990er-Jahren Beschreibungen wie „Teilnehmer und Teilnehmerinnen" oder „erreichte Kinder und Jugendliche" in den offiziellen Sprachgebrauch der Verbandslobbyisten gelangt. Grundlage dafür ist eine Veränderung der Arbeit an der Basis. Im Angebotsspektrum nehmen zielgruppenspezifische, verbandsunabhängige Angebote inzwischen einen wichtigen Platz ein. Diese Veränderung trägt letztlich den Bedürfnissen von Kindern und Jugendlichen, für die der „Mitgliedsbegriff" heute oft weit von ihrer Lebenswelt entfernt scheint, und der Öffnung in neue Milieus Rechnung (vgl. von Spiegel 1997). Die „Mitgliedschaft" ist in Jugendverbänden häufig kein zentrales Moment mehr. Vielmehr ist ein neben- und miteinander von Mitgliedern und Nicht-Mitgliedern entstanden, das in der Verbandsrealität vor Ort keine praktische Rolle spielt. Mit Blick auf innerverbandliche demokratische Strukturen stehen diese Jugendverbände vor einer neuen, noch als ungelöst zu bezeichnenden Herausforderung. Auch hier wird deutlich, dass eine rigorose Abgrenzung zwischen offener und verbandlicher Kinder- und Jugendarbeit keinen Sinn mehr macht: „Offene Angebote sind ebenso wie Gruppenangebote integrale Bestandteile Offener Kinder- und Jugendarbeit wie umgekehrt der verbandlichen Angebotsstruktur." (BJR 2001, S. 30). Wenn eine Vielzahl von Jugendlichen allerdings nicht mehr Mitglieder im Jugendverband sind, sondern einfach zu Nutzer und Nutzerinnen von jugendverbandlichen Angeboten werden, bedarf es neuer „Verfahren bzw. Methoden", um demokratische Entscheidungsprozesse „formal und rechtlich" zu ermöglichen (vgl. Sturzenhecker 2007, S. 117; Richter und Sturzenhecker 2011, S. 64 f.; Riekmann 2011, S. 70). Vor dieser Aufgabe steht auch die Offene Jugendarbeit.

Jugendverbände sind einer der großen Anbieter und Akteure in der Kinder- und Jugendarbeit. Nach einer aktuellen subjektorientiert angelegten Reichweitenuntersuchung erreichen allein die beiden großen konfessionellen Jugendorganisationen 10,1 % (Evangelische Jugend) bzw. 8,8 % (Katholische Jugend) der Jugendlichen zwischen 10 und 20 Jahren in Deutschland. Angebote kommunaler Organisationen nutzen demnach 15,3 %, Vereine 25,1 % (Fauser et al. 2006, S. 83). Auch in dieser Untersuchung werden die Jugendlichen nicht gefragt, ob sie Mitglied eines Jugendverbandes sind. Vielmehr steht sehr differenziert die Frage nach dem Besuch von Einrichtungen der Jugendarbeit oder der Teilnahme an Angeboten im Horizont.

95.3 Jugendverbände als Träger und Anbieter Offener Kinder- und Jugendarbeit

Heute sind Jugendverbände in verschiedenen Formen in die OKJA involviert: sie sind Träger von Jugendfreizeitstätten wie Jugendhäusern oder Jugendclubs, sie sind projekthaft oder auf Dauer mit Spielmobilen, Bussen oder Bauwagen gerade in ländlichen Gegenden unterwegs, sie sind mit offenen Angeboten aktiv und bieten vielerorts OKJA in ihren Treffpunkten wie z. B. Gemeindehäusern, Turnhallen, Freizeitstätten, Schulen oder auf Spielplätzen an. In der aktuellen Jugendverbandsbefragung des Deutschen Jugendinstituts (vgl. DJI 2009, S. 23 f.) geben 22 % der Jugendverbände an, über eine eigene Einrichtung wie ein Spielmobil oder ein Jugendzentrum zu verfügen. 38 % nennen „Offene Treffs" als eine ihrer Aktivitäten. Deutlicher als bei anderen Ergebnissen der Untersuchung tritt bei diesen Nennungen der Ost-West-Unterschied hervor: Die Jugendverbände in den östlichen Bundesländern sind sehr viel stärker in den offenen Aktivitäten engagiert (Eigene Einrichtung: 33 % Ost/17 % West; Offene Treffs: 48 % Ost/38 % West). Nicht nur diese Entwicklung zeigt auf, dass Jugendverbände im Jahre 2010 ein entscheidender Träger Offener Kinder- und Jugendarbeit sind, im Osten noch stärker als im Westen. Als ein Beispiel unter vielen sei die Stadt Essen angeführt, wo der Jugendverband Evangelische Jugend der größte Träger der OKJA ist und 50 Häuser der Offenen Tür unterhält (EKIR 2011).

Den Schwerpunkt jugendverbandlicher Arbeit bilden aber bis heute die gerne als „traditionelle Aktivitäten von Jugendverbänden" bezeichneten Angebotsformen der Gruppenarbeit sowie Freizeiten, Lager und Fahrten (vgl. DJI 2009, S. 23). Arbeit in Gruppen gilt als die Ursprungsform der Kinder- und Jugendarbeit in Jugendverbänden und prägt diese als zentrales Verbandsprinzip (vgl. Böhnisch 1991, S. 478; Fauser et al. 2006). So wird von Jugendverbänden die Zusammenarbeit mit anderen freien Trägern oder Kommunen im Bereich der OKJA gerne gesucht, um junge Menschen für ihre Angebote zu begeistern. Ziel ist es dabei, die Zugangsweisen der OKJA zu nutzen, um Kinder und Jugendliche mit spezifischen verbandlichen Aktivitäten in Kontakt zu bringen und sie für eine Mitgliedschaft, eine Teilnahme oder ein ehrenamtliches Engagement in Jugendverbänden zu gewinnen. Daraus ergeben sich eine Vielzahl von sinnvollen Kooperations- und Vernetzungsmöglichkeiten von offenen Jugendhäusern, Bauspielplätzen oder offenen Angeboten anderer Träger mit den Jugendverbänden.

95.4 Jugendverbände als Kooperationspartner

In der Vielfalt der Jugendverbände liegt der Reiz der Kooperationschance. Von der Jugendfeuerwehr und der DLRG-Jugend über die Pfadfinderverbände und Gewerkschaftsjugenden bis zur Chorjugend, BUND-Jugend und den großen konfessionellen Jugendverbänden sind deren Potentiale und Schwerpunkte breit gestreut. In den letzten Jahren ist es weiterhin zur Gründung von Migranten(innen)-Selbstorganisationen in Jugendverbandsform (z. B. Alevitische Jugend) sowie von Jugendverbänden mit Blick auf spezielle Behinderungen gekommen (z. B. Deutsche Gehörlosenjugend). Es gibt nicht *den* Jugendverband, sondern sehr verschiedene Organisations- und Strukturformen, Zielsetzungen und Arbeitsbereiche, Zielgruppen und Aktionsweisen. So lässt sich für fast jede Angebotsform und jedes thematische Interesse ein Jugendverband finden, der sich als Kooperationspartner anbietet, sofern das regionale Profil der Kinder- und Jugendarbeit dies hergibt. Denn natürlich ist nicht jeder Jugendverband in jeder Region gleichermaßen aktiv.

Gemeinhin werden Jugendverbände aufgrund ihrer inhaltlichen Schwerpunkte in Kategorien unterteilt, an denen man sich bei der Suche nach Partnern orientieren kann (vgl. DJI 2009; vgl. Merchel 2008; vgl. Mund 2007):

- Konfessionelle/religiöse Jugendverbände
- Helfende bzw. humanitär ausgerichtete Jugendverbände
- Sportliche Jugendverbände
- (Musisch-)Kulturelle Jugendverbände
- Bündisch organisierte Jugendverbände
- Ökologisch orientiere und naturbezogene Jugendverbände
- Hobby- bzw. Freizeitorientierte Jugendverbände
- (Partei-) Politische Jugendverbände
- Gewerkschaftliche Jugendverbände

- Internationale Jugendverbände
- Interkulturelle Jugendverbände.

Wer sich einen allgemeinen Überblick über die Vielfalt der Jugendverbände schaffen möchte, macht dies am besten über die Homepage des Deutschen Bundesjugendrings (www.dbjr.de) oder der Landesjugendringe. Für konkrete regionale oder örtliche Kooperationen bietet sich die Information über den Kreis- oder Stadtjugendring an.

95.5 Ideen für konkrete Kooperationen vor Ort

Im Folgenden werden Anregungen für Kooperationen aufgelistet. Sie können nur beispielhaften Charakter haben. Das konkrete Miteinander ergibt sich immer aus den Gegebenheiten vor Ort. Möglichkeiten der Zusammenarbeit gibt es Viele – und mit Blick auf die Kinder und Jugendlichen dürften sie fast immer zu einer Bereicherung des Angebotes führen.

- Politische Aktionen: Jugendverbände haben Erfahrungen darin, wie Kinder und Jugendliche ihre Interessen mit Nachdruck vertreten können. Hier bietet es sich an, auf deren Erfahrungen zurückzugreifen. Beispiele finden sich u. a. in den Broschüren „Partizipation verbindet", „Jugendbeteiligung leicht gemacht" oder „Come in Contract – Auf gleicher Augenhöhe" des Deutschen Bundesjugendring (kostenlos beziehbar über www.dbjr.de)
- Das Thema „Kinderrechte" beschäftigt eine Vielzahl von Jugendverbänden. Zahlreiche Materialien, Aktionen und Projekte wurden dazu entwickelt. Hier führt ein Kontakt zum Beispiel mit der Evangelischen Jugend, der Naturfreundejugend, der Sozialistischen Jugend – Die Falken oder den Pfadfinderverbänden weiter.
- Im Bereich Natur und Ökologie bieten Jugendverbände, die sich im Schwerpunkt Umweltthemen widmen (z. B. BUND-Jugend oder Naturschutzjugend), Aktionen für Kinder und Jugendliche an, die sich gut in die OKJA einbeziehen lassen. Siehe z. B. www.naturtagebuch.de; www.umweltdetektiv.de; www.erlebter-frühling.de.
- Fahrten und Lager sind traditionelle Spezialitäten der Jugendverbände. Von der Juleica, über Schulungsmodule bis zu konkreten Praxishilfen gibt es große Mengen an Material. Der Kontakt vor allem zu den Jugendringen – den Zusammenschlüssen der Jugendverbände – lohnt sich.
- Der Umgang mit Armutslagen von Kindern und Jugendlichen beschäftigt die Mehrheit der Anbieter OKJA genauso wie die Jugendverbände. Viele Jugendverbände haben klare Positionen und Kampagnen mit Praxisbausteinen und öffentlichkeitswirksamen Materialien entwickelt. Eine Zusammenarbeit stärkt – nicht nur im Sinne der Kinder und Jugendlichen.
- Der Kampf gegen Sexualisierte Gewalt an Kindern und Jugendlichen wie insgesamt die Kindesschutzdebatte sind wichtige Arbeitspunkte fast aller Jugendverbände. Leitfäden für Ehrenamtliche sind entwickelt, spezielle Aus- und Fortbildungen werden angeboten.

Die OKJA betrifft die Thematik. Austausch und gemeinsames Agieren sind hier besonders wichtig.
- Die u. a. technisch orientierten Jugendverbände wie die Jugendfeuerwehr oder die THW-Jugend bieten ganz praktische Zusammenarbeit bei Festen oder Aktionen. Das gilt auch für die weiteren Jugendverbände aus dem „Rettungsmetier": der 1. Hilfe-Kurs gemeinsam mit dem Jugendrotkreuz, der Malteser- oder Johanniterjugend gibt genauso Sinn, wie die Einbindung der DLRG-Jugend.
- Eine Zusammenarbeit mit Vereinen junger Migrant(inn)en kann genauso den Horizont öffnen wie ein Zugehen auf spezielle Verbände für Jugendliche mit Behinderungen. „Nicht ohne unsere Beteiligung über uns" sollte hier das Motto sein.
- Die Sportjugend bietet sich als Kooperationspartner für alle sportlichen Angebote und Highlights auf Festen an, ebenso wie die Jugend des Alpenvereins mit ihren oft vorhandenen mobilen Kletterwänden oder Erlebnisparcours. Ähnliches gilt z. B. für die Chorjugend und die Bläserjugend in kulturell-musischen Bereichen.
- Und nicht zuletzt: Jugendverbände haben als freie Träger die Möglichkeit bei Stiftungen und Lotterien die finanzielle Unterstützung von Projekten zu beantragen. Offene Jugendhäuser kommunaler Trägerschaft haben diese Option oft nicht. Warum nicht ein Projekt gemeinsam gestalten und im Sinne der Sache Gelder für Projekte einwerben (z. B. www. aktion-mensch.de).

Literatur

Bayerischer Jugendring. (2001). *Offene Kinder- und Jugendarbeit*. München.

Böhnisch, L. (1991). Die Jugendgruppe. In L. Böhnisch, H. Gängler, & T. Rauschenbach (Hrsg.) *Handbuch Jugendverbände* (S. 478–490). Weinheim und München.

BMFSFJ. (2006). *Zwölfter Kinder- und Jugendbericht*. Berlin.

Damm, D. (1985). Historische Entwicklung des Verhältnisses zwischen verbandlicher und offener Jugendarbeit. *Neue Praxis, 15,* 531–535.

Deutsches Jugendinstitut. (2009). *DJI – Jugendverbandserhebung. Befunde zu Strukturmerkmalen und Herausforderungen*. München.

EKIR. (2011). Rat und Tat. Jugendarbeit. http://www.ekir.de/essen/r_jugend.htm. Zugegriffen: 14.04.2011.

Fauser, K., Fischer, A., & Münchmeier, R. (2006). *Jugendliche als Akteure im Verband. Ergebnisse einer empirischen Untersuchung der Evangelischen Jugend*. Opladen und Farmington Hills.

Merchel, J. (2008). Freie Träger: Jugendverbände. In J. Merchel (Hrsg.), *Trägerstrukturen in der Sozialen Arbeit*. Weinheim.

Mund, P. (2007). Jugendverbände. In Deutscher Verein für öffentliche und private Fürsorge e.V. (Hrsg.) *Fachlexikon der sozialen Arbeit*. Baden-Baden.

Richter, H., & Sturzenhecker, B. (2011). Demokratiebildung am Ende? *deutsche jugend, 2011*(2), 67–67.

Riekmann, W. (2011). Demokratie und Verein. *deutsche jugend, 2011*(2), 68–75.

von Spiegel, H. (1997). *Offene Arbeit mit Kindern – (k)ein Kinderspiel*. Münster.

Sturzenhecker, B. (2007). Zum Milieucharakter von Jugendverbandsarbeit. *deutsche jugend*, *2007*(3), 112–119.

Welz, A. (1991). Offene Jugendarbeit. In L. Böhnisch, H. Gängler, & T. Rauschenbach (Hrsg.), *Handbuch Jugendverbände* (S. 588–591). Weinheim und München.

Offene Kinder- und Jugendarbeit in der Bildungslandschaft

Ulrich Deinet

96.1 Aktuelle Diskussion um Bildungslandschaften

Nach einer anfänglich eher institutionell und schulbezogen geführten Diskussion um die Bildungslandschaften, als Erweiterung bestehender Schullandschaften, hat insbesondere der Deutsche Verein durch seine Stellungnahme aus dem Jahr 2009 sowie die Aachener Erklärung des Deutschen Städtetags (2007) dazu geführt, dass Bildungslandschaften jetzt auf der Grundlage eines breiteren Bildungsbegriffs diskutiert werden. Über eine bessere Kooperation und Vernetzung vorhandener Bildungsinstitutionen verweist der Deutsche Verein für öffentliche und private Fürsorge auch auf Bereiche der informellen Bildung. „Denn Bildungsförderung kann nur dann für alle erfolgreich sein, wenn sie über die Schule hinaus den Blick auf die Vielfalt der non-formalen und informellen außerschulischen Bildungsorte öffnet und diese einbezieht" (Deutscher Verein 2009, S. 1). Damit kommen auch Bereiche und Institutionen in den Blick, die weniger oder kaum schulisches Lernen in den Vordergrund ihrer Aktivitäten stellen: „Eine gut ausgebaute, konzeptionell aufeinander bezogene und verlässlich miteinander verknüpfte Bildungsinfrastruktur, die über die formalen Bildungsinstitutionen des Lernens hinaus (z. B. Kindertageseinrichtungen, Schule, Ausbildung, Universität etc.) auch die Familie, Cliquen, Jugendclubs, den Umgang mit neuen Medien, freiwilliges Engagement in Vereinen und Verbänden, Weiterbildungsangebote, Musikschulen, Bibliotheken, Jugendkunstschulen, Museen als Orte kultureller Bildung etc. einbezieht, kann zur gesellschaftlichen Teilhabe der Bürger/innen eines Gemeinwesens und zu mehr Chancengerechtigkeit beitragen" (Deutscher Verein 2009, S. 1). Der immanenten Kritik an der zu engen Diskussion um Bildungslandschaften des Deutschen Vereins schließt sich auch Werner Lindner an: „Die bisherigen Überlegungen zu Bildungsland-

---

Prof. Dr. Ulrich Deinet ✉
Fachbereich Sozial- und Kulturwissenschaften Düsseldorf, Fachhochschule Düsseldorf, Wilhelmstr. 4, 42781 Haan, Deutschland
e-mail: Ulrich.Deinet@t-online.de

schaften sind institutionell verengt; bislang kommen nur die anerkannten und bekannten Institutionen vor: Kita, Schulen, Bibliotheken, Museen, Jugendkunstschulen etc. Es ist aber typisches Kriterium gerade der informellen Bildung, dass sie ohne Pädagogen/innen stattfindet. Vielleicht könnte es ab einem bestimmten Punkt auch darauf ankommen, die „Bildungslandschaft" nicht flächendeckend und lückenlos zu pädagogisieren, sondern auch noch „unpädagogische" Freiräume zu erhalten. Vor diesem Hintergrund wäre es wichtig, die eigenen Informationen und Erkenntnisse über die jugendlichen Adressaten permanent zu qualifizieren und als Hintergrundwissen in das eigene Bildungsverständnis zu integrieren" (Lindner 2008, S. 9).

In ihrer Studie zur Entwicklung der Bildungslandschaft in Ulm formuliert Eisnach (2011) die Intention einer Bildungslandschaft wie folgt: Bildung wird nicht mehr der Institution Schule überlassen, sondern es bilden sich Verantwortungsgemeinschaften und integrierte Handlungs- und Planungskonzepte, die versuchen, kinder- und familienfreundliche Rahmenbedingungen zu entwickeln. Beispiele sind eine integrierte Schulentwicklungs- und Jugendhilfeplanung sowie die Entstehung von Bildungsberichten. Im Vergleich zu den weit verbreiteten Kooperationsmodellen entstehen offene Netzwerke (vgl. Eisnach 2011, S. 38 ff.).

Als zentrale Strukturmerkmale kommunaler Bildungslandschaften (a. a. O., S. 50 ff.) benennt Eisnach vor allen Dingen die Zusammenlegung von Zuständigkeiten, die Bildung von kommunalen Netzwerken, der Aufbau eines kommunalen Bildungsmonitorings, die Entwicklung einer neuen Kommunikations- und Beteiligungskultur sowie die Gestaltung von Politik als Chefsache; „Regionalisierungs- und Kommunalisierungsprozesse stehen am Beginn einer langfristigen Umstrukturierung des Bildungssystems. Die lokale politische Steuerung orientiert sich zunehmend in Richtung einer Aushandlungs- und Partizipationskultur" (a. a. O., S. 55).

Für die Frage der Beteiligung der Jugendarbeit und der Jugendhilfe sind die von Eisnach beschriebenen Modelltypen einer Bildungslandschaft sehr interessant (a. a. O., S. 39 ff.):

> Die schulzentrierte Entwicklungsvariante (…) beruht auf der Idee, die Bildungslandschaft müsse aus der Entwicklung einer Schullandschaft heraus entstehen. Daher liegt die Schwerpunktsetzung auf Aktivitäten im schulischen Bereich und der Schulentwicklung (a. a. O., S. 39).

Bezüge zu dieser Variante existieren insbesondere in dem Projekt selbstständige Schule und der Etablierung weiterer Schulentwicklungsmaßnahmen sowie des Einholens von Unterstützungsleistungen durch andere Institutionen. Die Grundlage einer solchen Bildungslandschaft ist eine entwickelte Schullandschaft, in die dann systematisch weitere Bildungsakteure integriert werden.

Daneben steht die „kooperationszentrierte Entwicklungsvariante: Diese bauen auf der Kooperation von Jugendhilfe und Schule als den Kerninstanzen öffentlich verantworteter Bildung, Betreuung und Erziehung auf (…). Weiter Institutionen und Einrichtungen fungieren lediglich als mögliche Kooperationspartner, nicht jedoch als mögliche Impulsgeber für die Entstehung kommunaler Bildungslandschaften" (ebd.). Diese Entwicklungsvariante geht wesentlich von der Kooperation zwischen Schulverwaltungs- und Jugendämtern aus, auch die Ausschüsse arbeiten zusammen sowie die politischen Gremien etc.

In Qualifizierungslandschaften (…) steht nicht die schulische Grundbildung sondern berufliche Aus- und Weiterbildung im Vordergrund. Die Idee des lebenslangen Lernens wird in den Mittelpunkt kommunaler Entwicklung gestellt (a. a. O., S. 40).

Unter anderem das BMBF unterstützt diese Variante durch das Aktionsprogramm lebensbegleitendes Lernen aus dem Jahre 2001. Es geht wesentlich um innovative Angebote sowie Maßnahmen und Aktivitäten zur Qualifizierung und Förderung von Beschäftigungsfähigkeit im regionalen Raum.

Multidimensionale Bildungslandschaften als vierter Typus von Bildungslandschaften setzen an einem umfassenden Bildungsbegriff an. Sie umfassen das gesamte Spektrum an Bildungsmöglichkeiten eines Bildungsraumes. Die Kommune, nicht die Schule oder Jugendhilfe bildet das Zentrum der Entwicklung kommunaler Bildungslandschaften (ebd.).

Hier liegt ein ganzheitliches Bildungsverständnis zugrunde (vgl. Deutscher Verein).

Im Rahmen dieses ganzheitlichen Bildungsverständnisses gilt es die Eltern, Kindertageseinrichtungen, Jugendhilfe, Schule, Wirtschaft sowie weitere an der Bildung beteiligte Institutionen zu vernetzen (a. a. O., S. 40).

Für die Frage, wie sich die OKJA an den entstehenden Bildungslandschaften beteiligen kann, ist die Frage nach dem jeweiligen Muster der lokalen Bildungslandschaft sehr bedeutend, und die Typisierung von Eisnach sind gut geeignet, um die sehr unterschiedlichen Orientierungen und damit auch die Beteiligungsmöglichkeiten für die Jugendarbeit deutlich zu machen (s. u.).
Für die Konzipierung kommunaler bzw. regionaler Bildungslandschaften und eine Beteiligung der Kinder- und Jugendarbeit ergeben sich aus einem breiten Bildungsverständnis Konsequenzen: Es geht über die alleinige Verknüpfung von Institutionen hinaus, in Richtung der Einbeziehung informeller Bildungsprozesse an Bildungsorten im öffentlichen Raum, in non-formalen Settings etc. Mit der Erweiterung sind jedoch Probleme bei der Konzipierung einer Bildungslandschaft in einer Kommune oder in einem Kreis verbunden, etwa die planerische und konzeptionelle Frage, wie die Orte der informellen Bildung überhaupt einbezogen werden und wie sie entwickelt und geplant werden können.
Mit der Bezugnahme auf informelle Bildungsorte kommt auch der öffentliche Raum in den Blick. Kinder und Jugendliche lernen und bilden sich demnach nicht nur in Institutionen oder in der Schule, sondern insbesondere auch in ihren jeweiligen Lebenswelten, Nahräumen, Dörfern, Stadtteilen und damit auch im öffentlichen Raum. Diese Orte der informellen Bildung prägen die intentionalen Bildungsprozesse wesentlich mit. Die Entwicklung sozialer Kompetenz im Umgang mit fremden Bezugspersonen in neuen Situationen, die Erweiterung des Handlungsraumes und damit des Verhaltensrepertoires fördern z. B.

die Fähigkeit für den Erwerb von Sprachkenntnissen und können sich folglich positiv auf Bildungsabschlüsse auswirken.

Im Hinblick auf die entstehenden Bildungslandschaften, die sich zunächst sehr stark an den Institutionen der formellen Bildung wie Schule, Musikschule etc. ausrichten, stellt sich die Frage, ob und in welcher Form die Bereiche der informellen Bildung und damit auch der öffentliche Raum Bestandteile einer Bildungslandschaft darstellen können. Der Jugendarbeit könnte dabei an der Schnittstelle der informellen Bildung und zu den öffentlichen Räumen der Jugendlichen eine besondere Rolle zukommen.

96.2 Empirische Befunde zur Entwicklung lokaler Bildungslandschaften

Eine der ersten Studien, die über die Untersuchung einer Bildungslandschaft hinausgeht (vgl. Eisnach 2011) ist das große Forschungsprojekt des Deutschen Jugendinstituts „Lokale Bildungslandschaften in Kooperation von Jugendhilfe und Schule" (2011). Für die Analyse und Gestaltung kommunaler Bildungslandschaften erscheinen die von den Autoren des Deutschen Jugendinstituts (Bradna et al. 2010) formulierten Ebenen besonders interessant:

- „*Planungsdimension (Politik u. Verwaltung)*: Bildungsplanung und -berichterstattung, Stadtentwicklungspolitik.
- *Zivilgesellschaftliche Dimension (Freie Träger, Stiftungen ...)*: Schaffung eines öffentlich verantworteten Bildungsnetzwerkes, bei Einräumung starker Mitspracherechte für die involvierten nicht-staatlichen Akteure.
- *Aneignungsdimension (Kinder, Jugendliche, Eltern)*: Gestaltung anregender Lern- und Lebensumgebungen, die auch ein Lernen außerhalb pädagogisch angeleiteter Angebots- und Unterrichtsformen erlauben.
- *Professionsdimension (Fachkräfte, Leitungsebenen)*: Fortbildung von Leitungs- u. Fachkräften, die zwischen den beteiligten Institutionen (Schule, Kinder-Jugendhilfe, Vereine) abgestimmt ist" (Bradna et al. 2010).

In der Auswertung des Projektes beklagen die Autoren unter anderem, dass in den untersuchten lokalen Bildungslandschaften gerade die hier skizzierte Perspektive von informeller und non-formaler Bildung nicht ausreichend thematisiert wird, so „... muss aus Sicht der Forscher/innen die Vernachlässigung der Subjekt- und Aneignungsperspektive als wichtigstes Desiderat der Gestaltung lokaler Bildungslandschaften benannt werden. Dies steht in scharfem Kontrast zur institutions- und regionsübergreifend konsensuellen Benennung der Leitperspektive eines „ganzheitlichen" Lern- und Bildungsverständnisses. Untermauert wird dieser – *gemessen an den vor Ort und im Diskurs deklarierten Zielperspektiven* kritisch zu sehende – Befund durch die Tatsache, dass es in den Modellregionen bislang nicht zur verlässlichen und erwartbaren Beteiligung von Kindern und Jugendlichen bei allen sie unmittelbar betreffenden Angelegenheiten kommt" (Bradna et al. 2010, S. 7). Die Anerkennung von Möglichkeiten eines ganzheitlichen Lernens in einem lokalen Rahmen mit seinen unterschiedlichen Orten und Protagonisten scheint in den vom DJI untersuchten lokalen Bildungslandschaften keine große Rolle zu spielen:

> Ungeachtet der damit verbundenen Betonung der Bedeutung von „Selbstbildung" und (ko-)konstruktivistischer Lerntheorie, schlägt sich diese Gestaltungsdimension nur wenig in den organisationalen Aktivitätsstrukturen nieder; dies gilt ganz speziell auch im Hinblick auf die Leitlinie einer konsequenten, erwartbar und verlässlich gestalteten Implementierung beteiligungsorientierter Planungsverfahren (a. a. O., S. 10).

Die Vernachlässigung der Aneignungs- und Beteiligungsfunktion in den existierenden lokalen Bildungslandschaften verweist zum einen auf die oben skizzierte Engführung in der Entwicklung der Bildungslandschaften, zum anderen ergibt sich aus diesen Befunden auch die Chance für die Kinder- und Jugendarbeit, mit ihrem Ansatz zu einer Verbreiterung der Entwicklung der Bildungslandschaften beizutragen.

96.3 Mit Hilfe der Jugendarbeit können auch Bildungsorte im öffentlichen Raum in die Bildungslandschaften einbezogen werden!

Eine sozialräumliche Jugendarbeit versteht subjektive Bildungsprozesse insbesondere als sozial-räumliche Aneignungsprozesse, die eingelagert sind in den gesellschaftlichen Räumen bzw. den Räumen, die sich Kinder und Jugendliche schaffen. Diese stehen oft im Gegensatz zu den offiziell institutionalisierten Bildungsräumen und -orten, so wie sie derzeit in der Diskussion um die lokalen Bildungslandschaften vorrangig diskutiert werden. Mit dem Aneignungskonzept lassen sich Vorgänge verstehen, die sich sozusagen auf der Hinterbühne institutioneller Prozesse bewegen, oft nicht intendiert sind (von den Erwachsenen) und für Kinder und Jugendliche einen hohen Reiz darstellen. Solche Prozesse werden aber auch verdrängt und bleiben unsichtbar, weil sie sehr stark subjektorientiert sind (vgl. Reutlinger 2002) und sich in sehr unterschiedlicher Weise öffentlicher und anderer Räume bedienen.

Der Beitrag der Offenen Kinder- und Jugendarbeit kann auf der Grundlage des Aneignungskonzeptes darin bestehen, Bildungsorte und -räume mehrdimensional zu denken und für die Diskussion von lokalen, regionalen oder kommunalen Bildungslandschaften nutzbar zu machen. Das „wilde Lernen", die aneignungstheoretisch besonders wichtige Funktion der Veränderung von Situationen und Räumen, kann so sichtbar gemacht und in die Diskussion eingebracht werden. In der Diskussion um kommunale/regionale/lokale Bildungslandschaften geht es deshalb auch darum, den öffentlichen Raum mit einzubeziehen, weil dieser als Aneignungs- und Bildungsraum zu verstehen ist. Stadtentwicklung und Stadtplanung als Hauptgestalter/innen dieses Raumes sind deshalb in die Diskussion um

Bildungslandschaften zu integrieren. Was Lindner (2008) für die verbandliche Kinder- und Jugendarbeit fordert, gilt in gleicher Weise für die Offene Kinder- und Jugendarbeit:

> Wenn die (verbandliche) Kinder- und Jugendarbeit in diesen Bildungslandschaften eine maßgebliche Rolle spielen will, müsste sie diese frühzeitig mit aufbauen helfen und sich einmischen in die relevanten kommunalen Politikfelder. Dies bedeutet: Jugendverbandsarbeit muss wirksame kommunale Präsenz zeigen (können) und hätte dabei zu vergegenwärtigen, dass die kommunale Ebene so vielfältig und heterogen ist wie es Städte und Landkreise gibt (Lindner 2008, S. 8).

Die Frage der Beteiligung der Jugendarbeit an den sich entwickelnden Bildungslandschaften wird wesentlich davon abhängen, ob diese eher schulzentriert oder eher kooperations- bzw. mehrdimensional (vgl. Eisnach 2001, S. 39 f.) gestaltet werden und sich tatsächlich so etwas wie eine lokale Bildungspolitik etablieren kann, in der dann auch lokale Bildungsbereiche und Institutionen, wie die Jugendarbeit eine entsprechende Bedeutung erlangen können.

Literatur

Bradna, M., Meinecke, A., Schalkhausser, S., Stolz, H. J., Täubig, V., & Thomas, F. (2010). *Lokale Bildungslandschaften in Kooperation von Ganztagsschule und Jugendhilfe. Abschlussbericht.* München. (unveröffentlicht)

Deinet, U. (2005). *Sozialräumliche Jugendarbeit. Grundlagen, Methoden, Praxiskonzepte* (2., vollst. überarb. Aufl.). Wiesbaden.

Deinet, U., & Reutlinger, C. (Hrsg.). (2004). *„Aneignung" als Bildungskonzept der Sozialpädagogik. Beiträge zur Pädagogik des Jugendalters in Zeiten entgrenzter Lernorte.* Wiesbaden.

Deinet, U. (2010). Von der schulzentrierten zur sozialräumlichen Bildungslandschaft. www.sozialraum.de, Ausgabe 1/2010 erschienen. Zugegriffen: 25. Dezember 2011.

Deinet, U., Okroy, H., Dodt, G., Wüsthof, A., & Deinet, U. (Hrsg.). (2009). *Betreten erlaubt! Projekte gegen die Verdrängung Jugendlicher aus dem öffentlichen Raum.* „Soziale Arbeit und sozialer Raum", Bd. I. Opladen und Farmington Hills.

Deinet, U., Icking, M., Leifheit, E., Dummann, J. (2010). In U. Deinet (Hrsg.), *Jugendarbeit zeigt Profil in der Kooperation mit Schule.* In der Reihe, Bd. 2. Opladen und Farmington Hills.

Deutsches Jugendinstitut. (2011). Lokale Bildungslandschaften in Kooperation von Jugendhilfe und Schule. Sofie Schalkhaußer, Franziska Thomas. http://www.dji.de/bibs/2011_06_08_Lokale_Bildungslandschaften_in_Kooperation_von_Jugendhilfe_und_Schule.pdf. Zugegriffen: 25. Dezember 2011.

Deutscher Städtetag. (2007). Aachener Erklärung des Deutschen Städtetags anlässlich des Kongresses „Bildung in der Stadt" am 22./23.11.2007. http://www.staedtetag.de/imperia/md/content/veranstalt/2007/58.pdf. Zugegriffen: 27. Dezember 2011.

Deutscher Verein für öffentliche und private Fürsorge e.V. (2009). Empfehlungen des Deutschen Vereins zur Weiterentwicklung Kommunaler Bildungslandschaften. http://www.deutscher-verein.de/05-empfehlungen/empfehlungen_archiv/2009/pdf/DV%2019-09.pdf. Zugegriffen: 14. Februar 2011.

Eisnach, K. (2011). *Ganztagsschulentwicklung in einer kommunalen Bildungslandschaft. Möglichkeiten und Grenzen von Unterstützungsstrukturen.* Wiesbaden.

Lindner, W. (2008). *Visionen einer vernetzten Bildungslandschaft.* Skript des Vortrags vom 19. April 2008 beim Landesjugendring Rheinland-Pfalz. http://www.ljrrlp.de/cms/upload/pdf/SKRIPT_Visionen_einer_vernetzten_Bildungslandschaft.pdf. Zugegriffen: 27. Dezember 2011.

Reutlinger, C. (2002). *Unsichtbare Bewältigungskarten von Jugendlichen in gespaltenen Städten. Sozialpädagogik des Jugendraums aus sozialgeografischer Perspektive.* Opladen.

Reutlinger, C. (2009). Bildungslandschaften raumtheoretisch betrachtet. In J. Böhme (Hrsg.), *Schularchitektur im interdisziplinären Diskurs. Territorialisierungskrise und Gestaltungsperspektiven des schulischen Bildungsraums.* Wiesbaden.

Teil XVII

Offene Kinder- und Jugendarbeit in der Schweiz, Österreich, Luxemburg und im europäischen Vergleich

Offene Kinder- und Jugendarbeit in der Schweiz 97

Julia Gerodetti und Stefan Schnurr

Die Offene Kinder- und Jugendarbeit in der Schweiz befindet sich in einem dynamischen Prozess des Ausbaus, der Strukturenbildung und Ausdifferenzierung und der Professionalisierung. Alle Beobachtungen weisen darauf hin, dass die Zahl von Standorten, an denen Offene Kinder- und Jugendarbeit angeboten wird, wächst. Im Jahr 2002 wurde der „Dachverband Offene Jugendarbeit" gegründet, dem im Jahr 2010 bereits 13 kantonale und regionale Verbände von Offener Kinder- und Jugendarbeit und über 230 Jugendarbeitsstellen als Einzelmitglieder angehörten (vgl. Dachverband Offene Jugendarbeit Schweiz, o.J.). Mit den verbandlichen Zusammenschlüssen hat sich die Offene Kinder- und Jugendarbeit in der Schweiz nicht nur einen Zugang zu Bundesfördermitteln erschlossen. Akteure der Offenen Kinder- und Jugendarbeit haben sich damit auch eigene Strukturen und Foren geschaffen, in denen sie die Fachdiskussion über Selbstverständnis, Angebotsstrukturen und vielfältige Reflexions- und Entwicklungsthemen der Offenen Kinder- und Jugendarbeit eigenständig führen und prägen. Damit haben sie die Sichtbarkeit und Adressierbarkeit der Offenen Kinder- und Jugendarbeit in der Schweiz deutlich erhöht und deren Professionalisierung gestärkt.

Begleitet wurde diese Entwicklung von parlamentarischen Initiativen zu einer verbesserten strukturellen Absicherung und öffentlichen Förderung von ausserschulischen Angeboten für Kinder und Jugendliche. Sie mündeten 2008 in einen Expertenbericht und einen Bericht des Bundesrats (d. i. die Regierung) zur „Strategie für eine schweizerische Kinder- und Jugendpolitik" (vgl. Eidgenössisches Departement des Innern 2008a,b). Beide Berichte flossen in die Vorbereitung einer neuen bundesgesetzlichen Grundlage der Förderung ausserschulischer Kinder- und Jugendbildung einschliesslich der Offenen Kinder- und Jugendarbeit ein (s. u.). All dies kann als Ausdruck der wachsenden öffentlichen Aner-

---

Julia Gerodetti ✉, Prof. Dr. Stefan Schnurr
Institut Kinder- und Jugendhilfe, Fachhochschule Nordwestschweiz Hochschule für Soziale Arbeit, Thiersteinerallee 57, 4053 Basel, Schweiz
e-mail: julia.gerodetti@fhnw.ch, stefan.schnurr@fhnw.ch

kennung und der Aufwertung der ausserschulischen Arbeit mit Kindern und Jugendlichen und insbesondere der Offenen Kinder- und Jugendarbeit interpretiert werden.

97.1 Strukturen, Rechtsgrundlagen, Akteure

Kinder- und Jugendpolitik im politischen System der Schweiz Generell ist die Kinder- und Jugendpolitik der Schweiz stark vom Föderalismus und vom Grundsatz der Subsidiarität geprägt. Gemäss Art. 43a der Bundesverfassung übernimmt der Bund nur die Aufgaben „welche die Kraft der Kantone übersteigen oder einer einheitlichen Regelung bedürfen." Die 26 Kantone geniessen also einen hohen Grad an Autonomie. Sie verteidigen ihre Kompetenzen gegenüber dem Bund – und die Gemeinden gegenüber den Kantonen. Das Zustandekommen von Bundesgesetzen ist an zahlreiche Voraussetzungen gebunden und kann durch eine Vielzahl institutioneller Vetopunkte beeinflusst oder verhindert werden (vgl. Obinger 2000). Sie haben grundsätzlich den Charakter von Rahmengesetzen, die den Kantonen bei der Umsetzung weitreichende Spielräume lassen, nicht nur hinsichtlich der Organisation, sondern auch hinsichtlich Art und Umfang von Leistungen. Die Kultur des Föderalismus führt dazu, dass sich die Dinge in den 26 Regulationsgebieten meist sehr unterschiedlich entwickeln. Kleinräumige Regulationsgebiete mit kurzen Wegen unterstützen Innovationsbereitschaft, Vielfalt und eine Orientierung an lokalen Gegebenheiten; gleichzeitig fördern sie Tendenzen zur Unübersichtlichkeit und unkoordinierten Entwicklungen. Eine Begleiterscheinung ist, dass es kaum verlässliche auf Kantons- oder Bundesebene aggregierte Daten gibt, was eine systematische Beschreibung der Verhältnisse erschwert.

Wie für die Sozial-, Bildungs-, Gesundheits- und Kulturpolitik sind auch für die Kinder- und Jugendpolitik in vielen Bereichen hauptsächlich die Kantone und Gemeinden zuständig. Die Kantone nehmen diese Aufgabe sehr unterschiedlich wahr und es lässt sich ohne Übertreibung feststellen, dass in der Schweiz 26 unterschiedliche Strategien und Rechtsgrundlagen zur Kinder- und Jugendpolitik existieren (vgl. Frossard 2003; May und Wiesli 2009). Grundsätzlich kann davon ausgegangen werden, dass die meisten Kantone konkrete Angebote der Jugendförderung nur sehr zurückhaltend unterstützen und diese Aufgabe in der Regel den Gemeinden überlassen (vgl. Eidgenössisches Departement des Innern 2008b). Somit fällt die Kompetenz für die Finanzierung und strukturelle Ausgestaltung der Offenen Kinder- und Jugendarbeit primär den Städten und Gemeinden zu.

Die vier Sprachgebiete mit deutscher, französischer, italienischer und rätoromanischer Hauptsprache, bilden eine weitere wichtige differenzierende Gliederung. In diesen Sprachregionen sind unterschiedliche Einflüsse und Prägungen auf die Offene Kinder- und Jugendarbeit zu beobachten. Während die Offene Kinder- und Jugendarbeit in der Deutschschweiz eine ähnliche Entwicklung wie in den anderen deutschsprachigen Ländern Deutschland und Österreich vollzogen hat, sind Verständnis und Praxis der Kinder- und Jugendarbeit in der französisch- und italienischsprachigen Schweiz mehr durch die Entwicklungen in den romanischen Ländern geprägt (vgl. Wettstein 2005). Zwischen der deutsch- und französischsprachigen Schweiz sind wechselseitige Einflüsse feststellbar; im italienisch sprechenden Teil der Schweiz ist die Offene Kinder- und Jugendarbeit kaum bekannt (vgl. ebd.).

97.1.1 Bundesrechtliche Grundlagen der Kinder- und Jugendförderung

Eine wichtige Rolle kommt dem Ende der achtziger Jahre verabschiedete Bundesgesetz über die Förderung der ausserschulischen Jugendarbeit (JFG) zu. Es begründet und regelt bis heute (2012) die finanzielle Unterstützung des Bundes für: die Aus- und Weiterbildung von Jugendlichen in Leitungs- und Betreuungsfunktionen, die Organisation von Veranstaltungen in den Bereichen der ausserschulischen Jugendarbeit und des Jugendaustausches, Koordinationsbestrebungen zugunsten von Jugendorganisationen, internationale Zusammenarbeit von Jugendorganisationen sowie Information und Dokumentation über Jugendfragen (Art. 5 JFG). Das Gesetz sieht sowohl Jahresfinanzhilfen als auch projektgebundene Finanzhilfen vor. Es konzentriert sich jedoch auf die Jugendverbandsarbeit und die Offene Kinder- und Jugendarbeit wird als Bestandteil der Jugendförderung durch den Bund nicht explizit ausgewiesen. Gleichwohl hat das Jugendförderungsgesetz von 1989 die Aus- und Weiterbildung vieler ehrenamtlicher Jugendarbeitenden ermöglicht; zudem erhielten die koordinierenden Dachverbände im Jugendbereich durch dieses Gesetz ihre Sicherung und konnten ihre Aktivitäten aufbauen und ausweiten – auch der Dachverband Offene Jugendarbeit Schweiz (vgl. Eidgenössisches Departement des Innern 2008b). In den vergangenen Jahrzehnten ging die Nachfrage nach den Angeboten der Jugendverbände allerdings zurück. Ihre Mitgliederzahlen nahmen und nehmen aufgrund des veränderten Freizeitverhaltens der Kinder und Jugendlichen stetig ab (vgl. ebd.). Demgegenüber hat sich das Angebot der Offenen Kinder- und Jugendarbeit vor dem Hintergrund veränderter Präferenzen und Nutzungsinteressen von Kindern und Jugendlichen seit Mitte der 1980er-Jahre erheblich erweitert und ausdifferenziert.

Heute steht die Kinder- und Jugendförderung in der Schweiz vor einer Zäsur. Im September 2011 hat der Gesetzgeber ein revidiertes Bundesgesetz über die Förderung der ausserschulischen Arbeit mit Kindern und Jugendlichen – das Kinder- und Jugendförderungsgesetz (KJFG) – verabschiedet, welches voraussichtlich im Jahr 2013 in Kraft treten wird. Mit diesem Gesetz will der Bund „die ausserschulische Arbeit mit Kindern und Jugendlichen fördern und dazu beitragen, dass Kinder und Jugendliche in ihrem Wohlbefinden gefördert werden; sich zu Personen entwickeln, die Verantwortung für sich selber und für die Gemeinschaft übernehmen; [und] sich sozial, kulturell und politisch integrieren können" (Art. 2 KJFG). Ausserschulische Arbeit wird als „verbandliche und offene Arbeit" mit „Kindern und Jugendlichen ab dem Kindergartenalter bis zum vollendeten 25. Altersjahr" (Art. 5 und Art. 4 KJFG) definiert. Das Gesetz weitet also die Förderung ausdrücklich auf die *Offene* Kinder- und Jugendarbeit aus und nennt Kinder explizit als Zielgruppe der zu fördernden Programme. Das Gesetz regelt die Gewährung von Finanzhilfen des Bundes für Strukturen und regelmässige Aktivitäten, Modellvorhaben und Partizipationsprojekte von landesweiter Bedeutung, Aus- und Weiterbildung von Personen mit Leitungs- und Beratungsaufgaben und für die politische Partizipation von Kindern und Jugendlichen auf Bundesebene. Neu ist, dass nun auch Kantone und Gemeinden Bundesfördermittel für Projekte mit Modellcharakter und „gesamtschweizerischer Bedeutung" erhalten können. Bund und Kantone können thematische Schwerpunkte und Zielvorgaben für die Finanzhilfen festlegen. Das KJFG erweitert somit gleichzeitig Zuständigkeit und Einflussmöglichkeiten des Bundes auf thematisch-inhaltliche Entwicklungen der ausserschulischen Kinder- und Jugendarbeit einschliesslich der Offenen Kinder- und Jugendarbeit. Erklärtes Ziel ist es, das Integrations- und Präventionspotential der ausserschulischen Jugendarbeit besser auszuschöpfen (vgl. Eidgenössisches Departement des Innern 2008b).

97.1.2 Fachstellen und öffentliche Körperschaften

Am Prozess der Formulierung und Umsetzung der schweizerischen Kinder- und Jugendpolitik beteiligen sich verschiedene Fachstellen und Körperschaften, die auch der Offenen Kinder- und Jugendarbeit wichtige Impulse geben, Themen setzen und Entwicklungen mitgestalten.

Auf Bundesebene fand in den vergangenen Jahren eine Konzentration der Zuständigkeit für Kinder- und Jugendfragen im *Bundesamt für Sozialversicherungen* (BSV), *Geschäftsfeld Familie, Generationen und Gesellschaft* statt. Heute werden hier die Themen Kinderrechte, Kinderschutz, Jugendschutz und Jugendförderung (und damit die ausserschulische Bildung einschliesslich der verbandlichen und Offenen Kinder- und Jugendarbeit) geführt. Auch die ausserparlamentarische *Eidgenössische Kommission für Kinder- und Jugendfragen* (EKKJ) ist hier angesiedelt. Diese Ende der 70er-Jahre vom Bundesrat eingesetzte Kommission versteht sich (ähnlich wie das deutsche Bundesjugendkuratorium) als eine Fachkommission auf Bundesebene, die die Aufgabe wahrnimmt, die Öffentlichkeit für Anliegen der jungen Generationen zu sensibilisieren, die Entwicklung der Lebensverhältnisse von Kindern und Jugendlichen zu beobachten, zu deuten und mögliche Massnahmen und Erlasse in Kinder- und Jugendfragen vorzuschlagen bzw. zu prüfen.

Auf kantonaler Ebene ist die Zuständigkeit für Kinder- und Jugendfragen in der Regel auf verschiedene Departemente aufgeteilt. Einige Kantone haben Amts- oder Koordinationsstellen für Kinder- und Jugendfragen und/oder Kinder- und Jugendförderung eingerichtet. Die Ressourcenausstattung dieser Stellen ist sehr unterschiedlich (vgl. May und Wiesli 2009). Einige von ihnen werden von einem/einer kantonalen Jugendbeauftragten geleitet. Diese haben sich 1994 zu einer *Konferenz der kantonalen Beauftragten für Kinder- und Jugendförderung* (KKJF) zusammengeschlossen. Die KKJF hat die Aufgabe übernommen, aktuelle Themen der Kinder- und Jugendförderung aufzugreifen, Behörden, Kommissionen und Institutionen fachlich zu beraten, Empfehlungen zu erarbeiten sowie Fort- und Weiterbildungsangebote für ihre Mitglieder zu initiieren und zu organisieren. Ein wichtiger Meilenstein in der Diskussion um Leistungs- und Steuerungsstrukturen der Kinder- und Jugendförderung sind die im Auftrag der KKJF entwickelten „Standards der Kinder- und Jugendförderung Schweiz" vom Mai 2008. Dabei handelt es sich um ein Positionspapier mit allgemeinen Aussagen über Grundsätze und Merkmale einer Grundausstattung: Kinder- und Jugendförderung soll sich am Prinzip der Partizipation orientieren; alle drei Ebenen (Bund, Kantone und Gemeinden) sollen über Konzepte und Leitbilder verfügen sowie Kinder- und Jugendbeauftragte beschäftigen, Kinder- und Jugendkommissionen einrichten und die nötigen finanziellen, infrastrukturellen und personellen Ressourcen für Angebote der Kinder- und Jugendförderung bereitstellen. Mit diesen Standards verfolgen die Autoren das langfristige Ziel, dass Kinder und Jugendliche aller Regionen der Schweiz in den Genuss einer „bedarfsgerechten und wirkungsvollen Kinder- und Jugendförderung" kommen (Konferenz der kantonalen Beauftragten für Kinder- und Jugendförderung [KKJF] 2010, S. 5).

Seit 2011 bilden die *Konferenz der kantonalen Beauftragten für Kinder- und Jugendförderung* (KKJF) und die *Konferenz der kantonalen Verantwortlichen für Kindesschutz und Jugendhilfe* (KKJS) gemeinsam einen Fachbereich *Kinder- und Jugendfragen* innerhalb der *Konferenz der kantonalen Sozialdirektorinnen und Sozialdirektoren* (SODK). Damit wurde die interkantonale Koordination für Themen der Kinder- und Jugendförderung, Kinder- und Jugendhilfe und Kinder- und Jugendschutz erstmals bei einer der verschiedenen interkantonalen Direktorenkonferenzen konzentriert, die im politischen System der Schweiz wichtige Funktionen der horizontalen und vertikalen Koordination erfüllen. Die SODK organisiert den Austausch zwischen den Kantonen in Frage der Sozialpolitik, vertritt deren Interessen auf Bundesebene und vermittelt zwischen den verschiedenen Ebenen; bei der Formulierung und Umsetzung von Politiken im Sozialbereich kommt ihr eine wichtige Rolle zu.

Auf der Ebene der Städte und Gemeinden übernehmen in der Regel kommunale Beauftragte und/oder Kinder- und Jugendkommissionen kinder- und jugendpolitische Aufgaben wie Information, Beratung, Animation und Begleitung, Entwicklung von Projekten, Aufbau von Infrastruktur und Vernetzungsbestrebungen auf lokaler und regionaler Ebene (vgl. May und Wiesli 2009).

97.1.3 Verbände, Dachverbände und andere Nicht-Regierungsorgansiationen

Wichtige Nichtregierungsorganisationen, die auf nationaler Ebene Themen der Kinder- und Jugendförderung bearbeiten, sind die *Schweizerische Arbeitsgemeinschaft der Jugendverbände* (SAJV), die Stiftung *Pro Juventute*, der *Verein für Kinder- und Jugendförderung Infoklick.ch* und der *Dachverband Offene Kinder- und Jugendarbeit Schweiz* (DOJ). Der *Dachverband offene Jugendarbeit Schweiz* (DOJ) versteht sich als Interessenvertretung, Austauschorgan und Forum der Organisationen, die „Offene Kinder- und Jugendarbeit oder soziokulturelle Animation im Jugendbereich als Hauptaktivität oder integrierte Tätigkeit durchführen und fördern" (Dachverband Offene Jugendarbeit Schweiz 2012, [i. E.]). Seine zentralen Anliegen sind es, die Interessen der Offenen Kinder- und Jugendarbeit auf überregionaler, nationaler und internationaler Ebene zu vertreten, Jugendarbeitende und

Trägerschaften fachlich zu unterstützen, Wissenstransfer und Entwicklungsarbeit zu betreiben, Methoden und Angebote weiterzuentwickeln und eine hohe Qualität der Arbeit zu fördern (vgl. ebd.).

Auf der mittleren Ebene trifft man auf eine wachsende Zahl kantonaler und regionaler Verbände der Offenen Kinder- und Jugendarbeit, die auf ihrer jeweiligen Ebene ähnliche Aufgaben wahrnehmen und sich in wachsender Zahl dem *DOJ* anschliessen. Diese kantonalen und regionalen Verbände übernehmen oft wichtige Funktionen der Interessenvertretung, der politischen Absicherung und fachlichen Weiterentwicklung der Offenen Kinder- und Jugendarbeit in den Städten und Gemeinden.

97.1.4 Träger- und Finanzierungstrukturen

Als Träger von Angeboten der Offenen Kinder- und Jugendarbeit fungieren politische Gemeinden, Kirchgemeinden, Zusammenschlüsse von politischen Gemeinden und Kirchgemeinden sowie Zusammenschlüsse von mehreren politischen Gemeinden. Eine Bestandsaufnahme zu Angeboten und Trägerstrukturen im Kanton Aargau zeigte, dass politische Gemeinden am häufigsten als (Co-)Träger von Offener Kinder- und Jugendarbeit auftreten (vgl. Müller und Schnurr 2006). Während in Städten und Agglomerationen Aufgaben der Planung und Personalverantwortung häufiger bei Fachpersonen oder -stellen angesiedelt sind, liegen sie in ländlichen Gemeinden meist bei Gemeinderäten, Kommissionen oder Vereinen und somit bei Personen, die in der Regel durch politische Wahlen legitimiert sind und keine spezifische Ausbildung für Kinder- und Jugendarbeit mitbringen. Oft sind die Jugendarbeitenden die einzigen Fachpersonen, besitzen in strategischen und konzeptionellen Fragen aber formal keine Entscheidungskompetenz (vgl. Petrušić 2010). Die Zusammenarbeit zwischen politischen Kommissionen und Jugendarbeitenden ist für die Praxis von erheblicher Bedeutung und wird zurecht auch in Beratung und Weiterbildung thematisiert (vgl. Fuchs et al. 2009). Zunehmend werden neben Konzeptionen und (Jugend-) Leitbildern auch Instrumente wie Zielvereinbarungen und Leistungsvereinbarungen verwendet. Wo sich Kantone an der Finanzierung von Angeboten oder Enzwicklungsprojekten der Offenen Kinder- und Jugendarbeit beteiligen, wurden in den vergangenen Jahren leistungsbezogene und wirkungsorientierte Finanzierungsmodelle entwickelt (vgl. z. B. Gesundheits- und Fürsorgedirektion 2003).

97.2 Aufgabenverständnis und Angebotslandschaft

Aus der zunehmenden Bedeutung der Offenen Kinder- und Jugendarbeit und einem hohen Identifikationsbedarf der Praxis veröffentlichte eine Expertenfachgruppe des DOJ im Jahre 2007 ein „Grundlagenpaper für Entscheidungsträger und Fachpersonen der Offenen Kinder- und Jugendarbeit". Dieser Text leistete einen wichtigen Beitrag zur Klärung der Aufgaben- und Zuständigkeitsfrage in der Praxis, indem er eine Definition von Offener

Kinder- und Jugendarbeit anbot, die breit rezipiert wurde und wird: „Die Offene Kinder- und Jugendarbeit ist ein Teilbereich der professionellen Sozialen Arbeit mit einem sozialräumlichen Bezug und einem sozialpolitischen, pädagogischen und soziokulturellen Auftrag. Die Offene Kinder- und Jugendarbeit begleitet und fördert Kinder und Jugendliche auf dem Weg zur Selbstständigkeit. Dabei setzt sie sich dafür ein, dass Kinder und Jugendliche im Gemeinwesen partnerschaftlich integriert sind, sich wohl fühlen und an den Prozessen unserer Gesellschaft mitwirken. Kinder und Jugendliche an den Prozessen unserer Gesellschaft beteiligen heisst: Ressourcen vor Defizite stellen, Selbstwert aufbauen, Identifikation mit der Gesellschaft schaffen, integrieren und Gesundheitsförderung betreiben. Offene Kinder- und Jugendarbeit grenzt sich von verbandlichen und schulischen Formen der Jugendarbeit dadurch ab, dass ihre äusserst unterschiedlichen Angebote ohne Mitgliedschaft oder andere Vorbedingungen von Kindern und Jugendlichen in der Freizeit genutzt werden können. Offene Kinder- und Jugendarbeit ist monetär nicht profitorientiert und wird zu einem wesentlichen Teil von der öffentlichen Hand finanziert" (Dachverband Offene Jugendarbeit Schweiz 2007, S. 3). Weiter weist das Grundsatzpapier Offenheit, Freiwilligkeit und Partizipation als konstitutive Grundprinzipien der Offenen Kinder- und Jugendarbeit aus und bestimmt als leitende Arbeitsprinzipien die lebensweltliche und sozialräumliche Orientierung, den geschlechtsreflektierten Umgang, den reflektierten Umgang mit kulturellen Identifikationen, Verbindlichkeit und Kontinuität sowie Selbstreflexion (vgl. ebd.).

Zum Angebot bestehen in der Schweiz keine nationalen oder kantonalen statistischen Daten (wie sie bspw. in Deutschland die Kinder- und Jugendhilfestatistik liefert). Aus diesem Grund ist die Situation unübersichtlich und es können über die quantitative Verbreitung von Jugendarbeitseinrichtungen und ihre Personalausstattung keine exakten Aussagen gemacht werden. Auf kantonaler Ebene wurden vereinzelt erste methodisch gesicherte Bestandsaufnahmen durchgeführt, die einen Überblick über die Situation zur Offenen Jugendarbeit in den einzelnen Kantonen ermöglichen. So zeigen Untersuchungen zum Angebot von Offener Jugendarbeit in den Deutschschweizer Kantonen Aargau und Solothurn, dass ca. 45 % (im Kanton Aargau 44 % und im Kanton Solothurn 46 %) der Gemeinden über ein offenes und/oder mobiles Jugendarbeitsangebot verfügen (vgl. Heeg et al. 2011; Steiner et al. 2011). Das Angebot umfasst dabei das folgende Spektrum: Offenes Treffangebot, aufsuchende Jugendarbeit, (Teil)Begleitung von Veranstaltungen oder Projekten von Jugendlichen, zielgruppenspezifische Angebote, Räume und Infrastruktur für die selbständige Nutzung durch Jugendliche und geleitete und themenspezifische Arbeit mit Jugendlichen. Weniger häufig anzutreffen sind Formen der Einzelberatung, Ausflüge und Lager sowie Angebote der Offenen Jugendarbeit, die in Schulen oder in Kooperation mit Schulen durchgeführt werden (vgl. Heeg et al. 2011; Steiner et al. 2011). In insgesamt ca. 38 % der Gemeinden der Kantone Aargau und Solothurn besteht kein mobiles und/oder offenes Jugendarbeitsangebot (vgl. ebd.). Vergleichbare Befunde liegen uns für andere Kantone nicht vor. Es kann davon ausgegangen werden, dass das Angebot in Deutschschweizer Kantonen mit ähnlicher Siedlungsstruktur sich ebenfalls in diesem Rahmen bewegt. In den Bergkantonen dürfte das Angebot aber deutlich knapper ausfallen. Im Kanton Graubünden beschäftigen nur 25 % der Gemeinden Angestellte in der Offenen Kinder- und Jugendarbeit, die meisten von ihnen mit kleinen Teilzeitpensen (vgl. Pfulg 2011).

Zielgruppe und Nutzungsstrukturen Die Untersuchungen in den Deutschschweizer Kantonen Aargau und Solothurn zeigen, dass die ortsgebundenen Angebote der Offenen Jugendarbeit wie beispielsweise die eines Jugendtreffs zu einem Grossteil durch die Altersgruppe der 12- bis 17-Jährigen genutzt werden. Dabei ist der Anteil der männlichen Jugendlichen deutlich höher als derjenige der Mädchen; über 2/3 der Nutzerinnen und Nutzer kommen aus der Standortgemeinde der Jugendarbeitseinrichtung; unter ihnen ist der Anteil von Jugendlichen mit Migrationshintergrund erhöht (vgl. Heeg et al. 2011; Steiner et al. 2011). Der Besuch eines Jugendtreffs als institutionalisiertes Freizeitangebot wird von 8.4 % der fünfzehnjährigen Jugendlichen als häufige Freizeitaktivität angegeben (vgl. Schultheis 2008, S. 99). Durch die Ausdifferenzierung der Dienstleistungen und Angebotsformen der Offenen Kinder- und Jugendarbeit während den vergangenen zwei Jahrzehnten wie beispielsweise durch mobile oder projektbezogene Jugendarbeit oder durch die Erweiterung der Angebote auf die Anspruchsgruppe Kinder konnte eine Ausweitung der Nutzungsgruppen erreicht werden.

Arbeitsbedingungen und Professionalisierungsgrad In den vergangenen Jahren hat sich auch bei den Anstellungsträgern das Bewusstsein verstärkt, dass Jugendarbeitende eine Ausbildung brauchen. Die Beschäftigten in der Offenen Kinder- und Jugendarbeit haben heute mehrheitlich entweder einen Fachhochschulabschluss in Sozialer Arbeit, Sozialpädagogik oder Soziokultureller Animation (Diplom FH oder Bachelor) oder einen Abschluss einer Höheren Fachschule in Sozialpädagogik (Diplom HFS) (vgl. Heeg et al. 2011; Steiner et al. 2011). Dieser Trend ist einerseits auf die Professionalisierungspolitik der Verbände zurückzuführen; andererseits ist er Ausdruck der Expansion und Verwissenschaftlichung der Sozialen Arbeit in der Schweiz, die durch die Gründung von Fachhochschulen im Jahr 1995 verstärkt wurden (vgl. Gredig und Goldberg 2010; Gredig und Schnurr 2011). Gleichwohl besteht kein Anlass, den erreichten Stand der Professionalisierung allzu rosig zu zeichnen. Insbesondere in den ländlichen Regionen sind Einzelstellen oder sogenannte „Zwergpensen" von 30 % oder weniger Stellenprozenten keine Seltenheit (vgl. Binggeli 2008). Niedrige Pensen, Vereinzelung, schlechte Aufstiegsmöglichkeiten, knappe Ressourcen sowie hohe Erwartungen von Seiten der Arbeitgebenden und der Zielgruppen fördern eine hohe Personalfluktuation in der Offenen Kinder- und Jugendarbeit, die immer wieder zu Know-how-Verlusten führt und kontinuierliche Entwicklungen hemmt (vgl. Petrušić 2010).

97.3 Theoriebezüge, Themen und Trends

Die Offene Kinder- und Jugendarbeit hat sich in der Schweiz über lange Jahre stark von der Praxis her entwickelt (vgl. Wettstein 2005). Die Fachdiskussionen kreisen vor allem um methodische Ansätze und Arbeitsformen, um Fragen der Organisation, der Sicherung von

Ressourcen und um Professionalisierungs- und Ausbildungsthemen. Wo Theoriedebatten geführt werden, sind diese vor allem geprägt durch den speziell in der Schweiz verbreiteten Ansatz der Soziokulturellen Animation und durch Beiträge zur Jugendarbeit aus anderen deutschsprachigen Ländern.

Soziokulturelle Animation Das Konzept „Animation" breitete sich in den 60er-Jahren, stark geprägt durch die Entwicklung in Frankreich, in der Schweiz zuerst in der Romandie aus und gelangte in den 70er-Jahren auch in die Deutschschweiz (vgl. Wettstein 2010). Soziokulturelle Animation kann verstanden werden als Handlungskonzept zur Aktivierung von Personen und Gruppen in der Absicht, soziale Veränderungen anzustossen, durch die gesellschaftliche Partizipation gestärkt und eine (Wieder-)Aneignung des Alltagslebens ermöglicht wird (vgl. ebd.). Dabei übernimmt sie die drei zentralen Rollen des „Concepteur, des Mediateur und des Organisateur" (Wandeler 2010, S. 7 f.). Als konzeptionelle Schlüsselbegriffe und Kernfunktionen werden genannt: Integration, Partizipation, Vernetzung, Zeitmanagement, Edukation, Enkulturation, Ressourcenerschliessung und sozialer Ausgleich, Kritik und Solidarität, Prävention (vgl. Wettstein 2010). Gemeinwesenarbeit und Community Development gelten als verwandte Ansätze (vgl. ebd.). Unter den Bezugstheorien der Offenen Kinder- und Jugendarbeit kommt der Soziokulturellen Animation eine herausragende Bedeutung zu.

Partizipation Die Beteiligung und Mitwirkung der Nutzenden bei allen Tätigkeiten der Offenen Kinder- und Jugendarbeit ist als Grundsatz unumstritten. In den vergangenen Jahren sind im Bereich der Offenen Kinder- und Jugendarbeit zunehmend auch nationale Initiativen und Projektangebote zur Partizipationsförderung von Jugendlichen entstanden. Ein Beispiel hierfür ist das Projekt „Jugend Mit Wirkung", bei welchem oftmals in Zusammenarbeit mit der lokalen Jugendarbeit Jugendliche einer Kommune konkrete Projekte erarbeiten; diese sollen zur erhöhten Identifikation mit ihrem Lebensraum und zur demokratischen Bildung beitragen und die politische Partizipation in der Kommune erweitern. Mit der zunehmenden Bedeutung der Kinder- und Jugendförderung in der Schweiz werden auch die Möglichkeiten von Jugendlichen zur Partizipation an politischen Entscheidungsprozessen vermehrt diskutiert. So sind in vielen Kommunen oder Regionen jugendpolitische Leitbilder, Jugendkommissionen oder Jugendräte und andere Mitbestimmungsgremien entstanden; die Offene Kinder- und Jugendarbeit übernimmt dabei oft wichtige Entwicklungsaufgaben.

Gesundheitsförderung und Prävention Gesundheitsförderung und Prävention geniessen in der Schweiz hohes Ansehen. Auch die Offene Kinder- und Jugendarbeit nimmt für sich in Anspruch, einen Beitrag zur Gesundheitsförderung zu leisten. Der DOJ und die OKAJ-Zürich haben „Qualitätskriterien für Gesundheitsförderung in der offenen Kinder- und Jugendarbeit" entwickelt, die Jugendarbeitende darin unterstützen sollen, die gesundheitsrelevanten Aspekte ihrer Arbeit zu reflektieren, umzusetzen und gegenüber Finanzierungsträgern auszuweisen. Wichtige Eckpunkte dieser Konzeption sind der Risiko-/Schutzfaktorenansatz, Zielgruppenorientierung und Empowerment (vgl. Dachverband Offene Jugendarbeit Schweiz – OKAJ Zürich – Kantonale Kinder- und Jugendförderung 2009)

Sozialraum- und Lebensweltorientierung Sozialraumorientierung und Lebensweltorientierung sind wichtige Grundprinzipen. Besondere Bedeutung erhalten sie u. a. im Kontext von Prozessen der Konzeptentwicklung. Die Rezeption des Sozialraumbegriffs hat die Sensibilität für die Wahrnehmung der Raumnutzung durch Kinder und Jugendliche erhöht. Methoden der Sozialraum- und Lebensweltanalyse werden vermehrt auch in Prozessen der Bedarfsbestimmung eingesetzt. Auch die bedrohte Präsenz von Jugendlichen im öffentlichen Raum ist zu einem wichtigen Thema der Offenen Kinder- und Jugendarbeit geworden. Dabei sucht sie oft noch nach einer eigenen Rolle zwischen Anwaltschaftlichkeit und Raummanagement (vgl. Sidler 2011).

Geschlechtsreflektierter Umgang in der Kinder- und Jugendarbeit Unter den zielgruppenspezifischen Angeboten der Offenen Kinder- und Jugendarbeit dürften die geschlechtsspezifischen Angebote für Mädchen und Jungen (vgl. z. B. Meier 2011; Wechsler 2011) am weitesten verbreitet sein. Der vormals starke Fokus auf feministische Mädchenarbeit wurde durch eine Orientierung am Genderansatz weiterentwickelt. Der Grundsatz einer geschlechtergerechten Offenen Kinder- und Jugendarbeit mit den Aspekten Mädchenarbeit, Jungenarbeit, geschlechtergerechte Koedukation und Cross Work (vgl. Wallner 2009) findet breite Zustimmung.

Offene Angebote für Kinder Seit einigen Jahren findet eine Erweiterung der Angebote der Offenen Jugendarbeit auf die Anspruchsgruppe Kinder statt. Eine Mitgliederbefragung im Rahmen der Selbstevaluation des DOJ aus dem Jahre 2010 hat gezeigt, dass 34 % der befragten Jugendarbeitsstellen Angebote für Kinder führen. Diese haben sich vornehmlich in den Städten und Agglomerationsgemeinden entwickelt; in ländlichen Gemeinden dürften diese Angebote seltener anzutreffen sein oder befinden sich im Aufbau.

Qualitätsdiskurs und Wirkungsorientierung Im Zusammenhang mit der erhöhten öffentlichen Aufmerksamkeit für die Kinder- und Jugendförderung werden auch die Diskurse zu Qualitätsentwicklung, Qualitätssicherung und Wirkungsorientierung vermehrt rezipiert und leiten – in unterschiedlichen Ausprägungen – lokale Entwicklungen in der Praxis der Offenen Kinder- und Jugendarbeit an.

Offene Jugendarbeit und Schule Einrichtungen der Offenen Kinder- und Jugendarbeit in der Schweiz sehen sich in den vergangenen Jahren vermehrt mit dem Thema der Kooperation mit Schulen konfrontiert und setzen sich damit auseinander. Der Ausbau von Ganztagsstrukturen an Schulen wird durch den Bund gefördert. Die Umsetzung in den Kantonen und Regionen variiert stark. Gleichwohl diskutiert die Offene Kinder- und Jugendarbeit vermehrt ihre Haltung gegenüber der Schule. Einige kantonale Verbände der

Offenen Kinder- und Jugendarbeit haben Positionspapiere oder Stellungnahmen dazu verfasst (s. bspw. www.agja.ch; www.voja.ch).

97.4 Ausblick

Die Offene Kinder- und Jugendarbeit in der Schweiz findet mehr Beachtung und Anerkennung. Die weiteren Entwicklungen werden unter anderem dadurch bestimmt, wie sich die Akteure in der Offenen Kinder- und Jugendarbeit und ihren Organisationen im Kontext des kommenden Kinder- und Jugendförderungsgesetzes positionieren. Es bestehen gute Aussichten, dass sie diese Gelegenheit für einen qualitativen Ausbau nutzen können. Wichtig ist, dass es gelingt, die dafür erforderlichen Ressourcen langfristig zu sichern und geeignete Organisationsformen für lokal und regional unterschiedliche Gegebenheiten zu finden. Insbesondere braucht es innovative Organisations- und Finanzierungsmodelle für die Angebote der Offenen Kinder- und Jugendarbeit in den ländlichen Regionen. Hier liegt eine der wichtigsten Entwicklungsaufgaben. Damit Akteure vor Ort zielgruppen- und bedarfsgerechte Angebote entwickeln, braucht es aber nicht nur materielle Voraussetzungen und passgenaue Organisationsmodelle, sondern auch Kompetenzen zur Entwicklung lokal verankerter Konzepte und Angebotsformen. Hier ist methodisches Handwerkszeug zur Bedarfsermittlung und Konzeptentwicklung gefragt. Es ist zu wünschen, dass die kommenden Jahre auch dafür genutzt werden, Austausch und Zusammenarbeit zwischen Wissenschaft und Praxis zu intensivieren. Zum einen scheint es sinnvoll, die Offene Kinder- und Jugendarbeit in den Studienangeboten zur Sozialen Arbeit stärker zu berücksichtigen. Zum anderen besteht in der Offenen Kinder- und Jugendarbeit ein grosser Bedarf an Forschung und Berichterstattung. Die bestehenden Ansätze zu Forschungs- und Entwicklungsprojekten sind zwar vom Volumen her noch bescheiden, inhaltlich aber viel versprechend.

Literatur

Binggeli, U. (2008). „40 Prozent der Jugendarbeitenden sind ungenügend ausgebildet" – Arbeitsmarkt und Arbeitsbedingungen in der offenen Jugendarbeit [Interview mit Patrick Stark, Präsident des Dachverbands offene Jugendarbeit DOJ und Geschäftsführer der Kantonalen Kinder- und Jugendförderung okaj Zürich]. *Sozial Aktuell, 40*(1), 22–23.
Dachverband Offene Jugendarbeit Schweiz. (2007). Offene Kinder- und Jugendarbeit in der Schweiz. Grundlagen für Entscheidungsträger und Fachpersonen. http://www.doj.ch/fileadmin/downloads/ueber_Doj/broschur_grundlagen_web.pdf. Zugegriffen: 27. Januar 2012.
Dachverband Offene Jugendarbeit Schweiz. (2012). Der Doj stellt sich vor. http://www.doj.ch/20.0.html. Zugegriffen: 06. Januar 2012.
Dachverband Offene Jugendarbeit Schweiz. (o.J.). *Jahresbericht 2010*. Moosseedorf.
Dachverband Offene Jugendarbeit Schweiz, OKAJ Zürich, & Kantonale Kinder- und Jugendförderung. (2009). *Quk – Qualitätskriterien für Gesundheitsförderung in der offenen Kinder- und Jugendarbeit*. o. O.

Eidgenössisches Departement des Innern. (2008a). Schweizerische Kinder- und Jugendpolitik: Ausgestaltung, Probleme und Lösungsansätze. Expertenberichte in Erfüllung des Postulates Janiak (00.3469) vom 27. Sepember 2000. Bern.

Eidgenössisches Departement des Innern. (2008b). Strategie für eine schweizerische Kinder- und Jugendpolitik. Bericht des Bundesrats in Erfüllung der Postulate Janiak (00.3469) vom 27. Sepember 2000, Wyss (00.3400) vom 23. Juni 2000 und Wyss (01.3350) vom 21. Juni 2001. Bern.

Frossard, S. (2003). *Entstehung und Entwicklung der Jugendpolitik in den Kantonen*. Chavanne-près-Renens: Institut de haute études en administration publique.

Fuchs, C., Schenker, D., Steiner, A., & Wettstein, H. (2009). *Führung in der Jugendarbeit. Praktischer Arbeitgeber-Leitfaden für Gemeinden, Jugendkommissionen und Trägerorganisationen*. Norderstedt: Büro West Praxisbuch.

Gesundheits- und Fürsorgedirektion. (2003). *Steuerungskonzept der offenen Kinder- und Jugendarbeit im Kanton Bern*. Bern.

Gredig, D., & Goldberg, D. (2010). Soziale Arbeit in der Schweiz. In W. Thole (Hrsg.), *Grundriss Soziale Arbeit. Ein einführendes Handbuch* (3., überarb. und erw. Aufl., S. 403–423). Wiesbaden.

Gredig, D., & Schnurr, S. (2011). Generalisierung und Spezialisierung der Sozialen Arbeit in der Schweiz: Reflexionen zur Aufgabenteilung zwischen Ausbildung und Weiterbildung. In B. Kraus, H. Effinger, S. B. Gahleitner, & I. Miethe (Hrsg.), *Soziale Arbeit zwischen Generalisierung und Spezialisierung. Das Ganze und seine Teile*. Theorie, Forschung und Praxis Sozialer Arbeit, Bd. 3. (S. 23–41). Opladen.

Heeg, R., Steiner, O., & Gerodetti, J. (2011). *Bestandsaufnahme von Angebotsstrukturen der Jugendarbeit und kommunalen Jugendförderung im Kanton*. Aargau.

Konferenz der kantonalen Beauftragten für Kinder- und Jugendförderung (KKJF). (2010). Standards der Kinder- und Jugendförderung Schweiz. Positionspapier. http://www.ur.ch/dateimanager/11-standards-empfehlung-kkjf.pdf. Zugegriffen: 27. Dezember 2012.

May, A., & Wiesli, R. (2009). *Kinder- und Jugendförderung in der Schweiz. Begleitbericht zuhanden der kantonalen Fachstelle für Kinder- und Jugendförderung*. Freiburg.

Meier, J. (2011). Gielenarbeit praxisnah. Ideen für die Gestaltung einer attraktiven Jungenarbeit. *Sozial Aktuell, 43*(5), 27–29.

Müller, C., & Schnurr, S. (2006). *Bestandesaufnahme der Jugendarbeit im Kanton Aargau. Im Auftrag des Departements Bildung, Kultur und Sport (BKS), Abteilung Bildungsberatung, Sport und Jugend*. Aargau und Basel.

Obinger, H. (2000). Wohlfahrtsstaat Schweiz: Vom Nachzügler zum Vorbild?. In H. Obinger, & U. Wagschal (Hrsg.), *Der gezügelte Wohlfahrtsstaat. Sozialpolitik in reichen Industrienationen* (S. 245–282). Frankfurt a. M.

Petrušić, I. (2010). Mehr Ressourcen für die Basis! Rezepte gegen die hohe Fluktuation in der offenen Jugendarbeit. *Sozial Aktuell, 42*(10), 24–25.

Pfulg, D. (2011). Grosse Weite, tiefe Täler. Graubünden: jugendarbeiterische Einblicke in den flächenmässig grössten Kanton der Schweiz. *Sozial Aktuell, 43*(5), 16–17.

Schultheis, F., Perrig-Chiello, P., & Egger, S. (2008). *Kindheit und Jugend in der Schweiz*. Weinheim und Basel.

Sidler, R. (2011). Der Blick über den Tellerrand hinaus. Offene Kinder- und Jugendarbeit – Trends und Herausforderungen für ein vielseitiges Arbeitsfeld. *Sozial Aktuell, 43*(5), 12–15.

Steiner, O., Heeg, R., & Gerodetti, J. (2011). *Bestandesaufnahme von Angebotsstrukturen der Jugendarbeit und kommunalen Jugendförderung im Kanton Solothurn. Im Auftrag des Amtes für soziale Sicherheit, Fachstelle Jugendförderung. Unveröffentlichter Bericht.* Basel und Solothurn.

Wallner, C. (2009). Mädchenarbeit: vom Feminismus zum Genderansatz? *info Animation, 17*(4), 6–11.

Wandeler, B. (2010). *Soziokulturelle Animation. Professionelles Handeln zur Förderung von Zivilgesellschaft, Partizipation und Kohäsion.* Luzern.

Wechsler, C. (2011). Heterogene Lebenslagen erfordern neue Zugangswege. Ansätze und Theorien für eine zeitgemässe Mädchenarbeit. *Sozial Aktuell, 43*(5), 30–31.

Wettstein, H. (2010). Hinweise zu Geschichte, Definitionen, Funktionen. In B. Wandeler (Hrsg.), *Soziokulturelle Animation. Professionelles Handeln zur Förderung von Zivilgesellschaft, Partizipation und Kohäsion* (S. 15–60). Luzern.

Offene Kinder- und Jugendarbeit in Österreich

Sabine Liebentritt

98.1 Österreich und die Offene Jugendarbeit

98.1.1 Jugendpolitik in Österreich

Jugendpolitik und Jugendarbeit unterliegen in Österreich dem Prinzip des Förderalismus. Demzufolge muss Jugendpolitik differenziert betrachtet werden:

- auf Bundesebene
- auf Bundesländerebene
- auf Gemeindeebene

Jugendpolitik wird in Österreich zunehmend als Querschnittsmaterie verstanden. So finden sich zahlreiche jugendpolitische Aspekte in den unterschiedlichsten Ressorts auf Bundesebene wie beispielsweise Gesundheit, Soziales, Unterricht & Kultur oder Umwelt. Explizit für Jugendpolitik zuständig ist das Bundesministerium für Wirtschaft, Familie und Jugend (BMWFJ) mit der Sektion II „Familie und Jugend". „Seine Aufgaben bestehen im Wesentlichen aus einer koordinierenden, einer steuernden und im außerschulischen Bereich einer impulsgebenden Funktion. Einen weiteren Schwerpunkt bildet die europäische und internationale Jugendpolitik" (BMWFJ 2009a, S. 7).

Das Bundesgesetz über die Förderung der außerschulischen Jugenderziehung und Jugendarbeit regelt die Belange rund um eine Förderung der außerschulischen Jugendarbeit durch das Ministerium. Als Ziel des Bundes-Jugendförderungsgesetzes ist in § 1 festgeschrieben: „... die Förderung von Maßnahmen der außerschulischen Jugenderziehung und Jugendarbeit, insbesondere zur Förderung der Entwicklung der geistigen, psychischen, körperlichen, sozialen, politischen, religiösen und ethischen Kompetenzen von Kindern

Mag.a Sabine Liebentritt ✉
Bundesweites Netzwerk Offene Jugendarbeit, Lilienbrunngasse 18/2/47, 1020 Wien, Österreich
e-mail: sabine.liebentritt@boja.at

und Jugendlichen" (Bundes- Jugendförderungsgesetz, BGBl. I Nr. 126/2000 vom 29. Dezember 2000). Die praktische Umsetzung ist durch eine seit dem 1.1.2009 gültige Richtlinie festgelegt und das zuständige Bundesministerium setzt dazu thematische Förderschwerpunkte.

Wenn es nun um die Förderung der ausserschulischen Jugendarbeit (im Wesentlichen sind dies verbandliche Jugendarbeit, Offene Jugendarbeit, Jugendinformation sowie Jugendbeteiligung und Jugendprojekte) auf Bundesländerebene geht, so sind die jeweiligen Landesjugendreferate dafür zuständig. Eine Koordination zwischen Bund und Ländern ist über die sogenannte jährliche „LandesjugendreferentInnenkonferenz" gewährleistet, wo Entwicklungen aufeinander abgestimmt und gemeinsame Projekte geplant werden. Die Landesjugendreferate selbst verstehen sich allgemein als Servicestelle für alle Jugendfragen ihres Bundeslandes.

Die gesetzliche Grundlage für die Förderung der Jugendarbeit in den Bundesländern ist sehr heterogen gestaltet.

Zwei Bundesländer haben ein eigenes Jugendförderungsgesetz: Burgenland: Jugendschutzgesetz 2002 – Jugendförderungsgesetz 2007 und Steiermark: Jugendschutzgesetz 1998 – Jugendförderungsgesetz 2004. Drei Bundesländer haben ein Jugendgesetz, welches Jugendschutz und Jugendförderung regelt. Niederösterreich: Jugendgesetz mit Förderbestimmungen 2008, Salzburg: Jugendgesetz mit Förderbestimmungen 1999 und Vorarlberg: Jugendgesetz mit Förderbestimmungen 2007. Tirol: hat ein Jugendschutzgesetz welches ebenfalls Förderbestimmungen enthält: Jugendschutzgesetz mit Förderbestimmungen 2005. Drei Bundesländer haben ein Jugendschutzgesetz und keine gesetzlichen Grundlagen für die Förderung von Jugendarbeit: Wien: Wiener Jugendschutzgesetz 2002, Oberösterreich: Jugendschutzgesetz 2001, Kärnten: Jugendschutzgesetz 1998.

Die Gemeinden haben in Österreich eine Schlüsselrolle für die Offene Jugendarbeit. Direkt vor Ort gibt es meist eigene Jugendabteilungen (vielfach „Jugendreferate" genannt). Die dort tätigen Personen sind die Schnittstelle zwischen kommunaler (Jugend)Politik und den im Feld der Jugendarbeit praktisch handelnden Personen. Sie sind im Auftrag der Politik zuständig für die Bedarfserhebung, Planung, Umsetzung und Evaluation von Angeboten für die unterschiedlichen jungen Menschen im Ort. Sie haben insofern eine Schlüsselrolle in Bezug auf die Offene Jugendarbeit, da es bei fast allen Angeboten der Offenen Jugendarbeit in Österreich so ist, dass die jeweilige Standortgemeinde einen gewissen Anteil (in manchen Orten bis zu 100 %) der gesamten Infrastruktur- und Projektkosten beisteuert. Somit erfolgen Bedarfsplanungen und Auftragsvergaben oft aus kommunalpolitischen Überlegungen heraus und vor dem Hintergrund, dass es wenig bindende Vorgaben in Bezug auf Standards, Voraussetzungen und Rahmenbedingungen gibt (Sprichwort: „Wer zahlt, schafft an").

98.1.2 Jugendpolitische Inhalte auf Bundesebene

Seit 2001 können die Schwerpunktsetzungen der Jugendpolitik in Österreich in Bezug gesetzt werden mit Aspekten, die auch im Weißbuch der Europäischen Kommission (Europäische Kommission 2001) formuliert sind: Bildung und Beschäftigung, Armut, Gesundheit, Umwelt, Sucht und Drogen, Jugendliche und Gesetzesübertretungen, Freizeitverhalten, Rollenverhalten und Geschlechteridentitäten.

Zusätzlicher Orientierungsrahmen bildet der im November 2009 vom EU-Parlament verabschiedete Kooperationsrahmen für die jugendpolitische Zusammenarbeit in Europa 2010–2018. Darin wird die besondere Bedeutung der Jugendarbeit in Zusammenhang mit aktuellen jugendpolitischen Herausforderungen hervorgehoben und Jugendpolitik als Querschnittsmaterie dargestellt. Schlüsselinstrument bildet der strukturierte Dialog.

Zur Umsetzung dieser jugendpolitischen Anregungen auf nationaler Ebene wurde vom Bundesministerium für Wirtschaft, Familie und Jugend im Jahr 2010 eine nationale Arbeitsgruppe (NAG) eingerichtet, die sich aus Bund, Bundesländern, Bundesjugendvertretung, dem Bundesnetzwerk der Jugendinformationsstellen, der Nationalagentur und der Offenen Jugendarbeit in Form von bOJA – Bundesweites Netzwerk Offene Jugendarbeit zusammen setzt.

Offene Jugendarbeit bildet neben der verbandlichen Jugendarbeit (also Jugendorganisationen und Vereine, welche themenbezogen und auf Basis von Mitgliedschaften eine gewisse Spezifikation in Angeboten, Struktur und Zielgruppe aufweisen, z. B. „Pfadfinderinnen und Pfadfinder", „Katholische Jugend und Jungschar" oder „Alpenvereinsjugend"), der Nationalagentur für das EU-Jugendprogramm Jugend in Aktion und der Jugendinformation eine der vier Säulen nationaler österreichischer Jugendpolitik und hat demzufolge eine Schlüsselfunktion im Kontext nationaler jugendpolitisch relevanter Entwicklungen.

98.1.3 Die Rolle der Offenen Jugendarbeit

Offene Jugendarbeit stellt auf nationaler Ebene ein pädagogisches Handlungsfeld im Kontext von Bildungsarbeit, Kulturarbeit, sozialer Arbeit und Gesundheitsförderung dar. In Bezug auf ihre Zielgruppen ist Offene Jugendarbeit offen für Menschen, Gruppen, Szenen und Kulturen. Sie setzt sich mit jungen Menschen auseinander, nimmt sie ernst und arbeitet parteilich für sie, unabhängig von Alter, Geschlecht, Religion, Bildung, sozialer Schicht und Herkunft. Menschen, die in der Offenen Jugendarbeit tätig sind, sind Fachkräfte, die mit jungen Menschen und für junge Menschen arbeiten und sich fachlich fundierter Methoden zur Zielerreichung bedienen. Die Anforderungsprofile an die handelnden Personen lassen sich aus Konzepten ableiten, die den Maßnahmen und Angeboten zugrunde liegen.

Im bundesweiten Handbuch „Qualität in der Offenen Jugendarbeit in Österreich" (bOJA 2011) ist Offene Jugendarbeit einleitend wie folgt beschrieben:

- **Offene Jugendarbeit ist Bildungsarbeit**
Offene Jugendarbeit versteht sich als Bildungsarbeit. Bildungs- und Lernprozesse in der Offenen Jugendarbeit finden sich insbesondere in Bezug auf non-formale und informelle Bildung. Auch die formale Bildung gewinnt zunehmend an Bedeutung in der Offenen Jugendarbeit. Offene Jugendarbeit bietet Settings und Inhalte, die in dem Zusammenspiel von Information, Reflexion und Erprobung einen Transfer in die Handlungs- und Wissenskompetenzen der Zielgruppen der Offenen Jugendarbeit ermöglichen.
- **Offene Jugendarbeit ist Kulturarbeit**
Offene Jugendarbeit versteht sich als Kulturarbeit mit dem Fokus der Förderung von sozialer Kompetenz und Kommunikationsfähigkeit, indem kulturelle und interkulturelle Aktivitäten der Zielgruppen begleitet und unterstützt werden. Offene Jugendarbeit wirkt mittels Kulturarbeit integrierend und bildend und ist ein Gegenpol zu reiner Konsumorientierung.
- **Offene Jugendarbeit ist soziale Arbeit**
In der Offenen Jugendarbeit sind Fachkräfte tätig, die in unterschiedlichen Kontexten (rechtliche, organisatorische, methodische, sozialpolitische u. a. m.) Leistungen und Dienste für junge Menschen und zusammen mit ihnen zur Gestaltung ihrer Lebenslage und zu ihrer Lebensbewältigung erbringen. Im Mittelpunkt steht dabei nicht die erzieherische Intervention, sondern die individuelle Orientierung an den Bedürfnissen junger Menschen, um diese bei ihrer Auseinandersetzung mit der Gesellschaft, bei der Suche nach Identität sowie der Definition der eigenen Rolle zu unterstützen.
- **Offene Jugendarbeit ist Gesundheitsförderung**
Offene Jugendarbeit trägt mit ihren Angeboten und Arbeitsprinzipien zur Gesundheitsförderung in einem ganzheitlichen Sinne (körperlich – geistig – seelisch – emotional) bei. Offene Jugendarbeit stellt Begleitung und individualisierte Unterstützung im Sinne eines Empowerment in einer Lebensphase der Orientierung und des Umbruchs zur Verfügung, fördert dadurch die Persönlichkeits-, Perspektiven- und Identitätsentwicklung und hat somit eine eindeutig präventive Wirkung auf junge Menschen.

98.2 Eine bundesweite Vernetzung: von der Utopie zur Realität

98.2.1 Die bunte Welt der Offenen Jugendarbeit

Unter dem „Label" Offene Jugendarbeit lassen sich die unterschiedlichsten Angebote subsummieren. Der Begriff ist breit gefasst, ermöglicht viel Interpretationsspielraum und kann den unterschiedlichen Bedürfnissen und Ansprüchen eines Ortes/einer Region Rechnung tragen. Diese Flexibilität ist ein Wesensmerkmal von Offener Jugendarbeit und ermöglicht es, bedarfsgerechte und insbesondere jugendgerechte Angebote bereit zu stellen, die sich unterschiedlichster Methoden bedienen.

Beim Versuch einige Unterschiede zu clustern lassen sich beispielhaft folgende Aspekte beschreiben:

Klein – Gross/Wenig Ressourcen – Viel Ressourcen

Die Frage nach der Größe der Einrichtung gestaltet sich nicht zwingend nach objektiv nachvollziehbaren Kriterien. Es gibt in Österreich keine bindenden Vorgaben, was es an Mindestausstattung bedarf, damit von Offener Jugendarbeit die Rede ist. Und es hat sich auch nicht als sinnvoll erwiesen, die Positionierung solcher Mindeststandards anzustreben, denn Mindeststandards können einerseits eine Einladung darstellen, Angebote, die besser ausgestattet sind, entsprechend zu kürzen, und andererseits ist es ja die Stärke von Offener Jugendarbeit maßgeschneiderte Angebote zu entwickeln und umzusetzen, die sich stärker am Bedarf als an den Rahmenbedingungen orientieren. Des Weiteren implizieren die unterschiedlichsten Methoden, die zur Anwendung kommen, ebenso wie die damit einhergehenden Angebote, bereits spezifische Standards, die somit auch für die Offene Jugendarbeit gelten.

Nichts desto trotz gibt es in Österreich sehr viele kleine Einrichtungen, manche mittlere Einrichtungen und einige wenige große Einrichtungen. Manche Konzepte stimmen gut mit den infrastrukturellen Ressourcen überein, manche bräuchten zur optimalen Zielerreichung größere, besser ausgestattete, zeitgemäßere, funktionalere und/oder „wertvollere" Infrastruktur. Doch beinahe allen Einrichtungen der Offenen Jugendarbeit ist gemein, dass sie sich mehr finanzielle Ressourcen wünschen, um ihre zahlreichen kreativen und innovativen Ideen im Sinne der jungen Menschen umsetzen zu können.

Eigene rechtliche Trägerstruktur – Praktische Umsetzung als Gemeindebedienstete

In Österreich finden sich unterschiedliche Anbieter von Offener Jugendarbeit. So hat sich in vielen Gemeinden ein eigener Verein für Offene Jugendarbeit konstituiert. Die Vorstandsfunktionen werden dabei – je nach Konzept und Statuten – von unterschiedlichsten Menschen wahrgenommen: Jugendliche, politische Mandatare, Beamte, Fachpersonen aus angrenzenden Handlungsfeldern oder einfach interessierte UnterstützerInnen.

In wiederum anderen Gemeinden haben bereits vorhandene regionale oder landesweite Anbieter beispielsweise aus dem Bereich „Bildung" oder „Freizeit" oder „Beratung" das Thema „Offene Jugendarbeit" in ihre Angebotspalette aufgenommen. In manchen Regionen hat die Kirche das Thema aufgegriffen. Eine weitere Realität besteht darin, dass in manchen Gemeinden die Personen, die direkt mit den Jugendlichen im Sinne der Offenen Jugendarbeit arbeiten, Gemeindebedienstete sind. Sie sind im Jugendreferat des Ortes angestellt und haben den Bürgermeister/die Bürgermeisterin als Vorgesetzte/n.

Ehrenamtlich aktiv – Hauptamtlich tätig

Ein auf breiter Basis entwickeltes Konzept ist die Grundlage jeder Offenen Jugendarbeit. Einrichtungen der Offenen Jugendarbeit bringen ihr Tun in regelmäßigen Abständen mit den sich wandelnden Rahmenbedingungen und situativen Gegebenheiten vor Ort und in der Region in Verbindung. Ist-Stand-Analysen und die Erhebungen von unterschiedlichen Bedürfnissen, Erwartungen und Erfahrungen bilden die Grundlage für die Entwicklung von Konzepten. Die Leitfrage lautet „Welche Ziele wollen wir wie erreichen?". Aus den

Antworten auf diese Frage lassen sich Kompetenzen und Anforderungsprofile für die PraktikerInnen ableiten, die diese Vorhaben mit und für die jungen Menschen umsetzen sollen. Die Frage nach Hauptamt oder Ehrenamt ist auf Basis dieser Grundlagen zu klären. Wichtig dabei ist festzuhalten, dass Ehrenamt oder Freiwilligentätigkeit nicht die Antwort auf zu wenig finanzielle Ressourcen sein darf.

Jugendzentrum – Mobile Jugendarbeit

Neben den klassischen Einrichtungen Offener Jugendarbeit wie Jugendzentren, Jugendtreffs, Jugendkulturzentren, die standortbezogen sind und junge Menschen als Gäste willkommen heißen, haben sich in den letzten Jahren neue Konzepte und Methoden etabliert, die eine starke Mobilität aufweisen. Dabei sind die MitarbeiterInnen der Offenen Jugendarbeit vornehmlich aufsuchend und lebensweltorientiert im öffentlichen Raum – im Sozialraum der Jugendlichen – tätig. In Österreich sind beide Ausprägungsformen (Standortbezogene Jugendarbeit und mobile Jugendarbeit) unter dem Begriff Offene Jugendarbeit zusammen gefasst.

Jugendförderung – Jugendwohlfahrt

In Österreich gibt es kein einheitliches Jugendhilfegesetz, sondern es wird differenziert zwischen Jugendförderung und Jugendwohlfahrt. Primär fallen die Angebote rund um Offene Jugendarbeit in den Bereich der Jugendförderung sowohl auf Bundesländer- wie auch auf nationaler Ebene. Entwicklungen im praktischen Tun der Offenen Jugendarbeit zeigen jedoch auf, dass das Alltagsgeschäft sich auch immer wieder im Handlungsbereich der „Jugendwohlfahrt" bewegt. Aus dieser Tendenz heraus wurden in manchen Bundesländern spezifische Projektfinanzierungen über die Jugendwohlfahrt möglich.

Vernetzung ja – Vernetzung nein

In einigen Bundesländern gibt es Dachverbände und etablierte Vernetzungsstrukturen, die eine gemeinsame Qualitätsweiterentwicklung und eine einrichtungsübergreifende Positionierung von Offener Jugendarbeit zum Ziel haben. Diese Dachverbände und Vernetzungsstrukturen sind vom jeweiligen Landesjugendreferat anerkannt und werden meist finanziell unterstützt.

98.2.2 Nationale Vernetzung der Offenen Jugendarbeit: Die Idee – Das Projekt – Der Prozess

Diese Vielfalt bundesweit zusammen zu fassen ist eine strukturelle Herausforderung. Seit 1985 gibt es in den Österreich eine nationale Vernetzungsstruktur, die als Verein organisiert ist. Sie trug lange Zeit den Namen „Arbeitsgemeinschaft österreichischer Jugendzentren, soziokulturelle Einrichtungen und Intitiativgruppen" und hat Fördergelder vom jeweiligen „Jugendministerium" erhalten. Im Jahr 2003/2004 entschied das Ministerium, diesen Verein nicht mehr zu subventionieren, weil die wechselseitigen Zielvorstellungen stark divergierten. Gleichzeitig erkannte das Ministerium, dass es wichtig ist, die Verbindung zu Offener Jugendarbeit in den Gemeinden vor Ort aufrecht zu erhalten und den Kommunikationsfluss und die Kommunikationskultur zwischen „Basis", Landesjugendreferaten und Ministerium neu zu gestalten.

In Kenntnis dieses Interesses seitens des Ministeriums entwickelte die Geschäftsführung eines regionalen Dachverbandes eines Bundeslandes ein Konzept und reichte dieses beim Ministerium als Projektantrag ein. Ziel dieses Konzepts war es, gemeinsam mit PartnerInnen aus allen Bundesländern und weiteren NetzwerkpartnerInnen den Bedarf rund um „Vernetzung Offene Jugendarbeit" in Österreich zu eruieren und aus der Bedarfsanalyse abgeleitet die weitere Vorgehensweise zu planen und zu gestalten. Eine bundesweite Projektgruppe wurde gebildet und traf sich zu einem regelmäßigen Austausch mit den verantwortlichen Personen aus den Landesjugendreferaten und dem „Jugendministerium" – ein Beispiel für einen vorbildlichen strukturierten Dialog. Die Expertise der Vorstandsmitglieder des alten Vereins floss ebenfalls in den Gestaltungsprozess ein. Die Ergebnisse der zahlreichen Workshops, Vernetzungstreffen und Erhebungen machten recht rasch die Notwendigkeit und Bedeutung einer aktiven, starken und sichtbaren Vernetzungs- und Vertretungsstruktur für die Offene Jugendarbeit deutlich. Wesentliches Element dieses Prozesses war die Erarbeitung einer „Ersten bundesweiten Begriffsklärung" als Basis für ein gemeinsames Verständnis, was in Anbetracht der heterogenen Ausformung von Offener Jugendarbeit in Österreich unter Offener Jugendarbeit zu verstehen ist. Im Mai 2008 haben die Vorstandsmitglieder des alten Vereins der Projektgruppe angeboten, sämtliche Vorstandsfunktionen an diese abzutreten und somit den Verein in die Hände der Projektgruppe zu übergeben. Seit der Generalversammlung im Mai 2008 arbeiten die Projektverantwortlichen als Vereinsvorstand. Im Oktober 2008 entschied das Ministerium, den Verein in Anbetracht seiner neuen Zielausrichtungen und der neuen, unter breiter Beteiligung erarbeiteten strategischen Ausrichtung ab dem Jahr 2009 über jährliche Projektförderungen zu subventionieren. Das Vereinsbüro mit dem neuen Namen bOJA-Bundesweites Netzwerk Offene Jugendarbeit wurde Anfang 2009 gegründet.

98.2.3 Der Verein bOJA – Bundesweites Netzwerk Offene Jugendarbeit

Der Verein bOJA – Bundesweites Netzwerk Offene Jugendarbeit besteht gemäß Statuten aus bis zu 18 Vorstandsmitgliedern aus allen Bundesländern in Österreich – maximal zwei Personen pro Bundesland, idealerweise paritätisch besetzt. Jedes Vorstandsmitglied wird aus dem entsprechenden Bundesland heraus nominiert. Wie das geschieht (Wahl, Entscheid durch das jeweilige Landesjugendreferat, Entscheid des regionalen Dachverbands in Rücksprache mit Landesjugendreferat, sonstige) bleibt dem Bundesland überlassen. Wesentlich dabei ist allerdings, den Hintergrund für die Nominierung transparent zu machen. Die nominierten Personen werden bei der jährlichen Generalversammlung als Gesamtvorstand gewählt. Diese Personen bringen die Interessen, die sich aus dem jeweiligen Bundesland an die Arbeit der bOJA – Bundesweites Netzwerk Offene Jugendarbeit – ergeben, ein und fungieren als MultiplikatorInnen für bOJA im eigenen Bundesland. Ein kleines Büro mit hauptamtlichen Personen bewältigt das tagesaktuelle Geschäft von Serviceleistungen für Mitglieder, über Workshop-Planungen bis hin zu einem breiten Sichtbar machen der Bedeutung von Offener Jugendarbeit in Österreich.

Das Bundesweite Netzwerk für Offene Jugendarbeit dient als Plattform für Wissens- und Informationsaustausch. bOJA vernetzt Menschen, Ideen, Projekte und Einrichtungen – national und international. Die Haltung, die Angebote und die Methoden von bOJA orientieren sich an den Bedürfnissen, Wünschen und Erwartungen von Mitgliedern, Personen und Einrichtungen aus dem Handlungsfeld der Offenen Jugendarbeit und werden abgeleitet aus der Interaktion mit PartnerInnen. Das Netzwerk arbeitet mit PartnerInnen aus dem Bereich der sozialen Arbeit, aus Wirtschaft, Politik und Verwaltung, Bildungswesen, Kulturarbeit, Gesundheit, etc. eng zusammen. Wesentlicher Anspruch an das Wirken besteht darin, die Qualität in der Offenen Jugendarbeit weiter zu entwickeln. Als Sprachrohr und Interessensvertreter macht der Verein das Handlungsfeld Offene Jugendarbeit sowie Anliegen, Themen und Blickwinkel junger Menschen sichtbar und stärkt damit das Bewusstsein für die Bedeutung von Jugendarbeit in Österreich. Ein zukünftiger Meilenstein für die kontinuierlich konstruktive Weiterentwicklung der Offenen Jugendarbeit in Österreich wäre mit der Verankerung der Offenen Jugendarbeit im Bundes-Jugendförderungsgesetz erreicht. Der Fokus der Aktivitäten von bOJA richtet sich auf Service und Information, Koordination und Vernetzung, Qualitätsreflexion und Qualitätsweiterentwicklung sowie Positionierung und Lobbying. Die zahlreichen Angebote rund um Informationsvermittlung (insbesondere auf www.boja.at), Fortbildungsveranstaltungen, Beratung und Begleitung und vieles mehr entwickeln sich bedarfsorientiert ständig weiter. Ein wesentliches Herzstück der Angebotspalette bildet die jährliche bundesweite Fachtagung (in Kooperation mit dem Ministerium) zu einem aktuellen Schwerpunktthema mit etwa 200 TeilnehmerInnen aus ganz Österreich.

98.3 Qualität in der Offenen Jugendarbeit in Österreich – Leitlinien, Hilfestellungen und Anregungen für Qualitätsmanagement in der Offenen Jugendarbeit

Im Jahr 2010 entschied das Bundesweite Netzwerk Offene Jugendarbeit in Österreich, dass es dringend notwendig ist sich mit den Rahmenbedingungen von Offener Jugendarbeit in Österreich auseinander zu setzen. Hintergrund bilden zwei unterschiedliche Forderungen: Die Beibringung von Erfolgszahlen (Wie viel junge Menschen nehmen teil?) seitens der GeldgeberInnen versus dem Bedürfnis nach mehr finanziellen Ressourcen seitens der in der Offenen Jugendarbeit handelnden Personen. Diese beiden Forderungen galt es miteinander zu verknüpfen.

In einem bundesländerübergreifenden Diskurs wurden verschiedenste Überlegungen zu Qualität und Standards analysiert und Notwendigkeiten daraus abgeleitet. Die Herausforderung dabei bestand aus 2 Aspekten: die heterogenen Ausformungen von Offener

Jugendarbeit basierend auf den unterschiedlichen Förderpraktiken in den Bundesländern und die nicht vorhandene Durchgriffskompetenz von bOJA (Welchen Sinn macht es, sich über Leitlinien Gedanken zu machen, wenn man als Organisation keine Macht hat, die damit einhergehende Einhaltung tatsächlich einzufordern?). Der gewählte Weg des Prozesses und des strukturübergreifenden Diskurses vermochte diese beiden Aspekte zum Nutzen der Offenen Jugendarbeit umzugestalten.

98.3.1 Die Intention der Qualitätsleitlinien

Qualität spiegelt sich nicht nur in Zahlen wieder, sondern muss auf unterschiedlichen Ebenen und Dimensionen festgemacht und beschrieben werden. Im Rahmen der Festlegung der Qualitätsdimensionen für die Offene Jugendarbeit wurden die unterschiedlichen Qualitätsdimensionen betrachtet: Strukturqualität, Prozessqualität und Ergebnisqualität. Voraussetzung bildete das gemeinsame Verständnis, dass die Anforderungen an die Qualität in der Offenen Jugendarbeit in Österreich bundesweit ident sind. Allerdings ist die Frage nach dem „WIE es diese Qualität zu erreichen gilt" auf unterschiedlichen Ebenen spezifisch zu regeln bzw. zu definieren.

Die Dimension der Strukturqualität bezieht sich auf die Voraussetzungen und Rahmenbedingungen, die zur Erbringung einer Leistung zur Verfügung stehen. Es geht um die Frage: „Unter welchen Rahmenbedingungen wird eine Leistung erbracht?" Diese Dimension betrifft insbesondere die bundeslandspezifischen Gegebenheiten und kann aufgrund föderaler Gegebenheiten jeweils nur vor Ort geklärt werden.

Die Dimension der Prozessqualität bezieht sich auf die Art und Weise der Aktivitäten, die gesetzt werden, um ein bestimmtes Ziel zu erreichen. Es geht um die Frage: „Wie wird eine bestimmte Leistung erbracht?" Dies bildet das Herzstück der Offenen Jugendarbeit und muss bundesweit festgelegt werden. Deshalb sind in dem bundesweiten Handbuch für die Offene Jugendarbeit in Österreich folgende Aspekte exakt beschrieben: Zielgruppen, Ziele, Arbeitsprinzipien, Methoden, Angebote.

Die Dimension der Ergebnisqualität bezieht sich auf die Ergebnisse und Wirkungen der erbrachten Leistungen. Es geht um die Frage: „Was wurde durch die Erbringung einer bestimmte Leistung erreicht und wie werden Wirkungen festgestellt?" Für diesen Aspekt wurden Sachverhalte dargestellt, Empfehlungen ausgesprochen und ein Pilot-Modell für Österreich entwickelt.

98.3.2 Das Ergebnis und die dynamische Weiterentwicklung der Qualitätsleitlinien

Das Handbuch „Qualität in der Offenen Jugendarbeit in Österreich – Leitlinien, Hilfestellungen und Anregungen für Qualitätsmanagement in der Offenen Jugendarbeit" wurde im Jahr 2011 erstmals veröffentlicht und wird kontinuierlich weiter entwickelt und laufend durch Good-Practice-Beschreibungen ergänzt.

Einen besonderen Zugang in Hinsicht auf die Ergebnisqualität bilden die sogenannten Qualitätsdialoge als Instrument der Planung, Steuerung und Evaluation gleichermaßen. Im Handbuch steht diesbezüglich: „Wer die Qualität der Offenen Jugendarbeit definieren, sie bewerten oder gar steuern möchte, braucht als Grundlage eine Verständigung darüber, was die Offene Jugendarbeit eigentlich beinhaltet und leisten soll. Offene Jugendarbeit versteht sich als lernendes, interaktives und dynamisches Arbeitsfeld. Ziele von Offener Jugendarbeit sowie Erwartungen und Bedürfnisse, die an sie herangetragen werden, werden in einem ständigen strukturierten Dialog qualitativ erfasst, reflektiert, bearbeitet und wechselseitig abgestimmt – das ist Qualitätsdialog … Voraussetzung für jeden Qualitätsdialog ist die Verständigung über strategische Steuerungsfragen, die zum Gegenstand des Dialoges werden sollen. Als Grundlage können alle vorliegenden qualitativen und quantitativen Ergebnisdokumentationen verwendet werden."

Das bedeutet, Offene Jugendarbeit geht in Dialog mit den unterschiedlichsten Stakeholdern und erörtert Fragen rund um Erwartungshaltungen, Leistungen und Ressourcen und leitet daraus ihr Handeln ab. Dadurch werden zwei Wirkungen für die Offene Jugendarbeit erzielt: 1. alle impliziten Erwartungshaltungen und Forderungen werden explizit und die Offene Jugendarbeit kann dazu fachlich Stellung beziehen (Profilierung) und 2. Offene Jugendarbeit positioniert sich als aktiver und integrativer Bestandteil des Gemeinwesens (Positionierung).

98.4 Ausblick

Offene Jugendarbeit in Österreich hat in den letzten Jahren sehr an Bedeutung gewonnen, einen jugendpolitisch hohen Stellenwert erlangt und ist bundesweit gut vernetzt. Wenn es nun um eine künftige strategische und inhaltliche Weiterentwicklung von Offener Jugendarbeit geht, sind folgende Aspekte von Bedeutung:

Selbstbewusstsein: sich selbst und seiner Arbeit bewusst sein. Eine klare Antwort auf die Frage „Was tun Personen, die in der Offenen Jugendarbeit tätig sind, eigentlich tatsächlich?" ist für eine fachliche Positionierung von Offener Jugendarbeit unerlässlich. Es darf dabei allerdings nicht um ein rechtfertigen gehen, denn rechtfertigen muss man das, worüber man sich selbst nicht so im Klaren ist oder wo einem demzufolge die Worte fehlen.

Qualität diskutieren und weiterentwickeln Qualitätsmanagement in der Offenen Jugendarbeit bedeutet, Angebote und Methoden aber auch den Rahmen des Tuns an sich kontinuierlich, fachlich begründet und sich an den Notwendigkeiten der Zeit und aktueller Entwicklungen orientierend gemeinsam mit anderen weiter zu entwickeln.

Fortbildung und Vernetzung stärkt die Professionalität der handelnden Personen Aufgrund der Vielfalt in der Offenen Jugendarbeit ist es wichtig, im Sinne von Know-how-Transfer und Erfahrungsaustausch Personen zusammen zu bringen und Vernetzungsangebote zu schaffen und zu fördern. Die gemeinsame fachliche Weiterentwicklung der Offenen Jugendarbeit kann nur im Austausch und in der Nutzung von Synergien von statten gehen.

Sichtbar machen und Themen besetzen Offene Jugendarbeit ist eigentlich stets eine Vorreiterin, wenn es um jugendpolitische Strategien und Ausrichtungen geht. Vieles von dem, was jugendpolitisch verankert wird, findet sich in kreativen und innovativen Projekten der Jugendtreffs und Jugendzentren oder in der mobilen Jugendarbeit – vielleicht unter anderem Fokus oder mit anderen Bezeichnungen, aber mit den Intentionen und Wirkungen, die politisch festgelegt werden. Diese Vorreiter-Funktion gilt es verstärkt sichtbar zu machen und spezifische Themen explizit für die Offene Jugendarbeit zu beanspruchen.

Sich einmischen in jugendpolitische Belange Offene Jugendarbeit als Querschnittsmaterie tangiert die unterschiedlichsten Themen und Arbeitsfelder in einem gesellschaftspolitischen Kontext. Aufgabe von Offener Jugendarbeit ist es, in diesem Zusammenhang ihr Wissen und ihre Expertise zur Verfügung zu stellen und aktiv mitzugestalten.

Das Recht NEIN zu sagen Und es geht nicht zuletzt auch um ein Abgrenzen: Offene Jugendarbeit kann vermutlich zu den meisten Aspekten rund um junge Menschen Expertise, Erfahrungen und Ideen einbringen. Aber Offene Jugendarbeit muss auch lernen NEIN zu sagen. Es ist stets eine Gratwanderung zwischen den Möglichkeiten, was die Offene Jugendarbeit alles leisten könnte, was alles erwartet wird und welche Ressourcen (finanzielle und personeller Art) dafür zur Verfügung stehen.

Literatur

126. Bundesgesetz über die Förderung der außerschulischen Jugenderziehung und Jugendarbeit (Bundes-Jugendförderungsgesetz). Bundesgesetzblatt für die Republik Österreich vom 29. Dezember 200.
bOJA Bundesweites Netzwerk Offene Jugendarbeit. (2011). *Offene Jugendarbeit in Österreich*. Wien.
bOJA Bundesweites Netzwerk Offene Jugendarbeit. (2011). *Qualität in der Offenen Jugendarbeit in Österreich – Leitlinien, Hilfestellungen und Anregungen für Qualitätsmanagement in der Offenen Jugendarbeit*. Wien.
Bundesministerium für Wirtschaft, Familie und Jugend (BMWFJ). (2009). *Jugendpolitik in Österreich – ein kurzer Überblick*. Wien.
Bundesministerium für Wirtschaft, Familie und Jugend (BMWFJ). (2011). *6. Bericht zur Lage der Jugend in Österreich*. Wien.
Europäische Union. (2009). *Entschließung des Rates der Europäischen Union über einen erneuerten Rahmen für die jugendpolitische Zusammenarbeit in Europa vom 6. November 2009 – Nummer 15131/09*. Brüssel.
Europäische Kommission. (2001). *Weißbuch der Europäischen Kommission: Neuer Schwung für die Jugend Europas*. Brüssel.

Offene Kinder- und Jugendarbeit in Luxemburg

Claude Bodeving

99.1 Gesetzlicher Rahmen

Ausrichtung, Mittel und Strukturen der Jugendpolitik Luxemburgs sind festgelegt im Jugendgesetz von 2008. Als Zielsetzungen der Jugendpolitik gelten die Unterstützung der beruflichen und sozialen Entwicklung, der aktiven Bürgerschaft und Autonomie der Jugendlichen, der Solidarität in einer multikulturellen Gesellschaft, sowie die Förderung der Persönlichkeitsentwicklung, des Initiativgeistes und der Kreativität, allgemein die Unterstützung der nicht formalen Bildung und der in diesem Feld tätigen Organisationen.

Die regelmäßige Erstellung eines nationalen Jugendberichtes und eines nationalen Aktionsplans im Bereich der Jugend wurde mit dem Jugendgesetz verbindlich eingeführt. Mit diesen Maßnahmen und der Schaffung eines nationalen Jugendparlamentes, eines Observatoriums für Jugend und eines interministeriellen Komitees kann der Rahmen der Jugendpolitik als partizipativ, transversal und evidence-based (Meisch 2009a) charakterisiert werden.

Für den Bereich der Offenen Jugendarbeit sind die Städte, Gemeinden, generell die Kommunalpolitik von zentraler Bedeutung, und der Jugendkommunalplan wie er im Jugendgesetz festgelegt wurde, ist hier grundlegend. Aufbauend auf einer Analyse des Freizeitverhaltens und der Lebenssituation der Jugendlichen der jeweiligen Gemeinde, erstellt von der Universität Luxemburg, sieht der vom Familienministerium unterstützte Jugendkommunalplan, unter aktiver Beteiligung der Jugendlichen und Rundtischgesprächen mit lokalen Akteuren, die Erstellung eines Aktionsplans im Bereich der kommunalen Jugendpolitik vor.

Claude Bodeving ✉
Service National de la Jeunesse Luxemburg, 138, boulevard de la Pétrusse,
2330 Luxembourg, Luxembourg
e-mail: claude.bodeving@snj.etat.lu

Die staatliche Förderung von kommunalen Jugendeinrichtungen wie beispielsweise die eines Jugendhauses ist an diese Erstellung eines Jugendkommunalplans gebunden: die Partizipation der Jugendlichen (Jugendforen während dem Prozess des Jugendkommunalplans) und die Lebensweltanalyse (wissenschaftliche Erhebungen, Foren und Rundtischgespräche) sind als grundlegende Konzipierungselemente der Offenen Jugendarbeit festgelegt.

In Luxemburg war bis in den 80er-Jahren die Jugendarbeit eng mit dem Ansatz der soziokulturellen Animation verbunden. Zu Beginn des nationalen Jugenddienstes (Service National de la Jeunesse) herrschte eine klare Ausrichtung auf die Jugendfreizeitarbeit vor. Nach einer kurzen Phase von selbstverwalteten Jugendhäusern in den 60er- und 70er-Jahren entstanden Ende der 80er-Jahre, aufbauend auf den ersten lokalen Jugendinformationszentren, die Jugendhäuser in ihrer jetzigen Form. Es entwickelte sich allmählich ein Netzwerk von lokalen Jugendhäusern mit hauptamtlichem Personal „als niedrigschwelliges, offenes Angebot einer professionalisierten Jugendarbeit, die gezielt auf die Zusammenarbeit mit anderen Trägern der Jugendarbeit ausgelegt ist" (Meisch 2009b, S. 740).

Seit 1998 regelt das sogenannte ASFT-Gesetz („loi réglant les relations entre l'Etat et les organismes oeuvrant dans le domaine social, familial et thérapeutique") die Beziehungen zwischen Staat und Trägern von Strukturen im sozialen, familiären und therapeutischen Bereich. Im Besonderen werden hier die Anforderungen an die Trägervereinigungen sowie die Bestimmungen zum Schutz der betreuten Personen und zur Qualität festgelegt (Schmit 2009).

In einer großherzoglichen Verordnung zu den Jugenddiensten werden die Durchführungsbestimmungen des ASFT-Gesetzes für die Jugendstrukturen, unter anderem für die Jugendhäuser, definiert. Die somit festgeschriebenen Aufgaben können als die zu erbringenden Leistungen bezeichnet werden:

- Förderung der Selbstentfaltung der Jugendlichen; der aktiven, kritischen und verantwortlichen Bürgerschaft
- Beteiligung an der Prävention; an der sozialen und beruflichen Integration
- Förderung von Gruppenerlebnissen; Stärkung des Selbstwertes und der Solidarität
- Einen Beitrag zur demokratischen Entwicklung leisten mit Hilfe von Partizipationsmodellen, unter besonderer Berücksichtigung von Jugendlichen welche durch ihre wirtschaftliche und soziale Lage benachteiligt sind
- Mittels eines breitgefächerten Angebotes die aktive Partizipation der Jugendlichen gewährleisten.

Wegen der Festschreibung der erforderlichen Qualifikationen der angestellten hauptberuflichen Mitarbeiter kann man die Professionalisierung der Offenen Jugendarbeit auch als Folge dieser Rahmungen bezeichnen. Neben der Festlegung der Altersgruppe von 12–26 Jahren für die Zielpopulation ist die Benennung der Einrichtungen der Offenen Jugendarbeit als „service de rencontre, d'information et d'animation pour jeunes", d. h. sowohl Treffpunkt als auch Angebotsstruktur im Bereich der Information und der Animation, bezeichnend. Wenn diese Dreiteilung klarerweise nur eine Vereinfachung darstellt, so lässt sich dennoch das aktuelle Angebot der Jugendhäuser mit dieser Kategorisierung gut zusammenfassend darstellen.

Auf der Basis der oben beschriebenen Gesetzgebungen werden schließlich die Verträge zwischen dem Träger, der Gemeinde und dem Staat abgeschlossen. Das sogenannte Konventionsmodell legt verschiedene Qualitätskriterien der Dienstleistungen wie z. B. die Weiterbildungsregelung der Hauptamtlichen und die Finanzierungsmodalitäten fest.

99.2 Strukturen

Die Trägerstrukturen der Jugendhäuser sind entweder kleinere, speziell für das Jugendhaus gegründete, in der Gemeinde verankerte Vereinigungen ohne Gewinnzweck oder aber größere Trägerschaften wie z. B. Jugendrotkreuz, Caritas, Inter-Actions und der Pfadfinderverband LGS (beide Herangehensweisen beinhalten dabei Schwächen und Stärken).

Die Mehrzahl der Träger ist Mitglied im Dachverband der Träger der Jugendhäuser, welcher diesen, besonders im administrativen Bereich, begleitend Hilfe anbietet.

Die in etwa 60 Jugendhäuser befinden sich in größeren und kleineren Gemeinden, sind lokal „verortet" oder aber, als regionales Jugendhaus mit einem größeren Strukturangebot mehrerer Gemeinden mit kleineren lokal angebundenen Treffpunkten konzipiert.

Durch einen Finanzierungsmodus von jeweils 50 % Beitragsleistung für Gemeinde und Staat (von einigen Ausnahmen abgesehen wie z. B. Graffiti asbl – es handelt sich hierbei um eine Vereinigung für Mediengestaltung mit der Zielsetzung den Jugendlichen den Zugang zum Medium Radio zu ermöglichen, welche gänzlich vom Staat finanziert wird) sind die Konzepte der Offenen Jugendarbeit sowohl kommunal verortet als in den Richtlinien der staatlichen Jugendpolitik verankert. Neben den Infrastruktur- und Personalkosten beinhaltet die Finanzierung ebenfalls konzeptionelle pädagogische Ausrichtungen bis hin zu einzelnen Projektideen. Letztere werden in jährlichen Sitzungen zwischen Gemeinde, Ministerium und Träger besprochen, in welchen die Ausrichtung und der Finanzierungsbeitrag für Projekte und Aktionen abgestimmt werden.

Als eine grundlegende Prämisse wie sie bereits unter der Verordnung von 1999 festgehalten wurde, gilt die aktive Beteiligung der Jugendlichen an der Planung, Umsetzung und Auswertung von Projekten und Aktionen. Die Gestaltung unterliegt einem bzw. mehreren Erziehern mit Sekundar- oder mit Bachelor-Abschluss, welche von ehrenamtlichen Jugendleitern unterstützt werden. Da die Grundausbildung des hauptamtlichen Personals, aufgrund der großen Heterogenität der sozialpädagogischen und sozialarbeiterischen Handlungsfelder, als polyvalente Ausbildung konzipiert ist – mit der Zielsetzung der Vermittlung eines handlungsfeldübergreifenden Sockels von Schlüsselkompetenzen – stellt die individuelle Weiterbildung eine wichtige Fortsetzung der Initialausbildung dar (Welschbillig und Prussen 2009). Im Bereich der Jugendarbeit wird diese vom nationalen Jugenddienst angeboten, mit einem speziellen verpflichtenden Teil für Berufseinsteiger der Offenen Jugendarbeit. Die Kategorisierung der Weiterbildung in verschiedene Grundbereiche, „Gesetzlicher Rahmen und Strukturen", „Beziehungsarbeit", „Information", „Prävention", und „Reflektion der Berufspraxis", spiegelt dabei die Tätigkeitsfelder der Offenen Jugendarbeit wieder und versucht eine kontinuierliche Weiterentwicklung der aufgabenspezifischen Kompetenzen zu unterstützen. Besonderer Wert wird dabei auf Kompetenzen des „bewussten Praktikers" wie Reflektion der eigenen Praxis, Offenheit zum Dialog und Autonomie gelegt.

Neben der Weiterbildung ist der nationale Jugenddienst, als öffentliche Verwaltung des Familienministeriums für die nationale Umsetzung der Jugendpolitik zuständig, außerdem in mehreren Bereichen Ansprechpartner und „Ressourcenzentrum" für offene Jugendarbeit. So werden Projekte finanziell unterstützt und Aktionen in Eigenregie oder in Partnerschaft mit den Jugendstrukturen auf nationaler und regionaler Ebene durchgeführt. Mit der Zielsetzung von gleichen Zugangschancen und zielgruppenorientierten Angeboten, sind die Schwerpunkte in den Bereichen der Medienarbeit und der neuen Technologien (z. B. safer internet), der aktiven Bürgerschaft, des freiwilligen Dienstes und der Jugendkulturarbeit zu finden.

Als weiterer Schwerpunkt gilt die Qualitätsförderung und -sicherung der pädagogischen Arbeit: Supervisionsangebote, Begleitung des Qualitätssicherungsverfahrens und konzeptionelle Weiterentwicklungen und Vertiefungen (z. B. Mädchenarbeit und Jungenarbeit, interkulturelle Öffnung und aufsuchende Jugendarbeit). Die verschiedenen Zentren des nationalen Jugenddienstes bieten den Strukturen der Offenen Jugendarbeit und den Schulen Angebote in den Bereichen der Medienerziehung, Umweltbildung und Erlebnispädagogik an.

Wie im Jugendbericht 2010 dargelegt ist Luxemburg wie viele (post-)industrielle, (post-)moderne Gesellschaften durch einen demografischen Wandel, Zunahme der älteren Bevölkerung mit gleichzeitiger Abnahme der jüngeren Bevölkerung, mit weitreichenden Konsequenzen für die Lebenssituation der Jugendlichen, gekennzeichnet. Ein Merkmal der luxemburgischen Jugendpopulation ist dabei die überaus heterogene Zusammensetzung: 47 % der 12- bis 29-jährigen Jugendlichen haben keine luxemburgische Nationalität und mit 20 % stellen Jugendliche mit portugiesischer Nationalität die größte Gruppe unter den Jugendlichen mit ausländischer Nationalität dar. Studien (z. B. Meyers und Willems 2008) zeigen nationalitätsspezifische Unterschiede bei der Vereinsmitgliedschaft mit vergleichsweise geringem Vereinsengagement der Jugendlichen mit ausländischer Nationalität. Wenn auch mit erheblichen Unterschieden je nach Gemeinde und lokalen Bedingungen weisen die Ergebnisse der Jugendkommunalpläne, bei den Besuchern von Jugendhäusern auf einen größeren Anteil von Jugendlichen mit ausländischer Herkunft als von Jugendlichen mit luxemburgischer Nationalität hin: „Dies deutet darauf hin, dass das Angebot der Jugendarbeit offensichtlich die Jugendlichen mit ausländischer Nationalität erreicht, die von den anderen Freizeitangeboten (wie z. B. Vereinen) nicht profitieren. Andererseits aber werden Jugendhausbesucher von den außenstehenden Jugendlichen oft mit negativen Stigmatisierungen belegt und wahrgenommen. Auch wenn die nationale Zugehörigkeit nicht als Grund der Abgrenzung und Distanz explizit formuliert wird, so verdeutlichen die Ergebnisse doch, dass die vorhandenen Segmentierungstendenzen zwischen den Nationalitätengruppen auch im Bereich der offenen Jugendarbeit z. T. weiterbestehen." (Willems et al. 2010, S. 155).

Es sei hier angemerkt, dass die Frage ob der Faktor „nationale Zugehörigkeit" bestimmend ist, oder etwa „die soziale Herkunft" eher als entscheidend zu gelten hat, noch offen ist und einer zukünftigen Klärung bedarf.

99.3 Konzeptionen

In regelmäßigen Abständen muss ein zeitlich befristetes Konzept von den Trägern vorgelegt werden. Eine vom nationalen Jugenddienst erstellte Strukturierungshilfe listet die zu erfassenden Grunddimensionen auf: Beschreibung der Gemeinde und des Sozialraums (z. B. Vereins- und Dienstleistungslandschaft), Zielgruppenbeschreibung, Ressourcen (Infrastruktur, Personal, Aktionsmittel …), Formulierung der Zielsetzungen des Jugendhauses, Abstimmung des Angebotes an die spezifischen Bedingungen des Umfeldes (Ministère de la Famille et de l'Intégration 2008). Als zeitlich begrenzter Leitfaden pädagogischer Praxis werden die Qualitätsstandards, die Evaluationskriterien und ein Ausblick auf die Projektplanung der nächsten drei Jahre beschrieben. Wenn ein grundlegender Ansatz der Jugendarbeit darin besteht sein Angebot nach den Ressourcen und Bedürfnissen der Jugendlichen zu richten, so zeigen die erstellten Konzepte auch, dass die Forderung eines schriftlichen Entwurfes eine Anpassung der konzeptionellen Planungen an die nationalen und lokalen Rahmenbedingungen erleichtert. Die pädagogischen Ziele und Methoden werden auf das lokale Umfeld und die Zielpopulation ausgerichtet. Zudem ermöglicht die zeitliche Befristung auf drei Jahre und die Offenheit der Aufgaben und Funktionen, Konzeptentwicklungen im Rahmen einer „revisionären Planung" (Sturzenhecker 2007) und eine kontinuierliche Anpassung im Sinne einer lernenden Organisation.

Die Beschreibung der Tätigkeitsfelder zeigt mehrheitlich eine Strukturierung nach den bereits erwähnten Leistungsbereichen. Unter dem Begriff Treffpunkt – das Jugendhaus als „Ort der Begegnung und Gesellung" – finden sich heterogene Zielsetzungen, oftmals in Kompetenzbereichen der Kommunikation, der Konfliktlösung, der Kooperation und der Identitätsbildung. Animation bezieht sich auf geplante, innerhalb oder außerhalb der vorhandenen Struktur durchgeführte Aktivitäten und Projekte. Der Schwerpunkt des Arbeitsansatzes liegt in prozessorientierten (im Gegensatz zu ergebnisorientierten) und bildungsfördernden Konzeptionierungen. Bei einer Vielzahl der Projekte sind Überlegungen über die Persönlichkeitsentfaltung und Selbsterprobungsmöglichkeiten der Jugendlichen („wissen wir was wir können? was uns Spaß macht?") sowie die Zielsetzung „Autonomie" ein zentrales Anliegen. Zu nennen sind hier ebenfalls Projekte im Bereich einer zeitgemäßen Jugendkulturarbeit welche an den Hauptinteressen der Jugendlichen ansetzt und ihre Darstellungsinszenierungen und Ausdrucksformen fördert. Im Vordergrund stehen Musik (regional wurden in den Jugendzentren in den letzten Jahren Proberäume eingerichtet), Theater, Tanz, Video und Photographieprojekte. Neben einem breiten Angebot an schriftlichen Informationen (Flugblätter, Zeitungen, Prospekte, Internetzugang …) werden unter

Information auch niederschwellige Beratungsgespräche, spezielle Unterstützungsangebote (Hausaufgabenhilfe, Verfassen des Lebenslaufes usw.), Weitervermittlungen und Diskussionsrunden (Themenabende) in den Konzepten genannt. Als vierter Bereich wird des Öfteren der Begriff der Prävention herangezogen, es handelt sich jedoch meines Erachtens eher um eine Zielsetzung welche man transversal in den drei Grundbereichen, Treffpunkt, Information und Animation, ansiedeln kann.

Im Rahmen eines aufschlussreichen Jugendkommunalplans der Stadt Luxemburg konnten die Ergebnisse der Jugendforen mit den vorhandenen Strukturen der offenen Jugendarbeit verglichen werden: „In den Stadtteilen, wo keine Jugendhäuser existieren, werden solche von den Jugendlichen gefordert. Aus ihren Kommentaren schimmern verschiedene Bedürfnisse hervor, die an eine solche Einrichtung herangetragen werden:

- Besonders für die jüngeren Jugendlichen ist die Treffpunktfunktion in ihrem Stadtteil wichtig.
- Jugendhäuser werden als Orte von Animation und Information gesehen.
- Schließlich werden Jugendhäuser auch als Anlaufpunkte im Falle von Problemen gesehen, wo auf der Basis der vorhandenen Vertrauensbeziehung zwischen Mitarbeitern und Jugendlichen offene Gespräche geführt werden können.

Das Bedarfsprofil der Jugendlichen an die Jugendhäuser deckt sich gut mit den Konzepten, wie sie in den städtischen Jugendhäusern zur Anwendung kommen: Jugendhäuser bieten Offene Jugendarbeit für Jugendliche zwischen 12 und 25 Jahren, meist mit einem Schwerpunkt auf der Altersgruppe zwischen 12 und 18 Jahren. … Die vorhandenen Jugendhäuser sehen sich ergänzend zum Angebot der Kultur- und Sportvereine. Die Niederschwelligkeit ihres Angebotes richtet sich daher in erster Linie an Jugendliche mit bestimmten Freizeitprofilen und bietet Zugezogenen die Möglichkeit sich rasch einen Stadtteilbezug zu schaffen" (Ville de Luxembourg – Service de la Jeunesse 2005, S. 39).

Neben der Förderung der Identitätsbildung, der Persönlichkeitsentfaltung und der Integration ist Partizipation eine langfristige Zielsetzung der offenen Jugendarbeit Luxemburgs. Ausgehend von den Jahres- und Qualitätsberichten im Zeitraum zwischen 2006 und 2008, hebt der nationale Jugendbericht diese Aufgabe hervor: „Dabei zeigt sich, dass das jugendpolitische und pädagogische Ziel der Partizipation im Rahmen unterschiedlicher Projekte und Programme bei einer hohen Anzahl von Jugendhäusern prioritär umgesetzt wird" (Willems et al. 2010, S. 290). Im Bereich der sozialen und beruflichen Integration entstehen seit einigen Jahren vermehrt Projekte in Kooperation mit Strukturen der Jugendberufshilfe. Der nationale Jugenddienst hat im Rahmen des „freiwilligen Orientierungsdienstes" eine Initiative auf regionaler Ebene entwickelt, welche den Jugendlichen einen direkten Zugang zu verschiedenen Dienstleistungen im Bereich der beruflichen und schulischen Integration ermöglicht. Aufgrund der konsolidierten Zusammenarbeit zwischen Jugendarbeit, Arbeitsamt und Jugendberufshilfe werden, z. T. in den Jugendhäusern, Workshops und Informationsveranstaltungen für jugendliche Schulabbrecher bzw. Jugendliche auf Arbeitssuche angeboten.

Das Angebot der niederschwelligen Unterstützung und der Offenheit im Feld der Offenen Jugendarbeit wird somit für die gemeinsame Zielsetzung der Integration genutzt. Die offene Jugendarbeit bietet mit ihrer Konzeptionierung eine Zugangsmöglichkeit für die Jugendliche an, für die ein anderes Beratungssetting mit starken Schwellenängsten verbunden ist.

Zusammenfassend kann man festhalten, dass neben dem Bereitstellen von Räumen und des Angebotes sozialer Beziehungen, sich für die Offene Jugendarbeit in Luxemburg inhaltliche Schwerpunkte im Bereich von schul- und arbeitsweltbezogenen Maßnahmen, in der Jugendkulturarbeit und allgemein, im Bereich der non-formalen Bildung ergeben. Dabei sind diese Schwerpunkte abhängig von lokalen Umfeldbedingungen und kommunaler Jugendpolitik, sowie in eine Konzeptionierung eingebunden, welche den Erfordernissen einer ständigen Anpassung unterliegt.

Klarerweise sind dabei regelmäßig Überlegungen zu konzeptionellen Grundmustern – wie z. B. Mädchenarbeit, Gewaltprävention und interkulturelle Arbeit, d. h. im allgemeinen zielgruppenspezifische Herangehensweisen, wichtige pädagogische Reflektionen welche sich auch in einer Vielzahl von Projekten wiederfinden (Bodeving 2009).

Aufgrund des seit einigen Jahren fest verankerten Netzwerkes von Strukturen in der Offenen Jugendarbeit fließen vermehrt Überlegungen zur aufsuchenden Jugendarbeit in die Konzeptarbeit mit hinein. Diese Entwicklung geht einher mit einer verstärkten Tendenz der kommunalen Jugendpolitik, neben den Vereinen, ein Angebot für möglichst viele Jugendliche anzubieten. Es handelt sich bei diesem Anspruch im Grunde um den professionellen Diskurs, die Strukturen der Offenen Jugendarbeit für alle Jugendliche der Gemeinde bzw. der Region auszurichten und – auf einer sozialräumlichen Orientierung basierend – die Angebote der Jugendarbeit, d. h. Projekte, Aktivitäten und Beziehungsangebote, nicht auf die vorhandenen Räumlichkeiten und den Bereich Treffpunkt zu beschränken.

99.4 Qualitätssicherung

Das vorhandene Qualitätssicherungsmodell zielt vorrangig nicht auf eine nach außen gerichtete Rechtfertigung, sondern auf Fragen der Professionalität und Eigenreflexion ab. Folgende vorhandene Instrumente der Förderung und Sicherung fachlicher Qualität können exemplarisch genannt werden: externe Beratung, Supervision und Fortbildung, Konzeptentwicklung, Selbstevaluation, Fachpublikationen und fachübergreifende Tagungen zu aktuellen Praxisthemen.

Wie bereits oben erwähnt verfolgt auch die zeitliche Begrenzung der Konzepterstellung die Zielsetzung der Qualitätsentwicklung (eine Vorgehensweise die sich in das bekannte Qualitätszyklusmodell des Deming-Kreises, plan-do-check-act-plan ..., einfügt).

Ein Qualitätsmanagementsystem legt seit 2004 verbindlich fest, dass die jährliche Planung eine kontinuierliche interne Evaluation beinhalten muss. Wie wir im Folgenden sehen werden handelt es sich hierbei um eine Qualitätsprozedur welche auch eine Verbesserung der Leistungen durch Effizienz- und Effektivitätsüberlegungen anstrebt. Grundlage für ein jährlich durchzuführendes Projekt der Qualitätsentwicklung ist die Selbstevaluierung und hieraus folgend die Feststellung und Benennung von Schwachstellen bzw. Verbesserungspotentialen. Da sämtliche Qualitätsbereiche geprüft werden können, werden Projekte eingereicht welche sich der Strukturqualität (z. B. Konzeptarbeit, Weiterbildung des Personals), der Prozessqualität (z. B. Projektmanagement, Öffentlichkeitsarbeit) oder/und der Ergebnisqualität (z. B. Fragebogenentwicklung zur Zufriedenheit der Jugendlichen) widmen. Ein Leitfaden mit speziell entwickelten Indikatoren unterstützt den Prozess der Selbstevaluation: „Die Fokussierung der Qualifizierungsoffensive in Luxemburg auf Selbstevaluierung ist die Anerkennung, dass es verschiedene soziale Realitäten gibt, die von den jeweils in diesen Realitäten Agierenden auch selbst evaluiert werden sollten. Sie bedeutet jedoch nicht den Verzicht auf die Möglichkeit einer externen Nachprüfbarkeit im Sinne des Aufweisens von plausiblen Argumenten für das, was als Qualität definiert wird. Diese Nachprüfbarkeit muss intersubjektiv und für alle Jugendhäuser möglich sein, indem die inhaltlichen Paradigmen der Arbeit vergleichend hinzugezogen werden können." (Ministère de la Famille et de l'Intégration 2008, S. 47). Folgende Bereiche werden mittels Indikatoren als Denkanstöße zur Überprüfung und Veränderung bzw. Weiterentwicklung angesprochen:

- Exploration des Umfeldes: Sozialraumbezug, Bedürfnisbezug, Vernetzung
- Personelle und materielle Ausstattung: Voraussetzung für Nachhaltigkeit der Arbeit
- Konzeptionsentwicklung als wesentliche Qualitätsentwicklung
- Pädagogisches Handeln: Wirkungsziele und Handlungsziele
- Pädagogisches Handeln: Arbeiten im Team
- Pädagogisches Handeln: Evaluation, Darstellung nach innen und außen, Weiterentwicklung und Qualitätssicherung.

Zentral ist der Vergleich zwischen Ist- und Soll-Zustand und der Dialog bei der Projektzielsetzung, der Planung und späteren Evaluation mit sämtlichen Partnern der Konvention. Dieser dialogische Ansatz wird durch jährlich organisierte Workshops und Tagungen zum Qualitätsmanagementsystem verstärkt.

Eine externe Evaluation der Universität Luxemburg führt mittels Dokumentenanalyse (Grundkonzept, Jahresbericht, Qualitätsbericht), qualitativen Interviews und Kontextanalyse für jährlich ausgesuchte Jugendhäuser eine fallspezifische Qualitätsanalyse durch. Da unterschiedliche strukturelle und institutionelle Rahmenbedingungen in die Organisation einwirken „wird Qualität im Rahmen dieser Evaluation nicht in erster Linie als eine Kategorie operationalisiert, die von außen definiert und in den Jugendhäusern abgefragt werden kann, sondern als ein Prozess, der sich insbesondere a) aufgrund der Reflektionskompetenz der Fachkräfte in den Jugendhäusern ergibt und b) dessen Ergebnisse auf einen im Rahmen dieses situativen Kontextes wirkungsvollen und kontinuierlichen Handlungskreislauf hin ausgerichtet ist. Fragt man nach den Qualitätsaspekten eines Jugendhauses, so steht also im Vordergrund, inwiefern die Ausgangslage des Jugendhauses innerhalb eines reflektiven Prozesses analysiert wird sowie weshalb und wie (mit welchen Konzepten) im darauffolgenden Schritt auf diese Situation reagiert wird." (Biewers und Da Silva Santos 2010, S. 103).

Schlussfolgerungen dieser Evaluation können sich auf den institutionellen Rahmen, pädagogische und konzeptionelle Aspekte und auf nationale staatliche Interventionen beziehen. Die teilweise verpflichtende Teilnahme an Weiterbildungen ist beispielhaft als ein Ergebnis dieses Prozesses zu nennen.

99.5 Herausforderungen

Da die Ausrichtung der Jugendarbeit nicht unabhängig vom zeitlichen und situativen Kontext ist und sich zudem „auf die Aufnahme immer wieder anderer und immer wieder neuer Problemlagen der spezifischen Lebenswelten von Jugendlichen einrichten" (Sturzenhecker 2010, S. 20) muss, ist ein Ausblick auf zukünftige Herausforderungen nur als Momentaufnahme zu bewerten.

In einer Studie von Meyers und Willems über die Jugend der Stadt Luxemburg wird der interkulturelle Aspekt als eine Herausforderung an die Jugendpolitik und Jugendarbeit hervorgehoben:

> Die Jugendhäuser werden insbesondere von nichtluxemburgischen Jugendlichen aus den unteren Statusgruppen stark frequentiert, während luxemburgische Jugendliche sie genau aus diesen Gründen eher meiden. Hier bedarf es neuerer Strategien der Öffnung und Kooperation mit anderen Einrichtungen im Jugendbereich, da ansonsten ethnisch-nationale Differenzen weiter verfestigt werden (Meyers und Willems 2008, S. 237).

In Anbetracht der unterschiedlichen Erfordernisse an das hauptamtliche Personal – Gewährleistung soziokultureller Animation, Gestaltung und Durchführung pädagogischer Projekte, Anwendung gruppenzentrierter Methoden, niederschwellige Beratung – bleiben Anforderungen an eine Schärfung des Berufsprofils und das Erstellen von Tätigkeitsprofilen aktuell. Verstärkend kommt hinzu, dass in der Offenen Jugendarbeit neue sozialpädagogische Aufgaben entstehen, die mit dem Begriff der Freizeitpädagogik nicht abgedeckt werden können. Verschiedene zielgruppenspezifischere Ausdifferenzierungen bedürfen einer stärkeren, professionell definierten, Kooperation mit anderen Strukturen wie u. a. den Schulen, der Schulsozialarbeit und Kindertageseinrichtungen. Überlegungen über den Stellenwert der nicht formalen Bildung gehen einher mit qualitativen Forderungen an eine solche und führen zu der Notwendigkeit einer verstärkten Kooperation der Strukturen der Kinderbetreuung mit denen der Jugendarbeit, im speziellen im Bereich der Konzepterstellung von außerschulischer Bildung. Es gilt jedoch auch dafür Sorge zu tragen, dass die Gesamtorientierung sich nicht ausschließlich auf Randgruppen und Problemorientierungen beschränkt, sondern eine bedarfsgerechte Jugendarbeit ermöglicht wird, welche die allgemeine Zielsetzung der Unterstützung der Persönlichkeitsbildung im Blick behält. Ein derartiger Diskurs sollte dabei die charakteristischen Prinzipien (Offenheit, Empowerment, Partizipationsangebot, ...) und Ansätze der offenen Jugendarbeit (Unterstützung der Jugendlichen bei Aneignung von Räumen, Sozialraumorientierung, Lebensweltorientierung, ...) nicht nur beleuchten sondern selbstbewusst ausdifferenzieren und als Stärke und eigenständige Kompetenz der Jugendarbeit in den Vordergrund stellen.

Literatur

Biewers, S., & Da Silva Santos, C. (2010). *Die Entwicklung des Qualitätssicherungsprozesses in den Jugendhäusern in Luxemburg. Evaluationsbericht 2009–2010.* Luxembourg.

Bodeving, C. (2009). Das Profil der Jugendarbeit. In H. Willems, G. Rotnik, D. Ferring, J. Schoos, M. Majerus, N. Ewen, M. Rodesch-Hengesch, & C. Schmit (Hrsg.), *Handbuch der sozialen und erzieherischen Arbeit in Luxemburg* (S. 745–757). Luxembourg.

Meisch, N. (2009a). Kinder- und Jugendpolitik in Luxemburg. Weiterentwicklung der gesetzlichen und strukturellen Grundlagen. *Forum 21, Europäische Zeitschrift für Kinder- und Jugendpolitik, 2009*(14), 47–52.

Meisch, N. (2009b). Die Geschichte der Jugendarbeit. In H. Willems, G. Rotnik, D. Ferring, J. Schoos, M. Majerus, N. Ewen, M. Rodesch-Hengesch, & C. Schmit (Hrsg.), *Handbuch der sozialen und erzieherischen Arbeit in Luxemburg* (S. 735–743). Luxembourg.

Meyers, C., & Willems, H. (2008). *Die Jugend der Stadt Luxemburg. Das Portrait einer multikulturellen und heterogenen Jugendgeneration, ihrer Werteorientierungen und Freizeitmuster.* Luxembourg.

Ministère de la Famille et de l'Intégration. (2008). *Manuel sur l'assurance et le contrôle de qualité dans les maisons de jeunes au Luxembourg.* Luxembourg.

Schmit, P. (2009). Organisation und Finanzierungsmodelle der sozialen Dienste. In H. Willems, G. Rotnik, D. Ferring, J. Schoos, M. Majerus, N. Ewen, M. Rodesch-Hengesch, & C. Schmit (Hrsg.), *Handbuch der sozialen und erzieherischen Arbeit in Luxemburg* (S. 363–380). Luxembourg.

Sturzenhecker, B. (2007). Revisionäre Planung – Bedeutung und Grenzen von Konzeptentwicklung in der „organisierten Anarchie" von Jugendarbeit. In B. Sturzenhecker, & U. Deinet (Hrsg.), *Konzeptentwicklung in der Kinder- und Jugendarbeit* (S. 220–236). Weinheim und München.

Sturzenhecker, B. (2010). Jugendarbeit ist Bildung. *arc. Archiv fir sozial aarbecht, bildung an erzéiung, 2010*(119), 12–27.

Ville de Luxembourg – Service de la Jeunesse. (2005). *Jugendkommunalplan. Abschlussbericht.* Luxembourg.

Welschbillig, H., & Prussen, P. (2009). Ausbildung für soziale und erzieherische Berufe. In H. Willems, G. Rotnik, D. Ferring, J. Schoos, M. Majerus, N. Ewen, M. Rodesch-Hengesch, & C. Schmit (Hrsg.), *Handbuch der sozialen und erzieherischen Arbeit in Luxemburg* (S. 399–410). Luxembourg.

Willems, H., Heinen, A., Meyers, C., Biewers, S., Legille, S., Milmeister, P., Residori, C., & Roob, C. (2010). Zentrale Aspekte zur aktuellen Lebenssituation der Jugendlichen in Luxemburg. In Ministère de la Famille et de l'Intégration (Hrsg.), *Rapport national sur la situation de la jeunesse au Luxembourg.* Luxembourg.

Offene Kinder- und Jugendarbeit in Südtirol 100

Helga Mock und Klaus Nothdurfter

Dieser Beitrag gibt einen Überblick über die Geschichte und Entwicklung der Kinder- und Jugendarbeit in Südtirol (von Klaus Nothdurfter), vertieft drei aktuelle Themen in der Offenen Kinder- und Jugendarbeit (von Helga Mock) und schließt mit einem Ausblick auf die kommenden Jahre ab (von Klaus Nothdurfter).

100.1 Geschichte und Entwicklung der Kinder- und Jugendarbeit in Südtirol

Jugendarbeit in Südtirol[1] – das ist auch die Geschichte von Jugendlichen, die sich aktiv in die Gestaltung des Gemeinwesens einbringen wollen und dabei Spaß und Freude haben wollen und Anerkennung erfahren, das ist die Geschichte von jungen Menschen mit der Forderung nach Mitsprache und Mitverantwortung, das ist auch die Geschichte von Kindern und Jugendlichen, die durch ihr ehrenamtliches Engagement Kompetenzen erwerben, die für ihr individuelles und soziales Leben von essentieller Bedeutung sind.

Jugendarbeit in Südtirol ist aber auch die Geschichte von privaten und öffentlichen Trägern, die jugendliches Engagement möglich machen und fördern oder aber bremsen und behindern können.

Die Geschichte der modernen Jugendarbeit in Südtirol beginnt in den 70er-Jahren. Aufbauend auf die Erfahrungen im deutschsprachigen Raum und getragen vom Wunsch nach Selbstbestimmung und der Selbstorganisation entstand eine Reihe von Jugendorganisatio-

---

[1] Autonome Provinz in Norditalien mit der Landeshauptstadt Bozen; insgesamt leben in Südtirol 507.000 EinwohnerInnen, davon 70 % deutschsprachig, 22 % italienischer Muttersprache, 4 % Ladiner, 4 % Nicht EU-BürgerInnen.

Dr. Helga Mock ✉, Klaus Nothdurfter
Amt für Jugendarbeit Bozen, Andreas-Hofer-Straße 18, 39100 Bozen, Italien
e-mail: helga.mock@provinz.bz.it, klaus.nothdurfter@provinz.bz.it

nen als eigenständige, freie Träger der Jugendarbeit. Ehrenamtliches Engagement war der zentrale Antrieb.

Die Entstehung der Jugenddienste war das prägende Element der 1980er-Jahre. Das Weniger werden der Kooperatoren (also der katholischen Kapläne) in den Pfarreien wurde gerade im Bereich der kirchlichen Jugendarbeit als eine Lücke empfunden, die es galt zu schließen. Engagierte MitarbeiterInnen in den Pfarreien gründeten gemeinsam die „Jugenddienste" mit dem Ziel hauptamtliche MitarbeiterInnen anzustellen, die ihrerseits die Ehrenamtlichen begleiten sollten, also jenen Job machen sollten, den vorher jahrzehntelang die Kooperatoren gemacht hatten.

In den 1990er-Jahren begann – aufbauend auf einzelne Erfahrungen ab Mitte der 1970er-Jahre – das Werden der Jugendtreffs und Jugendzentren. Zielrichtungen waren die Bewältigung sozialer Probleme Jugendlicher, das Angebot von Alternativen zu kommerziellen Strukturen, Entwicklung von Arbeitsformen, die sich abgrenzten von klar definierten Interessensgruppen und von öffentlichen Strukturen, die Jugendliche mehr als Objekte der Fürsorge und des vorbeugenden Jugendschutzes begriffen.

Aktuell bestehen in Südtirol rund 65 Jugendzentren und Jugendtreffs sowie eine Vielzahl kleinerer Jugendräume die ehrenamtlich von freien Jugendgruppen getragen/geführt werden. Die Einrichtungen der Offenen Kinderarbeit sind die Spielhäuser des Vereins für Kinderspielplätze und Erholung.

Auch in der Offenen Jugendarbeit war und ist das bestimmende Element die Ehrenamtlichkeit, auch als ein Zeichen des Protests junger Menschen gegen etablierte Strukturen und der Initiative für die Schaffung alternativer sozialer Räume.

Das erste Jahrzehnt dieses Jahrhunderts war und ist geprägt vom Gedanken der Zusammenarbeit, der Arbeit im Netzwerk. Dachverbände wie die Arbeitsgemeinschaft der Jugenddienste, der Südtiroler Jugendring (Dachverband der Jugendverbände) oder das Netzwerk der Jugendzentren sind stellvertretend dafür zu nennen.

Die Jugendarbeit in Südtirol hat sich so in den letzten 25 Jahren zu einem dichten Netzwerk an Infrastrukturen, Gruppen und Projekten entwickelt hat. Dank vor allem dem Engagement tausender ehrenamtlicher JugendleiterInnen, Verantwortung tragender Vorstände von über 100 Organisationen und Dank einer hohen Bereitschaft aller privaten und öffentlichen Träger, miteinander partnerschaftlich zusammenzuarbeiten. Dank auch einer substantiellen, zielorientierten und auf tragfähige Konzepte aufbauenden Förderung durch das Land und die Gemeinden. Das war eine der großen jugendpolitischen Leistungen des Landes und der Gemeinden in den letzten Jahrzehnten. Wobei die Leistung letztlich darin bestand, dem im Ehrenamt innewohnenden Prinzip Subsidiarität breiten Spielraum zu lassen.

In Südtirol leben über 100.000 Kinder und Jugendliche zwischen 7 und 25 Jahren. Das sind ca. 22 % der gesamten Bevölkerung des Landes.

Die Jugendarbeit will für diese jungen Menschen Anregungen und Impulse geben,

- die eigene Persönlichkeit zu entwickeln,
- vielfältige Lebenserfahrungen zu machen
- und gemeinsam mit Anderen soziales Verhalten einzuüben.

Sie trägt damit auch der Tatsache Rechnung, dass wir von einer wachsenden gesellschaftlichen Nachfrage nach einer Bildung ausgehen müssen,

- die Persönlichkeitsentwicklung,
- soziale Kompetenzen
- und Wertorientierungen

umfasst. Die zentralen Ansätze der Jugendarbeit sind dabei das ganzheitliche Lernen und die Förderung personaler und sozialer Stärken.

Die Chancen der Jugendarbeit bestehen in ihrer strukturellen Offenheit, ihren konzeptionellen Ansätzen, ihren fachlichen Kompetenzen und in ihren Partizipationsmöglichkeiten. Charakteristisch für die Kinder- und Jugendarbeit ist dabei die Freiwilligkeit der Teilnahme, die Selbstbestimmung der Jugendlichen bezüglich Themen, Inhalten und Methoden, die Auseinandersetzung mit unterschiedlichen Normen und Werten und die aktivierenden und motivierenden Formen des Lebens und Lernens.

Mit folgenden Fragen will man sich vor allem im nächsten Jahr intensiv beschäftigen:

- Wie geht es aktuell dem Ehrenamt in diesem Netzwerk der Jugendarbeit?
- Welche Bedeutung hat das ehrenamtliche Engagement für die Jugendlichen selbst in persönlicher, sozialer und beruflicher Hinsicht?
- Und für die Gesellschaft insgesamt?

Jungen Menschen ist Eigenaktivität, Freude und Selbstverpflichtung wichtig. Sie möchten etwas bewegen und die Ergebnisse ihres Engagements sehen und auch genießen. Und sie wollen frei sein im Setzen von Prioritäten und wollen sich abgrenzen, wenn sie das Gefühl haben, dass ihnen die Aufgabe zu viel wird. Sie erwarten sich Respekt und gesellschaftliche Anerkennung, soziale Wertschätzung und eine sachliche Unterstützung ihrer Anliegen; aber auch die formale Anerkennung der erworbenen Erfahrungen und Kompetenzen, verbunden mit der Erwartung, dass diese in den folgenden Lebensphasen eingebracht werden können. Jugendarbeit ist gerade auch wegen der Ehrenamtlichkeit „ein unverzichtbares Lernfeld für zivile Formen des Interessensausgleichs und für die Beteiligung der Kinder und Jugendlichen an demokratischen Verfahren" (BMFSFJ 2002, S. 54). Die Kinder und Jugendlichen, die als TeilnehmerInnen an den Angeboten und Maßnahmen der Jugendorganisationen und Jugendtreffs mittun, lernen ungemein viel, was für ihre Entwicklung von nicht zu unterschätzender Bedeutung ist. Auch die Ehrenamtlichen sind Lernende und sammeln Erfahrungen. Sie erleben Gemeinschaft, sie übernehmen Verantwortung, sie stehen für ihre Interessen und für die Anliegen anderer ein, sie bewältigen

Konflikte und Niederlagen, sie planen und organisieren, analysieren Problemlagen und treffen Entscheidungen, sie sind aktiv und interessiert.

100.2 Aktuelle Themen der Offenen Kinder- und Jugendarbeit in Südtirol

Aus den aktuellen Anforderungen und Themen in der Südtiroler Jugendarbeit greifen wir folgende drei heraus, um an ihnen aktuelle Tendenzen und Entwicklungspotentiale zu verdeutlichen: „Interkulturelle Jugendarbeit", „Partizipation in der politischen Gemeinde" und „Berufsbild".

Die besondere Situation Südtirols besteht darin, dass deutsch-, ladinisch- und italienischsprachige sowie mehrsprachige und anderssprachige Menschen mit unterschiedlichen kulturellen Hintergründen hier gemeinsam leben.

Die Politik des Landes hat über mehrere Jahrzehnte für eine Autonomie der sprachlichen Minderheiten, der deutsch- und ladinischsprachigen Bevölkerung gekämpft, was z. T. zu einer Parallelität der kulturellen Welten geführt hat. Die drei Sprachgruppen (und Kulturen) Südtirols bestehen oftmals parallel, so werden z. B. die meisten Jugendeinrichtungen von deutsch-, ladinisch- oder italienischsprachigen Vereinen geführt. Die kulturellen und sprachlichen Grenzen prägen den Alltag. Und es ist die paradoxe Situation entstanden, dass die Chancen dieses Zusammenlebens oft weniger genutzt werden als möglich wäre.

100.2.1 Interkulturelle Jugendarbeit

Als gemeinsame Herausforderung aller in der Jugendarbeit Engagierten und Beschäftigten zeigen sich NutzerInnen und BesucherInnen mit Migrationsgeschichte. 7,8 % der SüdtirolerInnen sind Menschen mit Migrationshintergrund (Autonome Provinz Bozen-Südtirol und Landesinstitut für Statistik 2010, S. 2). In Südtirol sind dies v. a. Jugendliche aus Albanien und Marokko in erster oder auch zweiter Generation. Sie sind BesucherInnen in den städtischen und punktuell in kleineren Gemeinde-Treffs und Zentren und bringen mit ihren Themen, ihrem kulturellen Hintergrund neue Dimensionen. So geht es nicht nur mehr um deutsch, italienisch oder ladinisch sondern um noch viel mehr. Das gemeinsame Bemühen um den interkulturellen Austausch bringt auch die deutsch- und italienischsprachige Jugendarbeit zusammen.

Seit Herbst 2010 besteht die PIC Praxisgruppe Intercultura für JugendarbeiterInnen. Sie ist aus dem Wunsch nach Austausch sowie einer Koordination der interkulturellen Tätigkeiten in der Kinder- und Jugendarbeit entstanden. Die Inhalte der Praxisgruppe sind: gegenseitiger Informationsaustausch, Fortbildungen, Vernetzung. Das Amt für Jugendarbeit gibt außerdem seit Jahren Impulse zum Kennenlernen anderer Kulturen für Jugendliche. Für die JugendarbeiterInnen gab es im Rahmen von Studienreisen – z. B. nach Marokko, nach Albanien, nach Kosovo – die Möglichkeit, die Herkunftsländer jugendlicher MigrantInnen kennen zu lernen, die dortigen Strukturen für Jugendliche zu besuchen und damit eine bessere Basis der Arbeit mit fremden Kulturen zu schaffen. In Arbeit sind zurzeit ein Buch mit Best-practice-Modellen zur Interkulturellen Arbeit in der Südtiroler Jugendarbeit sowie ein partizipativ entstehender Leitfaden zur interkulturellen Arbeit.

100.2.2 Partizipation auf Gemeindeebene in Kooperation mit der offenen Jugendarbeit

2004 wurde ein wichtiges Regionalgesetz verabschiedet, das Gemeindeverwaltungen dazu verpflichtet Formen der Beteiligung für minderjähriger Jugendliche vorzusehen, „damit durch deren Beitrag in Belangen, die diese betreffen, die Gemeindepolitik sich an den Anliegen dieser Altersgruppe orientiert, diese fördert und deren Mitwirkung an jenen Projekten ermöglicht, die sie betreffen."[2] Jede Südtiroler Gemeinde hat sich bei der verpflichtenden Überarbeitung der Gemeindeordnung dazu Gedanken machen müssen, entsprechende Formen bzw. Gremien vorzusehen, um das Regionalgesetz zu erfüllen.

Eine große Zahl der Gemeinden hat die Einführung eines Jugendbeirates beschlossen. Diese parlamentarische Form der Beteiligung sollte zu mindestens der Hälfte aus Jugendlichen unter 18 Jahren bestehen, der Vorsitz sollte bei der/dem für die Jugend zuständigen Gemeindepolitiker liegen. Und die Jugendarbeit? Welche Rolle spielt sie?

Wie Beteiligung im Jugendzentrum mit jener auf Gemeindeebene verknüpfen?

Am Beispiel einer Südtiroler Gemeinde möchten wir gerne ein Modell vorstellen, das die Beziehung offene Jugendarbeit und Gemeindepolitik in einem interessanten, neuen Licht zeigt: das Jugendparlament Naturns(vgl. www.jupa-naturns.it). Naturns ist eine Marktgemeinde mit 5500 EinwohnerInnen im Burggrafenamt. Mit der gesetzlichen Überarbeitung der Gemeindeordnung hat der Gemeinderat von Naturns im Jahr 2006 ein Konzept verabschiedet, das sich von der des „Jugendbeirates" wie oben beschrieben unterscheidet und – wie in der Präambel zum Konzept des Modells auch festgehalten ist – „eine aktivere Beteiligungsform" (Gemeinde Naturns 2006, S. 3) ermöglicht.

Was ist das Besondere am „Jugendparlament Naturns"?

- Das Konzept zum Jugendparlament wurde von der Jungen Generation in der Südtiroler Volkspartei (stärkste Partei in Südtirol) und dem Jugendzentrum Naturns gemeinsam ausgearbeitet. Damit erfolgte eine starke Verbindung zwischen der Offenen Jugendarbeit und der politischen Gemeinde.
- Das Jugendparlament bilden 8 Jugendliche, welche in einer geheimen Wahl ermittelt werden sowie all jene GemeinderätInnen, welche jünger als 35 Jahre alt sind und der/die BürgermeisterIn bzw. der/die beauftragte GemeindejugendreferentIn. Damit sind viele GemeinderätInnen in das Jugendparlament eingebunden.

---

[2] Autonome Region Trentino – Südtirol; Regionalgesetz vom 22. Dezember 2004, Nr. 7, Art. 1/1-ter.

- Zusätzlich zu den „klassischen" Aufgaben von Jugendbeiräten (Sprachrohr, Verfassen von Empfehlungen, Unterbreiten von Vorschlägen) stechen die folgenden beiden Aufgaben besonders hervor: (1) das Jugendparlament verfügt über ein Jahresbudget, es „definiert sich an Hand einer Pro-Kopf-Quote im Ausmaß von 5 € pro Einwohner, welcher das 25ste Lebensjahr noch nicht überschritten hat. ..." und (2) „das Jugendparlament hat das Recht bei Darlehensaufnahmen der Gemeinde von über 250.000 €, welche über einen Zeitraum von mehr als 10 Jahren den Gemeindehaushalt belasten, ein Gutachten abzugeben. Dieses muss dem Gemeinderat zur Kenntnis gebracht werden und Inhalt einer Diskussion im Gemeinderat sein." (Gemeinde Naturns 2006, S. 10 f.) Mit diesen beiden Regelungen geben dem JuPa Gewicht, zu einem kleinen Stück finanzielle Macht und eine weitere klar definierte Aufgabe für das Gremium.

Fazit: Diese besonderen Rahmenbedingungen sowie engagierte Jugendliche und Erwachsene haben zu einem erfolgreichen Start des Jugendparlaments geführt. Alle Beteiligten erleben das Gremium als sinnvoll und nützlich. Das Jugendparlament wird in der politischen Gemeinde als beratendes Gremium wahrgenommen und dementsprechend mit Aufgaben betraut. Im Gegensatz dazu ist das Interesse von Seiten der Jugendlichen außerhalb des Gremiums gering. Dies hat das JuPa Naturns mit zahlreichen anderen parlamentarischen Formen gemeinsam. An Möglichkeiten der Rückkoppelung und des verstärkten Miteinbeziehens arbeitet das JuPa zurzeit.

100.2.3 Hauptberuflichkeit: Berufsbild „JugendarbeiterIn"

In der Südtiroler deutsch- und ladinischsprachigen Jugendarbeit sind rund 120 hauptberufliche MitarbeiterInnen tätig. 2/3 davon sind in der offenen Kinder- und Jugendarbeit tätig. Das Durchschnittsalter der hauptberuflichen JugendarbeiterInnen hat sich in den letzten Jahren nach oben bewegt und der Großteil ist zwischen 30 und 35 Jahre alt.

Der jahrelange sehr schnelle Wechsel hat sich gelegt. Die MitarbeiterInnen arbeiten länger und kontinuierlicher in diesem Bereich.

Jugendarbeit ist heute mehr als ein „Übergangsjob" und hat sich als Berufsfeld etabliert. Die JugendarbeiterInnen verfügen zunehmend über qualifizierte und offiziell anerkannte Ausbildungswege. Der Großteil der Neuanstellungen verfügt über ein Studium der Sozialpädagogik oder Diplompädagogik. Trotzdem vermissen viele MitarbeiterInnen der Jugendarbeit eine Klarheit in Bezug auf ihr Berufsbild ebenso wie das Bild der Jugendarbeit nach außen.

Vor zwei Jahren startete der aktuell laufende Prozess. Ausgehend von den beiden Dachverbänden der Jugenddienste sowie der Jugendtreffs und -zentren, dem Jugendhaus Kassianeum sowie dem deutsch- und ladinischsprachigen Amt für Jugendarbeit.

Im Folgenden wird kurz Aufbau und Verlauf des Prozesses zur Definition des Berufsbildes „JugendarbeiterIn" skizziert: Im Rahmen einer Umfrage waren alle MitarbeiterInnen der Jugendarbeit eingeladen, Fragen bzgl. ihrer Tätigkeiten, ihrer Themenschwerpunkte, ihrer Ausbildungswege sowie Anliegen in Bezug auf ein eventuelles Berufsbild zu beantworten. Mit den Ergebnissen arbeitete die Arbeitsgruppe (Steuerungsgruppe) in einer erweiterten Gruppe mit JugendarbeiterInnen (Fokusgruppe) in mehreren Workshoptreffen am Aufbau und den Inhalten des Berufsbildes. Insgesamt sollte sich das zukünftige Berufsbild in drei Teile gliedern: (1) Beschreibung der Jugendarbeit als Berufsfeld, (2) Beschreibung der Kerntätigkeiten der JugendarbeiterInnen, (3) Beschreibung der Zugangsvoraussetzungen und des Qualifikationsprofils.

Das erarbeitete Dokument wurde an LektorInnen aus Nahbereichen der Jugendarbeit (Dachverbände der offenen Jugendarbeit, Sozialarbeit, Schule, Universität, Ausbildungs- und Berufsberatung) aus dem In- und Ausland mit der Bitte um Durchsicht weitergeleitet und von ihnen quer gelesen, ergänzt, in Frage gestellt und angereichert. Mit den Rückmeldungen der LektorInnen arbeiteten die Steuerungsgruppe und Fokusgruppe weiter und es sind bis jetzt abgeschlossen: die Beschreibung der Jugendarbeit als Berufsfeld und die Beschreibung der Kerntätigkeiten eines Jugendarbeiters bzw. einer Jugendarbeiterin.

Der Prozess ist momentan im dritten Schritt, in welchem die Zugangsvoraussetzungen sowie die Qualifikationsprofile der JugendarbeiterInnen beschrieben und festgelegt werden. Dabei werden auch berufsbegleitende Qualifizierungsmöglichkeiten geprüft. Die derzeitigen Arbeitstreffen sind von intensiven Diskussionen geprägt, vom Streben nach Klarheit und verbindlichen Regeln auf der einen Seite sowie auf der anderen vom Wunsch, die Vielfalt und Buntheit der Jugendarbeit und der JugendarbeiterInnen auch weiterhin zuzulassen. Die Schere, die sich in dieser Diskussion auftut, ist u.E. Spiegelbild der bisherigen Entwicklung der Hauptberuflichkeit in der Kinder- und Jugendarbeit: von einem großteils durch Ehrenamt und Freiwilligenarbeit geprägtem Feld hin zu einem pädagogischen Feld mit einer stärkeren Begleitung durch hauptberufliche Fachkräfte.

Bis zum Herbst 2011 werden die Steuerungsgruppe und Fokusgruppe ihre Arbeit abschließen und als Ergebnis eine Empfehlung für die Verantwortungsträger formulieren.

100.3 Ausblick

Abschließend folgen einige uns jugendpolitisch wichtige Punkte, die auch im erneuerten Rahmen für die jugendpolitische Zusammenarbeit in Europa 2010–2018 festgeschrieben sind: (1) Definition der Schnittstellen und Schnittmengen mit der Sozialen Arbeit und mit der Schule/Berufsausbildung: wir müssen quer durch alle Bildungs- und Sozialbereiche ein höheres Maß an Zusammenarbeit bei gleichzeitigem Abbau von Grenzen und Hindernissen erreichen. (2) Partizipationsmöglichkeiten müssen so verstärkt gefördert werden, dass bei den Jugendlichen Interesse für die Gestaltung ihres Lebensumfeldes sowie für lokale und globale Zusammenhänge geweckt werden und dass ihre Bereitschaft für die Übernahme von Mitverantwortung gestärkt wird. Besonders hier sind alle gefragt, die mit jungen Menschen arbeiten, denn es geht nicht nur um Strukturen, sondern vor allem auch um Grundhaltungen, denn Demokratie ist eine Sache für deren Weiterentwicklung ständig neu gearbeitet werden muss. (3) Stärkung der interkulturellen Kompetenz so, dass das

Leben in einer multiethnischen Gesellschaft als ein Gewinn bzw. Mehrwert verstanden werden kann. (4) Förderung der Zivilcourage oder des sozialen Mutes, den es braucht, um länger andauernde Problemsituationen und kritikwürdige Zustände, zu bewältigen. Konfliktpotenziale entstehen häufig erst allmählich und Handlungsdruck baut sich nur schrittweise auf. Sozialer Mut kann sich auch durch überlegtes, geplantes, organisiertes Handeln zeigen. (5) Förderung einer Chancengleichheit (oder Gerechtigkeit), die die Perspektiven dafür öffnen soll, dass die berufliche und familiäre Dimension von Männern und Frauen auf eine gemeinsam partnerschaftlich verantwortete Basis gestellt werden kann und muss. Dabei wird der Horizont der individuellen und gesellschaftlichen Lebenschancen junger Menschen in neue Weiten entwickelt. Letztlich zum Wohle zukünftiger Generationen, die ein Lebensumfeld vorfinden sollen, das weniger von Brüchen und Differenzen und mehr von konsolidierten modernen Lebensentwürfen geprägt ist. (6) Abbau sozialer Schieflagen durch eine verstärkte Aufmerksamkeit auf die Menschen, die aus unterschiedlichen Gründen geringere Chancen haben.

In der globalisierten Wissensgesellschaft hängt die Zukunftsfähigkeit eines Landes zunehmend vom Wissen und Können seiner Menschen ab. Bildung, Qualifikation und Kompetenz eröffnen Lebenschancen. Der Jugendarbeit kommt deshalb im Lichte bildungspolitischer Herausforderungen eine zunehmende Bedeutung zu. Ja gar, sie ist unverzichtbar.

Literatur

Autonome Provinz Bozen-Südtirol/Landesinstitut für Statistik. (2010). Ausländische Wohnbevölkerung 2009. *astat info, 27*(6). Bozen.

Bundesministerium für Familie, Senioren, Frauen und Jugend (BMFSFJ). (2002). Elfter Kinder- und Jugendbericht. Bericht über die Lebenssituation junger Menschen und die Leistungen der Kinder- und Jugendhilfe i. Deutschland. Bonn.

Gemeinde Naturns. (2006). „Verordnung über die Zusammensetzung und Wahl des Jugendparlamentes". www.gemeinde.naturns.bz.it/gemeindeamt/download/219822280_1.pdf. Zugegriffen: 31.12.2011. www.jupa-naturns.it. Zugegriffen: 26.01.2012.

Offene Kinder- und Jugendarbeit im europäischen Vergleich

101

Christian Spatscheck

Der europäische Kontext wird für die Offene Kinder- und Jugendarbeit zunehmend zu einem wichtigen Referenzpunkt. In den letzten Jahren wurden erste Grundlagen einer gemeinsamen europäischen Jugendpolitik entwickelt, diese setzen für die Jugendarbeit wichtige Rahmenbedingungen und betrachten sie wiederum als relevantes Strategiefeld.

Wichtige Eckpfeiler der jugendpolitischen Zusammenarbeit in Europa sind der „Lissabon-Vertrag" von 2009, die Leitinitiative „Jugend in Begegnung" von 2010 sowie die „EU-Jugendstrategie" von 2009. Aus diesen Papieren lässt sich die Bedeutung einer gemeinsamen Jugendpolitik ableiten, die als Querschnittspolitik sektorübergreifend für die Partizipation und die Chancengerechtigkeit für junge Menschen in Europa tätig wird. Jugendarbeit wird als ein Mittel zur Erreichung dieser Ziele betrachtet und soll inhaltlich und personell nachhaltig und nach entsprechendem Bedarf ausgestattet werden. Während der Ratspräsidentschaft Belgiens im zweiten Halbjahr 2010 wurde Jugendarbeit als besonderes Schwerpunktthema gefördert, die „Entschließung des Rates der Europäischen Union zur Jugendarbeit" von 2010 betont die spezielle Rolle der Jugendarbeit in Europa und mit der „Ersten europäischen Konferenz der Jugendarbeit"/„Youth Work Convention" wurde ein wichtiger großer Jugendarbeitskongress 2010 in Gent gehalten.

Auf fachpolitischer Ebene fanden gemeinsame Abstimmungen im vom Europarat und Europäischer Kommission 1998 gegründeten „Youth Partnership" statt. Mit Forschungsseminaren, thematischen Workshops und Konferenzen (z. B. zur Geschichte der Jugendarbeit in Europa in Blankenberge 2008 und 2009) findet dort ein fortlaufender europäischer Austausch zur Jugendarbeit statt.

Vergleichende europäische Perspektiven zeigen Parallelen und gemeinsame Entwicklungen genauso wie Unterschiede und lokale Traditionen auf. Das hier vorliegende Kapitel versucht an einer Weiterentwicklung dieser Perspektiven mitzuwirken. Für seine Erstel-

---

Prof. Dr. phil. Christian Spatscheck ✉
Fakultät Gesellschaftswissenschaften, Hochschule Bremen, Neustadtswall 30,
28199 Bremen, Deutschland
e-mail: christian.spatscheck@hs-bremen.de

lung wurden mit europäischen ExpertInnen der Jugendarbeit kurze Leitfadeninterviews geführt. Sie wurden zu Ihren Einschätzungen zum Personal, leitenden Konzepten, politischen und rechtlichen Rahmenbedingungen sowie zu aktuellen Herausforderungen der Offenen Kinder- und Jugendarbeit befragt.

Die InterviewpartnerInnen wurden ausgewählt, weil sie als AkademikerIn, PraktikerIn oder FachreferentIn mit der Jugendarbeit in ihrem Land sehr vertraut und auch auf europäischer Ebene in der Jugendarbeitsdebatte aktiv sind. Befragt wurden für Frankreich Dr. Patricia Loncle (EHESP Rennes), für die Niederlande Maaike Smid (Nederlands Jeugdinstituut), für Belgien Armand Meys (Ministerium der Deutschsprachigen Gemeinschaft Belgiens), Dr. Filip Coussée (Universität Gent/Uit de Marge) sowie Françoise Cremer (Ministerium der Französischsprachigen Gemeinschaft Belgiens), für das Vereinigte Königreich Howard Williamson, PhD, (Universität Glamorgan) sowie für Polen Dr. Marcin Sińczuch (Universität Warschau).

Weitere Länder und ExpertInnen wären möglich gewesen, so handelt es sich hierbei um keine repräsentative Stichprobe. Die Ausgewählten sprechen für verschiedene westeuropäische, ein osteuropäisches und ein angelsächsisches Land. In der Studie nicht repräsentiert sind skandinavische Länder und Südeuropa. Damit bieten die Textpassagen interessante erste Einblicke, die einen Vergleich zwischen einigen europäischen Ländern ermöglichen und möglicherweise in weiteren Studien vertieft werden können.

Die Angaben der InterviewpartnerInnen werden im Folgenden unkommentiert und in komprimierter Form wiedergegeben. Sie spiegeln Einschätzungen zu Realitäten der gelebten Praxis wieder, die nicht immer den fachlichen Standards der Jugendarbeit entsprechen. Genau dadurch weisen sie aber kontrovers darauf hin, wo fachliche Herausforderungen in den einzelnen Ländern zu finden sind und machen nicht zuletzt deutlich, dass viele Herausforderungen der Jugendarbeit in unseren Nachbarländern oft in sehr ähnlicher Weise vorliegen.

101.1 Die JugendarbeiterInnen: Wie können deren Anzahl, Ausbildung, Beschäftigungsbedingungen und die Rolle von Haupt- und Ehrenamtlichen eingeschätzt werden?

Frankreich – Patricia Loncle Es gibt keine belastbaren Daten für Frankreich, Schätzungen gehen von etwa 50.000 professionellen JugendarbeiterInnen aus, die im Stellenumfang von 16.000 Vollzeitäquivalenten tätig sind. Für Aktivitäten zugunsten junger Menschen sind insgesamt zudem etwa 5.5 Mio. Ehrenamtliche tätig. Für die JugendarbeiterInnen gibt es vor allem drei Arten von Ausbildungen. Die meisten haben eine dreiwöchige BAFA-Kurzschulung (brevet d'aptitude aux fonctions d'animateurs) für junge nebenamtliche JugendarbeiterInnen erhalten. Auf dem Niveau eines Schulabschlusszertifikates kann das BPJEPS (brevet professionnel jeunesse, education populaire et sport) erworben werden. Auf Hochschulniveau kann innerhalb von zwei Jahren das DEFA (diplome d'Etat aux fonctions d'animateur) erreicht werden.

Niederlande – Maaike Smid Nach einer Studie von Mogroep aus dem Jahr 2009 sind fast 3000 professionelle JugendarbeiterInnen tätig, die über 161.000 junge Menschen erreichen. Im Vergleich zum Jahr 2000 bedeutet dies eine Zunahme der Hauptamtlichen um 60 %, während zwischen 1989 und 2000 nur eine Zunahme um 2 % zu verzeichnen war. Diese Entwicklung ist vor allem im Kontext lokaler und kommunaler Jugendpolitik erklärbar.

Um als JugendarbeiterIn tätig zu werden braucht man einen mittleren oder höheren Berufsabschluss. Weitere Informationen über JugendarbeiterInnen unter http://www.jongerenwerker.nl. Aufgrund der sehr unterschiedlichen Arten und Ausprägungen der ehrenamtlichen Arbeit ist es bislang nicht möglich, Zahl und Bedeutung der Ehrenamtlichen in verlässlichen Zahlen zu erfassen.

Belgien – Deutschsprachige Gemeinschaft – Armand Meys Die Offene Kinder- und Jugendarbeit in der DG beschäftigt insgesamt 12 hauptamtliche und in Vollzeit tätige JugendarbeiterInnen, deren Stellen werden mit je 87,5 % von der DG gefördert. Derzeit sind etwa 70 Ehrenamtliche in die Jugendarbeit involviert. Die meisten wurden innerhalb der Offenen Kinder- und Jugendarbeit selbst geschult, sie übernehmen alltägliche Aufgaben in den Jugendclubs und organisieren mit den Hauptamtlichen verschiedene Aktivitäten und Projekte.

Belgien – Flämischsprachige Gemeinschaft – Filip Coussée Hinsichtlich der Zahl der JugendarbeiterInnen gibt es aufgrund dezentraler Strukturen keine verlässlichen Zahlen. Einige Dachorganisationen können jedoch Zahlen liefern:

- „Uit de Marge" – Offene Jugendarbeit für gefährdete junge Menschen mit 300 Haupt- und 750 Ehrenamtlichen
- „Formaat" – Offene Jugendarbeit mit 170 Haupt- und über 5000 Ehrenamtlichen
- „Spielplatzarbeit" mit etwa 100 Haupt- und 5000 Ehrenamtlichen.

Viele Fachkräfte führen jugendarbeiterische Tätigkeiten aus, arbeiten jedoch offiziell in der Gemeinwesen- oder Präventionsarbeit, den Erziehungshilfen oder der allgemeinen Sozialarbeit. Jugendarbeit und soziokulturelle Arbeit erhalten nach dem Tarifvertrag CAO eher niedrige Vergütungen. Es gibt keinen Studienabschluss für Jugendarbeit, JugendarbeiterInnen haben in der Regel Abschlüsse in soziokultureller Arbeit (B.A.), Sozialpädagogik (M.A.) oder anderen sozialwissenschaftlichen Studiengängen erworben.

Belgien – Französischsprachige Gemeinschaft – Françoise Cremer In der FG sind JugendarbeiterInnen im Umfang von 843 Vollzeitäquivalenten in Jugendclubs, 869 Vollzeitäquivalenten in Jugendverbänden sowie 20 Vollzeitäquivalenten für die regionale Koordination von „EDDs" (ecoles de devoirs, Schularbeitshilfen) tätig. Etwa 88,5 % der Beschäftigungskosten werden von öffentlichen Trägern übernommen.

Ehrenamtliche sind regelmäßig oder sporadisch in die Jugendarbeit eingebunden. Einige größere Vereinigungen arbeiten ohne Ehrenamtliche, andere haben mehr Ehrenamtliche als Hauptamtliche. Zum Ehrenamt gibt es keine belastbaren Daten, hier wäre Forschung von großer Notwendigkeit.

Vereinigtes Königreich – Howard Williamson „JugendarbeiterIn" ist kein geschützter Beruf, insofern kann ihre Anzahl nicht valide erfasst werden. Jährlich werden etwa 1000 JugendarbeiterInnen in dreijährigen Studiengängen nach den Regeln des JNC (Joint Negotiating Committee) ausgebildet. Diese arbeiten zu etwa einem Drittel in der Jugendarbeit, andere sind in der Jugendgerichtshilfe, Drogenarbeit, Erlebnispädagogik und in Wohnprojekten und Schulen tätig. Darüber hinaus gibt es weitere Trainingsprogramme, etwa nach Gordon Besscy entwickelte Grundausbildungen für „lokal qualifizierte" JugendarbeiterInnen oder berufliche Ausbildungen unterhalb der akademischen Profession.

Ein Anhaltspunkt zur Rolle Haupt- und Ehrenamtlicher ist die in den 1990er-Jahren gebildete „3er-Formel" für Wales: 30 Leitungskräfte, 300 hauptamtliche JugendarbeiterInnen, 3000 TeilzeitjugendarbeiterInnen, 30.000 ehrenamtliche JugendarbeiterInnen für 300.000 junge Menschen zwischen 13 und 19 Jahren. Analog wurde im Jahr 1996 von der „UK Youth Work Alliance" eine „7er-Formel" für England formuliert.

Die Arbeitsbedingungen in der Jugendarbeit variieren enorm. Tarifliche Eingruppierungen erfolgen anhand der Art des Abschlusses, des Arbeitsgebiets oder dem Grad der Leitungsverantwortung. Unterhalb des Jugendarbeiters gibt es neue Assistenzberufe, etwa den in Wales schulergänzend tätigen „Personal Learning and Development Coach".

Polen – Marcin Sinczuch Die Zahl der JugendarbeiterInnen in Polen lässt sich nur schätzen, jugendarbeiterische Tätigkeiten werden in verschiedenen sozialen und bildungsbezogenen Diensten übernommen. Eine eigenständige Profession der Jugendarbeit existiert weder formal noch praktisch, die meisten in der Jugendarbeit tätigen Fachkräfte haben Abschlüsse in Sozialarbeit, Soziologie, Psychologie, kultureller Animation, sozialer Prävention und Resozialisierung, Pädagogik oder Jura.

In „sozio-therapeutischen Kinder- und Jugendclubs" und „Kinder- und Jugendtages- und Freizeiteinrichtungen" sind zusammen etwa 15.000 Hauptamtliche tätig. Etwa gleich viele Hauptamtliche arbeiten in Kulturzentren für junge Menschen. Etwa je 5000 Haupt- und Ehrenamtliche arbeiten als JugendbewährungshelferInnen bzw. als SchulsozialarbeiterInnen und SchulpsychologInnen. In der verbandlichen Jungendarbeit, insbesondere den PfadfinderInnen, sind etwa 20.000 Hauptamtliche tätig, etwa 13.000 davon als GruppenleiterInnen.

101.2 Leitende Konzepte: Welche Formen und Arten der Jugendarbeit sind vorhanden, welche Theorien und Methoden sind handlungsleitend?

Frankreich – Patricia Loncle Formen und Konzepte der Jugendarbeit fallen in Frankreich sehr unterschiedlich aus. Nichtstaatliche Organisationen bieten in kommunalen Kontexten

Jugendclubarbeit an, „neue JugendarbeiterInnen" widmen sich speziellen Aufgaben und Zielgruppen, etwa gefährdeten oder arbeitslosen Jugendliche oder jungen Menschen mit Behinderungen, während traditionelle Jugendorganisationen vor allem Angebote im Bereich informeller Bildung bieten.

Niederlande – Maaike Smid Etwa 85 % der jungen Menschen wachsen ohne größere soziale und strukturelle Probleme auf, für diese bietet Jugendarbeit ein förderndes Grundangebot. Hauptzielgruppe der Jugendarbeit sind jene 15 % der jungen Menschen, die in riskanten und problembelasteten Lebenslagen aufwachsen und spezielle Angebote erhalten. Kinder- und Jugendarbeit verfolgt „vertrauensbasierte Anleitung", Unterstützung und Gruppeninterventionen um junge Menschen zu befähigen, Fähigkeiten zu entwickeln und an der Gesellschaft teilzuhaben.

Die wichtigsten Angebotsformen sind soziokulturelle, nachbarschafts- und gemeinwesenbezogene Ansätze, Jugendclubarbeit und aufsuchende Ansätze. Über freizeit- und bildungsbezogene Aktivitäten, Kurse, Information, Beratung und Anwaltschaft soll die soziale Befähigung junger Menschen erreicht werden. Junge Menschen sollen dabei angeleitet werden, ihre Aktivitäten zunehmend selbst zu organisieren. Darüber hinaus existiert eine bedeutende verbandliche Jugendarbeit mit örtlichen Organisationen und überregionalen Strukturen. Zudem werden sportliche Aktivitäten mit Gemeinwesenbezügen organisiert, vor allem in städtischen Gebieten sollen gefährdete Jugendliche über sportliche Aktivitäten integriert werden.

Belgien – Deutschsprachige Gemeinschaft – Armand Meys Die Offene Kinder- und Jugendarbeit innerhalb der DG wird insbesondere über Jugendclubs, aufsuchende Jugendarbeit und Streetwork angeboten. Relevante Konzepte sind die altersbezogene Jugendarbeit, bedürfnis- und situationsbezogene Ansätze, Jugendsozialarbeit, geschlechterbezogene Ansätze, Projektarbeit, Erlebnispädagogik und Ansätze der Netzwerkarbeit,

Angeboten wird die Offene Kinder- und Jugendarbeit von unabhängigen freien Trägern, die von der öffentlichen Hand finanziert werden. Auf lokaler Ebene werden Leistungsverträge für Kooperationen geschlossen, Beiräte unterstützen die JugendarbeiterInnen vor Ort.

Belgien – Flämischsprachige Gemeinschaft – Filip Coussée Häufigste Angebotsform ist die Jugendclubarbeit, die in der Regel von Hauptamtlichen betrieben wird, insbesondere wenn gefährdete junge Menschen beteiligt sind. In den größeren Städten gibt es unterschiedliche Formen aufsuchender Arbeit. Eine neuere Form der Jugendarbeit ist der von JugendarbeiterInnen angebotene „Nachbarschaftssport" in benachteiligten Stadtteilen. In jeder Gemeinde gibt es auch Spielplatzarbeit für Kinder bis 12 Jahren.

Jugendarbeit findet in der Regel mit geringem Theoriebezug statt. Leitende Konzepte basieren auf entwicklungspsychologischen Modellen, aber es gibt auch Tendenzen einer Rückbesinnung auf Ansätze der (Sozial-)Pädagogik. Angesichts einer ausgeprägten Theorieferne und eines weit verbreiteten „Praktizismus" ist die Jugendarbeit anfällig für Instrumentalisierungen. Konzeptionelle Hauptfragen kreisen um Zugang und Teilhabe sowie Effizienz, letzteres oft aus Sicht von Schule und Arbeitsmarkt definiert. Jugendarbeit ist häufig Teil eines Normalisierungsapparates. Zielgruppen werden zunächst als „schwer erreichbar" kategorisiert, dann sollen die als „speziell" definierten Jugendlichen wieder der „regulären" Jugendarbeit zugeführt werden.

Belgien – Französischsprachige Gemeinschaft – Françoise Cremer Im Rahmen des Jugenddekrets werden u. a. 146 Jugendzentren, 25 Jugendinformationszentren, 39 Jugendorganisationen und der Jugendrat gefördert. Jugendarbeit ist offen für alle jungen Menschen. Manche Angebote richten sich an spezielle Zielgruppen, wie junge Menschen mit Behinderungen, Benachteiligungen, Migrationshintergrund oder Schulmüdigkeit.

Jugendarbeit soll für die Förderung kritischer, aktiver und verantwortlicher Bürgerschaftlichkeit tätig sein. Das Bewusstsein für gesellschaftliche Zusammenhänge und verantwortliche Haltungen soll durch soziale, wirtschaftliche, kulturelle und politische Partizipation und sozialkulturelle Aktivitäten gefördert werden, die an den Lebensbedingungen junger Menschen anknüpfen. Als methodische Zugänge dienen freizeitbezogene Angebote, Kurse, Medienerziehung, künstlerische Tätigkeiten, politische Bildung, Entdeckung des kulturellen Erbes und Förderung positiver menschlicher Beziehungen.

Vereinigtes Königreich – Howard Williamson Für lange Zeit war Jugendclubarbeit die verbreitetste Form der Jugendarbeit, diese hat in den letzten Jahren an Popularität verloren. Hingegen erfuhr die aufsuchende Jugendarbeit für schwer erreichbare Jugendliche einen deutlichen Zuwachs. Inhaltlich erhält die projektorientierte Arbeit mit ausgewählten Zielgruppen an Bedeutung, da diese gut plan- und steuerbar ist und greif- und messbare Ergebnisse liefert.

Auch akademisch ausgebildete JugendarbeiterInnen können oft ihre leitenden Theoriebezüge nicht explizieren. Häufig wird Paulo Freire mit den Konzepten des Empowerments, der Bewusstseinsarbeit und der Vermeidung des „Bankiers-Konzepts" der Bildung erwähnt. Die akademische Jugendarbeit hat verschiedene Theorien entwickelt, die jedoch selten in der Praxis aufgegriffen werden. PraktikerInnen nennen oft Gruppenarbeit, individuelle Unterstützung und Beratung sowie Jugendpartizipationsarbeit als Methoden. Aus politischer Sicht werden „positive Aktivitäten", „Jugendinformation und Anleitung" sowie „zielgerichtete Ansätze" für Risikogruppen favorisiert.

Zielgruppen werden abhängig von der politischen Agenda definiert. Wurde früher ein Fokus auf die Mädchenarbeit und die „zielgruppenspezifische" Arbeit mit ethnischen Minderheiten und Menschen mit Behinderungen gelegt, sind die heutige Hauptzielgruppe die „NEETs", junge Menschen „not in education, employment or training". Jenseits von Funktionalisierungen ist es oft schwer, politische und finanzielle Unterstützung für eigenständige, offene und am Interesse der Jugendlichen orientierte Jugendarbeit zu erhalten.

Polen – Marcin Sinczuch Folgende sechs Angebotsformen sind inhaltlich und nutzerzahlenbezogen die relevantesten:

- Präventive Angebote für gefährdete und sozial benachteiligte junge Menschen in Jugendclubs als organisierte Orte des Lernens und Spielens.
- Soziokulturelle Jugendarbeit in Kulturzentren für junge Menschen in ländlichen Regionen und benachteiligten Stadtteilen.
- PfadfinderInnen und Jugendorganisationen „alten Stils" mit speziellen Werteorientierungen, Traditionen und Zielgruppen aus der Mitte der Gesellschaft.
- Jugendbewegungen, Jugendevents, neotribale Zusammenschlüsse mit offenem und jugendkulturellem Charakter.
- Jugendarbeit mit ethnischen Minderheiten (z. B. Roma) und Jugendlichen mit Migrationsgeschichte.
- Organisierte sportliche Aktivitäten für junge Menschen.

In methodischer Hinsicht sind die Jugendclubarbeit und die einzelfallbezogene Anleitung, Beratung und Begleitung die wichtigsten Formen. In den eher traditionell geprägten Jugendorganisationen ist die Gruppenarbeit weiterhin die gebräuchlichste Methodik.

101.3 Welche Rahmenbedingungen schaffen Jugendpolitik, weitere Akteure, gesetzliche Grundlagen und Finanzierung für die Jugendarbeit?

Frankreich – Patricia Loncle Die gesetzlichen Grundlagen der Arbeit mit jungen Menschen beschäftigen sich in erster Linie mit Fragen der öffentlichen Sicherheit, weiterreichende Maßnahmen der Jugendpolitik und -förderung sind in Frankreich sehr selten.

Die Finanzierung der Maßnahmen wird durch die CAF (Caisses d'allocations familiales), die auch Kindergeld und Sozialhilfe gewähren, sowie durch die Kommunen getätigt. JugendarbeiterInnen sind in der Regel sehr präsent in den Vor- und Grundschulen und seltener in der Sekundarstufe. Angebote der informellen Bildung sind bislang bei Anbietern von formeller Bildung noch nicht sehr anerkannt.

Niederlande – Maaike Smid In den Niederlanden gibt es kein nationales Jugendgesetz und keinen Jugendarbeitsplan. Das ehemalige Ministerium für Jugend und Familien hat einen generellen Politikrahmen für Jugend- und Familienpolitik erlassen. In der seit 2010 amtierenden Regierung ist ein Staatssekretär für Wohlfahrt, Gesundheit und Sport für Jugendfragen zuständig. Mehr zur niederländischen Jugendpolitik unter http://www.youthpolicy.nl.

Jugendarbeit ist ein Teilbereich des 2007 etablierten nationalen Sozialhilfegesetzes (Wet Maatschappelijke Ondersteuning), Jugendarbeit und Partizipationsförderung sind jedoch Aufgaben mit kommunaler Finanzierung und Planung.

Grundfinanziert werden die allgemeine Präsenz der Jugendarbeit durch Aktivitäten in der Nachbarschaft und ihre Orientierungsfunktionen. Sonderfinanziert werden problempräventive Funktionen hinsichtlich Nachbarschaftskonflikten, Schulverweigerung,

Jugendarbeitslosigkeit und Delinquenz. Es gibt eine inhaltliche Tendenz, den Fokus in Zukunft stärker auf positive Jugendpolitik und die Partizipation junger Menschen zu legen um Entwicklungschancen und Talente besser zu fördern.

Belgien – Deutschsprachige Gemeinschaft – Armand Meys Jugendpolitik bezieht sich nicht nur auf die Schule, sondern auf die allgemeine Entwicklung und Bildung von organisierten und nicht-organisierten jungen Menschen. Jugendpolitik kann deshalb nur als sektorübergreifende Aktivität verstanden werden. Jugendarbeit sollte ganzheitlich an den Bedürfnissen und Lebenslagen junger Menschen ansetzen und Verbindungen zwischen Lebenswelten, Jugendarbeit, Schule, Frühkindpädagogik und Ausbildung und Beschäftigung herstellen.

Die aktuelle Jugendgesetzgebung ermöglicht die Finanzierung von Jugendorganisationen, Jugendclubs und Jugenddiensten. Darin inbegriffen sind die Förderung von Personalkosten, Aus- und Weiterbildung, Projektförderung und Materialkosten auf der Grundlage von Leistungsverträgen. Das vorhandene Gesamtbudget für Offene und verbandliche Kinder- und Jugendarbeit in der Deutschsprachigen Gemeinschaft beträgt im Jahr 2010 1,48 Mio. €, was etwa 0,7 % des Gesamthaushalts ausmacht.

Belgien – Flämischsprachige Gemeinschaft – Filip Coussée Mit „Formaat" für Jugendclubs und „Uit de Marge" für die Arbeit mit benachteiligten jungen Menschen werden zwei Dachorganisationen staatlich gefördert. Darüber hinaus bieten kleinere Organisationen lokale Jugendarbeit mit lokaler Förderung an.

Jugendarbeit muss für ihre Autonomie einstehen, viele JugendarbeiterInnen scheinen eine relative Isolation zu bevorzugen, um nicht von Schulen und Arbeitsmarkt instrumentalisiert zu werden. Größere Jugendorganisationen können sich diese Freiräume seltener erlauben. Sie sehen sich mit Anforderungen nach Wirkungsorientierung und evidenzbasiertem Policy-making konfrontiert.

Offene Jugendarbeit wird nicht so umfassend gefördert, wie dies notwendig wäre. Da sie „unstrukturiert" wirkt und unter Verkennung ihrer Konzepte und Angebote auch offiziell als „nichtorganisierte Jugendarbeit" bezeichnet wird, wird sie fachlich zu wenig ernst genommen. Entsprechend werden oft bei Problemen eher Polizei, Erziehungshilfen oder das Sozialamt für zuständig erklärt. Gegenwärtig erhalten all jene Erziehungs- und Bildungsangebote aus dem „dritten Milieu" besondere Aufmerksamkeit, die nicht schulisch und nicht familiär organisiert sind und zu einer umfassenden Kinder- und Jugendpolitik gebündelt werden könnten. Hierbei besteht die Gefahr, dass diese zu einem kompensatorischen informellen Angebot für jene degradiert werden, die von den formellen Bildungszielen der Schule nicht erreicht werden.

Belgien – Französischsprachige Gemeinschaft – Françoise Cremer Jugendpolitik orientiert sich an der Zielsetzung eines Empowerments junger Menschen, die aktive und kreative BürgerInnen werden sollen. Damit orientiert sie sich weniger an Schule und Erziehungshilfen, als an der Idee der informellen Bildung. Das Dekret zur Entwicklung kultureller

Projekte an Schulen von 2006 betont die nötige Verbindung von Soziokultur und formeller Bildung. Weitere wichtigste rechtliche Grundlagen sind das „Dekret der Jugendzentren" von 2000, das „Dekret der Jugendorganisationen" von 2009 sowie Dekrete für die „Ecoles de devoirs" und den Jugendrat.

Für das Jahr 2010 wird für die Arbeit in Jugendzentren ein Budget von etwa 14 Mio. € zur Verfügung gestellt, die Jugendorganisationen erhalten etwa 15,5 Mio. €, die „ecoles de devoirs" werden mit 333.000 € gefördert, der Jugendrat mit 152.000 €.

Vereinigtes Königreich – Howard Williamson Die gesetzlichen Grundlagen der Jugendarbeit erscheinen sehr dünn, sie lassen sich aus dem 1944 Education Act, dem 1992 Further Education Act und einer technischen gesetzlichen Beschreibung zur Jugendarbeit von 2008 ableiten. Durch diese Randstellung wird Jugendarbeit eher als Mittel zur Erreichung allgemeiner politischer Ziele wie Integration, Beschäftigung, Sicherheit und Prävention, denn als eigenständiges Feld mit eigenem Zweck aufgefasst.

Eine für das Ansehen der Jugendarbeit folgenreiche Entwicklung war die Interpretation einer Längsschnittstudie von Leon Feinstein über die 1970er-Geburtskohorte. Er folgerte 2006, dass das später erreichte Bildungsniveau der Zielgruppe umso niedriger war, je mehr Zeit diese als junge Menschen an „unstrukturierten Aktivitäten" in Jugendzentren teilgenommen hatten. Diese sehr verkürzte Interpretation führte zu gesteigerten Vorbehalten in Politik und Verwaltung gegenüber der „unstrukturierten" Jugendarbeit.

Die wichtigsten politischen Akteure der Jugendarbeit waren in den letzten Jahren die National Youth Agency (England), Youthlink Scotland und der Youth Council of Northern Ireland. Diese Organisationen kooperieren zur Interessensvertretung der Jugendarbeit, etwa durch Strategiepapiere wie die „Agenda for a Generation" von 1996 und „Learning, Citizenship and Competence" von 1998. Aktuell gibt es Bestrebungen, über eine zu gründende „Youth Work Expert Group" Stellung zu den bevorstehenden Kürzungen zu nehmen.

Polen – Marcin Sinczuch Die gesetzlichen Grundlagen jugendarbeiterischer Angebotsformen und Verantwortlichkeiten sind in sehr unterschiedlichen Gesetzbüchern geregelt. Die Finanzierung wird überwiegend von der nationalen Regierung geleistet, einige Mittel aus der Alkoholsteuer werden auf die Kommunen umverteilt, um Präventionsangebote und Jugendclubs für Benachteiligte fördern. Einige Angebote entstehen in enger Kooperation mit Schulen, hier werden Schulen oft als Jugendzentren gefördert obwohl dies bei der Ausrichtung der Angebote oft zu Rollenkonflikten führt. Sportliche Aktivitäten für junge Menschen werden direkt von den Kommunen gefördert. Jugendorganisationen erhalten Förderung für besondere Aktivitäten und finden weitere Quellen durch Mitgliedsbeiträge und Fundraising. Programme für junge Menschen im ländlichen Raum und ethnische Minderheiten werden von der zentralen Regierung gefördert. Auch europäische Mittel aus dem ESF, dem Youth in Action Programme und anderen Quellen helfen, die Angebote zu sichern.

101.4 Welche aktuellen Herausforderungen und Trends haben besonders große Auswirkungen auf die Kinder- und Jugendarbeit in Ihrem Land?

Frankreich – Patricia Loncle Die Prekarität der Arbeitsverhältnisse der JugendarbeiterInnen und die schwächer werdende Finanzbasis der Jugendorganisationen. Diese Entwicklung wird begünstigt durch einen zunehmenden Rückzug des Staates aus der Finanzierung, insbesondere bedingt durch knapper werdende kommunale und lokale Finanzmittel.

Niederlande – Maaike Smid Aufgrund der Wirtschaftskrise und dem Regierungswechsel kann ein Rückgang der Zahl der JugendarbeiterInnen erwartet werden, in einigen Kommunen war dies bis Ende 2010 bereits feststellbar. Inhaltlich gibt es Tendenzen zur Schaffung einer „positiven Jugendpolitik" die über Jugendarbeit mehr Beteiligung schaffen und an der Entwicklung von Talenten und Fähigkeiten junger Menschen arbeiten soll. Insofern könnte Jugendarbeit jenseits benachteiligter Gruppen auch für jene jungen Menschen von Bedeutung gewinnen, die ohne größere soziale Probleme aufwachsen und über Jugendarbeit ein begleitendes Grundangebot erhalten könnten.

Belgien – Deutschsprachige Gemeinschaft – Armand Meys Durch ein zum Beschluss für 2012 geplantes Jugenddekret wird die Jugendarbeit erstmals auf eine einheitliche gesetzliche Grundlage gestellt, ihre Leistungen und Zuständigkeiten definiert, eine kontinuierliche Weiterentwicklung der Angebote angeregt und gemeinsame Wirkungsdialoge angedacht. Das Jugenddekret korrespondiert mit Entwicklungen und Richtlinien zur lokalen, nationalen und europäischen Jugendpolitik und Regionalentwicklung.

Inhaltlich wird das Jugenddekret junge Menschen und ihre Bedarfe in den Mittelpunkt der Betrachtung setzen und auf ihre Potenziale bauen. Es betrachtet Jugendarbeit als komplexe Aufgabe mit einem vielschichtigen Gegenstand und betont die Rolle von Aus- und Weiterbildung in der Jugendarbeit. Die Qualität der Arbeit soll über Wirkungsdialoge fortlaufend entwickelt und an die lokalen Bedarfe angepasst werden. Dafür sollen die Möglichkeiten der Partizipation junger Menschen und lokaler Akteure gestärkt werden. Weitere Informationen unter www.dglive.be/jugend und www.jugendbuero.be.

Belgien – Flämischsprachige Gemeinschaft – Filip Coussée Die meisten Debatten über Jugendarbeit sind orientiert an Konzepten von Prävention sowie der Überwachung und Kontrolle der individuellen Entwicklung junger Menschen von der Geburt bis zur Integration in den Arbeitsmarkt. Der Umbau hin zu einem neoliberal geprägten aktivierenden Wohlfahrtsstaatsregime erschwert die Umsetzung einer Jugendarbeit, die primär von den Lebenslagen und Bedürfnissen junger Menschen ausgeht. Stattdessen scheint Jugendpolitik transformatorisch dort anzusetzen, wo die Gesellschaft junge Menschen am Ende gerne sähe. Gleichwohl gibt es weiterhin historische und kulturelle Eigenheiten der flämischen Jugendarbeit, die Spielräume für die Gestaltung von Jugendarbeit und Jugendpolitik ermöglichen und an den tatsächlichen Bedarfen junger Menschen als Hauptbezugsgröße ansetzen.

Belgien – Französischsprachige Gemeinschaft – Françoise Cremer Die wichtigsten Themen sind die Erreichbarkeit junger Menschen in großen Städten, die Bildungsteilhabe junger Menschen, die Anerkennung informeller Bildungsleistungen, Migration, die innerbelgische Situation, die Umsetzung eines „strukturierten Dialogs" als Steuerungsmodell sowie die Einbindung von Ehrenamtlichen. Ein derzeit in Verhandlung stehender Jugendplan und die Überarbeitung der Belgischen Jugendpolitik werden neue Rahmenbedingungen schaffen. Weitere Informationen unter www.servicejeunesse.cfwb.be und www.lebij.be.

Vereinigtes Königreich – Howard Williamson Noch kann nicht abgeschätzt werden, welche Folgen die aktuelle Sparpolitik für die Jugendarbeit haben wird. Zwar werden Angebotsformen überleben, die sich durch die Absenkung inhaltlicher Standards an die neue Politik und gewandelte Förderkriterien anpassen können. Speziell die Offene Kinder- und Jugendarbeit könnte jedoch eine „bedrohte Spezies" werden, die sich möglicherweise durch stärkeres ehrenamtliches Engagement und traditionellere Angebotsformen retten muss. Es scheint momentan eher unwahrscheinlich, dass sie ihre politische Popularität in naher Zeit wieder neu erhalten wird.

Polen – Marcin Sinczuch Die wichtigsten Herausforderungen für die Jugendarbeit in Polen sind die anhaltende Jugendarbeitslosigkeit, die Diskriminierung junger Menschen auf dem Arbeitsmarkt durch niedrige Löhne und befristete Verträge, hochschwellige Angebote der Jugendberufshilfe, Landflucht in große Städte und ins Ausland, die Erreichbarkeit gefährdeter Jugendlicher sowie die Erhaltung der Mitgliedsbasis in der Jugendorganisationen.